内蒙古自治区统计局·编

Compiled by Inner Mongolia Autonomous Regional Bureau of Statistics

内蒙古
统计年鉴

INNER MONGOLIA STATISTICAL YEARBOOK

2012

（总第25期 NO. 25）

中国统计出版社

China Statistics Press

（京）新登字041号

图书在版编目（CIP）数据

内蒙古统计年鉴. 2012/内蒙古自治区统计局 编.
—北京：中国统计出版社，2012.8
ISBN 978-7-5037-6634-3/C.2707
Ⅰ.①内…
Ⅱ.①内…
Ⅲ.①统计资料—内蒙古—2012—年鉴
Ⅳ.①C832.26-54

中国版本图书馆CIP数据核字(2012)第183768号

内蒙古统计年鉴-2012

作　　者 / 内蒙古自治区统计局
责任编辑 / 佘竞雄　王立群
责任校对 / 张利珍　李　亮
封面设计 / 赵贵新　李占玲
出版发行 / 中国统计出版社
通信地址 / 北京市西城区三里河月坛南街57号 中国统计出版社
邮　　编 / 100826
电　　话 / (010)63376907
E - mail / yearbook@gj.stats.cn
印　　刷 / 呼和浩特市新城区宏业印刷厂
经　　销 / 新华书店
开　　本 / 890×1240 毫米 1/16
字　　数 / 1800千字
印　　张 / 59
印　　数 / 1-2000册
版　　别 / 2012 年8月第 1 版
版　　次 / 2012 年8月第 1 次印刷
书　　号 / ISBN 978-7-5037-6034-3/C · 2707
定　　价 / 400.00元

《内蒙古统计年鉴》编辑委员会

Editorial Board and Staff

编 辑 说 明

一、《内蒙古统计年鉴》是一部按年度连续出版的大型统计资料书。本《年鉴》通过大量的统计数据，全面反映了2011年内蒙古社会、经济和科技发展变化情况，是国内外各界人士了解内蒙古、认识内蒙古的重要统计资料工具书。

二、年鉴全书分为两部分。第一部分为特载，载入了自治区党政部门重要文件和2011年国民经济和社会发展统计公报。第二部分为统计资料，分为24个细目。即:1.行政区划和自然资源；2.综合；3.国民经济核算；4.人口；5.就业人员和职工工资；6.固定资产投资；7.能源生产和消费；8.财政；9.物价指数；10.人民生活；11.城市概况；12.农业；13.工业；14.建筑业；15.运输和邮电；16.国内贸易；17.对外经济贸易；18.旅游；19.金融和保险；20.教育、科技和文化；21.体育、卫生、社会福利、环境保护和其他；22.盟市资料；23.旗县区资料；24.附录。为了便于读者查阅，每个细目编排了主要统计指标解释。

三、本年鉴的统计数据大部分来自政府统计部门和业务部门年度统计报表，一部分来自抽样调查。

四、与《内蒙古统计年鉴-2011》相比较，本年鉴做了如下调整：

1. 根据全国第二次经济普查资料，本年鉴对2005年以后的部分指标的历史数据重新进行了调整和修订，读者在使用历史数据时，如数据有出入，请以本年鉴为准。

2. 由于行业统计方法制度的改革，投资、能源、贸易、建筑业等部分的版面和数据也做了相应的改动与调整。

3. 2011年末实有耕地面积延用2010年数据。

五、资料中所使用的数量单位均采用国际统一标准计量单位。

六、本年鉴部分数据合计数或相对数由于单位取舍不同而产生的计算误差均未作机械调整。

七、本年鉴各表式中，有关对全表的注解均在该表上方，对表中部分指标的注解则在该表下方。

八、本年鉴表中的符号使用说明：空格表示该项统计指标数据不足本表最小单位数、不详或无该项数据；“#”表示其中的主要项。

PREFACE

Ⅰ. Inner Mongolia Statistical Yearbook is a regular large scale statistical reference book published yearly. With a vast amount of statistical data, the yearbook reflects various aspects of Inner Mongolia's socio – economic, science and technology development. It is really an important and efficient statistical reference book for people of various circles in and outside China to know and understand Inner Mongolia.

Ⅱ. The yearbook has two parts: Special articles and Statistics. The first part consists of important documents of the Party and the government and Statistical Bulletin of the National Economic and Social Development in Inner Mongolia for 2011. The second part consists of all the 24 chapters as follow: 1.Division of Administrative Areas and Natural Resources; 2.General Survey; 3.National Accounts; 4. Population; 5.Employment and Wages; 6.Investment in Fixed Assets; 7.Production and Consumption of Energy; 8. Government Finance; 9. Prices Indices; 10. People's Livelihood; 11. General Survey of Cities; 12. Agriculture; 13. Industry; 14. Construction; 15. Transport, Postal and Tele–communications Services; 16. Domestic Trade; 17. Foreign Trade and Economic Cooperation; 18. Tourism; 19. Banking and Insurance; 20. Education, Science and Culture; 21. Sports, Public Health, Social Welfare, Environmental Protection and Other; 22. Information of Leagues and Cities; 23.Information of Banners and Counties (Districts and Cities); 24. Appendix. In order to make it convenient for readers to consult, we edit exploratory notes on main statistical indicators of every chapter.

Ⅲ. Most of the data in this yearbook sources are from annual statistical reports of government agencies, another part sources from sample survey.

Ⅳ.Comparing with the content of Inner Mongolia Statistical Yearbook–2011, we changed the content as follow:

1. Some of the published data since 2005 are changed in this yearbook according to the second national economic census, therefore, data in this yearbook are reliable whenever you find different data in other publications.

2. According to the reform of statistical method in other industries, some data and tables of Energy, Domestic Trade and Construction are adjusted.

3.Cultivated Land at the Year–end in 2011 is Prolonging the data in 2010.

Ⅴ. The units of measurement used in this yearbook are internationally standard measurement units.

Ⅵ. Statistical discrepancies due to rounding are not adjusted in this yearbook

Ⅶ. The notes concerning the whole table are placed at the upper part of table, while the notes concerning individual indicators are placed at the lower part.

Ⅷ. Notations used in this yearbook: blank space indicates that the figure is not large enough to be measured with the smallest unit in the table, or data are unknown or are not available; "#" indicates a major breakdown of the total.

科学发展 谱写辉煌

内蒙古自治区统计局党组书记、局长 胡敏谦

2012年全区统计工作会议

党的十六大以来，在自治区党委、政府的正确领导下，全区各族人民坚持以邓小平理论和“三个代表”重要思想为指导，深入贯彻落实科学发展观，全面推进改革开放和现代化建设，切实转变经济发展方式，地区经济快速增长，人民生活明显改善，社会事业全面进步，经济社会发展取得举世瞩目的辉煌成就。

2003—2011年，内蒙古地区生产总值年均实际增长18.3%，其中2003—2010年均实现了15%以上的增长速度，在受国际金融危机冲击最严重的2009年依然实现了16.9%的增速,保持了连续8年全国增速第一。经济总量连续跨越新台阶，2010年地区生产总值实现由千亿元到万亿元的突破。2011年，地区生产总值达到14359.88亿元，按可比价格计算，比上年增长14.3%。

在经济总量稳步增长的同时，人均地区生产总值也快速增加。2011年，人均生产总值达到57974元，按年均汇率计算折合为8905美元，扣除价格因素，比2002年增长3.4倍，年均增长17.7%，三次产业结构由2002年的19.3:38.9:41.8调整为2011年的9.1:56:34.9。2011年，粮食总产量达到2387.51万吨，比2002年增长69.8%，年均增长6.1%。信息服务业、快递业等现代物流业、商务服务业、高技术服务业等迅速发展，服

国家统计局局长马建堂在潘逸阳副主席胡敏谦局长的陪同下检查锡盟统计局基础设施

自治区统计局领导向自治区副主席潘逸阳作书面汇报

自治区统计局局长胡敏谦在呼和浩特市统计局局长许文俊的陪同下检查呼市统计局基础设施

胡敏谦局长听取达拉特三垧梁工业园区的发展介绍

统计局领导班子观摩达拉特工业园区发展规划模型

务业对经济社会发展的支撑和带动作用日益凸显。

2003—2011年，全区全社会固定资产投资累计完成4.65万亿元，年均增长31.6%；全区地方财政一般预算收入年均增长29.1%。

2011年，全区社会消费品零售总额3936.61亿元，比2002年增长3.8倍，年均增长19.3%；海关进出口总额119.39亿美元，比2002年增长近3倍，年均增长18.3%。

2011年，各种运输方式完成客运量25963.8万人，其中，铁路客运量达到4156.8万人，比2002年增长47.2%，年均增长4.4%；货运量15.67亿吨，较2002年增长2.3倍，实现年均增速14.1%。邮电通信业蓬勃发展，移动电话用户2310万户，较2002年增长6.3倍，年均增长24.7%。

2011年，全区城镇居民人均可支配收入20408元，比2002年增长2.4倍，扣除价格因素，年均实际增长14.5%；农牧民人均纯收入6642元，比2002年增长2.2倍，扣除价格因素，年均实际增长13.7%。

展望未来，国际环境波诡云谲，使我国、我区经济形势的复杂性和调控的艰巨性进一步加剧。但是，我们始终坚信在科学发展旗帜的指引下，在自治区党委、政府英明决策、精心部署下，全区各族人民必将同心同德，砥砺奋进，为实现内蒙古经济社会又好又快发展做出新的更大贡献。

国家社情民意调查中心副主任吴世辉，自治区统计局局长胡敏谦等领导视察自治区统计局社情民意调查中心访问现场

独具特色的民族文艺汇演

统计局领导班子与文艺汇演人员合影

统计局领导班子在达拉特旗

内蒙古自治区统计局
社情民意调查中心简介

内蒙古自治区统计局社情民意调查中心成立于2011年10月。中心隶属于自治区统计局，承接自治区党委、政府及相关部门的社情民意调查项目并组织实施。中心按照“倾听民声、反映民意、集中民智”的指导思想，围绕百姓关心的热点、领导关切的重点、社会关注的焦点等问题，通过计算机辅助电话调查访问、入户访问、面对面的深度访谈、网上调查等多种方式，把政府需要、民意心声和社会需求有机结合起来，在社会公众与政府之间架起一座沟通的桥梁。

中心配备了完善的技术设备，采用国际上普遍应用的CATI（计算机辅助电话调查）系统，现有60条专线和工作机位，拥有传统与现代相结合的调查作业系统，可连接全区每一个家庭和单位。并且拥有一支经过严格专业训练的访问员、督导员、问卷分析员、项目管理员的高素质专业团队，最大限度保障调查结果的权威性、客观性和公正性。

倾听民声　反应民意
集中民智　沟通从这里开始

自治区统计局纪检书记付玉生（左二）、总工程师夏荣华（左一）带领各盟市统计局局长听取朱玖才主任（右三）做民调中心发展介绍

内蒙古有色地矿局

办公楼

内蒙古有色地矿局领导班子

揭牌仪式

项目开工奠基仪式

充分发挥税收职能作用 服务地方经济发展

——内蒙古自治区国家税务局

自治区文明委召开表彰大会上。自治区党委书记胡春华亲切接见内蒙古国税局党组书记、局长张社安

内蒙古自治区国家税务局组建于1994年8月，由国家税务总局实行垂直管理，主要负责全区范围内增值税、消费税、中央企业所得税、车辆购置税等中央税收的征收管理工作。自治区国税局机关共设14个内设机构、1个直属机构、5个事业单位，下辖14个盟市国税局，120个旗县市（区）国税局（包括开发区），13个直属税务分局，139个副科级税务分局,87个税务所，办税服务厅239个，征收网络遍布自治区城乡各地。目前，全区国税系统共管辖纳税人40万多户。

内蒙古自治区国家税务局自成立以来，在国家税务总局和自治区党委、政府的正确领导下，认真贯彻执行新时期治税思想，以组织收入为中心，积极推进税制、征管、机构三项改革，全区国税系统各项建设事业稳步推进。

——税收组织收入工作取得重大突破。“十一五”时期，全区国税收入累计完成2706.54亿元，年均增长26.5%，比“十五”时期增加4倍。2010年，全区国税收入累计完成805.66亿元，同比增长29.42%，增收183.16亿元。2011年，全区国税收入首次突破1000亿元，累计完成1066.03亿元（不含海关代征），同比增长32.32%，总量居全国第20位、西部十二省区第4位，收入质量进一步提高。国税收入占GDP和财政收入的比重不断提高，实现了税收收入与经济发展保持协调增长的良好局面，为国家和自治区经济社会发展提供了重要的财力保障。

——税收调控职能有效发挥。围绕国家经济工作的大局和自治区党委、政府的战略部署，全面落实结构性减税政策和税收调控措施，研究制定服务自治区经济社会发展的税收扶持措施，努力推进经济社会又好又快发展。2011年全年减免增值税、消费税、车辆购置税33.54亿元。全区享受所得税税收优惠企业3637户，减免企业所得税71.48亿元。调整增值税起征点减免0.7亿元,惠及12万户纳税人。办理出口退（免）税19.5亿元，退（免）税企业672户。税收调控职能的有效发挥，为自治区产业结构调整和发展方式转变作出积极贡献。

——税收征管科技效能得到提升。按照新时期税收征管要求，大力实施信息管税和风险管理，切实加强税源管控。巩固和强化税收分析、纳税评估、税源监控、税务稽查“四位一体”的税源管理互动机制。全面推广应用机打普通发票，构建发票税控管理模式。推动建立与地税、工商、质监、金融等部门的信息共享机制，积极拓展信息资源增值利用。全面推行财税库银横向联网系统。稳步推进金税三期广域网建设。完善出口退税管理，强化企业所得税政策管理和非居民企业税收管理。加强反避税工作，积极探索建立大企业专业化管理与服务工作机制。开展税收专项检查和区域专项整治，建立打击和整治发票违法犯罪活动的长效机制。全系统所辖个体双定户全部实现了用一套软件、一个标准进行个体税额的核定；14个盟市局形成了地市一级数据集中，建立了“分片管理服务，统一核定定额，多元化申报纳税，人机结合监控”的个体征管格局。

——纳税服务不断优化。树立征纳双方法律地位平等理念，不断改进和优化纳税服务。全面实施纳税服务工作三年规划，主动开展多种形式的政策服务，研究解答纳税人反映的各种政策疑难问题。开通了网上办税服务厅。全区国税管辖范围内的纳税人可以通过互联网办理增值税、消费税、所得税网上申报、增值税发票网上认证、增值税发票网上抄报、普通发票网络开具等业务，为纳税人提供了统一的用户体验、统一的管理标准、统一的技术支持、统一的服务平台。开通了高起点、规范化、集中式的12366纳税服务热线。整合办税服务厅窗口职能，优化办税流程，简并涉税事项。设置国、地税联合办税场所39个。开展纳税服务公开承诺和纳税人满意度调查，引入外部监督和第三方评价，及时妥善处理纳税服务投诉。加强注册税务师行业管理，认真做好纳税信用等级评定。建立起功能较为完备的门户网站，利用网络、报刊、电视、广播等媒体深入开展税收宣传。目前，全区所有基层税务征收单位全部推行了增值税一般纳税人纳税申报“一窗式”管理模式和涉税事项“一站式”服务，覆盖率达100%。

——队伍建设和党风廉政建设持续加强。深入开展了创先争优、“文明杯”规范化服务竞赛和精神文明创建活动，全区国税系统文明服务满意率在18个窗口服务行业中列居第三位。在建党90周年前夕，自治区国税局、自治区国税局机关党委被自治区党委组织部和直属机关工委评为党建工作先进厅局、先进基层党组织。认真开展“双争双好”活动，加强基层班子建设。积极开展税收业务培训，提升干部队伍建设素质。以落实党风廉政建设责任制为抓手，积极推进反腐倡廉建设；以推进部门内控机制为主要内容，健全和完善惩防体系；以加强“两权”监督为核心，深化源头治腐；以落实“一案双查”制度为重点，加大案件查办力度；以强化政风行风建设为载体，全面提升机关效能。党风廉政建设和政风行风建设的扎实开展，进一步提升了国税部门的社会形象。

2012年是实施“十二五”规划承上启下的重要一年，也是全面贯彻自治区第九次党代会精神的第一年。做好税收工作，对于巩固经济社会发展的良好势头具有十分重要意义。2012年全区国税工作要以邓小平理论和“三个代表”重要思想为指导，深入贯彻落实科学发展观，牢记为国聚财、为民收税的神圣使命，围绕服务科学发展、共建和谐税收工作主题，坚持依法行政，大力组织收入，落实税收政策，优化纳税服务，创新税收征管，加强队伍建设，推进反腐倡廉，充分发挥税收在促进发展、调整结构、改善民生等方面的积极作用，努力推进全区国税事业再上新台阶，以优异的成绩迎接党的十八大胜利召开。

内蒙古自治区文明委召开表彰大会，内蒙古国税局机关荣获“全国文明单位”称号。全区国税系统有5个单位荣获全国文明单位、51个单位荣获全区文明单位标兵，66个单位荣获全区文明单位，10个窗口服务单位荣获全区“百佳文明服务单位”、10名职工荣获全区“百佳文明服务标兵”

第21个税收宣传月的首宣日，自治区国家税务局网上办税服务厅正式开通。图为受邀领导手触水晶球，网上办税服务厅正式开通运行

2011年6月27日，内蒙古国税12366纳税服务热线开通运行，为纳税人及社会公众提供政策咨询、涉税查询、办税指引、投诉举报等全方位的专业化涉税服务。

内蒙古党校、内蒙古行政学院基本概况

副巡视员陈力、副校长张志明、副校长吕广明、常务副校长杨飞云、副校长部良、副校长金瑞、副校长孟根其其格、副巡视员高光海（从左至右）

校院领导班子在工作中

内蒙古党校、内蒙古行政学院外景

内蒙古党校成立于1948年，是我们党在少数民族地区最早成立的一所省级党校，1995年合办行政学院，与党校“一套机构，两块牌子”，1989年开办函授教育，2000年开办内蒙古党校研究生班。

校院实行校院委会领导体制，党校校长由自治区党委副书记李佳同志兼任。行政学院院长由自治区党委常委、自治区副主席潘逸阳同志兼任。常务副校长、常务副院长杨飞云同志主持党校、行政学院日常工作。

校院设23个处级机构，校内设有5个全区性的研究所。现有专兼职教师115人，其中教授35人、副教授53人、博士10人、在读博士7人、硕士38人。

校区占地面积215.6亩，建筑总面积57000亩。其中综合楼建筑面积32390m^2，1、2号学员楼建筑面积19254m^2，共有732个床位，餐厅建筑面积5024m^2，可供1000人同时就餐。在建文体活动中心建筑面积13000m^2。

每年开办学制为半个月到半年的盟市厅局主要领导干部专题研讨班、盟市厅局领导干部进修班和培训班、中青年干部培训班、旗县长进修班、盟市和直属机关处级干部任职暨更新知识培训班等主要班次20余期，培训学员约2000多人次。

自治区党委常委、自治区政府副主席、行政学院院长潘逸阳在校院调研指导工作

内蒙古社会科学院

院党委书记吴团英研究员

院长马永真研究员

内蒙古自治区社会科学院成立于1979年2月。全院现有历史（成吉思汗）研究所、蒙古语言文字研究所、文学研究所、哲学与宗教研究所、草原文化研究所、经济研究所、牧区发展研究所、社会学研究所、政治学与法学研究所、民族研究所、俄罗斯与蒙古国研究所、公共管理研究所、城市发展研究所等13个所及图书馆和杂志社；设有院办公室、科研组织处、人事处、机关党委等4个职能部门；并设有邓小平理论研究中心、蒙古学研究中心、“三少民族”研究中心、内蒙古舆情研究中心等4个研究中心；应用研发科研实体蒙古语信息技术研发中心（MIT）和设在盟市、不占编的鄂尔多斯分院、呼伦贝尔分院、乌海市分院、通辽分院和兴安盟自然资源研究所。中国草原文化研究中心、中国社会科学院国情调研内蒙古基地、中国蒙古学学会和内蒙古草原文化研究基地设在我院。出版有《内蒙古社会科学》（蒙汉文版）、《中国蒙古学》、《蒙古学研究年鉴》4种杂志,《领导参阅》、《内蒙古舆情》2种内刊。

全院现有在职职工236人，其中：各类专业技术人员148人，享受国务院特殊津贴专家8人，自治区有突出贡献的中青年专家5人，“321人才”一二层次入选9人，1名学者列入中共中央组织部联系专家行列，5名学者列入自治区领导干部联系的百名专家行列。

建院以来，我院共出版各类著作510余部，发表论文、调研报告及学术文章7500多篇，开发蒙古语信息技术应用软件20多项；获全国精神文明建设“五个一工程”奖等国家级、省部级各类奖项280余项，获得国家及自治区社会科学规划课题200余项。标志性成果有：《草原文化研究丛书》（11卷、12册）、《蒙古族通史》（上、中、下）、《蒙古族文学史》（1-4卷）、《汉蒙词典》、《蒙古文整词输入法》、《内蒙古经济社会发展形势分析与预测》（蓝皮书）等，2011年创办《内蒙古文化发展报告》（文化蓝皮书）、《内蒙古人才发展报告》（人才蓝皮书，2011年6月出版）。目前，承担着国家社科基金重大委托项目“草原文化研究工程”第二、三期工程、自治区民族文化大区建设重大项目“内蒙古民族民间文化遗产数据库”建设工程、“蒙古语语料库”建设工程及“北部边疆历史与现状研究项目”（合作）等重要科研项目，连续承办“中国蒙古学国际学术研讨会”、“中国·内蒙古草原文化主题论坛”等重要学术论坛。

全国政协副主席中国社会科学院党组书记院长陈奎元同志（右）接见内蒙古社会科学院党委书记吴团英

内蒙古自治区党委常委宣传部部长乌兰同志考察

成　果

中国信达资产管理股份有限公司内蒙古自治区分公司

中国信达资产管理股份有限公司内蒙古自治区分公司 总经理 钟占国

中国信达资产管理股份有限公司是是国务院批准设立的国内第一家金融资产管理公司，2010年6月，由财政部独家发起，率先完成了整体改制。公司在全国31个中心城市设有分公司。作为一家金融牌照最齐全的集团公司，目前控股金谷信托、信达租赁、信达证券、幸福人寿、信达澳银基金、信达期货、华建国际、信达国际、中润发展、汉石投资、信达资本、信达财险等机构以及信达投资、信达地产等实业集团。中国信达资产管理股份有限公司内蒙古自治区分公司（以下简称“内蒙古分公司”）为公司在内蒙古自治区设立的分支机构，成立于1999年，是内蒙古地区成立最早，且率先实施股份制改革的国有金融资产管理公司。

经过十二年的经营、发展，内蒙古分公司已从以前单一的政策性不良资产经营业务，扩展到现在的收购、受托经营金融机构和非金融机构不良资产、对外投资、经批准的资产证券化业务、金融机构托管和关闭清算业务、代理保险业务、财务、投资、法律及风险管理咨询和顾问等业务范围。近年来内蒙古分公司积极开拓、创新，利用地区经济与资源优势不断扩大业务种类与范围，为客户提供资产经营管理、投资、信托、证券、金融租赁、期货、基金等一揽子综合金融服务，以满足客户多样化的需求。

为了向客户创造更为便捷的金融服务环境，内蒙古分公司积极寻求战略合作者，先后与招商银行呼和浩特市分行、内蒙古银行、内蒙古水务投资集团公司等签定了《战略合作协议》，为全面开展综合金融服务奠定了良好的基础；同时也积极开展金融服务，截止2012年4月，内蒙古分公司先后与地区内建筑施工、农畜产业、政府融资、银行等企业初步达成涉及金额30 亿元的金融服务意向。在满足企业融资需求的同时，也为促进企业长期可持续发展起到了积极作用。

信达大楼

内蒙古分公司经历了十二年磨砺后，现已形成了一支专业、资深的管理团队，本着“胸怀服务社会理想，坚守诚信为本理念”的核心价值观，致力于打造内蒙古地区全牌照综合金融服务品牌。内蒙古分公司正以满怀激昂谱写“二次创业”的辉煌。

中国航天科工集团第六研究院简介

办公大厦

中国航天科工集团第六研究院，又名中国河西化工机械公司，位于我国北疆内蒙古自治区首府——呼和浩特市，是我国第一个大型固体火箭发动机研制、生产和试验基地，被誉为我国固体火箭发动机的“摇篮”。六院下设内蒙动力机械研究所、内蒙合成化工研究所、西安长峰机电研究所（陕西西安）、内蒙航天动力机械测试所、情报信息研究中心、内蒙古红岗机械厂、内蒙古红峡化工厂、江河化工科技公司（湖北宜昌）、内蒙古金岗重工有限公司、内蒙古河西航天科技发展有限公司、内蒙古河西航天实业总公司及配套的服务保障单位。现有员工近六千人，各类专业技术人员近2000人。

自1962年创建以来，六院发扬“自力更生、艰苦奋斗、大力协同、无私奉献、严谨务实、勇于攀登”的精神，研制出70多个型号、30余种推进剂配方的战略、战术及宇航用固体火箭发动机。1970年，长征一号第三级固体火箭将我国第一颗人造地球卫星——东方红一号送入太空。运载火箭水下发射的成功，扬国威、壮军威。返回式卫星制动固体火箭发动机连续24次成功地将返回式卫星从太空送回地面。上面级固体近地点变轨发动机两次将外星送入36000千米的地球同步转移轨道，开辟了中国固体火箭跻身国际发射舞台的新纪元。

49年来，六院交付飞行试验的战略、战术及宇航用固体火箭发动机成功率100%，荣获航天系统唯一一块“优质固体火箭发动机”金牌。2007年，六院获得党中央、国务院、中央军委授予的某重点工程重大贡献奖，六院领导受到党和国家领导人的亲切接见。六院先后获得全国五一劳动奖状、全国质量管理先进企业、全国职工体育示范单位、全国青工技能振兴计划示范单位、首届中国诚信建设功勋单位、中央企业优秀基层党组织及内蒙古自治区五一劳动奖状、内蒙古自治区文明单位等荣誉称号。

在新世纪的征程中，六院抓住西部大开发的良好契机，以军民融合方针和科技创新为指引，成功开发出一批符合国家产业政策和发展方向，依托航天技术和人才，科技含量高的民品项目。如风电塔筒、风机叶片、电站空冷凝汽器、F-12高强有机纤维、球形铝粉、乳液清洗液、稀土萃取剂等产品，赢得了较高的信誉。

六院党委积极履行社会责任。大力开展“春光助学”、“金秋助学”活动，帮扶30余名贫困地区失学儿童重返校园；积极开展对内蒙古自治区兴安盟，青海省大通、湟中县的对口扶贫工作，先后投入帮扶资金40余万元；先后向汶川、西南、玉树、舟曲灾区捐款累计近200万元；投入3000余万元修缮河西公路，充分展现了航天人心系祖国、心系人民的赤子情怀。

六院愿以高质量的产品和精湛的技术竭诚为国内外朋友提供服务，并不断开拓新的合作领域，为国防现代化建设和国民经济的发展做出更大的贡献。

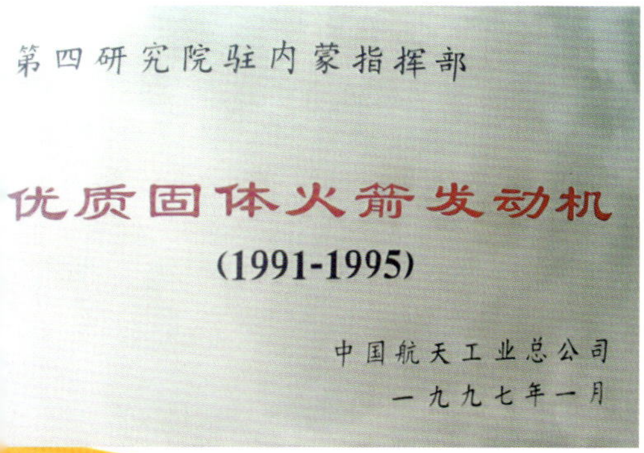

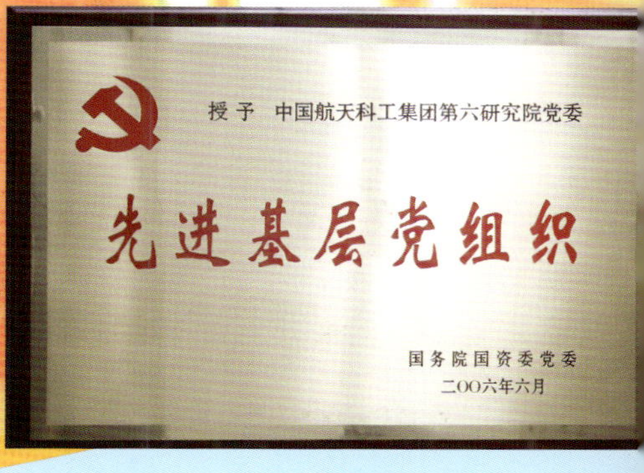

求索奋进喜获丰硕业绩　继往开来谱写时代华章

——热烈庆祝内蒙古财经学院更名为内蒙古财经大学

财经大学党委书记 额尔敦

财经大学校长 张亚民

2012年3月29日，教育部（教发函[2012]51号）正式批准，内蒙古财经学院更名为内蒙古财经大学。这是内蒙古财经大学发展史上具有里程碑意义的大事，也必将在内蒙古高等教育发展史上写下浓墨重彩的一笔。

回顾学校50多年的办学历史，作为少数民族自治区最早建立的财经类高等院校，几代内财人凭着对教育事业的忠诚与执着，艰苦奋斗，拼搏进取，特别是在建校之初极其艰苦的条件下，来自全国各地的专家学者、青年才俊，筚路蓝缕，栉风沐雨，为内蒙古的财经教育事业献青春、献终身、献子孙，奠定了学校发展的坚实基础。学校的成长始终与祖国的命运休戚与共，与自治区的经济社会发展风雨同舟，通过各种办学形式，累计培养各级各类人才12万余人，这些人才在各级政府、教育、科研院所、金融、财贸、税务等社会各界贡献着青春与才华。他们为边疆稳定、民族团结、经济发展和社会繁荣做出了重要贡献。

作为少数民族自治区最早建立的财经类院校，通过几代人的辛勤努力与艰苦创业，今天的内蒙古财经大学已经成为经济学、管理学为主，理学、法学、工学、文学六大学科协调发展、相互支撑的多科性财经院校，成为内蒙古重要的财经类专业人才培养基地、经济管理研究与咨询基地、经济管理类高级专业技术人员和管理干部的再教育基地、全国少数民族蒙汉两种语言授课财经类专业人才的培养基地。

52年来，学校始终以人才培养为宗旨，以教学工作为中心，以本科教育为主体，积极发展研究生教育，各项事业得到快速发展。学校目前有19个二级（删掉这两字）学院和1个直属教学部，在校生人数从1960年的385人增长到现在的2.2万余人，教职工人数从1960年的101人上升到现在的1445人，专任教师975人，硕士研究生学历以上的教师619人，占专任教师总数的63.49%，比“十一五”初期增长21个百分点。现有教授118人，副高级专业技术教师295人，高级职称教师比例占专任教师总数的42.36%。博士学位教师比“十一五”初期增加150余名。师资队伍整体实力的提升，为提高办学水平和人才培养质量奠定了基础。有4个一级学科23个二级学科硕士学位授权点和MBA、高校教师等专业硕士授权点，59个本科专业，13个蒙汉两种语言授课专业。本科专业涵盖经济学、管理学、理学、文学、法学、工学六大学科门类和13个本科一级学科，有5个中外合作办学专业，有3个国家级特色专业，4个自治区级优秀教学团队，16个自治区级品牌专业，32门自治区级精品课程。

学校始终坚持人才培养、科学研究、服务社会和文化传承创新相结合，坚持科研为教学服务、为地方经济建设服务。构建了“科研项目+学术团队+研究基地”的组织形式，形成了以学术团队为主体，科研项目拉动和研究基地培育相互促进的科学研究新模式。学校的中小企业研究基地、内蒙古产业发展研究基地、内蒙古社情民意调研中心、内蒙古社会科学普及基地等四个基地是自治区级学术研究基地，其他各种专业研究基地稳步发展。通过研究基地建设，汇聚了人才，凝练了方向，带出了成果。近年来，学校共承担各级各类项目1043项，其中国家自然科学基金、社会科学基金项目46项，自治区哲学社会科学规划办、科技厅、教育厅等部门立项课题343项，横向课题80项。公开出版专著与教材499部，发表论文4700余篇。科研成果得到学术界和社会各界的广泛认可。在内蒙古近四届哲学社会科学优秀成果政府奖评奖活动中，获奖数量名列自治区高校前两位，共获奖189项，其中，一等奖6项、二等奖46项、三等奖137项。

内蒙古财经学院50周年庆典大会会场

2000年，经自治区党委决定，内蒙古财经学院与内蒙古经济管理干部学院两院实行合并办学

2006年11月26日，按照自治区党委、政府的统一部署，原内蒙古财税职业学院和原内蒙古工商学校并入内蒙古财经学院

学院隆重举行获得硕士学位授予权庆祝大会

国家级实验教学示范中心

新大门

内蒙古财经大学鸟瞰大图

内蒙古师范大学

校党委书记 陈中永

校长 杨一江

内蒙古师范大学创建于1952年，是新中国成立后党和国家在边疆少数民族地区最早建立的高等学校之一，自治区重点大学，是培养基础教育、民族教育师资和蒙汉兼通少数民族复合型人才的重要基地，是自治区中学教师培养中心、中小学教师继续教育中心、基础教育与民族教育改革发展研究中心，被誉为“民族教育的摇篮”。

学校占地面积3800余亩，校舍建筑面积80余万平方米，固定资产总值16亿余元，其中教学仪器设备总值2.5亿余元。馆藏图书230余万册，电子图书1600余GB，长年购置的电子文献数据达9种，长期订阅中外文期刊（含电子期刊）近14000种。学校下设22个职能处室，34个二级学院，1个独立学院，3个教研部。现有教职工2400余人，其中，专任教师1500余人，具有硕士、博士学位的教师占专任教师总数的55.03％，具有副高级以上职称的教师占专任教师总数的42.43％，有博士生导师20名、硕士生导师544人；有自治区级教学名师7人，国家和自治区有突出贡献中青年专家18人，入选国家“百千万人才工程”、自治区“新世纪321人才工程”、自治区高等教育人才培养“111人才工程”共120人(次)，享受政府津贴教师42人，荣获内蒙古杰出人才奖1人，乌兰夫基金奖1人。

学校在校全日制本专科生29000余人，各类研究生4400余人，各类成人教育学生5600余人，各类留学生近400人，形成了多层次的人才培养体系。学校开设62个本科专业，涵盖9大学科门类。有国家级精品课程1门，国家级教学团队2个，教育部特色专业建设点6个；有自治区级品牌专业25个，自治区精品课程47门，自治区级教学团队5个；有自治区级实验教学示范中心9个，自治区重点学科和重点培育学科18个，校级重点学科37个。

学校拥有博士学位授予权一级学科2个，硕士学位授予权一级学科18个、二级学科112个，专业硕士8个，此外，还招收高校教师在职攻读硕士学位。2008年，经教育部批准，学校正式成为具有硕士研究生免试推荐入学资格的高校。学校有科研机构77个，自治区级重点实验室4个，自治区高校重点实验室2个，

第九次党代会胜利召开

第六届教职工代表大会暨第八届工会会员代表大会胜利召开

隆重举办中国少数民族文学馆开馆典礼

中央与地方高校共建基础实验室和特色实验室8个，自治区高等学校人文社会科学重点研究基地4个，自治区哲学社会科学研究基地1个。“十一五”以来，学校共承担国家级课题77项，省部级课题224项，厅局级课题260项，横向课题74项，科研经费总额达到5600余万元。共发表学术论文3647篇，出版学术专著224部，被三大检索收录的论文126篇。获省部级以上奖励207项，申请专利14项，省部级以上鉴定成果60项。

半个多世纪以来，在自治区党委、政府的领导和关怀下，学校经过几代人的艰苦创业、实践探索，积累了丰富的办学经验、形成了优良的办学传统。特别是进入新世纪以来，学校审时度势，深刻认识自身在自治区现代化建设事业中的地位和作用，客观分析学校的发展历史与现状，经过多次教育思想大学习、大讨论，明确提出了“以邓小平理论、‘三个代表’重要思想和科学发展观为指导，坚持社会主义办学方向，贯彻党的教育方针和民族政策；坚持内涵发展为主，外延发展为辅，以学科建设为龙头，以本科教育为主，本科教育与研究生教育协调发展；培养宽口径、厚基础、具有创新精神和实践能力的高素质人才；艰苦奋斗、改革创新，努力把内蒙古师范大学建设成为特色鲜明的教学研究型综合性师范大学”的办学指导思想。

在多年的办学实践中，学校对大学的功能、使命和规律的理性认识逐渐深化，经过沉淀、凝练和升华，形成了“求真务实，育人至上”的办学理念，强化了“双学位教师教育和蒙汉兼通人才培养”的办学特色。半个多世纪的发展历程中，学校秉承“献身、求实、团结、奋进”校训，已培养输送各类毕业生16万余人。学校坚持开放办学，加强对外交流，与美国、英国、荷兰、俄罗斯、日本、韩国、蒙古国等国家及国内一些知名院校和科研机构建立了良好的合作关系；积极发展留学生教育，成立了蒙汉语留学生教育中心。先后聘请包括五位两院院士在内的二百余位国内外著名专家学者任学校学术顾问、客座教授和兼职教授。

目前，学校正以邓小平理论和“三个代表”重要思想为指导，深入学习贯彻科学发展观，按照“抓机遇、谋发展、强特色、上水平、建名校”的办学思路，艰苦奋斗，开拓创新，为实现“把学校建设成特色鲜明的教学研究型综合性师范大学”的宏伟目标而努力奋斗!

田家炳教育书院楼

盛乐校区图书馆

内蒙古機電職業技術學院

国家骨干高职院校

内蒙古机电职业技术学院是公办全日制普通高等学校，创办于1952 年，前身为内蒙古工业学校，是内蒙古自治区成立后建立的第一所工科学校。2003年，学校独立升格为高等职业技术学院，2006年原内蒙古水利学校（含水利职工大学）整体并入。2008年，学院在教育部人才培养水平评估中获得优秀等级，并被国家人力资源与社会保障部评为国家高技能人才培养示范基地；2010年，被教育部、财政部列为国家百所骨干高职院校建设单位。建校六十年来，先后为社会培养了50000多名高素质技能型专门人才。

学院现有全日制在校生10297人，教职工550人，其中专任教师356人。专任教师队伍中，教授、副教授151人，博士、硕士120人，双师素质教师243人。全国优秀教师1人，自治区教学名师4人，自治区教坛新秀2人，自治区级优秀教学团队4个。

学院设有7个教学系部：机电工程系、电气工程系、冶金与材料工程系、水利与土木建筑工程系、信息与管理工程系、公共管理系、中专部。共开设38个专业，其中包括：机电一体化、机械制造与自动化、矿山机电、数控设备应用与维护、数控技术、电气自动化技术、电力系统自动化技术、汽车电子技术、生产过程自动化技术、冶金技术、电厂热能与动力装置、材料工程技术、焊接技术与自动化、材料成型与控制技术、有机化工生产技术、水利水电建筑工程、水利工程施工技术、建筑工程技术、工程测量与监理、工程造价、计算机信息管理、计算机网络技术、物流管理、会计与统计核算等，其中，机电一体化技术、冶金技术、电厂热能与动力装置、电力系统自动化技术4个专业为中央财政重点支持建设专业，机械制造与自动化技术、水利水电建筑工程、汽车电子技术3个专业为地方财政重点支持建设专业。

学院占地830亩，建筑面积29.7万平方米。建有机械加工、焊接等9个校内生产性实训基地，105个实训室。其中数控技术、电工电子技术和汽车电子技术3个实训基地是中央财政支持的职业教育实训基地。我院教学实习工厂拥有各类设备310台套，具有教学实习和生产双重功能，能完成产品从毛胚生产、粗加工、精加工、装配、调试的全过程，是内蒙古地区同类院校中规模最大、工种最全的校内实习工厂。教学仪器设备总值达1.1亿元。

学院始终坚持以服务区域经济发展为宗旨，以就业为导向，与企业紧密合作，探索并形成了“校厂一体，产学结合”的人才培养模式。我院与区内外200多家用人单位建立了长期稳定的人才供需关系，毕业生深受用人单位欢迎，在国家大、中型企业就业的比例逐年稳步提高，近年来毕业生就业率一直保持在95%以上，连续多年被评为自治区普通高校就业工作先进单位。

学院地址：内蒙古呼和浩特市高职园区学府路1号　内蒙古机电职业技术学院

邮政编码：010070

联系电话：0471--5279084　5279085

传　　真：0471—5279087

网　　址：http://www.nmgjdxy.com

领导班子

文艺活动

对外培训

技能大赛

内蒙古自治区水利科学研究院基本情况

补播改良草地

油松沙棘混交林治理水土流失

水利厅领导在现场视察

项目组在示范区考察

内蒙古自治区水利科学研究院是自治区政府重点支持的社会公益型科研院所，是全区从事农田水利、水利工程、水土保持与环评监测、水资源利用研究的综合性科研机构。内设5个研究所，水保苗木繁育开发中心，和林综合试验示范基地，总工办，办公室，人事科，管理科，财务科。全院现有职工162人。其中正高工26人，副高工37人，工程师29人，助工33人。博士生3人，研究生25人，科技人员占全院职工总数的84%。

建院50年来，不断深化改革，调整科研方向与布局，拓宽研究领域，与自治区经济建设紧密结合，坚持“科研立院，服务强院，人才兴院”的宗旨，积极承担国家及自治区的科研项目，并取得了一大批科研成果和自主知识产权。共承担科研项目400余项，获得国家、自治区、水利厅奖励102项。其中获得国家科技进步一等奖、国家自然基金四等奖及自治区科技进步一、二、三等奖52项，获得盟（市、厅）级奖50项。获得国家实用新型专利7项；主（参）编国家、行业和自治区地方标准15项，出版专著14部；发表科技论文360篇。这些科技成果的推广应用，为自治区水利建设和社会经济发展提供了科技支撑。

全院已有获得内蒙古杰出人才奖1人，自治区科技兴区特别奖2人，享受政府特贴专家8人，自治区有突出贡献的中青年专家7人，自治区深入工农牧业生产第一线做出突出贡献的科技人员5人，省部级劳模2人，获全国“五一”劳动奖章1人，自治区优秀科技工作者4人，自治区党委、政府授予“优秀专业技术人员称号”并记一等功2人，全国优秀科技工作者1人，入选水利部“5151”人才工程人选3人，入选自治区“321”人才工程3人，全国政协委员1人，内蒙古政协委员2人。获全国水利先进集体和全国水利科技工作先进集体，呼和浩特市市级文明单位，连续12年被自治区水利厅评为先进工作单位。

水利部汪恕诚部长视察河套灌区渠道冻胀观测试验场

内蒙古自治区安全生产监督管理局

张院忠局长陪同赵双连副主席检查呼市汽车南站的安全生产工作

自治区政府召开民爆物品安全管理专题会议

自治区安监局召开全区安监局长座谈会

苗雨巡视员陪同国务院督查组在包头检查非煤矿山企业安全生产工作

自治区安监局是自治区人民政府直属机构，成立于2003年8月。2003年至2005年与内蒙古煤监局合署办公。2005年至2010年与自治区经委合署办公。2010年4月以后单设。目前内设8各处室和1个机关党委。

依据内政办发〔2009〕89号文件，自治区安监局主要承担以下职能：

一、拟订贯彻落实国家和自治区关于安全生产方面的法律法规的措施办法，并组织实施；分析和预测全区安全生产形势，协调解决安全生产中的重大问题。

二、承担全区安全生产综合监督管理责任，依法行使综合监督管理职权；监督、检查、指导协调自治区有关部门和各盟行政公署、市人民政府的安全生产工作；制定和分解落实全区安全生产控制考核目标，并监督执行。

三、负责发布安全生产信息，综合管理生产事故调度统计分析和安全生产行政执法工作；根据自治区人民政府授权，依法组织重大事故调查处理和办理结案工作；对由部门组织、需经自治区人民政府批复的生产安全事故调查报告提出审查意见；监督事故和责任追究落实情况，指导全区安全生产应急救援工作；协调重特大事故应急救援工作。

四、依法承担非煤矿矿山企业和危险化学品、烟花爆竹生产企业安全生产准入管理责任；负责综合监督管理危险化学品、烟花爆竹和非煤矿矿山安全生产工作。

五、组织指导安全生产宣传教育工作，负责组织安全生产监督管理人员的安全培训、考核工作；依法组织指导并监督特种作业人员（煤矿特种作业人员、特种设备作业人员除外）的考核工作和工矿商贸生产经营单位主要经营管理者、安全生产管理人员的安全资格考核工作（煤矿矿长安全资格除外）。

六、承担工矿商贸行业安全生产监督管理责任，按照分级、属地原则，依法监督工矿商贸生产经营单位贯彻执行安全生产法律法规情况及其安全生产条件和有关设备（特种设备除外）、材料、劳动防护用品的安全生产管理工作。

七、依法监督检查新建、改建、扩建工程项目的安全设施与主体工程同时设计、同时施工、同时投产使用情况；监督检查重大危险源监控、重大事故隐患的整改工作。

八、承担工矿商贸作业场所（煤矿作业场所除外）职业卫生监督检查责任，组织查处职业危害事故和违法违规行为；依法查处不具备安全生产条件的工矿商贸生产经营单位。

九、组织拟订安全生产科技规划，组织、指导和协调相关部门和单位开展安全生产重大科学技术研究和技术示范工作。

十、指导协调安全生产检测检验工作，监督管理安全生产社会中介机构和安全评价工作；监督和指导注册安全工程师执业资格考试和注册工作。

十一、承担自治区安全生产委员会办公室日常工作。

十二、承办自治区人民政府交办的其他事项。

内蒙古农牧业科学院概况

内蒙古农牧业科学院前身为清宣统二年（1910年）绥远将军瑞良奏请清廷获准设立的归绥农林试验场，迄今有101年的历史。现设8个行政处室、12个专业研究所、2个中心和4个独立核算的二级单位。同时挂有21个国家和自治区农作物、畜牧、草原等领域的研究中心、实验室、工作站、试验站和示范基地。现有在职职工736人，其中专业技术人员456人。专业技术人员内有博士后3人、博士50人、硕士100人；正高级专业技术人员110人、副高级专业技术人员139人。另有享受国务院特殊津贴人员31人、国家百千万人才工程3人，自治区“321人才工程”人选26人、博士生导师3人、硕士生导师15人。主要研究领域为农作物、家畜、草原、园艺。优势学科是小麦、玉米、油用向日葵、马铃薯、甜菜、胡萝卜、小杂粮、旱作农业、肉牛、肉羊、绒山羊、动物营养、动物疫病防治、生态保护、草原勘测设计规划等。

“十一五”以来，全院共承担各级各类项目379项，获得资助总经费1.94亿元。其中国家级项目85项，获得资助经费9586.4万元；自治区各级各类项目294项，获得资助经费9487.18万元。与“十五”相比，项目总数增加181项，增长率为91%；总经费增加9054.08万元，增长率为90%。在国家现代农业产业技术体系的建设中，我院获得向日葵、甜菜2位首席科学家，17位岗位科学家，5位功能实验室主任，9位试验站站长，进入全国省级农科院前列。

内蒙古农牧业科学院科研工作是纯社会公益性质，每项科研成果都是无偿为“三农三牧”服务。广大科技工作者长期奋斗在科研生产第一线，不断为现代农牧业发展、农牧民增收、粮食安全、农畜产品有效供给，奉献聪明才智和毕生精力，是社会公益的无私执着奉献者。

中国科学院内蒙古草业研究中心落户内蒙古农牧业科学院，全国第十一届人大常委会副委员长、原中科院院长路甬祥和内蒙古自治区党委书记胡春华为中心揭牌。

全国第十一届政协副主席罗富和在自治区党委副书记、政府主席巴特尔陪同下，参观内蒙古农牧业科学院百年院庆科技展。

国家现代农业产业技术体系首席科学家、内蒙古农牧业科学院白晨研究员在我院试验地观察甜菜品种。

内蒙古农牧业科学院领导班子

山西漳泽电力股份有限公司内蒙古分公司简介

总经理 张玮

2007年6月18日，山西漳泽电力股份有限公司内蒙古分公司在呼和浩特市正式注册成立,公司隶属于中国电力投资集团公司华北分公司（以下简称中电投华北分公司）和山西漳泽电力股份有限公司（以下简称漳泽电力），（中电投华北分公司和漳泽电力为两块牌子、一套班子经营），是中电投华北分公司和漳泽电力在内蒙古自治区设立的区域性管理公司，担负着内蒙古自治区中西部地区电力及相关项目的开发、建设、管理任务。代表中国电力投资集团公司在内蒙古自治区中西部从事项目前期工作。

公司现下辖两座风力发电厂，共装机14.85万千瓦，其中乌中旗风电厂装机9.9万千瓦，一期4.95万千瓦项目于2007年建设，2008年投产并移交生产，是中电投华北分公司和漳泽电力发展史上第一个投产的风电项目。二期4.95万千瓦项目于2010年5月13日开工，同年11月30日完成试运行，2011年5月12日移交生产。三期4.95万千瓦工程已取得核准，将于今年5月开工建设、年底投产发电。达茂旗风电厂装机4.95万千瓦，于2009年6月26日投产。两座风电厂均坐落在一类风资源区，设计可利用小时数均达2000小时。

公司的第一个光伏发电项目——磴口光伏发电一期2万千瓦项目将于今年开工建设并投产。公司现积极推进的重点项目有达茂旗百万风电基地20万千瓦项目、乌中旗百万风电基地10万千瓦项目、乌后旗风光一体化项目等。

公司现设有综合管理部、安全生产与科技环保部、计划发展部、财务资产部、基建工程部、磴口光伏发电筹建处，共五个职能部门和一个项目筹建处，另有一个常驻办事处—审计办事处。

近五年来，内蒙古分公司本着“发展清洁能源、服务社会公众”的理念，累计完成发电近10亿千瓦时，累计上缴利税7800余万元，实现员工就业近100人，取得了良好的经济社会效益。

今后，内蒙古分公司本着充分利用内蒙古自治区的资源优势、中电投华北分公司的资金与技术优势，西部开发区的政策优势，以开发清洁能源为立足点，做大做强风电、光伏发电产业。通过优化产业布局，将内蒙古分公司打造为集风电开发、光伏发电等位一体的综合性新能源区域管理公司。

领导班子成员：

总经理：张玮

党委书记：张作栋

副总经理、总工程师：薛华武

财务总监：焦跃军

乌中旗风电厂厂长：郭跃年

达茂旗风电厂厂长：苗琦

公司员工合影

内蒙古水利水电勘测设计院

简介

包头镫口扬水站

达　电

内蒙古自治区水利水电勘测设计院成立于1956年，是自治区水利水电行业唯一的甲级设计院。我院持有建设部颁发的工程设计水利行业和电力行业新能源风力发电甲级，市政公用行业给排水、电力行业水力发电、农林行业农业综合开发乙级，工程勘察综合类甲级，国家测绘局颁发的测绘甲级，国家发改委颁发的工程咨询甲级，国家环保总局颁发的环境影响评价乙级，水利部颁发的水文水资源评价甲级、建设项目水资源论证甲级、建设项目水土保持方案编制甲级、建设监理甲级等资质证书。2001年通过ISO9001（2000版）国际质量管理体系认证。全院现有职工668人，其中：博士4人，硕士67人，高级职称178人，中级职称121人，执业注册人员154人。我院勘测设计共有49个专业、27个工种，主要从事大中型水利水电工程及其它相关工程的勘测、规划、可研等水利水电前期工作和施工设计。业务范围包括水利枢纽、水电站、工程勘察、工程测量、防洪工程、水土保持、水资源评价论证、环境影响评价、洪水影响评价、工程评估咨询、市政给排水、农业综合开发、农业灌溉、城市与工业供水、风力发电等多个方面。我院现有总资产近亿元，是一所配备齐全，技术力量雄厚，仪器设备先进，实践经验丰富的综合性勘察设计院，是全国水利系统的文明单位。

我院奉行“诚信敬业、追求卓越、奉献水利、造福社会”的共同价值观和“同心合力、不懈奋斗”的团队精神。50年来，先后完成勘测设计项目2300余项，完成了大量的流域、水资源、灌区、防洪的规划，如海拉尔河流域规划，西辽河流域规划，海滦河

昆都仑水库

红山水库

流域规划，内蒙古黄河流域规划，内蒙古内陆河流域规划、内蒙古松辽流域规划，黄河、西辽河、海河、嫩江、松花江、国际界河额尔古纳河等江河流域区域的水利水电综合开发规划，全区水资源综合规划，第一次、第二次全区水力资源普查及开发利用规划，黄河河套灌区、西辽河灌区、镫口扬水灌区、麻地壕灌区、大黑河灌区、察尔森灌区等大型灌区的规划、修正规划及设计；完成的水库、枢纽即除险加固工程有绰勒、红花尔基、大石门、美岱、哈拉沁、札萨克、红山、三盛公、乌拉盖、红领巾等近80座；完成的工矿、城镇供水工程有引黄入呼、托克托电厂、达拉特电厂、准格尔煤田小沙湾、鄂尔多斯硅电、苏里格燃气电厂、新丰电厂等32项；还有黄河、西辽河、嫩江、国际界河额尔古纳河及呼和浩特市、包头市、乌海市、乌兰浩特市、海拉尔市、满洲里市等重点城市的防洪防凌和国土防治工程；黑河额济纳绿洲生态抢救治理工程、浑河、窟野河流域水土保持生态工程、黄土高原淤地坝建设等生态和水保工程；黄河、西辽河、嫩江、额尔古纳河及呼和浩特市、包头市、亚行贷款项目等环境治理工程44项；内蒙古自治区拥有丰富的风力资源，我区风电装机容量占全国风电总装机容量的30.74%，其中12.15%由我院负责完成勘测设计工作，近年还完成了内蒙古自治区风电发展规划，内蒙古乌兰察布市风电发展规划，内蒙古巴彦淖尔市风电发展规划，大唐卓资风电场一二期勘测设计，吉林镇赉风电场勘测设计，宏腾能源百灵庙风电场勘测设计，北方龙源朱日和风电场二期施工图设计等风电项目58项；完成的国际项目有马来西亚“绿野仙踪”船闸工程项目的设计；完成的国内项目有上海中港闸设计，北京清河二期治理五座水闸设计，北京市通州北关分洪枢纽改建工程可行性研究，云南省牛栏江黄角树水电站勘测设计，松花江流域干流治理工程基础工作通让铁路桥至拉林河口段地形图测量等；此外还完成了环境影响评价、水资源调查评价、水资源论证、洪水影响评价等项目约80项。

建院以来，获得省部级以上科技成果奖65项。在大型灌区设计、多泥沙河流水库、水利枢纽、城市工业供水以及灌区节水改造等方面拥有先进成熟的技术和经验。例如80年代设计建成并投入运行的河套灌区总排干沟红圪卜排水站，设计排水流量100m3/s，担负着河套灌区960万亩耕地地下水、退水及北部山洪、滞洪区的排退水任务，该排水站积极引进国外先进技术，具有大流量、低扬程的特点，荣获1996年自治区科技进步一等奖、97年全国第七届优秀设计银质奖。投资7.2亿元世行贷款的中国北方项目—河套灌区配套工程（净灌面积315万亩）1999年获自治区科技进步一等奖，并获2000年度国家科技进步二等奖。90年代初达拉特4×330MW火电厂供水工程黄河长距离顶管优化设计新技术应用研究获自治区科技进步二等奖。乌兰察布市风电发展规划于2007年5月获得内蒙古自治区优秀工程勘察设计（工业、市政类）二等奖。

近几年，我院坚持以科学发展观统领全局工作，抓住西部大开发和振兴东北老工业基地的历史机遇，实施“科技兴院，人才强院”战略。深化改革，开拓创新，科学管理，与时俱进，在确保完成自治区党委、政府、水利厅交办的社会公益性工程项目的基础上不断拓展工作领域和国际市场。我院将以自身的技术优势和严谨真诚的服务态度竭诚为社会服务，并希望与国内外各界同仁建立广泛的业务联系，加强各领域的技术交流与合作，携手共进，共创美好明天。

大唐卓资风电场

河套灌区红圪卜排水站

三盛公水利枢纽

内蒙古供销合作社:服务农牧 科学发展

2010年12月8日，自治区政府主席巴特尔和全国供销合作总社主任李成玉在中华全国供销合作总社和内蒙古自治区人民政府加快推进新农村新牧区现代流通服务网络工程建设合作备忘录上签字

2012年7月5日，中华全国供销合作总社党组书记、理事会主任杨传堂，自治区政府副主席王玉明代表双方在中华全国供销合作总社、内蒙古自治区人民政府《关于发挥供销合作社优势，进一步促进内蒙古经济社会又好又快发展合作协议》上签字。自治区党委书记、人大常委会主任胡春华，内蒙古自治区党委副书记李佳，党委常委、秘书长符太增出席签字仪式。

供销合作社是为农牧服务的合作经济组织，是农村牧区商品流通的重要渠道，是推动农村牧区经济发展和社会进步的重要力量。多年来，内蒙古供销合作社系统始终坚持为“三农三牧”服务的宗旨，坚持社会主义市场经济改革方向，坚持合作制基本原则；深化体制机制改革，扎实推进基层组织、社有企业、联合社改革与发展和经营服务网络建设；积极开展组织创新、经营创新、服务创新；各项工作取得了明显成效。

组织建设明显增强。全区供销合作社系统由旗县级以上供销合作社联合社、社有企业实体经济和基层供销合作经济组织三类主体构成，是自下而上联合、自上而下服务的合作经济组织联合体。截止目前，全系统有三级联合社机构 107 个（其中：自治区级联合社 1 个、盟市级联合社 12 个、计划单列市联合社 1 个、旗县级联合社 93 个）；旗县级以上社有企业 344 个；基层供销合作经济组织 7253 个（其中：基层供销合作社 393 个，农牧民专业合作社 3714 个，村级综合服务社 3146 个）；各级联合社主管领办的行业（专业）协会 1215 个。全系统共有从业人员总数 20947 人。自治区供销合作社内设 8 个处室，下设 8 个直属出资企业，1 所全日制重点中专学校。

经济实力显著提升。全区供销合作社系统在自治区党委、政府的正确领导和中华全国供销合作总社的关怀指导下，紧紧围绕全区经济社会发展大局，立足全区供销合作系统工作实际，认真贯彻国发〔2009〕40 号和内政发〔2009〕108 号文件精神，大力实施“项目兴社”发展战略，全面推进新农村新牧区现代流通网络工程（简称“新网工程”）建设，经济实力、发

内蒙古西部地区唯一的电子废弃物拆解企业内蒙古铉力和再生资源开发有限公司现代化废弃电子产品拆解流水线

2010年12月9日，内蒙古自治区党委书记胡春华、自治区政府主席巴特尔出席中华全国供销合作总社和内蒙古自治区人民政府加快推进新农村新牧区现代流通服务网络工程建设合作备忘录签约仪式

内蒙古自治区党委书记、自治区人大常委会主任胡春华同志和全国供销合作总社主任杨传堂同志在呼和浩特市供销合作社内蒙古车辆交易所调研

自治区供销合作社主任薄连根同志陪同内蒙古自治区党委书记、自治区人大常委会主任胡春华同志和全国供销合作总社主任杨传堂同志在内蒙古自治区供销合作社直属企业内蒙古润创冷链物流有限责任公司视察调研。

展活力和服务能力显著增强。2011 年，全区供销合作社系统实现商品购销总额 416 亿元，同比增长 30%。汇总实现利润 2.96 亿元，同比增长 40%。资产总额近 82 亿元，所有者权益 34.5 亿元，同比分别增长 45% 和 52%。上缴各种税费总额 1.58 亿元，同比增长 29%。

现代流通服务网络快速发展。到 2011 年，全系统发展农资、日用消费品连锁经营企业 115 个，建设农资、日用消费品等连锁配送中心 188 个，发展连锁门店 9709 个，发展再生资源经营网点 763 个，建设各类农产品、商品批发交易市场 76 个。2011 年，全系统组织供应农牧业生产资料 70.76 亿元，其中，销售化肥 144 万吨，占到全社会需求量的 80% 以上，组织收购农畜产品 67.13 亿元，完成日用消费品经营额 97.91 亿元，实现再生资源购销总额 10.05 亿元。农资供应和大宗农畜产品经营业务始终保持主导地位。

“十二五”期间，内蒙古自治区供销合作社将坚持稳中求进的工作总基调，坚持组织创新、经营创新、服务创新，紧紧围绕“打造全新供销合作社”的工作主线，全面提升全区供销合作社系统为“三农三牧”服务能力和综合经济实力，加快实施“项目兴社、人才强社、开放办社”发展战略。规划到 2015 年，全系统培育由供销合作社控股的大型农村牧区商贸流通及加工龙头企业 60 家；在盟市及旗县建设区域性标准化农资配送中心 60 个、日用消费品配送中心 90 个；改造建设区域性大型农畜产品批发交易市场及产地批发市场 60 个；改造建设规模化再生资源交易市场 14 个；全系统创办和领办各类规范化运作的农牧民专业合作社 6000 个，兴办服务功能齐全的乡村级综合服务合作社（兼农家店）7000 个，基层供销合作社全部完成经济区域化中心社建设，60% 的旗县依托旗县级联合社成立农村牧区合作经济组织联合会。到 2015 年末，供销合作社系统经营服务网络覆盖全区全部苏木乡镇和 60% 以上的嘎查村，联结带动农牧户数占到全区农牧户总数的 30% 以上，帮助农牧民实现收入年平均增长 20% 以上。

2010年8月30日，自治区农村信用社联合社与自治区供销合作社联合社签署战略合作协议

2011年12月28日，全区首家农超对接连锁超市内蒙古供销合作社绿泰名优特产超市开业

神华准格尔能源有限责任公司(哈尔乌素分公司)简介

准能公司大楼

神华准格尔能源有限责任公司(中国神华哈尔乌素煤炭分公司)是集煤炭开采、坑口发电、铁路运输及粉煤灰提取氧化铝为一体的大型综合能源企业，是中央企业神华集团有限责任公司的控股子公司。2005年随中国神华能源股份公司上市，公司注册资本金71.21亿元。截止2011年12月份，神华准格尔能源有限责任公司及中国神华哈尔乌素煤炭分公司总资产317.9亿元,两公司共设直属单位和机构30个，机关部室18个，在册员工16113人。

准格尔煤田位于内蒙古自治区鄂尔多斯市准格尔旗，地处蒙、晋、陕交界处，东临黄河，北距首府呼和浩特市120公里。煤田已探明地质储量267.6亿吨（我公司拥有煤炭资源储量30.98亿吨），煤层平均厚度32.8米，属低硫、特低磷、高灰熔点、较高挥发份和较高发热量的长焰煤，应用基底位发热量为4000–5600大卡/千克，是优质动力和气化及化工用煤，以低污染而闻名，被誉为“绿色煤炭”。

目前，公司主营业务有煤炭开采、坑口电厂发电、铁路运输。随着公司粉煤灰提取氧化铝项目的积极推进，公司将煤炭开采、电厂发电、铁路运输一体化的产业结构模式延伸为由煤炭开采、铁路运输、循环经济一体化的产业结构模式。建立循环经济工业园区是准能公司转变经济发展方式的重大举措，是公司调整产业结构的重点建设目标，形成“煤炭开采—劣质煤及煤矸石发电—粉煤灰提炼氧化铝—电解铝”的产业链，实现煤炭资源的综合利用，大力发展循环经济，充分挖掘废弃物资源利用价值，打造环保新型的战略型产业，实现企业效益最大化。

公司拥有年生产能力2500万吨的黑岱沟露天煤矿、洗选能力为2500万吨的选煤厂；受神华集团公司委托管理年生产能力2000万吨的哈尔乌素露天煤矿及配套的选煤厂和全长16.187公里的点（岱沟）–南（坪）运煤铁路专线；装机容量2×100MW的坑口发电厂、装机容量2×150MW和2×330MW的煤矸石发电厂；正线全长264公里、年运输能力7000万吨的大（同）—准（格尔）电气化铁路专用线。2010年开工建设粉煤灰提取氧化铝工程中试工厂，目前工艺流程已全面贯通，2012年开始建设年产100万吨氧化铝示范厂；还有配套的供电、供水、通讯、计算机网络、污水处理等生产辅助设施。

2011年，公司完成煤炭生产5922万吨，其中黑岱沟露天煤矿完成3122万吨，哈尔乌素露天煤矿完成2800万吨，收购煤200万吨；发电23亿度；铁路运输7630万吨。两公司主营业总收入175.39亿元，总利润42.4亿元，总税费34.96亿元。

神华准格尔能源有限责任公司践行科学发展观，坚持依靠科技进步，走资源利用率高、安全有保障、经济效益好、环境污染少的可持续发展道路，在创造良好的社会效益和经济效益的同时，为解决地区剩余劳动力就业以及带动当地经济发展作出了应有的贡献。

选煤厂

采掘现场

小沙湾取水

黑岱沟露天矿大型设备吊斗铲紧张生产的情景

中国石油华北油田公司二连分公司

二连分公司党委书记 孙学信

华北油田公司副总经理、二连分公司经理 高贵民

中国石油华北油田公司二连分公司位于内蒙古自治区锡林浩特市，地处美丽的锡林郭勒大草原腹地，主要担负二连油田原油产、储、运、销任务。勘探开发区域主要集中在二连盆地，共投入开发13个油田43个油藏，年原油生产能力80万吨。分公司下属二级单位35个，机关部室15个，直属及附属单位14个，在职员工3350人。

二连油田大规模勘探开发建设始于上世纪80年代。1984年9月，成立华北石油管理局二连勘探公司。1984年11月，更名为华北石油管理局二连石油勘探开发公司。1999年10月，重组分立为华北油田公司二连分公司和华北石油管理局二连油区综合服务处。2006年3月，重组整合为现在的华北油田公司二连分公司。

28年来，二连油田创造了一系列辉煌业绩，曾实现百万吨油田建设三年任务两年完成，连续10年稳产100万以上，原油产量最高达125万吨。截止2011年底，累计生产原油2078万吨，上缴各种税费52.1亿元，为中国石油工业的发展和锡林郭勒盟经济的腾飞作出了重大贡献。

多年来，面对油田地下矛盾突出、老区稳产难度大、优质接替资源不足、成本压力逐年增加等严峻挑战，二连分公司始终坚持以科学发展观为统领，认真贯彻油田公司工作部署，积极弘扬大庆精神、铁人精神，不断实践并丰富二连油田“艰苦奋斗、爱岗敬业”精神，适时调整战略方向，落实阶段工作部署，依法经营，精细管理，圆满完成了任务指标，主要取得了以下十个方面成绩。

（一）油田开发保持较高水平

坚持勘探开发、评价建产一体化方针，深化实施“两控两提”，深度开展老油田综合调整治理。精细油藏描述工作扎实深入，14个油藏描述和重点治理区块，增加可采储量169.5万吨，提高采收率1.9个百分点；三次采油形成规模，17个三次采油区块，实现增油37.2万吨；低效区块产能恢复初见成效，哈76等4个区块恢复产能2.1万吨。“油田自然递减由13.3%下降到7.5%，综合递减由7.5%下降到2.8%，含水上升率控制在1%左右，保持国内低渗、特低渗复杂断块油藏高含水开发阶段最好水平。

（二）工程工艺水平显著提升

坚持“简单、可靠、低耗、安全”原则，精心组织重点工程调改，精细工程工艺完善和日常管理。油田注水水质合格率提高10.8个百分点、分注合格率提高7.6个百分点。抽油机、螺杆泵检泵周期分别延长87天及113天，杆管断脱得到有效控制，年断脱由120井次下降至80井次；清防蜡费用明显降低，平均单井年清防蜡费用降低5000元。冷输工作成效显著，累计节约成本819万元。油田注、采、输系统效率分别提高1.3、3.0和5.3个百分点，吨液、吨油单耗分别下降3.0和2.5千瓦时，影响开发生产的瓶颈性工艺问题得以逐步解决。

（三）安全环保形势根本好转

坚持安全环保每天从零做起，建立健全常态化、制度化的巡查体系，强化事前预防和控制，加强要害部位、关键环节的监督与管理；扎实开展教育培训，强化直线责任，落实属地管理，全员责任意识和素质能力不断增强。积极开展风险评估，投资2.3亿元，加大不安全工艺管网整改力度，全面实施电力系统优化升级，对阿尔善油田进行整体改造，累计完成了58项安全隐患治理工程，安全生产、清洁生产基础进一步巩固。全面完成了油田公司下达的安全环保指标。

（四）操作成本得到有效控制

面对操作成本不断攀升的压力，牢固树立过紧日子思想，狠抓成本持久控制。坚持保生产、保安全、保一线、保员工利益原则，大力压缩非生产性开支。积极推行零基预算管理，提高预算的准确性。严格执行经营日报和成本超支预警，对预算执行情况实施有效监控。编制了“一组一策”油藏经营管理实施方案，试点工作积极推进。实行零星维修及设备修理清单报价，提高了成本效率。

（五）管理体制和运行机制日趋完善

以规范运作、提高效益为目标，积极推进改革创新。顺利完成分公司与原服务处的重组，实现了思想理念、制度文化和感情上的迅速融合。深入推行全面风险管理，科学组织管理职责和业务流程梳理，完善三级体系运行模式，创新开展执行力考核，实现了管理的系统化、规范化、科学化。不断强化市场合同、招标议标、资产设备、监察审计、质量监督等管理，切实加强过程控制。完善人才培养机制，推进劳动用工和薪酬分配制度改革，充分调动了广大员工的积极性和创造性。建立片区协调机制，统筹协调内外部关系，整体优化组织实施，保障了油田生产建设的有序进行。

（六）科技进步取得明显成效

紧紧围绕开发生产实际，以增储、稳产、增产、增效为目标，扎实搞好科研及新技术推广工作，着力解决制约油田发展的关键问题。累计投入科研经费869万元，完成科研课题40项，其中获省部级以上科技进步奖6项，获国家专利1项，获油田公司重奖14项，精细油藏描述、提高系统效率、水平井、带压作业等工艺技术应用于开发生产，见到明显效果。

（七）党建和思想政治工作不断加强

扎实开展学习型“四好”领导班子创建，深入开展“四强”、“四优”和党支部“六个一”争创活动，充分发挥党员先锋模范作用和党支部战斗堡垒作用，党组织的政治核心地位不断加强。创新思想政治工作方法和途径，强化思想教育，促进广大干部员工思想观念的更新和转变，思想政治工作的生命线作用充分发挥。深入开展大庆精神、铁人精神再教育，广泛宣贯中石油企业文化理念，着力培育二连油田特色文化。“艰苦奋斗、爱岗敬业”的二连油田精神，凝聚了力量，鼓舞了士气，有力保障和推动了油田发展。

（八）矿区生活环境得到明显改善

坚持发展惠民原则，努力为员工群众办实事、做好事、解难事。累计新建、扩建矿区道路3.9公里，新增绿化面积3.5万平方米，更换水暖管网5.8千米，21栋住宅楼实施了平改坡和楼体维修。精心组织锡林矿区集资房建设，积极协调边远站点住房回迁，解决了513户无房户和55户回迁户的住房需求。投资3576万元，对阿尔善基地进行整体升级改造，员工就餐、住宿、洗浴等生活条件明显改善。持续实施“一线环境工程”，完成了163个一线站点维修改造，配备生活文体设施660台套。员工收入稳定增长，各项福利政策得到有效落实。

（九）生产辅助和后勤保障能力显著增强

加大资金投入力度，先后更新各类特种作业设备、车辆101台套，大幅提高了生产辅助保障能力；实施锡阿、阿宝公路等300余公里生产道路大修，更新大客车7台，保证了生产生活通勤的需要；完成矿区锅炉房、水电暖系统改造，生活后勤保障能力极大提升；为职工医院配置各种医疗设备16台套，医疗卫生服务条件进一步改善。

（十）企业形象和影响力大幅提升

认真履行国有企业三大责任，深化与各级地方政府部门的协调合作，深入开展对口扶贫援建，大力开展多种形式的油地、军企共建，赢得社会各界广泛赞誉。“十一五”期间，分公司在国家、地方、行业组织的各类评奖中屡获殊荣，先后荣获中国文化管理典范单位、全国群众体育先进单位、全国模范职工之家等国家级荣誉6项，荣获河北省明星企业、内蒙古自治区环境友好企业、诚信企业、集团公司先进集体等省部级荣誉10项。特别是连续三届蝉联全国文明单位，树立了良好的企业形象，成为边疆少数民族地区现代工业文明的一面旗帜。

分公司环保人员在检测井场植被恢复情况

低温严寒下的石油人

二连石油人的艰苦奋斗精神

提升首府城市综合竞争力全力打造呼和浩特如意总部基地

如意工业园区党委书记管委会主任逯志强在总部经济论坛上致词

自治区党委书记胡春华视察如意工业园区

自治区人民政府主席巴特尔视察利乐公司

按照自治区党委书记胡春华提出的“打造一流首府城市、建设一流首府经济”的要求，市委、政府根据“一核双圈一体化”战略部署，提出了打造“一街五区”的城市发展布局。呼和浩特如意总部基地的建设对调整优化首府产业结构，推动首府经济向高端智力型、科技型、服务型转化，不断提升城市综合竞争实力、提高首府城市服务自治区经济发展能力和辐射带动作用具有重大战略意义。

一、建设如意总部基地的必要性

呼和浩特如意总部基地建设规模11.6平方公里。以如意工业园区为核心区域，北至新华大街，南至鄂尔多斯大街，西至二环东路，东至哈拉更沟。如意工业园区发展总部经济、建设如意总部基地综合优势得天独厚。

二、发展定位

整合如意北区现有土地资源，“腾笼换鸟”，突出行政中心、商务中心、金融中心的功能定位，力争在短期内建设成西部最具活力、现代服务业高度聚集的总部基地。重点发展现代服务业，致力于打造与国际接轨的总部经济聚集地。

三、全速推进中心区建设进程

规划先行。依托东河水系大景观带，围绕“两纵七横”道路框架，从2011年3月开始，如意工业园区管委会正式委托中国建筑研究院建研城市规划研究院进行总部基地设计。经过半年多上上下下多方修改论证，设计方案已经市规划委员会论证通过。中心区总建筑面积1500万平方米，其中新增建筑面积700万平方米，容积率1.5—5.0，建筑密度25—40%，绿地率40%。

按照规划，“十二五”的前3年是呼和浩特如意总部基地发展的高峰期，后两年属收尾期。5年后，如意总部基地将成为呼和浩特市乃至自治区现代化气息最浓烈、城市综合建筑群最靓丽、功能设施最完善、经济最活跃的现代服务业高度聚集区。

自治区政府副主席王波视察如意工业园区

蒙牛集团简介

蒙牛乳业集团总裁　杨文俊

内蒙古蒙牛乳业（集团）股份有限公司始建于1999年8月，总部设在内蒙古和林格尔县盛乐经济园区。艰辛创业十多年来，现在已经发展成为拥有总资产173亿多元、职工近3万人、年生产能力达650万吨、销售超300亿元的规模化乳制品加工企业。

本着“致力于人类健康的牛奶制造服务商”的企业定位和打造“百年蒙牛”的愿景，蒙牛集团借改革开放、西部大开发的春风取得了长足发展。截至2010年底，蒙牛集团已经在全国19个省区市建立生产基地29个，拥有液态奶、酸奶、冰淇淋、奶粉、奶酪五大系列400多个品项。据2011年国家权威统计部门资料显示，蒙牛乳制品连续五年位列国内乳制品市场销量、销售额第一，液体奶及酸奶产品均稳居国内市场占有率第一位。

11年来，蒙牛集团在全国各生产基地的周边地区建立奶站3000多个，联系奶农200多万户，累计收购鲜奶超过2000万吨、为农牧民发放奶款500多亿元、创造产值1421亿元、缴纳税款69亿元、提供就业岗位超过40万个，被社会形象地誉为西部大开发以来“最大的造饭碗企业”。在荷兰合作银行发布的世界乳业排行榜上，蒙牛集团跻身世界乳业前20强的第16位。

获得“健字号”认证的蒙牛冠益乳于2010年3月17日举行产品发布会

2010年蒙牛集团组织开展了“生态行动 助力中国”大型公益活动

蒙牛高智能化牛奶生产基地

蒙牛转盘式挤奶

内蒙古自治区残疾人康复服务中心简介

2011年自治区残疾人就业援助月活动现场

内蒙古自治区残疾人康复服务中心成立于1991年9月，是隶属于自治区残联的正处级财政全额拨款公益性事业单位。1998年经自治区编委批准由原“内蒙古自治区残疾儿童康复中心”更名为“内蒙古自治区残疾人康复服务中心”，同时挂“内蒙古自治区聋儿听力语言康复中心”牌子。2006年12月经自治区编委批准，增挂“内蒙古自治区残疾人辅助器具资源中心”牌子，现为一个机构三块牌子。中心占地面积3800平方米，建筑面积2300平方米，现有编制41人，其中聋儿语训教师编制16人，管理人员编制23人，工勤编制2人。现实有人员34人，其中具有聋儿听力语言康复训练、听力测试、医疗技术等专业高级技术职称5人，中级技术职称8人，初级技术职称6人；具有大专以上学历30人，中专学历1人；经国家和省级培训的专业技术人员23人。中心拥有启音博士微机发声训练系统、双轴道临床诊断听力计、携带型助听器分析仪、ABR听觉脑干诱发电位、40赫听觉相关电位、耳声发射、声阻抗等现代康复医疗设备。

中心内设听力语言康复训练部、医疗门诊部、假肢装配站和办公室。主要职能：一是开展聋儿语言康复训练，进行康复综合评估，培训基层语训教师，培训和指导聋儿家长开展家庭康复训练。二是负责在训聋儿医疗保健、测听、调试助听设备、耳模制作、听觉功能评估、智商检测。三是开展残疾人假肢安装、矫形器制作、配发残疾人辅助器具等。

中心成立二十年来，各项业务建设不断发展，初步形成了集康复训练、教育、辅助器具适配为一体的省级特殊教育机构。中心的主要业务是聋儿语训，承担着国家和自治区0—6岁听障儿童抢救性项目的康复训练，国家人工耳蜗的术后训练以及台湾台塑集团人工耳蜗救助项目的术后训练任务，是中国聋儿康复中心定点的人工耳蜗训练基地。目前在训聋儿53名，已累计收训聋儿500多名，语训后的聋儿进入普幼普小随班就读率近40%。中心还开展了孤独症儿童康复训练试点任务，并全面完成了“十五”、“十一五”国家彩票公益金辅具发放和适配任务。中心成立以来，受到社会各界的广泛关注并得到国际友人的关爱。美国、澳大利亚、丹麦等国家的朋友都曾到中心参观指导，香港明爱等机构和个人为中心捐赠了康复医疗设备和助听器，国航内蒙古分公司将中心确定为青年公益活动基地，这些帮助都促进了中心的发展。

自治区残联党组书记、理事长杨志民为中心学生捐赠校服

30名“人工耳蜗项目”受助儿童家长向自治区残联送匾额

自治区残联党组书记、理事长杨志民与安装人工耳蜗的儿童交谈

内蒙古自治区新闻出版局

内蒙古新闻出版局局长　杨红岩

1951年初，内蒙古自治区人民政府在张家口成立了自治区新闻出版局，这是内蒙古自治区成立后建立的第一个出版管理机构。在此后的社会主义事业创建时期，在“文化大革命”十年浩劫期间，内蒙古新闻出版局几经撤销、恢复。党的十一届三中全会以后，自治区的新闻出版事业步入了恢复、振兴和繁荣发展时期。1988年5月12日，内蒙古自治区新闻出版局正式恢复成立，为自治区人民政府直属机构。1998年，自治区新闻出版局正式加挂版权局的牌子。2001年，全区各盟市新闻出版（版权）局挂牌成立。2009年，“扫黄打非”职能重新划归自治区新闻出版局。目前，自治区新闻出版局主要职能是：贯彻执行党和国家关于新闻出版管理的方针、政策、法规、条例，负责研究制订全区新闻出版（版权）的政策、法规、条例、规划，负责对全区新闻出版单位、出版物、出版活动、出版市场的行业监督管理工作。现内设办公室、出版产业发展处（法规处）、新闻报刊处、出版管理处（审读处）、印刷发行管理处、反非法与违禁出版物处（自治区“扫黄打非”工作办公室）、版权管理处等7个处室，此外单列机关党委。

内蒙古新闻出版局迁址仪式

自治区党政领导巴特尔、任亚平、乌兰、刘新乐等出席庆祝新中国成立60周年暨全民阅读活动启动仪式

杨红岩参加内蒙古精品图书展

团结奋进的新闻出版局领导班子

内强素质 外树形象
不断推进机关事务工作发展

2011年8月15日，东北、华北八省区市机关事务工作联席会议在内蒙古召开，与会代表对公车治理工作进行了研究和讨论

管理局负责代建的内蒙古科技馆暸望塔建设项目方案设计评选会。自治区党委书记胡春华、自治区政府主席巴特尔等领导参观设计方案。

节能宣传周活动办公区职工步行上下班

内蒙古自治区人民政府直属机关事务管理局自2002年建局以来，坚持以邓小平理论和“三个代表”重要思想为指导，深入学习实践科学发展观，紧紧围绕自治区党委、政府中心工作，以“领导满意、机关满意、干部职工满意”为目标，坚持廉洁、服务、节俭原则，按照自治区领导对机关事务工作提出的“规范服务、优质服务、节俭服务、细化服务”要求，内强素质，外树形象，在探索后勤工作主脉中不断拓展职能职责，逐步健全完善机关事务工作制度和流程，全面提升后勤管理能力、保障服务水平和干部职工队伍的综合素质，为自治区党政机关的正常、高效运转提供有力保障。

管理局承担着自治区党政机关办公区（14个厅局）、政府机关办公区（35个厅局）的水电暖运行、维修保障、卫生保洁、工勤服务、会议接待、绿化美化，以及社会治安综合治理、安全保卫、幼儿教育、医疗卫生、餐饮服务、住宅区物业管理等工作，负责自治区人民政府及政府办公厅的财务管理、资产管理、公务接待、车辆服务、机关文印工作。面对新形势、新要求，管理局以提高服务水平、增强保障能力为工作出发点，进一步强化自治区公共机构节能管理和资产管理职能，认真完成自治区本级政府投资非经营性项目建设试点、公务用车问题专项治理等工作，努力改革机制、创新方式，坚持推行服务社会化、保障法制化，不断提升专业化水平，增强服务保障能力。

管理局党委在政府办公厅党组、厅机关党委的领导下，以邓小平理论和“三个代表”重要思想为指导，深入贯彻落实科学发展观，与时俱进，开拓创新，健全完善保持共产党员先进性的长效机制，以党建促进“管理、服务、保障”工作为核心，以构建责任清晰、机制健全的党建工作新格局为抓手，以开创党组织发挥战斗堡垒作用的党建工作新局面为目标，紧紧围绕管理局不同时期的中心工作，不断强化基层党组织的思想、组织、作风和党风廉政建设，形成了一整套较为完备的后勤制度体系，借助活动载体和岗位技能培训，提高队伍素质，不断增强党组织的凝聚力和战斗力，较好地完成了政府办公厅党组和厅机关党委赋予我们的各项工作任务。

为自治区政府领导及政府办公厅机关提供有力的车辆服务保障

成立公务用车问题专项治理领导小组，认真开展公车治理工作

内蒙古自治区建设工程招标投标服务中心

组织学习

民主评议

招标现场

反腐败抓源头工作联席会议

内蒙古自治区建设工程招标投标服务中心（即自治区有形建筑市场，以下简称“中心”）是在整顿和规范建筑市场秩序，深化工程建设管理体制改革，探索建立与社会主义市场经济体制相适应的工程建设管理方式的实践中孕育和发展起来的。

“中心”成立于1996年12月，主要职能：一是为建设工程招标投标提供设施齐全的场所；二是收集、存贮和发布招投标、政策法规、企业及工程造价等信息，并开展咨询服务；三是为政府主管部门实施监督和管理提供条件。

“中心”成立以来，已累计完成建设工程招标投标5170项、中标金额约1137亿元。截止到2011年11月底，已完成建设工程招标投标463项、中标金额约194亿元。“中心”已经从建立初期单一的施工招标扩大到勘察、设计、监理、材料设备采购等。专业工程中，电力工程、铁路工程已经全部进场交易，部分水利和公路项目进场试点。

“中心”现已经成为能够满足各类工程招标投标需要的全区一流、全国上游的有形建筑市场。2007年12月，被自治区人事厅、建设厅评为“全区建设系统先进集体”； 2009年7月被住房和城乡建设部评为“全国住房和城乡建设系统创建文明行业示范点”；2011年7月被评为全区住房和城乡建设系统“文明杯”规范化服务竞赛活动“十佳”文明服务窗口单位。

多年的实践证明，“中心”为推进建设行业精神文明建设，维护建筑市场正常秩序和规范建设工程招标投标活动，从源头上预防工程建设领域腐败行为的滋生，发挥了重要的作用。

全力推动文化发展 “十二五”实现精彩开局

国家文化部蔡武部长来我区指导工作。图为参观内蒙古展览馆。

内蒙古文化代表团赴马耳他、白俄罗斯、匈牙利、保加利亚四国进行文化交流和访问。图为马耳他总统阿贝拉参观内蒙古手工艺展。

2011年是“十二五”开局之年。这一年，中央召开了十七届六中全会，专题研究文化改革发展，这是建国以来的第一次，标志着我国文化建设进入了一个繁荣发展的黄金时期。国务院出台了《关于进一步促进内蒙古经济社会又好又快发展的若干意见》，内蒙古的经济社会文化生态等方面的建设已上升为国家区域发展战略。自治区编制的《国民经济和社会发展“十二五”规划》中，将文化建设单独列了一章，提出了建设民族文化强区的目标。文化厅也制定了《“十二五”文化发展规划》。在“十二五”开局之年，全区文化战线各方面工作齐头并进，整体推进，各项工作都有新亮点，开创了新局面，铺开了新画卷。

公共文化服务体系在夯实基础、丰富社会活动方面有新推进。文化厅对全区各级公共图书馆、群艺馆、文化馆（站）、社区和村文化室建设和管理现状，进行了广泛深入的调查。对盟市群艺馆进行了实地评估，对县级文化馆进行了抽查，对文化共享工程县级支中心进行了实地验收和评比，启动了对乡镇苏木综合文化站的试评估。推广鄂尔多斯公共文化服务建设经验，被文化部公布为第一批国家公共文化服务示范区。通过一系列的调研、评估、验收、推广，找到了存在问题，明确了群众需求，为下一步工作找准了方向。

全区社会文化活动丰富多彩。继续开展送戏下乡和“百团千场”下基层慰问演出活动，全区三级艺术院团共演出15600多场，其中下基层演出6830多场，创历史新高。图书馆、群艺馆、文化馆开始向社会免费开放。在“春雨工程——文化志愿者边疆行走进内蒙古”活动中，搭建了“大舞台”、“大讲台”和“大展台”。举办了《团结奋进的内蒙古大型主题展览》等20多个，接待各界观众10万人次。全区各地组织了一系列唱红歌比赛、新歌征集、文艺汇演等群众文艺活动，营造了欢乐祥和的文化氛围。

艺术创作生产在打造重点剧目、拓展演出市场方面取得新成果。大力扶持重点优秀舞台剧目。对已经搬上舞台，较为成熟的剧目，继续打磨提高，精益求精。《鄂尔多斯婚礼》作为优秀保留剧目，演出近300场，受到自治区乌兰夫基金会的表彰奖励；《花落花开》和《拓跋鲜卑》入选国家舞台艺术精品工程资助剧目。积极拓展演出市场。文化厅与北京保利剧院管理有限公司签约，合作经营管理内蒙古乌兰恰特，开发我区演艺市场，全年演出95场，接待观众达8万余人，平均上座率65%，收到了良好的社会和经济效益。向保利院线推荐了13台优秀剧（节）目。组织艺术院团开辟区外演出市场，积极参加全国性重大艺术活动。在第八届中国“荷花奖”民族民间舞蹈比赛中，内蒙古民族歌舞剧院的群舞《盅·碗·筷》获得群舞组作品金奖，填补了我区专业文艺院团在这一奖项上的空白。内蒙古民族歌舞剧院创作参演的歌舞《吉祥颂》获得中央电视台2011年春节联欢晚会歌舞类特等奖，这也是春晚三十年我区首次参演并获此殊荣的节目。成功承办了内蒙古草原文化节优秀剧（节）目展演、中国·呼和浩特少数民族文化旅游艺术节，圆满完成了中蒙青年友好联欢晚会编创演出，受到了中央政治局委员、中央书记处书记、中组部部长李源潮同志的高度赞扬和充分肯定。

文化遗产保护在推动元上都申遗、非遗传承展

文化厅与北京保利剧院管理有限公司签约，合作经营管理内蒙古乌兰恰特。图为签约仪式现场。

元上都遗址申遗万人签名启动仪式。图为启动仪式现场。

示方面有新突破。2011年是元上都遗址申遗的关键一年，几大重点工作顺利完成。考古发掘方面，发现了一大批珍贵文物。文物维修保护和展示工程、遗址大门建设工程以及遗址博物馆文物陈列工程全面竣工。草原生态、道路建设、文物安防监测等环境治理顺利进行。社会宣传深入人心。2011年8月，联合国教科文组织世界遗产委员会专家现场考察了元上都遗址，对元上都申遗工作给予了充分肯定，标志着元上都申遗工作取得了阶段性成果。

全区文物普查的验收工作圆满完成，国务院第三次全国文物普查领导小组办公室向我区致函表示祝贺。长城资源调查也受到了国家文物局长城项目办的好评。配合经济建设开展了考古发掘，重点保护了一批文物大遗址和古代墓葬。对全区30处国家级文保单位安装了“草原神灯”。严厉打击了盗掘古墓犯罪行为，追缴三级文物1件、一般文物26件。

非物质文化遗产保护传承方面有新的突破。2011年，我区有14个项目列入第三批国家级非遗名录，至此我区国家级非遗项目增加到63项。以自治区政府名义公布了第三批自治区级非遗名录项目。制定了《自治区文化生态保护区建设指导意见》和《自治区蒙古族长调民歌和蒙古族呼麦传承基地管理办法》，推进12个自治区级文化生态保护区和6个蒙古族长调民歌、呼麦保护实验基地建设。对蒙古语诵经等项目进行了抢救性保护。草原文化节闭幕式晚会推出了《五彩之光》非遗展演，成为一大亮点，扩大了全社会对非物质文化遗产的认知度和关注度。

文化产业在推动政银合作、发展新兴业态方面再上新台阶。积极联合金融机构支持文化产业发展。文化厅与10家银行签订的《支持文化产业发展战略合作协议》落实工作顺利推进，已有东联影视动漫科技公司、秦直道文化产业园、呼伦贝尔文化园、阿盟定远

内蒙古民族歌舞剧院的群舞《盅·碗·筷》

草原文化节闭幕式晚会推出《五彩之光》非遗展演，成为一大亮点。

深入开展送戏下乡和“百团千场”下基层慰问演出活动。图为下乡文艺演出现场。

营旅游开发等项目获得银行贷款9.3亿元。又向国家开发银行内蒙古分行推荐了16个文化产业重点项目。大力培育新兴文化业态。2011年，在国家及自治区各项政策的支持下，自治区动漫产业得到迅速发展，动漫企业和动漫产品的数量大幅度增长，动漫作品质量迅速提高。东联影视动漫科技有限公司等4家动漫企业通过了国家动漫企业认定，11家动漫企业的22个项目正在申报国家动漫精品工程，6家动漫企业的7个奖项正在申报中国文化艺术政府奖首届动漫奖。一批动漫（游戏）产业基地和主题公园正在规划建设中。

文化市场管理在加强专项整治、开展综合执法方面取得新成绩。开展了庆祝建党90周年全区文化市场专项保障行动、文化市场知识产权保护专项执法行动。加强了全区文化市场技术监管平台和综合执法办公系统建设。对全区3096家网吧和1243家电子游戏经营场所逐一进行了重新审核登记，摸清了底数，调查和纠正了一些违规审批的问题。启动了网吧连锁企业认定工作，出台了《自治区网吧连锁企业认定实施细则》。一年来，全区共驱除不健康演出团体12个，集中办理了3起网络文化市场违法违规案件。出动执法人员57万人（次），检查各类文化经营场所41万家（次），责令整改1.2万家，办结案件1570件，责令停业整顿1346家，吊销文化经营许可证5家。

对外文化交流在活动规模、交流范围方面有新拓展。2011年有两项重大对外文化交流活动，一是由文化部、自治区政府联合主办的“艺海流金——草原文化之旅”活动，130余名港澳嘉宾参加了活动，是近年来文化厅承办的最大规模的对外文化交流活动。二是由文化厅组织的自治区文化代表团，先后赴马耳他、白俄罗斯、匈牙利、保加利亚四国进行文化交流和访问。在马耳他举办了内蒙古文化周，进行演出展览7场，观众总数达6000多人，宣传了中国、宣传了内蒙古，也为自治区与四国在经济、贸易、教育等各领域的深入交往与合作铺垫了良好的基础。

文化体制改革等方面也迈出新步伐。2011年5月，中宣部、文化部联合下发了《关于加快国有文艺院团体制改革的通知》，我区111个院团中有52个院团（包括1个区直院团、51支乌兰牧骑）被中央确定为保留事业体制。除西藏和新疆外，我区是全国保留事业体制院团数量最多的省区。文化厅按照中央和自治区确定的“路线图、时间表、任务书”和“五个一批”的总体思路，全面推进文艺院团体制改革。积极筹划组建内蒙古民族艺术剧院，重新制定了《内蒙古民族艺术剧院组建方案》。区直6个艺术院团已基本完成岗位设置和人员首次聘用工作，建立了按需设岗、按岗聘任、竞争择优的职务聘任机制。文化市场综合执法改革进一步推进。12个盟市全部成立了文化市场综合执法局，75个旗县（市区）组建了综合执法大队。

公益性文化事业单位全部免费开放。图为内蒙古博物院群众排队参观现场。

开展庆祝建党90周年全区文化市场专项保障行动。图为文化市场现场检查。

目　　录
CONTENTS

第一部分　特　载
PART ONE SPECIAL ARTICLES

第二部分　统计资料
PART TWO STATISTICS

二、综合
General Survey

三、国民经济核算
National Accounts

四、人口

Population

五、从业人员和职工工资

Employment and Wages

六、固定资产投资
Investment in Fixed Assets

七、能源生产和消费
Production and Consumption of Energy

八、财政
Government Finance

九、物价指数
Price Indices

十、人民生活
People's Livelihood

十一、城市概况
General Survey of Cities

十二、农业
Agriculture

十三、工业
Industry

十四、建筑业
Construction

十五、运输和邮电
Transportation, Postal and Telecommunications Services

十六、国内贸易
Domestic Trade

十七、对外经济贸易
Foreign Trade and Economic Cooperation

十八、旅游
Tourism

十九、金融和保险
Banking and Insurance

二十、教育和文化
Education and Culture

二十一、体育、卫生、社会福利、环境保护和其它
Sports, Public Health, Social Welfare, Environmental Protection and Others

二十二、盟市资料
Statistics of Leagues and Cities

二十三、旗县区资料

Statistics of Banners, Counties and Districts

二十四、附录
Appendix

2012

NEI MENG GU

第一部分

特 载

PART ONE SPECIAL ARTICLES

在全区经济工作会议上的讲话

Report by Comrade Hu Chunhua on the Conference of Autonomous Regional Economical Work

内蒙古自治区党委书记 胡春华

（2011 年 12 月 27 日）

这次全区经济工作会议的主要任务是，学习贯彻中央经济工作会议精神，总结今年经济工作，分析当前经济形势，研究部署明年任务。

在前不久召开的中央经济工作会议上，胡锦涛总书记、温家宝总理作了重要讲话。胡锦涛总书记的重要讲话，全面分析当前国际国内经济形势，深刻阐述明年和今后一个时期经济工作必须把握好的重大问题，明确提出明年经济工作的总体要求、大政方针和主要任务，是我们做好明年经济工作的行动指南。温家宝总理的重要讲话，全面总结今年经济工作，对明年经济工作的主要目标、任务和有关重大问题作出具体部署，对我们做好明年经济工作具有重要指导意义。全区各级党委、政府一定要认真学习、深刻领会中央经济工作会议精神，切实把思想和行动统一到中央对国际国内形势的分析判断上来，统一到中央对明年经济工作的总体要求和决策部署上来。

今年以来，我们认真贯彻落实党中央、国务院的各项决策部署，积极应对经济运行的新情况新变化，妥善解决发展面临的矛盾和问题，着力推动经济社会又好又快发展，顺利实现了"十二五"良好开局。一是经济继续保持平稳较快发展。农牧业再获好收成，粮食产量达到 477.5 亿斤，增长 10.6%。1-11 月，规模以上工业增加值增长 18.7%，固定资产投资增长 22.7%，限额以上社会消费品零售总额增长 29.1%。预计全年地区生产总值超过 14000 亿元，增长 15%左右。二是产业结构调整取得积极进展。装备制造、新型化工等产业较快增长，1-11 月，装备制造业投资增长 49.2%，增加值增长 27.6%，分别高于全区投资和工业平均水平 26.5 和 8.9 个百分点；化学工业投资增长 43%，增加值增长 24.6%，分别高于全区投资和工业平均水平 20.3 和 5.9 个百分点。60 个非资源型产业集群实现销售收入 5320 亿元，增长 45.2%，约占规模以上工业的 1/3。云计算等电子信息产业开始起步。三是经济发展的质量效益明显提高。39 个工业行业中有 32 个利润同比增长，预计全年规模以上工业企业实现利润 1600 亿元，增长 45%以上。地方财政总收入达到 2200 亿元，增长 26%左右。四是保障和改善民生工作力度加大。安排财政资金 788.4 亿元，实施了一系列民生工程。全年新增城镇就业 26 万人，开工建设保障性住房 46.5 万套，主要社会保障标准达到或超过全国平均水平。预计全年城乡居民收入达到 20000 元和 6400 元，分别增长 14.5%和 15.5%。在经济形势复杂严峻、各方面任务繁重艰巨的情况下，取得这样的成绩极为不易。

明年是实施"十二五"规划承上启下的重要一年，也是全面贯彻落实自治区第九次党代会精神的第一年。做好明年经济工作，对巩固经济社会发展良好势头、为党的十八大胜利召开创造良好环境具有十分重要的意义。中央经济工作会议明确提出，推动明年经济社会发展，要突出把握好稳中求进的工作总基调，继续实施积极的财政政策和稳健的货币政策，保持宏观经济政策的连续性和稳定性，增强调控的针对性、灵活性、前瞻性，继续处理好保持经济平稳较快发展、调整经济结构、管理通胀预期的关系，加快推进经济发展方式转变和经济结构调整，着力扩大国内需求，着力加强自主创新和节能减排，着力深化改革开放，着力保障和改善民生，保持经济平稳较快发展和物价总水平基本稳定，保持社会和谐稳定。做好明年我区经济工作，必须准确把握、切实贯彻中央的总体要求，以科学发展观统揽全局，坚持稳中求进，增强发展信心，全力以赴稳增长、调结构、惠民生、强基础，努力推动经济社会又好又快发展。

关于今后一个时期全区经济社会发展，自治区第九次党代会已经作了全面部署。巴特尔主席将对今年经济工作进行总结，对明年工作作出安排。这里，我着重强调几个问题。

一、认真抓好国务院《意见》的贯彻落实

国务院《关于进一步促进内蒙古经济社会又好又快发展的若干意见》，对全面推进我区科学发展具有重大而长远的指导意义。《意见》是专门为内蒙古制定的，涵盖我区经济社会发展各方面、各领域，许多我们多年来想办的重大事项都有明确支持意见，是推动我区科学发展、富民强区的重要政策性文件。新世纪以来，我们紧紧抓住国家实施西部大开发和振兴东北地区等老工业基地战略的机遇，实现了跨越式发展；今后一个时期，我们要紧紧抓住贯彻落实国务院《意见》的机遇，实现新的更大发展。各地各部门特别是各级领导干部，要进一步统一思想、提高认识，切实把贯彻落实国务院《意见》作为头等大事来抓。

发挥好《意见》的支持和促进作用，关键在狠抓落实。最近一段时间，我们积极争取国家对我区沿黄沿线产业带建设、重点铁路项目、干部职工津补贴等方面的支持，取得了良好成效。如果没有国务院《意见》，很难得到这些方面的支持；如果不是抓得紧，很难在短时间得到落实。同时也要看到，我们有些地方和部门对贯彻落实国务院《意见》重视不够，抓落实的自觉性、主动性不强，工作成效不够明显。最近，国务院办公厅正式印发了《意见》重点工作分工方案，我们要抓住这一有利时机，拿出比争取《意见》出台更大的劲头，狠抓《意见》的贯彻落实。

要找准贯彻落实的切入点，紧盯政策细化和项目建设不放松。国务院分工方案将《意见》分解为 140 条重点任务，分别明确了 40 多个部委的落实责任。目前，已有 10 多个部委出台了相关配套措施，一些央企也与我区签订了合作协议。我们要进一步加大工作力度，抓紧做好对口衔接工作，争取所有相关部委都能够出台具体支持意见。《意见》确定的目标任务，大多有政策和项目支持，内容很实，支持力度很大。要紧密结合实际，积极创造条件，尽快上手去抓，能启动实施的政策要抓紧启动，能开工建设的项目要尽快开工，暂不具备条件的要积极开展前期工作。《意见》确定的许多支持政策具有弹性，弹性就是空间。我们要拓宽视野和思路，努力拓展延伸，及时跟进争取，进一步扩大相关政策的支持效应。

要切实加强对贯彻落实国务院《意见》的组织领导。自治区要按照国务院办公厅重点工作分工方案要求，抓紧细化、分解目标责任，加强统筹协调，搞好督促检查，及时研究解决影响贯彻落实的困难和问题。各地各部门要进一步加大工作力度，积极主动作为，切实抓好分工责任的落实。通过全区上下的共同努力，推动贯彻落实国务院《意见》不断取得新进展、新成效。

二、全力保持经济平稳较快发展

保持经济平稳较快发展，是明年全区经济工作的首要任务。内蒙古是欠发达地区，目前正处于加快发展、转变经济发展方式的关键期，我们只有保持高于全国平均水平的发展速度，加快推进科学发展、富民强区进程，才能逐步赶上先进地区的发展水平。按照中央稳中求进的工作总基调，结合我区实际，自治区党委、政府初步确定，明年全区生产总值增长 13%，全社会固定资产投资增长 18%，社会消费品零售总额增长 18%，地方财政总收入增长 17%，城乡居民收入分别增长 12%。这些目标，与 2011 年年初的预期目标基本一致。

确定这样的预期目标，是积极稳妥的，也是可行的。我区经济以国内需求拉动为主，国家坚持扩大内需的发展战略，我国经济平稳较快的发展态势，为我们提供了良好发展环境和稳定市场需求。我区多年来持续扩大有效投入，大量生产能力逐步释放，许多新的经济增长点正在形成。我区近年来经济一直保持较高增速，实际增长速度都高于预期两个百分点左右，发展势头仍然强劲。特别是国务院促进内蒙古发展意见的出台，为我区经济社会又好又快发展创造了新的重大机遇。这些方面的有利条件和积极因素，为我们做好明年经济工作、实现预期目标提供了重要支撑。

同时我们也要看到，实现明年预期目标并不容易，必须付出艰苦的努力。当前，国际国内经济运行的复杂性和不确定因素增多，经济增长下行压力加大。我区产业结构单一、层次较低，农牧业基础薄弱，服务业发展滞后，消费、出口带动力较弱，经济增长主要靠工业支撑和投资拉动，整体抗风险能力不强。受外部环境的影响，明年我区固定资产投资、企业生产经营将面临新的困难，能源资源类产品价格会存在变数，金融、房地产等领域风险增加，这些因素叠加在一起，有可能对我区经济发展形成较大冲击。对此，我们一定要有清醒认识，充分做好克服困难、应对风险挑战的准备。

做好明年经济工作，不仅关系年度目标实现，而且关系未来持续发展。经济发展贵在持续，也难在持续。内蒙古经济起飞时间不长，发展基础不够稳固，经济增长一旦大幅下滑，遏止和扭转起来将十分困难。面对明年复杂困难的经济形势，我们要坚决防止下滑拐点的出现，全力以赴保持经济平稳较快发展。全区各级党委、政府和领导干部，一定要充分认识做好明年经济工作、实现平稳较快发展的重要性，进一步增强危机意识和忧患意识，以积极进取的决心和行动，全力以赴稳增长、促发展，确保经济增长目标的实现，力争完成得更好一些。

三、大力调整优化产业结构

内蒙古调整优化产业结构，关键是要加快构建多元发展的现代产业体系。近年来，我们一直强调这个问题，各方面的重视程度有所提高，但抓落实的紧迫感不强、力度不够。我们一定要清醒认识产业结构单一的风险，我区近年来经济增长和部分企业效益大幅提高，很大程度得益于能源资源类产品价格高位运行，现在有些产品价格已开始下滑，如果价格大幅下跌，这一局面将难以为继。我区谋划的煤化工等资源转型升级产业，正面临日趋激烈的市场竞争，与我们资源禀赋相近的周边省区都在大规模推进这些产业的发展，如果我们不加快推进、抢占区域和市场竞争的制高点，会很快失去优势。产业转移具有周期性，当前新一轮产业转移正在加快进行，中西部省区都在积极承接，如果我们不主动争取，就会错过这一难得机遇。明年，我们要以更大的决心和力度，加快推进产业结构调整，努力在推动产业多元发展上取得新突破。

要培育壮大工业支柱产业。能源、冶金和农畜产品加工业是我区工业和地区经济的重要支柱，也是国务院《意见》支持发展的重点，要在延伸升级上多做文章，进一步做大规模、延长链条、提升层次，增强产业实力和市场竞争力。装备制造、新型化工属国家鼓励发展的产业，是我区调整优化产业结构的重要着力点，发展势头强劲、潜力很大，要大力扶持，加快培育成为新的支柱产业。要结合推进沿黄沿线产业带建设和实施“双百亿工程”，加快在建项目建设，努力争取新的项目获批，进一步提高产业集中度，推动特色优势产业集群化发展。这五个产业是从自治区层面强调的重点，各地的产业基础和条件不同，要因地制宜地培育发展本地区的支柱产业，防止产业雷同和低水平重复建设。

要努力打造服务业支柱产业。服务业是发展潜力巨大的产业。国家实施扩大内需特别是消费需求战略，为服务业发展带来了新的机遇。要坚持生产服务业与生活服务业并重、现代服务业与传统服务业并举，全面推进各类服务业发展，重点抓好支柱产业的培育。从我区服务业现状看，物流、旅游、文化、金融等产业发展具有一定基础和良好条件，要进一步加大支持力度，在投资、财税、价格、土地等方面研究制定更具针对性的扶持政策，促进这些产业以高于经济增长的速度发展，尽快成长为新的支柱产业，带动服务业发展提速、比重提高、水平提升，为自治区经济社会发展提供重要支撑。

要进一步巩固农牧业基础地位。我区是国家重要的粮食和农畜产品生产基地，全区尚有近一半人口生活在农村牧区，农牧业基础地位丝毫不能动摇。要调整优化农牧业结构，抓好优势农畜产品基地和产业带建设，稳定发展粮食、肉类、乳类等农畜产品生产，提高高产优质高效生态安全农牧业比重。要大力发展设施农牧业，推进高效节水灌溉工程和高标准农田建设，加强牲畜棚圈、饲草料基地建设，不断提高农牧业避灾减灾和增产增效能力。要深入推进产业化经营，大力培育发展农畜产品加工和流通企业，打造更多农畜产品优质品牌，推动农畜产品加工业进一步发展壮大。

四、切实保障和改善民生

我区城乡居民收入和基本公共服务长期滞后于经济发展、低于全国平均水平，实现“两个同步”、“两个达到”目标是“十二五”时期最艰巨的任务。自治区第九次党代会把科学发展、富民强区作为主题，就是要强化富民优先的工作导向，更加自觉主动地做好民生工作。民生工作是实打实的，需要我们高度重视，更需要我们多出实招、多办实事。

要千方百计促进城镇居民充分就业。提高城镇居民收入水平，最根本的是要扩大就业。我区就业人口比重较低，2010年仅为47.9%，居全国第25位，比全国平均水平低8.8个百分点。各级一定要紧紧抓住就业这个根本，充分挖掘企业吸纳就业的潜力，认真落实国家结构性减税政策，制定完善支持自主创业政策，大力扶持劳动密集型产业、服务业和小型微型企业发展，动员各类企业更多吸纳就业。充分发挥政府开发就业岗位的作用，切实保障政府投资项目优先吸纳当地劳动力就业，开发更多公益性岗位吸纳就业困难群众就业。要有效促进就业需求对接，加强企业订单培训、岗位实训等工作，有针对性地做好高校毕业生、退役军人等重点群体就业工作。通过调动各种资源和力量，积极创造就业机会、开发就业岗位，努力促进充分就业。

要想方设法广开农牧民增收渠道。今年我区农牧民收入基数较高，实现明年增收12%的目标任务艰巨。农牧民收入由多方面构成，促进农牧民增收必须多措并举。家庭经营是目前我区农牧民收入的主要来源，这一手丝毫不能放松。要下大力改善农牧业生产条件，因地制宜发展多种经营，促进经营性收入稳定增长。我区农牧民工资性收入低于全国平均水平20多个百分点，增收空间和潜力很大。要切实加强对农牧民转移就业的扶持引导，积极有序地组织劳务输出，推动农牧民转移就业，进一步提高工资性收入。近年来国家和自治区出台了许多补贴政策，有效地促进了农牧民收入增长，但有些政策落实不够及时和到位，各级要认真督查，切实把各项强农惠农富农政策落到实处，保障政策性收入稳定增长。解决贫困人口脱贫问题，是民生建设的重中之重。自治区党委、政府决定，从明年开始，把扶贫开发作为头号民生工程来抓，以增收为核心，全力打好新一轮扶贫开发攻坚战，力争通过五到十年的努力，使全区266.6万贫困人口稳定脱贫。

要持续加大公共服务建设投入。我区基本公共服务体系建设滞后，重要原因是投入不足。自治区计划明年完成民生和社会建设领域各项投资4000亿元，主要用于完善社会保障体系和发展各项社会事业。各地和有关方面一定要抓住国家加大民生建设投入的机遇，积极争取项目，多方筹集资金，努力在基本公共服务体系建设上迈出更大步伐，为群众提供更加满意的公共服务。

五、全面加强基础设施建设

随着工业化、城镇化的加速推进，我区基础设施建设滞后问题日益突出，主要表现是交通、能源等出区通道不畅，水利基础设施薄弱、保障供给能力不强，市政、农村牧区和社会建设等领域设施欠账较多，难以满足经济社会发展的需要。我们要缩小与发达地区发展水平的差距，首先要缩小基础设施的差距。要坚持从经济社会发展的需要出发，突出重点、统筹推进，尽快突破基础设施瓶颈制约，努力提高发展保障能力。

要继续加大基础设施建设投入。中央经济工作会议要求，要继续保持投资稳定增长，有序推进“十二五”规划确定的重大项目开工建设，加快重点能源生产基地和输送通道等建设。我们要抓住这一有利时机，大力争取国家支持。我区近年来企业利润大幅增长，民间投资能力显著增强，国家明确鼓励民间投资进入铁路、市政、能源等领域，为我们利用民间资本推进基础设施建设创造了良好政策环境。我们要抓紧谋划和推进一大批基础设施建设项目，充分释放民间投资能量。我区许多基础设施建设涉及到周边省区，要主动对接，加强协作，认真衔接好。

要突出抓好重点骨干工程，集中力量在基础设施薄弱环节取得突破。要抓好重点出区通道项目建设，确保30条出区高等级公路到2013年全部建成通车；及早开工建设鄂尔多斯、锡林郭勒等地南下铁路煤运专线和呼和浩特至张家口等客运专线项目；加紧谋划和推进电力、天然气等能源外送通道建设。要把水利工程建设作为重大战略任务来抓，积极推进文得根水库等一批调蓄水工程和重点水利枢纽工程，大力实施高效节水灌溉工程和民生水利工程，合理调整用水结构，着力解决工程性缺水和资源性缺水问题。

要统筹推进各领域基础设施建设，全面提高发展保障能力。实现到"十二五"末基础设施瓶颈制约明显缓解的目标，各领域建设任务都很繁重。各地要从自身发展需要出发，把基础设施建设放在优先地位，及早谋划确定一批重点建设项目，全面加强交通网络、水利工程、市政公共设施和信息基础设施建设，协调推进城镇、农村牧区和产业园区基础设施建设。通过持续不断地投入和建设，加快改变我区基础设施落后面貌，为经济社会发展和民生改善提供保障。

六、以强有力的组织领导推动落实

自治区四级党委换届圆满结束，全区自下而上选出了新班子、确定了新思路，今后一个时期的发展思路和奋斗目标都已明确，关键是抓好落实。各级要把更多的时间、更大的精力投入到抓落实上，努力完成好明年经济社会发展各项目标任务。

在困难和挑战面前，信心问题至关重要。面对复杂严峻的经济形势，面对艰巨繁重的发展任务，各级领导班子和领导干部必须坚定信心、振奋精神。要拿出前几年我们应对国际金融危机的那么一股子气、那么一股子劲，咬定目标不放松，奋发有为抓落实，团结凝聚广大干部群众，齐心协力、攻坚克难，坚定不移地实现我们的既定目标。我们曾强调新班子要有新气象、新作为，体现在明年工作中，就是要有良好的精神状态，有务实的工作举措，有一流的工作业绩。

我们的工作做得如何，要看最终结果，用结果来说话。全区上下都要在抓落实上下功夫，凡是自治区安排部署的工作，都要形成工作方案，制定有效措施，一个一个地推进，一项一项地落实，确保件件落到实处。要强化目标责任制，每一项重点工作都要有布置、有督促、有检查，对照指标要结果。通过全区广大干部群众的共同努力，确保明年经济社会发展目标任务的圆满完成。

这里还要特别强调，各级在推进发展过程中，要切实增强危机意识和风险意识，保持高度的警觉性和敏锐性，密切关注、切实防范物价上涨、民间借贷、房地产、安全生产和食品安全等领域存在的风险和隐患，及时准备预案，妥善应对处置，在保持经济平稳较快发展的同时，确保全区社会大局稳定。

同志们，做好明年经济工作意义重大、任务艰巨。我们一定要紧密团结在以胡锦涛同志为总书记的党中央周围，坚持以邓小平理论和"三个代表"重要思想为指导，深入贯彻落实科学发展观，坚定信心、奋发进取、扎实工作，以经济社会又好又快发展的优异成绩，迎接党的十八大胜利召开！

政府工作报告

Report on the Work of the Government

——在内蒙古自治区第十一届人民代表大会第四次会议上

内蒙古自治区主席　巴特尔

现在，我代表内蒙古自治区人民政府向大会报告工作，请予审议，并请自治区政协委员和列席会议的同志们提出意见。

一、2011 年工作回顾

2011 年是"十二五"的开局之年，也是我们应对复杂严峻形势并取得明显成效的一年。在党中央、国务院和自治区党委的正确领导下，全区上下深入贯彻落实科学发展观，着力调结构、转方式、惠民生、促和谐，经济社会继续保持又好又快发展的良好势头。初步统计，全区完成生产总值 14246.1 亿元，增长 14.3%；地方财政总收入 2264.1 亿元，增长 30.3%；城镇居民人均可支配收入 20408 元，农牧民人均纯收入 6642 元，分别增长 15.3%和 20.1%；城镇登记失业率 3.8%；居民消费价格上涨 5.6%；节能节水减排完成年度任务。

一年来，我们主要做了以下工作：

(一)努力保持经济平稳较快发展。继续巩固和加强农牧业基础，第一产业实现增加值 1304.9 亿元，增长 5.8%。粮食总产量 477.5 亿斤，增产 45.9 亿斤，创历史新高；牧业年度牲畜存栏 10762 万头只，连续七年保持在 1 亿头只以上。全面提升工业经济发展的质量和效益，实现工业增加值 7158.9 亿元，增长 18.2%。规模以上工业企业实现利润 1835.2 亿元，增长 50.8%；煤炭产量 9.79 亿吨，发电量 2970.5 亿度，分别增长 25.1%和 16.8%。大力发展第三产业，实现增加值 4849.1 亿元，增长 11%。商贸流通等传统服务业繁荣活跃，物流、金融、旅游等现代服务业加快发展，金融机构人民币各项贷款余额 9727.7 亿元，增长 23.6%。进一步扩大投资和消费需求。全社会固定资产投资完成 10900 亿元，增长 21.5%。其中，工业投资 5035.2 亿元，增长 16.3%；第三产业完成投资 5153.8 亿元，首次超过工业投资总额，增长 27.9%；农牧业、节能环保、城市建设和民生领域投资继续保持较快增长。全社会消费品零售总额完成 3936.6 亿元，增长 18%。

(二)着力调整优化经济结构。加快产业结构优化升级。全区工业增加值占地区生产总值的比重首次超过 50%，达到 50.3%，工业化水平进一步提高。巩固提升资源型产业，大力发展非资源型产业和战略性新兴产业，构建多元发展的现代产业体系。能源工业投资占规模以上工业投资的比重由 2010 年的 49%下降到 2011 年的 38%，非资源型和战略性新兴产业投资比重由 47.5%上升到 59.2%。60 个非资源型产业集群实现销售收入 5800 亿元，增长 41%，占规模以上工业的 1/3。化学、装备制造工业分别增长 23.1%和 33.1%，对规模以上工业增长的贡献率提高了 7.3 个百分点。新型煤化工示范工程加快推进，形成产能 1300 万吨甲醇当量；新增风电装机 456 万千瓦，总装机达到 1456 万千瓦；云计算产业开始起步。启动实施"双百亿工程"，新增营业收入超百亿元企业 17 户、超百亿元园区 12 个。深入开展"促进中小企业政策落实年"活动，全区 4200 户规模以上中小工业企业增加值增长 21%。统筹区域发展迈出新步伐。沿黄沿线经济带建设力度加大，22 个重点工业园区、集中区完成工业总产值 6665.8 亿元，增长 35.1%；东部盟市实现较快发展，主要经济指标增速高于全区平均水平；兴安盟、乌兰察布市等基础薄弱地区发展加快，鄂尔多斯市对口支援兴安盟工作取得明显进展。

(三)全面提升可持续发展能力。加快推进科技创新平台建设，组织实施了 87 项重大科技项目，突破了一批关键技术，取得重大科技成果 536 项，科技创新能力不断增强。进一步加强森林、草原保护和水土流失治理，完成林业生态建设面积 1274 万亩，草原禁牧和草畜平衡面积 10.2 亿亩，治理水土流失面积 726 万亩。全力推进节能减排。完成建筑节能改造任务 1100 万平方米，通过淘汰落后产能形成 350 万吨标煤节能量，预计单位 GDP 能耗下降 2.5%。实施减排项目 430 个，重点流域水污染防治通过国家考核。重金属污染防治工作稳步推进，环境安全得到有效保障。加大基础设施建设力度。公路建设投资 502 亿元，新增公路里程 2996 公里，总里程突破 16 万公里。其中新增高速公路 509 公里，总里程达到 2874 公里。铁路在建规模 3900 公里，集宁至张家口铁路建成通车，通辽至霍林河、锡林浩特至桑根达来段铁路复线改造任务完成，新增铁路里程 171 公里，铁路运营总里程达到 9671 公里。建成巴彦淖尔机场。积极推进锡盟至南京等特高压电力外送通道前期工作，新开工 500 千伏电网项目 10 个。启动实施"四个千万亩"节水灌溉工程，新增节水灌溉面积 355 万亩。开工建设黄河防洪工程和"十大孔兑"治理工程，额济纳绿洲抢救与保护工程总体竣工验收，海勃湾等重点水利工程建设进展顺利。

(四)切实加强以改善民生为重点的社会建设。进一步加大民生投入，全区各级财政民生投入 1956 亿元，较上年增加 300 亿元，主要民生领域的财政支出增长都在 20%以上。投入资金 1168 亿元，办了"十二件实事"、实施了"十项民生工程"，各族群众普遍受益。调整了艰苦边远地区津贴标准，全面启动了事业单位绩效工资改革，初步形成了企业工资正常增长机制。落实国家个人所得税调整政策，减轻中低收入者税收负担13亿元。提高了个体工商户营业税和增值税起征点，共减免税收17亿元，惠及68万户纳税人。全面落实国家和自治区惠农惠牧政策，其中落实草原生态保护补助奖励资金50亿元，粮食直补、农资综合补贴、良种补贴等政策性资金60亿元。通过"一卡通"发放各类财政补贴资金181.4亿元，436万户城乡居民受益。扶持贫困人口近50万人，解决了农村牧区120万人的安全饮水问题。全区城镇新增就业26.3万人，11.5万名应往届高校毕业生实现就业或落实就业去向，12.1万失业人员实现再就业，259.8万农牧民实现转移就业。社会保障标准大幅提高，企业退休人员养老金、城乡低保、医保、五保供养等多项社会保障标准提高幅度都在10%以上，主要社会保障标准达到或超过全国平均水平。开工建设各类保障性住房40.6万套，农村牧区危房改造7万多套，均超额完成国家下达的任务。建立了社会救助和保障标准与物价上涨挂钩的联动机制，230多万困难群众和家庭困难的在校大学生纳入保障范围。推进城乡居民养老保险制度建设，将城镇非从业居民和农牧民纳入保障体系。积极解决"五七工"、"老工伤"等人员的参保问题，启动厂办大集体改革，落实国有企业职教幼教退休教师待遇。通过各项措施，使我区民生工作正在以前所未有的力度向前推进。

加快发展各项社会事业。全面落实国家中长期教育规划纲要。学前教育三年行动正式启动。校安工程竣工学校2150所，竣工率居全国前列。实施高中阶段免费教育，惠及54.2万名学生。中等职业教育基础能力建设稳步推进，民办教育、特殊教育水平明显提高。化解高校债务23.1亿元，高校自我发展能力不断增强。全面推动卫生事业发展。合理配置卫生资源，重大公共卫生服务项目和疾病防控措施稳步实施，基层卫生服务体系日趋健全，新型农村牧区合作医疗制度基本实现全覆盖。

多项自治区本级医疗卫生项目开工建设，蒙中医基础建设不断加强。加快基层文化建设，覆盖城乡的文化服务体系进一步完善。实施文化信息资源共享、农村牧区电影放映等一系列文化惠民工程，丰富了群众的精神文化生活。"草原英才"工程扎实推进，人才引进、培养取得明显进展。人口计划生育工作不断加强，低生育水平保持稳定。圆满完成了第六次人口普查工作。妇女儿童、老年人、残疾人事业取得新成绩，新闻出版、广播影视、文学艺术、社会科学及体育等各项事业取得新进步。

(五)深入推进改革开放。加快国有企业改革，煤炭企业兼并重组全面展开，稀土上游企业整合淘汰工作稳步推进。大力整顿矿业开发秩序，关停整顿矿山960个，实施土地和矿业权审批制度改革，完善了征地占用草牧场补偿机制。建立了嘎查村公益事业建设一事一议财政奖补机制，财政补贴农牧民资金实现"一卡通"发放全覆盖。积极化解苏木乡镇、嘎查村公益性债务，农村牧区综合改革深入推进。加快集体林权制度改革，累计确权面积3亿多亩，占集体林总面积的92.8%。深化医药卫生体制改革，全区1609个政府办基层医疗卫生机构实施了基本药物制度，26家医院开展了公立医院改革试点，25所旗县医院开展了综合改革试点，医改成效正在逐步显现。稳步推进文化体制改革，国有文艺院团和文化市场综合执法改革取得积极进展。大力发展文化产业，培育形成了4个国家级、21个自治区级文化产业示范基地。深化行政审批制度改革，精简行政审批事项，自治区权限内的行政审批事项和行政事业性收费各减少1/3以上。不断深化区域合作，与北京、河北等十多个省市的合作迈出重要步伐，成功举办了"内蒙古·香港经贸合作活动周"。深入实施"向北开放"战略，与俄蒙两国在能源、交通等领域的合作得到加强。对外贸易快速增长，进出口总额首次突破百亿美元，达到119.4亿美元，增长39.1%。全年引进国内(区外)到位资金3000亿元，实际利用外资38.4亿美元。

(六)不断加强和谐内蒙古建设。认真贯彻党的民族宗教政策，重视和支持少数民族、民族地区加快发展，促进宗教关系和谐。坚持依法行政，自觉接受人大依法监督和政协民主监督，认真听取各民主党派、工商联和无党派人士的意见。深入推行政务公开，提高政务服务水平。加大审计监督和行政监察力度，强化重点领域和专项资金审计，廉政建设和反腐败斗争深入开展。大力推进社会管理创新。加强基层基础建设，全区改扩建社区办公和活动场所530个，启动了苏木乡镇新建、改造集体宿舍和机关食堂等生活设施建设工程，提高了嘎查村干部工资水平和公用经费保障能力。健全社区工作机制，加强社区管理，推进和谐社区建设。落实村民自治制度，保障农牧民各项民主权利。努力保持社会和谐稳定。深入推进社会矛盾排查化解工作，开展信访积案化解"百日攻坚"专项行动，全区信访总量大幅下降，重复进京非正常上访量稳定退出全国前十位。认真落实政府和企业责任，安全生产水平稳步提高。加强专项整治和市场监管，确保产品质量和食品药品安全。安排部署整治非法集资专项行动，有效防范和化解金融风险。深入开展严打整治，社会治安形势持续好转。积极支持国防动员和后备力量建设，军警民共建和双拥工作取得新成绩。

各位代表，过去的一年很不平凡。我们隆重庆祝了中国共产党成立90周年，极大地增强了全区各族人民热爱党、热爱祖国、热爱内蒙古的自豪感；国务院出台了《关于进一步促进内蒙古经济社会又好又快发展的若干意见》，全方位支持内蒙古推进科学发展，为我区经济社会又好又快发展注入了强大动力；自治区党委召开了第九次代表大会，描绘了推进科学发展、实现富民强区的宏伟蓝图，为我区改革开放和现代化建设指明了方向。与此同时，我们也经受了严峻考验。特别是面对锡盟两起刑事案件引发的群体性聚集事件，在党中央、国务院和自治区党委的坚强领导下，采取果断措施，成功处置并迅速平息了事态，粉碎了国内外敌对势力妄图挑起事端的图谋，进一步巩固了民族团结、社会稳定、边疆安宁的大好局面。

各位代表，过去一年的成绩来之不易。这是党中央、国务院和自治区党委正确领导的结果，是全区各族人民团结奋斗的结果，也是各方面关心、支持、帮助的结果。在此，我代表自治区人民政府，向所有为内蒙古建设和发展作出贡献的同志们、朋友们，表示衷心的感谢，并致以崇高的敬意!

在看到成绩的同时，我们也清醒地认识到，尽管过去一年我区在推进科学发展、富民强区上迈出了坚实步伐，但经济运行中还面临着经济增长下行和物价上涨双重压力，特别是经济社会发展中存在的一些深层次矛盾和制约因素并未得到根本解决，全面提升科学发展水平的任务仍然十分艰巨，突出地表现在:调结构、转方式的任务依然繁重。产业发展层次低、结构单一的问题仍比较明显，农牧业基础薄弱，非资源型产业、服务业和中小企业发展滞后。科技创新能力不强，经济增长对资源的依赖偏重，产业竞争力和抗风险能力比较弱。东西部发展不平衡，城乡发展差距仍在拉大;基础设施条件不适应发展需要。通道建设相对滞后，货物外运、电力外输能力严重不足。水利基础设施薄弱，水资源保障能力不强;民生改善和社会建设需要进一步加强。城乡居民收入虽然实现了较快增长，但人均收入仍低于全国平均水平，部分群众的生活还比较困难。基本公共服务水平不高，社会事业发展相对滞后，社会建设和管理有待加强;生态保护和建设任务艰巨。生态恶化趋势虽然趋缓，但生态环境仍十分脆弱。部分产业能耗、水耗和污染排放比较高，环境保护的压力不断加大;政府自身建设还需不断强化。政府职能转变还不能很好地适应科学发展的要求，形式主义、奢侈浪费、消极腐败等现象仍不同程度存在。对此，我们要采取有力措施，认真加以解决。

二、2012 年主要工作

2012 年是全面贯彻落实自治区第九次党代会精神的第一年，也是深入实施“十二五”规划承上启下的重要一年。做好今年的工作，对于巩固经济社会又好又快发展局面，为党的十八大胜利召开创造良好环境，具有十分重要的意义。

今年政府工作的总体要求是:高举中国特色社会主义伟大旗帜，以邓小平理论和“三个代表”重要思想为指导，深入贯彻落实科学发展观，全面贯彻党中央、国务院的决策部署和自治区第九次党代会精神，坚持科学发展，推进富民强区，把经济平稳较快发展作为经济工作的首要任务，强化富民优先工作导向，大力推进发展方式转变和经济结构调整，提高科技创新能力，加强生态环境保护和基础设施建设，不断深化改革开放，全面发展各项社会事业，加强精神文明、民主法制和政府自身建设，保持民族团结、社会和谐、边疆稳定的良好局面，以经济社会又好又快发展的优异成绩迎接党的十八大胜利召开!主要预期目标是:全区生产总值增长 13%;全社会固定资产投资增长 18%;社会消费品零售总额增长 18%;地方财政总收入增长 17%;城镇居民人均可支配收入和农牧民人均纯收入均增长 12%;城镇登记失业率控制在 4%以内;居民消费价格指数涨幅控制在 4%左右;单位生产总值能耗下降 3.2%;节水减排指标完成国家下达的目标任务。

确定这样的预期目标，综合考虑了各种因素，与“十二五”规划进行了充分衔接，总的原则是发挥优势、稳中求快、转型升级。一是坚持稳增长与调结构并举。今年中央科学研判国内外形势，突出强调稳增长并调低了经济增长预期。从我区的情况看，虽然面临着严峻复杂的形势，但支撑发展的有利条件和积极因素很多。我们必须从欠发达的基本区情出发，充分认识加快发展的极端重要性，把保持经济平稳较快发展作为经济工作的首要任务，以坚定的信心和进取的精神，确保经济增长目标的实现，力争完成得更好一些。同时，坚持调结构、转方式不放松，把经济增长建立在结构优化、消耗降低、质量提升的基础之上，在加快发展中促进结构调整，通过结构调整推动科学发展。二是坚持惠民生与促发展并重。深入贯彻落实富民与强区并重、富民优先的决策部署，始终把保障和改善民生作为一切工作的根本出发点和落脚点，在着力保持经济平稳较快发展的同时，继续增加民生投入，努力为群众办好事、办实事，使广大群众更多地分享改革发展成果。三是坚持聚内力与借外力结合。用足用好各种发展机遇和有利条件，把国家和各方面的支持、把互利共赢的各项合作转化为推动发展的直接动力，在服务国家发展大局中努力加快自身发展。同时，充分发挥已经和正在形成的发展能力，大力培育新的经济增长点，深化重点领域和关键环节改革，激发自主增长活力，推进又好又快发展。

今年要重点抓好以下九个方面的工作。

(一)全面贯彻国家宏观调控政策，努力保持经济平稳较快发展

认真落实国务院《意见》精神。国务院《关于进一步促进内蒙古经济社会又好又快发展的若干意见》，政策支持力度大、覆盖面广、含金量高，是推动我区科学发展的重要政策性文件。要把《意见》的贯彻落实作为今年工作的头等大事来抓，找准贯彻落实的切入点，做好对口衔接，争取国家相关部委都能够出台具体支持意见，进一步扩大政策的支持效应。同时，加强组织领导和统筹协调，细化分解目标责任，搞好督促检查，使《意见》的贯彻落实不断取得新进展、新成效。

进一步拓宽投融资渠道。围绕基础设施、公共服务、保障性住房等国家投资重点领域，扎实做好项目前期和申报工作，争取更多的国家资金。充分发挥金融对地方经济的支持作用，积极协调金融机构扩大信贷投放规模，增强对实体经济的支持力度。加强对金融业发展的政策支持，完善信用担保体系，优化金融环境。充分调动企业和社会的投资积极性，吸引国内外大企业和民间投资。认真落实国务院“新 36 条”，及时出台《关于鼓励和引导民间投资健康发展的实施意见》，打造为民间资本服务的平台，扩大民间资本的进入领域和投资规模。严格规范民间借贷行为，提高金融风险应急管理和处置能力。大力发展资本市场，继续做好战略创新产业基金募资和企业上市融资工作，扩大企业债券发行规模。加强招商引资工作，全年力争引进国内(区外)到位资金 3300 亿元，直接利用外资 40 亿美元。

不断优化投资结构。加大工业和流通领域投资力度。继续承接先进产业转移，加强项目培育和储备，抓好冶金、化工、战略性新兴产业和装备制造业等方面的项目建设，争取中天合创300万吨二甲醚示范项目开工建设，新开工风电装机350万千瓦、太阳能发电30万千瓦，力争完成工业投资6000亿元左右。加快大型批发市场、物流仓储等项目建设，带动第三产业投资较快增长。加强综合交通网络建设。加快铁路建设步伐，开工建设重点铁路项目16个，新开工里程1440公里。推进呼和浩特至张家口快速客运专线建设，加快乌兰浩特至白城快速铁路和乌兰浩特至阿尔山铁路改造步伐，开展呼包鄂动车组前期工作和通辽至北京铁路局扩能改造工作，争取完成铁路投资330亿元。继续抓好出区高速公路通道建设，新开工高速公路里程260公里以上。加快旗县通一级公路建设步伐，科学规划并加快通嘎查村公路建设，全年新增700个通沥青水泥路嘎查村，加快干线路网、口岸公路改造，力争完成公路投资500亿元以上。抓好民航机场建设，优化机场布局，开工建设霍林郭勒机场和阿拉善通勤机场。加快能源输送通道建设。新开工500千伏线路4000公里以上，争取开工建设锡盟至南京特高压送电通道，推进蒙西至长沙特高压通道前期工作。完成长呼原油管道、呼包鄂成品油管道等重点工程建设任务。加强水利基础设施建设。积极推进文得根水库等一批重点水利枢纽工程建设，合理调整用水结构，着力解决工程性和资源性缺水问题。加强信息基础设施建设，实施“宽带内蒙古”工程，在有条件的地区开展“三网融合”试点。继续加大民生和社会建设领域投入，进一步完善社会保障体系，加快发展各项社会事业，力争完成全社会投资4000亿元。在项目争取和建设过程中，要严把土地、环保、安全、质量等准入关和审核关，全面加强监管和督查，完善工程检查、验收机制。

努力扩大居民消费需求。巩固扩展旅游、休闲、健身等消费，大力促进教育、文化消费。推进市场流通体系建设，优化城市商业网点布局，继续实施“万村千乡”市场工程，完善农村牧区商贸流通网络，积极稳妥地发展电子商务。进一步优化消费环境，全面落实促进消费的各项政策，继续推行家电、摩托车下乡和农机具购置补贴等政策。大力整顿和规范市场秩序，严厉打击侵犯知识产权和制售假冒伪劣商品行为，保护消费者合法权益。认真落实稳控物价各项政策措施，切实加强市场价格监管，坚决打击囤积居奇、哄抬物价等违法行为，保持物价基本稳定。

(二)加快经济结构优化升级，促进发展方式转变

着力推动资源型产业转型升级。适度控制煤炭生产总规模，如期完成煤炭企业兼并重组任务，淘汰关闭年生产规模45万吨以下的矿井，探索建立产运销平衡调控机制。促进煤电一体化发展，争取启动锡林郭勒、上海庙等重大能源基地建设。提高煤炭资源深加工水平，深入实施新型煤化工五大国家示范工程。加强稀土钢、铝后加工、工程塑料和甲醇延伸加工，推进钢铁、有色、化工等优势产业延伸升级。加大技术改造力度，加快淘汰落后产能。进一步提高乳、肉、绒、粮油等农畜产品加工转化能力和精深加工水平，巩固和打造一批绿色知名品牌。

大力发展非资源型和战略性新兴产业。认真落实自治区支持非资源型产业发展的相关政策，研究制定鼓励非资源型产业发展指导目录及配套政策。打造承接产业转移平台，围绕7大领域、31个行业和60个产业集群，进一步加大非资源型产业项目引进和建设力度。大力推进新能源、新材料、生物医药、高端装备制造等战略性新兴产业发展，加快实施云计算发展规划，推动中国移动等一批云计算数据中心落地建设。

全面提升服务业发展水平。坚持生产性与生活性服务业并重、现代与传统服务业并举，扩大服务业对内对外开放，促进服务业发展提速、比重提高、竞争力提升。加快发展物流产业，积极培育大型流通企业，围绕产业基地、中心城市、商贸聚集地、交通枢纽和口岸，建设一批具有较强辐射带动能力的物流园区和配送中心，提高商贸物流专业化、社会化水平。大力发展金融业，积极引进国内外银行、证券、保险等金融机构，扶持地方法人银行加快发展，扩大小额贷款公司、融资性担保机构的个体规模和覆盖范围。提升发展旅游业，加强基础设施建设，实施一批精品线路和重点景区建设项目，抓好国内市场促销和境外市场开拓。鼓励发展新兴服务业，引导工业设计、节能环保等生产性服务业和社区服务、养老服务等家庭服务业加快发展。

积极支持中小企业发展。开展“中小企业服务年”活动，强化中小企业政策落实和服务体系建设，深入推进千户中小企业成长工程。加强中小企业创业园区建设，进一步扶持和引导中小企业围绕优势特色产业搞延伸、重点项目搞协作，尽快形成特色产业集群。加大对科技型中小企业创新基金的支持力度，认真落实和完善支持小微企业发展的税收优惠政策。加快中小企业诚信体系建设，落实信贷政策，积极拓展创业板上市、创业投资和产业投资基金等直接融资渠道。

扎实推进科技创新。加强科技基础设施、创新平台和创新载体建设，加快建立以企业为主体、市场为导向、产学研相结合的技术创新体系。在重点产业、节能环保等领域组织实施一批科技重大专项，攻克一批关键技术。加快科技成果转化和产业化步伐，促进知识产权创造、技术标准制定和科技名牌培育三大战略融合，提高科技创新对调结构、转方式的支撑和保障能力。认真落实自治区中长期人才发展规划纲要，深入实施“草原英才”工程，加快引进和培养造就一批新型科技人才和急需紧缺人才。加强人才队伍建设，努力营造人尽其才的良好环境。

(三)强化“三农三牧”基础，发展现代农牧业

稳步提高农牧业综合生产能力。大力发展节水农业，把“节水增粮”行动纳入“四个千万亩”工程中，作为发展节水农业的示范先导工程来抓，大力推广喷灌、滴灌等高效节水灌溉模式，整合农牧业领域节水资金，集中力量抓好节水农业这件

大事。继续组织实施百亿斤粮食增产工程,落实保护性耕作、旱作农业示范等任务,集中力量打造东部嫩江、西辽河流域和西部黄河流域两大粮食核心产区,粮食总产稳定在460亿斤左右。启动第二轮"菜篮子"工程建设,蔬菜种植面积保持在400万亩以上,其中设施蔬菜面积达到180万亩以上。坚持走建设型畜牧业的路子,进一步加强牧区水利基础设施建设,加快以苜蓿种植推广为重点的人工草牧场建设,抓好半农半牧区节水灌溉饲草料基地建设。深入实施"双百千万高产创建和提质增效工程",推进畜牧业规模化、标准化建设,全年牲畜头数稳定在1亿头只以上。

加快推进农牧业科技创新和技术推广。深化农牧业科技体制改革,完善科技创新机制,加快构建适应现代农牧业发展要求的技术研发、转化和推广体系。加强农牧业科技服务体系建设,推进标准化生产,加快质量安全标准体系和追溯体系建设,强化动植物疫病防控和农畜产品质量监管。积极推进高产创建、标准化创建和现代农牧业示范区建设,构建农牧业技术示范和推广平台。加强生态原产地产品保护和评定工作,提高我区绿色农畜产品的知名度和竞争力。强化农牧业防灾减灾体系建设,大力发展避灾型农牧业。

建立健全农畜产品流通体系。加大流通体系设施建设力度,积极推进鲜活农畜产品连锁配送物流中心和一体化冷链物流建设,进一步完善覆盖城乡的农畜产品流通网络,保障市场供应和价格稳定。创新农畜产品流通方式,大力推广"农商对接"、"农超对接"和"农贸对接"等产销模式,减少流通环节,降低流通成本。完善农牧业社会化服务体系,切实增强服务"三农三牧"意识,加强市场分析和预测,及时发布农畜产品市场供求信息,引导农牧民合理安排种养计划,提高农牧业抗风险能力。大力发展农牧民专业合作组织,鼓励发展种养专业大户、家庭农牧场、农牧民专业合作社等,通过经纪人、运销专业户、各类中介组织和发展订单农牧业,提高农牧业生产经营的组织化程度和开拓市场能力。

加大对贫困地区的扶持力度。把扶贫开发作为今年头号民生工程来抓,力争实现贫困人口减少30万人、人均纯收入增长15%以上的目标。认真组织实施连片特困地区、整村推进和易地移民搬迁三大扶贫开发工程,大力推进行业扶贫和社会扶贫。加大扶贫开发投入,建立和完善以公共财政投入为主的扶贫开发投入机制,自治区本级财政专项扶贫资金由去年的1.9亿元增加到10亿元以上,盟市旗县按照不低于1:1的比例足额配套,同时鼓励社会资金投入。加强政策支持,健全工作责任制,以更大的决心、更有力的措施,打好新一轮扶贫攻坚战。

(四)加快城镇化进程,统筹区域协调发展

积极稳妥地推进城镇化。着眼于构建多极支撑的城镇体系,推进区域性中心城市、盟市旗县所在地城镇多元协调发展。高度重视并认真做好城市规划,增强规划的严肃性和权威性。突出城市特色和功能定位,适度拉大城市框架,加强基础设施和环境建设,提高市政设施综合承载能力和公共服务水平。进一步深化土地、户籍、社会保障、劳动就业等改革,促进生产要素向城镇集中。大力发展县域经济,培育壮大特色产业,提高县域综合实力,增强县城对周边地区的辐射带动能力。统筹城乡协调发展,加强新农村新牧区建设,进一步改善农村牧区生产生活条件。

促进区域协调发展。启动实施主体功能区规划。认真落实沿黄沿线经济带发展规划及重点产业发展政策,完善利益共享机制,加快生产力布局调整,优化土地、水资源等要素组合,以园区为载体、产业为纽带,推进西部地区产业集聚与合作发展。创新体制机制,推动呼包鄂一体化进程,在产业结构优化升级、转变发展方式和统筹城乡发展等方面发挥示范带动作用。不断完善支持东部盟市发展的政策措施,编制东部地区产业布局和园区建设规划,加快能源、有色金属等优势产业发展,尽快融入东北经济区和京津冀经济圈。加大对财政困难地区、少数民族聚居地区、边境地区和革命老区的转移支付力度。深化京蒙对口帮扶、鄂尔多斯对口帮扶兴安盟等工作。同时,积极引导和支持盟市统筹旗县间的均衡协调发展,促进基础相对薄弱旗县加快发展。

(五)加强生态环境保护和建设,推进生态文明发展

加大生态环境保护和建设力度。全面实施自治区"十二五"生态综合治理建设规划。认真落实草原生态补奖政策,抓好阶段性禁牧、草畜平衡区放养牲畜压减、生态移民等工作。继续加强重点生态工程建设,争取启动沙漠沙地专项保护治理工程,推进水土流失和湿地生态综合治理,建设林业生态面积1000万亩、草原面积1700万亩,治理水土流失面积650万亩。健全和落实生态补偿机制,抓好生态严重退化地区的生态移民工作,促进生态自我修复。加强自然保护区、生态功能区和草原、林地、湿地、沙地保护,严禁超载过牧、乱垦滥伐。以主要城市空气污染治理、污水和垃圾处理为重点,加强城市环境综合治理。做好重点流域水污染和重金属污染防治工作,保护好集中饮用水源地。加大地质勘探、地质环境保护与治理恢复力度,如期完成煤田火区治理任务。

确保完成节能减排任务。继续强化节能减排责任目标的落实和考核工作,加大对重点地区和重点行业经常性节能减排检查力度,综合运用行政、经济、工程、技术等措施,深入推进节能减排。合理控制能源消费总量,全面加强用能管理,抓好工业、交通、建筑和公共机构等领域的节能工作,对电石、铁合金等高耗能产品用电量实行"零增长"。开展主要污染物排污权有偿使用和交易试点,加强对高排放行业的总量控制和监督检查。抓好节能减排示范工程和新产品、新技术、新设备的推广应用,实施森林草原固碳增汇技术示范工程。

提高资源综合利用水平。进一步完善环境与发展综合决策机制,认真落实资源开发利用总体规划,切实加强对土地、草原、森林、水和矿产资源的有序开发与合理利用。不断健全和完善煤炭资源配置政策,从严控制和规范资源配置。科学开

发、合理利用水资源，实行最严格的水资源管理制度，严禁开采地下水建设高耗水工业项目。千方百计盘活土地存量，全面清理闲置土地，提高土地利用率和供地率。围绕煤炭、电力、化工、冶金、建材等重点行业和特色产业，积极构建循环经济产业链，加强高铝粉煤灰资源开发利用，抓好共伴生矿、煤层气和煤矸石、尾矿及林业剩余物综合利用项目，加快循环经济产业集群建设。加大稀土资源保护力度，提高开发利用水平。继续推进资源型城市可持续发展。

(六)进一步深化改革，扩大对内对外开放

稳步推进重点领域和关键环节改革。继续深化资源性产品价格改革，推行居民用电、用水阶梯式价格制度。推进水资源管理体制改革，强化城乡水资源统一管理，创新区域水公共服务管理模式，促进水务管理一体化。全面推进厂办大集体改革，积极稳妥、分类推进事业单位改革，稳步实施事业单位转企改制、人事聘用和绩效工资制度改革。加快国有林场改革步伐，基本完成集体林权制度改革任务，开展旗县林权管理中心建设示范和森林保险试点等工作。进一步清理行政事业性收费，减轻企业负担。

努力提高对外开放水平。加强区域合作，不断深化与东三省、京津晋冀等省市的合作，抓好“内蒙古·香港经贸活动周”签约项目落地工作，拓展与陕甘宁等地的战略合作。加快重点园区建设，积极承接产业转移。深入推进向北开放，继续完善口岸基础设施，落实国家扶持边贸的各项政策，打造沿边开放经济带，加快满洲里开发开放试验区建设，抓紧二连浩特市申报国家重点开发开放试验区工作，在有条件的地区探索设立边境经济合作区。继续实施“走出去”战略，加快建设国家级、自治区级外贸进出口转型升级示范基地，深化与蒙古国在资源能源领域的合作，探索与俄罗斯在科技研发、装备制造、电力设备等领域的合作，积极参与东北亚、中亚、东欧、拉美等国际区域合作，把我区对外开放提高到一个新水平。

(七)完善公共服务体系，切实保障和改善民生

千方百计增加城乡居民收入。研究制定收入分配改革方案，进一步规范公务员津补贴，推进事业单位绩效工资制度改革，建立健全企业职工工资正常增长和支付保障机制。采取切实有效措施，促进农牧民持续增收。进一步改善生产条件，提升产业化发展水平，完善利益联结机制，促进农牧民经营性收入稳步增长；加快发展农村牧区二三产业，加强对农牧民转移就业的引导和培训，提高工资性收入；完善征地、拆迁、草场征用等补偿措施，引导农牧民以土地、草场、林权等参与收益分配，增加财产性收入。今年要继续加大投入，为群众办好“十件实事”、实施“十项民生工程”，推动民生工作向保基本、广覆盖、纵深化方向发展。

全力做好就业工作。确保全年实现新增城镇就业 26 万人的目标。建立健全促进就业的政策体系，完善技能培训、劳务对接、人才储备等措施，推进就业服务实名制管理。加强就业信息服务平台建设，以高校毕业生、新生代农民工、困难群体为重点，大力开展“订单式”、“定向式”、“储备式”培训，促进人力资源供需对接。在做好大学生就业工作过程中，重视解决好蒙古语授课毕业生的就业问题。充分发挥企业吸纳就业的主渠道作用，大力扶持劳动密集型企业、现代服务业和中小微企业发展，努力开发基层社会管理和公共服务岗位。鼓励自主就业，深入实施创业带动就业工程。

加强社会保障体系建设。继续提高企业退休人员养老金待遇，大力推进新型城乡居民养老保险试点工作，加快建立覆盖城乡居民的社会保障体系。积极推进基本医疗保险制度城乡统筹，进一步扩大新农合及城镇居民医疗保险保障范围、提高财政补贴标准，完善城乡医疗救助制度。不断加大社会救助、社会福利和优抚工作力度，继续提高城乡居民最低生活保障、农村牧区五保户、城镇“三无”人员生活补助和文革“三民”人员生活补贴标准；建立和完善对高龄老人的生活补贴政策，加强老年福利机构建设，大力开展社区居家养老服务，为老年人提供就近、方便、快捷的服务；提高退伍军人及优抚对象补助水平，对贫困大学生及其他特殊困难群体实施临时救助。加快保障性住房建设，新建各类保障性住房 27.77 万套，加强工程质量监管，完善分配管理制度。加大农村牧区危房改造力度，不断改善贫困农牧民居住条件。

坚持优先发展教育。加快发展学前教育，实施乡镇苏木公办中心幼儿园建设工程和国家中西部农村学前教育工程试点。以促进公平和提高质量为目标，继续推进素质教育，促进义务教育均衡发展。全面完成“校安工程”第一阶段三年规划任务，启动第二阶段建设工程。全面实现高中阶段免费教育，提前一年完成目标。加强中等职业教育基础能力建设。加大专项资金投入，使自治区普通本科高校生均拨款水平达到 12000 元，完成国家下达的目标任务。继续做好高校债务化解工作。改革民族教育人才培养模式，提升民族教育发展水平。

加快医药卫生事业发展。完善新农合保障制度，实现新农合盟市统筹。推进基本公共卫生服务均等化，全面推行县乡村卫生服务一体化管理。加强基层医疗卫生体系建设，实现苏木乡镇卫生院分类分级管理。健全基本药物制度，规范政府办基层医疗卫生机构基本药物和医疗器械采购流程。推动公立医院改革试点工作，完善公立医院法人治理机制、运行机制和补偿机制。大力扶持发展蒙中医药事业。全面加强人口和计划生育工作，继续稳定低生育水平，积极应对人口老龄化趋势，统筹解决人口问题。广泛开展全民健身活动，不断提高竞技运动水平。加强气象、地震、人防、侨务、文物保护等工作，维护妇女儿童、老年人和残疾人合法权益。

(八)推动文化大发展大繁荣，促进民族文化大区向民族文化强区跨越

加强社会主义核心价值体系建设。深入实施中国特色社会主义理论体系普及计划，搞好社会主义核心价值体系宣传教育和学习实践。大力弘扬民族精神和时代精神，增强广大干部群众热爱祖国、建设家乡的自豪感和责任心。扎实开展精神文明

创建活动，认真践行社会主义荣辱观，推进公民道德建设工程，进一步巩固全区各族群众团结奋斗的共同思想道德基础。

加快发展文化事业。重点加强民族文化的保护、传承和开发利用，实现在保护中传承、在创新中发展。加强哲学社会科学研究，繁荣文艺创作，推出更多优秀作品。进一步加大财政对公共文化服务体系建设的支持力度，加强文化基础设施建设，高水准建设好城市文化设施，因地制宜建设好基层公共文化服务设施，继续实施重点文化惠民工程，加快推进基本公共文化服务均等化。

大力发展文化产业。制定实施文化产业发展规划，继续改造提升传统文化产业，大力培育和扶持新型文化业态，策划实施一批重大文化产业项目，加快文化产业园区、示范基地和区域文化产业群建设，提升文化产业规模化、集约化、专业化水平，推动文化产业成为自治区经济新的增长点。积极推进新闻出版公共服务体系建设，繁荣发展民族出版产业，建设国家蒙古文出版基地，加强版权保护。

深入推进文化体制机制改革。坚持分类指导，积极推进经营性文化事业单位的企业化转制，加快建立现代企业制度。对公益性文化单位和一些具有民族特点、地区特色的文艺团体，进一步加大公共财政的支持力度，使之得到保护和发展。深化文化事业单位内部机制改革，不断增强发展的生机与活力。实施文化"走出去"战略，加强与国内外的文化交流合作，学习和借鉴优秀文化成果。着力打造草原文化品牌，推动草原文化走向全国、走向世界，不断提升我区文化软实力。

(九)加强民主法制建设和社会管理创新，着力推进和谐内蒙古建设

切实加强民主法制建设。完善重大决策的规则和程序，推进决策科学化、民主化。深入开展法制宣传教育，在全社会形成知法守法、依法办事的良好氛围。自觉接受人大的法律监督、工作监督和政协的民主监督，认真办理人大代表议案、建议和政协委员提案，充分听取民主党派、工商联、无党派人士及各人民团体的意见，接受新闻舆论和社会公众监督。坚持和完善民族区域自治制度，广泛开展民族团结进步宣传和创建活动，有效防范和依法打击境内外民族分裂活动。认真贯彻党的宗教方针，依法维护宗教团体和信教群众的合法权益，充分发挥宗教界人士和信教群众在促进经济社会发展中的积极作用。

扎实推进社会管理创新。以维护群众合法权益、保持社会和谐稳定为重点，创新工作思维和方式，全面提升政府社会管理能力。积极开展社会管理创新综合试点，推进社会管理创新重点项目建设。夯实基层基础，整合管理资源，构建综合管理服务平台，广泛动员和组织群众依法参与，充分发挥社会组织的积极作用，不断完善社会管理格局。加强社会诚信体系建设，建立健全覆盖全社会的征信系统。全面加强信访和基层基础建设，创新信访体制机制，不断提升信访工作整体水平。严格落实维稳工作责任制，抓好社会稳定风险评估和矛盾纠纷排查调处工作，加强社会治安防控体系建设，深入推进平安创建活动。进一步健全应急体系，提高预防和应对突发公共事件能力。加强互联网建设与管理，建立健全网络舆情应对处置机制，积极引导网络舆论，净化网络环境，发展健康向上的网络文化，充分发挥互联网在管理服务社会中的作用。加强国防教育，支持军队和边防建设，完善国防动员体制，强化民兵和预备役部队建设，抓好拥军优属、拥政爱民和军队转业干部安置工作。

认真做好安全生产和食品药品安全工作。各级政府要对企业的安全生产负起严格的监管责任，进一步健全安全生产管理体制机制，全面落实安全生产责任制，认真排查各种隐患，全面推进安全生产标准化建设和企业班组安全创建活动。切实加强对交通、煤矿、化工等高危行业的安全监管，强化应急救援工作，有效防范和遏制重特大安全事故。全面加强食品药品安全责任体系建设，进一步理顺监管体制，强化监管职能，完善监管手段，提升监管能力，深入开展专项整治，建立健全食品药品监管的长效工作机制，切实保障人民群众生命健康。

各位代表，完成今年的目标任务，各级政府责任重大。我们要加强自身建设，全面提高行政效能，切实做到对人民负责、受人民监督、为人民造福、让人民满意。一是坚持执政为民。加快转变政府职能，更加重视公共服务和社会管理，积极探索建立政府绩效管理体系，全面增强服务效能。

继续深化行政审批制度改革，进一步清理和规范审批事项，大力推行政务公开，不断加强政务服务，认真做好行政复议工作，为各类市场主体创造公平的发展环境，为广大群众提供良好的公共服务，努力建设服务型政府。二是坚持依法行政。严格按照法定权限和程序行使职权、履行职责，切实加强对政策执行情况的监督检查，确保政令畅通。继续深化行政执法体制改革，不断改进行政执法工作，努力做到规范执法、公正执法、文明执法。加强政风建设，坚决杜绝不作为、乱作为现象，严厉查处失职、渎职行为，提高政府公信力和执行力，努力建设法治型政府。三是坚持廉洁从政。深入推进惩治和预防腐败体系建设，切实加强对行政权力的监督和制约。加大行政监察和审计监督力度，严格责任追究和行政问责，坚决查处惠农惠牧补贴资金不到位，挪用、滥用社保资金，违规占用草牧场和乱开滥垦草原等损害群众切身利益的突出问题，进一步加强对重点工程领域的监管。坚决制止铺张浪费，严格控制会议、考察、接待等公务开支，继续推动公车制度改革，从严控制公费出国出境，努力建设廉洁型政府。

各位代表，做好今年政府的各项工作意义重大、任务艰巨。让我们更加紧密地团结在以胡锦涛同志为总书记的党中央周围，高举中国特色社会主义伟大旗帜，以邓小平理论和"三个代表"重要思想为指导，深入贯彻落实科学发展观，振奋精神，开拓进取，奋力拼搏，不断开创我区改革开放和现代化建设的新局面，以优异的成绩迎接党的十八大胜利召开！

关于内蒙古自治区 2011 年国民经济和社会发展计划执行情况与 2012 年国民经济和社会发展计划草案的报告

Report on the National Economic and Social Development for 2011 and the Draft Plan for 2012 in Inner Mongolia

——在内蒙古自治区第十一届人民代表大会第五次会议上

内蒙古自治区发展和改革委员会

受自治区人民政府委托，向大会提出 2011 年国民经济和社会发展计划执行情况与 2012 年国民经济和社会发展计划草案，请予审议，并请自治区政协委员和列席会议的同志们提出意见。

一、2011 年国民经济和社会发展计划执行情况

过去的一年，在自治区党委、政府的正确领导下，全区各地坚持以科学发展观为指导，认真贯彻落实国家宏观调控的各项政策措施，积极调结构、转方式、惠民生、促和谐，经济运行总体上呈现增长稳定、质量提高、结构改善的良好态势。初步统计，全年实现生产总值 14246.1 亿元，增长 14.3%。其中，第一产业增长 5.8%，第二产业增长 17.8%，第三产业增长 11%。

(一)结构调整积极推进。农牧业基础地位进一步强化，非资源型产业和战略性新兴产业发展加快，对经济增长的贡献逐步提高。

农牧业生产得到加强。粮食播种面积稳中有增，达到 8400 万亩，增长 2.3%，粮食产量达到 477.5 亿斤。种植结构进一步优化，新增设施蔬菜面积 22.4 万亩，达到 152.4 万亩。畜产品产量基本稳定，全年肉类产量达到 240.7 万吨，牛奶产量达到 908.2 万吨。

工业结构逐步优化。全年实现工业增加值 7158.9 亿元，增长 18.2%。特色优势产业继续保持较快增长，原煤产量达到 9.79 亿吨，增长 25.1%；发电量达到 2970.5 亿千瓦时，增长 16.8%。非资源型产业和战略性新兴产业快速增长，规模以上化学工业增加值增长 23.1%、装备制造业增长 33.1%，两个行业对规模以上工业增长的贡献率比上年提高 7.3 个百分点；60 个非资源型产业集群实现销售收入占规模以上工业的比重达到 1/3。

服务业继续稳步发展。交通运输业增长较为稳定，铁路货运量 6.8 亿吨，增长 10.7%；公路货运量 10.4 亿吨，增长 21.7%。商贸流通业较为活跃，批发业销售额增长 23.7%，零售业销售额增长 22%。公共服务业继续保持较快增长态势，用于社会事业和一般公共服务业的财政支出增长 24.1%，占财政支出的比重为 44.2%。金融业总体运行平稳，前 10 个月受中央紧缩银根政策的影响，资金面呈趋紧态势，11 月份以来信贷政策有所放宽，全年累计新增贷款 1868.5 亿元，比上年多增 241.5 亿元。

节能减排力度进一步加大。节能方面，完成建筑节能改造任务 1100 万平方米，通过淘汰落后产能形成 350 万吨标煤节能量，预计单位 GDP 能耗下降 2.5%。减排方面，实施减排项目 430 个，重点流域水污染防治通过国家考核。重金属污染防治工作稳步推进，环境安全得到有效保障。

(二)各项需求稳定增长。投资需求和消费需求增势较稳，对外贸易快速增长。

投资增长逐步加快。全社会固定资产投资完成 1.09 万亿元，增长 21.5%，高于上年 2.4 个百分点。民间投资活力增强，在固定资产投资中的比重不断上升。私人控股企业投资增长 38.5%，占 50 万元以上项目固定资产投资总额的 51%，比上年提高 6.3 个百分点。

消费需求稳步增长。全社会消费品零售总额完成 3936.6 亿元，增长 18%。汽车、住房仍然是城乡居民消费的热点。全年全区汽车销售量 47 万辆，增长 33.8%。商品房销售面积 3620.1 万平方米，增长 19.9%；商品房销售额 1360.8 亿元，增长 27.8%。

对外贸易大幅增长。全年完成进出口总额 119.4 亿美元，增长 39.1%，比上年提高 10.4 个百分点。其中，出口 46.9 亿美元，增长 40.6%；进口 72.5 亿美元，增长 38.2%。

(三)经济质量明显提高。企业效益、财政收入继续较快增长，居民收入稳步提高。

企业效益大幅提高。规模以上工业企业实现利润 1835.2 亿元，增长 50.8%。煤炭行业仍是工业企业利润的主体，实现利润占规模以上工业利润总额的 44.1%，对利润增长的贡献率为32.8%；新兴行业利润快速增长，所占比重不断提高，其中，有色增长69.7%、化工增长1.4倍，两个行业利润比重提高4.4个百分点。

财政收入快速增长。全年全区地方财政总收入2264.1亿元，增长30.3%，其中地方财政一般预算收入1358.9亿元，增长27%。各项税收较大幅度增加，地方税收完成985.6亿元，增长30.9%，占一般预算收入的比重达到72.5%，较上年提高2.1个百分点。

居民收入水平稳步提高。全区城镇居民人均可支配收入20408元，增长15.3%。其中，工资性收入增长17.2%，带动城镇居民收入增长12.2个百分点。农牧民人均纯收入6642元，增长20.1%，其中，家庭经营性收入增长14.9%，工资性收入增长26.4%，转移性收入增长17.8%。

（四）区域经济协调发展。

一是西部经济区产业布局调整深入推进。沿黄沿线22个重点工业园区、集中区完成工业总产值6665.8亿元，增长35.1%，占西部地区全部工业园区（开发区）的86.7%；实现销售收入6334.5亿元，增长38.8%，占西部地区全部工业园区（开发区）的87%。二是东部地区加快发展。东部盟市规模以上工业增加值增长19.3%，比全区平均高0.3个百分点；固定资产投资增长25.9%，比全区平均高4.4个百分点。三是区域合作不断深入。全区实施招商引资项目1780项，引进国内（区外）资金3000亿元，增长9.5%。四是对口帮扶工作力度加大。落实利用北京市"重点地区帮扶资金"项目32个，帮扶资金7000万元。鄂尔多斯对口支援兴安盟工作有序推进，开工政府援建项目18个，总投资31.6亿元；企业招商项目19个，总投资315亿元。

（五）民生工作扎实推进。就业形势基本稳定。

全年城镇新增就业26.3万人，失业人员实现再就业12.1万人，安置就业困难人员6.1万人。城镇登记失业率为3.8%。保障性住房建设步伐加快。累计新开工各类保障性住房40.6万套，农村牧区危房改造7万多套。社会保障标准较大幅度提高。城镇企业退休人员养老金、城乡低保、五保供养等多项社会保障标准提高幅度均在10%以上。在全区范围内建立实施了社会救助和保障标准与物价上涨挂钩的联动机制，230多万困难群众纳入了保障范围，发放价格补贴3.15亿元。农村牧区民生工程得到加强。解决了120万人的安全饮水问题，新建农村户用沼气6.2万户，新增通沥青水泥路嘎查村959个。社会事业进一步加强。启动实施高中阶段免费教育，自治区本级安排资金6.3亿元，54.2万在校生受益；中小学校舍安全工程稳步推进，已累计开工建设1776.1万平方米，占规划建设任务的102%，已完工1604万平方米，占规划任务的92%。医药卫生体制改革稳步推进，全区政府办基层医疗卫生机构全部落实了基本药物制度，基本完成了综合改革。

2011年全区经济运行总体较好，各项社会事业全面进步，但经济社会发展中也存在一些困难和问题，主要是：结构性矛盾仍然较为突出，"一煤独大"的问题没有根本改变，非资源型产业和服务业比重较低；运力明显不足，重点路段拥堵仍然比较严重，对经济社会发展形成较大制约；城乡居民收入水平较低，与全国平均仍有一定差距；物价上涨压力较大，居民消费价格指数累计上涨5.6%，高于全国平均水平0.2个百分点。对于这些问题，我们将采取有效措施，逐步加以解决。

二、2012年国民经济和社会发展的主要任务

按照自治区经济工作会议的总体部署，2012年国民经济和社会发展的主要预期目标是：生产总值增长13%，地方财政总收入增长17%，城镇居民人均可支配收入增长12%，农牧民人均纯收入增长12%，城镇新增就业26万人，城镇登记失业率控制在4%以内，居民消费价格指数涨幅控制在4%左右，单位生产总值能耗下降3.2%，节水减排指标完成国家下达的目标任务。实现上述目标，要认真贯彻落实中央经济工作会议精神，按照自治区第九次党代会和全区经济工作会议的部署，全面落实《国务院关于进一步促进内蒙古经济社会又好又快发展的若干意见》，着力稳增长、控物价、调结构、惠民生、抓改革、促和谐，切实化解经济运行中的突出矛盾和制约我区长远发展的关键问题，推动经济平稳较快发展。

（一）努力扩大固定资产投资规模。积极筹措资金，加强重点项目建设，保持固定资产投资适度较快增长。

积极筹措各类建设资金。一是积极争取国家资金。按照国家确定的重点投资方向和领域，扎实做好项目前期和申报工作，争取中央资金规模力争达到120亿元以上。二是扩大银行贷款规模。积极协调区内各大银行增加贷款规模，并鼓励区内银行牵头组织系统内联合贷款和银团贷款，争取银行贷款新增2200亿元以上。三是进一步扩大民间投资。抓紧制定出台《关于鼓励和引导民间投资健康发展的实施意见》，促进民间投资快速增长。积极打造为民间资本服务的投资平台，组织策划一批适合民间投资的中小项目，做好项目推介，促进资金和项目对接。着力规范民间借贷，加强对小额贷款公司、融资担保机构、典当行等准金融机构的管理。四是扩大创投基金和企业直接融资规模。继续做好战略创新产业基金募资工作，争取募资总规模达到200亿元。扩大企业债券发行和上市融资规模，争取各类债券融资200亿元，企业上市融资50亿元。

加快推进重点项目建设。工业方面，突出抓好化工、有色、战略性新兴产业和装备制造业等方面的项目建设，争取完成投资6000亿元左右。生态方面，继续实施好京津沙源二期、退牧还草二期、天然林资源保护二期等生态重点工程，全面落实基本草原保护制度，争取启动黄土高原综合治理工程和沙漠沙地专项保护治理工程，完成林业生态建设面积1000万亩、草原建设面积1700万亩，治理水土流失面积650万亩。水利方面，加快文得根水利枢纽和扎罗木德水库、扎敦水库、"引绰济辽"调水、锡林郭勒供水等项目前期工作，推进海勃湾水利枢纽、三座店水库、黄河磴口工业供水、黄河准格尔旗供水、红花尔基水利枢纽等重点水利工程，争取开工建设尼尔基、绰勒水库下游灌区项目。铁路方面,新开工建设蒙西至华中煤运通道、呼张客运专线、呼准东铁路、多丰复线等重点铁路项目,新开工里程1440公里。公路方面,新开工乌兰浩特至扎兰屯高速、树林召至东胜、省道101线武川至乌兰花至格根塔拉、省道301线加格达奇至阿里河等重点公路项目,全面实施通村公路工程,全年开工高速公路260公里以上,新增700个通沥青水泥路的嘎查村。民航方面,新开工阿拉善盟通勤航空国家试点项目和霍林郭勒民用机场项目,完成根河通用航空试点机场扩建。电力通道方面,力争开工建设锡盟至南京特高压送电通道,争取国家同意开展蒙西至长沙特高压通道前期工作,加强区内500千伏主干网架建设和220千伏电网建设,新开工500千伏线路4000公里以上。力争基础设施完成投资2000亿元左右。民生和社会方面,突出抓好基础教育、基层卫生和保障性住房等领域的项目建设,争取完成投资4000亿元左右。

(二)保持农牧业稳定发展。坚持把"三农三牧"问题作为全部工作的重中之重,强化对"三农三牧"的支持,夯实农牧业持续稳定发展的基础。

提高农牧业综合生产能力。重点组织实施自治区百亿斤粮食增产工程,落实保护性耕作、旱作农业示范、粮食增产工程建设任务,集中力量打造东部嫩江、西辽河流域和西部黄河流域两大粮食核心产区,粮食播种面积稳定在8000万亩以上,粮食产量稳定在460亿斤左右。积极推进大型灌区建设改造、节水灌溉增效示范和大型灌排泵站更新改造工程,加大对小型农田水利设施的投入,新增节水灌溉面积300万亩。

加强绿色农畜产品基地建设。围绕把我区建设成为全国绿色农畜产品生产加工基地这一目标,突出抓好农畜产品基地建设。大力推进标准化规模化养殖,继续推进百万奶牛、百万肉牛和千万肉羊"双百千万高产创建和提质增效工程",建设奶牛标准化规模养殖场88处,生猪标准化规模养殖场136处。

积极推进农牧业产业化。积极引导龙头企业与农牧民签订订单协议,发展订单农业。强化对农牧民专业合作组织的扶持,提高农牧民进入市场的组织化程度和开拓市场能力。加强农畜产品质量安全监管,加快农畜产品质量安全标准体系和追溯体系建设。

(三)积极调整经济结构。着力推进产业延伸升级,大力发展非资源型产业,加快构建多元发展的现代产业体系。

加快资源型产业转型升级。加强能源基地建设,适度控制煤炭开发规模,稳定煤炭产量,争取启动锡盟煤电基地、上海庙煤电基地等重大能源基地建设项目。继续推进煤炭产业向下延伸,争取开工建设中天合创300万吨二甲醚项目。突出抓好稀土钢生产项目、铝后加工项目、工程塑料项目和甲醇延伸加工项目,推进钢铁、有色、化工等优势产业延伸升级。

大力发展非资源型产业。研究制定非资源型产业指导目录和配套政策,提出《加快培育和发展战略性新兴产业的意见》,规划建设战略性新兴产业示范基地,推动新能源、新材料、新医药等战略性新兴产业加快发展。全年新开工风电规模350万千瓦、太阳能发电30万千瓦。加快实施云计算发展规划,推动中国移动、中国电信、中国联通等一批云计算数据中心落地建设。大力发展风电设备、光伏设备和矿山机械制造业,积极争取汽车生产指标,促进装备制造业快速发展。

加快企业兼并重组步伐。大力推进"双百亿"工程,加快煤炭企业兼并重组,研究制定有色企业重组方案,培育建设大型骨干企业和重点开发区,力争新增营业收入超百亿的企业10个、园区6个。进一步落实好扶持中小企业发展的各项政策,加大中小企业技术进步贴息资金和中小企业专项发展资金投入。扶持发展小额贷款和信用担保机构,加快中小企业诚信体系建设,落实小型微型企业信贷政策,鼓励金融机构加大对中小企业的信贷支持,努力缓解中小企业融资困难的问题。加强中小企业创业园区建设,搭建中小企业创业平台。

加快发展服务业。努力推动服务业发展提速、比重提高、竞争力提升。一是物流业。认真贯彻落实国务院促进物流业发展的各项政策,做好自治区物流业"十二五"规划的组织实施工作,围绕产业基地、中心城市、交通枢纽和口岸,加强物流园区和配送中心建设,加快实施满洲里东北亚国际物流中心项目。二是金融业。进一步健全完善金融服务体系,积极引进区外金融机构,推动内蒙古银行、包商银行等地方法人银行在区内各盟市完成分行布局、支持商业银行加快建设小企业金融服务专营机构分中心。三是旅游文化产业。以建设草原文化旅游强区为目标,加强重点景区旅游基础设施建设,完善旅游综合服务体系,扶持发展一批A级景区和农家乐、牧户游示范户、示范村。大力发展影视制作、出版发行、演艺娱乐和动漫等文化产业,筹划建设一批文化产业园区,培育文化产业新的增长点。四是高技术服务业。贯彻落实国务院出台的《关于加快发展高技术服务业的指导意见》,提出自治区促进高技术服务业发展的实施方案,推动研发设计、成果转化、电子商务等服务业加快发展,为特色优势产业和战略性新兴产业发展提供有力支持。

(四)保持价格总水平基本稳定。继续采取综合措施,构建稳价安民长效机制,把价格总水平控制在预期目标内。

切实保障市场供应。加强重要商品特别是生活必需品的产运销衔接,认真做好大宗农畜产品收储工作,扩大化肥淡季储备规模。继续加强蔬菜基地建设,确保蔬菜种植面积达到400万亩以上,其中设施蔬菜面积达到180万亩以上。进一步提高粮食最低收购价格,落实对农畜产品批发市场、集贸市场和社区平价菜店的扶持措施。

加强价格管理。研究制定自治区降低流通费用综合性工作方案,继续清理整顿高速公路收费、农贸市场收费、零售商供应商收费,加快取消政府还贷二级公路收费,降低流通成本。继续执行鲜活农产品运输“绿色通道”政策，逐步实现鲜活农产品从田间地头到餐桌的零税收、低收费。切实加强价格管理，完善应对市场价格异常波动的预案，合理安排政府管理价格调整的时机、节奏和力度。进一步完善社会救助和保障标准与物价上涨挂钩的联动机制，建立联动机制实施情况通报制度，根据价格变动，适时启动和中止。

开展价格收费专项治理。积极开展涉农价格检查，加大农资价格和粮食收购价格检查力度。继续开展涉企收费专项治理，重点清查中介、行业协会涉企收费问题。规范民生价格收费秩序，开展医药卫生服务价格大检查，查处银行业金融机构贷款过程中的各种乱收费行为，查处幼儿园、公办中小学、高校的各种乱收费和民办学校未按规定收费的行为。加强价格监测预警，关注市场动态，严厉打击各类串通涨价行为。

（五）推进城乡区域协调发展。抓好各类区域规划和政策的落实，推动城乡、区域之间全面协调可持续发展。

加快推进城镇化。进一步加强城镇规划和管理，组织实施《呼包鄂城市群规划》、《乌海及周边地区城镇规划》和《锡林郭勒南部区域中心城市建设规划》。完善农民工融入城市的政策措施，推动有条件的城镇把有稳定职业和收入的农民工及其子女转变为城镇居民，并纳入城镇社会保障、医疗卫生、文化教育、住房保障等公共服务体系。城镇化率提高1个百分点以上。

促进区域协调发展。打造以呼包鄂为核心的西部经济区，组织落实《以呼包鄂为核心沿黄河、沿交通干线经济带重点产业发展规划》，推动重点产业向自治区确定的22个重点工业园区集中，出台并实施《呼包鄂经济区一体化发展规划》，推进呼包鄂的一体化发展。落实好《东北地区“十二五”振兴规划》，积极推进大兴安岭林区生态保护和经济转型，启动东部地区重点产业发展规划编制工作。推动落实全国和自治区主体功能区规划，研究制定《关于实施内蒙古自治区主体功能区规划的意见》。

加大对困难地区的扶持。加大扶贫开发力度，增加扶贫投入，加强对列入国家集中连片特殊困难地区、国家和自治区扶贫开发工作重点旗县、边境地区、少数民族聚居区和革命老区的扶持力度，对400个重点贫困嘎查村实施“整村推进”工程，实现30万人口稳定脱贫。积极做好京蒙对口帮扶和鄂尔多斯市对口帮扶兴安盟工作，落实好已经签订的各项帮扶协议，加快帮扶项目的实施进度。

（六）努力推动节能减排。把建设资源节约型、环境友好型社会作为加快转变经济发展方式的重要着力点，坚持不懈地推进节能减排工作。

强化监管力度。深入开展节能减排专项行动，加大对重点地区和重点行业经常性节能减排检查力度，重点做好电力、钢铁、焦化、冶金、水泥建材等高排放行业总量控制和监督检查。对列入国家“十二五”万家企业节能低碳行动的企业进行挂牌督办，签订节能目标责任状。合理控制能源消费总量，全面加强用能管理，对电石、铁合金等高耗能产品实行用电量“零增长”。

抓好重点领域项目建设。加强十大重点节能工程建设，推进流域综合治理，完善城镇污水垃圾处理设施，力争新开工建设38个污水处理及管网工程、14个城镇垃圾处理项目。大力发展节能省地型建筑，加大既有建筑改造力度，既有建筑节能改造面积达到1000万平方米。做好节能减排示范工程和新产品、新技术、新设备的推广工作，努力提高能源利用效率。继续深入开展节能减排全民行动，切实推进交通运输和公共机构节能减排。

大力发展循环经济。围绕煤炭、电力、化工、冶金、建材等重点行业和特色产业，积极培育循环经济产业集群，搭建循环经济产业链构架，抓好一批共伴生矿、煤层气和粉煤灰、煤矸石、尾矿等工业“三废”、林业剩余物综合利用项目，建设一批循环经济试点示范项目（园区或企业）。推进餐厨废弃物利用。在农业、工业、服务业等领域加大清洁生产推行力度。

（七）加强以民生为重点的社会建设。把促进就业作为经济社会发展的优先目标，进一步完善社会保障体系，加快社会事业发展，继续改善和保障民生，推进和谐社会建设。

努力提高城乡居民收入水平。研究制定收入分配体制改革方案，逐步提高居民收入在生产总值中的比重。按照居民收入增长和经济发展同步、劳动报酬增长和劳动生产率同步的原则，进一步规范公务员津补贴政策，提高艰苦地区津贴补助标准，加快推进事业单位绩效工资制度改革，继续完善企业职工工资正常增长和支付保障机制，增加工资性收入。完善征地、拆迁、草场征用等补偿政策，引导农牧民以土地、草场使用权入股等方式参与收益分配，增加财产性收入。认真落实好各项惠农惠牧补贴政策，增加转移性收入。

加强就业和社保工作。引导和促进劳动密集型企业、中小企业、民营经济和各类服务业加快发展，大力支持自谋职业和自主创业，鼓励高校毕业生到城乡基层和中小企业就业，推进各种形式的灵活就业，力争城镇新增就业26万人。加快社会保障体系建设，实现新型农村牧区社会养老保险和城镇居民养老保险制度全覆盖，进一步提高企业退休人员养老金水平和城乡低保对象、城镇“三无”人员等困难群体的生活保障补助标准。积极推进基本医疗保险制度城乡统筹，开展城乡医保制度统筹试点，适当提高新农合和城镇居民基本医疗保险筹资标准和补助标准。积极发展多层次养老服务，支持残疾人服务体系和工伤康复中心建设。

大力发展各项社会事业。教育方面，继续实施农村牧区乡镇苏木公办中心幼儿园工程和国家中西部农村学前教育推进工程试点，全面完成中小学校舍安全工程，推进义务教育阶段校舍标准化建设。不断改善普通高中办学条件，全面实行高中阶段免费教育。大力发展职业教育，继续实施“中等职业教育基础能力建设工程”。努力提高高等教育质量，普通高校计划招生12.5万人。卫生方面，进一步强化基层医疗卫生体系建设，推进农村急救体系和全科医生培养基地建设，全面推行县乡村卫生服务一体化管理。提高补助标准,巩固扩大基本医保覆盖面,争取新农合和城镇居民医保政府补助标准提高到240元,基本医保覆盖面达到95%,实现新农合盟市级统筹。完善基本药物制度,在全区政府办基层医疗卫生机构全部实施基本药物制度的基础上,逐步将非政府办基层医疗卫生机构和村卫生室纳入基本药物制度。加快推进公立医院改革试点,争取10家以上的旗县级医院列入国家试点。文化方面,认真贯彻落实十七届六中全会关于促进文化产业发展的决定,加快实施苏木乡镇综合文化站等五大公共文化服务工程,加强盟市级图书馆、文化馆、博物馆建设,抓好元上都申报世界文化遗产工作。

继续推进民生工程建设。围绕人民群众最迫切需要解决的问题,继续开展为民办实事和民生工程建设。积极改善农村牧区生产生活条件,解决100万人的安全饮水问题,新增户用沼气5万户,完成6461个村17.4万户的广播电视村村通任务。加大保障性住房建设力度,开工建设城镇保障性住房27.77万套。

(八)加快推进改革开放。进一步深化重点领域和关键环节改革,逐步消除制约经济发展的体制机制性障碍,不断提高对内对外开放水平。

继续深化各项改革。一是继续深化资源性产品价格改革,推行居民用电、用水阶梯价格制度,完善非居民超定额用水累进加价制度,合理调整水资源费征收标准、水利工程和城市供水价格。二是深化财税体制改革,落实结构性减税政策,提高小型微型企业增值税和营业税起征点。三是推进集体林权制度改革,加快国有林场改革步伐,开展旗县林权管理中心建设示范和森林保险试点等工作。四是深入推进文化体制改革,组建内蒙古民族艺术剧院。五是深化行政审批制度改革,以投资、社会事业、非行政许可审批领域为重点,继续清理、精简和调整审批事项。

进一步扩大对内对外开放。一是努力扩大招商引资规模。跟踪落实与东北三省、京津冀晋、江浙沪等省签署的各项合作协议,推动合作向纵深方向发展。争取引进国内(区外)到位资金3300亿元。加大外资引进力度,力争直接利用外资达到40亿美元。二是保持对外贸易稳定增长。坚持以质取胜和市场多元化战略,积极调整出口产品结构,大力发展服务贸易,增加先进技术和紧缺农产品进口,外贸进出口总额增长20%左右。三是加快实施"走出去"战略。抓好满洲里和二连浩特开发开放试验区建设,扩大和深化与俄罗斯和蒙古国在资源能源领域的合作,增加资源性产品进口规模。

(九)全面落实国务院《若干意见》精神。国务院《若干意见》是促进我区科学发展的重要政策性文件,要全力推动意见的贯彻落实,扩大政策的支持效应。

加强与各部委的对接。按照国务院办公厅《若干意见》重点工作分工方案的要求,分门别类制定与国家相关部委的对接工作方案,确保我区的要求能充分反映到各部委的支持政策中,各部委的支持政策能细化到具体的项目和资金上。

加快推进项目建设。全面落实好《若干意见》中涉及到的重大项目,对于已开工的项目要积极争取国家投资,加快建设进度,尽早发挥效益;对于未开工的重点项目,要继续加强前期工作,争取尽早批准开工建设。

做好督促检查工作。加强组织领导和统筹协调,细化分解目标责任,成立专门的督促检查工作组,对各地区、各部门落实《若干意见》进展情况开展经常性督促检查,并对落实情况进行定期通报。

2012年是实施"十二五"规划的重要一年,我们要在党中央、国务院和自治区党委的领导下,深入贯彻落实科学发展观,解放思想,锐意进取,扎实工作,努力完成全年经济社会发展的各项目标任务,以优异成绩迎接党的十八大胜利召开。

关于2011年预算执行情况和2012年预算草案的报告

Report on the Implementation of Budgets for 2011 and Draft Budgets for 2012 in Inner Mongolia

——在内蒙古自治区第十一届人民代表大会第五次会议上

内蒙古自治区财政厅

受自治区人民政府委托，现将2011年预算执行情况和2012年预算草案的报告提请本次人民代表大会审议，并请自治区政协各位委员提出意见。

一、2011年全区预算执行情况

2011年，面对复杂多变的国内外经济形势，在自治区党委的正确领导下，各级财政部门坚持以科学发展观为指导，认真贯彻落实国家宏观调控政策，严格执行自治区十一届人大四次会议的有关决定和决议，巩固和扩大应对国际金融危机冲击的成果，国民经济继续朝着宏观调控预期方向发展，呈现增长较快、价格趋稳、效益提高、民生改善的良好态势，全区及自治区本级预算执行情况较好，圆满完成了2011年预算确定的各项任务和目标。

2011年年初提请自治区人代会审议的全区地方财政总收入预算为2030亿元。根据2011年12月31日汇总的国库数据，2011年全区地方财政总收入入库2264.1亿元，完成年度预算的112.2%，比上年增加525.9亿元，增长30.3%。其中，一般预算收入1358.9亿元，完成年度预算的116.5%，比上年增加288.9亿元，增长27%；上划中央税收收入905.2亿元，比上年增加237亿元，增长35.5%。

2011年，中央财政对我区各类补助收入1555.5亿元，比上年增加400.1亿元，增长34.6%。其中，返还性收入和一般性转移支付848.3亿元，比上年增加167.4亿元；各类专项转移支付707.2亿元，比上年增加232.7亿元。

2011年，经自治区人大常委会批准，由中央财政代我区发行地方政府债券59亿元，自治区全部转贷盟市、旗县，重点用于保障性安居工程等中央投资公益性项目配套。

2011年，自治区财政下达盟市补助收入1325.5亿元，比上年增加303.7亿元，增长29.7%。其中，返还性收入和一般性转移支付670.3亿元，比上年增加165.2亿元；各类专项转移支付655.2亿元，比上年增加138.5亿元。

汇总全区地方财政一般预算收入、中央补助收入、地方政府性债券收入、上年财政结转结余、调入资金以及上解中央支出等，2011年全区总财力为3344.7亿元，其中：一般预算收入1358.9亿元，中央财政各类补助收入1555.5亿元，发行地方政府债券收入59亿元，上年财政结转结余、调入资金及上解等371.3亿元。

2011年年初全区地方财政支出预算为2108亿元。根据2011年12月31日汇总的国库数据，2011年全区地方财政支出2989.5亿元，比上年增加716亿元，增长31.5%，转入预算稳定调节基金50亿元后，全区地方财政支出完成调整预算的91%。2011年，全区财政结转结余资金305.2亿元，其中：有专项用途的结转资金293.2亿元，净结余12亿元。2011年结转结余资金，将继续按规定程序和用途安排使用。

2011年，自治区本级一般预算收入完成303.3亿元，完成年度预算的131.9%，比上年增加79.8亿元，增长35.7%。自治区本级一般预算收入，加上中央各类补助列自治区本级收入、上年财政结转结余以及调入资金、盟市上解收入等，自治区本级总财力710.6亿元。自治区本级一般预算支出549.5亿元，比上年增加186.1亿元，增长51.2%，转入自治区本级预算稳定调节基金50亿元后，完成调整预算的84%。2011年，自治区本级财政结转结余资金111亿元，其中：有专项用途的结转资金110亿元，净结余1亿元。

与2011年年初预算相比，自治区本级超收73.3亿元，主要是“两权”价款以及行政事业性收费、事业单位各类收入等列收列支项目超收，重点用于地质资源勘查、矿山环境治理等专项支出、法定增长、民生支出以及补充执收单位业务费开支，超收结余转入预算稳定调节基金。盟市、旗县超收收入的使用情况，分别由各级政府向同级人大常委会报告。

2011年，自治区本级政府性基金收入完成153.6亿元，完成年度预算的137.1%，比上年增加44.5亿元，增长40.8%，主要是地方教育附加费征收比例提高等政策性因素增收。2011年，自治区本级政府性基金支出完成19.1亿元，比上年减少1.4亿元，下降6.7%，主要是本级收入补助盟市33.6亿元，比上年增加3亿元，本级列支相应减少。

上述各类收支数据，待财政部批复决算后，还会有一些变化，届时向同级人大常委会报告。

2011年，在各地区、各部门的积极配合下，各级财政部门围绕中心，服务大局，依法严格执行预算，取得了良好的经济社会效果。

（一）支持经济结构调整和发展方式转变，自治区经济保

持了平稳较快发展

落实中央积极财政政策，妥善处理好保持经济平稳较快发展、调整经济结构、管理通胀预期的关系，加快推进经济发展方式转变和经济结构调整，着力扩大国内需求，促进了自治区经济平稳较快发展和物价总水平基本稳定。一是调控物价总水平保持基本稳定。大力支持粮食和农畜产品生产能力建设，降低流通成本。认真落实产粮油大县奖励政策，下达奖励资金9.6亿元，我区产粮大县由34个增加到36个，超级产粮大县由8个增加到9个。拨付资金2.4亿元，弥补盟市粮食风险基金缺口，进一步增强了各级政府市场调控和应急保障能力。积极推动建立健全自治区肉类储备制度。出台低收入群体物价临时性补贴政策。二是积极扩大内需。健全家电下乡和以旧换新政策，全区共销售补贴类家电产品153.6万台（部），实现销售额35.9亿元。下达资金2.5亿元，支持现代物流园区、“万村千乡”市场工程等建设。加强地方政府债券管理，保障公益性投资项目配套资金需要。落实中央和自治区结构性减税政策，减轻中低收入者和个体工商户税收负担30亿元。2011年，全社会消费品零售总额完成3936.6亿元，增长18%。三是加快战略新兴产业发展。支持新能源产业发展，投入资金3.2亿元，完成金太阳示范工程项目8个，装机容量33.5兆瓦；促进新能源汽车推广，实行秸秆能源化利用，支持可再生能源发展。加快实施节能减排重点工程，投入资金18.2亿元，支持住宅供热管网、城镇污水管网建设以及既有居住建筑节能改造。加强环境保护，投入资金8亿元，促进环境基础能力建设，强化重金属污染以及重点地区和流域生态综合治理，推进排污权有偿使用和交易试点改革，启动国家首批矿产资源综合利用基地建设。四是支持科技创新和中小企业发展。加快实施重大科技专项，充分发挥科技创新引导资金的放大效应，不断提高科技创新能力。继续支持科技富民强县工作，建立起依靠科技进步促进县域经济发展的长效机制。积极支持中小企业发展壮大，下达资金5.5亿元，继续实施“双百工程”，重点支持13个行业89个工业项目的技术改造；支持中小企业外经贸项目60个，促进企业开拓国际市场。五是推动区域均衡发展。完善现行转移支付办法，加大对革命老区、少数民族聚居区、边境地区和财政困难地区的均衡性转移支付力度。继续加大国家重点生态功能区转移支付力度，建立健全县级基本财力保障机制。全面落实自治区党委确定的对兴安盟、乌兰察布市等财政困难地区的特殊资金扶持政策。2011年，自治区财政下达盟市、旗县各类转移支付1325.5亿元，比上年增长29.7%。按照自治区党委、政府打造以呼包鄂为核心沿黄河沿交通干线经济带的战略部署，经过积极争取，2012–2016年，中央财政将累计给予我区财力补助40亿元，统筹用于该区域基础设施和公共服务领域建设。

（二）加大“三农三牧”投入，各项惠农惠牧政策得到有效落实

2011年，全区农林水、粮油物资管理等涉农涉牧支出511.9亿元，比上年增长29.7%。进一步落实完善各项惠农惠牧政策，支持农村牧区水利等基础设施建设和现代农牧业发展，巩固和强化农牧业基础地位。一是加快现代农牧业发展。搭建现代农牧业发展资金整合平台，2008–2011年，自治区累计投入64.6亿元，支持地方优势特色产业发展，初步形成了覆盖4个优势产业52个项目旗县的产业带。争取国家将我区列入“节水增粮行动”省区，2012–2015年，全区累计投资80亿元，实施高效节水灌溉农田800万亩。落实中央和自治区1号文件精神，大幅增加水利建设投入，多渠道筹措资金31.3亿元，重点解决了农村牧区120万人饮水安全问题，在32个牧业旗县实施了牧区节水灌溉饲草基地建设，支持36个小型农田水利重点县。全面推进农业综合开发，投入资金17.9亿元，改造中低产田85.9万亩，建设高标准农田32.8万亩，草原建设151.9万亩，支持产业化经营项目229个。二是着力提高农牧民收入水平。对农牧民的各项补贴规模达到110亿元，补贴品种和范围进一步扩大。全面启动草原生态保护补助奖励政策，争取国家投入40.3亿元，将我区10.2亿亩可利用草原全部纳入补奖范围。加大扶贫开发力度，投入资金13.2亿元，增强贫困地区和贫困人口的自我发展能力。完善农牧业防灾救灾机制，及时拨付资金8.2亿元，保障农牧业增产和农牧民增收。三是深化农村牧区综合改革。投入资金16.8亿元，全区开工建设嘎查村级公益事业一事一议财政奖补项目4879个，受益人口563.5万人。通过“一卡通”发放各类补贴资金181.4亿元，436万户城乡居民受益。化解其他公益性乡村债务试点工作有序推进，全区有25个旗县完成化债任务，兑付偿债资金3.3亿元。争取中央补助资金69.8亿元，全面启动天然林保护二期工程，进一步完善退耕还林、森林生态效益补偿、集体林权制度改革等支持林业生态政策。

（三）加快社会事业发展，各项民生保障水平进一步提高

按照自治区党委为群众办实事和加快实施民生工程的工作部署，各级财政部门把保障和改善民生作为财政工作的根本出发点和落脚点，使改革发展成果充分惠及人民群众。一是支持教育优先发展。2011年，全区教育支出390亿元，比上年增长21.1%。提高农村牧区义务教育阶段中小学公用经费标准，小学生均拨款每年达到500元，初中达到700元。中小学“校安”工程竣工学校2150所，竣工率居全国前列。在全国率先实施三年内高中阶段学生免学费、免教科书费政策，惠及全区54.2万名学生。继续加强职业教育基础能力建设，支持高等院校重点学科和重点实验室建设，支持学前教育发展。不断完善家庭经济困难学生资助体系。二是健全社会保障体系。2011年，全区就业和社会保障支出361.3亿元，比上年增长23.6%。企业退休人员养老金、城乡低保、五保供养等多项社会保障标准增幅都在10%以上。新型农村牧区社会养老保险国家和自治区试点旗县达到92个，参保人数301万人。建立了社会救助和保障标准与物价上涨挂钩的联动机制，230多万困难群众和家庭困难的在校大学生纳入保障范围。扩大鼓

励就业和创业的财政政策范围，下达补助资金13.3亿元，落实社会保险、公益性岗位补贴等就业扶持政策。三是推进医药卫生体制改革。2011年，全区医疗卫生支出164.5亿元，比上年增长36.2%。新型农村牧区合作医疗和城镇居民基本医疗保险补助标准由年人均120元提高到200元。人均基本公共卫生服务经费标准提高到25元。政府设立的1609个基层医疗卫生机构全面实施了基本药物制度，26家医院开展了公立医院改革试点，25所旗县医院开展了综合改革试点。四是加快保障性住房建设。2011年，全区住房保障支出140.1亿元，比上年增长67.3%。认真落实保障性安居工程土地供应和财税优惠政策，规范经济适用房建设和管理，积极推进各类棚户区和农村牧区危房改造。全年开工建设各类保障性住房40.6万套，农村牧区危房改造7万多套。五是推动文化事业发展。2011年，全区文化体育与传媒支出68.9亿元，比上年增长30.1%。大力支持公共文化服务体系建设，保障公益性文化设施免费开放，继续实施广播电视无线覆盖、农村牧区电影放映等文化惠民工程。积极支持文化体制改革，支持文化企业做大做强，促进文化大区建设。

（四）加强科学化精细化管理，财政管理水平进一步提高

坚持完善制度、夯实基础与提高执行力并重，加快财税体制改革，积极构建有利于转变经济发展方式的财税体制、运行机制和管理制度。一是加强“两基”建设。强化项目库建设和项目预算滚动管理，实现了项目申报、审核网上流程。建立支出进度定期通报和考核制度，2011年全区和自治区本级财政支出进度明显加快，分别比上年提高1个百分点和2个百分点。完善行政事业单位国有资产管理办法，着手研究自治区本级行政事业单位资产配置标准。加强苏木乡镇财政建设，充分发挥基层财政资金监管职能，确保财政资金使用的安全和有效。二是调整和完善自治区以下财政体制。进一步完善了自治区与盟市财政管理体制，根据税种属性，对五个共享税实行有差别的分享比例，明显降低自治区对营业税的分享比例，适当提高自治区对增值税和资源税的分享比例，增强自治区宏观调控能力，推动经济结构调整和发展方式转变，促进区域均衡发展。三是完善收入分配制度。进一步规范各级政府行政事业单位津补贴标准。落实义务教育学校及医疗卫生事业单位绩效工资政策，制定出台了其他事业单位绩效工资政策。认真落实国务院艰苦边远地区津贴制度，提高了1–3类区86个旗县的艰苦边远地区津贴标准，全年共下达艰苦边远地区津贴转移支付25亿元，比上年增加6亿元。落实行政事业单位职工住房补贴政策。四是继续深化支出领域改革。加强预算编制与预算执行、结余结转资金管理、行政事业单位资产管理的有机结合。逐步扩大财政支出绩效评价范围，开展了农业保险保费项目绩效评价试点。推进会计集中核算向国库集中支付制度转轨，全区7个盟市、45个旗县完成了转轨任务。进一步扩大政府采购范围和规模，2011年全区政府采购规模达到339.4亿元，比上年增长28.9%，资金节约率8.7%。完善非税收入收缴管理制度，将除教育收费外按预算外资金管理的收入全部纳入预算管理，清理取消了65项自治区批准的行政事业性收费项目。五是建立健全财政监督机制。围绕财税政策有效落实和财政资金安全规范，重点开展了对失业保险基金、就业资金以及旅游业专项资金的检查。继续深化“小金库”专项治理，全区共有1.9万户单位进行了复查，查出“小金库”金额1569万元。认真开展财政专户核查工作，全区共撤销财政专户416个。加大财政预决算公开力度，自治区本级财政向社会公开的预决算收支表、政府性基金收支表细化到款级科目。开展了会计信息质量检查和会计师事务所执业质量检查。

2011年财政运行总体较好，但也存在着一些亟待解决的问题，如：加快以保障民生为重点的社会事业发展任务艰巨，各级财政支出压力较大；区域经济社会发展不均衡，推进基本公共服务均等化任务繁重；基层财政管理仍比较薄弱，苏木乡镇职能仍需强化；政府性债务不断累积，财政风险不容忽视等。我们必须高度重视这些问题，通过不断加快发展、深化改革和规范管理等综合措施，着力加以解决。

二、2012年预算草案

根据自治区党委、人大对财政经济工作的总体部署，2012年全区财政预算安排的总体要求是：全面贯彻自治区第九次党代会精神，牢牢把握科学发展主题和加快转变经济发展方式主线，加强收入征管，努力实现依法依规、应收尽收；优化财政支出结构，加大对“三农三牧”、教育、科技、医疗卫生、社会保障、保障性安居工程、环境保护以及困难地区的支持力度，切实保障和改善民生，保持物价总水平基本稳定，促进经济增长、结构调整、城乡统筹和区域协调发展；坚持富民优先导向，着力调整国民收入分配格局，不断提高城乡居民收入水平；坚持依法理财、统筹兼顾、增收节支的方针，加强财政科学化精细化管理，继续从严控制一般性支出，提高财政资金使用效益。

根据自治区宏观经济发展预期以及目前掌握的政策性调整因素，2012年全区地方财政总收入安排2620亿元，同口径增长17%（剔除一次性“两权”价款收入25亿元）。2012年全区地方财政支出预算安排2748亿元，加上上年结转和预算执行中中央增加的各类补助，2012年全年地方财政支出将达到3400亿元，比2011年实际支出数增加411亿元，增长14%。

根据《预算法》的规定，各级财政预算由同级人民政府编制，报同级人民代表大会审查批准。下面，重点报告自治区本级公共财政预算和政府性基金预算的安排情况。

根据现行财政体制划定的收入范围和中央明确的补助数额，2012年自治区本级财政一般预算总财力安排1524.9亿元，其中，一般预算收入325亿元；中央财力性补助收入796.2亿元；中央专项补助收入392亿元；盟市上解收入3.1亿元；调入资金8.6亿元。

根据收支平衡的原则，2012年自治区本级财政一般预算

总支出安排1524.9亿元，其中，按政策和体制规定返还和补助盟市1066.9亿元；本级一般预算支出安排458亿元，比上年年初预算数增加95.5亿元，增长26.3%。

2012年自治区本级财政支出预算按经济分类和功能分类分别编制，从不同角度反映政府的支出活动。按经济分类划分，自治区本级一般预算支出安排情况是：基本支出预算安排119.8亿元，占26.2%；各类专项支出安排338.2亿元，占73.8%。在基本支出预算中，行政事业单位工资福利支出58.1亿元，商品和服务支出即公用经费30.5亿元，对个人和家庭的补助支出31.2亿元。

按功能分类划分，自治区本级一般预算支出主要安排情况是：

——安排一般公共服务支出45.8亿元，比上年年初预算增加8.7亿元，增长23.5%。其中专项资金安排14.5亿元，主要用于：保障自治区党政机关及其所属职能部门的基本支出。完善人口和计划生育利益导向机制，加大对农村牧区及城镇无业人员独生子女父母奖励扶助力度，继续支持农村牧区贫困家庭“一杯奶”生育关爱行动和出生缺陷干预项目。加大人才开发、引进和储备投入，鼓励高校毕业生到嘎查村、非公有制企业和中小企业就业，支持实施“草原英才”计划。

——安排公共安全和国防支出29.9亿元，比上年年初预算增加4.3亿元，增长16.8%。其中专项资金安排16亿元，主要用于：推进政法经费保障体制改革，支持公检法司基层单位办案业务开支、执法装备购置和开展各种专项斗争。增加军队、武警经费，切实维护社会和谐稳定。

——安排教育支出61.3亿元，比上年年初预算增加13.2亿元，增长27.5%，高于经常性财政收入的增长，符合《教育法》规定的增长要求。其中专项资金安排37.5亿元，主要用于：落实城乡义务教育“两免一补”政策，提高农村牧区义务教育阶段中小学公用经费补助标准。加强中等职业教育基础能力建设，对农村牧区、涉农专业及城市家庭经济困难中等职业学校学生实行免学费和免教科书费政策。认真落实家庭经济困难学生资助政策和国家助学贷款政策。支持高等院校重点学科、重点实验室建设，积极推动高校化解债务。支持学前教育、民族教育、民办教育、特殊教育加快发展。提前一年实现普通高中(含蒙语、朝鲜语授课学生)免学费和免教科书费全覆盖。

——安排科学技术支出6.9亿元，比上年年初预算同口径增加1.5亿元，增长27.8%，高于经常性财政收入的增长，符合《科技进步法》规定的增长要求。其中专项资金安排5.9亿元，主要用于：增加科技发展创新引导奖励资金，建立完善多元化的社会科技投入体系，支持科技型中小企业技术改造和自主创新。保障自治区重大科技专项顺利实施，大力支持基础研究、前沿技术研究。推进国家(重点)实验室及科研机构、大学科研能力建设，促进科技成果转化。

——安排文化体育与传媒支出12.5亿元，比上年年初预算增加2.6亿元，增长26.4%。其中专项资金安排7.3亿元，主要用于：推动自治区文化体制改革，支持文化产业发展；进一步推进美术馆、图书馆等公益性文化设施免费开放；加大重点文物、非物质文化遗产保护力度。落实备战奥运会和全国十二届运动会经费。

——安排社会保障和就业支出、住房保障支出68.9亿元，比上年年初预算增加18.2亿元，增长35.9%。其中专项资金安排43.4亿元，主要用于：落实企业退休人员养老金调标政策；继续提高城乡居民最低生活保障财政补助标准；加大财政对城乡居民养老保险的补贴力度，实现新型农村牧区社会养老保险和城镇居民社会养老保险制度全覆盖；增加“三民”、城镇“三无”人员及高龄老人生活补助，建立对困难群体的临时社会救助制度。充实小额担保贷款基金，加强就业实训基地建设，切实做好农村牧区转移劳动力、城镇就业困难家庭等重点群体就业工作。加大对廉租住房、公共租赁住房、城市棚户区、农村牧区危房改造等保障性住房的投入力度，缓解低收入群体住房困难。

——安排医疗卫生支出19.2亿元，比上年年初预算增加3.7亿元，增长23.6%。其中专项资金安排13.1亿元，主要用于：推动各项基本医疗保险制度相互衔接，将新型农村牧区合作医疗和城镇居民基本医疗保险财政补助标准由人均200元增加到240元，继续将大学生纳入城镇居民医保范围，妥善解决关闭破产企业退休人员医疗保险问题。全面推进基层医疗卫生机构综合改革，加快以县级医院为重点的公立医院改革。健全城乡基本公共卫生服务经费保障机制，完善基本药物制度。加大城乡医疗救助投入力度，对贫困人口给予医疗补助。继续实施农村改厕等重大公共卫生项目。

——安排节能环保、国土资源气象、城乡社区事务支出39.4亿元，比上年年初预算增加10.4亿元，增长35.9%。其中专项资金安排36.3亿元，主要用于：支持企业节能技术改造、淘汰落后产能、建筑节能以及城镇污水处理和供热配套管网等重点节能减排工程建设。加快发展新能源、可再生能源等战略新兴产业，加大节能产品惠民工程实施力度。完善生态环境保护政策，加强重点流域及地区环境治理。全面推进矿产资源有偿使用制度改革，加大矿产资源勘查、矿山地质环境治理等方面的投入。

——安排农林水事务支出58.2亿元，比上年年初预算增加18.3亿元，增长45.7%，高于经常性财政收入的增长，符合《农业法》规定的增长要求。其中专项资金安排55.7亿元，主要用于：支持高效节水灌溉农业发展，实施“节水增粮”行动；以现代农牧业发展项目为平台，推进财政支农支牧资金整合，加快农田水利基础设施建设和农牧业特色经济发展。加快高效节水人工优质草场建设，继续实施牧业旗肉羊良种补贴、禁牧休牧补贴以及加大牧区基础设施建设等各项惠牧补贴政策。增加农业综合开发投入，继续扩大高标准农田示范工程建设规模，开展农村土地整治。加强“菜篮子”基地建设，落实生猪生产、调出奖励扶持政策。大幅增加财政扶贫开发投入，重点对集中连片贫困地区给予扶持。继续完善农牧业保险保费补贴制度和政策，适当增加补贴品种。深入推进农村牧区综合改革，全面推进嘎查村公益事业建设一事一议财政奖补工作，积极稳妥化解乡村其他公益性债务。

——安排交通运输、资源勘探电力信息和商业服务业等事务支出88.1亿元，比上年年初预算增加17.1亿元，增长24.1%。其中专项资金安排83.7亿元，主要用于：巩固成品油税费改革成果，加大重点公路建设资本金以及农村牧区公路建设和养护资金投入；增加民航机场建设和航线财政补贴。落实企业优惠政策，鼓励企业扩大投资；支持工业重点项目建设，扶持中小企业发展壮大。加快现代物流、旅游、地方金融等服务业发展。

——安排其他支出27.8亿元，比上年年初预算减少2.5亿元，下降8.3%。其中专项资金安排24.8亿元，主要用于预算内基本建设投资、政府预备费以及扶持边贸经济发展等。

根据现行政府性基金政策规定，2012年自治区本级政府性基金收入预算安排160亿元，比2011年实际完成数增长4.2%。基金收入来源主要是新增建设用地有偿使用费、地方水利建设基金、煤炭价格调节基金等。加上预计中央补助收入和上年结转收入146.9亿元，可安排的自治区本级政府性基金收入总量为306.9亿元。

按照“以收定支、专款专用”的原则，2012年自治区本级政府性基金支出预算相应安排306.9亿元。其中：自治区本级支出153.7亿元，基金支出重点用于教育、公路建设、企业剥离办社会、矿山环境综合整治、土地整理和农田水利基础设施建设等；对盟市、旗县的转移支付94.2亿元；调出资金59亿元。

三、坚持依法理财，强化科学管理，确保圆满完成2012年预算

（一）加强和改善财政宏观调控，促进自治区经济平稳较快发展

充分发挥财税政策作用，切实增强科技创新能力和发展保障能力，巩固物价调控成果，促进自治区经济社会又好又快发展和社会和谐稳定。一是贯彻落实国务院《意见》精神。继续争取国家在转移支付、财政政策等方面的支持，加大对我区重点地区、重点产业、重点项目的投入和政策扶持力度。二是努力扩大消费需求。继续实施积极的就业政策，完善城乡居民基本养老、基本医疗和最低生活保障制度，改善居民消费预期。落实好国家和自治区出台的减轻小型微型企业税费负担的各项政策，进一步清理规范行政事业性收费项目，减轻企业和居民负担。继续实施好家电下乡补贴政策。三是优化政府投资结构。保持适度的政府预算内投资规模，支持保障性安居工程、以水利为重点的农村牧区基础设施、教育文化卫生基础设施、节能减排和战略新兴产业发展。引导和鼓励民间投资健康发展。多渠道筹措资金，支持公路、铁路、机场、电力重大通道项目建设。四是提高科技创新能力。通过设立科技创新引导奖励资金等方式，建立和完善多元化的全社会科技投入体系。进一步优化科技支出结构，大力支持基础研究、前沿技术研究和重大关键技术研究。五是推动产业结构优化升级。支持非资源性产业发展，积极承接发达地区产业转移，加快发展战略新兴产业和现代服务业。支持以呼包鄂为核心沿黄河沿交通干线经济带和重点工业园区建设，进一步提高产业集中度和竞争力。大力支持中小企业发展。六是发挥财税政策稳定物价的作用。及时发放良种补贴、农资综合补贴等各类涉农涉牧补贴和农牧业防灾减灾资金，做好重要商品物资储备和投放，完善城乡物流体系。健全社会救助和保障标准与物价上涨挂钩的联动机制，落实好对城乡低保对象、农村五保供养对象以及大中专院校家庭经济困难学生等补助政策。

（二）继续加大“三农三牧”投入，全面落实各项强农惠农富农政策

落实中央2012年1号文件精神，加快推进农牧业科技创新，认真落实各项强农惠农富农政策，持续推动农牧业稳定发展，农牧民较快增收，农村牧区社会和谐稳定。一是切实增强农牧业综合生产能力。突出支持高效节水灌溉，实施“节水增粮”行动。以粮食主产区和产粮大县为重点，增加农业综合开发投入，继续扩大高标准农田示范工程建设规模，开展农村土地整治，加快建设旱涝保收高标准农田。支持现代农牧业产业技术体系建设，推进基层农牧业技术推广和示范县建设，促进农牧业优势特色产业发展。加强以水利为基础的农牧业基础设施建设，加快推进土地出让收益用于农田水利建设资金的省级统筹，广泛吸引社会资金投资水利。支持农牧业产业化发展，逐步建立现代农畜产品流通体系。完善农牧业保险保费补贴政策，提升农村牧区金融服务水平。二是深化农村牧区综合改革。深化乡镇机构、农村牧区义务教育、县乡财政管理体制和集体林权制度改革。积极稳妥清理化解垫交税费等公益性乡村债务。推进嘎查村级公益事业建设一事一议财政奖补工作。进一步增强村级组织运转经费保障能力。三是加大对贫困地区的扶持力度。大幅增加财政扶贫开发投入，支持连片特困地区、整村推进和易地移民搬迁三大扶贫开发工程，力争实现自治区政府确定的贫困人口减少30万、人均纯收入增长15%以上的目标。进一步加大对贫困地区的转移支付力度，提高困难地区基本公共服务水平和困难群众的收入水平。四是加强生态建设。认真落实草原生态保护补助奖励政策。推进天然林保护二期工程建设并提高补助标准，巩固退耕还林、退牧还草成果。加快推进矿业发展方式转变，加强重金属污染防治和农村牧区环境综合整治。

（三）优化财政支出结构，切实保障和改善民生

把保障和改善民生作为财政工作的根本出发点和落脚点，确保实现“十二五”规划确定的“两个同步”、“两个达到”目标。一是支持教育优先发展。严格落实教育经费法定增长要求，进一步提高财政教育支出占公共财政支出的比重。启动自治区财政支持学前教育发展项目，巩固完善农村牧区义务教

育经费保障机制，继续实施农村牧区义务教育薄弱学校改造计划、中小学校舍安全工程、自治区义务教育标准化建设工程，启动自治区财政对民办学校“以奖代补”投入机制。全面落实好高中阶段免学费和免教科书费的“两免”政策。进一步加强职业教育实训基地和示范校建设。提高高校生均拨款标准，确保在2012年达到中央规定的生均拨款水平。二是深化医疗卫生体制改革。积极推动各项基本医疗保险制度相互衔接，继续提高城乡居民基本医疗保险财政补助水平。支持实施重大公共卫生服务项目，加快基层医疗卫生机构全面实施基本药物制度和综合改革，积极推动开展公立医院改革试点。三是加强社会保障和就业工作。实现新型农村牧区社会养老保险和城镇居民社会养老保险制度全覆盖，继续提高企业退休人员基本养老金水平，适当提高城乡居民最低生活保障标准。支持实施更加积极的就业政策，做好大学生和城乡求职人员的就业扶助工作。四是大力支持保障性安居工程建设。拓宽保障性住房资金来源渠道，继续吸引社会力量参与保障性安居工程建设。要按照工程进度拨付资金，均衡预算拨款，确保资金专款专用。五是促进文化大发展大繁荣。建立财政文化投入稳定增长机制，加快文化体制改革步伐，支持文化产业发展。六是不断提高城乡居民收入水平。认真落实各项惠农惠牧政策，支持农牧民专业合作组织发展，加强农民工职业技能培训，增加农牧民生产经营性收入和工资性收入。进一步规范公务员津补贴，推进事业单位绩效工资制度改革。增加财政补助规模，减轻困难群众在教育、医疗、住房等方面的负担。

（四）深化各项财政改革，不断完善财税体制和运行机制

始终坚持用改革的方法解决财政发展中的矛盾和问题，加快建立有利于财政科学发展的体制机制。一是组织实施好新体制运行。进一步均衡自治区以下财力分配，完善均衡性转移支付办法，提高困难地区基本公共服务保障能力；修订激励性转移支付办法，鼓励各地区加快发展。二是提高预算执行效率。建立健全预算支出责任制度，加强对预算执行的动态监控，完善预算支出执行通报制度，强化国库资金调度管理和结余结转资金管理。三是健全政府预算体系。进一步细化专项资金预算，推动项目滚动预算编制。要按照“两上两下”的程序编制政府性基金预算，加强对政府性基金的统筹使用和监督管理。继续扩大国有资本经营预算实施范围，加强社会保险基金预算管理。四是推进税费制度改革。积极争取国家提高我区煤炭资源税适用税额标准，并将我区纳入煤炭资源税改革试点范围。按照正税清费、分类规范的原则，继续清理整合行政事业性收费和政府性基金。

（五）加强“两基”建设，进一步提高财政科学化精细化管理水平

强化财政管理基础工作和基层建设，进一步提高依法理财、科学理财、民主理财水平。一是狠抓预算管理。完善预算编制程序，细化预算编制内容，继续提高预算编制的完整性。进一步扩大国库集中支付制度的实施范围，2012年底前所有预算单位的财政性资金全部纳入国库集中支付范围。推进政府采购预算编制细化工作，强化项目预算执行审核，推进政府采购与部门预算、国库集中支付、资产管理工作相互衔接。二是加强预算支出绩效管理。2012年原则上所有县级以上财政部门都要组织开展预算支出绩效评价试点。建立绩效评价结果反馈制度，研究绩效评价结果与预算资金安排有机结合的激励机制。三是稳步推进预决算公开。2012年要继续扩大预决算公开的范围，增加预决算公开的表格数量，其中涉及教育、医疗卫生、社会保障和就业、“三农三牧”、保障性住房等部门预决算表格，要将可公开内容细化到项级科目，并重点做好“三公”经费公开工作。四是加强政府性债务管理。妥善处理存量债务，严格控制新增债务。建立新增债务规模上管一级的审批制度，完善风险控制和预警指标体系，进一步清理规范融资平台公司。各级政府都要根据债务余额和还款需要建立偿债准备金制度。五是进一步加强基层财政建设。强化县乡财政就地就近监管职责，对各级财政及各部门下达的财政性资金，实行全面监管，确保各项惠民政策落到实处，为基层群众提供优质的基本公共服务。六是严格财政监督。整合财政内部监督资源，加强对同级部门的预算监管，逐步健全覆盖所有政府性资金和财政运行全过程的监督机制。积极推行财政监督信息披露和公告制度。自觉依法接受人大、审计监督。

各位代表，2012年是实施“十二五”规划承上启下的重要一年，也是迎接党的十八大胜利召开之年，我们要深入贯彻落实科学发展观，按照自治区第九次党代会确定的经济社会发展战略目标，认真落实本次会议对财政工作提出的各项要求，努力完成2012年各项财政工作任务，为把自治区建设得更加繁荣富裕、和谐美好做出更大的贡献。

内蒙古自治区
2011 年国民经济和社会发展统计公报

Statistical Bulletin of the National Economic and Social Development in Inner Mongolia for 2011

内蒙古自治区统计局

（2012 年 2 月 29 日）

2011 年,面对复杂多变的国内外环境,全区各族人民在自治区党委、政府的正确领导下,以邓小平理论和“三个代表”重要思想为指导,深入贯彻落实科学发展观,积极推进经济发展方式转变和经济结构调整,经济社会总体保持了良好的发展态势。全年经济增速继续在较高位上运行,物价过快上涨势头开始得以遏制,富民强区进程加速推进。经济的稳定性、自主增长性、市场化程度都有明显提高,实现了“十二五”的良好开局。

一、综　　合

初步核算,全区实现生产总值 14246.11 亿元,按可比价格计算,比上年增长 14.3%。其中,第一产业增加值 1304.91 亿元,增长 5.8%;第二产业增加值 8092.07 亿元,增长 17.8%;第三产业增加值 4849.13 亿元,增长 11%。第一产业对经济增长的贡献率为 3.8%,第二产业对经济增长的贡献率为 68.3%,第三产业对经济增长的贡献率为 27.9%。人均生产总值达到 57515 元,增长 13.8%,按年均汇率计算折合为 8905 美元。全区生产总值中一、二、三次产业比例为 9.2∶56.8∶34。

2011 年地区生产总值及增速

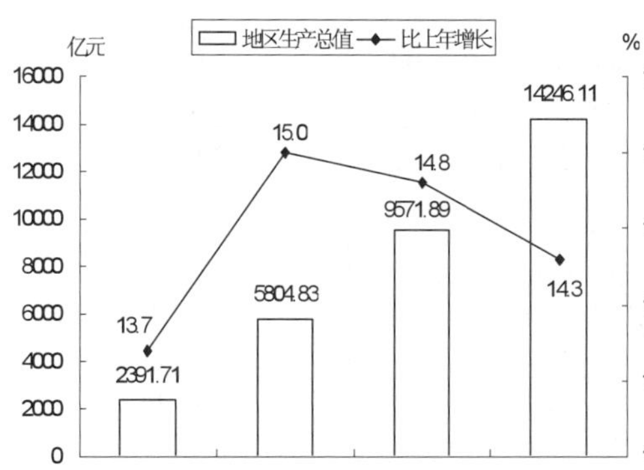

全年居民消费价格总水平比上年上涨 5.6%。分城乡看,城市上涨 5.5%,农村牧区上涨 5.7%。分类别看,八大类全部呈现上涨局面,其中食品类价格上涨 13.7%,烟酒及用品类价格上涨 2.9%,医疗保健及个人用品类价格上涨 2.3%,居住类价格上涨 4.7%。从生产者角度看,工业生产者购进价格指数和工业生产者出厂价格指数分别比上年上涨 6.1%和 7.8%。固定资产投资价格上涨 6.3%,农产品生产价格上涨 12.8%。

2011 年居民消费价格月度涨跌幅度图

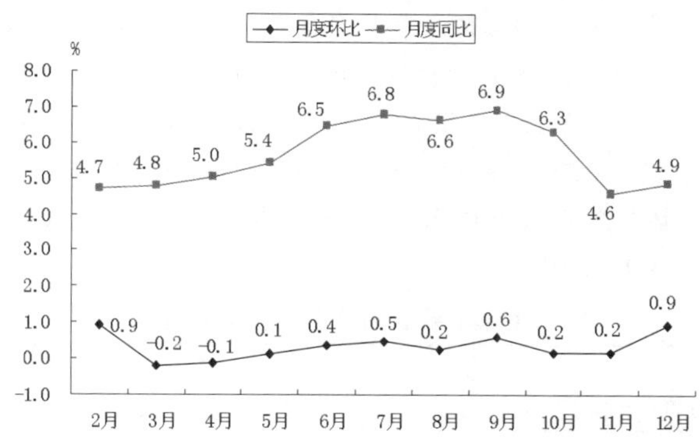

2011 年全区居民消费价格指数表

类　　别	2011 年
居民消费价格总指数(上年 =100)	105.6
城市	105.5
农村牧区	105.7
食品	113.7
#粮食	111.4
肉禽及其制品	126.8
蛋	117.6
水产品	111.4
鲜菜	103.6
鲜果	127.3
烟酒及用品	102.9
衣着	102.3
家庭设备用品及服务	100.1
医疗保健及个人用品	102.3
交通和通讯	100.6
娱乐教育文化用品及服务	100.8
居住	104.7

2011 年末全区就业人员 1243.71 万人,比上年末增加 59.18 万人,增长 5%。其中,城镇就业人员 511.47 万人,比上年末增加 46.42 万人,增长 9.9%。城镇私营个体就业人员 254.71 万人,比上年末增加 38.71 万人,增长 17.9%。年末城镇登记失业率为 3.8%,比上年末下降 0.1 个百分点。全年实现失

业人员再就业人数为12.09万人。

全年完成地方财政总收入2261.81亿元，其中地方财政一般预算收入1356.67亿元，分别比上年增长30.1%和26.8%。全年地方财政支出2989.21亿元,比上年增长31.5%。2011年,公共与民生领域仍然是支出的重点。其中,一般公共服务支出304.53亿元,比上年增长19.6%;社会保障和就业支出363.97亿元,增长24.5%;医疗卫生支出164.59亿元,增长36.3%;教育支出390.69亿元,增长21.3%。

经济运行中还面临着经济增长下行和物价上涨双重压力,特别是经济社会发展中的一些深层次矛盾和制约因素突出地表现在:调结构、转方式的任务依然繁重;基础设施条件不适应发展需要;民生和社会建设还比较薄弱;生态保护和建设任务艰巨。

二、农　　业

全年农作物总播种面积712.95万公顷，比上年增长1.8%。其中,粮食作物播种面积556.15万公顷,比上年增长1.1%。全年粮食总产量2387.51万吨,比上年增长10.6%;油料产量140.53万吨,增长9.7%;甜菜产量157.72万吨,下降2%;蔬菜产量1440.17万吨,增长6.6%;水果(含果用瓜)产量301.45万吨,增长8.4%。

2011年主要农畜产品产量和牲畜存栏数

	总量	速度(%)
粮食(万吨)	2387.51	10.6
小麦(万吨)	170.94	3.5
玉米(万吨)	1632.13	11.4
稻谷(万吨)	27.83	7.6
大豆(万吨)	137.24	2.9
薯类(万吨)	204.00	19.3
油料(万吨)	140.53	9.7
甜菜(万吨)	157.72	-2.0
水果(含果用瓜)(万吨)	301.45	8.4
蔬菜(万吨)	1440.17	6.6
牛奶(万吨)	908.20	0.3
绵羊毛(万吨)	10.66	-0.8
山羊绒(吨)	7644.00	-5.7
水产品(万吨)	12.29	8.0
肉类总产量(万吨)	237.50	-0.5
猪肉	71.34	-0.7
牛肉	49.73	0.0
羊肉	87.24	-2.2
牧业年度牲畜存栏(万头、只)	10762	-0.3
大牲畜(万头)	1176	3.1
羊(万只)	8347	-0.7
猪(万口)	1238	-1.0

牧业年度全区牲畜存栏头数达10762万头(只),比上年同期下降0.3%;牲畜总增6474.7万头(只),牲畜总增率达60.2%。牧业年度良种及改良种大牲畜和羊总头数9025.2万头(只),比重为94.8%。全年肉类总产量237.5万吨,比上年下降0.5%。其中，猪牛羊肉产量分别达到71.34万吨、49.73万吨和87.24万吨,分别比上年下降0.7%、持平和下降2.2%。牛奶产量908.2万吨,增长0.3%;山羊绒产量7644吨,下降5.7%;禽蛋产量52.52万吨,增长4.2%;水产品产量12.29万吨,增长8%。

林业全年完成营造林面积73.2万公顷。其中,人工造林33.5万公顷,飞播造林11.4万公顷,封山育林28.3万公顷。全年完成退耕还林和荒山荒地造林面积4万公顷，完成天然林资源保护工程造林面积8.7万公顷，完成京津风沙源治理工程造林面积40.8万公顷,完成“三北”防护林五期工程造林面积12.5万公顷,完成幼林抚育(作业)面积59.9万公顷。年末全区森林面积2366.4万公顷,森林覆盖率达20%。全年实现林业产业产值217.5亿元。

2011年末全区农牧业机械总动力3172.7万千瓦,比上年增长4.6%;排灌机电井数量37.56万眼,增长1.6%;农田有效灌溉面积307.24万公顷，比上年增长1.5%；全年农村牧区用电量52.3亿千瓦时,增长8%;化肥施用量(按折纯)176.94万吨,下降0.2%。

三、工业和建筑业

全年全部工业增加值7158.94亿元,比上年增长18.2%。其中,规模以上工业企业增加值比上年增长19%。在规模以上工业企业中,国有及国有控股企业增加值增长12.6%,集体企业增加值增长41.1%,股份合作企业增加值增长98.5%,股份制企业增加值增长19.3%,外商及港澳台投资企业增加值增长12.1%,其它经济类型企业增加值增长19.1%。在规模以上工业企业中,轻工业增加值增长12%;重工业增加值增长20.5%。

2011年工业主要产品产量

	总　量	速度(%)
原煤(万吨)	97925.55	25.1
天然原油(万吨)	202.97	11.0
发电量(亿千瓦小时)	2970.52	16.8
粗钢(万吨)	1669.75	4.0
钢材(万吨)	1417.32	10.9
电解铝(万吨)	165.70	12.7
平板玻璃(万重量箱)	1259.53	5.3
化肥(万吨)	126.06	7.6
精甲醇(万吨)	449.35	105.4
水泥(万吨)	6396.47	21.2
乳制品(万吨)	383.21	11.8
液体乳(万吨)	309.71	13.7
发电机组(千瓦)	792731	206.6
风力发电机组(千瓦)	739556	198.0
冷冻饮品(万吨)	34.10	-12.7
载货汽车(万辆)	3.09	-17.3
彩色电视机(万部)	261.09	27.8
纱(万吨)	2.03	-1.4
布(万米)	10171.30	3.7
服装(万件)	4172.82	18.0
汽油(万吨)	34.26	-18.6
柴油(万吨)	93.55	17.9
十种有色金属(万吨)	238.51	12.7
瓷质砖(万平方米)	1001.66	-26.3
单晶硅(吨)	1912.84	134.4
多晶硅(吨)	3802.56	213.1
原铝(电解铝)(万吨)	165.70	12.7
铁合金(万吨)	342.92	28.7

从工业产品产量看，全区原煤产量达9.79亿吨，比上年增长25.1%；发电量达到2970.52亿千瓦小时，增长16.8%，其中，风力发电量258.53亿千瓦小时，增长29.7%；钢材产量为1417.32万吨，增长10.9%；载货汽车为30944辆，下降17.3%；其他主要工业产品产量均有不同程度增长和下降。全年规模以上工业品出口交货值达227.17亿元，比上年增长16.8%。

2011年，全区规模以上工业企业主营业务收入17632.84亿元，比上年增长34.4%；实现利润1835.16亿元，比上年增长50.8%，其中，国有及国有控股企业实现利润590.54亿元，比上年增长47.1%；规模以上工业亏损企业亏损额45.61亿元，比上年下降18.3%。全年规模以上工业企业产品销售率97.9%，比上年提高0.3个百分点。

全年建筑业增加值933.13亿元，比上年增长15.2%。全区具有建筑业资质等级的建筑施工企业884个；施工企业房屋建筑施工面积9421.86万平方米，比上年增长24.3%；竣工房屋面积3773.88万平方米，下降0.8%；房屋建筑竣工率40.1%。全年具有建筑业资质等级的建筑企业实现利润115.4亿元，比上年增长39.6%；实现税金55.34亿元，比上年增长15.1%。

四、固定资产投资

全年全社会固定资产投资总额10900.1亿元，比上年增长21.5%。其中，城乡50万元以上项目完成固定资产投资10787.9亿元，增长21.5%。从投资主体看，国有经济单位投资3698.97亿元，增长9.8%；集体单位投资124.16亿元，增长14.2%；个体投资144.39亿元，增长36.9%；其他经济类型单位投资6932.58亿元，增长28.7%。按项目隶属关系分，地方项目完成投资10084.7亿元，增长25.4%；中央项目完成投资815.4亿元，下降12.6%。

50万元以上固定资产投资图

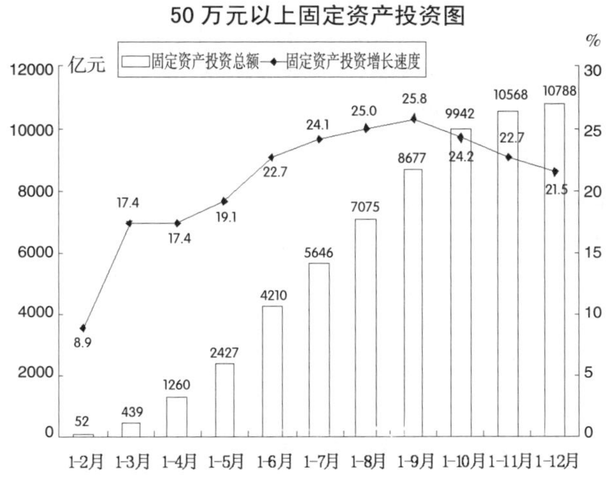

在全区固定资产投资中，第一产业投资549.94亿元，增长23.2%；第二产业投资5156.94亿元，增长16.1%，其中，工业投资5035.2亿元，增长16.2%；第三产业投资5193.22亿元，增长27.2%。从城乡看，城镇固定资产投资10612.4亿元，比上年增长21.5%，其中，城镇房地产开发投资1650.02亿元，比上年增长47.3%；在城镇房地产开发投资中，经济适用房投资51.93亿元，增长32.8%。农村牧区固定资产投资287.7亿元，增长20.6%，其中，非农户投资175.5亿元，增长19.2%。从主要行业投资看，电力、燃气及水的生产和供应业投资1159.83亿元，下降14.2%；交通运输、仓储及邮政业投资1021.76亿元，下降2%；水利、环境和公共设施管理业投资887.96亿元，增长35%；教育投资181.48亿元，增长20%；卫生、社会保障和社会福利业投资67.88亿元，增长23.2%。

2011年房地产投资额及增速图

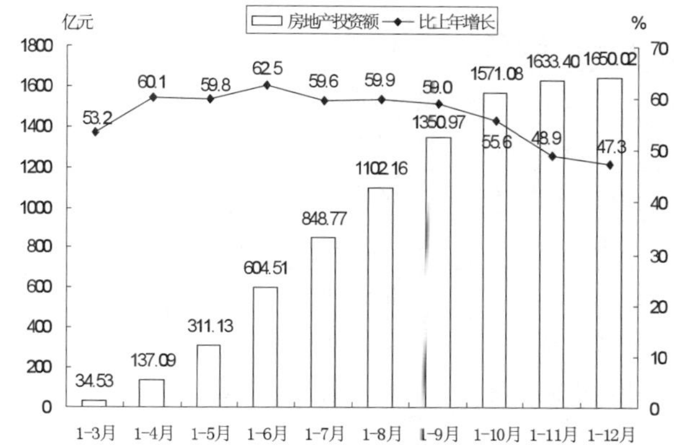

全年新开工项目12410个，比上年增长22.7%；在建项目投资总规模27492.79亿元，比上年增长24.4%。城镇住宅施工面积13209.92万平方米，比上年增长34.3%；城镇住宅竣工面积2762.64万平方米，比上年增长11.7%。商品房竣工面积2453.11万平方米，比上年增长6.8%；商品房销售面积3620.12万平方米，增长18.4%。

五、国内贸易

全年社会消费品零售总额3935.61亿元，比上年增长18%。从经营单位所在地看，城镇实现社会消费品零售额3439.92亿元，占社会消费品零售总额的87.4%，增长17.9%；乡村消费品零售额496.69亿元，增长18.3%。从限额以上批发零售贸易企业情况看，限额以上粮食、食品、饮料、烟酒类完成零售额136.3亿元，比上年增长22.3%；汽车类完成零售额346.4亿元，增长18.8%。

社会消费品零售总额表

	2011年	增长(%)
社会消费品零售总额(亿元)	3936.61	18.0
城镇	3439.92	17.9
其中：城区	2648.04	18.3
乡村	496.69	18.3

消费品市场与去年相比出现新情况：一是乡村市场消费增长在“提速”，快于城市，高于城镇增速0.4个百分点。二是从商品类别看，往年的消费热点——汽车类，虽零售总额突破了300亿元，但增速较平缓，低于近些年增速，而石油及制品零售额增长较快，达到566.1亿元，增长45.1%。

六、对外经济

全年海关进出口总额 119.39 亿美元，比上年增长 39.1%。其中，出口总额 46.87 亿美元，增长 40.6%；进口总额 72.52 亿美元，增长 38.2%。从主要贸易方式看，一般贸易进出口额达 57.85 亿美元，占进出口总额的 48.5%，比上年增长 42.3%；加工贸易进出口额达 9.5 亿美元，占进出口总额的 8%，比上年增长 5.6%。

海关进出口分项表

	单位	2011 年	增速(%)
海关进出口总额	亿美元	119.39	39.1
出口总额	亿美元	46.87	40.6
一般贸易	亿美元	34.62	45.6
边境小额贸易	亿美元	2.42	11.6
加工贸易	亿美元	5.22	5.0
进口总额	亿美元	72.52	38.2
一般贸易	亿美元	23.23	37.3
边境小额贸易	亿美元	44.16	41.1
加工贸易	亿美元	4.28	6.7

全年实际使用外商直接投资额 38.38 亿美元，比上年增长 13.4%。年内全区在工商部门注册的外商投资企业 3601 家，比上年减少 92 家。新批准外商投资企业数 73 个，比上年增加 2 家企业。

七、交通、邮电和旅游业

全年各种运输方式完成货运量 15.67 亿吨，比上年增长 18.5%。其中，铁路 5.3 亿吨，增长 12.8%；公路 10.37 亿吨，增长 21.7%。全年各种运输方式完成货物周转量 4353 亿吨公里，比上年增长 10.2%。其中，铁路 1626 亿吨公里，下降 3.6%；公路 2737 亿吨公里，增长 21.1%。全年各种运输方式完成客运量 25963.8 万人，增长 8.3%。其中，铁路 4156.8 万人，增长 0.5%；公路 21807 万人，增长 9.9%。全年各种运输方式完成旅客周转量 409.2 亿人公里，比上年增长 5.7%。其中，铁路 168.2 亿人公里，下降 0.4%；公路 241 亿人公里，增长 10.5%。年末民用汽车保有量 490.9 万辆，比上年增长 1.1 倍。其中，私人轿车保有量 150.64 万辆，增长 31.8%。

全年邮电业务总量(2010 年不变价)254.46 亿元，比上年增长 27.3%。其中，电信业务总量 244.5 亿元，增长 30.1%；邮政业务总量 9.96 亿元，下降 16.3%。年末(本地电话)局用交换机总容量 638 万门，下降 10.3%。年末本地网固定电话用户 380 万户，下降 8.2%。年末移动电话用户 2310 万户，增长 13.6%。全区电话普及率(包括固定和移动电话)达到 108.9 部/百人，增长 7.7%。年末全区互联网络用户 1501 万户，增长 18.1%。

全年实现旅游总收入 889.55 亿元，比上年增长 21.4%。接待入境旅游人数 151.52 万人次，增长 6.1%；旅游外汇收入 6.71 亿美元，增长 11.5%。国内旅游人数 5177.95 万人次，比上年增长 15.6%；国内旅游收入 847.28 亿元，增长 22.3%。

八、金融、证券和保险业

年末全区金融机构人民币存款余额 12063.72 亿元，全年新增存款 1768.81 亿元，比上年末增长 17.4%。其中，单位存款余额 5797.88 亿元，比上年末增加 774.14 亿元；个人存款余额 5431.1 亿元，比上年末增加 825.39 亿元。年末全区金融机构人民币贷款余额 9727.7 亿元，全年新增贷款 1866.18 亿元，比上年末增长 23.6%。其中，短期贷款余额 3567.3 亿元，比上年末增加 916.38 亿元，增长 33.8%；中长期贷款余额 6070.41 亿元，比上年末增加 933.49 亿元，增长 18.2%；个人消费贷款余额 1152.81 亿元，比上年末增加 318.7 亿元，增长 38.2%。

2011 年，全区证券机构布局逐步趋于合理，证券公司开户数和交易额均较快增长。辖区两家法人证券公司股民开户数为 63.43 万户，比上年末增长 15.4%，证券交易额为 4280.74 亿元，比上年减少 578.42 亿元。

2011 年，全区保险机构 1765 家，保险营销员 6.37 万人。全年保险业实现保费收入 229.78 亿元，比上年增长 15.6%。全年保险业累计赔付支出 71.22 亿元，增长 19.8%。农业保险稳步推进，全年全区农业保险实现保费收入 17 亿元，累计赔付支出 10.1 亿元，268.7 万户次农牧户受益，充分发挥了支农惠农作用。

九、教育和科学技术

年末全区共有普通高等学校 47 所，比上年增加 3 所；全年招收学生 11.52 万人，比上年下降 1.1%；年末在校学生 38.44 万人，比上年末增长 3.5%，其中，少数民族在校学生 10.25 万人，在少数民族在校学生中有蒙古族 8.8 万人，分别比上年增长 2.2%和 0.1%；全年毕业学生 9.59 万人，增长 1.3%。年末全区有研究生培养单位 9 个，全年招收研究生 5548 人，比上年增长 7.4%；年末在校研究生 15316 人，比上年末增长 9.7%，其中，少数民族在校研究生 4609 人，在少数民族在校研究生中有蒙古族研究生 4055 人，分别增长 2.3%和 0.9%。年末有中等职业教育学校 283 所，招收学生 10.59 万人，比上年下降 14.7%；年末在校学生 30.79 万人，比上年末下降 8%，其中，少数民族在校学生 7.02 万人，下降 8%；全年毕业学生 9.13 万人，增长 7%。年末有普通高中 279 所，全年招收学生 16.97 万人，比上年增长 2 %；年末在校学生 49.35 万人，比上年末下降 1.2%，其中，少数民族学生 13.81 万人，少数民族学生中有蒙古族学生 12.35 万人；全年毕业学生 17.34 万人，下降 0.8%。年末有初中学校 808 所，全年招收学生 25.66 万人，比上年下降 5.1%；年末在校学生 79.14 万人，比上年末下降 2.9%，其中，少数民族学生 19.17 万人，少数民族学生中有蒙古族学生 17.11 万人；全年毕业学生 25.99 万人，比上年下降 4%。全区初中阶段毛入学率 113.14%，比上年提高 6.9 个百分点。年末有小学 2613 所，全年招收学生 24.64 万人，比上年增长 11.1%；年末在校学生 140.53 万人，比上年末下降 1.8%；年末毕业学生 25.49 万人，比上年下降 5.5%。全年小学适龄儿童入学率

99.96%，比上年下降 0.03 个百分点。全区幼儿园在园人数 44.82 万人,比上年增长 17.7%。

全年共取得重大科技成果 536 项，其中，基础理论成果 92 项,应用技术成果 440 项,软科学成果 4 项。全年专利申请 3841 项,授权专利 2262 项,分别比上年增长 31.9%和 7.9%。年内共签订各类技术合同数 3437 个,比上年增长 15.9%。合同成交金额 73.43 亿元,比上年下降 15.5%。

年末全区拥有产品质量检验机构 806 个,比上年增加 77 个,比上年增长 10.6%。其中国家检测中心 5 个,比上年增加 1 个。拥有产品质量认证机构 3 个,比上年增加 2 个。

十、文化、卫生和体育

年末全区有艺术事业机构 155 个,从业人员 6461 人,比上年增长 4.3%;艺术表演团体 123 个,其中乌兰牧骑 75 个。现拥有文化馆 103 座,公共图书馆 113 座,博物馆 56 座,档案馆 146 座,已开放各类档案 175 万卷。年末全区拥有广播电台 13 座,中短波广播发射台和转播台 57 座,广播人口覆盖率 97.4%；拥有电视台 14 座，全部电视转播发射台 1268 座，电视人口覆盖率 96.2%；年末全区有线电视用户 317.25 万户，比上年增长 1.1%。自治区和盟市两级全年出版报纸 27050 万份,其中蒙文版 940.8 万份;出版各类期刊 1437 万册,其中蒙文版 142.1 万册;出版图书 6069 万册,其中蒙文版 1146 万册。

年末全区共有卫生机构 22845 个,其中,医院 491 个,农村牧区卫生院 1326 个,疾病预防控制机构 121 个,妇幼卫生机构 117 个,专科疾病防治院(所)50 个。年末全区医疗卫生单位拥有病床 10.57 万张,比上年增长 8.1%,其中,医院拥有病床 7.29 万张,乡镇卫生院拥有病床 1.69 万张,妇幼卫生机构拥有病床 0.29 万张。年末全区拥有卫生技术人员 13.17 万人,比上年末增长 4.7%,其中,医院拥有 7.42 万人,乡镇卫生院拥有 1.77 万人,疾病预防控制机构拥有 0.48 万人,妇幼卫生机构拥有 0.49 万人。执业医师、助理医师 5.78 万人,注册护士 4.25 万人,分别比上年增长 2.7%和 11.2%。农村牧区卫生事业不断加强,拥有农村牧区村卫生室 1.43 万个,拥有乡村医生和卫生员 2 万人。

年内全区体育健儿在国内外重大竞赛中获奖牌 199 枚。其中,国外获奖牌 36 枚,国内获奖牌 163 枚。

十一、环境保护

全区确定的自然保护区 185 个。其中,国家级自然保护区 25 个，自治区级自然保护区 59 个。自然保护区面积 1381.42 万公顷,其中国家级自然保护区面积 408.14 万公顷,比上年增长 6.2%。全区监测的 15 个城市空气质量达到二级标准的 13 个,达到三级标准的 2 个。

十二、人口、人民生活和社会保障

2011 年，全区常住人口为 2481.71 万人，比上年增加 9.51 万人。其中，城镇人口为 1405.24 万人，乡村人口为 1076.47 万人。全年出生人口为 22.14 万人,出生率为 8.9‰;死亡人口为 13.45 万人，死亡率为 5.4‰；自然增长率为 3.5‰。城镇化率达到 56.6%,比上年提高 1.1 个百分点。

全年城镇居民人均可支配收入 20408 元，比上年增加 2710 元，增长 15.3%。从收入构成看，工资性收入为 14779 元,增长 17.2%;财产性和转移性收入 4791 元,增长 15.8%。城镇居民人均消费性支出 15878 元,增长 13.5%。城镇居民家庭恩格尔系数为 31.3%,比上年提高 1.2 个百分点。全年农牧民人均纯收入 6642 元,比上年增加 1112 元,增长 20.1%。从收入构成看,工资性收入 1311 元,增长 26.4%;家庭经营性收入 4218 元,增长 14.9%;转移性和财产性收入 1113 元,增长 35.3%。农牧民人均生活消费支出 5508 元,增长 23.5%。农村牧区居民家庭恩格尔系数为 37.5%。城乡居民每百户主要耐用品拥有量除城镇居民中彩色电视拥有量出现下降外，其他产品拥有量均实现不同程度增长。

城乡居民主要耐用品拥有量表

	单位	2011 年	增速(%)
城镇居民每百户耐用品拥有量			
彩色电视机	台	105	-4.5
电冰箱	台	99	3.2
洗衣机	台	97	1.0
家用电脑	台	61	30.1
家用汽车	辆	20	75.7
农牧民每百户耐用品拥有量			
电视机	台	108	4.7
其中:彩电	台	107	8.2
电冰箱	台	82	90.7
洗衣机	台	78	31.5
摩托车	辆	75	10.3

年末全区参加基本养老保险人数 452.4 万人，比上年增长 5%;参加失业保险职工人数 232.5 万人,领取失业保险金人数为 4.6 万人；全年参加基本养老保险的离退休人员 132.75 万人，比上年增长 11.4%；养老金社会化发放率达到 100%。全年参加基本医疗保险人数 907.2 万人,比上年增长 2.4%；全年有 310.24 万职工和 127.85 万退休人员参加了基本医疗保险,分别比上年增长 0.4%和 2.7%。全年共有 201.27 万人得到国家最低生活保障救济。

年末全区城镇建立各种社区服务设施 5322 个,其中,社区服务中心 1125 个,比上年增加 79 个。全年筹集社会福利资金 8.2 亿元，销售社会福利彩票 25.86 亿元，分别比上年增长 30.5%和 28.9%;接受社会捐赠 787.7 万元,比上年下降 61.1%。

注:1、本公报为初步统计数。

2、本公报中部分数据合计数或相对数由于单位取舍不同而产生的计算误差,均未做机械调整。

2012

NEI MENG GU

第二部分

统计资料

PART TWO STATISTICS

2012

NEI MENG GU

一、行政区划和自然资源

Divisions of Administraive Areas and Natural Resources

资料整理：蔡雨成
Arranged By Cai Yucheng

1-1 自然资源
Natural Resources

项目	Item	2011
土地资源	**Land Resources**	
土地总面积(万平方公里)	Total Land Area(10 000 sq.km)	118.3
#年末实有耕地面积(万公顷)	Cultivated Land at the Year-end(10 000 hectares)	714.9
耕地面积占土地面积的比重(%)	Composition of Cultivated Land in Total Land Area(%)	6.0
林业用地面积(万公顷)	Area of Afforestated Land(10 000 hectares)	4394.93
森林资源	**Forests Resources**	
森林面积(万公顷)	Forest Area(10 000 hectares)	2366.4
森林覆盖率(%)	Forest-Coverage Rate(%)	20.0
活立木蓄积量(亿立方米)	Stock Volume of the Forest(100 million cu.m)	13.61
草原资源	**Prairie Resources**	
草原总面积(万公顷)	Prairie Area(10 000 hectares)	8666.7
#可利用面积(万公顷)	Utilizable Area(10 000 hectares)	6818.0
水利资源	**Water Resources**	
水资源总量(亿立方米)	Total Water Resources Volume(100 million cu.m)	419.00
地表水资源量	Surface Water Volume	298.16
地下水资源量	Ground Water Volume	231.37
矿产资源	**Mineral Resources**	
煤保有储量(亿吨)	Coal Ensured Reserves(100 million tons)	3690.32
铁矿石保有储量(亿吨)	Iron Ore Ensured Reserves(100 million tons)	39.56
磷矿石保有储量(亿吨)	Phosphate Ore Ensured Reserves(100 million tons)	5.69
铜保有储量(万吨)	Copper Ensured Reserves(10 000 tons)	641.05
铅保有储量(万吨)	Lead Ensured Reserves(10 000 tons)	1008.13
锌保有储量(万吨)	Zinc Ensured Reserves(10 000 tons)	2097.95
盐保有储量(万吨)	Salt Ensured Reserves(10 000 tons)	15904.13

注：地表水资源量与地下水资源量之和不等于水资源总量，有重复计算部分。

a)Total Water Resources Volume is not equal to Surface Water Volume plus Ground Water Volume,there is Duplicated Measurement between Surface Water and Ground Water.

1-2 全区行政区划

地区	Region	旗县级个数(个) Number of Areas at County Level (unit)	旗县(市、区)及名称
全区合计	**Total**	**101**	**旗52个、县17个、盟(市)辖县级市11个、区21个。**
呼和浩特市	Hohhot City	9	新城区、回民区、玉泉区、赛罕区、土默特左旗、托克托县、和林格尔县、清水河县、武川县。
包头市	Baotou City	9	东河区、昆都仑区、青山区、石拐区、白云矿区、九原区、土默特右旗、固阳县、达尔罕茂明安联合旗。
呼伦贝尔市	Hulunbeier City	13	海拉尔区、满洲里市、扎兰屯市、牙克石市、额尔古纳市、根河市、阿荣旗、莫力达瓦达斡尔族自治旗、鄂伦春自治旗、鄂温克族自治旗、新巴尔虎右旗、新巴尔虎左旗、陈巴尔虎旗。
兴安盟	Xingan League	6	乌兰浩特市、阿尔山市、科尔沁右翼前旗、科尔沁右翼中旗、扎赉特旗、突泉县。
通辽市	Tongliao City	8	科尔沁区、霍林郭勒市、科尔沁左翼中旗、科尔沁左翼后旗、开鲁县、库伦旗、奈曼旗、扎鲁特旗。
赤峰市	Chifeng City	12	红山区、元宝山区、松山区、阿鲁科尔沁旗、巴林左旗、巴林右旗、林西县、克什克腾旗、翁牛特旗、喀喇沁旗、宁城县、敖汉旗。
锡林郭勒盟	Xilinguole League	12	二连浩特市、锡林浩特市、阿巴嘎旗、苏尼特左旗、苏尼特右旗、东乌珠穆沁旗、西乌珠穆沁旗、太仆寺旗、镶黄旗、正镶白旗、正蓝旗、多伦县。
乌兰察布市	Wulanchabu City	11	集宁区、丰镇市、卓资县、化德县、商都县、兴和县、凉城县、察哈尔右翼前旗、察哈尔右翼中旗、察哈尔右翼后旗、四子王旗。
鄂尔多斯市	Erdos City	8	东胜区、达拉特旗、准格尔旗、鄂托克前旗、鄂托克旗、杭锦旗、乌审旗、伊金霍洛旗。
巴彦淖尔市	Bayannaoer City	7	临河区、五原县、磴口县、乌拉特前旗、乌拉特中旗、乌拉特后旗、杭锦后旗。
乌海市	Wuhai City	3	海勃湾区、海南区、乌达区。
阿拉善盟	Alashan League	3	阿拉善左旗、阿拉善右旗、额济纳旗。

Divisions of Administrative Areas in Inner Mongolia

Name of Areas at County(Banner, City and District)

52 Banners, 17 Counties.11 Cities at County Level, 21 Districts under Jurisdiction of Cities.

Xincheng District, Huimin District, Yuquan District, Saihan District, Tumotezuo Banner, Tuoketuo County, Helingeer County, Qingshuihe County, Wuchuan County.

Donghe District, Kundulun District, Qingshan District, Shiguai District, Baiyun Mineral District, Jiuyuan District, Tumoteyou Banner, Guyang County, Daerhanmaomingan Union Banner.

Hailaer District, Manzhouli City, Zhalantun City, Yakeshi City, Eerguna City, Genhe City, Arong Banner, Molidawadawoer Nationality Autonomous Banner, Elunchun Nationality Autonomous Banner, Ewenke Nationality Autonomous Banner, Xinbaerhuyou Banner, Xinbaerhuzuo Banner, Chenbaerhu Banner.

Wulanhaote City, Aershan City, Keerqinyouyiqian Banner, Keerqinyouyizhong Banner, Zhalaite Banner, Tuquan County.

Keerqin District, Huolinguole City, Keerqinzuoyizhong Banner, Keerqinzuoyihou Banner, Kailu County, Kulun Banner, Naiman Banner, Zhalute Banner.

Hongshan District, Yuanbaoshan District, Songshan District, Alukeerqin Banner, Balinzuo Banner, Balinyou Banner, Linxi County, Keshiketeng Banner, Wengniute Banner, Kalaqin Banner, Ningcheng County, Aohan Banner.

Erlianhaote City, Xilinhaote City, Abaga Banner, Sunitezuo Banner, Suniteyou Banner, Dongwuzhumuqin Banner, Xiwuzhumuqin Banner, Taipusi Banner, Xianghuang Banner, Zhengxiangbai Banner, Zhenglan Banner, Duolun County.

Jining District, Fengzhen City, Zhuozi County, Huade County, Shangdu County, Xinghe County, Liangcheng County, Chahaeryouyiqian Banner, Chahaeryouyizhong Banner, Chahaeryouyihou Banner, Siziwang Banner.

Dongsheng District, Dalate Banner, Zhungeer Banner, Etuokeqian Banner, Etuoke Banner, Hangjin Banner, Wushen Banner, Yijinhuoluo Banner.

Linhe District, Wuyuan County, Dengkou County, Wulateqian Banner, Wulatezhong Banner, Wulatehou Banner, Hangjinhou Banner.

Haibowan District, Hainan District, Wuda District.

Alashanzuo Banner, Alashanyou Banner, Ejina Banner.

1-3 边境、牧区、山老区旗县市

地区	Region	旗县级个数(个) Number of Areas at County Level (unit)	旗县(市、区)及名称
边境旗市	**Banners & Cities of Frontier**	**19**	
包头市	Baotou City	1	达尔罕茂明安联合旗。
呼伦贝尔市	Hulunbeier City	5	陈巴尔虎旗、满洲里市、新巴尔虎右旗、新巴尔虎左旗、额尔古纳市。
兴安盟	Xingan League	2	科尔沁右翼前旗、阿尔山市。
锡林郭勒盟	Xilinguole League	5	东乌珠穆沁旗、阿巴嘎旗、苏尼特左旗、二连浩特市、苏尼特右旗。
乌兰察布市	Wulanchabu City	1	四子王旗。
巴彦淖尔市	Bayannaoer City	2	乌拉特中旗、乌拉特后旗。
阿拉善盟	Alashan League	3	阿拉善左旗、阿拉善右旗、额济纳旗。
牧区旗市	**Banners & Cities of Pastoral Area**	**33**	
包头市	Baotou City	1	达尔罕茂明安联合旗。
呼伦贝尔市	Hulunbeier City	4	鄂温克族自治旗、新巴尔虎右旗、新巴尔虎左旗、陈巴尔虎旗。
兴安盟	Xingan League	1	科尔沁右翼中旗。
通辽市	Tongliao City	3	科尔沁左翼中旗、科尔沁左翼后旗、扎鲁特旗。
赤峰市	Chifeng City	5	阿鲁科尔沁旗、巴林左旗、巴林右旗、克什克腾旗、翁牛特旗。
锡林郭勒盟	Xilinguole League	9	锡林浩特市、阿巴嘎旗、苏尼特左旗、苏尼特右旗、东乌珠穆沁旗、西乌珠穆沁旗、镶黄旗、正镶白旗、正蓝旗。
乌兰察布市	Wulanchabu City	1	四子王旗。
鄂尔多斯市	Erdos City	4	鄂托克前旗、鄂托克旗、杭锦旗、乌审旗。
巴彦淖尔市	Bayannaoer City	2	乌拉特中旗、乌拉特后旗。
阿拉善盟	Alashan League	3	阿拉善左旗、阿拉善右旗、额济纳旗。
半牧区旗市	**Banners & Cities of Semi-Pastoral Area**	**21**	
呼伦贝尔市	Hulunbeier City	3	扎兰屯市、阿荣旗、莫力达瓦达斡尔族自治旗。
兴安盟	Xingan League	3	科尔沁右翼前旗、扎赉特旗、突泉县。
通辽市	Tongliao City	4	科尔沁区、开鲁县、库伦旗、奈曼旗。
赤峰市	Chifeng City	2	林西县、敖汉旗。
锡林郭勒盟	Xilinguole League	1	太仆寺旗。
乌兰察布市	Wulanchabu City	2	察哈尔右翼中旗、察哈尔右翼后旗。
鄂尔多斯市	Erdos City	4	东胜区、达拉特旗、准格尔旗、伊金霍洛旗。
巴彦淖尔市	Bayannaoer City	2	磴口县、乌拉特前旗。
山老区旗县	**Counties & Banners of Mountain & Old Liberated Area**	**47**	
呼和浩特市	Hohhot City	6	土默特左旗、新城区、赛罕区、武川县、和林格尔县、清水河县。
包头市	Baotou City	3	土默特右旗、固阳县、达尔罕茂明安联合旗。
呼伦贝尔市	Hulunbeier City	4	扎兰屯市、阿荣旗、满洲里市、莫力达瓦达斡尔族自治旗。
兴安盟	Xingan League	6	乌兰浩特市、阿尔山市、科尔沁右翼前旗、科尔沁右翼中旗、扎赉特旗、突泉县。
通辽市	Tongliao City	4	科尔沁左翼中旗、科尔沁左翼后旗、开鲁县、库伦旗。
赤峰市	Chifeng City	5	喀喇沁旗、宁城县、松山区、克什克腾旗、敖汉旗。
锡林郭勒盟	Xilinguole League	3	正蓝旗、多伦县、太仆寺旗。
乌兰察布市	Wulanchabu City	9	集宁区、卓资县、兴和县、丰镇市、凉城县、察哈尔右翼前旗、察哈尔右翼中旗、察哈尔右翼后旗、四子王旗。
鄂尔多斯市	Erdos City	6	达拉特旗、准格尔旗、鄂托克前旗、鄂托克旗、杭锦旗、乌审旗。
巴彦淖尔市	Bayannaoer City	1	乌拉特前旗。

Banners, Counties and Cities of Frontier, Pure Pastoral Area, Mountain Area and Old Liberated Area

Name of Areas at County(Banner, City & District)

Daerhanmaomingan Union Banner.
Chenbaerhu Banner, Manzhouli City, Xinbaerhuyou Banner, Xinbaerhuzuo Banner，Eerguna City.
Keerqinyouyiqian Banner, Aershan City.
Dongwuzhumuqin Banner, Abaga Banner, Sunitezuo Banner, Erlianhaote City, Suniteyou Banner.
Siziwang Banner.
Wulatezhong Banner, Wulatehou Banner.
Alashanzuo Banner, Alashanyou Banner, Ejina Banner.

Daerhanmaomingan Union Banner.
Ewenke Nationality Autonomous Banner, Xinbaerhuyou Banner, Xinbaerhuzuo Banner, Chenbaerhu Banner.
Keerqinyouyizhong Banner.
Keerqinzuoyizhong Banner, Keerqinzuoyihou Banner, Zhalute Banner.
Alukeerqin Banner Balinzuo, Banner, Balinyou Banner, Keshiketeng Banner, Wengniute Banner.
Xilinhaote City, Abaga Banner, Sunitezuo Banner, Suniteyou Banner, Dongwuzhumuqin Banner, Xiwuzhumuqin Banner, Xianghuang Banner, Zhengxiangbai Banner, Zhenglan Banner.
Siziwang Banner.
Etuokeqian Banner, Etuoke Banner, Hangjin Banner, Wushen Banner.
Wulatezhong Banne, Wulatehou Banner.
Alashanzuo Banner, Alashanyou Banner, Ejina Banner.

Zhalantun City, Arong Banner, Molidawadawoer Nationality Autonomous Banner.
Keerqinyouyiqian Banner, Zhalaite Banner, Tuquan County.
Keerqin District, Kailu County, Kulun Banner, Naiman Banner.
Linxi County, Aohan Banner.
Taipusi Banner.
Chahaeryouyizhong Banner, Chahaeryouyihou Banner.
Dongsheng City, Dalate Banner, Zhungeer Banner, Yijinhuoluo Banner.
Dengkou County, Wulateqian Banner.

Tumotezuo Banner, Xincheng District,Saihan District, Wuchuan County, Helingeer County, Qingshuihe County.
Tumoteyou Banner, Guyang County, Daerhanmaomingan Union Banner.
Zhalantun City, Arong Banner,Manzhouli City, Molidawadawoer Nationality Autonomous Banner.
Wulanhaote City,Aershan City,Keerqinyouyiqian Banner,Keerqinyouyizhong Banner,Zhalaite Banner, Tuquan County.
Keerqinzuoyizhong Banner,Keerqinzuoyihou Banner,Kailu County,Kulun Banner.
Kalaqin Banner, Ningcheng County,Songshan District,Keshiketeng Banner,Aohan Banner.
Zhenglan Banner,Duolun County,Taipusi Banner.
Jining District,Zhuozi County,Xinghe County,Fengzhen City,Liangcheng County,Chahaeryouyiqian Banner,Chahaeryouyizhong Banner,Chahaeryouyihou,Siziwang Banner.
Dalate Banner, Zhungeer Banner, Etuokeqian Banner, Etuoke Banner, Hangjin Banner, Wushen Banner.
Wulateqian Banner.

1-4 主要城市气温(2011 年)

Monthly Average Temperature of Major Cities(2011)

单位：摄氏度 (°C)

城市	City	1月 Jan.	2月 Feb.	3月 Mar.	4月 Apr.	5月 May	6月 June	7月 July	8月 Aug.	9月 Sept.	10月 Oct.	11月 Nov.	12月 Dec.	年平均 Annual Average
呼和浩特	Hohhot	-13.5	-3.7	0.1	9.3	15.3	22.9	23.1	23.6	15.3	9.1	1.3	-8.1	7.9
包　头	Baotou	-13.7	-3.7	0.3	10.5	16.2	23.5	24.0	23.5	14.9	8.7	1.3	-8.1	8.1
海拉尔	Hailaer	-30.2	-20.4	-12.4	3.4	10.6	19.7	20.1	19.6	9.5	3.4	-14.6	-26.6	-1.5
乌兰浩特	Wulanhaote	-16.7	-9.2	-2.1	8.2	14.7	23.0	23.3	23.0	14.2	8.8	-4.2	-13.2	5.8
通　辽	Tongliao	-15.4	-7.2	-0.7	9.3	16.7	22.2	24.8	23.9	16.0	9.8	-1.5	-11.3	7.2
赤　峰	Chifeng	-12.7	-5.5	0.1	8.6	15.9	21.7	22.4	22.5	15.2	9.3	-1.0	-9.4	7.3
锡林浩特	Xilinhaote	-23.5	-13.5	-5.4	5.1	12.2	20.5	20.9	22.5	12.0	5.5	-6.4	-18.9	2.6
集　宁	Jining	-16.7	-7.5	-3.4	5.5	11.9	19.2	19.6	20.0	11.8	6.4	-1.9	-11.2	4.5
东　胜	Dongsheng	-14.0	-4.0	-0.8	8.7	14.4	21.3	21.8	21.1	13.7	8.9	1.4	-7.5	7.1
临　河	Linhe	-14.9	-4.5	-0.8	10.8	16.6	24.1	24.5	23.5	14.3	9.1	1.1	-8.8	7.9
乌　海	Wuhai	-13.8	-2.8	0.3	12.8	18.3	25.8	26.5	25.8	16.6	10.7	2.8	-7.7	9.6
巴彦浩特	Bayanhaote	-12.8	-1.9	-0.3	11.5	16.1	23.2	23.8	23.4	14.4	9.9	2.9	-7.0	8.6

1-5 主要城市平均相对湿度(2011 年)

Monthly Average Relative Humidity of Major Cities(2011)

单位：% (%)

城市	City	1月 Jan.	2月 Feb.	3月 Mar.	4月 Apr.	5月 May	6月 June	7月 July	8月 Aug.	9月 Sept.	10月 Oct.	11月 Nov.	12月 Dec.	年平均 Annual Average
呼和浩特	Hohhot	44	41	28	28	28	38	47	47	40	51	61	56	42
包　头	Baotou	49	46	27	27	27	41	47	52	48	60	66	59	46
海拉尔	Hailaer	74	77	78	50	53	48	76	65	54	55	79	77	66
乌兰浩特	Wulanhaote	54	52	40	34	48	45	70	62	46	47	52	47	50
通　辽	Tongliao	56	52	40	37	46	59	71	69	52	55	54	48	53
赤　峰	Chifeng	38	41	31	35	36	51	68	67	51	47	52	47	47
锡林浩特	Xilinhaote	72	71	54	37	44	47	62	50	45	53	71	76	57
集　宁	Jining	51	51	32	35	34	47	58	56	45	53	66	62	49
东　胜	Dongsheng	47	46	23	28	26	41	49	56	52	53	64	57	45
临　河	Linhe	60	51	31	27	27	41	49	55	49	53	66	63	48
乌　海	Wuhai	52	45	26	22	22	33	36	43	49	50	62	59	42
巴彦浩特	Bayanhaote	46	36	20	22	24	31	35	39	55	42	54	51	38

1-6 主要城市降水量(2011年)
Monthly Precipitation of Major Cities(2011)

单位：毫米 (millimeters)

城市	City	1月 Jan.	2月 Feb.	3月 Mar.	4月 Apr.	5月 May	6月 June	7月 July	8月 Aug.	9月 Sept.	10月 Oct.	11月 Nov.	12月 Dec.	全年 Annual Total
呼和浩特	Hohhot	0.8	16.3		1.4	5.4	18.1	40.7	18.4	14.7	5.3	54.2	1.8	177.1
包　头	Baotou	0.6	14.0		2.9	7.9	22.8	29.2	51.6	30.7	18.2	46.0	0.5	224.4
海拉尔	Hailaer	2.0	1.1	5.0	4.1	29.2	29.7	184.7	39.4	6.5	1.2	11.8	2.7	317.4
乌兰浩特	Wulanhaote	0.2	3.5	1.1	28.9	67.7	29.6	170.1	7.7	14.0	10.0	4.9	0.1	337.8
通　辽	Tongliao		3.0	0.1	8.3	39.0	32.7	74.1	47.2	4.0	13.0	5.2		226.6
赤　峰	Chifeng		1.8	0.6	12.9	19.6	52.4	149.3	45.0	6.3	9.5	2.2		299.6
锡林浩特	Xilinhaote	4.6	6.8	0.3	3.2	23.9	57.1	77.2	18.1	3.6	15.4	12.8	3.7	226.7
集　宁	Jining	0.1	6.1	0.1	4.2	10.8	37.1	78.9	25.7	18.5	14.2	15.7	2.6	214.0
东　胜	Dongsheng	0.6	7.6		9.1	8.6	21.5	42.2	46.0	41.6	17.5	55.6	2.0	252.3
临　河	Linhe	0.6			0.5	0.8	12.5	4.1	18.9	4.0	4.9	0.5		46.8
乌　海	Wuhai	0.3	2.1		0.3	0.8	3.8	10.6	17.8	11.4	23.5	7.2	0.3	78.1
巴彦浩特	Bayanhaote	0.9	0.2		4.1	9.4	37.7	32.6	24.0	30.6	17.7	13.5	0.3	171.0

1-7 主要城市日照时数(2011年)
Monthly Sunshine Hours of Major Cities(2011)

单位：小时 (hours)

城市	City	1月 Jan.	2月 Feb.	3月 Mar.	4月 Apr.	5月 May	6月 June	7月 July	8月 Aug.	9月 Sept.	10月 Oct.	11月 Nov.	12月 Dec.	全年 Annual Total
呼和浩特	Hohhot	167.9	169.3	266.0	257.5	260.1	285.1	247.4	250.6	240.4	175.0	143.4	166.7	2629.4
包　头	Baotou	202.2	179.1	288.7	285.8	295.6	285.8	290.4	244.6	230.1	192.6	155.5	174.2	2824.6
海拉尔	Hailaer	180.1	224.1	261.6	252.4	251.1	295.4	204.8	311.8	255.3	245.9	170.7	130.6	2783.8
乌兰浩特	Wulanhaote	220.4	207.3	280.4	266.2	237.2	283.8	151.7	258.2	254.7	247.2	190.7	203.3	2801.1
通　辽	Tongliao	240.2	198.4	284.6	279.4	254.1	227.0	128.2	205.2	256.0	212.9	193.4	214.5	2693.9
赤　峰	Chifeng	260.4	209.9	291.8	306.1	331.8	308.8	271.8	328.5	287.0	267.9	200.8	218.2	3283.0
锡林浩特	Xilinhaote	219.7	201.7	283.3	295.7	288.4	305.9	272.7	308.1	257.5	240.6	191.1	208.6	3073.3
集　宁	Jining	209.1	192.9	274.0	276.8	285.0	281.3	240.5	237.0	225.6	218.7	139.9	184.6	2765.4
东　胜	Dongsheng	226.7	180.8	289.4	293.1	301.2	297.8	284.9	259.6	223.3	212.3	170.5	193.0	2932.6
临　河	Linhe	214.4	208.1	288.1	300.2	328.3	344.4	341.4	294.5	270.6	252.0	190.2	201.0	3233.2
乌　海	Wuhai	198.9	216.8	286.0	294.0	307.7	327.7	337.4	307.2	259.5	238.4	198.6	186.4	3158.6
巴彦浩特	Bayanhaote	200.4	188.1	268.5	260.5	259.4	252.1	227.5	251.5	175.0	193.3	175.3	198.4	2650.0

主要统计指标解释

行政区划 指国家对行政区域的划分。根据宪法规定，我国的行政区域划分如下：(1)全国分为省、自治区、直辖市；(2)省、自治区分为自治州(盟)、县(旗)、自治县(旗)、市；(3)自治州分为县、自治县、市；(4)旗、县、自治县(旗)分为乡、民族乡、镇；(5)直辖市和较大的市分为区、县(旗)；(6)国家在必要时设立的特别行政区。

国土 指一个主权国家管辖下的领土、领海和领空。

气候 指地球与大气之间长期能量交换与质量交换所形成的一种自然环境状态，它是多种因素综合作用的结果。气候既是人类生活和生产的环境要素之一，又是供给人类生活和生产的重要资源。气温、降水、湿度等气象要素的多年平均值是用来描述一个地区气候状况的主要参数，而各种气象要素某年、某月的平均值(或总量)则可以反映出该时期天气气候状况的重要特征。

自然资源 指人类可以直接从自然界获得，并用于生产和生活的物质资源。自然资源一般可以分成可再生资源和非再生资源两大类。可再生资源指在较短时间内可以再生、可以循环利用的资源，包括土地资源、水资源、气候资源、生物资源和海洋资源等。非再生资源指在使用后不能再生的资源，包括矿产资源和地热能源。

土地资源 土地指陆地的表层部分，它主要由岩石、岩石的风化物和土壤构成。土地资源按利用类型可以分为农用地、建筑用地和未利用地。农用地包括耕地、园地、林地、牧草地和水面。建筑用地包括居民点及工矿用地、交通用地和水利设施用地。未利用地指农用地和建筑用地以外的土地，包括滩涂、荒漠、戈壁、冰川和石山等。

耕地面积 指种植各种农作物的土地面积，包括灌溉水田、望天田、水浇地、旱地、菜地等。

林业用地面积 指生长乔木、竹类、灌木、沿海红树林等林木的土地面积，包括有林地、灌木林、疏林地、未成林造林地、迹地、苗圃等。

草地面积 指牧区和农区用于放牧牲畜或割草，植被盖度在5%以上的草原、草坡、草山等面积。包括天然的和人工种植或改良的草地面积。

森林资源 指森林、林木、林地以及依托森林、林木、林地生存的野生动物、植物和微生物。林木指树木和竹子。森林指以乔木为主体的植物群落，是集生的乔木及与共同作用的植物、动物、微生物和土壤、气候等的总体。

活立木总蓄积量 指一定范围内土地上全部树木蓄积的总量，包括森林蓄积、疏林蓄积、散生木蓄积和四旁树蓄积。

森林面积 指由乔木树种构成，郁闭度0.2以上(含0.2)的林地或冠幅宽度10米以上的林带的面积，即有林地面积。森林面积包括天然起源和人工起源的针叶林面积、阔叶林面积、针阔混交林面积和竹林面积，不包括灌木林地面积和疏林地面积。

森林蓄积量 指一定森林面积上存在着的林木树干部分的总材积。它是反映一个国家或地区森林资源总规模和水平的基本指标之一，也是反映森林资源的丰富程度、衡量森林生态环境优劣的重要依据。

森林覆盖率 指一个国家或地区森林面积占土地面积的百分比。在计算森林覆盖率时，森林面积包括郁闭度0.2以上的乔木林地面积和竹林地面积，国家特别规定的灌木林地面积、农田林网以及四旁(村旁、路旁、水旁、宅旁)林木的覆盖面积。森林覆盖率是反映森林资源的丰富程度和生态平衡状况的重要指标。计算公式为：

森林覆盖率(%)= 森林面积 / 土地总面积 × 100%

水资源 水在自然界中以固体、液体和气态三种聚集状态存在，分布于海洋、陆地(包括土壤)以及大气之中，通过水循环形成水资源。水资源包括经人类控制并直接可供灌溉、发电、给水、航运、养殖等用途的地表水和地下水，以及江河、湖泊、井、泉、潮汐、港湾和养殖水域等。水资源是发展国民经济不可缺少的重要自然资源。

地表水和地下水 陆地上的水因空间分布不同，可以分为地表水和地下水。地表水指分别存在于河流、湖泊、沼泽、冰川和冰盖等水体中水分的总称，又称陆地水。地下水指储存在地面以下饱和岩土孔隙、裂隙及溶洞中的水。

内陆水域总面积 指江、河、湖泊、池塘、塘堰、水库等各种流水或蓄水的水面占地面积。

径流 指大气降水扣除损耗外，从地表和地下向流域出口断面汇集的水流。径流可分为地表径流、地下径流和壤中流。地表径流指沿地表向河流、湖泊、沼泽、海洋等汇集的水流；地下径流指沿潜水层或隔水层间的含水层，向河流、湖泊、沼泽、海洋等汇集的地下水水流。

径流量 指在一定时段内通过河流某一过水断面的水量，用以反映一个国家或地区水资源的丰欠程度。计算公式为：

径流量 = 降水量 – 蒸发量

矿产资源 矿产指由地质作用形成，富集于地壳中或出露于地表达到工农业利用要求的有用矿物。矿产是一种重要的自然资源，是社会发展的重要物质基础。从某种意义上讲，一个国家对矿产资源开发利用的广度和深度，可以作为这个国家经济发展水平的标志。

矿产保有储量 指探明的矿产储量(包括工业储量和远景储量)，扣除已开采部分和地下损失量后的年末实有储量，是反映国家矿产资源现状的重要指标。

流域 每条河流都有自己的干流和支流，干支流共同组成这条河流的水系。每条河流都有自己的集水区域，这个集水区域就称为该河流的流域。

外流河 指直接或间接流入海洋的河流，供给外流河水的区域称为外流区域。

内陆河 指在陆地内部干燥地区，河水沿途消失于沙漠或注入内陆湖泊的河流。供给内陆河河水的区域称为内陆区域。

气温 指空气的温度，我国一般以摄氏度(0C)为单位表示。气象观测的温度表是放在离地面约1.5米处通风良好的百叶箱里测量的。因此，通常说的气温指的是离地面1.5米处百叶箱中的温度。其统计计算方法为：

月平均气温是将全月各日的平均气温相加，除以该月的天数而得。

年平均气温是将12个月的月平均气温累加后除以12而得。

相对湿度 指空气中实际水气压与当时气温下的饱合水气压之比。其统计方法与气温相同。

降水量 指从天气降落到地面的液态或固态（经融化后）水，未经蒸发、渗透、流失而在地面上积聚的深度。其统计计算方法为：

月降水量是将全月各日的降水量累加而得。

年降水量是将12个月的月降水量累加而得。

日照时数 指太阳实际照射地面的时间。其统计方法与降水量相同。

Explanatory Notes on Main Statistical Indicators

Administrative Division refers to the division of administrative areas by the state. The Constitution of the People's Republic of China stipulates that the admin istrative areas in China are divided as:1) The whole country is divided into provinces, autonomous regions and municipalities directly under the central government; 2) Provinces and autonomous regions are divided into autonomous prefectures (leagues) , counties (banners) , autonomous counties and cities; 3) Autonomous Prefectures are divided into counties , autonomous counties and cities; 4) Counties and autonomous counties are divided into townships, nationality townships and towns; 5) Municipalities and large cities are divided into districts and counties, 6) The state establish special administrative regions when necessary.

Territory refers to territorial land, sea and air space under the administration of a sovereign state.

Climate refers to the natural environmental status formed by the long–time exchange of energy and mass between the earth and the air, and is the results of interaction of many factors. Climate is both one of the environment factors and the important resources for the living and production activities of the human being. The average values across several years of meteorological factors such as temperature, rainfall and humidity are used as important parameters to describe the climate of a region, while the average values (or total values) of a given year or month of meteorological factors reflect the key characteristics of climate for that period of time.

Natural Resources refer to material resources that could be obtained from the nature by human being and used for production and living. Natural resources in general can be classified as renewable resources and non–renewable resources. Renewable resources refer to resources that could be renewed and recycled during a relatively short period of time, including land resource, water resource, climate resource, biology resource and marine resource. Non–renewable resources include resources that could not be renewed, such as minerals and geothermal resource.

Land Resource Land refers to the surface of the earth, consisting of mainly rocks and its weathering and earth. Land resource can be classified, by its utilization, as land for agriculture, land for construction and unused land. Land for agriculture includes cultivated land, plantation land, forestland, grassland and waters. Land for construction includes land for residential purpose, for manufacturing and mining, for transportation and for water conservancy projects. Unused land refers to land other than land for agriculture and construction, including beaches, deserts, Gobi, glaciers and Rock Mountains.

Area of Cultivated Land refers to land for the cultivation of various farm crops, including irrigated land, manual–watered land, dry Land and vegetable land.

Area of Afforestated Land refer to land for trees, bamboo, bushes and mangrove, including forest–cover land, bush–covered land, sparse forest land, land Planned for afforestation and nurseries of young trees.

Area of Grassland refers to areas of grassland, grass–slopes and grass–covered hills with a vegetation–covering rate of over 5% that are used for animal husbandry or harvesting of grass. It includes natural, cultivated and improved grassland areas.

Forest Resource refers to forests, trees, forest land and wild animals, plants and microorganism that live on forest and trees. Trees include trees and bamboo. Forest refers to the population of clusters of trees and other plants, animals and microorganism as well as the earth and climate that have interactions with the trees.

Total Standing Stock Volume refers to the total stock volume of trees growing in land, including trees in forest, tress in sparse forest, scattered trees and trees planted by the side of farm houses and along the roads, rivers and fields.

Forest Area refers to the area of forest land where trees and bamboo grow with canopy density above 0. 2, including land of natural woods and planted woods, but excluding bush land and thin forest land. It reflects the total areas of afforestation.

Stock Volume of Forest refers to total stock volume of wood growing in forest area, which shows the total size and level of forest resources of a country or a region. It is also an important indicator illustrating the richness of forest resource and the status of forest ecological environment.

Forest Coverage Rate refers to the ratio of area of afforested land to total land area. This indicator shows the forest resources and afforestation progress of a country or a region. According to regulations of the government, in addition to afforested land, the area of bush forest, the area of forest land inside farm land and the area of trees planted by the side of farm houses and along the roads, rivers and fields should also be included in the area of afforested land in the calculation of the forest coverage–rate. The formula for calculating forest coverage rate is as follows:

Forestry coverage rate (%)=

Area of afforested Land/ Area of Total Land × 100%

Water Resource Water exists in the nature in solid, liquid and gaseous states, is distributed in the ocean, land (including earth) /and air, and constitutes the water resource through the circulation of water. Water resource includes the surface water and underground water that is controlled by the human being for irrigation, power–generation, water supply, navigation and cultivation. It also includes rivers, lakes, wells, springs, tides, gulf and water area for cultivation. Water resource as an important natural resource is indispensable for the development of the national economy.

Surface Water and Underground Water Water on earth can be divided into surface water and underground water according to its distribution. Surface water refers to moisture exists in rivers, lakes, swamps, glaciers, icecaps and so on. It is also called land water. The underground water refers to water deposited underground in the cranny and the hole of saturated rock soil and in the water-eroded cave.

Inland Water Area refers to water area of rivers, lakes, ponds, reservoir, etc.

Runoff refers to the water gathered at the way out of the cross section of drainage area either from the surface or underground after deducting the wastage of the precipitation. Runoff can be divided into surface runoff, underground runoff and within soil runoff. Surface runoff refers to water flow to the rivers, lakes, swamps, and seas on the surface of the earth. Underground runoff refers to water flow to rivers, lakes, swamps, and seas through the water-bearing stratum of confined layer or unconfined layer.

Volume of Runoff refers to the total volume of water running through a certain cross section of a river during a certain period of time, reflecting the water resource condition in a country or a region. The formula for calculating volume or runoff is as follows:

Runoff = Precipitation-Evaporation

Mineral Resources refer to useful minerals that can be used for industrial or agricultural purposes enriched in

lithosphere or on earth due to the geological process.

Ensured Mineral Reserves refer to the actual min-eral reserves, which equal to the proven mineral reserves (including industrial reserves and prospective reserves) minus extracted parts and underground losses. This indicator shows the current condition of the mineral resources of a country.

Drainage Area Each river has its own main stream and branches to form the water system of the river. Each river has its own catchments area, which is also called as the drainage area of the river.

Out -flowing Rivers refer to rivers directly or indirectly flowing into the sea. The area providing water to the out-flowing rivers is called as out-flowing area.

Inland Rivers refer to rivers in inland dry areas that die away in desert on the way or infuse into inland lakes. The area providing water to the inland rivers is called as inland area.

Temperature refers to the air temperature. China uses centigrade (0C) as the unit. The thermometry used for weather observation is put in a breezy shutter, which is 1. 5 meters high from the ground. Therefore, the commonly used temperature refers to the temperature in the breezy shutter 1. 5 meters away from the ground. The calculation method is as follows:

Monthly average temperature is the summation of average daily temperature of one month divided by the actual days of that particular month.

Annual average temperature is the summation of monthly average of a year divided by 12 months.

Relative Humidity refers to the ratio of actual water vapor pressure to the saturation water vapor pressure under the current temperature. The calculation method is the same as that of temperature.

Volume of Precipitation refers to the deepness of liquid state or solid state (thawed) water falling from the sky to the ground that has not been evaporated, infiltrated or run off. The calculation method is as follows:

Monthly precipitation is the summation of daily precipitation of a month.

Annual precipitation is the summation of 12 months , precipitation of a year.

Sunshine Hours refer to the actual hours of sun irradiating the earth. The calculation method is the same as that of the precipitation.

2012

NEI MENG GU

二、综合

General Survey

资料整理：张丽珍

Arranged By Zhang Lizhen

2-1 平均每天主要社会经济活动

Major Indicators on Average Daily Social and Economic Activities

指　标	Item	1990	1995	2000	2005	2010	2011
全区每天创造的财富	**Autonomous Regional Daily Production**						
生产总值(万元)	Gross Domestic Product(10 000 yuan)	8748	23481	42168	106987	319781	393421
第一产业	Primary Industry	3084	7128	9611	16152	30008	35789
第二产业	Secondary Industry	2806	8460	15961	48581	174457	220211
工 业	Industry	2388	6983	13265	40490	153929	194564
建筑业	Construction	418	1477	2695	8091	20528	25646
第三产业	Tertiary Industry	2858	7893	16596	42254	115316	137422
# 运输邮电业	Transportation, Postal & Telecommunications Services	567	1900	4807	11659	27254	32170
商业饮食业	Commerce	683	2275	5353	12551	36876	42530
财政收入(万元)	Government Revenue(10 000 yuan)	904	2092	4263	14695	47620	61967
财政支出(万元)	Government Expenditures(10 000 yuan)	1668	2799	7152	20126	62288	81896
粮食(吨)	Grain(ton)	26657	28915	34025	45540	59129	65411
油料(吨)	Oil-bearing Grops(ton)	1901	1923	3189	3348	3510	3668
肉类(吨)	Meat(ton)	1469	2243	3929	6299	6540	6506
牛奶(吨)	Cow Milk(ton)	1012	1331	2186	18934	24799	24882
水产品(吨)	Aquatic Products(ton)	83	130	198	226	312	290
布(万米)	Cloth(10 000 m)	29.55	23.42	9.01	22.84	26.88	27.92
乳制品(吨)	Dairy products(ton)	60	83	182	8425	9462	10499
原煤(万吨)	Coal(10 000 tons)	13.05	19.33	19.86	70.16	216.20	269.70
发电量(万千瓦小时)	Electricity(10 000 kwh)	4645	7631	12033	28948	68052	81448
钢(吨)	Steel(ton)	7480	9736	11605	22068	33776	45747
成品钢材(吨)	Steel Products(ton)	4807	7062	10381	20487	36751	38831
水泥(吨)	Cement(ton)	6246	9569	17260	44719	149433	178062
每天消费量	**Daily Consumption**						
最终消费(万元)	Final Consumption Expenditure(10 000 yuan)	5937	14778	23936	49393	125702	151415
居民消费(万元)	Resident Consumption(10 000 yuan)	4652	11314	17427	32632	73790	90014

2-1 续表 continued

指 标	Item	1990	1995	2000	2005	2010	2011
农民	Peasants	2368	4984	6517	8522	14428	17720
非农业居民	Non-agricultural Residents	2284	6330	10910	24110	59362	72294
政府消费(万元)	Government Consumption Expenditure (10 000 yuan)	1285	3464	6508	16761	51913	61401
能源消费量(万吨标准煤)	Energy Consumption (10 000 tons of SCE)	6.64	8.95	10.79	29.49	51.73	57.94
社会消费品零售总额(万元)	Total Retail Sales of Consumer Goods(10 000 yuan)	3577	8083	13260	37208	92712	109362
每天其他经济活动	**Other Daily Economic Activities**						
资产形成总额(万元)	Gross Capital Formation(10 000 yuan)	3416	10219	17591	77947	247134	301771
固定资本形成	Fixed Capital Formation	1939	7484	12039	73568	244896	296908
存货增加	Changes in Stock	1477	2735	5552	4379	2239	4863
城镇新建住宅面积(万平方米)	Residential Buildings Completed in Urban Areas(10 000 sq.m)	0.96	1.65	2.78	3.40	7.07	8.03
农牧民个人新建住宅面积 (万平方米)	Private Residential Building Complated in Rural Areas(10 000 sq.m)	1.36	2.65	2.36	1.40	0.99	1.17
货运量(万吨)	Freight Traffic(10 000 tons)	73.09	89.68	122.27	200.22	362.21	401.61
客运量(万人)	Passenger Traffic(10 000 persons)	28.70	50.06	64.52	87.98	66.69	72.38
进出口总额(万美元)	Total Imports and Exports(USD 10 000)	132.68	307.70	557.80	1414.22	2388.75	3270.99
邮电业务总量(万元)	Volume of Postal and Telecoms Services(10 000 yuan)	58.07	264.50	1541.00	5471.78	5527.90	6612.23
个人储蓄存款新增额(万元)	Outstanding Amount of savings deposits of individuals(10 000 yuan)	822	2496	2140	10129	19292	22053
图书出版(万册)	Books Published(10 000 copy)	21.78	17.97	20.34	24.35	16.63	20.90
杂志出版(万册)	Magazines Issued(10 000 copy)	3.46	2.84	4.34	3.79	3.94	3.95
报纸出版(万份)	Newspapers Issued(10 000 copy)	44.36	44.62	49.23	169.37	74.11	74.25
邮寄函件(万件)	Letters Delivered(10 000 piece)	22.14	45.83	26.51	8.61	9.28	8.30
每天人口变动与婚姻	**Daily Population Changes & Marriages**						
出生(人)	Births(person)	1117	1073	645	659	628	607
死亡(人)	Deaths(person)	293	417	359	357	374	368
结婚(对)	Marriages(couple)	435	475	416	423	555	590
离婚(对)	Divorces(couple)	60	75	89	107	157	195

2-2 社会经济主要指标人均水平

Major per Capita Indicators on Society and Economy

指标	Item	1990	1995	2000	2005	2010	2011
生产总值(元)	**Gross Domestic Product(yuan)**	**1478**	**3772**	**6502**	**16285**	**47347**	**57974**
财政收入(元)	**Government Revenue(yuan)**	**154**	**336**	**657**	**1397**	**7051**	**9131**
农牧业生产	**Agriculture Production**						
耕地面积(公顷)	Cultivated Land(hectare)	0.23	0.24	0.31	0.31	0.29	0.29
粮食产量(千克)	Output of Grain(kg)	454.15	464.40	524.60	693.19	875.47	963.89
油料产量(千克)	Output of Oil-bearing Crops(kg)	32.38	30.90	49.20	50.96	51.96	54.05
甜菜产量(千克)	Output of Beet Roots(kg)	110.36	116.00	59.69	57.68	65.31	63.67
年末大牲畜(头)	Large Animals at the Year-end(head)	0.33	0.31	0.26	0.33	0.36	0.34
年 末 羊(只)	Sheep and Goats at the Year-end(head)	1.41	1.46	1.50	2.26	2.14	2.13
年末生猪(口)	Hogs at the Year-end(head)	0.24	0.34	0.31	0.29	0.28	0.28
肉类产量(千克)	Output of Meat(kg)	25.02	36.03	60.58	95.88	96.83	95.87
# 牛肉产量(千克)	Output of Beef(kg)	3.99	4.10	9.23	14.01	20.17	20.08
羊肉产量(千克)	Output of Mutton(kg)	5.96	7.42	13.44	30.21	36.20	35.22
猪肉产量(千克)	Output of Pork(kg)	13.43	20.97	32.37	36.71	29.15	28.80
牛奶产量(千克)	Output of Cow Milk(kg)	17.25	21.37	33.70	288.20	367.17	366.66
羊 毛(千克)	Wool(kg)	2.87	2.64	2.89	4.27	4.87	4.81
主要工业产品产量	**Output of Major Industrial Products**						
原 煤(吨)	Coal(ton)	2.22	3.10	3.06	10.68	32.01	39.74
原 盐(吨)	Salt(ton)	0.04	0.03	0.05	0.09	0.11	0.13
发 电 量(千瓦小时)	Electricity(kwh)	791	1225	1855	4406	10684	12002
糖(千克)	Sugar(kg)	7.64	7.51	5.09	6.15	4.88	7.27
乳 制 品(千克)	Dairy Products(kg)	1.03	1.33	2.81	128.25	140.09	154.71
呢 绒(米)	Woolen Fabric(m)	0.49	0.65	0.18	0.26	0.51	0.54
水 泥(吨)	Cement(ton)	0.11	0.15	0.27	0.68	2.21	2.62
钢(吨)	Steel(ton)	0.13	0.16	0.18	0.34	0.50	0.67
生 铁(吨)	Pig Iron(ton)	0.13	0.15	0.19	0.38	0.55	0.58
社会消费品零售额(元)	**Total Retail Sales of Consumer Goods(yuan)**	**610**	**1379**	**2571**	**5664**	**13727**	**16115**
人民生活	**People's Livelihood**						
职工平均工资(元)	Average Wage of Staff & Workers(yuan)	1846	4134	6974	15985	35507	41481
# 国 有(元)	State-owned Units(yuan)	1971	4407	7261	16598	37602	44134
集 体(元)	Urban Collective-owned Units(yuan)	1441	3001	4826	10804	29822	37963
城镇居民可支配收入(元)	Annual Disposable Income of Urban Residents(yuan)	1155	2846	5129	9137	17698	20408
城镇居民消费支出(元)	Living Expenditure of Urban(yuan)	982	2482	3928	6929	13995	15878
农牧民家庭纯收入(元)	Net Income of Rural Residents(yuan)	647	1300	2038	2989	5530	6642
农牧民家庭生活消费支出(元)	Living Expenditure of Residents(yuan)	539	1261	1615	2446	4461	5508
个人储蓄存款余额(元)	The balance of savings deposits of individuals	515	1804	3875	8231	18877	21894

注：个人储蓄存款余额2010年以前为城乡居民储蓄存款余额。

a)Before 2010，the balance of savings deposits of individuals is called resident saving deposit in urban & rural.

2-3 国民经济和社会发展总量与速度

指 标	Item	总量指标				
		1978	1995	2000	2005	2010
人口与就业	**Population and Employment**					
人口(万人)	**Population(10 000 persons)**					
年末总人口	Population at the Year-end	1823.4	2284.4	2372.4	2403.1	2472.2
市镇人口	Urban	397.5	873.1	1001.1	1134.3	1372.9
乡村人口	Rural	1425.9	1411.3	1371.3	1268.8	1099.3
男性人口	Male	957.8	1187.6	1227.2	1237.9	1283.9
女性人口	Female	865.6	1096.8	1145.2	1165.2	1188.3
就业(万人)	**Employment(10 000 persons)**					
从业人数	Employment	652.8	1029.4	1061.6	1041.1	1184.7
# 职工人数	Staff and Workers	227.6	383.7	263.9	239.6	244.9
城镇登记失业人数	Unemployed in Urban Areas		14.0	12.7	17.8	20.8
宏观经济	**Macroeconomic Indicator**					
国民经济核算(亿元)	**National Accounting (100 million yuan)**					
生产总值	Gross Domestic Product	58.04	857.06	1539.12	3905.03	11672.00
第一产业	Primary Industry	18.96	260.18	350.80	589.56	1095.28
第二产业	Secondary Industry	26.37	308.78	582.57	1773.21	6367.69
第三产业	Tertiary Industry	12.71	288.10	605.74	1542.26	4209.02
固定资产投资(亿元)	**Investment in Fixed Assets (100 million yuan)**					
全社会固定资产投资总额	Investment in Fixed Assets		273.06	430.42	2687.84	8971.63
# 国有单位	State-owned Units		210.00	275.06	1644.71	4191.07
集体单位	Collective-owned Units		11.14	27.15	41.14	108.74
个体经济	Individuals		44.09	51.64	84.26	105.44
财政(亿元)	**Public Finance(100 million yuan)**					
地方财政总收入	Government Revenue	6.90	43.70	110.68	335.09	1738.14
地方财政总支出	Government Expenditures	18.69	102.18	261.06	734.61	2273.50
物价总指数(上年=100)	**Price Indices(preceding year=100)**					
商品零售价格总指数	General Retail Price Index	101.0	116.8	98.8	101.5	103.0
居民消费价格总指数	General Consumer Price Index		117.5	101.3	102.4	103.2
农产品生产者价格总指数	Price Indices of Farm Products by Category of Commodities	101.6	124.7	99.7	103.2	111.4
能源生产与消费(万吨标准煤)	**Production and Consumption of Energy(10 000 tons of SCE)**					
能源生产总量	Total Energy production	1070.63	4642.02	4701.23	19082.33	49740.18
能源消费总量	Total Energy Consumption		3268.44	3937.54	10788.37	18882.66

Principal Aggregate Indicators on National Economic and Social Development and Their Related Indices and Growth Rates

Aggregate Data	速度指标(%) Indices and Growth Rates(%)								
2011	指数(2011年比以下各年) Index(2011 as Percentage of the following years)					平均增长速度 Average Annual Growth Rate			
	1978	1995	2000	2005	2010	1979-2011	1996-2000	2001-2005	2006-2010
2481.7	136.1	108.6	104.6	103.3	100.4	0.9	0.8	0.3	0.6
1405.2	353.5	160.9	140.4	123.9	102.4	3.9	2.8	2.5	3.9
1076.5	75.5	76.3	78.5	84.8	97.9	-0.8	-0.6	-1.5	-2.8
1288.0	134.5	108.5	105.0	104.0	100.3	0.9	0.7	0.2	0.7
1193.7	137.9	108.8	104.2	102.4	100.5	1.0	0.9	0.3	0.4
1249.3	191.4	121.4	117.7	120.0	105.5	2.0	0.6	-0.4	2.6
257.2	113.0	67.0	97.5	107.3	105.0	0.4	-7.2	-1.9	0.4
21.8		155.9	171.9	122.6	105.0		-1.9	6.9	3.2
14359.88	4783.8	957.5	566.7	257.2	114.3	12.4	11.1	17.1	17.6
1306.30	771.0	248.1	182.0	132.5	105.9	6.4	6.4	6.6	4.6
8037.69	6576.3	1508.2	881.7	326.2	117.1	13.5	11.3	22.0	22.8
5015.89	9691.8	942.9	496.7	226.3	112.4	14.9	13.7	17.0	15.0
10899.79		3991.7	2532.4	405.5	121.5		9.5	44.2	27.3
4439.01		2113.8	1613.8	269.9	105.9		5.5	43.0	20.6
126.49		1135.5	465.9	307.5	116.3		19.5	8.7	21.5
144.39		327.5	279.6	171.4	136.9		3.2	10.3	4.6
2261.81	32779.9	5175.8	2043.6	675.0	130.1	19.2	20.4	24.8	39.0
2989.21	15993.6	2925.4	1145.0	406.9	131.5	16.6	20.6	23.0	25.4
104.9	439.7	125.1	122.0	118.2	104.9	4.6	0.5	0.6	2.4
105.6		152.5	135.2	122.0	105.6		2.5	2.1	2.9
112.8		178.0	214.1	165.7	112.8		-3.6	5.3	8.0
59738.06	5579.7	1286.9	1270.7	313.1	120.1	13.0	0.3	32.3	21.1
21148.52		647.1	537.1	196.0	112.0		3.8	22.3	11.8

2-3 续表 1

指标	Item	总量指标				
		1978	1995	2000	2005	2010
产 业	**Industry**					
农林牧渔业	**Farming, Forestry, Animal Husbandry & Fishery**					
耕地面积(万公顷)	Cultivated Areas(10 000 hectares)	532.60	549.1	731.70	735.50	714.90
从业人员(万人)	Persons Engaged in (10 000 persons)	393.80	503.0	524.30	529.18	540.53
总产值(亿元)	Gross Output(100 million yuan)	28.35	373.59	543.16	980.21	1843.57
主要农畜产品产量	Output of Major Farm & Livestock					
粮食(万吨)	Grain(10 000 tons)	499.00	1055.40	1241.90	1662.20	2158.20
油料(万吨)	Oil Bearing Crops(10 000 tons)	12.50	70.20	116.40	122.20	128.10
甜菜(万吨)	Beet Roots(10 000 tons)	43.10	263.50	141.30	138.30	161.00
造林面积(万公顷)	Forested Areas(10 000 hectares)	29.79	40.25	58.90	38.38	65.52
肉类(万吨)	Meat(10 000 tons)		81.89	143.40	229.91	238.71
牛奶(万吨)	Cow milk(10 000 tons)		48.57	79.80	691.08	905.15
羊毛(万吨)	Wool(10 000 tons)		5.99	6.85	10.25	12.00
羊绒(吨)	Cashmere(ton)		3114	3815	6646	8104
水产品(万吨)	Aquatic Products(10 000 tons)	1.50	4.76	7.21	8.26	11.38
六月末牲畜总数(万头只)	Livestock(10 000 heads)	4162.3	6065.7	7300.47	10615.3	10798.5
大牲畜(万头)	Large Animals(10 000 heads)	697.5	783.8	803.31	934.20	1140.1
羊(万只)	Sheep and Goats(10 000 heads)	2860.5	4302.5	5406.23	8713.00	8408
生猪(万口)	Hogs(10 000 heads)	604.30	979.4	1090.92	968.10	1250.50
工业生产	**Industrial Production**					
工业总产值(亿元)	Gross Output(100 million yuan)	52.96	626.52	1202.85	3861.58	16020.00
轻工业(亿元)	Light Industry(100 million yuan)	22.05	215.92	464.26	1171.70	4645.80
重工业(亿元)	Heavy Industry(100 million yuan)	30.91	410.61	738.59	2689.88	11374.00
工业增加值(亿元)	Value Added(100 million yuan)	21.84	254.88	484.19	1477.88	5618.40
主要工业产品产量	Output of Industrial Products					
原煤(万吨)	Raw Coal(10 000 tons)	2194	7055	7247	25608	78913
原油(万吨)	Crude Oil(10 000 tons)			90.50	146.92	182.91
原盐(万吨)	Raw Salt(10 000 tons)	65.18	76.13	126.68	215.84	278.42
发电量(亿千瓦小时)	Electricity(100 million kwh)	37.38	278.54	439.21	1056.59	2483.90
糖(包括土糖)(万吨)	Sugar(10 000 tons)	4.23	17.07	12.04	14.75	12.04
乳制品(万吨)	Dairy Products(10 000 tons)	0.31	3.03	6.65	307.53	345.36
呢绒(万米)	Woolen Fabric(10 000 m)	336.80	1477.00	421.20	611.76	1257.94
服装(万件)	Garments(10 000 units)		4868	1794.70	1980.72	3676.37
机制纸及纸板(万吨)	Machine Made Paper(10 000 tons)	4.25	19.15	12.19	25.74	28.84
水泥(万吨)	Cement(10 000 tons)	91.91	349.27	630.00	1632.25	5454.30
钢(万吨)	Steel(10 000 tons)	99	355.36	423.59	805.49	1232.84
生铁(万吨)	Pig Iron(10 000 tons)	107	345.78	440.83	922.69	1358.97
成品钢材(万吨)	Steel Products(10 000 tons)	36.23	257.77	378.91	747.77	1341.41
电视机(万台)	Television Sets(10 000 sets)	0.10	32.68	51.80	239.09	204.37
建筑业	**Construction**					
建筑业从业人数(万人)	Employed Persons(10 000 persons)		30.98	35.30	26.35	44.34
建筑企业总产值(亿元)	Gross output Value(100 million yuan)		85.52	138.80	381.30	1125.58
施工房屋面积(万平方米)	Building Floor Space(10 000 sq.m)		1010.92	1816.94	2958.88	7577.89
竣工房屋面积(万平方米)	Completed Floor Space(10 000 sq.m)		511.86	1130.00	1623.38	3805.24
交通运输	**Transportation**					
货运量(万吨)	Freight Traffic(10 000 tons)	8213	32732	44629	73082	132205
铁路	Railways	3861	8347	9648	22060	47040
公路	Highways	4352	24384	34979	51020	85162
空运	Civil Aviation		1.13	2.00	2.00	3.11
客运量(万人)	Passenger Traffic(10 000 persons)	3422	18273	23549	32114	24343
铁路	Railways	1753	2909	3378	3259	4136
公路	Highways	1669	15248	20061	28604	19830
空运	Civil Aviation		116	110	251	377

continued

Aggregate Data	速度指标(%) Indices and Growth Rates(%)								
2011	指数(2011年比以下各年) Index(2011 as Percentage of the following years)					平均增长速度 Average Annual Growth Rate			
	1978	1995	2000	2005	2010	1979-2011	1996-2000	2001-2005	2006-2010
714.90	134.2	130.2	97.7	97.2	100.0	0.9	5.9	0.1	-0.6
542.33	137.7	107.8	103.4	102.5	100.3	1.0	0.8	0.2	0.4
2204.51	776.7	275.2	193.4	133.2	105.7	6.4	7.3	7.7	4.7
2387.50	478.5	226.2	192.2	143.6	110.6	4.9	3.3	6.0	5.4
133.88	1071.0	190.7	115.0	109.6	104.5	7.4	10.6	1.0	0.9
157.70	365.9	59.8	111.6	114.0	98.0	4.0	-11.7	-0.4	3.1
73.18	245.7	181.8	124.2	190.7	111.7	2.8	7.9	-8.2	11.3
237.48		290.0	165.6	103.3	99.5		11.8	9.9	0.8
908.20		1869.9	1138.1	131.4	100.3		10.4	54.0	5.5
11.92		198.9	174.0	116.3	99.3		2.7	8.4	3.2
7644		245.5	200.4	115.0	94.3		4.1	11.7	4.0
10.60	706.5	222.6	147.0	128.3	93.1	6.1	8.7	2.8	6.6
10762.6	258.6	177.4	147.4	101.4	99.7	2.9	3.8	7.8	0.3
1176.7	168.7	150.1	146.5	126.0	103.2	1.6	0.5	3.1	4.1
8347.5	291.8	194.0	154.4	95.8	99.3	3.3	4.7	10.0	-0.7
1238.40	204.9	126.4	113.5	127.9	99.0	2.2	2.3	-2.4	5.3
20472.95	8583.2	1667.5	950.9	354.3	119.0	14.4	11.9	21.8	24.4
6141.89	8057.9	1536.8	751.1	283.8	112.5	14.2	15.4	21.5	20.3
14331.06	7933.8	1562.9	1015.1	378.8	120.5	14.2	9.0	21.8	25.7
7101.60	6860.2	1651.1	912.7	345.2	117.3	13.7	12.6	21.5	24.1
98441	4486.8	1395.3	1358.4	384.4	124.7	12.2	0.5	28.7	25.2
202.97			224.3	138.2	111.0			10.2	4.5
310.44	476.3	407.8	245.1	143.8	111.5	4.8	10.7	11.2	5.2
2972.85	7953.0	1067.3	676.9	281.4	119.7	14.2	9.5	19.2	18.6
18	425.5	105.4	149.5	122.0	149.5	4.5	-6.7	4.1	-4.0
383.21	123616.1	12647.2	5762.6	124.6	111.0	24.1	17.0	115.3	2.3
1344.59	399.2	91.0	319.2	219.8	106.9	4.3	-22.2	7.8	15.5
4172.82		85.7	232.5	210.7	113.5		-18.1	2.0	13.2
30.91	727.3	161.4	253.6	120.1	107.2	6.2	-8.6	16.1	2.3
6499.28	7071.4	1860.8	1031.6	398.2	119.2	13.8	12.5	21.0	27.3
1669.75	1686.6	469.9	394.2	207.3	135.4	8.9	3.6	13.7	8.9
1431.07	1337.4	413.9	324.6	155.1	105.3	8.2	5.0	15.9	8.1
1417.32	3912.0	549.8	374.1	189.5	105.7	11.8	8.0	14.6	12.4
261.09	261085.3	798.9	504.0	109.2	127.8	26.9	9.7	35.8	-3.1
41.05		132.5	116.3	155.8	92.6		2.6	-5.7	11.0
1394.68		1630.8	1004.8	365.8	123.9		10.2	22.4	24.2
9323.10		922.2	513.1	315.1	123.0		12.4	10.2	20.7
4064.77		794.1	359.7	250.4	106.8		17.2	7.5	18.6
146589	1784.8	447.8	328.5	200.6	110.9	9.1	6.4	10.6	12.6
42934	1112.0	514.4	445.0	194.6	91.3	7.6	2.9	18.0	16.4
103651	2381.7	425.1	296.3	203.2	121.7	10.1	7.5	7.8	10.8
3.63		321.2	181.5	181.5	116.7		12.1		9.2
26420	772.1	144.6	112.2	82.3	108.5	6.4	5.2	6.4	-5.4
4156	237.1	142.9	123.0	127.5	100.5	2.7	3.0	-0.7	4.9
21807	1306.6	143.0	108.7	76.2	110.0	8.1	5.6	7.4	-7.1
457		394.0	415.5	182.1	121.2		-1.1	17.9	8.5

2-3 续表 2

指 标	Item	总量指标				
		1978	1995	2000	2005	2010
邮电通信业	**Postal & Telecoms Services**					
邮电业务总量(亿元)	Total Revenue(100 million yuan)	0.42	9.66	56.25	199.72	200.69
函 件(万件)	Letters Delivered(10 000 pieces)	6658	16728	9677	3143	3389
报刊期发数(万份)	Newspapers and Magazines Distributed(10 000 copies)	253	486	395	194	242
局用交换机容量(万门)	Capacity of office Telephone Exchange(10 000 lines)	5.08	105.92	254.30	430.45	711.47
电话机(万部)	Telephone sets(10 000 units)	9.96	85.49	322.20	1254.30	2448.09
国内贸易	**Domestic Trade**					
社会消费品零售总额(亿元)	Total Retail Sales of Consumer Goods(100 million yuan)	36.83	313.31	608.55	1358.1	3384.00
对外经济贸易	**Foreign Trade**					
进出口总额(亿美元)	Exp. & Imp.(USD100 million)	0.16	11.23	20.36	51.62	87.19
进口额	Imports	0.05	5.15	10.14	30.97	53.84
出口额	Exports	0.11	6.08	10.22	20.65	33.35
实际利用外资额(万美元)	Amount of Foreign Capital Actually Utilized(USD 10 000)		10838	54819	140007	355876
国际旅游	**International Tourism**					
来华旅游人数(万人)	Tourists(10 000 persons)		30.09	39.19	100.16	142.80
旅游外汇收入 (万美元)	Earnings (USD 10 000)		9052	12645	35207	60190
金融保险	**Finance and Insurance**					
金融机构各项存款(亿元)	Deposits of Banking (100 million yuan)	16.47	566.34	1270.13	3298.15	10278.69
金融机构各项贷款(亿元)	Loans of Banking (100 million yuan)	40.33	819.87	1340.74	2588.57	7919.47
中资保险公司保险金额(亿元)	Amount Insured (100 million yuan)		1426	1624	10504	37989
中资保险公司保费收入(亿元)	Insurance Premium (100 million yuan)		9.11	24.63	60.87	198.84
中资保险公司赔款及给付(亿元)	Chaim and Paymen (100 million yuan)		4.87	7.92	10.76	59.45
教育、科技、文化	**Education, Sci., Tech & Culture**					
教育	**Education**					
专任教师数(人)	Full-teachers(person)					
普通高等学校	Higher Education	2949	7070	8856	16189	23332
中等学校	Secondary Schools	81208	98437	101036	107704	110137
小学	Primary Schools	121364	153461	129242	118988	113546
在校学生数(人)	Students Enrollment(person)					
普通高等学校	Higher Education	12567	37248	71967	229354	371388
中等学校	Secondary Schools	1624573	1304852	1621258	1798804	1648686
小学	Primary Schools	2917772	2343129	2015076	1596381	1430751
教育经费支出 (亿元)	Expenditures(100 million yuan)		31.7	55.28	116.22	357.09
科技	**Science and Technology**					
研究与发展经费支出(万元)	Expenditures on R&D (10 000 yuan)		2023	24605.8	113208	637205
技术市场成交额(万元)	Transaction in Technical Markets(10 000 yuan)		25000	60287	310620	868893
文化	**Culture**					
出版数量	Publications					
图书(万册·张)	Books(10 000 copies)	3200	6560	7423.34	8888.15	6069.00
杂志(万册)	Magazines(10 000 copies)		1036.00	1585.46	1384.00	1437.00
报纸(万份)	Newspapers(10 000 copies)		16286.00	17967.23	61819.00	27050.00
电视节目制作时间(小时)	Time for TV Programs(hours)		9843.00	12916.00	71091.00	64697.00

continued

Aggregate Data	速度指标(%) Indices and Growth Rates(%)								
2011	指数(2011比以下各年) Index(2011 as Percentage of the following years)					平均增长速度 Average Annual Growth Rate			
	1978	1995	2000	2005	2010	1979-2011	1996-2000	2001-2005	2006-2010
241.35	57463.5	2498.4	429.1	120.8	120.3	21.2	42.2	28.8	0.1
3031	45.5	18.1	31.3	96.4	89.4	-2.4	-10.4	-20.1	1.5
285	112.6	58.6	72.2	146.9	117.8	0.4	-4.1	-13.3	4.5
682.64	13437.8	644.5	268.4	158.6	95.9	16.0	19.1	11.1	10.6
2696.00	27068.3	3153.6	836.7	214.9	110.1	18.5	30.4	31.2	14.3
3991.70	10838.2	1274.0	655.9	293.9	118.0	15.3	14.2	17.2	20.0
119.39	74619.4	1063.1	586.4	231.3	136.9	22.2	12.6	20.5	11.1
72.52	145037.4	1408.1	715.2	234.2	134.7	24.7	14.5	25.0	11.7
46.87	42611.2	770.9	458.6	227.0	140.5	20.1	10.9	15.1	10.1
404125		3728.8	737.2	288.6	113.6		38.3	20.6	20.5
151.52		503.5	386.6	151.3	106.1		5.4	20.6	7.4
67097		741.2	530.6	190.6	111.5		6.9	22.7	11.3
12063.72	73246.6	2130.1	949.8	365.8	117.4	22.1	17.5	21.0	25.5
9727.70	24120.3	1186.5	725.5	375.8	122.8	18.1	10.3	14.1	25.1
37876		2656.1	2332.3	360.6	99.7		2.6	45.3	29.3
229.78		2522.3	932.9	377.5	115.6		22.0	19.8	26.7
71.22		1462.5	899.3	661.9	119.8		10.2	6.3	40.8
24136	818.4	341.4	272.5	149.1	103.4	6.6	4.6	12.8	7.6
108946	134.2	110.7	107.8	101.2	98.9	0.9	0.5	1.3	0.4
113734	93.7	74.1	88.0	95.6	100.2	-0.2	-3.4	-1.6	-0.9
384440	3059.1	1032.1	534.2	167.6	103.5	10.9	14.1	26.1	10.1
1592806	98.0	122.1	98.2	88.5	96.6	-0.1	4.4	2.1	-1.7
1405322	48.2	60.0	69.7	88.0	98.2	-2.2	-3.0	-4.6	-2.2
494.36		1559.5	894.3	425.4	138.4		11.8	16.0	25.2
822360		40650.5	3342.1	726.4	129.1		64.8	35.7	41.3
734260		2937.0	1217.9	236.4	84.5		19.2	38.8	22.8
7629.00	238.4	116.3	102.8	85.8	125.7	2.7	2.5	3.7	-7.3
1443.00		139.3	91.0	104.3	100.4		8.9	-2.7	0.8
27100.00		166.4	150.8	43.8	100.2		2.0	28.0	-15.2
67448.00		685.2	522.2	94.9	104.3		5.6	40.6	-1.9

2-3 续表 3

指 标	Item	总量指标				
		1978	1995	2000	2005	2010
家庭、生活、环境	**Family, Livelihood & Environment**					
家庭	**Family**					
城镇居民平均每户家庭人口(人)	Average Household Size in Urban Areas(person)		3.34	3.08	3.00	2.82
农村居民平均每户家庭人口(人)	Average Household Size in Rural Areas(person)	5.78	4.50	4.10	3.78	3.47
婚姻	**Marriages and Divorces**					
结婚数(万对)	Number of Marriages(10 000 couples)		17.35	15.20	15.45	20.26
离婚数(万对)	Number of Divorces(10 000 couples)		2.75	3.25	3.92	5.72
居住	**Housing**					
城市居民人均居住面积(平方米)	Per Capita Net Floor Space of Urban Residents(sq.m)	3.50	12.06	15.54	26.09	29.84
农村居民人均居住面积(平方米)	Per Capita Net Floor Space of Rural Residents(sq.m)		15.29	17.00	19.70	22.10
生活	**People's Livelihood**					
城镇居民人均可支配收入(元)	Per Capita Annual Income of Urban Households(yuan)	301	2846	5129	9137	17698
农村牧区居民人均纯收入(元)	Per Capita Net Income of Rural Residents(yuan)	131	1300	2038	2989	5530
农民人均纯收入(元)	Farmers(yuan)	126	1208	1869	2813	5222
牧民人均纯收入(元)	Herdsmen(yuan)	188	1871	3355	4341	7851
个人储蓄存款余额(亿元)	The balance of savings deposits of individuals	2.53	410.82	875.74	1973.60	4618.11
工资和福利	**Wages and Welfare**					
工资总额(亿元)	Total Wages(100 million yuan)	14.98	156.12	185.96	387.73	879.80
职工平均工资(元)	Average Wage of Staff & Workers(yuan)	712	4134	6974	15985	35507
卫生	**Health Care**					
医院、卫生院(个)	Number of Hospitals(unit)	1723	2003	1988	1834	1807
医生(人)	Number of Doctors(person)	26724	49345	52299	50308	54161
医院、卫生院床位数(张)	Number of Hospital Beds(unit)	24079	61933	63156	64002	87882
市政建设	**City Construction**					
自来水供应量(亿吨)	Tap Water Supply(100 million tons)	0.88	6.32	6.18	6.11	6.28
下水道长度(公里)	Length of Sewer Pipelines(km)		2156	2693	4505	8514
城市煤气和天然气供气量(万立方米)	Volume of Coal & Natural Gas Supply in Urban Areas(10 000 cu.m)		5694	7485	16330	72560
公共汽车总数(辆)	Total Number of Public Buses(unit)	425	2078	2128	3594	5771
铺装道路长度(公里)	Length of Paved Roads(km)	677	2229	2771	3867	6447
绿地面积(公顷)	Areas of Green Land(hectare)	2143	13394	16541	24632	38143
环境、灾害	**Environment and Disaster**					
污染治理项目本年完成投资额(亿元)	Investment of Pollution Treatment in the Year(100 million yuan)			5.59	2.57	11.18
火灾发生数(起)	Number of Fire Disasters(times)			2096	5422	8741
火灾损失(万元)	Fire Loss(10 000 yuan)			1365	1687	5195
交通事故发生数(起)	Number of Traffic Accidents(times)			9521	8452	4780
交通事故损失(万元)	Loss of Traffic Accidents(10 000 yuan)			2539	2785	2346

注：个人储蓄存款余额为2011年修改指标，2010以前为城乡居民储蓄存款余额。

a)Before 2010，the balance of savings deposits of individuals is called resident saving deposit in urban & rural.

continued

Aggregate Data	速度指标(%) Indices and Growth Rates(%)								
2011	指数(2011年比以下各年) Index(2011 as Percentage of the following years)					平均增长速度 Average Annual Growth Rate			
	1978	1995	2000	2005	2010	1979-2011	1996-2000	2001-2005	2006-2010
2.81		84.1	91.2	93.7	99.6		-1.6	-0.5	-1.2
3.30	57.1	73.3	80.5	87.3	95.1	-1.7	-1.8	-1.6	-1.7
21.53		124.1	141.6	139.4	106.3		-2.6	0.3	5.6
7.12		258.9	219.1	181.6	124.5		3.4	3.8	7.9
29.37	839.1	243.5	189.0	112.6	98.4	6.7	5.2	10.9	2.7
24.30		158.9	142.9	123.4	110.0		2.1	3.0	2.3
20408	1170.9	479.7	303.5	185.2	109.3	13.6	12.5	12.2	14.1
6642	948.2	346.1	232.0	180.2	113.6	12.6	9.4	8.0	13.1
6299	817.0	340.1	239.7	181.7	114.1	12.6	9.1	8.5	13.2
9109	889.4	304.5	195.8	170.1	109.8	12.5	12.4	5.3	12.6
5423.06									
1108.6	7400.4	710.1	596.1	285.9	126.0	13.9	3.6	15.8	17.8
41481	5826.0	1003.4	594.8	259.5	116.8	13.1	11.0	18.0	17.3
1818	105.5	90.8	91.4	99.1	100.6	0.2	-0.2	-1.6	-0.3
57214	214.1	115.9	109.4	113.7	105.6	2.3	1.2	-0.8	1.5
89954	373.6	145.2	142.4	140.5	102.4	4.1	0.4	0.3	6.5
6.28	713.2	99.3	101.6	102.7	99.9	6.1	-0.4	-0.2	0.6
9314		432.0	345.9	206.7	109.4		4.5	10.8	13.6
130530		2292.4	1743.9	799.3	179.9		5.6	16.9	34.8
5612	1320.5	270.1	263.7	156.1	97.2	8.1	0.5	11.1	9.9
6782	1001.8	304.3	244.8	175.4	105.2	7.2	4.4	6.9	10.8
41059	1916.0	306.5	248.2	166.7	107.6	9.4	4.3	8.3	9.1
31.16			557.4	1212.5	278.7			-14.4	34.2
10366			494.6	191.2	118.6			20.9	10.0
6218			455.5	368.6	119.7			4.3	25.2
4590			48.2	54.3	96.0			-2.4	-10.8
2335			92.0	83.8	99.5			1.9	-3.4

2-4 国民经济和社会发展结构

Structural Indicators on National Economic and Social Development

单位：%　　　　(%)

指标	Item	1990	1995	2000	2005	2010	2011
人口城乡结构	**Urban and Rural Structure of Population**						
城镇	Urban	36.1	38.2	42.2	47.2	55.5	56.6
乡村	Rural	63.9	61.8	57.8	52.8	44.5	43.4
人口性别结构	**Sexual Structure of Population**						
男	Male	52.1	52.0	51.7	51.5	51.9	51.9
女	Female	47.9	48.0	48.3	48.5	48.1	48.1
就业产业结构	**Industrial Structure of Employment**						
第一产业	Primary Industry	55.8	52.1	52.2	53.8	48.2	45.9
第二产业	Secondary Industry	21.8	21.9	17.1	15.6	17.4	17.7
第三产业	Tertiary Industry	22.4	26.0	30.7	30.5	34.4	36.4
生产总值三次产业结构	**Industrial Structure of GDP**						
第一产业	Primary Industry	35.3	30.4	22.8	15.1	9.4	9.1
第二产业	Secondary Industry	32.1	36.0	37.9	45.4	54.5	56.0
第三产业	Tertiary Industry	32.6	33.6	39.3	39.5	36.1	34.9
国民总支出中总投资和总消费结构	**Investment and Consumption as Percentage of National Expenditures**						
总投资	Investment	39.0	43.5	41.7	72.9	77.3	76.7
总消费	Consumption	67.9	62.9	56.8	46.2	39.3	38.5
工农业总产值中农、轻、重结构	**Structure of Gross Output Value of Agriculture, Light Industry and Heavy Industry**						
农业	Agriculture	37.3	38.2	31.1	20.2	10.3	9.7
轻工业	Light Industry	25.8	21.6	27.0	24.2	26.0	27.1
重工业	Heavy Industry	36.9	45.3	43.0	55.6	63.7	63.2
农、林、牧、渔业产值结构	**Structure of Gross Output Value of Agriculture**						
农业	Farming	65.7	62.0	56.8	48.3	48.8	48.0
林业	Forestry	4.0	3.2	4.3	4.1	4.2	4.2
牧业	Animal Husbandry	29.6	34.0	37.8	45.4	44.6	45.3
渔业	Fishery	0.7	0.8	1.1	0.7	0.9	1.1
工业总产值中轻、重工业结构	**Structure of Gross Output Value of Industry**						
轻工业	Light Industry	41.2	34.5	38.6	30.3	29.0	30.0
重工业	Heavy Industry	58.8	65.5	61.4	69.7	71.0	70.0
固定资产投资额三次产业投资结构	**Type of Industry as Percentage of Total Investment in FixedAssets Capital Construction**						
第一产业	Primary Industry	7.6	8.6	11.1	5.2	5.4	5.9
第二产业	Secondary Industry	57.3	64.8	34.3	58.9	55.2	53.8
第三产业	Tertiary Industry	35.1	26.6	54.6	35.9	39.4	40.3
教育经费占财政支出的比例	**Educational Expenses as Percentage in Financial Expenditures**	**14.1**	**16.2**	**11.6**	**10.7**	**14.2**	**13.1**

2–4 续表 continued

单位：% (%)

指标	Item	1990	1995	2000	2005	2010	2011
建筑业总产值结构	**Structure of Gross Output Value of Construction Enterprises**						
土木工程建筑业	Civil Engineering Construction	96.9	90.0	90.1	94.7	94.6	94.8
线路管道设备安装业	Line and Equipment Installation	3.1	9.5	9.3	4.5	4.5	4.7
建筑物装修装饰业	Building Decoration		0.5	0.6	0.8	0.9	0.5
货运量结构(按运输方式分)	**Structure of Freight Traffic by Means of Transportation**						
铁路	Railways	26.0	27.5	21.6	30.2	35.6	29.29
公路	Highways	74.0	72.5	78.4	69.8	64.4	70.71
航空	Civil Aviation						
管道	Pipelines						
社会消费品零售总额构成	**Composition of Retail Sales of Consumer Goods**						
市	Cities	55.0	58.0	60.0	66.9		
县	Counties	25.9	24.0	24.0	20.7		
县以下	Below Counties	19.1	18.0	16.0	12.4		
学校在校学生结构	**Structure of Student Enrollment**						
大学生	College and University Students	0.9	1.0	4.8	6.3	10.7	11.4
中学生	Secondary School Students	34.2	35.4	40.9	49.6	47.8	47.1
小学生	Primary School Students	64.9	63.6	54.3	44.1	41.5	41.5
科技经费内部支出结构	**Structure of Internal Expenditures on Scientific and Technological Activities**						
# 劳务费	Service Fees			44.6	19.7		
研究与发展经费支出	Expenditures of Research and Development			35.6	34.0		
城镇居民消费结构	**Consumption Structure of Urban Residents**						
食 品 类	Food	48.3	48.4	34.5	31.4	30.1	31.3
衣 着 类	Clothing	16.5	16.3	14.3	15.1	15.7	15.8
用品及其他	Articles for Daily Use and Others	35.2	29.0	42.6	43.1	44.3	44.0
居 住	Residence		6.3	8.6	10.4	9.9	8.9
农牧民消费结构	**Consumption Structure of Rural Residence**						
食 品 类	Food		59.7	44.8	43.1	37.5	37.5
衣 着 类	Clothing		7.3	6.9	6.1	7.1	7.2
用品及其他	Articles for Daily Use and Others		19.7	32.9	37.1	38.5	39.3
居 住	Residence		13.3	15.4	13.7	16.9	16.0
卫生技术人员结构	**Medical Technical Personnel**						
医生	Doctors	42.8	48.3	51.9	41.5	44.0	43.4
护师、护士	Nurses	22.9	24.1	25.6	22.3	30.6	32.3

2-5 国民经济和社会发展比例和效益

Indicators on Proportions and Efficiency in National Economic and Social Development

指 标	Item	1990	1995	2000	2005	2010	2011
人口与就业	**Population and Employment**						
人口	Population						
出生率(‰)	Birth Rate(‰)	21.2	17.2	12.1	10.1	9.3	8.9
死亡率(‰)	Death Rate(‰)	7.2	6.7	5.9	5.5	5.5	5.4
自然增长率(‰)	Natural Growth Rate(‰)	14.0	10.5	6.1	4.6	3.8	3.5
就业	Employment						
就业者负担人数(人)	Dependency Ratio(person)	1.89	1.86	1.92	1.91	1.94	1.93
三次产业从业者比例(以第一产业为100)	Employment Ratio by type of Industry (Employment in Primary industry=100)						
第一产业	Primary Industry	100	100	100	100	100	100
第二产业	Secondary Industry	39.1	41.9	33.0	29.0	36.1	38.7
第三产业	Tertiary Industry	40.3	50.0	58.8	56.7	71.4	79.4
城镇登记失业率(%)	Unemployment Rate in Urban Areas(%)	3.49	3.17	3.34	4.26	3.90	3.80
宏观经济	**Macro Economy**						
国民经济核算	National Accounting						
三次产业增加值比例(以第一产业为100)	Ratio of Value-added by Type of Industry (Value added in Primary industry=100)						
第一产业	Primary Industry	100	100	100	100	100	100
第二产业	Secondary Industry	91.0	118.7	166.1	300.8	581.4	615.3
第三产业	Tertiary Industry	92.7	110.7	172.7	260.0	384.3	384.0
人均生产总值(元)	Per Capita GDP(yuan)	1478	3772	6502	16285	47347	57974
固定资产投资	Investment in Fixed Assets						
全社会固定资产投资占生产总值比例(%)	Proportion of Investment in Fixed Assets to GDP(%)	22.2	31.9	28.0	68.8	76.9	75.9
全社会房屋建筑面积竣工率(%)	Rate of Total Floor Space of Buildings Completed in Construction(%)	77.8	80.7	75.5	53.5	50.2	43.6
财政	Finance						
地方财政总收入占生产总值比例(%)	Proportion of Local Government Revenue to GDP(%)	10.3	5.1	7.2	8.6	14.9	15.8
地方财政总支出占生产总值比例(%)	Proportion of Local Government Expenditures to GDP(%)	19.1	11.9	17.0	18.8	19.5	20.8
能源生产与消费	Production and Consumption of Energy						
能源生产弹性系数	Elasticity Ratio of Energy Production	0.66	1.61	0.27	0.94	1.59	1.41
能源消费弹性系数	Elasticity Ratio of Energy Consumption	1.09	1.61	0.77	1.13	0.64	0.80
每万元生产总值消耗的能源(吨标准煤)	Energy Consumption Per 10 000 yuan GDP(ton of SCE)	7.59	3.81	2.31	2.48	1.92	1.41

2-5 续表 1 continued

指标	Item	1990	1995	2000	2005	2010	2011
产业	**Industrial**						
农牧业	Agriculture						
人均耕地面积(公顷)	Per Capita Cultivated Land(hectare)	0.23	0.24	0.31	0.31	0.30	0.29
农业从业者人均耕地面积(公顷)	Cultivated Land per Agricultural Laborer(hectare)	1.06	1.10	1.39	1.65	1.59	1.59
每公顷耕地农业机械总动力(千瓦)	Total Power of Agricultural Machinery per Hectare of Cultivated Land(kw)	1.53	1.64	1.85	2.61	4.24	4.44
每公顷耕地用电量(千瓦小时)	Electric Power Consumption per Hectare of Cultivated Land(10 000 kwh)	229	305	291	398	297	364
每公顷耕地化肥用量(千克)	Chemical Fertilizer Consumption per Hectare of Cultivated Land(kg)	70	98	102	159	248	247
每公顷耕地生产的农业产值(元)	Agricultural Output Value per Hectare of Cultivated Land(yuan)	2077	4210	4214	6443	12595	14797
农业从业者人均农产品产量(千克)	Output of Farm products per Agricultural Laborer(kg)						
粮 食	Grain	2070	2105	2366	3719	4813	5286
油 料	Oil-bearing Crops	148	140	222	273	286	296
甜 菜	Beet Roots	503	525	269	309	359	349
肉 类	Meat	114	163	273	514	532	526
每公顷播种面积农产品产量(千克)	Output of Farm Crops per Hectare of Sown Area(kg)						
粮 食	Grain	2511	2547	2800	3800	3925	4293
油 料	Oil-bearing Crops	1340	1260	1324	1759	1848	1867
甜 菜	Beet Roots	24884	18821	23998	36328	43707	40222
建筑业	Construction						
技术装备率(元/人)	Machinery per Laborer(yuan/person)	2434	3053	5844	11822	11379	14850
产值利税率(%)	Ratio of Per-tax Profits to Gross Output Value(%)	6.2	3.6	4.2	8.3	11.6	11.3
全员劳动生产率(元/人)(按总产值计算)	Overall Labor Productivity(yuan/person) (in terms of gross output value per employee)	1369	28440	39319	81750	151321	189375
交通运输业	Transportation						
铁路网密度(公里/万平方公里)	Railway Density(km/10 000 sq.km)	47	49	61	65	66	67
公路网密度(公里/万平方公里)	Highway Density(km/10 000 sq.km)	366	378	569	1052	1336	1361
铁路货运密度(吨/公里)	Railway Freight Traffic Density(ton/km)	12338	14391	14705	29186	60300	54367
公路货运密度(吨/公里)	Highway Freight Traffic Density(ton/km)	4597	5443	5194	6456	5390	6438
邮电通信业	Postal & Telecommunications Services						
固定电话普及率(部/百人)	Access to Telephones(set/100 persons)	0.8	2.9	8.7	22.7	16.8	15.3
移动电话普及率(部/百人)	Access to Mobile Phones(set/100 persons)		0.1	4.9	29.9	82.5	93.5
国内贸易	Domestic Trade						
人均社会消费品零售额(元)	Per Capita Retail Sales of Consumer Goods(yuan)	610	1298	2045	5635	13833	16115
对外经济贸易	Foreign Trade						
进出口总额占生产总值比例(%)	Proportion of Total Imports & Exports to GDP(%)	7.9	10.9	11.0	10.7	4.9	5.2

2–5 续表 2 continued

指标	Item	1990	1995	2000	2005	2010	2011
金融保险	Finance and Insurance						
金融机构存款占生产总值比例(%)	Bank Deposits as Percentage of GDP(%)	53.2	66.1	82.5	84.5	88.1	84.0
金融机构贷款占生产总值比例(%)	Bank Loans as Percentage of GDP(%)	85.5	95.7	87.1	66.3	67.9	67.7
教育、科技、文化	**Education, Science, Tech & Culture**						
教育	Education						
学龄儿童入学率(%)	Rate of School-age Children Enrollment(%)	97.9	98.9	99.5	99.4	100.0	99.96
小学升学率(%)	Rate of Graduates of primary Schools Entering Junior Secondary Schools(%)	81.8	90.0	96.1	100.0	100.2	100.0
初中升学率(%)	Rate of Graduates of Junior Secondary Schools Entering Senior Secondary Schools(%)	42.1	48.6	60.2	73.0	91.5	96.0
学校教师负担系数(%)	Student-teacher Ratio(in percentage)(%)						
高等学校	Colleges and Universities	4.8	5.3	8.1	14.2	15.9	15.9
中等学校	Secondary Schools	12.7	13.2	16.1	16.7	15.0	14.6
小学学校	Primary Schools	15.2	15.3	15.6	13.4	12.6	12.4
科技	Science and Technology						
研究与开发经费支出占生产总值比例(%)	R&D Expenditures as Percentage of GDP(%)		0.09	0.16	0.29	0.55	0.60
文化	Culture						
每百万人有艺术表演团体(个)	Number of Troupes per Million Persons(unit)	5.8	5.2	4.9	4.6	4.4	4.4
每百万人有公共图书馆(个)	Number of Public Libraries per million Persons(unit)	4.9	4.7	4.6	4.6	4.6	4.6
每百万人有博物馆(个)	Number of Museums per million Persons (unit)	0.5	0.7	1.1	1.4	2.2	2.4
家庭、生活、环境	**Family, People's Livelihood & Environment**						
家庭	Family						
负担少儿系数(%)	Dependency Ratio of Children(%)	42.1	38.2	29.0	22.4	18.0	17.8
负担老年系数(%)	Dependency Ratio of the Aged(%)	5.9	6.8	7.3	8.8	9.7	9.9
卫生	Health Care						
每万人医院数(个)	Number of Hospitals per 10 000 Persons(unit)	0.9	0.9	0.9	0.8	0.7	0.7
每万人医生数(个)	Number of Doctors per 10 000 Persons(unit)	19	22	22	21	22	23
每万人医院床位数(张)	Number of Hospital Beds per 10 000 Persons (unit)	26.6	27.3	28.2	29.1	40.4	40.6
市政建设	City Construction						
城市自来水普及率(%)	Percentage of Households with Access to Tap Water(%)	73.4	80.7	89.1	83.9	88.0	91.4
城市用气普及率(%)	Percentage of Households with Access to Tap Gas(%)	16.8	40.5	58.6	68.2	79.3	82.2
每万人绿地面积(公顷)	Public Green Areas per 10 000 Persons(hectare)	3.3	5.9	7.0	7.8	12.4	14.5

主要统计指标解释

可比价格 指计算各种总量指标所采用的扣除了价格变动因素的价格，可进行不同时期总量指标的对比。按可比价格计算总量指标有两种方法：一种是直接用产品产量乘某一年的不变价格计算；另一种是用价格指数进行缩减。

不变价格 指以同类产品某年的平均价格作为固定价格，用于计算各年的产品价值。按不变价格计算的产品价值消除了价格变动因素，不同时期对比可以反映生产的发展速度，新中国成立后，随着工农业产品价格水平的变化，国家统计局先后五次制定了全国统一的工业产品不变价格和农业产品不变价格。从1952年到1957年使用1952年工(农)业产品不变价格。从1957年到1970年使用1957年不变价格，从1971年到1980年使用1970年不变价格，从1981年到1990年使用1980年不变价格，从1991年开始使用1990年不变价格。

平均增长速度 我国计算平均增长速度有两种方法：一种是习惯上经常使用的“水平法”，又称几何平均法，是以间隔期最后一年的水平同基期水平对比来计算平均每年增长(或下降)速度；另一种是“累计法”，又称代数平均法或方程法，是以间隔期内各年水平的总和同基期水平对比来计算平均每年增长(或下降)速度。在一般正常情况下，两种方法计算的平均每年增长速度比较接近，但在经济发展不平衡、出现大起大落时，两种方法计算的结果差别较大。

本《年鉴》内所列的平均增长速度，除固定资产投资用“累计法”计算外，其余均用“水平法”计算。从某年到某年平均增长速度的年份，均不包括基期年在内。如建国四十三年的平均增长速度是以1949年为基期计算的，则写为1950–1992年平均增长速度，其余类推。

企业(单位)登记注册类型 是以在工商行政管理机关登记注册的各类企业为划分对象，以工商行政管理部门对企业登记注册的类型为依据，将企业登记注册类型分为内资企业、港澳台商投资企业和外商投资企业三大类。内资企业包括国有企业、集体企业、股份合作企业、联营企业、有限责任公司、股份有限公司、私营公司和其他企业；港澳台商投资企业和外商投资企业分别包括合资经营企业、合作经营企业、独资经营企业和股份有限公司。对不在工商行政管理部门进行登记注册的行政机关、事业单位和社会团体，主要按其经费来源和管理方式进行划分。

国有企业 指企业全部资产归国家所有，并按《中华人民共和国企业法人登记管理条例》规定登记注册的非公司制的经济组织。不包括有限责任公司中的国有独资公司。

集体企业 指企业资产归集体所有，并按《中华人民共和国企业法人登记管理条例》规定登记注册的经济组织。

股份合作企业 指以合作制为基础，由企业职工共同出资入股，吸收一定比例的社会资产投资组建，实行自主经营，自负盈亏，共同劳动，民主管理，按劳分配与按股分红相结合的一种集体经济组织。

联营企业 指两个及两个以上相同或不同所有制性质的企业法人或事业单位法人，按自愿、平等、互利的原则，共同投资组成的经济组织。联营企业包括国有联营企业、集体联营企业、国有与集体联营企业和其他联营企业。

有限责任公司 指根据《中华人民共和国公司登记管理条例》规定登记注册，由两个以上、五十个以下的股东共同出资，每个股东以其所认缴的出资额对公司承担有限责任，公司以其全部资产对其债务承担责任的经济组织。有限责任公司包括国有独资公司以及其他有限责任公司。

股份有限公司 指根据《中华人民共和国公司登记管理条例》规定登记注册，其全部注册资本由等额股份构成并通过发行股票筹集资本，股东以其认购的股份对公司承担有限责任，公司以其全部资产对其债务承担责任的经济组织。

私营企业 指由自然人投资设立或由自然人控股，以雇佣劳动为基础的营利性经济组织。包括按照《公司法》、《合伙企业法》、《私营企业暂行条例》规定登记注册的私营有限责任公司、私营股份有限公司、私营合伙企业和私营独资企业。

其他内资企业 指上述企业之外的其他内资经济组织。

与港澳台商合资经营企业 指港澳台地区投资者与内地企业依照《中华人民共和国中外合资经营企业法》及有关法律的规定，按合同规定的比例投资设立、分享利润和分担风险的企业。

与港澳台商合作经营企业 指港澳台地区投资者与内地企业依照《中华人民共和国中外合作经营企业法》及有关法律的规定，依照合作合同的约定进行投资或提供条件设立、分配利润和分担风险的企业。

港澳台商独资经营企业 指依照《中华人民共和国外资企业法》及有关法律的规定，在内地由港澳台地区投资者全额投资设立的企业。

港澳台商投资股份有限公司 指根据国家有关规定，经外经贸部依法批准设立，其中港、澳、台商的股本占公司注册资本的比例达25%以上的股份有限公司。凡其中港、澳、台商的股本占公司注册资本的比例小于25%的，属于内资企业中的股份有限公司。

中外合资经营企业 指外国企业或外国人与中国内地企业依照《中华人民共和国中外合资经营企业法》及有关法律的规定，按合同规定的比例投资设立、分享利润和分担风险的企业。

中外合作经营企业 指外国企业或外国人与中国内地企业依照《中华人民共和国中外合作经营企业法》及有关法律的规定，依照合作合同的约定进行投资或提供条件设立、分配利润和分担风险的企业。

外资企业 指依照《中华人民共和国外资企业法》及有关法律的规定，在中国内地由外国投资者全额投资设立的企业。

外商投资股份有限公司 指根据国家有关规定，经外经贸部依法批准设立,其中外资的股本占公司注册资本的比例达25%以上的股份有限公司。凡其中外资股本占公司注册资本的比例小于25%的,属于内资企业中的股份有限公司。

行政机关、事业单位和社会团体 参照企业登记注册类型,主要按其经费来源和管理方式划分。具体规定如下:

(1)行政机关:包括国家机关和政党机关,原则上均列为“国有”。但有特殊规定的,如供销社等,则列为“集体”。

(2)事业单位:包括经国家机构编制部门和有关业务主管部门批准成立的各类事业单位,不包括实行企业化管理的事业单位。事业单位的划分办法如下:

①由国家财政预算拨款或列入财政预算外资金管理以及经费主要来源于国有主管部门或国有上级单位的事业单位,列为“国有”。

②经费主要来源于集体单位的事业单位,列为“集体”。

③公民个人(或个人合伙)开办的事业单位,列为“私营”。

④上述以外的其他事业单位,如果其经费来源不明确,按管理方式进行归类。

(3)社会团体:包括经民政部门批准成立以及未纳入社会团体管理条例范围的工会、妇联等各类社会团体。社会团体的划分办法如下:

①未纳入民政部社会团体管理条例范围的工会、妇联、共青团、青联、工商联、科协、侨联等社会团体,国家拨款设立的基金会或基金管理组织以及经费主要来源于国有业务主管部门或国有上级单位的社会团体,列入“国有”。

②经费主要来源于集体单位的社会团体,列为“集体”。

③公民个人(或个人合伙)开办的社会团体,划为“私营”。

④上述以外的其他社会团体,如果其经费来源不明确,改按管理方式进行归类。

Explanatory Notes on Main Statistical Indicators

Comparable Prices refer to prices that are used to remove the factors of price change in calculating economic aggregates, so as to facilitate comparison of aggregates over time. Two methods are used for calculating economic aggregates at comparable prices: 1. Multiplying the output of products by their constant prices of certain year; 2. Deflation of data at current prices by relevant price index.

Constant Price refers to the average price of a given product in certain year, which is used for comparison of output value over time. As the output value at constant prices removes the factor of price changes, it reflects the trend of production development over time. Since 1949, with the changes in general price level, the State Statistical Bureau has issued nationally unified constant prices five times; the 1952 constant prices for 1952–1957; the 1957 constant prices for 1957–1971; the 1970 constant prices for 1971–1980; the 1980 constant prices for 1981–1990; and the 1990 constant prices have been used since 1991.

Average Annual Growth Rate Two methods for calculating average annual growth rate are applied in China, one is often called "level approach" or the method of calculating geometric average, which is derived by comparing the level of the last year of the interval with that of the beginning year; the other is called accumulative approach or algebraic average or equation method, which is derived by the summation of the actual figure of each year in the interval divided by the figure in the base year.

Usually the results calculated by the two methods are fairly close, but they differed sharply when uneven economic development occurred with striking fluctuations in growth.

The average annual growth rates listed in this statistical yearbook are calculated by "level approach" except for the growth rate of investment in fixed assets. The base years are not listed when the years are listed for average annual growth rates. For instance, the average annual growth rate of 43 years since 1949 is listed as average annual growth rate of 1950–1992 without listing the base year 1949. And the analogy of this is also the same for the rest of the years.

Registration Status of Enterprises Enterprises are classified into 3 categories, namely domestic- funded enterprises, enterprises with investment from Hong Kong, Macao and Taiwan, and enterprises with foreign investment, in the light of the registration status of an enterprise in industrial and commercial administration agencies. Domestic funded enterprises include state owned enterprises, collective owned enterprises, cooperative enterprises, joint ownership enterprises, limited liability corporations, share holding corporations Ltd. , private enterprises and other enterprises. Included in the enterprises with investment from Hong Kong, Macao and Taiwan and enterprises with foreign investment are joint venture enterprises, cooperative enterprises, sole investment enterprises and share holding corporations Ltd. For government agencies, institutions and social organizations which are not requested to be registered in industrial and commercial administration agencies, they are classified mainly by their sources of funds and way of management.

State-owned Enterprises refer to non- corporation economic units where the entire assets are owned by the state and which have registered in accordance with the Regulation of the People's Republic of China on the Management of Registration of Corporate Enterprises. Excluded from this category are sole state funded corporations in the limited liability corporations.

Collective-owned Enterprises refer to economic units where the assets are owned collectively and which have registered in accordance with the Regulation of the People's Republic of China on the Management of Registration of Corporate Enterprises.

Cooperative Enterprises refer to a form of collective economic units (enterprises) where capitals come mainly from employees as their shares, with certain proportion of capital from the outside, where production is organized on the basis of independent operation, independent accounting for profits and losses, joint work, democratic management, and a distribution system that integrates remuneration according to work with dividend according to capital share.

Joint Ownership Enterprises refer to economic units established by two or more corporate enterprises or corporate institutions of the same or different ownership, through joint investment on the basis of equality, voluntary participation and mutual benefits. They include state joint ownership enterprises, collective joint ownership enterprises, joint state-collective enterprises, other joint ownership enterprises.

Limited Liability Corporations refer to economic units established with investment from 2–50 investors and registered in accordance with the Regulation of the people's

Republic of China on the Management of Registration of Corporations, each investor bearing limited liability to the corporation depending on its share of investment, and the corporation bearing liability to its debt to the maximum of its total assets. Limited liability corporations include exclusive state-funded limited liability corporations and other limited liability corporations.

Share-holding Corporations Ltd refer to economic units registered in accordance with the Regulation of the People's Republic of China on the Management of Registration of Corporations, with total registered capitals divided into equal shares and raised through issuing stocks. Each investor bears limited liability to the corporation depending on the holding of shares, and the corporation bears liability to its debt to the maximum of its total assets.

Private Enterprises refer to profit-making economic units invested and established by natural persons, or controlled by natural persons using employed labour. Included in this category are private limited liability corporations, private share-holding corporations Ltd. , private partnership enterprises and private funded enterprises registered in accordance with the Corporation Law, Partnership Enterprises Law and Interim Regulations on private Enterprises.

Other Domestic-funded Enterprises refer to domestic-funded economic units other than those mentioned above.

Joint-venture Enterprises with Funds from Hong Kong, Macao and Taiwan refer to enterprises jointly established by investors from Hong Kong, Macao and Taiwan with enterprises in the mainland of China in accordance with the Law of the People's Republic of China on Sino-foreign Joint Venture Enterprises and other relevant laws, where the share of investment, profits and risks is stipulated in the contract.

Cooperative Enterprises with Funds from Hong Kong, Macao and Taiwan established by investors from Hong Kong, Macao and Taiwan with enterprises in the mainland of China in accordance with the Law of the People's Republic of China on Sino-foreign Cooperative Enterprises and other relevant laws, where the investment or provision of facilities, and the share of profits and risks is stipulated in the cooperative contract.

Enterprises with Sole (exclusive) Investment from Hong Kong, Macao and Taiwan refer to enterprises established in the mainland of China with exclusive investment from investors from Hong Kong, Macao and Taiwan in accordance with the Law of the People's Republic of China on Foreign-Funded Enterprises and other relevant laws.

Share-holding Corporations Ltd. with Investment from Hong Kong, Macao and Taiwan refer to share-holding corporations Ltd. established with the approval from the Ministry of Foreign Trade and Economic Relations in line with relevant state regulations, where the share of investment from Hong Kong, Macao or Taiwan businessmen exceeds 25% of the total registered capital of the corporation. In case the share of investment from Hong Kong, Macao or Taiwan is less than 25% of the total registered capital, the enterprise is to be classified as domestic funded share holding corporation Ltd.

Joint-venture Enterprises with Foreign Investment refer to enterprises jointly established by foreign enterprises of foreigners with enterprises in the mainland of China in accordance with the Law of the People's Republic of China on Sino-foreign Joint Venture Enterprises and other relevant laws, where the share of investment, profits and risks is stipulated in the contract.

Cooperation Enterprises with Foreign Investment refer to enterprises jointly established by foreign enterprises or foreigners with enterprises in the mainland of China in accordance with the Law of the People's Republic of China on Sino-foreign Cooperative Enterprises and other relevant laws, where the investment or provision of facilities, and the share of profits and risks is stipulated in the cooperative contract.

Enterprises with Sole (exclusive) Foreign Investment refer to enterprises established in the mainland of China with exclusive investment from foreign investors in accordance with the Law of the People's Republic of China on Foreign-Funded Enterprises and other relevant laws.

Share-holding Corporations Ltd. with Foreign Investment refer to share-holding corporations Ltd. established with the approval from the Ministry of Foreign Trade and Economic Relations in line with relevant state regulations, where the share of investment from foreign investors exceeds 25% of the total registered capital of the corporation. In case the share of foreign investment is less than 25% of the total registered capital, the enterprise is to be classified as domestic funded share holding corporation Ltd.

Government Agencies, Institutions and Social Organizations are classified into following categories by source of funds and way of management taking reference of the registration status of enterprises:

(1) Government agencies include state and party agencies, classified in principles as " state-owned ". There are exceptions, such as supply and marketing cooperatives which are classified as "collective".

(2) Institutions: include institutions of various types

established with the approval by organization and staffing departments of the government, but exclude institutions where enterprise management system is introduced. Institutions are further classified as follows:

(a) Institutions whose main budget is listed in the Government budget appropriations or extra–budget funds, or allocated from the budget of their competent government agencies. Such institutions are classified as "state–owned".

(b) Institutions whose budget mainly comes from collective units. Such institutions are classified as "collective".

(c) Institutions Established by Individual(group of Citizen) are classified as " Private ".

(d) Institutions other than those mentioned above whose source of budget is not clear. Such institutions are classified by way of management.

(3) Social organizations: include social organizations established with the approval from the Ministry of Civil Affairs, and organizations that are not covered by social organization management regulations such as trade unions, women's federations etc. Social organizations are further classified as follows:

(a) Social organizations that are not covered by social organization management regulations of the Ministry of Civil Affairs such as trade unions, women's federations, communist youth leagues, youth associations, industrial and commerce associations, scientists associations, overseas Chinese associations, etc. , foundations and fund management organizations established with funds from the state, and social organizations whose funds mainly come from the budget of their competent government agencies. Such institutions are classified as "state–owned".

(b) Social organizations whose budget mainly comes from collective units. Such institutions are classified as "collective".

(c) Social organizations established by individual or a group of citizens, which are classified as "private".

(d) Social organizations other than those mentioned above whose source of budget is not clear. Such organizations are classified by way of management.

2012 NEI MENG GU

三、国民经济核算

National Accounts

资料整理：张文军　高　坤
Arranged By Zhang Wenjun , Gao Kun

3-1 生产总值
Gross Domestic Product

本表按当年价格计算。

Data in value terms in this table are calculated at current prices.

单位：亿元 (100 million yuan)

年份 Year	生产总值 Gross Domestic Product	第一产业 Primary Industry	第二产业 Secondary Industry	工业 Industry	建筑业 Construction	第三产业 Tertiary Industry	#交通运输仓储邮电通讯业 Transportation, Post and Telecommunications	#批发和零售贸易餐饮业 Wholesale, Retail & Catering Trade	人均生产总值（元） Per Capita GDP (yuan)
1952	12.16	8.64	1.37	0.99	0.38	2.15	0.41	0.59	173
1953	15.57	10.44	2.25	1.57	0.68	2.88	0.56	1.02	211
1954	19.46	12.37	3.65	2.57	1.08	3.44	0.77	1.20	249
1955	17.49	10.25	3.53	2.73	0.80	3.71	0.78	1.18	213
1956	24.60	14.11	5.43	3.95	1.48	5.06	1.05	1.57	283
1957	21.27	11.29	5.05	3.80	1.25	4.93	0.65	1.78	232
1958	28.10	12.55	9.65	7.04	2.61	5.90	1.54	2.17	292
1959	35.76	14.75	13.41	9.90	3.51	7.60	2.59	2.65	349
1960	36.56	11.80	17.11	13.17	3.94	7.65	2.17	2.81	325
1961	25.25	11.40	7.25	6.06	1.19	6.60	1.44	2.18	215
1962	25.12	12.75	6.56	5.80	0.76	5.81	1.29	1.61	215
1963	29.02	12.71	9.90	8.24	1.66	6.41	1.49	2.04	243
1964	32.55	14.04	11.43	9.37	2.06	7.08	1.67	2.30	262
1965	35.41	15.21	12.08	9.65	2.43	8.12	2.26	2.57	275
1966	38.32	17.12	13.01	10.33	2.68	8.19	2.00	2.71	289
1967	31.80	13.87	10.43	8.46	1.97	7.50	1.58	2.16	233
1968	32.96	14.87	10.54	8.49	2.05	7.55	1.57	2.11	235
1969	32.90	14.78	10.52	8.40	2.12	7.60	1.56	2.07	227
1970	39.17	17.69	12.94	9.87	3.07	8.54	2.03	2.69	263
1971	41.61	16.82	15.99	12.50	3.49	8.80	2.18	2.56	271
1972	39.36	14.56	15.54	12.12	3.42	9.26	2.13	2.66	247
1973	44.07	16.22	18.14	14.29	3.85	9.71	2.38	2.58	269
1974	43.26	15.97	17.30	13.35	3.95	9.99	2.24	2.74	256
1975	48.55	18.15	20.02	15.52	4.50	10.38	2.49	2.66	280
1976	48.09	18.51	18.77	15.11	3.66	10.81	2.49	2.69	272
1977	51.65	18.91	21.60	16.48	5.12	11.14	2.56	2.73	287

3-1 续表 continued

本表按当年价格计算。

Data in value terms in this table are calculated at current prices.

单位：亿元 (100 million yuan)

年 份 Year	生产总值 Gross Domestic Product	第一产业 Primary Industry	第二产业 Secondary Industry	工 业 Industry	建筑业 Construction	第三产业 Tertiary Industry	# 交通运输仓储邮电通讯业 Transportation, Post and Telecommunications	# 批发和零售贸易餐饮业 Wholesale, Retail & Catering Trade	人均生产总值(元) Per Capita GDP (yuan)
1978	58.04	18.96	26.37	21.84	4.53	12.71	2.76	2.87	317
1979	64.14	21.03	28.37	23.52	4.85	14.74	2.85	3.25	343
1980	68.40	18.03	32.26	27.30	4.96	18.11	4.12	4.01	361
1981	77.91	27.14	32.04	27.92	4.12	18.73	3.71	4.00	407
1982	93.22	33.32	37.21	32.35	4.86	22.69	5.12	5.20	480
1983	105.88	35.90	41.98	35.90	6.08	28.00	6.58	6.32	535
1984	128.20	42.98	47.74	39.04	8.70	37.48	8.28	10.34	640
1985	163.83	53.54	56.95	45.90	11.05	53.34	10.85	19.65	809
1986	181.58	54.64	61.55	49.74	11.81	65.39	12.59	24.11	888
1987	212.27	62.21	70.42	58.26	12.16	79.64	12.77	32.91	1025
1988	270.81	90.20	85.72	70.28	15.44	94.89	14.30	38.88	1291
1989	292.69	89.08	98.96	83.66	15.30	104.65	18.63	35.58	1377
1990	319.31	112.57	102.43	87.18	15.25	104.31	20.69	24.92	1478
1991	359.66	117.19	124.03	102.74	21.29	118.44	26.84	27.76	1642
1992	421.68	126.86	152.56	120.85	31.71	142.26	32.65	35.04	1906
1993	537.81	149.96	203.46	162.53	40.93	184.39	44.21	47.44	2423
1994	695.06	208.53	254.52	205.98	48.53	232.01	53.93	63.14	3094
1995	857.06	260.18	308.78	254.88	53.90	288.10	69.36	83.03	3772
1996	1023.09	312.82	364.77	304.81	59.96	345.50	89.13	103.70	4457
1997	1153.51	322.52	422.39	355.10	67.29	408.60	114.08	126.82	4980
1998	1262.54	341.62	458.86	382.44	76.42	462.06	126.06	144.96	5406
1999	1379.31	342.91	510.47	425.13	85.34	525.93	145.98	168.59	5861
2000	1539.12	350.80	582.57	484.19	98.38	605.74	175.46	195.39	6502
2001	1713.81	358.89	655.68	541.02	114.66	699.24	204.42	226.46	7210
2002	1940.94	374.69	754.78	614.89	139.89	811.47	244.28	266.54	8146
2003	2388.38	420.10	967.49	773.50	193.99	1000.79	296.80	312.12	10015
2004	3041.07	522.80	1248.27	1015.37	232.90	1270.00	360.39	382.66	12728
2005	3905.03	589.56	1773.21	1477.88	295.33	1542.26	425.57	458.10	16285
2006	4944.25	634.94	2374.96	2025.72	349.24	1934.35	507.69	585.17	20523
2007	6423.18	762.10	3193.67	2781.78	411.89	2467.41	628.50	762.22	26521
2008	8496.20	907.95	4376.19	3879.42	496.77	3212.06	793.00	1007.76	34869
2009	9740.25	929.60	5114.00	4503.33	610.67	3696.65	879.28	1177.61	39735
2010	11672.00	1095.28	6367.69	5618.40	749.29	4209.02	994.76	1345.96	47347
2011	14359.88	1306.30	8037.69	7101.60	936.09	5015.89	1174.19	1552.35	57974

注：从2004年开始第一产业为农业、林业、牧业、渔业及农林牧渔服务业。

a)The Primary Industry has included Farming,Forestry, Animal Husbandry, Fishery and Their Services Since 2004.

3-2 生产总值构成

Composition of Gross Domestic Product

本表按当年价格计算。

Data in value terms in this table are calculated at current prices.

单位：%

(%)

年 份 Year	生产总值 Gross Domestic Product	第一产业 Primary Industry	第二产业 Secondary Industry	工 业 Industry	建筑业 Cons-truction	第三产业 Tertiary Industry	# 交通运输仓储邮电通讯业 Transportation, Post and Telecommunications	# 批发和零售贸易餐饮业 Wholesale, Retail & Catering Trade
1952	100	71.1	11.3	8.1	3.1	17.6	3.4	4.9
1953	100	67.1	14.5	10.1	4.4	18.4	3.6	6.6
1954	100	63.6	18.8	13.2	5.5	17.6	4.0	6.2
1955	100	58.6	20.2	15.6	4.6	21.2	4.5	6.7
1956	100	57.4	22.1	16.1	6.0	20.5	4.3	6.4
1957	100	53.1	23.7	17.9	5.9	23.2	3.1	8.4
1958	100	44.7	34.3	25.1	9.3	21.0	5.5	7.7
1959	100	41.2	37.5	27.7	9.8	21.3	7.2	7.4
1960	100	32.3	46.8	36.0	10.8	20.9	5.9	7.7
1961	100	45.1	28.7	24.0	4.7	26.2	5.7	8.6
1962	100	50.8	26.1	23.1	3.0	23.1	5.1	6.4
1963	100	43.8	34.1	28.4	5.7	22.1	5.1	7.0
1964	100	43.1	35.1	28.8	6.3	21.8	5.1	7.1
1965	100	43.0	34.1	27.3	6.9	22.9	6.4	7.3
1966	100	44.7	34.0	27.0	7.0	21.3	5.2	7.1
1967	100	43.6	32.8	26.6	6.2	23.6	5.0	6.8
1968	100	45.1	32.0	25.8	6.2	22.9	4.8	6.4
1969	100	44.9	32.0	25.5	6.4	23.1	4.7	6.3
1970	100	45.2	33.0	25.2	7.8	21.8	5.2	6.9
1971	100	40.4	38.4	30.0	8.4	21.2	5.2	6.2
1972	100	37.0	39.5	30.8	8.7	23.5	5.4	6.8
1973	100	36.8	41.2	32.4	8.7	22.0	5.4	5.9
1974	100	36.9	40.0	30.9	9.1	23.1	5.2	6.3
1975	100	37.4	41.2	32.0	9.3	21.4	5.1	5.5
1976	100	38.5	39.0	31.4	7.6	22.5	5.2	5.6
1977	100	36.6	41.8	31.9	9.9	21.6	5.0	5.3

3-2 续表 continued

本表按当年价格计算。

Data in value terms in this table are calculated at current prices.

单位：%　　(%)

年份 Year	生产总值 Gross Domestic Product	第一产业 Primary Industry	第二产业 Secondary Industry	工业 Industry	建筑业 Construction	第三产业 Tertiary Industry	#交通运输仓储邮电通讯业 Transportation, Post and Telecommunications	#批发和零售贸易餐饮业 Wholesale, Retail & Catering Trade
1978	100	32.7	45.4	37.6	7.8	21.9	4.8	4.9
1979	100	32.8	44.2	36.7	7.6	23.0	4.4	5.1
1980	100	26.4	47.2	39.9	7.3	26.4	6.0	5.9
1981	100	34.8	41.1	35.8	5.3	24.1	4.8	5.1
1982	100	35.8	39.9	34.7	5.2	24.3	5.5	5.6
1983	100	33.9	39.6	33.9	5.7	26.5	6.2	6.0
1984	100	33.5	37.2	30.5	6.8	29.3	6.5	8.1
1985	100	32.7	34.8	28.0	6.7	32.5	6.6	12.0
1986	100	30.1	33.9	27.4	6.5	36.0	6.9	13.3
1987	100	29.3	33.2	27.4	5.7	37.5	6.0	15.5
1988	100	33.3	31.7	26.0	5.7	35.0	5.3	14.4
1989	100	30.4	33.8	28.6	5.2	35.8	6.4	12.2
1990	100	35.3	32.1	27.3	4.8	32.6	6.5	7.8
1991	100	32.6	34.5	28.6	5.9	32.9	7.5	7.7
1992	100	30.1	36.2	28.7	7.5	33.7	7.7	8.3
1993	100	27.9	37.8	30.2	7.6	34.3	8.2	8.8
1994	100	30.0	36.6	29.6	7.0	33.4	7.8	9.1
1995	100	30.4	36.0	29.7	6.3	33.6	8.1	9.7
1996	100	30.6	35.7	29.8	5.9	33.7	8.7	10.1
1997	100	28.0	36.6	30.8	5.8	35.4	9.9	11.0
1998	100	27.1	36.3	30.3	6.0	36.6	10.0	11.5
1999	100	24.9	37.0	30.8	6.2	38.1	10.6	12.2
2000	100	22.8	37.9	31.5	6.4	39.3	11.4	12.7
2001	100	20.9	38.3	31.6	6.7	40.8	11.9	13.2
2002	100	19.3	38.9	31.7	7.2	41.8	12.6	13.7
2003	100	17.6	40.5	32.4	8.1	41.9	12.4	13.1
2004	100	17.2	41.0	33.4	7.6	41.8	11.9	12.6
2005	100	15.1	45.4	37.8	7.6	39.5	10.9	11.7
2006	100	12.8	48.1	41.0	7.1	39.1	10.3	11.8
2007	100	11.9	49.7	43.3	6.4	38.4	9.8	11.9
2008	100	10.7	51.5	45.7	5.8	37.8	9.3	11.9
2009	100	9.5	52.5	46.2	6.3	38.0	9.0	12.1
2010	100	9.4	54.5	48.1	6.4	36.1	8.5	11.5
2011	100	9.1	56.0	49.5	6.5	34.9	8.2	10.8

3–3 生产总值指数

Indices of Gross Domestic Product

本表按可比价格计算。

The indices in this table are calculated at constant prices.

(上年=100) (Preceding year=100)

年份 Year	生产总值 Gross Domestic Product	第一产业 Primary Industry	第二产业 Secondary Industry	工业 Industry	建筑业 Construction	第三产业 Tertiary Industry	#交通运输仓储邮电通讯业 Transportation, Post and Telecommunications	#批发和零售贸易餐饮业 Wholesale, Retail & Catering Trade	人均生产总值 Per Capita GDP
1953	116.3	107.5	159.9	153.7	176.3	127.4	140.6	174.3	110.6
1954	119.4	111.3	160.4	162.3	156.1	117.6	137.8	117.1	112.8
1955	90.7	83.7	97.5	107.0	74.8	107.4	101.6	98.0	86.0
1956	138.7	136.6	152.3	143.2	183.3	131.4	133.3	133.8	131.0
1957	110.9	117.5	98.3	101.7	89.1	106.2	61.9	113.1	105.3
1958	125.3	105.3	184.0	178.6	200.5	127.1	238.5	121.9	119.4
1959	122.9	112.6	139.2	140.7	135.0	125.2	166.9	122.0	115.3
1960	95.8	77.9	126.6	132.1	111.2	86.5	84.1	106.0	87.3
1961	65.3	80.7	39.3	42.6	28.0	95.5	66.1	77.6	62.3
1962	94.7	105.2	84.3	89.1	59.9	86.5	90.4	73.7	95.5
1963	119.7	108.9	148.6	140.0	214.3	115.0	114.4	126.7	117.0
1964	113.2	111.8	117.1	115.5	125.5	111.3	112.6	112.9	108.9
1965	109.8	105.9	113.6	110.8	126.8	112.6	135.1	111.8	105.8
1966	110.0	112.4	114.4	113.7	117.4	99.7	88.4	105.6	106.8
1967	83.3	81.1	81.2	83.0	74.5	91.2	79.4	79.8	81.1
1968	99.9	98.9	102.6	102.0	105.4	98.3	99.2	97.8	96.9
1969	100.8	99.5	103.4	102.5	107.4	99.8	99.2	97.7	97.7
1970	123.3	119.7	140.2	134.0	164.8	105.6	129.6	130.0	120.0
1971	102.1	95.0	106.5	109.1	98.2	108.7	108.0	95.3	99.0
1972	107.8	117.0	97.2	97.0	97.9	110.4	93.1	99.4	104.1
1973	111.7	110.8	116.8	117.9	112.8	105.0	111.7	96.9	108.3
1974	96.2	94.3	95.4	93.5	102.6	101.8	94.0	106.1	93.3
1975	111.3	111.7	115.6	116.2	113.9	103.1	111.1	97.3	108.6
1976	99.4	101.8	94.7	98.4	82.1	103.2	100.0	100.9	97.4
1977	107.0	102.2	114.5	108.5	139.2	103.7	103.2	101.5	105.2

3-3 续表 continued

本表按可比价格计算。

The indices in this table are calculated at comparabl prices.

上年=100 (Preceding year=100)

年 份 Year	生产总值 Gross Domestic Product	第一产业 Primary Industry	第二产业 Secondary Industry	工 业 Industry	建筑业 Cons-truction	第三产业 Tertiary Industry	# 交通运输仓储邮电通信业 Transpor-tation, Post and Teleco-mmunica-tions	# 批发和零售贸易餐饮业 Whole-sale, Retail & Catering Trade	人均生产总值 Per Capita GDP
1978	108.0	98.8	117.2	127.3	84.6	108.9	107.7	105.2	106.3
1979	109.8	107.7	108.6	108.4	110.0	116.0	103.3	113.1	107.4
1980	101.7	76.0	113.3	116.6	97.6	122.9	144.5	123.5	100.2
1981	110.6	141.8	96.3	98.2	85.7	103.4	90.0	99.9	109.4
1982	118.6	118.2	117.4	117.3	117.9	121.1	138.1	129.9	116.9
1983	109.8	105.0	109.9	108.5	118.8	116.7	117.4	116.1	107.8
1984	116.1	114.0	110.2	107.3	127.7	128.1	119.3	156.8	116.2
1985	117.2	114.1	108.2	105.5	121.7	133.0	129.3	175.1	114.6
1986	105.9	91.7	105.4	106.4	101.2	120.4	115.6	120.0	104.8
1987	109.0	106.8	107.0	109.3	96.5	112.5	96.2	125.6	107.7
1988	109.8	117.3	111.1	108.1	126.6	103.2	111.9	99.5	108.4
1989	102.7	95.1	104.9	107.2	94.9	106.8	121.6	102.6	101.4
1990	107.5	124.4	99.4	99.2	100.5	103.1	101.1	93.4	105.8
1991	107.5	104.0	110.8	108.2	126.0	107.9	121.4	102.5	106.0
1992	111.0	104.0	115.4	110.7	138.8	113.8	118.4	117.1	109.9
1993	111.7	105.0	113.9	112.3	120.5	115.7	119.2	120.9	111.3
1994	111.2	103.2	113.1	114.8	106.9	116.1	121.6	118.6	109.8
1995	110.1	103.9	111.0	112.7	104.2	114.1	118.8	116.4	108.9
1996	114.4	121.4	111.4	115.2	95.5	112.3	114.3	114.3	113.2
1997	110.8	102.0	114.0	114.9	109.4	114.3	119.0	117.8	109.8
1998	110.7	106.2	109.6	110.0	107.2	114.7	116.8	115.9	109.7
1999	108.8	101.0	110.0	110.7	105.9	112.7	113.5	116.3	108.0
2000	110.8	102.6	111.7	112.2	108.9	114.5	117.4	117.0	110.1
2001	110.7	102.0	110.9	110.2	114.1	115.5	116.1	115.9	110.2
2002	113.2	104.4	115.7	113.9	124.3	115.3	120.2	117.3	112.9
2003	117.9	105.9	127.7	121.8	153.3	114.5	120.3	116.2	117.8
2004	120.5	111.7	122.8	124.9	115.6	122.0	122.1	119.3	120.3
2005	123.8	109.1	134.9	138.5	121.3	118.1	117.5	117.9	123.4
2006	119.1	103.2	127.1	129.8	113.6	115.9	114.1	117.3	118.5
2007	119.2	103.9	126.0	128.3	112.7	116.0	116.2	114.2	118.6
2008	117.8	107.5	121.6	123.6	109.0	115.8	117.7	115.4	117.1
2009	116.9	102.3	121.1	120.5	125.2	115.0	109.9	116.5	116.2
2010	115.0	106.1	118.2	118.8	114.3	112.4	112.9	111.9	114.4
2011	114.3	105.9	117.1	117.3	115.6	112.4	114.8	109.0	113.8

3-4 生产总值指数

Indices of Gross Domestic Product

本表按可比价格计算。

The indices in this table are calculated at comparable prices

1952年=100 (1952=100)

年份 Year	生产总值 Gross Domestic Product	第一产业 Primary Industry	第二产业 Secondary Industry	工业 Industry	建筑业 Construction	第三产业 Tertiary Industry	#交通运输仓储邮电通信业 Transportation, Post and Telecommunications	#批发和零售贸易餐饮业 Wholesale, Retail & Catering Trade	人均生产总值 Per Capita GDP
1952	100	100	100	100	100	100	100	100	100
1953	116.3	107.5	159.9	153.7	176.3	127.4	140.6	174.3	110.6
1954	138.9	119.6	256.6	249.5	275.2	149.8	193.8	204.1	124.8
1955	125.9	100.1	250.1	266.9	206.0	160.9	196.9	200.0	107.4
1956	174.6	136.8	380.9	382.1	377.5	211.3	262.5	267.6	140.7
1957	193.6	160.8	374.2	388.7	336.3	224.5	162.5	302.7	148.2
1958	242.6	169.3	688.6	694.0	674.2	285.4	387.5	368.9	176.9
1959	298.1	190.6	958.4	976.7	910.2	357.3	646.9	450.0	204.1
1960	285.6	148.5	1213.1	1289.8	1011.9	309.1	543.8	477.0	178.1
1961	186.4	119.9	476.5	549.9	283.7	295.1	359.4	370.3	111.0
1962	176.5	126.1	401.8	490.1	169.9	255.4	325.0	273.0	106.0
1963	211.3	137.3	597.2	685.9	364.1	293.8	371.9	345.9	124.0
1964	239.3	153.5	699.5	791.9	457.0	327.0	418.8	390.5	135.1
1965	262.7	162.5	795.0	877.1	579.3	368.3	565.6	456.8	143.0
1966	288.9	182.6	909.8	997.2	680.4	367.2	500.0	460.8	152.7
1967	240.8	148.1	739.2	827.7	506.7	334.9	396.9	367.6	123.8
1968	240.6	146.5	758.6	844.1	534.2	329.1	393.8	359.5	120.1
1969	242.6	145.7	784.6	864.9	573.6	328.3	390.6	351.4	117.3
1970	299.1	174.4	1100.0	1159.0	945.1	346.6	506.3	456.8	140.7
1971	305.3	165.7	1171.8	1264.8	927.7	376.6	546.9	435.1	139.2
1972	329.1	193.9	1138.9	1226.7	908.3	415.8	509.4	432.4	144.9
1973	367.5	214.8	1329.8	1446.2	1024.3	436.5	568.8	418.9	157.0
1974	353.7	202.6	1268.7	1351.8	1050.6	444.4	534.4	444.6	146.5
1975	393.8	226.3	1467.3	1570.2	1197.1	458.4	593.8	432.4	159.1
1976	391.2	230.4	1389.9	1544.8	983.0	473.1	593.8	436.5	155.0
1977	418.7	235.4	1591.6	1676.8	1367.9	490.7	612.5	443.2	163.1

3-4 续表 continued

本表按可比价格计算。

The indices in this table are calculated at comparable prices.

1952年=100 (1952=100)

年 份 Year	生产总值 Gross Domestic Product	第一产业 Primary Imdustry	第二产业 Secondary Industry	工 业 Industry	建筑业 Cons-truction	第三产业 Tertiary Industry	# 交通运输仓储邮电通信业 Transportation, Post and Telecommunications	# 批发和零售贸易餐饮业 Wholesale, Retail & Catering Trade	人均生产总值 Per Capita GDP
1978	452.2	232.5	1865.3	2134.7	1157.6	534.2	659.4	466.2	173.4
1979	496.3	250.5	2026.3	2241.9	1459.9	619.5	680.9	527.1	186.3
1980	504.6	190.5	2295.8	2682.5	1280.1	761.5	983.9	651.1	186.7
1981	558.1	270.1	2210.8	2566.6	1276.3	787.4	886.0	650.4	204.2
1982	661.8	319.3	2595.1	3006.4	1514.7	953.9	1223.3	844.7	238.8
1983	726.9	335.4	2850.8	3166.6	2021.3	1113.2	1435.9	980.9	257.5
1984	844.4	382.4	3135.9	3613.9	1900.0	1425.5	1712.8	1538.0	299.1
1985	989.8	436.3	3399.5	3811.0	2318.8	1896.5	2215.0	2692.8	342.7
1986	1048.0	400.2	3582.7	4053.5	2345.9	2282.8	2561.1	3232.3	359.1
1987	1142.1	427.6	3832.2	4429.5	2263.1	2568.3	2463.2	4060.2	386.6
1988	1254.0	501.6	4259.3	4789.9	2865.3	2651.2	2755.3	4038.8	419.2
1989	1288.3	476.7	4470.0	5136.7	2718.9	2831.2	3351.4	4142.3	425.0
1990	1385.2	593.2	4444.5	5095.8	2733.6	2919.0	3386.7	3867.8	449.5
1991	1488.7	616.9	4926.5	5513.1	3445.2	3149.9	4111.9	3965.6	476.5
1992	1652.6	641.8	5687.2	6102.3	4780.7	3584.0	4869.8	4642.3	523.7
1993	1845.3	673.9	6480.5	6855.9	5747.0	4145.0	5804.3	5611.2	582.9
1994	2051.2	695.5	7329.5	7870.2	6143.6	4810.9	7058.0	6652.8	640.1
1995	2259.3	722.6	8133.5	8869.4	6400.8	5490.7	8387.3	7742.0	697.0
1996	2584.3	877.2	9064.7	10218.5	6110.4	6165.5	9589.8	8847.1	789.3
1997	2862.1	894.8	10333.8	11740.1	6686.7	7046.3	11414.7	10423.6	866.4
1998	3167.0	950.2	11322.7	12915.0	7169.1	8080.3	13335.9	12078.4	950.8
1999	3446.7	959.7	12452.7	14299.5	7591.5	9105.7	15130.4	14045.7	1026.8
2000	3817.3	984.7	13912.2	16045.4	8266.6	10422.5	17764.3	16427.2	1130.6
2001	4225.8	1003.9	15423.1	17681.2	9435.2	12033.7	20628.9	19032.6	1246.4
2002	4782.1	1048.1	17842.6	20135.5	11725.3	13879.9	24793.4	22329.2	1407.1
2003	5638.0	1109.9	22784.9	24520.4	17977.0	15886.5	29823.7	25944.0	1657.4
2004	6793.8	1239.8	27878.8	30625.9	20781.0	19381.5	36414.7	30963.5	1993.6
2005	8411.3	1352.7	37602.8	42417.1	25216.9	22881.4	42787.3	36506.0	2459.3
2006	10014.6	1396.1	47801.1	55065.6	28651.4	26509.5	48826.0	42837.7	2914.5
2007	11941.2	1450.3	60205.5	70628.6	32298.1	30750.5	56746.9	48918.0	3456.7
2008	14069.4	1558.9	73224.6	87266.9	35205.0	35598.2	66786.8	56459.8	4048.3
2009	16447.1	1594.7	88658.4	105174.1	44071.5	40946.4	73398.7	65775.7	4704.0
2010	18918.3	1692.7	104795.4	124895.3	50373.7	46044.1	82887.0	73598.6	5380.3
2011	21632.2	1792.6	122668.3	146443.8	58216.4	51773.5	95119.0	80193.7	6122.8

3-5 第三产业增加值
Value-added of the Tertiary Industry

本表按当年价格计算。
Data in value terms in this table are calculated at current prices.
单位：亿元 (100 million yuan)

行 业	Sector	2010	2011
总 计	**Total**	**4209.02**	**5015.89**
交通运输、仓储和邮政业	Transportation and Postal Services	875.61	1040.03
信息传输、计算机服务和软件业	Information Transmission,Computer Services & Software	131.04	147.55
批发和零售业	Wholesale and Retail Trade	1051.96	1216.60
住宿和餐饮业	Hotel and Restaurants	332.24	381.64
金融业	Banking	346.44	447.46
房地产业	Real Estate	309.25	384.76
租赁和商务服务业	Leasing and Business Services	141.58	174.69
科学研究、技术服务和地质勘查业	Scientific Research, Technical Services & Geological Prospecting	63.40	73.61
水利、环境和公共设施管理业	Water Conservancy, Environment and Public Facilities Administraion	37.28	45.62
居民服务和其他服务业	Services to Households and Other Services	157.47	202.32
教育	Education	213.86	251.28
卫生、社会保障和社会福利业	Health Care, Social Security and Social Welfare	107.26	126.00
文化、体育和娱乐业	Culture, Sports and Entertainment	45.24	54.45
公共管理和社会组织	Public Administration and Social Organizations	396.39	469.89
国际组织	International Organizations		

3-6 第三产业增加值构成
Composition of Value-added of the Tertiary Industry

本表按当年价格计算。
Data in value terms in this table are calculated at current prices.
单位：%　　(%)

行 业	Sector	2010	2011
总 计	**Total**	**100.0**	**100.0**
交通运输、仓储和邮政业	Transportation and Postal Services	20.8	20.7
信息传输、计算机服务和软件业	Information Transmission,Computer Services & Software	3.1	2.9
批发和零售业	Wholesale and Retail Trade	25.0	24.3
住宿和餐饮业	Hotel and Restaurants	7.9	7.6
金融业	Banking	8.2	8.9
房地产业	Real Estate	7.3	7.7
租赁和商务服务业	Leasing and Business Services	3.4	3.5
科学研究、技术服务和地质勘查业	Scientific Research, Technical Services & Geological Prospecting	1.5	1.5
水利、环境和公共设施管理业	Water Conservancy, Environment and Public Facilities Administraion	0.9	0.9
居民服务和其他服务业	Services to Households and Other Services	3.7	4.0
教育	Education	5.1	5.0
卫生、社会保障和社会福利业	Health Care, Social Security and Social Welfare	2.5	2.5
文化、体育和娱乐业	Culture, Sports and Entertainment	1.2	1.1
公共管理和社会组织	Public Administration and Social Organizations	9.4	9.4
国际组织	International Organizations		

3-7 第三产业增加值指数
Indices of Value-added of the Tertiary Industry

本表按可比价格计算。
The indices in this table are calculated at comparable prices
上年=100 (Preceding year=100)

行 业	Sector	2010	2011
总 计	**Total**	**112.4**	**112.4**
交通运输、仓储和邮政业	Transportation and Postal Services	113.0	115.0
信息传输、计算机服务和软件业	Information Transmission,Computer Services & Software	111.8	113.1
批发和零售业	Wholesale and Retail Trade	111.9	110.3
住宿和餐饮业	Hotel and Restaurants	112.3	105.7
金融业	Banking	110.8	120.4
房地产业	Real Estate	109.3	117.9
租赁和商务服务业	Leasing and Business Services	132.7	119.9
科学研究、技术服务和地质勘查业	Scientific Research, Technical Services & Geological Prospecting	103.0	99.9
水利、环境和公共设施管理业	Water Conservancy, Environment and Public Facilities Administraion	105.6	106.3
居民服务和其他服务业	Services to Households and Other Services	133.8	124.9
教育	Education	102.0	100.0
卫生、社会保障和社会福利业	Health Care, Social Security and Social Welfare	103.7	100.2
文化、体育和娱乐业	Culture, Sports and Entertainment	136.0	119.4
公共管理和社会组织	Public Administration and Social Organizations	111.4	110.9
国际组织	International Organizations		

3-8 支出法生产总值和结构

本表按当年价格计算。
Data in value terms in this table are calculated at current prices.

年份 Year	支出法生产总值(亿元) Gross Domestic Product by Expenditure Approach (100 million yuan)	#最终消费 Final Consumption Expenditure	#资本形成总额 Gross Capital Formation	资本形成率(投资率)(%) Capital Formation Rate (%)	最终消费率(消费率)(%) Final Consumption Rate (%)	最终消费 绝对数(亿元) Absolute Figure (100 million yuan) 居民消费 Household Consumption Expenditure	农村居民 Rural House	城镇居民 Urban House	政府消费 Government Consumption Expenditure
1978	58.04	42.91	21.20	36.5	73.9	37.76	17.73	20.03	5.15
1979	64.14	50.84	23.18	36.1	79.3	44.68	20.96	23.72	6.16
1980	68.40	62.10	18.88	27.6	90.8	55.83	28.22	27.61	6.27
1981	77.91	76.51	18.80	24.1	98.2	67.08	34.52	32.56	9.43
1982	93.22	88.01	26.10	28.0	94.4	79.07	43.66	35.41	8.94
1983	105.88	94.01	35.58	33.6	88.8	83.79	46.17	37.62	10.22
1984	128.20	106.57	45.81	35.7	83.1	89.38	48.80	40.58	17.19
1985	163.83	127.04	61.60	37.6	77.5	105.12	57.88	47.24	21.92
1986	181.58	144.84	60.22	33.2	79.8	118.22	59.54	58.68	26.62
1987	212.27	166.12	67.84	32.0	78.3	135.28	68.71	66.57	30.84
1988	270.81	184.46	110.15	40.7	68.1	149.57	77.59	71.98	34.89
1989	292.69	199.14	115.48	39.5	68.0	160.50	81.50	79.00	38.64
1990	319.31	216.70	124.68	39.0	67.9	169.79	86.44	83.35	46.91
1991	359.66	245.90	137.00	38.1	68.4	188.61	93.35	95.26	57.29
1992	421.68	271.08	196.10	46.5	64.3	208.10	101.92	106.18	62.98
1993	537.81	328.42	288.52	53.6	61.1	253.40	108.73	144.67	75.02
1994	695.06	420.89	331.11	47.6	60.6	327.89	135.91	191.98	93.00
1995	857.06	539.41	372.98	43.5	62.9	412.97	181.91	231.06	126.44
1996	1023.09	609.65	446.26	43.6	59.6	468.29	201.49	266.80	141.36
1997	1153.51	685.71	474.80	41.2	59.4	517.07	220.25	296.82	168.64
1998	1262.54	721.60	542.31	43.0	57.2	539.13	226.71	312.42	182.47
1999	1379.31	800.77	577.78	41.9	58.1	592.94	224.28	368.66	207.83
2000	1539.12	873.65	642.07	41.7	56.8	636.10	237.88	398.22	237.55
2001	1713.81	974.99	679.54	39.7	56.9	681.62	230.09	451.53	293.37
2002	1940.94	1137.21	862.20	44.4	58.6	796.02	240.12	555.90	341.19
2003	2388.38	1259.57	1339.07	56.1	52.7	850.14	257.93	592.21	409.43
2004	3041.07	1495.19	1945.29	64.0	49.2	965.77	271.44	694.33	529.42
2005	3905.03	1802.84	2845.06	72.9	46.2	1191.07	311.04	880.03	611.77
2006	4944.25	2129.59	3466.11	70.1	43.1	1384.29	353.30	1030.99	745.30
2007	6423.18	2630.87	4494.40	70.0	41.0	1693.31	402.73	1290.58	937.56
2008	8496.20	3278.65	5721.74	67.3	38.6	2035.49	439.14	1596.35	1243.16
2009	9740.25	3941.11	7495.42	77.0	40.5	2318.84	473.49	1845.35	1622.27
2010	11672.00	4588.14	9020.40	77.3	39.3	2693.33	526.62	2166.71	1894.81
2011	14359.88	5526.64	11014.63	76.7	38.5	3285.50	646.78	2638.72	2241.14

Gross Domestic Product and Structure by Expenditure Approach

Final Consumption Expenditure				资本形成总额 Gross Capital Formation			
比重 Proportion				绝对数(亿元) Absolute Figure (100 million yuan)		比重 (资本形成总额=100) Proportion (Gross Capital Formation=100)	
最终消费=100 Final Consumption Expenditure=100		居民消费=100 Household Consumption=100					
居民消费 House-hold Consum-ption Expendi-ture	政府消费 Govern-ment Consum-ption Expendi-ture	农村居民 Rural House-holds	城镇居民 Urban House-holds	固定资本形成总额 Gross Fixed Capital Formation	存货增加 Changes in Inven-tories	固定资本形成总额 Gross Fixed Capital Formation	存货增加 Changes in Inven-tories
88.0	12.0	47.0	53.0	16.56	4.64	78.1	21.9
87.9	12.1	46.9	53.1	17.65	5.53	76.1	23.9
89.9	10.1	50.5	49.5	15.78	3.10	83.6	16.4
87.7	12.3	51.5	48.5	15.53	3.27	82.6	17.4
89.8	10.2	55.2	44.8	20.94	5.16	80.2	19.8
89.1	10.9	55.1	44.9	29.66	5.92	83.4	16.6
83.9	16.1	54.6	45.4	40.85	4.96	89.2	10.8
82.7	17.3	55.1	44.9	50.94	10.66	82.7	17.3
81.6	18.4	50.4	49.6	47.57	12.65	79.0	21.0
81.4	18.6	50.8	49.2	53.32	14.52	78.6	21.4
81.1	18.9	51.9	48.1	72.05	38.10	65.4	34.6
80.6	19.4	50.8	49.2	70.68	44.80	61.2	38.8
78.4	21.6	50.9	49.1	70.77	53.91	56.8	43.2
76.7	23.3	49.5	50.5	100.66	36.34	73.5	26.5
76.8	23.2	49.0	51.0	149.24	46.86	76.1	23.9
77.2	22.8	42.9	57.1	219.39	69.13	76.0	24.0
77.9	22.1	41.4	58.6	250.23	80.88	75.6	24.4
76.6	23.4	44.0	56.0	273.16	99.82	73.2	26.8
76.8	23.2	43.0	57.0	276.04	170.22	61.9	38.1
75.4	24.6	42.6	57.4	318.97	155.83	67.2	32.8
74.7	25.3	42.1	57.9	353.40	188.90	65.2	34.8
74.0	26.0	37.8	62.2	389.97	187.80	67.5	32.5
72.8	27.2	37.4	62.6	439.42	202.65	68.4	31.6
69.9	30.1	33.8	66.2	510.02	169.52	75.1	24.9
70.0	30.0	30.2	69.8	729.37	132.83	84.6	15.4
67.5	32.5	30.3	69.7	1228.26	110.81	91.7	8.3
64.6	35.4	28.1	71.9	1817.73	127.56	93.4	6.6
66.1	33.9	26.1	73.9	2685.22	159.84	94.4	5.6
65.0	35.0	25.5	74.5	3353.88	112.23	96.8	3.2
64.4	35.6	23.8	76.2	4356.39	138.01	96.9	3.1
62.1	37.9	21.6	78.4	5522.72	199.02	96.5	3.5
58.8	41.2	20.4	79.6	7425.16	70.26	99.1	0.9
58.7	41.3	19.6	80.4	8938.69	81.71	99.1	0.9
59.4	40.6	19.7	80.3	10837.14	177.49	98.4	1.6

3-9 工农业总产出及指数

Gross Output of Industry and Agriculture & Related Indices

年份 Year	工农业总产出(亿元, 当年价) Gross Output of Industry and Agriculture (100 million yuan, at Current prices)			指数(以1952年为100, 可比价) Indices of Output of Industry & Agriculture (1952=100, at comparable Prices)		
	总计 Total	农业总产出 Gross Output of Agriculture	工业总产出 Gorss Output of Industry	工农业总产出 Gross Output of Industry & Agriclture	农业总产出 Gross Output of Agriculture	工业总产出 Gross Output of Industry
1952	13.70	12.10	1.60	100.0	100.0	100.0
1953	16.90	14.35	2.55	109.2	106.0	152.0
1954	20.54	19.77	3.77	123.9	116.2	224.7
1955	20.01	15.60	4.41	120.2	109.2	264.0
1956	25.57	19.52	6.05	151.3	135.7	356.7
1957	17.50	11.20	6.30	134.0	114.1	394.7
1958	27.63	15.60	12.03	191.4	150.9	722.7
1959	36.92	18.14	18.78	236.0	168.0	1127.3
1960	45.14	16.57	28.57	259.7	149.4	1704.7
1961	32.97	17.04	15.93	181.8	128.5	880.0
1962	31.31	17.05	14.26	164.4	120.9	734.7
1963	38.69	17.43	21.26	202.0	134.9	1080.7
1964	43.87	20.82	23.05	235.6	163.1	1186.7
1965	46.20	19.40	26.80	243.0	148.4	1482.7
1966	50.49	20.93	29.56	272.0	160.1	1738.7
1967	41.74	21.46	20.28	238.4	164.2	1210.0
1968	43.27	22.08	21.19	235.9	156.0	1284.0
1969	42.27	19.95	22.32	230.3	140.9	1401.3
1970	51.80	24.00	27.80	298.9	169.8	1990.7
1971	54.76	23.67	31.09	318.9	167.2	2306.7
1972	52.74	21.17	31.57	302.0	146.3	2342.7
1973	60.39	27.72	32.67	348.8	190.5	2424.0
1974	59.35	29.57	29.78	337.4	194.6	2210.0
1975	67.70	30.80	36.90	379.3	199.4	2737.3
1976	68.90	31.29	37.61	387.5	202.0	2819.3
1977	72.51	28.43	44.08	403.5	183.5	3286.7

3–9 续表 continued

年 份 Year	工农业总产出(亿元, 当年价) Gross Output of Industry and Agriculture (100 million yuan, at Current Prices)			指数(以1952年为100, 可比价) Indices of Output of Industry Agriculture (1952=100, at Comparable Prices)		
	总 计 Total	农业总产出 Gross Output of Agriculture	工业总产出 Gorss Output of Industry	工农业总产出 Gross Output of Industry & Agriculture	农业总产出 Gross Output of Agriculture	工业总产出 Gross Output of Industry
1978	81.30	28.40	53.00	440.9	183.9	3810.0
1979	88.98	31.58	57.40	465.8	194.3	4024.0
1980	90.10	30.70	59.40	447.9	168.5	4110.0
1981	101.20	39.40	61.80	479.6	201.8	4120.7
1982	120.90	47.20	73.70	553.2	233.6	4741.3
1983	134.00	52.40	81.50	601.1	250.5	5196.7
1984	151.30	61.30	90.00	659.0	280.7	5617.3
1985	186.10	73.20	112.90	752.1	309.6	6552.7
1986	203.70	77.30	126.50	781.4	293.3	7178.7
1987	238.60	87.70	150.80	856.0	305.3	8072.7
1988	316.20	122.40	193.90	975.9	348.6	9197.3
1989	371.50	128.30	243.10	1056.5	347.0	10356.0
1990	420.30	156.90	263.30	1147.0	412.0	10780.7
1991	468.50	164.10	304.40	1222.3	428.4	11648.9
1992	544.00	180.30	363.70	1336.5	453.2	12965.2
1993	691.16	220.80	470.36	1487.9	484.9	14756.1
1994	831.42	309.32	522.10	1642.0	500.7	16821.9
1995	1013.72	387.20	626.52	1797.9	521.2	18840.5
1996	1210.88	465.32	745.56	2070.8	644.8	21007.2
1997	1361.73	489.43	872.30	2297.6	660.9	24158.3
1998	1476.46	534.38	942.08	2504.3	704.8	26574.1
1999	1587.44	532.31	1055.13	2707.1	712.4	29497.3
2000	1746.01	543.16	1202.85	2961.2	729.9	33036.9
2001	1903.09	555.90	1347.19	3205.9	744.3	36704.0
2002	2122.77	586.97	1535.80	3545.0	780.7	41842.6
2003	2591.05	655.94	1935.11	4246.6	826.1	52297.6
2004	3656.51	851.30	2805.21	5704.0	942.3	73380.7
2005	4841.79	980.21	3861.58	7200.8	1048.1	95923.2
2006	6259.62	1058.50	5201.12	8878.5	1084.6	123097.0
2007	8513.32	1276.45	7236.87	11148.7	1132.1	159913.3
2008	11869.72	1525.74	10343.98	13531.6	1220.8	197652.8
2009	14278.10	1570.58	12707.52	15991.3	1249.7	238322.4
2010	17863.57	1843.57	16020.00	18783.4	1326.9	283180.1
2011	22677.45	2204.50	20472.95	22095.5	1402.5	335708.1

3-10 居民消费水平
Household Consumption

本表绝对数按当年价格计算, 指数按可比价格计算。

Absolute figures in this table are calculated at current prices, while indices are calculated at comparable prices.

年份 Year	绝对数(元/人) Value(yuan/person)			指数(上年=100) Index(Preceding year=100)			指数(1952=100) Index(1952=100)		
	全部居民 All House-holde	农村居民 Agricul-tural House-holds	城镇居民 Non-agricul-tural House-holds	全部居民 All House-holde	农村居民 Agricul-tural House-holds	城镇居民 Non-agricul-tural House-holds	全部居民 All House-holds	农村居民 Agricul-tural House-holds	城镇居民 Non-agricul-tural House-holds
1952	99	88	171				100.0	100.0	100.0
1953	103	93	165	105.0	105.0	96.4	105.0	105.1	96.4
1954	106	93	173	102.8	100.1	105.0	108.0	105.2	101.3
1955	101	85	179	95.3	91.5	103.5	102.9	96.3	104.8
1956	118	98	205	116.3	114.9	114.5	119.7	110.6	120.0
1957	120	99	209	102.1	101.5	101.9	122.3	112.2	122.3
1958	125	99	228	104.0	99.9	109.2	127.1	112.1	133.5
1959	131	99	232	104.5	99.9	101.3	132.8	112.1	135.3
1960	126	93	205	96.5	93.8	88.6	128.2	105.2	119.9
1961	125	96	191	98.6	103.0	92.9	126.4	108.4	111.3
1962	121	98	187	97.5	102.8	97.9	123.3	111.4	109.0
1963	119	96	183	97.7	97.7	98.0	120.5	108.9	106.8
1964	118	96	190	99.2	99.7	103.9	119.5	108.6	111.0
1965	119	95	190	101.2	99.2	100.3	121.0	107.7	111.3
1966	131	102	212	109.7	107.6	111.1	132.7	115.9	123.6
1967	139	108	225	106.3	105.8	106.2	141.1	122.5	131.2
1968	132	100	221	94.9	92.3	98.2	134.0	113.1	128.9
1969	129	88	236	97.5	88.6	107.2	130.6	100.1	138.2
1970	139	99	241	108.0	111.7	101.9	141.0	111.8	140.8
1971	146	98	273	105.0	99.1	113.1	148.1	110.8	159.3
1972	156	97	303	106.8	99.3	111.2	158.2	110.0	177.2
1973	169	113	305	108.5	116.9	100.5	171.6	128.6	178.0
1974	170	115	310	100.3	101.1	101.6	172.2	130.1	181.0
1975	179	122	321	105.6	106.3	103.6	181.8	138.2	187.5
1976	190	128	343	106.1	105.2	107.0	192.8	145.3	200.7
1977	200	135	355	105.1	105.5	103.5	202.7	153.3	207.6

3-10 续表 continued

本表绝对数按当年价格计算，指数按可比价格计算。

Absolute figures in this table are calculated at current prices, while indices are calculated at comparable prices.

年份 Year	绝对数(元/人) Value(yuan/person)			指数(上年=100) Index(Preceding year=100)			指数(1952=100) Index(1952=100)		
	全部居民 All House-holde	农村居民 Agricul-tural House-holds	城镇居民 Non agricul-tural House-holds	全部居民 All House-holde	农村居民 Agricul-tural House-holds	城镇居民 Non-agricul-tural House-holds	全部居民 All House-holds	农村居民 Agricul-tural House-holds	城镇居民 Non-agricul-tural House-holds
1978	207	138	370	103.4	101.8	104.2	209.7	156.1	216.4
1979	239	161	420	115.8	116.8	113.4	242.8	182.3	245.4
1980	295	213	484	123.2	132.5	115.3	299.1	241.5	282.8
1981	350	257	567	115.5	116.2	115.0	345.4	280.7	325.2
1982	407	318	619	115.7	124.1	107.9	399.5	348.2	350.9
1983	423	334	632	104.1	106.3	100.4	416.0	370.3	352.4
1984	446	349	671	100.0	99.0	101.1	416.2	366.7	356.3
1985	519	412	762	105.2	105.5	104.3	438.0	386.8	371.6
1986	578	418	942	107.9	100.5	117.2	472.6	388.9	435.5
1987	653	480	1039	105.2	107.9	101.6	497.3	419.4	442.5
1988	713	541	1086	94.1	97.7	89.4	468.1	409.7	395.4
1989	755	565	1157	92.6	89.8	95.0	433.5	368.1	375.6
1990	786	592	1189	99.3	97.0	101.3	430.5	357.0	380.4
1991	861	633	1330	107.0	107.9	105.7	460.7	385.1	402.2
1992	941	686	1461	103.1	104.2	101.6	474.9	401.4	408.7
1993	1142	779	1755	103.1	100.1	105.2	487.6	402.4	429.8
1994	1460	967	2284	103.2	100.7	104.7	503.4	405.2	450.0
1995	1817	1289	2683	105.3	111.1	100.4	529.9	450.2	451.8
1996	2040	1424	3031	104.2	102.5	104.9	552.2	461.4	474.0
1997	2232	1551	3311	105.7	105.3	105.5	583.8	485.9	500.0
1998	2309	1603	3391	103.9	103.8	103.0	606.8	504.3	515.0
1999	2520	1601	3871	110.0	100.2	115.2	667.3	505.3	593.3
2000	2687	1720	4045	105.3	106.2	103.1	702.7	536.7	611.7
2001	2868	1694	4431	106.2	98.0	108.9	746.2	525.9	666.2
2002	3341	1793	5327	113.9	100.6	118.9	849.8	529.1	792.0
2003	3565	1945	5593	104.7	105.1	103.6	889.8	556.0	820.2
2004	4042	2077	6415	110.7	103.7	111.9	985.4	576.5	917.8
2005	4967	2426	7887	110.2	114.6	106.9	1085.9	660.7	981.1
2006	5746	2816	8930	113.4	113.7	111.0	1231.4	751.2	1089.0
2007	7062	3286	10930	118.1	110.9	118.0	1454.3	833.1	1285.0
2008	8354	3673	12863	109.1	112.5	105.8	1586.6	937.2	1359.6
2009	9460	4072	14323	115.0	105.3	115.3	1824.6	986.9	1567.6
2010	10925	4692	16136	111.1	114.9	107.4	2027.2	1134.0	1683.6
2011	13264	5945	18996	114.3	117.6	111.2	2317.1	1333.5	1872.1

主要统计指标解释

地区收入总值 指一个地区所有常住单位在一定时期内收入初次分配的最终结果。一地区常住单位从事生产活动所创造的增加值在初次分配中主要分配给该地区的常住单位，但也有一部分以生产税及进口税(扣除生产和进口补贴)、劳动者报酬和财产收入等形式分配给非常住单位；同时，地区外生产所创造的增加值也有一部分以生产税及进口税(扣除生产和进口补贴)、劳动者报酬和财产收入等形式分配给该地区的常住单位，从而产生了地区收入总值的概念。它等于地区生产总值加上来自地区外的净要素收入。与地区生产总值不同，地区收入总值是个收入概念，而地区生产总值是个生产概念。

地区生产总值 是按市场价格计算的地区生产总值的简称。它是一个地区所有常住单位在一定时期内生产活动的最终成果。地区生产总值有三种表现形式，即价值形态、收入形态和产品形态。从价值形态看，它是所有常住单位在一定时期内所生产的全部货物和服务价值超过同期投入的全部非固定资产货物和服务价值的差额，即所有常住单位的增加值之和；从收入形态看，它是所有常住单位在一定时期内所创造并分配给常住单位和非常住单位的初次分配收入之和；从产品形态看，它是最终使用的货物和服务减去进口货物和服务。在实际核算中，地区生产总值的三种表现形态表现为三种计算方法，即生产法、收入法和支出法。三种方法分别从不同的方面反映地区生产总值及其构成。

支出法地区生产总值 指一个地区所有常住单位在一定时期内用于最终消费、资本形成总额，以及货物和服务的净出口总额，它反映本期生产的地区生产总值的使用构成。

最终消费 指常住单位在一定时期内对于货物和服务的全部最终消费支出，也就是常住单位为满足物质、文化和精神生活的需要，从本国经济领土和国外购买的货物和服务的支出；不包括非常住单位在本国经济领土内的消费支出。最终消费分为居民消费和政府消费。

居民消费 指常住住户对货物和服务的全部最终消费支出。居民消费按市场价格计算，即按居民支付的购买者价格计算。购买者价格是购买者取得货物所支付的价格，包括购买者支付的运输和商业费用。居民消费除了直接以货币形式购买货物和服务的消费之外，还包括以其他方式获得的货物和服务的消费支出，即所谓的虚拟消费支出。居民虚拟消费支出包括以下几种类型：单位以实物报酬及实物转移的形式提供给劳动者的货物和服务；住户生产并由本住户消费了的货物和服务，其中的服务仅指住户的自有住房服务；金融机构提供的金融媒介服务；保险公司提供的保险服务。

政府消费 指政府部门为全社会提供公共服务的消费支出和免费或以较低价格向住户提供的货物和服务的净支出。前者等于政府服务的产出价值减去政府单位所获得的经营收入的价值，政府服务的产出价值等于它的经常性业务支出加上固定资产折旧；后者等于政府部门免费或以较低价格向住户提供的货物和服务的市场价值减去向住户收取的价值。

资本形成总额 指常住单位在一定时期内获得的减去处置的固定资产加存货的变动，包括固定资本形成总额和存货增加。

固定资本形成总额 指常住单位购置、转入和自产自用的固定资产，扣除固定资产的销售和转出后的价值，分有形固定资产形成总额和无形固定资产形成总额。有形固定资产形成总额包括一定时期内完成的建筑工程、安装工程和设备工器具购置(减处置)价值，以及土地改良、新增役、种、奶、毛、娱乐用牲畜和新增经济林木价值。无形固定资产形成总额包括矿藏的勘探、计算机软件、娱乐和文学艺术品原件等获得减处置。

存货增加 指常住单位存货实物量变动的市场价值，即期末价值减期初价值的差额。存货增加可以是正值，也可以是负值；正值表示存货上升，负值表示存货下降。它包括生产单位购进的原材料、燃料和储备物资等存货，以及生产单位生产的产成品、在制品等存货等。

货物和服务净出口 指货物和服务出口减货物和服务进口的差额。出口包括常住单位向非常住单位出售或无偿转让的各种货物和服务的价值；进口包括常住单位从非常住单位购买或无偿得到的各种货物和服务的价值。由于服务活动的提供与使用同时发生，因此服务的进出口业务并不发生出入境现象，一般把常住单位从国外得到的服务作为进口，非常住单位从本国得到的服务作为出口。货物的出口和进口都按离岸价格计算。

劳动者报酬 指劳动者因从事生产活动所获得的全部报酬。包括劳动者获得的各种形式的工资、奖金和津贴，既包括货币形式的，也包括实物形式的；还包括劳动者所享受的公费医疗和医药卫生费、上下班交通补贴和单位支付的社会保险费等。对于个体经济来说，其所有者所获得的劳动报酬和经营利润不易区分，这两部分统一作为劳动者报酬处理。

生产税净额 指生产税减生产补贴后的余额。生产税指政府对生产单位生产、销售和从事经营活动以及因从事生产活动使用某些生产要素(如固定资产、土地、劳动力)所征收的各种税、附加费和规费。生产补贴与生产税相反，指政府对生产单位的单方面收入转移，因此视为负生产税，包括政策亏损补贴、粮食系统价格补贴、外贸企业出口退税收入等。

固定资产折旧 指一定时期内为弥补固定资产损耗按照核定的固定资产折旧率提取的固定资产折旧，或按国民经济核算统一规定的折旧率虚拟计算的固定资产折旧。它反映了固定资产在当期生产中的转移价值。各类企业和企业化管理的事业单位的固定资产折旧是指实际计提并计入成本费中的折旧费；不计提折旧的政府机关、非企业化管理的事业单位和居民住房的固定资产折旧是按照统一规定的折旧率和固定资产原值计算的虚拟折旧。原则上,固定资产折旧应按固定资产的重置价格计算,但是目前我国尚不具备对全社会固定资产进行重估价的基础,所以暂时只能采用上述办法。

营业盈余 指常住单位创造的增加值扣除劳动者报酬、生产税净额和固定资产折旧后的余额。它相当于企业的营业利润加上生产补贴，但要扣除从利润中开支的工资和福利等。

直接消耗系数 指某一个部门生产单位总产出需要直接消耗各部门产品和服务的数量,也称为投入系数。它反映该部门与其他部门之间直接的技术经济联系和直接依赖关系。

完全消耗系数 指增加某一个部门单位总产出需要完全消耗各部门产品和服务的数量。完全消耗系数等于直接消耗系数和全部间接消耗系数之和，它是全面揭示国民经济各部门之间技术经济的全部联系和相互依赖关系的主要指标。

Explanatory Notes on Main Statistical Indicators

Gross National Product (GNP) refers to the final result of the primary distribution of the income created by all the resident units of a region during a certain period of time. The value added created by the resident units of a region engaged in production activities is mainly distributed to the resident units of that region while a part of it is distributed to the non resident units in the form of production tax and import duties (minus subsidies to production and import), remuneration for the laborers and property income. At the meantime, a part of the value added created abroad is distributed to the resident units of the region in the form of production tax and import duties (minus subsidies to production and import), remuneration for the laborers and property income. Thus the concept of gross national product is formed, which equals to gross domestic product plus net factor income from abroad. Unlike gross domestic product, which is a concept of production, gross national product is a concept of income.

Gross Domestic Product (GDP) refers to the final products of all resident units in a region during a certain period of time. Gross domestic product is expressed in three different forms, i.e. value, income, and products respectively. The form of value refers to the total value of all products and services produced by all resident units during a certain period of time minus total value of intimidate input of materials and services of the nature of non fixed assets or the summation of the value added of all resident units; the form of income includes all the income created by all resident units and distributed primarily to all resident and non resident units; the form of products refers to the value of all final goods and services for final use by all resident units plus the value of net exports of goods and services during a given period of time. In the practice of national accounting, gross domestic product is calculated with three approaches, i. e. production approach, income approach, and expenditure approach, which reflect gross domestic product and its composition from different aspects.

GDP Calculated with Expenditure Approach refers to total expenditure on final consumption, total capital formation and net export of goods and services by resident units of a region in a certain period of time. It reflects the composition of GDP by its use.

Final Consumption refers to the total expenditure of resident units on final consumption of goods and services in a certain period, namely the expenditure of the resident units for purchases of goods and services from domestic economic territory and abroad to meet the requirements of material, cultural and spiritual life. It excludes the expenditure of non-resident units on consumption in the economic territory of the country. The final consumption is classified into household consumption and government consumption.

Households Consumption refers to the total expenditure of resident households on the final consumption of goods and services. The households consumption is calculated at market prices, namely the purchaser's prices which the households pay; the purchasers' prices of goods are the prices the households pay when they obtain the goods, including the transport and commercial expenses paid by the households. In addition to the consumption of goods and services bought by the households directly with money, the expenditure on goods and services obtained by the households in other ways, i. e. the so called imputed expenditure on consumption, is also included in the households consumption. The imputation expenditure of the households on consumption includes the following types: (a) the goods and services provided to the households by the units in the form of payment in kind and transfer in kind; (b) the goods and services produced and consumed by the households themselves, in which the services refer only to the services provided by the residential buildings owned by the households; (c) the services of financial intermediary provided by the financial institutions; (d) the insurance services provided by the insurance companies.

Government Consumption refers to the expenditure on the consumption of the public services provided by the government to the whole society and the net expenditure on the goods and services provided by the government to the households at free charge or lower prices. The former equals to the output value of the government services minus the value of operating income obtained by the government departments. (The output value of the government services equals to its current operating expenditure plus depreciation of fixed assets) . The latter equals to the market value of the goods and services provided by the government free of charge or at low prices to the households minus the value received by the government from the households.

Total Capital Formation refers to the fixed assets acquired minus those disposed and the change in inventory, including the total fixed assets formation and the increase in inventory.

Total Fixed Capital Formation refers to the value of fixed assets purchased, transferred in by the resident units and those produced and used by themselves deducting the value of fixed assets sold and transferred out. It can be classified into total tangible assets formation and total intangible assets formation. The total tangible assets formation include the value of the construction projects, installation projects completed and the equipment, apparatus and instruments purchased as well as the value of land improved, the value of draught animals, breeding stock, milk, wool and recreational animals and the newly increased economic forest in a certain period. The total intangible assets formation includes the prospecting of minerals, the acquisition of computer software, the originals of recreational works and works of literature and arts minus the disposal of them.

Increase in Inventory refers to the market value of the change in inventory, i. e. the difference of value between the beginning and the end of the period. The increase in inventory can be positive or negative. A positive value indicates the increase in inventory while a negative value indicates the decrease in stock. The inventory includes the raw materials, fuels and reserve materials purchased by the production units as well as the inventory of finished products, semi finished products, work in progress, etc.

Net Export of Goods and Services refers to the difference of the exports of goods and services minus the imports of goods and services. The imports include the value of various goods and services sold or gratuitously transferred by the resident units to the non–resident units. The imports include the value of various goods and services purchased or gratuitously acquired by the resident units from the non–resident units. Because the provision of services and the use of them happen simultaneously, the import and export of services do not appear to have the phenomena of crossing the border of the country. The acquisition of services by the resident units from abroad is usually treated as import while the acquisition of services by non–resident units in this country is usually treated as export. The export and import of goods are calculated at FOB.

Laborers' Remuneration refers to the whole payment of various forms earned by the laborers from the productive activities they are engaged in. It includes wages, bonuses and allowances the laborers earned in monetary form and in kind. It also includes the free medical services provided to the laborers and the medicine expenses, traffic subsidies and social insurance fee paid by the laborers , working units for them. As the individual economy is concerned, since the laborers , remuneration is not easily distinguished from the operating profit, both are treated as laborers remuneration.

Net Taxes on Production refers to the residual of the taxes on production minus the subsidies on production. The taxes on production refers to the various taxes, extra charges and fees levied on the production units on their production, sale and business activities as well as on some factors of production, such as fixed assets, land and labor force, used in the production activities they are engaged in. In contrast to the taxes on production, the subsidies on production refer to the unilateral transfer of part of the government's revenue to the production units and is therefore regarded as negative taxes on production. They include subsidies on the loss due to implementation of government policies, price subsidies to the grain institutions, foreign trade corporations receipts from drawback, etc.

Depreciation of Fixed Assets refers to the depreciation of fixed assets of a given period, drawn in accordance with the stipulated depreciation rate for the purpose of compensating the wear loss or the fixed assets or the depreciation of fixed assets calculated in a fictitious way in accordance with the stipulated unified depreciation rate in the national economic accounting system. It reflects the value of transfer of the fixed assets in the production of the current period. The depreciation of fixed assets in various enterprises and institutions managed as enterprises refers to the depreciation expenses actually drawn and calculated as part of the coast. In government agencies and institutions not managed as enterprises, which do not draw the depreciation expenses, as well as for the houses of residents, the depreciation of fixed assets is the imputed depreciation, which is calculated in accordance with the stipulated unified depreciation rate. In principle, the depreciation of fixed assets should be calculated on the basis of the re purchased value of the fixed assets. However, there is no actual condition to re–evaluate all the fixed assets in China. Therefore, the above–mentioned methods are temporarily adopted at present.

Operating Surplus refers to the balance of the value added created by the resident units deducting the labour–

ers' remuneration, net taxes on production and the depreciation of fixed assets. It is equivalent to the business profit of the enterprises plus subsidies on production, but the wages and welfare expenses paid from the profits should be deducted.

Direct Input Coefficient refers to the volume of products and services of all sectors consumed directly by a certain sector's productive units, which are needed for their total output. It is also named as technical coefficient. It represents the direct technical economical ties and direct interdependence between the sector and other sectors.

Total Input Coefficient refers to the volume of products and services of all sectors needed for a certain sectors productive units to increase their total output. Total input coefficient is equal to the sum of direct input coefficient and total indirect input coefficient. It is a major indicator to disclose the technical economical ties and interdependence between sectors of the national economy.

2012 NEI MENG GU

四、人口

Population

资料整理：杜文杰

Arranged By Du Wenjie

4-1 历次全国人口普查内蒙古人口基本情况

Basic Statistics on All Region Population Census in 1953, 1964, 1982, 1990,2000 and 2010

单位：万人 (10 000 persons)

指标	Item	1953	1964	1982	1990	2000	2010
总人口	**Total Population**	**610.02**	**1233.41**	**1927.43**	**2145.65**	**2375.54**	**2470.63**
男	Male	343.19	669.28	1005.29	1115.57	1228.90	1283.13
女	Female	266.83	564.13	922.14	1030.08	1146.64	1187.50
总户数(万户)	**Total Number of Households (10 000 households)**	**138.70**	**261.39**	**420.00**	**529.34**	**708.16**	**847.05**
家庭户	Family Households			418.75	527.31	695.48	817.61
集体户	Non-family Households			1.25	2.03	12.68	29.44
各年龄组人口	**Population by Age**						
0-5岁	Age 0-5			237.01	246.92	151.13	134.60
6-14岁	Age 6-14			447.58	363.45	354.43	213.66
15-64岁	Age 15-64			1173.22	1449.29	1742.85	1935.56
65岁及以上	Age 65 and Over			69.62	85.99	127.13	186.81
民族人口	**Nationality Population**						
汉族	Han Nationality	512.00	1072.94	1627.76	1729.00	1882.39	1965.07
蒙古族	Mongolian Nationality	88.82	138.45	248.94	337.97	402.92	422.61
其他少数民族	other Minority Nationalities	7.24	22.00	50.73	78.67	90.23	82.95
15岁及以上人口	**Population Aged 15 and Over**			**1242.84**	**1535.28**	**1869.98**	**2122.37**
6岁及以上人口按受教育程度分组	**Population Aged 6 and Over by Educational Level**			**1690.42**	**1898.73**	**2224.41**	**2236.03**
大学本科	University				10.83	24.47	91.99
大学专科	Three Years College			11.00	20.90	65.88	160.20
中专	Specialized Secondary School				42.97	89.66	
高中	Senior Secondary School			143.68	173.07	237.22	373.69
初中	Junior Secondary School			371.99	546.55	826.65	968.93
小学	Primary School			631.58	716.68	739.60	627.99
不识字或识字很少	Illiterate and Semi-Illiterate			422.29	332.82	240.93	113.23
市镇乡村人口	**Population of Cities, Towns & Countyside**						
市镇人口	City & Town		305.10	556.14	779.69	1013.88	1372.02
乡村人口	County		928.31	1371.29	1365.96	1361.66	1098.61

注：1953、1964、1982和1990年数据为年中数(7月1日零时), 2000、2010年数据为2000、2010年11月1日零时快速汇总数。

a)Data on 1953,1964,1982 and 1990 is year-middle data(at zero hour of Jul.1). The figures from the pre liminary tabulationa,2000、20110 is Data at at zero hour of Nov.1

4-2 年末总人口数及构成

Population and Its Composition at Year-end

单位：万人 (10 000 persons)

年 份 Year	年末总人口 Total Population (year-end)	按性别分 By sex		按农业、非农业分 By Agricultural & Non-agricultural Population		按城乡分 By Residence	
		男 Male	女 Female	农业人口 Agricultural	非农业人口 Non-agricaltural	市镇人口 Urban	乡村人口 Rural
1947	561.7	313.9	247.8			68.4	493.3
1949	608.1	334.0	274.1			75.2	532.9
1952	715.9	394.3	321.6			91.9	624.0
1957	936.0	519.3	416.7			175.4	760.6
1965	1296.4	700.1	596.3			268.3	1028.1
1970	1491.0	799.0	692.0			320.8	1170.2
1975	1737.9	918.6	819.3	1306.3	431.6	379.3	1358.6
1978	1823.4	957.8	865.6	1360.8	462.6	397.5	1425.9
1980	1876.5	981.2	895.3	1380.8	495.7	433.1	1443.4
1981	1902.9	994.9	908.0	1390.6	512.3	445.2	1457.7
1982	1941.6	996.0	945.6	1414.6	527.0	565.2	1376.4
1983	1969.8	1009.8	960.0	1431.9	537.9	573.8	1396.0
1984	1993.1	1022.7	970.4	1444.9	548.2	847.1	1146.0
1985	2015.9	1043.6	972.3	1441.2	574.7	874.1	1141.8
1986	2040.7	1058.0	982.7	1451.7	589.0	932.2	1108.5
1987	2066.4	1062.3	1004.1	1456.7	609.7	1004.5	1061.9
1988	2093.9	1083.2	1010.7	1461.9	632.0	1033.8	1060.1
1989	2122.2	1102.4	1019.8	1470.8	651.5	1055.8	1066.5
1990	2162.6	1127.6	1035.0	1496.8	665.7	781.1	1381.4
1991	2183.9	1132.8	1051.0	1506.9	677.0	807.4	1376.4
1992	2206.6	1142.1	1064.5	1519.5	687.1	817.1	1389.5
1993	2232.4	1149.8	1082.6	1525.2	707.2	831.8	1400.6
1994	2260.5	1161.5	1099.0	1534.6	725.9	849.3	1411.2
1995	2284.4	1187.6	1096.8	1541.3	743.1	873.1	1411.3
1996	2306.6	1198.0	1108.6	1546.8	759.8	887.2	1419.4
1997	2325.7	1207.5	1118.2	1549.6	776.1	905.6	1420.1
1998	2344.9	1216.7	1128.2	1552.1	792.8	936.7	1408.2
1999	2361.9	1224.6	1137.3	1553.7	808.2	967.8	1394.1
2000	2372.4	1227.2	1145.2	1535.4	837.0	1001.1	1371.3
2001	2381.4	1230.6	1150.8	1528.4	853.0	1036.8	1344.6
2002	2384.1	1231.1	1153.0	1518.0	866.1	1050.3	1333.8
2003	2385.8	1231.4	1154.3	1504.5	881.3	1067.4	1318.4
2004	2392.7	1234.2	1158.5	1477.8	915.0	1097.3	1295.4
2005	2403.1	1237.9	1165.2	1446.2	956.9	1134.3	1268.8
2006	2415.1	1243.0	1172.1	1449.3	965.8	1174.7	1240.4
2007	2428.8	1250.0	1178.8	1448.5	980.3	1218.0	1210.8
2008	2444.3	1255.9	1188.4	1455.1	989.2	1264.1	1180.2
2009	2458.2	1263.5	1194.7	1458.9	999.3	1312.7	1145.5
2010	2472.2	1283.9	1188.3	1462.0	1010.2	1372.9	1099.3
2011	2481.7	1288.0	1193.7	1469.2	1012.5	1405.2	1076.5

注：1985年之前为户籍统计数，2011年为人口变动抽样调查推算数据，其余年份为根据历次人口普查数据调整的数据。

a)Before 1985,data were Enumeration of Census Register,In 2011, data have been estimated on the basis of the annual National Sample Surveys on Population Changes ,and in other years,Data were adjusted on the basis of all prevであous National Population Census.

4-3 人口出生率、死亡率、自然增长率

Birth Rate, Death Rate and Natural Growth Rate

年份 Year	出生率 Birth Rate(‰)	死亡率 Death Rate(‰)	自然增长率 Natural Growth Rate(‰)	人口机械增长率 Migratory Growth Rate(‰)
1954	58.8	20.9	37.9	17.4
1955	37.5	11.4	26.1	24.4
1956	29.5	7.9	21.6	40.0
1957	37.2	10.5	26.7	16.3
1958	28.4	7.9	20.5	31.7
1959	30.8	11.0	19.8	54.8
1960	29.4	9.4	20.0	94.1
1961	22.1	8.8	13.3	-37.1
1962	38.2	9.0	29.2	-21.7
1963	41.3	8.5	32.8	3.7
1964	41.9	11.8	30.1	0.9
1965	40.0	9.3	30.7	2.8
1966	36.1	8.1	28.0	-2.8
1967	34.9	7.7	27.2	3.5
1968	34.9	7.3	27.6	1.2
1969	32.5	6.8	25.7	8.4
1970	32.3	6.2	26.1	-5.1
1971	29.7	5.6	24.1	18.0
1972	30.7	6.6	24.1	6.3
1973	28.3	5.7	22.6	7.1
1974	25.9	6.1	19.8	12.4
1975	23.3	6.1	17.2	1.8
1976	20.1	5.5	14.6	3.3
1977	18.1	5.4	12.7	3.5
1978	18.5	5.2	13.3	0.6
1979	18.1	4.9	13.2	-0.3
1980	16.5	4.9	11.5	
1981	17.3	4.9	12.4	1.3
1982	21.2	5.7	15.5	-0.8
1983	20.0	5.5	14.5	
1984	18.9	5.5	13.4	-1.7
1985	17.2	5.7	11.5	-0.1
1986	19.1	5.9	13.2	-1.0
1987	19.7	6.1	13.6	-1.1
1988	19.0	5.7	13.3	-0.1
1989	19.3	5.8	13.5	-0.7
1990	21.2	7.2	14.0	-1.1
1991	16.8	7.0	9.8	-1.2
1992	17.1	6.7	10.3	-1.3
1993	18.5	6.8	11.7	-0.5
1994	19.0	6.5	12.5	-0.3
1995	17.2	6.7	10.5	-0.1
1996	16.1	6.4	9.7	0.1
1997	15.2	7.0	8.3	0.1
1998	14.4	6.2	8.2	
1999	13.3	6.1	7.2	-0.2
2000	12.1	5.9	6.1	-0.6
2001	10.8	5.8	5.0	-1.2
2002	9.6	5.9	3.7	-2.6
2003	9.2	6.2	3.1	-2.4
2004	9.5	6.0	3.6	-0.6
2005	10.1	5.5	4.6	-0.3
2006	9.9	5.9	4.0	1.0
2007	10.2	5.7	4.5	1.2
2008	9.8	5.5	4.3	2.1
2009	9.6	5.6	4.0	1.7
2010	9.3	5.5	3.8	1.9
2011	8.9	5.4	3.5	0.3

4–4 年末总人口及人口变动

Population and Its Changes at Year-end

项目	Item	2010	2011	2011年比2010年增长(%) Growth Rate
一、总人口(万人)	**Total Population (10 000 persons)**	**2472.18**	**2481.71**	**0.39**
按性别分	**By sex**			
男(万人)	Male(10 000 persons)	1283.92	1287.99	0.32
女(万人)	Female(10 000 persons)	1188.26	1193.72	0.46
按城乡分	**By Residence**			
市镇人口(万人)	Urban(10 000 persons)	1372.90	1405.24	2.36
乡村人口(万人)	Rural(10 000 persons)	1099.28	1076.47	-2.07
按农业非农业分	**By Agriculture and Non-agriculture**			
农业人口(万人)	Agriculture(10 000 persons)	1461.96	1469.17	0.49
非农业人口(万人)	Non-agriculture (10 000 persons)	1010.22	1012.54	0.23
二、人口自然变动	**Population Natural Changes**			
出生人口(万人)	Briths(10 000 persons)	22.92	22.14	-3.39
男	Male	12.15	11.67	-3.98
女	Female	10.76	10.47	-2.73
死亡人口(万人)	Deaths(10 000 persons)	13.65	13.45	-1.48
出生率(‰)	Birth Rate(‰)	9.30	8.94	
死亡率(‰)	Death Rate(‰)	5.54	5.43	
自然增长率(‰)	Natural Growth Rate(‰)	3.76	3.51	

注：本表2010年数据根据第六次人口普查推算，2011年数据根据人口变动调查数据推算。

a)Data in 2010 the table have been estimated on the basis of the Sixth Population Census,data in 2011 the table have been estimated on the basis of the annual Autonomoous Regional Sample Surveys on population Changes.

4-5 民族人口及构成
Population Nationality and Its Composition

单位：人　　　　(person)

项 目	Item	2010	2011	构成(%) Composition	
				2010	2011
汉 族	Han	19214866	19273558	78.33	78.16
蒙古族	Mongolian	4410735	4472026	17.98	18.14
回 族	Hui	216451	218047	0.88	0.88
满 族	Man	523992	528255	2.14	2.14
朝鲜族	Korean	24184	24017	0.10	0.10
达斡尔族	Daur	83007	83284	0.34	0.34
鄂温克族	Ewenki	30863	31296	0.13	0.13
鄂伦春族	Oroqen	4594	4623	0.02	0.02
壮 族	Zhuang	1949	2022	0.01	0.01
藏 族	Tibetan	1576	1604	0.01	0.01
锡伯族	Xibe	3361	3474	0.01	0.01
苗 族	Miao	1671	1792	0.01	0.01
土家族	Tujia	1742	1724	0.01	0.01
彝 族	Yi	1254	1392	0.01	0.01
维吾尔族	Uygur	326	225		
其他少数民族	Other Minority Nationalities	11391	11982	0.05	0.05
外国人加入中国籍	Foreigners Naturalized China	4	4		

注:本表数据为公安户籍统计数。

a) Date in the Table is Registered Statistics

4-6 年末民族人口数

Population by Nationality at Year-end

年 份 Year	在人口总数中 Total Populational Including							
	汉 族(万人) Han(10000 persons)	蒙古族(万人) Mongolian (10000 persons)	回 族(万人) Hui(10000 persons)	满 族(万人) Man(10000 persons)	朝鲜族 (人) Korean (person)	达斡尔族 (人) Daur (person)	鄂温克族 (人) Ewenki (person)	鄂伦春族 (人) Oroqen (person)
1947	469.6	83.2	4.4	1.7	5601	16281	4998	905
1948	485.8	83.4	4.4	1.7	5679	16374	5056	909
1949	515.4	83.5	4.5	1.8	5718	16484	5118	911
1950	565.9	84.7	4.6	1.8	5921	16932	5269	916
1951	589.6	87.1	4.7	1.9	6242	18060	5546	919
1952	614.4	91.2	5.0	2.0	6590	19129	5611	929
1953	649.3	98.5	5.2	2.1	6841	19480	5667	953
1954	687.6	102.7	5.4	2.2	7120	21304	5976	989
1955	725.6	105.5	5.8	2.3	7589	21883	6313	1067
1956	775.7	108.6	6.2	2.0	10213	22253	5665	1009
1957	811.2	111.6	6.7	2.1	11247	24278	6178	949
1958	857.1	114.1	7.5	2.5	12674	27656	6723	1025
1959	930.7	115.5	8.0	3.0	13209	29884	6593	1124
1960	1049.8	121.4	9.4	3.2	14056	30420	6935	1135
1961	1021.0	123.5	10.5	2.8	12457	30918	7508	1143
1962	1023.5	129.7	10.0	3.2	11934	31201	8558	1129
1963	1061.1	134.6	10.3	3.8	11827	32509	8469	1145
1964	1091.4	140.3	11.2	5.0	11328	34819	9038	1205
1965	1129.4	144.5	11.3	5.3	11412	35980	9191	1272
1966	1158.3	148.3	11.4	5.5	11513	36620	9591	1318
1971	1358.2	169.7	13.2	6.8	13884	40440	11038	1364
1972	1401.7	172.9	13.4	6.9	13426	42966	11195	1409
1973	1444.5	178.5	13.8	7.1	13864	44971	11268	1454
1974	1493.4	182.6	14.2	7.4	14400	46420	11639	1499
1975	1521.7	186.6	14.3	7.6	14862	48333	12426	1544
1976	1549.0	189.5	14.6	7.8	15750	48967	13554	1592
1977	1573.9	193.1	14.7	7.9	15420	52733	12753	1524
1978	1592.9	198.6	15.0	8.0	15403	55372	12657	1579
1979	1617.0	202.1	14.6	8.7	20881	53954	15592	1600
1980	1632.7	209.0	15.3	10.3	16193	56399	14722	1699
1981	1651.5	215.3	15.8	11.0	16062	56801	15245	1754
1982	1637.9	253.2	17.0	23.7	17337	56883	17525	2186
1983	1657.5	260.3	17.0	24.9	17800	59500	18000	2200
1984	1671.0	268.1	17.6	26.0	18400	60500	18300	2300
1985	1686.2	274.7	17.1	27.1	18600	61500	18900	2300
1986	1696.8	285.5	17.7	29.4	19485	64129	19840	2483
1987	1706.9	297.2	18.3	32.3	19743	65167	20412	2561
1988	1721.8	307.3	18.5	34.4	20152	66462	20499	2686
1989	1729.9	315.7	18.8	35.7	21147	69579	20853	2793
1990	1749.1	328.5	18.7	40.0	22380	70959	22494	2976
1991	1758.7	333.1	19.0	40.9	22047	71598	23138	3171
1992	1766.1	338.3	19.5	41.4	22161	72432	23321	3262
1993	1779.4	343.4	19.7	42.1	21963	73574	23928	3242
1994	1791.6	349.6	19.7	42.8	22735	73354	24427	3302
1995	1803.4	356.5	19.9	43.7	22741	72680	24545	3447
1996	1820.0	364.2	20.0	44.8	22772	73689	25059	3436
1997	1836.8	371.8	20.4	45.5	22759	74992	25632	3599
1998	1851.0	378.6	20.4	46.2	23068	73797	25578	3568
1999	1865.5	382.8	21.0	46.0	23825	73818	26001	3813
2000	1832.5	386.0	20.9	47.0	23278	76374	26546	3704
2001	1843.7	391.8	20.8	48.1	23841	77145	26870	3846
2002	1855.0	396.0	21.1	47.8	24009	79202	27423	3968
2003	1860.6	404.0	21.1	48.7	23863	79195	27915	3998
2004	1866.5	408.0	21.3	48.7	24117	79960	28285	4229
2005	1853.8	412.7	21.0	49.1	23503	79248	27931	4791
2006	1880.9	414.4	21.1	49.9	23800	82342	28774	4816
2007	1898.0	427.7	21.3	50.6	24117	83610	29085	5000
2008	1913.3	433.5	21.4	51.4	24353	84478	29589	5032
2009	1921.4	441.6	21.5	51.9	24318	83127	30163	4561
2010	1921.5	441.1	21.6	52.4	24184	83007	30863	4594
2011	1927.4	447.2	21.8	52.8	24017	83284	31296	4623

注：本表数据为公安户籍统计数。
a) Date in the Table is Registered Statistics

主要统计指标解释

人口数 指一定时点、一定地区范围内的有生命的个人的总和。

年度统计的年末人口数指每年 12 月 31 日 24 时的人口数。

市镇总人口和乡村总人口

其定义有两种口径：

第一种口径(按行政建制)

市人口：市管辖区域内的全部人口(含市辖镇，不含市辖县)；

镇人口：县辖镇的全部人口(不含市辖镇)；

县人口：县辖乡人口。

第二种口径(按常住人口划分)

市人口：设区的市的区人口和不设区的市所辖的街道人口；

镇人口：不设区的市所辖镇的居民委员会人口和县辖镇的居民委员会人口；

县人口：除上述两种人口以外的全部人口。

1952–1980 年数据为第一种口径的数据，1982 年以后的数据为第二种口径的数据。

出生率(又称粗出生率) 指在一定时期内(通常为一年)平均每千人所出生的人数的比率，一般用千分率表示。计算公式为：

出生率 = 年出生人数 / 年平均人数 × 1000‰

式中：出生人数指活产婴儿，即胎儿脱离母体时(不管怀孕月数)，有过呼吸或其他生命现象。年平均人数指年初、年底人口数的平均数，也可用年中人口数代替。

死亡率(又称粗死亡率) 指在一定时期内(通常为一年)一定地区的死亡人数与同期平均人数(或期中人数)之比，一般用千分率表示。计算公式为：

死亡率 = 年死亡人数 / 年平均人数 × 1000‰

人口自然增长率 指在一定时期内(通常为一年)人口自然增加数(出生人数减死亡人数)与该时期内平均人数(或期中人数)之比，一般用千分率表示。计算公式为：

人口自然增长率 =(本年出生人数 – 本年死亡人数)/ 年平均人数 × 1000‰

人口自然增长率 = 人口出生率 — 人口死亡率

Explanatory Notes on Main Statistical Indicators

Total Population refers to the total number of people alive at a certain point of time within a given area.

The annual statistics on total population is taken at midnight, the 3lst of December.

Urban Population and Rural Population There are two definitions. The first definition (according to the administrative organizational system) :

City population: Total population under the jurisdiction of city (including population of the town under the jurisdiction of city. excluding the population of counties under the jurisdiction of city) .

Town population: Total population of town under the jurisdiction of county (excluding the population of town under the jurisdiction of city) .

County population: Total population of country under the jurisdiction of county) .

The second definition (classified by the permanent population) :

City population: Total population of districts under the jurisdiction of city with district establishment and the population of street under the jurisdiction of city without district establishment.

Town population: Total resident committees population of towns under the jurisdiction of city without district establishment and the resident committee's population of towns under the jurisdiction of county.

County population: Total population except city population and town population.

Data from 1952 to 1980 is the figures according to the first definition. Data since 1982 are the figure according to the second definition.

Birth Rate of (Crude Birth Rate) refers to the ratio of the number of births to the average population during a certain period of time (usually a year) which is often expressed in‰. The following formula is used:

Birth Rate = Number of Births /Average Number of Population × 1000‰

Number of births refers to live births i. e. the births when babies had showed any vital phenomena regardless of the length of pregnancy.

Annual Average Number of Population is the average of the number of population at the beginning of the year and that at the end of the year. Sometimes it is substituted for with the mid year population.

Death Rate (or Crude Death Rate) refers to the ratio of the number of deaths to the average population (or mid year population) during a certain period of time (usually a year) which is often expressed in‰. The following formula is used:

Death Rate =Number of Deaths /Annual Average Number of Population × 1000‰

Natural Growth Rate of Population refers to the ratio of natural increase in population (number of births minus number of deaths) in a certain period of time (usually a year) to the average population (or mid year population) of the same period which is often expressed in‰. The following formulas are applied:

Natural Growth of Population = (Number of Births–Number of Deaths) / Average Number of Population × 1000‰

Natural Growth Rate of Population=Birth Rate–Death Rate

2012 NEI MENG GU

五、从业人员和职工工资

Employment and Wages

资料整理：白　菲
Arranged By Bai Fei

5-1 就业基本情况
Employment

项目	Item	1995	2000	2005	2010	2011
就业人员总计(万人)	**Total Number of Employed Persons(10 000 persons)**	**1029.4**	**1061.6**	**1041.1**	**1184.7**	**1249.3**
第一产业	Primary Industry	536.8	553.7	560.5	571.0	573.0
第二产业	Secondary Industry	225.0	182.4	162.7	206.2	221.5
第三产业	Tertiary Industry	267.6	325.5	317.9	407.5	454.8
就业人员构成(总计=100)	**Composition of Employed Persons(total=100)**					
第一产业	Primary Industry	52.1	52.2	53.8	48.2	45.9
第二产业	Secondary Industry	21.9	17.1	15.6	17.4	17.7
第三产业	Tertiary Industry	26.0	30.7	30.5	34.4	36.4
按城乡分就业人员(万人)	**Number of Employed Persons by Urban and Rural Areas(10 000 persons)**	**1029.4**	**1061.6**	**1041.1**	**1184.7**	**1249.3**
城镇就业人员	**Urban Employed Persons**	**440.0**	**430.1**	**350.3**	**465.2**	**517.1**
#国有单位	State-owned Units	302.3	201.1	162.0	169.4	173.1
城镇集体单位	Urban Collective-owned Units	70.8	25.6	12.4	8.9	8.5
股份合作单位	Share Holding Units	5.9	2.9	1.8	2.1	1.5
联营单位	Joint-owned Units	0.3	0.6	0.3	0.2	0.2
有限责任公司	Limited Liability Corporations		26.0	47.0	45.5	53.7
股份有限公司	Share-holding Corporations Ltd.		8.2	14.3	17.8	19.6
私营企业	Private Enterprises	7.6	28.6	47.1	103.1	117.4
港澳台商投资单位	Units Funded by Entrepreneurs from Hong Kong, Macao & Taiwan	2.0	1.7	1.6	1.6	1.7
外商投资单位	Foreign Funded Units	2.2	2.2	2.5	2.8	3.1
个体	Self-employed Individuals	36.7	88.2	60.2	113.0	137.3
乡村从业人员	**Rural Employed Persons**	**589.4**	**631.5**	**690.8**	**719.5**	**732.2**
#私营企业	Private Enterprises	2.5	12.8	21.1	18.4	18.2
个体	Self-employed Individuals	26.6	71.5	22.1	24.4	28.6
职工人数(万人)	**Number of Staff and Workers(10 000 persons)**	**383.7**	**263.9**	**239.6**	**244.9**	**257.2**
国有单位	State-owned Units	302.3	197.3	159.7	166.7	170.7
城镇集体单位	Urban Collective-owned Units	70.8	25.4	12.2	8.6	8.1
其他单位	Units of Other Types of Ownership	10.6	41.2	67.7	69.6	78.4
城镇单位女性就业人员(万人)	**Number of Female Employment in Urban Units(10 000 persons)**	**149.9**	**102.9**	**91.8**	**91.6**	**96.9**
城镇登记失业人数(万人)	**Number of Registered Unemployed Persons in Urban Areas (10 000 persons)**	**13.97**	**12.65**	**17.75**	**20.81**	**21.83**
城镇登记失业率(%)	**Registered Unemployment Rate in Urban Areas(%)**	**3.17**	**3.34**	**4.26**	**3.90**	**3.80**

注：1.1998年及以后城镇单位就业人员、职工人数统计口径有调整，详见本篇末指标解释。

2.2003年以后全社会就业人员中不包括社会自由从业人员。

a)Statistical coverage of staff and workers employed in urban units was adjusted after 1998.Please refer to the explanatory notes at the end of this chapter.

b)Social total number of employed persons doesn't include social self-employed persons after 2003.

5-2 按三次产业划分的年末就业人员
Number of Employed Persons at Year-end by Type of Industry

年份 Year	就业人员 (万人) Total (10 000 persons)	第一产业 Primary Industry	第二产业 Secondary Industry	第三产业 Tertiary Industry	构成(合计=100) Composition in Percentage(total=100) 第一产业 Primary Industry	第二产业 Secondary Industry	第三产业 Tertiary Industry
1952	345.3	302.6	13.0	29.7	87.63	3.76	8.61
1957	400.6	347.4	21.1	32.1	86.72	5.27	8.01
1965	476.8	379.7	45.3	51.8	79.64	9.50	10.86
1970	524.4	405.2	63.6	55.6	77.27	12.13	10.60
1975	607.5	441.6	95.5	70.4	72.69	15.72	11.59
1978	652.8	438.0	120.5	94.3	67.10	18.45	14.45
1980	698.4	460.7	129.7	108.0	65.97	18.57	15.46
1981	731.2	478.8	136.4	116.0	65.48	18.66	15.86
1982	762.4	501.5	140.1	120.8	65.78	18.38	15.84
1983	798.8	515.8	146.7	136.3	64.57	18.37	17.06
1984	827.8	524.5	154.5	148.8	63.36	18.66	17.98
1985	856.6	517.8	174.8	164.0	60.45	20.40	19.15
1986	875.4	521.7	184.6	169.1	59.60	21.08	19.32
1987	891.0	490.3	188.0	212.7	55.03	21.10	23.87
1988	909.7	490.0	200.1	219.6	53.86	22.00	24.14
1989	910.3	491.3	199.1	219.9	53.97	21.87	24.16
1990	924.6	515.5	201.4	207.7	55.76	21.78	22.46
1991	962.9	537.9	208.8	216.2	55.86	21.68	22.45
1992	976.0	531.4	217.1	227.5	54.45	22.24	23.31
1993	1008.2	535.4	220.4	252.4	53.10	21.86	25.04
1994	1033.4	536.5	225.1	271.8	51.92	21.78	26.30
1995	1029.4	536.8	225.0	267.6	52.15	21.85	26.00
1996	1039.0	546.8	223.4	268.8	52.63	21.50	25.87
1997	1050.3	544.6	213.2	292.5	51.85	20.30	27.85
1998	1050.3	542.6	207.1	300.6	51.66	19.72	28.62
1999	1056.7	555.4	185.5	315.8	52.56	17.55	29.89
2000	1061.6	553.7	182.4	325.5	52.20	17.10	30.70
2001	1067.0	550.5	179.3	337.2	51.60	16.80	31.60
2002	1086.1	552.3	173.7	360.1	50.90	16.00	33.10
2003	1005.2	548.7	152.5	303.9	54.59	15.17	30.24
2004	1026.1	559.3	153.0	313.8	54.51	14.91	30.58
2005	1041.1	560.5	162.7	317.9	53.83	15.64	30.53
2006	1051.2	565.3	168.0	317.8	53.78	15.98	30.23
2007	1081.5	569.3	183.6	328.6	52.64	16.98	30.38
2008	1103.3	556.7	186.2	360.4	50.45	16.88	32.67
2009	1142.5	558.0	193.3	391.2	48.84	16.92	34.24
2010	1184.7	571.0	206.2	407.5	48.20	17.41	34.39
2011	1249.3	573.0	221.5	454.8	45.87	17.73	36.40

注：1. 2003年以后就业人员中不包括社会自由就业人员。

2. 2004年三次产业就业人员和构成按相关数据进行了调整。

a)Social total number of employed persons doesn't include social self-employed persons after 2003.

b)The number of employed persons in tertiary industry and its composition in 2004 is adjusted by relation data.

5-3 分行业城镇单位年末女性就业人员(2011 年)

Number of Female Employed in Urban Units at Year-end by Sector(2011)

单位：人 (person)

项目	Item	合计 Total	国有单位 State-owned Units	城镇集体单位 Urban Collective-owned Units	其他单位 Units of Other Types of Ownership
总计	**Total**	**969490**	**681421**	**35784**	**252285**
按企、事业和机关分组	**Grouped by Enterprises, Institutions and Agencies**				
企业	Enterprises	480953	203289	27548	250116
事业	Institutions	381348	371898	8222	1228
机关	Agencies & Organizations	106212	106212		
按国民经济行业分组	**Grouped by Sector**				
农、林、牧、渔业	Farming, Forestry, Animal Husbandry and Fishery	88183	85169	126	2888
采矿业	Mining	36161	12016	775	23370
制造业	Manufacturing	138676	8085	7535	123056
电力、燃气及水的生产和供应业	Production & Supply of Electric Power, Gas and Water	33638	22262	306	11070
建筑业	Construction	27009	4177	2819	20013
交通运输、仓储和邮政业	Transportation, Storage and Postal Services	40829	34743	734	5352
信息传输、计算机服务和软件业	Information Transmission, Computer Service & Computer Software	21262	18094	12	3156
批发和零售业	Wholesale and Retail Trade	37524	12879	1512	23133
住宿和餐饮业	Quarters and Catering	15760	5892	832	9036
金融业	Banking	55223	24000	11930	19293
房地产业	Real Estate	8200	4476	61	3663
租赁和商务服务业	Leasing and Commercial Services	9140	6040	364	2736
科学研究、技术服务和地质勘查业	Scientific Research,Technical Services & Geological Prospecting	15570	14828	77	665
水利、环境和公共设施管理业	Water Conservancy, Environment and Public Facilities Administration	36029	33702	1497	830
居民服务和其他服务业	Resident Services and Other Services	7075	5492	803	780
教育	Education	191775	189622	113	2040
卫生、社会保障和社会福利业	Health Care, Social Security and Social Welfare	75226	67920	6267	1039
文化、体育和娱乐业	Culture, Sports & Recreational Services	15069	14883	21	165
公共管理和社会组织	Public Administration and Social Organizations	117141	117141		
国际组织	International Organizations				

5-4 按登记注册类型和城乡划分的年末就业人员

单位：万人

年份 Year	总计 Total	城镇 小计 Subtotal	# 国有单位 State-owned Units	# 集体单位 Collective-owned Units	# 股份合作单位 Share Holding Units	# 联营单位 Joint-owned Units	# 有限责任公司 Limited Liability Corporations	# 股份有限公司 Share-holding Corporations Ltd.
1952	345.3	49.9	16.9					
1957	400.6	56.3	46.1	9.4				
1965	476.8	101.2	86.5	13.4				
1970	524.4	124.8	110.9	13.9				
1975	607.5	176.9	143.8	32.9				
1978	652.8	227.8	183.2	44.4				
1980	698.4	225.4	200.6	53.7				
1985	856.6	335.6	241.4	79.0				
1987	891.0	359.7	260.2	82.5		0.1		
1988	909.7	373.3	268.3	84.7		0.2		
1989	910.3	375.4	271.0	86.0		0.3		
1990	924.6	386.6	282.3	87.0		0.4		
1991	962.9	404.2	293.2	89.3		0.6		
1992	976.0	415.7	302.1	89.6		1.0		
1993	1008.2	434.2	301.1	87.4	1.2	0.3		
1994	1033.4	453.8	301.7	76.1	5.0	0.4		
1995	1029.4	440.0	302.3	70.8	5.9	0.3		
1996	1039.0	434.7	302.1	66.8	5.9	0.3		
1997	1050.3	444.9	291.9	59.4	7.1	0.2		
1998	1050.3	443.4	252.4	45.7	2.9	0.8	18.1	6.9
1999	1056.7	435.7	232.4	37.8	2.9	0.9	23.4	8.0
2000	1061.6	430.1	201.1	25.6	2.9	0.6	26.0	8.2
2001	1067.0	434.5	188.9	20.5	2.2	0.5	29.3	9.3
2002	1086.1	435.6	177.8	17.7	1.9	0.4	34.4	11.1
2003	1005.2	352.9	169.2	15.8	2.0	0.3	40.2	12.0
2004	1026.1	350.3	166.6	13.5	1.7	0.3	43.3	13.0
2005	1041.1	350.3	162.0	12.4	1.8	0.3	47.0	14.3
2006	1051.2	365.0	160.5	11.5	1.5	0.3	49.3	14.3
2007	1081.5	383.5	162.0	11.1	1.9	0.3	48.1	17.7
2008	1103.3	414.9	163.5	10.1	1.4	0.3	45.5	18.3
2009	1142.5	439.5	166.7	9.2	1.9	0.2	44.5	17.9
2010	1184.7	465.2	169.4	8.9	2.1	0.2	45.5	17.8
2011	1249.3	517.1	173.1	8.5	1.5	0.2	53.7	19.6

Number of Employed Persons at Year-end by Status of Registration and Residence in Urban and Rural Areas

(10 000 persons)

Urban Area				乡 村Rural Area		
# 私营企业 Private Enterprises	# 港澳台商投资单位 Economic Units Funded by Entrepreneurs from Hong Kong, Macao and Taiwan	# 外商投资单位 Foreign Funded Economic Units	# 个 体 Self-employed individuals	合 计 Sub-total	# 私营企业 Private Enterprises	# 个体 Self-employed Individuals
			33.0	295.4		
			0.8	344.3		
			1.3	375.6		
				399.6		
			0.2	430.6		
			0.2	425.0		
			1.1	443.0		
			15.2	521.0		
			16.9	531.3		
			20.1	536.4		
			18.1	534.9		
			16.9	538.0		
			21.1	558.7		
			23.0	560.3		
3.8	1.0	1.1	28.7	574.0		
5.5	1.4	1.7	38.1	579.6		
7.6	2.0	2.2	36.7	589.4	2.5	26.6
10.8	1.9	2.7	40.7	604.3	3.2	32.9
14.0	2.1	2.8	57.9	605.4	3.7	37.1
23.0	2.3	1.7	73.2	606.9	5.9	48.8
25.1	2.0	2.1	88.0	621.0	13.6	59.7
28.6	1.7	2.2	88.2	631.5	12.8	71.5
30.4	1.7	1.8	96.2	632.5	15.2	73.7
29.0	1.8	2.0	87.9	650.5	22.8	77.6
35.7	1.7	2.5	72.8	652.3	15.6	35.6
44.2	1.1	2.7	56.1	675.8	17.0	21.8
47.1	1.6	2.5	60.2	690.8	21.1	22.1
53.3	1.3	2.7	69.0	686.2	20.3	18.8
61.8	1.5	2.7	75.2	698.0	21.1	18.4
80.4	1.4	2.8	89.6	688.4	18.0	20.1
89.2	1.5	2.9	104.5	703.0	16.2	24.4
103.1	1.6	2.8	113.0	719.5	18.4	24.4
117.4	1.7	3.1	137.3	732.2	18.2	28.6

5-5 分行业年末职工(2011 年)

Number of Staff and Workers at Year-end by Sector(2011)

单位：人 (person)

项 目	Item	合 计 Total	国有单位 State-owned Units	城镇集体单位 Urban Collective-owned Unit	其他单位 Units of Other Types of Ownership
总 计	**National Total**	**2571900**	**1706791**	**81324**	**783785**
按企、事业和机关分组	**Grouped by Enterprises, Institutions and Agencies**				
企业	Enterprises	1483477	638406	64996	780075
事业	Institutions	754146	735606	16283	2257
机关	Agencies & Organizations	332717	332717		
按国民经济行业分组	**Grouped by Sector**				
农、林、牧、渔业	**Farming, Forestry, Animal Husbandry and Fishery**	**261050**	**252775**	**1185**	**7090**
农业	Farming	107631	104931	387	2313
林业	Forestry	88981	88949		32
畜牧业	Animal Husbandry	29167	24502	43	4622
渔业	Fishery	4674	4619		55
农、林、牧、渔服务业	Agricultural Services	30597	29774	755	68
采矿业	**Mining**	**200183**	**67706**	**2195**	**130282**
制造业	**Manufacturing**	**396857**	**25030**	**16329**	**355498**
电力、燃气及水的生产和供应业	**Production and Supply of Electric Power, Gas and Water**	**109869**	**70754**	**861**	**38254**
建筑业	**Construction**	**159186**	**22597**	**11204**	**125385**
房屋和土木工程建筑业	Housing and Civil Engineering Construction	147161	20046	9968	117147
建筑安装业	Installation of Buildings	10077	2274	1090	6713
建筑装饰业	Decoration of Buildings	738	270	19	449
其他建筑业	Other Construction	1210	7	127	1076
交通运输、仓储和邮政业	**Transportation, Storage and Postal Services**	**162051**	**147550**	**2075**	**12426**
铁路运输业	Railway Transport	90282	90023		259
道路运输业	Roadway Transport	33464	27296	351	5817
城市公共交通业	Public traffic in Cities	12911	7324	37	5550
水上运输业	Waterway Transport	166	166		
航空运输业	Air Transport	3801	3642		159
装卸搬运和其他运输服务业	Loading,Unloading, Carrying and Transport	2342	329	1612	401
仓储业	Storage	6007	5692	75	240
邮政业	Postal Services	13078	13078		
信息传输、计算机服务和软件业	**Information Transmission, Computer Service & Computer Software**	**41743**	**35499**	**14**	**6230**
电信和其他信息传输服务	Telecommunication and other Information Transmission	41276	35245		6031
计算机服务业	Computer Services	269	211	14	44
软件业	Software	198	43		155
批发和零售业	**Wholesale & Retail Trade**	**74723**	**31330**	**3715**	**39678**
批发业	Wholesale Trade	40042	24080	1695	14267
零售业	Retail Trade	34681	7250	2020	25411
住宿和餐饮业	**Quarters and Catering**	**25355**	**9663**	**1374**	**14318**
住宿业	Quarters	17873	8871	999	8003
餐饮业	Catering	7482	792	375	6315

5-5 续表 continued

单位：人 (person)

项 目	Item	合 计 Total	国有单位 State-owned Units	城镇集体单位 Urban Collective-owned Unit	其他单位 Units of Other Types of Ownership
金融业	**Finance**	**94497**	**44232**	**23608**	**26657**
银行业	Banking	77695	36522	23326	17847
证券业	Bond	678	279		399
保险业	Insurance	14523	6494		8029
其他金融活动	Others	1601	937	282	382
房地产业	**Real Estate**	**19990**	**9954**	**96**	**9940**
房地产开发经营	Development & Management	11489	3214	38	8237
租赁和商务服务业	**Leasing and Commercial Services**	**28859**	**19456**	**1728**	**7675**
租赁业	Leasing Services	79	45		34
商务服务业	Commercial Services	28780	19411	1728	7641
科学研究、技术服务和地质勘查业	**Scientific Research ,Technical Services & Geological Prospecting**	**43572**	**41020**	**167**	**2385**
研究与试验发展	Research and Development	9129	9124		5
专业技术服务业	Special Technical Services	19141	17090	157	1894
科技交流和推广服务业	Science and Technological Exchanging and Spreading	4083	4005	10	68
地质勘查业	Geological Prospecting	11219	10801		418
水利、环境和公共设施管理业	**Water Conservancy, Environment and Public Facilities Administration**	**73433**	**69065**	**2571**	**1797**
水利管理业	Water Conservancy	17057	16546	111	400
环境管理业	Environment	43190	40276	2448	466
公共设施管理业	Public Facilities Administration	13186	12243	12	931
居民服务和其他服务业	**Resident Services and Other Services**	**19546**	**16567**	**1821**	**1158**
居民服务业	Resident Services	4727	4052	364	311
其他服务业	Other Services	14819	12515	1457	847
教育	**Education**	**343254**	**339965**	**246**	**3043**
卫生、社会保障和社会福利业	**Health Care, Social Security and Social Welfare**	**126713**	**113036**	**12094**	**1583**
卫生	Health Care	118321	104781	12044	1496
社会保障业	Social Security	5200	5200		
社会福利业	Social Welfare	3192	3055	50	87
文化、体育和娱乐业	**Culture, Sports and Recreational Services**	**32179**	**31752**	**41**	**386**
新闻出版业	Press	4442	4425		17
广播、电视和音像业	Radio ,Television and Audio-visual	11891	11806		85
文化艺术业	Culture and Arts	13697	13512	25	160
体育	Sports	1753	1751		2
娱乐业	Recreational Services	396	258	16	122
公共管理和社会组织	**Public Administration and Social Organization**	**358840**	**358840**		
中国共产党机关	Chinese Communist Party Agencies	17964	17964		
国家机构	Government Agencies	331580	331580		
人民政协和民主党派	People's Politics Consultative Conference and Democratic Parties	3375	3375		
群众团体、社会团体和宗教组	Mass Organization ,Social Organization and Religious Organization	5921	5921		
基层群众自治组织	Basic Mass Autonomous Organization				

5-6 私营企业年末就业人员(2011 年)

Number of Employed Persons in Private Enterprises at Year-end(2011)

单位：户、人 (household)(person)

项 目	Item	合 计 Total			# 城 镇 Urban Areas		
		户数 Number of Enter-prises	就业人员 Number of Empl-oyed Persons	#投资者 Empl-oyers	户数 Number of Enter-prises	就业人员 Number of Empl-oyed Persons	#投资者 Empl-oyers
总 计	**Total**	**132660**	**1356184**	**301421**	**120384**	**1173748**	**275436**
农、林、牧、渔业	Farming, Forestry, Animal Husbandry and Fishery	6489	47036	14205	5316	31103	11562
采矿业	Mining	3360	50484	7308	2435	33101	5343
制造业	Manufacturing	15619	223082	39801	13407	174252	34316
电力、燃气及水的生产和供应业	Production & Supply of Electric Power,Gas & Water	947	13287	2478	810	10188	2103
建筑业	Construction	6479	80997	17198	6248	75749	16483
交通运输、仓储业和邮电业	Transportation, Storage & postal Services	4518	38779	10169	3712	32268	8545
信息传输、计算机服务和软件业	Information Transmission,Compute-Service & Software	3891	30969	6816	3459	25432	6250
批发和零售业	Wholesale & Retail	54833	519483	114552	50486	474014	106466
住宿和餐饮业	Quarters & Catering	3545	63067	7213	3346	54686	6715
金融业	finance	1630	14084	4916	1563	11884	4773
房地产业	Real Estate	7032	64485	16931	6638	57898	16102
租赁和商业服务业	Leasing & Commercial Services	13241	112318	35202	12681	103661	33981
科学研究、技术服务和地质勘查业	Science,Technical Services Geological Survey	2829	24856	8287	2703	22478	7701
水利、环境和公共设施管理业	Water Conservancy, Environment Public Facilities	716	5911	1737	660	4820	1590
居民服务和其他服务业	Resident Services & Other Services	5435	44004	9938	5013	41096	9230
教育	Education	301	3839	662	296	3632	652
卫生、社会保障和社会福利业	Health Care, Social Security & Social Welfare	131	1489	249	122	1327	238
文化、体育和娱乐业	Culture, Sports & Recreational Services	955	7000	1763	878	6051	1658
其他行业	Others	709	11014	1996	611	10108	1728

注：本资料由工商部门提供。

a)The Statistics are provided by the Department of Industry and Commerce.

5-7 个体年末就业人员(2011 年)

Number of Self-employed Individuals at Year-end(2011)

单位:户、人 (household)(person)

项 目	Item	合 计 Total		# 城 镇 Urban Areas	
		户 数 Number of Households	就业人员 Number of Employed Individuals	户 数 Number of Households	就业人员 Number of Employed Individuals
总 计	**Total**	**851822**	**1659099**	**690965**	**1373308**
农、林、牧、渔业	Farming, Forestry, Animal Husbandry and Fishery	6504	20515	4263	13815
采矿业	Mining	1319	8363	688	5443
制造业	Manufacturing	37692	98531	28319	74604
电力、燃气及水的生产和供应业	Production & Supply of Electric Power,Gas & Water	49	2697	35	2652
建筑业	Construction	539	4699	460	4090
交通运输、仓储和邮电业	Transportation, Storage & postal Services	59346	94191	47448	77037
信息传输、计算机服务和软件业	Information Transmission,Computer Service & Computer Software	14945	22062	12555	17723
批发零售业	Wholesale & Retail	482526	848075	390800	700480
住宿和餐饮业	Quarters & Catering	100612	280382	83376	242760
金融业	finance	71	266	69	262
房地产业	Real Estate	6715	14333	6149	13472
租赁和商业服务业	Leasing & Commercial Services	4846	9758	4304	8743
科学研究、技术服务和地质勘查业	Science,Technical Services Geological Survey	684	1325	634	1262
水利、环境和公共设施管理业	Water Conservancy, Environment Public Facilities	801	1650	786	1617
居民服务和其他服务业	Resident Services & Other Services	114558	210174	93775	174236
教育	Education	2594	5919	2297	5158
卫生、社会保障和社会福利业	Health Care, Social Security & Social Welfare	3920	8604	3402	7460
文化、体育和娱乐业	Culture, Sports & Recreational Services	5142	11818	4578	10379
其他行业	Others	8959	15737	7027	12115

注：本资料由工商部门提供。

a)The Statistics are provided by the Department of Industry and Commerce.

5-8 城镇就业及失业人数

Employment and Unemployment in Urban Areas

年份 Year	当年需要安置人数(人) Number of Need Settled down(person)	当年就业人数(人) New Employment in the Year(person)	年末城镇失业人数(人) Unemployment at year-end(person)		失业女性占城镇失业人数(%) Percentage of Female Unemployed Persons to Total Unemployed Persons In Urban Areas	登记失业率(%) Registered Unemployment Rate in Urban Areas
			合计 Total	# 女性 Female		
1979		212267	429080			15.01
1980	429100	202696	367280			12.62
1981	464100	344573	283181			9.39
1982	488300	202958	285369			9.11
1983	464100	179283	267539			8.18
1984	427500	198995	177568			5.34
1985	335600	178336	138773			3.97
1986	347000	207440	127726			3.51
1987	307800	161514	129753			3.48
1988	268100	140598	123579			3.69
1989	266700	116515	143681			3.78
1990	282800	124582	151916			3.49
1991	292500	140710	146319			2.68
1992	275300	154848	114894			3.49
1993	226400	107653	113405			2.62
1994	215400	88637	123660			2.86
1995	232084	87033	139713			3.17
1996	263436	86341	144107	79201	54.96	3.47
1997	258299	105927	145253	85024	58.54	3.40
1998	265256	115162	131138	70463	53.73	3.13
1999	222695	96002	123858	61124	49.35	3.10
2000	239620	106020	126478	66932	52.92	3.34
2001	274460	116527	144687	74641	51.59	3.65
2002	345500	174300	162700	83703	51.45	4.10
2003	406755	215118	175889	93556	53.19	4.50
2004	430454	245309	185118	96233	51.98	4.59
2005	451039	261359	177483	81080	45.68	4.26
2006	527624	320781	179786	88842	49.42	4.13
2007	511642	319431	184573	98785	53.52	4.00
2008	513101	314011	199167	97800	49.10	4.10
2009	492987	290897	201428	103173	51.22	4.05
2010	513615	303436	208110	85596	41.13	3.90
2011	484723	266418	218289	96117	44.03	3.80

注：本表资料由人力资源和社会保障厅提供。

a)The Statistics are provided by the Bureau of human resources and social security

5-9 职工工资总额和指数
Total Wages of Staff and Workers and Related Index

年份 Year	工资总额(万元) Total Wages(10 000 yuan)				指数(上年=100) Index(preceding year=100)			
	总计 Total	国有单位 State-owned Units	城镇集体单位 Urban Collective-owned Units	其他单位 Units of Other Types of Ownership	总计 Total	国有单位 State-owned Units	城镇集体单位 Urban Collective-owned Units	其他单位 Units of other Types of Ownership
1952	10337	7099	3238					
1957	39634	34054	5580					
1965	70670	63788	6882					
1970	77531	71047	6484					
1975	111072	99489	11583					
1978	149779	128019	21760		112.7	115.5	98.6	
1980	198255	164897	33358		110.0	109.0	115.0	
1981	210486	175079	35407		104.2	104.2	104.2	
1982	230005	189964	40041		107.4	106.7	111.2	
1983	247989	203182	44807		106.5	105.7	110.6	
1984	292787	234455	58332		112.5	110.0	124.1	
1985	339534	271875	67619	40	106.5	106.5	106.4	
1986	405310	324839	80423	48	113.1	113.3	112.7	113.8
1987	436260	350557	85628	75	99.2	99.5	98.1	143.2
1988	531584	429383	102028	173	104.1	104.7	101.8	196.5
1989	589385	475264	113791	330	96.2	96.0	96.7	165.4
1990	662156	540255	121270	631	110.4	111.7	104.7	187.9
1991	755609	615184	139230	1194	107.7	107.4	108.3	178.6
1992	897992	735751	160172	2069	109.3	110.0	105.8	159.3
1993	1090634	894747	185691	10196	104.3	104.5	99.6	423.4
1994	1410664	1178947	201545	30172	104.1	106.0	87.3	238.1
1995	1561199	1312079	208706	40414	94.5	95.0	88.4	114.4
1996	1758549	1483936	227478	47136	104.6	105.1	101.3	108.4
1997	1853641	1586052	210134	57455	100.8	102.2	88.3	116.5
1998	1747030	1375390	161525	210115	96.2	88.5	77.9	376.2
1999	1779688	1379154	141567	258967	101.6	100.0	87.3	122.9
2000	1859617	1442792	125315	291510	103.2	103.3	87.4	111.1
2001	2105277	1633364	121820	350093	118.3	118.4	86.1	135.2
2002	2374765	1791830	112018	490918	112.8	109.7	92.0	140.2
2003	2723285	1988162	115527	619597	114.7	111.0	103.1	126.2
2004	3230903	2339836	122021	769046	118.6	117.7	105.6	124.1
2005	3877342	2656826	136088	1084428	120.0	113.5	111.5	141.0
2006	4469480	3078254	141470	1249756	115.3	115.9	104.0	115.3
2007	5365887	3660690	159016	1546181	120.1	118.9	112.4	123.7
2008	6384902	4402592	190267	1792043	119.0	120.3	119.7	115.9
2009	7535111	5338087	227203	1969821	118.0	121.3	119.4	109.9
2010	8798003	6252755	261116	2284132	116.8	117.1	114.9	116.0
2011	11085738	7577309	322083	3186346	126.0	121.2	123.3	139.5

注：1998年及以后职工工资总额为在岗职工的工资总额。

a)Data on total wages since1998 refer to wages of fully employed staff and workers.

5-10 职工平均工资及指数

Average Wages of Staff and Workers and Related Index

年份 Year	职工平均工资(元) Average Wages(yuan)				指数(上年=100) Index(preceding year=100)			
	总计 Total	国有单位 State-owned Units	城镇集体单位 Urban Collective-owned Units	其他单位 Units of Other Types of Ownership	总计 Total	国有单位 State-owned Units	城镇集体单位 Urban Collective-owned Units	其他单位 Units of Other Types of Ownership
1952	400	454	319					
1957	691	729	505					
1965	728	751	544					
1970	648	671	475					
1975	667	707	495					
1978	712	749	563		100.0	105.1	102.1	
1980	796	839	635		104.8	105.4	103.4	
1981	807	851	642		99.5	99.5	99.2	
1982	826	869	669		100.6	100.4	102.5	
1983	862	903	714		103.1	102.7	105.5	
1984	986	1047	801		109.0	110.5	106.9	
1985	1095	1169	872	1023	102.0	102.5	100.0	
1986	1239	1325	982	1034	107.3	107.4	106.7	95.8
1987	1301	1410	1053	1000	96.8	98.1	98.8	89.1
1988	1548	1641	1251	1105	101.7	99.5	101.5	94.4
1989	1685	1779	1381	1451	94.4	94.0	95.7	113.9
1990	1846	1971	1441	1858	107.6	108.8	102.5	125.8
1991	2012	2148	1573	1984	102.8	102.8	103.0	100.7
1992	2339	2493	1823	2292	106.9	106.8	106.6	106.3
1993	2796	2998	2107	2940	102.7	103.2	99.3	110.2
1994	3675	3942	2667	3299	105.7	105.8	101.9	90.3
1995	4134	4407	3001	3906	96.1	95.5	96.1	101.1
1996	4716	4996	3508	4283	106.0	105.4	108.6	102.0
1997	5124	5462	3551	4687	103.9	104.5	96.8	104.6
1998	5792	5979	4184	6367	102.9	101.5	99.5	119.3
1999	6347	6580	4548	6526	109.3	109.7	108.4	102.2
2000	6974	7261	4826	6947	108.5	108.9	104.8	105.1
2001	8250	8737	5525	7579	117.6	119.6	113.8	108.4
2002	9683	10287	6431	8777	116.4	116.8	115.4	114.9
2003	11279	11929	7620	10391	114.8	114.2	116.7	116.6
2004	13324	14209	9010	11965	115.2	116.2	115.4	112.3
2005	15985	16598	10804	15514	120.0	116.8	119.9	129.7
2006	18469	19386	12469	17391	115.5	116.8	115.4	112.1
2007	21884	22822	14338	20980	118.5	117.7	115.0	120.6
2008	26114	27316	18809	24476	119.3	119.7	131.2	116.7
2009	30699	32326	24344	27750	117.6	118.3	129.4	113.4
2010	35507	37602	29822	31402	115.7	116.3	122.5	113.2
2011	41481	44143	37963	36578	116.8	117.4	127.3	116.5

5-11 分行业全部在岗职工平均工资

Average Wage of All Staff and Workers Being on Duty by Sector

单位：元 (yuan)

项目	Item	2010	2011	2011年比2010年增长(%) Growth Rate
总计	**Total**	**35507**	**41481**	**16.8**
按企、事业和机关分组	**Grouped by Enterprises, Institutions & Agencies**			
企业	Enterprises	32680	38373	17.4
事业	Institutions	38340	45007	17.4
机关	Agencies & Organizations	41483	48470	16.8
按国民经济行业分组	**Grouped by Sector**			
农、林、牧、渔业	Farming, Forestry, Animal Husbandry & Fishery	18305	22956	25.4
采矿业	Mining	42364	51780	22.2
制造业	Manufacturing	30100	36420	21.0
电力、燃气及水的生产和供应业	Production and Supply of Electric Power, Gas & Water	49105	52780	7.5
建筑业	Construction	24935	28544	14.5
交通运输、仓储和邮政业	Transportation, Storage & Postal Services	40516	47917	18.3
信息传输、计算机服务和软件业	Information Transmission, Computer Service and Computer Software	37904	40955	8.1
批发和零售业	Wholesale and Retail Trade	24562	28897	17.7
住宿和餐饮业	Quarters and Catering	21469	25462	18.6
金融业	Banking	48340	58575	21.2
房地产业	Real Estate	26517	33194	25.2
租赁和商务服务业	Leasing and Commercial Services	32062	37891	18.2
科学研究、技术服务和地质勘查业	Scientific Research,Technical Services & Geological Prospecting	40147	45881	14.3
水利、环境和公共设施管理业	Water Conservancy, Environment & Public Facilities Administration	28789	32499	12.9
居民服务和其他服务业	Resident Services & Other Services	41137	45541	10.7
教育	Education	43621	51268	17.5
卫生、社会保障和社会福利业	Health Care, Social Security and Social Welfare	38693	45304	17.1
文化、体育和娱乐业	Culture, Sports and Recreational Services	37935	44638	17.7
公共管理和社会组织	Public Administration and Social Organization	40973	48053	17.3
国际组织	International Organizations			

5-12 分行业职工平均工资(2011 年)

Average Wage of Staff and Workers by Sector(2011)

单位：元 (yuan)

项 目	Item	合 计 Total	国有单位 State-owned Units	城镇集体单位 Urban Collective-owned Units	其他单位 Units of Other Types of Ownership
总 计	**Total**	**41481**	**44143**	**37963**	**36578**
按企、事业和机关分组	**Grouped by Enterprises, Institutions & Agencies**				
企业	Enterprises	38373	40592	39618	36609
事业	Institutions	45007	45342	30972	36902
机关	Agencies & Organizations	48470	48470		
按国民经济行业分组	**Grouped by Sector**				
农、林、牧、渔业	Farming, Forestry, Animal Husbandry & Fishery	22956	23112	17082	18535
采矿业	Mining	51780	61645	33820	46998
制造业	Manufacturing	36420	36579	23177	37085
电力、燃气及水的生产和供应业	Production and Supply of Electric Power, Gas & Water	52780	52398	26143	54094
建筑业	Construction	28544	29445	31938	28179
交通运输、仓储和邮政业	Transportation, Storage & Postal Services	47917	49804	31636	28555
信息传输、计算机服务和软件业	Information Transmission, Computer Service and Computer Software	40955	41355	20857	38711
批发和零售业	Wholesale and Retail Trade	28897	34257	24338	25175
住宿和餐饮业	Quarters and Catering	25462	24876	23236	26113
金融业	Banking	58575	57937	63802	54933
房地产业	Real Estate	33194	38784	12240	28832
租赁和商务服务业	Leasing and Commercial Services	37891	39972	28995	34519
科学研究、技术服务和地质勘查业	Scientific Research,Technical Services & Geological Prospecting	45881	46612	47198	33614
水利、环境和公共设施管理业	Water Conservancy, Environment & Public Facilities Administration	32499	32760	10042	54517
居民服务和其他服务业	Resident Services & Other Services	45541	48442	25249	31402
教育	Education	51268	51497	45269	27926
卫生、社会保障和社会福利业	Health Care, Social Security and Social Welfare	45304	46523	36367	27342
文化、体育和娱乐业	Culture, Sports and Recreational Services	44638	44831	20122	31643
公共管理和社会组织	Public Administration and Social Organization	48053	48053		
国际组织	International Organizations				

5-13 国有单位年末就业人员和劳动报酬(2011 年)

Employed Persons at Year-end & Earnings in State-owned Units(2011)

项 目	Item	就业人员（人）Number of Employed (person)	# 女性 Female	在就业人员中 In Employed Persons: # 在岗职工（人）Fully Employed Staff & Workers (person)	在就业人员中 In Employed Persons: # 其他从业人员（人）Other Employed Persons
总 计	**Total**	**1731465**	**681421**	**1706791**	**24674**
按企、事业和机关分组	**Grouped by Enterprises, Institutions & Agencies**				
企业	Enterprises	645437	203289	638406	7031
事业	Institutions	747737	371898	735606	12131
机关	Agencies & Organizations	338229	106212	332717	5512
按国民经济行业分组	**Grouped by Sector**				
农、林、牧、渔业	Farming, Forestry, Animal Husbandry & Fishery	253619	85169	252775	844
采矿业	Mining	67854	12016	67706	148
制造业	Manufacturing	25086	8085	25030	56
电力、燃气及水的生产和供应业	Production & Supply of Electric Power, Gas & Water	71363	22262	70754	609
建筑业	Construction	22627	4177	22597	30
交通运输、仓储和邮政业	Transportation, Storage & Postal Services	148898	34743	147550	1348
信息传输、计算机服务和软件业	Information Transmission, Computer Service & Computer Software	35682	18094	35499	183
批发和零售业	Wholesale & Retail Trade	32239	12879	31330	909
住宿和餐饮业	Quarters & Catering	9698	5892	9663	35
金融业	Banking	46650	24000	44232	2418
房地产业	Real Estate	9982	4476	9954	28
租赁和商务服务业	Leasing & Commercial Services	19588	6040	19456	132
科学研究、技术服务和地质勘查业	Scientific Research,Technical Services & Geological Prospecting	41358	14828	41020	338
水利、环境和公共设施管理业	Water Conservancy, Environment & Public Facilities Administration	73357	33702	69065	4292
居民服务和其他服务业	Resident Services & Other Services	17856	5492	16567	1289
教育	Education	342740	189622	339965	2775
卫生、社会保障和社会福利业	Health Care, Social Security & Social Welfare	114448	67920	113036	1412
文化、体育和娱乐业	Culture, Sports & Recreational Services	32150	14883	31752	398
公共管理和社会组织	Public Administration & Social Organization	366270	117141	358840	7430
国际组织	International Organizations				

5-13 续表 continued

单位：万元 (10 000 yuan)

行 业	Sector	单位从业人员劳动报酬 Total Remuneration	在岗职工工资总额 Wages of Fully Employed Staff & Workers	其他从业人员劳动报酬 Remuneration for Other Employed Persons
总 计	**Total**	**7624052**	**7577309**	**46743**
按企、事业和机关分组	**Grouped by Enterprises, Institutions & Agencies**			
企业	Enterprises	2659378	2641498	17880
事业	Institutions	3352060	3333418	18642
机关	Agencies & Organizations	1612454	1602233	10221
按国民经济行业分组	**Grouped by Sector**			
农、林、牧、渔业	Farming, Forestry, Animal Husbandry & Fishery	584743	583180	1563
采矿业	Mining	416783	416024	759
制造业	Manufacturing	92896	92805	91
电力、燃气及水的生产和供应业	Production & Supply of Electric Power, Gas & Water	367239	365106	2133
建筑业	Construction	104665	104589	76
交通运输、仓储和邮政业	Transportation, Storage & Postal Services	733903	729085	4818
信息传输、计算机服务和软件业	Information Transmission, Computer Service &Software	146587	146180	407
批发和零售业	Wholesale & Retail Trade	109507	108565	942
住宿和餐饮业	Quarters & Catering	24839	24736	103
金融业	Banking	260171	253696	6475
房地产业	Real Estate	38374	38310	64
租赁和商务服务业	Leasing & Commercial Services	79875	79601	274
科学研究、技术服务和地质勘查业	Scientific Research,Technical Services & Geological Prospecting	191930	190912	1018
水利、环境和公共设施管理业	Water Conservancy, Environment & Public Facilities Administration	234883	228213	6670
居民服务和其他服务业	Resident Services & Other Services	89982	87369	2613
教育	Education	1757253	1752367	4886
卫生、社会保障和社会福利业	Health Care, Social Security & Social Welfare	524425	521678	2747
文化、体育和娱乐业	Culture, Sports & Recreational Services	142950	142176	774
公共管理和社会组织	Public Administration & Social Organization	1723048	1712718	10330
国际组织	International Organizations			

5-14 城镇集体单位年末就业人员和劳动报酬(2011 年)

Employed Persons at Year-end & Earnings in Urban Collective-owned Units(2011)

项 目	Item	就业人员(人) Number of Employed (person)	# 女 性 Female	在就业人员中 In Employed Persons: # 在岗职工(人) Fully Employed Staff & Workers (person)	在就业人员中 In Employed Persons: # 其他从业人员(人) Other Employed Persons
总 计	**Total**	**84867**	**35784**	**81324**	**3543**
按企、事业和机关分组	**Grouped by Enterprises, Institutions & Agencies**				
企业	Enterprises	68269	27548	64996	3273
事业	Institutions	16553	8222	16283	270
机关	Agencies & Organizations				
按国民经济行业分组	**Grouped by Sector**				
农、林、牧、渔业	Farming, Forestry, Animal Husbandry and Fishery	1216	126	1185	31
采矿业	Mining	2270	775	2195	75
制造业	Manufacturing	16961	7535	16329	632
电力、燃气及水的生产和供应业	Production & Supply of Electric Power, Gas & Water	861	306	861	
建筑业	Construction	12115	2819	11204	911
交通运输、仓储和邮政业	Transportation, Storage & Postal Services	2635	734	2075	560
信息传输、计算机服务和软件业	Information Transmission, Computer Service & Software	14	12	14	
批发和零售业	Wholesale & Retail Trade	3918	1512	3715	203
住宿和餐饮业	Quarters & Catering	1425	832	1374	51
金融业	Banking	24017	11930	23608	409
房地产业	Real Estate	96	61	96	
租赁和商务服务业	Leasing & Commercial Services	1730	364	1728	2
科学研究、技术服务和地质勘查业	Scientific Research,Technical Services & Geological Prospecting	167	77	167	
水利、环境和公共设施管理业	Water Conservancy, Environment & Public Facilities Administration	2651	1497	2571	80
居民服务和其他服务业	Resident Services & Other Services	2220	803	1821	399
教育	Education	246	113	246	
卫生、社会保障和社会福利业	Health Care, Social Security & Social Welfare	12284	6267	12094	190
文化、体育和娱乐业	Culture, Sports & Recreational Services	41	21	41	
公共管理和社会组织	Public Administration & Socia Organization				
国际组织	International Organizations				

5-14 续表 continued

单位：万元 (10 000 yuan)

行 业	Sector	单位从业人员劳动报酬 Total Remuneration	在岗职工工资总额 Wages of Fully Employed Staff & Workers	其他从业人员劳动报酬 Remuneration for Other Employed Persons
总 计	**Total**	**330799**	**322083**	**8717**
按企、事业和机关分组	**Grouped by Enterprises, Institutions & Agencies**			
企业	Enterprises	279938	271729	8209
事业	Institutions	50710	50202	508
机关	Agencies & Organizations			
按国民经济行业分组	**Grouped by Sector**			
农、林、牧、渔业	Farming, Forestry, Animal Husbandry and Fishery	2361	2347	14
采矿业	Mining	7797	7309	489
制造业	Manufacturing	44524	42528	1997
电力、燃气及水的生产和供应业	Production & Supply of Electric Power, Gas & Water	2254	2254	
建筑业	Construction	43068	40312	2756
交通运输、仓储和邮政业	Transportation, Storage & Postal Services	8015	6514	1501
信息传输、计算机服务和软件业	Information Transmission, Computer Service & Software	29	29	
批发和零售业	Wholesale & Retail Trade	9100	8937	163
住宿和餐饮业	Quarters & Catering	3441	3386	56
金融业	Banking	151293	150452	841
房地产业	Real Estate	118	118	
租赁和商务服务业	Leasing & Commercial Services	5003	4999	4
科学研究、技术服务和地质勘查业	Scientific Research,Technical Services & Geological Prospecting	788	788	
水利、环境和公共设施管理业	Water Conservancy, Environment & Public Facilities Administration	2679	2580	99
居民服务和其他服务业	Resident Services & Other Services	4992	4603	389
教育	Education	1127	1127	
卫生、社会保障和社会福利业	Health Care, Social Security & Social Welfare	44129	43721	409
文化、体育和娱乐业	Culture, Sports & Recreational Services	83	83	
公共管理和社会组织	Public Administration & Social Organization			
国际组织	International Organizations			

5-15 其他单位年末就业人员和劳动报酬(2011 年)
Employed Persons at Year-end and Earnings in other Types of Ownership(2011)

项 目	Item	就业人员(人) Number of Employed (person)	# 女 性 Female	在就业人员中 In Employed Persons: # 在岗职工(人) Fully Employed Staff & Workers (person)	在就业人员中 In Employed Persons: # 其他从业人员(人) Other Employed Persons
总 计	**Total**	**807594**	**252285**	**783785**	**23809**
按企、事业和机关分组	**Grouped by Enterprises, Institutions & Agencies**				
企业	Enterprises	803865	250116	780075	23790
事业	Institutions	2273	1228	2257	16
机关	Agencies & Organizations				
按国民经济行业分组	**Grouped by Sector**				
农、林、牧、渔业	Farming, Forestry, Animal Husbandry and Fishery	7090	2888	7090	
采矿业	Mining	135347	23370	130282	5065
制造业	Manufacturing	358064	123056	355498	2566
电力、燃气及水的生产和供应业	Production & Supply of Electric Power, Gas & Water	38549	11070	38254	295
建筑业	Construction	132406	20013	125385	7021
交通运输、仓储和邮政业	Transportation, Storage & Postal Services	12493	5352	12426	67
信息传输、计算机服务和软件业	Information Transmission, Service & Software	6262	3156	6230	32
批发和零售业	Wholesale & Retail Trade	39792	23133	39678	114
住宿和餐饮业	Quarters & Catering	15702	9036	14318	1384
金融业	Banking	33762	19293	26657	7105
房地产业	Real Estate	9976	3663	9940	36
租赁和商务服务业	Leasing & Commercial Services	7685	2736	7675	10
科学研究、技术服务和地质勘查业	Scientific Research,Technical Services & Geological Prospecting	2438	665	2385	53
水利、环境和公共设施管理业	Water Conservancy, Environment & Public Facilities Administration	1797	830	1797	
居民服务和其他服务业	Resident Services & Other Services	1158	780	1158	
教育	Education	3062	2040	3043	19
卫生、社会保障和社会福利业	Health Care, Social Security & Social Welfare	1625	1039	1583	42
文化、体育和娱乐业	Culture, Sports & Recreational Services	386	165	386	
公共管理和社会组织	Public Administration & Social Organization				
国际组织	International Organizations				

5-15 续表 continued

单位：万元 (10 000 yuan)

行业	Sector	单位从业人员劳动报酬 Total Remuneration	在岗职工工资总额 Wages of Fully Employed Staff & Workers	其他从业人员劳动报酬 Remuneration for Other Employed Persons
总计	**Total**	**3265600**	**3186346**	**79254**
按企、事业和机关分组	**Grouped by Enterprises, Institutions & Agencies**			
企业	Enterprises	3253689	3174486	79203
事业	Institutions	8431	8384	47
机关	Agencies & Organizations			
按国民经济行业分组	**Grouped by Sector**			
农、林、牧、渔业	Farming, Forestry, Animal Husbandry and Fishery	13108	13108	
采矿业	Mining	631665	616225	15440
制造业	Manufacturing	1339865	1333217	6649
电力、燃气及水的生产和供应业	Production & Supply of Electric Power, Gas & Water	204342	204145	197
建筑业	Construction	611473	577979	33494
交通运输、仓储和邮政业	Transportation, Storage & Postal Services	35880	35794	86
信息传输、计算机服务和软件业	Information Transmission, Computer Service & Software	23888	23850	38
批发和零售业	Wholesale & Retail Trade	103735	103587	149
住宿和餐饮业	Quarters & Catering	39859	36464	3395
金融业	Banking	163161	143776	19386
房地产业	Real Estate	35207	35170	38
租赁和商务服务业	Leasing & Commercial Services	26750	26732	18
科学研究、技术服务和地质勘查业	Scientific Research,Technical Services & Geological Prospecting	8496	8256	240
水利、环境和公共设施管理业	Water Conservancy, Environment & Public Facilities Administration	9797	9797	
居民服务和其他服务业	Resident Services & Other Services	3404	3404	
教育	Education	9200	9149	51
卫生、社会保障和社会福利业	Health Care, Social Security & Social Welfare	4529	4457	72
文化、体育和娱乐业	Culture, Sports & Recreational Services	1240	1240	
公共管理和社会组织	Public Administration & Social Organization			
国际组织	International Organizations			

主要统计指标解释

经济活动人口 指在16岁以上,有劳动能力,参加或要求参加社会经济活动的人口;包括从业人员和失业人员。

从业人员 指从事一定社会劳动并取得劳动报酬或经营收入的人员,包括全部职工、再就业的离退休人员、私营业主、个体户主、私营和个体从业人员、乡镇企业从业人员、农村从业人员、其他从业人员(包括民办教师、宗教职业者、现役军人等)。这一指标反映了一定时期内全部劳动力资源的实际利用情况,是研究我国基本国情国力的重要指标。

各单位的从业人员 指在各级国家机关、政党机关、社会团体及企业、事业单位中工作,取得工资或其他形式的劳动报酬的全部人员。包括在岗职工、再就业的离退休人员、民办教师以及在各单位中工作的外方人员和港澳台方人员、兼职人员、借用的外单位人员和第二职业者。不包括离开本单位仍保留劳动关系的职工。各单位的从业人员反映了各单位实际参加生产或工作的全部劳动力。

城镇私营和个体从业人员 城镇私营从业人员指在工商管理部门注册登记,其经营地址设在县城关镇(含城关镇)以上的私营企业从业人员;包括私营企业投资者和雇工。城镇个体从业人员指在工商管理部门注册登记,并持有城镇户口或在城镇长期居住,经批准从事个体工商经营的从业人员;包括个体经营者和在个体工商户劳动的家庭帮工和雇工。

城镇登记失业人员 指有非农业户口,在一定的劳动年龄内,有劳动能力,无业而要求就业,并在当地就业服务机构进行求职登记的人员。

城镇登记失业率 指城镇登记失业人数同城镇从业人数与城镇登记失业人数之和的比。计算公式为:

城镇登记失业率 = 城镇登记失业人数 /(城镇从业人数 + 城镇登记失业人数) × 100%

职工 指在国有经济、城镇集体经济、联营经济、股份制经济、外商和港、澳、台投资经济、其他经济单位及其附属机构工作,并由其支付工资的各类人员,不包括返聘的离退休人员、民办教师、在国有经济单位工作的外方人员和港、澳、台人员(1998年以后的数据均为在岗职工数据,其他相关指标如职工工资总额,职工平均工资等指标也从1998年按此口径进行了相应调整)。

国有单位职工 指在国有经济单位及其附属机构工作,并由其支付工资的各类人员。

城镇集体单位职工 指在城镇集体经济单位及其管理部门工作,并由其支付工资的各类人员。

其他单位职工 指在联营经济、股份制经济、外商投资经济、港、澳、台投资经济单位工作,并由其支付工资的各类人员。

在岗职工 指在本单位工作并由单位支付工资的人员,以及有工作岗位,但由于学习、病伤产假等原因暂未工作,仍由单位支付工资的人员。

职工工资总额 指各单位在一定时期内直接支付给本单位全部职工的劳动报酬总额。工资总额的计算原则应以直接支付给职工的全部劳动报酬为根据。各单位支付给职工的劳动报酬以及其他根据有关规定支付的工资,不论是计入成本的还是不计入成本的,不论是按国家规定列入计征奖金税项目的,还是未列入计征奖金税项目的,不论是以货币形式支付的还是以实物形式支付的,均包括在工资总额内。

奖金 指支付给职工的超额劳动报酬和增收节支的劳动报酬。

津贴和补贴 指为了补偿职工特殊或额外的劳动消耗和因其他特殊原因支付给职工的津贴,以及为了保证职工工资水平不受物价影响支付给职工的物价补贴。

职工平均工资 指企业、事业、机关单位的职工在一定时期内平均每人所得的货币工资额。它表明一定时期职工工资收入的高低程度,是反映职工工资水平的主要指标。计算公式为:

职工平均工资 = 报告期实际支付的全部职工工资总额 / 报告期全部职工平均人数

职工平均工资指数 指报告期职工平均工资与基期职工平均工资的比率,是反映不同时期职工货币工资水平变动情况的相对数。计算公式为:

职工平均工资指数 = 报告期职工平均工资 / 基期职工平均工资

职工平均实际工资指数 职工平均实际工资指扣除物价变动因素后的职工平均工资。职工平均实际工资指数是反映实际工资变动情况的相对数,表明职工实际工资水平提高或降低的程度。计算公式为:

职工平均实际工资指数 = 报告期职工平均工资指数 / 报告期城镇居民消费价格指数 × 100%

Explanatory Notes on Main Statistical Indicators

Economically Active Population refers to the population aged 16 and over who are capable to work, are participating in or willing to participate in economic activities, including employed persons and unemployed persons.

Employees refers to the persons who are engaged in social labor and receive remuneration payment or earn business income, including: total staff and workers, re-employed retirees, employers of private enterprises, self-employed workers, employers in private and individual economy, employees in township, employed persons in the rural areas, and other employed persons (including teachers in the schools run by the local people, people engaged in religious profession and the servicemen, etc.). This indicator reflects the actual utilization of total labor force during a certain period of time and is often used for the research on China's economic affairs and national power.

Persons Employed in Various Units refer to all the persons working in government agencies of various levels, political and party organizations, social organizations, enterprises and institutions, and receiving wages or other forms of payment. They include fully employed staff and workers, re-employed retirees, teachers in schools run by the local people, foreigners and Chinese compatriots from Hong Kong, Macao and Taiwan working in various units, part time employees, employees of other units working temporarily at current posts, and employees holding the second job, but exclude staff and workers who have left their working units while keeping their labor contract (employment relation) unchanged. This indicator reflects the total number of laborers actually engaged in production or other operations in various units.

Persons-Employed in Private Enterprises and Self Employed Individuals in Urban Areas Persons employed in private enterprises refer to the persons employed in the private enterprises which have been registered at the departments of industrial and commercial administration and are situated at a county town (i. e. a town where the county government is located) for business operation or at urban areas with the level higher than a county town. The self employed individuals in urban areas refer to persons who hold the certificates of residence in urban areas or have resided in the urban areas for a long time and have been registered at the departments of industrial and commercial administration and approved to be engaged in individual industrial or commercial business, including self-employed persons as well as helpers and hired laborers who work in the individual households engaged in industrial or commercial business.

Registered Urban Unemployed Persons The registered unemployed persons in urban areas refer to the persons who are registered as permanent residents in the urban areas engaged in non agricultural activities, aged within the range of working age, capable to labor, unemployed but desirous to be employed and have been registered at the local employment service agencies to apply for a job.

Registered Urban Unemployment Rate Registered unemployment rate in urban areas refers to the ratio of the number of the registered unemployed persons to the sum of the number of employed persons and the registered unemployed persons. The formula is as follows:

Registered urban unemployment rate = number of registered urban unemployed persons / (urban employed person number + registered urban unemployed person number) × 100%

Staff and Workers refer to the persons who work in (and receive payment there from) enterprises and institutions of state ownership, collective ownership, joint ownership, share holding, foreign ownership, and ownership by entrepreneurs from Hong Kong, Macao, and Taiwan, and other types of ownership and their affiliated units, excluding the retired persons invited to work in the units again, teachers in the schools run by the local people and foreigners and persons coming from Hong Kong, Macao, and Taiwan and working in the state owned economic units. (The figures since 1998 refer to those of fully employed staff and workers. Other relative figures since 1998, such as total wages of staff and workers, average wage of staff and workers, etc. , were adjusted according to the standard) .

Staff and Workers in State owned-Economic Units refer to the persons who work in the state owned economic units or their attached units and are listed in their payrolls.

Staff and Workers of Collective Owned Units in Urban Areas refer to the persons who work in collective owned units in urban areas and their administration departments and receive payment there from.

Staff and Workers in Units of Other types of Ownership refer to those who work in (and receive payment there from) enterprises and institutions of joint ownership, share holding, foreign ownership, and ownership by entrepreneurs from Hong Kong, Macao, and Taiwan.

Fully Employed Staff and Workers refer to persons who work in, and receive wages from their working units, as well as persons who have their work posts, but are temporarily absent from work for reasons of study or on sick, injury or maternal leave and still receive wages from their working units.

Total Wages of Staff and Workers refer to the total remuneration payment to staff and workers in various units during a certain period of time. The calculation of total wages is based on the total remuneration payment to the staff and workers. Therefore, all the wages and salaries and other payments to staff and workers are included in the total wages regardless of their sources, category, and forms (in kind or cash) .

Bonus refers to remuneration payment to workers for extra work and for increasing earnings and practicing economy.

Subsidies and Allowances refer to subsidies paid to staff and workers for compensating special or extra labor and allowances paid to staff and workers to offset the impact of inflation on real wages.

Average Wage of Staff and Workers refers to the average wage in money terms per person during a certain period of time for staff and workers in enterprises, institutions, and government agencies, which reflects the

general level of wage income during a certain period of time and is calculated as follows:

Average Wage of Staff and Workers = Total Wages of Staff and Workers in Reference Period / Average Number of Staff and Workers in Reference Period

Index of Average Wage of Staff and Worker refers to the ratio of average wage of staff and workers at the report time to that at the reference time. It reflects the relative changing degree of average wage in money terms at the several of time, which is calculated as following:

Index of Average Wage of Staff and Worker = average wage of staff and workers at the report time / average wage of staff and workers at the reference time

Index of Average Real Wage of Staff and Worker refers to the average wage which has removed the factor of price change. Index of average real wage of staff and worker reflects the relative changing degree of average real wage, and indicates the degree of the rising or declining degree of real wage of staff and worker, which is calculated as following:

Index of Average Real Wage of Staff and Worker = Index of Average Wage of Staff and Worker at the Report Time / Urban Consumer Prices Index at the Report Time × 100%

2012

NEI MENG GU

六、固定资产投资

Investment in Fixed Assets

资料整理：张春燕

Arranged By Zhang Chunyan

6-1 全社会固定资产投资
Total Investment in Fixed Assets

指标	Item	2010	2011	2011年比2011年增长% Increase Rate in 2011 over 2011(%)
投资总额(亿元)	**Total Investment(100 million yuan)**	**8971.63**	**10899.79**	**21.5**
按登记注册类型分	Grouped by Status of Registration			
国有	State-owned Units	3369.34	3720.69	10.4
集体	Collective-owned Units	108.74	126.49	16.3
股份合作	Cooperative Units	61.20	65.35	6.8
联营	Joint-ownership Economic Units	19.97	19.35	-3.1
# 国有联营	State Joint-ownership Economic Units	9.73	0.06	-99.4
集体联营	Collective Joint-ownership Enterprises	0.77	1.05	36.4
国有与集体联营	Joint State-collective	7.77	12.71	63.6
有限责任公司	Limited Liability Corporations	3178.12	4093.69	28.8
# 国有独资	Exclusive State-funded	171.70	180.62	5.2
股份有限公司	Share-holding Corporations	725.41	709.03	-2.3
私营	Private Enterprises	1123.00	1591.79	41.7
其他	Others	118.35	321.28	171.5
港澳台商投资	Economic Units Funded by Entrepreneurs from Hong Kong.Macao and Taiwan	45.04	53.33	18.4
外商投资	Foreign Funded Economic Units	117.02	54.40	-53.5
个人投资	Individuals	105.44	144.39	36.9
# 农村个人（农户）	Rural Individuals	91.22	112.19	23.0
按城乡分组	Grouped by Urban and Rural Area			
城镇	Urban	8733.15	10594.98	21.3
#房地产开发	Real Estate Development	1119.99	1623.78	45.0
农村	Rural	238.48	304.81	27.8
#非农户	Non-AgriculturalHouseholds	147.26	192.62	30.8
按资金来源分	Grouped by Source of Funds			
国家预算内资金	State Budgetary Appropriation	378.75	496.05	31.0
国内贷款	Domestic Loans	1115.88	1272.92	14.1
利用外资	Foreign Investment	7.55	13.22	75.2
自筹资金	Fund Raising	7262.67	9024.90	24.3
其他资金	Others	401.43	608.87	51.7
按构成分	Grouped by Use of Funds			
建筑安装工程	Construction and Installation	5970.40	7627.71	27.8
设备工器具购置	Purchase of Equipment and Instruments	2103.38	2458.84	16.9
其他费用	Others	897.85	813.23	-9.4
房屋建筑面积(万平方米)	**Floor Space of Buildings(10 000 sq.m)**			
施工面积	Floor Space under Construction	19817.72	24384.15	23.0
竣工面积	Floor Space Completed	5827.02	5708.29	-2.0
# 住宅	Residential Buildings	3415.12	2959.41	-13.3

注：按资金来源分组为财务拨款数，各项相加不等于投资总额。以下各表同。

a)Total investment grouped by sources of finance refers to financial appropriation, and the broken down figures do not add up to the total. The same as in the following tables.

6–2 全社会固定资产投资(按登记注册类型和产业分)

单位：亿元

年 份 Year	投资总额 Total Investment	# 住宅 Residential Buildings	按登记注册类型分 国有及国有控股 State-owned or Controlling Share Hold Units	集体 Collective-owned Units	#城镇集体 Urban
1985	52.42	11.17	39.10	2.51	1.38
1986	47.57	7.76	37.00	2.52	1.54
1987	53.32	9.65	39.06	3.07	1.86
1988	72.05	12.61	49.23	4.44	2.43
1989	70.68	12.71	52.92	3.98	2.06
1990	70.77	13.71	56.77	3.06	1.32
1991	100.66	19.64	81.63	4.72	1.98
1992	149.24	15.38	123.61	6.52	3.29
1993	217.40	41.26	178.41	7.93	3.72
1994	250.99	46.65	200.74	8.29	2.41
1995	273.06	51.93	210.00	11.14	2.42
1996	275.54	59.47	208.10	11.96	2.87
1997	317.50	59.63	223.35	12.37	2.83
1998	350.16	77.27	225.69	14.69	2.60
1999	383.37	87.06	241.76	24.51	2.63
2000	430.42	87.38	275.06	27.15	3.61
2001	496.43	96.04	269.69	28.00	4.01
2002	715.09	98.35	370.96	27.94	7.54
2003	1209.44	114.27	630.70	33.04	11.16
2004	1808.91	154.19	1191.80	35.69	13.48
2005	2687.84	206.01	1644.71	41.14	14.84
2006	3406.35	374.17	1724.00	61.69	28.73
2007	4404.75	523.85	2222.19	88.61	45.46
2008	5604.67	743.67	2786.99	64.32	59.08
2009	7535.15	743.78	3699.67	71.12	62.32
2010	8971.63	960.00	4191.07	108.74	87.51
2011	10899.79	1349.80	4439.01	126.49	120.52

Total Investment in Fixed Assets by Status of Registration and Industry

(100 millon yuan)

个体 Individuals	#农村个人投资(农户) Indivdual Investment in Rural Areas	其他类型投资 Others	按隶属关系分 By Administrative Relationship: 中央项目 Central Government Projects	地方项目 Local Projects
10.81	8.74		23.44	28.98
8.05	6.00		17.48	30.09
11.19	8.86		17.96	35.36
18.38	14.91		24.63	47.42
13.78	10.84		29.31	41.37
10.94	8.13		29.81	40.96
14.31	11.03		42.16	58.50
19.11	13.27		62.50	86.74
19.68	12.66	11.38	78.02	139.38
30.46	23.23	11.50	92.55	158.44
44.09	36.53	7.83	98.50	174.56
44.18	36.66	11.30	96.53	179.01
45.90	39.01	35.88	142.34	175.16
53.03	40.94	56.75	109.49	240.67
55.06	43.01	62.04	90.28	293.09
51.64	45.88	76.57	60.41	370.01
86.25	48.74	112.49	60.31	436.12
100.57	52.16	215.62	103.75	611.34
138.86	55.68	406.84	129.78	1079.66
79.67	58.24	501.75	150.82	1658.09
84.26	62.05	917.73	255.66	2432.18
76.11	65.57	1544.55	412.73	2993.62
88.38	74.73	2005.58	507.23	3897.52
100.70	80.41	2652.66	808.69	4795.98
100.61	84.15	3663.75	829.24	6705.91
105.44	91.22	4566.38	932.53	8039.10
144.39	112.19	6189.90	817.20	10082.58

6-2 续表 continued

单位：亿元 (100 million yuan)

年份 Year	按三次产业分 Grouped by Type of Industry			房屋建筑面积 Floor Space of Buildings		
	第一产业 Primary Industry	第二产业 Secondary Industry	第三产业 Tertiary Industry	施工面积 (万平方米) Floor space under Construction (10 000 sq.m)	竣工面积 (万平方米) Floor Space Completed (10 000 sq.m)	# 住宅 Residential Buildings
1985	4.85	25.69	33.05	2524.6	2064.4	1379.2
1986	3.49	23.66	28.18	1769.8	1359.5	931.6
1987	1.92	26.55	34.50	1892.3	1518.8	1023.8
1988	5.58	38.89	40.19	1953.1	1513.5	1088.9
1989	5.38	42.05	35.96	1638.0	1282.4	912.5
1990	5.39	40.55	38.54	1490.0	1159.8	844.4
1991	8.02	54.53	57.75	2122.2	1570.8	1167.8
1992	10.18	81.05	73.39	1408.0	1409.7	959.8
1993	7.62	106.17	103.61	1752.9	1885.1	1230.1
1994	11.25	132.09	106.65	2419.0	1907.2	1413.8
1995	18.95	143.34	110.77	2744.2	2216.0	1569.3
1996	16.75	128.90	129.89	2749.9	2099.7	1584.2
1997	24.15	145.14	148.22	2972.9	2476.6	1709.1
1998	29.44	131.69	221.67	3276.4	2638.7	1788.7
1999	37.27	101.92	240.25	3342.6	2555.1	1825.2
2000	38.03	117.76	274.63	3444.1	2599.9	1874.9
2001	40.79	152.86	302.78	3633.2	2618.2	1807.8
2002	80.83	245.55	388.72	3942.5	2805.0	1783.0
2003	90.78	508.49	610.17	5138.3	3416.0	2028.1
2004	110.72	920.37	777.82	5735.2	3542.2	1991.6
2005	129.48	1462.36	1096.00	6448.6	3453.1	1882.5
2006	171.92	1815.51	1418.92	8093.4	4223.0	2444.8
2007	183.41	2222.96	1998.38	10343.9	4922.5	2900.4
2008	286.77	2895.44	2422.47	12870.7	4975.2	2919.2
2009	407.72	3831.77	2551.88	14869.5	5211.7	3089.8
2010	430.62	4427.67	3153.35	19817.7	5827.0	3415.1
2011	563.25	5138.40	3848.33	24384.1	5708.3	2959.4

注：按产业划分全社会固定资产投资不含住宅投资。

a)Total Investment in Fixed Assets by Three Strata of Industry does not include Residential Buildings.

6-3 全社会固定资产投资(按资金来源和构成分)

Total Investment of Fixed Assets by Source of Finance & Use of Fund

年 份 Year	按资金来源分 Grouped by Source of Finance				按构成分 Grouped by Use of Funds		
	国家预算内资金 State Budgetary Appropriations	国内贷款 Domestic Loans	利用外资 Foreign Investment	自筹和其他资金 Fund Raising and Others	建筑安装工程 Construction and Installation	设备工具器具购置 Purchase of Equipment & Instruments	其他费用 Others
投资额(万元) **Investment** **(10 000 yuan)**							
1991	177154	212819	129313	515106	692780	206234	105747
1992	187841	399716	217757	744941	1003377	330977	158877
1993	145484	524756	228825	1153498	1475388	495323	203289
1994	190289	646675	172001	1442919	1538978	657469	278796
1995	175546	583256	232002	1617671	1609643	749927	370991
1996	150246	710872	76386	1661729	1666690	664510	424171
1997	143587	997032	79710	1880868	1937796	753100	484275
1998	266157	888211	45659	2211536	2306538	708744	486673
1999	442502	689372	144490	2442264	2627258	735037	417817
2000	435776	761680	155448	2732802	2985528	870546	448109
2001	437274	1066975	301567	2867155	3439701	939451	585138
2002	1130966	1106042	184314	4071758	4678575	1521943	950372
2003	1242788	2285156	96546	7811394	7896627	2562501	1635268
2004	1289467	3042138	144704	13065722	12162580	4069938	1856578
2005	1553343	5175125	153742	19267580	18378345	5917539	2582513
2006	1575533	4024239	218262	27502516	23918688	6986773	3158053
2007	1627300	4525908	302027	36602031	30974513	9065513	4007482
2008	2341617	3942397	466725	47681029	37897517	12589188	5559989
2009	4271961	7498506	159927	63099684	50909126	17016267	7426136
2010	3787453	11158795	75469	76640995	59703962	21033792	8978537
2011	4960488	12729236	132248	96337709	76277117	24588437	8132304
构成(%) **Percentage**							
1991	17.1	20.6	12.5	49.8	69.0	20.5	10.5
1992	12.1	25.8	14.0	48.1	67.2	22.2	10.6
1993	7.1	25.6	11.1	56.2	67.9	22.8	9.3
1994	7.8	26.4	7.0	58.8	62.2	26.6	11.2
1995	6.7	22.4	8.9	62.0	58.9	27.5	13.6
1996	5.8	27.3	2.9	63.9	60.5	24.1	15.4
1997	4.6	32.2	2.6	60.6	61.0	23.7	15.3
1998	7.8	26.1	1.3	64.8	65.9	20.2	13.9
1999	11.9	18.5	3.9	65.7	69.5	19.4	11.1
2000	10.7	18.6	3.8	66.9	69.4	20.2	10.4
2001	9.3	22.8	6.5	61.4	69.3	18.9	11.8
2002	17.4	17.0	2.8	62.8	65.4	21.3	13.3
2003	10.9	20.0	0.8	68.3	65.3	21.2	13.5
2004	7.4	17.3	0.8	74.5	67.2	22.5	10.3
2005	5.9	19.8	0.6	73.7	68.4	22.0	9.6
2006	4.7	12.1	0.7	82.5	70.2	20.5	9.3
2007	3.8	10.5	0.7	85.0	70.3	20.6	9.1
2008	4.3	7.2	0.9	87.6	67.6	22.5	9.9
2009	5.7	10.0	0.2	84.1	67.6	22.6	9.8
2010	4.1	12.2	0.1	83.6	66.5	23.4	10.0
2011	4.3	11.2	0.1	84.4	70.0	22.6	7.5

6-4 按登记注册类型分的全社会固定资产投资(2011 年)

指 标	Item	总 计 Total	内资 国 有 State-owned Units	内资 集 体 Collective-owned Units	内资 股份合作 Coopeative Units
投资总额(万元)	**Total Investment(10 000 yuan)**	**108997858**	**37206897**	**1264856**	**653529**
按资金来源分	Grouped by Source of Funds				
国家预算内资金	State Appropriations	4960488	4724780	18109	48530
国内贷款	Domestic Loans	12729236	5475973	11283	44500
利用外资	Foreign Investment	132248	41979		
自筹资金	Fund Raising	90248981	25974626	1176439	651844
其他资金	Others	6088728	1793128	34632	8810
按城乡分组	Grouped by Urban and Rural Area				
城镇	Urban	105949750	36385367	1205230	649029
#房地产开发	Real Estate Development	16237771	190762	99335	79324
农村	Rural	3048108	821530	59626	4500
# 农村个人	Rural Individuals	1121948			
按构成分	Grouped by Use of Funds				
建筑安装工程	Construction and Installation	76277117	29053029	962270	406435
设备、工具器具购置	Purchase of Equipment & Instruments	24588437	5649096	267590	202515
其他费用	Others	8132304	2504772	34996	44579
新增固定资产(万元)	**Newly Increased Fixed Assets (10 000 yuan)**	**80440229**	**30750013**	**1069272**	**347069**
房屋建筑面积(万平方米)	**Floor Space of Buildings (10 000 sq.m)**				
施工面积	Floor Space Under Construction	24384.15	4351.85	384.63	84.37
竣工面积	Floor Space Completed	5708.29	1405.29	143.45	19.36
# 住宅	Residential Buildings	2959.41	616.67	95.49	10.4

Total Investment in Fixed Assets by Status of Registration(2011)

Domistic-funded Enterprises					港澳台投资 Economic Units Funded by Entrepreneurs from HK,Macao & Taiwan	外商投资 Foreign Funded Economic Units	个 人 投 资 Indivi-duals	
联营经济 Joint-owned Economic Units	有限责任公司 Limited Liabibity Corp.	股份有限公司 Share-holding Corp.Ltd.	私营 Private Enter-prises	其他 Others				#个体经营 Manage by Individuals
193482	**40936898**	**7090312**	**15917946**	**3212750**	**533280**	**544040**	**1443868**	**245383**
3800	101739	11493	20970	18903	9800		2364	2364
18209	4916858	1217247	754461	228765	12800	13100	36040	5747
	7700		3000	2141	38963	38465		
143849	36070055	5781538	15155605	2820648	552248	561980	1360149	218618
30845	2101918	120004	1716577	237394	1420		44000	17339
161432	40636846	7085312	15543111	3017674	533280	495400	237069	170000
	7967402	609047	7027510	241411	4200	18780		
32050	300052	5000	374835	195076		48640	1206799	75383
							1121948	
127179	26972438	4327914	11180243	2183045	335160	235033	494371	168821
60113	11427065	2380552	2860372	872454	166244	276717	425719	67015
6190	2537395	381846	1877331	157251	31876	32290	523778	9547
82660	**28367951**	**5262508**	**10120247**	**1659299**	**662176**	**731547**	**1387487**	**221852**
11.25	10245.01	954.72	7706.66	331.33	134.84	123.49	56	37.99
	2100.85	276.45	1504.46	79.52	94.73	41.19	42.99	32.65
	1097.25	146.26	940.9	27.65	6.37	6.29	12.13	3.39

6-5 按各种分组的国有经济固定资产投资

Investment in Fixed Assets of State-owned Units by Group

指标	Item	1995	2000	2005	2010	2011
投资总额(万元)	**Total Investment(10 000 yuan)**	**2099845**	**2750621**	**11253580**	**33693376**	**37206897**
按资金来源分	Grouped by Source of Funds					
国家预算内资金	State Budgetary Appropriations	167282	375824	1354101	3477516	4724780
国内贷款	Domestic Loans	514959	509425	2641703	4981405	5475973
利用外资	Foreign Investment	207128	127053	61032	10888	41979
自筹资金	Fund Raising	939696	1139959	5584185	24220869	25974626
其他资金	Others	153491	454853	1133247	1529738	1793128
按构成分	Grouped by Use of Funds					
建筑安装工程	Construction and Installation	1173494	1925160	8604982	24075515	29053029
设备、工具器具购置	Purchase of Equipment and Instruments	615448	554610	1644986	6118899	5649096
其他费用	Others	310903	270851	1003612	3498962	2504772
按建设性质分	Grouped by Type of Construction					
# 新建	New Construction	820541	588067	6674345	23905178	24236070
扩建	Expansion	917390	1258468	2655493	4979537	5770114
改建	Reconstruction	242964	604524	1522155	3630230	5747430
按产业分	Grouped by Type of Industry					
第一产业	Primary Industry	22483	162552	739787	2280021	2814729
第二产业	Secondary Industry	1350248	774968	3969509	11204633	10826803
第三产业	Tertiary Industry	488069	1460516	6134414	19199717	21917971
按国民经济主要行业分	Grouped by Main Sector					
农业	Agriculture	22483	162552	739787	2395938	2850264
工业	Industry	1341029	767129	3950737	10690375	10443830
# 能源工业	Energy	800786	427666	3473684	8453170	7800018
运输邮电业	Transportation, Postal and Telecommunications Services	280048	866275	2996162	7732958	7899245
新增固定资产(万元)	**Newly Increased Fixed Assets(10 000 yuan)**	**1766780**	**1877577**	**8086849**	**23563554**	**30750013**
房屋建筑面积(万平方米)	**Floor Space of Buildings(10 000 sq.m)**					
施工面积	Floor Space Under Construction	874.36	1177.96	1688.92	3410.35	4351.85
竣工面积	Floor Space Completed	493.23	757.69	928.08	1292.07	1405.29
# 住宅	Residential Buildings	281.08	466.73	365.35	457.58	616.67

注：1.改建投资中不含单纯建造生活设施投资。

2.按国民经济行业分、按建设性质分和按产业分不含房地产投资和住宅投资，其他统计分组的含。

a) The investment in reconstruction includes the investment in construction of facilities simply for the improvement of residents'life.

b) The investment in the real estate development is not included in the investment grouped by main sector and by Type of Industry.

6-6 按各种分组的城镇固定资产投资
Investment in Fixed Assets in Urban Area by Group

指 标	Item	2007	2008	2009	2010	2011
投资总额(万元)	**Total Investment(10 000 yuan)**	**42868733**	**54563029**	**73406401**	**87331535**	**105949750**
隶属关系分	By Administrative Relationship					
中央项目	Central Government Projects	5072316	8086908	8292392	9314294	8071917
地方项目	Local Projects	37796417	46476121	65114009	78017241	97877833
按资金来源分	Grouped by Source of Funds					
国家预算内资金	State Budgetary Appropriations	1600779	2320866	4156794	3643650	4757309
国内贷款	Domestic Loans	4409272	3787073	7351050	10958254	12608640
利用外资	Foreign Investment	302027	466725	159927	75469	128608
自筹资金	Fund Raising	33277131	43812057	58426334	70670780	87537614
其他资金	Others	2292847	2806371	3044745	3928406	6039541
按构成分	Grouped by Use of Funds					
建筑安装工程	Construction and Installation	30342484	37031611	49725151	58206257	74696871
设备、工具器具购置	Purchase of Equipment and Instruments	8731774	12240253	16550521	20435257	23861093
其他费用	Others	3794475	5291165	7130729	8690021	7391786
按产业分	Grouped by Type of Industry					
第一产业	Primary Industry	1277005	1917259	2738987	2939756	3551143
第二产业	Secondary Industry	22053332	28885464	38232840	44032033	51021112
第三产业	Tertiary Industry	14585492	16656726	25293933	31073891	38264787
按国民经济主要行业分	Grouped by Main Sector					
农业	Agriculture	1327825	1961498	2871320	3095513	3590249
工业	Industry	22055069	28783871	37693048	43115854	50121545
# 能源工业	Energy	12034870	15935693	19253201	21249546	19240973
运输邮电业	Transportation, Postal and Telecommunications Services	5692283	5471548	8247155	10331079	9849717
新增固定资产(万元)	**Newly Increased Fixed Assets(10 000 yuan)**	**30901797**	**33765169**	**47323088**	**58459904**	**77616408**
房屋建筑面积(万平方米)	**Floor Space of Buildings(10 000 sq.m)**					
施工面积	Floor Space Under Construction	9400.56	11875.95	14283.48	18070.07	24269.88
竣工面积	Floor Space Completed	4029.85	4073.16	4691.85	4818.12	5640.44
# 住宅	Residential Buildings	2264.30	2279.79	2672.58	2582.29	2930.08

注：按国民经济行业分、按产业分不含房地产投资和住宅投资，其他统计分组的含。

a) The investment in the real estate development is not included in the investment grouped by main sector and by Type of Industry.

6-7 国民经济各行业按建设性质分的城镇固定资产投资(2011 年)

Investment in Fixed Assets in Urban Area by Type of Construction (2011)

单位：万元 (10 000 yuan)

行 业	Sector	投资额 Investmert	# 新 建 New Constr- uction	# 扩 建 Expa- nsion	# 改 建 Recons- truction
全 区	**Autonomous Regional Total**	**89711979**	**59833613**	**12673680**	**14257203**
农、林、牧、渔业	**Farming, Forestry, Animal Husbandry & Fishery**	**3590249**	**2069616**	**1166878**	**283476**
农 业	Farming	766214	517259	206823	36911
林 业	Forestry	933178	347129	473381	105706
畜牧业	Animal Husbandry	875278	559197	260265	37173
渔 业	Fishery	16323	13723	2600	
农、林、牧、渔服务业	Agricultural Services	999256	632308	223809	103686
采矿业	**Mining**	**10099436**	**6004824**	**2505062**	**1365379**
煤炭开采和洗选业	Coal Mining & Processing	5959585	3584223	1228454	946367
石油和天然气开采业	Extraction of Petroleum & Natural Gas	1077393	854315	217352	5726
黑色金属矿采选业	Mining & Dressing of Ferrous Metals	1131971	645712	241124	230405
有色金属矿采选业	Mining & Dressing of Nonferrous Metals	1424771	661623	631597	127951
非金属矿采选业	Mining & Dressing of Nonmetal Minerals	489166	254151	183035	51980
其他采矿业	Mining of Other Mineral	16550	4800	3500	2950
制造业	**Manufacturing**	**28500930**	**18746893**	**3420841**	**5675675**
农副食品加工业	Processing of Agricultural Side-line Food	1780413	1091026	317174	368133
食品制造业	Food Manufacturing	1114966	482297	294418	294891
饮料制造业	Beverage Manufacturing	423971	143323	80627	172200
烟草制品业	Tobacco Products	12732			11232
纺织业	Textile Industry	252826	139245	33690	54838
纺织服装、鞋、帽制造业	Textile Products, Clothes, Shoes & Hats	98316	78936	7500	3700
皮革、毛皮、羽毛（绒）及其制品业	Leather, Furs, Down & Related Products	78568	58168	12500	3000
木材加工及木、竹、藤、棕、草制品业	Timber Processing, Bamboo, Cane, Palm Fiber & Straw Products	253627	127004	19736	95437
家具制造业	Furniture Manufacturing	37076	13796		23160
造纸及纸制品业	Paper-making & Paper Products	354119	303874	23945	22900
印刷业和记录媒介的复制	Printing & Record Pressing	102913	47730	17670	28397
文教体育用品制造业	Cultural, Educational & Sports Goods	9203	950		8253
石油加工、炼焦及核燃料加工业	Petroleum Processing , Coke Products & Processing of Nuclear Fuel	1594238	1003896	140600	449742
化学原料及化学制品制造业	Raw Chemical Materials & Products	4766244	3389875	320302	1029964
医药制造业	Medicine Manufacturing	1059486	907350	31892	109314
化学纤维制造业	Chemical Fiber Manufacturing	395535	395535		

注：此表未包括房地产投资。

a)Data in this table doesn't include real estate development.

6-7 续表 1 continued

单位：万元 (10 000 yuan)

行业	Sector	投资额 Investment	#新建 New Construction	#扩建 Expansion	#改建 Reconstruction
橡胶制品业	Rubber Products	59140	10010	11000	38070
塑料制品业	Plastic Products	493024	357502	62314	56702
非金属矿物制品业	Nonmetal Mineral Products	3103982	1586857	839397	569765
黑色金属冶炼及压延加工业	Smelting & Pressing of Ferrous Metals	1967908	792688	495421	591086
有色金属冶炼及压延加工业	Smelting & Pressing of Nonferrous Metals	3061076	2410645	51888	548317
金属制品业	Metal Products	640718	369343	58165	172825
通用设备制造业	Manufacturing of General Purpose Equipment	1450735	714593	88556	588060
专用设备制造业	Special Purposes Equipment Manufacturing	997941	707607	61061	195165
交通运输设备制造业	Transportation Equipment Manufacturing	1613461	1467676	29330	95425
电气机械及器材制造业	Electric Equipment & Machinery	2340412	1816105	394446	75295
通信设备、计算机及其他电子设备制造业	Manufacturing of Telecommunications, Computer & Other Electronic Equipment	117742	81631	12609	21173
仪器仪表及文化、办公用机械制造业	Instruments, Meters, Cultural & Office Machinery	29061	19899		9162
工艺品及其他制造业	Handicrafts & Other Production	201077	159771	7300	27910
废弃资源和废旧材料回收加工业	Recovering of Abandoned Resource & Waste Materical	90420	69561	9300	11559
电力、燃气及水的生产和供应业	**Production & Supply of Electric Power,Gas & Water**	**11521179**	**8378916**	**1924555**	**974123**
电力、热力的生产和供应业	Electric Power and Heating Power	8651696	5856198	1733896	824970
燃气生产和供应业	Production & Supply of Gas	1958061	1904912	18930	30676
水的生产和供应业	Production & Supply of Water	911422	617806	171729	118477
建筑业	**Construction**	**1104741**	**676741**	**75042**	**223159**
房屋和土木工程建筑业	Housing & Civil Engineering Construction	891370	573841	72572	157062
建筑安装业	Installation of Buildings	34936	16962	2470	3950
建筑装饰业	Decoration of Buildings	83307	17280		53247
其他建筑业	Other Construction	95128	68658		8900
交通运输、仓储和邮政业	**Transportation, Storage & Postal**	**10173295**	**7275013**	**821902**	**1914080**
铁路运输业	Railway Transport	2971091	2645193	51912	165449
道路运输业	Roadway Transport	5951359	3704180	598022	1626721
城市公共交通业	Public Traffic in Cities	32650	24113	1500	377
水上运输业	Waterway Transport	972	408		564
航空运输业	Air Transport	41209	5739	6100	29370
管道运输业	Pipeline Transport	24601	20700		3901
装卸搬运和其他运输服务业	Loading,Unloading,Carrying & Transport	145377	119459	200	16518
仓储业	Storage	996286	751221	164168	65430
邮政业	Postal Services	9750	4000		5750
信息传输、计算机服务和软件业	**Information Transmission,Computer Service & Computer Software**	**729580**	**388245**	**214103**	**56337**
电信和其他信息传输服务	Tele. & other Information Transmission	672708	350148	214103	49616
计算机服务业	Computer Services	35352	19527		6721
软件业	Software	21520	18570		
批发和零售业	**Wholesale & Retail Trade**	**3798519**	**2265508**	**290282**	**892100**
批发业	Wholesale Trade	2400430	1209611	207093	673294
零售业	Retail Trade	1398089	1055897	83189	218806
住宿和餐饮业	**Quarters & Catering**	**977356**	**629412**	**102666**	**183033**
住宿业	Quarters	551795	362040	76240	70025
餐饮业	Catering	425561	267372	26426	113008

6–7 续表 2 continued

单位：万元 (10 000 yuan)

行 业	Sector	投资额 Investmert	# 新建 New Constr-uction	# 扩建 Expan-sion	# 改建 Recons-truction
金融业	**Banking**	**466513**	**278273**	**21574**	**88584**
银行业	Banking	167525	36474	9439	52100
证券业	Bond	20875	8950	11925	
保险业	Insurance	7322	592		4000
其他金融活动	Others	270791	232257	210	32484
房地产业	**Real Estate**	**2633506**	**2247660**	**149170**	**106576**
房地产业	Real Estate	2633506	2247660	149170	106576
租赁和商务服务业	**Leasing & Commercial Services**	**1024267**	**662615**	**89286**	**229636**
租赁业	Leasing Services	49531	20311		23220
商务服务业	Commercial Services	974736	642304	89286	206416
科学研究、技术服务和地质勘查业	**Scientific Research ,Technical Services & Geological Prospecting**	**541974**	**178301**	**211611**	**103367**
研究与试验发展	Research & Development	21541	14205	3876	3460
专业技术服务业	Special Technical Services	67814	29387	1825	26662
科技交流和推广服务业	Science & Technology Exchanging & Spreading	103229	46029		31045
地质勘查业	Geological Prospecting	349390	88680	205910	42200
水利、环境和公共设施管理业	**Water Conservancy, Environment & Public Facilities Administration**	**8885054**	**6365000**	**1083613**	**1378655**
水利管理业	Water Conservancy	1408307	1029671	204338	174098
环境管理业	Environment	482737	292718	31023	130426
公共设施管理业	Public Facilities Administration	6994010	5042611	848252	1074131
居民服务和其他服务业	**Resident Services & Other Services**	**187631**	**125888**	**21703**	**29395**
居民服务业	Resident Services	98650	57755	21203	12247
其他服务业	Other Services	88981	68133	500	17148
教育	**Education**	**1812312**	**1332261**	**184226**	**201956**
教育	Education	1812312	1332261	184226	201956
卫生、社会保障和社会福利业	**Health Care, Social Security &Social Welfare**	**678609**	**357595**	**92235**	**104413**
卫生	Health Care	535929	243125	74565	94073
社会保障业	Social Security	36374	26534		9840
社会福利业	Social Welfare	106306	87936	17670	500
文化、体育和娱乐业	**Culture, Sports & Recreational Services**	**771983**	**572528**	**44204**	**105877**
新闻出版业	Press	53278	49785	1000	
广播、电视和音像业	Radio ,Television & Audio-visual	74426	47961	3565	21530
文化艺术业	Culture & Arts	352434	248726	31560	48150
体育	Sports	101725	94198	3894	3300
娱乐业	Recreational Services	190120	131858	4185	32897
公共管理和社会组织	**Public Administration & Social Organization**	**2214845**	**1278324**	**254727**	**341382**
中国共产党机关	Chinese Communist Party Agencies	4414	4414		
国家机构	Government Agencies	1750001	1082323	157874	251532
人民政协和民主党派	People's Politics Consultative Conference & Democratic Parties				
群众团体、社会团体和宗教组织	Mass Organization ,Social Organization and Religious Organization	157067	90930	5487	45750
基层群众自治组织	Basic Mass Autonomous Organization	303363	100657	91366	44100
国际组织	**International Organizations**				
国际组织	International Organizations				

6-8 国民经济各行业城镇固定资产投资和新增固定资产(2011 年)

Investment in Fixed Assets in Urban Area & Newly Increased Fixed Assets by Sector(2011)

单位：万元 (10 000 yuan)

行 业	Sector	投资额 Invest-ment	# 地方项目 Local Projects	新增固定资产 Newly Increased Fixed Assets	# 地方项目 Local Projects
全 区	**Autonomous Regional Total**	**89711979**	**81698056**	**70845618**	**62842085**
农、林、牧、渔业	**Farming, Forestry, Animal Husbandry & Fishery**	**3590249**	**3586761**	**3136519**	**3134767**
农 业	Farming	766214	766214	677658	677658
林 业	Forestry	933178	929690	635688	633936
畜牧业	Animal Husbandry	875278	875278	866694	866694
渔 业	Fishery	16323	16323	4600	4600
农、林、牧、渔服务业	Agricultural Services	999256	999256	951879	951879
采矿业	**Mining**	**10099436**	**7441392**	**8831631**	**6507098**
煤炭开采和洗选业	Coal Mining & Processing	5959585	4528003	6021172	4084542
石油和天然气开采业	Extraction of Petroleum & Gas	1077393	160976	536043	150727
黑色金属矿采选业	Mining & of Ferrous Metals	1131971	1131971	908620	908620
有色金属矿采选业	Mining & of Nonferrous Metals	1424771	1114726	908778	906191
非金属矿采选业	Mining of Nonmetal Minerals	489166	489166	440468	440468
其他采矿业	Mining of Other Mineral	16550	16550	16550	16550
制造业	**Manufacturing**	**28500930**	**27411542**	**18298944**	**17251334**
农副食品加工业	Processing of Agricultural Food	1780413	1780413	1398981	1398981
食品制造业	Food Manufacturing	1114966	1114966	1490722	1490722
饮料制造业	Beverage Manufacturing	423971	423971	422306	422306
烟草制品业	Tobacco Products	12732	3800	11232	2300
纺织业	Textile Industry	252826	252826	182634	182634
纺织服装、鞋、帽制造业	Textile, Clothes, Shoes & Hats	98316	97316	75446	75446
皮革、毛皮、羽毛（绒）及其制品业	Leather, Furs, Down & Related Products	78568	78568	85828	85828
木材加工及木、竹、藤、棕、草制品业	Timber Processing, Bamboo, Cane, Palm Fiber & Straw Products	253627	253627	242477	242477
家具制造业	Furniture Manufacturing	37076	37076	30486	30486
造纸及纸制品业	Paper-making & Paper Products	354119	354119	156821	156821
印刷业和记录媒介的复制	Printing & Record Pressing	102913	102913	104913	104913
文教体育用品制造业	Cultural, Educational & Sports Goods	9203	9203	9213	9213
石油加工、炼焦及核燃料加工业	Petroleum Processing , Coke Products & Processing of Nuclear Fuel	1594238	1228241	429500	429500
化学原料及化学制品制造业	Raw Chemical Materials & Products	4766244	4499754	2581764	2061509
医药制造业	Medicine Manufacturing	1059486	1059486	383623	383623
化学纤维制造业	Chemical Fiber Manufacturing	395535	374525	1200	1200

注：此表未包括房地产投资。

a)Data in this table doesn't include real estate development.

6-8 续表 1 continued

单位：万元 (10 000 yuan)

行业	Sector	投资额 Invest-ment	# 地方项目 Local Projects	新增固定资产 Newly Increased Fixed Assets	# 地方项目 Local Projects
橡胶制品业	Rubber Products	59140	59140	55370	55370
塑料制品业	Plastic Products	493024	493024	712929	712929
非金属矿物制品业	Nonmetal Mineral Products	3103982	3103982	2140644	2140644
黑色金属冶炼及压延加工业	Smelting of Ferrous Metals	1967908	1942712	1244055	1187345
有色金属冶炼及压延加工业	Smelting of Nonferrous Metals	3061076	3061076	1699989	1699989
金属制品业	Metal Products	640718	640718	571709	571709
通用设备制造业	Manufacturing of General Equipment	1450735	1300362	1337662	1020509
专用设备制造业	Special Equipment Manufacturing	997941	955354	650765	650765
交通运输设备制造业	Transportation Equipment Manufacturing	1613461	1417044	678215	533655
电气机械及器材制造业	Electric Equipment & Machinery	2340412	2329026	1232525	1232525
通信设备、计算机及其他电子设备制造业	Manufacturing of Telecommunications, Computer & Other Electronic Equipment	117742	117742	148668	148668
仪器仪表及文化、办公用机械制造业	Instruments, Meters, Cultural & Office Machinery	29061	29061	31090	31090
工艺品及其他制造业	Handicrafts & Other Production	201077	201077	101510	101510
废弃资源和废旧材料回收加工业	Recovering of Abandoned Resource & Waste Materical	90420	90420	86667	86667
电力、燃气及水的生产和供应业	**Production & Supply of Electric Power,Gas & Water**	**11521179**	**8946866**	**11818578**	**8764547**
电力、热力的生产和供应业	Electric Power and Heating Power	8651696	6162673	10499203	7445895
燃气生产和供应业	Production & Supply of Gas	1958061	1877828	430981	430981
水的生产和供应业	Production & Supply of Water	911422	906365	888394	887671
建筑业	**Construction**	**1104741**	**1083773**	**957691**	**930337**
房屋和土木工程建筑业	Housing & Civil Construction	891370	870402	679336	651982
建筑安装业	Installation of Buildings	34936	34936	43124	43124
建筑装饰业	Decoration of Buildings	83307	83307	82907	82907
其他建筑业	Other Construction	95128	95128	152324	152324
交通运输、仓储和邮政业	**Transportation, Storage & Postal**	**10173295**	**9257332**	**7320495**	**6583472**
铁路运输业	Railway Transport	2971091	2214194	1571018	975654
道路运输业	Roadway Transport	5951359	5816680	4743497	4608818
城市公共交通业	Public Traffic in Cities	32650	32650	29565	29565
水上运输业	Waterway Transport	972	972	947	947
航空运输业	Air Transport	41209	41209	30131	30131
管道运输业	Pipeline Transport	24601	24601	13156	13156
装卸搬运和其他运输服务业	Loading,Unloading,Carrying & Transport	145377	145377	48519	48519
仓储业	Storage	996286	971899	877912	870932
邮政业	Postal Services	9750	9750	5750	5750
信息传输、计算机服务和软件业	**Information Transmission,Computer Service & Computer Software**	**729580**	**317104**	**584533**	**191492**
电信和其他信息传输服务	Tele.& other Information Transmission	672708	260232	544760	151719
计算机服务业	Computer Services	35352	35352	36823	36823
软件业	Software	21520	21520	2950	2950
批发和零售业	**Wholesale & Retail Trade**	**3798519**	**3646825**	**3365457**	**3215063**
批发业	Wholesale Trade	2400430	2252716	2350137	2202423
零售业	Retail Trade	1398089	1394109	1015320	1012640
住宿和餐饮业	**Quarters & Catering**	**977356**	**974256**	**803849**	**803849**
住宿业	Quarters	551795	548695	491882	491882
餐饮业	Catering	425561	425561	311967	311967

6-8 续表 2 continued

单位：万元 (10 000 yuan)

行 业	Sector	投资额 Investment	# 地方项目 Local Projects	新增固定资产 Newly Increased Fixed Assets	# 地方项目 Local Projects
金融业	**Banking**	**466513**	**373427**	**664040**	**532254**
银行业	Banking	167525	74439	201495	69709
证券业	Bond	20875	20875	20775	20775
保险业	Insurance	7322	7322	6730	6730
其他金融活动	Others	270791	270791	435040	435040
房地产业	**Real Estate**	**2633506**	**2624461**	**1949645**	**1925710**
房地产业	Real Estate	2633506	2624461	1949645	1925710
租赁和商务服务业	**Leasing & Commercial Services**	**1024267**	**1024267**	**580034**	**580034**
租赁业	Leasing Services	49531	49531	57619	57619
商务服务业	Commercial Services	974736	974736	522415	522415
科学研究、技术服务和地质勘查业	**Scientific Research ,Technical Services & Geological Prospecting**	**541974**	**513344**	**386018**	**328857**
研究与试验发展	Research & Development	21541	19730	72404	45122
专业技术服务业	Special Technical Services	67814	65435	56690	54311
科技交流和推广服务业	Science & Technology Exchanging & Spreading	103229	103229	70814	70814
地质勘查业	Geological Prospecting	349390	324950	186110	158610
水利、环境和公共设施管理业	**Water Conservancy, Environment & Public Facilities Administration**	**8885054**	**8863823**	**7179138**	**7171456**
水利管理业	Water Conservancy	1408307	1392858	1025584	1023684
环境管理业	Environment	482737	482737	482057	482057
公共设施管理业	Public Facilities Administration	6994010	6988228	5671497	5665715
居民服务和其他服务业	**Resident Services & Other Services**	**187631**	**187631**	**176581**	**176581**
居民服务业	Resident Services	98650	98650	106260	106260
其他服务业	Other Services	88981	88981	70321	70321
教育	**Education**	**1812312**	**1812192**	**1431197**	**1411397**
教育	Education	1812312	1812192	1431197	1411397
卫生、社会保障和社会福利业	**Health Care, Social Security & Social Welfare**	**678609**	**678609**	**558133**	**558133**
卫生	Health Care	535929	535929	485250	485250
社会保障业	Social Security	36374	36374	34390	34390
社会福利业	Social Welfare	106306	106306	38493	38493
文化、体育和娱乐业	**Culture, Sports & Recreational Services**	**771983**	**756887**	**929202**	**915906**
新闻出版业	Press	53278	53278	25753	25753
广播、电视和音像业	Radio ,Television & Audio-visual	74426	74426	31710	31710
文化艺术业	Culture & Arts	352434	337338	408874	395578
体育	Sports	101725	101725	173643	173643
娱乐业	Recreational Services	190120	190120	289222	289222
公共管理和社会组织	**Public Administration & Social Organization**	**2214845**	**2197564**	**1873933**	**1859798**
中国共产党机关	Chinese Communist Party Agencies	4414	4414	5500	5500
国家机构	Government Agencies	1750001	1732720	1477476	1463341
人民政协和民主党派	People's Politics Consultative Conference & Democratic Parties				
群众团体、社会团体和宗教组织	Mass Organization ,Social Organization and Religious Organization	157067	157067	121934	121934
基层群众自治组织	Basic Mass Autonomous Organization	303363	303363	269023	269023
国际组织	**International Organizations**				
国际组织	International Organizations				

6-9 按行业分城镇50万元以上施工、投产项目个数(2011年)

Number of Construction Projects over 500 Thousand Yuan under Construction and Put into Use in Urban Area by Sector (2011)

行业	Sector	施工项目(个) Number of Projects Under Construction (unit)	#新开工项目 Started This Year	全部建成投产项目(个) Number of Projects Started This Year (unit)	项目建成投产率(%) Percentage of Projects Completed and Put into Use
全　　区	**Autonomous Regional Total**	**14581**	**11570**	**10814**	**74.2**
农、林、牧、渔业	**Farming, Forestry, Animal Husbandry & Fishery**	**1224**	**1104**	**1021**	**83.4**
农 业	Farming	271	249	231	85.2
林 业	Forestry	270	243	221	81.9
畜牧业	Animal Husbandry	289	266	261	90.3
渔 业	Fishery	4	4	2	50.0
农、林、牧、渔服务业	Agricultural Services	390	342	306	78.5
采矿业	**Mining**	**1054**	**823**	**783**	**74.3**
煤炭开采和洗选业	Coal Mining & Processing	397	257	271	68.3
石油和天然气开采业	Extraction of Petroleum & Natural Gas	35	27	26	74.3
黑色金属矿采选业	Mining & Dressing of Ferrous Metals	248	212	201	81.0
有色金属矿采选业	Mining & Dressing of Nonferrous Metals	195	175	159	81.5
非金属矿采选业	Mining & Dressing of Nonmetal Minerals	176	149	123	69.9
其他采矿业	Mining of Other Mineral	3	3	3	100.0
制造业	**Manufacturing**	**3373**	**2722**	**2513**	**74.5**
农副食品加工业	Processing of Agricultural Side-line Food	414	336	310	74.9
食品制造业	Food Manufacturing	134	121	114	85.1
饮料制造业	Beverage Manufacturing	107	86	89	83.2
烟草制品业	Tobacco Products	3	2	2	66.7
纺织业	Textile Industry	65	51	47	72.3
纺织服装、鞋、帽制造业	Textile Products, Clothes, Shoes & Hats	30	27	21	70.0
皮革、毛皮、羽毛（绒）及其制品业	Leather, Furs, Down & Related Products	16	13	15	93.8
木材加工及木、竹、藤、棕、草制品业	Timber Processing, Bamboo, Cane, Palm Fiber & Straw Products	102	101	96	94.1
家具制造业	Furniture Manufacturing	8	7	7	87.5
造纸及纸制品业	Paper-making & Paper Products	39	30	30	76.9
印刷业和记录媒介的复制	Printing & Record Pressing	23	21	20	87.0
文教体育用品制造业	Cultural, Educational & Sports Goods	4	4	4	100.0
石油加工、炼焦及核燃料加工业	Petroleum Processing , Coke Products & Processing of Nuclear Fuel	44	24	21	47.7
化学原料及化学制品制造业	Raw Chemical Materials & Products	293	207	194	66.2
医药制造业	Medicine Manufacturing	58	46	41	70.7
化学纤维制造业	Chemical Fiber Manufacturing	9	5	1	11.1

6–9 续表 1 continued

行 业	Sector	施工项目(个) Number of Projects Under Construction (unit)	# 新开工项目 Started This Year	全部建成投产项目(个) Number of Projects Started This Year (unit)	项目建成投产率(%) Percentage of Projects Completed and Put into Use
橡胶制品业	Rubber Products	11	9	8	72.7
塑料制品业	Plastic Products	137	118	96	70.1
非金属矿物制品业	Nonmetal Mineral Products	582	490	443	76.1
黑色金属冶炼及压延加工业	Smelting & Pressing of Ferrous Metals	165	123	93	56.4
有色金属冶炼及压延加工业	Smelting & Pressing of Nonferrous Metals	211	161	159	75.4
金属制品业	Metal Products	153	135	122	79.7
通用设备制造业	General Purpose Equipment	242	208	195	80.6
专用设备制造业	Special Purposes Equipment	143	119	112	78.3
交通运输设备制造业	Transportation Equipment	107	78	72	67.3
电气机械及器材制造业	Electric Equipment & Machinery	173	114	119	68.8
通信设备、计算机及其他电子设备制造业	Telecommunications, Computer & Other Electronic Equipment	27	23	23	85.2
仪器仪表及文化、办公用机械制造业	Instruments, Meters, Cultural & Office Machinery	10	8	7	70.0
工艺品及其他制造业	Handicrafts & Other Production	42	39	35	83.3
废弃资源和废旧材料回收加工业	Recovering of Abandoned Resource & Waste Materical	21	16	17	81.0
电力、燃气及水的生产和供应业	**Production & Supply of Electric Power,Gas & Water**	**1017**	**706**	**679**	**66.8**
电力、热力的生产和供应业	Electric Power and Heating Power	701	482	465	66.3
燃气生产和供应业	Production & Supply of Gas	88	69	45	51.1
水的生产和供应业	Production & Supply of Water	228	155	169	74.1
建筑业	**Construction**	**355**	**308**	**262**	**73.8**
房屋和土木工程建筑业	Housing & Civil Engineering	309	265	224	72.5
建筑安装业	Installation of Buildings	10	9	7	70.0
建筑装饰业	Decoration of Buildings	22	22	21	95.5
其他建筑业	Other Construction	14	12	10	71.4
交通运输、仓储和邮政业	**Transportation, Storage & Postal**	**1030**	**759**	**729**	**70.8**
铁路运输业	Railway Transport	83	33	33	39.8
道路运输业	Roadway Transport	694	523	517	74.5
城市公共交通业	Public Traffic in Cities	16	9	11	68.8
水上运输业	Waterway Transport	4	4	3	75.0
航空运输业	Air Transport	9	7	3	33.3
管道运输业	Pipeline Transport	5	4	3	60.0
装卸搬运和其他运输服务业	Loading,Unloading,Carrying & Transport	25	22	10	40.0
仓储业	Storage	191	154	147	77.0
邮政业	Postal Services	3	3	2	66.7
信息传输、计算机服务和软件业	**Information Transmission,Computer Service & Computer Software**	**66**	**56**	**54**	**81.8**
电信和其他信息传输服务	Tele. & other Information Transmission	57	48	48	84.2
计算机服务业	Computer Services	8	7	6	75.0
软件业	Software	1	1		
批发和零售业	**Wholesale & Retail Trade**	**842**	**741**	**721**	**85.6**
批发业	Wholesale Trade	519	468	447	86.1
零售业	Retail Trade	323	273	274	84.8
住宿和餐饮业	**Quarters & Catering**	**284**	**233**	**228**	**80.3**
住宿业	Quarters	148	113	109	73.6
餐饮业	Catering	136	120	119	87.5

6–9 续表 2 continued

行业	Sector	施工项目(个) Projects Under Construction (unit)	# 新开工项目 Started This Year	全部建成投产项目(个) Projects Started This Year (unit)	项目建成投产率(%) Percentage of Projects Completed and Put into Use
金融业	**Banking**	**55**	**47**	**48**	**87.3**
银行业	Banking	32	28	27	84.4
证券业	Bond	3	3	3	100.0
保险业	Insurance	2	2	1	50.0
其他金融活动	Others	18	14	17	94.4
房地产业	**Real Estate**	**626**	**472**	**388**	**62.0**
房地产业	Real Estate	626	472	388	62.0
租赁和商务服务业	**Leasing & Commercial Services**	**140**	**113**	**103**	**73.6**
租赁业	Leasing Services	16	15	16	100.0
商务服务业	Commercial Services	124	98	87	70.2
科学研究、技术服务和地质勘查业	**Scientific Research ,Technical Services & Geological Prospecting**	**126**	**111**	**103**	**81.7**
研究与试验发展	Research & Development	10	7	9	90.0
专业技术服务业	Special Technical Services	34	30	24	70.6
科技交流和推广服务业	Science & Technology Exchanging & Spreading	23	17	17	73.9
地质勘查业	Geological Prospecting	59	57	53	89.8
水利、环境和公共设施管理业	**Water Conservancy, Environment & Public Facilities Administration**	**2136**	**1761**	**1576**	**73.8**
水利管理业	Water Conservancy	333	255	230	69.1
环境管理业	Environment	162	116	120	74.1
公共设施管理业	Public Facilities Administration	1641	1390	1226	74.7
居民服务和其他服务业	**Resident Services & Other Services**	**89**	**78**	**77**	**86.5**
居民服务业	Resident Services	46	38	37	80.4
其他服务业	Other Services	43	40	40	93.0
教育	**Education**	**958**	**627**	**699**	**73.0**
教育	Education	958	627	699	73.0
卫生、社会保障和社会福利业	**Health Care, Social Security & Social Welfare**	**254**	**165**	**164**	**64.6**
卫生	Health Care	196	123	127	64.8
社会保障业	Social Security	11	8	8	72.7
社会福利业	Social Welfare	47	34	29	61.7
文化、体育和娱乐业	**Culture, Sports & Recreational Services**	**186**	**124**	**118**	**63.4**
新闻出版业	Press	6	5	2	33.3
广播、电视和音像业	Radio ,Television & Audio-visual	20	9	10	50.0
文化艺术业	Culture & Arts	93	64	58	62.4
体育	Sports	23	12	14	60.9
娱乐业	Recreational Services	44	34	34	77.3
公共管理和社会组织	**Public Administration & Social Organization**	**766**	**620**	**548**	**71.5**
中国共产党机关	Chinese Communist Party Agencies	4	1	3	75.0
国家机构	Government Agencies	608	477	410	67.4
人民政协和民主党派	People's Politics Consultative Conference & Democratic Parties				
群众团体、社会团体和宗教组织	Mass ,Social Organization and Religious Organization	49	39	37	75.5
基层群众自治组织	Basic Mass Autonomous	105	103	98	93.3
国际组织	**International Organizations**				
国际组织	International Organizations				

6-10 城镇固定资产投资新增主要生产能力(2011年)

Newly Increased Productive Capacities Through Investment in Fixed Assets in Urban Area(2011)

能力名称	Item	2011
原煤开采(万吨/年)	Coal Mining (10 000 tons/year)	4763
洗煤(万吨/年)	Washer Coal (10 000 tons/year)	6618
焦炭(万吨/年)	Coke (10 000 tons/year)	973
天然原油开采(万吨/年)	Petroleum Extraction (10 000 tons/year)	48.05
铁矿开采(原矿)(万吨/年)	Iron-ore Mining (10 000 tons/year)	1081.8
生铁(万吨/年)	Iron Smelting (10 000 tons/year)	102
粗钢(万吨/年)	Crude Steel (10 000 tons/year)	40
铁合金(万吨/年)	Iron Alloy,Electric Furnace (10 000 tons/year)	105.75
铜采矿(原矿)(万吨/年)	Copper Ore Mining (10 000 tons/year)	123.3
铜选矿:	Copper Ore Dressing	
处理原矿(万吨/年)	Crude Ore Dressing (10 000 ton/year)	150
铜含量(吨/年)	Copper Content (ton/year)	4800
铜冶炼(吨/年)	Copper Smelting (ton/year)	325000
铅冶炼 (吨/年)	Piumbum Smeiting (ton/year)	115000
铅锌采矿(原矿)(万吨/年)	Plumbum / Zinc Ore Mining (10 000 tons/year)	1100.4
铅锌选矿:	Plumbum and Zinc Ore Dressing	
处理原矿(万吨/年)	Crude Ore Dressing (10 000 tons/year)	617.5
铅含量(吨/年)	Plumbum Content (ton/year)	39250
锌含量(吨/年)	Zinc Content (ton/year)	54700
锌冶炼(吨/年)	Zinc Smelting (ton/year)	100000
镍冶炼(吨/年)	Nickel Smelting(ton/year)	10000
电解铝(吨/年)	Electrolytic Aluminium(ton/year)	
铝加工(吨/年)	Aluminium Processing(ton/year)	363000
银选矿:	Silver Ore Dressing	
处理原矿(吨/年)	Crude Ore Dressing(ton/year)	190080
银含量(公斤/年)	Silver Content(kg/year)	6580
黄金(公斤/年)	Gold (kg/year)	377
火力发电(万千瓦)	Thermal Power (10 000 kw)	598
风力发电（万千瓦）	Wind Power(10 000 kw)	508.89
其他发电(万千瓦)	Other Power (10 000 kw)	54.4
输电线路长度(11万伏及以上)(公里)	Length of Electric Cable (over 110 000 va)(km)	2833.93
水泥(万吨/年)	Cement (10 000 tons/year)	2957.25
石墨及炭素制品(吨/年)	Product of Graphite (ton/year)	54480

6–10 续表 continued

能力名称	Item	2011
电石(吨/年)	Calcium Carbide (ton/year)	7277
氮肥(吨/年)	Nitrogen Fertlizers (ton/year)	345120
磷肥(吨/年)	Phosphate (ton/year)	27000
化学农药原药(吨/年)	Chemical Medicine(ton/year)	
精甲醇(吨/年)	Extracted Methanol (ton/year)	10
塑料树脂及共聚物(吨/年)	Plastic Resin and Copolymer (ton/year)	527300
内燃机(台/年)	Internal Combustion Engine(unit/year)	
白酒(万吨/年)	Liquor (10 000 tons/year)	6.11
新建铁路投产里程(公里)	Length of Newly Built and Operation Railway(km)	427.4
新建公路(公里)	Length of New Railway (km)	3944.15
#高速公路(公里)	Expressway (km)	259.39
一级公路(公里)	First Class Highway (km)	169.7
二级公路(公里)	Second Class Highway (km)	186.5
改建公路(公里)	Length of Reconstructed Highways (km)	8336.87
#一级公路(公里)	First Class Highway (km)	58
二级公路(公里)	Second Class Highway (km)	389.98
新建独立公路桥梁(延长米)	New-built Separate Highway and Bridge (extended meter)	10799.93
新建独立公路桥梁(座)	New-built Separate Highway and Bridge (unit)	54
新(扩)建公路客、货运站(个)	New-built or Expanded Passenger & Freight Stations(unit)	12
新(扩)建公路客、货运站(平方米)	New-built or Expanded Passenger & Freight Stations(sq.m)	97581
民航机场跑道(条)	Civil Airport Runway(line)	
民航机场跑道(米)	Civil Airport Runway(metre)	
候机楼(座)	Terminal Buildings(unit)	
候机楼(平方米)	Terminal Buildings(sq.m)	
城市自来水供水能力(万吨/日)	Capacity of City Tap Water Supply (10 000 tons/day)	41.23
城市公共交通车辆购置(辆)	purchase of City Communiting Vehicles (unit)	
城市污水处理能力(万吨/日)	Disposal Capacity of Sewage (10 000 tons/day)	98.56

6-11 按各种分组的农村固定资产投资

Investment in Fixed Assets in Rural by Group

指 标	Item	2011
投资总额(万元)	**Total Investment(10 000 yuan)**	**1926160**
按资金来源分	Grouped by Source of Funds	
国家预算内资金	State Budgetary Appropriations	203179
国内贷款	Domestic Loans	90303
利用外资	Foreign Investment	3640
自筹资金	Fund Raising	1630482
其他资金	Others	38417
按构成分	Grouped by Use of Funds	
建筑安装工程	Construction and Installation	1311764
设备、工具器具购置	Purchase of Equipment and Instruments	382121
其他费用	Others	232275
按建设性质分	Grouped by Type of Construction	
# 新建	New Construction	1143090
扩建	Expansion	622545
改建	Reconstruction	141389
按产业分	Grouped by Type of Industry	
第一产业	Primary Industry	1353994
第二产业	Secondary Industry	354221
第三产业	Tertiary Industry	184000
按国民经济主要行业分	Grouped by Main Sector	
农业	Agriculture	1355884
工业	Industry	284618
# 能源工业	Energy	139434
运输邮电业	Transportation, Postal and Telecommunications Services	7663
新增固定资产(万元)	**Newly Increased Fixed Assets(10 000 yuan)**	**1722253**
房屋建筑面积(万平方米)	**Floor Space of Buildings(10 000 sq.m)**	
施工面积	Floor Space Under Construction	114.20
竣工面积	Floor Space Completed	67.79
# 住宅	Residential Buildings	29.28

注: 1.改建投资中不含单纯建造生活设施投资。

2.按国民经济行业分、按建设性质分不含房地产投资和住宅投资，其他统计分组的含。

3.本表统计范围为城市以下非农户投资项目。

a) The investment in reconstruction excludes the investment inconstruction of facilities simply for the improvement of esidents'life.

b) The investment in the real estate development is not included in the investment grouped by main sector and by type of construction.

c)Framework in this table is non-farmer Investment.

6-12 国民经济各行业按建设性质分的农村固定资产投资(2011 年)

Investment in Fixed Assets of Rural by Construction & Sector(2011)

单位：万元 (10 000 yuan)

行业	Sector	投资额 Investment	# 新建 New Construction	# 扩建 Expansion	# 改建 Reconstruction	新增固定资产 Newly Increased Fixed Assets
全　　区	**Total**	**1926160**	**1143090**	**622545**	**141389**	**1722253**
农、林、牧、渔业	**Farming, Forestry, Animal Husbandry & Fishery**	**1355884**	**765230**	**508137**	**76021**	**1312200**
农 业	Farming	582705	266624	290854	20557	555003
林 业	Forestry	35783	25642	6202	3939	34783
畜牧业	Animal Husbandry	483934	285849	191485	6600	477622
渔 业	Fishery	3588	600		2988	5588
农、林、牧、渔服务业	Agricultural Services	249874	186515	19596	41937	239204
采矿业	**Mining**	**37833**	**2500**	**27000**	**8333**	**10833**
煤炭开采和洗选业	Coal Mining & Processing	4200	500		3700	4200
石油和天然气开采业	Petroleum & Natural Gas					
黑色金属矿采选业	Mining of Ferrous Metals	2160			2160	2160
有色金属矿采选业	Mining of Nonferrous Metals	27000		27000		
非金属矿采选业	Mining of Nonmetal Minerals	4473	2000		2473	4473
其他采矿业	Mining of Other Mineral					
制造业	**Manufacturing**	**96652**	**62662**	**20300**	**11450**	**84702**
农副食品加工业	Processing of Agricultural Food	83536	57776	20300	3220	72086
食品制造业	Food Manufacturing					
饮料制造业	Beverage Manufacturing	1500	1500			1500
烟草制品业	Tobacco Products					
纺织业	Textile Industry					
纺织服装、鞋、帽制造业	Textile , Clothes, Shoes & Hats					
皮革、毛皮、羽毛（绒）及其制品业	Leather, Furs, Down & Related Products					
木材加工及木、竹、藤、棕、草制品业	Timber, Bamboo, Cane, Palm Fiber & Straw Products	610	610			610
家具制造业	Furniture Manufacturing					
造纸及纸制品业	Paper-making & Paper Products					
印刷业和记录媒介的复制	Printing & Record Pressing					
文教体育用品制造业	Cultural, Educational & Sports					
石油加工、炼焦及核燃料加工业	Petroleum, Coke Products & Processing of Nuclear Fuel					
化学原料及化学制品制造业	Raw Chemical Materials & Products	5800	1800		4000	5800
医药制造业	Medicine Manufacturing					
化学纤维制造业	Chemical Fiber					

6-12 续表 1 continued

单位：万元 (10 000 yuan)

行业	Sector	投资额 Investment	#新建 New Construction	#扩建 Expansion	#改建 Reconstruction	新增固定资产 Newly Increased Fixed Assets
橡胶制品业	Rubber Products					
塑料制品业	Plastic Products					
非金属矿物制品业	Nonmetal Mineral Products	4730	500		4230	4230
黑色金属冶炼及压延加工业	Smelting & Pressing of Ferrous Metals					
有色金属冶炼及压延加工业	Smelting & Pressing of Nonferrous Metals					
金属制品业	Metal Products					
通用设备制造业	General Purpose Equipment	476	476			476
专用设备制造业	Special Purposes Equipment Manufacturing					
交通运输设备制造业	Transportation Equipment Manufacturing					
电气机械及器材制造业	Electric Equipment & Machinery					
通信设备、计算机及其他电子设备制造业	Manufacturing of Telecommunications, Computer & Other Electronic Equipment					
仪器仪表及文化、办公用机械制造业	Instruments, Meters, Cultural & Office Machinery					
工艺品及其他制造业	Handicrafts & Other Production					
废弃资源和废旧材料回收加工业	Recovering of Abandoned Resource & Waste Matereal					
电力、燃气及水的生产和供应业	**Production & Supply of Electric Power,Gas & Water**	**150133**	**124551**		**25582**	**46632**
电力、热力的生产和供应业	Electric Power and Heating Power	132789	111392		21397	32624
燃气生产和供应业	Production & Supply of Gas	2445	2445			2755
水的生产和供应业	Production & Supply of Water	14899	10714		4185	11253
建筑业	**Construction**	**73261**	**60847**		**3414**	**48363**
房屋和土木工程建筑业	Housing & Civil Engineering Construction	60761	48347		3414	48363
建筑安装业	Installation of Buildings	12500	12500			
建筑装饰业	Decoration of Buildings					
其他建筑业	Other Construction					
交通运输、仓储和邮政业	**Transportation, Storage & Postal**	**12492**	**7658**	**2000**	**2834**	**12372**
铁路运输业	Railway Transport					
道路运输业	Roadway Transport	7473	4639		2834	7473
城市公共交通业	Public Traffic in Cities					
水上运输业	Waterway Transport					
航空运输业	Air Transport					
管道运输业	Pipeline Transport					
装卸搬运和其他运输服务业	Loading,Unloading,Carrying & Transport					
仓储业	Storage	5019	3019	2000		4899
邮政业	Postal Services					
信息传输、计算机服务和软件业	**Information Transmission,Computer Service & Computer Software**	**190**	**190**			**190**
电信和其他信息传输服务	Tele. & other Information Transmission	190	190			190
计算机服务业	Computer Services					
软件业	Software					
批发和零售业	**Wholesale & Retail Trade**	**22184**	**20750**	**300**	**1134**	**25884**
批发业	Wholesale Trade	22184	20750	300	1134	25884
零售业	Retail Trade					
住宿和餐饮业	**Quarters & Catering**	**1200**	**1200**			
住宿业	Quarters	1200	1200			
餐饮业	Catering					

6-12 续表 2 continued

单位：万元 (10 000 yuan)

行业	Sector	投资额 Investment	#新建 New Construction	#扩建 Expansion	#改建 Reconstruction	新增固定资产 Newly Increased Fixed Assets
金融业	**Banking**	**1500**	**1500**			**1500**
银行业	Banking					
证券业	Bond					
保险业	Insurance					
其他金融活动	Others	1500	1500			1500
房地产业	**Real Estate**	**43209**	**28524**	**8046**	**6639**	**38997**
房地产业	Real Estate	43209	28524	8046	6639	38997
租赁和商务服务业	**Leasing & Commercial Services**	**270**	**270**			**1**
租赁业	Leasing Services	270	270			1
商务服务业	Commercial Services					
科学研究、技术服务和地质勘查业	**Scientific Research ,Technical Services & Geological Prospecting**	**13283**	**3223**	**9510**	**550**	**15505**
研究与试验发展	Research & Development	9510		9510		9510
专业技术服务业	Special Technical Services	550			550	550
科技交流和推广服务业	Science & Technology Exchanging & Spreading	3223	3223			5445
地质勘查业	Geological Prospecting					
水利、环境和公共设施管理业	**Water Conservancy, Environment & Public Facilities Administration**	**64391**	**45069**	**17270**	**1552**	**82773**
水利管理业	Water Conservancy	39061	28819	8970	1272	43893
环境管理业	Environment	3825	3825			9825
公共设施管理业	Public Facilities Administration	21505	12425	8300	280	29055
居民服务和其他服务业	**Resident Services & Other Services**	**8720**	**8720**			**1200**
居民服务业	Resident Services	8720	8720			1200
其他服务业	Other Services					
教育	**Education**	**480**	**480**			**480**
教育	Education	480	480			480
卫生、社会保障和社会福利业	**Health Care, Social Security & Social Welfare**	**150**	**150**			**50**
卫生	Health Care	150	150			50
社会保障业	Social Security					
社会福利业	Social Welfare					
文化、体育和娱乐业	**Culture, Sports & Recreational Services**	**590**	**590**			**590**
新闻出版业	Press					
广播、电视和音像业	Radio ,Television & Audio-visual					
文化艺术业	Culture & Arts	380	380			380
体育	Sports					
娱乐业	Recreational Services	210	210			210
公共管理和社会组织	**Public Administration & Social Organization**	**43738**	**8976**	**29982**	**3880**	**39981**
中国共产党机关	Chinese Communist Party Agencies					
国家机构	Government Agencies	35216	2443	29982	2391	31459
人民政协和民主党派	People's Politics Consultative Conference & Democratic Parties					
群众团体、社会团体和宗教组织	Mass Organization ,Social Organization and Religious Organization					
基层群众自治组织	Basic Mass Autonomous Organization	8522	6533		1489	8522
国际组织	**International Organizations**					
国际组织	International Organizations					

6-13 按行业分农村施工、投产项目个数(2011年)

Number of Construction Projects Under Construction and Put into Use in Rural by Sector (2011)

行业	Sector	施工项目(个) Number of Projects Under Construction (unit)	# 新开工项目 Started This Year	全部建成投产项目(个) Number of Projects Started This Year (unit)	项目建成投产率(%) Percentage of Projects Completedand Put into Use
全　区	**Autonomous Regional Total**	**883**	**839**	**806**	**91.3**
农、林、牧、渔业	**Farming, Forestry, Animal Husbandry & Fishery**	**643**	**613**	**603**	**93.8**
农业	Farming	170	151	150	88.2
林业	Forestry	19	18	19	100.0
畜牧业	Animal Husbandry	307	301	293	95.4
渔业	Fishery	2	2	2	100.0
农、林、牧、渔服务业	Agricultural Services	145	141	139	95.9
采矿业	**Mining**	**8**	**8**	**7**	**87.5**
煤炭开采和洗选业	Coal Mining & Processing	2	2	2	100.0
石油和天然气开采业	Petroleum & Natural Gas				
黑色金属矿采选业	Mining of Ferrous Metals	3	3	3	100.0
有色金属矿采选业	Mining of Nonferrous Metals	1	1		
非金属矿采选业	Mining of Nonmetal Minerals	2	2	2	100.0
其他采矿业	Mining of Other Mineral				
制造业	**Manufacturing**	**36**	**36**	**33**	**91.7**
农副食品加工业	Processing of Agricultural Food	28	28	26	92.9
食品制造业	Food Manufacturing				
饮料制造业	Beverage Manufacturing	1	1	1	100.0
烟草制品业	Tobacco Products				
纺织业	Textile Industry				
纺织服装、鞋、帽制造业	Textile , Clothes, Shoes & Hats				
皮革、毛皮、羽毛(绒)及其制品业	Leather, Furs, Down Products				
木材加工及木、竹、藤、棕、草制品业	Timber Processing, Bamboo, Cane, Palm Fiber & Straw Products	1	1	1	100.0
家具制造业	Furniture Manufacturing				
造纸及纸制品业	Paper-making & Paper Products				
印刷业和记录媒介的复制	Printing & Record Pressing				
文教体育用品制造业	Cultural, Educational & Sports Goods				
石油加工、炼焦及核燃料加工业	Petroleum Processing , Coke Products & Processing of Nuclear Fuel				
化学原料及化学制品制造业	Raw Chemical Materials & Products	2	2	2	100.0
医药制造业	Medicine Manufacturing				
化学纤维制造业	Chemical Fiber Manufacturing				

6-13 续表 1 continued

行 业	Sector	施工项目（个）Number of Projects Under Construction (unit)	# 新开工项目 Started This Year	全部建成投产项目（个）Number of Projects Started This Year (unit)	项目建成投产率（%）Percentage of Projects Completed Put into Use
橡胶制品业	Rubber Products				
塑料制品业	Plastic Products				
非金属矿物制品业	Nonmetal Mineral Products	3	3	2	66.7
黑色金属冶炼及压延加工业	Smelting & Pressing of Ferrous Metals				
有色金属冶炼及压延加工业	Smelting of Nonferrous Metals				
金属制品业	Metal Products				
通用设备制造业	General Purpose Equipment	1	1	1	100.0
专用设备制造业	Special Purposes Equipment				
交通运输设备制造业	Transportation Equipment				
电气机械及器材制造业	Electric Equipment & Machinery				
通信设备、计算机及其他电子设备制造业	Manufacturing of Telecommunications, Computer & Other Electronic Equipment				
仪器仪表及文化、办公用机械制造业	Instruments, Meters, Cultural & Office Machinery				
工艺品及其他制造业	Handicrafts & Other Production				
废弃资源和废旧材料回收加工业	Recovering of Abandoned Resource & Waste Materical				
电力、燃气及水的生产和供应业	**Production & Supply of Electric Power,Gas & Water**	**38**	**34**	**32**	**84.2**
电力、热力的生产和供应业	Electric Power and Heating Power	10	9	7	70.0
燃气生产和供应业	Production & Supply of Gas	3	2	2	66.7
水的生产和供应业	Production & Supply of Water	25	23	23	92.0
建筑业	**Construction**	**23**	**22**	**13**	**56.5**
房屋和土木工程建筑业	Housing & Civil Construction	22	21	13	59.1
建筑安装业	Installation of Buildings	1	1		
建筑装饰业	Decoration of Buildings				
其他建筑业	Other Construction				
交通运输、仓储和邮政业	**Trans, Storage & Postal Services**	**12**	**12**	**11**	**91.7**
铁路运输业	Railway Transport				
道路运输业	Roadway Transport	7	7	7	100.0
城市公共交通业	Public Traffic in Cities				
水上运输业	Waterway Transport				
航空运输业	Air Transport				
管道运输业	Pipeline Transport				
装卸搬运和其他运输服务业	Loading,Unloading,Carrying & Transport				
仓储业	Storage	5	5	4	80.0
邮政业	Postal Services				
信息传输、计算机服务和软件业	**Information Transmission,Computer Service & Computer Software**	**1**	**1**	**1**	**100.0**
电信和其他信息传输服务	Tele. & other Information Transmission	1	1	1	100.0
计算机服务业	Computer Services				
软件业	Software				
批发和零售业	**Wholesale & Retail Trade**	**9**	**8**	**8**	**88.9**
批发业	Wholesale Trade	9	8	8	88.9
零售业	Retail Trade				
住宿和餐饮业	**Quarters & Catering**	**1**	**1**		
住宿业	Quarters	1	1		
餐饮业	Catering				

6-13 续表 2 continued

行 业	Sector	施工项目(个) Number of Projects Under Construction (unit)	# 新开工项目 Started This Year	全部建成投产项目(个) Number of Projects Started This Year (unit)	项目建成投产率(%) Percentage of Projects Completedand Put into Use
金融业	**Banking**	**1**	**1**	**1**	**100.0**
银行业	Banking				
证券业	Bond				
保险业	Insurance				
其他金融活动	Others	1	1	1	100.0
房地产业	**Real Estate**	**16**	**14**	**13**	**81.3**
房地产业	Real Estate	16	14	13	81.3
租赁和商务服务业	**Leasing & Commercial Services**	**1**	**1**	**1**	**100.0**
租赁业	Leasing Services	1	1	1	100.0
商务服务业	Commercial Services				
科学研究、技术服务和地质勘查业	**Scientific Research ,Technical Services & Geological Prospecting**	**4**	**3**	**4**	**100.0**
研究与试验发展	Research & Development	1	1	1	100.0
专业技术服务业	Special Technical Services	1	1	1	100.0
科技交流和推广服务业	Science & Technology Exchanging & Spreading	2	1	2	100.0
地质勘查业	Geological Prospecting				
水利、环境和公共设施管理业	**Water Conservancy, Environment & Public Facilities Administration**	**55**	**50**	**48**	**87.3**
水利管理业	Water Conservancy	38	35	32	84.2
环境管理业	Environment	5	4	5	100.0
公共设施管理业	Public Facilities Administration	12	11	11	91.7
居民服务和其他服务业	**Resident Services & Other Services**	**2**	**2**	**1**	**50.0**
居民服务业	Resident Services	2	2	1	50.0
其他服务业	Other Services				
教育	**Education**	**1**	**1**	**1**	**100.0**
教育	Education	1	1	1	100.0
卫生、社会保障和社会福利业	**Health Care, Social Security & Social Welfare**	**2**	**2**	**1**	**50.0**
卫生	Health Care	2	2	1	50.0
社会保障业	Social Security				
社会福利业	Social Welfare				
文化、体育和娱乐业	**Culture, Sports & Recreational Services**	**4**	**4**	**4**	**100.0**
新闻出版业	Press				
广播、电视和音像业	Radio ,Television & Audio-visual				
文化艺术业	Culture & Arts	3	3	3	100.0
体育	Sports				
娱乐业	Recreational Services	1	1	1	100.0
公共管理和社会组织	**Public Administration & Social Organization**	**26**	**26**	**24**	**92.3**
中国共产党机关	Chinese Communist Party Agencies				
国家机构	Government Agencies	13	13	11	84.6
人民政协和民主党派	People's Politics Consultative Conference & Democratic Parties				
群众团体、社会团体和宗教组织	Mass Organization ,Social Organization and Religious Organization				
基层群众自治组织	Basic Mass Autonomous Organization	13	13	13	100.0
国际组织	**International Organizations**				
国际组织	International Organizations				

6-14 按登记注册类型分的房地产开发投资(2011年)

指标	Item	总计 Total	内资 国有 State-owned Units	集体 Collective-owned Units
企业个数(个)	**Number of Enterprises(unit)**	**2374**	**29**	**5**
#亏损企业个数	Loss-Making Enterprises	888	7	1
本年完成投资额（万元）	**Investment Completed This Year(10 000yuan)**	**16237771**	**190762**	**99335**
#商品房建设投资	Investment for Commercial Housing Construction			
#土地开发投资	Investment for Land Development			
按构成分	Grouped by Use of Funds			
建筑工程	Construction Projects	13276375	169908	96699
安装工程	Installation Projects	314319	3379	200
设备工器具购置	Purchase of Equipment, Tools and Instruments	141504	519	800
其他费用	Other Funds	2505573	16956	1636
#土地购置费	Purchase of Land	1892577	4636	
按构成用途分	Grouped by Use of Project			
住宅	Residential Buildings	10930613	164375	86775
#经济适用房	Economical Houses			
别墅、高档公寓	Villa, Top Grade Flat	421549		
办公楼	Office Buildings	741000	373	
商业营业用房	Business Buildings	3165011	20484	11383
其他	Others	1401147	5530	1177
本年新增固定资产(万元)	**Newly Increased This Year(10 000 yuan)**	**6770790**	**46597**	**88659**
资金来源(万元)	**Finance Sources(10 000yuan)**	**18565532**	**218927**	**99335**
国内贷款	Domestic Loans	729501	6000	
利用外资	Foreign Investment			
自筹资金	Fund Raising	14833570	192189	91076
#自有资金	Self-owned	5807837	97263	67816
其他资金来源	Others	3002461	20738	8259
#定金及预收款	Fund Ordered and Pre-received	1734845	8000	8259
土地开发(平方米)	**Land Development (sq.m)**			
待开发土地面积	Area of Land to be Developed	5309823		
本年购置土地面积	Area of Land Purchased This Year	17059749	146200	
本年土地成交价款(万元)	Value of Land Transaction(10 000yuan)	1397503	61022	

Investment in Real Estate Development by Type of Registration(2011)

Domistic-funded Enterprises						港澳台投资 Economic Units Funded by Entrepreneurs from HK,Macao & Taiwan	外商投资 Foreign Funded Economic Units
股份合作 Coopeative Enterprises	联营经济 Joint-owned Economic Units	有限责任公司 Limited Liabibity Corp.	股份有限公司 Share-holding Corp.Ltd.	私营 Private Enter-prises	其他 Others		
10	**2**	**1119**	**115**	**1052**	**33**	**5**	**4**
4	1	403	48	407	16		1
79324		**7967402**	**609047**	**7027510**	**241411**	**4200**	**18780**
66875		6716112	490655	5513549	201897	2100	18580
1724		165204	14727	118838	8747	1500	
1020		57085	5325	74858	1397	500	
9705		1029001	98340	1320265	29370	100	200
9432		788235	68283	1007629	14162		200
67314		5156657	460678	4829207	146577	2700	16330
405		244234	4760	148572	23578		
1000		439763	12785	273851	11778	600	850
8208		1661005	75786	1328351	57719	600	1475
2802		709977	59798	596101	25337	300	125
30552		**3649368**	**264014**	**2586780**	**80820**		**24000**
103034		**8969544**	**650225**	**8256003**	**247483**	**4101**	**16880**
26000		348736	18238	318391	5036	1000	6100
75234		7184069	615135	6450119	212767	2201	10780
42000		2589965	269076	2692996	37941		10780
1800		1436739	16852	1487493	29680	900	
		763989	12036	940561	2000		
1400		2484955	276128	2547340			
73476		7593198	929369	8201998	115508		
2932		502888	74559	744347	11755		

6–15 房地产开发情况
Main Indicators of Real Estate Development

指 标	Item	2010	2011
企业个数(个)	**Number of Enterprises(unit)**	**2119**	**2374**
内资	Domestic Funded	2109	2365
# 国有	State-owned Enterprises	27	29
集体	Collective-owned Enterprises	4	5
股份有限公司	Share-holding Corporations Ltd.	113	115
私营	Private Enterprises	856	1052
港、澳、台投资	Funded by Entrepreneurs From H.K,Macao & Taiwan	6	5
外商投资	Foreign Funded	4	4
平均从业人员(人)	**Average Number of Employed Persons(person)**	**60509**	**74340**
内资	Domestic Funded	60137	74136
# 国有	State-owned Enterprises	797	785
集体	Collective-owned Enterprises	51	97
股份有限公司	Share-holding Corporations Ltd.	5044	2261
私营	Private Enterprises	25995	27877
港、澳、台投资	Funded by Entrepreneurs From H.K,Macao & Taiwan	234	57
外商投资	Foreign Funded	138	147
土地开发及购置	**Land Development and Purchase**		
土地购置费用(万元)	Land Space Purchased Costs(10 000 yuan)	1298632	1892577
待开发的土地面积(万平方米)	Land Space Needed to Development(10 000 sq.m)	613.96	530.98
本年土地购置面积(万平方米)	Land Space Purchased This Year(10 000 sq.m)	1993.00	1705.97
房地产开发建设投资总规模及完成投资(万元)	**General Scale of & Actually Completed Investment in Real Estate Development(10 000 yuan)**		
实际需要总投资	Total Investment Actually Needed	34095015	50946465
自开始建设至本年底累计完成投资	Accumulative Investment Actually Made Since Starting of Construction up to the End This Year	20929627	30741661
# 本年完成投资	Investment Made This Year	11199875	16237771
全部建成尚需投资	Further Investment for the Completion of Construction	13165388	20204804
按用途分的房地产开发完成投资额(万元)	**Actually Completed Investment of Enterprises for Real Estate Development by Use(10 000 yuan)**		
本年完成投资额	Investment Made This Year	11199875	16237771
住宅	Residential Buildings	7828029	10930613
# 别墅、高档公寓	Villas and Good Apartments	295353	421549
经济适用房屋	Economical Houses	390935	
办公楼	Office Buildings	534421	741000
商业营业用房	Houses for Business Use	2024633	3165011
其他	Others	812792	1401147

6-15 续表 continued

指标	Item	2010	2011
房屋建筑面积(万平方米)	**Floor Space of Buildings(10 000 sq.m)**		
施工面积	Floor Space under Construction	11535.35	16147.89
竣工面积	Floor Space Completed	2297.65	2658.80
# 住宅	Residential Buildings	1868.45	2096.57
# 经济适用房屋	Economical Houses	96.29	
竣工房屋价值(万元)	Value of Buildings Completed(10 000 yuan)	4424541	5430811
按用途分新开工房屋面积(万平方米)	**Floor Space Started by Use(10 000 sq.m)**		
本年新开工房屋面积	Floor Space of Selling House	6270.34	8342.06
住 宅	Residential Buildings	4473.39	5799.7
#别墅、高档公寓	Villas and Good Apartments	89.21	114.47
#经济适用房屋	Economical Houses	162.24	
办公楼	Office Buildings	285.83	307.47
商业营业用房	Houses for Business Use	1095.04	1533.21
其 他	Others	416.08	701.68
商品房屋销售情况	**Selling of Commercial Houses**		
房屋销售面积(万平方米)	Floor Space of Selling House(10 000 sq.m)	3057.38	3683.22
# 住宅	Residential Buildings	2569.84	3051.15
# 经济适用房屋	Economical Houses	70.21	
商品房销售额(万元)	Total Sales Of Commercial House (10 000 yuan)	10765546	13843666
# 住宅	Residential Buildings	7664741	10161624
# 经济适用房屋	Economical Houses	128960	
房地产开发企业资产负债(万元)	**Asset Balance of Enterprises (10 000 yuan)**		
实收资本合计	Total Capital Hold	4707710	4753954
# 国家资本金	State Capital	253137	
资产总计	Total Assets	39951121	36395362
累计折旧	Total Depreciation	170692	155663
# 本年折旧	Depreciation This Year	69924	46544
负债总计	Total Liabilities	33790127	29226400
所有者权益	Creditors Equity	6160994	7168962
资产负债率(%)	Ratio of Liabilities to Assets	84.6	80.3
经营总收入(万元)	**Total Revenue(10 000 yuan)**	**8374187**	**9399535**
# 土地转让收入	Land Transferred	170813	132540
资金来源(万元)	**Source of Funds(10 000 yuan)**	**11665437**	**18565532**
# 国内贷款	Domestical Loans	459350	729501
利用外资	Foreign Investment	1600	
自筹资金	Fund Raising	9398468	14833570
其他资金来源	Others	1806019	3002461

6–16 农村个人固定资产投资和建房

Individual Investment in Fixed Assets & Building Construction in Rural Areas

年份 Year	投资总额 (万元) Total Investment (10 000 yuan)	# 竣工房屋投资 Investment in Buildings Completed		施工房屋建筑面积 (万平方米) Floor Space of Buildings Under Construction (10 000 sq.m)	竣工房屋建筑面积 (万平方米) Floor Space of Buildings Completed (10 000 sq.m)		竣工房屋造价 (元/平方米) Cost of Buildings Completed (yuan/sq.m)	
		小 计 Subtotal	# 住宅 Residential Buildings		总 计 Total	# 住宅 Residential Buildings	总 计 Total	# 住宅 Residential Buildings
1985	87369	48929	35718	1112	1112	812		44.0
1986	59978		17787	636	590	549		32.4
1987	88573		31132	749	719	613		50.8
1988	149132		38671	696	684	635		60.9
1989	108402		45730	692	668	572		79.9
1990	81263	45120	42971	552	552	495	81.7	86.8
1991	110319	74186	66180	1010	910	782	81.5	84.6
1992	132675	74766	56356	813	770	656	97.1	85.8
1993	126581	62776	53630	1258	900	629	99.8	85.3
1994	195856	109418	102269	1007	967	789	113.2	129.6
1995	365345	193582	177824	1239	1221	967	158.5	183.9
1996	381618	239963	208326	1238	1224	1020	196.0	204.2
1997	390141	230023	174965	1344	1344	1018	171.1	171.9
1998	409854	207169	179393	1382	1216	875	170.4	205.0
1999	430084	231832	196678	1173	1051	863	220.6	227.9
2000	458815	220926	200248	1092	985	860	224.3	232.8
2001	502098	253278	229572	1151	1079	916	234.6	250.6
2002	521562	223103	199163	1117	1047	869	213.1	229.2
2003	556773	220324	195820	1109	1018	848	207.0	221.6
2004	582376	188669	163294	923	880	728	214.4	224.3
2005	620529	207046	170065	738	710	510	291.6	333.5
2006	655749	252738	211770	780	769	583	328.7	363.2
2007	747324	284341	238955	814	794	596	358.1	400.9
2008	804120	334000	304610	905	813	621	410.8	490.5
2009	841470	365019	332142	468	433	394	843.0	843.0
2010	912153	385681	252380	507	469	360	822.3	701.1
2011	1121948	363719	267181	616	582	428	624.9	624.3

主要统计指标解释

全社会固定资产投资 固定资产投资是社会固定资产再生产的主要手段。通过建造和购置固定资产的活动，国民经济不断采用先进技术装备，建立新兴部门，进一步调整经济结构和生产力的地区分布，增强经济实力，为改善人民物质文化生活创造物质条件。这对我国的社会主义现代化建设具有重要意义。

固定资产投资额是以货币表现的建造和购置固定资产活动的工作量，它是反映固定资产投资规模、速度、比例关系和使用方向的综合性指标。全社会固定资产投资按经济类型可分为国有、集体、个体、联营、股份制、外商、港澳台商、其他等。

城镇固定资产投资 指城镇各种登记注册类型的企业、事业、行政单位及个体户进行的计划总投资(或实际需要总投资)50 万元及 50 万元以上的建设项目投资、房地产开发投资、城镇和工矿区私人建房投资。县城及以上区域内发生的投资，县及县以上各级政府及主管部门直接领导、管理的建设项目和企业事业单位的投资均为城镇固定资产投资。

房地产开发投资 指房地产开发公司、商品房建设公司及其他房地产开发法人单位和附属于其他法人单位实际从事房地产开发或经营的活动单位统一开发的包括统代建、拆迁还建的住宅、厂房、仓库、饭店、宾馆、度假村、写字楼、办公楼等房屋建筑物和配套的服务设施，土地开发工程(如道路、给水、排水、供电、供热、通讯、平整场地等基础设施工程)的投资；不包括单纯的土地交易活动。

农村投资 包括在农村区域范围内进行固定资产投资活动的企业、事业、行政单位及农村个人投资。

建设总规模 是指在报告期内所有施工项目的计划总投资。这个指标和施工项目相对应。

在建总规模 是指在报告期末所有在建项目的计划总投资。

在建净规模 是指报告期末所有在建项目建成投产尚需的投资总量。

在建净规模 = 在建总规模 - 累计完成投资。

固定资产投资的资金来源 根据固定资产投资的资金来源不同，分为国家预算内资金、国内贷款、利用外资、自筹资金和其他资金来源。

(1)国家预算内资金：指中央财政和地方财政中由国家统筹安排的基本建设拨款和更新改造拨款，以及中央财政安排的专项拨款中用于基本建设的资金和基本建设拨款改贷款的资金等。

(2)国内贷款：指报告期内企、事业单位向银行及非银行金融机构借入的用于固定资产投资的各种国内借款。包括银行利用自有资金及吸收的存款发放的贷款、上级主管部门拨入的国内贷款、国家专项贷款(包括煤代油贷款、劳改煤矿专项贷款等。)、地方财政专项资金安排的贷款、国内储备贷款、周转贷款等。

(3)利用外资：指报告期内收到的用于固定资产投资的国外资金，包括统借统还、自借自还的国外贷款，中外合资项目中的外资，以及对外发行债券和股票等。国家统借统还的外资指由我国政府出面同外国政府、团体或金融组织签订贷款协议、并负责偿还本息的国外贷款。

(4)自筹资金：指建设单位报告期内收到的，用于进行固定资产投资的上级主管部门、地方和企、事业单位自筹资金。

(5)其他资金来源：指报告期内收到的除以上各种拨款、借款、自筹资金之外，其他用于固定资产投资的资金。

固定资产投资按国民经济行业分 建设项目归哪个行业，按其建成投产后的主要产品或主要用途及社会经济活动性质来确定。基本建设按建设项目划分国民经济行业，更新改造、国有单位其他固定资产投资及城镇集体投资根据整个企业、事业单位所属的行业来划分。一般情况下，一个建设项目或一个企业、事业单位只属于一种国民经济行业。为了更准确地反映国民经济各行业之间的比例关系，联合企业(总厂)所属分厂属于不同行业的，原则上按分厂划分行业。

固定资产投资按建设性质分 建设项目的性质一般分为新建、扩建、改建、迁建、恢复。基本建设按建设项目划分建设性质，更新改造、国有单位其他固定资产投资及城镇集体投资等按整个企业、事业单位的建设情况确定建设性质，房地产开发单位、农村投资、城镇工矿区私人建房等投资不划分建设性质。

(1)新建：一般是指从无到有、"平地起家"新开始建设的单位。有的单位原有的基础很小，经过建设后其新增加的固定资产价值超过原有固定资产价值 (原值) 三倍以上的也算新建。

(2)扩建：一般是指为扩大原有产品的生产能力，在厂内或其他地点增建主要生产车间(或主要工程)、独立的生产线或分厂的企业；事业单位和行政单位在原单位增建业务用房(如学校增建教学用房、医院增建门诊部或病床用房、行政机关增建办公楼等)也作为扩建。

(3)改建：一般是指现有企业、事业单位为了技术进步，提高产品质量，增加花色品种，促进产品升级换代，降低消耗和成本，加强资源综合利用和三废治理、劳保安全等，采用新技术、新工艺、新设备、新材料等对现有设施、工艺条件进行技术改造或更新(包括相应配套的辅助性生产、生活福利设施)。有的企业为充分发挥现有生产能力，进行填平补齐而增建不增加本单位主要产品生产能力的车间等，也属于改建。

固定资产投资按构成分 固定资产投资活动按其工作内容和实现方式分为建筑安装工程，设备、工具、器具购置，其他费用三个部门。

(1)建筑安装工程(建筑安装工作量)：指各种房屋、建筑物的建造工程和各种设备、装置的安装工程。包括各种房屋建造工程，各种用途设备基础和各种工业窑炉的砌筑工程；为施工而进行的各种准备工作和临时工程以及完工后的清理工作等；铁路、道路的铺设，矿井的开凿及石油管道的架设等；水利工程；防空地下建筑等特殊工程；以及各机械设备的安装工程；为测定安装工程质量，对设备进行的试运工作。在安装工程中，不包括被安装设备本身的价值；

(2)设备、工具、器具购置：指购置或自制达到固定资产标准的设备、工具、器具的价值，固定资产的标准按财务部门规定。新建单位、扩建单位的新建车间按照设计和计划要求购置或自制的全部设备、工具、器具，不论是否达到固定资产标准均计入"设备、工具、器具购置"中。

(3)其他费用：指在固定资产建造和购置过程中发生的，除建筑安装工程和设备、工具、器具购置以外的各种应摊入固定资产的费用。

施工项目 指报告期内曾进行建筑或安装工程施工活动的建设项目，包括报告期内新开工项目、报告期以前开工跨入报告期继续施工的项目以及报告期施过工并在报告期内全部建成投产或停缓建的项目。

全部建成投产项目 工业项目是指设计文件规定形成生产能力的主体工业及其相应配套的辅助设施全部建成，经负荷试运转，证明具备生产设计规定合格产品的条件，并经过验收鉴定合格或达到竣工验收标准，与生产性工程配套的生活福利设施可以满足近期正常生产的需要，正式移交生产的建设项目。非工业项目是指设计文件规定的主体工程和相应的配套工程全部建成，能够发挥设计规定的全部效益，经验收鉴定合格或达到竣工验收标准，正式移交作用的建设项目。

新增生产能力 指通过固定资投资活动而增加的设计能力或工程效益，它是用实物形态表示的固定资产投资的成果，也是考核投资经济效果的重要依据。新增生产能力的计算，是以能独立发挥生产能力或工程效益的单项工程（或项目)为对象。当单项工程(或项目)建成，经有关部门鉴定合格，正式移交投入生产，即可算新增生产能力。

新增生产能力或工程效益有以下几种表现形式：

(1) 用产品数量表示，以工程在单位时间内（一般是一年）所能生产的产品数量（即年产量）表示。如原煤开采用万吨/年表示。

(2) 用单位时间内所能处理的原料数量表示，以工程每天（或小时）所能处理原料的数量表示。

(3) 以新增的主要设备数量或容量表示，如棉纺锭锭数、发电机组容量等。

(4) 以节约的原材料、燃料、动力实物量表示，适用于反映更新改造节约项目的效益。

(5) 以建筑物容积、容量、面积或长度表示，是非工业项目或工程新增效益的一种表现形式。如水库容量、铁路公路里程等。

根据工程的特点，有时需要用两种或两种以上的复合计量单位表示新增生产能力（或工程效益），如新增内燃机生产能力同时用年产台数、千瓦数表示等。

房屋建筑面积 指从房屋外墙线算起的各层平面面积的总和，包括可供使用的有效面积和房屋结构(如柱、墙)占用的面积。多层建筑按各层(包括地下室)面积总和计算。

住宅建筑面积 指施工和竣工房屋建筑面积中供居住用的施工和竣工房屋建筑面积。

施工面积 指报告期内施工的全部房屋建筑面积。包括本期新开工的面积、上期跨入本期继续施工的房屋面积、上期停缓建在本期恢复施工的房屋面积、本期竣工的房屋面积及本期施工后又停缓建的房屋面积。

竣工面积 指在报告期内房屋建筑按照设计要求已全部完工，达到住人和使用条件，经验收鉴定合格，正式移交使用单位的建筑面积。

房屋建筑面积竣工率 批一定时期内房屋竣工面积占同期房屋施面积的比率。它是从房屋建筑施工速度的角度反映投资效果和建筑业经济效益的指标。

新增固定资产 指通过投资活动所形成的新的固定资产价值，包括已经建成投入生产或交付使用的工程价值和达到固定资产标准的设备、工具、器具的价值及有关应摊入的费用。它是以价值形式表示的固定资产投资成果的综合性指标，可以综合反映不同时期、不同部门、不同地区的固定资产投资成果。

建设项目投产率 指一定时期内全部建成投入生产项目个数与同期正式施工项目个数的比率。它是从项目建设速度的角度反映投资效果的指标。

商品房销售面积 指报告期内出售商品房屋的合同总面积(即双方签署的正式买卖合同中所确定的建筑面积)。由现房销售建筑面积和期房销售建筑面积两部分组成。

商品房销售额 指报告期内出售商品房屋的合同总价款(即双方签署的正式买卖合同中所确定的合同总价)。该指标与商品房销售面积同口径，由现房销售额和期房销售额两部分组成。

固定资产交付使用率 指一定时期新增固定资产与同期完成投资额的比率。它是反映各个时期固定资产动用速度，衡量建设过程中投资效果的一个综合性指标。

Explanatory Notes on Main Statistical Indicators

Total Investment in Fixed Assets in the Whole Country Investment in fixed assets is the essential means for Social reproduction of fixed assets. By means of construction and purchase of fixed assets, more advanced technologies and equipment are adopted in the national economy, and new sectors are established, which promote the adjustment of economic structure and the regional distribution of productive forces and enhance the economic strengths so as to provide the material conditions for improving people's livelihood. This is significant for speeding up the drive of socialist modernization in China.

Amount of investment in fixed assets refers to the volume of activities in construction and purchases of fixed assets in monetary terms. It is a comprehensive indicator which shows the size, pace, proportional relations and use orientation of the investment in fixed assets. Total investment in fixed assets in the whole country includes, by status of economic ownership, the investment by the state owned units, collective units, individuals, joint ownership units, share holding units, as well as investment by businessmen from foreign countries and from Hong Kong, Macao and Taiwan, and by other units.

Urban Investment in Fixed Assets refers to construction projects involving a total planned (or required) investment of 500,000 yuan and over by urban enterprises and institutions of various types of ownership, by administrative units and by individuals, investment in real estate development, and housing investment by individuals in urban areas and in industrial and mining areas. In other words, all investments that take place in county towns and urban areas, investment in construction projects under the direct leadership and management of government agencies at and above county levels and investments by enterprises and institutions at and above county levels are covered in urban investment in fixed assets.

Investment in Real Estate Development It includes the investment by the real estate development companies, commercial buildings construction companies and other real estate development units of various types of ownership in the construction of house buildings, such as residential buildings, factory buildings, warehouses, hotels, guesthouses, holiday villages, office buildings, and the complementary service facilities and land development projects, such as roads, water supply, water drainage, power supply, heating, telecommunications, land leveling and other projects of infrastructure. It excludes the activities in simple land transactions.

Investment in Rural Areas refers to investment in fixed assets by enterprises, institutions and individuals in rural areas.

Total Size of Construction refers to the planned total investment for all construction projects during the reference period.

Total Size of Investment in Projects under Construction refers to the planned total investment of all projects under construction at the end of the reference period.

Net Size of Investment in Projects under Construction refers to the required investment of all projects under construction at the end of the reference period.

Net Size of Investment = Total Size of Investment accumulated completed investment

Sources of funds for Investment in Fixed Assets State budgetary appropriation, domestic loans, foreign investment, self raised funds, and others.

(1) State budgetary appropriation refers to appropriation in the budget of the central and local governments earmarked for capital construction and for innovation projects, and the special appropriation from the budget of the central government for capital construction and for the transfer fund to banks to be issued as loans for capital construction projects.

(2) Domestic loans refer to various funds borrowed by enterprises and institutions from banks and non bank financial institutions during the reference period for the purpose of investment in fixed assets, including loans issued by banks from their self owned funds and deposit, loans appropriated by higher responsible authorities, special loans by government (including loan for replacing petroleum with coal, special loan for reform through labor coal mines), loans arranged by local government from special funds, domestic reserve loan, and working loan, etc..

(3) Foreign Investment refers to foreign funds received during the reference period for the purpose of investment in fixed assets, including foreign funds borrowed and managed

by the government, by individual units, foreign fund in joint venture program, and issue of bonds and stocks at the international financial markets. The foreign funds borrowed and managed by the government refer to foreign loans borrowed by the government from foreign governments, organizations, or financial institutions under official agreements signed by both parties, under which government is responsible for the repayment of both the principal and interests of the foreign loans.

(4) Self-raised funds refer to funds received by construction enterprises from their higher responsible authorities, local governments, or raised by enterprises or institutions themselves for the purpose of investment in fixed assets during the reference period.

(5) Others refer to funds received during the reference period which are not included in the above mentioned sources.

Investment in Fixed Assets by Sector The classification of construction projects by sector is determined by the major products or the purpose of the projects when they are put into production or use, and by the nature of their social economic activities. The investment in capital construction is classified by construction projects, while investment in innovation, other investment by state owned units and urban collective units are classified according to the sector which the whole enterprise or institution belongs to. In general, one project or one enterprise or institution can only belong to one sector. In order to reflect more accurately the proportions among various sectors, the branch factories of integrated complex are classified into different sectors according to their economic activities.

Investment in Fixes by Type of Construction The construction projects in general can be classified by the type of construction into new construction, expansion, reconstruction and moving away. In capital construction, the type of construction is determined by the condition of the project. In investment in innovation, in other investment by state owned units and investment by collective owned units, the type of construction is determined by the condition of the whole enterprise or institutions. Investment by type of construction is not applied to investment by real estate development units, investment in rural areas and investment in housing by urban individuals.

(1) New construction in general refers to newly constructed units. In the case in which the value of the original fixed assets is quite small, and the value of newly added fixed assets exceeds the original ones by three times, the expansion construction is considered as new construction.

(2) Expansion refers to construction of new major production workshop or independent production line within a factory or in other locations, or construction of a branch factory so as to increase the production capacity of the original products. Newly constructed business houses in institutions and administrative organizations (such as the newly constructed teaching buildings in schools, clinics or bed building in hospitals, and office buildings in administrative agencies, etc.) Are also classified as expansion.

(3) Reconstruction refers to technical innovation and transformation of the existing equipment and technical conditions undertaken by enterprises and institutions for the purposes of technological advancement, improvement in product quality, enlarging variety of products, promoting new generation of products, reducing production consumption and cost, promoting comprehensive utilization of resources, strengthening treatment of waste gas, waste water and solid wastes, and safety in production, etc. through application of new technologies and techniques, use of new equipment and new materials (including accessory facilities for production or for living and welfare purposes) . Construction of new workshops for improving existing production capacity rather than increasing production capacity is also considered as reconstruction.

Investment in Fixed Assets by Structure refers to the three major parts of investment activities, i. e. construction and installation, purchase of equipment and instrument, and other expenses.

(1) Construction and installation (work volume of construction and installation) refers to the construction of various houses and buildings and installation of various kinds of equipment and instruments, including construction of various houses, equipment foundations and industrial kilns and stoves, preparation works for project construction, and clearing up works post project construction, pavement of railways and roads, drilling of mines and putting up of oil pipes, construction of projects of water conservancy, construction of underground air raid shelters and construction of other special projects, installation of various machinery the quality of installation projects, The value of equipment installed is not included in the value of installation projects.

(2) Purchase of equipment and instruments refers to the total value of equipment, tools, and vessels purchased or self produced which come up to standards for fixed assets. Equipment, tools and vessels purchased or self produced for new work shops by newly established or expanded units are

categorized as" purchase of equipment and instruments" no matter whether they come up to the standards for fixed assets or not.

(3) Other expenses refer to expenses occurring during the construction or purchase of fixed assets other than construction, installation or purchase of equipment and instruments.

Projects Under Construction refer to projects having construction and installation activities undertaken in the reference period, including projects started in the reference period, or continued from the previous period, or completed and put into production or suspended in the reference period.

Projects Completed and Put into Use Industrial projects refer to the major projects and accessory facilities completed which result in forming production capacity and have been checked and accepted while the living and welfare facilities have been completed and can ensure normal production and formally put into production. Non-industrial projects refer to the major projects and accessory facilities completed which possess the designed capacity and have been checked, accepted and formally put into production.

Newly Increased Production Capacity refers to the increase of designed capacity and project efficiency through investment in fixed assets, which reflects the accomplishment of investment in fixed assets in kind. The calculation of newly increased production capacity is based on individual project which operates independently and efficiently. When an individual project is completed and checked and accepted and put into production, it is counted as newly increased production capacity.

The newly increased production capacity and project efficiency are usually expressed in one of the following forms:

(1) output of products, i. e. the output that the project can produce during a given period (usually a year) . For instance, the capacity in coal mining is expressed in 10, 000 tons/year, etc;

(2) raw materials processing capacity, i. e. the volume of raw materials that could be processed by the project per day (or per hour) , such as tons of materials processed per day by a sugar refining project or edible vegetable oil project, or tons of urban sewage processed per day;

(3) number or capacity of major equipment increased, such as number of cotton or silk looms increased, wool spindles increased, or capacity (in kilowatt s) of power generators increased;

(4) saved raw materials, fuels or power, which are mainly used for the efficiency of innovation and transformation projects; and

(5) physical measures (volume, capacity, area, and length) of construction, which is typical for non industrial projects, for instance, the length of new railways, etc.

Features of projects sometimes call for combined use of two or more measurement to reflect the increased production capacity (or project efficiency) , for instance, the new capacity for the production of internal combustion engines are expressed in sets per year and kilowatts per year simultaneously.

Floor Space of Buildings under Construction and Completed refers to total floor space in each story of buildings calculated from the outside line of building walls, including both usable space and the space occupied by constructions like pillars or walls. The floor space of multi story buildings includes the total floor space of each story (including basement) .

Floor Space of Residential Buildings refers to the floor space of the residential buildings under construction and completed among the total space of buildings under construction and completed.

Floor Space Under Construction refers to total floor space of all buildings under construction during the reference period, including floor space of newly started buildings during the reference period, floor space of construction extended from the previous period to the current period, floor space of construction suspended during the previous period and resumed in the current period, floor space of construction completed in the current period, and floor space of construction started and then suspended in the current period.

Floor Space of Buildings Completed refers to the floor space of buildings completed in the reference period, which have come up to the designed standards and have been put into use.

Completion Rate of Floor Space of Buildings refers to the ratio of the floor space of buildings completed in certain period of time to the floor space of buildings under construction in the same period, which reflects the investment result and economic efficiency of the construction industry from the angle of the speed of project construction.

Newly Increased Fixed Assets refer to the newly increased value of fixed assets through investment, including the value of projects completed and put into production, the value of equipment, tools, and vessels considered as fixed assets, as well as the relevant expenses as investment in fixed assets. This is a comprehensive indicator of investment in fixed assets, reflecting the achievements of investment in fixed assets in different periods, different sectors, and different regions.

Rate of Construction Projects Completed and put into Use refers to the ratio of the number of construction projects completed and put into use in certain period of time to the number of projects under construction in the same period, this reflects the investment efficiency from

the angle of the speed of projects construction.

Area of Commercial Housing Sold refers to total contracted area of commercial housing (i.e. area of floor space as designated in the formal contracts signed by both sides) during the reference time. It constitutes floor space of completed housing and floor space of future housing.

Value of Commercial Housing Sold refer to total value of contracts (i.e. value of sales/purchase for selling/purchase of commercial housing as designated in the contracts signed by both sides) during the reference time. It has the same coverage as the area of commercial housing sold, constituting completed housing and floor space of future housing

Rate of Projects of Fixed Assets Completed and Put into Operation refers to the ratio of the newly increased fixed assets to the total investment made in the same period. This is a comprehensive indicator, reflecting the speed of the employment of fixed assets and the investment efficiency.

2012

NEI MENG GU

七、能源生产和消费

Production and Consumption of Energy

资料整理：王晓妍　唐子荣　张　路
Arranged By Wang Xiaoyan , Tang Zirong , Zhang Lu

7-1 能源生产总量及构成
Total Production of Energy and Its Composition

年份 Year	能源生产总量 (万吨标准煤) Total Energy Production (10 000 tons of SCE)	占能源生产总量的比重(%)As Percentage of Total Energy Production(%)			
		原煤 Raw Coal	原油 Crude Oil	天然气 Natural Gas	水电、核电和其他能发电 Hydro Power, Nuclear Power and Other Power
1978	1070.63	99.83			
1980	1078.94	99.81			
1985	2027.75	99.99			
1986	2007.72	99.85			
1987	2092.12	99.82			
1988	2252.60	99.88			
1989	2688.70	99.90			
1990	2821.61	99.81			
1991	3069.14	99.81			
1992	3221.65	95.43			
1993	3647.44	94.05	3.96		
1994	3994.00	94.27	5.69		
1995	4642.02	94.55	5.41		
1996	4767.47	95.48	4.49		
1997	5354.63	96.46	3.53		
1998	5019.91	96.28	3.66		
1999	4566.42	96.34	3.59		
2000	4701.23	95.90	2.75		
2001	6047.84	96.40	2.01	1.41	
2002	8428.61	97.21	1.40	1.22	
2003	10814.13	97.14	1.22	1.30	
2004	15586.70	97.32	1.04	1.34	
2005	19082.33	95.86	1.10	2.69	0.36
2006	22298.37	95.33	1.10	3.17	0.40
2007	26725.88	94.71	0.89	3.51	0.88
2008	33440.86	94.52	0.75	4.00	0.74
2009	40185.85	92.87	0.67	4.84	1.62
2010	49740.18	92.35	0.53	5.42	1.65
2011	59738.06	92.50	0.49	5.55	1.47

注：电力折算标准煤的系数根据当年平均发电煤耗计算。

a) The coefficient for conversion of electric power into SCE(standard coal equivalent)is calculated on the basic of the data on the average coal consumption in generating electric power in the same year.

7-2 能源消费总量及构成(当量值)

Total Consumption of Energy and Its Composition(Equivalent Weight)

年 份 Year	能源消费总量 (万吨标准煤) Total Energy Production (10 000 tons of SCE)	占能源消费总量的比重(%) As Percentage of Total Energy Consumption(%)			
		煤 炭 Coal	石 油 Petroleum	天然气 Natural Gas	水电、核电和其他能发电 Hydro Power, Nuclear Power and Other Power
1985	1870.66				
1986	1856.66				
1987	1967.11				
1988	2035.52				
1989	2250.36				
1990	2423.51				
1991	2505.19				
1992	2554.99				
1993	2676.11				
1994	2812.19				
1995	3268.44				
1996	3144.36				
1997	3708.95				
1998	3440.06				
1999	3634.88				
2000	3937.54				
2001	4453.48				
2002	5190.12				
2003	6612.77				
2004	8601.81				
2005	10788.37	90.44	8.60	0.78	0.17
2006	12835.27	89.67	8.64	1.49	0.20
2007	14703.32	88.79	8.35	2.40	0.46
2008	16407.63	88.09	8.99	2.47	0.44
2009	17473.68	86.36	9.10	3.37	1.17
2010	18882.66	86.60	8.96	3.02	1.42
2011	21148.52	87.08	9.15	2.34	1.43

7-3 单位能源消费(等价值)

Consumption of Energy Per Unit(Equivalent Value)

年份 Year	单位GDP能耗 (吨标准煤/万元) Energy Consumption Per Unit of GDP (ton of SCE/10 000 yuan)	单位工业增加值能耗 (吨标准煤/万元) Energy Consumption Per Unit of Industrial Value-added(ton of SCE/10 000 yuan)	单位GDP电耗 (千瓦时/万元) Electricity Consumption Per Unit of Industrial Value-added (kw/10 000 yuan)
1985	13.96		
1986	13.08		
1987	12.71		
1988	11.98		
1989	12.90		
1990	7.59		
1991	7.30		
1992	6.71		
1993	6.29		
1994	5.94		
1995	6.27		
1996	5.27		
1997	5.62		
1998	4.71		
1999	4.57		
2000	2.31		
2001	2.30		
2002	2.35		
2003	2.42		
2004	2.51	6.33	1761.20
2005	2.48	5.67	1710.44
2006	2.41	5.37	1903.29
2007	2.31	4.88	2092.81
2008	2.16	4.19	1868.65
2009	2.01	3.56	1686.72
2010	1.92	3.24	1701.38
2011	1.41	3.09	1775.90

注：2011年单位GDP能耗采用2010年不变价GDP计算。

a)Unit GDP energy consumption in 2011 calculated by constant prices in 2010.

7-4 综合能源平衡表
Overall Energy Balance

单位：万吨标准煤　(10 000 tons of SCE)

项 目	Item	1990	1995	2000	2005	2010	2011
可供消费的能源总量	**Total Energy Available for Consumption**	**2418.00**	**2922.20**	**3996.41**	**9493.38**	**16736.97**	**18739.29**
一次能源生产量	Primary Energy Output	2821.61	4642.02	4701.23	19082.33	49740.18	59738.06
回收量	Recovery of Energy			193.37	391.33	868.62	418.90
进口量	Imports	3.33	4.56		228.02	1160.11	1457.90
出口量(-)	Exports(-)	-16.81	-48.38	-141.96	-11.21	-390.77	-188.27
年初年末库存差额	Stock Changes in the Year	-57.33	-61.74	47.81	416.06	-2445.33	-237.25
能源消费总量	**Total Energy Consumption**	**2423.51**	**3268.44**	**3937.54**	**9666.11**	**16820.30**	**18736.91**
在总量中：	Consumption by Sector						
1.农、林、牧、渔业	1.Farming, Forestry, Animal Husbandry & Fishery	83.39	100.09	128.62	319.53	514.21	538.34
2.工业	2.Industry	1368.62	1338.90	2059.93	6936.80	11501.76	12959.61
3.建筑业	3.Construction	29.69	35.69	57.57	105.80	287.21	340.24
4.交通运输、仓储及邮电通信业	4.Transportation, Storage, Post & Telecommunications Services	152.46	154.58	151.07	688.87	1322.92	1424.82
5.批发、零售业和住宿餐饮业	5.Wholesale，Retail Trade, Quarters & Catering	43.72	73.44	92.87	308.58	983.90	1066.00
6.其他	6.Others	115.66	128.19	80.27	277.08	472.03	493.94
7.生活消费	7.Residential Consumption	437.18	155.45	225.40	1022.10	1738.27	1913.99
在总量中：	Consumption by Usage						
(一)终端消费	(Ⅰ)Final Consumption	2230.72	1986.38	2795.70	8831.74	14767.89	17115.54
# 工业	Industry	1368.62	1338.90	2059.93	6109.78	9449.35	11338.24
(二)加工转换损失量	(Ⅱ)Losses in Processing & Transformation	135.67	905.20	1119.59	827.02	2052.42	1621.37
# 炼焦	Coking	43.91	36.52	16.30	255.60	302.94	340.15
炼油及煤制油损失	Petroleum Refining & CTL losses		1.11	24.69	4.12	46.15	78.98
(三)损失量	(Ⅲ)Other Losses	57.12	376.86	22.25	7.34		
平衡差额	**Balance**	**-5.51**	**-346.24**	**58.87**	**-172.73**	**-83.34**	**2.38**

7-5 石油平衡表
Petroleum Balance

单位：万吨 (10 000 tons)

项 目	Item	2010	2011
可供量	**Total Energy Available for Consumption**	**1160.82**	**1348.42**
生产量	Output	182.91	202.97
外省(区、市)调入量	Transfer From Other Province(Region、City)	1062.31	1282.84
本省(区、市)调出量(-)	Transfer to Other Province(Region、City)(-)	87.79	123.32
年初年末库存差额	Stock Changes in the Year	4.00	-14.07
消费量	**Total Energy Consumption**	**1160.81**	**1348.43**
在消费总量中：	Consumption by Sector		
1.农、林、牧、渔业	1.Farming, Forestry, Animal Husbandry and Fishery	112.32	111.64
2.工业	2.Industry	65.01	138.50
3.建筑业	3.Construction	74.40	137.48
4.交通运输、仓储及邮电通信业	4.Transportation, Storage, Post and Telecommunications Services	700.50	764.66
5.批发、零售业和住宿餐饮业	5.Wholesale，Retail Trade, Quarters and Catering	126.31	117.37
6.其他	6.Others	45.59	41.25
7.生活消费	7.Residential Consumption	36.67	37.53
在消费总量中：	Consumption by Usage		
(一)终端消费	(Ⅰ)Final Consumption	1260.67	1444.70
# 工业	Industry	164.88	234.78
(二)中间消费	(Ⅱ)Intermediate Consumption	-99.86	-96.27
(用于加工转换)	(Consumed in Transformation)		
发电	Power Generation	0.57	0.58
供热	Heating	0.03	0.02
炼焦	Coking		
制气	Gas Production		
(三)洗选损耗	(Ⅲ)Losses in Coal Washingand Dressing		
平衡差额	**Balance**	**0.01**	**-0.01**

注：生产量为原油产量。

a)Data on output refer to the output of crude oil.

7-6 煤炭平衡表
Coal Balance Sheet

单位：万吨 (10 000 tons)

项 目	Item	1995	2000	2005	2010	2011
可供量	**Total Energy supply**	**4342.19**	**5817.19**	**13706.67**	**27016.94**	**34687.11**
生产量	Output	7055.21	7247.29	25607.69	78664.66	97961.00
进口量	Imports			248.80	1638.66	2070.00
出口量(-)	Exports(-)	-71.51	-197.59		-589.79	-304.00
年初年末库存差额	Stock Changes in the Year		117.49	584.06	-3661.87	-389.62
消费量	**Total Energy Consumption**	**4329.02**	**5739.52**	**13953.78**	**27004.04**	**34683.51**
在消费总量中：	Consumption by Sector					
1.农、林、牧、渔业	1.Farming,Forestry,Animal Husbandry & Fishery	57.87	75.25	127.82	272.22	302.17
2.工业	2.Industry	934.94	1420.45	12369.47	23354.86	30865.72
3.建筑业	3.Construction	30.75	30.55	76.96	256.96	149.95
4.交通运输、仓储及邮电通信业	4.Transport, Storage, Post & Telecomm Services	186.65	99.99	181.59	199.72	215.71
5.批发、零售业和住宿餐饮业	5.Wholesale，Retail Trade, Quarters & Catering	65.87	37.58	187.24	1093.53	1063.33
6.其他	6.Others	92.11	38.00	178.16	405.79	394.86
7.生活消费	7.Residential Consumption	144.00	143.44	832.54	1420.96	1691.77
在消费总量中：	Consumption by Usage					
(一)终端消费	(Ⅰ)Final Consumption	1512.19	1845.26	4472.04	6333.47	7650.41
# 工业	Industry	934.94	1420.45	2887.73	2684.29	3832.62
(二)中间消费	(Ⅱ)Intermediate Consumption	2786.83	3864.26	9471.74	20670.57	27033.10
(用于加工转换)	(Consumed in Transformation)					
发电	Power Generation	1882.61	2566.34	6277.23	13953.22	19186.31
供热	Heating	275.56	366.26	808.20	1816.96	1784.33
炼焦	Coking	60.45	126.06	1590.07	3009.79	3662.76
制气	Gas Production			1.96	7.12	7.28
(三)洗选损耗	(Ⅲ)Losses in Coal Washing					
平衡差额	**Balance**	**13.17**	**77.67**	**-247.11**	**12.91**	**3.60**

注：生产量为原煤产量。

a)Data on output refer to the output of raw coal.

7-7 电力平衡表
Electricity Balance Sheet

单位：亿千瓦小时 (100 million kwh)

项 目	Item	1990	1995	2000	2005	2010	2011
可供量	**Total Energy supply**	**169.54**	**278.54**	**439.22**	**1025.27**	**1057.36**	**1833.62**
生产量	Output	169.54	278.54	439.22	1025.27	2571.82	3104.68
火电	Thermal Power	168.50	277.11	432.09	1010.21	2352.90	2859.40
风电	Wind power					202.63	226.89
水电	Hydro-power	1.34	1.43	5.59	11.38	16.29	18.26
进口量	Imports						
出口量(-)	Exports(-)						
消费量	**Total Energy Consumption**	**121.82**	**186.83**	**256.07**	**667.72**	**1536.83**	**1833.62**
在消费总量中：	Consumption by Sector						
1.农、林、牧、渔业	1.Farming, estry,Animal Husbandry & Fishery	9.10	11.59	16.99	27.73	41.04	46.99
2.工业	2.Industry	95.28	145.52	195.65	566.67	1340.34	1592.68
3.建筑业	3.Construction	1.50	1.79	4.27	2.43	6.32	11.20
4.交通运输、仓储及邮电通信业	4.Transportation, Storage, Post & Telecommunications Services	1.45	2.50	4.22	6.14	18.47	20.12
5.批发、零售业和住宿餐饮业	5.Wholesale，Retail Trade, Quarters & Catering	1.50	2.94	5.65	8.75	23.97	31.10
6.其他	6.Others	4.20	6.88	7.36	14.41	27.91	32.53
7.生活消费	7.Residential Consumption	8.79	15.61	22.36	41.80	78.78	98.99
在消费总量中：	Consumption by Usage						
(一)终端消费	(Ⅰ)Final Consumption	115.84	186.83	256.07	667.72	1536.83	1833.62
# 工业	Industry	95.28	145.52	195.65	566.67	1340.34	1592.68
(二)输配电损失量	(Ⅱ)Losses in Transmission	5.98					

7-8 规模以上工业分行业综合能源消费

Consumption of Overall Energy by Industrial Branch above Designated

单位：万吨标准煤 (10 000 tons of SCE)

行 业	Sector	2010	2011
总计	**Total**	**11199.48**	**13189.76**
按工业行业门类分	**By Industrial Branch**		
轻工业	**Light Industry**	**448.84**	**447.05**
重工业	**Heavy Industry**	**10750.65**	**12742.72**
采矿业	**Mining**	**1411.49**	**1665.31**
煤炭开采和洗选业	Mining and Washing of Coal	1229.13	1453.41
石油和天然气开采业	Extraction of Petroleum and Natural Gas	15.77	18.95
黑色金属矿采选业	Mining and Processing of Ferrous Metal Ores	78.91	94.56
有色金属矿采选业	Mining and Processing of Non-Ferrous Metal Ores	44.50	52.15
非金属矿采选业	Mining and Processing of Non-metal Ores	42.53	46.12
其他采矿业	Mining of Other Ores	0.65	0.12
制造业	**Manufacturing**	**5455.91**	**6467.67**
农副食品加工业	Processing of Food from Agricultural Products	102.46	116.49
食品制造业	Manufacture of Foods	126.21	112.98
饮料制造业	Manufacture of Beverages	39.27	41.73
烟草制品业	Manufacture of Tobacco	1.25	1.48
纺织业	Manufacture of Textile	21.20	19.30
纺织服装、鞋、帽制造业	Manufacture of Textile Wearing Apparel, Footware and Caps	1.91	2.29
皮革、毛皮、羽毛(绒)等	Manufacture of Leather, Fur, Feather and Related Products	1.04	0.83
木材加工及木、竹、藤等	Processing of Timber, Manufacture of Wood, Bamboo, Rattan, Palm, and Straw Products	31.46	34.23
家具制造业	Manufacture of Furniture	2.42	4.01
造纸及纸制品业	Manufacture of Paper and Paper Products	41.60	33.94
印刷业和记录媒介的复制	Printing, Reproduction of Recording Media	0.56	0.24

7-8 续表 continued

单位：万吨标准煤 (10 000 tons of SCE)

行 业	Sector	2010	2011
文教体育用品制造业	Manufacture of Articles For Culture, Education and Sport Activities		
石油加工炼焦及核燃料	Processing of Petroleum, Coking, Processing of Nuclear Fuel	488.21	646.77
化学原料及化学制品制造	Manufacture of Raw Chemical Materials and Chemical Products	1363.99	1752.94
医药制造业	Manufacture of Medicines	79.54	86.09
化学纤维制造业	Manufacture of Chemical Fibres		
橡胶制品业	Manufacture of Rubber	0.25	0.29
塑料制品业	Manufacture of Plastics	49.57	50.41
非金属矿物制品业	Manufacture of Non-metallic Mineral Products	529.14	646.52
黑色金属冶炼及压延	Smelting and Pressing of Ferrous Metals	1798.19	2059.96
有色金属冶炼及压延	Smelting and Pressing of Non-ferrous Metals	707.81	785.92
金属制品业	Manufacture of Metal Products	9.84	9.91
通用设备制造业	Manufacture of General Purpose Machinery	14.33	19.56
专用设备制造业	Manufacture of Special Purpose Machinery	31.72	24.83
交通运输设备制造业	Manufacture of Transport Equipment	6.85	8.20
电气机械及器材制造业	Manufacture of Electrical Machinery and Equipment	3.48	5.70
通信设备、计算机及其他	Manufacture of Communication Equipment, Computers and Other Electronic Equipment	0.79	0.56
仪器仪表及文化、办公用	Manufacture of Measuring Instruments and Machinery for Cultural Activity and Office Work	0.02	0.04
工艺品及其他制造业	Manufacture of Artwork and Other Manufacturing	1.65	1.69
废弃资源和废旧材料回收	Recycling and Disposal of Waste	1.16	0.76
电力、煤气及水的生产	**Electric Power, Gas and Water Production and Supply**	**4332.08**	**5056.78**
电力、热力的生产和供应	Production and Supply of Electric Power and Heat Power	4307.85	5027.87
燃气生产和供应业	Production and Supply of Gas	17.37	21.12
水的生产和供应业	Production and Supply of Water	6.86	7.79

7-9 分行业能源消费总量和主要能源品种消费量(2011年)

Consumption of Total Energy & Its Main Varieties by Sector(2011)

行业	Sector	能源消费总量(万吨标准煤) Total Energy Consumption (10 000 tons of SCE)	煤炭消费量(万吨) Coal Consumption (10 000 tons)	焦炭消费量(万吨) Coke Consumption (10 000 tons)	原油消费量(万吨) Crude Oil Consumption (10 000 tons)	汽油消费量(万吨) Gasoline Consumption (10 000 tons)
消费总量	**Total Consumption**	**18736.93**	**34683.51**	**1559.21**	**118.66**	**310.24**
农、林、牧、渔业	**Farming, Forestry, Animal Husbandry & Fishery**	**538.34**	**302.17**			**28.54**
工业	**Industry**	**12959.61**	**30865.72**	**1559.21**	**118.66**	**13.34**
采矿业	**Mining**	2050.83	3132.54	1.16	9.36	5.37
煤炭开采和洗选业	Coal Mining & Processing	1628.60	2919.72	1.11		0.85
石油和天然气开采业	Extraction of Petroleum & Natural Gas	43.26	5.22		9.36	0.28
黑色金属矿采选业	Mining & Dressing of Ferrous Metals	184.64	85.71			1.69
有色金属矿采选业	Mining & Dressing of Nonferrous Metals	110.37	45.65	0.05		2.32
非金属矿采选业	Mining & Dressing of Nonmetal Minerals	**83.66**	**76.25**			**0.21**
其他采矿业	Mining of Other Mineral	0.30				0.02
制造业	**Manufacturing**	**9804.20**	**9305.85**	**1558.05**	**109.30**	**6.42**
农副食品加工业	Processing of Agricultural Side-line Food	188.89	175.31			1.96
食品制造业	Food Manufacturing	177.47	248.11			0.39
饮料制造业	Beverage Manufacturing	67.10	70.71			0.19
烟草制品业	Tobacco Products	3.03	2.11			0.01
纺织业	Textile Industry	33.96	28.21			0.74
纺织服装、鞋、帽制造业	Textile Products, Clothes, Shoes & Hats	3.65	3.32			0.05
皮革、毛皮、羽毛(绒)及其制品业	Leather, Furs, Down & Related Products	1.34	0.91			0.01
木材加工及木、竹、藤、棕、草制品业	Timber Processing, Bamboo, Cane, Palm Fiber & Straw Products	48.23	20.50			0.08
家具制造业	Furniture Manufacturing	5.26	4.43			0.02
造纸及纸制品业	Paper-making & Paper Products	53.30	62.05			0.02
印刷业和记录媒介的复制	Printing & Record Pressing	0.72	0.03			0.01
文教体育用品制造业	Cultural, Educational & Sports Goods					

7–9 续表 1 continued

行 业	Sector	煤油消费量(万吨) Kerosene Consumption (10 000 tons)	柴油消费量(万吨) Diesel Oil Consumption (10 000 tons)	燃料油消费量(万吨) Fuel Oil Consumption (10 000 tons)	天然气消费量(亿立方米) Natural Gas Consumption (100 million cu.m)	电力消费量(亿千瓦小时) Electricity Consumption (100 million kwh)
消费总量	**Total Consumption**	**10.10**	**922.87**	**24.61**	**40.81**	**1833.62**
农、林、牧、渔业	**Farming, Forestry, Animal Husbandry & Fishery**		**80.00**			**46.99**
工业	**Industry**	**0.35**	**136.02**	**16.51**	**31.27**	**1592.68**
采矿业	**Mining**	**0.03**	**109.68**	**1.87**	**0.12**	**132.39**
煤炭开采和洗选业	Coal Mining & Processing		91.06	1.87	0.12	63.05
石油和天然气开采业	Extraction of Petroleum & Natural Gas		0.89			6.91
黑色金属矿采选业	Mining & Dressing of Ferrous Metals		9.30			31.18
有色金属矿采选业	Mining & Dressing of Nonferrous Metals	0.03	5.00			20.19
非金属矿采选业	Mining & Dressing of Nonmetal Minerals		3.42			10.99
其他采矿业	Mining of Other Mineral		0.01			0.07
制造业	**Manufacturing**	**0.32**	**19.54**	**13.69**	**26.81**	**1239.11**
农副食品加工业	Processing of Agricultural Side-line Food		2.80		0.01	18.29
食品制造业	Food Manufacturing		0.63	0.44	0.05	21.62
饮料制造业	Beverage Manufacturing		0.11		0.02	3.77
烟草制品业	Tobacco Products		0.01		0.06	0.24
纺织业	Textile Industry		0.06		0.02	4.61
纺织服装、鞋、帽制造业	Textile Products, Clothes, Shoes & Hats		0.05		0.01	0.31
皮革、毛皮、羽毛(绒)及其制品业	Leather, Furs, Down & Related Products		0.01			0.15
木材加工及木、竹、藤、棕、草制品业	Timber Processing, Bamboo, Cane, Palm Fiber & Straw Products		0.70			4.68
家具制造业	Furniture Manufacturing		0.20			0.26
造纸及纸制品业	Paper-making & Paper Products		0.13	0.11	0.02	4.74
印刷业和记录媒介的复制	Printing & Record Pressing					0.19
文教体育用品制造业	Cultural, Educational & Sports Goods					

7–9 续表 2 continued

行业	Sector	能源消费总量(万吨标准煤) Total Energy Consumption (10 000 tons of SCE)	煤炭消费量(万吨) Coal Consumption (10 000 tons)	焦炭消费量(万吨) Coke Consumption (10 000 tons)	原油消费量(万吨) Crude Oil Consumption (10 000 tons)	汽油消费量(万吨) Gasoline Consumption (10 000 tons)
石油加工、炼焦及核燃料加工业	Petroleum Processing , Coke Products & Processing of Nuclear Fuel	620.52	2645.17	2.00	109.30	0.01
化学原料及化学制品制造业	Raw Chemical Materials & Chemical Products	2735.81	1876.86	325.30		0.27
医药制造业	Medicine Manufacturing	144.40	137.90			0.05
化学纤维制造业	Chemical Fiber Manufacturing					
橡胶制品业	Rubber Products	0.50				0.01
塑料制品业	Plastic Products	68.17	74.09			0.27
非金属矿物制品业	Nonmetal Mineral Products	996.81	981.05	2.37		0.91
黑色金属冶炼及压延加工业	Smelting & Pressing of Ferrous Metals	3035.30	1765.67	1205.98		0.27
有色金属冶炼及压延加工业	Smelting & Pressing of Nonferrous Metals	1476.84	1176.56	16.01		0.61
金属制品业	Metal Products	25.70	6.04			0.09
通用设备制造业	Manufacturing of General-Purpose Equipment	35.32	6.91	6.20		0.07
专用设备制造业	Special Purposes Equipment Manufacturing	47.65	12.15	0.02		0.05
交通运输设备制造业	Transportation Equipment Manufacturing	14.12	1.91	0.16		0.19
电气机械及器材制造业	Electric Equipment & Machinery	14.09	1.87			0.11
信设备、计算机及其他电子设备制造业	Manufacturing of Telecommunications, Computer & Other Electronic Equipment	1.68	0.61			0.01
仪器仪表及文化、办公用机械制造业	Instruments, Meters, Cultural & Office Machinery	0.14				
工艺品及其他制造业	Handicrafts & Other Production	3.06	2.31	0.01		0.02
废弃资源和废旧材料回收加工业	Recovering of Abandoned Resource & Waste Materical	1.15	1.07			0.01
电力、燃气及水的生产和供应业	**Production & Supply of Electric Power, Gas & Water**	**1104.58**	**18427.33**			**1.56**
电力、热力的生产和供应业	Production & Supply of Electric Power & Heating Power	1051.34	18338.21			1.44
燃气生产和供应业	Production & Supply of Gas	31.92	81.41			0.01
水的生产和供应业	Production & Supply of Water	21.31	7.71			0.11
建筑业	**Construction**	**340.24**	**149.95**			**16.71**
交通运输、仓储及邮电通信业	**Transportation,Storage, Postal & Telecommunications Services**	**1424.82**	**215.71**			**161.55**
批发、零售业和住宿、餐饮业	**Wholesale，Retail Trade, Quarters & Catering**	**1066.00**	**1063.33**			**50.68**
其他	**Others**	**493.94**	**394.86**			**24.50**
生活消费	**Residential Consumption**	**1913.99**	**1691.77**			**14.92**

7-9 续表 3 continued

行业	Sector	煤油消费量(万吨) Kerosene Consumption (10 000 tons)	柴油消费量(万吨) Diesel Oil Consumption (10 000 tons)	燃料油消费量(万吨) Fuel Oil Consumption (10 000 tons)	天然气消费量(亿立方米) Natural Gas Consumption (100 million cu.m)	电力消费量(亿千瓦小时) Electricity Consumption (100 million kwh)
石油加工、炼焦及核燃料加工业	Petroleum Processing, Coke Products & Processing of Nuclear Fuel		0.36		0.64	28.53
化学原料及化学制品制造业	Raw Chemical Materials & Chemical Products		1.86	0.02	22.02	274.88
医药制造业	Medicine Manufacturing		0.08			17.05
化学纤维制造业	Chemical Fiber Manufacturing					
橡胶制品业	Rubber Products		0.02			0.08
塑料制品业	Plastic Products	0.01	0.35			18.59
非金属矿物制品业	Nonmetal Mineral Products		3.49	6.56	1.35	74.95
黑色金属冶炼及压延加工业	Smelting & Pressing of Ferrous Metals	0.02	5.10		0.57	368.92
有色金属冶炼及压延加工业	Smelting & Pressing of Nonferrous Metals	0.27	2.06	6.54	0.64	373.18
金属制品业	Metal Products		0.02			6.03
通用设备制造业	Manufacturing of General-Purpose Equipment		0.26		0.19	5.44
专用设备制造业	Special Purposes Equipment Manufacturing	0.01	0.18		0.90	6.67
交通运输设备制造业	Transportation Equipment Manufacturing		0.97		0.17	2.07
电气机械及器材制造业	Electric Equipment & Machinery		0.04		0.11	3.08
通信设备、计算机及其他电子设备制造业	Manufacturing of Telecommunications, Computer & Other Electronic Equipment				0.01	0.28
仪器仪表及文化、办公用机械制造业	Instruments, Meters, Cultural & Office Machinery					0.04
工艺品及其他制造业	Handicrafts & Other Production		0.03	0.02	0.01	0.36
废弃资源和废旧材料回收加工业	Recovering of Abandoned Resource & Waste Materical		0.01			0.10
电力、燃气及水的生产和供应业	**Production & Supply of Electric Power, Gas & Water**		**6.80**	**0.95**	**4.34**	**221.18**
电力、热力的生产和供应业	Production & Supply of Electric Power & Heating Power		6.76	0.95	0.08	212.73
燃气生产和供应业	Production & Supply of Gas		0.03		4.26	3.53
水的生产和供应业	Production & Supply of Water		0.01			4.92
建筑业	**Construction**		**30.22**			**11.20**
交通运输、仓储及邮电通信业	**Transportation,Storage, Postal & Telecommunications Services**	**9.75**	**584.55**	**8.10**	**4.30**	**20.12**
批发、零售业和住宿、餐饮业	**Wholesale，Retail Trade, Quarters & Catering**		**65.77**		**2.15**	**31.10**
其他	**Others**		**16.09**		**1.50**	**32.53**
生活消费	**Residential Consumption**		**10.22**		**1.59**	**98.99**

7–10 能源生产弹性系数
Elasticity Ratio of Energy Production

年份 Year	能源生产比上年增长% Growth Rate of Energy Production over Preceding Year (%)	电力生产比上年增长% Growth Rate of Electricity Production over Preceding Year (%)	生产总值比上年增长% Growth Rate of Gross Domestic Product(GDP) over Preceding Year (%)	能源生产弹性系数 Elasticity Ratio of Energy Production	电力生产弹性系数 Elasticity Ratio of Electricity Production
1984	10.15	14.35	16.4	0.62	0.89
1985	20.49	15.69	18.2	1.15	0.91
1986	-0.99	39.54	5.9	-0.17	6.30
1987	4.20	13.76	9.0	0.47	1.53
1988	7.67	9.33	9.8	0.78	0.95
1989	19.36	11.12	2.7	7.17	4.12
1990	4.94	10.51	7.5	0.66	1.40
1991	8.77	11.31	7.5	1.17	1.51
1992	4.97	17.63	11.0	0.45	1.60
1993	13.22	5.82	11.7	1.13	0.50
1994	9.50	11.07	11.2	0.85	0.99
1995	16.22	6.61	10.1	1.61	0.65
1996	2.70	16.32	14.4	0.19	1.13
1997	12.32	5.62	10.8	1.14	0.52
1998	-6.25	2.39	10.7	-0.58	0.22
1999	-9.03	8.62	8.8	-1.03	0.98
2000	2.95	16.87	10.8	0.27	1.56
2001	28.64	5.98	10.6	2.68	0.56
2002	39.37	11.27	13.2	2.98	0.85
2003	27.99	25.05	17.6	1.59	1.42
2004	44.13	26.09	20.9	2.11	1.25
2005	22.43	31.01	23.8	0.94	1.30
2006	18.96	38.13	19.1	0.99	2.00
2007	19.86	30.36	19.2	1.03	1.58
2008	25.13	11.45	17.8	1.41	0.64
2009	20.17	4.96	16.9	1.19	0.29
2010	23.78	14.30	15.0	1.59	0.95
2011	20.10	19.48	14.3	1.41	1.36

7-11 能源消费弹性系数

Elasticity Ratio of Energy Consumption

年份 Year	能源消费比上年增长% Growth Rate of Energy Consumption over Preceding Year (%)	电力消费比上年增长% Growth Rate of Electricity Consumption over Preceding Year (%)	生产总值比上年增长% Growth Rate of Gross Domestic Product(GDP) over Preceding Year (%)	能源消费弹性系数 Elasticity Ratio of Energy Consumption	电力消费弹性系数 Elasticity Ratio of Electricity Consumption
1986	1.97	7.94	5.9	0.33	1.35
1987	5.95	9.70	9.0	0.66	1.08
1988	3.48	14.15	9.8	0.36	1.44
1989	10.03	13.95	2.7	3.71	5.17
1990	8.21	13.55	7.5	1.09	1.81
1991	3.37	3.87	7.5	0.45	0.52
1992	1.98	10.65	11.0	0.18	0.97
1993	4.74	39.43	11.7	0.41	3.37
1994	5.08	-17.23	11.2	0.45	-1.54
1995	16.22	-18.43	10.1	1.61	-1.82
1996	-3.80	49.76	14.4	-0.26	3.46
1997	17.96	4.68	10.8	1.66	0.43
1998	-7.25	-10.42	10.7	-0.68	-0.97
1999	5.66	24.91	8.8	0.64	2.83
2000	8.33	8.15	10.8	0.77	0.75
2001	13.10	9.22	10.6	1.24	0.87
2002	16.54	14.57	13.2	1.25	1.10
2003	27.41	26.89	17.6	1.56	1.53
2004	30.08	31.72	20.9	1.44	1.52
2005	26.81	24.67	23.8	1.13	1.04
2006	16.08	32.48	19.1	0.84	1.70
2007	13.87	31.11	19.2	0.72	1.62
2008	10.36	5.20	17.8	0.58	0.29
2009	8.82	5.52	16.9	0.52	0.33
2010	9.62	19.33	15.0	0.64	1.29
2011	11.39	19.31	14.3	0.80	1.35

主要统计指标解释

能源生产总量 指一定时期内全区一次能源生产量的总和，是观察全区能源生产水平、规模、构成和发展速度的总量指标。一次能源生产量包括原煤、原油、天然气、水电、核能及其他动力能(如风能、地热能等)发电量，不包括低热值燃料生产量、生物质能、太阳能等的利用和由一次能源加工转换而成的二次能源产量。

能源消费总量 指一定时期内全区物质生产部门、非物质生产部门和生活消费的各种能源的总和，是观察能源消费水平、构成和增长速度的总量指标。能源消费总量包括原煤和原油及其制品、天然气、电力，不包括低热值燃料、生物质能和太阳能等的利用。能源消费总量分为终端能源消费量、能源加工转换损失量和损失量三部分。

(1)终端能源消费量：指一定时期内全区生产和生活消费的各种能源在扣除了用于加工转换二次能源消费量和损失量以后的数量。

(2)能源加工转换损失量：指一定时期内全区投入加工转换的各种能源数量之和与产出各种能源产品之和的差额，是观察能源在加工转换过程中损失量变化的指标。

(3)能源损失量：指一定时期内能源在输送、分配、储存过程中发生的损失和由客观原因造成的各种损失量，不包括各种气体能源放空、放散量。

能源生产弹性系数 是研究能源生产增长速度与国民经济增长速度之间关系的指标。计算分式为：

能源生产弹性系数 = 能源生产总量年平均增长速度 / 国民经济年平均增长速度

国民经济年平均增长速度，可根据不同的目的或需要，用地区收入总值、地区生产总值等指标来计算，本年鉴是采用国内生产总值指标计算的。

电力生产弹性系数 是研究电力生产增长速度与国民经济增长速度之间关系的指标。一般来说，电力的发展应当快于国民经济的发展，也就是说电力应超前发展。计算公式为：

电力生产弹性系数 = 电力生产量年平均增长速度 / 国民经济年平均增长速度

能源消费弹性系数 是反映能源消费增长速度与国民经济增长速度之间比例关系的指标。计算公式为：

能源消费弹性系数 = 能源消费量年平均增长速度 / 国民经济年平均增长速度

电力消费弹性系数 反映电力消费增长速度与国民经济增长速度之间比例关系的指标。计算公式为：

电力消费弹性系数 = 电力消费量年平均增长速度 / 国民经济年平均增长速度

能源加工转换效率 指一定时期内能源经过加工、转换后，产出的各种能源产品的数量与同期内投入加工转换的各种能源数量的比率。它是观察能源加工转换装置和生产工艺先进与落后、管理水平高低等的重要指标。计算公式为：

能源加工转换效率 = 能源加工、转换产出量 / 能源加工、转换投入量 × 100%

Explanatory Notes on Main Statistical Indicators

Total Energy Production refers to the total production of primary energy by all energy producing enterprises in the autonomous region in a given period of time. It is a comprehensive indicator to show the capacity, scale, composition and development of energy production of the country. The production of primary energy includes that of coal, crude oil, natural gas, hydropower and elect recite generated by nuclear energy and other means such as wind power and geothermal power. However, it excludes the production of fuels of low calorific value, bio–energy, solar–energy and the secondary energy converted from the primary energy.

Total Domestic Energy Consumption refers to the total consumption of energy of various kinds by material production sectors, nonmaterial production sectors and households in the autonomous region in a given period of time. It is a comprehensive indicator to show the scale, composition and development of energy consumption. The total energy consumption includes that of coal, crude oil and their products, natural gas and electricity. However, it excludes the consumption of fuel of low calorific value, bio–energy and solar energy. Total domestic energy consumption can be divided into three parts:

(1) Final Energy Consumption: It refers to the total energy consumption by material production sectors. Non material production sectors and households in the autonomous region in a given period of time, but excludes the consumption in conversion o f the primary energy into the secondary energy and the loss in the process of energy conversion.

(2) Loss During the Process of Energy Conversion: It refers to the total input of various kinds of energy for conversion, minus the total output of various kinds of energy in the autonomous region in a given period of time. It is an indicator to show the loss that occurs during the process of energy conversion.

(3) Loss: It refers to the total of the loss of energy during the course of energy transport, distribution and storage and the loss caused by any objective reason in a given period of time. The loss of various kinds of gas due to gas discharges and stocktaking is excluded.

Elasticity Ratio of Energy Production is an indicator to show the relationship between the growth rate of energy production and the growth rat e of the national economy. The formula is:

Elasticity Ratio of Energy Production=Average Annual Growth Rate of Energy Production ÷ Average Annual Growth Rate of National Economy

The average annual growth rate of the national economy can be shown by the gross national product, gross domestic product and other indicators, depending upon the purposes or needs. The gross domestic product is used in calculation of the ratio in this chapter.

Elasticity Ratio of Electricity Production is an indicator to show the relations hip between the growth rate of electricity production and the growth rate of the national economy. Generally speaking, the growth rate of electricity production should be higher than that of the national economy. Its formula is:

Elasticity Ratio of Electricity Production = Average Annual Growth Rate of Electricity Production ÷ Average Annual Growth Rate of National Economy

Elasticity Ratio of Energy Consumption is an indicator to show the relationship between the growth rate of energy consumption and the growth r ate of the national economy. The formula is:

Elasticity Ratio of Energy Consumption=Average Annual Growth Rate of Energy Consumption ÷ Average Annual Growth Rate of National Economy

Elasticity Ratio of Electricity Consumption is an indicator to show the relation ship between the growth rate of electricity consumption and the growth rate of t he national economy. The formula is:

Elasticity Ratio of Electricity Consumption = Average Annual Growth Rate of Electricity ÷ Average Annual Growth Rate of National Economy

Efficiency of Energy Processing and Conversion refers to the ratio of the total output of energy products of various kinds after processing and conversion and the total input of energy of various kinds for processing and conversion in the same reference period. It is an important indicator to show the current conditions of energy processing and conversion equipment, production technique and management. The formula is:

Efficiency of Energy Processing and Conversion = Output of Energy After Processing and Conversion ÷ Input of Energy for Processing and Conversion × 100%

2012

NEI MENG GU

八、财政

Government Finance

资料整理：王艳伟

Arranged By Wang Yanwei

8-1 地方财政收支总额及增长速度

Local Government Revenue and Expenditures and Their Increase Rate

年 份 Year	地方财政总收入 (万元) Local Government Revenue (10 000 yuan)	地方财政总支出 (万元) Local Government Expenditures (10 000 yuan)	增长速度(%) Incease Rate(%) 地方财政总收入 Local Government Revenue	增长速度(%) Incease Rate(%) 地方财政总支出 Local Government Expenditures
1947	9	39		
1948	110	262	1122.2	571.8
1949	739	786	571.8	200.0
1950	5347	4562	623.5	480.4
1951	5376	6025	0.5	32.1
1952	13335	10280	148.0	70.6
1953	8657	13997	-35.1	36.2
1954	18503	18045	113.7	28.9
1955	21090	17489	14.0	-3.1
1956	27597	29032	30.9	66.0
1957	31385	26771	13.7	-7.8
1958	42764	64432	36.3	140.7
1959	70269	99357	64.3	54.2
1960	89917	122162	28.0	23.0
1961	49529	56471	-44.9	-53.8
1962	33590	37641	-32.2	-33.3
1963	38345	39952	14.2	6.1
1964	43219	49683	12.7	24.4
1965	45967	51808	6.4	4.3
1966	48455	59224	5.4	14.3
1967	40232	47949	-17.0	-19.0
1968	38882	41477	-3.4	-13.5
1969	27680	61706	-28.8	48.8
1970	44088	78582	59.3	27.3
1971	36543	90915	-17.1	15.7
1972	31314	97994	-14.3	7.8
1973	34123	114983	9.0	17.3
1974	26863	124842	-21.3	8.6
1975	27375	129157	1.9	3.5
1976	26587	138332	-2.9	7.1
1977	29339	140470	10.4	1.5

8–1 续表 continued

年份 Year	地方财政总收入 (万元) Local Government Revenue (10 000 yuan)	地方财政总支出 (万元) Local Government Expenditures (10 000 yuan)	增长速度(%) Incease Rate(%)	
			地方财政总收入 Local Government Revenue	地方财政总支出 Local Government Expenditures
1978	69046	186888	135.3	33.0
1979	45553	210416	-34.0	12.6
1980	41284	183721	-9.4	-12.7
1981	41585	163506	0.7	-11.0
1982	51842	203074	24.7	24.2
1983	69891	228273	34.8	12.4
1984	84556	308604	21.0	35.2
1985	131789	341832	55.9	10.8
1986	160206	438955	21.6	28.4
1987	194326	455597	21.3	3.8
1988	241343	510137	24.2	12.0
1989	286679	558124	18.8	9.4
1990	329763	609023	15.0	9.1
1991	393966	666190	19.5	9.4
1992	390775	720731	-0.8	8.2
1993	561177	882773	43.6	22.5
1994	362969	928235	-35.3	5.1
1995	437028	1021780	20.4	10.1
1996	572571	1263825	31.0	23.7
1997	731774	1429118	27.8	13.1
1998	897747	1817593	22.7	27.2
1999	1008228	2128369	12.3	17.1
2000	1106808	2610629	9.8	22.7
2001	1173825	3359808	6.1	28.7
2002	1329097	4133327	13.2	23.0
2003	1627213	4710924	22.4	14.0
2004	2382753	6027524	46.4	27.9
2005	3350925	7346079	40.6	21.9
2006	5945874	9149716	77.4	24.6
2007	8354915	10823054	40.5	18.3
2008	11072700	14545732	32.5	34.4
2009	13777018	19268365	24.4	32.5
2010	17381353	22735046	26.2	18.0
2011	22618058	29892052	30.1	31.5

8-2 地方财政总收入占生产总值的比重
Local Government Revenue as Percentage to Gross Domestic Product

年 份 Year	地方财政总收入 (亿元) Local Government Revenue (100 million yuan)	生产总值 (亿元) Gross Domestic Products (100 million yuan)	地方财政总收入占生产总值的比重(%) Percentage of Local Government Revenue to GDP(%)
1949	0.07	5.37	1.4
1952	1.33	12.16	11.0
1953	0.87	15.57	5.6
1957	3.14	21.27	14.8
1962	3.36	25.12	13.4
1965	4.60	35.41	13.0
1970	4.41	39.17	11.3
1975	2.74	48.55	5.6
1978	6.90	58.04	11.9
1979	4.56	64.14	7.1
1980	4.13	68.40	6.0
1981	4.16	77.91	5.3
1982	5.18	93.22	5.6
1983	6.99	105.88	6.6
1984	8.46	128.20	6.6
1985	13.18	163.83	8.0
1986	16.02	181.58	8.8
1987	19.43	212.27	9.2
1988	24.13	270.81	8.9
1989	28.67	292.69	9.8
1990	32.98	319.31	10.3
1991	39.40	359.66	11.0
1992	39.08	421.68	9.3
1993	56.12	537.81	10.4
1994	36.30	695.06	5.2
1995	43.70	857.06	5.1
1996	57.26	1023.09	5.6
1997	73.18	1153.51	6.3
1998	89.77	1262.54	7.1
1999	100.82	1379.31	7.3
2000	110.68	1539.12	7.2
2001	117.38	1713.81	6.8
2002	132.91	1940.94	6.8
2003	162.72	2388.38	6.8
2004	238.28	3041.07	7.8
2005	335.09	3905.03	8.6
2006	594.59	4944.25	12.0
2007	835.49	6423.18	13.0
2008	1107.27	8496.20	13.0
2009	1377.70	9740.25	14.1
2010	1738.14	11672.00	14.9
2011	2261.81	14359.88	15.8

8-3 地方财政分项收入

Local Government Revenue by Source

单位：万元 (10 000 yuan)

年 份 Year	地 方 财政总收入 Local Government Revenue	一般预算收 入 General Budgetary Financial Revenue	#工商税收 Industrial and Commercial Tax	#契税和耕地占用税 Contract Tax and Tax on The Occupancy of Cultuvated Land	#企业所得税 Income Tax of Enterprises	#国有资本经营收入 Operation Income of State-owned Assets Enterprises
1947	9	9			1	
1948	110	110			20	
1949	739	739	149		196	
1950	5347	5347	1852		1568	
1951	5376	5376	2266		1306	
1952	13335	13335	3744		5049	
1953	8657	8657	4507		2550	
1954	18503	18503	7725		5260	
1955	21090	21090	8549		6324	
1956	27597	27597	11797		9328	
1957	31385	31385	12535		9409	
1958	42764	42764	15174		17065	
1959	70269	70269	19237		39150	
1960	89917	89917	24690		52872	
1961	49529	49529	16531		24238	
1962	33590	33590	18027		7788	
1963	38345	38345	19929		9734	
1964	43219	43219	20196		12499	
1965	45967	45967	22577		13144	
1966	48455	48455	21712		16086	
1967	40232	40232	20303		9058	
1968	38882	38882	20537		7549	
1969	27680	27680	20168		1509	
1970	44088	44088	27399		6076	
1971	36543	36543	29455		-1820	
1972	31314	31314	31085		-5822	
1973	34123	34123	34954		-9309	
1974	26863	26863	34257		-16136	
1975	27375	27375	40295		-21044	
1976	26587	26587	43142		-25703	
1977	29339	29339	49579		-29193	

8-3 续表 continued

单位：万元 (10 000 yuan)

年份 Year	地方财政总收入 Local Government Revenue	一般预算收入 General Budgetary Financial Revenue	#工商税收 Industrial and Commercial Tax	#契税和耕地占用税 Contract Tax and Tax on The Occupancy of Cultuvated Land	#企业所得税 Income Tax of Enterprises	#国有资本经营收入 Operation Income of State-owned Assets Enterprises
1978	69046	69046	54486		3234	
1979	45553	45553	54648		-20749	
1980	41284	41284	58537		-26724	
1981	41585	41585	62493		-32579	
1982	51842	51842	71540		-35624	
1983	69891	69891	78370		-25171	
1984	84556	84556	86862		-20618	
1985	131789	131789	119871		36495	7429
1986	160206	160206	145866		37092	706
1987	194326	194326	176890		35797	9344
1988	241343	241343	214128		41206	11050
1989	286679	286679	261270		40045	3193
1990	329763	329763	278480		40954	17895
1991	393966	393966	299621		39320	16833
1992	390775	390775	335490		38992	12382
1993	561177	561177	511777		37311	9745
1994	362969	362969	261719		43005	4900
1995	437028	437028	278344		62222	4070
1996	572571	548777	339614		56853	5230
1997	731774	660777	415328		60554	5964
1998	897747	776654	492585		50815	12083
1999	1008228	865714	502477		80821	13766
2000	1106808	950320	546435		105983	12815
2001	1173825	994313	571829		151985	19489
2002	1329097	1128546	673679		90287	40610
2003	1627213	1387157	857381		71615	60521
2004	2382753	1967589	1220909		86995	147494
2005	3350925	2774553	1768690		193550	147758
2006	5945874	3433774	2183213	148893	272831	188849
2007	8354915	4923615	3342205	134741	419186	234394
2008	11072700	6506764	4401399	241064	592789	415549
2009	13777018	8508588	5263903	502465	748129	707123
2010	17381353	10699776	6869595	594367	1016492	589245
2011	22618058	13566701	9100923	675788	1561016	512220

注：1.1984年以前企业所得税包括国有企业上缴利润和国有企业亏损补贴；

2.1994年以来地方财政收入为分税制财政体制统计口径。

a)Before 1984, Enterprises income tax including payed profits and planned subsidies for the losses of the state-owned enterprises;

b)Since 1994, Revenue of the local governments has been counted by the classification of the structure of the government finance.

8-4 地方财政支出及主要支出项目

Local Government Expenditures by Accounting Item

单位：万元 (10 000 yuan)

项目	Item	2010	2011
地方财政支出	**Local Government Expenditure**	**22735046**	**29892052**
一般公共服务	General Public Services	2545346	3045320
外交	Foreign Affairs	385	578
国防	National Defense	38804	44569
公共安全	Public Security	1204482	1458849
教育	Education	3221072	3906885
科学技术	Science and Technology	213949	282141
文化体育与传媒	Operating Expenses of Culture , Sports and Media	529560	687790
# 文化	Culture	221518	254674
新闻出版	News Published	26662	28205
社会保障和就业	Social Security and Employment	2924350	3639716
# 社会福利	Social Welfare	41191	79925
医疗卫生	Public Health	1207166	1645935
节能环保	Energy saving and environmental protection	1079897	1175548
城乡社区事务	City and Countryside Community Business	2377497	3013993
农林水事务	Expenses of Agriculture,Forestry,Water	2810032	3916758
交通运输	Transportation	1210510	2814781
其他支出	Others	3371996	4259189

注：数据来自于自治区财政厅年度总决算报表，以下各表同。

a)Date are from final accounts report form of provincial finance department .The same as in the following tables.

8–5 财政用于科学技术的支出

Government Expenditure for Scientific and Technological

单位：万元 (10 000 yuan)

项目	Item	2010	2011
合计	**Total**	**213949**	**282141**
科学技术管理事务	Administrative Affairs of Scientific and Technological	13913	17709
基础研究	Basic Research	4709	5378
应用研究	Applied Research	14381	33953
技术研究与开发	Technological Research and Development	125336	127204
科技条件与服务	Condition and Service of Scientific and Technological	3659	5617
社会科学	Social Sciences	4247	4676
科学技术普及	Scientific and Technological Popularization	26035	38790
科技交流与合作	Scientific and Technological International Exchange and Cooperation	831	1110
其他	Others	20838	47704

8–6 财政用于教育支出

Government Expenditure for Education

单位：万元 (10 000 yuan)

项目	Item	2010	2011
合计	**Total**	**3221072**	**3906885**
教育管理事务	Administrative Affairs of Education	61943	74232
普通教育	General Education	2488691	2996744
职业教育	Vocational Education	346149	423451
成人教育	Adult Education	310	342
广播电视教育	Radio and Television Education	4976	5676
特殊教育	Special Education	19095	17637
教师进修及干部继续教育	Teacher Further Education and Cadre Continuing Education	48430	55521
教育费附加安排的支出	The expenditure of education surtax arrangementsrge	216292	287958
其他	Others	35186	45324

8–7 财政用于社会保障和就业的支出
Government Expenditure for Social Security and Employment

单位：万元　　(10 000 yuan)

项目	Item	2010	2011
合计	**Total**	**2924350**	**3639716**
人力资源和社会保障管理事务	Human Resources and Social Security Management Services	83728	111302
民政管理事务	Administrative Affairs of Civil Affairs	63158	82015
财政对社会保险基金的补助	Subsidy of Social Insurance Fund from Government Finance	723941	873868
行政事业单位离退休	Expenditure for Retired Persons in Administrative Department	1156000	1413544
企业改革补助	Subsidy of Enterprise Reform	5634	9830
就业补助	Subsidy of Employment	168394	176647
抚恤	Pensions for Disable and Bereaved Families	70102	78320
退役安置	Retirement Places	51136	37188
社会福利	Social Welfare	41191	79925
残疾人事业	Disabled Persons Enterprise	17527	25812
城市居民最低生活保障	Receiving Minimum Living Allowance in Urban Area	259327	333258
其他城镇社会救济	Others Social Relief In Urban Area	16761	24104
自然灾害生活救助	Life Salvation of Natural Disaster	43154	30184
红十字事业	Red Cross	7166	11281
农村最低生活保障	Receiving Minimum Living Allowance in Rural Area	156447	211999
其他农村社会救济	Others Social Relief In Rural Area	31757	41138
其他	Others	28927	99301

8-8 财政用于农林水事务支出

Government Expenditure for Agriculture,Forestry and Water Conservation

单位：万元 (10 000 yuan)

项目	Item	2010	2011
合计	**Item**	**2810032**	**3916758**
农业	Agriculture	1257514	1715459
林业	Forestry	403947	592968
水利	Water Conservation	563136	857921
扶贫	Poverty Alleviation	162926	179255
农业综合开发	Comprehensive Agricultural Development	150557	186132
农村综合改革	Comprehensive rural reform	257490	329664
其他	Others	14462	55359

8-9 财政用于文化体育与传媒支出

Government Expenditure for Culture,Physical Education and Media

单位：万元 (10 000 yuan)

项目	Item	2010	2011
合计	**Total**	**529560**	**687790**
文化	Culture	221518	254674
文物	Qntiquity	64170	78850
体育	Physical Education	77493	81272
广播影视	Ministry of radio film and television	109182	195657
新闻出版	News Media	26662	28205
其他	Other	30535	49132

8-10 各项税收收入
Government Tax Revenue

单位：万元 (10 000 yuan)

年份 Year	税收总额 Total Tax	地方税收 Local Government Tax	工商税收 Industrial and Commercial Tax	农业各税 Agricultural and Related	企业所得税 Income Tax of Enterprises	税收总额占地方财政总收入比重(%) Percentage of Government Tax Revenue to Government Revenue(%)
1947	4	4	4		1	44.4
1948	69	69	26	43	20	62.7
1949	431	431	149	282	196	58.3
1950	3588	3588	1908	1680	1568	67.1
1951	2871	2871	2361	510	1306	53.4
1952	6544	6544	3856	2700	5049	49.1
1953	4981	4981	4546	450	2550	57.5
1954	12373	12373	7867	4544	5260	66.9
1955	14249	14249	8904	5370	6324	67.6
1956	17834	17834	12334	5512	9328	64.6
1957	21579	21579	16209	5550	9409	68.8
1958	25331	25331	19733	5598	17065	59.2
1959	29277	29277	22771	6506	39150	41.7
1960	34050	34050	27640	6410	52872	37.9
1961	23348	23348	18421	4297	24238	47.1
1962	24442	24442	19442	5000	7788	72.8
1963	27163	27163	21167	5996	9734	70.8
1964	29705	29705	22205	7500	12499	68.7
1965	31784	31784	25656	6128	13144	69.1
1966	31722	31722	24744	6978	16086	65.5
1967	30754	30754	23235	7519	9058	76.4
1968	30590	30590	23954	6636	7549	78.7
1969	25668	25668	20403	5265	1509	92.7
1970	37427	37427	27800	9627	6076	84.9
1971	37573	37573	29830	7743	-1820	102.8
1972	36369	36369	31524	4845	-5822	116.1
1973	42897	42897	35397	7500	-9309	125.7
1974	42330	42330	34726	7604	-16136	157.6
1975	47743	47743	40849	6894	-21044	174.4
1976	51665	51665	43677	7988	-25703	194.3
1977	57440	57440	50169	7271	-29193	195.8

8-10 续表 continued

单位：万元 (10 000 yuan)

年 份 Year	税收总额 Total Tax	地方税收 Local Government Tax	工商税收 Industrial and Commercial Tax	农业各税 Agricultural and Related	企业所得税 Income Tax of Enterprises	税收总额占地方财政总收入比重(%) Percentage of Government Tax Revenue to Government Revenue(%)
1978	60750	60750	55111	5639	3234	88.0
1979	63755	63755	57597	6158	-20749	140.0
1980	64858	64858	61190	3668	-26724	157.1
1981	71049	71049	65071	6022	-32579	170.9
1982	81872	81872	75171	6701	-35624	157.9
1983	89833	89833	82205	7628	-25171	128.5
1984	99926	99926	91152	8774	-20618	118.2
1985	130558	130558	119865	10688	36495	99.1
1986	155167	155167	145866	9432	37092	96.9
1987	187130	187130	176890	10483	35797	96.3
1988	228758	228758	214128	15117	41206	94.8
1989	317150	317150	261270	16397	40045	110.6
1990	342192	342192	278480	23565	40954	103.8
1991	355665	355665	299621	23181	39320	90.3
1992	363571	363571	335490	29712	38992	93.0
1993	540247	540247	511777	29736	37311	96.3
1994	631630	312432	261719	58722	43005	174.0
1995	672614	346184	278344	66469	60801	153.9
1996	870713	510884	339614	113751	57519	152.1
1997	988192	607219	415328	130023	61868	135.0
1998	1085216	670633	492585	127233	50815	120.9
1999	1144680	716021	502477	134371	80821	113.5
2000	1226549	777459	546435	126444	105983	110.8
2001	1315328	811744	571829	105819	151985	112.1
2002	1624794	885794	673679	121828	90287	122.2
2003	2018522	1065414	857381	136418	71615	124.0
2004	2704290	1440390	1220909	132486	86995	113.5
2005	4082530	2069822	1768690	107582	193550	121.8
2006	5118845	2606745	2183213	148893	272831	86.1
2007	6910357	3479057	3342205	134741	419186	82.7
2008	9210300	4644481	4401399	241064	592789	83.2
2009	11036736	5768306	5263903	502465	748129	80.1
2010	14209706	7528129	6869595	594367	1016492	81.8
2011	18908284	9856927	9100923	675788	1561016	83.6

注：1.农业各税包括农业税、牧业税、耕地占用税、农业特产税和契税。从2006年，农业各税不包括农业税、牧业税和农业特产税。

2.企业所得税中1985-1993年包括国有企业调节税，1994年以后包括地方金融企业所得税。

a)The agricultural and retail taxes include the agricultural tax, the animal husbandry tax, the tax on the use of cultivated land, the tax on special agricultural products and the contract tax.Since2006,the agricultural and retail taxes do not include the agricultural tax, the animal husbandry tax and the tax on special agricultural products

b)During the Years 1985 to 1993, the income tax levied on state-owned enterprises included the tax for adjusting income. Since 1994,it has also included the income tax levied on banking institutions.

主要统计指标解释

财政收入 指国家财政参与社会产品分配所取得的收入，是实现国家职能的财力保证。财政收入所包括的内容几经变化，目前主要包括：

(1)各项税收：包括增值税、营业税、消费税、土地增值税、城市维护建设税、资源税、城市土地使用税、印花税、个人所得税、企业所得税、关税、农牧业税和耕地占用税等。

(2)专项收入：包括征收排污费收入、征收城市水资源费收入、教育费附加收入等。

(3)其他收入：包括基本建设贷款归还收入、基本建设收入、捐赠收入等。

(4)国有企业计划亏损补贴：这项为负收入，冲减财政收入。

财政支出 国家财政将筹集起来的资金进行分配使用，以满足经济建设和各项事业的需要，主要包括：

(1)基本建设支出：指按国家有关规定，属于基本建设范围内的基本建设有偿使用、拨款、资本金支出以及经国家批准对专项和政策性基建投资贷款，在部门的基建投资额中统筹支付的贴息支出。

(2)企业挖潜改造资金：指国家预算内拨给的用于企业挖潜、革新和改造方面的资金。包括各部门企业挖潜改造资金和企业挖潜改造贷款资金，为农业服务的县办“五小”企业技术改造补助，挖潜改造贷款利息支出。

(3)地质勘探费用：指国家预算用于地质勘探单位的勘探工作费用，包括地质勘探管理机构及其事业单位经费、地质勘探经费。

(4)科技三项费用：指国家预算用于科技支出的费用，包括新产品试制费、中间试验费、重要科学研究补助费。

(5)支援农村生产支出：指国家财政支援农村集体(户)各项生产的支出。包括对农村举办的小型农田水利和打井、喷灌等的补助费，对农村水土保持措施的补助费，对农村举办的小水电站的补助费，特大抗旱的补助费，农村开荒补助费，扶持乡镇企业资金，农村农技推广和植保补助费，农村草场和畜禽保护补助费，农村造林和林木保护补助费，农村水产补助费，发展粮食生产专项资金。

(6)农林水利气象等部门的事业费用：指国家财政用于农垦、农场、农业、畜牧、农机、林业、森工、水利、水产、气象、乡镇企业的技术推广、良种推广(示范)、动植物(畜禽、森林)保护、水质监测、勘探设计、资源调查、干部训练等项费用，园艺特产场补助费，中等专业学校经费，飞播牧草试验补助费，营林机构、气象机构经费，渔政费以及农业管理事业费等。

(7)工业交通商业等部门的事业费：指国家预算支付给工交商各部门用于事业发展的经费，包括勘探设计费、中等专业学校经费、技术学校经费、干部训练费。

(8)文教科学卫生事业费：指国家预算用于文化、出版、文物、教育、卫生、中医、公费医疗、体育、档案、地震、海洋、通讯、电影电视、计划生育、党政群干部训练、自然科学、社会科学、科协等项事业的经费支出和高技术研究专项经费。主要包括工资、补助工资、福利费、离退休费、助学金、公务费、设备购置费、修缮费、业务费、差额补助费。

(9)抚恤和社会福利救济费：指国家预算用于抚恤和社会福利救济事业的经费。包括由民政部门开支的烈士家属和牺牲病残人员家属的一次性、定期抚恤金，革命伤残人员的抚恤金，各种伤残补助费，烈军属、复员退伍军人生活补助费，退伍军人安置费，优抚事业单位经费，烈士纪念建筑物管理、维修费，自然灾害救济事业费和特大自然灾害灾后重建补助费等。

(10)行政事业单位离退休支出：指实行归口管理的行政事业单位离退休经费。

(11)社会保障补助支出：指国家预算用于社会保障的补助支出，包括对社会保障基金的补助、促进就业补助、国有企业下岗职工补助、补充全国社会保障基金等。

(12) 国防支出：指国家预算用于国防建设和保卫国家安全的支出，包括国防费、国防科研事业费、民兵建设以及专项工程支出等。

(13)行政管理费：包括行政管理支出，党派团体补助支出，外交支出、公安安全支出，司法支出、法院支出，检察院支出和公检法办案费用补助。

(14) 政策性补贴支出：指经国家批准，由国家财政拨给的政策性补贴支出。主要包括粮、棉、油差价补贴，平抑物价和储备糖补贴，农业生产资料价差补贴，粮食风险基金，副食品风险基金，地方煤炭风险基金等。

(15)债务利息支出：指国家预算中用于偿还国内外债务利息的支出。

中央财政收入和地方财政收入 指按财政体制划分的中央本级收入和地方本级收入。1994 年分税制财政体制以后，属于中央财政的收入包括关税、海关代征消费税和增值税，消费税，中央企业所得税，地方银行和外资银行及非银行金融企业所得税，铁道、银行总行、保险总公司等集中缴纳的营业税、所得税、利润和城市维护建设税，增值税的 75%部分，证券交易税(印花税)94%部分和海洋石油资源税。属于地方财政的收入包括营业税，地方企业所得税，个人所得税，城镇土地使用税，固定资产投资方向调节税，城镇维护建设税，房产税，车船使用税，印花税、屠宰税，农牧业税，农业特产税，耕地占用税，契税，增值税 25%部分，证券交易税(印花税)6%部分和除海洋石油资源税以外的其他资源税。

中央财政支出和地方财政支出 指根据政府在经济和社会活动中的不同职责，划分中央和地方政府的责权，按照政府的责权划分确定的支出。中央财政支出包括国防支出，武装警察部队支出，中央级行政管理费和各项事业费，重点建设支出以及中央政府调整国民经济结构、协调地区发展、实施宏观调控的支出。地方财政支出主要包括地方行政管理和各项事业费，地方统筹的基本建设、技术改造支出，支援农村生产支出，城市维护和建设经费，价格补贴支出等。

预算外资金收支 预算外资金指国家机关、事业单位和社会团体为履行或代行政府职能，依据国家法律、法规和具有法律效力的规章而收取、提取和安排使用的未纳入国家预算管理的各种财政性资金。其范围主要包括：法律、法规规定的行政事业性收费、基金和附加收入等；国务院或省级人民政府及其财政、计划(物价)部门审批的行政事业性收费；国务院及财政部审批建立的基金、附加收入等；主管部门所属单位集中上缴资金；用于乡镇政府开支的乡自筹和乡统筹资金；其他未纳入预算管理的财政性资金。社会保障基金在国家财政尚未建立社会保障预算制度以前，先按预算外资金管理制度进行管理，专款专用。财政部门在银行开设统一的专户，用于预算外资金收入和支出管理。部门和单位的预算外收入必须上缴同级财政专户，支出由同级财政按预算外资金收支计划和单位财务收支计划统筹安排，从财政专户中拨付，实行收支两条线管理。

Explanatory Notes on Main Statistical Indicators

Government Revenue refers to the revenue of the government finance by means of participating in the distribution of the social products, which are the financial resources for ensuring the government to function. The contents of government revenue have been changed several times. Now it includes the following main items:

(1) Various tax revenues, including value added tax, business tax, consumption tax, land value added tax, tax on city maintenance and construction, resources tax, tax on use of urban land, stamp tax, personal income tax, enterprise income tax, tariff, tax on agriculture and animal husbandry and tax on occupancy of cultivated l and, etc.

(2) Special revenues, including revenue collected from imposing fee on sewage treatment, revenue collected from imposing fee on urban water resources, and extra charges for education, etc.

(3) Other revenues, including revenue from the repayment of capital construction l loan, revenue from capital construction projects, and donations and grants.

(4) Planned subsidies for the losses of the state owned enterprises. This is s an item of negative revenue, used to eat up part of the government revenue.

Government Expenditure refers to the distribution and use of the funds the government finance has raise d, so as to meet the needs of economic construction and various causes. It include s the following main items:

(1) Expenditure for capital construction: It refers to the non gratuitous use and appropriation of funds for capital construction in the range of capital construction, outlay of capital as well as the loans on capital construction approved by the government for special purpose or policy purpose and the expenditure with discount paid in an overall way within the amount of the funds appropriated to the departments for capital construction.

(2) Innovation funds of the enterprises: They refer to the funds appropriated from the government budget for the enterprises to tap the latent power, upgrade the technology and carry out innovation, including the innovation fund of the departments, loan of the enterprises for innovation, subsidies on the innovation of the small fertilizer plant, small cement plant, small coal mines, small machinery plant and small steel plant, the expenditure of interest for the loan for innovation.

(3) Geological prospecting expenses: They refer to the expenses appropriated from the government budget to the geological prospecting units for the expenditure of the prospecting work, including the expenditures of the administrative agencies for geological prospecting and their institutional units as well as the geologic al prospecting expenditure.

(4) Expenditures for science and technology promotion: They refer to the expense s appropriated from the government budget for the scientific and technological expenditure, including new products development expenditure, expenditure for intermediate trial and subsidies on important scientific researches.

(5) Expenditure for supporting rural production: It refers to the expenditures appropriated from the government budget for supporting the various expenditures of the rural collective units or households for production, including the subsidies to the small water conservancy projects and well drilling, sprinkling irrigation projects run by the villages; subsidies on the rural water and soil conserving measures; subsidies to the small power stations run by the villages; subsidies to the expenditure for fighting against particularly severe draughts; subsidies on the rural was the land exclamation; fund for supporting the township enterprises; subsidies to the expenditure for popularization of the agricultural technologies and plant protection in the rural areas; subsidies to the expenditure for the protection of grasslands and cattle and fowls; subsidies on afforestation and forest protection in rural areas; subsidies on the rural aquatic products industry; special fund for developing grain production.

(6) Operating expenses of the departments of farming, forestry, water conservancy and meteorology etc. : They refer to the expenses appropriated from the government budget for the expenditures of agricultural exclamation, farms, agriculture, animal husbandry, agricultural machinery, forestry, timber industry, water conservancy, aqua tic products industry, meteorology, technology popularization in township enterprises, popularization (demonstration) of improved varieties, plant (cattle and fowls, forest) protection,

water quality monitoring, prospecting and designing, resources investigation, cadres training, subsidies to horticulture gardens, expenditure of specialized secondary schools, subsidies on the experiments of sowing herbage seeds by flights, expenditures of afforestation agencies and meteorology agencies, expenses for fishery administration and operating expenses for agricultural administration, etc.

(7) Operating expenses of the departments of industry, transport and commerce: They refer to the expenses appropriated from the government budget to the departments of industry, transport and commerce for the expenditure of business development, including expenses for prospecting and designing, expenditures of specialized secondary schools, expenditures of the technical training schools and expenditures or cadres training, etc.

(8) Operating expenses of the departments of culture, education, science and public health: They refer to the expenses appropriated from the government budget for t he expenditures of the causes of culture, publication, cultural relics, education, public health, traditional Chinese medical science, free medical services, sports, archives, earthquake, ocean, communications, broadcasting, film and television, family planning; expenditure for training of cadres of government, party and mass organization; expenditures for natural sciences, social sciences, associations for science and technology and the special expenditure for the high tech researches. They include mainly wages, extra wages, welfare funds, pension for the retirees, stipend, expenses for official business, expenses for equipment purchases, expenses for repairs, business expenses and subsidies to the un its which are unable to support their expenditures by their own earnings.

(9) Pension for the disabled or for the families of the bereaved and relief funds for social welfare: They refer to the funds appropriated from the government bud get for the expenditures of pension for the disabled or for the families of the bereaved and relief funds for social welfare, including the lump sum or regular pension paid by the departments of civil affairs to the members of martyrs families and families of those who died for the public interest, pension to the revolutionary disabled, subsidies for permanent disability of various kinds, subsidies to the military martyrs dependents and the demobilized servicemen, expenditure for settling down the demobilized servicemen, operating expenses of the consoling institutions, expenses for management and repair of the commemorative buildings for the martyrs, the expenses managed by the departments of civil affairs for the retirees and those who have quitted their work, expenses for social relief in rural and urban areas, operating expenses for providing relief to the areas of natural calamity and subsidies on the reconstruction after the particularly severe natural calamities, etc.

(10) Expenditures on retiree : It refers to the expenditures of government agencies and institutions that covered by the state budget.

(11) Expenditures on subsidies to social security system: It refers to expenditure from the state budget for subsidies to the social insurance fund, subsidies to promoting employment, subsidies to laid-off workers of state-owner enterprises, supplement to national social security funds, etc.

(12) Expenditures for national defence: They refer to the funds appropriated from the government budget for the expenditures for building up national defence and safeguarding national security, including expenses of national defence, expenses o f scientific researches on national defence, expenses for building up people's militia and expenditure for special projects, etc.

(13) Administrative expenses: They include expenditure for administration, subsidies to the parties and mass organizations, diplomatic expenditure, expenditure for public security, judicial expenditure, law court expenditure, procuratorial expenditure and subsidies to the expenses for treating the cases by the public security departments, procuratorial organs and law courts.

(14) Expenditure for price subsidies: It refers to the expenditure appropriated, with the approval of the government, from the government budget for the policy subsidies to price adjustment, including the fund for the increase of grain prices, the subsidies to the difference between the selling prices and purchasing prices o f grains, cotton and edible oil, awards in addition to the purchasing prices of cotton, risk fund for non staple food, subsidies on the prices of meat and meat products, subsidies on the price difference for curbing the high market prices of meat, meat products and vegetables and the subsidies approved by the government on the prices of textbooks and newsprint of newspapers and periodicals.

(15) Expenditure on interest of debts: It refers to expenses from the state budget on paying interest of domestic and foreign debts.

Revenue of the central government and revenue of the local governments In accordance with the classification of the structure of the government finance in 1994 on the basis of the classification of channels for collection of tax revenues, the revenue of the central government and the revenue of the local governments have different coverage. The revenue of the central government includes tariff, consumption tax and value added tax levied by the customs, consumption tax, income tax of the enterprises subordinate to the central government, income taxes of the local banks, foreign funded banks and non bank financial institutions, business tax, income tax and profits of railways, head offices of banks, head office of insurance company, which are handed over to the government in a centralized way, tax on city maintenance and construction, 75% of the value added tax, tax on ocean petroleum resources, 94% of the tax on stock dealing (stamp tax) . The revenue of the local governments includes business tax, income tax of the enterprises subordinate to the local government, personal income tax, tax on the use of urban land, tax on the adjustment of the investment in fixed assets, tax on town maintenance and construction, tax on real estates, tax on the use of vehicles and ships, stamp tax, slaughter tax, tax on agriculture and animal husbandry, tax on special agricultural products, tax on the occupancy of cultivated land, contract tax, 25% of the value added tax, 6% of the tax on stock dealing(stamp tax) and tax on resources other than the ocean petroleum resources.

Expenditure of the central government and expenditure of the local governments according to the different functions of the central government and local governments in the economic and social activities, the rights of affairs administration are classified between the central government and local governments; and the classification of the expenditure between the central government and local governments are made on the basis of the classification of the rights of affairs administration between them. The expenditure of the central government includes the expenditure for national defence, expenditure for armed police forces, the administrative expenses and various operating expenses at the level of central government, expenditure for key projects and the expenditure of the central government for adjusting the national economic structure, coordinating the development among different regions and exercising the macro economic regulation and control. The expenditure of the local governments includes mainly the administrative expenses and various operating expenses at the level of local governments, the expenditure for capital construction and technological innovation with the funds raised by the local government, expenditure for supporting rural production, expenditure for city maintenance and construction and expenditure for price subsidies, etc.

Extra-budgetary revenue and expenditure Extra-budgetary fund refers to financial fund of various types not covered by the regular government budgetary management, which is collected, allocated or arranged by government agencies, institutions and social organizations while performing duties delegated to them or on behalf o f the government in accordance with laws, rules and regulations. It mainly covers following items: administrative and institutional fees, funds and extra charges that are stipulated by laws and regulations; administrative and institutional fees approved by the State Council and provincial governments and their financial and planning (price management) departments; funds and extra charges established by the State Council and the Ministry of Finance; funds turned over to competent departments by their subordinate institutions; self raised and collected funds by township governments for their own expenditure; and other financial funds that a re not covered in budgetary management. Social security funds are treated as extra budget fund and managed for its exclusive use, given the circumstance that separate government budgetary system for social security is yet to be designed. Special accounts are opened by the financial departments in banks for the management of revenue and expenditure of extra budgetary fund. Extra budgetary revenue and expenditure is managed separately, namely, revenue of institutions and departments must enter into the special accounts of the financial department s at the same administrative level, and their extra budgetary expenditure is arranged in line with the extra budget plans and appropriated from these accounts.

2012 NEI MENG GU

九、物价指数

Price Indices

资料整理：浩毕斯　赵桂梅　张宝明　刘世友　杨月梅　郭　松
Arranged By Hao Bisi , Zhao Guimei , Zhang Baoming , Liu Shiyou , Yang Yuemei , Guo Song

9-1 各种价格总指数

General Price Indices

(上年=100) (preceding year=100)

年 份 Year	居民消费价格指数 General Consumer Price Index	城市居民消费价格指数 Urban Areas	农村居民消费价格指数 Rural Areas	商品零售价格指数 General Retail Price Index	农产品收购价格指数 General Purchasing Price Index of Farm Products	农村工业品零售价格指数 General Rural Retail Price Index of Industrial Products	工农业商品综合比价指数 General Price Parity Index of Industrial & Farm Products
1952		110.8		109.4	100.1	109.8	109.7
1953		104.7		103.2	113.3	102.2	90.2
1957		97.8		99.3	105.1	98.3	93.5
1962		104.9		108.2	101.7	107.9	106.1
1965		98.6		99.6	99.1	98.1	99.0
1970		100.4		100.1	101.1	100.4	99.3
1975		101.4		100.7	101.8	99.5	98.0
1978		101.5		101.0	101.6	100.0	98.8
1979		102.3		101.9	120.2	99.6	82.9
1980		106.1		105.5	112.0	100.4	89.6
1981		101.9		101.8	106.3	100.9	94.9
1982		101.7		101.7	99.9	101.4	101.5
1983		101.2		101.0	101.6	100.9	99.3
1984	104.0	104.9	102.2	104.4	106.9	103.6	96.9
1985	109.3	108.9	110.0	108.5	113.5	103.9	91.5
1986	105.2	105.5	104.5	105.0	114.1	103.1	90.4
1987	107.8	108.5	106.0	108.1	118.6	105.7	89.1
1988	116.3	117.0	115.0	116.3	124.6	114.3	91.7
1989	115.7	114.7	118.3	115.9	105.1	117.9	112.2
1990	102.3	101.8	103.4	102.9	95.2	107.0	112.4
1991	104.6	106.0	102.5	104.5	95.0	103.4	108.8
1992	107.4	108.7	103.9	106.8	104.0	102.4	98.5
1993	114.1	114.7	112.5	112.5	115.5	110.5	95.7
1994	122.9	124.3	121.3	119.6	144.6	116.7	80.7
1995	117.5	117.1	118.0	116.8	124.7	112.8	90.5
1996	107.6	107.5	107.7	105.8	96.3	105.8	109.9
1997	104.5	104.6	104.3	102.3	94.9	102.7	108.2
1998	99.3	99.3	99.2	98.1	97.3	99.0	101.7
1999	99.8	100.3	99.1	97.7	93.8	97.3	103.7
2000	101.3	101.3	101.2	98.8	99.7	99.6	99.9
2001	100.6	100.6	100.5	100.0	105.7	99.4	94.0
2002	102.3	100.8	105.4	99.4	99.0	99.3	100.3
2003	102.2	101.5	103.5	99.6			
2004	102.9	102.5	103.9	102.7			
2005	102.4	102.0	103.3	101.5			
2006	101.5	101.3	102.0	101.4			
2007	104.6	104.3	105.2	103.6			
2008	105.7	105.4	106.3	104.7			
2009	99.7	99.7	99.8	99.5			
2010	103.2	103.0	103.5	103.0			
2011	105.6	105.5	105.7	104.9			

注：工农业商品综合比价指数是以农产品收购价格指数为100，下表同。

a)The general purchasing price index of farm products is taken as 100 in calculating the general price parity index of industrial and farm products.The same as in the following table.

9-2 居民消费价格分类指数(2011年)

Consumer Price Indices by Category(2011)

(上年=100) (preceding year=100)

项目	Item	全区 Autonomous Regional Indices	城市 Urban Indices	农村 Rural Indices
居民消费价格总指数	**General Consumer Price Index**	**105.6**	**105.5**	**105.7**
非食品价格指数	Non-food Price Index	102.3	102.2	102.3
服务项目价格指数	Service Index	102.9	103.1	102.2
扣除鲜菜鲜果总指数	General Index Except Fresh Vegetables & Fruits	105.2	105.1	105.7
消费品价格指数	Consumer Goods Price Index	106.6	106.5	106.9
食品	**Food**	**113.7**	**113.8**	**113.4**
粮食	Grain	111.4	110.5	112.5
# 大米	Rice	112.3	111.7	113.7
面粉	Flour	110.3	110.1	110.4
淀粉	Starches	140.4	155.1	132.3
干豆类及豆制品	Bean and Its Products	106.1	106.1	106.2
油脂	Oil or Fat	113.0	114.0	110.2
# 食用植物油	Edible Vegetable Oil	111.1	112.5	107.2
肉禽及其制品	Meal, Poultry and Their Products	126.8	126.3	128.6
食用畜肉及副产品	Meal and Its Products	129.9	129.6	130.9
# 猪肉	Pork	140.9	141.0	140.7
牛肉	Beef	114.9	115.3	112.4
羊肉	Mutton	122.4	122.5	121.7
禽	Poultry	123.8	124.9	121.0
加工肉禽	Products of Meal and Poultry	112.2	112.3	110.5
蛋	Eggs	117.6	118.0	116.2
水产品	Aquatic Products	111.4	110.8	114.0
鱼	Fish	113.2	112.7	114.5
其它水产品	Other Aquatic Products	108.1	108.1	106.0
菜	Vegetables	103.7	104.2	102.1
调味品	Flavoring	106.3	106.1	106.6
# 盐	Salt	108.4	106.4	111.0
糖	Carbohydrate	112.1	110.1	116.5
# 食糖	Sugar	124.6	125.2	124.0
糖果	Candy	108.5	107.9	109.9
茶及饮料	Tea and Beverages	102.7	102.8	102.5
茶叶	Tea	102.0	102.4	100.6
饮料	Beverages	103.2	103.0	104.0
干鲜瓜果	Dried and Fresh Melon and Fruits	125.3	127.3	115.0

9-2 续表 1 continued

(上年=100) (preceding year=100)

项目	Item	全区 Autonomous Regional Indices	城市 Urban Indices	农村 Rural Indices
#鲜瓜果	Fresh Fruits	127.3	130.1	115.7
糕点饼干面包	Cake, Biscuit and Bread	105.8	105.7	105.9
液体乳及乳制品	Milk and Its Products	106.3	106.8	103.6
#巴氏杀菌乳或灭菌乳	Pasteurized milk or sterilized milk	103.8	103.8	104.0
乳粉	Milk powder	102.1	102.1	101.9
在外用膳食品	Outdoor Food	109.5	109.8	108.2
#主食	Staple Food	108.0	107.7	109.0
炒菜	Fried Dishes	109.3	109.8	107.0
其它食品	Other Food	104.3	103.6	103.9
烟酒及用品	**Tobacco and Liquor and Articles for Them**	**102.9**	**103.0**	**102.6**
烟草	Tobacco	100.6	100.7	100.4
#高档卷烟	High-grade cigarette	101.3	102.1	100.1
中档卷烟	Mid-cigarette	100.4	100.3	100.6
酒	Alcoholic Drink	105.6	105.8	105.2
#白酒	Liquor	106.9	107.1	106.4
啤酒	Beer	103.4	103.5	103.3
其它	Other	101.1	100.9	101.7
衣着	**Clothing**	**102.3**	**102.3**	**102.1**
服装	Garments	102.6	102.7	101.8
男式服装	Men's Garment	99.9	99.5	102.6
女式服装	Women's Garment	104.8	105.3	100.9
儿童服装	Children's Garment	102.2	102.2	102.3
衣着材料	Clothing Material	107.8	108.4	107.0
#棉布	Cotton Cloth	113.3	111.6	115.4
化纤布	Chemical Fiber Cloth	104.7	106.5	102.4
毛线	Wool	103.2	101.7	104.4
鞋袜帽	Footwear and Hats	101.2	101.1	102.5
鞋	Shoes	101.2	101.0	102.5
袜子	Socks and Stockings	101.4	101.1	103.0
帽子	Hats	101.4	101.5	101.1
衣着加工服务费	Service Charges of Clothing Processing	104.3	104.5	101.2
家庭设备用品及维修服务	**Household Facilities and Repairing Services**	**100.1**	**99.9**	**100.6**
耐用消费品	Durable Consumer Goods	98.8	99.1	98.0
家具	Furniture	99.1	99.5	97.1
家庭设备	Household Facilities	98.7	98.8	98.4

9-2 续表 2 continued

(上年=100) (preceding year=100)

项目	Item	全区 Autonomous Regional Indices	城市 Urban Indices	农村 Rural Indices
#洗衣机	Washing Machine	96.9	97.7	95.4
电冰箱(柜)	Refrigerator	99.1	99.0	99.1
室内装饰品	Interior Decorations	100.3	100.1	101.2
床上用品	Bed Articles	102.6	102.7	101.9
家庭日用杂品	Daily Use Household Articles	100.5	99.9	102.2
家庭服务及加工维修服务	Family Service and Repairing Service	104.7	103.5	107.7
医疗保健和个人用品	**Medicine & Medical Articles and Personal Necessities**	**102.3**	**102.6**	**101.7**
医疗保健	Medical and Health Care	101.0	101.1	100.7
医疗器具及用品	Medical Appliances and Articles	99.5	99.8	98.5
中药材及中成药	Traditional Chinese Medicine	105.4	105.3	105.6
西药	Western Medicine	98.3	98.2	98.5
保健器具及用品	Health Care Appliances and Articles	101.4	101.5	99.0
医疗保健服务	Medical and Health Care Services	100.8	101.5	99.9
#挂号费	Registration Fee	100.1	100.2	100.0
手术费	Operation Fee	100.3	100.5	100.0
个人用品及服务	Personal Necessities and Services	104.9	104.9	105.1
化妆美容用品	Cosmetic and Beauties	100.8	100.9	99.8
清洁化妆用品	Articles for Daily Use	101.5	101.5	101.5
个人饰品	Personal Decorations	108.6	108.6	108.6
个人服务	Personal Services	105.6	106.3	104.4
交通和通讯	**Transportation and Communication**	**100.6**	**100.2**	**101.5**
交通	Transportation	102.0	101.7	103.0
交通工具	Means of Transportation	99.1	99.0	99.7
自行车	Bike	100.1	100.1	100.3
轿　车	Automobile	99.0	98.9	99.9
车用燃料及零配件	Fuel and Spares of Vehicles	109.9	111.1	108.1
#汽油	Gasoline	113.2	113.1	113.6
柴油	Diesel Oil	113.7	114.1	113.6
车辆使用及维修费	Utilize and Repair Costs of Vehicles	101.6	102.2	101.3

9–2 续表 3 continued

(上年=100) (preceding year=100)

项目	Item	全区 Autonomous Regional Indices	城市 Urban Indices	农村 Rural Indices
市区公共交通费	Public Traffic in City	103.8	103.0	106.4
# 公共汽车票	Bus Ticket	99.2	97.4	104.8
出租汽车	Taxi	107.7	107.0	110.9
城市间交通费	Traffic between Cities	101.3	101.3	101.2
# 火车票	Train Ticket	100.2	100.2	100.0
长途汽车	Long Distance Bus	104.7	105.7	102.9
通信	Communication	98.0	97.6	99.2
通信工具	Means of Communication	92.8	89.7	98.0
通信服务	Service of Communication	99.9	99.9	99.8
娱乐教育文化用品及服务	**Recreation, Education and Culture Articles & Services**	**100.8**	**100.9**	**100.2**
文娱用耐用消费品及服务	Durable Consumer Goods for Recreation Use and Service	95.7	95.0	98.2
# 电视机	Television	93.4	93.1	94.6
激光视盘机	Video Disc Player	93.9	93.7	95.9
照相机	Camera	93.9	93.8	96.7
电　脑	Computer	95.8	95.5	97.4
教育	Education	101.3	101.5	100.3
教材及参考书	Teaching Materials and Reference Books	101.6	101.8	101.3
教育服务	Education services	101.3	101.5	99.9
文化娱乐类	Cultural and Recreational Articles	101.4	101.5	101.1
文化娱乐用品	Culture and Recreation	99.9	99.8	100.6
书报杂志	Newspapers and Magazines	102.9	103.0	102.4
文娱费	Recreational Fee	101.8	101.9	100.2
旅游	Tourism	103.7	103.8	102.9
居住	**Residence**	**104.7**	**104.9**	**104.4**
建房及装修材料	Housing and Building Decoration Material	102.1	101.6	102.3
# 木材	Wood	103.6	103.6	103.5
水泥	Cement	101.1	101.7	100.9
涂料	Paint	103.7	100.1	104.4
玻璃	Glass	104.6	104.7	103.3
住房租金	Housing Rent	105.5	102.9	107.2
自有住房	Individual-own House	105.4	105.5	104.8
水、电、燃料	Water, Electricity and Fuels	104.7	104.2	106.5
# 水	Water	100.7	100.7	100.8
电	Electricity	101.0	100.9	101.6

9-3 商品零售价格分类指数(2011年)

Retail Price Indices by Category of Commodities(2011)

(上年=100) (preceding year=100)

项目	Item	全区 Autonomous Regional Indices	城市 Urban Indices	农村 Rural Indices
商品零售价格指数	**General Retail Price Index**	**104.9**	**105.0**	**104.7**
食品	**Food**	**114.1**	**114.8**	**112.4**
粮食	Grain	110.9	111.4	110.1
淀粉及制品	Starch and Products	148.6	158.7	129.9
干豆类及豆制品	Dry Beans and Bean Products	104.9	104.9	104.8
油脂	Oil or Fat	114.4	115.2	112.6
肉禽及制品	Meal, Poultry	125.2	125.9	123.6
蛋	Eggs	117.5	117.7	116.9
水产品	Aquatic Products	111.3	110.2	114.0
菜	Vegetables	103.5	103.4	103.7
调味品	Condiments	106.7	107.0	106.2
糖	Sugar	112.4	110.5	115.7
干鲜瓜果	Dried and fresh Fruits	123.5	127.5	113.0
糕点饼干面包	Cake, Biscuits and Bread	106.0	105.2	107.6
液体乳及乳制品	Mike and Its Products	105.7	106.2	104.3
在外用膳食品	Out-of-home Food	109.7	110.3	108.1
其他食品	Other Food	104.0	103.7	104.7
饮料烟酒	**Beverages, Tobacco and Liquor**	**102.7**	**102.9**	**102.2**
茶及饮料	Tea and Beverages	102.4	102.2	102.9
烟草	Tobacco	100.7	100.9	100.2
酒	Liquor	105.2	105.7	104.2
服装鞋帽	**Garments, Shoes and Hats**	**101.8**	**101.8**	**102.0**
服装	Garments	102.3	102.5	101.8
鞋袜帽	Shoes, Sock and Cap	101.0	100.2	102.9
其他	Others	99.5	100.9	97.9
纺织品	**Textiled**	**104.3**	**104.2**	**104.6**
衣着材料	Material of Cloth	107.5	107.5	107.5
床上用品	Bedding	102.2	102.3	101.9
家用电器及音像器材	**Household Appliances**	**97.4**	**97.7**	**96.7**
文化办公用品	**Cultural and Office Goods**	**97.1**	**96.5**	**99.4**
日用品	**Articles for Daily Use**	**100.7**	**100.5**	**101.2**
体育娱乐用品	**Sports Entertainment Goods**	**100.0**	**100.1**	**99.7**
交通通信用品	**Transportation and communication**	**96.3**	**95.5**	**98.5**
家　具	**Furniture**	**99.0**	**99.4**	**97.3**
化妆品	**Cosmetics**	**100.4**	**100.4**	**100.4**
金银珠宝	**Jewelry**	**113.5**	**113.3**	**114.0**
中西药品及医疗保健用品	**Traditional Chinese and Western Medicines**	**101.6**	**101.8**	**101.3**
医疗器具及用品	Medical Appliances and Articles	99.1	99.1	99.1
中药材及中成药	Traditional Chinese Medicine	107.9	108.2	107.3
西药	Western Medicines	98.1	98.3	97.6
保健品及器具	Health Care Appliances and Articles	101.2	101.7	99.3
书报杂志及电子出版物	**Newspapers,Magazines and Electronic Publications**	**101.9**	**102.1**	**101.3**
燃料	**Fuels**	**108.9**	**109.3**	**108.0**
建筑材料及五金电料	**Building Materials and Hardwares**	**102.2**	**102.0**	**102.6**

9-4 主要农产品生产价格指数
Yielding Price Indices of Main Farm Products

(上年=100) (preceding year=100)

项 目	Item	2010	2011
总指数	**General Index**	**111.4**	**112.8**
农业产品	**Farm Products**	**114.6**	**106.9**
谷物(原粮)	Grain(Primary Grain)	113.6	109.9
小麦	Wheat	107.6	111.9
稻谷	Rice	110.0	114.3
玉米	Corn	113.6	109.6
谷子	Millet	115.9	97.7
高粱	Sorghum	109.8	104.6
荞麦	Buckwheat	147.4	129.5
马铃薯	Potatos	139.2	66.5
豆类	Legume	111.5	99.7
# 大豆	Soybean	105.8	97.5
油料	Edible Oil	107.4	105.8
甜菜	Sugar Beet	107.7	114.8
牧草	Herbage	104.1	118.1
蔬菜	Vegetables	113.8	107.2
水果	Fruits	104.0	114.0
中药材	Raw Material of Traditional Chinese Medicine	154.9	123.4
林业产品	**Forest Products**	**102.9**	**117.3**
畜牧业产品	**Livestock Products**	**107.9**	**115.8**
牛	Cattles	104.6	112.7
羊	Sheep and Goats	107.3	116.5
猪	Hogs	98.0	122.4
肉禽	Poultry	117.0	113.4
禽蛋	Poultry's egg	108.0	116.4
牛奶	Milk	108.4	110.5
绵羊毛	Sheep's wool	111.9	108.9
山羊绒	Cashmere	135.5	123.2
渔业产品	**Fishing Products**	**109.7**	**135.6**

9-5 农业生产资料价格分类指数

Price Indices of Agricultural Means of production by Category

（上年=100） (preceding year=100)

项　　目	Item	2011
总指数	**General Index**	**106.3**
农用手工工具	Agricultural hand tools	100.5
饲料	Forage	103.0
产品畜	Commodity Animals	115.6
半机械化农具	Semi-mechanized farm	102.7
机械化农具	Mechanized farm	102.6
化学肥料	Chemical fertilizers	111.2
农药及农药器械	Pesticides and pesticide equipment	106.5
化学农药	Chemical pesticides	100.6
农药器械	Pesticide equipment	114.6
农用机油	Oil for Farm Machinery	107.1
其他农业生产资料	Other agricultural production materials	104.2
农业生产服务	Agricultural production and services	101.7

9-6 工业生产者出厂价格分类指数

Factory Price Indices of Industrial Producer Sub-index

(上年=100) (preceding year=100)

项 目	Item	2008	2009	2010	2011
全部工业品	**Total Industry Products**	**112.5**	**96.2**	**106.7**	**107.8**
生产资料	**Means of Production**	**112.7**	**95.3**	**107.5**	**108.1**
采掘工业	Mining & Quarrying Industry	117.1	98.4	110.5	113.0
原材料工业	Raw Materials Industry	109.9	94.5	107.1	107.3
加工工业	Manufacturing Industry	113.1	93.8	105.3	105.0
生活资料	**Consumer Goods**	**111.7**	**100.6**	**103.1**	**106.4**
食品类	Food	115.3	101.7	104.1	108.1
衣着类	Clothing	102.9	100.0	103.3	98.6
一般日用品	Articles for Daily Uses	107.3	103.8	101.4	100.9
耐用消费品	Durable Consumer Goods	95.1	92.0	92.5	101.5

9-7 工业生产者购进价格指数
Purchase Price Indices of Industrial Producer

(上年=100) (preceding year=100)

项 目	Item	2008	2009	2010	2011
工业生产者购进价格总指数	**General price index of Industrial producer purchasing**	**111.7**	**99.1**	**105.0**	**106.1**
燃料、动力	Fuels and Energy	113.8	106.5	104.1	103.5
黑色金属材料	Ferrous Metals	115.0	90.4	103.6	107.3
#钢 材	Steel Products	119.4	92.8	103.6	108.2
有色金属材料和电线	Nonferrous Metals and Wires	98.0	71.4	112.5	107.2
化工原料	Chemical Raw Materials	109.7	98.3	103.0	105.3
木材及纸浆	Wood and Paper Pulps	106.2	102.5	100.8	105.3
建筑材料类及非金属矿	Construction Materials	107.2	102.9	102.9	104.1
其它工业原材料类及半成品	Other Industrial Raw Materials and Semi-products	110.7	99.4	103.6	107.2
农副产品类	Farm and Sideline Products	113.8	98.5	105.9	108.3
纺织原料类	Textile Raw Materials	99.6	92.8	102.6	105.9

9-8 固定资产投资价格指数
Price Indices of Investment in Fixed Assets

(上年=100) (preceding year=100)

项 目	Item	2008	2009	2010	2011
固定资产投资	**Investment in Fixed Assets**	**108.1**	**98.5**	**105.4**	**106.3**
建筑安装工程	Construction and Installation	110.6	98.1	107.3	108.1
设备、工器具购置	Purchase of Equipment,Tools & Instruments	101.1	98.0	100.1	101.9
其他费用	Others	106.2	102.4	103.0	103.7

主要统计指标解释

商品零售价格指数 是反映城乡商品零售价格变动趋势的一种经济指数。零售物价的调整变动直接影响到城乡居民的生活支出和国家的财政收入，影响居民购买力和市场供需平衡，影响消费与积累的比例。因此，计算零售价格指数，可以从一个侧面对上述经济活动进行观察和分析。

居民消费价格指数 是反映一定时期内城乡居民所购买的生活消费品价格和服务项目价格变动趋势和程度的相对数，是对城市居民消费价格指数和农村居民消费价格指数进行综合汇总计算的结果。利用居民消费价格指数，可以观察和分析消费品的零售价格和服务价格变动对城乡居民实际生活费支出的影响程度。

城市居民消费价格指数 是反映城市居民家庭所购买的生活消费品价格和服务项目价格变动趋势和程度的相对数。城市居民消费价格指数可以观察和分析消费品的零售价格和服务项目价格变动对职工货币工资的影响，作为研究职工生活和确立工资政策的依据。

农村居民消费价格指数 是反映农村居民家庭所购买的生活消费品价格和服务项目价格变动趋势和程度的相对数。农村居民消费价格指数可以观察农村消费品零售价格和服务项目价格变动对农村居民生活消费支出的影响，直接反映农民生活水平的实际变化情况，为分析和研究农村居民生活问题提供依据。

农产品收购价格指数 是反映国有商业、集体商业、个体商业、外贸部门、国家机关、社会团体等各种经济类型的商业企业和有关部门收购农产品价格的变动趋势和程度的相对数。农产品收购价格指数可以观察和研究农产品收购价格总水平的变化情况，以及对农民货币收入的影响，作为制订和检查农产品价格政策的依据。

农村工业品零售价格指数 是反映农村市场工业品零售价格水平变动趋势和程度的相对数。通过农村工业品零售价格指数，可以观察工业品零售价格变动对农民货币支出的影响。

工业品出厂价格指数 是反映全部工业产品出厂价格总水平变动趋势和程度的相对数，包括工业企业售给本企业以外所有单位各种产品和直接售给居民用于生活消费的产品。通过工业品出厂价格指数能观察出厂价格变动对工业总产值的影响。

固定资产投资价格指数 是反映固定资产投资额价格变动趋势和程度的相对数。固定资产投资额是由建筑安装工程投资完成额、设备、工器具购置投资完成额和其他费用投资完成额三部分组成的。编制固定资产投资价格指数应首先分别编制上述三部分投资的价格指数，然后采用加权算术平均法求出固定资产投资价格总指数。

编制固定资产投资价格指数可以准确地反映固定资产投资中涉及的各类商品和取费项目价格变动趋势和变动幅度，消除按现价计算的固定资产投资指标中的价格变动因素，真实地反映固定资产投资的规模、速度、结构和效益，为国家科学地制定、检查固定资产投资计划并提高宏观调控水平，为完善国民经济核算体系提供科学的、可靠的依据。

Explanatory Notes on Main Statistical Indicators

Retail Price Index reflects the general change in retail prices of commodities. The change and adjustment in retail prices directly affect the living expenditure of urban and rural residents, government revenue, purchasing power of residents and the equilibrium of market supply and demand, and the ratio of consumption to accumulation. Therefore, the calculation of retail p rice index is useful to analyze the changes of the above economic activities.

Consumer Price Index reflects the trend and degree of changes in prices of consumer goods and services purchased by urban and rural residents, and is a composite index derived from the urban consumer price index and the rural consumer price index. Consumer price index can be used to analyze the impact of consumer price change on actual expenditure for living cost of urban and rural residents.

Urban Consumer Price Index reflects the trend and degree of changes in prices of consumer goods and services purchased by urban households. It can be used to observe and analyze the impact of price changes in consumer goods and services on money wages of staff and workers, and provide basis for policy making concerning t he living cost and wages of staff and workers.

Rural Consumer Price Index reflects the trend and degree of changes in prices of consumer goods and services purchased by rural households. It can be used to observe the impact of change in retail prices of consumer goods and service prices in rural areas on living expenditure of rural households, and t o show the changes in the living standard of peasants. It provides basis for analysis and research on condition of life in rural areas.

Index of Purchasing Prices of Farm Products reflects the trend and degree of changes in purchasing prices of farm products purchased by state owned, collective owned, and individual commercial enterprises, foreign trade sectors, government agencies, social organizations and other units of various types of ownership. It is used to observe the impact of change in purchasing prices of farm products on the cash income of peasants, and serves as basis for the formulation and supervision of pricing policies for farm products.

Retail Price Index of Rural Industrial Products reflects the t rend and degree of changes in prices of industrial products in rural market and can be used to observe the impact of the price change on farmers money expenditure.

Ex-Factory Price Index of Industrial Products reflects the trend and degree of changes in general ex factory prices of all industrial products, including sales of industrial products by an industrial enterprise to all units outside the enterprise, as well as sales of consumer goods to residents. It can be used to analyze the impact of ex- factory prices on gross industrial output value.

Price Index of Investment in Fixed Assets reflects the trend and degree of changes in prices of investment in fixed assets. The investment in fixed assets consists of three components, namely the investment in construction and installation, the investment in Purchases of equipment and instrument, and the investment in other items. Price index of investment in fixed assets is calculated as the weighted arithmetic mean of the price indices of the three components of investment in fixed assets. Removing the factor of price change in the aggregates of investment at current prices, this indicator shows the changes in the pr ices of commodities and fees involved in the investment of fixed assets, and can be used to observe the actual size, growth, structure, and efficiency of investment in fixed assets and provides reliable and scientific data for government planning, management, decision making, and further improving the current national accounting system.

2012

NEI MENG GU

十、人民生活

People’s Livelihood

资料整理：高志宇　陈宝华　谢瑞平　刘军　张永林　张鑫　朝鲁

Arranged By Gao Zhiyu , Chen Baohua , Xie Ruiping , Liu Jun , Zhang Yonglin , Zhang Xin , Chao Lu

10–1 人民物质文化生活情况
People's Material & Cultural Life

项 目	Item	1990	1995	2000	2005	2010	2011
就 业	**Employment**						
每一农村劳动力负担人数(人)	Dependents per Rural Laborer(person)	1.68	1.55	1.48	1.42	1.35	1.33
每一城镇就业者负担人数(人)	Dependents per Urban Employee(person)	1.89	1.86	1.92	1.91	1.94	1.93
城镇登记失业率(%)	Urban Unemployment Rate(%)	3.80	3.17	3.34	4.26	3.90	3.80
收 入	**Income of Rural & Urban Residents**						
农村牧区人均纯收入(元)	Per Capita Net Income of Rural(yuan)	647	1300	2038	2989	5530	6642
农民人均纯收入	Peasants	607	1208	1869	2813	5222	6299
牧民人均纯收入	Herdermen	906	1871	3355	4341	7851	9109
农村牧区居民家庭人均纯收入指数(1978=100)	Index of Per Capita Net Income of Rural Residents(1978=100)	224.3	274.0	408.7	526.1	834.5	948.2
城镇居民人均可支配收入(元)	Per Capita Disposable Income of Urban Residents(yuan)	1155	2846	5129	9137	17698	20408
城镇居民人均可支配收入指数(1978=100)	Index of Annual Per Capita Disposable Income of Urban Residents(1978=100)	189.6	244.1	385.8	632.3	1071.5	1170.9
职工年平均工资(元)	Average Wages of Staff & Workers (yuan)	1846	4134	6974	15985	35507	41481
消 费	**Consumption**						
农村牧区居民人均消费支出(元)	Expenditure of Rural Residents(yuan)	539	1261	1615	2446	4461	5508
农村居民人均消费支出	Peasants	492	1181	1442	2244	4115	5073
牧区居民人均消费支出	Herdsmen	843	1762	2959	4006	7067	8638
城镇居民人均消费支出(元)	Expenditure of Urban Residents(yuan)	982	2482	3928	6929	13995	15878
恩格尔系数(%)	Engel Coefficient(%)						
城镇居民	Urban Residerts	48.3	48.4	34.5	31.4	30.1	31.3
农民家庭	Households of Peasant	59.2	59.7	47.7	45.1	38.8	39.3
牧民家庭	Households of Herdsman	48.3	48.1	33.8	34.3	32.0	37.5
储 蓄	**Savings**						
个人储蓄存款余额(亿元)	The balance of savings deposits of individuals(100 million yuan)	110	410	876	1974	4618	5423
人均个人储蓄存款余额(元)	Per capita personal balance of savings deposits	515	1804	3875	8274	18877	21894
住房面积(平方米)	**Per Capita Floor Space(sq.m)**						
农村牧区平均每人居住	Rural Areas	11.9	15.3	17.0	19.7	22.1	24.3
城市平均每人居住	Urban Areas	8.98	12.06	15.54	26.09	29.84	29.37
城市公用事业	**Public Utilities in Urban Areas**						
自来水普及率(%)	Rate of Access to Tap Water(%)	73.4	80.7	89.1	83.9	88.0	91.4
燃气普及率(%)	Rate of Access to Gas(%)	16.8	40.5	58.6	68.2	79.3	82.2
每万人拥有绿地面积(公顷)	Green Area per 10 000 Persons(hectare)	3.3	5.9	7.0	7.8	12.4	14.5
文 化	**Culture**						
城镇每百户有彩色电视机(台)	Number of Color TV Set per 100 Households in Urban Areas(unit)	53.43	84.22	106.66	113.34	110.18	105.20
农村每百户有电视机(台)	TV sets per 100 Households in Rural Areas(unit)	42.14	84.89	96.07	102.00	103.00	108.00
广播综合人口覆盖率(%)	Broadcast Covering Rate (%)			85.6	92.6	96.6	97.4
电视综合人口覆盖率(%)	TV Covering Rate of Population(%)			81.4	90.2	95.4	96.2
每人每年拥有报纸(份)	Newspapers per Capita(copy)	2.06	7.17	7.56	25.92	10.97	10.94
每人每年拥有图书杂志(册)	Books & Magazines per capita(copy)	4.30	3.34	3.79	4.31	3.04	3.66
教 育	**Education**						
学龄儿童入学率(%)	Enrollment Ratio of School Age Children(%)	97.90	98.90	99.50	99.40	99.99	99.96
每万人口中在校大学生数(人)	Number of University Students per 10 000 Persons(person)	15.10	16.39	29.60	96.15	150.65	155.21
卫 生	**Public Health**						
每万人有医院、卫生院病床(张)	Number of Hospital Beds per 10 000 Persons(unit)	26.62	27.25	28.24	26.83	35.65	36.32
每万人有卫生机构数(个)	Number of Health institutions per 10 000 Persons(person)	2.39	2.16	1.87	1.58	3.32	9.24
每万人有医生数(人)	Doctors per 10 000 Persons(person)	19	22	22	21	22	23

注：（人均）个人储蓄存款余额2010年以前为（人均）城乡居民储蓄存款余额。

a)Before 2010，(per capita)the balance of savings deposits of individuals is called (per capita)resident saving deposit in urban & rural.

10-2 城乡居民家庭人均收入及指数

年份 Year	农牧民人均纯收入 Annual Net Income of Rural Households per Capita			
	农牧民 Peasant and Herdsman		农民 Peasant	
	绝对数(元) Value(yuan)	指数(1978=100) Index	绝对数(元) Value(yuan)	指数(1978=100) Index
1978	131	100.0	126	100.0
1979	164	115.8	156	114.9
1980	192	123.9	181	121.6
1981	241	146.1	228	144.0
1982	288	163.8	273	162.0
1983	325	174.1	294	163.6
1984	368	189.0	336	179.6
1985	400	192.3	360	180.0
1986	382	171.3	340	157.7
1987	426	185.7	389	175.8
1988	547	219.3	500	209.4
1989	553	214.5	478	179.9
1990	647	224.3	607	208.1
1991	651	242.1	618	208.7
1992	719	251.8	672	222.3
1993	829	254.1	778	225.2
1994	1062	266.2	970	228.6
1995	1300	274.0	1208	240.2
1996	1602	314.5	1552	288.7
1997	1780	335.9	1705	304.6
1998	1982	379.2	1911	341.5
1999	2003	403.5	1903	350.3
2000	2038	408.7	1869	340.8
2001	1973	393.2	1784	323.4
2002	2086	411.7	1948	350.3
2003	2268	436.5	2133	373.1
2004	2606	474.0	2465	406.9
2005	2989	526.1	2813	449.6
2006	3342	578.7	3188	501.4
2007	3953	655.0	3750	564.2
2008	4656	725.7	4457	631.3
2009	4938	771.3	4656	660.7
2010	5530	834.5	5222	716.0
2011	6642	948.2	6299	817.0

Per Capita Annual Income of Urban and Rural Household and Related Index

牧 民 Herdsman		城镇居民可支配收入 Annual Disposable Income of Urban Residents per Capita	
绝对数(元) Value(yuan)	指数(1978=100) Index	绝对数(元) Value(yuan)	指数(1978=100) Index
188	100.0	301.0	100.0
236	116.8	350.1	115.5
265	118.8	407.1	124.7
326	137.2	418.3	124.7
387	153.0	452.7	133.6
530	199.5	474.2	138.5
573	206.5	548.8	152.8
650	219.9	666.0	173.0
649	205.1	773.6	187.4
662	203.3	819.7	183.0
850	233.4	915.8	174.8
1038	249.0	1052.8	175.9
906	244.8	1155.0	189.6
868	230.8	1294.7	200.5
1022	264.1	1478.9	210.7
1164	262.5	1883.3	235.2
1664	314.5	2503.0	251.5
1871	292.1	2845.7	244.1
1951	278.1	3431.8	273.9
2345	321.8	3944.7	300.9
2516	345.2	4353.0	334.5
2698	370.5	4770.5	365.5
3354	454.2	5129.1	385.8
3277	441.0	5535.9	411.9
3052	403.9	6051.0	446.7
3201	418.0	7012.9	509.6
3571	444.2	8123.1	575.9
4341	522.8	9136.8	632.3
4502	532.7	10358.0	708.2
5510	624.9	12378.0	811.6
6194	660.5	14433.0	897.6
7071	755.3	15849.2	988.3
7851	810.3	17698.2	1071.5
9109	889.4	20407.6	1170.9

10–3 城镇民居家庭基本情况

Basic Conditions of Urban Households

项 目	Item	1990	1995	2000
调查户数(户)	**Number of Households Surveyed (household)**	**1400**	**1400**	**2300**
平均每户家庭人口(人)	**Average Household Size(person)**	**3.73**	**3.34**	**3.08**
平均每户就业人口(人)	**Average Number of Employed Persons per Household(person)**	**1.97**	**1.80**	**1.61**
平均每户就业面(%)	**Percentage of Employment per Household(%)**	**52.79**	**53.89**	**52.2**
平均每一就业者负担人数(包括就业者本人)(人)	**Number of Persons Supported by Each Employee including the employee himself or herself(person)**	**1.89**	**1.86**	**1.92**
平均每人全部年收入(元)	**Per Capita Annual Income(yuan)**	**1160**	**2874**	**5151**
# 可支配收入	Disposable Income	1155	2846	5129
薪水	Salary			
国有单位职工工资	Wages of Staff & Workers in State-owned Units	704	1941	2909
集体及其它经济类型单位职工工资	Wages of Staff and Workers in Collective owned Units and Units of Other Type of Ownership	104	147	191
职工从工作单位得到的其他收入	Other Income of Staff and Workers from Their Working Units	61	103	
个体经营劳动者收入	Income of Individual Laborers	16	62	495
被聘用或留用的离退休人员收入	Income of Re employed Retirees	7	16	93
其他就业者收入	Income of Other Employees	4	2	13
其他劳动收入	Part time Income	28	84	187
财产性收入	Property Income	11	39	59
转移性收入	Transfer Income	180	474	1110
其他收入	Other Income			
平均每人消费性支出(元)	**Per Capita Annual Living Expenditures for Consumption(yuan)**	**982**	**2482**	**3928**
# 食 品	Food	474	1202	1353
衣 着	Clothing	162	405	561
家庭设备用品及服务	Household Facilities, Articles and Service		168	289
医疗保健	Medicine and Medical Service	20	100	287
交通通讯	Transportation and Communications		123	359
娱乐教育文化服务	Recreation, Education & Cultural Service		224	488
居 住	Residence		156	339
杂项商品与服务	Miscellaneous Commodities and Services		104	252

10-3 续表 continued

项 目	Item	2005	2010	2011
调查户数(户)	**Number of Households Surveyed (household)**	**2420**	**2350**	**2350**
平均每户家庭人口(人)	**Average Household Size(person)**	**3.00**	**2.82**	**2.81**
平均每户就业人口(人)	**Average Number of Employed Persons per Household(person)**	**1.57**	**1.45**	**1.50**
平均每户就业面(%)	**Percentage of Employment per Household(%)**	**52.3**	**51.4**	**53.4**
平均每一就业者负担人数(包括就业者本人)(人)	**Number of Persons Supported by Each Employee including the employee himself or herself(person)**	**1.91**	**1.94**	**1.93**
平均每人全部年收入(元)	**Per Capita Annual Income(yuan)**	**9565**	**19014**	**21890**
#可支配收入	Disposable Income	9137	17698	20408
工资性收入	Wage income	6669	12614	14779
国有单位职工工资	Wages of Staff & Workers in State owned Units			
集体及其它经济类型单位职工工资	Wages of Staff and Workers in Collective-owned Units and Units of Other Type of Ownership			
职工从工作单位得到的其他收入	Other Income of Staff and from Their Working Units	508		
经营净收入	Income of Individuals	858	2014	2320
被聘用或留用的离退休人员收入	Income of Re employed Retirees			
其他就业者收入	Income of Other Employees			
其他劳动收入	Part time Income		912	1001
财产性收入	Property Income	161	433	513
转移性收入	Transfer Income	1877	3953	4277
其他收入	Other Income			
平均每人消费性支出(元)	**Per Capita Annual Living Expenditures for Consumption(yuan)**	**6929**	**13995**	**15878**
#食 品	Food	2178	4211	4962
衣 着	Clothing	1048	2204	2514
家庭设备用品及服务	Household Facilities, Articles and Service	394	949	1163
医疗保健	Medicine and Medical Service	533	1126	1239
交通通讯	Transportation and Communications	756	1769	2004
娱乐教育文化服务	Recreation, Education & Cultural Service	969	1641	1812
居 住	Residence	723	1384	1419
杂项商品与服务	Miscellaneous Commodities and Services	328	710	765

10-4 城镇居民家庭基本情况(2011 年)

项 目	Item	全区 All Regional Cities and County Towns
调查户数(户)	**Number of Households Surveyed(household)**	**2350**
平均每户家庭人口(人)	Average Household Size(person)	2.81
平均每户就业人口(人)	Average Number of Employees per Household(person)	1.50
平均每户就业面(%)	Percentage of Employed Persons per Household(%)	53.38
平均每一就业者负担人数(包括就业者本人)(人)	Number of Persons Supported by Each Employee (including the employee himsel for herself)(person)	1.93
平均每人全部年收入(元)	Per Capita Annual Income(yuan)	21890.19
平均每人可支配收入(元)	Per Capita Disposable Income(yuan)	20407.57
平均每人消费性支出(元)	Per Capita Annual Living Expenditure(yuan)	15878.07

10-5 城镇居民家庭平均每人全年消费性支出及构成(2011 年)

单位：元

项 目	Item	总平均 Average	最低收入户 lowest Income Households (first decile)	#困难户 Difficult Households (first five percent)
消费性支出	**Total Living Expenditures**	**15878.07**	**7080.77**	**6095.17**
食 品	Food	4962.40	2692.47	2403.40
#粮 食	Grain	461.19	408.34	387.02
肉禽及其制品	Meat, Poultry and Related Products	925.73	595.76	546.73
蛋 类	Eggs	82.42	61.61	58.02
水产品	Aquatic Products	111.97	55.67	48.20
奶及奶制品	Milk and Dairy Products	205.68	96.91	78.32
衣 着	Clothing	2514.09	1091.70	878.08
#服 装	Garments	1859.84	747.41	564.48
家庭设备用品及服务	Household Facilities, Articles and Services	1162.87	343.90	217.40
#耐用消费品	Durable Consumer Goods	534.49	95.96	51.50
医疗保健	Medicine and Medical Services	1239.36	637.67	605.01
交通和通讯	Transportation and Communications	2003.54	601.60	388.51
娱乐教育文化服务	Recreation, Education and Cultural Services	1812.07	682.82	577.07
#文娱用耐用消费品	Durable Consumer Goods for Recreational Use	510.89	162.02	124.81
居 住	Residence	1418.60	790.35	849.85
#住 房	Housing	468.76	215.39	300.79
杂项商品和服务	Miscellaneous Commodities	765.13	240.27	175.86

Basic Conditions of Urban Households(2011)

按收入等级分 Grouped by Percentile of Households							
最低收入户 lowest Income (first decile)	# 困难户 Difficult (first five percent)	低收入户 Low Income (second decile)	中等偏下户 Lower Middle Income (second quintile)	中等收入户 Middle Income (third quintile)	中等偏上户 Upper Middle Income (fourth quintile)	高收入户 High Income (ninth decile)	最高收入户 Highest Income (tenth decile)
231	**115**	**234**	**470**	**472**	**472**	**236**	**235**
3.13	3.22	3.15	2.94	2.79	2.57	2.41	2.32
1.33	1.34	1.51	1.53	1.57	1.52	1.45	1.54
42.49	41.61	47.94	52.04	56.27	59.14	60.17	66.38
1.67	1.69	1.77	1.92	1.97	2.08	2.02	2.04
7902.83	6568.35	11863.57	16300.12	21688.69	28842.18	37989.79	62658.07
7369.49	6063.33	11048.76	15159.64	20096.81	26704.42	35383.50	59508.67
7080.77	6095.17	9250.08	12358.40	16048.06	20429.42	25803.82	41100.64

Per Capita Annual Living Expenditure of Urban Households and its Composition(2011)

(yuan)

低收入户 Low Income Households (second decile)	中等偏下户 Lower Middle Income Households (second quintile)	中等收入户 Middle Income Households (third quintile)	中等偏上户 Upper Middle Income Households (fourth quintile)	高收入户 High Income Households (ninth decile)	最高收入户 Highest Income Households (tenth decile)
9250.08	**12358.40**	**16048.06**	**20429.42**	**25803.82**	**41100.64**
3204.16	4167.65	5186.72	6196.36	7385.87	10586.06
405.07	436.12	472.89	501.81	535.35	577.43
704.74	789.65	1017.65	1150.62	1236.60	1481.05
64.58	82.82	85.67	99.93	91.99	103.53
69.25	107.98	118.17	132.87	127.09	269.51
126.82	184.55	219.79	257.01	326.01	403.46
1390.31	1951.49	2693.48	3266.63	4247.72	6003.60
994.32	1395.65	1995.62	2463.16	3234.25	4601.31
510.14	904.42	1197.09	1622.96	1995.15	3285.07
175.11	414.25	510.28	777.03	908.50	1857.77
876.28	1111.28	1143.81	1424.61	2027.91	2872.02
902.74	1222.42	1988.56	2789.30	2832.09	7869.07
1195.20	1314.15	1794.99	2392.12	3088.74	4815.14
338.94	404.37	527.05	701.44	792.83	1255.22
920.79	1177.21	1252.22	1748.64	2528.63	3291.10
219.39	321.30	318.61	563.93	1148.73	1606.21
250.45	509.78	791.19	988.79	1697.72	2378.60

10-6 按收入等级分的城镇居民家庭平均每人全年现金收入(2011 年)

单位：元

项 目	Item	总平均 Average	最低收入户 lowest Income Households (first decile)	#困难户 Difficult Households (first five percent)
实际收入	**Real Income**	**21890**	**7903**	**6568**
#可支配收入	Disposable Income	20408	7369	6063
薪水	Salary	14779	4724	4078
财产收入	Property Income	513	21	5
#利 息	Interest	94	8	1
红 利	Bonus	87		
其它财产租金收入	Other Property and Rent Income	54	7	2
转移收入	Transfer Income	4277	1549	1448
#离退休金	Pension	3575	965	786
赡养收入	Supporting Income	97	70	59
捐赠收入	Giving Income	339	44	29
借贷收入	**Loan Income**	**6941**	**2968**	**2685**
#提取储蓄存款	Withdraw Saving Deposit	6495	2675	2562
收回借出款	Paid back Loan	50	19	21
收回储蓄性保险本金	Withdraw Saving Premium	3		
兑售有价证券	Securities Encashed and Sold			
为购置房屋从银行贷款	Loan from Bank for Buying Housing	133	3	
其它借贷收入	Other Loan Income	36	179	3

Per Capita Annual Cash Income of Urban Households by Level of Income(2011)

(yuan)

低收入户 Low Income Households (second decile)	中等偏下户 Lower Middle Income Households (second quintile)	中等收入户 Middle Income Households (third quintile)	中等偏上户 Upper Middle Income Households (fourth quintile)	高收入户 High Income Households (ninth decile)	最高收入户 Highest Income Households (tenth decile)
11864	**16300**	**21689**	**28842**	**37990**	**62658**
11049	15160	20097	26704	35384	59509
8476	11915	15574	20130	24761	35613
82	157	222	509	1429	3883
12	39	51	117	284	540
	15	21	54	302	808
24	36	7	41	76	459
1478	2385	3464	6478	9295	15059
1155	2094	3171	6025	8243	10065
44	51	74	72	146	539
41	73	96	210	532	3653
3614	**5006**	**6362**	**9201**	**10311**	**23312**
3134	4924	6057	7970	9925	22811
22	14	29	110	107	158
	14		1		
304	1	79	366	2	247
	3	28	8	2	42

10-7 城镇居民家庭平均每人全年购买的主要商品数量

Per Capita Annual Purchases of Major Commodities in Urban Households

项目	Item	1990	1995	2000	2005	2010	2011
粮食(千克)	Grain(kg)	134.98	101.17	77.72	80.99	91.47	92.68
食用植物油(千克)	Edible Vegetable Oil(kg)	4.45	5.82	5.56	6.14	6.28	6.74
猪肉(千克)	Pork(kg)	11.43	11.82	11.59	11.61	12.16	13.22
牛羊肉(千克)	Beef and Mutton(kg)	6.39	5.02	6.61	8.33	10.23	10.29
家禽(千克)	Poultry(kg)	0.59	1.77	3.25	3.82	5.01	5.12
鲜蛋(千克)	Fresh Eggs(kg)	2.31	7.92	9.67	8.71	8.23	8.17
水产品(千克)	Aquatic Products(kg)		3.44	4.30	4.29	5.19	5.19
鲜菜(千克)	Fresh Vegetables(kg)	162.03	125.87	107.45	103.85	98.92	103.40
干菜(千克)	Dry Vegetables(kg)						
食糖(千克)	Sugar(kg)	1.44	1.14	1.08	0.90		
糖果(千克)	Candy(kg)	0.68		0.53	0.63		
卷烟(盒)	Cigarettes(pack)	38.06	29.71	26.13	21.69		
白酒(千克)	Strong White Spirit(kg)	3.77	3.78	3.17	2.75	3.43	3.18
啤酒(千克)	Beer(kg)	3.91	6.31	4.95	6.25	5.60	4.80
茶叶(千克)	Tea(kg)					0.29	0.34
鲜瓜果(千克)	Fresh Melons and Fruits(kg)	41.50	42.77	63.11	61.19	55.34	53.22
鲜奶(千克)	Fresh Milk(kg)	2.80	5.83	12.58	20.71	16.64	16.83
夹克衫(件)	Jackets(piece)						
毛线衣(件)	Woollen Sweater(piece)						
衬衫(件)	Shirts(piece)						
裤子(条)	Pants(piece)			0.54			
棉布(米)	Cotton Cloth(m)						
化纤布(米)	Chemical Fiber Cloth(m)	1.74		0.50			
呢绒(米)	Woolen Fabric(m)						
绸缎(米)	Silk and Satin(m)						
毛线(千克)	Knitting Wool(kg)						
皮鞋(双)	Leather Shoes(pair)	0.55	0.86	0.97			
旅游鞋(双)	Jogging Shoes(pair)						
布鞋(双)	Cloth Shoes(pair)	0.93					
肥皂(块)	Soap(piece)	3.57		1.28			
洗衣粉(千克)	Washing Powder for Clothes(kg)	1.43		1.47			
煤炭(千克)	Coal(kg)	480.64		205.07	224.54	169.16	142.75
液化石油气(千克)	Liquefied Gas(kg)	2.17		8.27	12.53	8.84	7.91

10-8 城镇居民家庭平均每百户耐用消费品年末拥有量
Number of Major Durable Consumer Goods Owned Per 100 Urban Households at Year-end

项 目	Item	2010	2011
组合家具(套)	Composite Furniture		
摩托车(辆)	Motorcycle	26.19	21.06
自行车(辆)	Bicycle		
家用汽车(辆)	Automobile	11.17	19.62
洗衣机(台)	Washing Machine	95.78	96.74
电风扇(台)	Electric Fan		
电冰箱(台)	Refrigerator	95.55	98.64
冰 柜(台)	Freezer		
彩色电视机(台)	Color TV Set	110.18	105.20
影碟机(台)	Video Disc Player		
录放像机(台)	Video recorder		
家用电脑(台)	Computer	46.76	60.83
组合音响(套)	Hi -Fi Stereo Component System	18.37	13.57
摄相机(架)	Pickup Camera	6.36	7.81
照相机(架)	Camera	34.90	32.45
钢 琴(架)	Piano	1.41	1.54
中高档乐器(件)	Other High Grade Music Instrument	5.21	3.43
微波炉(台)	Micro Wave Oven	37.81	41.90
空调器(台)	Air Conditioner	10.53	13.96
电炊具(台)	Electric Cooking Utensils		
淋浴热水器(台)	Shower	53.36	62.20
排油烟机(台)	Kitchen Ventilator		
洗碗机(台)	Washing-up Machine	0.24	0.20
消毒碗柜(台)	Sterilized Cupboard	2.42	3.40
饮水机(台)	Drinking Machine		
吸尘器(台)	Dust Catcher		
健身器材(件)	Healthy Equipment	3.66	2.78
移动电话(部)	Mobile Telephone	172.82	204.72
普通电话(部)	Telephone	64.31	47.30
传真机(部)	Fax Machine		

10-9 按收入等级分的城镇居民家庭平均每人全年购买商品数量(2011年)

Per Capita Annual Purchases of Major Commodities of Urban Households by Level of Income(2011)

项 目	Item	总平均 Average	最低收入户 lowest Income Households	# 困难户 Difficult Households	低收入户 Low Income Households	中等偏下户 Lower Middle Income Households	中等收入户 Middle Income Households	中等偏上户 Upper Middle Income Households	高收入户 High Income Households	最高收入户 Highest Income Households
淀粉及薯类(千克)	Starches & Tubers(kg)	13.30	13.70	16.19	8.97	16.28	12.07	13.35	12.79	15.38
大米(千克)	Rice(kg)	32.36	33.58	29.36	32.33	31.88	34.98	30.96	30.19	29.52
面粉(千克)	Flour(kg)	25.85	31.13	32.42	28.38	24.46	25.33	22.89	25.67	22.34
食用植物油(千克)	Edible Vegetable Oil(kg)	6.74	5.43	5.03	6.09	6.73	7.12	7.49	7.21	7.74
猪肉(千克)	Pork(kg)	13.22	11.14	10.30	12.44	12.55	13.86	14.44	15.06	15.03
牛肉(千克)	Beef(kg)	4.90	2.69	2.02	4.64	4.01	5.56	6.43	6.15	6.55
羊肉(千克)	Mutton(kg)	5.39	2.91	2.95	3.07	4.22	6.16	7.05	8.21	10.91
家禽(千克)	Poultry(kg)	5.12	3.99	4.08	4.16	5.27	5.78	5.55	5.43	5.93
鸡(千克)	Chicken(kg)	3.24	2.46	2.60	2.65	3.20	3.90	3.44	3.46	3.77
禽制品(千克)	Products of Poultry(kg)	1.77	1.46	1.43	1.47	1.95	1.75	1.96	1.81	2.04
鲜蛋(千克)	Fresh Eggs(kg)	8.17	6.54	6.24	6.69	8.68	8.54	9.28	8.62	8.94
鱼(千克)	Fish(kg)	4.02	2.60	2.57	3.37	4.18	4.37	4.29	5.51	4.69
虾(千克)	Shrimp(kg)	0.44	0.21	0.14	0.18	0.42	0.34	0.66	0.50	1.29
水产制品(千克)	Aquatic Products(kg)	0.73	0.21	0.19	0.41	1.10	0.77	0.80	0.87	0.93
鲜菜(千克)	Fresh Vegetables(kg)	103.40	93.16	84.00	92.03	99.91	108.03	110.97	116.53	116.74
干菜(千克)	Dried Vegetables(kg)									
菜制品(千克)	Products of Vegetables(kg)									
白酒(千克)	liquor(kg)	3.18	2.49	2.15	3.36	2.63	3.11	4.31	3.05	3.76
果酒(千克)	Fruit Wine(kg)	0.12	0.05	0.01	0.06	0.14	0.17	0.11	0.17	0.18
啤酒(千克)	Beer(kg)	4.80	3.43	2.97	4.45	5.63	4.82	5.59	3.31	5.34
其他酒(千克)	Other Liquor(kg)									
鲜果(千克)	Fresh Fruits(kg)	39.27	27.68	24.79	32.05	38.34	41.43	44.13	49.61	55.22
鲜瓜(千克)	Melons(kg)	13.95	8.12	7.45	9.55	14.24	15.91	15.84	17.25	22.02
糕点(千克)	Cake(kg)	4.25	3.09	3.16	3.31	4.24	4.06	5.52	4.62	6.00
鲜乳品(千克)	Fresh Dairy Products(kg)	16.83	10.37	9.20	13.47	15.87	17.96	19.63	23.48	24.67
奶粉(千克)	Milk Powder(kg)	0.32	0.16	0.09	0.10	0.37	0.41	0.42	0.36	0.46
酸奶(千克)	Yogurt Milk(kg)	3.75	1.43	0.85	1.87	3.26	4.33	5.10	6.55	6.61
男士服装(件)	Men's Clothing(piece)									
女士服装(件)	Women's Clothing(piece)									
儿童服装(件)	Children's Clothing (piece)									
鞋类(双)	Shoes(pair)	3.23	2.37	2.23	2.56	3.63	3.12	3.36	3.63	4.80

10-10 按收入等级分的城镇居民家庭平均每百户耐用消费品年末拥有量(2011 年)

Number of Durable Consumer Goods Owned Per 100 Urban Households at Year-end by Level of Income(2011)

项 目	Item	总平均 Average	最低收入户 lowest Income House-holds	# 困难户 Diff-icult House-holds	低收入户 Low Income House-holds	中等偏下户 Lower Middle Income House-holds	中等收入户 Middle Income House-holds	中等偏上户 Upper Middle Income House-holds	高收入户 High Income House-holds	最高收入户 Highest Income House-holds
组合家具(套)	Composite Furniture									
摩托车(辆)	Motorcycle	21.06	19.29	14.74	29.73	20.75	25.16	20.18	18.21	5.19
自行车(辆)	Bicycle									
家用汽车(辆)	Automobile	19.62	9.61	9.75	9.69	13.68	21.34	24.22	33.78	40.58
洗衣机(台)	Washing Machine	96.74	87.45	86.50	95.25	94.35	99.85	100.22	99.69	103.66
电风扇(台)	Electric Fan									
电冰箱(台)	Refrigerator	98.64	81.62	76.51	93.15	98.58	103.08	102.84	106.08	109.33
冰 柜(台)	Freezer									
彩色电视机(台)	Color TV Set	105.20	102.90	101.37	102.36	102.87	106.26	105.91	109.77	111.47
影碟机(台)	Video Disc Player									
录放像机(台)	Video recorder									
家用电脑(台)	Computer	60.83	29.31	24.47	43.39	59.60	71.37	71.83	73.73	83.48
组合音响(套)	Hi -Fi Stereo Component System	13.57	6.01	2.40	6.51	14.61	12.53	17.72	21.50	19.90
摄相机(架)	Pickup Camera	7.81	2.00	1.37	1.81	5.65	8.87	13.26	13.41	12.73
照相机(架)	Camera	32.45	11.11	7.90	16.00	25.92	36.92	41.51	49.83	65.65
钢 琴(架)	Piano	1.54			1.25	2.17	1.96	0.98	1.13	3.79
中高档乐器(件)	Other High Grade Music Instrument	3.43	0.17		1.99	3.81	3.03	5.63	4.07	5.72
微波炉(台)	Micro Wave Oven	41.90	13.66	10.78	21.49	35.64	48.04	56.98	63.99	69.24
空调器(台)	Air Conditioner	13.96	4.30	2.73	8.31	9.72	15.04	17.95	26.30	27.22
电炊具(台)	Electric Cooking Utensils									
淋浴热水器(台)	Shower	62.20	30.99	24.98	41.58	58.43	70.49	76.05	81.06	89.20
排油烟机(台)	Kitchen Ventilator									
洗碗机(台)	Washing-up Machine	0.20				0.12	0.37	0.19	0.27	0.61
消毒碗柜(台)	Sterilized Cupboard	3.40	0.19		1.03	1.58	3.52	5.19	8.09	8.65
饮水机(台)	Drinking Machine									
吸尘器(台)	Dust Catcher									
健身器材(件)	Healthy Equipment	2.78			0.94	2.30	2.83	4.38	5.29	5.58
移动电话(部)	Mobile Telephone	204.72	177.31	170.97	205.75	208.90	206.65	214.17	210.00	207.02
普通电话(部)	Telephone	47.30	33.58	26.89	31.90	46.21	47.39	56.31	62.59	62.20
传真机(部)	Fax Machine									

10-11 农村牧区居民家庭基本情况

Basic Conditions of Rural Households

项目	Item	1995	2000	2005	2010	2011
调查户数(户)	**Number of Households Surveyed(Household)**	**2060**	**2036**	**2060**	**2060**	**2060**
调查户常住人口(人)	**Number of Permanent Residentsin the Households Surveyed(person)**	**9293**	**8351**	**7782**	**7156**	**6797**
平均每户常住人口(人)	Average Number of Permanent Residents per Household(person)	4.50	4.10	3.78	3.47	3.30
平均每户整半劳力(人)	Average Number of Able-bodied and Semi-able-bodied Laborers per Household(person)	2.90	2.77	2.67	2.58	2.48
平均每个劳动力负担人口(含本人)(人)	Average Number of Persons Supported by a Laborer(including the laborer himself)(person)	1.55	1.48	1.42	1.35	1.33
平均每人年收入(元)	**Per Capita Annual Income(yuan)**					
总收入	Total Revenue	2272.40	3440.31	5345.92	9358.01	11972.52
纯收入	Net Income	1300.00	2038.21	2988.87	5529.59	6641.56
现金收入	Cash Income		2448.89	4235.13	7718.16	9750.90
按纯收入分组户数占调查户比重(%)	**Percentage of Households Grouped by Per Capita Annual Net Income(%)**					
500元以下	Under 500 Yuan		4.17	4.17	4.27	5.10
500-1000元	500-1000 Yuan		6.78	7.14	2.29	1.99
1000-2000元	1000-2000 Yuan		7.17	21.99	11.36	7.09
2000-3000元	2000-3000 Yuan		22.94	25.39	10.58	11.17
3000-4000元	3000-4000 Yuan		8.94	16.99	13.20	8.88
4000-5000元	4000-5000 Yuan		10.56	10.44	11.36	10.19
5000-6000元	5000-6000 Yuan		13.31	5.68	9.81	9.08
6000-7000元	6000-7000 Yuan		8.69	2.96	8.20	8.11
7000-8000元	7000-8000 Yuan		8.60	1.65	6.21	6.17
8000元以上	8000 Yuan and Over		8.84	3.59	22.72	32.23
平均每人年支出(元)	**Per Capita Annual Expenditure(yuan)**					
总支出	Total Expenditure	2236.50	3123.29	5091.91	9114.97	11828.14
家庭经营费用支出	Expenditure for Household Business		1009.60	2084.79	3434.42	4677.49
生活消费支出	Expenditure for Consumption		1614.91	2446.17	4460.83	5507.72
其他非生产性支出	Other Nonproductive Expenditures		158.68	560.95	770.07	1642.93
现金支出	Cash Expenditure	1826.71	2355.68	4174.02	8092.98	10422.61
生产费用	Productive Costs	509.33	833.36	1910.02	3369.06	4665.89
缴纳税金和上交集体承包费支出等	Taxes and Payments to Collective Units		219.15	9.09	5.90	7.27
生活消费支出	Expenditure for Consumption	798.80	1170.97	1992.06	3951.17	4827.99

10-12 农民家庭基本情况

Basic Conditions of Households of Peasants

项目	Item	1995	2000	2005	2010	2011
调查户数(户)	**Number of Households Surveyed(Household)**	**1820**	**1820**	**1840**	**1840**	**1820**
调查户常住人口(人)	**Number of Permanent Residentsin the Households Surveyed(person)**	**7999**	**7398**	**6888**	**6318**	**5967**
平均每户常住人口(人)	Average Number of Permanent Residents per Household(person)	4.40	4.06	3.74	3.43	3.28
平均每户整半劳力(人)	Average Number of Able-bodied and Semi-able-bodied Laborers per Household(person)	2.80	2.75	2.66	2.56	2.48
平均每个劳动力负担人口(含本人)(人)	Average Number of Persons Supported by a Laborer(including the laborer himself)(person)	1.57	1.48	1.41	1.34	1.32
平均每人年收入(元)	**Per Capita Annual Income(yuan)**					
总收入	Total Revenue	2053.80	3006.58	4872.38	8590.34	10987.38
纯收入	Net Income	1208.40	1868.62	2813.35	5221.62	6298.54
现金收入	Cash Income		2089.00	3809.72	6799.47	8798.05
按纯收入分组户数	**Percentage of Households Grouped by**					
占调查户比重(%)	**per Capita Annual Net Income(%)**					
500元以下	Under 500 Yuan		4.45	4.51	3.97	5.22
500-1000元	500-1000 Yuan		7.31	7.45	2.45	2.03
1000-2000元	1000-2000 Yuan		7.64	22.34	11.46	7.53
2000-3000元	2000-3000 Yuan		24.00	26.03	11.36	11.54
3000-4000元	3000-4000 Yuan		9.45	17.39	13.86	9.51
4000-5000元	4000-5000 Yuan		10.93	10.54	11.47	10.60
5000-6000元	5000-6000 Yuan		13.20	5.43	9.78	9.18
6000-7000元	6000-7000 Yuan		8.02	2.72	8.69	8.13
7000-8000元	7000-8000 Yuan		7.47	1.30	5.98	6.04
8000元以上	8000 Yuan and Over		7.53	2.28	20.98	30.22
平均每人年支出(元)	**Per Capita Annual Expenditure(yuan)**					
总支出	Total Expenditure	2098.10	2679.38	4604.97	8256.02	10654.74
家庭经营费用支出	Expenditure for Household Business	664.00	804.80	1825.09	3024.31	4157.30
生活消费支出	Expenditure for Consumption	1180.50	1441.78	2243.79	4115.19	5072.53
现金支出	Cash Expendiure	1584.30	1992.27	3710.85	7283.00	9344.76
生产费用	Productive Costs	535.60	690.67	1667.96	2969.27	4104.78
缴纳税金和上交集体承包费支出等	Taxes and Payments to Collective Units	104.20	176.14	8.32	6.56	4.37
生活消费支出	Expenditure for Consumption	689.20	995.18	1780.32	3618.28	4389.24

10-13 牧民家庭基本情况

Basic Conditions of Households of Herdsmen

项 目	Item	1995	2000	2005	2010	2011
调查户数(户)	**Number of Households Surveyed(Household)**	**240**	**216**	**220**	**220**	**240**
调查户常住人口(人)	**Number of Permanent Residentsin the Households Surveyed(person)**	**1294**	**953**	**894**	**838**	**830**
平均每户常住人口(人)	Average Number of Permanent Residents per Household(person)	5.39	4.41	4.06	3.81	3.46
平均每户整半劳力(人)	Average Number of Able-bodied and Semi-able-bodied Laborers per Household(person)	3.00	2.92	2.72	2.74	2.45
平均每个劳动力负担人口(含本人)(人)	Average Number of Persons Supported by a Laborer(including the laborer himself)(person)	1.80	1.51	1.49	1.39	1.41
平均每人年收入(元)	**Per Capita Annual Income(yuan)**					
总收入	Total Revenue	3364.60	6807.26	8994.41	15145.81	19057.63
纯收入	Net Income	1871.00	3354.71	4341.18	7851.45	9108.53
现金收入	Cash Income	3474.10	5234.96	7512.81	14644.54	16603.71
按纯收入分组户数占调查户比重(%)	**Percentage of Households Grouped by Per Capita Annual Net Income(%)**					
500元以下	Under 500 Yuan		1.85	1.36	6.82	5.83
500-1000元	500-1000 Yuan		2.32	4.55	0.91	1.67
1000-2000元	1000-2000 Yuan		3.24	19.09	10.46	3.75
2000-3000元	2000-3000 Yuan		13.89	20.00	4.09	7.50
3000-4000元	3000-4000 Yuan		4.63	13.64	7.73	4.17
4000-5000元	4000-5000 Yuan		7.41	9.55	10.45	5.00
5000-6000元	5000-6000 Yuan		9.26	7.73	10.00	7.50
6000-7000元	6000-7000 Yuan		14.35	5.00	4.09	7.92
7000-8000元	7000-8000 Yuan		18.06	4.55	8.18	7.50
8000元以上	8000 Yuan and Over		25.00	14.55	37.27	49.17
平均每人年支出(元)	**Per Capita Annual Expenditure(yuan)**					
总支出	Total Expenditure	3348.90	6569.29	8843.59	15583.29	20267.14
家庭经营费用支出	Expenditure for Household Business	1092.50	2599.41	4085.68	6526.37	8418.64
生活消费支出	Expenditure for Consumption	1762.20	2958.94	4005.48	7066.75	8637.61
其他非生产性支出	Other Nonproductive Expenditures	75.90	149.92	329.10	1376.39	3210.89
现金支出	Cash Expendiure	3312.50	5176.73	7742.65	14199.68	18174.41
生产费用	Productive Costs		1941.02	3775.01	6383.18	8701.40
缴纳税金和上交集体承包费支出等	Taxes and Payments to Collective Units		553.01	15.06	0.86	28.18
生活消费支出	Expenditure for Consumption		2535.55	3623.48	6460.97	7983.46

10-14 农村牧区居民家庭平均每人总收入和纯收入

Per Capita Annual Gross and Net Income of Rural Households

单位：元 (yuan)

项 目	Item	2010	2011
总收入	**Gross Income**	**9358.01**	**11972.52**
工资性收入	Laborers'Remuneration	1036.78	1310.86
在非企业组织中劳动得到	Obtained from Non-enterprises	221.15	280.23
在本地企业中劳动得到	Obtained from Native Enterprises	443.52	545.30
外出从业得到	Obtained from Going on Business	372.11	485.32
其他	Others		
家庭经营收入	Income from Household Business Operation	7460.86	9500.74
农业收入	Farming	4255.78	5286.42
林业收入	Forestry	28.13	37.97
牧业收入	Animal Husbandry	2839.58	3565.83
渔业收入	Fishery	0.61	0.04
工业收入	Industry	34.83	50.54
建筑业收入	Construction	39.13	66.77
交通运输和邮电业收入	Transportation Telecommunication	104.49	241.31
批发零售贸易餐饮业收入	Wholesale and Retail Trade and Catering Services	103.28	164.99
社会服务业收入	Social Services	22.85	36.88
文教卫生业收入	Culture, Education and Health Care	19.95	25.24
其他家庭经营收入	Others	11.19	24.37
转移性和财产性收入	Transfer Income and Property Income	860.37	1160.92
纯收入	**Net Income**	**5529.59**	**6641.56**
按收入来源分	**By Source**		
工资性收入	Laborers' Remuneration	1036.78	1310.86
家庭经营纯收入	Net Income from Household Business	3669.93	4217.50
转移性和财产性收入	Transfer Income and Property Income	822.87	1113.21

10-15 农民家庭平均每人总收入和纯收入
Per Capita Annual Gross and Net Income of Household of Peasants

单位：元 (yuan)

项 目	Item	2010	2011
总收入	**Gross Income**	**8590.34**	**10987.38**
基本收入	Basic Income		
劳动者报酬收入	Laborers' Remuneration	1053.64	1340.79
在非企业组织中劳动得到	Obtained from Non enterprises	227.41	282.87
在本地企业中劳动得到	Obtained from Native Enterprises	450.37	546.92
外出从业得到	Obtained from Going on Business	375.87	511.01
其他	Others		
家庭经营收入	Income from Household Business Operation	6709.81	8624.75
农业收入	Farming	4664.61	5761.66
林业收入	Forestry	28.87	28.45
牧业收入	Animal Husbandry	1729.23	2267.85
渔业收入	Fishery	0.70	0.04
工业收入	Industry	12.53	44.16
建筑业收入	Construction	44.32	61.58
交通运输和邮电业收入	Transportation Telecommunication	90.84	213.63
批发零售贸易餐饮业收入	Wholesale and Retail Trade and Catering Services	87.60	157.30
社会服务业收入	Social Services	25.70	36.42
文教卫生业收入	Culture, Education and Health Care	13.13	28.75
其他家庭经营收入	Others	11.12	24.48
转移性和财产性收入	Transfer Income and Property Income	826.87	1021.85
按收入来源分	**Net Income By Source**		
纯收入	**Net Income**	**5221.62**	**6298.54**
基本收入	Basic Income		
劳动者报酬收入	Laborers' Remuneration	1053.64	1340.79
家庭经营纯收入	Net Income from Household Business	3369.80	3976.79
转移性和财产性收入	Transfer Income and Property Income	798.18	980.96

10-16 牧民家庭平均每人总收入和纯收入
Per Capita Annual Gross and Net Income of Households of Herdsmen

单位：元 (yuan)

项 目	Item	2010	2011
总收入	**Gross Income**	**15145.81**	**19057.63**
基本收入	Basic Income		
劳动者报酬收入	Laborers' Remuneration	909.69	1095.62
在非企业组织中劳动得到	Obtained from Non-enterprises	173.99	261.38
在本地企业中劳动得到	Obtained from Native Enterprises	391.92	533.64
外出从业得到	Obtained from Going on Business	343.78	300.60
其他	Others		
家庭经营收入	Income from Household Business Operation	13123.33	15800.85
农业收入	Farming	1173.45	1868.48
林业收入	Forestry	22.55	106.44
牧业收入	Animal Husbandry	11210.96	12900.82
渔业收入	Fishery		
工业收入	Industry	202.95	96.41
建筑业收入	Construction		104.13
交通运输和邮电业收入	Transportation Telecommunication	207.40	440.45
批发零售贸易餐饮业收入	Wholesale and Retail Trade and Catering Services	221.47	220.31
社会服务业收入	Social Services	1.31	40.19
文教卫生业收入	Culture, Education and Health Care	71.39	
其他家庭经营收入	Others	11.70	23.62
转移性和财产性收入	Transfer Income and Property Income	1112.79	2161.16
纯收入	**Net Income**	**7851.45**	**9108.53**
按收入来源分	**By Source**		
基本收入	Basic Income		
劳动者报酬收入	Laborers' Remuneration	909.69	1095.62
家庭经营纯收入	Net Income from Household Business	5932.73	5948.62
转移性和财产性收入	Transfer Income and Property Income	1009.03	2064.29

10-17 农村牧区居民家庭平均每人生活消费支出
Per Capita Living Expenditure of Rural Households

单位：元 (yuan)

项目	Item	2010	2011
生活消费支出	**Living Expenditure**	**4460.83**	**5507.72**
按消费类别分	**By Category of Consumption**		
食品	Food	1675.04	2067.03
#主食	Staple Food	431.88	432.29
副食	Non-staple Food	675.44	844.86
其他食品	Other Food	567.57	789.88
衣着	Clothing	317.71	395.21
居住	Residence	751.99	880.26
家庭设备用品及服务	Household Facilities, Articles and Services	177.91	243.27
医疗保健	Medicine and Medical Services	467.97	534.18
交通通讯	Transportation and Communications	598.61	728.94
文教娱乐用品及服务	Cultural, Education and Recreational Articles and Services	374.19	525.89
其他商品及服务	Other Commodities and Services	97.41	132.92
按消费性质分	**By Source of Consumption**		
货币性消费	**Consumption Paid by Money**	**3951.17**	**4827.99**
食品	Food	1186.22	1479.67
衣着	Clothing	317.53	394.79
居住	Residence	731.87	788.44
家庭设备用品及服务	Household Facilities, Articles and Services	177.36	243.15
医疗保健	Medicine and Medical Services	467.97	534.18
交通通讯	Transportation and Communications	598.61	728.94
文教娱乐用品及服务	Cultural, Education and Recreation Articles and Services	374.19	525.89
其他商品及服务	Other Commodities and Services	97.41	132.92
实物性消费	**Consumption in kind**	**509.66**	**679.73**
食品	Food	488.82	587.36
衣着	Clothing	0.18	0.42
居住	Residence	20.12	91.82

10-18 农民家庭平均每人生活消费支出
Per Capita Living Expenditure of Households of Peasants

单位：元 (yuan)

项目	Item	1995	2000	2005	2010	2011
生活消费支出	**Living Expenditure**	**1180.50**	**1441.78**	**2243.79**	**4115.19**	**5072.53**
按消费类别分	**By Category of Consumption**					
食品	Food	704.70	687.72	1012.84	1597.47	1992.02
#主食	Staple Food	362.90	300.46	289.29	435.96	440.89
副食	Non-staple Food	239.00	243.29	430.55	628.23	798.21
其他食品	Other Food	84.00	106.05	199.70	533.28	752.92
衣着	Clothing	86.20	90.85	130.13	287.51	353.07
居住	Residence	157.00	216.17	316.94	724.41	800.89
家庭设备用品及服务	Household Facilities, Articles and Services	50.00	50.67	70.28	166.41	223.02
医疗保健	Medicine and Medical Services	48.50	90.13	151.05	421.08	502.05
交通通讯	Transportation and Communications	22.40	62.56	231.86	477.24	589.21
文教娱乐用品及服务	Cultural, Education and Recreational Articles and Services	97.50	212.63	292.16	362.05	505.59
其他商品及服务	Other Commodities and Services	14.20	31.05	38.52	79.03	106.69
按消费性质分	**By Source of Consumption**					
货币性消费	**Consumption Paid by Money**	**689.20**	**995.18**	**1780.32**	**3618.28**	**4389.24**
食品	Food	232.90	298.33	595.80	1117.50	1407.31
衣着	Clothing	85.70	90.83	128.58	287.31	352.59
居住	Residence	137.90	158.99	274.30	707.71	702.93
家庭设备用品及服务	Household Facilities, Articles and Services	50.00	50.67	70.28	166.35	222.88
医疗保健	Medicine and Medical Services	48.50	90.13	151.05	421.08	502.05
交通通讯	Transportation and Communications	22.40	62.56	231.86	477.24	589.21
文教娱乐用品及服务	Cultural, Education and Recreation, Articles and Services	97.50	212.63	292.16	362.05	505.59
其他商品及服务	Other Commodities and Services	14.30	31.05	36.29	79.03	106.69
实物性消费	**Consumption in kind**	**491.30**	**446.60**	**461.23**	**496.91**	**683.28**
食品	Food	471.80	389.39	417.04	479.97	584.70
衣着	Clothing	0.50	0.02	1.55	0.20	0.48
居住	Residence	19.10	57.18	42.64	16.70	97.96

10-19 牧民家庭平均每人生活消费支出
Per Capita Living Expenditure of Households of Herdsmen

单位：元 (yuan)

项 目	Item	2010	2011
生活消费支出	**Living Expenditure**	**7066.75**	**8637.61**
按消费类别分	**By Category of Consumption**		
食品	Food	2259.87	2606.54
#主食	Staple Food	403.04	370.49
副食	Non-staple Food	1030.69	1180.41
其他食品	Other Food	826.14	1055.63
衣着	Clothing	545.37	698.31
居住	Residence	959.97	1451.12
家庭设备用品及服务	Household Facilities, Articles and Services	264.43	388.94
医疗保健	Medicine and Medical Services	821.50	765.32
交通通讯	Transportation and Communications	1513.67	1733.85
文教娱乐用品及服务	Cultural, Education and Recreational Articles and Services	465.77	671.91
其他商品及服务	Other Commodities and Services	235.98	321.62
按消费性质分	**By Source of Consumption**		
货币性消费	**Consumption Paid by Money**	**6460.97**	**7983.46**
食品	Food	1704.36	2000.05
衣着	Clothing	545.37	698.31
居住	Residence	914.03	1403.46
家庭设备用品及服务	Household Facilities, Articles and Services	260.29	388.94
医疗保健	Medicine and Medical Services	821.50	765.32
交通通讯	Transportation and Communications	1513.67	1733.85
文教娱乐用品及服务	Cultural, Education and Recreation, Articles and Services	465.77	671.91
其他商品及服务	Other Commodities and Services	235.98	321.62
实物性消费	**Consumption in kind**	**605.78**	**654.15**
食品	Food	555.51	606.49
衣着	Clothing		
居住	Residence	45.94	47.66

10–20 农村牧区居民家庭平均每人主要消费品消费量
Per Capita Consumption of Major Consumer Goods in Rural Households

项 目	Item	2010	2011
粮食(公斤)	Grain(kg)	183.80	165.43
蔬菜(公斤)	Fresh Vegetables(kg)	67.90	63.04
食油(公斤)	Edible Oil(kg)	3.80	4.50
猪牛羊肉(公斤)	Pork, Beef and Mutton(kg)	25.41	26.18
家禽(公斤)	Poultry(kg)	2.66	3.46
蛋及制品(公斤)	Eggs and Related Products(kg)	4.67	5.13
水产品(公斤)	Fish and Shrimp(kg)	1.97	2.12
食糖(公斤)	Sugar(kg)	1.05	0.91
酒 (公斤)	Liquor(kg)	13.86	12.19

10–21 农民家庭平均每人主要消费品消费量
Per Capita Consumption of Major Consumer Goods in Households of Peasants

项 目	Item	2010	2011
粮 食(公斤)	Grain(kg)	187.64	171.34
蔬 菜(公斤)	Fresh Vegetables(kg)	69.28	63.31
食 油(公斤)	Edible Oil(kg)	3.89	4.63
猪牛羊肉(公斤)	Pork, Beef and Mutton(kg)	23.67	24.76
家 禽(公斤)	Poultry(kg)	2.80	3.65
蛋及制品(公斤)	Eggs and Related Products(kg)	4.96	5.36
鱼 虾(公斤)	Fish and Shrimp(kg)	2.13	2.32
食 糖(公斤)	Sugar(kg)	1.04	0.92
酒(公斤)	Liquor(kg)	14.40	12.66

10-22 牧民家庭平均每人主要消费品消费量

Per Capita Consumption of Major Consumer Goods in Households of Herdsmen

项 目	Item	2010	2011
粮 食(公斤)	Grain(kg)	154.90	122.91
蔬 菜(公斤)	Fresh Vegetables(kg)	57.57	61.11
食 油(公斤)	Edible Oil(kg)	3.08	3.59
猪牛羊肉(公斤)	Pork, Beef and Mutton(kg)	38.44	36.39
家 禽(公斤)	Poultry(kg)	1.55	2.05
蛋及制品(公斤)	Eggs and Related Products(kg)	2.47	3.48
鱼 虾(公斤)	Fish and Shrimp(kg)	0.70	0.67
食 糖(公斤)	Sugar(kg)	1.16	0.87
酒(公斤)	Liquor(kg)	9.83	8.83

10-23 农村牧区居民家庭平均每百户耐用消费品年末拥有量

Number of Durable Consumer Goods Owned Per 100 Rural Households at Year-end

品 名	Item	2010	2011
电话机(部)	Telephone(unit)	162.23	215.58
洗衣机(台)	Washing Machine(unit)	58.93	77.52
家用电冰箱(台)	Refrigerator(unit)	42.82	81.65
摩托车(辆)	Motorcycle(unit)	68.16	75.19
黑白电视机(台)	Black and White TV Set(unit)	4.22	0.97
彩色电视机(台)	Color TV Set(unit)	98.74	106.84
影碟机(台)	Video Disc Player(unit)	22.72	24.32
照相机(架)	Camera(unit)	2.86	2.72

10-24 农民家庭平均每百户耐用消费品年末拥有量

Number of Durable Consumer Goods Owned Per 100 Households of Peasants at Year-end

品 名	Item	2010	2011
自行车(辆)	Bicycle(unit)	67.83	49.62
电话机(部)	Telephone(unit)	155.33	205.55
洗衣机(台)	Washing Machine(unit)	59.57	77.64
家用电冰箱(台)	Refrigerator(unit)	41.85	80.33
摩托车(辆)	Motorcycle(unit)	61.20	68.13
黑白电视机(台)	Black and White TV Set(unit)	3.59	0.71
彩色电视机(台)	Color TV Set(unit)	98.48	104.56
影碟机(台)	Video Disc Player(unit)	19.67	20.27
照相机(架)	Camera(unit)	1.52	1.37

10-25 牧民家庭平均每百户耐用消费品年末拥有量

Number of Durable Consumer Goods Owned Per 100 Households of Herdsmen at Year-end

品 名	Item	2010	2011
自行车(辆)	Bicycle(unit)	11	14
电话机(部)	Telephone(unit)	220	292
洗衣机(台)	Washing Machine(unit)	54	77
家用电冰箱(台)	Refrigerator(unit)	51	92
摩托车(辆)	Motorcycle(unit)	126	129
电视机(台)	TV Set(unit)	110	127
#彩色电视机(台)	Color TV Set(unit)	101	124
影碟机(台)	Video Disc Player(unit)	48	55
照相机(架)	Camera(unit)	14	13

10-26 农牧民家庭房屋使用情况
Housing Conditions of Rural Households

项 目	Item	2010	2011
牧民家庭	**Households of Herdsmen**		
本年新建购房屋面积(平方米/户)	**Rooms Newly Built Within the Year Per Household Floor Space of Houses(sq.m/househole)**	**0.36**	**1.29**
#砖木结构	Brick and Wood Structure	0.36	0.71
每平方米价值(元)	Value per Square Meter(yuan)	750.00	676.84
年末使用房屋	**Rooms Used at the End of Year**		
居住面积(平方米/人)	Per Capita Floor Space(sq.m/person)	24.52	30.42
#砖木结构	Brick and Wood Structure	15.13	20.80
钢筋混凝土结构	Reinforced Concrete Structures	1.49	3.47
房屋价值(元/平方米)	Value per Room(yuan/sq.m)	280.04	668.66
农民家庭	**Households of Peasants**		
本年新建房屋面积(平方米/户)	**Rooms Newly Built Within the Year Per Capita Floor Space of Houses(sq.m/person)**	**0.79**	**1.02**
#砖木结构	Brick and Wood Structure	0.75	0.90
钢筋混凝土结构	Reinforced Concrete Structure	0.03	0.07
每平方米价值(元)	Value per Square Meter(yuan)	676.80	943.21
年末使用房屋	**Rooms Used at the End of Year**		
居住面积(平方米/人)	Per Capita Floor Space(sq.m/person)	21.72	23.38
#砖木结构	Brick and Wood Structure	14.08	16.15
钢筋混凝土结构	Reinforced Concrete Structures	0.52	0.91
房屋价值(元/平方米)	Value per Room(yuan/sq.m)	228.01	445.31

注：本表为农村抽样调查资料。
a)Data in this table are obtained from the sample surveys on rural households.

主要统计指标解释

城镇居民家庭全部收入 指被调查城镇居民家庭全部的实际收入,包括经常或固定得到的收入和一次性收入。不包括周转性收入,如提取银行存款、向亲友借款、收回借出款以及其他各种暂收款。

城镇居民家庭可支配收入 指被调查的城镇居民家庭在支付个人所得税、财产税及其他经常性转移支出后所余下的实际收入。

城镇居民家庭消费性支出 指被调查的城镇居民家庭用于日常生活的全部支出，包括购买商品支出和文化生活、服务等非商品性支出。不包括罚没、丢失款和缴纳的各种税款(如个人所得税、牌照税、房产税等),也不包括个体劳动者生产经营过程中发生的各项费用。

城镇居民家庭购买商品支出 指被调查的城镇居民家庭为自用或赠送亲友而购买商品的全部支出，包括从商店、工厂、饮食业、工作单位食堂、集市以及直接从农民手中购买各种商品的开支。商品支出分为以下八类:食品;衣着;家庭设备用品及服务;医疗保健;交通与通信;娱乐、教育、文化服务;居住;杂项商品和服务。

农村牧区居民家庭纯收入 指农村牧区常住居民家庭总收入中,扣除从事生产和非生产经营费用支出、缴纳税款和上交承包集体任务金额以后剩余的,可直接用于进行生产性、非生产性建设投资、生活消费和积蓄的那一部分收入。农村牧区居民家庭纯收入包括从事生产性和非生产性的经营收入,取自在外人口寄回带回和国家财政救济、各种补贴等非经营性收入;既包括货币收入,又包括自产自用的实物收入。但不包括向银行、信用社和向亲友借款等属于借贷性的收入。

农村牧区居民家庭生活消费支出 指农村牧区常住居民家庭用于日常生活的全部开支，是反映和研究农牧民家庭实际生活消费水平高低的重要指标。

城镇居民储蓄存款余额 指某一时点城乡居民存入银行及农村信用社的储蓄金额，包括城镇居民储蓄存款和农牧民个人储蓄存款,不包括居民的手存现金和工矿企业、部队、机关、团体等单位存款。

Explanatory Notes on Main Statistical Indicators

Total Income of Urban Households refers to the total actual income of the sample households, including regular or fixed income and occasional income. The income of a circulating nature such as withdrawal from bank deposits, loans borrowed from relatives or friends, repayment of loans received and various temporary collection of money are excluded.

Disposable Income of Urban Households refers to the income of the sample households which can be used for daily expenses, i. e. . total income minus income tax, property tax and other current transfers.

Expenditure for Consumption of Urban Households refers to total expenditure of the sample households for consumption in daily life, including expenditure for various commodities and expenses for non commodity items such as culture and service, etc. , but excluding fines and confiscation, loss, tax payments(such as income tax, license tax, real estates tax, etc.) And various expenses by individual laborers for business purposes.

Expenditure for Purchases of Commodities of Urban Households refers to total expenses of the sample households for the purchases of commodities, for their own use or as gifts to relatives and friends, from shops, factories, catering trade, canteens, markets and from the peasants. Such expenditure is classified into eight categories: food, clothing, household appliances and services, health care and medical services, transport and communications, recreation, education and cultural services, housing, miscellaneous goods and services.

Net Income of Rural Households refers to the total income of the permanent residents of the rural households during a year after the deduction of the expenses for productive and non-productive business operation, the payment for taxes and the payment for collective units for their contracted tasks, which can then be spent for investments in productive and non-productive construction, for consumption in daily life and for savings deposit. It is a comprehensive indicator to show the actual level of the income of the peasants' household. The net income of the rural households includes not only the income from the productive and non-productive business operation, but also the income from the non business operation, such as the money remitted or brought back by the members of the household who are in other places, the government relief payment and various subsidies. It includes not only the money income, but also the income in kind. But the income from borrowing from banks, friends and relatives is excludes.

Expenditure of Rural Households for Consumption refers to total expenses of rural households on daily life, including expenses on food, clothing, housing, fuel, articles for daily use, and expenses on cultural life and services. This indicator is used to show the actual consumption level of peasants.

The Savings Deposits of Urban and Rural Residents refers to the total value of Savings deposits of urban and rural households in banks and rural credit cooperatives at a given point of time, including the savings deposit of urban residents and the savings deposit of rural residents. The cash in hand by residents and the deposits of organizations such as enterprises, military units, government agencies, institutions, etc. are not included.

2012 NEI MENG GU

十一、城市概况

General Survey of Cities

资料整理：杨力英

Arranged By Yang Liying

11-1 城市社会经济指标(2011 年)

Main Social and Economic Indicators of Cities(2011)

指标	Item	2011
年末人口数(万人)	**Population (year-end) (10 000 persons)**	**889.46**
#非农业人口	Non-agricultural Population	627.05
全社会从业者人数(万人)	**Number of Employed Persons(10 000 persons)**	**544.24**
#单位职工人数	Staff and Workers	137.61
按产业分的从业人员	Grouped by Industry	544.52
第一产业	Primary Industry	119.42
第二产业	Secondary Industry	148.60
第三产业	Tertiary Industry	276.50
土地面积(万平方公里)	**Total Area (10 000 sq.km)**	**14.94**
生产总值(亿元)	**Gross Domestic Product (100 million yuan)**	**8129.50**
第一产业	Primary Industry	326.51
第二产业	Secondary Indutry	3947.90
#工业	Industry	3450.40
第三产业	Tertiary Industry	3855.09
生产总值指数(上年=100)	Indices of Gross Domestic Product (Preceding year=100)	114.8
农林牧渔业总产值(当年价格,亿元)	**Gross Agricultural Output Value (at current prices) (100 million yuan)**	**539.60**
年末实有耕地面积(万公顷)	**Area of Cultivated land year-end (10 000 hectares)**	**123.69**
主要农产品产量	**Output of Major Agricultural Products**	
粮食产量(万吨)	Gain (10 000 tons)	488.82
猪牛羊肉产量(万吨)	Pork, Beef and Mutton (10 000 tons)	46.70
水 果(万吨)	Fruits (10 000 tons)	10.20
水产品(万吨)	Aquatic Products (10 000 tons)	1.56
规模以上工业	**Industry of All State-owned & Non-state-owned Industrial Enterprises above Designated Size**	
工业总产值(当年价格,亿元)	Gross Output Value (100 million yuan)	12038.19
主营业务收入(亿元)	Revenues of Main Business (100 millon yuan)	8225.15
工业利润总额(亿元)	Total Profits(100 million yuan)	805.36
运输邮电	**Transportation, Postal and Telecom**	
客运量(发送)(亿人)	Passenger Traffic (100 million persons)	0.84
货运量(发送)(亿吨)	Freight Traffic (100 million tons)	5.92

注：本表数据不包括市辖县统计数。

a)Data in this table don't include the data of county directly under the city.

11-1 续表 continued

指 标	Item	2011
邮电业务总量(2010年不变价.亿元)	Revenud of Postal and Telecommunications Services (at 2010 constant prices) (100 million yuan)	105.08
本地网电话机部数(万部)	Number of Telephons Sets(10 000 sets)	208.67
固定资产投资额(亿元)	**Total Investment in Fixed Assets (100 million yuan)**	**5193.59**
社会消费品零售总额(亿元)	**Total Retail Sales of Consumer Goods (100 million yuan)**	**2841.39**
实际利用外资金额(亿美元)	**Amount of Foreign Capital Actually Utilized (USD 100 million)**	**19.70**
在校学生数(万人)	**Student Enrollment (10 000 persons)**	
普通高等学校	Number of Regular Institutes of Higher Education	36.25
中等专业学校	Number of Specialized Secondary Schools	16.25
普通中学	Number of Regular Secondary Schools	62.89
小 学	Number of Primary Schools	61.51
成人高等学校	Noumber of Schools Higher Education for Aduals	8.07
医院、卫生院数(个)	**Number of Hospitals (units)**	**674**
医院、卫生院床位数(万张)	**Number of Beds in Hospitals (10 000 units)**	**5.56**
卫生技术人员数(万人)	**Number of Medical Technical Personnel in Hospitals (10 000 persons)**	**6.67**
专业技术人员数(万人)	**Number of Technical Personnel (10 000 persons)**	**35.86**
在岗职工工资总额(亿元)	**Total Wages of Fully Emploged Staff and Workers (100 million yuan)**	**583.92**
个人储蓄存款余额(亿元)	**The Balance of Savings Deposits of Individuals (100 million yuan)**	**3757.39**
地方财政一般预算收入(亿元)	**Budgetary Reuenue of Local Governments (100 million yuan)**	**528.95**

11–2 城市主要经济指标(2011 年)
Main Economic Indicators of Cities(2011)

城市名称	City	土地面积(万平方公里) Total Area (10 000 Sq.km)	年末总人口(万人) Population (year-end) (10 000 persons)	年末非农业人口(万人) Nonagricultural Population (year-end) (10 000 persons)	生产总值(不包括市辖县)(亿元) Gross Domestic Product (100 million yuan)
合 计	**Total**	**68.44**	**2245.16**	**964.94**	**8128.52**
呼和浩特市	Hohhot City	1.72	232.30	111.83	1537.32
包头市	Baotou City	2.78	221.75	137.40	2451.89
呼伦贝尔市	Hulunbeier City	25.34	270.44	179.00	198.55
通辽市	Tongliao City	5.95	320.06	121.62	586.67
赤峰市	Chifeng City	9.00	459.94	110.94	576.09
乌兰察布市	Wulanchabu City	5.45	288.77	75.73	128.67
鄂尔多斯市	Erdos City	8.69	154.18	48.87	763.26
巴彦淖尔市	Bayannaoer City	6.44	186.80	81.94	205.04
乌海市	Wuhai City	0.18	54.14	51.03	483.24
满洲里市	Manzhouli City	0.07	16.96	16.96	154.08
扎兰屯市	Zhalantun City	1.68	42.82	16.69	126.54
牙克石市	Yakeshi City	2.76	36.64	35.37	153.85
根河市	Genhe City	1.97	15.73	15.72	31.27
额尔古纳市	Eerguna City	2.90	8.37	7.71	32.00
乌兰浩特市	Wulanhaote City	0.27	31.95	24.18	110.38
阿尔山市	Aershan City	0.74	4.84	4.84	10.60
霍林郭勒市	Huolinguole City	0.06	8.25	7.14	239.06
二连浩特市	Erlianhaote City	0.40	2.63	2.48	57.08
锡林浩特市	Xilinhaote City	1.48	17.37	15.08	171.48
丰镇市	Fengzhen City	0.27	34.06	10.19	111.45

11-2 续表 1 continued

城市名称	City	农业总产值(亿元) Gross Agricultural Output Value (100 million yuan)	不包括市辖县 Counties Excluded	工业总产值(亿元) Gross Industrial Output Value (100 million yuan)	不包括市辖县 Counties Excluded	客运总量(万人) Total Passenger Traffic (10 000 persons)	货运总量(万吨) Total Freight Traffic (10 000 tons)	固定资产投资(亿元) Investment in Fixed Assets (10000 million yuan)	不包括市辖县 Counties Excluded
合 计	**Total**	**1990.83**	**539.60**	**16003.42**	**12038.19**	**23207**	**145081**	**9947.78**	**5193.59**
呼和浩特市	Hohhot City	195.08	44.50	1365.91	693.59	1766	9989	1031.97	789.15
包头市	Baotou City	143.01	42.19	2999.01	2393.09	2188	32391	2160.60	1574.18
呼伦贝尔市	Hulunbeier City	350.35	11.58	1035.56	235.41	2680	5674	773.94	155.43
通辽市	Tongliao City	349.72	70.60	2416.19	1212.47	3471	5772	1014.23	450.62
赤峰市	Chifeng City	350.16	84.50	1577.33	769.75	5427	10950	1093.16	402.14
乌兰察布市	Wulanchabu City	192.13	5.65	786.83	97.79	1569	5453	459.67	96.61
鄂尔多斯市	Erdos City	140.95	2.39	3743.73	491.71	2493	52685	2238.41	560.23
巴彦淖尔市	Bayannaoer City	226.97	61.47	1017.00	273.56	2233	3431	633.58	152.09
乌海市	Wuhai City	7.38	7.38	739.90	739.90	591	10444	286.90	286.90
满洲里市	Manzhouli City	5.09	5.09	91.85	91.85	192	3902	100.02	100.02
扎兰屯市	Zhalantun City	56.86	56.86	145.23	145.23	1032	1204	101.01	101.01
牙克石市	Yakeshi City	51.79	51.79	168.05	168.05	551	4294	100.00	100.00
根河市	Genhe City	14.65	14.65	13.67	13.67	59	169	12.00	12.00
额尔古纳市	Eerguna City	18.90	18.90	15.42	15.42	34	47	16.46	16.46
乌兰浩特市	Wulanhaote City	15.43	15.43	105.38	105.38	314	1021	84.80	84.80
阿尔山市	Aershan City	3.93	3.93	0.31	0.31	20	50	28.75	28.75
霍林郭勒市	Huolinguole City	5.04	5.04	4211.39	4211.39	98	5867	111.11	111.11
二连浩特市	Erlianhaote City	0.79	0.79	32.34	32.34	66	202	31.75	31.75
锡林浩特市	Xilinhaote City	14.93	14.93	183.93	183.93	389	7020	110.01	110.01
丰镇市	Fengzhen City	21.93	21.93	163.35	163.35	217	568	30.32	30.32

注：工业总产值为规模以上工业企业。

a) The gross industrial output value is covered all state-owned and Non-state-owned industrial enterprises above designated size.

11-2 续表 2 continued

城市名称	City	地方财政一般预算收入(亿元) Budgetary Revenueof Local Governments (100 million yuan)	#不包括市辖县 Counties Excluded	个人储蓄存款余额(亿元)The Balance of Savings Deposits of Individuals (100 million yuan)	在岗职工人数(万人) Number of Fully-empolyec Staff and Workers (10 000 persons)	#不包括市辖县 Counties Excluded	在岗职工工资总额(亿元) Total Wages of Fully-empolyed Staff and Workers (100 million yuan)	#不包括市辖县 Counties Excluded
合 计	**Total**	**985.71**	**528.95**	**5165.88**	**228.26**	**137.61**	**937.17**	**583.92**
呼和浩特市	Hohhot City	151.43	106.99	1053.68	32.00	23.00	136.95	104.58
包头市	Baotou City	161.86	129.37	848.88	35.52	31.60	182.35	152.98
呼伦贝尔市	Hulunbeier City	64.91	6.63	504.32	35.40	4.56	112.39	21.00
通辽市	Tongliao City	73.25	19.84	312.27	24.54	11.35	84.85	31.30
赤峰市	Chifeng City	61.78	25.95	648.34	30.55	11.88	123.30	53.68
乌兰察布市	Wulanchabu City	23.47	6.19	320.68	14.24	5.75	50.58	19.42
鄂尔多斯市	Erdos City	346.18	100.84	779.04	20.09	5.86	116.05	36.21
巴彦淖尔市	Bayannaoer City	42.72	12.02	285.72	15.62	7.17	57.97	27.45
乌海市	Wuhai City	40.50	40.50	216.50	9.76	9.76	47.76	47.76
满洲里市	Manzhouli City	10.18	10.18	89.21	3.15	3.15	14.78	14.78
扎兰屯市	Zhalantun City	2.85	2.85	46.82	2.48	2.48	8.38	8.38
牙克石市	Yakeshi City	6.18	6.18	81.35	2.85	2.85	11.65	11.65
根河市	Genhe City	0.79	0.79	32.71	2.85	2.85	9.36	9.36
额尔古纳市	Eerguna City	1.26	1.26	17.59	1.72	1.72	5.61	5.61
乌兰浩特市	Wulanhaote City	2.88	2.88	81.93	3.91	3.91	17.54	17.54
阿尔山市	Aershan City	0.48	0.48	8.70	0.74	0.74	1.88	1.88
霍林郭勒市	Huolinguole City	36.64	36.64	30.70	1.75	1.75	8.90	8.90
二连浩特市	Erlianhaote City	2.83	2.83	25.81	0.64	0.64	3.24	3.24
锡林浩特市	Xilinhaote City	13.43	13.43	80.00	5.25	5.25	2.31	2.31
丰镇市	Fengzhen City	3.10	3.10	36.13	1.34	1.34	5.89	5.89

11–3 城市公用事业基本情况

Basic Statistics on Urban Public Utilities

项目	Item	2010	2011
城市建设	**Cities Areas and Floor Space of Buildings**		
城区面积(平方公里)	Urban Area (sq.km)	8537.05	10996.70
建成区面积(平方公里)	Area of Built Districts(sq.km)	1038.32	1077.04
城市建设用地面积(平方公里)	Area of Land Used for Urban Construction(sq.km)	1123.44	1179.53
城市人口密度(人	Population Density of Urban Districts(person/sq.km)	981.00	764.00
供水、供气及供热	**Water Supply, Gas Supply and Heating**		
自来水年供水量(万吨)	Annual Supply of Tap Water(10 000 tons)	62756.99	62761.79
#生活用水量	Water Consumption for Residentialuse	23798.86	26490.29
平均每人日生活用水(升)	Per Capita Water Consumption for Residential use(liter)	88.49	94.48
用水普及率(%)	Percentage of Population with Access to Tap Water(%)	87.97	91.39
煤气供气量(万立方米)	Coal Gas Supply(10 000 cu.m)	3068.69	2805.69
#家庭用量	Consumption of Coal Gas for Residential Use	3066.00	2803.00
天然气供气量(万立方米)	Natural Gas Supply(10 000 cu.m)	69531.26	127724.05
#家庭用量	Consumption of Natural Gas for Residedtial Use	10597.60	11346.54
液化石油气供气量(吨)	Liquefied Petroleum Gas(ton)	74250.76	113189.86
#家庭用量(吨)	Consumption of Liquefied Gas for Residential use(ton)	63182.50	92512.00
煤气管道长度(公里)	Length of Gas Pipelines(km)	325	507
燃气普及率(%)	Percentage of Population with Access to Gas(%)	79.26	82.23
集中供热面积(万平方米)	Heated Area(10 000 sq.m)	25340.30	29737.00
市政工程	**Municipal Engineering**		
铺装道路长度(公里)	Length of Paved Roads(km)	6446.60	6782.37
平均每万人拥有道路长度(公里)	Length of Paved Roads per 10000 Population(km)	7.24	8.07
铺装道路面积(万平方米)	Area of Paved Roads(10 000 sq.m)	12475.80	13256.94
人均城市道路面积(平方米)	Area of Paved Roads per Population(sq.m)	14.89	15.77
下水道长度(公里)	Length of Sewer Pipelines(km)	8514	9314
建成区排水管道密度(公里/平方公里)	Desity of City Sewage Pipes(km/sq.km)	8.20	8.65
公共交通	**Public Traffic**		
公共汽车总数(辆)	Number of Public Transportation Vehicles(unit)	5771	5612
平均每万人拥有(辆)	Number of Public Transportation Vehicles Per 10 000 Population(unit)	6.48	6.68
出租汽车(辆)	Taxi(unit)	37459	38788
城市绿化	**Afforestation in Cities**		
园林绿地面积(公顷)	Area of Green Land(hectare)	38143	41059
人均公园绿地面积(平方米)	Per Capita Area of Parks and Green Land(sq.m)	12.36	14.47
公园动物园个数(个)	Number of Parks and Zoos(unit)	157	193
公园动物园面积(公顷)	Area of Parks and Zoos(hectare)	7715	9617
环境卫生	**Environmental Sanitation**		
清运垃圾(万吨)	Volume of Garbage Disposal(10 000 tons)	333.96	339.95
清运粪便(万吨)	Disposal of Excrement and Urine(10 000 tons)	129.15	147.10
每万人有公厕(座)	Public Lavatories per 10 000 Population(unit)	4.45	5.11

注：人均和普及率指标均按城区人口与城区暂住人口之和计算，以公安部门的户籍统计和暂住人口统计为准。

a)Per capita data and coverage rate are calculated on the basis of the sum of districts area population and temporarily residing population,which are provided by the Ministry of Public Security.

11-4 城市建设情况(2011 年)
Statistics on City Construction (2011)

地 区	Region	建成区面积(平方公里) Developed Areas (sq.km)	征用土地面积(平方公里) Land Put in Requisition for State Construction Projects (sq.km)	市区人口密度(人/平方公里) Population Density of Urban Districts (person/sq.km)	城区面积(平方公里) Urban Area (sq.km)	城市建设用地面积(平方公里) Area of Land Used for Urban Construction(sq.km)
合 计	**Total**	**1077.04**	**27.92**	**764**	**10996.70**	**1179.53**
呼和浩特市	Hohhot City	173.59		6084	265.05	180.30
包头市	Baotou City	185.00		1977	885.00	185.00
呼伦贝尔市	Hulunbeier City	42.46	0.97	1383	209.41	75.32
通辽市	Tongliao City	75.63		6635	75.63	75.63
赤峰市	Chifeng City	82.00	4.77	1526	560.00	92.75
乌兰察布市	Wulanchabu City	51.98		6518	51.98	38.61
鄂尔多斯市	Erdos City	112.58		3843	195.58	149.62
巴彦淖尔市	Bayannaoer City	38.00		517	698.00	54.00
乌海市	Wuhai City	62.92	1.92	309	1754.00	56.93
满洲里市	Manzhouli City	27.06		290	732.44	27.00
扎兰屯市	Zhalantun City	19.20	1.02	342	385.00	18.25
牙克石市	Yakeshi City	19.00		3418	39.00	18.78
根河市	Genhe City	17.50		213	350.00	12.42
额尔古纳市	Eerguna City	10.38		12	3304.00	10.33
乌兰浩特市	Wulanhaote City	35.80	10.00	979	262.00	56.35
阿尔山市	Aershan City	10.44		352	170.31	8.50
霍林郭勒市	Huolinguole City	24.00		203	585.00	18.25
二连浩特市	Erlianhaote City	27.00	0.10	1757	40.30	40.29
锡林浩特市	Xilinhaote City	37.50		421	409.00	37.50
丰镇市	Fengzhen City	25.00	9.14	5448	25.00	23.70

11-5 城市自来水(2011 年)

Basic Statistics on Tap Water Supply in Cities(2011)

地 区	Region	年末自来水生产能力(万吨/日) Production Capacity of Tap Water (year-end) (10 000 tons/day)	年末供水管道长度(公里) Length of Water Supply Pipelines (year-end) (km)	全年供水总量(万吨) Total Annual Volume of Water Supply (10 000 tons)	# 生活用水 For Residential Use	# 生产用水 For Productive Use	用水人口(万人) Number of Residents with Access to Tap Water (10 000 persons)	人均日生活用水量(升) Per Capita Daily Consumption of Tap Water for Residedtial Use(litre)
合 计	**Total**	**357.38**	**9073**	**62762**	**26490**	**26103**	**768.18**	**94.48**
呼和浩特市	Hohhot City	55.32	718	13986	5366	4040	161.10	91.26
包头市	Baotou City	53.15	1562	13355	5345	6464	161.10	90.89
呼伦贝尔市	Hulunbeier City	14.00	237	2522	1137	1096	22.80	136.63
通辽市	Tongliao City	45.80	540	4769	1801	2506	46.20	106.81
赤峰市	Chifeng City	39.71	1035	10856	2785	6654	77.49	98.46
乌兰察布市	Wulanchabu City	9.00	300	1255	798	290	30.00	72.88
鄂尔多斯市	Erdos City	17.00	752	2878	2080	489	74.65	76.32
巴彦淖尔市	Bayannaoer City	6.90	235	1824	1510	103	30.00	137.90
乌海市	Wuhai City	48.40	1860	2713	1095	1368	52.90	56.71
满洲里市	Manzhouli City	7.30	400	1146	930	103	20.96	121.56
扎兰屯市	Zhalantun City	5.30	74	1447	269	1148	11.90	61.84
牙克石市	Yakeshi City	6.60	55	1150	302	818	6.28	131.75
根河市	Genhe City	7.10	25	204	176	13	5.70	84.83
额尔古纳市	Eerguna City	1.00	53	84	63	11	2.12	81.42
乌兰浩特市	Wulanhaote City	14.60	117	1704	1044	267	23.27	122.92
阿尔山市	Aershan City	3.60	28	60	30	18	1.30	63.22
霍林郭勒市	Huolinguole City	5.10	303	974	784	128	11.40	188.42
二连浩特市	Erlianhaote City	4.00	92	373	146	82	7.08	56.55
锡林浩特市	Xilinhaote City	7.10	544	1179	647	446	13.63	130.05
丰镇市	Fengzhen City	6.40	144	284	183	59	8.30	60.41

11-6 城市煤气、液化石油气、天然气(2011年)

Basic Statistics on Supply of Gas, Liquefied Petroleum Gas and Natural Gas in Cities(2011)

地 区	Region	人工煤气生产能力(万立方米/日) Production Capacity of Coal Gas(10 000 cu.m/day)	管道长度(公里) Length of Gas Pipelines(km)		全年供气总量 Total Gas Supply			用气人口(万人) Population with Access to Gas(10 000 persons)		
			人工煤气 Coal Gas	天然气 Natural Gas	人工煤气(万立方米) Coal Gas (10 000 cu.m)	液化石油气(吨) Liquefied Petroleum Gas(ton)	天然气(万立方米) Natural Gas (10 000 cu.m)	人工煤气 Coal Gas	液化石油气 Liquefied Petroleum Gas	天然气 Natural Gas
合 计	**Total**	**164.00**	**507**	**3800**	**2806**	**113190**	**127724**	**49.00**	**355.11**	**287.13**
呼和浩特市	Hohhot City			1766		26996	38199		28.55	121.26
包头市	Baotou City	164.00	507	607	2806	11310	75546	49.00	54.00	63.00
呼伦贝尔市	Hulunbeier City					5324			20.00	
通辽市	Tongliao City			122		9000	1448		28.00	18.09
赤峰市	Chifeng City			124		16325	182		75.34	7.00
乌兰察布市	Wulanchabu City			170		3240	261		16.30	1.00
鄂尔多斯市	Erdos City			718		4000	6764		24.00	31.80
巴彦淖尔市	Bayannaoer City			16		15010	2266		25.30	4.58
乌海市	Wuhai City			205		1508	2810		7.90	33.10
满洲里市	Manzhouli City					5886			18.88	
扎兰屯市	Zhalantun City					2948			10.59	
牙克石市	Yakeshi City					1710			8.62	
根河市	Genhe City					689			3.70	
额尔古纳市	Eerguna City					454			3.50	
乌兰浩特市	Wulanhaote City			5		2986	120		13.42	5.60
阿尔山市	Aershan City									
霍林郭勒市	Huolinguole City					2840			7.50	
二连浩特市	Erlianhaote City			5		754	115		2.20	
锡林浩特市	Xilinhaote City			60		1410	15		4.50	1.70
丰镇市	Fengzhen City					800			2.81	

11-7 城市集中供热(2011 年)
Basic Statistics on Heating in Cities(2011)

地 区	Region	供应能力 Heating Capacity		供热总量 Volume Supplied		管道长度(公里) Length of Pipelines(km)		供热面积 (万平方米) Heated Area (10 000 sq.m)
		蒸汽 (吨/小时) Steam (ton/hour)	热水 (兆瓦) Hot Water (mw)	蒸汽 (万吉焦) Steam (10 000 gigajouies)	热水 (万吉焦) Hot Water (10 000 gigajoules)	蒸汽 Steam	热水 Hot Water	
合 计	**Total**	**1182**	**28560**	**870**	**16526**	**418**	**5947**	**29737.0**
呼和浩特市	Hohhot City		7395		2613		768	7489.0
包头市	Baotou City		6547		4092		864	5860.0
呼伦贝尔市	Hulunbeier City		1202		701		168	1027.2
通辽市	Tongliao City		1076		825		500	1643.0
赤峰市	Chifeng City	460	3167	269	2075	14	695	3350.9
乌兰察布市	Wulanchabu City		600		406		240	703.0
鄂尔多斯市	Erdos City	720	1862	596	1791	398	323	3463.3
巴彦淖尔市	Bayannaoer City		1690		625		443	600.0
乌海市	Wuhai City		679		507		404	1275.0
满洲里市	Manzhouli City		787		553		332	848.3
扎兰屯市	Zhalantun City		312		170		32	253.0
牙克石市	Yakeshi City		202		288		179	428.0
根河市	Genhe City		130		80		26	117.0
额尔古纳市	Eerguna City		105		57		26	83.9
乌兰浩特市	Wulanhaote City		965		528		386	772.0
阿尔山市	Aershan City		30		15		37	24.0
霍林郭勒市	Huolinguole City		126		200		87	300.0
二连浩特市	Erlianhaote City		352		212		192	308.0
锡林浩特市	Xilinhaote City		1173		650		209	950.0
丰镇市	Fengzhen City	2	160	5	138	6	36	241.4

11–8 城市市政工程(2011 年)
Basic Statistics on Municipal Engineering in Cities(2011)

地 区	Region	年末实有铺装道路长度(公里) Length of Paved Roads (year-end) (km)	年末实有铺装道路面积(万平方米) Area of Paved Roads (year-end) (10 000 sq.m)	城市桥梁(座) Number of Bridges (unit)	城市排水管道长度(公里) Length of Sewer Pipelines (km)	城市污水日处理能力(万吨) Daily Disposal Capacity of Sewage (10 000 tons)	城市路灯(千盏) Number of Street Lights (1000 unit)
合 计	**Total**	**6782**	**13257**	**344**	**9314**	**158.4**	**608.9**
呼和浩特市	Hohhot City	725	1651	66	1080	26.0	152.2
包头市	Baotou City	1313	2332	38	1913	28.7	67.9
呼伦贝尔市	Hulunbeier City	222	407	9	318	10.0	17.1
通辽市	Tongliao City	405	906	13	586	17.5	86.7
赤峰市	Chifeng City	416	830	33	511	21.0	26.2
乌兰察布市	Wulanchabu City	263	535	18	268	7.8	36.8
鄂尔多斯市	Erdos City	952	2500	17	2049	9.0	69.0
巴彦淖尔市	Bayannaoer City	400	780	9	617	6.0	39.6
乌海市	Wuhai City	486	766	51	279	6.5	31.4
满洲里市	Manzhouli City	429	730	8	261	2.0	6.8
扎兰屯市	Zhalantun City	101	128	28	108	4.0	15.8
牙克石市	Yakeshi City	72	105	3	86	3.4	5.3
根河市	Genhe City	43	67	4	14		1.1
额尔古纳市	Eerguna City	77	76	3	43	1.0	1.8
乌兰浩特市	Wulanhaote City	179	298	4	294	4.0	14.9
阿尔山市	Aershan City	65	61	7	30		1.8
霍林郭勒市	Huolinguole City	109	260	10	228	4.0	3.6
二连浩特市	Erlianhaote City	125	221	2	161	1.5	22.7
锡林浩特市	Xilinhaote City	231	456	4	339	4.0	6.2
丰镇市	Fengzhen City	169	147	17	129	2.0	2.1

11-9 城市公共汽车、出租汽车(2011年)
Basic Statistics on Buses and Taxis in Cities(2011)

地区	Region	年末实有公共汽车(辆) Public Transportation Vehicles(year-end) (unit)	运客总数 (万人次) Number of Passengers Carried (10 000 Person times)	出租汽车 (辆) Number of Taxis (unit)
合计	**Total**	**5612**	**79973**	**38788**
呼和浩特市	Hohhot City	1411	34142	5642
包头市	Baotou City	1002	8406	5884
呼伦贝尔市	Hulunbeier City	299	1800	2131
通辽市	Tongliao City	347	4878	2949
赤峰市	Chifeng City	446	16000	3765
乌兰察布市	Wulanchabu City	187	1148	3494
鄂尔多斯市	Erdos City	443	4104	2420
巴彦淖尔市	Bayannaoer City	111	1180	1237
乌海市	Wuhai City	431	4532	953
满洲里市	Manzhouli City	237	363	1073
扎兰屯市	Zhalantun City	64	306	1039
牙克石市	Yakeshi City	56	120	1789
根河市	Genhe City	32	341	309
额尔古纳市	Eerguna City			322
乌兰浩特市	Wulanhaote City	180	350	2251
阿尔山市	Aershan City	24	60	186
霍林郭勒市	Huolinguole City	183	400	444
二连浩特市	Erlianhaote City	24	180	492
锡林浩特市	Xilinhaote City	96	1172	1784
丰镇市	Fengzhen City	39	489	624

11-10 城市园林绿化(2011 年)

Basic Statistics on Parks, Gardens and Green Areas in Cities(2011)

地 区	Region	园林绿地面积(公顷) Area of Green Land(hectare)	公园绿地面积(公顷) Park Green Area(hectare)	公 园(个) Number of Parks (unit)	公园面积(公顷) Area of Parks (hectare)
合 计	**Total**	**41059**	**12161**	**193**	**9617**
呼和浩特市	Hohhot City	6129	2644	21	2385
包头市	Baotou City	7438	2159	21	1563
呼伦贝尔市	Hulunbeier City	1292	687	7	484
通辽市	Tongliao City	2270	757	7	629
赤峰市	Chifeng City	2649	771	30	418
乌兰察布市	Wulanchabu City	1813	1096	7	990
鄂尔多斯市	Erdos City	8305	1673	50	1394
巴彦淖尔市	Bayannaoer City	1167	248	9	155
乌海市	Wuhai City	2115	651	14	651
满洲里市	Manzhouli City	725	215	4	48
扎兰屯市	Zhalantun City	2350	159	1	68
牙克石市	Yakeshi City	568	68	1	66
根河市	Genhe City	396	48	1	27
额尔古纳市	Eerguna City	306	42	1	10
乌兰浩特市	Wulanhaote City	726	359	4	350
阿尔山市	Aershan City	126	20	1	19
霍林郭勒市	Huolinguole City	322	35	5	35
二连浩特市	Erlianhaote City	553	84	2	84
锡林浩特市	Xilinhaote City	1129	161	3	145
丰镇市	Fengzhen City	680	284	4	96

11-11 城市公共卫生(2011年)
Basic Statistics on Urban Sanitation in Cities(2011)

地 区	Region	清扫面积(万平方米) Area Under Cleaning Program (10 000 sq.m)	生活垃圾清运量(万吨) Volume of Garbage Disposal (10 000tons)	粪便清运量(万吨) Volume of Excrement and Urine Disposal (10 000 tons)	市容环卫专用车辆设备总数(台) Number of Special Vehicles for Environment (unit)	公共厕所(座) Number of Public Lavatories (unit)
合 计	**Total**	**12555**	**340.0**	**147.1**	**2001**	**4295**
呼和浩特市	Hohhot City	2064	58.8	35.5	301	475
包头市	Baotou City	2505	82.3	12.5	334	278
呼伦贝尔市	Hulunbeier City	399	12.0	2.5	83	173
通辽市	Tongliao City	671	20.7	8.8	70	206
赤峰市	Chifeng City	1072	37.2	6.4	158	201
乌兰察布市	Wulanchabu City	243	14.6	29.0	76	273
鄂尔多斯市	Erdos City	2257	20.6	10.3	218	311
巴彦淖尔市	Bayannaoer City	570	15.0	8.0	72	328
乌海市	Wuhai City	632	22.0	18.2	75	575
满洲里市	Manzhouli City	437	6.6		62	442
扎兰屯市	Zhalantun City	130	5.5	1.2	240	248
牙克石市	Yakeshi City	114	4.8	0.3	31	32
根河市	Genhe City	54	4.0	0.1	10	16
额尔古纳市	Eerguna City	70	1.6		45	9
乌兰浩特市	Wulanhaote City	279	9.7	2.0	37	165
阿尔山市	Aershan City	19	1.8	0.6	7	39
霍林郭勒市	Huolinguole City	238	3.8	6.5	31	52
二连浩特市	Erlianhaote City	214	6.5	0.9	32	49
锡林浩特市	Xilinhaote City	386	7.0	3.0	40	138
丰镇市	Fengzhen City	201	5.4	1.5	79	285

11-12 城市设施水平(2011 年)
Level of Public Facilities in Cities(2011)

地 区	Region	城市人口用水普及率(%) Percentage of Population with Access to Tap Water(%)	城市燃气普及率(%) Percentage of Population with Access to Gas(%)	每万人拥有公共汽车辆(标台) Number of Public Buses per 10 000 Persons (st.set)	人均城市道路面积(平方米) Per Capita Area of Paved Roads (sq.m)	人均公园绿地面积(平方米) Per Capita Area of Parks and Green Land (sq.m)	每万人拥有公共厕所(座) Number of Public Lavatories per 10 000 Population (unit)
全 区	**All Region**	**91.39**	**82.23**	**6.68**	**15.77**	**14.47**	**5.11**
呼和浩特市	Hohhot City	99.90	92.90	8.75	10.24	16.40	2.95
包头市	Baotou City	92.06	94.86	5.73	13.32	12.34	1.59
呼伦贝尔市	Hulunbeier City	78.70	69.04	10.32	14.06	23.71	5.97
通辽市	Tongliao City	92.07	91.85	6.92	18.06	15.09	4.11
赤峰市	Chifeng City	90.68	96.36	5.22	9.72	9.02	2.35
乌兰察布市	Wulanchabu City	88.55	51.06	5.52	15.79	32.35	8.06
鄂尔多斯市	Erdos City	99.31	74.23	5.89	33.26	22.26	4.14
巴彦淖尔市	Bayannaoer City	83.17	82.84	3.08	21.62	6.88	9.09
乌海市	Wuhai City	97.69	75.72	7.96	14.14	12.02	10.62
满洲里市	Manzhouli City	98.82	89.01	11.17	34.42	10.14	20.84
扎兰屯市	Zhalantun City	90.36	80.41	4.86	9.73	12.07	18.83
牙克石市	Yakeshi City	47.11	64.67	4.20	7.88	5.10	2.40
根河市	Genhe City	76.31	49.53	4.28	8.97	6.43	2.14
额尔古纳市	Eerguna City	55.50	91.62		19.90	10.99	2.36
乌兰浩特市	Wulanhaote City	90.72	74.15	7.02	11.63	14.00	6.43
阿尔山市	Aershan City	21.67		4.00	10.10	3.33	6.50
霍林郭勒市	Huolinguole City	95.80	63.03	15.38	21.85	2.94	4.37
二连浩特市	Erlianhaote City	100.00	31.07	3.39	31.26	11.86	6.92
锡林浩特市	Xilinhaote City	79.24	36.05	5.58	26.52	9.36	8.02
丰镇市	Fengzhen City	60.94	20.63	2.86	10.78	20.85	20.93

主要统计指标解释

年末自来水生产能力 指年底城建部门管理的自来水厂和自备水源的社会单位取水、净化、送水、出厂输水干管等环节的实际生产能力。

年末供水管道长度 指从送水泵到用户水表之间所有管道的长度。全年供水总量指公用自来水厂和自备水源的社会单位全年的供水总量,包括有效供水量及损失水量。

年末供水总量 指报告期供水企业(单位)供出的全部水量,包括有效供水量及损失水量。

生活用水量 指居民日常生活与公共福利设施的用水量,包括居民、饮食店、旅馆、医院、理发店、浴池、洗衣店、游泳池、商店、学校、机关、部队等单位的用水量。

城市人口用水普及率 指城市用水的非农业人口数(不包括临时人口和流动人口)与城市非农业人口总数之比。计算公式为:

用水普及率 = 城市用水的非农业人口数 / 城市非农业人口数 × 100%

人工煤气生产能力 指城市煤气厂制气、净化、输送等环节的综合实际生产能力。

输气管道长度 指由压缩机、鼓风机、储气罐的出口到用户煤气表之间的全部管道长度。

全年供气总量 指全年售给各类用户的全部煤气量,包括工业用量、家庭用量和其他用量。

城市用气普及率 指使用煤气(包括人工煤气、液化石油气、天然气)的城市非农业人口数(不包括临时人口和流动人口)与城市非农业人口总数之比。计算公式为:

城市煤气普及率 = 城市用气的非农业人口数 / 城市非农业人口总数 × 100%

城市供热能力 指热电厂、热力公司和达到标准的集中采暖锅炉房和城市输送的供热源的设计能力，即每小时向城市输送蒸汽、热水的能力。

城市供热总量 指热电厂、热力公司和达到标准的集中采暖锅炉房向城市输送的全部蒸汽、热水量。

城市供热管道长度 指热电厂、热力公司和达到标准的集中采暖锅炉房管理的集中供热热源到用户之间的全部供气、供热水的管道长度。

年底实有铺装道路长度 指除土路外,路面经过铺装宽度在 3.5 米以上的道路,包括高级、次高级道路和普通道路。

城市桥梁 指城市范围内,修建在河道上的桥梁和道路与道路立交、道路跨越铁路的立交桥及人行天桥。包括永久性桥和半永久性桥,不包括临时性桥、铁路桥、涵洞。

城市下水道总长度 指所有排水总管、干管、支管及暗渠、检查井、连接井进出水口等长度之和。

城市污水日处理能力 指污水处理厂每昼夜处理污水量的设计能力。

年末实有公共汽车 指年底可参加营运的全部车辆数,包括营运车辆数和库存查封未参加营运的车辆。不包括非营运车辆,如架线车、油罐车、工程车、货车及其他专用车辆和借入的客运车辆。

城市园林绿地面积 指城市公共绿地、专用绿地、生产绿地、防护绿地、郊区风景名胜区的全部面积。

公共绿地 指供游览休息的各种公园、动物园、植物园、陵园以及花园、游园和供游览休息用的林荫道绿地、广场绿地，不包括一般栽植的行道树及林荫道的面积。

Explanatory Notes on Main Statistical Indicators

Production Capacity of Tap Water at the Year–end refers to the actual comprehensive production capacity of the waterworks administered by the urban construction department and those owned by enterprises or institutions, taking the capacity of the main links, such as water inflow, purification, conveyance and outflow of the trunk pipelines into account.

Length of Water Supply Pipelines at the Year–end refers to the total length of all the pipelines between the water pumps and the users water meters.

Annual Volume of Water Supply refers to the total volume of water supplied by the public water works and those owned by individual enterprises and institutions during the whole year, including both the effective water supply and loss during the water supply.

Consumption of Water for Residential Use refers to the water consumption of households for daily life and the water consumption of public welfare facilities, including the consumption of restaurants, hotels, hospitals, barber shops, public bathhouses, laundries, swimming pools, shops, schools, institutions, army units and other units.

Percentage of Urban Population with Access to Tap Water refers to the ratio of the urban non–agricultural population (excluding temporary and mobile population) with access to tap water to the total urban non–agricultural population. The formula is:

Percentage of Population with Access to Tap Water = Urban Non–agricultural Population with Access to Tap Water ÷ Urban Non–agricultural Population × 100%

Production Capacity of Gasworks Gas refers to the actual comprehensive production capacity of the urban gasworks in gas generation, purification and delivery.

Length of Gas Pipelines refers to the total length of pipelines between the outlet of the compressor, blower or gas tank and the gas meters of users.

Volume of Gas Supply refers to the total volume of gas sold to users in a year, including the volume for industrial use, residential use and other uses.

Percentage of Urban Population with Access to the Gas refers to ratio of the urban non–agricultural population with access to gas(including gas, liquefied petroleum gas and natural gas) to the urban non agricultural population(excluding temporary and mobile population) . The formula is:

Percentage of Population with Access to Gas = Urban Non–agricultural Population with Access to Gas ÷

Urban Non–agricultural Population × 100%

Heating Capacity in Urban Area refers to the capacity of hourly supply of steam and hot water to cities by thermal power plants, heating corporations and centralized heating boiler rooms which meet certain standard.

Heating Volume in Urban Area refers to the total volume of steam and hot water supplied to cities every year by thermal power plants, heating corporations and centralized heating boiler rooms which meet certain standard.

Length of Heating Pipelines refers to the total length of pipelines for centralized supply of steam and hot water from the thermal power plants, heating corporations and centralized heating boiler rooms which meet certain standard to the users.

Length of Paved Roads at the Year–end refers to the length of roads with a paved surface, and with a width of more than 3.5 meters, including high quality, medium quality and ordinary roads.

Urban Bridges refer to bridges over river courses, great separated junctions and overpasses in urban areas. Permanent bridges and semi permanent bridges are included. Temporary bridges, railway bridges and culverts are excluded.

Length of Urban Sewage Pipes refers to the total length of general drainage, trunks. Branch and blind drainage, inspection wells, connection wells, inlets and outlets, etc.

Daily Disposal Capacity of Urban Sewage refers to the designed 24–hour capacity of sewage disposal at the sewage treatment works.

Number of Public Vehicles at the Year –end refers to the total number of operational buses available at the year–end, including the year–end operational vehicles and vehicles in stock. Non–operational vehicles such as–tringing cars, tank cars, machine shop cars, trucks and other special vehicles and the borrowed passenger vehicles are excluded.

Area of Urban Gardens and Green Areas refers to the total area of urban public green land, special green land, production green land, protection green land and suburban scenic spots.

Public Green Area refers to green areas of various parks, zoos, botanical gardens, cemeteries, amusement parks, tree flanked boulevards' Greenland squares for tourism and relaxing. Areas with trees planted along side the streets and boulevards are excluded.

2012 NEI MENG GU

十二、农业

Agriculture

资料整理：王海英　顾文军　赵　燕　范志生　陈　旭　徐蒙生
共　青　李丽萍　秦文忠　刘世友　罗　钢　马　鹏

Arranged By Wang Haiying , Gu Wenjun , Zhao Yan , Fan Zhisheng , Chen Xu , Xu Mengsheng , Gong Qing,Li Liping , Qin Wenzhong , Liu Shiyou , Luo Gang , Ma Peng

12-1 农村牧区基层组织和农牧业基本情况(2011 年)

Basic Conditions of Rural Grassroots Units, Farming &Animal Husbandry(2011)

指 标	Item	总 计 Total	农村 Farm Area	牧区 Pastoral Area
农村牧区基层组织情况	**Basic Conditions of Rural Grassroots Units**			
乡镇(苏木)(个)	Number of Township &Town Governments(unit)	669	464	205
#镇(个)	Number of Town Governments(unit)	477	376	101
村委会(嘎查)(个)	Number of Villages' Committees(unit)	11362	8941	2421
农村牧区社会基础设施	**Rural Fundamental Facilities of Society**			
自来水受益村(个)	Number of Villages Benefiting from Pipewater(unit)	6233	5564	669
通汽车村(个)	Number of Villages Automobiles Arriving at(unit)	10851	8658	2193
通电话村(个)	Number of Villages with Telecomm Services(unit)	10782	8630	2152
农村牧区人口与从业人口	**Rural Population &Employment**			
乡村户数(万户)	Number of Rural Households(10 000 households)	380.07	331.20	48.87
乡村人口(万人)	Rural Population(10 000 persons)	1327.74	1157.65	170.09
乡村劳动力资源(万人)	Resource of Rural Laborers(10 000 persons)	818.34	716.35	101.99
乡村从业人员(万人)	Number of Rural Employed Persons(10 000 persons)	732.24	642.31	89.92
男(万人)	Male(10 000 persons)	404.23	355.42	48.81
女(万人)	Female(10 000 persons)	328.01	286.90	41.11
按行业分乡村劳动力	**Rural Employed Persons by Sector**			
农林牧渔业从业人员(万人)	Number of Rural Employee of Farming, Foresting, Animal Husbandry & Fishery(10 000 persons)	542.33	468.46	73.87
#农业从业人员(万人)	Farming(10 000 persons)	451.66	417.59	34.06
牧业从业人员(万人)	Animal Husbandry(10 000 persons)	79.97	41.48	38.49
工业从业人员(万人)	Employed Persons of Industry(10 000 persons)	37.48	33.91	3.58
建筑业从业人员(万人)	Employed Persons of Construction(10 000 persons)	57.68	55.14	2.54
交通运输业、仓储及邮电通信从业人员(万人)	Employed Persons of Transport, Storage, Post &Telecommunication Services(10 000 persons)	17.73	16.75	0.98
批零贸易及餐饮从业人员(万人)	Employed Persons of Wholesale, Retail Trade & Catering Service(10 000 persons)	47.44	43.59	3.85
其他非农行业人员(万人)	Employed Persons of Other Non-agricultural Trades(10 000 persons)	29.58	24.47	5.11
农牧业生产条件	**Productive Condition of Farming & Animal Husbandry**			
年末实有耕地面积(万公顷)	Cultivated Areas at Year-end(10 000 hectares)	714.85		
农作物总播种面积(万公顷)	Total Sown Areas(10 000 hectares)	710.99		
年末草场面积(万公顷)	Areas of Grassland at Year-end(10 000 hectares)	8800.00		
有效灌溉面积(万公顷)	Irrigated Areas(10 000 hectares)	307.24		
农牧业机械总动力(万千瓦)	Total Power of Machinery for Farming &Animal Husbandry(10 000 kw)	3172.70		
化肥施用量(折纯)(万吨)	Consumption of Chemical Fertilizers(10 000 tons)	176.94		
农村牧区用电量(亿千瓦小时)	Electricity Consumed in Rural Area &Pastoral Area(100 Million kwh)	52.30		
主要农牧业生产情况	**Output of Farming &Animal Husbandry**			
粮食总产量(万吨)	Gross Yield of Grain(10 000 tons)	2387.51		
牲畜总增头数(万头只)	Total Number of Livestocks Added(10 000 heads)	6474.65	4131.29	2343.36
肉类总产量(万吨)	Gross Output of Meat(10 000 tons)	237.48	156.34	81.14
蔬菜总产量(万吨)	Gross Output of Vegetables(10 000 tons)	1440.17		

注:农村牧区基层组织情况数据来自于国家统计局反馈数。

a)Data of Basic Conditions of Rural Grassroots Units is from the feedback of National Bureau of Statistics.

12-2 农林牧渔业总产值

Gross Output Value of Farming, Forestry, Animal Husbandry and Fishery

单位:万元 (10 000 yuan)

年份 Year	农林牧渔业总产值 Total	#农业 Farming	#种植业 Plant Products Industry	#林业 Forestry	#畜牧业 Animal Husbandry	#渔业 Fishery
1947	47200	37335	35588	48	9770	47
1949	60100	47780	46217	60	12200	60
1952	120600	96601	94430	844	22914	241
1957	112000	82992	25712	1792	26992	224
1962	170500	116281	100084	2387	50639	1193
1965	194000	129980	109998	4656	58200	1164
1970	240000	158160	140160	9360	72000	480
1975	308300	198545	169256	8016	101122	617
1978	283500	187961	173786	10490	84200	849
1979	315800	206533	189796	11369	97266	632
1980	306844	197403	181340	13460	95199	782
1981	394274	255550	232657	22848	114744	1132
1982	471608	307328	274780	31393	131391	1496
1983	524301	347389	299604	38108	136887	1917
1984	612772	408789	341956	44356	157230	2397
1985	731955	465638	401175	48284	214048	3985
1986	772500	483567	402848	43670	239908	5355
1987	877426	544449	450608	36254	290178	6545
1988	1223765	729359	614262	38582	447432	8392
1989	1267208	763517	639781	39968	453357	10366
1990	1569192	1031256	888314	62298	464131	11507
1991	1640837	1066021	918894	66705	494474	13637
1992	1802705	1156550	1005362	78040	552787	15328
1993	2208047	1420784	1265080	91549	677461	18253
1994	3093195	1892180	1682500	103350	1070005	27659
1995	3735936	2311734	2080477	121176	1271609	31417
1996	4653285	2995270	2731580	139653	1485617	32745
1997	5043396	3142026	2833824	152632	1712322	36416
1998	5343765	3353206	3032350	168785	1773911	47863
1999	5323166	3187204	2852798	210062	1871452	54448
2000	5431645	3083645	2725199	236071	2054581	57349
2001	5559041	3075703	2706529	260696	2162426	60216
2002	5869716	3321447	3043459	288371	2205642	54256
2003	6663815	3359567	2640337	479357	2671028	49373
2004	8513045	4115399	3334515	465808	3746932	59527
2005	9802098	4738918	3837514	397888	4445801	72420
2006	10584953	5422303	4338302	490057	4392499	91053
2007	12764437	6204176	4752347	636860	5596517	109486
2008	15257369	7166075	5683542	727163	6996335	117788
2009	15705841	7319020	5281536	782452	7214442	127069
2010	18435705	9004465	6569414	765727	8224208	158585
2011	22045061	10578457	7878996	931636	9983126	235197

注：本表绝对数按当年价格计算。

a)Data value terms in this table are calculated at current prices.

12-3 主要年份农林牧渔业总产值指数

Indices of Gross Output Value of Farming, Forestry, Animal Husbandry and Fishery

上年=100 (Preceding year=100)

年 份 Year	农林牧渔业总产值 Total	# 农 业 Farming	# 种 植 业 Plant Products Industry	# 林 业 Forestry	# 畜 牧 业 Animal Husbandry	# 渔 业 Fishery
1979	104.8	102.8	102.8	102.3	108.4	70.5
1980	87.1	81.4	96.3	87.1	96.9	96.3
1981	120.2	123.2	123.2	151.9	112.2	131.1
1982	115.8	115.2	115.2	113.8	111.9	101.6
1983	107.2	106.8	106.8	120.4	99.6	109.7
1984	112.1	110.1	110.1	113.3	105.1	106.7
1985	110.3	113.0	113.0	104.2	113.6	129.5
1986	94.7	88.9	88.9	85.8	104.1	121.6
1987	104.1	103.3	103.3	83.2	104.6	105.6
1988	114.2	120.2	120.2	95.6	109.0	109.6
1989	98.3	91.9	91.9	101.5	108.5	121.6
1990	120.2	133.7	133.7	114.1	102.4	100.8
1991	104.0	101.3	101.3	104.3	108.8	112.8
1992	105.8	106.8	106.7	113.0	105.2	110.0
1993	107.1	123.4	109.1	111.4	104.3	115.7
1994	103.3	99.3	96.7	104.7	108.4	124.7
1995	103.5	99.9	98.1	106.7	110.9	111.7
1996	123.7	131.4	136.0	103.8	114.9	99.7
1997	104.0	98.7	98.0	110.1	112.7	103.9
1998	106.5	108.5	108.8	105.3	103.1	126.2
1999	101.3	97.4	96.7	111.6	106.3	113.6
2000	102.5	100.3	99.9	115.0	104.1	104.8
2001	102.0	99.3	98.7	109.5	104.9	105.5
2002	104.9	106.5	114.1	110.8	102.0	102.2
2003	106.2	94.8	91.6	110.1	122.0	87.2
2004	114.9	109.4	110.5	93.0	126.0	107.4
2005	111.2	110.6	110.2	82.6	115.2	116.0
2006	103.7	107.9	106.1	112.8	97.5	116.1
2007	104.0	100.7	96.3	117.1	106.0	117.9
2008	107.6	108.6	110.9	106.1	106.6	104.1
2009	102.4	97.4	93.0	105.1	107.0	107.9
2010	106.2	106.9	107.6	95.1	106.5	111.1
2011	105.7	108.7	109.7	105.3	102.3	108.2

注:按可比价格计算。

a)Indices are calculated at comparable prices.

12-4 年末主要农牧业机械拥有量
Major Machinery for Farming & Animal Husbandry at Year-end

项 目	Item	2010	2011
农牧业机械原值(万元)	Original Value of Machinery for Farming and Animal Husbandry(10 000 yuan)	2653137	2905686
农牧业机械净值(万元)	Net Value of Machinery for Farming & Animal Husbandry (10 000 yuan)	1919937	2115386
农牧业机械总动力(万千瓦)	Total Power of Machinery for Farming & Animal Husbandry (10 000 kw)	3034	3173
大中型农用拖拉机(混合台)	Large & Medium Agricultural Tractors (mixed unit)	514100	547661
大中型农用拖拉机(万千瓦)	Large & Medium Agricultural Tractors(10 000 kw)	1069	1179
小型拖拉机(台)	Mini -Tractors (unit)	501300	479091
小型拖拉机(万千瓦)	Mini -Tractors (10 000 kw)	610	580
联合收割机(台)	Combine Harvesters (unit)	8000	10998
联合收割机(万千瓦)	Combine Harvesters (10 000 kw)	51	68
农用运输车(万辆)	Trucks for Agricultural Use (10000unit)	41	40
农用运输车(万千瓦)	Trucks for Agricultural Use (10 000 kw)	659	664
排灌用电动机(台)	Electric Motor for Irrigating & Draining (unit)	160300	372022
排灌用电动机(万千瓦)	Electric Motor for Irrigating & Draining (10 000 kw)	139	363
排灌用柴油机(台)	Diesel Engine for Irrigating & Draining (unit)	200900	200692
排灌用柴油机(万千瓦)	Diesel Engine for Irrigating & Draining (10 000 kw)	211	213
大中型拖拉机配套农具(部)	Number of Large & Medium Agricultural Tractor Towing Farm Machinery (unit)	808500	869986
小型拖拉机配套农具(部)	Number of Mini-tractor Towing Farm Machinery (unit)	871400	898523
机动脱粒机(台)	Motorized Threshing Machines (unit)	93100	101211
机动割晒机(台)	Motorized Harvesters (unit)	35166	32282
机引牧草收割机(部)	Towed Harvesters for Grass (unit)	72890	76103
饲料粉碎机(部)	Smashing Machines for Feed (unit)	137690	131259
机动剪毛机(台)	Motorized Sheepshears (unit)	920	1688
农 用 水 泵(万台)	Water Pumps for Agricultural Use (10 000 unit)	35.96	37.64

注：本表数据取自于农牧业厅农机局。
a)Data in this table are obtained from Agricultural Machinery Bureau.

12-5 灌溉、化肥施用量、农村牧区用电、水库和治理水土情况

Irrigation, Consumption of Chemical Fertilizers, Electricity Consumption of Rural Area, Number of Reservoirs and Areas of Soil Erosion under Control

项目	Item	2010	2011
有效灌溉面积(万公顷)	Effective Irrigated Areas(10 000 hectares)	302.75	307.24
# 灌区有效灌溉面积(万公顷)	Effective Irrigated Areas in Irrigation Area(10 000 hectares)	131.23	131.73
节水灌溉面积(万公顷)	Watersaving Irrigated Areas(10 000 hectares)	232.86	251.35
喷灌和滴灌(万公顷)	Jetting Irrigation Dropping Irrigatation(10000 hectares)	52.25	63.04
管道输水(万公顷)	Pipeline Transportation(10 000 hectares)	102.19	112.51
化肥施用量(万吨)	Consumption of Chemical Fertilizers(10 000 tons)	177.24	176.94
氮肥(万吨)	Nitrogenous Fertilizer(10 000 tons)	80.49	80.96
磷肥(万吨)	Phosphate Fertilizer(10 000 tons)	30.89	30.01
钾肥(万吨)	Potash Fertilizer(10 000 tons)	14.55	14.72
复合肥(万吨)	Compound Fertilizer(10 000 tons)	51.31	49.85
农村用电量(万千瓦时)	Electricity Consumption in Rural Area(10 000 kwh)	484138	522992
水库个数(座)	Number of Reservoirs(unit)	496	501
大型水库(座)	Large(unit)	11	13
中型水库(座)	Medium-sized(unit)	81	83
小型水库(座)	Small(unit)	404	405
水库容量(亿立方米)	Capacity of Reservoirs(100 million cu.m)	81.80	87.71
大型水库(亿立方米)	Large(100 million cu.m)	44.55	49.62
中型水库(亿立方米)	Medium-Sized(100 million cu.m)	29.53	30.54
小型水库(亿立方米)	Small(100 million cu.m)	7.72	7.55
治理水土面积(万公顷)	Areas of Soil Erosion under Control(10 000 hectares)	1089.75	1121.93

注：本表“化肥施用量”及其中项、“农村用电量”为国家统计局反馈数，其他指标均取自于水利厅。

a)Consumption of Chemical Fertilizers and Electricity Consumed in Rural Area are from the feedback of the National Bureau of statistics,others are from Department of water resources.

12-6 农牧民家庭平均每户年末固定资产原值
Original Value of Fixed Assets Owned Per Rural Household (End of Year)

单位:元 (yuan)

项 目	Item	2010	2011
年末生产性固定资产原值	**Original Value of Productive Fixed Assets at year-end**	**18269.24**	**29621.79**
役畜、产品畜	Draught Animals, Commodity Animals	3441.93	4926.46
大中型铁木农具	Large and Medium Wood and Iron Farm Tools	1114.11	1830.58
农林牧渔业机械	Machinery for Farming, Forestry, Animal Husbandry and Fishery	5781.23	7935.11
工业机械	Industrial Machinery	258.67	343.25
运输机械	Transport Machinery	870.70	2309.42
生产用房	Building for Productive Purpose	3311.89	5477.12
其他生产用固定资产	Others	3490.71	6799.85

12-7 农牧民家庭平均每百户年末拥有固定资产数量
Number of Fixed Assets Owned Per 100 Rural Households (End of Year)

项 目	Item	2010	2011
汽 车(辆)	Automobiles(unit)	2	5
大中型拖拉机(台)	Large and Medium Tractors(unit)	4	9
小型和手扶拖拉机(台)	Mini - tractors and Walking Tractors(unit)	52	51
机动脱粒机(台)	Motorized Threshing Machines(unit)	5	10
胶 轮 大 车(辆)	Carts with Rubber Tires(unit)	31	15
水 泵(台)	Pumps(unit)	38	37
役 畜(头)	Draught Animals(head)	58	44
产 品 畜(头)	Commodity Animals(head)	193	266

12-8 农民家庭平均每户年末生产性固定资产原值

Original Value of Productive Fixed Assets Owned Per Peasant Household (End of Year)

单位:元 (yuan)

项 目	Item	2010	2011
年末生产性固定资产原值	**Original Value of Productive Fixed Assets at Year-end**	**15921.80**	**23916.89**
役畜、产品畜	Draught Animals, Commodity Animals	3215.29	5043.51
大中型铁木农具	Large and Medium Wood and Iron Farm Tools	1024.15	1088.96
农林牧渔业机械	Machinery for Farming, Forestry, Animal Husbandry and Fishery	5366.31	7387.06
工业、建筑业机械	Industrial Machinery	289.60	266.54
运输机械	Transport Machinery	823.61	1774.40
生产用房	Building for Productive Purpose	4375.46	7137.41
其他生产用固定资产	Others	827.38	1219.01

12-9 农民家庭平均每百户固定资产拥有量

Number of Fixed Assets Owned Per 100 Peasant Households (End of Year)

项 目	Item	2010	2011
汽 车(辆)	Automobiles(unit)	1	2
大中型拖拉机(台)	Large and Medium Tractors(unit)	4	5
小型和手扶拖拉机(台)	Mini - tractors and Walking Tractors(unit)	51	51
机动脱粒机(台)	Motorized Threshing Machines(unit)	5	6
胶 轮 大 车(辆)	Carts with Rubber Tires(unit)	34	18
水 泵(台)	Pumps(unit)	38	36
役 畜(头)	Draught Animals(head)	59	57
产 品 畜(头)	Commodity Animals(head)	71	92

12–10 牧民家庭年末生产性固定资产原值及固定资产拥有量
Original Value and Number of Productive Fixed Assets Owned Herdsman Households (End of Year)

项 目	Item	2010	2011
生产性固定资产原值(平均每户)(元)	**Original Value of Productive Fixed Assets Owned Per Herdsman Household(yuan)**	**37902**	**72884**
役畜、产品畜(元)	Draught Animals, Commodity Animals(yuan)	5337	4039
大中型牧业工具(元)	Large and Medium Animal Husbandry Tools(yuan)	1867	7454
农林牧业机械(元)	Machinery for Farming, Forestry and Animal Husbandry(yuan)	9251	12091
运 输 机 械(元)	Transport Machinery(yuan)	1265	6367
生产资料拥有量(平均每百户)	**Number of Productive material (Per 100 Households)**		
汽 车(辆)	Automobiles(unit)	6	15
大中型拖拉机(台)	Large and Medium -Tractors(unit)	6	10
小型拖拉机(台)	Mini -Tractors(unit)	60	59
水 泵(台)	Pumps (unit)	37	64

12–11 农业机械化、电气化情况
Basic Statistics on Agricultural Mechanization and Electrification

项 目	Item	2010	2011
农业机械化程度	**Level of Agricultural Mechanization**		
机耕地面积(万公顷)	Areas of Tractor Plowing(10 000 hectares)	618.39	614.23
占耕地面积的比重(%)	Percentage to Cultivated Areas(%)	87.30	88.00
机械播种面积(万公顷)	Areas of Mechine Sowing(10 000 hectares)	605.74	624.33
占农作物总播种面积的比重(%)	Percentage to Total Sown Areas(%)	75.50	78.00
机械收割面积(万公顷)	Areas of Machine Harvesting(10 000 hectares)	264.24	304.07
占农作物总播种面积的比重(%)	Percentage to Total Sown Areas(%)	35.90	39.70
每公顷耕地拥有农业机械总动力(瓦特)	Total Power of Machinery for Per Hectare(w)	4243.37	4665.70
农业电气化情况	**Level of Agricultural Electrification**		
农村用电量(亿千瓦小时)	Electricity Consumption by Rural Area (100 million kwh)	48.41	52.30
平均每公顷耕地用电量(千瓦小时)	Electricity Consumption Per Hectare(kwh)	296.91	363.73
乡村(嘎查)及村以下办水电站个数(个)	Number of Hydroelectric Stations Run by Villiges and Lower Level (unit)	37	38
发 电 量(万千瓦小时)	Number of Generating Electricity(10 000 kwh)	10232.00	14601.97

12-12 耕地面积、造林面积和播种面积
Cultivated Areas, Afforested Areas and Sown Areas

单位：万公顷 (10 000 hectares)

年 份 Year	年末实有耕地面积 Cultivated Areas at Year end	水 田 Paddy Fields	旱 地 Dry Fields	# 水浇地 Irrigated Fields	当年造林面积 Annual Afforested Hilly Areas	总播种面积 Total Sown Areas	粮食作物播种面积 Sown Areas of Grain Crops	经济作物播种面积 Sown Areas of Industrial Crops
1947	396.7	0.8	395.9	29.5		347.9	318.9	20.4
1948	417.0	0.9	416.1	31.6		372.7	337.2	27.1
1949	433.1	1.4	431.7	32.1		389.6	352.8	28.0
1950	472.6	2.0	470.6	33.5	0.53	423.8	388.8	28.3
1951	506.3	1.8	504.5	39.8	1.66	469.7	416.0	46.2
1952	517.4	1.5	515.9	52.9	4.43	494.9	436.0	49.7
1953	531.9	1.6	530.3	54.3	3.68	477.6	428.7	40.5
1954	531.6	1.1	530.5	55.5	3.93	484.9	437.8	36.6
1955	542.3	1.4	540.9	57.9	3.73	488.6	435.8	41.9
1956	569.9	3.3	566.6	68.0	12.79	531.0	472.9	42.8
1957	571.5	4.3	567.2	64.5	8.27	527.9	463.2	48.6
1958	555.3	9.4	545.9	104.1	37.13	505.5	445.2	40.9
1959	539.3	9.7	529.6	100.1	31.93	487.0	414.2	56.6
1960	602.0	9.8	592.2	108.3	39.10	575.0	486.2	56.1
1961	609.7	7.0	602.7	78.3	7.41	580.0	503.1	43.8
1962	586.7	4.0	582.7	55.4	4.73	544.6	484.7	39.0
1963	554.2	3.6	550.6	56.3	5.23	526.1	471.6	36.4
1964	561.4	3.1	558.3	67.4	15.86	534.2	478.4	39.5
1965	561.5	1.9	559.6	86.9	20.00	528.1	470.9	37.9
1966	548.0	1.7	546.3	110.7	16.32	510.0	449.4	33.7
1967	540.3	1.7	538.6	99.4	15.55	510.2	448.5	35.9
1968	531.2	2.3	528.9	91.5	11.10	497.1	443.4	34.0
1969	534.3	2.9	531.4	87.0	9.61	499.3	445.7	35.7
1970	545.0	2.8	542.2	93.6	11.71	508.4	453.5	35.3
1971	544.1	1.9	542.2	95.1	16.33	503.5	451.0	32.2
1972	542.7	2.1	540.6	100.5	16.20	499.8	444.1	33.9
1973	541.2	1.7	539.5	107.0	18.77	498.9	441.0	35.5
1974	537.7	1.5	536.2	113.1	20.59	496.3	436.1	36.4
1975	534.1	1.5	532.6	124.7	23.68	490.9	429.0	37.7
1976	526.7	2.0	524.7	130.3	26.19	480.7	410.1	42.9
1977	525.1	2.7	522.4	122.8	34.52	478.1	406.5	44.7

12-12 续表 continued

单位：万公顷 (10 000 hectares)

年 份 Year	年末实有耕地面积 Cultivated Areas at Year-end	水 田 Paddy Fields	旱 地 Dry Fields	水浇地 Irrigated Fields	当年造林面积 Annual Afforested Hilly Areas	总播种面积 Total Sown Areas	粮食作物播种面积 Sown Areas of Grain Crops	经济作物播种面积 Sown Areas of Industrial Crops
1978	532.6	1.7	530.9	120.9	29.79	482.4	409.4	44.9
1979	534.7	1.7	533.0	115.2	30.47	488.1	404.2	52.8
1980	525.2	1.5	523.7	106.0	29.81	479.7	388.2	61.1
1981	518.6	1.7	516.9	103.2	38.12	466.2	385.4	55.6
1982	510.9	1.6	509.3	101.1	51.65	464.1	384.3	58.2
1983	506.5	1.7	504.8	100.5	60.94	463.1	383.7	58.5
1984	500.6	1.9	498.7	96.1	69.91	463.1	376.2	63.9
1985	493.0	2.3	490.7	94.2	70.41	454.9	342.2	91.4
1986	489.5	2.7	486.8	97.9	22.63	455.6	358.1	71.6
1987	485.1	2.8	482.3	101.0	24.83	447.4	355.6	64.3
1988	487.1	3.6	483.5	104.3	26.60	455.9	363.6	66.8
1989	491.2	5.1	486.1	110.2	23.70	457.6	372.1	61.9
1990	496.6	7.6	489.0	117.3	29.80	472.2	387.5	62.6
1991	500.5	8.7	491.8	123.6	41.08	476.8	387.9	68.9
1992	508.1	9.5	498.6	127.3	51.82	485.4	392.5	72.4
1993	517.1	7.4	509.7	130.8	39.68	486.8	398.7	67.3
1994	531.0	6.5	524.5	132.1	37.19	492.5	402.7	66.3
1995	549.1	8.4	540.7	135.8	40.25	507.9	414.3	71.3
1996	592.4	9.1	583.3	146.5	43.59	529.1	442.4	64.9
1997	746.3	11.3	735.0	173.5	46.44	583.8	490.6	80.4
1998	722.4	11.3	711.0	171.7	47.78	602.7	503.1	85.9
1999	752.4	11.6	740.8	191.9	53.40	607.7	495.1	97.2
2000	731.7	12.1	719.6	194.6	59.00	591.4	443.6	122.9
2001	709.1	11.1	698.0	195.5	73.19	570.7	438.3	92.4
2002	709.1	11.6	697.5	202.1	90.74	588.7	434.3	104.0
2003	686.3	10.1	676.3	207.9	83.60	574.9	405.1	103.6
2004	711.5	10.9	700.6	244.7	63.09	592.4	418.1	100.0
2005	735.5	9.3	726.2	249.4	38.38	621.6	437.4	104.0
2006	713.3	8.3	525.9	179.1	47.98	659.0	493.7	87.8
2007	714.8	8.3	526.6	179.9	59.01	676.2	510.2	85.7
2008	714.9	8.4	514.4	192.1	71.86	686.1	525.4	110.6
2009	714.9	8.4	514.4	192.1	86.19	692.8	542.4	109.0
2010	714.9	8.4	514.4	192.1	86.19	700.3	549.9	108.8
2011	714.9	8.4	514.4	192.1	73.18	711.0	556.2	112.8

注：2006年以后耕地面积为国土资源厅提供的数据；且耕地面积=水 田+旱 地+水浇地

a)The Culitiaved Areas after 2006 are Provided by the Bureau of Land and Resource, Culitaved Area=Paddy Field+Dry Field+Irrigated Field

12-13 主要粮食作物播种面积
Sown Areas of Major Grain Crops

单位：万公顷 (10 000 hectares)

年份 Year	农作物总播种面积 Total Sown Area	粮食作物播种面积 Sown Areas of Grain Crops	谷物 Cereal	小麦 Wheat	玉米 Corn	稻谷 Rice	谷子 Millet	莜麦 Sweet-oats	糜黍 Broom Corn Millet	薯类 Tubers	豆类 Beans	#大豆 Soybean
1947	347.9	318.9		22.6	19.1	0.8	61.0	32.0	42.0	15.1		14.7
1948	372.7	337.2		25.0	20.1	0.9	63.8	33.1	46.0	16.2		14.9
1949	389.6	352.8		26.7	22.4	1.4	65.7	35.3	46.7	16.6		16.5
1950	423.8	388.8		29.6	24.7	2.0	73.3	40.3	49.3	17.1		11.7
1951	469.7	416.0		33.9	19.1	1.6	73.5	52.7	56.5	21.8		11.1
1952	494.9	436.0		43.9	22.9	1.5	79.8	60.8	71.5	22.1		15.8
1953	477.6	428.7		47.6	24.4	0.8	77.0	62.0	69.1	21.1		21.7
1954	484.9	437.8		58.0	26.4	1.0	73.3	60.4	70.4	20.6		22.7
1955	488.6	435.8		60.2	31.9	1.4	71.9	64.7	68.8	19.8		26.9
1956	531.0	472.9		60.1	50.6	2.9	88.7	59.6	71.9	21.9		24.2
1957	527.9	463.2		64.0	36.2	4.0	84.7	64.2	68.1	22.4		26.8
1958	505.5	445.2		57.9	57.6	8.9	81.8	55.5	48.1	39.4		21.2
1959	487.0	414.2		59.7	35.1	8.9	68.2	61.4	53.6	27.1		20.5
1960	575.0	486.2		73.7	52.2	8.9	79.1	63.2	66.6	29.6		23.0
1961	580.0	503.1		80.8	48.7	6.3	73.0	67.8	73.2	31.2		23.1
1962	544.6	484.7		67.1	50.1	3.9	79.7	69.7	68.8	26.7		23.5
1963	526.1	471.6		67.1	45.0	3.5	76.8	70.7	66.0	27.1		
1964	534.2	478.4		71.4	47.7	3.4	83.1	71.3	63.4	26.0		26.6
1965	528.1	470.9		72.5	50.1	1.8	85.3	66.3	63.9	24.2		24.4
1966	510.1	449.4		71.4	66.4	1.6	80.3	62.2	55.9	32.2		21.7
1967	510.2	448.5		74.1	62.3		82.2	63.3	52.4	24.4		
1968	497.1	443.4		72.3	56.2		78.1	61.7	55.1	23.7		
1969	499.3	445.7		78.3	53.3		81.1	64.2	45.7	22.5		
1970	508.4	453.5		84.8	52.4		82.1	65.2	53.7	21.8		
1971	503.5	451.0		85.7	63.5		79.7	58.7	50.3	22.9		
1972	499.8	444.1		83.8	61.6		72.3	54.8	53.1	23.6		
1973	498.9	441.0		86.9	59.7		78.0	50.5	51.1	25.6		
1974	496.3	436.1		87.0	66.5		74.7	48.6	45.0	25.6		
1975	490.9	429.0		92.1	70.9		68.5	47.3	40.3	26.9		
1976	480.7	410.1		105.5	70.7		57.2	39.1	34.7	25.3		
1977	478.1	406.5		108.4	65.2		55.9	40.4	31.2	26.6		

12-13 续表 continued

单位：万公顷 (10 000 hectares)

年份 Year	农作物总播种面积 Total Sown Area	粮食作物播种面积 Sown Areas of Grain Crops	谷物 Cereal	小麦 Wheat	玉米 Corn	稻谷 Rice	谷子 Millet	莜麦 Sweet-oats	糜黍 Broom Corn Millet	薯类 Tubers	豆类 Beans	#大豆 Soybean
1978	482.4	409.4		108.6	66.8		56.7	38.6	29.6	29.2		
1979	488.1	404.2		95.2	67.0	1.6	56.4	45.4	37.6	27.7		18.3
1980	479.7	388.2		95.7	65.3	1.5	50.2	47.4	36.0	25.2		17.1
1981	466.2	385.4		90.3	59.2	1.6	53.4	43.8	41.5	23.2		19.4
1982	464.1	384.3		87.8	50.5	1.6	57.0	44.4	39.7	24.3		23.9
1983	463.1	383.7		91.1	49.4	1.7	55.9	45.0	38.2	25.4		21.9
1984	463.1	376.3		93.2	46.4	1.8	51.9	41.4	40.9	24.6		19.3
1985	454.9	342.2		92.7	43.4	2.4	46.3	36.5	31.1	22.7		21.9
1986	455.6	358.1		93.7	54.8	2.7	41.4	34.0	32.4	22.5		26.4
1987	447.4	355.7		92.1	66.0	2.8	38.7	33.8	26.8	22.9		27.5
1988	455.9	363.6		97.4	66.9	3.5	38.5	28.9	26.8	25.3		31.1
1989	457.6	372.1		100.8	69.6	5.3	37.4	26.8	13.0	24.7		31.8
1990	472.2	387.5		115.4	77.4	7.9	35.7	26.5	11.7	24.6		30.1
1991	476.8	387.9		119.2	81.2	8.8	33.4	25.2	11.0	23.9		30.1
1992	485.4	392.5	318.8	133.4	77.5	9.4	28.5	18.7	9.8	25.0	48.7	35.6
1993	486.8	398.7	293.6	118.9	76.2	7.3	25.8	17.2	7.9	26.3	78.8	57.1
1994	492.5	402.7	292.1	103.4	83.7	6.8	23.3	16.9	8.5	25.3	85.3	60.4
1995	507.9	414.3	300.9	101.7	99.2	7.9	23.7	13.7	8.2	35.5	77.9	55.7
1996	529.1	442.4	323.2	109.4	111.6	9.0	25.2	13.0	17.1	41.6	77.6	55.5
1997	583.8	490.6	339.0	116.5	127.9	12.2	25.7	11.3	20.7	46.4	105.2	75.8
1998	602.7	503.1	340.5	109.3	147.1	11.8	22.4	10.2	14.9	50.1	112.5	77.1
1999	607.7	495.1	330.9	93.8	157.2	11.7	20.7	9.3	12.4	58.2	106.0	73.7
2000	591.4	443.6	264.8	61.7	129.8	11.8	16.4	6.2	12.8	65.0	113.7	79.4
2001	570.7	438.3	263.8	51.6	151.9	8.6	17.6	3.3	11.5	56.7	117.9	75.5
2002	588.7	434.3	271.8	46.5	156.2	9.0	17.7	4.5	10.0	58.0	104.6	59.6
2003	574.9	405.1	243.4	31.8	159.1	6.7	14.2	4.4	8.1	53.6	108.2	69.7
2004	592.4	418.1	258.3	41.9	167.6	8.1	12.6	3.8	7.4	52.8	107.0	75.3
2005	621.6	437.4	273.4	46.1	180.6	8.4	12.5	3.9	6.1	56.2	107.7	79.7
2006	659.0	493.7	302.4	48.4	191.6	9.1	14.3	5.0	6.9	59.5	131.8	97.3
2007	676.2	510.2	330.3	56.8	201.2	10.8	13.7	6.4	6.8	62.2	117.6	74.7
2008	686.1	525.4	351.8	45.2	234.0	9.8	14.4	5.8	5.5	69.9	103.7	66.8
2009	692.8	542.4	363.2	52.8	245.1	10.2	15.0	5.0	4.8	66.7	112.5	84.0
2010	700.3	549.9	370.8	56.6	248.6	9.2	17.4	4.2	4.3	69.1	110.0	81.2
2011	711.0	556.2	381.9	56.8	267.0	9.0	13.7	4.0	4.0	72.0	102.3	68.8

12-14 主要经济作物播种面积
Sown Areas of Major Industrial Crops

单位：万公顷 (10 000 hectares)

年 份 Year	经济作物播种面积 Sown Areas of Industrial Crops	油料 Oil bearing Crops	葵花籽 Sunflo -wer Seeds	胡麻籽 Flax Seeds	油菜籽 Rape Seeds	甜菜 Beet-roots	烟叶 Tob-acco	麻类 Fiber Crops	蔬菜 Vege-table	果用瓜 Melons (use on Fruit)	其它作物播种面积 Sown Areas of other Crops	# 青饲料 Green fodder
1947	20.4	18.7		7.8	2.3		0.2	0.8	2.3		38.6	
1948	27.1	25.0		8.5	2.4		0.2	1.0	4.7		8.4	
1949	28.0	25.8		9.2	1.9		0.2	1.0	5.0		8.8	
1950	28.3	25.0		9.4	3.4		0.1	0.8	3.7		6.6	
1951	46.2	36.4		14.3	5.0		0.2	0.9	4.2		7.5	
1952	49.7	46.6		17.7	6.9		0.2	1.5	5.1		9.3	
1953	40.5	38.4		17.2	6.0		0.2	1.2	4.7		8.3	
1954	36.7	34.9		17.3	4.8		0.2	0.9	5.6		10.4	
1955	41.9	39.6		21.5	4.8	0.8	0.3	0.9	6.0		11.0	
1956	42.8	39.8		21.6	5.6	1.0	0.3	0.9	6.3		15.3	
1957	48.6	43.1		22.7	5.4	1.4	0.3	1.7	6.6		16.1	
1958	40.9	35.9		18.9	4.6	1.6	0.3	1.6	7.4		19.4	
1959	56.6	48.6		23.8	5.8	2.4	0.4	2.1	8.8		16.1	
1960	56.1	48.1		21.8	8.1	3.7	0.3	2.0	15.2		32.7	
1961	43.8	38.3		16.6	7.3	1.9	0.5	1.9	19.1		33.1	
1962	39.0	34.4		14.3	6.3	0.7	0.5	2.1	12.2		20.8	
1963	36.4	31.8		14.9	4.5	0.8	0.4	2.1	9.5		18.1	
1964	39.5	33.5		14.8	5.1	1.5	0.4	1.9	8.1		16.3	
1965	37.9	31.4		14.7	4.7	1.9	0.3	1.8	7.9		19.3	
1966	33.7	27.8		13.1	4.1	2.2	0.3	1.6	8.2		26.9	
1967	35.9	28.9				2.8					25.8	
1968	34.0	27.4				2.8					19.7	
1969	35.7	38.3				3.1					17.9	
1970	35.3	28.9				2.9					19.6	
1971	32.2	26.7				2.4					20.3	
1972	33.9	27.2				3.6					21.8	
1973	35.5	27.2				4.6					22.4	
1974	36.4	28.4				4.1					23.8	
1975	37.7	28.8				4.7					24.2	
1976	42.9	32.4				5.7					27.7	
1977	44.7	34.2				5.3					26.9	

12-14 续表 continued

单位：万公顷 (10 000 hectares)

年 份 Year	经济作物播种面积 Sown Areas of Industrial Crops	油料 Oil-bearing Crops	葵花籽 Sunflo-wer Seeds	胡麻籽 Flax Seeds	油菜籽 Rape Seeds	甜菜 Beet-roots	烟叶 Tob-acco	麻类 Fiber Crops	蔬菜 Vege-table	果用瓜 Melons (use on Fruit)	其它作物播种面积 Sown Areas of other Crops	# 青饲料 Green fodder
1978	44.9	34.8				4.8					28.1	
1979	52.8	41.9	5.7	19.1	7.1	4.5	0.4	1.6	8.9	2.0	31.1	15.3
1980	61.1	52.0	16.3	18.9	7.9	5.6	0.3	1.2	8.5	1.4	30.4	14.0
1981	55.6	46.9	14.3	14.6	8.1	5.7	0.4	0.9	7.3	1.6	25.2	10.4
1982	58.2	49.3	15.0	16.4	7.8	6.1	0.5	0.4	6.8	1.5	21.6	9.7
1983	58.5	49.0	15.4	16.3	6.8	6.1	0.2	0.3	6.7	1.3	20.9	9.6
1984	63.9	54.3	21.5	15.4	6.9	6.1	0.2	0.2	6.1	1.7	23.0	11.8
1985	91.4	76.6	30.1	18.3	8.8	10.0	0.4	0.3	5.8	2.0	21.4	11.4
1986	71.6	60.4	25.8	15.6	6.7	7.5	0.4	0.3	5.7	2.0	26.0	14.4
1987	64.3	54.6	22.3	16.6	6.6	7.5	0.3	0.1	6.4	1.6	27.4	16.7
1988	66.8	53.7	19.0	17.4	7.3	10.3	0.5	0.1	6.1	1.7	25.6	14.6
1989	61.9	51.1	17.7	16.4	4.9	8.2	0.7	0.1	6.3	1.2	23.6	13.0
1990	62.6	51.8	17.2	16.8	6.0	9.5	0.5	0.3	6.4	0.9	22.2	12.4
1991	68.9	55.1	19.7	17.2	7.5	11.9	0.7	0.4	5.9	0.9	20.1	11.2
1992	72.4	58.2	22.6	16.9	9.1	10.8	0.4	0.5	7.8	1.5	20.5	9.8
1993	67.3	50.3	18.3	15.2	7.9	10.9	0.4	0.1	8.2	1.5	20.9	9.5
1994	66.3	53.1	20.7	15.2	10.8	11.8	0.2	0.4	7.1	1.3	23.5	10.6
1995	71.3	55.7	20.7	15.1	13.5	14.0	3.0	0.8	1.3	1.3	9.9	
1996	64.9	50.6	18.9	14.6	11.8	12.7	0.8	0.4	8.8	1.5	21.8	8.4
1997	78.8	49.9	21.6	13.5	11.7	12.6	1.6	0.4	11.8	1.8	14.4	9.8
1998	84.3	56.7	27.1	11.5	15.6	11.7	0.6	0.3	11.5	2.6	15.3	9.3
1999	97.2	68.0	35.1	10.5	17.5	6.6	0.7	0.6	16.4	4.1	15.4	9.0
2000	122.9	87.9	36.3	10.1	29.5	5.9	0.8	0.1	20.9	4.8	25.0	13.1
2001	92.4	60.8	32.0	3.8	19.9	5.8	0.6	0.3	18.2	3.5	40.0	33.3
2002	104.0	68.9	34.5	7.6	22.5	7.1	0.5	0.4	20.8	3.6	50.4	43.8
2003	103.6	72.3	32.8	6.8	28.0	3.7	0.7	0.5	19.2	3.8	66.2	56.5
2004	100.0	67.1	29.5	5.9	27.8	3.6	0.6	0.8	20.4	3.5	74.3	65.5
2005	104.0	69.5	35.6	5.6	25.6	3.8	0.8	1.0	22.1	3.9	80.2	72.2
2006	87.8	59.2	25.7	4.9	23.0	3.0	0.4	0.7	17.2	5.3	77.5	62.4
2007	85.7	53.3	26.3	3.8	15.2	3.0	0.3	0.4	21.8	4.7	80.3	60.1
2008	110.6	70.5	40.8	4.8	22.1	4.9	0.5	0.3	26.0	5.3	50.1	39.0
2009	109.0	70.2	40.2	4.9	21.9	3.3	0.4	0.1	26.9	5.3	41.4	31.9
2010	108.8	69.4	39.5	4.8	22.3	3.7	0.4		26.4	6.3	41.6	31.0
2011	112.8	71.7	41.2	5.6	21.9	3.9	0.4		27.1	6.6	42.0	22.5

12-15 主要年份主要农产品产量

Yield of Major Farm Crops in Major Years

单位:万吨 (10 000 tons)

年份 Year	粮食 Grain	谷物 Cereal	小麦 Wheat	玉米 Corn	稻谷 Rice	谷子 Millet	莜麦 Sweet -oats	糜子 Broom Corn Millet	薯类 Tubers	豆类 Beans	#大豆 Soybean
1947	184.5		10.0	19.0	1.2	43.5	16.9	13.0	14.8		6.3
1949	212.5		13.0	24.0	2.0	43.5	18.6	19.2	18.1		8.0
1952	348.5		25.5	28.5	2.5	72.0	33.0	42.7	42.9		12.2
1957	302.5		52.5	34.5	4.2	51.0	32.7	33.8	29.2		14.6
1965	382.0		59.5	81.0	2.8	64.0	35.9	34.6	22.2		16.0
1970	469.5		66.0	101.0		95.0	46.5	42.0	25.0		
1975	519.5		93.5	157.0		71.5	34.0	36.0	37.5		
1978	499.0		88.0	173.5	3.6	60.0	25.0	26.5	42.0		
1980	396.5		82.7	139.2	4.1	39.7	21.3	19.0	30.0		12.4
1981	510.0		99.8	142.6	4.0	59.9	37.8	36.3	37.6		19.3
1982	530.0		126.7	105.9	4.7	71.2	37.2	23.3	41.6		24.3
1983	560.2		120.9	142.9	4.2	79.2	20.9	26.4	41.9		24.3
1984	594.4		144.2	148.3	6.0	73.6	32.5	26.4	49.9		24.3
1985	604.1		148.5	159.8	7.8	78.6	28.6	18.1	48.2		28.8
1986	528.5		130.8	192.7	8.3	38.3	15.9	12.3	36.4		41.0
1987	607.0		125.7	273.3	7.7	52.1	7.3	10.1	33.7		36.7
1988	738.3		163.4	305.5	12.0	46.4	20.9	15.5	61.2		47.5
1989	677.9		187.5	285.1	19.2	31.3	9.0	10.0	42.5		36.9
1990	973.0		261.7	393.1	31.1	59.4	25.3	13.6	61.3		47.7
1991	958.5		280.2	413.7	35.2	45.1	17.0	9.3	46.5		45.1
1992	1046.8	937.4	330.3	435.4	41.4	44.3	13.3	12.4	58.7	50.7	40.0
1993	1108.3	930.9	298.5	453.9	33.0	48.4	12.1	9.2	63.8	113.6	90.1
1994	1083.5	910.4	234.8	482.3	30.5	41.4	10.0	10.7	55.3	117.8	94.0
1995	1055.4	914.1	262.2	518.4	39.6	23.9	8.8	7.3	74.3	67.0	52.5
1996	1535.3	1301.7	318.9	751.5	51.0	49.3	13.4	11.4	124.0	109.6	83.4
1997	1421.0	1188.0	307.9	677.9	70.6	41.1	7.6	11.0	114.4	118.7	97.4
1998	1575.4	1319.9	282.7	839.8	60.3	44.3	10.0	10.8	127.0	128.5	93.8
1999	1428.5	1210.6	273.1	771.4	68.8	29.2	6.4	5.5	110.7	107.2	82.5
2000	1241.9	947.9	181.8	629.2	72.2	15.0	2.7	5.3	184.3	109.7	85.8
2001	1239.1	1016.5	127.1	757.0	56.7	25.7	1.3	5.1	108.8	113.8	83.4
2002	1406.1	1097.7	121.5	821.5	56.0	30.3	3.9	5.3	168.5	139.9	96.4
2003	1360.7	1092.3	79.0	888.7	45.0	21.4	5.9	5.5	174.5	93.9	53.6
2004	1505.4	1180.4	110.5	948.0	54.5	19.9	5.6	5.1	189.8	135.1	103.1
2005	1662.2	1342.1	143.6	1066.2	62.1	23.4	2.8	4.5	156.0	164.1	130.9
2006	1806.7	1486.0	172.2	1134.6	65.3	26.6	7.0	2.9	178.6	142.1	103.7
2007	1811.1	1528.0	175.9	1161.4	81.4	23.1	2.1	5.4	153.9	129.1	85.7
2008	2131.3	1780.0	154.0	1410.7	70.5	30.3	2.6	3.9	195.7	155.7	106.1
2009	1981.7	1677.2	171.2	1341.3	64.8	14.4	1.7	2.5	161.3	143.2	114.4
2010	2158.2	1821.2	165.2	1465.7	74.8	25.9	1.7	2.4	171.0	166.0	133.4
2011	2387.5	2012.2	170.9	1632.1	77.9	27.8	2.1	2.4	204.0	171.3	137.2

12-15 续表 continued

单位：万吨 (10 000 tons)

年份 Year	油料 Oil-bearing Crops	葵花籽 Sunflower Seeds	胡麻籽 Flax Seeds	油菜籽 Rape -seeds	甜菜 Beet-roots	烟叶 Tobacco	麻类 Fiber Crops	蔬菜 Veget-ables	果用瓜 Melons (Use on Fruit)
1947	6.0		1.6	0.7		0.2	0.3	21.1	
1949	9.0		2.5	0.7		0.1	0.4	44.9	
1952	17.5		5.2	2.1	0.1	0.1	0.8	46.4	
1957	13.0		7.5	1.5	22.1	0.2	0.6	66.4	
1965	9.0		4.7	0.9	20.9	0.2	0.5	110.7	
1970	10.5				34.0				
1975	10.5				37.1				
1978	12.5				43.1				
1980	25.0	16.5	4.6	1.8	81.2	0.2	0.4	157.6	9.7
1981	36.5	23.7	4.7	2.2	82.3	0.6	0.4	147.1	17.5
1982	49.0	32.0	8.2	3.0	115.2	0.9	0.2	156.8	16.3
1983	54.0	38.7	5.7	1.5	135.1	0.3	0.1	199.0	19.4
1984	60.0	42.1	8.4	3.0	141.0	0.3	0.1	158.5	23.3
1985	79.5	49.5	10.8	4.6	254.2	0.6	0.3	182.7	33.4
1986	66.0	48.4	7.6	2.2	159.0	0.6	0.2	220.9	36.9
1987	54.0	38.6	6.4	2.2	167.8	0.4	0.1	195.4	34.1
1988	56.5	35.0	10.3	3.2	219.0	0.8	0.1	203.0	36.3
1989	48.6	33.8	6.0	1.7	177.6	0.9	0.1	226.8	30.0
1990	69.4	41.7	11.5	4.4	236.4	0.8	0.7	243.3	22.8
1991	71.8	50.1	10.8	3.3	302.8	1.2	0.8	220.5	27.9
1992	81.4	56.8	11.1	5.5	260.1	0.8	1.4	271.2	50.9
1993	72.6	49.8	9.6	5.7	278.6	1.3	0.2	327.6	44.5
1994	65.0	44.5	8.7	8.3	233.6	0.9	0.9	267.9	121.8
1995	70.2	47.2	8.0	9.5	263.5	0.5	1.5	308.3	40.5
1996	81.4	53.9	11.2	10.5	320.7	1.8	1.0	365.4	49.6
1997	73.1	53.5	8.5	8.9	306.4	4.1	0.6	420.4	61.9
1998	90.3	59.4	10.6	14.1	259.2	1.3	0.3	433.4	84.4
1999	100.9	71.6	7.2	18.5	136.8	1.6		594.9	121.8
2000	116.4	69.1	6.5	30.5	141.3	1.4	0.1	759.9	161.7
2001	80.6	61.0	1.9	13.0	133.1	1.0	0.4	768.7	106.9
2002	108.9	70.4	6.5	28.2	195.0	1.0	1.0	755.3	120.8
2003	102.3	62.6	6.9	25.3	99.4	1.6	1.2	846.8	103.2
2004	103.7	58.9	7.3	31.3	96.3	1.3	1.9	872.8	109.6
2005	122.2	85.3	4.6	28.3	138.3	2.0	2.5	1009.1	156.8
2006	101.1	56.7	5.6	23.5	105.5	2.6	1.7	1171.4	190.8
2007	79.4	48.7	2.5	12.8	118.5	1.6	1.4	1277.5	181.1
2008	117.5	75.6	3.4	20.2	170.0	1.4	2.1	1360.8	210.6
2009	119.6	90.0	2.9	22.4	109.6	1.2	1.0	1380.6	179.2
2010	128.1	99.2	2.9	22.4	161.0	1.5	0.1	1350.9	240.9
2011	133.9	103.0	3.2	24.0	157.7	1.5		1440.2	254.6

12-16 主要农产品产量及单位面积产量

Yield of Major Farm Crops and Yield of Major Farm Crops Per Hectare

年 份	Item	2010		2011	
		总产量 (万吨) Total Yield (10000 tons)	单位面积产量 (公斤/公顷) Yield Per Hectare (kg/hectare)	总产量 (万吨) Total Yield (10000 tons)	单位面积产量 (公斤/公顷) Yield Per Hectare (kg/hectare)
粮 食	**Grain**	**2158.2**	**3925**	**2387.5**	**4293**
谷 物	Cereal	1821.2	4912	2012.2	5268
#稻 谷	Rice	74.8	8116	77.9	8657
小 麦	Wheat	165.2	2919	170.9	3010
玉 米	Corn	1465.7	5897	1632.1	6114
高 粱	Sorghum	56.4	3814	60.9	5155
谷 子	Millet	25.9	1486	27.8	2027
莜 麦	Sweet Oats	1.7	396	2.1	525
糜 子	Broom Corn Millet	2.4	1533	2.4	1793
荞 麦	Buckwheat	7.6	941	10.9	1397
豆 类	Beans	166.0	1509	171.3	1676
#大 豆	Soybean	133.4	1643	137.2	1996
薯 类	Tubers	171.0	2475	204.0	2835
油 料	**Oil bearing Crops**	**128.1**	**1848**	**133.9**	**1867**
#葵 花 籽	Sunflower Seeds	99.2	2509	103.0	2500
油 菜 籽	Rape seeds	22.4	1003	24.0	1099
胡 麻 籽	Flax Seeds	2.9	602	3.2	569
甜 菜	**Beetroots**	**161.0**	**43707**	**157.7**	**40222**
棉 花	**Cotton**	**0.1**	**1265**	**0.2**	**1447**
麻 类	**Fiber Crops**	**0.1**	**4357**		**2231**
蔬 菜	**Vegetables**	**1350.9**	**51252**	**1440.2**	**53176**
瓜类(果用瓜)	**Melons (Use on Fruit)**	**240.9**	**38479**	**254.6**	**38434**
园林水果	**Garden fruits**	**37.3**	**5650**	**46.8**	**7010**

12-17 自然灾害面积

Areas Covered by Natural Disaster

单位：万公顷 (10 000 hectares)

项 目	Item	2010	2011
农作物受灾面积	**Areas Covered**	**203.27**	**203.66**
#旱 灾	Drought	143.41	113.12
洪涝灾	Flood	21.56	38.99
风雹灾	Windstorm and Hail	26.78	34.64
低温冷冻灾	Freeze Injury	11.52	16.91
病虫害	Plant Diseases and Insect Pests		
农作物绝收面积	**Areas Without Output**	**61.63**	**30.76**
#旱 灾	Drought	51.11	12.90
洪涝灾	Flood	3.53	13.00
风雹灾	Windstorm and Hail	6.37	4.48
低温冷冻灾	Freeze Injury	0.62	0.38
病虫害	Plant Diseases and Insect Pests		

注：本表数据为国家统计局反馈数。

a)Date in this Table is the feedback number of NBS。

12-18 造林面积和封山育林面积(2011年)

Area of Afforestation and Closing Hill for Afforestation(2011)

单位：万公顷 (10 000 hectares)

地 区	Region	造林面积 Area of Afforestation	人工造林 Artificial Afforestation	飞播造林 Afforestation by Plane	无林地和疏林地新封 No forest & woodland to the new closure
总 计	**Total**	**73.18**	**33.51**	**11.36**	**28.31**
呼和浩特市	Hohhot City	2.60	1.13		1.47
包头市	Baotou City	2.13	0.80		1.33
呼伦贝尔市	Hulunbeier City	5.79	2.95		2.83
兴安盟	Xingan League	3.32	1.29		2.03
通辽市	Tongliao City	4.59	2.72		1.87
赤峰市	Chifeng City	21.44	12.77	2.00	6.67
锡林郭勒盟	Xilinguole League	12.21	2.00	4.67	5.54
乌兰察布市	Wulanchabu City	8.82	4.49		4.33
鄂尔多斯市	Erdos City	3.94	1.51	2.36	0.07
巴彦淖尔市	Bayannaoer City	4.30	2.40	0.67	1.23
乌海市	Wuhai City	0.14	0.08		0.07
阿拉善盟	Alashan League	3.38	1.18	1.67	0.53
满洲里市	Manzhouli City	0.01	0.01		
二连浩特市	Erlianhaote City	0.33			0.33
内蒙古森工集团	Inner Mongolia Forest Group	0.17	0.17		

12-19 林业基本情况
Basic Statistics on Forestry

单位：万公顷、个　　(10 000 hectares、unit)

项目	Item	2010	2011
造林、封育面积	**Areas of Afforesting and closing hill for afforestation**	**65.52**	**73.18**
人工造林	Artificial Afforestation	22.99	33.51
飞播造林	Afforestation by Plane	7.67	11.36
当年封山育林面积	Area of Closing Hill for Afforestation this Year	34.86	28.31
按六大林业重点工程分	**Classified by Six Key Projects**		
天然林资源保护工程造林、封山育林	Afforestation of Protection of Natural Forest and Closing Hill for Afforestation	11.69	8.73
退耕还林工程造林、封山育林	Afforestation of Returning Land for Farming to Forestry and Closing Hill for Afforestation	5.50	3.97
#退耕地造林	Afforesting on the Returned Farmland		
京津风沙源治理工程造林、封山育林	Afforestation & Closing Hill for Afforestation of Controlling Sand Sround Beijing & Tianjin	28.27	40.80
“三北”四期防护林工程造林、封山育林	Afforestation & Closing Hill for Afforestation of the Forth Stage of "The Three North Shelter Forest Project"	15.48	12.54
自然保护区个数	Number of Nature Reserve	135	129
#国家级	National Nature Reserve	17	18
自然保护区面积	Area of Nature Reserve	975.20	955.04
造林面积按经济成份分	**Afforestation by Sector of the Economy**		
公有经济造林	Aforestation by Publicily-owned	42.21	41.20
国有经济造林	Aforestation by State-owned	18.35	18.04
集体经济造林	Aforestation by Collective-owned	23.87	23.16
非公有经济造林	Aforestation by Non-publicily-owned	23.11	31.98
造林面积按林种分	**Areas of Afforestation classified by sorts of forests**		
用材林	Timber Forest	1.02	1.77
经济林	Economic Forest	0.54	1.40
防护林	Shelter Forest	63.87	69.94
薪炭林	Firewood Forest		
其他林	Others	0.08	0.06
森林覆盖率(%)	**Forest Cover Rate(%)**	**20.00**	**20.00**

12-20 草原建设及利用情况
Basic Statistics on Construction and Utilization of Grasslands

项目	Item	2010	2011
草场面积(万公顷)	**Areas of Grasslands(10 000 hectares)**	**8800.00**	**8800.00**
# 承包到户面积(万公顷)	Areas Contracted with Households (10 000 hectares)	5853.30	6940.00
草库伦面积(围栏草场面积)(万公顷)	**Areas of Fenced Grasslands(10 000 hectares)**	**2826.37**	**2871.47**
# 当年新增面积(万公顷)	Annual Newly Increased Areas (10 000 hectares)	194.69	231.15
人工种草保有面积(万公顷)	**Areas of Grasslands Planted and Surviving (10 000 hectares)**	**438.41**	**431.18**
# 当年种草面积(万公顷)	Annual Areas of Planted Grasslands (10 000 hectares)	190.21	179.85
飞机播种面积(万公顷)	Aircraft Sowing(10 000 hectares)	2.03	1.00
当年打草量(万吨)	**Annual Quantity of Harvested Grass(10 000 tons)**	**3349.00**	**3714.20**
现有畜棚数(万间)	**Number of Animal Sheds in Present(10 000 units)**	**454.86**	**457.38**
畜棚面积(万平方米)	Areas of Animal Sheds(10 000 sq.m)	10516.99	10579.55
每平米畜棚拥有牲畜数(只/平方米)	Number of Animals per Square meter in Sheds(head/sq.m)	1.10	0.90
现有畜圈数(万座)	**Number of Animal Corrals in Present (10 000 units)**	**374.82**	**378.67**
畜圈面积(万平方米)	Areas of Animal Corrals(10 000 sq.m)	15442.63	14590.97
每平米畜圈拥有牲畜数(只/平方米)	Number of Animals per Square meter in Corrals(head/sq.m)	1.62	1.30

注:每平方米畜棚、畜圈拥有牲畜及草原载畜量均按标准羊单位计算；草原载畜量为每万公顷草场饲养牲畜数量。

a) Number of Animals per S.m in Sheds, Number of Animals per S.m Corrals and Animal Loading Capacity of Grasslands are Calculated at standardized sheep; Animal Loading Capacity of Grasslands is the number of animals which per 10000 hectares grassland can load.

12-21 牲畜总头数和总增头数

Total Number of Livestock and Livestock Added

单位:万头(只) (10 000 heads)

项目	Item	2010			2011		
		总头数		总增头数 Total Number Added of Live-stocks	总头数		总增头数 Total Number Added of Live-stocks
		年中数 Year-middle	年末数 Year-end		年中数 Year-middle	年末数 Year-end	
大牲畜和羊合计	**Total Number of Large Animals, Sheep and Goats**	**9548.07**	**6160.61**	**5338.94**	**9524.18**	**6121.90**	**5406.78**
大牲畜	Large Animals	1140.09	883.40	377.22	1176.70	846.50	393.23
牛	Cattles	929.39	676.50	324.89	956.33	634.50	335.33
#良种及改良种乳牛	Fine Breed and Improved Milk Cows	330.98	292.52	121.05	340.82	275.10	124.22
马	Horses	70.28	71.92	17.76	76.98	74.60	19.96
驴	Donkeys	97.59	92.05	29.18	102.06	94.30	32.05
骡	Mules	30.74	32.89	3.31	28.70	31.70	3.79
骆驼	Camels	12.10	9.95	2.09	12.63	10.90	2.10
羊	Sheep and Goats	8407.99	5277.10	4961.73	8347.47	5275.90	5013.56
绵羊	Sheep	5781.96	3568.90	3787.72	5885.61	3569.80	3869.39
#细毛羊及改良羊	Nap Sheep or Improved Sheep	1944.93	1180.51		1893.07	1142.27	
半细毛羊及改良羊	Semi-nap Sheep or Improved Sheep	636.61	401.62		645.46	413.78	
山羊	Goats	2626.03	1708.20	1174.01	2461.86	1706.10	1144.17
猪	**Hogs**	**1250.46**	**684.40**	**1073.07**	**1238.44**	**684.20**	**1067.87**

注:总增头数是指牧业年度繁殖成活仔畜头数减去期内成幼畜死亡头数。

a) Total Number of Livestoks Added refers to survival number of newborn livestocks in the period subtract death livestocks.

12-22 牲畜总头数
Total Number of Livestock

单位：万头(只)　　(10 000 heads)

年 份 Year	年中数 Year-middle				年末数 Year-end			
	合 计 Total	大牲畜 Large Animals	羊 Sheep & Goats	猪 Hogs	合 计 Total	大牲畜 Large Animals	羊 Sheep & Goats	猪 Hogs
1947	931.9	271.0	570.8	90.1	851.8	262.9	510.8	78.1
1948	949.9	286.5	571.6	91.8	869.1	277.9	511.6	79.6
1949	1058.6	313.7	642.6	102.3	968.6	304.3	575.6	88.7
1950	1191.4	343.1	731.8	116.5	1068.4	331.1	636.3	101.0
1951	1418.1	388.0	902.0	128.1	1278.6	372.5	795.0	111.1
1952	1749.9	450.6	1143.2	156.1	1467.6	430.3	902.0	135.3
1953	2105.2	504.5	1434.4	166.3	1844.7	442.5	1235.0	167.2
1954	2428.6	558.4	1672.2	198.0	1959.0	494.7	1292.6	171.7
1955	2501.3	586.9	1724.4	190.0	1912.3	514.7	1232.9	164.7
1956	2635.2	591.6	1874.9	168.7	2094.4	496.9	1451.2	146.3
1957	2438.9	552.7	1713.9	172.3	1809.9	450.5	1210.0	149.4
1958	2674.0	550.7	1879.7	243.6	2184.9	468.1	1505.6	211.2
1959	3070.8	589.0	2244.2	237.6	2576.7	537.2	1833.5	206.0
1960	3315.5	612.9	2431.7	270.9	2709.4	553.5	1921.0	234.9
1961	3305.4	623.4	2494.8	187.2	2671.2	550.5	1958.4	162.3
1962	3497.3	643.3	2621.0	233.0	2801.4	568.1	2031.3	202.0
1963	3981.7	699.7	3005.5	276.5	3242.4	628.3	2374.4	239.7
1964	4282.5	750.1	3242.1	290.3	3315.5	664.6	2399.2	251.7
1965	4488.4	787.9	3388.3	312.2	3606.1	716.2	2619.2	270.7
1966	4012.8	748.5	2969.0	295.3	3231.4	680.4	2295.0	256.0
1967	4164.6	730.0	3140.6	294.0	3469.4	680.9	2531.0	257.5
1968	4150.7	750.2	3067.6	332.9	3288.2	679.8	2349.0	259.4
1969	3844.5	721.7	2823.1	299.7	3213.0	665.1	2311.2	236.7
1970	3865.2	726.4	2840.3	298.5	3319.6	689.1	2356.4	274.1
1971	4032.5	754.3	2922.0	356.2	3419.7	712.2	2363.4	344.1
1972	4197.2	775.6	2985.5	436.1	3478.5	717.2	2372.3	389.0
1973	4317.2	781.3	3092.7	443.2	3654.6	738.2	2519.4	397.0
1974	4425.5	805.8	3160.3	459.4	3707.0	752.3	2532.6	422.1
1975	4628.5	820.3	3307.9	500.3	3757.6	766.8	2638.1	352.7
1976	4465.4	808.4	3058.0	599.0	3649.0	748.7	2397.8	502.5
1977	4428.6	784.1	3056.4	588.1	3643.4	715.3	2394.6	533.5

12-22 续表 continued

单位：万头(只) (10 000 heads)

年 份 Year	年中数 Year-middle 合 计 Total	大牲畜 Large Animals	羊 Sheep & Goats	猪 Hogs	年末数 Year-end 合 计 Total	大牲畜 Large Animals	羊 Sheep & Goats	猪 Hogs
1978	4162.3	697.5	2860.5	604.3	3586.5	659.3	2378.1	549.1
1979	4513.4	724.6	3177.6	611.2	3873.1	685.3	2633.2	554.6
1980	4656.8	741.3	3317.0	598.5	3753.3	681.3	2553.4	518.6
1981	4565.6	723.2	3307.2	535.2	3817.2	678.9	2670.0	468.3
1982	4721.9	744.3	3474.0	503.6	3903.9	708.0	2735.0	460.9
1983	4413.6	739.9	3177.9	495.8	3539.8	694.7	2418.0	427.1
1984	4259.5	740.9	3053.7	464.9	3488.3	698.2	2377.3	412.8
1985	4341.8	775.3	3060.7	505.8	3667.4	736.6	2468.4	462.4
1986	4434.5	799.5	3082.7	552.3	3734.5	751.3	2502.2	481.0
1987	4555.2	811.5	3219.9	523.8	3731.0	730.8	2544.7	455.5
1988	4685.9	792.3	3408.8	484.8	4093.8	734.6	2892.8	466.4
1989	5301.5	812.7	3945.0	543.8	4215.4	718.6	3009.5	487.3
1990	5307.5	784.9	3955.2	567.4	4254.4	707.5	3023.9	523.0
1991	5568.2	783.8	4160.0	624.4	4220.5	699.8	2960.9	559.8
1992	5558.0	774.4	4067.4	716.2	4168.4	690.2	2856.7	621.5
1993	5577.9	771.8	3942.1	864.0	4231.9	685.7	2860.3	685.9
1994	5711.3	756.6	4038.9	915.8	4450.7	682.4	3028.1	740.2
1995	6065.7	783.8	4302.5	979.4	4795.0	708.3	3321.0	765.7
1996	6697.7	825.5	4804.3	1067.9	5066.8	734.9	3561.8	770.1
1997	7112.4	840.8	5164.8	1106.8	5180.4	714.0	3656.7	809.7
1998	7387.2	817.8	5383.5	1185.9	5206.3	677.3	3712.9	816.1
1999	7436.2	802.8	5491.6	1141.7	5147.6	667.4	3702.6	777.6
2000	7300.5	803.3	5406.2	1090.9	4912.0	622.1	3551.6	738.3
2001	7135.0	702.3	5427.8	1004.9	4817.6	536.3	3515.9	765.4
2002	7260.1	652.0	5675.2	932.9	5176.9	543.4	3951.7	681.8
2003	7987.6	718.1	6396.1	873.5	5713.3	615.4	4450.1	647.7
2004	9274.4	814.5	7514.7	945.2	6722.9	718.2	5318.5	686.2
2005	10615.3	934.2	8713.0	968.1	6903.5	783.2	5420.0	700.3
2006	11050.5	986.8	9002.6	1061.1	6508.8	786.2	5102.5	620.1
2007	10854.4	1039.4	8774.6	1040.5	6524.3	822.7	5064.2	637.4
2008	10677.7	1063.8	8442.9	1170.5	6519.4	883.2	5125.3	675.3
2009	10858.5	1084.6	8512.2	1261.7	6748.6	868.9	5197.2	683.7
2010	10798.5	1140.1	8408.0	1250.5	6845.7	883.4	5277.2	684.4
2011	10762.6	1176.7	8347.5	1238.4	6806.2	846.5	5276.0	684.2

12-23 大牲畜和羊(年中数)

Total Number of Large Animals, Sheep and Goats(Year-middle)

单位：万头(只) (10 000 heads)

年份 Year	合计 Total	牛 Cattles	马 Horses	驴 Donkeys	骡 Mules	骆驼 Camels	绵羊 Sheep	山羊 Goats
1947	841.8	174.6	48.7	33.7	3.0	11.0	342.6	228.2
1948	858.1	186.7	48.1	37.6	3.2	10.9	348.0	223.6
1949	956.3	208.5	45.3	44.9	3.2	11.8	403.8	238.8
1950	1074.9	232.1	45.0	94.1	3.7	13.2	457.3	274.5
1951	1290.1	262.6	50.5	56.3	4.3	14.3	550.2	351.9
1952	1593.8	307.1	59.7	63.6	4.9	15.3	692.4	450.8
1953	1938.9	348.9	67.0	66.4	5.4	16.8	853.7	580.7
1954	2230.6	385.6	73.8	74.7	6.2	18.1	991.3	680.9
1955	2311.3	394.2	83.5	81.2	7.8	20.2	1030.6	693.8
1956	2466.5	389.0	90.9	82.1	8.5	21.2	1098.8	776.1
1957	2266.6	353.2	94.5	74.6	8.1	22.3	992.5	721.4
1958	2430.4	346.9	95.9	77.5	8.2	22.2	1097.9	781.8
1959	2833.2	380.7	103.1	73.5	8.5	23.2	1281.0	963.2
1960	3044.6	402.8	109.5	66.0	9.0	25.6	1379.0	1052.7
1961	3118.2	415.7	116.3	57.1	8.9	25.4	1417.8	1077.0
1962	3264.3	421.2	125.3	61.1	8.9	26.8	1453.3	1167.7
1963	3705.2	454.2	140.4	68.6	9.3	27.2	1696.3	1309.2
1964	3992.2	476.7	155.6	78.7	10.4	28.7	1875.7	1366.4
1965	4176.2	493.2	166.9	85.3	11.6	30.9	2017.4	1370.9
1966	3717.5	454.3	165.9	88.6	13.4	26.3	1844.2	1124.8
1967	3870.6	436.7	163.0	88.8	16.0	25.5	1952.8	1187.8
1968	3817.8	427.5	180.7	92.2	19.2	30.6	1935.8	1131.8
1969	3544.8	396.9	184.9	86.0	22.4	31.5	1755.1	1068.0
1970	3566.7	390.5	196.7	86.7	23.2	29.3	1815.4	1024.9
1971	3676.3	400.2	205.5	88.8	27.2	32.6	1887.8	1034.2
1972	3761.1	409.8	212.7	90.9	28.8	33.4	1974.6	1010.9
1973	3874.0	410.2	218.9	90.6	30.6	31.0	2119.0	973.7
1974	3966.1	418.1	231.4	93.1	32.3	30.9	2186.8	973.5
1975	4128.2	422.7	239.0	91.2	34.2	33.2	2304.2	1003.7
1976	3866.4	423.2	231.2	84.4	35.2	34.4	2162.4	895.6
1977	3840.5	412.3	224.9	76.3	34.7	35.9	2183.5	872.9

12-23 续表 continued

单位：万头(只) (10 000 heads)

年 份 Year	合 计 Total	牛 Cattles	马 Horses	驴 Donkeys	骡 Mules	骆 驼 Camels	绵 羊 Sheep	山 羊 Goats
1978	3558.0	358.5	192.8	75.9	34.4	35.9	1986.7	873.8
1979	3902.2	376.2	198.2	78.0	34.1	38.2	2212.4	965.2
1980	4058.3	391.1	196.3	80.9	34.1	38.9	2354.7	962.3
1981	4030.4	381.6	187.7	79.8	33.9	40.2	2408.7	898.5
1982	4218.3	404.2	189.1	75.2	35.0	40.8	2543.8	930.2
1983	3917.8	407.4	185.1	74.3	37.6	35.6	2394.8	783.1
1984	3794.6	404.0	184.2	78.1	40.8	33.8	2273.4	780.3
1985	3836.0	424.0	189.4	85.2	44.6	32.2	2263.2	797.5
1986	3882.2	437.3	192.3	90.8	48.5	30.6	2255.5	827.2
1987	4031.4	445.2	194.2	93.2	51.9	27.0	2365.3	854.6
1988	4201.1	438.4	184.1	91.4	53.8	24.6	2454.1	954.7
1989	4757.7	457.8	180.9	92.1	56.5	25.4	2776.0	1169.0
1990	4740.1	439.8	169.2	93.0	58.2	24.7	2734.3	1220.9
1991	4943.8	434.9	166.8	96.7	61.8	23.6	2847.4	1312.6
1992	4841.9	426.4	164.1	97.6	65.3	21.0	2779.8	1287.7
1993	4713.8	424.2	161.9	100.1	68.0	17.7	2652.3	1289.8
1994	4795.5	415.4	158.2	96.8	69.7	16.6	2694.6	1344.3
1995	5086.3	442.7	158.0	97.6	69.4	16.1	2779.6	1522.9
1996	5629.8	477.2	161.5	100.4	70.1	16.3	3083.4	1720.9
1997	6005.6	488.0	161.3	102.9	72.2	16.5	3285.0	1879.9
1998	6201.3	478.6	149.9	101.8	71.8	15.7	3419.0	1964.5
1999	6294.5	475.2	140.4	100.9	71.6	14.8	3544.0	1947.6
2000	6209.6	490.2	130.5	99.5	69.5	13.6	3537.4	1868.8
2001	6130.1	431.4	108.4	87.9	62.3	12.3	3408.1	2019.7
2002	6327.2	419.6	87.6	80.4	55.5	8.9	3476.8	2198.4
2003	7114.1	499.3	79.2	81.1	49.4	9.1	3974.0	2422.1
2004	8329.2	600.0	74.6	82.9	47.0	10.1	4936.7	2578.0
2005	9647.2	721.9	74.5	84.3	43.0	10.6	5904.3	2808.7
2006	9989.4	780.1	73.5	80.1	41.9	11.2	6054.3	2948.3
2007	9814.0	820.1	75.9	91.3	40.7	11.4	5724.1	3050.5
2008	9506.7	838.9	78.7	96.3	38.7	11.3	5441.0	3001.9
2009	9596.8	881.8	70.9	88.2	32.1	11.6	5552.5	2959.7
2010	9548.1	929.4	70.3	97.2	30.7	12.1	5782.0	2626.0
2011	9524.2	956.3	77.0	102.1	28.7	12.6	5885.6	2461.9

12-24 牲畜增减变化情况(2011年,年末数)

Number of Newly Increased and Decreased Livestock(End of 2011)

单位:万头(只) (10 000 heads)

项目	Item	繁殖仔畜 New Born Stocks	成活仔畜 Survival New Born Stocks 头数 Number	成活率(%) Survival Rate	成幼畜死亡 Death Number of Young and Adult Stocks 头数 Number	死亡率(%) Death Rate
大牲畜和羊合计	**Total Number of Large Animals, Sheep and Goats**	**4913.99**	**4809.16**	**97.87**	**72.95**	**1.18**
大牲畜	Large Animals	375.49	368.66	98.18	6.25	0.71
牛	Cattles	316.28	310.92	98.31	5.16	0.76
#良种及改良种乳牛	Fine Breed and Improved Milk Cows	126.74	123.93	97.78	1.77	0.61
马	Horses	20.39	19.64	96.32	0.38	0.53
驴	Donkeys	32.30	31.71	98.16	0.49	0.53
骡	Mules	4.21	4.13	98.19	0.15	0.45
骆驼	Camels	2.31	2.26	97.70	0.06	0.65
羊	Sheep and Goats	4538.49	4440.50	97.84	66.70	1.26
绵羊	Sheep	3455.41	3376.70	97.72	47.38	1.33
山羊	Goats	1083.08	1063.80	98.22	19.32	1.13
猪	**Hogs**	**928.44**	**908.46**	**97.85**	**15.19**	**2.22**

12-24 续表 continued

单位:万头(只) (10 000 heads)

项目	Item	自宰自食 killed for Self-use	出卖 Selling	#出卖肉畜 Sold Meat Stocks	出栏率(%) Slaughter Rate	商品率(%) Commodity Rate
大牲畜和羊合计	**Total Number of Large Animals, Sheep and Goats**	**456.91**	**5844.42**	**5252.14**	**92.62**	**94.82**
大牲畜	Large Animals	23.07	547.69	413.96	49.47	62.00
牛	Cattles	19.60	447.75	332.27	52.01	66.19
马	Horses	0.81	33.93	29.65	42.35	47.18
驴	Donkeys	2.13	54.86	43.07	49.10	59.60
骡	Mules	0.34	9.56	7.51	23.86	29.07
骆驼	Camels	0.19	1.59	1.45	16.52	15.98
羊	Sheep and Goats	433.84	5296.73	4838.19	99.92	100.39
绵羊	Sheep	284.03	3904.74	3614.15	109.26	109.44
山羊	Goats	149.80	1391.99	1224.03	80.43	81.49
猪	**Hogs**	**232.10**	**1024.17**	**685.04**	**134.01**	**149.64**

12-25 牲畜总增情况(年中数)

Total Number of Newly Increased Livestock(Middle of Year)

单位:万头(只) (10 000 heads)

项 目	Item	总增头数 Total Number of Livestocks Added		总增率(%) Growth Rate	
		2010	2011	2010	2011
大牲畜和羊合计	**Total Number of Large Animals, Sheep and Goats**	**5338.94**	**5406.78**	**55.63**	**56.77**
大牲畜	Large Animals	377.22	393.23	34.78	33.42
牛	Cattles	324.89	335.33	36.84	35.06
# 良种及改良种乳牛	Fine Breed and Improved Milk Cows	121.05	124.22	38.5	36.45
马	Horses	17.76	19.96	25.03	25.93
驴	Donkeys	29.18	32.05	33.07	31.40
骡	Mules	3.31	3.79	10.31	13.22
骆 驼	Camels	2.09	2.10	18.04	16.64
羊	Sheep and Goats	4961.73	5013.56	58.29	60.06
绵 羊	Sheep	3787.72	3869.39	68.22	65.74
山 羊	Goats	1174.01	1144.17	39.67	46.48
猪	**Hogs**	**1073.07**	**1067.87**	**85.05**	**86.23**

12-26 牲畜增减变化情况(2011 年,年中数)

Number of Newly Increased and Decreased Livestock(Middle of 2011)

单位:万头(只) (10 000 heads)

项 目	Item	繁殖成活仔畜 New Born Stocks And Survival New Born Stocks				成幼畜死亡 Death Number of Stocks	
		繁殖仔畜 New Born Stocks	成活仔畜 Survival New Born Stocks	成活率 (%) Surv-ival Rate	繁成率(%) Rate of Breeding and Surviving	头 数 Number	死亡率 (%) Death Rate
大牲畜和羊合计	**Total Number of Large Animals, Sheep and Goats**	**5652.74**	**5512.47**	**97.52**	**129.75**	**105.69**	**1.11**
大牲畜	Large Animals	410.74	401.69	97.80	76.41	8.46	0.74
牛	Cattles	349.22	342.58	98.10	76.63	7.25	0.78
# 良种及改良种乳牛	Fine Breed and Improved Milk Cows	129.07	126.26	97.82	65.34	2.04	0.62
马	Horses	21.22	20.42	96.25	70.84	0.46	0.66
驴	Donkeys	33.92	32.53	95.92	71.41	0.49	0.50
骡	Mules	4.06	3.91	96.42		0.12	0.38
骆 驼	Camels	2.33	2.23	95.98	52.85	0.13	1.09
羊	Sheep and Goats	5242.01	5110.79	97.50	137.29	97.23	1.16
绵 羊	Sheep	4031.96	3936.54	97.63	150.57	67.15	1.16
山 羊	Goats	1210.05	1174.25	97.04	105.94	30.08	1.15
猪	**Hogs**	**1120.85**	**1086.56**	**96.94**	**1148.33**	**18.69**	**1.50**

12-27 能繁殖母畜、耕畜及改良畜(2011年,年中数)

Female Parent Stocks, Plow Stocks and Improved Stock(Middle of 2011)

单位:万头(只)　　　　(10 000 heads)

项 目	Item	能繁殖母畜 Female Parent Stocks	耕 畜 Plow Stocks	良种牲畜 Fine Breed Stocks	改良种牲畜 Improved Stocks
大牲畜和羊合计	**Total Number of Large Animals, Sheep and Goats**	**5644.10**	**121.40**	**3701.75**	**5323.45**
大牲畜	Large Animals	633.70	121.40	354.72	669.45
牛	Cattles	545.60	25.30	309.37	569.07
#良种及改良种乳牛	Fine Breed and Improved Milk Cows	195.50			
马	Horses	32.40	21.00	14.92	37.41
驴	Donkeys	50.00	53.60	22.80	62.07
骡	Mules		20.80		
骆驼	Camels	5.70	0.70	7.63	0.91
羊	Sheep and Goats	5010.40		3347.03	4654.00
绵羊	Sheep			2333.45	3309.01
#细毛羊及改良羊	Nap Sheep or Improved Sheep	923.10			
半细毛羊及改良羊	Semi nap Sheep or Improved Sheep	254.90			
山羊	Goats	1364.70		1013.58	1344.99
猪	**Hogs**	**158.40**		**359.70**	**807.04**

12-28 能繁殖母畜、耕畜及改良畜(2011年,年末数)

Female Parent Stocks, Plow Stocks and Improved Stock(End of 2011)

单位:万头(只)　　　　(10 000 heads)

项 目	Item	能繁殖母畜 Female Parent Stocks	耕 畜 Plow Stocks	良种牲畜 Fine Breed Stocks	改良种牲畜 Improved Stocks
大牲畜和羊合计	**Total Number of Large Animals,Sheep and Goats**	**4232.35**	**110.10**	**2425.20**	**3415.30**
大牲畜	Large Animals	544.17	110.10	308.66	473.67
牛	Cattles	462.53	17.30	259.59	380.64
马	Horses	30.10	22.32	18.17	36.49
驴	Donkeys	46.73	45.40	24.42	56.23
骡	Mules		24.80		
骆驼	Camels	4.81	0.30	6.47	0.32
羊	Sheep and Goats	3688.18		2116.54	2941.62
绵羊	Sheep	2649.60		1424.49	2029.82
山羊	Goats	1038.58		692.05	911.80
猪	**Hogs**	**90.70**		**216.33**	**443.00**

12-29 主要畜禽产品产量
Output of Major Livestock and Poultry

项 目	Item	2010	2011
当年出栏肉猪头数(万头)	Annual Number of Sold Fatten Hogs (10 000head)	913.90	905.10
当年出栏和自宰的肉用牛(万头)	Annual Number of Sold and Killed Meat Cattles (10 000head)	306.80	306.79
当年出售和自宰的肉用羊(万只)	Annual Numberof Sold and Killed Mutton Goats and Sheep (10 000head)	5397.90	5300.20
当年肉类总产量(吨)	Annual Output of Meat (ton)	2387062	2374754
#猪肉产量(吨)	Pork (ton)	718727	713414
牛肉产量(吨)	Beef (ton)	497288	497270
羊肉产量(吨)	Mutton (ton)	892444	872444
奶类产品(吨)	Milks (ton)	9456580	9314439
#牛 奶(吨)	Cow Millk (ton)	9051514	9082029
山羊毛产量(吨)	Goat Wool (ton)	12579	12561
绵羊毛产量(吨)	Sheep Wool (ton)	107452	106600
山羊绒产量(吨)	Cashmere (ton)	8104	7644
蜂蜜产量(吨)	Honey (ton)	4174	3194
禽蛋产量(吨)	Poultry Eggs (ton)	503855	525241
年末实有家禽(万只)	Number of Poultry at Yearend (10 000 heads)	4304.60	4735.49
年内牛皮产量(万张)	Annual Output of Cattle Skin (10 000unit)	346.14	336.60
绵羊皮产量(万张)	Output of Sheep Skin (10 000unit)	3681.21	3923.86
山羊皮产量(万张)	Output of Goat Skin (10 000unit)	1306.98	1179.68
驼绒产量(吨)	Output of Fine Hair of Camel (ton)	400.30	421.00
出售肉类总量(吨)	Products of Sold Meat (ton)	2144838	2227505
#出售猪肉(吨)	Pork (ton)	565546	597197
出售牛肉(吨)	Beef (ton)	502378	496373
出售羊肉(吨)	Mutton (ton)	762612	793464
出售牛羊奶数量(吨)	Products of Sold Milk (ton)	8461668	8717156
出售羊毛数量(吨)	Products of Sold Wool of Sheep and Goats (ton)	103827	104835
出售家禽只数(万只)	Number of Sold Poultry (10 000 heads)	8882.57	8860.96
水产品(吨)	Aquatic Products (ton)	113804	105979

主要统计指标解释

农林牧渔业总产值 指以货币表现的农、林、牧、渔业全部产品的总量，它反映一定时期内农业生产总规模和总成果。农业总产值的计算方法通常是按农林牧渔业产品及其副产品的产量分别乘以各自单位产品价格求得；少数生产周期较长，当年没有产品或产品产量不易统计的，则采用间接方法匡算其产值；然后将四业产品产值相加即为农业总产值。

粮食产量 指全社会的产量。包括国有经济经营的、集体统一经营的和农民家庭经营的粮食产量，还包括工矿企业办的农场和其他生产单位的产量。粮食除包括稻谷、小麦、玉米、高粱、谷子及其他杂粮外，还包括薯类和豆类。其产量计算方法，豆类按去豆荚后的干豆计算；薯类(包括甘薯和马铃薯，不包括芋头和木薯)1963 年以前按每 4 公斤鲜薯折 1 公斤粮食计算，从 1964 年开始改为按 5 公斤鲜薯折 1 公斤粮食计算。城市郊区作为蔬菜的薯类(如马铃薯等)按鲜品计算，并且不作粮食统计。其他粮食一律按脱粒后的原粮计算。

油料产量 指全部油料作物的生产量。包括花生、油菜籽、芝麻、向日葵籽、胡麻籽(亚麻籽)和其他油料。不包括大豆，木本油料和野生油料。花生以带壳干花生计算。

水产品产量 指人工养殖的水产品和天然生长的水产品的捕捞量。包括海水的鱼类、虾蟹类、贝类和藻类以及内陆水域的鱼类、虾蟹类和贝类，不包括淡水生植物。

猪、牛、羊肉产量 指当年出栏并已屠宰、除去头蹄下水后带骨肉(即胴体重)的重量。

牲畜总增头数 是反映牲畜的总体增长情况、牲畜头数增殖情况和死亡损失情况的一项数量指标，以大畜、小畜和猪分畜种计算。

总增头数 = 期内繁殖成活仔畜头数—期内成幼畜死亡头数

期末牲畜存栏头数 指调查期末农村各种合作经济组织和国营农场，农民个人，机关、团体、学校、工矿企业，部队等单位以及城镇居民饲养的大牲畜、猪、羊的存栏头数。

耕地面积 指可以用来种植农作物、经常进行耕锄的田地，包括熟地、当年新开荒地、连续撂荒未满三年的耕地和当年的休闲地(轮歇地)，还包括以种植农作物为主并附带种植桑树、茶树、果树和其他林木的土地，以及沿海、沿湖地区已围垦利用的“海涂”、“湖田”等面积。不包括属于专业性的桑园、茶园、果园、果木苗圃、林地、芦苇地、天然或人工草地面积。

农作物播种面积 指实际播种或移植有农作物的面积。凡是实际种植有农作物的面积，不论种植在耕地上还是种植在非耕地上，均包括在农作物播种面积中。在播种季节基本结束后，因遭灾而重新改种和补种的农作物面积，也包括在内。

有效灌溉面积 指具有一定的水源，地块比较平整，灌溉工程或设备已经配套，在一般年景下当年能够进行正常灌溉的耕地面积。

农用化肥施用量 指本年内实际用于农业生产的化肥数量，包括氮肥、磷肥、钾肥和复合肥。化肥施用量要求按折纯量计算数量。折纯量是把氮肥、磷肥、钾肥分别按含氮、含五氧化二磷、含氧化钾的百分之一百成份进行折算后的数量。复合肥按其所含主要成分折算。

农业机械总动力 指主要用于农、林、牧、渔业的各种动力机械的动力总和。包括耕作机械、排灌机械、收获机械、农用运输机械、植物保护机械、牧业机械、林业机械、渔业机械和其他农业机械[内燃机按引擎马力折成瓦(特)计算、电动机按功率折成瓦(特)计算]。不包括专门用于乡、镇、村、组办工业、基本建设、非农业运输、科学试验和教学等非农业生产方面用的动力机械与作业机械。

农林牧渔业劳动力 指全社会直接参加农林牧渔业生产活动的劳动力。

Explanatory Notes on Main Statistical Indicators

Gross Output Value of Farming, Forestry, Animal Husbandry and Fishery refers to the total value of products of farming, forestry, animal husbandry and fishery, which reflects the total scale and result of agricultural production during a given period. Gross output value of agriculture is obtained by first multiplying the output of each product or by product by its price, resulting in the output value of each single item. For a small number of products, annual output of which is not available or difficult to get due to the long production growing process involved, the output value is estimated through an indirect approach. The sum of output value of all products of farming, forestry, animal husbandry, and fishery is then equal to the gross output value of agriculture.

Grain Yield refers to the yield in the whole country including grains produced by state farms, collective units, industrial enterprises and mines. Grain includes rice, wheat, corn, sorghum, millet and other miscellaneous grains as well as tubers and beans. Output of beans refers to dry beans without pods. The output of tubers (sweet potatoes and potatoes, not including taros and cassava) was converted into that of grain at the ratio 4:1, i. e. 4 kilograms of fresh tubers was equivalent to 1 kilogram of grain up to 1963. Since 1964 the ratio for conversion has been 5:1. Tubers supplied as vegetables (such as potatoes) in cities and suburbs are calculated as fresh vegetables and their output is not included in the output of grain . Output of all other grains refers to husked grain.

Yield of Oil-bearing Crops refers to the total yield of oil bearing crops of various kinds, including peanuts, (dry, in shell) rape seeds, sesame, sunflower seeds, flax seeds, and other oil bearing crops, Soybeans, oil bearing woody plants, and wild oil bearing crops are not included.

Output of Aquatic Products refers to catches of both artificially cultured and naturally grown aquatic products, including fish, shrimps, crabs and shellfish in sea and inland water as well as seaweed. Freshwater plants are not included.

Output of pork, Beef, and Mutton refers to the meat of slaughtered hogs, cattle, sheep and goats with head, feet, and offal taken away.

Total Number of Livestock Added is a kind of numeral index which reflects the total statistics of increase, breeding and death of livestock, it is calculated at different kinds of livestock.

Total Number of Livestock Added = Survival Number of Newborn Livestock in the given Period–Death Number of Livestock

Number of Livestock in stock at Beginning (or End) refers to the total number of large animals, pigs, sheep, etc. raised by rural cooperative organizations, state farms, rural individuals, government agencies, schools, industrial and mining enterprises, army, and urban residents at the beginning(or end) of the reference period.

Cultivated Area (Area under cultivation) refers to farmland which is plowed constantly for growing crops, including cultivated land, newly cultivated land in the current year, farmland left without cultivation for less than three years and fallow land in the current year, rotation land, rotation land of grass and crops, farmland with some fruit trees, mulberry trees and other trees and cultivated seashore land, lake land and etc. The land of mulberry fields, tea plantations, orchards, nurseries of young plants, forestland, reed land, natural and manmade grassland and other land are not included in cultivated land.

Sown Area of Crops refers to area of land sown or transplanted with crops regardless of being in cultivated area or non-cultivated area. Area of land re sown due to natural disasters is also included.

Irrigated Area refers to areas that are effectively irrigated, i. e. level land which has water source and complete sets of irrigation facilities to lift and move adequate water for irrigation purpose under normal conditions.

Consumption of Chemical Fertilizers in Agriculture refers to the quantity of chemical fertilizers applied in agriculture in the year, including nitrogenous fertilizer, phosphate fertilizer, potash fertilizer, and compound fertilizer. The consumption of chemical fertilizers is required in calculation to convert the gross weight into weight containing 100% effective component. Compound fertilizer is converted with its major component.

Total Power of Farm Machinery refers to total mechanical power of machinery used in farming, forestry, animal husbandry, and fishery, including ploughing, irrigation and drainage, harvesting, transport, plant protection, stock breeding, forestry and fishery. The power of internal combustion engines is required to convert horsepower into watts and the power of electric motors is required to be converted into watts. Machinery employed for non–agricultural purposes, such as the machines used in township run and village run industry, construction, non agricultural transport, scientific experiments and teaching, is excluded.

Labour Force Engaged in Farming, Forestry, Animal Husbandry and Fishery refers to the total laborers who are directly engaged in production of farming, forestry, animal husbandry and fishery.

2012

NEI MENG GU

十三、工业

Industry

资料整理：刘 洁 马芸芸
Arranged By Liu Jie , Ma Yunyun

13-1 工业企业单位数和工业总产值

Number of Industrial Enterprises and Gross Industrial Output Value by Ownership

项 目	Item	2000	2005	2010	2011
企业单位数(个)	**Number of Industrial Enterprises(unit)**	**147769**	**130898**	**122718**	**125829**
在总计中：	Of the Total:				
国有及国有控股企业	State-owned Enterprises(including enterprises with controlling share hold by the state)	757	525	517	557
在总计中：	Of the Total:				
轻工业	Light Industry	97464	81391	75631	77510
重工业	Heavy Industry	50305	49507	47087	48319
在总计中：	Of the Total:				
国有企业	State-owned Enterprises	545	353	228	226
集体企业	Collective-owned Enterprises	3874	1207	1933	1196
个体企业	Individual-owned Enterprises	133421	119446	104305	108053
其他经济类型企业	Enterprises of Other Types of Ownership	9929	9892	16252	16354
# 股份制经济	Share-holding Corporations	371	2382	2762	3925
外商及港澳台商投资企业	Enterprises Funded by Foreigners or by Entrepreneurs from Hong Kong, Macao and Taiwan	90	245	221	183
工业总产值(亿元)	**Gross Industrial Output Value (100 million yuan)**	**1202.85**	**3861.58**	**16020.00**	**20472.95**
在总计中：	Of the Total:				
国有及国有控股企业	State-owned Enterprises(including enterprises with controlling share hold by the state)	636.95	1684.26	4455.52	5659.20
在总计中：	Of the Total:				
轻工业	Light Industry	464.26	1171.70	4645.80	6141.89
重工业	Heavy Industry	738.59	2689.88	11374.20	14331.06
在总计中：	Of the Total:				
国有企业	State-owned Enterprises	245.68	415.17	1393.64	1893.89
集体企业	Collective-owned Enterprises	65.64	60.94	206.59	270.54
个体企业	Individual-owned Enterprises	245.29	405.69	1269.10	1494.99
其他经济类型企业	Enterprises of Other Types of Ownership	646.24	2979.78	13150.67	16813.53
# 股份制经济	Share-holding Corporations	410.35	1927.37	9264.92	13506.82
外商及港澳台商投资企业	Enterprises Funded by Foreigners or by Entrepreneurs from Hong Kong, Macao and Taiwan	58.10	358.39	1180.7	1383.74

注：工业总产值按核算口径工业总产出计算。

a)The gross industrial output value is calculated at gross industrial output of national accounts .

13-2 工业总产值
Gross Industrial Output Value

本表按当年价计算。
Data in this table are calculated at current prices.

单位：亿元 (100 million yuan)

年份 Year	工业总产值 Total Industry	按轻重工业分 Grouped by Light & Heavy Industry		按经济类型分 Grouped by Ownership			
		轻工业 Light Industry	重工业 Heavy Industry	国有及国有控股企业 State-owned or Controlling Share Hold Industry	集体企业 Collective-owned Industry	个体企业 Individual-Owned Industry	其他经济类型企业 Industry of Other Types of Ownership
1952	1.63	1.06	0.57	0.91	0.01	0.71	
1957	6.33	3.48	2.85	5.23	1.02	0.08	
1962	14.26	7.84	6.42	11.78	2.29	0.18	
1965	26.79	9.61	17.18	24.15	2.60	0.03	
1970	27.80	8.85	18.95	25.16	2.64		
1975	36.89	15.28	21.61	30.22	6.67		
1978	52.96	22.05	30.91	40.89	10.78		
1979	57.40	23.90	33.50	44.32	11.68		
1980	59.39	24.58	34.81	46.23	13.13	0.02	0.01
1981	61.76	28.41	33.35	49.10	12.60	0.04	0.02
1982	73.73	31.45	42.28				
1983	81.53	34.06	47.47	65.76	15.62	0.13	0.03
1984	90.02	36.99	53.03	75.57	17.09	0.35	0.02
1985	112.93	45.78	67.15	91.86	20.38	0.65	0.04
1986	126.46	52.69	73.77	97.87	25.67	2.84	0.07
1987	150.84	64.10	86.74	115.86	30.93	3.94	0.11
1988	193.86	86.41	107.45	144.60	42.21	6.76	0.28
1989	243.13	105.31	137.82	178.22	55.03	9.20	0.68
1990	263.33	108.51	154.82	193.14	57.69	11.55	0.94
1991	304.43	108.98	195.45	233.55	55.15	13.03	2.70
1992	363.72	131.55	234.91	276.33	67.11	15.98	4.30
1993	470.36	141.87	328.49	371.91	70.25	20.77	7.42
1994	522.10	169.98	352.12	392.39	94.14	24.44	11.13
1995	626.52	215.92	410.61	389.89	121.40	63.86	51.37
1996	745.56	293.21	452.35	454.64	145.67	78.81	66.45
1997	872.30	347.20	525.10	505.74	162.26	116.68	87.62
1998	942.08	371.08	571.00	472.70	162.87	176.56	129.95
1999	1055.13	383.65	671.48	559.69	87.03	206.43	201.97
2000	1202.85	464.26	738.59	636.95	65.64	245.29	254.97
2001	1347.19	536.76	810.43	689.16	53.92	269.87	334.24
2002	1535.80	614.38	921.42	767.98	61.46	307.63	398.73
2003	1935.11	754.71	1180.40	849.26	77.44	387.60	620.81
2004	2805.21	893.21	1912.00	1182.28	52.38	358.06	1212.50
2005	3861.58	1171.70	2689.88	1684.26	60.94	405.69	1710.69
2006	5201.12	1506.72	3694.40	1972.38	67.07	477.35	2684.32
2007	7143.37	2069.37	5074.00	2708.92	92.12	655.61	3686.72
2008	9894.76	2869.48	7025.28	3858.96	127.60	908.18	5000.02
2009	12707.52	3685.18	9022.34	4955.94	163.87	1166.35	6421.36
2010	16020.00	4645.80	11374.20	4455.52	206.59	1269.10	10088.79
2011	20472.95	6141.89	14331.06	5659.20	270.54	1494.99	13048.22

注：工业总产值按核算口径工业总产出计算。
a)The gross industrial output value is calculated at gross industrial output of national accounts.

13-3 工业总产值指数

Indices of Gross Industrial Output Value

(上年=100) (preceding year=100)

年份 Year	工业总产值 Total Industry	按轻重工业分 Grouped by Light & Heavy Industry		按经济类型分 Grouped by Ownership			
		轻工业 Light Industry	重工业 Heavy Industry	国有及国有控股企业 State-owned or Controlling Share Hold Industry	集体企业 Collective-owned Industry	个体企业 Individual-Owned Industry	其他经济类型企业 Industry of Other Types of Ownership
1978	116.2	109.0	121.9	114.2	110.1		
1979	106.7	101.5	110.3	108.4	112.9		
1980	104.8	112.3	99.9	104.0	107.5		
1981	100.6	110.9	92.9	102.7	92.8	191.7	300.0
1982	115.1	107.9	121.1	114.9	115.5	200.5	96.7
1983	109.6	108.4	110.5	110.3	106.3	173.2	120.0
1984	108.1	107.4	108.6	108.0	107.1	252.9	87.0
1985	116.6	116.8	116.6	113.9	93.6	444.7	157.5
1986	109.6	112.8	107.2	107.7	146.0	168.3	188.7
1987	112.5	115.6	110.0	111.5	113.5	130.8	136.2
1988	113.9	116.1	112.2	110.7	121.1	152.1	229.2
1989	112.6	107.7	116.7	110.7	117.0	122.1	217.9
1990	104.1	102.8	105.0	104.1	100.7	120.7	134.0
1991	108.1	108.1	108.0	106.4	107.8	138.4	156.1
1992	111.3	108.0	113.5	107.9	118.4	133.8	148.5
1993	113.8	106.0	117.2	105.1	124.5	143.9	272.5
1994	114.0	118.0	113.2	103.7	122.1	142.0	295.0
1995	112.0	115.5	111.0	107.2	97.0	186.8	126.3
1996	111.5	112.5	110.1	101.6	124.6	158.9	161.1
1997	115.0	117.2	112.0	101.5	118.0	127.4	140.0
1998	110.0	109.7	110.4	106.5	86.6	114.8	145.3
1999	111.0	117.2	105.9	109.6	91.3	111.1	123.6
2000	112.0	120.7	106.8	106.7	67.2	125.5	135.6
2001	111.1	114.1	108.6	106.3	76.6	110.3	125.4
2002	114.0	116.8	112.5	115.1	108.4	112.4	137.4
2003	125.0	123.6	125.9	109.1	119.9	108.3	146.1
2004	129.7	127.5	130.8	126.2	68.0	93.1	149.6
2005	130.7	126.0	133.2	134.7	113.4	111.0	133.6
2006	132.1	126.1	134.7	122.6	126.9	115.4	153.9
2007	127.8	122.3	130.1	125.0	129.6	129.9	141.1
2008	123.1	113.7	125.5	117.0	133.5	125.7	136.9
2009	120.6	123.4	119.8	113.5	118.7	131.8	121.9
2010	118.8	116.6	119.3	119.6	114.3	128.5	118.9
2011	119.0	112.5	120.5	112.6	115.7	128.9	119.1

注：本表按可比价格计算，以上年为100。

a)Data in this table are calculated at comparable prices, preceding year=100.

13-4 规模以上工业企业分行业职工人数(2011 年)

Number of Staff & Workers of Industrial Enterprises above Designated Size by Industrial Branch(2011)

单位：万人 (10 000 persons)

项 目	Item	2011
总 计	**Total**	**123.53**
按登记注册类型分	**Grouped by Ownership**	
国有	State-owned	15.69
集体	Collective-owned	1.20
其他	Other Ownership	106.64
按行业分	**Grouped by Sector**	
采矿业	**Mining**	**36.02**
煤炭开采和洗选业	Coal Mining & Processing	25.51
石油和天然气开采业	Petroleum & Natural Gas Pumped	0.65
黑色金属矿采选业	Mining & Dressing of Ferrous Metals	3.67
有色金属矿采选业	Mining & Dressing of Nonferrous Metals	4.12
非金属矿采选业	Mining & Dressing of Nonmetal Minerals	2.04
其他采矿业	Mining of Other Mineral	0.03
制造业	**Manufacturing**	**74.99**
农副食品加工业	Processing of Agricultural Side-Line Food	7.40
食品制造业	Food Manufacturing	5.04
饮料制造业	Beverage Manufacturing	3.13
烟草制品业	Tobacco Products	0.29
纺织业	Textile Industry	3.99
纺织服装、鞋、帽制造业	Textile Products, Clothes, Shoes & Hats	0.70
皮革、毛皮、羽毛（绒）及其制品业	Leather, Furs, Down & Related Products	0.35
木材加工及木、竹、藤、棕、草制品业	Timber Processing, Bamboo, Cane, Palm Fiber & Straw Products	1.79
家具制造业	Furniture Manufacturing	0.16
造纸及纸制品业	Paper-making & Paper Products	0.75
印刷业和记录媒介的复制	Printing & Record Pressing	0.19
文教体育用品制造业	Cultural, Educational & Sports Goods	
石油加工、炼焦及核燃料加工业	Petroleum Processing ,Coke Products & Processing of Nuclear Fuel	2.62
化学原料及化学制品制造业	Raw Chemical Materials & Chemical Products	8.86
医药制造业	Medicine Manufacturing	2.72
化学纤维制造业	Chemical Fiber Manufacturing	
橡胶制品业	Rubber Products	0.08
塑料制品业	Plastic Products	0.93
非金属矿物制品业	Nonmetal Mineral Products	6.69
黑色金属冶炼及压延加工业	Smelting & Pressing of Ferrous Metals	11.39
有色金属冶炼及压延加工业	Smelting & Pressing of Nonferrous Metals	6.70
金属制品业	Metal Products	1.06
通用设备制造业	Manufacturing of General-Purpose Equipment	2.46
专用设备制造业	Special Purposes Equipment Manufacturing	3.73
交通运输设备制造业	Transportation Equipment Manufacturing	1.62
电气机械及器材制造业	Electric Equipment & Machinery	1.29
通信设备、计算机及其他电子设备制造业	Manufacturing of Telecoms,Computer & Other Electronic Equipment	0.34
仪器仪表及文化、办公用机械制造业	Instruments, Meters, Cultural & Office Machinery	0.02
工艺品及其他制造业	Handicrafts & Other Production	0.57
废弃资源和废旧材料回收加工业	Recovering of Abandoned Resource & Waste Materical	0.12
电力、燃气及水的生产和供应业	**Production & Supply of Electric Power,Gas & Water**	**12.52**
电力、热力的生产和供应业	Production & Supply of Electric Power & Heating Power	11.09
燃气生产和供应业	Production & Supply of Gas	0.42
水的生产和供应业	Production & Supply of Water	1.01

注：规模以上工业是指全部年主营业务收入2000万元及以上的工业法人企业(下同)。

a)Industrial enterprises above designated size refer to the industiral enterprises with an annual operating income of over 20 million yuan(The next table is the same)

13–5 规模以上工业企业工业总产值

Gross Industrial Output Value of Industrial Enterprises above Designated Size

单位：万元 (10 000 yuan)

行 业	Item	2011年工业总产值(现价) Gross Industrial Output Value in 2011 (at current prices)
总 计	**Total**	**173175954**
按经济类型分	**Grouped by Ownership**	
在总计中：	Of the Total:	
国有及国有控股企业	State-owned Enterprises(including with controlling share hold by the state)	56591981
在总计中：	Of the Total:	
集体企业	Collective-owned Enterprises	1391765
股份有限公司	Share-holding Corporation	25775840
外商投资企业	Foreign Funded Enterprises	10172011
港澳台商投资企业	Enterprises Funded by Entrepreneurs from Hong Kong, Macao and Taiwan	3665439
按轻重工业分	**Grouped by Light & Heavy Industry**	
轻工业	Light Industry	33782320
重工业	Heavy Industry	139393634
按企业规模分	**Grouped by Size of Enterprises**	
大型企业	Large	63001242
中型企业	Medium-sized	45830682
小型企业	Small	62907133
按行业分	**Grouped by Sector**	
煤炭开采和洗选业	Coal Mining and Processing	37185408
石油和天然气开采业	Petroleum and Natural Gas Pumped	1115135
黑色金属矿采选业	Mining and Dressing of Ferrous Metals	4842771
有色金属矿采选业	Mining and Dressing of Nonferrous Metals	4464964
非金属矿采选业	Mining and Dressing of Nonmetal Minerals	2060727
其他采矿业	Mining of Other Mineral	23538
农副食品加工业	Processing of Agricultural Side-line Food	12698109
食品制造业	Food Manufacturing	6552984
饮料制造业	Beverage Manufacturing	2257565

13-5 续表 1 continued

单位：万元 (10 000 yuan)

行 业	Item	2011年工业总产值(现价) Gross Industrial Output Value in 2011 (at current prices)
烟草制品业	Tobacco Products	600725
纺织业	Textile Industry	4578297
纺织服装、鞋、帽制造业	Textile Products, Clothes, Shoes and Hats	380966
皮革、毛皮、羽毛(绒)及其制品业	Leather, Furs, Down & Related Products	190154
木材加工及木、竹、藤、棕、草制品业	Timber Processing, Bamboo, Cane, Palm Fiber & Straw Products	1598032
家具制造业	Furniture Manufacturing	201533
造纸及纸制品业	Paper-making and Paper Products	1017787
印刷业和记录媒介的复制	Printing and Record Pressing	131251
文教体育用品制造业	Cultural, Educational and Sports Goods	
石油加工、炼焦及核燃料加工业	Petroleum Processing , Coke Products & Processing of Nuclear Fuel	5360519
化学原料及化学制品制造业	Raw Materials & Chemical Products	10798869
医药制造业	Medicine Manufacturing	2700057
化学纤维制造业	Chemical Fiber Manufacturing	
橡胶制品业	Rubber Products	60640
塑料制品业	Plastic Products	1288803
非金属矿物制品业	Nonmetal Mineral Products	6858676

13-5 续表 2 continued

单位：万元 (10 000 yuan)

行 业	Item	2011年工业总产值(现价) Gross Industrial Output Value in 2011 (at current prices)
黑色金属冶炼及压延加工业	Smelting and Pressing of Ferrous Metals	16034087
有色金属冶炼及压延加工业	Smelting and Pressing of Nonferrous Metals	16198425
金属制品业	Metal Products	1535776
通用设备制造业	Manufacturing of General Purpose Equipment	2328944
专用设备制造业	Special Purposes Equipment Manufacturing	2569089
交通运输设备制造业	Transportation Equipment Manufacturing	3120631
电气机械及器材制造业	Electric Equipment and Machinery	2520186
通信设备、计算机及其他电子设备制造业	Manufacturing of Telecomm ,Computer & Other Electronic Equipment	528177
仪器仪表及文化、办公用机械制造业	Instruments, Meters, Cultural & Office Machinery	11687
工艺品及其他制造业	Handicrafts and Other Production	729057
废弃资源和废旧材料回收加工业	Recovering of Abandoned Resource & Waste Materical	131322
电力、热力的生产和供应业	Production & Supply of Electric Power & Heating Power	16066539
燃气生产和供应业	Production and Supply of Gas	4225965
水的生产和供应业	Production and Supply of Water	208559

13-6 规模以上工业企业主要经济指标(2011 年)

单位:万元

项 目	Item	企业单位数(个) Number of Enterprises (unit)	工业总产值(现价) Gross Industrial Output Value (at current prices)
总 计	**Total**	**4175**	**173175954**
在总计中:	Of the Total:		
亏损企业	Enterprises at Lose	533	12597449
按轻重分	**Grouped by Light & Heavy Industry**		
轻工业	Light Industry	1257	33782320
重工业	Heavy Industry	2918	139393634
按行业分	**Grouped by Sector**		
采矿业	Mining	865	49692544
制造业	Manufacturing	2929	102982347
电力、燃气及水的生产和供应业	Production & Supply of Electric Power,Gas & Water	381	20501063
按企业规模分	**Grouped by Size of Enterprises**		
大型企业	Large	152	63001242
中型企业	Medium sized	645	45830682
小型企业	Small	3173	62907133
微型企业	tiny	205	1436896
按登记注册类型分组	**Grouped by Registration Status**		
内资企业	Domestic-funded Enterprise	3992	159338504
国有企业	State-owned Enterprises	226	18938901
中央企业	Central Enterprises	50	6989353
地方企业	Local Enterprises	176	11949548
集体企业	Collective-owned Enterprises	71	1391765
股份合作企业	Cooperative Enterprises	30	2615985
联营企业	Joint Ownership Enterprises	6	168135
国有联营企业	State joint Ownership Enterprises	1	93900
集体联营企业	Collective Joint Ownership Enterprises		
国有与集体联营企业	Joint State Collective Enterprises	1	11416
其他联营企业	Other Joint Ownership Enterprises	4	62819
有限责任公司	Limited Liability Corporations	1532	69253812
国有独资公司	Exclusive State-funded Limited Liability Corporations	48	7066926
股份有限公司	Share-holding Corporations Ltd.	168	21842547
私营企业	Private Enterprises	1839	41991920
其他企业	Other Enterprises	120	3135441
港澳台商投资企业	Enterprises Funded by Entrepreneurs from Hong Kong, Macao and Taiwan	67	3665439
外商投资企业	Enterprises Funded by Foreigners	116	10172011

Main Indicators of Industrial Enterprises above Designated Size(2011)

资产合计 Total Assets	流动资产合计 Circulating Funds	固定资产原价 Original Value of Fixed Assets	流动负债合计 Liquid Liabilities	非流动负债合计 Non-Liquid Liabilities
179578276	**65560540**	**114773050**	**65337818**	**33671532**
21296169	6480955	16303500	9647578	5742861
19669202	9413802	11249974	8322688	1591444
159909074	56146738	103523075	57015131	32080088
56380978	24365142	24542677	15446925	7451133
78597367	50415349	35235617	9053718	9053718
44599931	39815025	14655276	17166681	17166681
87560626	33057548	54786254	29413759	16378811
44519309	16050499	30267516	16474092	9424027
41777570	15239054	27613028	16792092	6620985
5720770	1213439	2106253	2657876	1247709
164254159	59825811	104102517	60006658	31278956
27629360	6155618	20426171	9686094	8712855
13283400	3635938	9199529	4913542	3199461
14345961	2519680	11226641	4772552	5513394
480973	260676	257667	155730	4922
4461333	1959897	1100587	323383	226695
373480	37282	341896	383086	9481
333607	20494	318250	369398	900
9251	779	10169	3729	5594
30621	16010	13478	9959	2987
83734149	30602642	53577009	28947925	16399270
17541422	7338890	12003154	4377665	4211906
22788681	9403558	14624482	9507954	3812256
23083888	10576227	13123429	10269910	1912403
1702295	829911	651276	732576	201075
4455432	1774443	3681590	2079114	745630
10868686	3960286	6988942	3252046	1646947

13-6 续表

单位:万元

项 目	Item	所有者权益 Creditors Equity	实收资本 Total Capital Hold
总 计	**Total**	**70330328**	**32494385**
在总计中:	Of the Total:		
亏损企业	Enterprises at Lose	4626799	4352510
按轻重分	**Grouped by Light & Heavy Industry**		
轻工业	Light Industry	8926019	3431158
重工业	Heavy Industry	61404309	29063227
按行业分	**Grouped by Sector**		
采矿业	Mining	29267262	8938155
制造业	Manufacturing	30253631	15623413
电力、燃气及水的生产和供应业	Production & Supply of Electric Power,Gas & Water	10809435	7932817
按企业规模分	**Grouped by Size of Enterprises**		
大型企业	Large	36451004	14733700
中型企业	Medium-sized	16270709	7760748
小型企业	Small	16142277	8591789
微型企业	tiny	1466338	1408148
按登记注册类型分组	**Grouped by Registration Status**		
内资企业	Domestic funded Enterprise	63429542	29521373
国有企业	State-owned Enterprises	8164263	3844219
中央企业	Central Enterprises	4931593	1731330
地方企业	Local Enterprises	3232670	2112890
集体企业	Collective-owned Enterprises	162841	63973
股份合作企业	Cooperative Enterprises	1779765	935131
联营企业	Joint Ownership Enterprises	-33347	21763
国有联营企业	State joint Ownership Enterprises	-36691	17385
集体联营企业	Collective Joint Ownership Enterprises		
国有与集体联营企业	Joint State Collective Enterprises	-71	168
其他联营企业	Other Joint Ownership Enterprises	3415	4210
有限责任公司	Limited Liability Corporations	33990144	16353000
国有独资公司	Exclusive State-funded Limited Liability Corporations	8484416	3221925
股份有限公司	Share-holding Corporations Ltd.	9036661	3947203
私营企业	Private Enterprises	9643400	4086806
其他企业	Other Enterprises	685814	269279
港澳台商投资企业	Enterprises Funded by Entrepreneurs from Hong Kong, Macao and Taiwan	1538080	883575
外商投资企业	Enterprises Funded by Foreigners	5362706	2089437

continued

(10 000 yuan)

主营业务收入 Revenues of Main Business	主营业务成本 Cost of Main Business	主营业务税金及附加 Sales Tax and Extra Charges	利润总额 Total Profits	本年应交增值税 Value Added Tax Payable
170851513	**131659704**	**2221498**	**21577212**	**7065661**
12198957	11364208	190337	-662947	375332
32561107	26186841	422986	2683174	723622
138290406	105472863	1798512	18894039	6342039
50795244	33652956	1200016	10454833	3565674
100207606	83544338	921786	7406113	2386755
19848663	14462410	99696	3716266	1113232
62900044	47534837	928292	9915490	3280055
45091400	34547271	559600	6031998	1862335
61550584	48566283	689255	5388381	1887623
1309485	1011314	44351	241344	35649
156679665	120892132	2089859	19555529	6500393
18542290	12961809	305418	3395765	1097674
7119961	5288066	128507	751925	467028
11422329	7673742	176911	2643840	630647
1376833	1210986	7253	56581	33790
2601771	1860566	34568	669186	114438
154835	100966	1309	38654	10379
93900	44978	1187	37901	9525
11202	10035	39	-213	251
49734	45953	83	966	603
68287520	52769711	955536	8970568	3015563
6938715	4884452	89358	1371569	450931
21519420	16816418	321844	2611706	810533
41156656	32871263	420579	3477627	1276973
3040341	2300413	43353	335443	141042
3576913	2795561	34088	433008	105967
10594935	7972011	97551	1588675	459301

13-7 国有及国有控股工业企业主要经济指标(2011 年)

单位:万元

项 目	Item	企业单位数(个) Number of Enterprises (unit)	工业总产值(现价) Gross Industrial Output Value (at curent prices)
总 计	**Total**	**557**	**56591981**
在总计中:亏损企业	Of the Total：Enterprises at Lose	110	4609803
在总计中：轻工业	Of the Total:Light Industry	76	3661952
重工业	Heavy Industry	481	52930029
在总计中:	Of the Total:		
采矿业	Mining	86	15711150
制造业	Manufacturing	203	25458298
电力、燃气及水的生产和供应业	Production & Supply of Electric Power,Gas & Water	268	15422533
在总计中:	Of the Total:		
大型企业	Large	82	36411619
中型企业	Medium-sized	177	11843503
小型企业	Small	265	8074249
微型企业	Tiny	33	262610

13-7 续表

单位：万元

行 业	Item	所有者权益 Creditors Equity	实收资本 Total Capital Hold
总 计	**Total**	**35445417**	**18505656**
在总计中:亏损企业	Of the Total:Enterprises at Lose	2497981	2643973
在总计中：轻工业	Of the Total:Light Industry	1827517	814828
重工业	Heavy Industry	33617900	17690829
在总计中:	Of the Total:		
采矿业	Mining	14856854	4867388
制造业	Manufacturing	11781901	6563651
电力、燃气及水的生产和供应业	Production & Supply of Electric Power,Gas & Water	8806663	7074617
在总计中:	Of the Total:		
大型企业	Large	23454604	9978479
中型企业	Medium-sized	6131619	4237542
小型企业	Small	4781092	3042685
微型企业	Tiny	1078102	1246949

Main Indicators on Economic Benefit of State-owned and State Holding Majority Shares Industrial Enterprises(2011)

(10 000 yuan)

资产合计 Total Assets	流动资产合计 Circulating Funds	固定资产原价 Original Value of Fixed Assets	流动负债合计 Liquid Liabilities	非流动负债合计 Non-Liquid Liabilities
98146883	**28934281**	**70220500**	**34897970**	**24342395**
12430543	2297281	11401297	4581025	5009498
4225026	2205539	1804062	2136785	179207
93921857	26728743	68416438	32761185	24163188
26270415	10135555	11290815	6670373	3538587
31743514	13448622	22195455	15004388	4404454
40132955	5350104	36734230	13223209	16399354
56923867	20284377	40045216	19980679	11866816
20929341	4922545	15684114	7240021	6738143
15569854	3043154	12717353	5395812	4600736
4723820	684206	1773816	2281459	1136700

continued

(10 000 yuan)

主营业务收入 Revenues of Main Business	主营业务成本 Cost of Main Business	主营业务税金及附加 Sales Tax and Extra Charges	利润总额 Total Profits	本年应交增值税 Value Added Tax Payable
55635121	**41891343**	**806502**	**8030761**	**3023915**
4704158	4365347	134838	-395849	223491
3699293	2549916	134858	416174	169488
51935828	39341427	671643	7614587	2854427
15719006	10430154	376927	3334313	1291108
25224495	21182416	347744	1633576	718115
14691620	10278773	81830	3062873	1014692
35796271	26947508	478309	5731512	2127069
11501553	8296115	236003	1476092	627715
8223115	6582929	91886	674417	257576
114182	64791	304	148740	11555

13-8 规模以上工业企业分行业主要经济指标(2011 年)

单位:万元

行 业	Item	企业单位数(个) Enterprise (unit)	工业总产值(现价) Gross Industrial Output Value (at current prices)
总计	**Total**	**4175**	**173175954**
采矿业	**Mining**	**865**	**49692544**
煤炭开采和洗选业	Coal Mining & Processing	398	37185409
石油和天然气开采业	Petroleum & Natural Gas Extraction	14	1115135
黑色金属矿采选业	Mining & Dressing of Ferrous Metals	200	4842771
有色金属矿采选业	Mining & Dressing of Nonferrous Metals	126	4464964
非金属矿采选业	Mining & Dressing of Nonmetal Minerals	123	2060727
其他采矿业	Mining of Other Mineral	4	23538
制造业	**Manufacturing**	**2929**	**102982347**
农副食品加工业	Processing of Agricultural Side-Line Food	527	12698109
食品制造业	Food Manufacturing	148	6552984
饮料制造业	Beverage Manufacturing	116	2257565
烟草制品业	Tobacco Products	2	600725
纺织业	Textile Industry	156	4578297
纺织服装、鞋、帽制造业	Textile Products, Clothes, Shoes & Hats	33	380966
皮革、毛皮、羽毛（绒）及其制品业	Leather, Furs, Down & Related Products	12	190154
木材加工及木、竹、藤、棕、草制品业	Timber Processing, Bamboo, Cane, Palm Fiber & Straw Products	120	1598032
家具制造业	Furniture Manufacturing	11	201533
造纸及纸制品业	Paper-making & Paper Products	42	1017787
印刷业和记录媒介的复制	Printing & Record Pressing	18	131251
文教体育用品制造业	Cultural, Educational & Sports Goods		
石油加工、炼焦及核燃料加工业	Petroleum Processing , Coke Products & Processing of Nuclear Fuel	39	5360519
化学原料及化学制品制造业	Raw Chemical Materials & Chemical Products	339	10798869
医药制造业	Medicine Manufacturing	74	2700057
化学纤维制造业	Chemical Fiber Manufacturing		
橡胶制品业	Rubber Products	5	60640
塑料制品业	Plastic Products	69	1288803
非金属矿物制品业	Nonmetal Mineral Products	383	6858676
黑色金属冶炼及压延加工业	Smelting & Pressing of Ferrous Metals	213	16034087
有色金属冶炼及压延加工业	Smelting & Pressing of Nonferrous Metals	172	16198425
金属制品业	Metal Products	91	1535776
通用设备制造业	Manufacturing of General-Purpose Equipment	108	2328944
专用设备制造业	Special Purposes Equipment Manufacturing	70	2569089
交通运输设备制造业	Transportation Equipment Manufacturing	35	3120631
电气机械及器材制造业	Electric Equipment & Machinery	91	2520186
通信设备、计算机及其他电子设备制造业	Manufacturing of Telecommunications, Computer & Other Electronic Equipment	15	528177
仪器仪表及文化、办公用机械制造业	Instruments, Meters, Cultural & Office Machinery	5	11687
工艺品及其他制造业	Handicrafts & Other Production	24	729057
废弃资源和废旧材料回收加工业	Recovering of Abandoned Resource & Waste Materical	11	131322
电力、燃气及水的生产和供应业	**Production & Supply of Electric Power,Gas & Water**	**381**	**20501063**
电力、热力的生产和供应业	Production & Supply of Electric Power & Heating Power	339	16066539
燃气生产和供应业	Production & Supply of Gas	15	4225965
水的生产和供应业	Production & Supply of Water	27	208559

Main Indicators of Industrial Enterprises above Designated Size by Industrial Branch(2011)

(10 000 yuan)

资产合计 Total Assets	流动资产合计 Circulating Funds	固定资产原价 Original Value of Fixed Assets	流动负债合计 Liquid Liabilities	非流动负债合计 Non-Liquid Liabilities
179578276	**114595515**	**74433570**	**41667324**	**33671532**
56380978	**24365142**	**24542677**	**15446925**	**7451133**
45687419	20507554	18671139	12300970	6380600
1977617	838036	1325495	372942	293396
3272183	1194867	1827786	1251787	362033
4448110	1382481	2226760	1080266	315882
985410	438575	480714	438958	99210
10239	3628	10783	2002	12
78597367	**50415349**	**35235617**	**9053718**	**9053718**
3946096	3195832	1464848	230059	230059
5477081	2387646	2737582	582663	582663
1589868	843974	703565	113434	113434
482126	202557	152546	447	447
3386973	1464668	1326980	278231	278231
161715	75278	92041	4471	4471
93174	53963	17861	6382	6382
438069	520192	189402	42616	42616
81022	38622	40471	5363	5363
439876	384684	184602	15075	15075
75095	36466	25525	1095	1095
6403919	3857535	2902574	840308	840308
12233120	7639930	4865023	2171181	2171181
2022441	1499931	726218	230195	230195
59669	41556	9042	681	681
1284233	735919	583847	214433	214433
5044834	3146225	2347141	452962	452962
15891369	9422428	7607531	2019617	2019617
8707270	5868135	3518114	589970	589970
590450	385740	243343	16661	16661
1464710	488348	880097	30210	30210
3329747	2939131	1449777	624080	624080
2778912	4423237	1552268	470002	470002
1639465	442143	1102453	50284	50284
475289	52127	327004	2772	2772
5962	913	3204	191	191
366657	232570	120566	42252	42252
128226	35602	61995	18088	18088
44599931	**39815025**	**14655276**	**17166681**	**17166681**
42476980	38326030	13990726	16922837	16922837
1355359	941414	398702	158084	158084
767593	547581	265849	85760	85760

13-8 续表

单位：万元

行 业	Item	所有者权益 Creditors Equity	实收资本 Total Capital Hold
总计	**Total**	**70330328**	**32494385**
采矿业	**Mining**	**29267262**	**8938155**
煤炭开采和洗选业	Coal Mining & Processing	23963277	6029540
石油和天然气开采业	Petroleum & Natural Gas Extraction	1230004	907355
黑色金属矿采选业	Mining & Dressing of Ferrous Metals	1524008	988946
有色金属矿采选业	Mining & Dressing of Nonferrous Metals	2135879	813236
非金属矿采选业	Mining & Dressing of Nonmetal Minerals	405868	196879
其他采矿业	Mining of Other Mineral	8225	2200
制造业	**Manufacturing**	**30253631**	**15623413**
农副食品加工业	Processing of Agricultural Side-Line Food	2034872	770745
食品制造业	Food Manufacturing	2111053	857564
饮料制造业	Beverage Manufacturing	725004	407475
烟草制品业	Tobacco Products	329133	134616
纺织业	Textile Industry	1491848	434791
纺织服装、鞋、帽制造业	Textile Products, Clothes, Shoes & Hats	60156	42714
皮革、毛皮、羽毛（绒）及其制品业	Leather, Furs, Down & Related Products	64347	29497
木材加工及木、竹、藤、棕、草制品业	Timber Processing, Bamboo, Cane, Palm Fiber & Straw Products	160853	110257
家具制造业	Furniture Manufacturing	32879	5876
造纸及纸制品业	Paper-making & Paper Products	221432	94099
印刷业和记录媒介的复制	Printing & Record Pressing	40754	16212
文教体育用品制造业	Cultural, Educational & Sports Goods		
石油加工、炼焦及核燃料加工业	Petroleum Processing , Coke Products & Processing of Nuclear Fuel	2483165	717263
化学原料及化学制品制造业	Raw Chemical Materials & Chemical Products	4281366	3000063
医药制造业	Medicine Manufacturing	1005651	393612
化学纤维制造业	Chemical Fiber Manufacturing		
橡胶制品业	Rubber Products	48494	32088
塑料制品业	Plastic Products	379377	206248
非金属矿物制品业	Nonmetal Mineral Products	2048179	1157724
黑色金属冶炼及压延加工业	Smelting & Pressing of Ferrous Metals	5215207	3346934
有色金属冶炼及压延加工业	Smelting & Pressing of Nonferrous Metals	4019204	1973725
金属制品业	Metal Products	298446	136604
通用设备制造业	Manufacturing of General-Purpose Equipment	497799	320669
专用设备制造业	Special Purposes Equipment Manufacturing	1097159	751779
交通运输设备制造业	Transportation Equipment Manufacturing	751511	329918
电气机械及器材制造业	Electric Equipment & Machinery	470523	275832
通信设备、计算机及其他电子设备制造业	Manufacturing of Telecommunications, Computer & Other Electronic Equipment	139347	35007
仪器仪表及文化、办公用机械制造业	Instruments, Meters, Cultural & Office Machinery	2567	1985
工艺品及其他制造业	Handicrafts & Other Production	195764	30843
废弃资源和废旧材料回收加工业	Recovering of Abandoned Resource & Waste Materical	47543	9274
电力、燃气及水的生产和供应业	**Production & Supply of Electric Power, Gas & Water**	**10809435**	**7932817**
电力、热力的生产和供应业	Production & Supply of Electric Power & Heating Power	9731551	7589332
燃气生产和供应业	Production & Supply of Gas	744906	222400
水的生产和供应业	Production & Supply of Water	332979	121084

continued

(10 000 yuan)

主营业务收入 Revenues of Main Business	主营业务成本 Cost of Main Business	主营业务税金 及附加 Sales Tax & Extra Charges	利润总额 Total Profits	本年应交 增值税 Value Added Tax Payable
170851513	**131659704**	**2221498**	**21577212**	**7065661**
50795244	**33652956**	**1200016**	**10454833**	**3565674**
38679179	24736547	1032109	8779271	3038895
1059581	694700	46954	266849	61275
4653844	3461728	57183	554750	215032
4417676	3206144	42559	734176	188025
1962171	1537597	21118	116401	62405
22794	16240	93	3386	43
100207606	**83544338**	**921786**	**7406113**	**2386755**
12369129	10320633	110698	782258	150920
6180368	4821082	24586	624757	176039
2212660	1653150	88574	213511	74897
586674	185285	103578	51119	71819
4370437	3698364	68756	338012	47983
398875	331625	915	19061	6939
176914	148439	953	19141	4322
1556497	1231420	4810	79324	21840
191578	154871	519	15308	847
953409	772687	4336	104538	34653
130552	103363	625	15287	1629
5041317	4094737	181322	344179	155758
10465102	8376615	39059	991296	262423
2573169	2050378	10572	302948	107012
57372	46982	346	4529	1676
1377632	1170299	4532	60587	16583
6655219	5215658	38011	542600	202033
15827175	14219033	126757	630170	484487
16057851	13854667	74282	1516910	363596
1521284	1201850	7283	144214	21453
2230919	1918764	6954	155466	35116
2452406	2170666	6277	97472	26124
2968417	2608538	7439	45994	54520
2514873	2130053	6690	139966	45389
513788	430183	1362	32329	8619
12548	11557	16	365	80
684228	513967	2147	125166	8347
127212	109474	389	9606	1651
19848663	**14462410**	**99696**	**3716266**	**1113232**
15356558	10825061	89815	3106996	1053968
4285817	3484288	7791	602358	50833
206288	153062	2090	6912	8432

13-9 国有及国有控股工业企业分行业主要经济指标(2011年)

单位:万元

行业	Item	企业单位数(个) Number of Enterprise (unit)	工业总产值(现价) Gross Industrial Output Value (at current prices)
总计	**Total**	**557**	**56591981**
采矿业	**Mining**	**86**	**15711150**
煤炭开采和洗选业	Coal Mining & Processing	49	12473598
石油和天然气开采业	Petroleum & Natural Gas Extraction	5	965419
黑色金属矿采选业	Mining & Dressing of Ferrous Metals	7	790921
有色金属矿采选业	Mining & Dressing of Nonferrous Metals	17	1115774
非金属矿采选业	Mining & Dressing of Nonmetal Minerals	8	365438
其他采矿业	Mining of Other Mineral		
制造业	**Manufacturing**	**203**	**25458298**
农副食品加工业	Processing of Agricultural Side-Line Food	12	477475
食品制造业	Food Manufacturing	12	1365671
饮料制造业	Beverage Manufacturing	11	295553
烟草制品业	Tobacco Products	2	600725
纺织业	Textile Industry	4	205171
纺织服装、鞋、帽制造业	Textile Products, Clothes, Shoes & Hats	3	37521
皮革、毛皮、羽毛（绒）及其制品业	Leather, Furs, Down & Related Products	1	48484
木材加工及木、竹、藤、棕、草制品业	Timber Processing, Bamboo, Cane, Palm Fiber & Straw Products		
家具制造业	Furniture Manufacturing		
造纸及纸制品业	Paper-making & Paper Products	1	13556
印刷业和记录媒介的复制	Printing & Record Pressing	2	7569
文教体育用品制造业	Cultural, Educational & Sports Goods		
石油加工、炼焦及核燃料加工业	Petroleum Processing , Coke Products & Processing of Nuclear Fuel	8	2688856
化学原料及化学制品制造业	Raw Chemical Materials & Chemical Products	20	1504164
医药制造业	Medicine Manufacturing	6	270674
化学纤维制造业	Chemical Fiber Manufacturing		
橡胶制品业	Rubber Products	1	16236
塑料制品业	Plastic Products	3	376653
非金属矿物制品业	Nonmetal Mineral Products	22	1056149
黑色金属冶炼及压延加工业	Smelting & Pressing of Ferrous Metals	8	5340263
有色金属冶炼及压延加工业	Smelting & Pressing of Nonferrous Metals	27	5614753
金属制品业	Metal Products	4	158684
通用设备制造业	Manufacturing of General-Purpose Equipment	16	946244
专用设备制造业	Special Purposes Equipment Manufacturing	18	1652559
交通运输设备制造业	Transportation Equipment Manufacturing	9	2212316
电气机械及器材制造业	Electric Equipment & Machinery	11	478228
通信设备、计算机及其他电子设备制造业	Manufacturing of Telecommunications, Computer & Other Electronic Equipment		
仪器仪表及文化、办公用机械制造业	Instruments, Meters, Cultural & Office Machinery		
工艺品及其他制造业	Handicrafts & Other Production	2	90797
废弃资源和废旧材料回收加工业	Recovering of Abandoned Resource & Waste Materical		
电力、燃气及水的生产和供应业	**Production & Supply of Electric Power,Gas & Water**	**268**	**15422533**
电力、热力的生产和供应业	Production & Supply of Electric Power & Heating Power	247	15060045
燃气生产和供应业	Production & Supply of Gas	4	217353
水的生产和供应业	Production & Supply of Water	17	145135

Main Indicators on Economic Benefit of State-owned and State Holding Majority Shares Industrial Enterprises by Industrial Branch(2011)

资产合计 Total Assets	流动资产合计 Circulating Funds	固定资产原价 Original Value of Fixed Assets	流动负债合计 Liquid Liabilities	非流动负债合计 Non-Liquid Liabilities
98146883	**28934281**	**70220500**	**34897970**	**24342395**
26270415	**10135555**	**11290815**	**6670373**	**3538587**
21152736	8441197	8581820	5629710	2949739
1839552	791130	1270222	305193	293327
1042541	284067	738337	218053	204117
1881992	461887	517483	354340	35905
353594	157273	182953	163077	55498
31743514	**13448622**	**22195455**	**15004388**	**4404454**
543447	198849	212452	162604	35213
1806963	1043911	530752	1237961	16243
292774	137996	161982	140746	15303
482126	320260	202557	152546	447
54541	38802	26131	23425	6155
51679	34547	26126	32303	3137
5605	3768	1672	1670	
13975	6837	14131	1257	
17833	3454	13254	6046	
3724154	525372	2859622	1749169	397993
3233661	988153	2355945	1557651	580378
180146	72222	79843	101113	197
12471	11052	2073	4465	
531332	96378	364290	199385	209619
1142873	325035	921897	569305	156507
8586215	3716406	5167766	4081324	1406988
4600133	1840562	2811827	1582077	465512
57237	32092	24210	33819	75
875718	597826	272058	606176	19923
2825840	1585985	2777321	1209472	621624
2156113	1514027	3165566	1248176	433542
359236	250311	80674	222590	10921
189444	104778	123308	81109	24679
40132955	**5350104**	**36734230**	**13223209**	**16399354**
39310091	5018873	36169693	12965237	16251292
290127	123150	173487	95851	70229
532737	208081	391050	162120	77834

13-9 续表

单位:万元

行业	Item	所有者权益 Creditors Equity	实收资本 Total Capital Hold
总计	**Total**	**35445417**	**18505656**
采矿业	**Mining**	**14856854**	**4867388**
煤炭开采和洗选业	Coal Mining & Processing	12330998	3282228
石油和天然气开采业	Petroleum & Natural Gas Extraction	1177278	853186
黑色金属矿采选业	Mining & Dressing of Ferrous Metals	619806	503919
有色金属矿采选业	Mining & Dressing of Nonferrous Metals	594345	182054
非金属矿采选业	Mining & Dressing of Nonmetal Minerals	134428	46001
其他采矿业	Mining of Other Mineral		
制造业	**Manufacturing**	**11781901**	**6563651**
农副食品加工业	Processing of Agricultural Side-Line Food	342118	131102
食品制造业	Food Manufacturing	551315	212829
饮料制造业	Beverage Manufacturing	117140	179631
烟草制品业	Tobacco Products	329133	134616
纺织业	Textile Industry	24960	23070
纺织服装、鞋、帽制造业	Textile Products, Clothes, Shoes & Hats	16104	13378
皮革、毛皮、羽毛（绒）及其制品业	Leather, Furs, Down & Related Products	3936	100
木材加工及木、竹、藤、棕、草制品业	Timber Processing, Bamboo, Cane, Palm Fiber & Straw Products		
家具制造业	Furniture Manufacturing		
造纸及纸制品业	Paper-making & Paper Products	12718	1600
印刷业和记录媒介的复制	Printing & Record Pressing	8988	7164
文教体育用品制造业	Cultural, Educational & Sports Goods		
石油加工、炼焦及核燃料加工业	Petroleum Processing , Coke Products & Processing of Nuclear Fuel	1568120	160357
化学原料及化学制品制造业	Raw Chemical Materials & Chemical Products	936155	871418
医药制造业	Medicine Manufacturing	78436	48251
化学纤维制造业	Chemical Fiber Manufacturing		
橡胶制品业	Rubber Products	8005	7090
塑料制品业	Plastic Products	119879	114894
非金属矿物制品业	Nonmetal Mineral Products	411774	362242
黑色金属冶炼及压延加工业	Smelting & Pressing of Ferrous Metals	3097767	2083124
有色金属冶炼及压延加工业	Smelting & Pressing of Nonferrous Metals	2380937	1062932
金属制品业	Metal Products	23343	12442
通用设备制造业	Manufacturing of General-Purpose Equipment	222532	175730
专用设备制造业	Special Purposes Equipment Manufacturing	854359	638393
交通运输设备制造业	Transportation Equipment Manufacturing	474394	245057
电气机械及器材制造业	Electric Equipment & Machinery	116131	66256
通信设备、计算机及其他电子设备制造业	Manufacturing of Telecommunications, Computer & Other Electronic Equipment		
仪器仪表及文化、办公用机械制造业	Instruments, Meters, Cultural & Office Machinery		
工艺品及其他制造业	Handicrafts & Other Production	83657	11977
废弃资源和废旧材料回收加工业	Recovering of Abandoned Resource & Waste Materical		
电力、燃气及水的生产和供应业	**Production & Supply of Electric Power, Gas & Water**	**8806663**	**7074617**
电力、热力的生产和供应业	Production & Supply of Electric Power & Heating Power	8444185	6971072
燃气生产和供应业	Production & Supply of Gas	123334	54000
水的生产和供应业	Production & Supply of Water	239144	49546

continued

(10 000 yuan)

主营业务收入 Revenues of Main Business	主营业务成本 Cost of Main Business	主营业务税金及附加 Sales Tax and Extra Charges	利润总额 Total Profits	本年应交增值税 Value Added Tax Payable
55635121	**41891343**	**806502**	**8030761**	**3023915**
15719006	**10430154**	**376927**	**3334313**	**1291108**
12603093	8122810	313718	2779403	1132773
901599	572610	37690	265594	48928
796529	601159	6138	101690	35709
1082013	850166	15601	177053	62348
335772	283409	3780	10573	11352
25224495	**21182416**	**347744**	**1633576**	**718115**
534554	420683	2102	44642	11326
1340097	1010286	5531	153664	46543
300628	197625	20970	49403	19919
586674	185285	103578	51119	71819
234150	177772	423	52325	975
70329	61528	63	5468	105
48484	38533	88	3252	175
12832	11078	70	-56	702
7054	5238	67	364	513
2569330	1982257	166729	170489	79699
1411967	1206628	2815	48487	32301
264984	202237	368	38436	9795
15028	13206	6	106	5
526454	491330	1282	4396	4120
1040517	860958	4249	63509	38095
5421042	4993277	2351	72973	139413
5630327	4687607	25371	780649	180078
151694	140896	83	6853	1162
870306	807436	1970	21201	17578
1582422	1444856	4135	9904	12972
2091580	1790643	4819	33033	46670
444058	393710	598	21579	3574
69983	59347	76	1780	575
14691620	**10278773**	**81830**	**3062873**	**1014692**
14301940	9962321	78912	3035454	1006417
250243	213915	1538	25115	2332
139437	102538	1380	2304	5944

13-10 主要工业产品产量

年份 Year	原煤 (万吨) Coal (10000 tons)	原盐 (万吨) Salt (10000 tons)	发电量 (亿千瓦小时) Electricity (100 million kwh)	钢 (万吨) Steel (10000 tons)	成品钢材 (万吨) Steel Products (10000 tons)	生铁 (万吨) Pig Iron (10000 tons)	水泥 (万吨) Cement (10000 tons)	木材 (万立方米) Timber (10000 cu·m)	平板玻璃 (万重量箱) Plate Glass (10000 Weight cases)	小型拖拉机 (台) Small Tractors (unit)
1947	35	6.84	0.13					6.47		
1949	46	6.51	0.12					17.47		
1952	75	11.91	0.15					42.71		
1957	217	43.89	0.92			0.02		186.67		
1965	806	8.16	12.55	34	1.76	51.00	3.06	391.36		
1970	1215	63.58	22.01	81	16.02	66.00	11.14	244.43		
1975	1699	38.03	28.26	49	27.44	50.00	57.64	378.65	6.74	361
1978	2194	65.18	37.78	99	36.23	107.00	91.91	378.17	11.83	193
1980	2211	43.00	49.05	133	41.32	138.00	109.85	414.55	23.66	537
1981	2180	45.53	54.50	132	37.71	137.00	104.40	427.15	23.99	370
1982	2382	48.79	58.40	129	54.94	137.00	124.43	448.71	40.75	1365
1983	2487	61.61	60.82	134	60.47	151.00	145.88	480.48	121.60	6196
1984	2740	62.74	69.55	149	74.80	160.00	151.40	478.47	175.53	12118
1985	3204	66.34	80.46	170	100.14	182.00	185.11	502.07	112.84	16025
1986	3292	99.13	111.24	186	106.85	214.00	207.97	626.99	154.54	12045
1987	3410	97.29	126.54	216	130.53	257.00	218.84	596.00	157.41	17073
1988	3734	86.88	138.47	221	137.70	227.00	239.62	594.74	118.82	23780
1989	4382	109.97	153.72	242	157.27	255.00	250.55	527.89	235.32	12488
1990	4762	93.28	169.54	273	175.47	281.00	227.97	525.96	250.20	12464
1991	4923	100.66	189.04	269	179.69	271.00	270.60	483.87	254.92	14520
1992	5039	116.05	222.29	309	210.97	302.00	319.61	494.19	163.64	12852
1993	5514	111.93	235.23	346.11	244.58	329.95	371.50	500.02	341.07	3700
1994	6052	107.09	261.27	335.75	267.11	328.88	312.00	500.00	393.55	4522
1995	7055	76.13	278.54	355.36	257.77	345.78	349.27	504.35	445.42	7903
1996	7317	83.22	324.01	431.95	291.44	428.12	399.84	540.73	388.14	3948
1997	8303	100.00	342.23	453.32	339.94	450.84	465.76	524.15	399.77	5070
1998	7769	148.28	350.41	404.36	342.10	408.74	486.82	486.86	339.49	2881
1999	7071	132.07	380.61	416.30	365.80	424.86	549.70	379.23	390.93	5809
2000	7247	126.68	439.22	423.60	378.91	440.84	630.00	321.65	371.58	8419
2001	8163	136.75	465.50	453.75	388.39	476.06	698.00	280.72	464.33	5266
2002	11471	149.18	517.98	515.58	484.71	556.12	787.22	274.61	752.61	4175
2003	14707	148.72	647.73	576.83	560.36	606.90	947.86	255.35	852.49	1335
2004	21235	161.82	816.75	626.54	604.62	678.46	1282.83	377.75	1074.45	572
2005	25608	215.84	1056.59	805.49	747.77	922.69	1632.25	340.96	1144.59	
2006	29760	206.45	1416.00	861.86	823.97	1108.33	2215.59	350.52	999.52	
2007	35438	246.45	1931.95	1040.36	912.32	1260.09	2871.17	416.66	1395.72	16730
2008	47270	236.81	2136.00	1211.03	1047.34	1256.55	3424.06	342.39	1458.32	17750
2009	60375	216.98	2242.57	1261.94	1294.87	1437.07	4333.75	393.23	1564.89	11750
2010	78913	278.42	2483.90	1232.84	1341.41	1358.97	5454.30	320.55	1214.12	1080
2011	98441	310.99	2972.85	1669.75	1417.32	1431.07	6499.28	217.88	1259.53	816

注:1)1979年以后化肥产量按折合100%计算。

Output of Major Industrial Products

化肥 (万吨) Chemical Fertilizer (10000 tons)	机制纸及纸板 (万吨) Machine-made Paper and Paperboards (10000 tons)	合成洗涤剂 (吨) Synthetic Detergents (ton)	糖 (万吨) Sugar (10000 tons)	电视机 (台) Television Sets (unit)	彩色电视机 (台) Color Television Sets (unit)	自行车 (辆) Bicycle (unit)	纱 (吨) Yarn (ton)	布 (万米) Cloth (10000 m)
	0.37		1.83					
0.49	0.69		0.16				104	37
0.88	1.83		4.17				706	238
2.91	1.88		5.80				10267	5562
8.19	3.08	1352	3.28	150			8559	4741
16.65	4.25	2042	4.23	1020			14278	7604
4.00	4.24	2646	6.92	13803		1121	14814	7950
6.22	4.02	2641	10.93	26736		18189	15328	8270
9.54	4.67	3322	9.58	41360		13559	14884	8448
10.16	2.50	4851	12.87	52992	3000	6206	13475	8202
10.81	7.16	6417	17.28	100111	8676	15317	12851	7168
9.81	9.53	7898	17.88	175087	66889	25074	14951	7104
10.16	10.70	8261	20.60	155047	84448	62038	16860	8109
12.13	10.92	11919	17.15	220168	108858	61500	19334	8814
12.84	11.73	19354	15.22	276936	135286	51276	21612	10313
12.18	13.02	16353	19.76	342102	134548	44004	22581	10548
13.48	13.59	11936	16.37	384451	157331	19110	23950	10785
12.50	15.05	9530	23.54	286128	170647	7732	24090	10826
13.44	15.64	10454	29.23	293761	213085	10552	20912	9537
13.03	14.45	11686	26.43	333600	229200	5000	17742	8782
17.92	14.90	13130	18.34	410000	305285	10000	19343	9232
17.35	19.15	17326	17.07	326833	270907	600	19105	8548
20.95	20.14	10588	27.21	228718	170210	2524	18921	8728
16.87	16.03	7730	26.70	156560	115779	1955	19782	8271
21.12	13.76	4240	20.12	34307	34307	1548	18241	7197
43.72	14.27	2252	11.95	127796	125396	1627	18312	6191
35.54	12.19	1929	12.04	518000	518000	504	15718	3287
39.58	14.33	1064	19.67	961388	961388		20523	4078
48.70	18.59	127	18.77	1267016	1267016		23814	5275
50.93	18.92	329	14.74	1342993	1342993		22560	4685
57.87	25.17		10.67	2374871	2374871		22171	4203
65.58	25.74		14.75	2390900	2390900		32194	8337
68.95	19.73	1994	25.88	3337425	3337425		14512	13576
84.30	25.88	263	19.46	8302633	8302633		45580	14810
89.05	35.53		22.37	8667513	8667513		16762	5537
259.13	77.97		15.42	2174236	2174236		20250	8030
180.82	28.84		12.04	2043662	2043662		20629	9813
126.06	30.91		18.00	2610853	2610853		20340	10192

a)The output of chemical fertilizer is calculated on the basis of 100% effective content since 1979.

13-11 主要工业产品产量
Output of Major Industrial Products

项　　目	Item	2010	2011
原 煤(万吨)	Coal(10 000 tons)	78913.14	98440.55
汽 油(万吨)	Gasoline(10 000 tons)	42.10	34.26
柴 油(万吨)	Diesel Oil(10 000 tons)	79.35	93.55
天然气(亿立方米)	Natural Gas(100 million cu.m)	202.87	249.07
原 油(万吨)	Crude Oil(10 000 tons)	182.91	202.97
发电量(亿千瓦小时)	Electricity(100 million kwh)	2483.90	2972.85
食用植物油(万吨)	Edible Vegetable Oil(10 000 tons)	61.68	67.93
罐 头(万吨)	Canned Food(10 000 tons)	0.18	0.32
乳 制 品(万吨)	Dairy Products(10000 tons)	345.36	383.21
液体乳（万吨）	Liquid Dairy(10 000 tons)	308.92	309.71
啤 酒(千升)	Beer(1000 litres)	1130257.57	1163520.45
白 酒(千升)	Liquor(1000 litres)	423869.90	522786.11
卷 烟(万支)	Cigarettes(10000 pcs)	2650000.00	2875000.00
呢 绒(万米)	Woolen Piece Goods(10 000 m)	1257.94	1344.59
服 装(万件)	Garments(10 000 pcs)	3676.37	4172.82
中成药(万吨)	Traditional Chinese Medicine(10 000 tons)	1.30	1.27
化学原料药(万吨)	Chemical Medicine(10 000 tons)	33.02	23.04
胶合板(万立方米)	Plywood(10 000cu·m)	73.76	95.29
纤 维 板(万立方米)	Fiberboard(10 000cu·m)	52.86	69.35
焦 炭(万吨)	Coke(10 000 tons)	2114.15	2443.09
硫 酸(万吨)	Sulfuric Acid(10 000 tons)	241.58	270.89
烧碱(氢氧化钠)(万吨)	Caustic Soda(10 000 tons)	114.44	174.92
纯碱(无水碳酸钠)(万吨)	Soda Ash(10 000 tons)	110.51	103.60
农用化学肥料(万吨)	Chemical Fertilizer(10 000 tons)	180.82	126.06
氮 肥(万吨)	Nitrogen Fertilizers(10 000 tons)	157.73	104.66
磷 肥(万吨)	Phosphate Fertlizers(10 000 tons)	22.39	21.40

注：生产量包括规模以下工业企业工业产品产量。

a)The output of products includes the products of industrial enterprises below designated size.

13-11 续表 continued

项　　目	Item	2010	2011
合成氨(万吨)	Synthetic Ammonia(10 000 tons)	70.03	65.21
水泥(万吨)	Cement(10 000 tons)	5454.30	6499.28
平板玻璃(万重量箱)	Plate Glass(10 000 weight cases)	1214.12	1259.53
铝(万吨)	Aluminum(10 000 tons)	148.75	165.70
生铁(万吨)	Pig Iron(10 000 tons)	1358.97	1431.07
钢(万吨)	Steel(10 000 tons)	1232.84	1669.75
成品钢材(万吨)	Steel Products(10 000 tons)	1341.41	1417.32
载货汽车(辆)	Trucks(unit)	41646	30944
铁路货车(万辆)	Railway Freight Coaches(10 000 units)	0.31	0.40
彩色电视机(万部)	Color Television Sets(10 000 sets)	204.37	261.09
铁合金(万吨)	Ferroalloy(10 000 tons)	257.74	342.92
精甲醇(万吨)	Purified Carbinol(10 000 tons)	186.52	449.35
化学农药原药(万吨)	Original Chemical Peoticide(10 000 tons)	5.23	5.36
碳化钙(电石)(万吨)	Calcium Carbide(10 000 tons)	411.78	476.80
铁矿石原矿量(万吨)	Crudeiron Ore(10 000 tons)	8205.74	9735.65
洗煤(万吨)	Washed Coal(10 000 tons)	6413.05	7703.78
硫铁矿石(万吨)	Pyritel Ore(10 000 tons)	99.49	60.36
配混合饲料(万吨)	Forage(10 000 tons)	618.66	496.17
精炼铜(万吨)	Refined Copper(10 000 tons)	20.95	24.50

13-12 主要工业产品生产能力(2011 年)
Production Capacity of Major Industrial Products(2011)

产品名称	Item	2011
原煤(万吨)	Coal(10 000 tons)	105040.88
焦炭(万吨)	Coke(10 000 tons)	3524.77
天然原油(万吨)	Crude Oil(10 000 tons)	300.79
碳化钙(电石)(万吨)	Calcium Carbide (10 000 tons)	704.61
发电设备容量总计(万千瓦)	Capacity Of Generator (10 000 kw)	6469.54
卷烟(万支)	Cigarettes(10 000 pieces)	4179500.00
农用氮磷钾化学肥料(万吨)	Chemical Fertilizer(10 000 tons)	241.58
棉布织机(万台)	Looms(10 000 sets)	0.96
原铝(万吨)	Aluminum(10 000 tons)	188.50
水泥(万吨)	Cement(10 000 tons)	9429.94
平板玻璃(万重量箱)	Plate Glass(10 000 weight cases)	1428.95
生铁(万吨)	Pig Iron(10 000 tons)	1617.00
钢(万吨)	Steel(10 000 tons)	1820.10
钢材(万吨)	Rolled Steel(10 000 tons)	1645.65
铁合金(万吨)	Ferroalloy(10 000 tons)	530.64
汽车(辆)	Vehicle(unit)	67650.00
电视机(万台)	Television Sets(10 000 sets)	290.00
#彩色电视机(万台)	Color TV Sets(10 000 sets)	290.00

主要统计指标解释

工业 指从事自然资源的开采，对采掘品和农产品进行加工和再加工的物质生产部门。具体包括：(1)对自然资源的开采，如采矿、晒盐、森林采伐等(但不包括禽兽捕猎和水产捕捞)(2)对农副产品的加工、再加工，如粮油加工、食品加工、轧花、缫丝、纺织、制革等；(3)对采掘品的加工、再加工，如炼铁、炼钢、化工生产、石油加工、机器制造、木材加工等，以及电力、自来水、煤气的生产和供应等；(4)对工业品的修理、翻新，如机器设备的修理，交通运输工具(包括小卧车)的修理等。

工业统计调查单位 工业统计调查单位分为两类：独立核算法人工业企业和工业活动单位。

(1) **独立核算法人工业企业** 是指从事工业生产经营活动的单位。独立核算法人工业企业应同时具备以下条件：①依法成立，有自己的名称、组织机构和场所，能够承担民事责任；②独立拥有和使用资产，承担负债，有权与其他单位签订合同；③独立核算盈亏，并能够编制资产负债表。

(2) **工业活动单位** 是指在一个场所从事一种或主要从事一种工业生产活动的经济单位。它包括独立核算工业企业按主营业务活动(即工业生产活动)划分的主营业务活动单位和非工业企业所属的工业生产活动单位 (即原非独立核算工业生产单位)。工业活动单位，一般应同时具备以下三个条件：①具有一个场所，从事一种或主要从事一种工业活动；②单独组织工业生产、经营或业务活动；③单独核算收入和支出。

轻工业 指主要提供生活消费品和制作手工工具的工业。按其所使用的原料不同，可分为两大类：(1)以农产品为原料的轻工业，是指直接或间接以农产品为基本原料的轻工业。主要包括食品制造、饮料制造、烟草加工、纺织、缝纫、皮革和毛皮制作、造纸以及印刷等工业；(2)以非农产品为原料的轻工业，是指以工业品为原料的轻工业。主要包括文教体育用品、化学药品制造、合成纤维制造、日用化学制品、日用玻璃制品、日用金属制品、手工工具制造、医疗器械制造、文化和办公用机械制造等工业。

重工业 是指为国民经济各部门提供物质技术基础的主要生产资料的工业。按其生产性质和产品用途，可以分为下列三类：(1)采掘(伐)工业，是指对自然资源的开采，包括石油开采、煤炭开采、金属矿开采、非金属矿开采和木材采伐等工业；(2)原材料工业，指向国民经济各部门提供基本材料、动力和燃料的工业。包括金属冶炼及加工、炼焦及焦炭、化学、化工原料、水泥、人造板以及电力、石油和煤炭加工等工业；(3)加工工业，是指对工业原材料进行再加工制造的工业。包括装备国民经济各部门的机械设备制造工业、金属结构、水泥制品等工业，以及为农业提供的生产资料如化肥、农药等工业。

根据上述划分原则，修理业中以重工业产品为修理作业对象的划为重工业，反之划为轻工业。

工业总产值 是以货币表现的工业企业在一定时期内生产的已出售或可供出售工业产品总量，它反映一定时间内工业生产的总规模和总水平。它包括：在本企业内不再进行加工，经检验、包装入库(规定不需包装的产品除外)的成品价值，对外加工费收入，自制半成品、在产品期末期初差额价值。工业总产值采用“工厂法”计算，即以工业企业作为一个整体，按企业工业生产活动的最终成果来计算，企业内部不允许重复计算，不能把企业内部各个车间(分厂)生产的成果相加。但在企业之间、行业之间、地区之间存在着重复计算。

工业增加值 是指工业行业在报告期内以货币表现的工业生产活动的最终成果。

实收资本 指企业实际收到的投资人投入的资本。按投资主体可分为国家资本、集体资本、法人资本、个人资本、港澳台资本和外商资本等。

资产合计 指企业拥有或控制的能以货币计量的经济资源。包括各种财产、债权和其他权利。资产按其流动性划分为流动资产、长期投资、固定资产、无形及递延资产和其他资产。

(1) **流动资产** 指企业可以在一年内或者超过一年的一个生产周期内变现或耗用的资产合计。包括现金及各种存款、短期投资、应收及预付款项、存货等。

(2) **固定资产** 指企业固定资产净值、固定资产清理、在建工程、待处理固定资产损失所占用的资金合计。

(3) **无形资产** 指企业长期使用而没有实物形态的资产。包括专利权、非专利技术、商标权、著作权、土地使用权、商誉等。

负债合计 指企业承担的能以货币计量，将以资产或劳务偿付的债务。负债一般按偿还期长短分为流动负债和长期负债、递延税项等。

(1) **流动负债** 指企业在一年内或者超过一年的一个营业周期内需要偿还的债务合计，其中包括短期借款、应付及预收款项、应付工资、应交税金和应交利润等。

(2) **长期负债** 指企业在一年以上或者超过一年的一个营业周期以上需要偿还的债务合计，其中包括长期借款、应付债务、长期应付款项等。

所有者权益 指企业投资人对企业净资产的所有权。企业净资产等于企业全部资产减去全部负债后的余额，其中包括投资者对企业的最初投入，以及资本公积金、盈余公积金和未分配利润，对股份制企业即为股东权益。

固定资产原价 指企业在建造、购置、安装、改建、扩建、技术改造某项固定资产时所支出的全部货币总额。它一般包括买价、包装费、运杂费和安装费等。

固定资产净值 是指固定资产原价减去历年已提折旧额后的净额。

流动资产 是指可以在一年或者超过一年的一个营业周

期内变现或者耗用的资产，包括现金及各种存款、短期投资、应收及预付货款、存货等。

产品销售收入 指企业销售产品和提供劳务等主要经营业务取得的业务总额。

产品销售成本 指企业销售产品和提供劳务等主要经营业务的实际成本。

产品销售税金及附加 指企业销售产品和提供工业性劳务等主要经营业务应负担的城市维护建设税、消费税、资源税和教育费附加。

产品销售利润 指企业销售产品和提供工业性劳务等主要经营业务收入扣除其成本、费用、税金后的利润。

利润总额 指企业实现的利润。

应交增值税 指企业在报告期内应交纳的增值税额。

总资产贡献率 反映企业全部资产的获利能力，是企业经营业绩和管理水平的集中体现，是评价和考核企业盈利能力的核心指标。计算公式为：

总资产贡献率 (%)= (利润总额 + 税金总额 + 利息支出)/平均资产总额 × 100%

资产负债率 该指标既反映企业经营风险的大小，也反映企业利用债权人提供的资金从事经营活动的能力。计算公式为：

总资产负债率(%)= 负债总额 / 资产总额 × 100%

工业成本费用利润率 指在一定时期内实现的利润与成本费用之比，是反映工业生产成本及费用投入的经济效益指标，同时也是反映降低成本的经济效益的指标。

计算公式为：

工业成本费用利润率 (%)= 利润总额 / 成本费用总额 × 100%

工业增加值率 指在一定时期内工业增加值占同期工业总产值的比重，反映降低中间消耗的经济效益。计算公式为：

工业增加值率(%)= 工业增加值(现价)/ 工业总产值(现价) × 100%

流动资金周转次数 指在一定时期内流动资产完成的周转次数，反映流动资产的周转速度。计算公式为：

流动资金周转次数 = 产品销售收入 / 全部流动资产平均余额

产品销售率 指报告期工业销售产值与同期全部工业总产值之比，是反映工业产品已实现销售的程度，分析工业产销衔接情况，研究工业产品满足社会需求程度的指标。计算公式为：

产品销售率 (%)= 工业销售产值 / 工业总产值 (现价) × 100%

全员劳动生产率 指根据产品的价值量指标计算的平均每一个从业人员在单位时间内的产品生产量。是考核企业经济活动的重要指标，是企业生产技术水平、经营管理水平、职工技术熟练程度和劳动积极性的综合表现。目前我国的全员劳动生产率是将工业企业的工业增加值除以同一时期全部从业人员的平均人数来计算的。计算公式为：

全员劳动生产率 = 工业增加值 / 全部从业人员平均人数

为了使各年度的全员劳动生产率数字可以比较，1990 年以前各年的全员劳动生产率均按指数换算成 1990 年不变价格。

单位生产总值能耗 是指某地区总能耗与生产总值之比，也就是每产生万元生产总值所消耗的能源消费量。它是衡量能源利用水平和效率的综合性指标。计算公式是万元生产总值能耗 = 能源消费量(吨标准煤)/ 地区生产总值(万元)。

Explanatory Notes on Main Statistical Indicators

Industry refers to the material production sector which is engaged in extraction of natural resources and processing and reprocessing of minerals and agricultural products, including (1) extraction of natural resources, such as mining, salt production, logging (but not including hunting and fishing) ; (2) processing and reprocessing of farm and sideline produces, such as rice husking, flour milling, wine making, oil pressing, cotton ginning, silk reeling, spinning and weaving, and leather making; (3) manufacture of industrial products, such as steel making, iron smelting, chemicals manufacturing, petroleum processing, machine building, timber processing; water and gas production and electricity generation and supply; (4) repairing of industrial products such as the repairing of machinery and means of transport(including cars) .

Units of Industrial Statistics and Inquiry They are classified into two categories (1) corporate industrial enterprises with independent accounting system (2) industrial establishments.

(1) Corporate industrial enterprises with independent accounting system refer to enterprises engaging in industrial production activities, which meet the following requirements: ①They are established legally, having their own names, organizations, location, able to take civil liability; ②They possess and use their assets independently, assume liabilities, and are entitled to sign contracts with other units; ③They are financially independent and compile their own balance sheets.

(2) Industrial establishments refer to economic units which located in one single place and engaged entirely or primarily in one kind of industrial activity, including financially independent industrial enterprises and units engaged in industrial activities under the non industrial enterprises (or financially dependent) . Industrial establishments generally meet the following requirements: ① They have each one location and are engaged in one kind of industrial activity each; ②They operate and manage their industrial production activities separately; ③They have accounts of income and expenditures separately.

Light Industry refers to the industry that produces consumer goods and hand tools. It consists of two categories, depending on the materials used:

(1) Industries using farm products as raw materials. These are branches of light industry which directly or indirectly use farm products as basic raw materials, including the manufacture of food and beverages, tobacco processing, textile, clothing, fur and leather manufacturing, paper making printing, etc.

(2) Industries using non-farm products as raw materials. These are branches of light industry which use manufactured goods as raw materials, including the manufacture of cultural, educational articles and sports goods, chemicals, synthetic fiber, chemical products for daily use, glass products for daily use, metal products for daily use, hand tools, medical apparatus and instruments, and the manufacture of cultural and clerical machinery

Heavy Industry refers to the industry which produces capital goods, and provides various sectors of the national economy with necessary material and technical basis. It consists of the following three branches according to the purpose of production or the use of products:

(1) Mining, quarrying and logging industry refers to the industry that extracts natural resources, including extraction of petroleum, coal, metal and non metal and logging.

(2) Raw materials industry refers to the industry that provides various sectors of the national economy with raw materials, fuels and power. It includes smelting and processing of metals, coking and coke chemistry, chemical materials and building materials such as cement, plywood, and power, petroleum refining and coal dressing.

(3) Manufacturing industry refers to the industry that processes raw materials. It includes machine building industry which equips sectors of the national economy, industries of metal structure and cement products, industries producing means of agricultural production, such as chemical fertilizers and pesticides. According to the above principle of classification, the repairing trades which are engaged primarily in repairing products of heavy industry are classified into heavy industry while these engaged in repairing products of light industry are classified into light industry.

Gross Industrial Output Value is the total volume of industrial products sold or available for sale in value terms which reflects the total achievements and overall scale of industrial production during a given period. It includes the value of the finished products, which are not to be further processed in the enterprises and have been inspected, packed and put in storage, the value of industrial services rendered to other units, and the changes in the value of the semi finished products and products in process between the beginning and closing of the period. The gross industrial output value is calculated with "factory method". No double calculations are to be made within the same enterprise. However, double counting does occur among different enterprises.

Value-added of Industry refers to the final results of industrial production of the industrial trade in money terms during the reference period.

Capital Obtained refers to capital actually received by the enterprise from investors. It can be further classified by investors as state capital, collective capital, corporate capital, individual capital, capital from Hong Kong, Macao and Taiwan and foreign capital.

Total Assets refer to all economic resources, owned or controlled by enterprises that could be measured in monetary terms, including properties, creditors equity and other economic rights of all forms. Classified by the degree of equitability, total assets include circulating assets, long term investment, fixed assets, intangible assets and deferred assets, and other assets.

(1) Circulating assets (working capital) refer to assets which can be cashed in or spent or consumed in an operating cycle of one year or over one year, including cash, all kinds of deposits, short term investment, receivables, advance payment, stock, etc.

(2) Fixed assets refer to the net value of fixed assets, clearance of fixed assets, project under construction, fixed assets losses in suspense. These are corporations, fund holdings.

(3) Intangible assets refer to the assets without material form used by enterprises over a long time, such as patents, non patent technologies, trade marks, copyright, land use right, business reputation, etc.

Total Liabilities refer to the debts, measured in monetary terms, that enterprises are responsible for repayment in the form of cash, assets or labour. Classified by terms of repayment, liability includes liquid liabilities and long-term liabilities.

(1) Liquid liabilities (also called quick liabilities or immediate liabilities) refer to enterprises' total debt payable within an operating cycle of one year or over one year, including short term loans, payables and advance payments, wages payable, taxes payable and profit payable, etc.

(2) Long term liabilities refers to total debt payable within an operating cycle of one year or over one year, including long term loans, payable liabilities, long term payables, etc.

Creditors´ Equity refers to investors' ownership of net assets of the enterprise. It is equal to the total assets of the enterprise minus its total liabilities, including the primary input from investors, capital accumulation fund, surplus accumulation fund and undistributed profit. It is the shareholder's equity in shareholding companies.

Original Value of Fixed Assets refers to the original value of all fixed assets owned by industrial enterprises, calculated at the cost paid at the time of purchase, installation, reconstruction, expansion, and technical innovation and transformation of the said assets, which includes expenses on purchase, package, transportation, and installation, etc.

Net Value of Fixed Assets is obtained by deducting depreciation over years from the original value of fixed assets.

Working Capital (Circulating Assets) refers to assets which can be cashed in or spent or consumed in an operating cycle of one year or over one year, which includes cash, various deposits, short term investment, and receivable payments, and advance payments, stock, etc.

Sales Revenue of Industrial Products refers to the revenue from the sales of products by industrial enterprises and the revenue from services provided and etc.

Sales Cost of Industrial Products refers to the actual cost of products of industrial enterprises and industrial services provided, etc. .

Tax and Extra Charges on Sales of Products refer to the tax on city maintenance and construction, consumption tax, resources tax and extra charges for education, which should be borne by the enterprises in selling products and providing industrial services.

Sales Profit of Products refers to the profit gained by the enterprises by deducting cost, charges and taxes from the business income of the enterprises obtained in selling products and providing industrial services.

Total Profits refer to the profits gained by the enterprises.

Value-added Tax Payable refers to the amount of the value added tax which should be paid by the enterprises in the reporting period.

Ratio of Profits, Taxes and Interests to Average Assets reflects the profit making capability of all assets of the enterprise and is a key indicator manifesting the performance and management and evaluating the profit making potential of the enterprise. It is calculated as follows:

Ratio of profits, taxes and interests to average assets (%) = [(Total profits + total Taxes + interest payment) ÷ average assets] × 100%

Ratio of Debts to Assets reflect both the operation risk and the capability of the enterprise in making use of the capital from the creditors. It is calculated as follows:

Ratio of debts to assets (%) =(Total debts ÷ total assets) × 100%

Ratio of Profits to Total Industrial Costs refers to the ratio of profits realized in a given period to the total costs in the same period, which reflects the economic efficiency of input cost and is calculated as follows:

Ratio of Profits to Total Industrial Cost (%) =(Total Profits ÷ Total Costs) × 100%

Value-added Rate of Industry refers to the ratio of value added of industry in a given period to the gross output value in the same period, which reflects the economic efficiency of cutting down the intermediate input and is calculated as follows:

Value added Rate of Industry (%) = [Value added of Industry(at current prices)] ÷ [Gross Output Value(at Current Prices)] × 100%

Turnover of Working Capital refers to the number of times of turnover of working capital in a given period of time, which reflects the speed of the turnover of working capital and is calculated as follows:

Turnover of Working Capital (%) =(Sales Revenue of Products) ÷ (Average Balance of Total Working Capital) × 100%

Ratio of Sales to Gross Output Value refers to the sales of industrial products to the gross industrial output value during the reference period, and is important in reflecting the linkage between production and sales and the extent of the needs of the society that has been met by the supply of industrial products. It is calculated as follows:

Ratio of Sales to Gross Output Value=Industrial sales ÷ Gross industrial output value (at current prices) × 100%

Overall Labour Productivity of Industrial Enterprises refers to the average output per employed person in industrial enterprises in value terms. At present, the value added and the average number of staff and workers of an industrial enterprise in a given period are used to calculate the overall labour productivity. The formula used is:

Overall Labour Productivity= (Value Added of Industry) ÷ (Average Number of Staff and Workers)

For the purpose of comparison of the overall labour productivity among different years, the data on the overall labour productivity of the years prior to 1990 have been adjusted on the basis of 1990 constant prices.

Energy Consumption of 10 000 yuan GDP refers to the ratio of the bobal energy consumption to GDP,means to produce per-10 000 yuan of GDP consuming how much energy. It is a general indicator to show the relationship between utiltity and efficiency of energy . the formula is:

Energy Consumption of 10 000 yuan GDP=Total Energy Consumption (ton of SCE)/GDP (10 000 yuan)

2012

NEI MENG GU

十四、建筑业

Construction

资料整理：李　宇
Arranged By Li Yu

14-1 建筑业企业基本情况

Basic Statistics on Construction Enterprises

年 份 Year	总 计 Total	国 有 State-owned	城镇集体 Urban Collective-owned	其他经济 Others
企业单位数(个) **Number of Enterprises(unit)**				
2000	984	140	211	633
2001	919	112	192	615
2002	726	56	67	603
2003	674	39	31	604
2004	674	18	9	647
2005	676	20	14	642
2006	703	17	7	679
2007	734	18	11	705
2008	790	14	7	769
2009	820	14	9	797
2010	873	16	8	849
2011	896	14	5	877
年末从业人员(万人) **Number of Persons Engaged(10 000 persons)**				
2000	35.30	9.20	6.68	19.42
2001	39.37	9.40	6.71	23.26
2002	27.68	5.00	1.88	20.80
2003	26.63	2.10	0.67	23.86
2004	27.53	1.69	0.15	25.69
2005	26.35	1.57	0.32	24.26
2006	29.62	2.84	0.14	26.64
2007	38.62	3.88	0.22	34.52
2008	42.8	4.74	0.24	37.82
2009	49.89	4.83	0.37	44.69
2010	44.34	1.87	0.18	42.30
2011	41.05	1.35	0.05	39.65
建筑业总产值(亿元) **Gross Output Value (100 million yuan)**				
2000	138.80	50.11	21.29	67.40
2001	178.26	61.12	23.96	93.18
2002	220.02	50.53	13.68	155.81
2003	257.66	36.34	9.92	211.40
2004	354.51	29.42	2.44	322.65
2005	381.30	38.78	3.10	339.42
2006	467.00	38.17	2.74	426.09
2007	681.10	76.64	2.53	601.93
2008	780.05	69.9	4.13	706.02
2009	964.73	66.6	6.21	891.91
2010	1125.58	72.71	4.52	1048.35
2011	1394.68	50.85	0.40	1343.43

14-2 建筑业企业主要经济指标
Main Economic Indicators on Construction Enterprices

指 标	Item	2010	2011
建筑业企业个数(个)	Number of Construction Enterprises(unit)	873	896
签订的合同额(万元)	Value of Contracts(10 000 yuan)	16312325	22802404
建筑业总产值(万元)	Gross Output Value(10 000 yuan)	11255772	13946780
其中：装饰装修产值	Output of Decoration	125140	176077
其中：在外省完成的产值	Output Value Outside the Province	634471	539784
竣工产值(万元)	Output of Buildings Completed(10 000 yuan)	7751901	9185776
房屋建筑施工面积(万平方米)	Floor Space of Constructing(10 000 sq.m)	7577.89	9323.1
房屋建筑竣工面积(万平方米)	Floor Space of Buildings Completed(10 000 sq.m)	3805.24	4064.77
房屋建筑面积竣工率(%)	Rate of Floor Space of Buildings Completed(%)	50.2	43.6
自有机械设备净价(万元)	Machinery & Equipment Owned (net valued)(10 000 yuan)	504512	609593
自有机械设备台数(万台)	Machinery and Equipment Owned(10 000 set)	9.41	9.30
自有机械设备总功率(万千瓦)	Total Power of Machinery and Equipment Owned(10 000 kw)	207.64	217.70
技术装备率(元/人)	Value of Machines per Laborer(yuan/person)	11379	14850
动力装备率(千瓦/人)	Power of Machines per Laborer(kw/person)	4.68	5.30
按总产值计算的劳动生产率(元/人)	Overall Labor Productivity by Gross Output Value(yuan/person)	151321	189375
年末从业人员(万人)	Number of Persons Engaged(10 000 persons)	44.34	41.05
其中：工程技术人员	Engineering Techinal Personel	6.68	6.38
其中：一级建造师	First Construction Engineer	0.35	0.34
利润总额(万元)	Total Profits(10 000 yuan)	826462	1052743
税金总额(万元)	Total Tax(10 000 yuan)	480817	524259
产值利润率(%)	Ratio of Profit to Gross Output Value(%)	7.3	7.5
产值利税率(%)	Ratio of Pre-tax Profit to Gross Output Value(%)	11.6	11.3

14-3 劳务分包建筑业企业主要经济指标(2011 年)

Main Economic Indicators on Constructional Labour Subcontractors(2011)

项 目	Item	企业个数（个）Enterprises (unit)	建筑业总产值（万元）Gross Output (10 000 yuan)	期末从业人数（人）Engaged Persons (person)
总 计	**Total**	**142**	**50996**	**6761**
按企业登记注册类型分	**Grouped by Type Registered**			
内资企业	Domestic Investment	142	50996	6761
国有企业	State-owned	1	1240	35
集体企业	Collective-owned	1		147
股份合作企业	Share Holding Cooperative	1	8811	2000
联营企业	Joint-owned	1		3
有限责任公司	Limited-liability Company	35	5996	2132
股份有限公司	Share Holding Company	2	13	11
私营企业	Private	100	34936	2428
其他企业	Others	1		5
港、澳、台商投资企业	Hong kong, Macao & Taiwan Funded			
外商投资企业	Foreign Funded			
按行业类别分	**Grouped by Sector**			
房屋和土木工程建筑业	Housing Construction and Civil Engineering Industry	68	4884	1975
建筑安装业	Construction and Installation Industry	15	1485	213
建筑装饰业	Construction and Decoration Industry	10	8880	2136
其他建筑业	Other Construction Industries	49	35748	2437
按企业资质等级分	**Grouped by Intelligent Grade**			
一 级	First	105	47796	6280
二 级	Second	26	2554	346
三 级及以下	Third and below	11	647	135

14-4 建筑施工企业主要生产指标(2011 年)

项 目	Item	建筑业企业个数(个) Enterprises (persons)	签订的合同额(万元) Value of Contracts (10 000 yuan)	上年结转合同额 Signed in Last year	本年新签合同额 Signed in this Year
总 计	**Total**	**896**	**22802404**	**6778600**	**16023804**
按企业登记注册类型分	**Grouped by Type Registered**				
内资企业	Domestic Investment	895	22800404	6778600	16021804
国有企业	State-owned	14	1240321	726424	513897
集体企业	Collective-owned	5	4796	1900	2896
股份合作企业	Share Holding Cooperative	9	97806	3040	94766
联营企业	Joint-owned	1			
有限责任公司	Limited-liability Company	431	10857074	2752167	8104907
股份有限公司	Share Holding Company	37	2128192	646974	1481218
私营企业	Private	396	8467215	2648094	5819120
其他企业	Others	2	5000		5000
港、澳、台商投资企业	Hong kong, Macao & Taiwan Funded	1	2000		2000
外商投资企业	Foreign Funded				
按行业类别分	**Grouped by Sector**				
房屋和土木工程建筑业	Housing Construction and Civil Engineering Industry	732	21838195	6550710	15287484
建筑安装业	Construction and Installation Industry	90	672549	195522	477027
建筑装饰业	Construction and Decoration Industry	37	81309	12575	68734
其他建筑业	Other Construction Industries	37	210351	19793	190559
按企业资质等级分	**Grouped by Intelligent Grade**				
施工总承包	General Contractors	717	21975132	6668562	15306570
特 级	Special Grade	2	1190746	519000	671746
一 级	First	56	9786740	3200092	6586648
二 级	Second	194	6560160	2043968	4516192
三 级	Third	465	4437486	905502	3531984
专业承包	Professional Contractors	179	827272	110038	717235
一 级	First	11	200825	35290	165535
二 级	Second	52	239637	30000	209638
三 级	Third	115	378698	44748	333950

Main Production Indicators on Construction Enterprises(2011)

建筑业总产值(万元) Gross Output Value (10 000 yuan)	其中：装饰装修产值 Decoration	其中：在外省完成的产值 Outside the Province	建筑业总产值按构成分 By Composition of Gross Value of Construction 建筑工程产值 Building	安装工程产值 Installation	其他产值 Others
13946780	**176077**	**539784**	**12474299**	**886982**	**585499**
13944453	175539	539784	12472510	886982	584961
508456		92919	419938	5755	82763
4019			438	3582	
92351			82335	1766	8249
6774403	73342	402348	5842534	678855	253013
1361407	6931	19187	1329835	17796	13776
5201617	95266	25330	4797430	179228	224959
2200					2200
2327	538		1789		538
13217734	142398	524465	12102890	622651	492194
469731	10350	13319	239653	204936	25143
73403	23330	2000	54447	2176	16781
185911			77309	57221	51382
13294986	146774	528021	12258998	573054	462934
548503	11296	203386	507166	41337	
5161869	83478	215053	4751216	337985	72668
4158405	30008	97837	3783867	109704	264834
3426210	21992	11745	3216749	84029	125432
651794	29303	11763	215301	313928	122565
116572	4716		81300	10639	24633
199165	17308	2472	68648	115144	15373
327945	7279	9291	65353	180033	82559

14-4 续表

项 目	Item	竣工产值(万元) Output of Buildings Completed (10 000 yuan)	房屋建筑施工面积（万平方米） Floor Space Constructing Buildins (10 000 sq.m)	实行投标承包面积 Bidding Contracting Space
总 计	**Total**	**9185776**	**9323.1**	**8125.4**
按企业登记注册类型分	**Grouped by Type Registered**			
内资企业	Domestic Investment	9183987	9322.3	8124.6
国有企业	State-owned	186913	16.5	16.0
集体企业	Collective-owned	896		
股份合作企业	Share Holding Cooperative	90893	61.7	61.7
联营企业	Joint-owned			
有限责任公司	Limited-liability Company	4760455	4608.6	3963.1
股份有限公司	Share Holding Company	1040233	717.0	696.8
私营企业	Private	3104597	3918.5	3386.9
其他企业	Others			
港、澳、台商投资企业	Hong kong, Macao & Taiwan Funded	1789	0.8	0.8
外商投资企业	Foreign Funded			
按行业类别分	**Grouped by Sector**			
房屋和土木工程建筑业	Housing Construction and Civil Engineering Industry	8752018	9190.9	8016.7
建筑安装业	Construction and Installation Industry	305590	127.1	105.4
建筑装饰业	Construction and Decoration Industry	25206	1.9	
其他建筑业	Other Construction Industries	102962	3.2	3.2
按企业资质等级分	**Grouped by Intelligent Grade**			
施工总承包	General Contractors	8776945	9274.6	8081.9
特 级	Special Grade	303784	291.4	270.0
一 级	First	2938803	3705.5	3447.8
二 级	Second	2968456	2591	2081.9
三 级	Third	2565903	2686.8	2282.2
专业承包	Professional Contractors	408831	48.5	43.4
一 级	First	91847		
二 级	Second	124310	44.9	41.3
三 级	Third	184561	3.5	2.2

continued

房屋建筑竣工面积（万平方米）Buildings Completed (10 000 sq.m)	自有机械设备 Machinery & Equipment Owned 净价 (万元) net valued (10 000 yuan)	台数 (万台) Number (10 000 yuan)	总功率 (万千瓦) Numbers (10 000 kw)	期末从业人数（万人）Engaged Persons (10 000 persons)	其中：工程技术人员 Engineer	其中：一级建造师 First Engineer
4064.8	**609593**	**9.30**	**217.70**	**41.05**	**6.38**	**0.34**
4064.0	609415	9.30	217.57	41.04	6.38	0.34
8.9	59275	0.43	15.74	1.35	0.25	0.01
	45			0.05	0.01	
59.0	11672	0.40	5.17	0.44	0.04	
2309.0	255781	5.16	120.29	20.4	3.23	0.16
263.5	24810	0.56	12.81	4.28	0.48	0.03
1423.6	257812	2.75	63.55	14.49	2.37	0.14
	20		0.01	0.04		
0.8	178	0.01	0.13	0.01		
4011.3	564617	8.65	194.30	38.56	5.95	0.3
51.5	12237	0.54	12.78	1.86	0.29	0.02
2.0	3136	0.06	0.95	0.25	0.05	
	29604	0.05	9.67	0.39	0.09	0.01
4047.3	567239	8.74	203.09	38.36	5.94	0.29
58.3	19050	0.31	5.20	0.51	0.07	0.01
1123.6	143896	2.60	67.27	12.65	1.71	0.11
1283.4	202471	2.68	69.03	12.88	2.09	0.09
1582.0	201822	3.15	61.59	12.32	2.08	0.08
17.5	42353	0.56	14.61	2.69	0.44	0.05
	15372	0.13	2.36	0.35	0.09	0.01
16.3	5267	0.30	2.51	0.83	0.16	0.02
1.2	21715	0.13	9.74	1.49	0.18	0.01

14–5 建筑施工企业主要财务指标(2011 年)

单位:万元

项 目	Item	资产合计 Total Assets	流动资产合计 Total Circulating Assets	#存 货 Stock	长期投资 Longterm Investment
总 计	**Total**	**13333203**	**10354266**	**1519935**	
按企业登记注册类型分	**Grouped by Type Registered**				
内资企业	Domestic Investment	13332185	10354174	1519935	
国有企业	State-owned	534810	423856	99580	
集体企业	Collective-owned	12249	10225	209	
股份合作企业	Share Holding Cooperative	39550	24697	1967	
联营企业	Joint-owned	1600	1600		
有限责任公司	Limited-liability Company	5000700	3916069	784765	
股份有限公司	Share Holding Company	1569038	1188532	44599	
私营企业	Private	6167904	4783427	588509	
其他企业	Others	6333	5768	306	
港、澳、台商投资企业	Hong kong, Macao & Taiwan Funded	1018	92		
外商投资企业	Foreign Funded				
按行业类别分	**Grouped by Sector**				
房屋和土木工程建筑业	Housing Construction and Civil Engineering Industry	12557058	9730938	1438668	
建筑安装业	Construction and Installation Industry	467584	389674	57589	
建筑装饰业	Construction and Decoration Industry	108676	88151	11444	
其他建筑业	Other Construction Industries	199885	145503	12233	
按企业资质等级分	**Grouped by Intelligent Grade**				
施工总承包	General Contractors	12486711	9676024	1370856	
特 级	Special Grade	477894	365794	79539	
一 级	First	4211898	3396112	393243	
二 级	Second	4588826	3542139	469526	
三 级	Third	3208093	2371979	428548	
专业承包	Professional Contractors	846492	678242	149079	
一 级	First	167253	125276	3732	
二 级	Second	221629	185046	42312	
三 级	Third	455438	366433	103031	

Main Financial Indicators on Construction Enterprises with Independent Accounting System(2011)

(10 000 yuan)

固定资产合计 Total Fixed Assets	固定资产原价合计 Original Value of Fixed Assets	# 生产经营用 for Production Use	累计折旧 Accumulative Depreciation	# 本年折旧 Of this Year	在建工程 Under Construction	无形及递延资产合计 Intangible & Deffered Assets	# 无形资产 Intangible	其它资产 others
1937471	**2469387**		**708742**	**129514**	**132064**			
1937376	2469031		708480	129514	132064			
83481	133770		62528	19452	1212			
1399	2733		1349	819				
14809	15483		2202	1204	1509			
738445	1013072		367717	51475	67237			
295703	344032		62422	19048	14088			
802976	959129		212015	37486	48017			
565	813		248	30				
95	356		262					
1820875	2303488		644708	116366	126447			
56042	81908		39345	9051	4437			
10923	14122		4324	647	1068			
49632	69870		20365	3450	113			
1805790	2285979		649820	120789	126098			
36136	56360		20224	1870				
545920	761865		233863	41665	13266			
576654	733133		221668	39710	51336			
647080	734620		174065	37545	61495			
131681	183409		58922	8724	5966			
29929	51381		21452	2667				
27916	38350		14452	1749	3490			
73219	92673		22630	4304	2476			

14-5 续表 1

单位：万元

项 目	Item	负债合计 Total Liability	流动负债合计 Total Circulating Liability	长期负债合计 Total Longterm Liability	所有者权益合计 Ownership Interest
总 计	**Total**	**8510547**	**8166618**	**337733**	**4822656**
按企业登记注册类型分	**Grouped by Type Registered**				
内资企业	Domestic Investment	8510428	8166498	337733	4821757
国有企业	State-owned	403707	401284	2424	131103
集体企业	Collective-owned	9742	8706	1036	2508
股份合作企业	Share Holding Cooperative	20996	20573	423	18555
联营企业	Joint-owned				1600
有限责任公司	Limited-liability Company	3173630	3042171	130135	1827070
股份有限公司	Share Holding Company	1228380	1098590	129252	340659
私营企业	Private	3673754	3594956	74463	2494150
其他企业	Others	219	219		6113
港、澳、台商投资企业	Hong kong, Macao & Taiwan Funded	119	119		899
外商投资企业	Foreign Funded				
按行业类别分	**Grouped by Sector**				
房屋和土木工程建筑业	Housing Construction and Civil Engineering Industry	7992867	7660030	326640	4564192
建筑安装业	Construction and Installation Industry	319997	318721	1275	147587
建筑装饰业	Construction and Decoration Industry	61630	58865	2766	47046
其他建筑业	Other Construction Industries	136054	129001	7053	63831
按企业资质等级分	**Grouped by Intelligent Grade**				
施工总承包	General Contractors	7942300	7603019	333434	4544411
特 级	Special Grade	395576	351623	43953	82319
一 级	First	2913268	2735070	178198	1298629
二 级	Second	2898504	2828474	68405	1690323
三 级	Third	1734953	1687853	42878	1473141
专业承包	Professional Contractors	568247	563598	4299	278245
一 级	First	106034	103566	2468	61219
二 级	Second	136567	135913	654	85063
三 级	Third	324863	323336	1177	130574

continued

(10 000 yuan)

实收资本 Contrib-uted Capital	国家资本 State	集体资本 Collective	法人资本 Institu-tionnal Units	个人资本 Indivi-duals	港澳台资本 Hong kong, Macao & Taiwan	外商资本 Foreign	工程结算收入 Revenue of Settlement of Projects
2270376	**175264**	**117856**	**700551**	**1276487**	**218**		**13615382**
2269504	175264	117856	700551	1275833			13613055
70896	50264		20632				531230
1469		969	500				3588
17482	858	2913	8934	4777			91787
1600				1600			
1139198	123556	99193	382427	534022			6760272
159827	586	14032	35743	109466			1278711
878382		748	252315	625319			4945268
650				650			2200
872				654	218		2327
2106554	158299	103603	653693	1190740	218		12902531
96175	13300	13052	24144	45679			460962
32655	687		15669	16299			74175
34992	2979	1200	7044	23769			177714
2106951	154254	96785	656497	1199197	218		12963243
68403			68329	74			656815
557634	70666	31468	126219	329281			4953300
797791	52724	32043	266221	446802			4078618
683123	30864	33274	195728	423039	218		3274510
163425	21011	21071	44054	77290			652139
36336	11816	4000	11178	9343			124237
51052	802	14343	14643	21265			194391
74986	8394	2727	18233	45632			325398

14–5 续表 2

单位：万元

项 目	Item	工程结算成本 Cost of Settlement of Projects	工程结算税金及附加 Tax and Extra Charges of Settlement of Projects	工程结算利润 Profits of Settlement of Projects
总 计	**Total**	**11482102**	**493874**	
按企业登记注册类型分	**Grouped by Type Registered**			
内资企业	Domestic Investment	11480124	493796	
国有企业	State-owned	485315	17885	
集体企业	Collective-owned	2811	168	
股份合作企业	Share Holding Cooperative	74851	8397	
联营企业	Joint-owned			
有限责任公司	Limited-liability Company	5897678	233638	
股份有限公司	Share Holding Company	1021781	42156	
私营企业	Private	3996236	191468	
其他企业	Others	1452	84	
港、澳、台商投资企业	Hong kong, Macao & Taiwan Funded	1978	78	
外商投资企业	Foreign Funded			
按行业类别分	**Grouped by Sector**			
房屋和土木工程建筑业	Housing Construction and Civil Engineering Industry	10890557	468617	
建筑安装业	Construction and Installation Industry	388232	15943	
建筑装饰业	Construction and Decoration Industry	59160	2678	
其他建筑业	Other Construction Industries	144154	6635	
按企业资质等级分	**Grouped by Intelligent Grade**			
施工总承包	General Contractors	10950537	472140	
特 级	Special Grade	605137	18006	
一 级	First	4196509	164614	
二 级	Second	3473747	157843	
三 级	Third	2675144	131677	
专业承包	Professional Contractors	531565	21733	
一 级	First	103477	4616	
二 级	Second	156833	6884	
三 级	Third	264154	9952	

continued

(10 000 yuan)

其他业务收入 Revenue of Other Business	其他业务利润 Profits of Other Business	管理费用 Manage-ment Expenses	#税金 Taxes	#财产保险费 Premium of Property	财务费用 Financial Expense	#利息支出 Interest Expendi-ture	营业利润 Operating Profits	利润总额 Total Profits
	30584	**443365**	**30385**		**123692**	**77591**	**1047837**	**1052743**
	30584	443320	30385		123692	77591	1047611	1052517
	993	18896	721		2979	2541	6777	6535
	228	924	27		-17	-20	-78	-78
	179	1197	145		855	575	6133	6133
		23					-23	-23
	15548	235269	11634		44065	23292	335818	340705
	1616	45721	9385		12435	12272	159532	158753
	12021	141212	8453		63375	38931	538871	539913
		78	20		1		580	580
		45	1				226	226
	28016	398972	28894		119248	73769	1000175	1005206
	1988	25850	1214		2078	1641	29624	29605
	162	3487	103		492	344	8034	7985
	419	15056	175		1874	1837	10005	9947
	26930	391543	28802		120120	74951	1004445	1010171
	-734	16301	1215		8008	10211	6328	7093
	3151	135180	11653		36984	31759	423267	424612
	15661	127734	5919		49190	21193	258312	261953
	8852	112328	10015		25938	11788	316539	316514
	3655	51822	1584		3573	2640	43392	42572
	119	8036	301		1528	1108	5935	5912
	1766	19834	592		503	424	10492	9976
	1421	23098	685		1536	1108	26745	26444

14-5 续表 3

单位：万元

项 目	Item	应交所得税 Income Tax Payable	应付利润 Profits Payable	劳动待业保险费 Premium for Employment
总 计	**Total**	**192977**		
按企业登记注册类型分	**Grouped by Type Registered**			
内资企业	Domestic Investment	192977		
国有企业	State-owned	1741		
集体企业	Collective-owned	5		
股份合作企业	Share Holding Cooperative	2022		
联营企业	Joint-owned			
有限责任公司	Limited-liability Company	66698		
股份有限公司	Share Holding Company	24664		
私营企业	Private	97806		
其他企业	Others	42		
港、澳、台商投资企业	Hong kong, Macao & Taiwan Funded			
外商投资企业	Foreign Funded			
按行业类别分	**Grouped by Sector**			
房屋和土木工程建筑业	Housing Construction and Civil Engineering Industry	187096		
建筑安装业	Construction and Installation Industry	2778		
建筑装饰业	Construction and Decoration Industry	774		
其他建筑业	Other Construction Industries	2330		
按企业资质等级分	**Grouped by Intelligent Grade**			
施工总承包	General Contractors	185476		
特 级	Special Grade	1773		
一 级	First	57946		
二 级	Second	51362		
三 级	Third	74396		
专业承包	Professional Contractors	7501		
一 级	First	976		
二 级	Second	2153		
三 级	Third	4312		

continued

(10 000 yuan)

本年应付职工薪酬总额 Employee compensation Payable	# 主营业务应付工资 Wage Payable of Major Business	本年应付福利费总额 Welfares Payable in the Year	# 主营业务应付 of Major Business	建筑业增加值 Value Added of Construction
2043806				**3745416**
2042986				3744292
39367				84202
924				1860
13335				29214
				-23
821434				1453999
260568				490689
902583				1678861
4775				5489
820				1125
1955076				3569128
53715				109547
6841				18303
28175				48440
1949802				3575978
18039				45458
772018				1413217
608350				1070134
551395				1047171
94005				169438
15361				28880
22066				41783
55078				96764

主要统计指标解释

建筑业统计单位 指从事房屋、构筑物建造和设备安装活动的法人企业。建筑业法人企业应同时具备的条件是：①依法成立，有自己的名称、组织机构和场所，能够承担民事责任；②独立拥有和使用资产，承担负债，有权与其他单位签订合同；③独立核算盈亏，能够编制资产负债表。

建筑业总产值（即自行完成施工产值） 是以货币表现的建筑安装企业在一定时期内生产的建筑业产品的总和。建筑业总产值包括：

(1)建筑工程产值：指列入建筑工程预算内的各种工程价值。

(2)安装工程产值：指设备安装工程价值，不包括被安装设备本身价值。

(3)其他产值：建筑业总产值中，除建筑工程、安装工程以外的产值。包括房屋、构筑物修理产值、非标准设备制造产值、总包企业向分包企业收取的管理费以及不能明确划分的施工活动所完成的产值。

a 房屋、构筑物修理产值：指房屋、构筑物修理所完成的价值，但不包括被修理房屋、构筑物本身的价值和生产设备的修理价值。

b 非标准设备制造产值：指加工制造没有定型的、非标准的生产设备的加工费和原材料价值，以及附属加工厂为本企业承建工程制作的非标准设备的价值。

建筑业增加值 指建筑业企业在报告期内以货币表现的建筑业生产经营活动的最终成果。目前建筑业增加值采用分配法(收入法)计算，即从收入的角度出发，根据生产要素在生产过程中应得的收入份额计算。具体计算公式为：

建筑业增加值 = 本年提取的固定资产折旧 + 主营业务应付工资 + 主营业务应付福利费 + 管理费用中的劳动待业保险金、税金 + 工程结算税金及附加 + 工程结算利润

房屋建筑施工面积 指在报告期内施工的全部房屋建筑面积、包括本期新开工的房屋面积、上期施工跨入本期继续施工的房屋面积、上期停缓建在本期恢复施工的房屋面积、本期竣工的房屋面积及本期施工后又停缓建的房屋面积。

房屋建筑竣工面积 指在报告期内房屋建筑按照设计要求全部完工，达到了住人和使用条件，经验收鉴定合格，正式移交使用单位的房屋建筑面积。

自有机械设备年末总台数 指归本企业所有，属于本企业固定资产的生产性机械设备年末总台数。包括施工机械、生产设备、运输设备以及其他设备。

自有机械设备年末总功率 指本企业自有施工机械、生产设备、运输设备以及其他设备等列为在册固定资产的生产性机械设备年末总功率，按设定能力或查定能力计算。包括机械本身的动力和为该机械服务的单独动力设备，如电动机等。计算单位用千瓦，动力换算可按 1 马力 =0.735 千瓦折合成千瓦数。电焊机、变压器、锅炉不计算动力。

工程结算收入 指企业承包工程实现的工程价款结算收入，以及向发包单位收取的除工程价款以外的按规定列作营业收入的各种款项，如临时设施费、劳动保险费、施工机械调迁费等以及向发包单位收取的各种索赔款。

工程结算利润 指已结算工程实现的利润，如亏损以“–”号表示。计算公式为：

工程结算利润 = 工程结算收入 – 工程结算成本 – 工程结算税金及附加

企业总收入 指与企业生产经营直接有关的各项收入，包括工程结算收入和其他业务收入。计算公式为：

企业总收入 = 工程结算收入 + 其他业务收入

Explanatory Notes on Main Statistical Indicators

Statistical Unit in Construction refers to corporate enterprise engaged in the construction of buildings and structures and in the installation of equipment. A corporate construction enterprise should meet the following requirements: ①being set up in line with relevant legal basis, having its full name, organization and location, and capable of taking civil liabilities; ②independently possessing and using its assets and assuming its liabilities, and entitled to sign contracts with other institutions; ③ making independent accounts of its profits and losses, and capable of compiling its own balance sheet.

Gross Output Value of Construction (Output Value of Projects Under Construction) refers to total of construction products, expressed in money terms, completed by construction and installation enterprises during a given period of time. It includes:

(1) Output value of construction projects, that is the value of projects covered by the project budgets;

(2) Output value of installation projects, that is the value of the installation of equipment, (excluding the value of the equipment to be installed) ;

(3)Other Output value:

a .Output value of repair of buildings and structures, that is the value created through the repairs of buildings or structures, but does not include the value of buildings or structures being repaired and the value of the repair of production equipment;

b .Output value of manufactured nonstandard equipment, that is the value of nonstandard production equipment which including raw materials and manufacturing cost made for the construction project, and the equipment manufactured by subsidiary workshops.

Value added of Construction refers to the final result of the activities of production and management of construction in monetary terms in the reference period. At present, the value added of construction is calculated with the income approach. In other words, it is the sum of income of various production factors in the production process. The formula is as follows:

Value added of construction = depreciation of fixed assets in the year + wages payable of the major operation + welfare expenses payable of the major operation + insurance premium and tax for waiting for employment in the administrative expenses + taxes and surcharges on project settlement + profit gained from Project settlement.

Floor Space of Buildings Under Construction refers to floor space of buildings under construction during the reference period, including newly started buildings, buildings started earlier and continued during the reference period, and buildings suspended earlier but restarted during the reference period, buildings completed during the reference period, and buildings under construction , and then suspended during the reference period.

Floor Space of Buildings Completed refers to the floor space of buildings that are completed in the reference period in accordance with the requirements of the design, up to the standard for putting them into use, and have been checked and accepted by concerned departments as qualified ones.

Total Number of Machinery and Equipment Owned by the End of Year refers to the number of machines and equipment owned by the enterprises, and listed as the fixed assets of the enterprises by the end of the year, including machinery and equipment for construction, production and transportation.

Total Power of Machinery and Equipment Owned by the End of Year refers to the total power of machinery and equipment owned by the enterprises, and listed as the fixed assets of the enterprises by the end of the year, including machinery and equipment for construction, production and transportation. The power of the machinery is calculated on basis of the designed or verified capacity, covering the power of the machinery/equipment and the separate power equipment serving the machinery/equipment(such as electric motors) , but excluding welders, transformers and boilers. The unit used for the calculation of power is kilowatt, with horsepower converted to kilowatt by 1 horse power = 0. 735 kilowatt.

Income from Settlement of Projects refers to the income received by the construction enterprise from the contracted project through settlement procedures, and other charges to the contractoree as operational costs in addition to the value of the project, such as temporary facility fee, labour insurance premium, moving cost of construction equipment, as well as various types of claims to the contractee.

Profit from Settlement of Projects refers to profit realized through settled projects. It is calculated with the following formula:

Profit from Settlement of Projects=Income from Settlement of Projects – Cost – Taxes and Other Cost

Total Revenue of Enterprises refers to the sum of income from production and operation of enterprises, including income from settlement of projects and other operational income, namely:

Total Revenue of Enterprises = Income from Settlement of Projects + Other Operational Income

2012 NEI MENG GU

十五、运输和邮电

Transportation,Postal and Telecommumications Services

资料整理：韩白力嘎
Arranged By Han Bailiga

15-1 交通运输业基本情况
Basic Conditions of Transportation

指标	Item	2010	2011
运输线路长度(公里)	**Length of Transportation Routes(km)**		
中央铁路营业里程	Railways in Operation	7801	7986
公路	Highways	157994	160995
内河	Navigable Inland Waterways	2517	2517
民航	Total Civil Aviation Routes	3904050	
客运量总计(万人)	**Total Passenger Traffic(10 000 persons)**	**24343**	**26420**
铁路	Railways	4136	4156
公路	Highways	19830	21807
民用航空	Civil Aviation	377	457
旅客周转量总计(亿人公里)	**Total Passenger Kilometers(100 million passenger-km)**	**387.74**	**409.37**
铁路	Railways	169.54	168.21
公路	Highways	218.20	241.16
货运量总计(万吨)	**Total Freight Traffic(10 000 tons)**	**132205**	**146589**
铁路	Railways	47040	42934
公路	Highways	85162	103651
民用航空	Civil Aviation	3.11	3.63
货物周转量总计(亿吨公里)	**Total Freight Ton-kilometers(100 million ton-km)**	**3949.24**	**5138.15**
铁路	Railways	1688.12	2400.55
公路	Highways	2261.12	2737.60
民用汽车拥有量(辆)	**Number of Civil Motor Vehicles Owned(unit)**	**2369980**	**2832135**
#私人汽车拥有量(辆)	Number of Motor Vehicles Owned by Individuals(unit)	1934093	2342859
载客汽车辆数(辆)	Number of Buses and Cars(unit)	1371936	1761036
#私人	Private-owned	1155855	1519290
载货汽车辆数(辆)	Number of Trucks(unit)	485141	545221
#私人	Private-owned	311218	352023
民用运输船舶拥有量(艘)	**Number of Civil Transport Vessels(unit)**	**982**	**1007**

注：1. 公路部门营运汽车统计口径为全社会营运汽车。

2. 表中民用航空客（货）运量为机场旅客（货邮行）发运量。下表同。

a)The statistical coverage of number of motor vehicles owned by highway departments has extended to motor vehicles of all society.

b)Passenger(Freight) traffic of Civil Aviation in this table is The Passenger(Freight) shipments of Airport.The same as in following tables.

15-2 主要交通运输工具和线路里程

Major Tools and Length of Transports

年份 Year	载货汽车(辆) Trucks (unit)	载客汽车(辆) Buses and Cars (unit)	铁路 Railways 机车(台) Locomotives (unit)	铁路 Railways 客车(辆) Passenger Coaches (unit)	飞机(架) Number of Civil Aircraft(unit)	铁路正线延展里程(公里) Extention Length of the Trunk Lines(km)	公路线路里程(公里) Total Length of Highways (km)
1947	76	18				1557	1974
1948	81	25				1557	1872
1949	89	25				1557	2394
1950	227	53				1557	3259
1951	343	78				1557	4037
1952	344	101				1574	4821
1953	617	173				1574	5495
1954	1066	269				1912	6253
1955	1750	391				1912	8325
1956	2459	496				2106	11501
1957	2828	641				2404	13020
1958	3492	797				2644	18020
1959	4100	996				3091	18752
1960	5198	1061				3222	21131
1961	5446	970				3219	21131
1962	5595	1003				3222	22804
1963	5398	1033				3190	22195
1964	5871	1000				3299	22103
1965	6335	1348				3541	25688
1966	7335	1718				3635	25180
1967	6905	1605				3496	24407
1968	7110	1669				3496	25234
1969	7007	1781				3590	25676
1970	8174	2027				3593	27605
1971	9140	2316				3491	31355
1972	11061	2852				3537	34676
1973	14388	3733				3747	29043
1974	15496	4237				3747	30308
1975	19611	5172				3747	31362
1976	23281	6046				3697	33414
1977	25001	6448				3755	36471

15-2 续表 continued

年 份 Year	载货汽车(辆) Trucks (unit)	载客汽车(辆) Buses and Cars (unit)	铁 路 Railways		飞 机(架) Number of Civil Aircraft (unit)	铁路线路里程(公里) Length of the Railway Lines(km)	公路线路里程(公里) Total Length of Highways (km)	民航通航里程(公里) Length of Civil Aviation Routes(km)
			机 车(台) Locomo- tives (unit)	客 车(辆) Passenger Coaches (unit)				
1978	29027	7669				3803	37535	
1979	33011	8476				3760	23769	
1980	38647	9969				4361	35016	3734
1981	42482	11842	341	601	16	4379	35856	3734
1982	47125	13254	500	910	16	4360	36828	2933
1983	49674	14087	507	955	18	4360	37939	2933
1984	51663	15405	562	1003	18	4355	37456	7565
1985	57354	19078	532	838	21	4364	38198	7565
1986	66258	23409	627	1121	21	4405	40380	8824
1987	68618	24883	667	1282	19	4821	41984	10005
1988	71856	29940	706	1275	18	4825	42800	23193
1989	77909	32634	691	1339	19	5445	43080	21745
1990	87161	35763	676	1471	19	5596	43274	21431
1991	95489	41081	686	1522	21	5653	43396	20506
1992	103757	47958	661	1473	20	5770	43704	22496
1993	115807	58084	641	1561	19	5800	43789	38976
1994	118985	65374	668	1661	19	5733	44202	51951
1995	131055	85825	759	1802	18	5790	44753	48136
1996	111675	94187	789	1802	18	7588	45744	76116
1997	130350	118978	650	1771	19	7031	49992	66532
1998	142255	144216	745	1694	19	7083	58430	61199
1999	157377	169241	838	1595	13	7331	63824	64426
2000	167004	188154	883	1818	9	7179	67346	40469
2001	180481	241364	865	1886	11	7240	70408	51476
2002	182971	237719	898	1903	11	7475	72673	56890
2003	202306	286481	912	1757	10	7476	74135	78705
2004	240591	341371	892	1753	13	7885	75976	76725
2005	248809	384575	892	1753	15	7689	124465	55218
2006	284285	513375	980	1492	15	7839	128762	20656
2007	305163	643648	1123	1324	15	6683	138610	7528200
2008	338015	811922	1715	2033	11	7222	147288	2968910
2009	421962	1061527	837	1391	12	7630	150756	3987710
2010	485141	1371936	700	1528	8	7801	157994	3904050
2011	545221	1761036	726	1678	4	7986	160995	

15-3 运输线路长度
Length of Transports Routes

单位：公里　　(km)

项 目	Item	2010	2011
铁路延展长度	**Length of Railways Routes**	**13660**	**12367**
中央铁路	Central Railways		
正线延展里程	Extention Length of the Trunk Lines	12134	10688
营业里程	Length of Railways in Operations	7801	7986
# 呼铁局	Huhhot Railway Bureau	1581	4339
哈铁局(内蒙地段)	Harbin Railway Bureau(Section of Inner Mongolia)	1748	1933
沈铁局(内蒙地段)	Shengyang Railway Bureau(Section of Inner Mongolia)	1626	1626
公路	**Highways**		
公路里程	Total Length of Highways	157994	160995
等级公路	Expressway and Class I to IV Highway	144395	147946
#高速公路	Expressway	2365	2874
一级公路	First Class	3387	3710
二级公路	Second Class	12443	13689
等外路	Highway Below Class IV	13599	13049
内河	**Inland Rivers**		
航道里程	Length of Navigabe Inland Waterways	3256	2517

15-4 民用车辆船舶年末拥有量

Figure of Civil Vehicles and Shipping at Year-end

项目	Item	2010		2011	
		合计 Total	#私人 Private-owned	合计 Total	#私人 Private-owned
铁路运输工具	**Tool of Railway Transport**				
中央铁路：机车(台)	Central Railways:Locomotives(unit)	700		726	
客车(辆)	Passenger Coaches(unit)	1528		1678	
民用汽车(辆)	**Number of Civil Motor Vehicles(unit)**	**2369980**	**1934093**	**2832135**	**2342859**
#载货汽车(辆)	Number of Trucks(unit)	485141	311218	545221	352023
载客汽车(辆)	Buses and Cars(unit)	1371936	1155855	1761036	1519290
轮胎式拖拉机(台)	**Type Tractors(unit)**	**1015339**	**913805**	**1026752**	**1026700**
摩托车(辆)	**Motors(unit)**	**1525425**	**1515638**	**1526617**	**1517793**
#两轮摩托车	Two-wheel Motors	1525425	1515638	1526617	1517793
载货车挂车(辆)	**Trailer(unit)**	**116081**	**45066**	**123342**	**47720**
民用运输船(艘)	**Civil Transport Vessels(unit)**	**982**		**1007**	
#机动运输船(艘)	Motor Vessels(unit)	435		500	
非机动船(艘)	Non-motor Vessels(unit)	445		451	
挂浆船(艘)	Vessels with Oar(unit)	102		56	
民航飞机(架)	**Civil Aircraft(unit)**	**8**		**4**	
#通用飞机	General Aircraft	8		4	

15-5 客货运输量
Passenger Traffic and Freight Traffic

年份 Year	客运量 (万人) Passenger Traffic (10 000 persons)	铁路 Railways	公路 Highways	货运量 (万吨) Freight Traffic (10 000 tons)	铁路 Railways	公路 Highways
1949			0.6		0.2	0.2
1950			0.8	0.2		0.2
1951			3.0	396	391	5
1952			16	447	417	30
1953			39	755	526	229
1954			58	1168	694	474
1955			87	1433	496	937
1956			131	2093	622	1471
1957			189	2224	739	1485
1958			181	3390	1039	2351
1959	1238	993	245	6911	2657	4254
1960	1754	1456	298	5986	3289	2697
1961	2022	1723	299	3749	2355	1394
1962	1869	1585	284	2729	1754	975
1963	1416	1118	298	2235	1434	801
1964	1268	914	354	2759	1640	1116
1965	1320	852	468	3614	2060	1554
1966	1463	836	627	4160	2425	1735
1967	1688	978	710	4409	2881	1528
1968	1651	990	661	3284	1889	1395
1969	1546	1046	500	3200	1792	1408
1970	1688	1016	672	4625	2882	1743
1971	1865	1080	785	4964	2749	2215
1972	2223	1164	1059	5387	2859	2528
1973	2338	1199	1139	5477	2668	2709
1974	2364	1161	1203	5453	2604	2849
1975	2599	1324	1275	6325	3190	3135
1976	2588	1300	1288	6487	3114	3373
1977	3017	1564	1453	7399	3529	3870

15-5 续表 continued

年份 Year	客运量 (万人) Passenger Traffic (10 000 persons)	铁路 Railways	公路 Highways	航空 Civil Aviation	货运量 (万吨) Freight Traffic (10 000 tons)	铁路 Railways	公路 Highways	航空 Civil Aviation
1978	3422	1753	1669		8213	3861	4352	
1979	3470	1689	1781		8046	3924	4122	
1980	4162	1994	2164	4	7653	4142	3511	0.05
1981	4250	2071	2176	3	7305	3989	3316	0.05
1982	4926	2288	2635	3	8314	4317	3997	0.04
1983	5703	2556	3145	2	9103	4542	4561	0.04
1984	6313	2738	3573	2	10149	4957	5192	0.03
1985	6673	2784	3884	5	11588	5510	6078	0.13
1986	7612	2833	4775	4	15348	5638	9710	0.06
1987	8493	2965	5509	19	16979	6065	10914	0.06
1988	9518	3242	6242	34	18533	5296	13237	0.06
1989	9411	2997	6405	9	22515	6678	15837	0.06
1990	10475	2433	8012	30	26676	6909	19767	0.17
1991	9148	2565	6543	40	25678	7027	18651	0.24
1992	10406	2801	7567	38	29126	7198	21928	0.34
1993	11165	3014	8108	43	31708	7587	24121	0.41
1994	15294	3042	12162	90	31386	7812	23573	0.90
1995	18273	2909	15248	116	32732	8347	24384	1.13
1996	18099	2563	15418	118	34321	9435	24885	1.15
1997	19148	2735	16287	126	39008	9960	29047	1.27
1998	20205	2542	17552	111	39564	8227	31336	1.17
1999	21498	2824	18576	98	41652	8747	32903	1.90
2000	23549	3378	20061	110	44629	9648	34979	2.00
2001	24133	2956	21041	136	45970	9816	36145	0.90
2002	25376	2824	22421	132	47879	10639	37239	1.00
2003	23521	2552	20831	138	50046	11513	38532	1.10
2004	28954	3235	25510	209	61259	18560	42697	1.60
2005	32114	3259	28604	251	73082	22060	51020	2.00
2006	35512	3437	31817	258	84137	25157	58978	1.98
2007	38781	3489	35039	253	102907	29605	73300	1.79
2008	20259	3876	16207	176	100012	39070	60941	1.07
2009	22259	4093	17998	168	116508	45675	70832	1.00
2010	24343	4136	19830	377	132205	47040	85162	3.11
2011	26420	4156	21807	457	146589	42934	103651	3.63

15-6 客货周转量
Passenger-kilometers and Freight Ton-kilometers

年份 Year	旅客周转量 (亿人公里) Passenger-kilometers (100 million passenger-km)	铁路 Railways	公路 Highways	货物周转量 (亿吨公里) Freight Ton-kilometers (100 milion ton km)	# 铁路 Railways	# 公路 Highways
1978	31.80	22.38	9.42	224.55	214.96	9.59
1980	43.19	31.84	11.35	174.92	164.78	10.14
1981	45.55	34.33	11.22	252.36	243.98	8.38
1982	52.06	37.50	14.40	299.40	288.62	10.78
1983	61.41	43.92	17.36	348.97	335.57	13.40
1984	70.63	50.29	20.34	391.94	376.45	15.49
1985	82.53	58.34	23.86	442.51	424.30	18.20
1986	90.85	62.57	28.03	470.56	449.30	21.26
1987	100.92	65.55	33.78	492.62	469.12	23.50
1988	115.69	74.49	37.58	491.93	466.08	25.85
1989	111.29	68.18	39.84	579.63	501.93	77.70
1990	99.01	57.54	38.07	621.90	519.41	102.49
1991	104.90	60.64	40.06	608.08	505.15	102.93
1992	113.60	69.24	40.26	655.89	515.18	137.56
1993	152.95	74.44	74.03	697.86	546.50	151.36
1994	174.86	75.09	89.55	734.25	586.94	143.85
1995	173.58	71.97	89.85	785.12	625.56	159.56
1996	167.10	63.79	90.68	832.66	658.96	170.11
1997	180.27	69.14	97.69	881.49	695.86	182.18
1998	187.91	76.13	100.44	844.35	657.08	187.27
1999	205.50	88.00	108.18	898.80	701.00	197.75
2000	219.10	92.30	116.30	1041.20	828.60	211.80
2001	225.30	89.70	121.90	1090.10	869.70	220.30
2002	236.80	92.70	130.70	1132.00	900.50	231.40
2003	222.06	85.74	122.14	1218.22	976.18	241.91
2004	290.24	108.63	155.28	1441.39	1171.39	269.84
2005	323.12	113.22	178.98	1604.31	1280.75	323.35
2006	354.24	122.20	199.47	1798.35	1414.03	384.12
2007	377.11	134.75	219.46	2121.40	1629.40	492.00
2008	351.43	154.77	179.66	3548.36	1911.00	1637.36
2009	377.29	161.84	198.38	3963.12	2077.87	1885.25
2010	387.74	169.54	218.20	3949.24	1688.12	2261.12
2011	409.37	168.21	241.16	5138.15	2400.55	2737.60

15-7 邮电业务基本情况

Basic Conditions of Post and Telecommunications Services

指 标	Item	2010	2011
邮电业务总量(万元)	Business Volume of Post and Telecommunications Service(10 000 yuan)	2006940	2413465
邮政业务总量	Business Volume of Post Service	119844	99580
电信业务总量	Business Volume of Telecommunications Service	1887096	2313885
函件(万件)	Number of Letters(10 000 pcs)	3389	3031
包件(万件)	Number of Parcels(10 000 pcs)	51	47
特快专递(万件)	Pieces of Express Mail Services(10 000 pcs)	401	405
报刊期发数(万份)	Number of Newspapers and Magazines Circulation(10 000 copies)	242	285
国内长途电话通话时长(万分钟)	Length of Domestic Long-distance Calls (10 000 minutes)	104836	75460
固定电话年末用户(万户)	Access to Telephone Subscribers (10 000 subscribers)	414.0	379.5
城市电话用户(万户)	Number of Urban Telephone Subscribers (10 000 subscribers)	354.0	318.9
# 住宅电话用户	Residential Telephone Subscribers	237.8	188.7
农村电话用户(万户)	Number of Rural Telephones Subscribers at Year-end (10 000 subscribers)	60.0	60.6
年末移动电话用户(万户)	Number of Mobile Telephones Subscribers at Year-end (10 000 subscribers)	2034.0	2316.2
移动短信业务量(万条)	Short Message Services (10 000 messages)	1817743.0	1775509.0
年末互联网用户(万户)	Number of Subscribers of Internet Service at Year-end (10 000 subscribers)	191.0	1498.2
邮电局所(处)	Number of Post &Telecommunications Offices(unit)	1588	1483
邮路总长度(公里)	Length of Postal Routes (km)	58391	59125
# 汽车邮路	Highway Routes	44277	49983
铁路邮路	Railway Routes	6205	5720
局用交换机容量(万门)	Capacity of Office Telephone Exchanges(10 000 lines)	711.47	682.64
电话机(含移动电话)(万部)	Number of Telephone Sets(10 000 units)	2448.0	2696.0

注：1.2011年邮电业务总量按2010年不变价格计算。

2.2010年年末互联网用户不包括移动互联网用户。

a)The business volume of post and telecommunications of 2011 is calculated at 2010 constant prices.

b)Number of Subscribers of Internet Service at Year-end of 2010 did not include mobile Internet users.

15-8 城乡邮电局所和电话机数

Number of Post and Telecommunications Office and Telephones

年份 Year	邮电局所(处) Number of Telecommunications Offices (unit)	城市 Urban	乡村 Rural	每万人口中邮电局所(处) Number of Post and Telecoms Offices per 10 000 Person (unit)	固定电话机部数(万部) Number of Telephone Access to (10 000 set)	城市 Urban	乡村 Rural	每万人口中电话机数(部) Number of Telephones per 10 000 persons (set)
1949	114	100	14	0.19	0.04		0.04	0.66
1952	353	330	23	0.49	0.04		0.04	0.56
1957	563	149	414	0.60	1.03	0.90	0.13	18.71
1958	799	308	481	0.82	1.31	1.17	0.14	25.69
1965	951	161	790	0.73	3.33	2.23	1.10	13.88
1970	1111	216	895	0.75	2.07	1.49	0.58	15.13
1975	835	151	684	0.48	2.66	1.98	0.68	14.59
1978	857	163	694	0.48	3.10	2.36	0.74	17.00
1979	1513	206	1307	0.82	5.87	4.16	1.71	31.70
1980	1515	212	1303	0.81	6.04	4.34	1.70	32.19
1981	1519	212	1307	0.80	6.13	4.57	1.56	32.21
1982	1520	218	1302	0.78	6.47	4.97	1.50	33.32
1983	1517	216	1301	0.77	6.98	5.46	1.52	35.44
1984	1545	232	1313	0.78	7.63	6.14	1.49	38.28
1985	1603	232	1371	0.80	8.51	7.00	1.51	42.21
1986	1634	254	1380	0.80	9.07	7.56	1.51	44.45
1987	1615	229	1386	0.78	10.31	8.71	1.60	49.89
1988	1632	236	1396	0.78	12.67	10.98	1.69	60.51
1989	1636	232	1404	0.77	14.70	12.81	1.89	69.27
1990	1638	225	1413	0.76	16.83	14.80	2.03	77.82
1991	1645	230	1415	0.75	18.48	16.34	2.14	84.62
1992	1648	228	1420	0.75	21.18	18.66	2.52	95.98
1993	1651	233	1418	0.74	28.05	25.08	2.97	125.65
1994	1765	247	1518	0.78	62.47	59.51	2.96	276.35
1995	1804	419	1385	0.79	65.89	63.59	2.26	289.94
1996	1831	424	1407	0.80	85.98	85.07	0.91	374.60
1997	1837	407	1430	0.79	105.64	89.44	16.20	454.23
1998	1815	414	1401	1.20	150.08	128.66	21.42	640.05
1999	1739	413	1326	0.74	155.26	127.63	27.63	657.35
2000	1728	417	1311	0.73	206.90	166.35	40.55	872.11
2001	1671	446	1215	0.70	258.00	203.00	55.00	1087.51
2002	1671	521	1150	0.70	311.20	242.60	68.60	1308.64
2003	1678	551	1127	0.71	430.04	345.09	84.95	1807.19
2004	1672	559	1113	0.70	501.96	399.86	102.10	2107.30
2005	1743	600	1143	0.73	541.90	433.98	107.92	2270.78
2006	1711	615	1096	0.72	540.83	425.91	114.86	2260.49
2007	1702	617	1085	0.71	525.22	411.38	113.84	2183.85
2008	1570	516	1054	0.65	462.46	388.32	74.14	1914.05
2009	1599	561	1038	0.66	442.00	373.00	68.00	1824.93
2010	1588	549	1039	0.64	414.00	354.00	60.00	1679.38
2011	1483	506	977	0.60	379.52	318.88	60.64	1534.15

15-9 邮电业务量
Telecommunications Services

年 份 Year	邮电业务总量 (万元) Business Volume of post & Telecommunications (10 000 yuan)	邮政业务总量 Business Volume of Post	电信业务总量 Business Volume of Telecommunications	邮电业务总量指数 (1978年=100) Index of Business Volume of Post & Telecommunications(1978=100)	函 件 (万件) Number of Letters (10 000 pcs)	特快专递 (万件) Pieces of Express Mail Services (10 000 pcs)	报刊期发数 (万份) Newspapers & Magazines Circulation (10 000 copies)
1978	7515			100	6658		253
1980	8216			109	7146		329
1985	11471			153	9416		605
1986	11953			159	9589		507
1987	14436			192	9778		596
1988	17119			228	9946	1	515
1989	18652			248	8637	1	342
1990	21194	7373	13821	282	8080		
1991	25096	8126	16970	334	7782	3	419
1992	32195	10093	22102	428	8001	9	412
1993	46809	11866	34943	623	9539	28	560
1994	69688	15317	54371	927	10858	55	567
1995	96552	19031	77521	1284	16728	95	486
1996	128846	21677	107169	1714	10277	153	625
1997	174001	25413	148588	2314	9479	157	650
1998	247762	29003	218759	3295	8521	115	408
1999	391291	34591	356700	5204	8332	100	341
2000	562463	59463	523000	7481	9677	111	395
2001	580521	76007	504515	10956	12249	147	268
2002	903848	80448	823400	17058	14002	167	249
2003	1085474	85115	1000359	20486	22066	205	249
2004	1566250	86250	1480000	20842	6229	230	218
2005	1997246	89351	1907895	26577	3143	251	194
2006	2545460	98860	2446600	33872	4273	272	215
2007	3640097	107785	3532312	48438	4270	322	246
2008	4576036	118798	4457238	60892	4186	410	224
2009	5538489	116468	5422021	73699	3675	579	233
2010	2006940	119844	1887096	89913	3389	401	242
2011	2413465	99580	2313885	108126	3031	405	285

注：邮电业务总量2000年及以前按1990年不变价格计算，2001-2009年按2000年价格计算,2010-2011年按2010年价格计算。

a)Business Volume of Post and telecommunications before 2000 is calculated at 1990 constant Prices,and 2001—2009 it is calculated at 2000 constant Prices,and 2010-2011 is calculated at 2010 constant Prices.

15-9 续表 1 continued

年 份 Year	集邮业务 (万元) Philately (10 000 yuan)	长途电话 (万次) Number of Long Distance Telephone Calls(10 000 times)	无线寻呼用户 (户) Number of Subscribers of Pageing Service (subscriber)	移动电话用户 (户) Number of Mobile Telephone Subscribers (subscriber)	国际互联网络用户 (户) Number of Subscribers of Internet Service (subscriber)
1978		451			
1980		495			
1985		792			
1986		856			
1987		923	175		
1988	287	1100	558		
1989		1071	1120		
1990	1373	1257	1747		
1991	2149	1722	3799	70	
1992	3959	2615	8246	636	
1993	4829	4856	24549	2298	
1994	4944	7623	52794	8351	
1995	4935	10422	102653	21852	
1996	6248	14349	179383	52388	25
1997	10173	15686	300692	127630	382
1998	11158	17429	420108	258881	1454
1999	10024	19101	530011	533000	10306
2000	7830	21088	780008	1153000	56556
2001	11768	22160	430000	2090000	161420
2002	12527	23358	315000	3172000	330133
2003	7095	23696	104000	4790500	547046
2004	4833	51408	51500	5945700	824000
2005	4996	49600	3000	7123000	1061143
2006	2759	34500	1467	8741300	1432319
2007	5301	77033		10469307	1417322
2008	11303	33071		13444000	1390000
2009	8901			16160000	1760000
2010	12693			20340000	1910000
2011	15985			23161610	14982141

注:本表中国际互联网络用户2010年以前不包括移动互联网用户。

a)Before 2010，Number of Subscribers of Internet Service did not include mobile Internet users.

15-9 续表 2 continued

年份 Year	固定电话年末用户(户) Number of Subscribers of Local Telephone at Year-end (subscribers)	城市电话用户 Number of Urban Telephone Subscribers	#住宅电话 Residential Telephone Subscribers	乡村电话用户 Rural Telephone Subscribers	#住宅电话 Residential Telephone Subscribers	公用电话(户) Public Telephone (Subscribers)
1978	30991	23561		7430		218
1980	60483	43435		17048		95
1985	86230	71101	733	15129	87	317
1986	97947	82004	2096	15943	156	386
1987	110409	93869	3047	16540	366	436
1988	127372	109781	6484	17591	484	467
1989	147108	128187	24732	18921	398	391
1990	168328	147964	32003	20364	518	278
1991	184856	163414	41193	21442	1785	376
1992	211796	186574	64151	25222	3319	679
1993	280512	250772	118788	29740	6139	1480
1994	440361	409220	265776	31141	10482	2958
1995	658577	635945	441383	22632	10586	6887
1996	859754	850652	615126	9102	3349	11759
1997	1056355	894372	697425	161983	118986	20400
1998	1254391	1040109	845015	214282	172736	32451
1999	1552582	1276323	1027119	276259	236006	41271
2000	2069000	1664000	1339000	405000	358000	48039
2001	2580000	2030000	1620000	550000	490000	70000
2002	3112000	2426000	1884000	686000	616000	74000
2003	4300400	3450900	2607300	849500	765400	168063
2004	5019600	3998600	3223000	1021000	823300	268800
2005	5420000	4340000	3455000	1079000	824000	382600
2006	5408300	4259700	3341200	1148600	1066500	430500
2007	5252301	4113873	3224093	1138428	1050367	408798
2008	4624600	3883200	3431200	741400	670000	350000
2009	4420000	3728456	2642711	687467	614185	334758
2010	4140000	3540000	2377786	600000	520000	300000
2011	3795159	3188791	1886621	606367	408398	279091

15-10 年末邮电局所数及邮递线路

Postal and Telecommunications Services Facilities(Year-end)

年 份 Year	邮电局所(处) Number of Post and Telecommunications Offices (unit)	信筒信箱(处) Number of Post Boxes (unit)	邮路总长度(公里) Length of Postal Routes (km)	#汽车邮路 Highway Routes	#铁路邮路 Railway Routes	农村投递线路(公里) Rural Delivery Routes (km)
1978	857		94978	19250	2674	
1980	1515	3220	70944	35115	5740	
1985	1603	3557	59292	36174	6726	117800
1986	1634	3554	60831	37480	7023	110363
1987	1615	3671	60591	36485	7174	111786
1988	1632	3721	59203	35843	7024	110093
1989	1636	3637	63017	36037	7025	116686
1990	1638	3549	64495	36666	6802	109926
1991	1645	3600	67048	37235	6772	108231
1992	1648	3496	66966	37230	6772	107295
1993	1651	3590	66139	36401	6772	105501
1994	1765	3561	67551	39339	7050	101706
1995	1804	3576	68751	41030	6929	102757
1996	1831	3641	68873	43729	6929	104694
1997	1837	3616	71006	45955	6623	103991
1998	1815	3471	69261	44286	5936	107262
1999	1739	3059	64183	43747	5173	107280
2000	1728	3096	63759	43232	5514	106539
2001	1671	4502	72499	42969	5838	111394
2002	1671	3478	62307	42558	5764	111395
2003	1678	3022	62344	42799	5764	111636
2004	1672	5541	57762	43074	5699	110812
2005	1743	8630	60713	43895	6196	109398
2006	1711	8767	58523	44027	5946	109635
2007	1702	2567	61900	43851	5946	111007
2008	1570	2565	67905	43746	5836	111911
2009	1599	2521	72245	46726	6403	112612
2010	1588	2455	58391	44277	6205	114545
2011	1483	2368	59125	49983	5720	112903

15-11 年末电信电路及长途电信线路

Line of Telecommunications Facilities(Year-end)

年份 Year	长话业务电路(路/2M) Long Distance Telephone Lines(line/2M)	#数字电路 Digital Lines	长途光缆线路长度(公里) Length of Long Distance Optical Cable Lines(km)
1990	1736		
1991	2349		309
1992	3191	881	309
1993	6593	2154	950
1994	10043	1658	3274
1995	11669	8578	8074
1996	17174	15920	9282
1997	19199	18833	9846
1998	30569	30559	11416
1999	26053	26053	11625
2000	48309	48309	16420
2001	84036	84036	15890
2002	166749	166749	25018
2003	247110	247110	28597
2004	213030	213030	31114
2005	364200	364200	35400
2006	451770	451770	38031
2007	2837160	2837160	34416
2008	3993105	3993105	48146
2009	14542350	14542350	42626
2010	21284190	21284190	46831
2011	559741		55514

注:从 2011 年起,长话业务电路单位由路改为 2M。

a)From 2011,the long distance telephone Lines´unit has changed from line to 2M.

15-12 邮电通信水平

Level of Postal and Telecommunications Services

指标	Item	1995	2000	2005	2010	2011
全区邮电通信水平	**Autonomous Regional Level**					
平均每人每年发函件数(件)	Annual Average Number of Letters Mailed per Capita(piece)	4.72	4.09	1.32	1.37	1.22
平均每百人每年订报刊数(份)	Annual Average Number of Newspaper and Magazine Subscribed per 100 Persons(copy)	21.39	16.69	8.13	9.82	11.51
平均每百人拥有本地网电话机部数(部)	Number of Local Telephone Sets Owned per 100 Persons(set)	2.90	8.75	22.7	16.8	15.32
农村邮电通信水平	**Rural Level**					
设有邮电局、所的乡(镇)比重(%)	Percentage of Townships with Post and Telephone Communications Offices(%)		100	100	100	100
通电话的乡(镇)比重(%)	Percentage of Townships with Telephone Communication(%)	94.20	100	100	100	100
进入长话自动网的乡(镇)比重(%)	Percentage of Townships with Connected Autoexchange Net of Long Distance Call(%)	37.60	100	100	100	100

15–13 电信设备年末拥有量
Telecommunications Facilities at Year-end

年 份 Year	长途自动交换机容量（路端） Capacity of Long-distance Telehone Exchanges (circuit)	本地电话局用交换机容量（门） Capacity of Local-office Telehone Exchanges (line)	# 中央国有 Central State-owned	电话机（部） Number of Telephone (set)	# 中央国有 Central State-owned
1978		50830	312180	99636	42726
1980		104050	60450	106473	74235
1985		156280	108230	156929	128360
1986		163960	113930	181936	149191
1987		179070	128820	164123	129670
1988	200	193155	141190	232159	194589
1989	1560	222675	169540	266627	226723
1990	1560	241305	188020	296601	253525
1991	2249	268605	212950	329689	283773
1992	5342	351793	251230	363537	312632
1993	9906	449154	358984	454013	398342
1994	25895	682979	618964	624729	595081
1995	68127	1059151	1029828	854869	838265
1996	70336	1284301	1260288	1100640	1088151
1997	81050	1554614	1226356	1313097	1063609
1998	92200	1889691	1508344	1500674	1200539
1999	94200	2119776	1769500	2086000	1748959
2000	96320	2543000	2122789	3222000	2577600
2001	110000	3034400	3034400	4670000	4670000
2002	137060	3463000	3463000	6284000	6284000
2003	68640	3705538	3705538	9090500	9090500
2004	74000	7224000	7224000	10966000	10966000
2005	79211	4304500	4304500	12543000	12543000
2006	158974	4277900	4277900	14149600	14149600
2007	339509	7230000	7230000	15721608	15721608
2008	344765	7290000	7290000	18064000	18064000
2009	248814	7137435	7137435	20575837	20575837
2010	202524	7114721	7114721	24480903	24480903
2011	202524	6826400	6826400	26960000	26960000

主要统计指标解释

铁路营业里程 又称营业长度(包括正式营业和临时营业里程),指办理客货运输业务的铁路正线总长度。凡是全线或部分建成双线及以上的线路，以第一线的实际长度计算;复线、站线、段管线、岔线和特殊用途线以及不计算运费的联络线都不计算营业里程。铁路营业里程是反映铁路运输业基础设施发展水平的重要指标,也是计算客货周转量、运输密度和机车车辆运用效率等指标的基础资料。

铁路正线延展里程 指正线第一线、第二线、第三线和其他正线建筑里程之和,不包括站线、段管线、岔线及特殊用途线的延展里程。它是作为计算铁路上钢轨、枕木及路基砂石需要量的主要依据。

铁路电气化里程 指在全部铁路营业里程中已安装了供电线路及设备,可以供电力机车牵引列车运行的区段的总里程。

铁路自动、半自动闭塞里程 为保证列车安全运行,在一个区间、同一时间内,一般只允许一列列车运行,这种保证列车在这个区间安全间隔运行的技术方法称为“闭塞”。自动和半自动闭塞里程是指装有列车自动或人工完成闭塞状态的铁路设备里程。自动或半自动闭塞里程占铁路营业里程的比重是反映铁路现代化的重要标志之一。

公路里程 指在一定时期内实际达到《公路工程技术标准 JTJ01-88》规定的等级公路,并经公路主管部门正式验收交付使用的公路里程数。包括大中城市的郊区公路以及通过小城镇街道部分的公路里程和桥梁、渡口的长度,不包括大中城市的街道、厂矿、林区生产用道和农业生产用道的里程。两条或多条公路共同经由同一路段,只计算一次,不得重复计算里程长度。它是反映公路建设发展规模的重要指标,也是计算运输网密度等指标的基础资料。

内河航道里程 也称内河通航里程,指在一定时期内,能通航运输船舶及排筏的天然河流、湖泊水库、运河及通航渠道的长度。包括全年季节性通航累计三个月以上的航道,不包括仅供零散流放竹、木排的河道。它是内河水运网规模、水平和发展情况的主要指标。

民用航空线里程 指民航运输定期班机飞行的航线长度的总和。航线长度按机场之间的距离计算,通常有两种计算方法：一是将每条航线长度相加称为重复计算航线里程;二是将两线或两条以上航线经过同一区段里程,只计算一次航线长度称为不重复计算航线里程,一般常用的是后者,它能确切反映民航运输网的规模,是表明民航事业为国民经济服务和方便人民生活程度的主要指标。

输油(气)管道长度 也称输油(气)里程,指油品(或天然气)的实际输送距离,一般按输油(气)管道的单线长度计算。若包括复线和备用线长度则称为输油(气)管道延展长度,是指管道铺设的实际长度。我们通常使用的是不包括复线的“输油(气)管道里程”,它是反映管道运输发展规模和水平的主要指标。

货(客)运量 指在一定时期内,各种运输工具实际运送的货物(旅客)数量。它是反映运输业为国民经济和人民生活服务的数量指标,也是制定和检查运输生产计划、研究运输发展规模和速度的重要指标。货运按吨计算,客运按人计算。货物不论运输距离长短、货物类别,均按实际重量统计。旅客不论行程远近或票价多少,均按一人一次客运量统计;半价票、小孩票也按一人统计。

货(客)运密度 指在一定时期内某种运输方式在营运线路的某一区段平均每公里线路通过的货物 (旅客) 运输周转量。计算公式为:

货(客)运密度 = 货物(旅客)周转量 / 营业线路长度

货(客)运密度是反映交通运输线路上货物(旅客)运输量运输繁忙程度的主要指标，是平衡运输线路运输能力和通过能力,规划线路建设及改造、配备技术设备,研究运输网布局的重要依据。

货物(旅客)周转量 指在一定时期内,由各种运输工具运送的货物(旅客)数量与其相应运输距离的乘积之总和。它是反映运输业生产总成果的重要指标，也是编制和检查运输生产计划,计算运输效率、劳动生产率以及核算运输单位成本的主要基础资料。计算货物周转量通常按发出站与到达站之间的最短距离,也就是计费距离计算。计算公式为:

货物(旅客)周转量 =∑货物(旅客)运输量 × 运输距离

铁路货车平均静载重 指铁路货车在始发站静止状态下平均每年装载的货物重量，用以分析货车完成装车时车辆载重力的利用情况。计算公式为:

货车平均静载重 = 货物发送吨数 / 装车数

静载重的多少取决于运送货物的性质、种类、车辆的类型和装载技术的高低。根据货车的平均标记载重与静载重进行对比,可以反映货车载重能力的利用程度。计算公式为:

货车载重力利用率(%)= 货车平均静载重 / 货车平均标记载重 × 100%

铁路货运机车日产量 指在一定时期内,平均每台货运机车在一昼夜内所完成的总重吨公里数，包括载运货物的重量和车辆本身的自重。它从时间和牵引能力两方面反映了机车运用效率。计算公式为:

货运机车平均日产量 = 货运总重吨公里数 / 货运机车台日数

邮电业务总量 指以价值量形式表现的邮电通信企业为社会提供各类邮电通信服务的总数量。邮电业务量按专业分类包括函件、包件、汇票、报刊发行、邮政快件、特快专递、邮政储蓄、集邮、公众电报、用户电报、传真、长途电话、出租电路、市话无线寻呼、移动电话、分组交换数据通信、出租代维等。计算方法为各类产品乘以相应的平均单价(不变价)之和，再加上出租电路和设备、代用户维护电话交换机和线路等的服务

收入。它综合反映了一定时期邮电业务发展的总成果,是研究邮电业务量构成和发展趋势的重要指标。计算公式为:

邮电业务总量 =Σ (各类邮电业务量 × 不变单价)+ 出租代维及其他业务收入

无线寻呼电话用户 指携带小型寻呼机、接收市话用户通过无线寻呼中心,在规定范围内向其发出声音、数字或文字显示信息的用户。在寻呼台办理登记手续的无线寻呼用户,每一部寻呼机按一户计算。

移动电话用户 指在移动电话营业部门登记，通过移动电话交换机进入电话网、占有移动电话号码的电话用户。用户数量以实际办理登记手续进入邮电部门移动电话网的户数进行计算,一部或一台移动电话统计为一户。

电话用户 指接入国家公众固定资产电话网，并按固定电话业务进行经营管理的电话用户。1997 年以前,电话用户分为市内电话用户和农村电话用户。市内电话用户是指接入县城及县以上城市电话网上的电话用户;农村电话

用户是指接入县邮电局农话台及县以下农村电话交换点,以县城为中心(除市话用户外)联通县、乡(镇)、行政村、村民小组的用户。从 1997 年起,电话用户数分组调整为以用户所在区域划分为“城市电话用户”和“乡村电话用户”与过去的按市内电话和农村电话划分方法不同。而电话用户数、电话机部数统计方法不变。

住宅电话 指话机装在居民住宅里的电话，包括私人付费、公费和免费三个部分。

私人付费电话 指住宅居民自费安装并自己缴纳通话费的电话。

Explanatory Notes on Main Statistical Indicators

Length of Railways in Operation refers to the total length of the trunk line under passenger and freight transportation (including both full operation and temporary operation) . The calculation is based on the actual length of the first line even if this line has a full or partial double track or more tracks, excluding double tracks, station sidings, tracks under the charge of station, branch lines, special purpose lines and the non payable connecting lines, The length of railways in operation is an important indicator to show the development of the infrastructure for the railway transport, and also the essential data to calculate volume of passenger freight transport, traffic density and utilization efficiency of the locomotives and carriages.

Extenuation Length of Trunk Lines refers to the sum of the first, the second, the third lines and other constructed length of the trunk railways, excluding the extenuation length of the station lines, lines under the jurisdiction of depots, sidings and lines for special purpose. It provides important information for the calculation of the needs for rails, sleepers, sand and stone for the construction of railways.

Length of Electrified Railways refers to the length of the section of railways in operation in which the power supply lines and other equipment are installed for the running of electrified locomotives. The proportion of the length of electrified railways to the total length of railways in operation is an important indicator to show the modernization of railways.

Automatic–blocking and Semi–automatic blocking Length of Railways Blocking is a spacing technique by which a section of the railway only allows one train to pass at a time, in order to ensure the traffic safety. Automatic (semiautomatic) blocking length of railways refers to railways installed with equipment to perform automatic or manual blocking of trains, the proportion of automatic/semi automatic blocking length to the total length of railways in operation is an important indicator to show the modernization of railways.

Length of Highways refers to the length of highways which are built in conformity with the grades specified by the highway engineering standard formulated by the Ministry of Communications, and have been formally checked and accepted by departments of highways and put into use. The length of highways includes that of the suburb highways at large and medium sized cities, highways passing through streets at small cities and towns, and also the length of bridges and ferries. It does not include the length of streets in big and medium sized cities and highways built for the production purpose at factories, mines, forest areas and agricultural areas. If two or more highways go the same section of the way, the length of the section is only calculated for once and no duplication is allowed. The length of highways is an important indicator to show the development of the highway construction and to provide essential information to calculate the transport network density.

Length of Navigable Inland Waterways an indicator reflecting the size and development of inland water network, it refers to the length of the natural rivers, lakes, reservoirs, canals, and ditches open to navigation during a given period, which enables the transport by ships and rafts. It includes the channels open to navigation for over an accumulative 3 months in a year, yet this does not include the river courses which are only used to float odd logs and bamboo rafts.

Length of Civil Aviation Routes refers to the length of all routes for regular civil aviation flights. There are usually two ways to calculate the distance between airports connected by the route length: One is to put the length of all air routes together, called duplicated calculation of the length of the routes, the other is not to allow the duplication in calculation when two or more routes passing the same section of aviation routes. The latter is usually used, as it can precisely show the size of the civil aviation network and indicate the extent of civil aviation serving the national economy and the people.

Length of Oil (Gas) Pipelines used as an indicator to show the development, scale and level of the pipeline transportation, it refers to the actual transport distance of oil (or gas) products, and is in general calculated in the length of single pipeline. If the length of the double pipelined and alternate pip–line is included, it is called the extension length of the oil (gas) pipelines, which indicates the actual length of the pipelines built, excluding double pipelines.

Freight (Passenger) Traffic refers to the volume of

freight (passenger) transported with various means. Freight transport is calculated in tons and passenger traffic is calculated in the number of persons. Despite the type of freight and traveling distance, the freight transport is calculated in the actual weight of the goods: and despite the traveling distance and ticket price, the passenger traffic is calculated by the principle that one person can be counted only once in one travel. The passenger who travels a half price ticket or a child ticket is also calculated as one person. The freight (passenger) traffic provides a quantitative measure to show how the transport industry serves the national economy and people, and is also an important indicator for planning the transport industry and for studying the development scale and speed of the transport industry.

Freight (Passenger) Traffic Density refers to the freight (passenger) traffic volume carried by a particular means of transportation during a given period through one kilometer of a specific section of transportation route. The formula is as follows.

Freight (Passenger) Traffic Density = [Freight Ton-kilometers (Passenger-kilometers)] ÷ (Length of Route in Operation)

Freight (passenger) traffic density reflects the degree of business of freight (passenger) traffic on transportation routes, and therefore provides important information for balancing transport capability, planning construction and upgrading of transport routes and studying the distribution of transport network.

Freight Ton-kilometers (Passenger kilometers) refer to the sum of the products of the volume of transported cargo (passengers) multiplying by the transport distance, usually using ton kilometer and passenger kilometer as units for measurement. Normally, the shortest distance between the departure station and the destination station (i. e, the payable distance) is the basis to calculate the freight Ton kilometers. This is an important indicator to show the total results of the transport industry, to prepare and examine the transport plan and to measure the efficiency, the labour productivity and the unit cost of transport. The formula is as follows:

Freight Ton kilometers (Passenger kilometers) = {Freight (Passenger) Traffic × Distance of Transportation}

Measuring unit: ton kilometer(person kilometer)

Static Load of Freight Cars refers to the average cargo weight as loaded by each freight car under the static condition at the departure station. It is used to show the utilization extent of the loading capacity of the freight cars. The formula is:

Static Load (ton) of Freight Car= (Tonnage of Goods Dispatched) ÷ (Number of Freight Cars Loaded)

The static load of freight cars is determined by the nature and type of goods loaded, the type of vehicles, and the technique of loading. The difference between the average marked load and the static load of freight cars reflects the utilization of loading capacity of freight cars. For its calculation the following formula is applied:

Utilization Rate of Capacity of Freight Cars (%) = Σ [(Average Static Load)] ÷ (Average Marked Load) × 100%

Average Daily Haul of Freight Locomotives refers to the average total ton kilometers accomplished by each freight transport locomotive over day and night during a given period of time. It includes both the weight of the goods carried and the dead weight of the train itself. It is a comprehensive indicator reflecting the locomotive efficiency in terms of both time and the pulling force.

Average Daily Haul of Freight Transport Locomotive (ton kilometer) = [(Total Ton (Kilometers of Freight)] ÷ (Daily Number of Freight Transport Locomotive) .

Business Volume of Post and Telecommunications refers to the total amount of post telecommunications services, expressed in value terms, provided by the post and telecommunications departments for the society. Post and telecommunication services can be classified as letters, parcels, remittance, issue of newspapers and magazines, fast mail service, express mail service, savings deposits, stamps for collection, public and individual telegraph service, facsimiles, long distance telephone service, leasing of telephone lines, urban paging service, mobile telephone service, data transfer and transmission, etc. The accounting approach is to multiply the service products of all types with their average unit price (constant price) to get sum of business value, plus income from other services such as leasing of telephone lines and equipment, maintenance of telephone switchboards and lines on behalf of customers. This indicator reflects the overall results of post and telecommunications service during a given period, and is important to study the composition of business service and the development of post and telecommunications service.

The formula is follows:

Business Volume of Post and Telecommunications

= Σ (Transaction of Post and Telecommunication Service × Constant Price) + Income from Leasing, Maintenance and other Services

Subscribers of Paging Services refer to subscribers

who carry small size pagers and receive audio signals, digital signals or character signals sent out by telephone through wireless paging center within assigned area. Each pager is counted as a subscriber.

Mobile Telephone Subscribers refer to the persons who own mobile telephone number connected with the mobile telephone communication network and have registered in mobile communication enterprises. The number of subscribers is calculated only when the subscribers who have gone through all the register formalities and entered into the mobile telephone network. One mobile telephone is treated as a subscriber.

Telephones Subscribers refer to subscribers that are connected to the public line telephone network provided with telephone services. Before 1997, telephone subscribers were classified as city subscribers and village subscribers. City subscribers referred to those connected to city telephone networks in county towns and cities, while village subscribers referred to those connected to village telephone stations at and below counties. Since 1997, the classification of telephone subscribers was modified on the basis of physical location of the subscribers as "urban telephone subscribers "and " rural telephone subscribers", which is different from the previous classification of categorizing "local telephones "and "rural telephones", while the definition of total subscribers and total number of telephones remain unchanged.

Household telephone subscribers refer to telephone sets installed in the dwelling units of residents, include 3 types of payment for the service: private payment, public payment and free service.

Private-paid telephone subscribers refer to subscribers of households who pay for the installation and service of telephones.

2012

NEI MENG GU

十六、国内贸易

Domestic Trade

资料整理：王亦兵　柏　丽
Arranged By Wang Yibing , Bai Li

16-1 社会消费品零售总额(按销售单位所在地和行业分)

Total Retail Sale of Consumer Goods by Location of Retailers and by Sector

单位：万元 (10 000 yuan)

年 份 Year	社会消费品零售总额 Total Retail Sales of Consumer Goods	市 City	县 County	县以下 Under County Level
1978	368336	109765	173880	84691
1979	396306	115097	212109	69100
1980	443085	134370	234472	74243
1981	473558	154209	220104	102245
1982	521169	168509	184330	168330
1983	576479	213026	190936	172517
1984	682854	272508	219274	191072
1985	756373	379587	204430	172356
1986	848809	435847	226870	186092
1987	963006	493222	257461	212323
1988	1188967	615424	319333	254210
1989	1256875	674326	333493	249056
1990	1305760	718633	338223	248904
1991	1455207	847989	378809	228409
1992	1686851	978585	421058	287208
1993	2222885	1274436	520515	427934
1994	2656752	1556018	612519	488215
1995	3133114	1787351	764355	581408
1996	3644208	2046368	935855	661985
1997	4171634	2494448	987127	690059
1998	4699727	2834462	1093481	771784
1999	5326021	3274132	1212618	839271
2000	6085451	3782591	1382488	920372
2001	6959858	4408005	1549876	1001977
2002	8253061	5255468	1805237	1192356
2003	9561995	6208135	2036284	1317576
2004	11607118	7720880	2398047	1488191
2005	13581000	9086000	2813000	1682000
2006	16286000	11052000	3328000	1906000
2007	19640000	13436000	3916000	2288000
2008	24630000	16957000	4844000	2829000
2009	28553067	19546789	5625019	3381259

16-1 续表 continued

单位：万元 (10 000 yuan)

年 份 Year	批发零售贸易业 Wholesale and Retail Sale Trade	住宿餐饮业 Hotels and Catering	制造业 Manufacturing	农业生产者 Agriculture	其他行业 Others
1978	324557	9176	18424	4500	11679
1979	349203	9873	19823	4806	12601
1980	377210	12425	26812	11745	14893
1981	395242	13436	32747	12613	19520
1982	429129	15383	40642	16000	20015
1983	468060	17180	49112	18419	23708
1984	540456	21996	64587	28201	27614
1985	639621	26309	83076	43560	34446
1986	717482	31180	83815	51319	42686
1987	822095	37134	84602	60161	50035
1988	1022036	45026	110832	72734	54327
1989	1097906	44454	121209	81943	40349
1990	1154732	46081	126464	93257	41615
1991	1277458	54716	138160	111773	49581
1992	1424440	61275	166494	138677	74718
1993	1812421	274859			135605
1994	2182469	326337			147946
1995	2558304	396339			178471
1996	2972167	472720			199321
1997	3400261	563531			207842
1998	3807265	658848			233614
1999	4284513	786023			255485
2000	4875210	941049			269192
2001	5569681	1102355			287822
2002	6609147	1348192			295722
2003	7640622	1601569			319804
2004	9207247	2026590			373281
2005	10780965	2364654			435381
2006	12890755	2899876			495369
2007	15486890	3682236			470874
2008	21081000	3028000			520000
2009	24307808	3604645			640614

16–2 国内贸易基本情况

Domestic trade basic situation

单位：万元 (10 000 yuan)

指标	Item	2010	2011
销售额（营业额）总计	**Sales volume (turnover) grand total**	**85532457**	**105679991.3**
销售额	**Sales volume**	**79869856**	**98663358.3**
批发业	Whole-sale Trade	44915823	55563666.1
零售业	Retail Sale Trade	34954033	43099692.2
营业额	**Turnover**	**5662601**	**7016633.0**
住宿业	Hotels Trade	1035408	1334860.7
餐饮业	Catering Trade	4627193	5681772.3
社会消费品零售总额	**Total Retail Sales of Consumer Goods**	**33840000**	**39917000**
按销售单位所在地分	**According to Marketing unit locus minute**		
1. 城镇	Cities	29613000	34950000
其中：城区	And: City	22487000	27031000
镇区	towns	7126000	7919000
2. 乡村	Village	4227000	4967000
按消费形态分	**Grouped by consumption patterns**		
商品零售收入	Revenue from Commodities	29465000	34953000
餐费收入	Revenue from Meals	4375000	4964000

16-3 限额以上住宿业企业及个体户经营情况(2011 年)

Above Designated Size Hotel Enterprises and Self-Employed Trade(2011)

单位：万元 (10 000 yuan)

指标	Item	营业额 Business Revenue	#客房收入 Revenue from Hotel Rooms	#餐费收入 Revenue from Meals	#商品销售收入 Revenue from Commodities
总　计	**Total**	**527484**	**249473**	**235187**	**15431**
旅游饭店	Tourist Hotel	403656	178297	189100	12414
一般旅馆	General Hotel	115878	67267	42815	2764
其他住宿服务	Others	7951	3909	3272	253

16-4 限额以上餐饮业企业及个体户经营情况(2011 年)

Above Designated Size Catering Enterprises and Self-Employed Trade(2011)

单位：万元 (10 000 yuan)

指标	Item	营业收入 Business Revenue	# 商品零售额 Retail Sales of Commodities
总 计	**Total**	**748330**	**639372**
正餐服务	Dinner Services	728103	622829
快餐服务	Fast Food Services	7503	7288
饮料及冷饮服务	Cold/Ice drink,and Services	7941	4751
其他餐饮服务	Others	4783	4503

16-5 亿元以上商品交易市场情况(2011年)
Statistics on Commodity Exchange Markets of Transaction Value Over 100 Million Yuan(2011)

指标	Item	市场数（个）Markets (unit)	总摊位数（个）Booths (unit)	年末出租摊位（个）Rent Booths At Year-end (unit)	成交额（万元）Turn Over (100 million yuan)
总 计	**Total**	**74**	**42171**	**38503**	**7159018**
综合市场	**Integrated Markets**	**6**	**8822**	**8571**	**635611**
生产资料	Productions Markets	1	25	25	23198
工业消费品	Industrial Markets	2	4819	4568	39853
农产品	Farm Produce Markets	1	1012	1012	58390
其他	Others	2	2966	2966	514170
专业市场	**Special Markets**	**68**	**33349**	**29932**	**6523407**
生产资料	Productions Markets	15	2542	2459	3288441
农业生产用具	Agricultural implements	2	60	60	37978
农用生产资料	Agricultural Productions	2	162	162	48560
煤炭	Coal and Charcoal	1	29	28	1200000
木材	Wood	1	132	132	223063
建材	Building Materials	3	862	780	181729
化工材料及制品	Chemical Materials				
金属材料	Metal Materials	4	477	477	1301156
机械设备	Mechanical Equipment	1	220	220	84255
其他生产资料	Others	1	600	600	211700
农产品	Farm Produce Markets	27	13812	11337	1724573
粮油	Grain & Oil	4	1553	403	86506
肉禽蛋	Meat,Poultry & Eggs	3	674	665	69165
水产品	Aquatic Products				
蔬菜	Vegetables	7	7071	6142	487991
干鲜果品	Dried & Fresh Fruits	1	20	20	10860
棉麻土畜、烟叶	Local & lives tocks	8	3045	2743	764194
其他农产品	Others	4	1449	1364	305857
食品、饮料及烟酒	Food,Beverages,Tobacco & Liquor	1	228	160	20666
纺织、服装、鞋帽	Textile,Garments,Footwear & Hat Wear	13	12754	12040	784494
日用品及文化用品	Commodity & Cultural Articles	1	718	646	135489
黄金、珠宝、玉器等首饰	Jewelry	1	631	631	46995
电器、通讯器材、电子设备	Electrical Equipment	1	240	235	47609
医药、医疗用品及器材	Medicament	1	180	180	31666
家具、五金及装饰材料	Furniture,Hardware,Decorating	6	1691	1691	335817
汽车、摩托车及零配件	Autocar,Accessories	1	43	43	19335
花、鸟、鱼、虫	Flower,Bird,Fish & Insect				
旧货	Second Hand				
其他专业市场	Others	1	510	510	88322

16-6 限额以上批发和零售业、住宿和餐饮业企业及个体户基本情况（2011年，按登记注册类型分）

Basic Conditions of Enterprises above Designated Size of Wholesale , Retail Sale, Hotels ,Catering Trades and Self-employed by Registration(2011)

指标	Item	法人企业(个) Number of Corporation Unit (unit)	产业活动单位数及个体户(个) Number of Active Unit and Self-Employed (unit)	从业人数(人) Persons Engaged (person)
总计	**Total**	**2358**	**856**	**240751**
一、批发业合计	**Wholesale Trade**	**663**	**60**	**45058**
内资企业	**Domestic Funded Enterprises**	**661**	**32**	**42303**
国有企业	State-owned Enterprises	78	3	12025
集体企业	Collective-owned Enterprises	6		195
股份合作企业	Cooperative Enterprises	3		31
联营企业	Joint Ownership Enterprises	1		5
国有联营公司	State Joint Ownership Enterprises	1		5
集体联营企业	Collective Joint Ownership Enterprises			
国有与集体联营企业	Joint State collective Enterprises			
其他联营企业	Other Joint Ownership Enterprises			
有限责任公司	Limited Liability Corporations	205	18	9900
国有独资企业	State funded Corporations	1		9
其他有限责任公司	Other Limited Liability Corporations	204	18	9891
股份有限公司	Share-holding Corporations Ltd.	27	1	6102
私营企业	Private Enterprises	298	5	11028
私营独资企业	Private-funded Enterprises	13		393
私营合伙企业	Private Partnership Enterprises	8		682
私营有限责任公司	Private Limited Liability Corporations	266	3	7739
私营股份有限公司	Private Share-holding Corporations Ltd.	11	2	2214
其他企业	Other Enterprises	43	5	3017
港、澳、台商投资企业	**Enterprises with Investment from Hong Kong, Macao & Taiwan**	**1**	**1**	**136**
港澳台资合资经营	Joint-venture Enterprises	1		75
港澳台资合作经营	Cooperative Enterprises			
港澳台商独资企业	Sole Investment		1	61
港澳台商投资股份有限公司	Share-holding Co.,Ltd			
其它港澳台投资	Others			
外商投资企业	**Enterprises With Foreign Investment**	**1**		**1**
中外合资经营	Joint venture Enterprises	1		1
中外合作经营	Cooperation Enterprises			
外资企业	Enterprises with Sole			
外商投资股份有限公司	Share-holding Co., Ltd.			
其它外商投资	Others			
个体工商户	**Self-employed Individuals**		**27**	**2618**
二、零售业合计	**Retail Trade**	**933**	**250**	**101504**
内资企业	**Domestic Funded Enterprises**	**929**	**40**	**94699**
国有企业	State-owned Enterprises	48	3	12874
集体企业	Collective-owned Enterprises	7		425
股份合作企业	Cooperative Enterprises	5		168
联营企业	Joint Ownership Enterprises		1	180
国有联营公司	State Joint Ownership Enterprises			
集体联营企业	Collective Joint Ownership Enterprises			
国有与集体联营企业	Joint-State-collective Enterprises			
其他联营企业	Other Joint Ownership Enterprises		1	180
有限责任公司	Limited Liability Corporations	357	3	34552
国有独资企业	State funded Corporations			
其他有限责任公司	Other Limited Liability Corporations	357	3	34552
股份有限公司	Share-holding Corporations Ltd.	53		7620

16-6 续表 1 continued

指 标	Item	法人企业（个）Number of Corporation Unit (unit)	产业活动单位及个体户(个) Number of Active Unit and Self-Employed (unit)	从业人数（人）Persons Engaged (person)
私营企业	Private Enterprises	390	26	30895
私营独资企业	Private funded Enterprises	53	14	4221
私营合伙企业	Private Partnership Enterprises	7	2	593
私营有限责任公司	Private Limited Liability Corporations	307	10	24387
私营股份有限公司	Private Share holding Corporations Ltd.	23		1694
其他企业	Other Enterprises	69	7	7985
港、澳、台商投资企业	**Enterprises with Investment from Hong Kong, Macao & Taiwan**	**3**	**2**	**315**
港澳台资合资经营	Joint-venture Enterprises	3		261
港澳台资合作经营	Cooperative Enterprises			
港澳台商独资企业	Sole Investment		1	32
港澳台商投资股份有限公司	Share-holding Co.,Ltd.from		1	22
其它港澳台投资	Others			
外商投资企业	**Enterprises With Foreign Investment**	**1**	**4**	**762**
中外合资经营企业	Joint venture Enterprises	3	1	297
中外合作经营企业	Cooperation Enterprises			
外资企业	Enterprises with Sole Foreign Investment		3	296
外商投资股份有限公司	Share-holding Co., Ltd.			
其它外商投资	Others			
个体工商户	**Self-employed Individuals**		**204**	**5728**
三、住宿业合计	**Hotels**	**332**	**95**	**39534**
内资企业	**Domestic Funded Enterprises**	**324**	**42**	**35715**
国有企业	State owned Enterprises	54	5	8244
集体企业	Collective owned Enterprises	6	5	957
股份合作企业	Cooperative Enterprises	6	1	637
联营企业	Joint Ownership Enterprises	1		103
国有联营公司	State Joint Ownership Enterprises			
集体联营企业	Collective Joint Ownership Enterprises	1		103
国有与集体联营企业	Joint State collective Enterprises			
其他联营企业	Other Joint Ownership Enterprises			
有限责任公司	Limited Liability Corporations	87	8	10725
国有独资企业	State funded Corporations			
其他有限责任公司	Other Limited Liability Corporations	87	8	10725
股份有限公司	Share holding Corporations Ltd.	22	1	1855
私营企业	Private Enterprises	131	22	11406
私营独资企业	Private funded Enterprises	36	9	2343
私营合伙企业	Private Partnership Enterprises	2	2	85
私营有限责任公司	Private Limited Liability Corporations	87	11	8593
私营股份有限公司	Private Share holding Corporations Ltd.	6		385
其他企业	Other Enterprises	17		1788
港、澳、台商投资企业	**Enterprises with Investment from Hong Kong, Macao Taiwan**	**3**		**1365**
港澳台资合资经营	Joint-venture Enterprises	1		361
港澳台资合作经营	Cooperative Enterprises			
港澳台商独资企业	Sole Investment	1		560
港澳台商投资	Share-holding Co.,Ltd.	1		444
其它港澳台投资	Others			
外商投资企业	**Enterprises With Foreign Investment**	**5**	**3**	**1134**
中外合资经营企业	Joint venture Enterprises	3		324
中外合作经营企业	Cooperation Enterprises			
外资企业	Enterprises with Sole Foreign Investment	2	3	810
外商投资股份有限公司	Share-holding Co., Ltd.			
其它外商投资	Others			
个体工商户	**Self-employed Individuals**		**50**	**1320**

16-6 续表 2 continued

指 标	Item	法人企业(个) Number of Corporation Unit (unit)	产业活动单位及个体户(个) Number of Active Unit and Self-Employed (unit)	从业人数(人) Persons Engaged (person)
四、餐饮业合计	**Catering Trade**	**430**	**451**	**54655**
内资企业	**Domestic Funded Enterprises**	**423**	**101**	**42809**
国有企业	State owned Enterprises	17		1976
集体企业	Collective owned Enterprises	3	28	1988
股份合作企业	Cooperative Enterprises	5		633
联营企业	Joint Ownership Enterprises			
国有联营公司	State Joint Ownership Enterprises			
集体联营企业	Collective Joint Ownership Enterprises			
国有与集体联营企业	Joint State collective Enterprises			
其他联营企业	Other Joint Ownership Enterprises			
有限责任公司	Limited Liability Corporations	144	5	14484
国有独资企业	State funded Corporations			
其他有限责任公司	Other Limited Liability Corporations	144	5	14484
股份有限公司	Share holding Corporations Ltd.	26	1	2774
私营企业	Private Enterprises	193	60	17579
私营独资企业	Private funded Enterprises	52	25	4082
私营合伙企业	Private Partnership Enterprises	6	3	848
私营有限责任公司	Private Limited Liability Corporations	124	31	12008
私营股份有限公司	Private Share holding Corporations Ltd.	11	1	641
其他企业	Other Enterprises	35	7	3375
港、澳、台商投资企业	**Enterprises with Investment from Hong Kong, Macao Taiwan**	**2**		**157**
港澳台资合资经营	Joint-venture Enterprises			
港澳台资合作经营	Cooperative Enterprises			
港澳台商独资企业	Sole Investment	2		157
港澳台商投资股份有限公司	Share-holding Co.,Ltd.			
其它港澳台投资	Others			
外商投资企业	**Enterprises With Foreign Investment**	**5**	**1**	**882**
中外合资经营企业	Joint venture Enterprises	1		45
中外合作经营企业	Cooperation Enterprises			
外资企业	Enterprises with Sole Foreign Investment	3	1	291
外商投资股份有限公司	Share-holding Co., Ltd.	1		546
其它外商投资	Others			
个体工商户	**Self-employed Individuals**		**349**	**10807**

16-7 限额以上批发、零售贸易业企业及个体户商品销售总额（2011年，按行业分）

Total Sales of Enterprise above Designated Size in Wholesale, Retail Trade and Self-employed by Sector(2011)

单位：万元 (10 000 yuan)

指标	Item	销售总额 Total Sales	批发 Whole sale	零售 Retail
总计	**Total**	**36438019**	**21208509**	**15229510**
批发业合计	**Wholesale Trade**	**21605763**	**18911271**	**2694492**
农畜产品	Workstock Products	2070516	1567536	502980
#谷物、豆及薯类	Cereal,Beans & Tubers	583731	545947	37785
食品、饮料及烟草制品	Food, Beverages & Tobaccos	3292690	3044699	247990
#米、面制品及食用油	Grains & Edible Oil	130568	129647	921
果品、蔬菜	Fruits & Vegetables	341653	192129	149524
肉、禽、蛋及水产品	Meat,Poultry,Eggs & Aquatic	143344	97971	45373
纺织、服装及日用品	Textile, Garment & Household	205750	138568	67182
#纺织品、针织品及原料	Textile,Kintwear			
服装	Garment	178869	111687	67182
文化、体育用品及器材	Cultural,Sports & Equipment	334361	334361	
医药及医疗器材	Medicines & Medical Appliances	339659	286826	52834
矿产品、建材及化工产品	Minerals,Building & Chemicals	14473743	12703507	1770236
# 煤炭及制品	Coal & Related Products	7370105	6865570	504535
石油及制品	Petroleum & Related Products	3126656	1963122	1163535
化肥	Chemical Materials	519083	518877	206
机械设备、五金交电及电子产品	Machinery,Hardware,Electrics	803070	750942	52129
#汽车、摩托车及零配件	Automobile,Motorcycles & Parts	174866	146197	28669
贸易经纪与代理	Trading Brokerage & Agency	12200	12200	
其他	Others	73773	72632	1141
零售业合计	**Retail Trade**	**14832257**	**2297239**	**12535018**
综合零售	Comprehensive Retail	1864632	32296	1832336
#百货	Consumer Goods	1364952	13140	1351812
食品、饮料及烟草制品专门零售	Food, Drink & Tobaccos	177878	35045	142834
#粮油	Grains & Edible Oil	72844	27784	45061
纺织、服装及日用品专门零售	Textile , Garment & Household	502667	3917	498751
#纺织品及针织品	Textile & Kintwear Products	23798	3750	20048
服装	Garments	426559	166	426392
鞋帽	Shoes & Hats	13646		13646
文化、体育用品及器材专门零售	Cultural,Sports Goods	103332	18878	84455
#文具用品	Cultural Goods	8089	6456	1633
体育用品	Sports Goods	7267	4141	3125
图书	Books	34053	40	34012
报刊	Newspapers & Magazines			
医药及医疗器材专门零售	Medicines & Medical Appliances	134783	45556	89227
汽车、摩托车、燃料及零配件专门零售	Auto,Motorbikes,Fuel & Accessory	10474486	1785624	8688863
家用电器及电子产品专门零售	Electronic Products	810446	159125	651321
#计算机、软件及辅助设备	Computers, Software	105341	8345	96996
五金、家具及室内装修材料专门零售	Hardware,Furniture & Home Decoration Material	320610	59543	261068
无店铺及其他零售	Non-Shop Retail & Other Retails	443422	157257	286165

16-8 限额以上批发、零售贸易业商品分类销售额
Total Sales of Enterprises above Designated Size in Wholesale and Retail Sale by Category of Main Commodities

单位：万元　　　　(10 000 yuan)

项 目	Item	合计 Total		批发 Wholesale		零售 Retail Sale	
		2010	2011	2010	2011	2010	2011
食品类	Food	2240490	2766309	1450243	2370534	790247	395775
#肉禽蛋类	Meat, Poultry and Eggs	149864	205658	53051	127254	96813	78404
饮料类	Beverages	121974	157866	53564	108952	68410	48914
烟酒类	Tobacco and Liquor	1959266	2408957	1808472	2288242	150794	120715
服装、鞋帽类	Garments, Footwear and Hats	898069	1260808	771796	159920	126273	1100888
针、纺织品类	Knitwear and Textiles	126904	174997	15509	23155	111395	151842
化妆品类	Cosmetics	69843	101942	356	79	69487	101863
金银珠宝类	Gold, Silver and Jewelry	172072	421292	61797	259242	110276	162050
日用品类	Articles for Daily Use	242299	297332	49640	71835	192659	225497
#洗涤用品类	Washing Articles	75803	101050	11403	12441	64401	88609
五金、电料类	Hardware and Electrical Materials	54464	74111	11331	17175	43133	56936
体育、娱乐用品类	Sports and Recreation Articles	31883	46105	983		30900	46105
书报杂志类	Newspapers and Magazines	43525	49165	5838	9118	37687	40047
电子出版物及音像制品类	E journal and Video Products	5089	7402	96		4993	7402
家用电器和音像器材类	Household Appliances and Video Appliances	678500	769646	207734	61831	470766	707815
中西药品类	Traditional Chinese and Western Medicines	390571	466544	239150	316235	151421	150309
文化、办公用品类	Cultural and Official Goods	113719	170832	59192	79541	54526	91291
家具类	Furniture	118698	185864			118698	185864
通讯器材类	Communication Appliances	81656	96559	8894	15888	72762	80671
煤炭及制品类	Coal and Related Product	8392805	11793332	8242811	11643557	149994	149775
木材及制品类	Wood and Wooden Product	1301	1025	1301	42		983
石油及制品类	Petroleum and Related Product	6626093	8660680	2833303	3095876	3792791	5564804
化工材料类	Raw Chemical Materials	649832	1060896	649832	1051268		9628
黑色金属材料类	Ferrous Metals Materials						
有色金属材料类	Nonferrous Metals						
建筑及装潢材料类	Building and Decoration Materials	889328	1029822	774596	929485	114732	100338
机电产品设备类	Mechanical and Electrical Products	489194	367623	402605	174744	86589	192880
#农机类	Agricultural Machinery	76999	91010	76999	85363		5647
种子饲料类	Seed and Feedstuff	34613	31830	34613	31830		
棉麻、土畜类	Cotton, Hemp and Local livestock	21		13		9	

16-9 限额以上批发、零售贸易企业资产及负债(2011 年,按登记注册类型分)

Assets and Liability of Enterprises above Designated Size in Whole sale and Retail Sale by Registration(2011)

单位：万元 (10 000 yuan)

指 标	Item	资产合计 Total Assets	# 流动资产 Circula-ting Funds	# 固定资产 Fixed Asset	负债合计 Total Liabi-lities
总 计	**Total**	**15186147**	**10680629**	**2360128**	**10502963**
一、批发业合计	**Wholesale Trade**	**9258138**	**6594485**	**1414038**	**6018453**
内资企业	**Domestic-Funded Enterprises**	**9255253**	**6592034**	**1413604**	**6016670**
国有企业	State-owned	2618339	1971918	247301	1417662
集体企业	Collective owned	11259	8343	2455	4780
股份合作企业	Cooperative	3342	686	1881	2813
联营企业	Joint Ownership	2492	2489	2	1884
国有联营公司	State Joint Ownership	2492	2489	2	1884
集体联营企业	Collective Joint Ownership				
国有与集体联营企业	Joint State collective				
其他联营企业	Other Joint Ownership				
有限责任公司	Limited Liability Co.	3207161	2022971	732299	2176670
国有独资企业	State funded	1299	182	1	693
其他有限责任公司	Other Limited Liability Co.	3205862	2022789	732298	2175978
股份有限公司	Share holding Co. Ltd.	559376	314940	156357	373884
私营企业	Private Enterprises	2218605	1758495	209799	1576514
私营独资企业	Private funded	17926	11674	4600	10756
私营合伙企业	Private Partnership	124919	118927	4901	103155
私营有限责任公司	Private Limited Liability Co.	2030791	1596141	189298	1438261
私营股份有限公司	Private Share holding Co. Ltd.	44969	31752	11000	24342
其他企业	Other Enterprises	634679	512191	63509	462464
港、澳、台商投资企业	**Enterprises with Investment from Hong Kong, Macao & Taiwan**	**2155**	**1721**	**434**	**1169**
港澳台资合资经营	Joint-venture	2155	1721	434	1169
港澳台资合作经营	Cooperative				
港澳台商独资企业	Sole Investment				
港澳台商投资股份有限公司	Share-holding Co.Ltd.				
其它港澳台投资	Others				
外商投资企业	**Enterprises With Foreign Investment**	**729**	**729**		**613**
中外合资经营企业	Joint venture	729	729		613
中外合作经营企业	Cooperation				
外资企业	Enterprises with Sole				
外商投资股份有限公司	Share-holding Co. Ltd.				
其它外商投资	Others				

16-9 续表 continued

单位：万元 (10 000 yuan)

指标	Item	资产合计 Total Assets	# 流动资产 Circulating Funds	# 固定资产 Fixed Asset	负债合计 Total Liabilities
二、零售业合计	**Retail Trade**	**5928010**	**4086145**	**946090**	**4484510**
内资企业	**Domestic Funded Enterprises**	**5891985**	**4057204**	**941904**	**4458614**
国有企业	State owned	966878	538295	276337	875511
集体企业	Collective owned	16565	14287	1628	14127
股份合作企业	Cooperative	6074	5479	390	3401
联营企业	Joint Ownership				
国有联营公司	State Joint Ownership				
集体联营企业	Collective Joint Ownership				
国有与集体联营企业	Joint State collective				
其他联营企业	Other Joint Ownership				
有限责任公司	Limited Liability Co.	2007636	1499102	264006	1429693
国有独资企业	State funded				
其他有限责任公司	Other Limited Liability Co.	2007636	1499102	264006	1429693
股份有限公司	Share holding Co. Ltd.	422525	175279	103302	324582
私营企业	Private Enterprises	2125448	1641496	198201	1589225
私营独资企业	Private funded	134405	101968	24543	96049
私营合伙企业	Private Partnership	11433	3745	3352	3557
私营有限责任公司	Private Limited Liability Co.	1881170	1472383	158743	1426806
私营股份有限公司	Private Share holding Co. Ltd.	98440	63401	11564	62813
其他企业	Other Enterprises	346860	183266	98040	222075
港、澳、台商投资企业	**Enterprises with Investment from Hong Kong, Macao & Taiwan**	**34870**	**27787**	**4186**	**24797**
港澳台资合资经营	Joint-venture	34870	27787	4186	24797
港澳台资合作经营	Cooperative				
港澳台商独资企业	Sole Investment				
港澳台商投资股份有限公司	Share-holding Co.Ltd.				
其它港澳台投资	Others				
外商投资企业	**Enterprises With Foreign Investment**	**1154**	**1154**		**1100**
中外合资经营企业	Joint venture	1154	1154		1100
中外合作经营企业	Cooperation				
外资企业	Enterprises with Sole				
外商投资股份有限公司	Share-holding Co. Ltd.				
其它外商投资	Others				

16-10 限额以上批发、零售贸易企业资产及负债(2011年,按行业分)

Assets and Liability of Enterprises above Designated Size in Wholesale and Retail by Sector(2011)

单位：万元 (10 000 yuan)

指标	Item	资产合计 Total Assets	#流动资产 Circulating Funds	#固定资产 Fixed Asset	负债合计 Total Liabilities
总计	**Total**	**15186147**	**10680629**	**2360128**	**10502963**
批发业合计	**Wholesale Trade**	**9258138**	**6594485**	**1414038**	**6018453**
农畜产品	Workstock Products	699497	475719	133642	492151
#谷物、豆及薯类	Cereal,Beans & Tubers	584841	412612	101335	422536
食品、饮料及烟草制品	Food, drink & Tobaccos	1005694	743184.6	183110	389407
#米、面制品及食用油	Grains & Edible Oil	148739	117021	23846	116156
果品、蔬菜	Fruits & Vegetables	71476	28197	32409	35786
肉、禽、蛋及水产品	Meat,Poultry,Eggs & Aqui- Products	7033	5000	1605	6033
纺织、服装及日用品	Textile,Garment & Household Goods	52932	29420	23083	40267
#纺织品、针织品及原料	Textile,Kintwear & Material				
服装	Garment	45457	23150	22305	33507
文化、体育用品及器材	Cultural,Sports Goods & Equipment	71546	43674	19413	39622
医药及医疗器材	Medicines & Medical Appliances	133997	117559	6611	112272
矿产品、建材及化工产品	Minerals,Building Materials & Chemicals	6864356	4803600	1020856	4585579
#煤炭及制品批发	Coal & Related Products	2936253	2313390	277664	2062755
石油及制品批发	Petroleum & Related Products	424728	240867	121371	316477
化肥	Chemical Materials	452006	422061	18251	412983
机械设备、五金交电及电子产品	Machinery, Equipment, Hardware, Electrical Products	380593	338213	24669	327574
#汽车、摩托车及零配件	Motor Vehicles,Motorcycles & Parts	70726	62751	5600	62380
贸易经纪与代理	Trading Brokerage & Agency	8968	8494	329	8011
其他	Others	40554	34622	2325	23571
零售业合计	**Retail Trade**	**5928010**	**4086145**	**946090**	**4484510**
综合零售	Comprehensive Retail	1069832	740643	173331	809801
#百货零售	Consumer Goods	691148	477652	108260	536942
食品、饮料及烟草制品	Food, Beverages & Tobaccos Products	90087	42653	20819	37213
#粮油	Grains & Edible Oil	58112	19578	12629	26399
纺织、服装及日用品	Textile , Garment & Household Goods	188782	105662	29921	155331
#纺织品及针织品	Textile & Kintwear Products	10972.5	7049.7	3187	6483.1
服装	Garments	164703	90460	24266	140127
鞋帽	Shoes & Hats	8303	5070	1148	5604
文化、体育用品及器材	Cultural,Sports Goods	102388	76534	19274	80149
#文具用品	Cultural Goods	2346	1867	479	1605
体育用品	Sports Goods	7143	6990	21	6875
图书	Books	42921	23480	13893	37486
报刊	Newspapers & Magazines				
医药及医疗器材	Medicines & Medical Appliances	82993	70055	8551	62552
汽车、摩托车、燃料及零配件	Auto,Motorbikes, Fuel & Spare & Accessory & Parts	3657828	2502228	583995	2917990
家用电器及电子产品	Household Appliances & Electronic Products	339110	277800	36957	239336
#计算机、软件及辅助设备	Computers, Software & Appliances	25930	21073	2253	15526
五金、家具及室内装修材料	Hardware,Furniture and Interior Decoration Material	196115	147745	39136	60680
无店铺及其他	Non-Shop Retail & Other Retails	200874	122826	34106	121459

16-11 限额以上餐饮企业资产及负债(2011年,按登记注册类型和行业分)

Assets and Liability of Enterprises above Designated Size in Catering Trades by Registration and by Sector(2011)

单位：万元 (10 000 yuan)

指标	Item	资产合计 Total Assets	#流动资产 Circulating Funds	#固定资产 Fixed Asset	负债合计 Total Liabi-lities
总计	**Total**	**911698**	**347774**	**356696**	**581775**
按登记注册类型分	**By Status of Registration**				
内资企业	**Domestic Funded Enterprises**	**899615**	**341229**	**355734**	**577079**
国有企业	State owned	51348	12360	32130	31400
集体企业	Collective owned	3040	617	1657	1717
股份合作企业	Cooperative	17588	8456	5911	7142
联营企业	Joint Ownership				
国有联营公司	State Joint Ownership				
集体联营企业	Collective Joint Ownership				
国有与集体联营企业	Joint State collective				
其他联营企业	Other Joint Ownership				
有限责任公司	Limited Liability Co.	451339	198457	146206	326031
国有独资企业	State funded Co.				
其他有限责任公司	Other Limited Liability Co.	451339	198457	146206	326031
股份有限公司	Share holding Co. Ltd.	83314	36235	14907	39319
私营企业	Private Enterprises	246078	70422	146069	136486
私营独资企业	Private funded	60746	22029	33623	41219
私营合伙企业	Private Partnership	14017	2779	8568	5995
私营有限责任公司	Private Limited Liability Co.	166924	43880	102862	87801
私营股份有限公司	Private Share holding Co. Ltd.	4391	1734	1017	1472
其他企业	Other .	46909	14683	8855	34984
港、澳、台商投资企业	**Enterprises with Investment from HK , Macao & Taiwan**	**1953**	**564**	**281**	**432**
港澳台资合资经营	Joint-venture Enterprises (HK,Macao & Taiwan)				
港澳台资合作经营	Cooperative Enterprises (HK,Macao & Taiwan)				
港澳台商独资企业	Sole Investment from HK, Macao & Taiwan	1953	564	281	432
港澳台商投资股份有限公司	Share-holding Co.,Ltd.from HK, Macao & Ttaiwan				
其它港澳台投资	Others				
外商投资企业	**Enterprises With Foreign Investment**	**10129**	**5981**	**681**	**4265**
中外合资经营企业	Joint venture	398	384	8	290
中外合作经营企业	Cooperation				
外资企业	Enterprises with Sole Foreign Investment	1920	1246	673	1094
外商投资股份有限公司	Share-holding Co.Ltd. with Foreign Investment	7812	4351		2881
其它外商投资	Others				
按服务业分	**By Business Categories**				
正餐服务	Dinner Services	905365	345353	353354	579883
快餐服务	Fast Food Services	2382	1332	495	1073
饮料及冷饮服务	Cold drink Services	2270	170	2100	
其他餐饮服务	Others	1680	919	747	819

16-12 限额以上批发、零售贸易企业主要财务指标（2011年，按登记注册类型分）

Main Financial Indicators of Enterprises above Designated Size in Wholesale and Retail Sale by Registration(2011)

单位：万元 (10 000 yuan)

指 标	Item	商品销售收入 Sales Revenue	商品销售成本 Cost of Sales	商品销售税金及附加 Sales Tax and Extra Changes	销售费用 selling expenses	营业利润 Operating profit
批发零售贸易业总计	**Total**	**34350687**	**30367178**	**253809**	**1295618**	**1791056**
一、 批发业合计	**Wholesale Trades**	**20573411**	**17928079**	**213297**	**816360**	**1208617**
内资企业	**Domestic Funded Enterprises**	**20557555**	**17913855**	**213270**	**816209**	**1207945**
国有企业	State owned	6028899	5129047	126355	148693	459685
集体企业	Collective owned	104029	94525	690	2771	2580
股份合作企业	Cooperative	9589	9405	7	87	-38
联营企业	Joint Ownership	5506	5464	6		-1
国有联营公司	State Joint Ownership	5506	5464	6		-1
集体联营企业	Collective Joint Ownership					
国有与集体联营企业	Joint State collective					
其他联营企业	Other Joint Ownership					
有限责任公司	Limited Liability Co.	5599751	5045208	40606	182219	190900
国有独资企业	State funded Co.	6219	5813	1	357	47
其他有限责任公司	Other Limited Liability Co.	5593533	5039395	40605	181862	190853
股份有限公司	Share holding Corporations Ltd.	1677760	1558545	4247	60715	55703
私营企业	Private	4745359	4051790	25343	368509	242414
私营独资企业	Private funded	49225	44123	182	2247	1684
私营合伙企业	Private Partnership	434909	346775	2201	42863	40455
私营有限责任公司	Private Limited Liability Co.	4104217	3520894	19611	318370	195903
私营股份有限公司	Private Share holding Co. Ltd.	157008	139998	3349	5030	4373
其他企业	Other Enterprises	2386663	2019870	16018	53215	256701
港、澳、台商企业	**Enterprises from HK, Macao & Taiwan**	**14991**	**13492**	**6**	**64**	**676**
港澳台资合资经营	Joint-venture Enterprises (HK,Macao & Taiwan)	14991	13492	6	64	676
港澳台资合作经营	Cooperative Enterprises (HK,Macao & Taiwan)					
港澳台商独资企业	Sole Investment from HK, Macao & Taiwan					
港澳台商投资股份有限公司	Share-holding Co.,Ltd.from HK, Macao & Ttaiwan					
其它港澳台投资	Others					
外商企业	**Enterprises Foreign Investment**	**865**	**732**	**21**	**88**	**-4**
中外合资经营企业	Joint venture	865	732	21	88	-4
中外合作经营企业	Cooperation					
外资企业	Sole Foreign Investment					
外商投资股份有限公司	Share-holding Co. Ltd.with Foreign Investment					
其它外商投资	Others					

16-12 续表 continued

单位：万元 (10 000 yuan)

指 标	Item	商品销售收入 Sales Revenue	商品销售成本 Cost of Sales	商品销售税金及附加 Sales Tax and Extra Changes	销售费用 selling expenses	营业利润 Operating profit
二、零售企业合计	**Retail Sale Trades**	**13777276**	**12439099**	**40512**	**479257**	**582439**
内资企业	**Domestic Funded Enterprises**	**13587150**	**12290461**	**40056**	**465353**	**557182**
国有企业	State owned	4548250	4228550	3428	128908	205469
集体企业	Collective owned	77887	74661	76	753	1579
股份合作企业	Cooperative	7072	6259	5	214	168
联营企业	Joint Ownership					
国有联营公司	State Joint Ownership					
集体联营企业	Collective Joint Ownership					
国有与集体联营企业	Joint State collective					
其他联营企业	Other Joint Ownership					
有限责任公司	Limited Liability Co.	3798414	3307991	17914	166169	178987
国有独资企业	State funded Co.					
其他有限责任公司	Other Limited Liability Co.	3798414	3307991	17914	166169	178987
股份有限公司	Share holding Corporations Ltd.	1387572	1303368	3023	38543	26247
私营企业	Private	3282509	2941886	11030	107885	132651
私营独资企业	Private funded	258958	230833	1483	5283	13207
私营合伙企业	Private Partnership	32940	26666	31	463	2799
私营有限责任公司	Private Limited Liability Co.	2838443	2569411	8716	91471	94406
私营股份有限公司	Private Share holding Co. Ltd.	152167	114976	800	10668	22240
其他企业	Other Enterprises	485446	427746	4580	22880	12080
港、澳、台商投资企业	**Enterprises with Investment from Hong Kong, Macao & Taiwan**	**118055**	**87706**	**379**	**3647**	**25421**
港澳台资合资经营	Joint-venture Enterprises (HK,Macao & Taiwan)	118055	87706	379	3647	25421
港澳台资合作经营	Cooperative Enterprises (HK,Macao & Taiwan)					
港澳台商独资企业	Sole Investment from HK, Macao & Taiwan					
港澳台商投资股份有限公司	Share-holding Co.,Ltd.from HK, Macao & Ttaiwan					
其它港澳台投资	Others					
外商投资企业	**Enterprises With Foreign Investment**	**72071**	**60932**	**77**	**10258**	**-164**
中外合资经营企业	Joint venture	72071	60932	77	10258	-164
中外合作经营企业	Cooperation					
外资企业	Sole Foreign Investment					
外商投资股份有限公司	Share-holding Co. Ltd.with Foreign Investment					
其它外商投资	Others					

16-13 限额以上批发、零售贸易企业主要财务指标(2011年,按行业分)

Main Financial Indicators of Enterprises above Designated Size in Wholesale and Retail Sale by Sector(2011)

单位：万元 (10 000 yuan)

指标	Item	商品销售收入 Sales Revenue	商品销售成本 Cost of Sales
总计	**Total**	**34350687**	**30367178**
批发业合计	**Wholesale Trade**	**20573411**	**17928079**
农畜产品批发	Workstock Products	1736488	1492606
#谷物、豆及薯类批发	Cereal,Beans & Tubers	563184	496795
食品、饮料及烟草制品批发	Food, Beverages & Tobaccos	2969136	2225179
#米、面制品及食用油批发	Grains & Edible Oil	117015	103982
果品、蔬菜批发	Fruits & Vegetables	255240	220750
肉、禽、蛋及水产品批发	Meat,Poultry,Eggs & Aquatic Products	117611	89305
纺织、服装及日用品批发	Textile Products, Garment & Household Goods	204811	158333
#纺织品、针织品及原料批发	Textile,Kintwear Products & Material		
服装批发	Garment	179152	134272
文化、体育用品及器材批发	Cultural,Sports Goods & Equipment	324668	319230
医药及医疗器材批发	Medicines & Medical Appliances	287414	257335
矿产品、建材及化工产品批发	Minerals,Building Materials & Chemical Products	14229228	12749516
#煤炭及制品批发	Coal & Related Products	7233583	6259804.5
石油及制品批发	Petroleum & Related Products	2781295	2623502
化肥批发	Chemical Materials	504488	477136
机械设备、五金交电及电子产品批发	Machinery, Equipment,Hardware,Communication, Electrical Appliances & Products	732160	654094
#汽车、摩托车及零配件批发	Motor Vehicles,Motorcycles & Parts	171897	158383
贸易经纪与代理	Trading Brokerage & Agency	12200	11331
其他批发	Others	77308	60456
零售业合计	**Retail Trade**	**13777276**	**12439099**
综合零售	Comprehensive Retail	1598402	1407538
#百货零售	Consumer Goods	1197226	1055585
食品、饮料及烟草制品专门零售	Special Retail of Food, Beverages & Tobaccos Products	118566	104384
#粮油零售	Grains & Edible Oil	64217	59751
纺织、服装及日用品专门零售	Special Retail of Textile Products, Garment & Household Goods	440615	342932
#纺织品及针织品零售	Textile & Kintwear Products	21536	17859
服装零售	Garments	401523	310740
鞋帽零售	Shoes & Hats	4286	3005
文化、体育用品及器材专门零售	Special Retail of Cultural,Sports Goods and Equipment	94200	75524
#文具用品零售	Cultural Goods	6456	6082
体育用品零售	Sports Goods	6355	5758
图书零售	Books	31775	22333
报刊零售	Newspapers & Magazines		
医药及医疗器材专门零售	Special Retail of Medicines & Medical Appliances	129418	106006
汽车、摩托车、燃料及零配件专门零售	Special Retail of Auto,Motorbikes, Fuel & Spare & Accessory & Parts	10079065	9282745
家用电器及电子产品专门零售	Special Retail of Household Appliances & Electronic Products	751117	647036
#计算机、软件及辅助设备零售	Computers, Software & Office Appliances	103327	86745
五金、家具及室内装修材料专门零售	Special Retail of Hardware,Furniture and Interior Decoration Material	239101	189796
无店铺及其他零售	Non-Shop Retail & Other Retails	326792	283138

16-13 续表 continued

单位：万元 (10 000 yuan)

指 标	Item	商品销售税金及附加 Sales Tax and Extra Changes	销售费用 Management Cost	营业利润 Total Profits
总 计	**Total**	**253809**	**1295618**	**1791056**
批发业合计	**Wholesale Trade**	**213297**	**816360**	**1208617**
农畜产品批发	Workstock Products	8477	28329	171833
#谷物、豆及薯类批发	Cereal,Beans & Tubers	7614	23516	8981
食品、饮料及烟草制品批发	Food, Beverages & Tobaccos	137253	89934	371661
#米、面制品及食用油批发	Grains & Edible Oil	20	2076	3787
果品、蔬菜批发	Fruits & Vegetables	3238	1568	30726
肉、禽、蛋及水产品批发	Meat,Poultry,Eggs & Aquatic Products	7984	1435	16478
纺织、服装及日用品批发	Textile, Garment & Household Goods	5343	6770	20593
#纺织品、针织品及原料批发	Textile,Kintwear Products & Material			
服装批发	Garment	5305	5768	20517
文化、体育用品及器材批发	Cultural,Sports Goods & Equipment	51	2072	-1012
医药及医疗器材批发	Medicines & Medical Appliances	770	12372	10535
矿产品、建材及化工产品批发	Minerals,Building Materials & Chemical Products	56660	637076	599633
#煤炭及制品批发	Coal & Related Products	47763	487694	300964
石油及制品批发	Petroleum & Related Products	1392	71932	71129
化肥批发	Chemical Materials	236	15399	257
机械设备、五金交电及电子产品批发	Machinery, Hardware,Electrical	3524	34782	27951
#汽车、摩托车及零配件批发	Motor Vehicles,Motorcycles & Parts	1032	5723	3971
贸易经纪与代理	Trading Brokerage & Agency	2	305	244
其他批发	Others	1218	4720	7178
零售业合计	**Retail Trade**	**40512**	**479257**	**582439**
综合零售	Comprehensive Retail	11715	71298	63569
#百货零售	Consumer Goods	9676	42610	49662
食品、饮料及烟草制品专门零售	Special Retail of Food, Beverages & Tobaccos Products	489	3858	5017
#粮油零售	Grains & Edible Oil	37	1698	38
纺织、服装及日用品专门零售	Special Retail of Textile Products, Garment & Household Goods	5460	11549	44021
#纺织品及针织品零售	Textile & Kintwear Products	60	210	3228
服装零售	Garments	5181	10540	39370
鞋帽零售	Shoes & Hats	113	471	344
文化、体育用品及器材专门零售	Special Retail of Cultural,Sports Goods and Equipment	1191	6263	2826
#文具用品零售	Cultural Goods	7	173	58
体育用品零售	Sports Goods	4	614	-139
图书零售	Books	292	2217	2246
报刊零售	Newspapers & Magazines			
医药及医疗器材专门零售	Medicines & Medical Appliances	601	10927	3952
汽车、摩托车、燃料及零配件专门零售	Special Retail of Auto,Motorbikes, Fuel & Spare & Accessory & Parts	16369	292963	385807
家用电器及电子产品专门零售	Special Retail of Household Appliances & Electronic Products	1845	48904	41733
#计算机、软件及辅助设备零售	Computers, Software & Office Appliances	266	2302	10954
五金、家具及室内装修材料专门零售	Special Retail of Hardware,Furniture and Interior Decoration Material	1933	10146	18734
无店铺及其他零售	Non-Shop Retail & Other Retails	910	23351	16780

16-14 限额以上住宿企业主要财务指标（2011年，按登记注册类型和行业分）

Main Financial Indicators of Enterprises above Designated Size in Hotel by Registration and by Sector(2011)

单位：万元 (10 000 yuan)

指 标	Item	营业收入 Operating income	营业成本 Operating costs	营业税金及附加 Business tax and surcharges	销售费用 selling expenses	营业利润 Operating profit
总 计	**Total**	**469905**	**206256**	**23176**	**112023**	**13873**
按登记注册类型分	**By Status of Registration**					
内资企业	**Domestic Funded Enterprises**	**419710**	**183750**	**20720**	**103260**	**16455**
国有企业	State owned	91705	57577	4546	13637	969
集体企业	Collective owned	4792	2415	226	872	603
股份合作企业	Cooperative	8981	3972	500	1864	1039
联营企业	Joint Ownership	2232	1680	88	101	754
国有联营公司	State Joint Ownership					
集体联营企业	Collective Joint Ownership	2232	1680	88	101	754
国有与集体联营企业	Joint State collective					
其他联营企业	Other Joint Ownership					
有限责任公司	Limited Liability Co.	135761	45180	7191	37386	3922
国有独资企业	State funded Co.					
其他有限责任公司	Other Limited Liability Co.	135761	45180	7191	37386	3922
股份有限公司	Share holding Co.Ltd.	19084	8559	981	6015	-2908
私营企业	Private Enterprises	134560	54003	6082	38630	8786
私营独资企业	Private funded	22479	11842	988	5285	1670
私营合伙企业	Private Partnership	764	390	34	167	-56
私营有限责任公司	Private Limited Liability Co.	107582	40598	4876	32050	6765
私营股份有限公司	Private Share holding Co. Ltd.	3735	1173	184	1129	407
其他企业	Other	22596	10364	1106	4755	3290
港、澳、台商投资企业	**Enterprises with Investment from HK , Macao & Taiwan**	**23902**	**11815**	**1284**	**5788**	**-4607**
港澳台资合资经营	Joint-venture Enterprises (HK,Macao & Taiwan)	4917	852	251	3803	-16
港澳台资合作经营	Cooperative Enterprises (HK,Macao & Taiwan)					
港澳台商独资企业	Sole Investment from HK, Macao & Taiwan	15761	8311	854	761	1329
港澳台商投资股份有限公司	Share-holding Co.,Ltd.from HK, Macao & Ttaiwan	3225	2652	179	1223	-5919
其它港澳台投资	Others					
外商投资企业	**With Foreign Investment**	**26292**	**10691**	**1172**	**2975**	**2024**
中外合资经营企业	Joint venture	11587	4742	332	2429	1022
中外合作经营企业	Cooperation					
外资企业	Sole Foreign Investment	14705	5950	840	546	1002
外商投资股份有限公司	Share-holding Co. Ltd. with Foreign Investment					
其它外商投资	Others					
按国民经济行业分	**By Sector**					
旅游饭店	Tourist Hotel	371354	162198	18629	91191	4926
一般旅馆	General Hotel	94773	42784	4412	20203	8218
其他住宿服务	Others	3778	1274	135	629	729

16–15 限额以上餐饮企业主要财务指标（2011年，按登记注册类型和行业分）

Main Financial Indicators of Enterprises above Designated Size in Catering Trades by Registration and by Sector(2011)

单位：万元 (10 000 yuan)

指标	Item	营业收入 Operating income	营业成本 Operating costs	营业税金及附加 Business tax and surcharges	销售费用 selling expenses	营业利润 Operating profit
总计	**Total**	**519000**	**259666**	**24526**	**108364**	**51744**
按登记注册类型分	**By Status of Registration**					
内资企业	**Domestic Funded Enterprises**	**503094**	**252114**	**23682**	**104609**	**48614**
国有企业	State owned	20515	8270	800	2829	-212
集体企业	Collective owned	1698	821	77	607	59
股份合作企业	Cooperative	5162	2970	190	747	361
联营企业	Joint Ownership					
国有联营公司	State Joint Ownership					
集体联营企业	Collective Joint Ownership					
国有与集体联营企业	Joint State collective					
其他联营企业	Other Joint Ownership					
有限责任公司	Limited Liability Co.	173180	81190	9222	49242	2909
国有独资企业	State funded Co.					
其他有限责任公司	Other Limited Liability Co.	173180	81190	9222	49242	2909
股份有限公司	Share holding Co.Ltd.	72278	40975	1620	8165	14521
私营企业	Private Enterprises	194526	101907	9717	35529	25509
私营独资企业	Private funded	44226	23324	1794	4320	9930
私营合伙企业	Private Partnership	7244	2696	419	1952	906
私营有限责任公司	Private Limited Liability Co.	136524	72341	7090	27453	14458
私营股份有限公司	Private Share holding Co. Ltd.	6532	3547	414	1803	215
其他企业	Other	35737	15980	2057	7491	5467
港、澳、台商投资企业	**Enterprises with Investment from HK , Macao & Taiwan**	**3271**	**1277**	**190**	**310**	**1238**
港澳台资合资经营	Joint-venture Enterprises (HK,Macao & Taiwan)					
港澳台资合作经营	Cooperative Enterprises (HK,Macao & Taiwan)					
港澳台商独资企业	Sole Investment from HK, Macao & Taiwan	3271	1277	190	310	1238
港澳台商投资股份有限公司	Share-holding Co.,Ltd.from HK, Macao & Ttaiwan					
其它港澳台投资	Others					
外商投资企业	**Enterprises With Foreign Investment**	**12634**	**6276**	**653**	**3444**	**1892**
中外合资经营企业	Joint venture	1207	576	66	415	198
中外合作经营企业	Cooperation					
外资企业	Sole Foreign Investment	3719	1459	201	1109	769
外商投资股份有限公司	Share-holding Co. Ltd. with Foreign Investment	7709	4240	386	1919	924
其它外商投资	Others					
按国民经济行业分	**By Sector**					
正餐服务	Dinner Services	509816	255247	23256	106764	50334
快餐服务	Fast Food Services	4071	1688	211	984	794
饮料及冷饮服务	Cold drink Services	3200	1920	960	29	272
其他餐饮服务	Others	1914	812	99	587	343

主要统计指标解释

社会消费品零售总额 指国民经济各行业直接售给城乡居民和社会集团的消费品总额。它是反映各行业通过多种商品流通渠道向居民和社会集团供应的生活消费品总量,是研究国内零售市场变动情况、反映经济景气程度的重要指标。

社会消费品零售总额包括:(1)售给城乡居民作为生活用的商品和修建房屋用的建筑材料;(2)售给社会集团的各种办公用品和公用消费品;(3)售给机关、团体、学校、部队、企业、事业单位的职工食堂和旅店(招待所)附设专门供本店旅客食用,不对外营业的食堂的各种食品、燃料;企业、单位和国营农场直接售给本单位职工和职工食堂的自己生产的产品;(4)售给部队干部、战士生活用的粮食、副食品、衣着品、日用品、燃料;(5)售给来华的外国人、华侨、港澳台同胞的消费品;(6)居民自费购买的中、西药品、中药材及医疗用品;(7)报社、出版社直接售给居民和社会集团的报纸、图书、杂志,集邮公司出售的新、旧纪念邮票、特种邮票、首日封、集邮册、集邮工具等;(8)旧货寄售商店自购、自销部分的商品;(9)煤气公司、液化石油气站售给居民和社会集团的煤气灶具和罐装液化石油气;(10)农民售给非农业居民和社会集团的商品。不包括售给国民经济各部门企业、事业单位(包括国有经济的农场)生产经营用的各种原材料、燃料、设备、工具等和售给批发零售贸易业、餐饮业作为转卖用的商品,旧货寄售商店受托寄售卖出的商品,服务业的营业收入,邮局出售邮票的收入,自来水、电力、煤气生产(供应)单位的产品供应收入,也不包括农民之间的商品销售。

批发零售贸易业商品购、销、存总额 指各种登记注册类型的批发、零售贸易业(不包括个体)企业(单位)以本企业(单位)为总体的商品购进、销售、库存总额。

商品购进总额 指从本企业(单位)以外的单位和个人购进 (包括从境外直接进口) 作为转卖或加工后转卖的商品总额。它反映批发零售贸易业从国内、国外市场上购进商品的总量。商品购进总额包括:(1)从工农业生产者购进的商品;(2)从出版社、报社的出版发行部门购进的图书、杂志和报纸;(3)从各种登记注册类型的批发零售贸易企业 (单位) 购进的商品;(4)从其他单位购进的商品,如从机关、团体、企业等单位购进的剩余物资,从餐饮业、服务业购进的商品,从海关、市场管理部门购进的缉私和没收的商品,从居民手中收购的废旧商品等;(5)从国(境)外直接进口的商品。不包括企业(单位)为自身经营用和未通过买卖行为而收入的商品以及销售退回、商品升溢等。

商品销售总额 指对本企业(单位)以外的单位和个人出售(包括对境外直接出口)的商品总额。它反映批发零售贸易业在国内市场上销售商品以及出口商品的总量。商品销售总额包括:(1) 售给城乡居民和社会集团消费用的商品;(2)售给工业、农业、建筑业、运输邮电业、批发零售贸易业、餐饮业、服务业等作为生产、经营使用的商品;(3)售给批发零售贸易业作为转卖或加工后转卖的商品;(4)对国(境)外直接出口的商品。不包括出售本企业(单位)自用的废旧包装用品;未通过买卖行为付出的商品;经本单位介绍,由买卖双方直接结算,本单位只收取手续费的业务;购货退出的商品以及商品损耗和损失等。

批发零售贸易业库存 指报告期末各种登记注册类型的批发零售贸易企业(单位)已取得所有权的商品。它反映批发零售贸易企业(单位)的商品库存情况和对市场商品供应的保证程度。期末库存包括:(1)存放在批发零售贸易业经营单位(如门市部、批发站、经营处)仓库、货场、货柜和货架中的商品;(2)挑选、整理、包装中的商品;(3)已记入购进而尚未运到本单位的商品, 即发货单或银行承兑凭证已到而货未到的部分,(4)寄放他处的商品,如因购货方拒绝承付而暂时存放在购货方的商品和已办完加工成品收回手续而未提回的商品;(5)委托其他单位代销(未作销售或调出)尚未售出的商品;(6)代其他单位购进尚未交付的商品。不包括所有权不属于本单位的商品、拨付除批发零售贸易业以外的其他行业所属独立核算加工厂等加工生产尚未收回成品的商品、代国家物资储备部门保管的商品等。

库存总额采用的计算价格是: 农副产品采购单位按购进价计算;批发单位按进货价计算;零售单位按核算价格计算,即按什么价格核算就按什么价格计算。

餐饮业营业收入 指餐饮企业、活动单位或个体户的全部营业额,包括商品零售额和其他服务性收入。其主要反映餐饮企业、活动单位或个体户的经营情况及发展变化趋势。

餐饮业商品零售额 指餐饮企业、活动单位或个体户直接对居民和社会集团零售的各种商品。包括:(1)经烹饪、调制加工后出售的各种食品,如主食、炒菜、凉拌菜等;(2)不经加工直接转卖的各种外购商品,如卷烟、酒、饮料、熟食、水果等;(3) 附设非独立核算的销售商品的小卖部出售的各种食品及其他商品。

消费品市场成交额 指从事消费品交易的商品市场的全部商品成交金额。消费品市场包括农副产品市场和工业消费品市场。

Explanatory Notes on Main Statistical Indicators

Total Retail Sales of Consumer Goods refer to the sum of retail sales of consumer goods sold by all sectors of the national economy to urban and rural residents and social groups. This indicator is used to show the supply of consumer goods through various channels to households and institutions, and is very important for the study on changes at the domestic retail market, and on economic cycles

The retail sales of consumer goods include: (1) commodities sold to urban and rural residents for their daily use and building materials sold to them for the construction or repair of houses; (2) office appliances and supplies sold to institutions; (3) food and fuels sold to canteens of institutions, enterprises, schools, military units and to canteens of hotels and hostels that only serve their guests, and commodities produced by enterprises, institutions or state farms and sold directly to their employees or their canteens; (4) grain and non staple food, clothing, daily articles and fuels sold to military personnel; (5) consumer goods sold to foreigners, overseas Chinese, and Chinese compatriots from Taiwan, Hong Kong and Macao during their stay in the mainland of China; (6) Chinese and western medicines, herbs and medical facilities purchased by residents; (7) newspapers, books and magazines directly sold to residents and social groups by publishers, new and old commemorative stamps, special stamps, first day covers, stamp albums and other stamp collection articles sold by stamp companies; (8) consumer goods purchased and then sold by second hand shops; (9) stoves and other heating facilities and liquefied gas sold by gas companies to households and institutions; and (10) commodities sold by farmers to non agricultural residents and social groups . Excluded under this heading are: raw materials, fuels, equipment, tools sold to enterprises, institutions and state farms for production purpose; commodities sold to trade establishments for reselling; commissioned sales at second hand shops; operational income of urban public utilities; stamps sold at post offices; income of water, power, gas production and supply establishments from the supply of their products; and sales of commodities among farmers.

Purchase, Sales and Stock of Commodities by Wholesale and Retail Trade refer to the purchase, sales and stock of commodities by wholesale and retail establishments of different status of registration (excluding individual sellers) .

Total Purchases of Commodities refer to the total value of purchases of commodities by the establishments from other establishments or individuals (including direct import from abroad) for the purpose of re selling, either with or without further processing of the commodities purchased. This indicator is used to show the total value of purchases of commodities by wholesale and retail establishments from domestic and overseas markets. The total purchases include: (1)agricultural and industrial products purchased from producers; (2)books, magazines and newspapers purchased from distribution departments of the publishers; (3) commodities purchased from wholesale and retail establishments of different status of registration; (4)commodities purchased from other units, such as surplus materials purchased from government agencies, enterprises or institutions, commodities purchased from catering and service establishments, confiscated goods purchased from customs authorities or market management agencies, second hand goods and wastes purchased from residents; and (5)commodities directly imported from abroad. Excluded are commodities purchased by establishments (units) for use in their own business operation, commodities obtained without buying or selling procedures, rejected commodities, etc.

Total Sales of Commodities refer to value of commodities sold by the establishments to other establishments and individuals (including direct export) . This indicator is used to show the total value of sales of commodities at domestic markets and export. The total sales include:(1) commodities sold to urban and rural residents and social groups for their consumption; (2) commodities sold to establishments in industry, agriculture, construction, transportation, post and telecommunications, wholesale and retail trades, catering trade and public utility for their production and operation; (3) commodities sold to wholesale and retail establishments for re selling, with or without further processing; and (4) commodities for direct export to other countries. Excluded are selling of waste packaging materials used by the establishments (units) themselves, commodities transferred without buying or selling procedures, commission income from brokerage in transactions whose settlement is directly handled by buyers and sellers, rejected commodities in the purchase, loss in commodities, etc.

Commodity Stock of Wholesale and Retail Enterprises refers to total commodities possessed by wholesale and retail enterprises (units) of various types of registration status at the end of the reference period, which reflects the commodity stock level of various wholesale and retail enterprises and the potential for market supply. It includes:(1) commodities located in storage, garages, counters, and shelves of operating units(such as sale stores, wholesale centers, and operating offices) of wholesale and retail enterprises; (2) commodities in the process of selecting, sorting, and packing; (3) commodities not arrived but recorded as purchase in the account, i. e. . commodities not arrived but payment receipts for the commodities from the sellers or the banks arrived; (4) commodities deposited in other places rather than places mentioned above, for instance: commodities in the hold of purchasers temporarily due to the refusal of payment and commodities not taken back after going through the formalities; (5) commodities entrusted to other units to sell but not sold yet; (6) commodities purchased for other units but not delivered yet. Commodities not included as stock are those not owned by the enterprises (units) , those allocated to financially independent factories rather than wholesale and retail enterprises for processing but not taken back yet, and finally those put in stock by wholesale and retail enterprises on behalf of the state material reserves units.

For the calculation of the value of commodities stock, the value is calculated at purchasing prices in agricultural goods purchasing units and wholesale units, and at the accounting prices in retail units.

Business Income of Catering Industryrefer to the total turnover of catering businesses, establishments or individuals, including retail sales and other services income. It reflects the operational and managerial conditions and development trend of catering businesses, establishment s and individuals in t his sector.

Retail Sales of Commodities in Catering Industryrefer to retail sales to residents and social groups by catering enterprises, establishments and individual, including: (1) various food sold after cooking and processing, such as: staple food, cooked dishes, cold and dressed dishes and so on. (2) re–selling commodities without further processing, such as: cigarettes, liquor, beverage, cooked food, fruit s and son on. (3) various food and other commodities sold in and ascent buffets with dependant accounting system.

Volume of Transaction at Free Markets for Consumer Goods refers to the value of transaction or all goods at the free trade markets for consumer goods, where markets include both free markets for farm and sideline products and for manufactured consumer goods.

2012 NEI MENG GU

十七、对外经济贸易

Foreign Trade and Economic Cooperation

资料整理：马莉莉
Arranged By Ma Lili

17-1 对外经济贸易
Foreign Trade and Economic Cooperation

指标	Item	2000	2005	2010	2011
进出口总额(万元人民币)	**Total Imports and Exports (RMB10 000 yuan)**	**1687811**	**4165757**	**5774292**	**7522708**
出口总额	Total Exports	847114	1666408	2208571	2953377
进口总额	Total Imports	840697	2499349	3565721	4569331
进出口总额(万美元)	**Total Imports and Exports(USD 10 000)**	**203596**	**516190**	**871894**	**1193910**
出口总额	Total Exports	102185	206489	333485	468723
进口总额	Total Imports	101411	309701	538409	725187
外商投资企业进出口额(万美元)	**Total Imports and Exports of Foreign-funded Enterprises(USD 10 000)**	**13597**	**82872**	**161034**	**246198**
出口总额	Total Exports	11535	41547	96009	143589
进口总额	Total Imports	2062	41325	65025	102609
对外签订利用外资协议(合同)项目(个)	**Number of Projects for Utilization of Foreign Capital in the Signed Agreements & Contracts(unit)**	**127**	**209**	**71**	**73**
对外借款	Foreign Loans	32	12		
外商直接投资	Foreign Direct Investments	95	197	71	73
对外签订利用外资协议(合同)金额(万美元)	**Total Amount of Foreign Capital to Be Utilized in the Signed Agreements & Contracts(USD 10 000)**	**51273**	**161700**		
对外借款	Foreign Loans	25475	23369		
外商直接投资	Foreign Direct Investments	25798	138331		
外商其他投资	Other Foreign Investments				
实际利用外资额(万美元)	**Total Amount of Foreign Capital Actually Used(USD 10 000)**	**54819**	**140007**	**355876**	**404125**
境外筹资转贷款	Overseas Financing transferred loans	43583	21430	17420	20298
外商直接投资	Foreign Direct Investments	11236	118577	338456	383827
外商其他投资	Other Foreign Investments				
外商投资企业基本情况	**Registered Foreign-funded Enterprises**				
年底登记户数(户)	Number of Registered Enterprises(unit)	874	914	3693	3601
投资总额(万美元)	Total Investment(USD 10 000)	253634	1264645	2324266	2551906
注册资本(万美元)	Registered Capital(USD 10 000)	171773	627138	1223998	1356084
#外方	Capital from Foreign Partners	84084	407333	910119	1051053
国外经济合作(万美元)	**Foreign economic cooperation(USD 10 000)**				
对外承包工程、设计咨询	Foreign contracted projects, design and consultation				
#新签合同额	New contract amount				31057
完成营业额	The turnover				353
对外劳务合作	Foreign labor cooperation				
#新签劳务人员合同工资总额	Total contract wages of newly signed labor service personnel				1412
劳务人员实际收入总额	Total real income of labor service personnel				807

注:1、境外筹资转贷款为2011年修改指标,2010年以前为外债余额。2、国外经济合作分项指标为2011年商务厅改后指标。

a)Lending of overseas financing is the revised index of the 2011,Before 2010 was the balance of foreign debts.

b)Item index of Foreign economic cooperation is the revised index of bureau of Commerce of the 2011.

17-2 外贸进出口贸易总额
Total Imports and Exports

年 份 Year	按人民币计算(万元) RMB 10 000 Yuan			按美元计算(万美元) USD 10 000		
	进出口总额 Total Imports & Exports	出口总额 Total Exports	进口总额 Total Imports	进出口总额 Total Imports & Exports	出口总额 Total Exports	进口总额 Total Imports
1952				1062		1062
1957				1754		1754
1965				333		333
1970				554	158	396
1975				925	394	531
1978	2674	1768	906	1552	1026	526
1980	6555	3970	2585	4397	2663	1734
1981	10676	8100	2576	6008	4558	1450
1982	15733	13881	1852	8173	7211	962
1983	17615	11176	6439	9001	5711	3290
1984	28557	20661	7896	10912	7895	3017
1985	59053	43880	15173	18448	13708	4740
1986	89086	63656	25430	23937	17104	6833
1987	113130	84310	28820	30398	22654	7744
1988	141303	109390	31913	37968	29393	8575
1989	161191	125158	36033	43312	33630	9682
1990	252898	169483	83415	48430	32456	15974
1991	321692	224597	97095	59964	41865	18099
1992	507068	319168	187901	93555	58887	34668
1993	1041650	561843	479807	120283	64878	55405
1994	914685	513373	401312	106128	59565	46563
1995	937671	506785	430886	112310	60840	51470
1996	1038914	569132	469782	124981	68590	56391
1997	1086188	609458	476730	131027	73519	57508
1998	1147173	681635	465538	138581	82343	56238
1999	1330986	750028	580958	160786	90605	70181
2000	1687811	847114	840697	203596	102185	101411
2001	2109035	943996	1165039	254819	114056	140763
2002	2487279	1134776	1352503	300494	137095	163399
2003	2576975	1192581	1384394	311353	144089	167264
2004	3350865	1391710	1959155	404865	168152	236713
2005	4165757	1666408	2499349	516190	206489	309701
2006	4643967	1672155	2971812	594717	214140	380577
2007	5657121	2152965	3504156	774460	294741	479719
2008	6105451	2446445	3659006	893315	357950	535365
2009	4618493	1581088	3037405	676395	231556	444839
2010	5774292	2208571	3565721	871894	333485	538409
2011	7522708	2953377	4569331	1193910	468723	725187

注：本表2003年以后数据由呼和浩特海关提供（下同）。

a) Data after 2003 in this table were obtained from the Hohhot Customs statistics.The same as in the following table.

17-3 对外贸易出口总额
Total Amount of Export Commodities

单位:万美元 (USD 10 000)

项目	Item	2010	2011
出口总额	**Total Amount**	**333485**	**468723**
按商品类别分	**By Category of Commodities**		
活动物;动物产品	Live Animals & Animal Products	4223	6750
植物产品	Vegetables, Fruits & Cereals	12723	16080
动植物油脂及分解产品;精制食用油脂;动植物蜡	Animal & Vegetable Oils, Fats & Wax, Refined Edible Oils & Fats	9	19
食品、饮料、酒及醋;烟草及代用品的制品	Food, Beverages, Liquor & Vinegar, Tobacco & Tobacco Substitutes	9589	7417
矿产品	Minerals	4123	7114
化学工业及其相关工业的产品	Chemicals & Related Products	59237	90106
塑料及其制品;橡胶及其制品	Plastics & Related Products,Rubber & Related Products	6183	11485
生皮、皮革、毛皮及制品;鞍具挽具;旅行用品、手提包及类似物品;动物肠线制品	Raw Hides, Leather, Furs & Related Products, Saddle,Travel Articles, Handbags and Similar Containers	2140	2655
木及木制品;木炭;软木及制品;稻草、秸杆、针茅或其他编结材料制品;篮筐及柳条编结品	Wood & Wooden Products, Charcoal, Cork & Related Products, Straws, Plaited Products, Baskets & Wickerwork	4717	4333
木浆及其他纤维状纤维素浆;纸及纸板的废碎品;纸、纸板及其制品	Paper Pulp & Cellulose Pulp, Paper and Waste Paper,Paperboard & Related	432	215
纺织原料及纺织制品	Textile Materials & Products	57063	82087
鞋、帽、伞、杖、鞭及其零件;已加工的羽毛及其制品;人造花;人发制品	Footwear, Headgear, Umbrellas, Canes, Whips, Processed Feather, Artificial Flowers, Wigs	4911	5391
石料石膏水泥石棉云母及类似材料的制品;陶瓷产品;玻璃及其制品	Gypsum, Cement, Asbestos, Mica, Ceramic Glass	2693	2250
天然或养殖珍珠、宝石或半宝石、贵金属、包贵金属及其制品，仿首饰硬币	Pearls, Precious or , Jewelry Metal or Rolled Precious Metal, Artificial Jewelry,Coins	27413	29495
贱金属及其制品	Base Metals & Related Products	88965	120394
机器、机械器具、电气设备及零件;录音机及放声机、电视图象声音的录制和重放设备及零附件	Machinery, Electric Equipment & Accessories, Recorders, Video Recorder & Accessories	13499	19901
车辆、航空器、船舶及有关运输设备	Locomotives, Vehicles, Aircraft, Ship and Related Transportation Equipment	31465	59204
光学、照相、电影、计量、检验、医疗或外科用仪器设备、精密仪器及设备;钟表;乐器;及其零附件	Optical, Photos, Film, Measuring & Medical Instruments & Equipment,Clocks, Musical Instruments,Related Parts & Accessories	1779	1434
其他	Others	2321	2393
主要贸易国别、地区（按出口值排）	**Main Trade Countries or Regions**		
蒙　古	Mongolia	52790	91310
日　本	Japan	37955	65142
俄罗斯	Russia	18518	21754
美　国	United States	22849	28348
韩　国	South Korea	29225	41922
越　南	Vietnam	5899	5924
中国香港	Hong Kong, China	44390	61951
印　度	India	11520	16313
意大利	Italy	8344	8791
英　国	United Kingdom	3959	4717
法　国	France	7290	17733
印度尼西亚	Indonesia	3463	7946
马达加斯加	Madagascar	3976	3773
泰　国	Thailand	8040	14010
德　国	Germany	4394	4177

17-4 对外贸易出口主要商品

Main Export Commodities of Foreign Trade

单位：万美元 （USD 10 000）

项 目	Item	2010	2011
针织或钩编的套头衫、开襟衫、马甲及类似品	Pullover, Carligan, Vest	15204	16396
铁合金	Ferroalloy	25123	39121
披巾、头巾、围巾、披纱、面纱及类似品	Scarf	8731	9814
针或钩织女西便服套装，上衣，裙，裙裤，长短裤	Sets of Clothes,Pants For Woman	4407	12376
抗菌素	Antibiotics	11839	21690
贵金属或包贵金属的其他制品	Noble metal	27405	29492
宽≥600mm经包、镀或涂层的普通钢铁板材	Steel Plate	18535	22101
其他合金钢板材，宽≥600mm	Alloy Steel Plates	8686	15242
货运机动车辆	Freight Moter Rehicles	8069	13919
不规则盘卷的其他合金钢热轧条、杆	Alloy	10093	15474
稀土金属、钇、钪及其混合物的化合物	Rare Earth	17193	24521
铝箔，厚度不超过0.2毫米	Aluminum Foil	7059	7439
8801或8802所列货品的零件	Spare parts of 8801 & 8802	8827	22134
碱金属、碱土金属；稀有金属、钪及钇；汞	Alkali metals, alkaline earth metals; rare metals, scandium and yttrium; mercury	5339	12186
针或钩织男西或便服套装，上衣，长短裤，马裤	Sets of Clothes,Pants For Man	2186	7684
床上、餐桌、盥洗及厨房用的织物制品	Fabric Products	1143	5546
初级形状未列名天然聚合物及改性天然聚合物	Natural polymer	2570	8155
仅冷轧，宽≥600mm普通钢铁板材	Only cold, wide≥ 600mm ordinary steel plate	2649	7899
挂车及半挂车或其他非机械驱动车辆及其零件	Non mechanical drive of vehicle & Spare parts	3738	5305
牵引车、拖拉机	Tractor	7776	11206

17-5 对外贸易进口总额及主要商品

Main Import Commodities of Foreign Trade in Amount & Volume

单位：万美元 (USD 10 000)

项 目	Item	2010	2011
进口总额	**Total Import Amount**	**538409**	**725187**
按主要商品类别分	**By Categories of Commodities**		
活动物；动物产品	Live Animals & Animal Products	13226	18684
植物产品	Vegetables; Fruits & Cereals	255	848
动植物油脂及分解产品；精制食用油脂；动植物蜡	Animal & Vegetable Oils; Fats & Wax; Refined Edible Oils & Fats	2700	1474
食品、饮料、酒及醋；烟草及代用品的制品	Food; Beverages; Liquor & Vinegar; Tobacco & Tobacco Substitutes	499	501
矿产品	Minerals	212988	326850
化学工业及其相关工业的产品	Chemicals & Related Products	34993	35636
塑料及其制品；橡胶及其制品	Plastics & Related Products; Rubber & Related Products	13533	12273
生皮、皮革、毛皮及制品；鞍具挽具；旅行用品、手提包及类似物品；动物肠线制品	Raw Hides; Leather; Furs & Related Products; Saddle;Travel Articles; Handbags & Similar Containers	2915	4243
木及木制品；木炭；软木及制品；稻草、秸杆、针茅或其他编结材料制品；篮筐及柳条编结品	Wood & Wooden Products; Charcoal; Cork & Related Products; Straws; Plaited Products; Baskets & Wickerwork	139278	191971
木浆及其他纤维状纤维素浆；纸及纸板的废碎品；纸、纸板及其制品	Paper Pulp & Cellulose Pulp;Paper & Waste Paper;Paperboard & Related	13633	21509
纺织原料及纺织制品	Textile Materials & Products	4572	4427
鞋、帽、伞、杖、鞭及其零件；已加工的羽毛及其制品；人造花；人发制品	Footwear; Headgear; Umbrellas;Canes; Whips; Processed Feather;Artificial Flowers; Wigs		
石料石膏水泥石棉云母及类似材料的制品；陶瓷产品；玻璃及其制品	Gypsum; Cement; Asbestos; Mica; Ceramic Glass	343	914
天然或养殖珍珠、宝石或半宝石、贵金属、包贵金属及其制品，仿首饰硬币	Natural or Cultivated Pearls; Precious or Semi-Stones; Jewelry of Precious Metal or Rolled Precious Metal;Artificial Jewelry;Coins	300	485
贱金属及其制品	Base Metals & Related Products	6717	6284
机器、机械器具、电气设备及零件；录音机及放声机、电视图象声音的录制和重放设备及零附件	Machinery; Electric Equipment & Accessories; Recorders; Video Recorder & Accessories	77588	83214
车辆、航空器、船舶及有关运输设备	Locomotives; Vehicles; Aircraft; Ship & Related Transportation Equipment	7636	7283
光学、照相、电影、计量、检验、医疗或外科用仪器设备、精密仪器及设备；钟表；乐器；及其零附件	Optical,Photographic, Film; Measuring,Medical,Music Instruments & Equipment;Clocks;Parts & Accessories	7182	8498
其他	Others	51	93
主要进口商品	**Main Import Commodities**		
原　木	Logs	87786	111888
浓缩、加糖或其他甜物质的乳及奶油	Concentrated, containing added sugar or other sweetening matter, milk and cream	11379	16221
铜矿砂及其精矿	Copper Ores	11967	21336
锯材	Wood Sawn	50542	79136
煤炭	Coal	75009	146821
铁矿砂及其精矿	Iron Ores	67697	105221
石油，沥青矿物油类及制品	Petroleum, Asphalt	10311	14300

17-6 利 用 外 资
Utilization of Foreign Capital

单位：万美元 (USD 10 000)

年 份 Year	实际利用外资额 Total Amount of Foreign Capital Actually Used	境外筹资转贷款 Overseas Financing transferred loans	外商直接投资 Direct Foreign Investments	外商其他投资额 Other Foreign Investments
1984	178	178		
1985	530			530
1986	664	230	136	298
1987	1120	468	109	543
1988	961	491	337	133
1989	3050	2415	42	593
1990	2530	1199	1064	267
1991	5532	5422	110	
1992	7910	7300	610	
1993	19213	10713	8093	407
1994	29086	17484	11602	
1995	61801	37696	10605	13500
1996	38355	32931	5424	
1997	44209	29076	8433	6700
1998	44253	31771	9082	3400
1999	40133	30683	9450	
2000	54819	43583	11236	
2001	47342	36466	10876	
2002	58211	35410	22801	
2003	66529	29724	36805	
2004	89664	26921	62743	
2005	140007	21430	118577	
2006	196863	22797	174066	
2007	238780	23891	214889	
2008	285556	20482	265074	
2009	318019	19634	298385	
2010	355876	17420	338456	
2011	404125	20298	383827	

注：境外筹资转贷款为2011年修改指标，2010年以前为外债余额。

a)Lending of overseas financing is the revised index of the 2011,Before 2010 was the balance of foreign debts.

17-7 利用外资(按方式分,2011 年)

Utilization of Foreign Capital and Investment(by Pattern 2011)

单位:万美元 (USD 10 000)

指标	Item	实际使用金额 Used Value
总 计	**Total**	**404125**
境外筹资转贷款（年末）	**Overseas Financing transferred loans**	**20298**
经营贷款	Business Loan	
固定资产贷款	Fixed asset loans	20298
用于并购的转贷款	Transferred loans for mergers and acquisitions	
用于贸易融资的转贷款	Transfer loans for trade financing	
外商直接投资	**Foreign Direct Investments**	**383827**
合资经营企业	Joint Ventures Enterprises	122413
合作经营企业	Cooperative Operation Enterprises	38770
外资企业	Foreign Investment Enterprises	161044
外商投资股份制企业	Foreign Investment Share Enterprises	61600
合作开发	Cooperative Development	
其 他	Others	
外商其他投资	**Other Foreign Investment**	
对外发行股票	Sale Share	
国际租赁	International Lease	
补偿贸易	Compensation Trade	
加工装配	Processing and Assembly	

17-8 按行业分外商实际直接投资额(2011年)

Actually Used Amount of Foreign Direct Investment by Sector(2011)

单位：万美元 (USD 10 000)

行 业	Sector	2011
总 计	**Total**	**383827**
农、林、牧、渔业	Farming, Forestry, Animal Husbandry & Fishery	9610
采矿业	Mining	37458
制造业	Manufacturing	177405
电力、燃气及水的生产和供应业	Production & Supply of Electric Power, Gas & Water	77256
建筑业	Construction	
交通运输、仓储和邮政业	Transportation, Storage & Postal Services	6109
信息传输、计算机服务和软件业	Information Transmission, Computer Service & Computer Software	
批发和零售业	Wholesale & Retail Trade	2192
住宿和餐饮业	Quarters & Catering	33
金融业	Banking	146
房地产业	Real Estate	43441
租赁和商务服务业	Leasing & Commercial Services	26611
科学研究、技术服务和地质勘查业	Scientific Research,Technical Services & Geological Prospecting	3337
水利、环境和公共设施管理业	Water Conservancy, Environment & Public Facilities Administration	
居民服务和其他服务业	Resident Services & Other Services	229
教育	Education	
卫生、社会保障和社会福利业	Health Care, Social Security & Social Welfare	
文化、体育和娱乐业	Culture, Sports & Recreational Services	
公共管理和社会组织	Public Administration & Social Organization	
国际组织	International Organizations	

17–9 年末登记外商投资企业行业分布(2011 年)
Sector Distribution Registered of Foreign-Funded Enterprises(2011)

行业	Sector	企业数(户) Number of Registered Enterprises (unit)	投资总额(万美元) Total Investment (USD 10 000)	注册资本(万美元) Registeres Capital (USD 10 000)	#外方 Capital Invested by Foreign Partner
总 计	**Total**	**3601**	**2551906**	**1356084**	**1051053**
农、林、牧、渔业	Farming, Forestry, Animal Husbandry & Fishery	72	40576	25036	22497
采矿业	Mining	80	139669	85709	61638
制造业	Manufacturing	446	897869	459122	324234
电力、燃气及水的生产和供应业	Production & Supply of Electric Power, Gas & Water	64	982421	515495	401485
建筑业	Construction	20	8446	4889	1807
交通运输、仓储和邮政业	Transportation, Storage & Postal Services	72	18428	8949	5802
信息传输、计算机服务和软件业	Information Transmission, Computer Service & Software	1872	55295	35283	35283
批发和零售业	Wholesale & Retail Trade	190	140821	68491	55090
住宿和餐饮业	Quarters & Catering	74	54484	23978	20543
金融业	Banking	45	8105	4397	3900
房地产业	Real Estate	32	38146	21325	19894
租赁和商务服务业	Leasing & Commercial Services	64	89237	65625	64729
科学研究、技术服务和地质勘查业	Scientific Research,Tech Services & Geological Prospecting	41	46122	20799	19140
水利、环境和公共设施管理业	Water Conservancy, Environment & Public Facilities Administration	10	21101	10960	10410
居民服务和其他服务业	Resident Services & Other Services	27	5736	4024	2704
教育	Education	5	24	21	6
卫生、社会保障和社会福利业	Health Care, Social Security & Social Welfare	2	245	165	79
文化、体育和娱乐业	Culture, Sports & Recreational Services	8	5179	1816	1810
公共管理和社会组织	Public Administration & Social Organization				
其他行业	Others	477			

17-10 对外经济合作

Economic Cooperation with Foreign Countries or Territories

年份 Year	合同数 (份) Number of Contracts (copy)	合同金额 (万美元) Contracted Value (USD 10 000)	完成营业额 (万美元) Value of Business Fulfilled (USD 10 000)
总计　Total			
1976-1988	2	613	337
1989-1999	1332	74124	40190
2000	80	5157	2549
2001	84	5403	2511
2002	110	7440	5092
2003	120	7510	2742
2004	120	55958	6082
2005	92	18017	6100
2006	109	19800	6710
2007	129	22131	8032
2008	120	18232	7110
2009	41	3889	4776
2010	19	2356	4511
对外承包工程 Contracted Projects			
1976-1988			
1989-1999	111	15079	8954
2000	9	1730	404
2001	10	3630	1561
2002	24	5040	2622
2003	16	3366	1385
2004	2	21	735
2005	8	4613	1986
2006	15	13595	4177
2007	3	13645	5057
2008	9	5233	4481
2009	2	701	3126
2010	3	681	3495
对外劳务合作 Labor Cooperation			
1976-1988	2	613	337
1989-1999	1207	58111	31054
2000	71	3427	2145
2001	74	1773	950
2002	86	2400	2470
2003	104	4144	1357
2004	118	55937	5347
2005	84	13404	4114
2006	94	6205	2533
2007	126	8486	2975
2008	111	12999	2629
2009	39	3188	1650
2010	16	1675	1016

主要统计指标解释

进出口总额 海关进出口总额指实际进出我国国境的货物总金额。包括对外贸易实际进出口货物,来料加工装配进出口货物,国家间、联合国及国际组织无偿援助物资和赠送品,华侨、港澳台同胞和外籍华人捐赠品,租赁期满归承租人所有的租赁货物,进料加工进出口货物,边境地方贸易及边境地区小额贸易进出口货物(边民互市贸易除外),中外合资经营企业、中外合作经营企业、外商独资企业进出口货物和公用物品,到日离岸价格在规定限额以上的进出口货样和广告品(无商业价值、无使用价值和免费提供出口的除外),从保税仓库提取在中国境内销售的进口货物,以及其他进出口货物。进出口总额用以观察一个国家在对外贸易方面的总规模。我国规定出口货物按离岸价格统计,进口货物按到岸价格统计。

商品经营单位所在地进、出口额 指所在地海关注册登记的有进出口经营权的企业实际进、出口额。

利用外资 指我国各级政府、部门、企业和其他经济组织通过对外 借款、吸收外商直接投资以及用其他方式筹措的境外现汇、设备、技术等。

对外借款 是我国利用外资的重要部分。指通过对外正式签订借款 协议,从境外筹措的资金 ,包括外国政府贷款、国际金融组织贷款、外国银行商业贷款、出口信贷以及对外发行债券等。1996 年及以前还包括对外发行股票。

外商直接投资 指外国企业和经济组织或个人 (包括华侨、港澳台胞以及我国在境外注册的企业)按我国有关政策、法规,用现汇、实物、技术等在我国境内开办外商独资企业、与我国境内的企业或经济组织共同举办中外合资经营企业,合作经营企业或合作开发资源的投资 (包括外商投资收益的再投资),以及经政府有关部门批准的项目投

资总额内企业从境外借入的资金。

外商其他投资 指除对外借款和外商直接投资以外的各种利用外资的形式。包括企业在境内外股票市场公开发行的以外币计价的股票 (目前主要是在香港证券市场发行的 H 股和在境内证券市场发行的 B 股)发行价总额,国际租赁进口设备的应付款,补偿贸易中外商提供的进口设备、技术、物料的价款,加工装配贸易中外商提供的进口设备、物料的价款。

对外承包工程 指各对外承包公司以招标议标承包方式承揽的下列业务:(1)承包国外工程建设项目,(2)承包我国对外经援项目,(3)承包我国驻外机构的工程建设项目,(4)承包我国境内利用外资进行建设的工程项目,(5)与外国承包公司合营或联合承包工程项目时我国公司分包部分,(6)对外承包兼营的房屋开发业务。对外承包工程的营业额是以货币表现的本期内完成的对外承包工程的工作量,包括以前年度签订的合同和本年度新签订的合同在报告期内完成的工作量。

对外劳务合作 指以收取工资的形式向业主或承包商提供技术和劳动服务的活动。我国对外承包公司在境外开办的合营企业,中国公司同时又提供劳务的,其劳务部分也纳入劳务合作统计。劳务合作营业额按报告期向雇主提交的结算数(包括工资、加班费和奖金等)统计。

对外设计咨询 指以服务成果向业主收费的技术服务项目。包括承担地形地貌测绘,地质资源勘探与普查,建设区域规划,提供设计文件、图纸、生产工艺技术资料和工程技术经济咨询,工程项目的可行性考察、研究和评估,进行技术指导和培训人员等;也包括承担国(境)内利用外资进行建设的工程项目的上述规定的设计咨询项目的收取外币部分。

Explanatory Notes on Main Statistical Indicators

Total Imports and Exports at Customs refer to the value of commodities imported into and exported from the boundary of China. They include the actual imports and exports through foreign trade, imported and exported goods under the processing and assembling trades and materials, supplies and gifts as aid given gratis between governments and by the United Nation and other international organizations, and contributions donated by over seas Chinese, compatriots in Hong Kong and Macao and Chinese with foreign citizenship, leasing commodities owned by tenant at the expiration of leasing period, the imported and exported commodities processed with imported materials, commodities trading in border areas (excluding mutual exchange goods), the imported and exported commodities and articles for public use of the Sino foreign joint ventures, cooperative enterprises and ventures exclusively with foreign own investment. Also included are import or export of samples and advertising goods for whose CIF or FOB value are beyond the permitted ceiling (excluding goods of no trading or use value and free commodities for export), imported goods sold in China from bonded warehouses and other imported or exported goods. The indicator of the total imports and exports at customs can be used to ob serve the total size of external trade in a country. In accordance with the stipulation of the Chinese government, imports are calculated at CIF, while exports are calculated at FOB

Import and Export Value by Location of China´s Foreign Trade Managing Units refers to actual value of imports and exports carried out by corporations which have been registered by the local customhouse and are vested with right to run import export business.

Utilization of Foreign Capital refers to remittance, equipment and technology financed from abroad, by loans, foreign direct investment and other forms undertaken by the Chinese governments at all levels by various departments, enterprises and other economic units.

Foreign Borrowings an important part of China's utilization of foreign capital, it refers to funds borrowed from abroad through formal signing o f borrowing agreements with foreign institutions, including loans of foreign governments, loans of international financial institutions, commercial loans of foreign banks, export credit, and funds raised by Chinese bonds (and shares before 1996) issued abroad.

Direct Investment by Foreign Entrepreneurs refers to the investments inside China by foreign enterprises and economic organizations or individuals (including overseas Chinese, compatriots from Hong Kong and Macao, and Chinese enterprises registered abroad), following the relevant policies and laws of China, for the establishment of ventures exclusively with foreign own investment, Sino-foreign joint ventures and cooperative enterprises or for co operative exploration of resources with enterprises or economic organizations in China. It includes the re investment of the foreign entrepreneurs with the profits gained fro m the investment an d the funds that enterprises borrow from abroad in the total investment of projects which are approved by the relevant department of the government.

Other Investment by Foreign Entrepreneurs refers to all forms of utilization of foreign capitals other than foreign borrowings and foreign direct investment. It includes the total value of stock shares in foreign currencies issued by enterprises at domestic or foreign stock exchanges (now mainly consisting of H shares issued at Hong Kong Security Market and B shares issued at domestic security markets), rent payable for the imported equipment through international leasing arrangement, cost of imported equipment, technology and materials provided by foreign counterparts in compensation trade and processing and assembly trade.

Contracted Projects with Foreign Countries refer to projects undertaken by Chine se contractors (project contracting companies) through bidding process. They include: (1) overseas civil engineering construction projects financed by foreign investors; (2) overseas projects financed by the Chinese government through its foreign aid programs; (3) construction projects of Chinese diplomatic missions, trade offices and other institutions stationed abroad; (4) construction projects in China financed by foreign investment; (5) subcontracted projects to be taken by Chinese contractors through a joint umbrella project with foreign contractor; (6) housing development projects. The business income from international contracted projects is the work volume of contracted projects completed during the reference period, expressed in monetary terms, including completed work on projects signed in previous years.

Service Cooperation with Foreign Countries refers to the activities of providing technology and labour services to employers or contractors in the forms of receiving salaries and wages. Labour services providing by contractual joint venture s of Chinese international contracting corporations should be included in the statistics of service cooperation with foreign countries. The business income of labour service co-operation is the income in the form of wages and salaries, over time pay, bonuses and other remuneration received from the employers during the reference period.

Overseas Design and Consultation Service refers to projects wit h charges for technical services from overseas operators. It includes geographic and topographic mapping, geological resource prospecting and survey, planning of construction areas, provision of design documents, blueprints, materials on production process and techniques, as well as engineering, technical and economic consultation, and feasibility study, research and evaluation of projects. Also included under this category are the abovementioned services of foreign financed projects in China that are paid in foreign currencies.

2012 NEI MENG GU

十八、旅游

Tourism

资料整理：王亦兵
Arranged By Wang Yibing

18-1 旅游业基本情况
Basic Statistics on Tourism

指标	Item	2000	2005	2010	2011
旅行社总数(个)	**Total Number of Agencies(unit)**	**88**	**404**	**716**	**786**
#组团社	Travel agents				28
边境社	Border community				15
旅行社分社	Travel agencies bureaus				100
旅行社职工人数(人)	**Number of Staff and Workers of Travel Agencies(person)**	**1075**	**2051**	**6309**	**7076**
组团社	Travel agents				225
星级宾馆个数(个)	**Total Number of Stars Hotel(unit)**		**202**	**263**	**283**
入境旅游人数(人次)	**Total Number of International Tourists Inbound (person-times)**	**391970**	**1001635**	**1428015**	**1515177**
外国人	Foreigners	384000	995007	1400197	1476414
华 侨	Overseas Chinese				
港澳同胞	Compatriots from Hong Kong and Macao	2814	5550	17823	23500
台湾同胞	Compatriots from Taiwan	5156	1078	9995	15263
旅行社组织出境旅游总人数（人次）	**Number of outbound tourism of Travel Agency(person-times)**	**19425**	**25808**	**31100**	**39500**
国内旅游人数(万人次)	**Number of Domestic Tourism (10 000 person times)**	**735**	**2062**	**4478**	**5178**
旅游总收入(亿元人民币)	**Income of Tourism(100 million yuan)**	**42.72**	**208.09**	**732.70**	**889.55**
国际旅游外汇收入 (万美元)	Earnings from International Tourism (USD 10 000)	12645	35207	60190	67097
国内旅游收入(万元人民币)	Earnings from Domestic Tourism (10 000 yuan)	322300	1797200	6929200	8472800
人均花费(元/天)	Per Capita Spending(yuan/day)	272	363	520	560

18-2 接待外国旅游人数
Number of Foreign Tourists by Country

国别(地区)	country(district)	2010	2011
入境旅游人数总计(人次)	**Total Number of Entry Tourists(person times)**	**1428015**	**1515177**
外国人(包括外籍华人)	Foreigners(Including Chinese owning foreign nationality)	1400197	1476414
日 本	Japan	44617	41395
菲 律 宾	Philippines	389	320
新 加 坡	Sigapore	3535	2581
美 国	United States	11925	11716
加 拿 大	Canada	2176	3185
英 国	United Kingdom	4546	3809
德 国	Federal Republic of Germany	8386	7296
法 国	France	2465	3058
意 大 利	Italy	3539	2150
瑞 士	Switzerland	904	948
荷 兰	Netherlands	916	1083
澳 大 利 亚	Australia	2693	2725
新 西 兰	New Zealand		
俄 罗 斯	Russia	499780	516606
蒙 古	Mongolia	758684	810722
华 侨	Overseas Chinese		
港澳台同胞	Chinese Compatriots from Hong Kong, Macao and Taiwan	27818	38763
旅游者平均逗留天数(天)	**Average Days of Tourist Staying(day)**	**2.78**	**2.90**
外国人(包括外籍华人)	Foreigners(Including Chinese owing foreign nationality)	2.75	2.92
华 侨	Overseas Chinese		
港澳台同胞	Chinese Compatriots from Hong Kong, Macao and Taiwan	3.63	3.40

18-3 入境旅游外汇收入
Foreign Exchange Earnings

项 目	Item	2010	2011
旅游外汇收入总额(万美元)	**Foreign Exchange Earnings (USD 10000)**	**60190**	**67097**
长途交通费	Long Distance Transportation	13904	8320
#飞 机	Air	9751	4630
火 车	Railway	1625	1073
汽 车	Highway	2528	2617
住 宿	Accommodation	4755	6374
餐 饮	Cater	3431	3086
景区游览	Visiting	2528	2885
娱 乐	Entertainment	4755	3422
购 物	Shopping	24076	30529
市内交通	Local Transportation	2167	3019
邮电通讯	Postal and Communication	903	1342
其 他	Other	3672	8119

18-4 入境旅游情况
Condition of International Tourism

项 目	Item	2010	2011
入境旅游总人数(万人次)	**Overseas Visitor Arrivals (10 000 person-times)**	**142.80**	**151.52**
#满洲里	Manzhouli City	48.72	47.82
二连浩特	Erlianhaote City	60.57	63.01
入境旅游创汇(万美元)	**Foreign Exchange Earning (10 000 yuan)**	**60190**	**67097**
#满洲里	Manzhouli City	24411	22877
二连浩特	Erlianhaote City	16419	19335

2012

NEI MENG GU

十九、金融和保险

Banking and Insurance

资料整理：郭翔

Arranged By Guo Xiang

19-1 银行业金融机构、人员数(2011年末)

Number of Institutions and Persons Engaged in Finance System(End of 2011)

项 目	Item	机构数(个) Number of Institutions (unit)	年末人数(人) Number of Staff and Workers (person)
总计	**Total**	**4691**	**85250**
政策性银行	Policy-related Bank	85	2054
国家开发银行	State Development Bank	1	131
中国农业发展银行	Agricultural Development Bank of China	84	1923
国有商业银行	State-owned Commercial Bank	1593	40076
中国工商银行	Industrial and Commercial Bank of China	446	12712
中国农业银行	Agricultural Bank of China	588	12868
中国银行	Bank of China	251	5735
中国建设银行	Construction Bank of China	292	8065
交通银行	Bank of Communications	16	696
股份制商业银行	Joint-stock Commercial Bank	44	1810
中信银行	China Citic Bank	9	378
中国光大银行	China Everbright Bank	3	205
华夏银行	Hua Xia Bank	7	295
招商银行	China Merchants Bcmk	8	357
上海浦东发展银行	Shanghai pudong Development Bank	12	318
兴业银行	Industrial Bank	4	180
民生银行	Min Sheng Bank	1	77
城市商业银行	City Commercial Bank	240	8839
内蒙古银行	Bank of Inner Mongolia	70	1611
包商银行	Bao Shang Bank	105	6205
乌海银行	Wu Hai Bank	24	347
鄂尔多斯银行	Ordos Bank	41	676
农村金融机构	Rural Financial Institutions	2334	28522
农村信用社	Rural Credit Cooperatives	1891	22162
农村商业银行	Rural Commercial Bank	129	2093
农村合作银行	Rural Coopeyation Bank	256	2806
村镇银行	Rural and Taon Bank	55	1406
贷款公司	Loan Corporation	1	41
农村资金互助社	Rural Fund Cooperation Society	2	14
非银行金融机构	Non-bank Finance Institutions	4	277
企业集团财务公司	Corporate Finance Companies	2	34
信托公司	Trust Corporation	2	243
邮政储蓄银行	Postal Savings Bank	387	3498
资产管理公司	Asset Management Corporation	3	146
外资金融机构	Foreign Financial Institutions	1	28

注：邮政储蓄银行不包括代理营业机构。

a)Postal Savings Bank is not include Agency business organizations.

19–2 金融机构人民币存、贷款年末余额

Saving Deposits and Loans of Financial Institutions at Year-end

单位：万元 (10 000 yuan)

年 份 Year	各项存款余额合计 Depoits	# 企业存款 Depoits of Enterprises	# 城乡储蓄存款 Urban and Rural Savings Deposits	各项贷款余额合计 Loans	# 工业贷款 Loans to Industrial Enterprises	# 商业贷款 Loans to Commercial Enterprises	# 农业贷款 Agricultural Loans
1949	140	120		195	92	91	12
1950	1525	635	119	767	75	459	233
1951	4227	1619	219	3312	402	2163	747
1952	9034	3161	397	7089	593	5017	1479
1953	9937	3543	590	16492	1367	13360	1765
1954	12477	4223	1256	33777	2146	29908	1723
1955	17259	4126	1235	40223	2445	36242	1536
1956	15456	6427	2426	40576	3745	30496	6330
1957	19212	5527	3456	45042	3536	36810	4696
1958	50202	14707	5481	66279	12923	48083	5273
1959	62204	11976	7776	140589	49725	86119	4745
1960	83174	14756	10272	177063	85910	84703	6450
1961	76297	19608	5616	173300	59865	105884	7551
1962	66097	31248	3708	140530	37211	93696	9623
1963	63565	27446	4144	107154	25294	73514	8346
1964	86304	19796	5885	98027	25451	72465	111
1965	76946	22060	6913	102246	24133	77336	777
1966	91036	29410	7386	134554	30299	92977	11278
1967	85323	29687	7814	146590	44634	89084	12872
1968	94204	34411	8380	154190	51580	89045	13565
1969	84049	33112	7068	174312	61467	97906	14939
1970	98931	35109	7844	233001	68242	150137	14622
1971	105614	39136	9504	268530	82034	172315	14181
1972	102931	40288	11994	260678	77738	165836	17104
1973	127154	51746	14163	279108	88418	167532	23158
1974	123097	50332	15959	292432	91734	174258	26440
1975	148439	68452	17464	318410	92559	196711	29140
1976	153865	70737	18552	345268	95167	216124	33977
1977	162209	67821	21908	367586	97370	231722	38494

19-2 续表 continued

单位：万元 (10 000 yuan)

年 份 Year	各项存款余额合计 Deposits	# 企业存款 Deposits of Enterprises	# 城乡储蓄存款 Urban & Rural Savings Deposits	各项贷款余额合计 Loans	# 工业贷款 Loans to Industrial Enterprises	# 商业贷款 Loans to Commercial Enterprises	# 农业贷款 Agricultural Loans	# 基建贷款 Loans for Capital Construction	# 技改贷款 Loans for Technical Innovation
1978	164678	67214	25307	403314	110930	246495	45889		
1979	206997	75522	33092	436393	120396	256689	52236		
1980	231227	82688	48642	492949	129636	289980	67516		5677
1981	296065	103970	63106	558697	141810	330354	68239		14667
1982	364613	114791	84452	620194	148745	355038	73375	15587	26437
1983	442119	121952	112569	710563	175272	402264	75706	24778	28525
1984	500609	169826	155599	809114	219008	434714	86724	24767	32332
1985	560822	165393	210077	905412	275658	490451	89030	22465	42905
1986	782114	291284	290738	1291351	373446	590163	99373	48935	82523
1987	971166	337985	389691	1520239	436267	689530	114882	93458	188982
1988	1198527	401268	508287	1802119	537013	819194	126932	66132	119188
1989	1360860	382088	679584	2127588	681802	944070	139861	78510	139794
1990	1697712	424678	934355	2729173	869405	1272231	158545	109050	158675
1991	2057796	483906	1193618	3268535	1017327	1447576	188438	229244	201602
1992	2628246	783031	1497165	3951616	1153695	1683779	229783	353655	275853
1993	3505394	773581	2321390	5297191	1379014	2033053	427737	603560	327876
1994	4577562	1135970	3183199	6743662	1617514	2290203	229180	1054354	382402
1995	5663419	1303563	4108239	8198675	1879398	2566713	428884	1535360	466283
1996	7037693	1651490	5053804	10029833	2215841	3025593	510457	2011886	547128
1997	8455291	1993334	6050130	11721737	2518926	3467961	582678	2565495	587911
1998	9966107	2233337	7075160	13187511	2813556	3764324	533490	2885535	652933
1999	10923695	2512228	7976283	13641685	2649791	3794411	614282	3005261	636275
2000	12701349	3041165	8757399	13407383	2313181	3565930	692289	2513615	577427
2001	14987869	3750596	9867305	14707493	2570704	3437091	874092	3041254	594685
2002	17352559	4227073	11381038	16497795	2795982	3402539	1041324	4280175	139797
2003	20909846	5442363	13556610	19241312	3264636	3121745	1136558	5342779	222438
2004	25763691	6900717	16038752	22397621	3330576	2956277	1412981	6897652	302228
2005	32981538	8448175	19735996	25885704	3216173	3465313	1750056	8841665	358323
2006	40365605	10326769	22713442	32051943	4561123	3548955	1921286	11503692	259640
2007	49537024	13645713	25419224	37677360	4953807	3763969	2294291	13216458	188389
2008	63410312	17526198	32116628	45278595	5447082	4196462	3138133	15953891	410905
2009	83736999	26590936	39139510	62925233	6408156	4908094	4514951	23102340	668800
2010	102786934	31072851	46181090	79194745					

19-3 金融机构人民币信贷收支

Sources and Uses of Credit Funds of Financial Institutions

单位:万元 (10 000 yuan)

项目	Item	2011
各项存款	**Deposits**	**120637223.28**
单位存款	Corporate Deposit	57978788.43
#活期存款	Demand	38498412.77
定期存款	Time	6276071.05
通知存款	Call Deposit	1510848.59
保证金存款	Margin Deposit	7934783.62
个人存款	Individual Deposit	54310963.90
#储蓄存款	Savings Deposit	54230599.69
保证金存款	Margin Deposit	13743.30
结构性存款	Structured Deposits	66620.90
财政性存款	Financial Savings	6922474.31
临时性存款	Temporary Deposit	974421.33
委托存款	Entrust Deposit	59656.21
其他存款	Other Deposit	390919.10
各项贷款	**Loans**	**97277024.79**
境内贷款	**Domestic Loans**	**97275599.27**
短期贷款	Short-term Loans	35672973.89
#个人贷款及透支	Personal Loans & Overdraw	9392290.80
单位普通贷款及透支	Unit Loans & Overdraw	24923986.99
普通并购贷款	Ordinary Loans	
银团贷款	Syndicated Loans	129981.00
贸易融资	Trade Financing	1226715.11
境外筹资转贷款	Overseas Financing Loans	
中长期贷款	Medium-term & Long-term Loans	60704139.93
个人贷款	Personal Loans & Overdraw	14182103.05
单位普通贷款	Unit Loans & Overdraw	44681690.79
普通并购贷款	Ordinary Loans	289700.00
银团贷款	Syndicated Loans	1547646.09
贸易融资	Trade Financing	3000.00
境外筹资转贷款	Overseas Financing Loans	
融资租赁	Renting by Circulated Fund	24.00
票据融资	Circulated Fund by Bills	850179.89
#贴现	Discounting	850179.89
各项垫款	Money Advanced	48281.56
境外贷款	**Foreign Loans**	**1425.52**

19-4 国有商业银行人民币信贷收支(年末余额,2011年)

Sources and Uses of Credit Funds of Stated-owned Commercial Banks At the End of Year(2011)

单位：万元 (10 000 yuan)

项目	Item	2011
各项存款	**Deposits**	**63001465.95**
单位存款	Corporate Deposit	31383078.20
#活期存款	Demand	21971629.02
定期存款	Time	4353714.55
通知存款	Call Deposit	950269.00
保证金存款	Margin Deposit	1385692.41
个人存款	Individual Deposit	30911207.79
#储蓄存款	Savings Deposit	30888945.73
保证金存款	Margin Deposit	8709.16
结构性存款	Structured Deposits	13552.90
财政性存款	Financial Savings	
临时性存款	Temporary Deposit	217349.71
委托存款	Entrust Deposit	
其他存款	Other Deposit	489830.24
各项贷款	**Loans**	**47724521.85**
境内贷款	**Domestic Loans**	**47723263.32**
短期贷款	Short-term Loans	11427065.51
#个人贷款及透支	Personal Loans & Overdraw	941920.82
单位普通贷款及透支	Unit Loans & Overdraw	9302841.59
普通并购贷款	Ordinary Loans	
银团贷款	Syndicated Loans	4000.00
贸易融资	Trade Financing	1178303.11
境外筹资转贷款	Overseas Financing Loans	
中长期贷款	Medium-term & Long-term Loans	35822241.74
个人贷款	Personal Loans & Overdraw	9093427.11
单位普通贷款	Unit Loans & Overdraw	26096404.53
普通并购贷款	Ordinary Loans	19200.00
银团贷款	Syndicated Loans	613210.10
贸易融资	Trade Financing	
境外筹资转贷款	Overseas Financing Loans	
融资租赁	Renting by Circulated Fund	
票据融资	Circulated Fund by Bills	458472.52
#贴现	Discounting	458472.52
各项垫款	Money Advanced	15483.56
境外贷款	**Foreign Loans**	**1258.52**

19-5 金融机构人民币存款基准利率

Legal Interest Rates on Deposits of Financial Institutions

单位：年利率%　　　　(annual interest rate %)

项 目	Item	2011年2月9日 Feb. 9, 2011	2011年4月6日 Apr. 6, 2011	2011年7月7日 July. 7, 2011
活期存款	**Demand**	**0.4**	**0.5**	**0.5**
定期存款	**Time**			
#整存整取	Lump-sum time			
三个月	3Months	2.60	2.85	3.10
半年	6Months	2.80	3.05	3.30
一年	1Year	3.00	3.25	3.50
二年	2Years	3.90	4.15	4.40
三年	3Years	4.50	4.75	5.00
五年	5Years	5.00	5.25	5.50
#零存整取、整存零取、存本取息	Installment fixed deposits admission is the entire deposit			
一年	1Year	2.60	2.85	3.10
三年	3Years	2.80	3.05	3.30
五年	5Years	3.00	3.25	3.50
#定活两便	Time-demand Deposit	一年内定期整存整取同档次利率打六折	一年内定期整存整取同档次利率打六折	一年内定期整存整取同档次利率打六折
协定存款	**Negotiated Deposit**	**1.21**	**1.31**	**1.31**
通知存款	**Call Deposit**			
一天	1day	0.85	0.95	0.95
七天	7days	1.39	1.49	1.49

19–6 金融机构人民币贷款基准利率

Legal Interest Rates on Loans of Financial Institutions

单位：年利率%　　　　(annual interest rate%)

项 目	Item	2011年 2月9日 Feb. 9, 2011	2011年 4月6日 Apr. 6, 2011	2011年 7月7日 July. 7, 2011
短期贷款	**Short-term Loans**			
六个月以内（含六个月）	6 months	4.86	5.10	5.35
六个月至一年（含一年）	6 months to one year	5.31	5.56	5.81
中长期贷款	**Medium-term & Long-term Loans**			
一至三年（含三年）	1 to 3 years	5.40	5.60	5.85
三至五年（含五年）	3 to 5 years	5.76	5.96	6.22
五年以上	More than 5 years	5.94	6.14	6.40
贴现	**Discounting**	以再贴现利率为下限加点确定	以再贴现利率为下限加点确定	以再贴现利率为下限加点确定
个人住房公积金贷款	Personal Housing Accumulation Fund Loan			
五年以下（含五年）	Less than 5 years	4.00	4.20	4.45
五年以上	More than 5 years	4.50	4.7	4.90

19–7 上市公司情况

Summary for Number of Listed Companies

单位：个　　　　(unit)

年 份 Year	全区合计 All Region	上交所 Shanghai Stock Exchange	深交所 Shenzhen Stock Exchange	#仅发A股公司 A share Only	#仅发B股公司 B share Only	H股 H share	增发A股公司 A Share Add
1994	1	1		1			
1995	1	1			1		
1996	4	1	3	4			
1997	5	3	2	4	1		
1998	2	2		2			
1999	1	1		1			
2000	5	5		5			
2001	1	1		1			1
2002							2
2003							
2004	2	1		1		1	
2005	1	1		1			
2006							
2007	1		1	1			
2008							
2009							
2010	1		1	1			
2011	2	1	1	2			

19–8 股票发行筹资情况
Issuing Summary for Stocks

年 份 Year	股票发行量 (万股) Amount Issued (10 000 shares)	A股 A share	B股 B share	A、B股配股 A & B Shares Rights Issued	H股 H share	股票筹资额 (亿元) Raised Capital (100 million yuan)	A股 A share	B股 B share	A、B股配股 A & B Shares Rights Issued	H股 H share
1989	1820	1820				0.5	0.5			
1994	5000	5000				1.95	1.95			
1995	11000		11000			4.38	4.38			
1996	6520	5020		1500		3.46	2.86		0.60	
1997	51800	22200	16600	13000		25.36	10.83	5.61	8.92	
1998	32852	13100	19752	22.72		8.37		14.35		
1999	13095			13095		9.71		9.71		
2000	38230	30800		7430		32.58	24.10		8.48	
2001	44720	43000		1720		33.84	31.57		2.27	
2002	15896	15896				17.95	17.95			
2003	1258			1258		7.84			7.84	
2004	40000	5000			35000	17.78	3.49			14.29
2005	14000	14000				4.68	4.68			
2006										
2007	7800	7800				8	8			
2008						57.21	57.21			
2009						47.88	47.88			
2010	1900	1900				5.50	5.50			
2011	13900	13900				31.71	31.71			

19-9 中资保险公司业务技术指标(2011 年)
Economic and Technical Indicators of Insurance Companies Funded With Chinese Capital(2011)

项 目	Item	保险金额 (亿元) Amount Insured (100 million yuan)	保费收入 (万元) Premium (10 000 yuan)	赔款及给付 (万元) Claim and Payment (10 000 yuan)
总 计	**Total**	**37876.38**	**2297777.62**	**712239.31**
财产保险	**Property Insurance**	**21805.37**	**1166917.89**	**510919.94**
企业财产险	Enterprise Property Insurance	8682.95	66867.53	24074.10
家庭财产险	Family Property Insurance	498.71	12939.55	1150.37
机动车辆险	Motor Vehicle Insurance	7845.49	865082.31	371281.69
货物运输险	Freight Transport Insurance	389.28	7736.59	1371.55
建筑、安装工程	Construction and Installation Projects	635.92	15380.92	5029.02
其它财产保险	Other Property Insurance	17.46	380.09	73.57
责任险	Liability Insurance	3447.42	21140.16	6871.05
产品责任险	Products Liability Insurance	9.96	538.15	69.41
雇主责任险	Employers Liability Insurance	231.76	4107.06	1523.26
公众责任险	Public Liability Insurance	2962.47	12984.68	4119.31
其它责任险	Other Liability Insurance	243.22	3510.28	1159.07
信用保险	Credit Insurance	14.56	1069.83	
保证保险	Guarantee Insurance	47.36	6308.13	342.88
农业保险	Agriculture Insurance	226.24	170012.78	100725.71
人身保险	**Life Insurance**	**16071.01**	**1130859.73**	**201319.37**
寿险	Life Insurance	1738.67	981151.26	157359.19
健康险	Health Insurance	3145.91	94035.83	31962.74
人身意外伤害险	Unforeseen Human Injury Insurance	11186.43	55672.64	11997.44

19-10 财产保险业务收入与赔付(2011 年)

Premiums and Claim & Payment of Property Insurance(2011)

单位：万元 (10 000 yuan)

项 目	Item	保险金额 Amount Insured	保费收入 Promiums	已决赔款 Indrmnity	未决赔款 Loss Assessment of Unsrttled Claims
财产保险	**Property Insurance**	**252527888**	**1166918**	**477328**	**192516**
# 企业财产险	Enterprise Property	86829540	66868	23014	15448
家庭财产险	Family Property	4987108	12940	1045	362
机动车辆险	Motor Vehicle Insurance	78454886	865082	351324	146873
货物运输保险	Freight Transport Insurance	3892759	7737	1285	1050
责任险	Liability Insurance	34474175	21140	6521	8135
# 产品责任险	Products Liability Insurance	99619	538	68	49
雇主责任险	Employers Liability Insurance	2317608	4107	1357	656
公众责任险	Public Liability Insurance	29624710	12985	3810	5544
其他责任险	Other Liability Insurance	2432237	3510	1287	1885
保证保险	Guarantee Insurance	473562	6308	180	555
农业保险	Agriculture Insurance	2262379	170013	86369	13308
# 种植业险	Planting Insurance	2033900	162043	81319	13044
养殖业险	Animal Husbandry Insurance	228500	7970	5050	264

19-11 人身保险业务收入与赔付(2011 年)

Premiums and Claim & Payment of Accident in Surance Insurance(2011)

项 目	Item	新保承保人数(万人) New Person of Insurance (10 000 persons)	保费收入(万 元) Premiums (10 000 yuan)	赔 款(万 元) Claim (10 000 yuan)	满期给付(万 元) Value of Expiration Payment (10 000 yuan)
总 计	**Total**	**1552**	**1099612**	**80776**	**110811**
寿险	Life Insurance	111	981151	50595	106764
# 非分红产品	Non-Share out Bonus Products	67	224517	28101	35467
分红产品	Share out Bonus Products	36	740928	20024	70350
投资连接产品	Products Link to Insvestment		209	9	175
万能产品	All-purpose Products	9	15497	2462	772
意外伤害保险	Unforeseen Human Injury Insurance	728	33762	7310	
# 一年期以内	Less than one Year	230	32513	200	
一年期	One Year	498	1249	7110	
健康保险	Health Insurance	713	84699	22870	4047
# 一年期(及一年期以内)	One Year(Less than one Year)	684	24440	14317	
一年期以上	Over One Year	28	60259	8553	4047

注:此表未包括财产保险公司中的人身保险业务。

a)Property Insurance Companies' life insurance is not included in this table.

19-12 银行卡业务基本情况

Basic Conditions of Bank card business

项　　目	Item	2010	2011
银行卡累计发放量（万张）	**Total Payment Amount of Bank Card(10 000)**	**4189.58**	**5315.68**
借记卡	Debit Card	4000.12	5029.13
#银联标准卡	Standard Bank Card	3121.79	3953.43
信用卡	Credit Card	189.46	286.55
#银联标准卡	Standard Bank Card	109.23	170.22
银行卡受理商户、机具	**Accepting Bank Card Business, Equipment**		
特约商户（户）	Special Merchant	46438	69368
销售终端（台）	POS	61965	90925
自动柜员机（台）	ATM	4516	6271
银行卡跨行交易量（本年累计）	**Volume of Inter Bank Trading**		
清算笔数（万笔）	Settlement Amount(10 000)	4200.06	6242.48
清算金额（亿元）	Amount of Settlement(100 million yuan)	1279.01	2067.83
#ATM交易量	Volume of ATM		
清算笔数（万笔）	Settlement Amount(10 000)	1839.48	2601.51
清算金额（亿元）	Amount of Settlement(100 million yuan)	173.33	258.07
POS机交易量	Volume of POS		
清算笔数（万笔）	Settlement Amount(10 000)	2338.24	3558.27
清算金额（亿元）	Amount of Settlement(100 million yuan)	1102.37	1794.87
非传统渠道交易量	Volume of Non traditional channel		
清算笔数（万笔）	Settlement Amount(10 000)	22.34	82.70
清算金额（亿元）	Amount of Settlement(100 million yuan)	3.30	14.89

主要统计指标解释

信贷资金 指金融机构以信用方式积聚和分配的货币资金。金融机构信贷资金的来源有各项存款、对国际金融机构负债、流通中货币、银行自有资金及当年结益等;信贷资金的运用有各项贷款、黄金占款、外汇占款、财政借款及在国际金融机构中的资产等。

存款 指企业、机关、团体或居民根据资金必须收回的原则,把货币资金存入银行或其他信用机构保管并取得一定利息的一种信用活动形式。根据存款对象的不同可划分为企业存款、财政存款、机关团体存款、基本建设存款、城镇储蓄存款、农村存款等科目。它是银行信贷资金的主要来源。

贷款 指银行或其他信用机构根据资金必须归还的原则,按一定利率,为企业、个人等提供资金的一种信用活动形式。我国银行贷款分为流动资金贷款、固定资产贷款、城乡个体工商户贷款以及农业贷款等科目。

中资保险公司 指中国公民、法人或其他组织出资(含外资参股)设立的保险公司。

保险金额 指保险人承担赔偿或者给付保险金责任的最高限额。

保费 指投保人为取得保险人在约定范围内所承担赔偿责任而支付给保险人的费用。

赔款 指保险人根据保险合同的规定,向被保险人支付的赔偿保险责任损失的金额。

给付 包括死伤医疗给付和满期给付。死伤医疗给付是指保险人根据人寿保险及长期健康保险合同的规定,因被保险人在保险期内发生保险责任范围内的保险事故支付给被保险人(或受益人)的金额。满期给付是指被保险人生存期满,保险人按人寿保险合同规定支付给被保险人的满期保险金额。

Explanatory Notes on Main Statistical Indicators

Credit Funds refer to the funds issued as loans by banking institutions. The sources of credit funds of the banking institutions included deposits, Liabilities to international financial institutions, currency in circulation, self–owned funds and current retained profits, etc. The credit funds can be used in forms of loans, gold, foreign exchange, government debt and assets in the international financial institutions.

Deposit is a form of credit by which enterprises, institutions, organizations or households can put money into banks and other credit institutions for safekeeping and interest earning under the principle of free withdrawal. According to different depositors, deposits are divided into enterprise deposits, treasury deposits, deposits of government agencies and organizations, capital construction deposits, urban savings deposits, rural deposits and other deposits. Deposits are major sources of the credit funds of banks.

Loan is a form of credit by which banks and other credit institutions provide funds at certain interest rate to enterprises and individuals in the light of the principle of unconditional repayment. Loans from Chinese banks include circulating capital loans, fixed assets loans, loans to urban and rural individuals engaged in industrial and commercial business and agricultural loans.

Insurance Companies Funded with Chinese Capital refer to insurance companies established with capitals from Chinese citizens, corporate institutions or other organizations (including companies with shares from foreign capital).

Amount Insured refers to the maximum that the insurant will get for the claim of the case insured.

Premium is the fee paid by the insurant to the insurer to obtain the obligation of compensation from the insurance within the agreed terms.

Settled Claim is the compensation paid by the insurer to the insurant in accordance with the insurance contract.

Payment includes payment for death, injury or medical treatment and mature payment. Payment for death, injury or medical treatment refers to the money paid to the insurant (or the beneficiary) in accordance with the life or health insurance contract when the insurant encounters accidents within the insured period covered in the contract. Mature payment refers to the mature payment to the insurant in accordance with the life insurance contract at the end of the insured period.

2012 NEI MENG GU

二十、教育和文化

Education and Culture

资料整理：毅　茹
Arranged By Yi Ru

20-1 教育事业基本情况
Basic Statistics on Education

项 目	Item	2010	2011
学校数(所)	**Number of Schools(unit)**		
普通高等学校	Regular Institutions of Higher Education	44	47
普通中等学校	Secondary Schools	1408	1370
# 中等专业学校	Specialized Secondary Schools	147	152
中等技术学校	Technical Secondary Schools	84	88
中等师范学校	Teacher Secondary Schools	2	2
普通中学	Regular Secondary Schools	1123	1087
职业中学	Vocational Secondary Schools	138	131
小 学	Primary Schools	2767	2613
幼儿园	Kindergartens	2039	2197
特殊教育	Special Schools	30	34
专任教师(人)	**Number of Full time Teachers(person)**		
普通高等学校	Regular Instiutions of Higher Education	23332	24136
普通中等学校	Secondary Schools	110137	108946
# 中等专业学校	Specialized Secondary Schools	6585	6712
中等技术学校	Technical Secondary Schools	4604	4743
中等师范学校	Teacher Secondary Schools	202	230
普通中学	Regular Secondary Schools	95570	93869
职业中学	Vocational Secondary Schools	7982	8365
小 学	Primary Schools	113564	113734
幼儿园	Kindergartens	18108	21785
特殊教育	Special Schools	916	982
招生数(人)	**New Student Enrollment(person)**		
普通高等学校	Regular Institutions of Higher Education	116477	115242
普通中等学校	Secondary Schools	560952	532182
# 中等专业学校	Specialized Secondary Schools	65795	59282
中等技术学校	Technical Secondary Schools	57629	45783
中等师范学校	Teacher Secondary Schools	1280	1398
普通中学	Regular Secondary Schools	436725	426320
职业中学	Vocational Secondary Schools	58432	46580
小 学	Primary Schools	221764	246419
幼儿园	Kindergartens	218259	229593
特殊教育	Special Schools	564	879
在校学生(人)	**Student Enrollment(person)**		
普通高等学校	Regular Institutions of Higher Education	371388	384440
普通中等学校	Secondary Schools	1648686	1592806
# 中等专业学校	Specialized Secondary Schools	178481	173946
中等技术学校	Technical Secondary Schools	164815	146243
中等师范学校	Teacher Secondary Schools	3351	3405
普通中学	Regular Secondary Schools	1313966	1284887
高 中	Senior Secondary Schools	499280	493476
初 中	Junior Secondary Schools	814686	791411
职业中学	Vocational Secondary Schools	156239	133973
小 学	Primary Schools	1430751	1405322
幼儿园	Kindergartens	380756	448222
特殊教育	Special Schools	3976	4286
毕业生数(人)	**Graduates(person)**		
普通高等学校	Regular Institutions of Higher Education	94704	95957
普通中等学校	Secondary Schools	529089	519441
# 中等专业学校	Specialized Secondary Schools	46272	49617
中等技术学校	Technical Secondary Schools	38351	42373
中等师范学校	Teacher Secondary Schools	667	1266
普通中学	Regular Secondary Schools	443793	428106
高 中	Senior Secondary Schools	174815	168114
初 中	Junior Secondary Schools	268978	259992
职业中学	Vocational Secondary Schools	39024	41718
小 学	Primary Schools	269753	254920
幼儿园	Kindergartens	149087	173031
特殊教育	Special Schools	362	292

注：1.普通中学的高中学校数包括高级中学和完全中学。

2.毕业生数、招生数、在校学生数包括成人高校附设普通班学生数。

a)Number of senior secondary schools in regular secondary schools include senior secondary schools & whole secondary schools.

b)The number of graduates,new student enrollment and student enrollment studiing in general class belonging to adult university.

20-2 在校学生民族构成
Composition of Student Enrollment by Nationality

单位:人 (person)

项　目	Item	2010	2011
普通高等教育	**Regular Institutions of Higher Education**	**371388**	**384440**
蒙古族	Mongolian	87864	88005
其他少数民族	Other Minority Nationality	12451	14480
高等教育中研究生	Postgradate Students Enrollment	**13964**	**15330**
蒙古族	Mongolian	4020	4055
其他少数民族	Other Minority Nationality	484	554
中等专业学校	**Specialized Secondary Schools**	**178481**	**173946**
中等技术学校	Technical Schools	164815	146243
蒙古族	Mongolian	29885	24532
其他少数民族	Other Minority Nationality	4450	5712
中等师范学校	Teacher Training Schools Secondary	3351	3405
蒙古族	Mongolian	1064	626
其他少数民族	Other Minority Nationality	266	156
普通中学	**Rogular Secondary Schools**	**1313966**	**1284887**
高中	Senior	499280	493476
蒙古族	Mongolian	125180	123516
其他少数民族	Other Minority Nationality	16448	14613
初中	Junior	814686	791411
蒙古族	Mongolian	167898	171088
其他少数民族	Other Minority Nationality	24075	20651
职业中学	**Vocational Secondary Schools**	**156239**	**133973**
蒙古族	Mongalian	34012	25970
其他少数民族	Other Minority Nationality	4037	3511
小学	**Primary Schools**	**1430751**	**1405322**
蒙古族	Mongolian	317923	319486
其他少数民族	Other Minority Nationality	36234	33890

20-3 普通高等学校分类情况(2011年)

Basic Statistics of Colleges and Universities by Different Types(2011)

项 目	Item	学校数(所) Number (unit)	毕业生数(人) Graduates (person)	招生数(人) New Student Enrollment (person)	在校学生(人) Student Enrollment (person)
普通高校	**Colleges and Universities**	**47**	**95957**	**115242**	**384440**
综合大学	Comprehensive Universities	20	40188	48999	166079
理工院校	Science and Engineering	15	28296	33527	101672
农业大学	Agricultural Universities	1	6769	8188	30715
医药院校	Medicinal Universities	2	2850	4251	14580
师范院校	Normal Universities	2	9116	10989	39503
语文院校	Language Colleges	1		71	115
财经院校	Economics and Finance	3	7968	8593	29569
政法院校	Law Universities	1		300	866
体育院校	Physical Universities	1	361	167	582
艺术院校	Arts Universities	1	409	157	759

注：毕业生、在校生数不含成人高校附设普通班学生数。

a)The number of student does not include the number of student who as studing in general class belonging to adult university.

20-3 续表 continued

项 目	Item	教职工合计(人) Number of Staff and Workers (person)	#专任教师 Teachers	#正、副教授 Professors and Asso.Prof.	#讲师 Lecturers	#助教、教员 Assistants and Instructors
普通高校	**Universities and Colleges**	**37381**	**24136**	**9541**	**8665**	**5930**
综合大学	Comprehensive Universities	18256	11515	4690	4088	2737
理工院校	Science and Engineering	8838	6257	2116	2203	1938
农业大学	Agricultural Universities	2603	1524	732	610	182
医药院校	Medicinal Universities	1544	921	469	244	208
师范院校	Normal Universities	3176	2014	836	845	333
语文院校	Language Colleges	205	108	9	18	81
财经院校	Economics & Finance	2095	1357	544	516	297
政法院校	Law Universities	263	158	85	66	7
体育院校	Physical Universities	141	92	19	38	35
艺术院校	Arts Universities	260	190	41	37	112

20-4 普通高等院校基本情况(2011 年)
Basic Statistics of Colleges and Universities(2011)

项 目	Item	毕业生数(人) Graduates (person)	招生数(人) New Student Enrollment (person)	在校生数(人) Student Enrollment (person)
内蒙古大学	Inner Mongolia University	3992	5467	21404
内蒙古科技大学	Inner Mongolia Sci. & Tech. University	9730	11438	42655
内蒙古工业大学	Inner Mongolia Eng. University	5687	5834	23348
内蒙古农业大学	Inner Mongolia Agriculture University	6769	8188	30715
内蒙古医学院	Inner Mongolia Medicinal College	2850	3587	12743
内蒙古师范大学	Inner Mongolia Normal University	6505	8127	30670
内蒙古民族大学	Inner Mongolia Nationality University	4434	5205	19892
赤峰学院	Chifeng College	2079	2975	9511
内蒙古财经学院	Inner Mongolia Eco & Finance College	4544	4899	18005
呼伦贝尔学院	Hulunbeier College	3060	3302	11698
内蒙古建筑职业技术学院	Inner Mongolia Pro. And Tech. College	2988	2948	9314
集宁师范学院	Jining Teacher Training Academy	2611	2862	8833
内蒙古丰州职业学院	Inner Mongolia Fengzhou College	803	643	2772
河套大学	Hetao University	2519	2364	7188
呼和浩特民族学院	Inner Mongolia Nationality Academy	1606	2386	5955
包头职业技术学院	Baotou Pro.& Tech. College	3111	3106	9314
兴安职业技术学院	Xingan Pro. & Tech. College	1172	1095	3811
呼和浩特职业学院	Hohhot Vocational College	3929	3673	10028
包头轻工职业技术学院	Baotou Light Industry Professional and Technical College	2646	2993	8235
内蒙古电子信息职业技术学院	Inner Mongolia Electronics College	2730	3300	9790
内蒙古机电职业技术学院	Inner Mongolia Machinery & Electronics Professional and Technical College	3072	3807	10786
内蒙古化工职业学院	Inner Mongolia Chemical Eng. College	2790	3222	9314
内蒙古商贸职业学院	Inner Mongolia Trade College	2649	3154	9513
锡林郭勒职业学院	Xilingguole Vocational College	1840	2255	6566
内蒙古警察职业学院	Inner Mongolia Police College		300	866
内蒙古体育职业学院	Inner Mongolia Sport College	361	167	582
乌兰察布职业学院	Wulanchabu Vocational College	1622	1708	4738
通辽职业学院	Tongliao Vocational College	2024	2198	5784
科尔沁艺术职业学院	Keerqin Arts Vocational College	409	157	759
内蒙古交通职业技术学院	Inner Mongolia Transport Tech College	1839	2291	6688
包头钢铁职业技术学院	Baotou Iron and Steel Vocational College	1263	1667	4615
乌海职业技术学院	Wuhai Vocational College	1155	1426	3590
内蒙古科技职业学院	Inner Mongolia Sci & Tech College	547	353	1438
内蒙古北方职业技术学院	Inner Mongolia North Tech College	695	647	2300
赤峰职业技术学院	Chifeng Vocational College	683	31	845
包头铁道职业技术学院	Baotou Railway Vocational & Tech College	468	1148	2695
内蒙古大学创业学院	Pioneer College of Inner Mongolia University		1370	4611
内蒙古师范大学鸿德学院	Honder of Inner Mongolia Normal University		1490	5159
乌兰察布医学高等专科学校	Wulanchabu Medicine Academy		664	1837
鄂尔多斯职业学院	Erdos Vocational College		883	1996
内蒙古轩元职业学院	Inner Mongolia Xuan Yuan College		282	556
呼伦贝尔职业技术学院	Hulunbeier Pro.And Tech College		418	554
满洲里俄语职业学院	Manlouli Russian College		71	115
阿拉善职业技术学院	Alashan Pro.And Tech College		52	52
赤峰工业职业技术学院	Chifeng College of Industry Technology		191	191
内蒙古能源职业学院	Inner Mongolia Energy Vocational College		358	358
内蒙古经贸外语职业学院	Inner Mongolia Trade & Language College	775	540	2051

注：学生数中不含成人高校附设普通班学生数。

a)The number of student does not include the number of student who was studing in general class belonging toadult university.

20-4 续表 continued

项　目	Item	教职工总数（人）Number of Staff & Workers (person)	#专任教师 Teacher	#中级职称以上教师 Medium over Professional Certification
内蒙古大学	Inner Mongolia University	2907	1658	1368
内蒙古科技大学	Inner Mongolia Sci. & Tech. University	3755	2703	2081
内蒙古工业大学	Inner Mongolia Eng. University	2057	1430	1211
内蒙古农业大学	Inner Mongolia Agriculture University	2603	1524	1342
内蒙古医学院	Inner Mongolia Medicinal College	1292	782	613
内蒙古师范大学	Inner Mongolia Normal University	2393	1530	1324
内蒙古民族大学	Inner Mongolia Nationality University	1754	1045	857
赤峰学院	Chifeng College	1710	937	719
内蒙古财经学院	Inner Mongolia Eco & Finance College	1445	975	816
呼伦贝尔学院	Hulunbeier College	1199	673	538
内蒙古建筑职业技术学院	Inner Mongolia Pro. And Tech. College	593	421	268
集宁师范学院	Jining Teacher Training Academy	783	484	357
内蒙古丰州职业学院	Inner Mongolia Fengzhou College	113	60	51
河套大学	Hetao University	830	455	333
呼和浩特民族学院	Inner Mongolia Nationality Academy	481	318	255
包头职业技术学院	Baotou Pro.& Tech. College	871	557	376
兴安职业技术学院	Xingan Pro. & Tech. College	552	427	341
呼和浩特职业学院	Hohhot Vocational College	1058	723	530
包头轻工职业技术学院	Baotou Light Industry Professional and Technical College	854	612	332
内蒙古电子信息职业技术学院	Inner Mongolia Electronics College	571	494	304
内蒙古机电职业技术学院	Inner Mongolia Machinery & Electronics Professional and Technical College	622	495	449
内蒙古化工职业学院	Inner Mongolia Chemical Eng. College	556	435	247
内蒙古商贸职业学院	Inner Mongolia Trade College	510	314	214
锡林郭勒职业学院	Xilingguole Vocational College	858	502	318
内蒙古警察职业学院	Inner Mongolia Police College	263	158	151
内蒙古体育职业学院	Inner Mongolia Sport College	141	92	57
乌兰察布职业学院	Wulanchabu Vocational College	509	339	257
通辽职业学院	Tongliao Vocational College	734	498	305
科尔沁艺术职业学院	Keerqin Arts Vocational College	260	190	78
内蒙古交通职业技术学院	Inner Mongolia Transport Tech College	491	419	198
包头钢铁职业技术学院	Baotou Iron and Steel Vocational College	573	324	248
乌海职业技术学院	Wuhai Vocational College	243	220	147
内蒙古科技职业学院	Inner Mongolia Sci & Tech College	136	56	30
内蒙古北方职业技术学院	Inner Mongolia North Tech College	235	130	68
赤峰职业技术学院	Chifeng Vocational College	87	46	30
包头铁道职业技术学院	Baotou Railway Vocational & Tech College	488	285	156
内蒙古大学创业学院	Pioneer College of Inner Mongolia University	374	283	241
内蒙古师范大学鸿德学院	Honder of Inner Mongolia Normal University	304	215	112
乌兰察布医学高等专科学校	Wulanchabu Medicine Academy	252	139	103
鄂尔多斯职业学院	Erdos Vocational College	253	156	115
内蒙古轩元职业学院	Inner Mongolia Xuan Yuan College	112	45	27
呼伦贝尔职业技术学院	Hulunbeier Pro.And Tech College	463	303	244
满洲里俄语职业学院	Manlouli Russian College	205	108	27
阿拉善职业技术学院	Alashan Pro.And Tech College	221	155	100
赤峰工业职业技术学院	Chifeng College of Industry Technology	458	314	228
内蒙古能源职业学院	Inner Mongolia Energy Vocational College	72	39	10
内蒙古经贸外语职业学院	Inner Mongolia Trade & Language College	140	68	30

20-5 科技活动基本情况(2011 年)

Basic Statistics on Scientific and Technological Activities(2011)

项 目	Item	2011
科技活动	**Scientific and Technological Activities**	
科技活动人员(人)	Number of Persons Engaged in Scientific and Technological Activities(person)	69543
#大学本科及以上学历	Undergraduate college and above	33570
研究与试验发展折合全时人员(人年)	Number of Full-time Persons in Research and Developmeut Activities(person year)	27603.5
#研究人员	Researchers	14972.6
研究与试验发展经费内部支出(万元)	Research and Development Expenses(10 000yuan)	851685.7
#基础研究	Fundamental Research	16306.2
应用研究	Applied Research	61626.9
试验发展	Experimental Development	773749.7
研究与试验发展经费支出占生产总值比重(%)	Proportion of Research and Development Expenses to GDP(%)	0.6
技术成果和国家奖励	**Achievements in Scientific and Technological Research and National Prizes Won**	
自治区科技进步奖(项)	Number of Major Achievements in Science and Technology(item)	104
国家发明奖(项)	Number of National Invention Prizes Awarded(item)	
国家科学技术进步奖(项)	Number of National Scientific and Technological Progress Prizes Awarded(item)	
技术市场成交额(万元)	Transaction Value in Technical Market(10 000 yuan)	734260
专 利	**Patent**	
专利申请受理量(件)	Total Patent Applications Examined(item)	3841
发明	Creation and Inventions	1267
实用新型	Utility Models	2034
外观设计	Designs	540
专利申请批准量(件)	Total Patent Applications Certified(item)	2262
发明	Creation and Inventions	364
实用新型	Utility Models	1415
外观设计	Designs	483

20-6 地方国有单位各类专业技术人员

Special Technical Personnel of State-owned Units

单位:人 (person)

年份 Year	合计 Total	工程技术人员 Engineering	农业技术人员 Agriculture	科学研究人员 Scientific Research	卫生技术人员 Health Care	教学人员 Teaching
1986	298360	50544	16026	1561	43130	137854
1987	344667	58353	17665	1794	44962	166079
1988	385181	66901	18436	1646	47332	158905
1989	428612	71848	18649	1845	49311	175621
1990	442659	75686	19644	1803	51184	180408
1991	453193	78705	20168	1839	53585	184784
1992	461901	79224	20710	2174	54257	187739
1993	454591	77474	18534	2043	54236	192023
1994	463501	77624	19096	2026	54873	199488
1995	471197	78640	18781	1877	56045	205952
1996	476610	78450	18946	1832	56854	214200
1997	477411	77127	19010	1792	60806	218651
1998	476012	74538	18499	1762	60990	223704
1999	504045	78903	19246	1992	65578	242551
2000	509470	77348	19076	2002	68954	250740
2001	497202	69548	18979	2084	69156	257165
2002	486215	64635	18288	1927	68725	260445
2003	514746	68669	22202	2029	72508	274565
2004	532891	65362	26978	2631	80287	286581
2005	534906	62700	27393	2401	81181	291842
2006	536071	59529	27465	1985	81658	300322
2007	553733	70527	27645	2160	82346	303470
2008	559013	67777	32659	2431	86965	302841
2009	556413	64790	32144	2205	88058	305803
2010	543015	60725	27792	1864	87458	304574
2011	559597	63173	33396	2346	90276	306684

20-7 政府属研究机构、人员、经费(2011年)

Number of State-owned Research and Development Institutions, Persons and Funds(2011)

项 目	Item	政府属研究机构合计 State-Owend R&D Institutions	自然科学与技术领域 Natural Sciences and Techonology	社会与人文科学领域 Social Sciences & Humanities	科技信息与文献机构 Scientific Technological Information & Literature Institutions
机构数(个)	Institutions(unit)	91	68	11	12
从业人员数(人)	Staff & workers(person)	6238	5450	569	219
# 从事科技活动人员	Scientific & Tech Activities	4907	4178	525	204
# 大学本科及以上学历	Scientists & Engineers	2847	2363	381	103
经费收入总额(万元)	Income(10 000 yuan)	118517	102382	13639	2497
# 政府拨款	Government Appropriations	99282	84156	12899	2227
经费支出总额(万元)	Expenditures(10 000 yuan)	107994	95374	9969	2650
# 科技经费支出额	Service Charge	81744	71407	8385	1952
R&D经费支出额	Fands of R&D	33911	29896	3815	200
固定资产(万元)	Fixed Assets(10 000 yuan)	67973	60213	6481	1279
课题数(个)	Number of Topics(unit)	667	594	55	18
课题经费支出(万元)	Funds of Topic(10 000 yuan)	27370	23836	2708	826
# R&D经费支出	Funds of R&D	18398	15647	2553	197
课题投入人员(人年)	Persons of Topics(person-year)	1993	1762	178	53
# R&D课题投入	R&D of Topics	1393	1220	165	8
专利申请受理(项)	Number of Patent Applications Accepted(item)	9	9		
专利授权(项)	Number of Patent Applications Granted(item)	3	3		
科技论文(篇)	Science Papers(piece)	737	607	110	20

注：R&D为研究与发展(Research and Development)的缩写。

a) R&D is abridge of Research and Development.

20-8 政府属自然科学与技术领域研究机构、人员、经费(2011年)

Number of State-Owned Natural Scientific and Technological Institutions, Staff and Expenditure (2011)

项 目	Item	机构数(个) Institutions (unit)	从业人数(人) Staff & workers (person)	# 从事科技活动 Science & Technology	大学本科及以上学历 Undergrade College an above
总 计	**Total**	**68**	**5450**	**4178**	**2363**
按隶属关系分	**Grouped by Level**				
国务院部门属	Central Government	1	164	118	107
自治区属	Autonomous Region	18	2127	1808	1084
盟市属	Leaguesand Cities	49	3159	2252	1172
按行政地域分	**Grouped by Region**				
呼和浩特市	Hohhot City	25	2846	2176	1339
包 头 市	Baotou City	2	155	84	45
呼伦贝尔市	Hulunbeier City	8	383	303	173
兴 安 盟	Xingan League	5	99	65	38
通 辽 市	Tongliao City	5	485	328	164
赤 峰 市	Chifeng City	2	302	286	228
锡林郭勒盟	Xilinguole League	2	208	164	52
乌兰察布市	Wulanchabu City	5	271	212	59
鄂尔多斯市	Erdos City	6	274	224	121
巴彦淖尔市	Bayannaoer City	4	338	251	86
乌 海 市	Wuhai City	1	26	25	16
阿拉善盟	Alashan League	3	63	60	42

20-8 续表 continued

单位：万元 (10 000 yuan)

项 目	Item	经费收入总额 Income	# 政府拨款 Government Appro-priations	经费支出总额 Expendi-tures	# 科技经费 Scientific Charge	固定资产原值 Purchasing Fixed	课题经费支出 Funds of Topics
总 计	**Total**	**102382**	**84156**	**95374**	**71407**	**60213**	**23836**
按隶属关系分	**Grouped by Level**						
国务院部门属	Central Government	7842	7815	7995	7177	7517	2249
自治区属	Autonomous Region	47498	41708	42038	33961	26763	12696
盟市属	Leaguesand Cities	47042	34633	45341	30270	25933	8891
按行政地域分	**Grouped by Region**						
呼和浩特市	Hohhot City	61254	53180	55934	44433	37850	15234
包 头 市	Baotou City	748	742	727	581	1167	213
呼伦贝尔市	Hulunbeier City	8565	6897	8401	5311	5146	1855
兴 安 盟	Xingan League	1382	1237	1166	806	1491	415
通 辽 市	Tongliao City	5750	4282	5865	4248	2823	1434
赤 峰 市	Chifeng City	4016	3850	3917	2844	2023	1603
锡林郭勒盟	Xilinguole League	4422	1954	3820	1836	2722	312
乌兰察布市	Wulanchabu City	1969	1884	1969	1368	524	277
鄂尔多斯市	Erdos City	9691	5597	9307	7402	4404	1169
巴彦淖尔市	Bayannaoer City	3211	3207	3146	1791	1474	854
乌 海 市	Wuhai City	408	391	408	229	304	171
阿拉善盟	Alashan League	965	935	713	558	286	300

20-9 大中型工业企业科技活动基本情况

Basic Statistics on Scientific and Technological Activities of Large and Medium-sized Industrial Enterprises

项　目	Item	2010	2011
单位数(个)	**Number of units(unit)**	**724**	**798**
#有R&D活动单位数	Units Having Activities of R&D	95	101
科技活动人员(人)	**Persons Engaged in Sci. & Tech. Activities(person)**	**31694**	**33076**
#大学本科及以上学历	Undergraduate college and above	12724	9673
R&D人员全时当量(人年)	**Persons in R&D into Full-time(person/year)**	**14363**	**16959**
#研究人员	Researchers	7550	8024
基础研究	Fundamental Research	112	52
应用研究	Applied Research	198	166
试验发展	Experiment and Development	14053	16740
R&D经费内部支出(万元)	**Inter Expenditures of Funds of R&D(10 000 yuan)**	**474299**	**661274**
按活动类型分	According to active type		
基础研究	Fundamental Research	973	642
应用研究	Applied Research	14975	5138
试验发展	Experiment and Development	458351	655495
按支出用途分	According to disbursement and use		
日常性支出	Quotidienne	408623	592436
#人员劳务费	Labor Expenses	77164	128090
资产性支出	Capital Nature	65676	68838
#仪器和设备	Equipment and Facilities	64599	64979

20-10 高等学校科技活动基本情况

Basic Statistics on Scientific and Technological Activities of Colleges and Universities

项　目	Item	2010	2011
单位数(个)	**Number of units(unit)**	**63**	**62**
#有R&D活动单位数	Units Having Activities of R&D	30	30
科技活动人员(人)	**Persons Engaged in Sci. & Tech. Activities(person)**	**17699**	**18035**
#大学本科及以上学历	Undergraduate college and above	15177	15762
R&D人员全时当量(人年)	**Persons in R&D into Full-time(person/year)**	**3502**	**3856**
#研究人员	Researchers	2897	3217
基础研究	Fundamental Research	1469	1678
应用研究	Applied Research	1635	1783
试验发展	Experiment and Development	397	398
R&D经费内部支出(万元)	**Inter Expenditures of Funds of R&D(10 000 yuan)**	**24766**	**31033**
按活动类型分	According to active type		
基础研究	Fundamental Research	5084	9755
应用研究	Applied Research	11712	16336
试验发展	Experiment and Development	7972	4940
按支出用途分	According to disbursement and use		
日常性支出	Quotidienne	21474	24750
#人员劳务费	Labor Expenses	3864	4172
资产性支出	Capital Nature	3292	6284
#仪器和设备	Equipment and Facilities	3292	4036

20-11 科技成果获奖

Number of Achievements in Scientific and Technological Research and National Prizes Won

单位：项 (item)

年 份 Year	国家发明奖 Number of National Invention Prizes Awarded	国家科技进步奖 Number of National Scientific & Technological Prizes Awarded	国家自然科学奖 Number of National Natural Sciences Prizes Awarded	自治区科技进步奖 Number of Autonomous Regional Scientific & Technological Prizes Awarded	一等奖 First Class Prize	二等奖 Second Class Prize	三等奖 Third Class Prize
1983				126	2	32	92
1985	1	4		167	12	36	119
1986				96	8	20	68
1987			1	121	12	35	74
1988	2	3		103	3	22	78
1989		4		102	7	20	75
1990		3		103	5	20	78
1991		2	1	130	6	14	110
1992		4		105	3	15	87
1993	1	3		123	3	18	102
1994				104	4	14	86
1995	1	2		124	7	22	95
1996		3		129	5	21	103
1997		2		115	3	25	87
1998		1		123	4	22	97
1999	1	3	2	142	4	20	118
2000		1		89	5	16	68
2001		1		100	5	20	75
2002				93	4	20	69
2003		1		80	5	18	57
2004		1		83	7	21	55
2005		1		100	8	23	69
2006		1		98	8	24	66
2007		1		100	12	26	62
2008		1		107	14	22	71
2009		1		91	8	21	62
2010		2		100	6	23	71
2011				104	9	25	70

20-12 三种专利申请受理量及批准量

Three Types of Patent Applications Examined and Granted

单位：项 (item)

年份 Year	申请受理量合计 Number of Patent Applications Examined	发明 Inventions	实用新型 Utility Models	外观设计 Designs	批准量合计 Number of Patent Applications Granted	发明 Inventions	实用新型 Utility Models	外观设计 Designs
1985	76	42	32	2				
1986	90	31	48	11	17		16	1
1987	154	39	108	7	48	3	36	9
1988	228	46	176	6	63	7	53	3
1989	231	43	179	9	128	10	110	8
1990	347	54	270	23	170	5	158	7
1991	431	86	310	35	153	6	130	17
1992	510	102	366	42	242	14	212	16
1993	601	137	438	26	438	14	381	43
1994	731	124	474	133	337	7	296	34
1995	647	117	449	81	415	8	293	114
1996	859	215	507	137	326	6	265	55
1997	940	244	534	162	372	11	264	97
1998	785	125	519	141	523	12	375	136
1999	971	198	557	216	723	17	521	185
2000	1138	234	602	302	775	60	530	185
2001	1089	185	664	240	743	73	440	230
2002	1202	233	643	326	679	53	428	198
2003	1394	242	716	436	816	82	419	315
2004	1457	286	699	472	831	108	437	286
2005	1455	307	708	440	845	98	452	295
2006	1946	430	915	601	978	108	543	327
2007	2015	565	966	484	1313	120	788	405
2008	2221	695	980	546	1328	140	866	322
2009	2484	719	1266	499	1494	178	762	554
2010	2912	932	1406	574	2096	262	1276	558
2011	3841	1267	2034	540	2262	364	1415	483

20-13 文化艺术和文物事业机构、人员(2011 年)
Number of Institutions and Personnel in Culture, Art and Cultural Relics(2011)

机构类别	Category of Institution	机构数(个) Number of Institutions (unit)	从业人数(人) Number of Persons Engaged (person)
文化事业合计	**Culture**	**1405**	**12950**
艺术事业	Art Institutions	129	5896
艺术表演团体	Art Performance Troupes	109	5408
话剧、儿童剧、滑稽剧团	Drama, Children Plays ,Comedy	1	38
歌剧、舞剧、歌舞剧团	Opera, Ballet and Dance Troupes	4	197
歌舞团、轻音乐团	Song and Dance Troupe, Light Music	14	1455
文工团、文宣队、乌兰牧骑	Cultural and Performance Troupes and Ulanmuchi (equestrain art troupes)	77	2893
戏曲剧团	Local Opera Troupes	8	428
# 京剧	Local Beijing Opera Troupes	1	61
曲艺、杂技、木偶、皮影团	Recitation and Ballad, Acrobatics and Circus, Puppet Show, and Shadow Play Troupes	2	110
综合性艺术表演团体	Comprehensive performing arts	3	287
艺术表演场所	Art Centers	20	488
剧场、影剧院	Theaters and Music Halls	20	488
书场、曲艺场	Storytelling Places, Recitation and Ballad Places		
杂技、马戏场	Acrobatics, Circus Places		
音乐厅	Concert Halls		
图书馆事业	Libraries	114	1907
群众文化事业	Mass Culture	1105	4200
群众艺术馆	Mass Art Centers	13	466
文化馆	Cultural Centers	103	1390
文化站	Cultural Stations	989	2344
# 乡文化站	Township Cultural Stations	823	2070
艺术教育事业	Culture and Education	4	339
其他文化事业	Other Cultural Units	34	413
艺术创作机构	Art Creation Institutions	6	29
艺术研究机构	Art Research Institutions	9	127
艺术展览机构	Art Exhibition Institutions	4	180
# 美术馆	Art Gallery	3	108
其他	Others	15	77
文化艺术经纪与代理业	Brokers and Agents for Cultural and Arts Activities	19	195
文物事业合计	**Cultural Relics**	**147**	**2108**
文物保护管理机构	Agency of Historical Relics Preservation	86	695
文物科研机构	Scientific and Research Historical Relics	1	45
其他文物机构	Other Historical Relics Agency		
博物馆	Museums	59	1357
综合性博物馆	Comprehensive Museum	51	1232
历史类博物馆	Special Museum	6	112
自然科技类博物馆	Nature Science and Technology Museum		
其他博物馆	Memorial Museum	2	13
文物商店	Cultural Relics Agencies	1	11

20-14 图书、杂志、报纸出版

Books, Magazines and Newspapers Published

项 目	Item	2010	2011
图 书	**Books Published**		
种 数(种)	Number of Publications(kind)	2885	3110
#蒙 文(种)	Mongol(kind)	978	981
新 出(种)	New Books(kind)	1266	1301
重 印(种)	Republication(kind)	1619	1809
总印数(万册)	Total Printed Copies(10 000 copies)	6069	7629
总印张数(万印张)	Printed Sheets(10 000 sheets)	46836	41827
定价总金额(万元)	Total of Fixed Price(10 000 yuan)	54943	53095
杂 志	**Magazines Publised**		
种 数(种)	Number of Publications(kind)	149	149
#蒙 文(种)	Mongol(kind)	47	47
总印数(万册)	Total Printed Copies(10 000 copies)	1437.00	1443.00
总印张数(万印张)	Printed Sheets(10 000 sheets)	6306.10	6332.00
定价总金额(万元)	Total of Fixed Price(10 000 yuan)	7787.00	7822.00
报 纸	**Newspapers Publised**		
种 数(种)	Number of News Published(kind)	79	79
#蒙 文(种)	Mongol(kind)	13	13
总印数(万份)	Total Printed Copies(10 000 copies)	27050.00	27100.00
总印张数(万印张)	Printed Signatures(10 000 sheets)	61124.00	60137.80
定价总金额(万元)	Total of Fixed Price(10 000 yuan)	22833.00	22840.00

20–15 广播电视事业
Statistics on Broadcasting and Television Stations

项 目	Item	2010	2011
广 播	**Broadcasting**		
广播电台(座)	Number of Broadcasting Stations(set)	13	13
调频转播发射台座数(座)	Transmission Stations of Frequency Modulation(set)	531	547
中短波转播发射台座数(座)	Transmission Stations of Short and medium Wave(set)	57	57
广播人口覆盖率(%)	Listener Rating(%)	96.60	97.41
节目套数(套)	Number of Programs(set)	126	121
广播节目全年播出情况	**Annual Statistics on Broadcasting**		
新闻资讯类（小时：分）	News Programs(hour:minute)	119048:15	108377:37
专题服务类（小时：分）	Special Subject Programs(hour:minute)	136085:03	152578:25
综艺类（小时：分）	Programs of Entertainment(hour:minute)	202312:01	204374:06
广播剧类（小时：分）	Radio Play(hour:minute)	27300:25	34272:50
广告类（小时：分）	Programs of Advertisment(hour:minute)	40408:55	45679:05
其他类（小时：分）	Other Programs(hour:minute)	110832:09	104247:33
广播节目全年制作情况	**Annual Statistics on Production of Broadcasting**		
新闻资讯类（小时）	News Programs(hour)	43085	37585
专题服务类（小时）	Special Subject Programs(hour)	74074	89482
综艺类（小时）	Programs of Entertainment(hour)	63749	70553
广播剧类（小时）	Radio Play(hour)	7232	6685
广告类（小时）	Programs of Advertisment(hour)	25027	30047
其他类（小时）	Other Programs(hour)	14156	10834
电 视	**Television**		
电 视 台(座)	Number of Television Stations(set)	14	14
电视转播发射台座数(座)	Transmission and Relaying Stations(set)	1266	1268
卫星地球站(座)	Satellits Television Station(set)	1	1
卫星收转站(座)	Satellits Transmission Stations(set)	524178	
电视人口覆盖率(%)	Viewer Rating(%)	95.38	96.19
节 目 套 数(套)	Number of Programs(set)	125	119
电视节目全年播出情况	**Annual Statistics on Dissemination of TV Programs**		
新闻资讯类（小时：分）	News Programs(hour:minute)	78222:50	78872:35
专题服务类（小时：分）	Special Subject Programs(hour:minute)	65822:22	62945:52
综艺益智类（小时：分）	Programs of Entertainment(hour:minute)	51725:05	52688:55
影视剧类（小时：分）	Programs of Film and TV Play (hour:minute)	288085:40	291315:05
广告类（小时：分）	Programs of Advertisment(hour:minute)	67583:24	69356:55
其他类（小时：分）	Other Programs(hour:minute)	80442:03	78067:58
电视节目全年制作情况	**Annual Statistics on Production of TV Programs**		
新闻资讯类（小时）	News Programs(hour)	19820	21617
专题服务类（小时）	Special Subject Programs(hour)	14862	15884
综艺益智类（小时）	Programs of Entertainment(hour)	6973	7220
影视剧类（小时）	Programs of Film and TV Play (hour)	50	
广告类（小时）	Programs of Advertisment(hour)	16314	16330
其他类（小时）	Other Programs(hour)	6678	6397

主要统计指标解释

普通高等学校 指按照国家规定的设置标准和审批程序批准举办，通过国家统一招生考试，招收高中毕业生为主要培养对象，实施高等教育的全日制大学、独立设置的学院和高等专科学校、短期职业大学。

成人高等学校 指按照国家有关规定审批，招收通过全国成人高教统一招生考试的具有高中毕业或同等学历的在职从业人员，利用脱产、半脱产、业余或函授等多种形式对其实施高等学历教育，培养高等教育专科或本科毕业水平的专门人才，修业年限，课程设置和总学时数均按高等学历教育要求付诸实施的学校。包括广播电视大学、职工高等学校、农民高等学校、管理干部学院、教育学院、独立设备的函授学院等。

小学学龄儿童入学率 指调查范围内已入小学学习的学龄儿童占校内外学龄儿童总数(包括弱智儿童，不包括盲聋哑儿童)的比重。计算公式为：

小学学龄儿童入学率 = 已入学的小学学龄儿童数 / 校内外小学学龄儿童总数 × 100%

科技活动 指在自然科学、农业科学、医药科学、工程与技术科学、人文与社会科学领域(简称科学技术领域)中，与科技知识的产生、发展、传播和应用密切相关的有组织的活动。可分为研究与试验发展(R&D)、研究与试验发展成果应用及相关的科技服务三类活动。该定义是联合国教科文组织考虑成员国特别是发展中国家开展科技统计工作的需要，而对科技活动所作的统计界定。

科技活动人员 指直接从事科技活动、以及专门从事科技活动管理和为科技活动提供直接服务，累计的实际工作时间占全年制度工作时间 10%及以上的人员。(1)直接从事科技活动的人员包括: 在独立核算的科学研究与技术开发机构、高等学校、各类企业及其他事业单位内设的研究室、实验室、技术开发中心及中试车间(基地)等机构中从事科技活动的研究人员、工程技术人员、技术工人及其它人员；虽不在上述机构工作，但编入科技活动项目(课题)组的人员；科技信息与文献机构中的专业技术人员；从事论文设计的研究生等。(2)专门从事科技活动管理和为科技活动提供直接服务的人员，包括: 独立核算的科学研究与技术开发机构、科技信息与文献机构、高等学校、各类企业及其他事业单位主管科技工作的负责人，专门从事科技活动的计划、行政、人事、财务、物资供应、设备维护、图书资料管理等工作的各类人员，但不包括保卫、医疗保健人员、司机、食堂人员、茶炉工、水暖工、清洁工等为科技活动提供间接服务的人员。该指标用来反映投入科技活动人力的规模。

科学家与工程师 指科技活动人员中具有高、中级技术职称(职务)的人员和不具有高、中级技术职称(职务)的大学本科及以上学历人员。该指标用来反映投入科技活动人力的素质。

专业技术人员 指从事专业技术工作和专业技术管理工作的人员，即企事业单位中已经聘任专业技术职务从事专业技术工作和专业技术管理工作的人员，以及未聘任专业技术职务，现在专业技术岗位上工作的人员。包括工程技术人员，农业技术人员，科学研究人员，卫生技术人员，教学人员，经济人员，会计人员，统计人员，翻译人员，图书资料、档案、文博人员，新闻出版人员，律师、公证人员，广播电视播音人员，工艺美术人员，体育人员，艺术人员及企业政治思想工作人员，共十七个专业技术职务类别。用来反映科技人力资源情况。

研究与试验发展(R&D) 指在科学技术领域，为增加知识总量、以及运用这些知识去创造新的应用进行的系统的创造性的活动，包括基础研究、应用研究、试验发展三类活动。国际上通常采用 R&D 活动的规模和强度指标反映一国的科技实力和核心竞争力。

科技活动经费筹集 指从各种渠道筹集到的计划用于科技活动的经费，包括政府资金、企业资金、事业单位资金、金融机构贷款、国外资金和其他资金等。反映各社会经济主体对促进科技进步所做的努力。

专利 是专利权的简称，是对发明人的发明创造经审查合格后，由专利局依据专利法授予发明人和设计人对该项发明创造享有的专有权。包括发明、实用新型和外观设计。反映拥有自主知识产权的科技和设计成果情况。

发明 是专利法及其实施细则所称的发明，指对有关产品、方法或其改进所提出的新的技术方案。

实用新型 是专利法及其实施细则所称的实用新型，指对产品的形状、构造或者其结合所提出的适于实用的新的技术方案。

外观设计 是专利法及其实施细则所称的外观设计，指对产品的形状、图案、色彩或者其结合所作出的富有美感并适于工业上应用的新设计。

文化事业机构 指从事专业文化工作和为专业文化工作服务的独立建制的单位。不包括这些单位另外举办独立核算的其他机构和各部门的业余文化组织。

艺术表演团体 指从事戏曲、音乐、舞蹈、杂技等专业艺术表演，有独立帐户的单位，不包括半工半艺、半农半艺和民间职业剧团。

电影放映单位 指具有放映机器设备、固定或不固定的放映场所与专职或兼职的放映技术人员，经有关部门登记批准，经常为一定的观众对象放映电影的机构。

艺术表演观众人数(人次) 指售票、包场演出或民族地区免费演出的艺术表演观众人次数，不包括彩排审查和内部观摩演出的观看人次数。

Explanatory Notes on Main Statistical Indicators

Regular Institutions of Higher Learning refer to educational establishments set up according to the government evaluation and approval procedures, enrolling graduates from senior secondary schools and providing higher education courses and training for senior professionals. They include fulltime universities, colleges, high professional schools and short–term professional universities.

Institutions of Higher Learning for Adults refer to educational establishments, set up in line with relevant rules approved by the government, enrolling staff and workers with senior secondary school or equivalent education, and providing higher education courses in many forms of full time, pray time, spare time, or correspondence for adults. Professionals thus trained receive a qualification equivalent to graduates studying regular courses at regular universities, colleges and professional colleges. Institutions of higher learning for adults include Radio and TV universities, schools of high education for staff and workers and peasants, colleges for management cadres, pedagogical colleges, independent correspondence colleges.

Enrollment Rate of Primary School age Children refers to the proportion of school age children enrolled at schools to the total number of school age children both in and outside schools (including retarded children, but excluding blind, deaf and mute children) . The formula is: Enrollment Rate of Primary School age Children= (Total Primary School age Children at Schools) ÷ (Total Primary School age Children Both at and Outside Schools) × 100%

Scientific and Technological Activities (S&T Activities) refer to organized activities which are closely related with the creation, development, dissemination and application of the scientific and technical knowledge in t he fields of natural sciences, agricultural science, medical science, engineering and technological science, humanities and social sciences (referred to as scientific and technological fields) . S&T activities can be classified in to 3 categories: research and development (R&D) activities, application of R&D results, and related S&T services. This statistical definition is made by UNICHIEF for scientific and technological activities to meet the need of carrying out statistical work in this field for its member countries in particular those developing countries.

Personnel Engaged in S&T Activities refer to personnel directly engaged in S&T activities, in the management of S&T activities, and in providing direct service to S&T activities, who sp end over 10% of the total working hours in a year in S&T activities. (1) Personnel directly engaged in S&T activities include researchers, engineers, technicians and other related personnel engaged in S&T activities in independent–accounting R&D institutions, institutions of higher learning, and in research institutes, laboratories, technology development centers and central experiment workshops under enterprises and institutions. Also included are people working in S&T research project teams, professional and technical personnel working in S&T information archiving institutes, and graduate students working on the design of their thesis. (2) Personnel engaged in the management of S&T activities and in providing direct service to S&T activities include senior management people responsible for S&T activities in independent –accounting R&D institutions, S&T information archiving institutes, institutions of higher learning, and in enterprises and institutions where S&T activities are undertaken. Also included are people responsible for the planning, administration, personnel management, financial management, logistics supply, equipment maintenance, information and library management that are related with S&T activities. People providing indirect services are excluded, such as security, medical service, drivers, plumbers, cleaners and those providing catering and related service. This indicator reflects the size of personnel engaged in S&T activities.

Scientists and Engineers refer to persons engaged in S&T activities who have obtained titles of senior and middle level professional positions, and those without such position but have completed university or higher education. This indicator reflects the quality of personnel engaged in S&T activities.

Professional and Technical Personnel refer to persons engaged in professional and technical work or in the management of professional and technical activities, i. e. , people with professional or technical posit ions who are engaged in professional and technical work or in the management of professional and technical activities, and people without professional or technical positions but are working on professional or technical posts. They include professionals and technicians working in 17 categories of technical occupations including engineering, agriculture, scientific researches, medical service, teaching, economic research and application, accounting, statistics, translation, libraries, archives, cultural and museum service, journalism and publication, lawyers, notarization service, radio and television broadcasting, handicraft and fine arts, sports, performing art, and political workers in enterprises. This indicator reflects the condition of human resources in S&T.

Research and Development (R&D) refers to systematic and creative activities in the field of science and technology aiming at increasing the knowledge and using the knowledge for new application. R&D includes 3 categories of activities: basic research, applied research and experiments and development. The scale and intensity of R&D are widely us ed internationally to reflect the strength of S&T and the core competitiveness of a country in the world.

Funding for S&T Activities refers to funds obtained from various sources for S&T activities, including government funds, self-raised funds by enterprises, self-raised funds by institutions, loans from financial institutions, foreign funds and other funds . This indicator reflects the efforts made by various social economic entities in promoting the development of S&T.

Patent is an abbreviation for the patent right and refers to the exclusive right of ownership by the inventors or designers for the creation or inventions, given from the patent offices after due process of assessment and approval in accordance wit h the Patent Law. Patents are grant ed for inventions, utility model sand designs. This indicator reflects the achievements of S&T and design with in dependent intellectual property.

Inventions refer to the inventions as specified by the patent law and its detailed rules and regulations for implementation. They refer to the new technical proposals to the products or methods or their modifications.

Utility Models refer to the utility models as specified by the patent law and its detailed rules and regulations for implementation. They refer to the practical and new technical proposals on the shape and structure of the product or the combination of both.

Designs refer to the designs as specified by the Patent law and its detailed rules and regulation for implementation. They refer to the aesthetics and industry applicable new designs for the shape, pattern and color of the product, or their combinations.

Cultural Institutions refer to units which have their own organizational system and independent accounting system and specialize in or serve cultural development. They exclude other establishments run by these cultural institutions and amateur cultural groups established by various departments.

Art Troupe refers to the troupe which is engaged in drama, opera, music, dance, acrobatics or other art performance, opens independent accounts with banks and has self supporting accounting system; excluding the troupes which are engaged partly in industrial or agricultural activities, partly in art performance and the professional troupes organized by the people.

Film Projection Units refer to units with film projection equipment, full or part time projectionists, permanent or non permanent places, approved by related administrative departments to show films regularly for certain groups of audience, including those film projection units which have been approved to give commercial shows and run business with independent accounting system as well as those film renting units of the military system.

Number of Spectators at Art performance refers to the number of attendants at commercial shows, completely booked shows or free shows given in minority national areas, and does not include the number of spectators at rehearsals for examination and internal shows for study.

2012

NEI MENG GU

二十一、体育、卫生、社会福利、环境保护和其它

Sports,Pudlic Health, Social Welfare,Environmental Protection and Others

资料整理：毅　茹　崔浩然
Arranged By Yi Ru , Cui Haoran

21-1 等级运动员分项发展情况(2011 年)

Development of Athletes in Grade By Type of Sports(2011)

单位:人 (person)

项 目	Item	合 计 Total	国际级健将 International Master of Sports	国家级运动健将 National Master of Sports	一 级 First Grade Sportsmen	二 级 Second Grade Sportsmen
总 计	**Total**	**831**	**28**	**18**	**118**	**667**
#田 径	Track and Field	90		1	12	77
游 泳	Swimming	15			6	9
曲棍球	Hockey	10			10	
举重	Weightlifting	2				2
拳 击	Boxing	57	2	4	3	48
国际式摔跤	Wrestling	26	5	4	5	12
跆拳道	Tackwonde	61		1		60
柔 道	Judo	43		5	9	29
射 击	Shooting	16	2		9	5
足 球	Football	151			12	139
篮 球	Basketball	75			5	70
排 球	Volleyball	64			14	50
乒乓球	Table Tennis	69			7	62
羽毛球	Badminton	2				2
铁人三项	Iron Man Three Items	3			3	
网 球	Tennis	47			3	44
软式网球	Soft Tennis					
速度滑冰	Speed Skating	1				1
越野滑雪	Cross-country Skiing	2			2	
冬季两项	Winter Two Items					
自行车	Bicycle	5			5	
现代五项	Modern Pentathlon	7	1	3	3	
武 术	Wu Shu	48			5	43
马 术	Horsemanship					
围 棋	Encirclement Chess					
中国象棋	Chinese Chess	1				1
中国式摔跤	Chinese-style Wrestling	24	18			6
射 箭	Archery	7			1	6
赛艇	Rowing	4			4	
健美操	Aerobics	1				1
轮滑	Roller Skating					

21-2 运动员获奖牌情况(2011 年)

Medals Won by Athletes(2011)

单位：枚 (piece)

项 目	Item	金 牌 Gold Medal	银 牌 Silver Medal	铜 牌 Copper Medal
总 计	**Total**	**61**	**71**	**86**
国际比赛	International Race	8	16	13
国内比赛	National Race	53	55	73

21–3 等级裁判员分项发展情况(2011年)

Development of Referees in Grades by Type of Sports(2011)

单位:人 (person)

项 目	Item	合 计 Total	国际裁判 International Referees	国家级 National Referees	一 级 First Grade Referees	二 级 Second Grade Referees
总 计	**Total**	**767**		**4**	**149**	**614**
#田 径	Track and Field	111		1	19	91
游 泳	Swimming	9			2	7
跳水	Diving	45				45
举 重	Weightlifting	4			4	
拳 击	Boxing	5			5	
国际式摔跤	Wrestling	13			1	12
中国式摔跤	Chinese Wrestling	5				5
柔道	Judo	1			1	
跆拳道	Tackwonde	3			2	1
自行车	Bicycle	1			1	
射 箭	Archery	5			5	
足 球	Football	24			5	19
篮 球	Basketball	57			6	51
排 球	Volleyball	30			1	29
乒 乓 球	Table Tennis	179			16	163
羽 毛 球	Badminton	71			10	61
网 球	Tennis	16		1	2	13
曲棍球	Soft Tennis	2			2	
毽 球	Shuttlecock	1				1
速度滑冰	Speed Skating					
越野滑雪	Cross-country Sking					
台球	Billiards	8				8
武 术	Wu Shu	14			8	6
马 术	Horsemanship					
汽 车	Automobile					
围 棋	Encirclement Chess	2				2
国际象棋	Chess					
中国象棋	Chinese Chess	7			3	4
桥 牌	Bridge					
钓鱼	Fishing					
健美气功	Fitness Qigong	10			10	
马 球	Polo					
无线电测向	Radio Goniometry					
门球	Doorball	130			36	94
体育舞蹈	Physical Dance	3			3	
信鸽	Pigeon	10		1	7	2
轮 滑	Roller Skating	1		1		
健美操	Aerobics					
飞镖	Dart					
风筝	Kite					
拔 河	Tug-of-War					

21-4 医疗卫生事业
Basic Statistics of Public Health

项 目	Item	2010	2011
卫生机构(个)	**Health Institutions(unit)**	**8052**	**22931**
# 医院、卫生院	Hospitals	1807	1818
县及县以上医院	Hospitals at County and Higher Levels	467	492
乡镇卫生院	Health Center at Town	1336	1323
疗养院、所	Sanatoriums	6	6
门诊部	Clinics	90	106
社区卫生服务中心（站）	Health Service Center for Community	1030	1149
妇幼保健所、站	Maternity and Child Care Centers	117	117
疾病预防控制机构	CDC(Center for Disease Control)	127	121
床位(张)	**Beds(unit)**	**97811**	**100805**
# 医院、卫生院	Hospitals	87882	89954
县及县以上医院	Hospitals at County and Higher Levels	71435	73048
乡镇卫生院	Health Center at Town	16424	16889
疗养院、所	Sanatoriums	640	640
职工人数(人)	**Persons Engaged in Health Institution(person)**	**146610**	**175563**
# 卫生技术人员	Medical Technical Personnel	123232	131806
# 执业医师	Permitted Doctors	46148	48399
助理执业医师	Assistant Permitted Doctors	8013	8815
注册护师、护士	Registered Senior and Junior Nurses	37765	42522
药剂人员	Pharmacists	8903	9287
检验人员	Laboratory Technical	4585	4692
其他技术人员	Other Technical Personnel	6008	6367
管理人员	Managerical Personnel	7343	7251
工勤人员	Logistics Workers	10027	10003

注：本表中2011年数据包含了村卫生室数据。

a) Data in 2011 the table includes the village clinics.

21-5 卫生机构

Number of Health Care Institutions

单位：个 (unit)

年份 Year	总计 Total	医院、卫生院 Hospitals & Public Health Clinic	疗养院所 Sanat-oriums	专科防治所站 Specialized Prevention & Treatment Centers or Stations	疾病预防控制中心 CDC	妇幼保健所站 Maternity & Child Care Centers	每万人口拥有卫生机构数 Number of Health Institutions Per 10000 Population
1947	55	28			1		0.10
1949	78	25	1	4	12		0.13
1952	538	103	9	14	5	93	0.75
1957	2152	136	3	28	59	234	2.30
1965	3820	436	16	18	116	116	2.95
1970	4952	1582	4	4	88	50	3.32
1975	3621	1612	9	8	113	110	2.08
1978	4000	1723	8	26	118	117	2.19
1979	4146	1743	8	34	117	116	2.24
1980	4350	1760	9	39	126	118	2.32
1981	4630	1794	12	42	136	120	2.43
1982	4660	1796	14	43	138	121	2.41
1983	4632	1819	14	45	135	120	2.37
1984	4711	1841	14	53	139	121	2.37
1985	4749	1763	14	55	141	120	2.37
1986	4905	1770	13	57	140	122	2.42
1987	4991	1780	12	60	143	123	2.42
1988	5120	1787	13	61	144	123	2.45
1989	5152	1810	11	62	150	118	2.43
1990	5161	1856	12	64	153	122	2.39
1991	5172	1927	12	66	155	122	2.37
1992	5253	1928	12	61	157	120	2.38
1993	4932	1987	11	64	190	119	2.21
1994	4918	2000	11	65	189	119	2.18
1995	4915	2003	11	64	188	117	2.16
1996	5037	2016	11	53	143	107	2.19
1997	4863	1991	11	63	183	113	2.10
1998	4641	1991	11	63	182	110	1.99
1999	4468	1982	11	63	183	108	1.89
2000	4427	1988	11	63	185	108	1.87
2001	4296	1892	11	61	187	107	1.85
2002	3768	1857	10	58	147	118	1.58
2003	3595	1819	9	57	146	117	1.51
2004	3715	1831	9	54	147	117	1.56
2005	3774	1834	9	54	146	116	1.58
2006	3693	1820	8	51	140	113	1.54
2007	7853	1815	8	54	140	114	3.30
2008	7423	1799	6	54	137	115	3.09
2009	7919	1803	6	50	133	116	3.29
2010	8052	1807	6	50	127	117	3.32
2011	22931	1818	6	50	121	117	9.24

注：卫生机构2010年以前不包含村卫生室，下表同。

a)Number of Health Care Institutions does not include the village clinics before 2010,Similarly in the following tables.

21-6 卫生机构床位

Number of Beds in Health Institutions

单位：张 (unit)

年份 Year	总计 Total	医院、卫生院 Hospitals & Public Health Clinic	疗养院所 Sanat-oriums	专科防治所站 Specialized Prevention & Treatment Centers or Stations	疾病预防控制中心 CDC	妇幼保健所站 Maternity & Child Care Centers	每万人口卫生机构床位数 Number of Public Health Orgon Beds Per 10 000 Population
1947	519	519					0.92
1949	726	639	70				1.05
1952	2890	1274	1567				1.78
1957	7733	5700	194				6.09
1965	23241	15820	1669				12.20
1970	25614	24833	280				16.66
1975	22198	21089	500				21.87
1978	25023	24079	500				24.23
1979	48769	46495	1290				25.11
1980	49630	47271	1295				25.19
1981	51319	47942	1948				25.19
1982	51002	47339	2270				24.44
1983	52436	48739	2217				24.92
1984	52911	49307	2274				24.84
1985	53572	50567	2194				25.20
1986	54726	51566	2053			344	25.41
1987	57651	54354	1933	6		401	26.30
1988	59414	55867	2143	36		421	26.68
1989	60090	56776	1863	88		402	26.75
1990	60727	57558	1871	87		404	26.62
1991	62929	59268	2182	66	4	452	27.14
1992	64446	60730	2182	66	4	514	27.52
1993	65221	60893	2062	97	12	584	27.28
1994	65464	61425	2007	65		500	27.17
1995	66515	61933	2124	144	15	574	27.25
1996	65247	61667	2260	105	4	716	26.86
1997	65387	61918	2260	123		749	26.73
1998	65794	62499	2080	83		766	26.76
1999	66367	62832	2102	147		740	28.10
2000	66903	63156	1984	176		1000	28.24
2001	66682	63071	1884	191	25	1580	28.75
2002	64742	61909	1773	409	54	1944	27.30
2003	65072	60438	1768	224	26	1920	27.37
2004	66699	61155	1757	174	95	2269	28.00
2005	69440	64002	1554	234	77	2422	29.10
2006	70284	64816	1397	253	150	2388	29.38
2007	73830	65780	1217	202		2441	30.76
2008	81407	73205	670	201	24	2600	33.85
2009	87321	77702	910	246		2921	36.05
2010	97811	87882	640	250		2716	40.38
2011	100805	89954	640	227		2895	40.80

注：医院、卫生院2002年以前为医院口径。

a)The Data about Hospitals and Public Health Clinic Refer to Date of Hospitals before 2002.

21-7 卫生机构人员
Number of Persons Engaged in Health Institutions

单位：人 (person)

年份 Year	总计 Total	卫生技术人员 Medical Technical Personnel	#医生 Doctors	#执业医师 Certified Doctors	#助理执业医师 Certified Assistant Doctors	#注册护师、护士 Registered Senior and Junior Nurses	每万人口医生数 Number of Doctors per 10 000 Population
1947	6158	5979	4483			128	8
1949	7529	7204	4736			201	8
1952	12233	10727	6097			552	9
1957	21848	18290	10556			1977	11
1965	40695	33215	18027			4664	14
1970	42097	33333	17101			6490	11
1975	60529	47845	22114			7932	13
1978	75123	59277	26724			8225	15
1979	82855	65615	28417			7949	16
1980	88188	70022	31068			9129	17
1981	98165	77647	32184			10426	17
1982	101637	80450	32975			10969	17
1983	104446	82873	33456			11768	17
1984	107234	85185	34903			12264	18
1985	109210	87130	36467			12598	18
1986	112011	89257	38103			13427	19
1987	115164	91437	37781			14458	18
1988	117779	94095	42794			18605	20
1989	119044	94969	44579			21310	21
1990	121443	96764	41453			22123	19
1991	123935	97984	42520			22797	19
1992	126859	100365	46612			23157	21
1993	127494	99878	47171			23425	21
1994	129101	102220	48962			24575	22
1995	129483	102187	49345			24617	22
1996	130368	103606	50263			25313	22
1997	129306	102983	52438			25953	22
1998	129765	104890	56384			26163	24
1999	125632	101312	51602			25766	22
2000	124362	100688	52299			25726	22
2001	131931	109147	53021			26755	22
2002	120628	100665	48866	39901	8965	25740	21
2003	120264	101073	49304	40241	9063	25555	21
2004	120253	101730	50177	41252	8925	26517	21
2005	121180	102587	50308	41646	8662	27052	21
2006	120571	102336	50409	42116	8293	27601	21
2007	126155	105790	48403	40398	8005	29732	20
2008	131879	110042	49806	41990	7816	31652	21
2009	139488	117197	51947	43964	7983	34895	22
2010	146610	123232	54161	46148	8013	37765	22
2011	175563	131806	57214	48399	8815	42522	23

21-8 社会保障基本情况
Basic Statistics on Social Security

项目	Item	2010	2011
一、最低生活保障	**Minimum Standard of Living for Residents**		
城镇居民(万人)	Residents in Urban Area(10 000 persons)	85.37	84.81
城镇居民(万户)	Housholds in Urban Area(10 000 households)	44.97	45.00
农村居民(万人)	Residents in Rural Area(10 000 persons)	115.57	116.45
农村居民(万户)	Housholds in Rural Area(10 000 households)	83.36	83.85
二、社会福利事业	**Social Welfare**		
收养性单位(个)	Adopting Social Welfare Institutions(unit)	670	692
优抚类单位	Adopting Institution of Social Special Relief	34	34
福利类单位	Adopting Institution of Social Welfare	636	658
收养性单位床位数(张)	Adopting Social Welfare Instiutions(bed)	43218	53379
优抚类单位	Adopting Institution of Social Special Relief	3045	3223
福利类单位	Adopting Institution of Social Welfare	40173	50156
年末收养人数(人)	Persons Adopted at the year-end(person)	34887	41474
优抚类单位	Adopting Institution of Social Special Relief	2231	2248
福利类单位	Adopting Institution of Social Welfare	32656	39226
社会福利事业支出(万元)	Expenditure for Social Welfare(10 000 yuan)	773165	968085
#抚恤、离退休和社会福利救济	Pensions and Relief Funds for Social Welfare	685526	865400
自然灾害生活救助	Life Salvation of Natural Calamity	45651	39206
社会福利企业(个)	Social Welfare Enterprises(unit)	227	212
社会福利企业工作人员(人)	Staff of Social Welfare Enterprises(person)	11035	11723
三、社区服务	**Community Service**		
城镇社区服务设施(个)	Number of Urban Welfare Facilities(unit)	1155	1315
城镇便民利民服务网点(个)	Number of Urban Service Points for Civilian(unit)	17111	15294

21–8 续表 continued

项目	Item	2010	2011
四、社会保障	**Social Security**		
基本养老保险	**Basic Pension Insurance**		
参加城镇基本养老保险人数(万人)	Persons joined(10 000 persons)	431	452
#城镇居民养老保险参保人数(万人)	Contributors of Urban(10 000 persons)	9.15	13.60
#参加基本养老保险离退休人数(万人)	Retirees joined(10 000 persons)	119	133
基本养老保险基金当年支出额(亿元)	Expenses of Insurance Fund(100 million yuan)	232.33	306.95
农村社会养老保险	**Rural Social Pension Insurance**		
农村社会养老保险参保人数(万人)	Contributors (10 000 persons)	217	343
农村社会养老保险基金当年支出额(亿元)	Expenses of Insurance Fund(100 million yuan)	3.15	9.50
失业保险	**Unemployment Insurance**		
参加失业保险人数(万人)	Persons joined(10 000 persons)	231	233
累计领取失业金人数(万人)	Beneficiaries(10 000 persons)	5.81	4.60
失业保险基金当年支出额(亿元)	Expenses of Insurance Fund(100 million yuan)	7.21	8.04
医疗保险	**Basic Medical Insurance**		
参加基本医疗保险人数(万人)	Persons joined(10 000 persons)	886	907
#参加大病统筹的人数(万人)	Contributors of Comprehensive Arrangement for Serious Disease(10 000 persons)	353	365
#城镇居民参加基本医疗保险人数(万人)	Persons joined(10 000 persons)	452.83	469.20
基本医疗保险基金当年支出额(亿元)	Expenses of Insurance Fund(100 million yuan)	59.06	80.34
农村新型合作医疗参合人数(万人)	Persons joined(10 000 persons)	1215	1237
农村新型合作医疗收入额(亿元)	Revenue of Medical Insurance in Rural(100 million yuan)	19.14	30.56
农村新型合作医疗支出额(亿元)	Expenses of Medical Insurance in Rural(100 million yuan)	18.66	25.65
农村新型合作医疗参合率(%)	Rate of Medical Insurance in Rural(%)	92.76	94.03
工伤保险	**Work Injury Insurance**		
参加工伤保险人数(万人)	Persons joined(10 000 persons)	208	225
#参加工伤保险的农牧民人数(万人)	Farmers and Herdsmen(10 000 persons)	54	61
工伤保险基金当年支出额(亿元)	Expenses of Insurance Fund(100 million yuan)	3.45	5.38
生育保险	**Maternity Insurance**		
参加生育保险人数(万人)	Persons joined(10 000 persons)	233.86	263.10
生育保险基金当年支出额(亿元)	Expenses of Insurance Fund(100 million yuan)	1.23	2.75
养老、失业、医疗、工伤、生育保险基金收入(亿元)	Revenue of Pension, Unemployment, Medical, Work injury, Maternity insurance Fun(100 million yuan)	387.64	538.98
养老、失业、医疗、工伤、生育保险基金支出(亿元)	Expenses of Pension, Unemployment, Medical, Work injury, Maternity insurance Fun(100 million yuan)	306.43	412.96
养老、失业、医疗、工伤、生育保险基金累计节余(亿元)	Balance of Pension, Unemployment, Medical, Work injury, Maternity insurance Fun(100 million yuan)	387.60	518.67

21-9 社会福利事业、企业单位和工作人员
Number of Social Welfare Institutions and Enterprises and Persons Engaged

项　目	Item	机构(个) Number of Institutions or Enterprises(unit)		工作人员(人) Number of Persons Engaged(person)	
		2010	2011	2010	2011
全区总计	**Autonomous Regional Total**	**2115**	**1895**	**24361**	**23628**
收养性福利事业单位	Adopting Social Welfare Institutions	670	692	4560	4952
优抚类收养性单位	Adopting Institution of Social Special Relief	34	34	685	712
福利类收养性单位	Adopting Institution of Social Welfare	636	658	3875	4283
社会救助单位	Social Salvation Organizations	33	34	379	377
殡葬事业单位	Funeral and Intermert Instiutions	123	129	1902	1879
福利彩票发行单位	Welfare Lottery Ticket	16	16	179	191
慈善团体	Philanthropic Organizations				
社区服务中心	Community Service Center	755	813	6306	4506
社会福利企业	Social Welfare Enterprises	227	212	11035	11723

21-10 收养性社会福利事业单位基本情况(2011年)
Basic Statistics on Social Welfare Institutions(2011)

项　目	Item	院数(个) Homes (unit)	工作人员(人) Staff and Workers (person)	床位(张) Beds (unit)	年末收养人数(人) Persons Housed year-end (person)
全区总计	**Autonomous Regional Total**	**692**	**4995**	**53379**	**41474**
优抚类单位	Institution of Social Special Relief	34	712	3223	2248
荣誉军人康复医院	Disable Veteran Hospital	1	65	100	28
复员军人疗养院	Sanatorium of Demobilized Soldier	2	45	240	35
复退军人精神病院	Psychiatric Hospital of Veteran	2	177	1205	1086
光荣院	Homes for Disabled Veterans	29	425	1678	1099
福利类单位	Institution of Social Welfare	658	4283	50156	39226
社会福利院	Social Welfare Homes	39	836	5594	3656
儿童福利机构	Baby Welfare Homes	7	233	1290	827
社会福利医院	Social Welfare Hospitals	3	298	736	602
城镇老年福利机构	Urban Adopting Elderly Units	80	683	8052	6257
农村老年福利机构	Rural Adopting Elderly Units	522	2120	33542	27496
其他老年福利机构	Others	7	113	942	388

21-11 享受补助、救济人员情况(2011年)

Persons Receiving Subsidies or Relief Funds(2011)

单位：人、户、人次 (person)(household)(person-time)

项　目	Item	2011
城镇社会救济情况	**Social Relief in Urban Area**	
城镇居民最低生活保障人数	Number of Persons Receiving Lowest Cost-of-Living in Urban Area	848138
城镇居民最低生活保障家庭数	Number of Households Receiving Lowest Cost-of-Living in Urban Area	449971
城镇临时救济人次数	Number of Poor Person-times Receiving Temporary Almsgiving in Urban Area	65156
农村社会救济情况	**Social Relief in Rural Area**	
农村居民最低生活保障人数	Number of Persons Receiving Lowest Cost-of-Living in Rural Area	1164531
农村居民最低生活保障家庭数	Number of Housholds Receiving Lowest Cost-of-Living in Rural Area	838493
农村五保救济人数	Number of Persons of Rural Guaranteed Five Aspects	90949
农村传统救济人数	Number of Persons Receiving Traditional Relief Funds	14828
农村临时救济人次数	Number of Poor Persons Receiving Temporary Almsgiving in Rural Area	204180

21-12 城镇社区服务设施

Basic Statistics on Urban Welfare Facilities

单位：个，人 (unit)(person)

项　目	Item	2010	2011
城镇社区服务设施数	Number of Urban Welfare Facilities	1155	1315
社区从业人员数	Number of People with Jobs in Community	36571	41243
#安置下岗职工	Unemployed Workers Employed again		
社区服务志愿者组织数	Number of Organization of Service Volunteer in Community	1913	1756
社区服务志愿者人数	Number of Service Volunteers in Community	127031	116606
城镇便民利民服务网点数	Urban Service Points for Civilian	17111	15294

21-13 工业“三废”排放及治理

Discharge and Treatment of Waste Water, Waste Gas and Solid Wastes by Industry Enterprises

项目	Item	2010	2011
废水	**Waste Water**		
工业废水排放总量(万吨)	Total Volume of Industrial Waste Water Discharged (10 000 tons)	39535.69	39408.54
工业废水排放达标量(万吨)	Volume of Industrial Waste Water up to the Standards for Discharge(10 000 tons)	.35674.62	
工业废水排放达标率(%)	Percentage of Industrial Waste Water up to the Standards for Discharge(%)	90.2	
废气	**Waste Gas**		
工业废气排放总量(亿标立方米)	Total Volume of Industrial Waste Gas Diffused (100 Million cu.m)	27488.34	30604.86
工业二氧化硫排放量(万吨)	Volume of Sulphur Dioxide Emission(10 000 tons)	119.30	125.0
工业二氧化硫排放达标率(%)	Standard Rate of Sulphur Dioxide Emission(%)	90.6	
工业烟尘排放量(万吨)	Volume of Soot Emission(10 000 tons)	47.59	
工业烟尘排放达标率(%)	Standard Rate of Soot Emission(%)	81.1	
工业粉尘排放量(万吨)	Volume of Industrial Dust Emission(10 000 tons)	16.04	
工业粉尘排放达标率(%)	Standard Rate of Industrial Dust Emission(%)	91.40	
固体废物	**Solid Wastes**		
工业固体废物产生量(万吨)	Volume of Industrial Solid Wastes Produced (10 000 tons)	16996.01	23584.11
工业固体废物综合利用量(万吨)	Volume of Industrial Solid Wastes Utilized in a Comprehensive way(10 000 tons)	9562.36	13701.29
工业固体废物综合利用率(%)	Percentage of Industrial Solid Wastes Utilized in a Comprehensive way(%)	56.3	58.0
工业固体废物贮存量(万吨)	Volume of Industrial Solid Wastes Accumulated (10 000 tons)	2151.64	2646.68
工业固体废物处置量(万吨)	Volume of Industrial Solid Wastes Treated (10 000 tons)	5295.19	7429.33
工业固体废物排放量(万吨)	Volume of Industrial Solid Wastes Discharged (10 000 tons)	4.53	3.10
“三废”综合利用产品产值(万元)	Output Value of Products Made from Waste Gas, Waste Water and Solid Wastes(10 000 yuan)	272375.40	
污染治理	**Pollution Treatment**		
当年安排污染治理项目数(个)	Number of Projects for Pollution Treatment in the Year(unit)	114	254
污染治理项目本年完成投资额(万元)	Actual Investment in Pollution Treatment in the Year(10 000 yuan)	111799.50	311613.96
# 治理废水	Treatment of Waste Water	41623.30	40808.0
治理废气	Treatment of Waste Gas	54482.60	163449.0
治理固体废物	Treatment of Solid Wastes	19896.60	17299.0
治理噪声	Noise Abatmenet	101.20	659.0
治理其他	Others	13570.80	12903.0
排污收费及使用	**Fee for Discharging Waste and Fines for Pollution**		
排污费交纳单位(个)	Number of Units Charged levied(unit)	5651.00	5131
排污费征收额(万元)	Amount of Pollution Charges(10 000 yuan)	79735.00	91842.31

21-14 火灾、交通事故情况(2011年)

Basic Statistics on Fires and Traffic Accidents(2011)

项　　目	Item	发生(起) Accured (case)	死亡(人) Death (person)	受伤(人) Injuries (person)	财产损失(万元) Property Loss (10 000 yuan)
一、火灾事故情况	**Fires**	**10366**	**49**	**17**	**6217.74**
特　大	Extraordinarily				
重　大	Serious				
较　大	Larger	2	8		52.83
一　般	Ordinary	10364	41	17	6164.91
二、交通事故情况	**Traffic Accidents**	**4590**	**1267**	**4866**	**2335.00**
死亡事故	Deaths	1006	1267	767	1402.00
伤人事故	Injuries	3584		4099	933.00
财产损失事故	Property Loss				

21-15 民间组织管理情况(2011年)

Statistics on Non Governmental Organizations(2011)

单位：个、人　　(unit)(person)

项 目	Item	2011
社团管理	**Mass Organizations**	
年末实有社团数	The Number of Mass Organizations at Year-end	5841
社团负责人	The Number of Leaders of Mass Organizations	12375
#女性	Female	3004
民办非企业单位	**Nonbusinesses Run by Local People**	
年末实有民办非企业单位	Nonbusinesses Run by Local People at Year-end	2889
民办非企业单位负责人	Leaders of Nonbusinesses	3811
#女性	Female	1341

主要统计指标解释

等级运动员人数 指经考核正式批准授予等级运动员称号的人数。运动员等级分为国际级运动健将,运动健将、一级运动员、二级运动员、三级运动员、少年级运动员。

等级裁判员人数 指经考核正式批准授予等级裁判员称号的人数。裁判员等级分为国际裁判、国家级裁判、一级裁判、二级裁判、三级裁判。

体育场 指有400米跑道(中心含足球场),有固定道牙,跑道6条以上,并有固定看台的室外田径场地。体育场按看台容纳观众人数分为:甲级25000人以上,乙级15000–25000人,丙级5000–15000人,丁级5000人以下。

体育馆 指有固定看台,可供篮球、排球、羽毛球、乒乓球、体操等项目训练比赛活动用的室内运动场地。体育馆按看台容纳观众人数分为:甲级6000人以上,乙级4000–6000人,丙级2000–4000人,丁级2000人以下。

卫生机构 包括医疗机构、疾病预防控制中心(防疫站)、采供血机构、卫生监督及监测(检验)机构、医学科研和在职培训机构、健康教育所等。医疗机构包括医院、社区卫生服务中心(站)、疗养院、卫生院、门诊部、诊所(卫生所、医务室)、妇幼保健院(所、站)、专科疾病防治院(所、站)、急救中心(站)和临床检验中心。医疗机构分为非赢利性医疗机构和赢利性医疗机构。

医院 包括综合医院、中医医院、中西医结合医院、民族医院、各类专科医院和护理院。

卫生技术人员 指卫生机构中医生、护理人员、药剂人员、检验人员等卫生技术人员。

医生 指在医疗、预防保健机构工作且取得《执业医师证书》的执业医师和执业助理医师。

卫生服务总费用 反映全国当年用于医疗卫生保健服务所消耗的资金总额,用筹资来源法测算。政府预算卫生支出指各级政府用于卫生事业的财政预算拨款。社会卫生支出指政府预算外的卫生资金投入,主要表现为社会医疗保险。其中包括如企事业单位和乡村集体经济单位举办医疗卫生机构设施建设费,企业职工医疗卫生费,行政事业单位负担的职工公费医疗超支部分等。居民个人卫生支出指城乡居民用自己可支配的经济收入支付的各项医疗卫生费用和医疗保险费用。

社会福利事业单位 指集中收养社会孤老、残、幼的机构,包括由民政部门管理的社会福利院、儿童福利院、精神病人福利院和城镇集体举办的福利院及农村集体举办的敬老院以及优抚医院和具有收养能力的社区服务中心等。该指标主要反映我国在社会福利性单位投入的水平。

社会福利事业单位收养人数 包括民政部门管理和城镇、农村集体举办的社会福利事业单位中收养的老人、少年儿童、缺乏生活自理能力的残疾人员和精神病人。

社会福利企业单位 指以安置城镇有一定劳动能力的盲、聋、哑和肢体残疾人员就业为目的,享受国家减免税待遇的国有或集体企业。包括福利工厂、福利商业和服务业、假肢厂和安置农场等单位。

农村五保户 指农村中既无劳动能力,又无经济来源的老、弱、孤、残的农民,其生活由集体供养,实行保吃、保穿、保住、保医、保葬(孤儿保教),简称"五保"。享受五保待遇的家庭叫五保户。

双扶户 包括被扶持的优抚户和贫困户。主要是对具有一定劳动能力且生活困难的两户给予一定的救济金以扶持其通过生产自救达到脱贫的目的。

基本养老保险

1.参加保险人数:指报告期末按照国家法律、法规和有关政策规定参加基本养老保险的职工人数。包括不能正常缴费、已中断缴费但未终止保险关系的职工人数。

2.社会统筹基金收入:指根据国家规定,由纳入基本养老保险范围的单位,按照国家规定的缴费基数和缴费比例缴纳的社会统筹基金,以及通过其他方式取得的形成基金来源的收入,包括:单位缴纳的社会统筹基金收入、财政补贴收入、利息收入、其他收入。

3. 社会统筹基金支出:指按照国家政策规定的开支范围和开支标准从社会统筹基金中支付给参加基本养老保险的离休、退休、退职人员个人的养老金、丧葬抚恤补助,以及由于保险关系转移、上下级之间调剂资金等原因而发生的支出。包括:基础性养老金、过渡性养老金、离休金、退休金、退职金、补贴、丧葬抚恤补助、其他支出。

4. 社会统筹基金结余:指截止报告期末基本养老保险的社会统筹基金结余金额。包括银行存款、财政专户、债券投资和其他。

基本医疗保险

1. 参加保险人数:指报告期末按国家有关规定参加基本医疗保险的人数。包括参加保险的职工人数和退休人员人数。

2.社会统筹基金收入:指根据国家有关规定,由纳入基本医疗保险范围的缴费单位,按国家规定的缴费基数和缴费比例缴纳的社会统筹基金,以及通过其他方式取得的形成基金来源的款项,包括:单位缴纳的社会统筹基金收入、财政补贴收入、利息收入、其他收入。

3. 社会统筹基金支出:指按照国家政策规定的开支范围和开支标准从社会统筹基金中支付给参加基本医疗保险的职工和退休人员的医疗保险待遇支出及其他支出。包括:住院医疗费用支出、门急诊医疗费用支出、其他支出。

4. 社会统筹基金结余:指截止报告期末基本医疗保险的社会统筹基金结余金额。包括银行存款、财政专户、债券投资和其他。

失业保险

1.参加保险人数:指报告期末按照国家法律、法规和有关政策规定参加了失业保险的城镇企业事业单位的职工及地方政府规定参加失业保险的其他人员的人数。

2. 失业保险金：指为保障失业人员的基本生活而按规定支付的失业保险金金额。保险福利费用总额指各单位在工资以外支付给职工和离休、退休、退职人员个人和用于集体的保险福利费用，不包括用于职工的劳动保护费用，由保险福利费用开支的医务人员工资，集体福利机构工作人员和病伤休息期满6个月以上人员的工资。

保险福利费用总额 指各单位在工资以外支付给职工和离休、退休、退职人员、个人和集体的保险福利费用，不包括用于职工的劳动保护费用，由保险福利费用开支的医务人员工资，具体福利机构工作人员和病伤休息期满6个月以上人员的工资。

离休、退休、退职人员 指正式办理了离休、退休、退职手续，并享受相应的离休、退休、退职待遇的人员。

离休、退休、退职人员保险福利费用 包括：

1. 离休金：指发给离休干部的工资和按1982年国务院《关于老干部离职休养制度的几项规定的通知》发给符合规定的离休干部相当于一至两个月标准工资的生活补贴及1988年增发的生活补贴。

2. 退休金：指按照国家有关规定发给退休职工的退休费和1988年增发的生活补贴。

3.退职生活费：指按照1978年国务院《关于工人退休、退职的暂行办法》发给退职人员的生活费用和1988年增发的生活补贴。

以上离退休、退职人员的离退休金、退职生活费还应包括发给离退休、退职人员的生活补贴和物价补贴。

4.医疗卫生费：指离休、退休、退职人员的医疗费、住院费以及住院伙食补助等费用。

5.其他：指上述费用以外的其他保险福利费用，如丧葬抚恤救济费、交通费补贴、冬季取暖补贴等。

工业废水排放量 指经过企业厂区所有排放口排到企业外部的工业废水量。包括生产废水、外排的直接冷却水、超标排放的矿井地下水和与工业废水混排的厂区生活污水，不包括外排的间接冷却水（清污不分流的间接冷却水应计算在内）。

工业废水排放达标量 指各项指标都达到国家或地方排放标准的外排工业废水量，包括未经处理外排达标和经过处理后外排达标两部分。

工业废水处理量 指报告期内各种水治理设施实际处理的工业废水量，包括处理后外排和处理后回用的工业废水量和虽经处理但未达到国家或地方排放标准的废水量。如车间和厂排放口均有治理设施，并对同一废水分级处理时，不应重复计算工业废水处理量。

工业废气排放量 指企业厂区内燃料燃烧和生产工艺过程中产生的各种排入空气的含有污染物的气体总量，按标准状态[273K，101325pa]计算。

工业二氧化硫排放量 指企业在燃料燃烧和生产工艺过程中排入大气的二氧化硫数量。 烟尘排放量 指企业厂区内燃料燃烧产生的烟气中夹带的颗粒物数量。

工业粉尘排放量 指企业在生产工艺过程中排放的颗粒物重量，如钢铁企业的耐火材料粉尘、焦化企业的筛焦

系统粉尘、烧结机的粉尘、石灰窑的粉尘、建材企业的水泥粉尘等。不包括电厂排入大气的烟尘。

工业固体废物产生量 指企业在生产过程中产生的固体状、半固体状和高浓度液体状废弃物的总量，包括危险废物、冶炼废渣、粉煤灰、炉渣、煤矸石、尾矿、放射性废物和其他废物等；不包括矿山开采的剥离废石和掘进废石(煤矸石和呈酸性或碱性的废石除外)。酸性或碱性废石指采掘的废石其流经水、雨淋水的PH值小于4或PH值大于10.5者。

危险废物 指列入国家危险废物名录或根据国家规定的危险废物鉴别标准和鉴别方法认定的，具有爆炸性、易燃性、易氧化性、毒性、腐蚀性、易传染疾病等危险特性之一的废物。

工业固体废物综合利用量 指通过回收、加工、循环、交换等方式，从固体废物中提取或者使其转化为可以利用的资源、能源和其他原材料的固体废物量（包括当年利用往年的工业固体废物累计贮存量)，如用作农业肥料、生产建筑材料、筑路等。综合利用量由原产生固体废物的单位统计。

工业固体废物贮存量 指以综合利用或处置为目的，将固体废物暂时贮存或堆存在专设的贮存设施或专设的集中堆存场所内的数量。专设的固体废物贮存场所或贮存设施必须有防扩散、防流失、防渗漏、防止污染大气、水体的措施。

工业固体废物处置量 指将固体废物焚烧或者最终置于符合环境保护规定要求的场所，并不再回取的工业固体废物量(包括当年处置往年的工业固体废物累计贮存量)。处置方法有填埋(其中危险废物应安全填埋)、焚烧、专业贮存场(库)封场处理、深层灌注、回填矿井等。

工业固体废物排放量 指将所产生的固体废物排到固体废物污染防治设施、场所以外的数量，不包括矿山开采的剥离废石和掘进废石(煤矸石和呈酸性或碱性的废石除外)。

“三废”综合利用产品产值 指利用“三废”(废液、废气、废渣)作为主要原料生产的产品价值(现行价)，已经销售或准备销售的应计算产品价值，留作生产自用的不应计算产品价值。

“三废”综合利用产品利润 指利用“三废”(废液、废气、废渣)生产的产品，销售后所得到的利润。

环境污染与破坏事故 指由于违反环境保护法规的经济、社会活动与行为，以及意外因素的影响或不可抗拒的自然灾害等原因，致使环境受到污染，国家重点保护的野生动植物、自然保护区受到破坏，人体健康受到危害，社会经济和人民财产受到损失，造成不良社会影响的突发性事件。

Explanatory Notes on Main Statistical Indicators

Number of Athletes in Grades refers to the number of athletes who have been given titles through examination. The titles of athletes include international masters of sports, masters of sports, first grade, second grade and third grade sportsmen and young athletes.

Number of Referees in Grades refers to the number of referees who have been given titles after examination. They are classified as international referees, national referees and referees of the first, second and third grades.

Stadiums refer to stadiums for track and field events with six lane 400 meter tracks around soccer fields, permanent track marks and permanent bleachers. Stadiums are classified according to seating capacity. They include: Class A stadiums seating 25000 people each. Class B stadiums seating 15000 to 25000 people each. Class C stadiums seating 5000 to 15000 people each, and Class D stadiums seating fewer than 5000 people.

Gymnasiums refer to indoor sports grounds with permanent seats in which basketball, volleyball. Badminton, table tennis and gymnastics competitions can be held. Gymnasiums are classified according to seating capacity. They include Class A gymnasiums seating over 6000 people. Class B gymnasiums seating 4000 to 6000 people. Class C gymnasiums seating 2000 to 4000 people, and Class D gymnasiums seating fewer than 2000 people.

Medical Organizations include: hospitals, health service centers (stations) of communities, nursing homes, health centers, clinics, clinics (health stations and infirmaries) , maternity and child care agencies (centers and stations) , special disease prevention and curing agencies (centers and stations) , first aid centers (stations) and clinical inspection centers. Medical organizations are grouped by two types: profit- making and non- profit- making medical organizations.

Hospitals include: polyclinics, traditional Chinese medical hospitals, hospitals integrated with traditional Chinese therapeutics and western therapeutics, ethical hospitals, various specialties hospitals and nursing hospitals.

Medical Technical Personnel refers to doctors, assistant nurses, pharmacists, and laboratory technicians working in medical institutions.

Doctors refer to certified physicians and certified assistant physicians with certifications working in medical and health care and prevention agencies.

Total Cost of Health Services reflects the total expenditures on medical and health care services for the whole country, calculated on basis of sources of funding. Health expenditure from government budget refers to budgetary allocation for health undertakings by governments at all levels. Social health expenditure refers to non-government budgetary cap ital input, mainly the health insurance. It includes expenditure on health institutions run by enterprises and rural collective entities, expenditure on medical and health care of employees of enterprises, and excessive health expenditure of government employees that could be covered by the government health care system. Health expenditure on individuals refers to expenditure on health service and health insurance paid by residents from their disposable income.

Social Welfare Institutions refer to institutions taking care of old pople without children, handicapped people and orphans. They include social welfare institutions run by civil affairs departments, children welfare institutions, social welfare institutions for mental patients, collective-owned old peoples homes in rural areas, convalescent homes and community service centers with the capaCity of receiving those people. This indicator reflects the input in social welfare institutions.

Number of People Taken in by Social Welfare Institutions refers to the number of old people, children, totally dependent handicapped people and mental patients taken in by social welfare institutions run by civil affairs departments and those run by collective units in urban and rural areas.

Social Welfare Enterprises are collective-owned enterprises which employ the blind, deaf mute, and other handicapped people who are able to work in cities and towns and enjoy exemption from state taxes, including welfare plants, welfare commercial services, artificial limb plants and farms, etc.

Rural Households with Livelihood Guaranteed in Five Aspects refer to the households in which there are old people without child, orphans and handicapped people who are unable to work and without financial resources in rural areas. They are taken care of by the collective units and their food, clothing, housing, medical care, funeral expenses (or schooling for orphans) are guaranteed to be provided for.

Households in the Poor Household Support Program refer to the households of martyrs and disabled servicemen, and poor households, who are able to work but in poor conditions, receiving government or collective relief funds. In this way, the households can get to work and make them break away from poverty.

Basic Endowment Insurance

1. Number of people participating in the insurance program: by the end of reference period, number of staff and workers participating in the insurance program in line with national laws, regulations and related policies, including those who can not make regular payment or interrupt payment but not terminate the insurance program.

2. Revenue of social comprehensive funds: according to national provision, payments made by units covered in basic endowment insurance program, and income from other resources, including: income of social comprehensive funds paid by unites, financial subsidies, interest income and others.

3. Expenditure of social comprehensive funds: refer to payment made to those retired and resigned people covered in endowment insurance program in terms of pens ion or compensation within the expenditure scope and standards according to related national policies, and the expenditure occurred due to shift of the insurance relationship or adjustment funds among agencies, including: basic pension, transitional pension, pension for resigned people, pension for retired people, pension for people quitting jobs, subsidies, funeral subsidies and other expenditure.

4. Balance of social comprehensive funds: refer to the balance of basic endowment insurance of social comprehensive funds at the end of the reference period, including: bank savings, special fiscal account, investment in bonds and others.

Basic Medical Care Insurance:

1. Number of people participated in the insurance program: refer to number of people participated in the basic medical care insurance program according to related regulation by the end of reference period, including: number of staff and workers and retired persons participated in this insurance program.

2. Revenue of social comprehensive funds: according to national provision, payments made by units covered in basic medical care insurance program, and income from other resources, including: income of social comprehensive funds paid by unites, financial subsidies, interest income and others.

3. Expenditure of social comprehensive funds: refer to payment made to those retired and resigned people covered in basic medical care insurance within the expenditure scope and standards according to related national policies, including: expenditure on fee-for-service in hospital, expenditure on fee-for-service in clinic and other expenditure.

4. Balance of social comprehensive funds: refer to the balance of medical care insurance of social comprehensive funds at the end of the reference period, including: bank savings, special fiscal account, investment in bonds and others.

Unemployment Insurance

1. Number of people participated in unemployment insurance program: number of staff and workers in urban enterprises or institutions and other people according to local government regulations participated in unemployment insurance program in line with national law, regulations and related policies by the end of the reference period.

2. Sum of Unemployment Insurance: refer to total amount of insurance paid to un-employees to guarantee their basic lives according to related regulations.

Insurance and Welfare Funds refers to labor insurance and welfare fund paid by enterprises, organizations and institutions to their staff and workers as well as retired and resigned persons in addition to their wages and salaries excluding labor protection fees, wages paid to medical workers from insurance and welfare fund and wages paid to staff members working in collective welfare agencies and to people with over 6 months of sick-leave.

Retired or Resigned Personnel refers to the persons who have formally gone through the formalities for their retirement or quitting work and enjoy the corresponding treatments.

Insurance and Welfare Funds for Retired and Resigned Staff and Workers

1. Pensions for retired veteran cadres: They refer to pensions, other subsidies, and additional allowances paid to retired in line with relevant government documents.

2. Pensions for Retirement: They refer to living allowance; other subsidies and additional allowances paid to retired staff and workers in line with the relevant government documents.

3. Resignation Allowances for Living Expenses: They refer to living allowance, and additional allowances subsidies paid to resigned staff and workers in line with relevant government instructions.

It also includes living subsidies and prices subsidies paid to retired and resigned staff and workers.

4. Medical Care Allowance: refer to fee–for–service, cost of medical care and per diem subsidies during hospitalizations of retired and resigned staff and workers.

5. Others: They refer to other expenses, including other types of insurance and welfare fund, fees for funerals, traveling subsidies and heating subsidies during the winter time.

Volume of Industrial Waste Water Discharged refers to the volume of industrial waste water discharged, through all outlets, to the outside of industrial enterprises, including waste water produced, direct cooling water, underground water from mines that does not meet the standard of discharge, and the domestic sewage mixed up with industrial waste water when discharged, but excluding discharged indirect cooling water.

Volume of Treated Industrial Waste Water refers to the volume of industrial waste water after being treated and purified through various water treatment facilities in the reference period, including the volume discharged or recovered after being treated. The volume of waste water that fails to meet the national or local standards after treatment is also included. If there are treatment facilities both at the outlets of workshops and at the outlets of the factory, and the same volume of waste water has been treated twice, duplication should be avoided in the calculation of the volume of treated industrial waste water.

Volume of Waste Industrial Gas Emission refers to waste gas emitted from burning of fuels and from production process in the area of the factory, and is measured by 10000 standard cubic meters each year under normal condition.

Volume of Industrial Sulphur Dioxide Discharged refers to the volume of sulphur dioxide discharged to the air in the process of fuel burning or in the production process.

Volume of Industrial Soot Discharged refers to the volume of solid soot in the smoke discharged in the process of fuel burning in the area of the factory.

Industrial Dust Discharged refers to the total weight of solid dust discharged by industrial enterprises in the production process, such as dust of refractory materials from iron plants, dust from coke screening system or from sintering machines of coking plants, dust from lime kilns, cement dust from building material enterprises, etc. but excluding smoke and dust discharged by power plants.

Volume of Industrial Solid Wastes Produced refers to the total volume of solid, semi solid or high concentration liquid residue produced by industrial enterprises in their production process, including dangerous wastes, residues from melting, slag, powdered coal ash, gangue, chemical residues, tailings, radio active residues and other residues, but excluding stripped or dug stones in mining (except gangue and acid or alkali stones which are stones washed or soaked by water with a pH value smaller than 4 or larger than 10. 5)

Dangerous Wastes refers to the wastes which are listed by the government as the dangerous wastes or the wastes which are explosive, inflammable, oxidizable, poisonous, corrosive or liable to cause infectious diseases or have other dangerous characteristics specified in accordance with the standards or methods stipulated by the government for identifying the dangerous wastes.

Volume of Industrial Solid Wastes Utilized in a Comprehensive Way refers to the volume of solid wastes from which useful materials can be extracted or which can be changed to be utilizable resources, energy or other materials, including the volume of industrial solid wastes stored up in the previous years and utilized in the current year, such as the solid wastes utilized as fertilizers, building materials, for making roads or for other purpose. Statistical data on utilization of industrial solid wastes are collected by solid wastes producing units.

Volume of Industrial Stored up Solid Wastes refers to the volume of industrial solid wastes temporarily stored up or piled with special facilities or piled in the special sites for purpose of utilization or treatment in future. The special facilities or special sites for the storing up solid wastes should have the measures against spreading or being washed away to other places, permeating the soil or causing air pollution or water contamination.

Volume of Industrial Solid Wastes Treated refers to solid wastes disposed of in a non recoverable place that meet the requirement of environmental protection, such as burying (The dangerous wastes should be buried safely), burning, piling in designated sites, pouring water into the deep strata, filling of old mines, etc. (including treatment of solid wastes piled up in the previous years).

Volume of Industrial Solid Wastes Discharged

refers to the volume of industrial solid wastes produced and discharged at the places outside the special facilities or special sites for preventing against pollution, excluding stripped or dug stones in mining (except gangue and acid or alkali waste stones).

Output Value of Products Made from Utilization of Waste Gas, Waste Water and Industrial Solid Wastes refers to the value of products (calculated at current prices) made by industrial enterprises using recovered waste water, waste gas or solid wastes as main raw materials. Only the value of the products which have been sold or are ready to be sold should be included. The value of the products which will be used in the production of the enterprises should not be included.

Profit Obtained from Utilization of Waste Gas, Waste Water and Industrial Solid Wastes refers to profit obtained from selling or own consumption of products made by industrial enterprises using recovered waste water, waste gas or solid wastes as main raw materials.

Accidents of Environment Pollution and Destruction refer to sudden accidents, due to economic and social behavior or activities in contrast with environment protection legislation, unexpected factors or irresistible natural disasters, that cause the pollution of environment, the destruction of natural protection zones, wild plants and animals, the danger to the health of people, and the loss in the property of the society and people.

2012

NEI MENG GU

二十二、盟市资料

Statistics of Leagues and Cities

资料整理：李　亮
Arranged By Li Liang

22-1 各盟市行政区域土地面积和城市建设(2011年)

Administrative Areas and Construction in Cities by Region(2011)

地 区	Region	行政区域土地面积(万平方公里) Gross Area (10 000 sq.km)	城市面积(平方公里) Areas of City (sq.km)	城市建成区面积(平方公里) Urban Developed Area (sq.km)	公园个数(个) Parks (unit)	公园面积(公顷) Area of Parks (hectare)	建成区绿化覆盖面积(公顷) Green Coverage Developed Area(hectare)
总 计	**Total**	**118.30**	**10996.70**	**1077.04**	**193**	**9617**	**36718**
呼和浩特市	Hohhot City	1.72	265.05	173.59	21	2385	6249
包 头 市	Baotou City	2.77	885.00	185.00	21	1563	7493
呼伦贝尔市	Hulunbeier City	25.30	5019.85	135.60	15	703	4054
兴 安 盟	Xingan League	5.98	432.31	46.24	5	369	1047
通 辽 市	Tongliao City	5.95	660.63	99.63	12	664	2847
赤 峰 市	Chifeng City	9.00	560.00	82.00	30	418	2909
锡林郭勒盟	Xilinguole League	20.26	449.30	64.50	5	229	1685
乌兰察布市	Wulanchabu City	5.50	76.98	76.98	11	1086	2673
鄂尔多斯市	Erdos City	8.68	195.58	112.58	50	1394	4258
巴彦淖尔市	Bayannaoer City	6.44	698.00	38.00	9	155	1280
乌 海 市	Wuhai City	0.17	1754.00	62.92	14	651	2223
阿拉善盟	Alashan League	27.02					

22-2 各盟市年末常住人口(2011年)

Number of Population at Year-end by Region(2011)

地 区	Region	年末常住人口(万人) Total Population(10 000 persons)			出生人口(万人) Birth (10 000 persons)	死亡人口(万人) Death (10 000 persons)
		合 计 Total	男 Male	女 Female		
呼和浩特市	Hohhot City	291.19	148.40	142.79	2.55	1.24
包 头 市	Baotou City	269.29	138.94	130.35	2.24	1.12
呼伦贝尔市	Hulunbeier City	253.97	130.52	123.45	1.91	1.48
兴 安 盟	Xingan League	160.99	82.53	78.46	1.53	0.95
通 辽 市	Tongliao City	313.64	159.35	154.29	2.99	1.84
赤 峰 市	Chifeng City	431.93	222.04	209.89	4.07	2.53
锡林郭勒盟	Xilinguole League	103.31	53.84	49.47	0.93	0.52
乌兰察布市	Wulanchabu City	213.46	108.89	104.57	1.54	1.51
鄂尔多斯市	Erdos City	199.93	113.76	86.17	2.30	0.97
巴彦淖尔市	Bayannaoer City	166.33	88.23	78.10	1.37	0.94
乌 海 市	Wuhai City	54.14	28.66	25.48	0.50	0.24
阿拉善盟	Alashan League	23.53	12.82	10.71	0.21	0.10

22-3 各盟市生产总值(2011年)

Gross Domestic Product by Region(2011)

单位：亿元 (100 million yuan)

地区	Region	生产总值 Gross Domestic Product	第一产业 Primary Industry	第二产业 Secondary Industry	工业 Industry	建筑业 Construc -tion	第三产业 Tertiary Industry	人均生产总值(元) Per Capita GDP(yuan)
呼和浩特市	Hohhot City	2177.27	109.44	789.99	651.43	138.56	1277.84	75266
包头市	Baotou City	3005.40	80.17	1665.18	1487.41	177.77	1260.05	112372
呼伦贝尔市	Hulunbeier City	1145.31	214.60	509.95	441.11	68.84	420.76	45039
兴安盟	Xingan League	313.58	98.60	114.58	88.76	25.82	100.40	19458
通辽市	Tongliao City	1448.82	208.64	886.71	813.06	73.65	353.46	46166
赤峰市	Chifeng City	1347.19	210.74	722.53	627.87	94.67	413.92	31121
锡林郭勒盟	Xilinguole League	696.69	71.87	463.01	413.01	50.00	161.80	67584
乌兰察布市	Wulanchabu City	690.04	111.69	371.18	332.52	38.67	207.16	32281
鄂尔多斯市	Erdos City	3218.54	83.16	1933.68	1723.05	210.63	1201.70	163014
巴彦淖尔市	Bayannaoer City	718.45	138.38	414.07	354.54	59.53	166.00	43118
乌海市	Wuhai City	483.24	4.36	351.95	322.97	28.98	126.93	89830
阿拉善盟	Alashan League	392.63	9.87	323.49	306.82	16.67	59.27	168078

注：本表按当年价格计算。

a)Data in value terms in this table are calculated at current prices.

22-4 各盟市生产总值指数(2011年)

Indices of Gross Domestic Product by Region(2011)

(上年=100) (preceding year=100)

地区	Region	生产总值 Gross Domestic Product	第一产业 Primary Industry	第二产业 Secondary Industry	工业 Industry	建筑业 Construc -tion	第三产业 Tertiary Industry	人均生产总值 Per Capita GDP
呼和浩特市	Hohhot City	111.3	105.1	110.7	111.9	105.1	112.2	109.6
包头市	Baotou City	115.5	106.0	117.2	117.5	115.3	113.9	113.7
呼伦贝尔市	Hulunbeier City	114.4	105.8	120.4	121.4	114.4	112.1	114.7
兴安盟	Xingan League	110.4	106.5	119.4	117.9	124.6	105.4	110.6
通辽市	Tongliao City	114.6	105.3	119.2	119.0	122.0	109.6	114.6
赤峰市	Chifeng City	115.5	107.1	120.4	120.5	119.8	112.0	116.1
锡林郭勒盟	Xilinguole League	109.3	105.8	107.7	111.6	83.1	115.7	108.7
乌兰察布市	Wulanchabu City	113.1	105.8	116.0	115.5	120.2	112.0	113.5
鄂尔多斯市	Erdos City	115.1	104.9	116.8	116.3	121.5	113.2	111.6
巴彦淖尔市	Bayannaoer City	110.5	105.2	113.0	115.1	102.2	109.1	111.0
乌海市	Wuhai City	117.5	105.0	119.7	119.8	119.1	112.1	115.8
阿拉善盟	Alashan League	119.5	104.8	121.0	121.8	107.4	114.4	117.6

注：本表按可比价格计算。

a)The indices in this table are calculated at comparable prices.

22-5 各盟市按三次产业分的年末就业人员(2011年)

Number of Employed Persons at Year-end by Type of Industry and by Region(2011)

地区	Region	就业人员(万人) Number of Employed Persons (10 000 persons)				构成(合计=100) Composition in Percentage(total=100)		
			第一产业 Primary Industry	第二产业 Secondary Industry	第三产业 Tertiary Industry	第一产业 Primary Industry	第二产业 Secondary Industry	第三产业 Tertiary Industry
呼和浩特市	Hohhot City	168.30	40.20	52.40	75.70	23.9	31.1	45.0
包头市	Baotou City	146.75	20.22	43.21	83.32	13.8	29.4	56.8
呼伦贝尔市	Hulunbeier City	118.36	55.30	17.60	45.50	46.7	14.9	38.4
兴安盟	Xingan League	81.95	54.97	7.10	19.88	67.1	8.7	24.3
通辽市	Tongliao City	167.53	99.75	23.99	43.78	59.5	14.3	26.1
赤峰市	Chifeng City	253.17	130.37	52.63	70.17	51.5	20.8	27.7
锡林郭勒盟	Xilinguole League	51.30	24.60	6.40	20.30	48.0	12.5	39.6
乌兰察布市	Wulanchabu City	110.90	64.80	13.70	32.40	58.4	12.4	29.2
鄂尔多斯市	Erdos City	102.20	26.70	31.50	44.00	26.1	30.8	43.1
巴彦淖尔市	Bayannaoer City	89.20	48.10	13.20	27.90	53.9	14.8	31.3
乌海市	Wuhai City	27.14	1.17	11.05	14.92	4.3	40.7	55.0
阿拉善盟	Alashan League	14.10	3.90	4.00	6.20	27.7	28.4	44.0

22-6 各盟市城镇年末就业人员(2011年)

Number of Employed Persons at Year-end in Urban Areas by Region(2011)

单位：人 (person)

地区	Region	合计 Total	国有单位 State-owned Units	集体单位 Collective-owned Units	其他单位 Units of Other Types of Ownership
呼和浩特市	Hohhot City	887093	218746	9749	96075
包头市	Baotou City	898952	134166	21717	230289
呼伦贝尔市	Hulunbeier City	511684	206319	6019	67018
兴安盟	Xingan League	196002	94132	4218	19281
通辽市	Tongliao City	381378	187189	9095	50917
赤峰市	Chifeng City	549917	199437	11670	97008
锡林郭勒盟	Xilinguole League	261976	86565	2848	33591
乌兰察布市	Wulanchabu City	304212	112965	4107	31361
鄂尔多斯市	Erdos City	423908	128525	4094	68270
巴彦淖尔市	Bayannaoer City	294054	104096	5011	48479
乌海市	Wuhai City	174369	57208	225	43125
阿拉善盟	Alashan League	97648	26396	543	22082
直报单位	Units of Direct Reporting	189789	175721	5571	98

22-6 续表 continued

单位：人 (person)

地 区	Region	# 港澳台商投资单位 Economic Units Funded by Entrepreneurs from H. K,Macao and Taiwan	# 外商投资单位 Foreign Funded Units	私营企业 Private Enterprises	个 体 Self-employed Individuals
呼和浩特市	Hohhot City	2771	5391	271720	290803
包 头 市	Baotou City	2390	6654	317812	194968
呼伦贝尔市	Hulunbeier City	1177	1872	61503	170825
兴 安 盟	Xingan League	1087	745	16229	62142
通 辽 市	Tongliao City	1215	4545	53563	80614
赤 峰 市	Chifeng City	2181		101046	140756
锡林郭勒盟	Xilinguole League	1044	963	55448	83524
乌兰察布市	Wulanchabu City	1546	647	66167	89612
鄂尔多斯市	Erdos City	1087	7236	89134	133885
巴彦淖尔市	Bayannaoer City	1712	1165	61176	75292
乌 海 市	Wuhai City		1119	43170	30641
阿拉善盟	Alashan League	443	364	28381	20246
直报单位	Units of Direct Reporting			8399	

22-7 各盟市登记注册类型年末职工人数(2011 年)

Number of Staff and Workers at Year-end by Status of Registration and by Region(2011)

单位：人 (person)

地 区	Region	合 计 Total	国有单位 State-owned Units	城镇集体单位 Urban Collective-owned Units	其他单位 Units of Other Types of Ownership
呼和浩特市	Hohhot City	320453	218059	9726	92668
包 头 市	Baotou City	372262	131495	21218	219549
呼伦贝尔市	Hulunbeier City	278137	205686	5887	66564
兴 安 盟	Xingan League	113675	92063	4147	17465
通 辽 市	Tongliao City	245364	186317	8737	50310
赤 峰 市	Chifeng City	305535	197229	11478	96828
锡林郭勒盟	Xilinguole League	119029	83626	2733	32670
乌兰察布市	Wulanchabu City	142439	108081	4077	30281
鄂尔多斯市	Erdos City	195661	125069	4071	66521
巴彦淖尔市	Bayannaoer City	156157	102709	4990	48458
乌 海 市	Wuhai City	99496	56711	225	42560
阿拉善盟	Alashan League	46436	26087	536	19813
直报单位	Units of Direct Reporting	177256	173659	3499	98

22-8 各盟市登记注册类型女性年末就业人员(2011 年)
Number of Female Employed by Registration Status and by Region at Year-end(2011)

单位：人 (person)

地 区	Region	合 计 Total	国有单位 State-owned Units	城镇集体单位 Urban Collective-owned Units	其他单位 Units of Other Types of Ownership
呼和浩特市	Hohhot City	144238	96606	4225	43407
包 头 市	Baotou City	150325	62097	9662	78566
呼伦贝尔市	Hulunbeier City	105276	84460	2669	18147
兴 安 盟	Xingan League	47530	38675	2056	6799
通 辽 市	Tongliao City	91994	74874	3615	13505
赤 峰 市	Chifeng City	111221	83491	4310	23420
锡林郭勒盟	Xilinguole League	46201	35279	1255	9667
乌兰察布市	Wulanchabu City	54505	42532	1656	10317
鄂尔多斯市	Erdos City	73576	51981	2006	19589
巴彦淖尔市	Bayannaoer City	63860	48015	2599	13246
乌 海 市	Wuhai City	30893	20399	111	10383
阿拉善盟	Alashan League	18241	12731	302	5208
直报单位	Units of Direct Reporting	31630	30281	1318	31

22-9 各盟市私营企业年末就业人员(2011 年)
Number of Employed Persons in Private Enterprises at the Year-end by Region(2011)

单位：户、人 (enterprise, person)

地 区	Region	合 计 Total			城 镇 Urban Areas			乡 村 Rural Areas		
		户 数 Enter-prises	就业人数 Employed Persons	# 投资者 Empl-oyers	户 数 Enter-prises	就业人数 Employed Persons	# 投资者 Empl-oyers	户 数 Enter-prises	就业人数 Employed Persons	# 投资者 Empl-oyers
总 计	**Total**	**132660**	**1356184**	**301421**	**120384**	**1173748**	**275436**	**12276**	**182436**	**25985**
呼和浩特市	Hohhot City	28379	292557	67662	26947	271720	63603	1432	20837	4059
包 头 市	Baotou City	21484	343086	53702	20571	317812	51810	913	25274	1892
呼伦贝尔市	Hulunbeier City	8551	71213	19985	7322	61503	18073	1229	9710	1912
兴 安 盟	Xingan League	2823	18814	5442	2623	16229	5063	200	2585	379
通 辽 市	Tongliao City	7829	70164	13816	5804	53563	10728	2025	16601	3088
赤 峰 市	Chifeng City	13540	125273	27319	11327	101046	22167	2213	24227	5152
锡林郭勒盟	Xilinguole League	6128	60633	11941	5730	55448	10839	398	5185	1102
乌兰察布市	Wulanchabu City	6929	82385	14601	6370	66167	13397	559	16218	1204
鄂尔多斯市	Erdos City	23868	115323	50701	21769	89134	46544	2099	26189	4157
巴彦淖尔市	Bayannaoer City	6310	73712	15595	5221	61176	12669	1089	12536	2926
乌 海 市	Wuhai City	4024	43240	13174	3977	43170	13163	47	70	11
阿拉善盟	Alashan League	2125	50480	4285	2089	28381	4234	36	22099	51

22-10 各盟市年末个体就业人员(2011年)

Number of Self-Employed Individuals at Year-end by Region(2011)

单位：户、人 (enterprise, person)

地区	Region	合计 Total 户数 Number of Households	合计 Total 就业人数 Number of Employed Individuals	城镇 Urban Areas 户数 Number of Households	城镇 Urban Areas 就业人数 Number of Employed Individuals	乡村 Rural Areas 户数 Number of Households	乡村 Rural Areas 就业人数 Number of Employed Individuals
总计	**Total**	**851822**	**1659099**	**690965**	**1373308**	**160857**	**285791**
呼和浩特市	Hohhot City	107245	307392	99351	290803	7894	16589
包头市	Baotou City	91227	210062	86248	194968	4979	15094
呼伦贝尔市	Hulunbeier City	115922	194198	98776	170825	17146	23373
兴安盟	Xingan League	48584	86537	34639	62142	13945	24395
通辽市	Tongliao City	88813	135421	55937	80614	32876	54807
赤峰市	Chifeng City	129749	205820	87761	140756	41988	65064
锡林郭勒盟	Xilinguole League	49088	89612	45644	83524	3444	6088
乌兰察布市	Wulanchabu City	51750	97791	47558	89612	4192	8179
鄂尔多斯市	Erdos City	94423	179805	69803	133885	24620	45920
巴彦淖尔市	Bayannaoer City	44925	100129	35980	75292	8945	24837
乌海市	Wuhai City	18143	31067	17913	30641	230	426
阿拉善盟	Alashan League	11953	21265	11355	20246	598	1019

22-11 各盟市城镇年末实有登记失业人数

Number of Registered Unemployed Persons at the Year-end in Urban Areas by Region

单位：人 (person)

地区	Region	1995	2000	2005	2010	2011
总计	**Total**	**139713**	**126478**	**177483**	**208110**	**218289**
呼和浩特市	Hohhot City	11781	13120	24465	29749	33854
包头市	Baotou City	27205	20412	31972	39203	40369
呼伦贝尔市	Hulunbeier City	25887	29283	24601	27855	28901
兴安盟	Xingan League	4079	5564	8539	11345	11157
通辽市	Tongliao City	12559	8696	15027	16503	16779
赤峰市	Chifeng City	14266	14374	21000	25050	26000
锡林郭勒盟	Xilinguole League	4783	4943	7809	9550	9730
乌兰察布市	Wulanchabu City	11337	9155	14271	17039	17786
鄂尔多斯市	Erdos City	5900	3653	9620	7901	9423
巴彦淖尔市	Bayannaoer City	11511	9562	11074	13150	13061
乌海市	Wuhai City	8359	5715	6860	7915	8397
阿拉善盟	Alashan League	2046	2001	2245	2850	2832

22-12 各盟市城镇登记失业率

Registered Unemployment Rate in Urban Areas by Region

单位：% (%)

地 区	Region	1995	2000	2005	2007	2008	2009	2010	2011
总 计	**Total**	**3.17**	**3.34**	**4.26**	**4.00**	**4.10**	**4.05**	**3.90**	**3.80**
呼和浩特市	Hohhot City	2.41	3.01	4.29	3.85	3.85	3.85	3.90	3.70
包 头 市	Baotou City	3.81	3.44	4.14	3.82	3.90	3.88	3.83	3.87
呼伦贝尔市	Hulunbeier City	4.83	4.24	4.36	4.09	4.27	4.15	4.10	4.08
兴 安 盟	Xingan League	1.88	2.48	4.30	4.44	4.46	4.39	4.33	4.05
通 辽 市	Tongliao City	3.14	2.46	4.20	3.87	3.99	3.97	3.93	3.89
赤 峰 市	Chifeng City	3.13	2.90	4.22	4.14	4.20	4.17	4.18	4.17
锡林郭勒盟	Xilinguole League	2.77	3.25	4.65	3.90	4.19	3.80	3.70	3.42
乌兰察布市	Wulanchabu City	3.63	4.01	4.40	4.12	4.24	4.16	4.10	4.10
鄂尔多斯市	Erdos City	3.13	2.07	3.97	3.71	4.00	2.92	2.21	2.21
巴彦淖尔市	Bayannaoer City	4.49	3.84	4.25	4.11	4.20	4.06	4.10	3.90
乌 海 市	Wuhai City	5.12	4.40	4.50	4.28	4.50	4.40	4.30	4.30
阿拉善盟	Alashan League	4.00	3.46	4.12	3.99	4.19	4.15	3.95	3.77

22-13 各盟市职工工资总额和指数(2011年)

Total Wages of Staff and Workers and Related Index by Region(2011)

地 区	Region	工资总额(万元) Total Wages(10 000 yuan)				指 数(上年=100) Index(preceding year=100)			
		合 计 Total	国有单位 State-owned Units	城镇集体单位 Urban Collect-iveowned Units	其他单位 Units of Other Types of Owner ship	合 计 Total	国有单位 State-owned Units	城镇集体单位 Urban Collect-iveowned Units	其他单位 Units of Other Types of Owner ship
呼和浩特市	Hohhot City	1369546	1004687	34808	330050	114.1	109.0	112.2	133.2
包 头 市	Baotou City	1823460	677169	77713	1068578	137.7	115.8	108.7	160.0
呼伦贝尔市	Hulunbeier City	1123936	852862	30786	240288	122.5	120.2	139.1	129.3
兴 安 盟	Xingan League	401307	292651	11555	97101	134.9	124.2	142.2	180.9
通 辽 市	Tongliao City	848534	661122	32872	154539	133.8	136.6	137.3	122.1
赤 峰 市	Chifeng City	1232966	836433	45447	351086	124.6	124.9	134.7	122.9
锡林郭勒盟	Xilinguole League	521594	395631	14784	111179	124.9	126.1	121.8	121.0
乌兰察布市	Wulanchabu City	505832	406769	11714	87349	117.1	119.3	123.7	107.1
鄂尔多斯市	Erdos City	1160473	793931	22938	343604	129.6	125.7	128.7	139.6
巴彦淖尔市	Bayannaoer City	579685	383875	23311	172500	126.8	119.2	129.2	147.2
乌 海 市	Wuhai City	477567	324500	502	152565	125.5	125.2	172.5	126.1
阿拉善盟	Alashan League	220940	140212	3541	77187	123.2	118.9	133.3	131.4

22-14 各盟市职工平均工资及指数(2011年)

Average Wage of Staff and Workers and Related Indices by Region(2011)

地区	Region	平均货币工资(元) Average Money Wage(yuan) 合计 Total	国有单位 State-owned Units	城镇集体单位 Urban Collective-owned Units	其他单位 Units of Other Types of Owner ship	指数(上年=100)Indices (preceding year=100) 合计 Total	国有单位 State-owned Units	城镇集体单位 Urban Collective-owned Units	其他单位 Units of Other Types of Owner-ship
呼和浩特市	Hohhot City	40476	43906	33309	33312	107.4	102.0	126.1	124.6
包头市	Baotou City	45581	51657	35722	43226	110.1	112.0	121.1	109.2
呼伦贝尔市	Hulunbeier City	39611	41745	52410	32664	119.6	118.9	140.1	121.2
兴安盟	Xingan League	30044	31814	26612	26072	119.2	120.6	153.0	116.6
通辽市	Tongliao City	34598	35554	37611	30563	130.9	135.8	144.6	111.1
赤峰市	Chifeng City	38680	41859	39108	32714	123.5	123.8	134.9	121.5
锡林郭勒盟	Xilinguole League	43039	47512	53799	31609	122.0	122.7	123.8	119.0
乌兰察布市	Wulanchabu City	35478	37683	28788	28580	114.4	116.3	110.0	106.7
鄂尔多斯市	Erdos City	59306	63527	57504	51506	111.9	111.6	120.0	113.6
巴彦淖尔市	Bayannaoer City	35253	37380	44906	30505	116.2	119.0	123.4	112.6
乌海市	Wuhai City	45188	57648	22697	31026	113.4	120.7	132.0	105.3
阿拉善盟	Alashan League	49443	53246	70958	43232	116.6	111.0	128.0	126.6

22-15 各盟市城乡划分全社会固定资产投资(2011年)

Total Investment in Fixed Assets by Channel of Management and by Region(2011)

单位：万元 (10 000 yuan)

地区	Region	总计 Total	城镇 Urban	#房地产开发 Real Estate Development	农村 Rural
呼和浩特市	Hohhot City	10319665	10273562	3447832	46103
包头市	Baotou City	21605981	21533201	2341741	72780
呼伦贝尔市	Hulunbeier City	7739382	7666449	1104632	72933
兴安盟	Xingan League	3237105	3191433	455539	45672
通辽市	Tongliao City	10142307	9538448	1006427	603859
赤峰市	Chifeng City	10931620	10368342	1280783	563278
锡林郭勒盟	Xilinguole League	4906112	4902298	511513	3814
乌兰察布市	Wulanchabu City	4596706	4403818	440219	192888
鄂尔多斯市	Erdos City	22384130	22279018	4260312	105112
巴彦淖尔市	Bayannaoer City	6335798	6136844	695038	198954
乌海市	Wuhai City	2869004	2869004	498305	
阿拉善盟	Alashan League	1951966	1931199	195430	20767

注：农村未包括农户投资。

a)Investment in Fixed Assets of Rural don't included investment of Rural Households.

22-16 各盟市按建设性质分的城镇固定资产投资(2011 年)

Investment in Capital Construction in Urban Area by Type of Construction and by Region(2011)

单位：万元 (10 000 yuan)

地 区	Region	投资额 Investment	# 新 建 New Construction	# 扩 建 Expansion	# 改 建 Reconstruction
呼和浩特市	Hohhot City	6825730	2103391	2470095	1488398
包 头 市	Baotou City	19191460	11420223	1453758	5443195
呼伦贝尔市	Hulunbeier City	6561817	4954393	775382	746920
兴 安 盟	Xingan League	2735894	2257499	164205	195317
通 辽 市	Tongliao City	8532021	4302720	2477217	1539115
赤 峰 市	Chifeng City	9087559	6852408	1478005	449759
锡林郭勒盟	Xilinguole League	4390785	2540715	1016497	710500
乌兰察布市	Wulanchabu City	3963599	3255893	491966	122017
鄂尔多斯市	Erdos City	18018706	15756931	468767	1567135
巴彦淖尔市	Bayannaoer City	5441806	3216959	692239	1427402
乌 海 市	Wuhai City	2370699	1790484	296947	249622
阿拉善盟	Alashan League	1735769	912065	618233	201990

注:本表不含房地产开发投资。

a)Data in this tabale indude real estate development.

22-17 各盟市城镇固定资产投资、投产项目和新增固定资产(2011 年)

Capital Construction Projects and Put into Use and Newly Increased Fixed Assets by Region(2011)

地 区	Region	施工项目(个) Number of Projects under Construction (unit)	全部建成投产项目(个) Number of Projects Completed & Put into Use (unit)	项目建成投产率(%) Rate of Projects Completed and Put into Use(%)	新增固定资产(万元) Newly Increased Fixed Assets (10 000 yuan)	固定资产交付使用率(%) Rate of Fixed Assets Put into Use(%)
呼和浩特市	Hohhot City	994	729	73.34	5693261	83.41
包 头 市	Baotou City	3102	2655	85.59	20114692	104.81
呼伦贝尔市	Hulunbeier City	1271	870	68.45	5787475	88.2
兴 安 盟	Xingan League	812	560	68.97	1466379	53.6
通 辽 市	Tongliao City	1604	1252	78.05	10553528	123.69
赤 峰 市	Chifeng City	2315	2030	87.69	8323805	91.6
锡林郭勒盟	Xilinguole League	990	630	63.64	2830099	64.46
乌兰察布市	Wulanchabu City	514	346	67.32	2127974	53.69
鄂尔多斯市	Erdos City	1362	824	60.5	7723046	42.86
巴彦淖尔市	Bayannaoer City	906	556	61.37	3307343	60.78
乌 海 市	Wuhai City	334	203	60.78	1972495	83.2
阿拉善盟	Alashan League	362	158	43.65	826605	47.62

22-18 各盟市城镇固定资产投资房屋建筑面积(2011 年)

Floor Space of Buildings Through Capital Construction by Region(2011)

单位：万平方米 (10 000 sq.m)

地区	Region	施工面积 Floor Space of Buildings Under Construction	#住宅 Residential Buildings	竣工面积 Floor Space of Buildings Completed	#住宅 Residential Buildings
呼和浩特市	Hohhot City	924.20	261.00	340.29	103.30
包头市	Baotou City	1531.65	329.50	857.34	168.46
呼伦贝尔市	Hulunbeier City	596.85	222.94	249.67	106.11
兴安盟	Xingan League	780.03	158.70	304.49	104.40
通辽市	Tongliao City	711.15	111.14	360.13	46.72
赤峰市	Chifeng City	545.05	132.84	317.72	91.44
锡林郭勒盟	Xilinguole League	355.62	84.04	135.64	47.52
乌兰察布市	Wulanchabu City	271.09	67.17	53.61	21.39
鄂尔多斯市	Erdos City	923.34	136.31	132.27	52.30
巴彦淖尔市	Bayannaoer City	966.36	275.07	72.40	33.05
乌海市	Wuhai City	265.05	117.07	98.23	58.82
阿拉善盟	Alashan League	146.37	19.83	7.29	

注:本表数字不含商品房。

a)Data in this doesn't include commercial house.

22-19 各盟市按构成分的城镇固定资产投资(2011 年)

Investment in Innovation by Type of Construction and by Region(2011)

单位：万元 (10 000 yuan)

地区	Region	投资额 Investment	建筑工程 Construction Projects	安装工程 Installation Projects	设备工器具购置 Purchase of Equipment and Instruments	其他费用 Others
呼和浩特市	Hohhot City	6825730	4157354	396803	1858252	413321
包头市	Baotou City	19191460	10004314	2715000	5464967	1007179
呼伦贝尔市	Hulunbeier City	6561817	4461241	375472	1292647	432457
兴安盟	Xingan League	2735894	1675870	137560	708438	214026
通辽市	Tongliao City	8532021	3993009	653927	3532789	352296
赤峰市	Chifeng City	9087559	5715796	807454	2113343	450966
锡林郭勒盟	Xilinguole League	4390785	2443712	292162	1341335	313576
乌兰察布市	Wulanchabu City	3963599	2616116	245279	1014839	87365
鄂尔多斯市	Erdos City	18018706	12198804	767402	4420150	632350
巴彦淖尔市	Bayannaoer City	5441806	3644808	226086	1067308	503604
乌海市	Wuhai City	2370699	1196674	215454	758980	199591
阿拉善盟	Alashan League	1735769	1349364	318723	61584	6098

22-20 各盟市按资金来源分的城镇固定资产(2011年)

Number of Innovation Projects Under Construction and Put into Use and Newly Increased Fixed Assets by Region(2011)

单位:万元 (10000 yuan)

地区	Region	国家预算内资金 State Budgetary	国内贷款 Domestic Loans	利用外资 Foreign Investment	自筹资金 Fund Raising	其他资金 Others
呼和浩特市	Hohhot City	134468	771404	10394	5108362	262353
包头市	Baotou City	116133	1961533	33480	16994177	352537
呼伦贝尔市	Hulunbeier City	386447	779363	18207	5162947	243126
兴安盟	Xingan League	208428	175900	3303	2071991	29750
通辽市	Tongliao City	635323	1160762	4500	6531804	137328
赤峰市	Chifeng City	499053	834138		7852559	360512
锡林郭勒盟	Xilinguole League	145045	1018836	9600	2985189	235139
乌兰察布市	Wulanchabu City	635956	1016890	12583	2758999	52899
鄂尔多斯市	Erdos City	540012	1935651	20041	16415566	1261874
巴彦淖尔市	Bayannaoer City	584668	726120		4309903	10880
乌海市	Wuhai City	318211	438388		1359473	12858
阿拉善盟	Alashan League	295339	646739	16500	948793	42233

22-21 各盟市农村固定资产投资和房屋建筑面积(2011年)

Investment in Fixed Assets in Rural Area, Floor Space of Buildings by Region(2011)

地区	Region	投资额(万元) Investment (10 000 yuan)	新增固定资产(万元) Newly Increased Fixed Assets (10 000 yuan)	房屋建筑面积(万平方米) Floor Space of Buildings(10 000 sq. m)			
				施工面积 Under Construction	#住宅 Residential Buildings	竣工面积 Completed	#住宅 Residential Buildings
呼和浩特市	Hohhot City	46103	46103	1.85		1.85	
包头市	Baotou City	72780	86094	1.52	1.44	1.37	1.37
呼伦贝尔市	Hulunbeier City	72933	67082	5.95	3.08	4.08	3.08
兴安盟	Xingan League	45672	44244	20.6	18.05	19.65	18.05
通辽市	Tongliao City	603859	628974	48.13	5.12	35.38	5.08
赤峰市	Chifeng City	563278	558857	5.32		1.26	
锡林郭勒盟	Xilinguole League	3814	553	0.04	0.01		
乌兰察布市	Wulanchabu City	192888	51906	3.14	1.53	1.87	1.53
鄂尔多斯市	Erdos City	105112	71107	14.99			
巴彦淖尔市	Bayannaoer City	198954	163934	12.44	6.73	2.33	0.17
乌海市	Wuhai City						
阿拉善盟	Alashan League	20767	3399	0.23			

注:本表数据统计范围为农村范围内建设的计划总投资50万元以上项目。

a)Frame work in this table is construction projects over 500 thousand yuan in rural area.

22-22 各盟市城镇集体单位固定资产投资、新增固定资产和房屋建筑面积(2011 年)

Investment in Fixed Assets of Urban Collective-Owned Units and Floor Space of Buildings by Region(2011)

地 区	Region	投资额(万元) Investment (10 000 yuan)	新增固定资产(万元) Newly Increased Fixed Assets (10 000 yuan)	房屋建筑面积(万平方米) Floor Space of Buildings(10 000 sq. m)			
				施工面积 Under Construction	#住宅 Residential Buildings	竣工面积 Completed	#住宅 Residential Buildings
呼和浩特市	Hohhot City	96092	89110	67.00	59.80	23.31	16.60
包头市	Baotou City	898096	464704	85.96	10.20	32.10	5.20
呼伦贝尔市	Hulunbeier City	36581	15421	2.75		0.45	
兴安盟	Xingan League	3000		8.00			
通辽市	Tongliao City	31860	32860	4.21		0.76	
赤峰市	Chifeng City	412891	489481	59.42	47.26	54.91	47.26
锡林郭勒盟	Xilinguole League	10338	4560	0.65		0.65	
乌兰察布市	Wulanchabu City						
鄂尔多斯市	Erdos City	57448	15190	0.89	0.46	0.89	0.46
巴彦淖尔市	Bayannaoer City	129804	132628	0.90		0.40	
乌海市	Wuhai City						
阿拉善盟	Alashan League	10000					

22-23 各盟市房地产开发企业(单位)个数(2011 年)

Number of Enterprises for Real Estate Development by Region(2011)

单位：个 (unit)

地 区	Region	企业个数 Number of Enterprises	内资企业 Domestic Funded Enterprises	#国有 State-owned Enterprises	#集体 Collective Owned Enterprises	港、澳、台投资企业 Funded by Entrepreneurs from Hong Kong Macao & Taiwan	外商投资企业 Foreign Funded Enterprises
呼和浩特市	Hohhot City	264	262	3	2		2
包头市	Baotou City	322	317	10		4	1
呼伦贝尔市	Hulunbeier City	293	291	7	1	1	1
兴安盟	Xingan League	125	125	2	1		
通辽市	Tongliao City	203	203	3			
赤峰市	Chifeng City	219	219	2			
锡林郭勒盟	Xilinguole League	230	230	1			
乌兰察布市	Wulanchabu City	103	103				
鄂尔多斯市	Erdos City	351	351				
巴彦淖尔市	Bayannaoer City	90	90	1	1		
乌海市	Wuhai City	123	123				
阿拉善盟	Alashan League	51	51				

22-24 各盟市房地产开发企业(单位)年底从业人员(2011 年)

Number of Employed Persons in Enterprises for Real Estate Development by Region(end of 2011)

单位：人 (person)

地 区	Region	年末从业人数 Number of Employed Persons	内资企业 Domestic Funded Enterprises	# 国有 State-owned Enterprises	# 集体 Collective-owned Enterprises	港、澳、台投资企业 Funded by Entrepreneurs from Hong Kong Macao and Taiwan	外商投资企业 Foreign Funded Enterprises
呼和浩特市	Hohhot City	7302	7192	214	76		110
包 头 市	Baotou City	11881	11771	234		46	64
呼伦贝尔市	Hulunbeier City	4426	4381	163	11	28	17
兴 安 盟	Xingan League	1327	1327	0	15		
通 辽 市	Tongliao City	4248	4248	133			
赤 峰 市	Chifeng City	4459	4459	25			
锡林郭勒盟	Xilinguole League	4223	4223	14			
乌兰察布市	Wulanchabu City	5199	5199				
鄂尔多斯市	Erdos City	13279	13279				
巴彦淖尔市	Bayannaoer City	2355	2355	4	10		
乌 海 市	Wuhai City	2243	2243				
阿拉善盟	Alashan League	754	754				

22-25 各盟市按用途分的房地产开发企业(单位)完成投资额(2011 年)

Actually Completed Investment of Enterprises for Real Estate Development by Region and by Use(2011)

单位：万元 (10 000 yuan)

地 区	Region	本年完成投资额 Investment Made This Year	住 宅 Residential Buildings	# 经济适用房屋 Economical Houses	办 公 楼 Office Buildings	商业营业用房 Houses for Business Use	其 他 Others
呼和浩特市	Hohhot City	3447832	2579534		167116	546991	154191
包 头 市	Baotou City	2341741	1682473		98851	410815	149602
呼伦贝尔市	Hulunbeier City	1104632	694311		9426	162150	238745
兴 安 盟	Xingan League	455539	356717		593	80509	17720
通 辽 市	Tongliao City	1006427	787084		8950	147859	62534
赤 峰 市	Chifeng City	1280783	995969		9667	154341	120806
锡林郭勒盟	Xilinguole League	511513	320300		4169	152369	34675
乌兰察布市	Wulanchabu City	440219	328615		3549	79289	28766
鄂尔多斯市	Erdos City	4260312	2270298		402020	1123237	464757
巴彦淖尔市	Bayannaoer City	695038	509959		11941	132116	41022
乌 海 市	Wuhai City	498305	268032		16244	130592	83437
阿拉善盟	Alashan League	195430	137321		8474	44743	4892

22-26 各盟市商品房建筑面积和造价(2011年)

Floor Space of Buildings and Cost in Commercial House by Region(2011)

地 区	Region	施工房屋面积(万平方米) Floor Space of Buildings under Construction (10 000 sq.m)	竣工房屋面积(万平方米) Floor Space of Buildings Completed (10 000 sq.m)	房屋建筑面积竣工率(%) Rate of Floor Space of Buildings Completed (%)	竣工房屋价值(万元) Value of Buildings Completed (10 000 yuan)	竣工房屋造价(元/平方米) Cost of Buildings Completed (yuan/sq.m)
呼和浩特市	Hohhot City	3533.76	412.10	11.66	959871	2329
包 头 市	Baotou City	1990.18	523.61	26.31	1167737	2230
呼伦贝尔市	Hulunbeier City	989.18	309.89	31.33	514788	1661
兴 安 盟	Xingan League	557.70	77.10	13.82	108388	1406
通 辽 市	Tongliao City	755.71	242.37	32.07	376097	1552
赤 峰 市	Chifeng City	1044.38	341.17	32.67	722437	2118
锡林郭勒盟	Xilinguole League	745.44	156.95	21.05	231347	1474
乌兰察布市	Wulanchabu City	561.97	104.80	18.65	126732	1209
鄂尔多斯市	Erdos City	4199.79	217.74	5.18	536436	2464
巴彦淖尔市	Bayannaoer City	979.89	137.62	14.04	396108	2878
乌 海 市	Wuhai City	608.45	128.93	21.19	282110	2188
阿拉善盟	Alashan League	181.43	6.50	3.58	8760	1348

22-27 各盟市商品房屋销售情况(2011年)

Selling of Commercial Houses by Region(2011)

地 区	Region	房屋销售面积(万平方米) Floor Space of Selling House (10 000 sq. m)	#住 宅 Residential Buildings	商品房销售额(万元) Total Sales of Commerical Houses (10 000 yuan)	#住 宅 Residential Buildings
呼和浩特市	Hohhot City	583.71	518.30	2434559	2029862
包 头 市	Baotou City	730.65	591.97	3230772	2366622
呼伦贝尔市	Hulunbeier City	394.42	294.70	1515824	830846
兴 安 盟	Xingan League	70.97	52.97	217447	130557
通 辽 市	Tongliao City	278.27	227.67	627879	459113
赤 峰 市	Chifeng City	477.01	404.81	1621934	1246748
锡林郭勒盟	Xilinguole League	158.24	122.96	439406	294217
乌兰察布市	Wulanchabu City	173.95	165.41	402537	381411
鄂尔多斯市	Erdos City	459.88	360.68	2242779	1558238
巴彦淖尔市	Bayannaoer City	178.39	161.82	482894	396740
乌 海 市	Wuhai City	113.33	103.28	450598	364574
阿拉善盟	Alashan League	64.41	46.58	177037	102696

22-28 各盟市地方一般预算收支(2011年)

General Budgetary Financial Revenue and Expenditure by Region(2011)

单位：万元 (10 000 yuan)

地区	Region	地方一般预算收入 General Budgetary Financial Revenue	地方一般预算支出 General Budgetary Financial Expenditure
呼和浩特市	Hohhot City	1514252	2556680
包头市	Baotou City	1618571	2512724
呼伦贝尔市	Hulunbeier City	649060	2549762
兴安盟	Xingan League	133065	1238160
通辽市	Tongliao City	732540	2135185
赤峰市	Chifeng City	617762	2721928
锡林郭勒盟	Xilinguole League	465665	1456649
乌兰察布市	Wulanchabu City	234667	1863198
鄂尔多斯市	Erdos City	3461762	4466232
巴彦淖尔市	Bayannaoer City	427174	1546565
乌海市	Wuhai City	404975	710757
阿拉善盟	Alashan League	297876	643355

22-29 各盟市地方一般预算收入(2011年)

General Budgetary Financial Revenue by Region(2011)

单位：万元 (10 000 yuan)

地区	Region	收入合计 Total Revenue	# 增值税 Value-added Tax	# 营业税 Operation Tax	# 企业所得税 Enterprises Income Tax	#契税和耕地占用税 Contract Tax and Tax on The Occupancy of Cultuvated Land
呼和浩特市	Hohhot City	1514252	105672	403576	123377	72597
包头市	Baotou City	1618571	176955	267000	142028	126675
呼伦贝尔市	Hulunbeier City	649060	54982	121650	52221	60883
兴安盟	Xingan League	133065	10009	35085	7446	7290
通辽市	Tongliao City	732540	61683	109037	52216	60608
赤峰市	Chifeng City	617762	70751	132735	64471	58355
锡林郭勒盟	Xilinguole League	465665	68042	86346	48696	48521
乌兰察布市	Wulanchabu City	234667	43679	63687	16604	8785
鄂尔多斯市	Erdos City	3461762	614028	561424	501443	180056
巴彦淖尔市	Bayannaoer City	427174	41828	88364	52173	32729
乌海市	Wuhai City	404975	63285	74724	31572	11904
阿拉善盟	Alashan League	297876	34443	37540	22062	7385

22-30 各盟市地方一般预算支出(2011年)
General Budgetary Financial Expenditure by Region(2011)

单位：万元 (10 000 yuan)

地区	Region	支出合计 Total Expenditure	#一般公共服务 General Public Services	#教育支出 Expenditure for Education	#科学技术 Science and Technology
呼和浩特市	Hohhot City	2556680	286005	316949	22286
包头市	Baotou City	2512724	281211	365274	36556
呼伦贝尔市	Hulunbeier City	2549762	279999	365826	20267
兴安盟	Xingan League	1238160	117976	198519	7233
通辽市	Tongliao City	2135185	198706	344510	17234
赤峰市	Chifeng City	2721928	279224	583775	7937
锡林郭勒盟	Xilinguole League	1456649	181275	170058	5543
乌兰察布市	Wulanchabu City	1863198	166258	234154	5341
鄂尔多斯市	Erdos City	4466232	450940	489624	70905
巴彦淖尔市	Bayannaoer City	1546565	144945	191283	6460
乌海市	Wuhai City	710757	66238	79457	10336
阿拉善盟	Alashan League	643355	98747	63745	3394

22-30 续表 continued

单位：万元 (10 000 yuan)

地区	Region	#社会保障和就业 Social Security and Employment	#医疗卫生支出 Expenditure for Medical treatment and Health	#节能环保 Energy saving and environmental protection	#农林水事务 Expenses of Agriculture, Forestry and Water
呼和浩特市	Hohhot City	287914	132242	99758	222559
包头市	Baotou City	337339	103896	63336	214191
呼伦贝尔市	Hulunbeier City	385770	175387	92874	422567
兴安盟	Xingan League	168199	83723	59495	266099
通辽市	Tongliao City	276907	157882	63511	370303
赤峰市	Chifeng City	351673	206016	165328	434503
锡林郭勒盟	Xilinguole League	171137	80673	96727	278403
乌兰察布市	Wulanchabu City	292457	156817	119125	302706
鄂尔多斯市	Erdos City	391878	254957	90997	591128
巴彦淖尔市	Bayannaoer City	230965	100858	68799	300609
乌海市	Wuhai City	84691	50780	38020	74857
阿拉善盟	Alashan League	33871	33098	36569	139121

22-31 各盟市金融机构人民币存、贷款余额(2011年末)

Saving Deposits and loans of Financial Institutions by Region(end of 2011)

单位：亿元 (100 million yuan)

地区	Region	金融机构存款 Deposits	#单位存款 Corporatl Deposit	活期 Demand	定期 Time	#个人存款 Indiridual Deposit	储蓄存款 Sarings Deposit
呼和浩特市	Hohhot City	3124.46	1742.16	989.37	284.79	1059.67	1053.68
包头市	Baotou City	1992.97	935.94	468.00	87.58	849.90	848.88
呼伦贝尔市	Hulunbeier City	875.29	319.32	264.26	38.87	504.51	504.32
兴安盟	Xingan League	288.55	105.71	89.45	8.34	154.42	154.41
通辽市	Tongliao City	564.00	210.46	167.27	15.49	312.30	312.27
赤峰市	Chifeng City	1037.00	350.67	275.89	40.94	648.39	648.34
锡林郭勒盟	Xilinguole League	411.90	173.30	142.97	12.02	218.51	218.43
乌兰察布市	Wulanchabu City	501.40	158.52	141.67	9.91	320.68	320.68
鄂尔多斯市	Erdos City	2012.60	1181.61	826.94	70.83	779.57	779.04
巴彦淖尔市	Bayannaoer City	520.86	202.08	147.81	24.77	285.81	285.72
乌海市	Wuhai City	494.13	265.13	203.61	19.27	216.53	216.50
阿拉善盟	Alashan League	176.79	89.22	69.87	14.38	80.78	80.78

22-31 续表 continued

单位：亿元 (100 million yuan)

地区	Region	金融机构贷款 Deposits	#短期贷款 Short-term	个人贷款及透支 Personal Loans & Overdraw	单位普通贷款及透支 Unit Loans & Overdraw	#中长期贷款 Medium-term & Long-term Loans	个人贷款 Personal Loans	单位普通贷款 Unit Loan
呼和浩特市	Hohhot City	2035.22	636.64	79.98	539.73	1371.67	323.98	994.43
包头市	Baotou City	1279.62	497.47	70.46	399.27	748.32	305.41	435.34
呼伦贝尔市	Hulunbeier City	486.24	235.68	66.04	159.94	250.17	51.45	191.01
兴安盟	Xingan League	151.91	65.12	30.67	32.58	86.79	25.62	61.11
通辽市	Tongliao City	528.62	247.83	72.30	164.55	277.75	56.77	220.61
赤峰市	Chifeng City	565.15	247.51	127.07	111.91	315.29	117.64	189.90
锡林郭勒盟	Xilinguole League	372.60	101.04	54.47	38.85	271.49	45.40	223.23
乌兰察布市	Wulanchabu City	275.03	106.06	70.44	30.96	168.18	32.38	124.97
鄂尔多斯市	Erdos City	1961.30	902.47	210.39	666.87	1055.79	345.50	685.91
巴彦淖尔市	Bayannaoer City	408.40	242.82	111.62	126.07	164.70	55.67	109.03
乌海市	Wuhai City	325.30	134.28	32.28	95.53	172.95	36.91	134.39
阿拉善盟	Alashan League	171.73	91.32	13.51	69.07	79.79	10.77	69.02

22-32 各盟市中资保险公司业务经济技术指标(2011年)

Economic and Technical Indicators of Insurance Companies Funded with Chinese Capital by Region(2011)

单位：亿元 (100 million yuan)

地区	Region	保险金额 Amount Insured	财产保险公司 Property Insurance Co	人身保险公司 Accident in Insurance Co	保费 Premium	财产保险公司 Property Insurance Co	人身保险公司 Accident in Insurance Co
呼和浩特市	Hohhot City	10106.10	6016.74	4089.35	40.90	19.86	21.03
包头市	Baotou City	4650.35	3844.66	805.69	35.29	18.83	16.45
呼伦贝尔市	Hulunbeier City	3434.34	2089.76	1344.59	18.66	8.00	10.66
兴安盟	Xingan League	1780.21	1506.10	274.12	8.98	5.14	3.84
通辽市	Tongliao City	2216.78	1660.63	556.14	16.81	9.02	7.80
赤峰市	Chifeng City	3686.01	2853.73	832.28	24.17	10.31	13.87
锡林郭勒盟	Xilinguole League	1308.85	1122.07	186.79	8.07	4.57	3.51
乌兰察布市	Wulanchabu City	1509.52	1138.43	371.10	12.69	6.88	5.80
鄂尔多斯市	Erdos City	5855.00	4857.49	997.51	37.08	23.67	13.40
巴彦淖尔市	Bayannaoer City	1791.31	1109.00	682.31	15.75	7.26	8.48
乌海市	Wuhai City	970.80	808.61	162.19	8.15	4.07	4.08
阿拉善盟	Alashan League	567.05	490.95	76.10	3.24	2.20	1.04

22-32 续表 continued

地区	Region	赔款及给付(万元) Claim and Payment (10 000 yuan)	财产保险公司 Property Insurance Co	人身保险公司 Accident in Insurance Co	机构数(个) Number of Institution (unit)	财产保险公司 Property Insurance Co	人身保险公司 Accident in Insurance Co
呼和浩特市	Hohhot City	122250	79414	42836	195	78	117
包头市	Baotou City	107882	76625	31257	177	107	70
呼伦贝尔市	Hulunbeier City	61652	39527	22125	212	106	106
兴安盟	Xingan League	32986	25599	7387	78	50	28
通辽市	Tongliao City	56341	46125	10216	173	93	80
赤峰市	Chifeng City	74895	51022	23873	281	129	152
锡林郭勒盟	Xilinguole League	26759	20772	5987	117	84	33
乌兰察布市	Wulanchabu City	45970	34850	11120	131	75	56
鄂尔多斯市	Erdos City	106621	91135	15486	177	115	62
巴彦淖尔市	Bayannaoer City	46063	32538	13525	155	72	83
乌海市	Wuhai City	21187	15238	5949	52	32	20
阿拉善盟	Alashan League	9632	7807	1824	18	11	7

22-33 各盟市财产保险业务收入与赔付(2011 年)

Insurance Business Income of Property and Claim & Payment by Region(2011)

单位：万元　　(10 000 yuan)

地 区	Region	保费收入合计 Total Premium	# 企业财产保险 Enterprise Property Insurance	# 机动车辆保险 Motor Vehicle Insurance	# 货物运输保险 Freight Transport Insurance	# 责任保险 Insurance of Duty	# 农业保险 Agriculture Insurance
呼和浩特市	Hohhot City	194318	15033	153350	947	3215	14633
包 头 市	Baotou City	184455	10270	160930	1448	2315	6436
呼伦贝尔市	Hulunbeier City	78225	7216	39723	559	1685	25997
兴 安 盟	Xingan League	48633	747	21175	614	669	24242
通 辽 市	Tongliao City	87980	3283	53515	1442	1748	26165
赤 峰 市	Chifeng City	99963	3810	71646	676	2807	18721
锡林郭勒盟	Xilinguole League	43931	2769	31754	428	1216	6052
乌兰察布市	Wulanchabu City	66708	1727	43850	184	1022	19371
鄂尔多斯市	Erdos City	231247	15486	187656	687	3678	11430
巴彦淖尔市	Bayannaoer City	70999	1245	51393	392	1335	15517
乌 海 市	Wuhai City	39560	2484	34900	63	874	239
阿拉善盟	Alashan League	20899	2797	15191	296	576	1209

22-33 续表 continued

单位：万元　　(10 000 yuan)

地 区	Region	赔款支出合计 Claim and Payment	# 企业财产保险 Enterprise Property Insurance	# 机动车辆保险 Motor Vehicle Insurance	# 货物运输保险 Freight Transport Insurance	# 责任保险 Insurance of Duty	# 农业保险 Agriculture Insurance
呼和浩特市	Hohhot City	78175	6025	59800	227	1060	8527
包 头 市	Baotou City	75469	2972	67386	108	443	3821
呼伦贝尔市	Hulunbeier City	38893	2252	17190	58	437	17988
兴 安 盟	Xingan League	24070	417	9911	62	195	13435
通 辽 市	Tongliao City	45421	951	28614	339	578	14654
赤 峰 市	Chifeng City	50170	1278	36769	87	1163	10182
锡林郭勒盟	Xilinguole League	20255	336	15222	53	911	3560
乌兰察布市	Wulanchabu City	34256	751	21541	67	485	11299
鄂尔多斯市	Erdos City	89967	6915	73573	160	1096	7275
巴彦淖尔市	Bayannaoer City	31863	204	21887	135	317	9280
乌 海 市	Wuhai City	14937	764	13906	17	112	139
阿拉善盟	Alashan League	7444	1208	5482	58	74	566

22-34 各盟市人身保险业务收入与赔付(2011年)

Insurance Business Income and Settled Claim & Payment of Accident in Insurance by Region(2011)

单位：万元 (10 000 yuan)

地区	Region	保费收入 Remium	寿险 Life Insurance Business	意外伤害险 Personal Insurance Accident	健康险 Health Insurance
呼和浩特市	Hohhot City	214640	173494	15301	25845
包头市	Baotou City	168402	148270	5099	15033
呼伦贝尔市	Hulunbeier City	108369	95071	5128	8170
兴安盟	Xingan League	41160	34205	1874	5081
通辽市	Tongliao City	80162	70604	3670	5888
赤峰市	Chifeng City	141760	128232	5367	8161
锡林郭勒盟	Xilinguole League	36811	31718	2388	2704
乌兰察布市	Wulanchabu City	60151	54784	2583	2784
鄂尔多斯市	Erdos City	139530	121519	8385	9627
巴彦淖尔市	Bayannaoer City	86464	76257	3342	6865
乌海市	Wuhai City	41948	38213	1423	2312
阿拉善盟	Alashan League	11462	8784	1113	1565

22-34 续表 continued

单位：万元 (10 000 yuan)

地区	Region	赔款支出与给付 Benefit Paidand Expenditare of Payment	寿险 Life Insurance Business	意外伤害险 Personal Accident Insurance	健康险 Health Insuranec
呼和浩特市	Hohhot City	44082	28669	2023	13390
包头市	Baotou City	32413	26640	1421	4352
呼伦贝尔市	Hulunbeier City	22757	19563	1068	2126
兴安盟	Xingan League	8915	6018	398	2499
通辽市	Tongliao City	10920	8409	938	1572
赤峰市	Chifeng City	24725	20889	1377	2459
锡林郭勒盟	Xilinguole League	6503	5187	647	669
乌兰察布市	Wulanchabu City	11713	9842	632	1239
鄂尔多斯市	Erdos City	16654	13338	1616	1700
巴彦淖尔市	Bayannaoer City	14200	11705	1293	1202
乌海市	Wuhai City	6249	5464	293	493
阿拉善盟	Alashan League	2187	1635	290	262

22-35 各盟市银行卡跨行交易情况
Inter-bank Bank card transactions by Region

地 区	Region	银行卡跨行清算笔数（万笔）Inter-bank liquidation items(10000 items)		银行卡跨行清算金额（亿元）The amount of Inter-bank liquidation(100 million yuan)	
		自动柜员机 ATM	销售终端 POS	自动柜员机 ATM	销售终端 POS
总 计	**Total**	**2605.45**	**3557.32**	**258.45**	**1794.88**
呼和浩特市	Hohhot City	714.58	1516.40	62.18	745.11
包 头 市	Baotou City	355.86	680.22	36.04	358.01
呼伦贝尔市	Hulunbeier City	179.44	180.29	18.03	51.54
兴 安 盟	Xingan League	78.23	45.85	6.94	18.56
通 辽 市	Tongliao City	152.21	142.46	14.00	60.85
赤 峰 市	Chifeng City	234.26	183.79	20.83	60.24
锡林郭勒盟	Xilinguole League	115.79	107.32	11.46	31.91
乌兰察布市	Wulanchabu City	83.42	85.09	8.09	25.49
鄂尔多斯市	Erdos City	448.22	318.97	56.20	317.34
巴彦淖尔市	Bayannaoer City	120.34	140.12	12.33	58.28
乌 海 市	Wuhai City	83.97	126.82	8.42	57.07
阿拉善盟	Alashan League	39.13	29.99	3.93	10.48

22-36 各盟市城镇居民家庭基本情况(2011年)
Basic Conditions of Urban Households by Region(2011)

地 区	Region	调查户数(户) Number of Households Surveyed (household)	平均每户家庭人口数(人) Average Household Size (person)	平均每户就业人口(人) Average Number of Employed Persons per Household (person)	平均每户就业面(%) Percentage of Employment per Household (%)	平均每一就业者负担人数(人) Number of Persons Supported by Each Employee (person)
呼和浩特市	Hohhot City	500	2.65	1.40	52.8	1.97
包 头 市	Baotou City	500	2.60	1.52	58.5	2.02
呼伦贝尔市	Hulunbeier City	350	2.82	1.58	56.0	1.85
兴 安 盟	Xingan League	300	2.79	1.48	53.0	1.81
通 辽 市	Tongliao City	500	2.88	1.56	54.2	1.91
赤 峰 市	Chifeng City	300	2.89	1.42	49.1	1.82
锡林郭勒盟	Xilinguole League	700	2.85	1.54	54.0	1.86
乌兰察布市	Wulanchabu City	300	2.85	1.37	48.1	1.74
鄂尔多斯市	Erdos City	300	2.90	1.71	59.0	1.91
巴彦淖尔市	Bayannaoer City	300	2.82	1.65	58.5	1.96
乌 海 市	Wuhai City	150	2.80	1.53	54.6	2.00
阿拉善盟	Alashan League	150	2.95	1.55	52.5	1.96

22-36 续表 continued

地 区	Region	平均每人实际收入(元) Per Capita Annual Income (yuan)	平均每人可支配收入(元) Per Capita Disposable Income (yuan)	平均每人消费支出(元) Per Capita Annual Living Expenditures for Consumption (yuan)	# 食品支出 Food	平均每人居住面积(平方米) Per Capita Net Living Space in Urban Areas (sq.m)
呼和浩特市	Hohhot City	30773	28877	19106	5854	30.87
包 头 市	Baotou City	32324	29628	23570	7162	35.06
呼伦贝尔市	Hulunbeier City	18865	17142	13536	3897	27.75
兴 安 盟	Xingan League	13895	13233	10563	3211	26.92
通 辽 市	Tongliao City	17817	16548	12077	3861	27.10
赤 峰 市	Chifeng City	17249	16416	11321	4084	27.94
锡林郭勒盟	Xilinguole League	19045	17960	14347	5370	30.52
乌兰察布市	Wulanchabu City	16902	16314	11983	3878	23.84
鄂尔多斯市	Erdos City	31441	29283	25977	6852	37.98
巴彦淖尔市	Bayannaoer City	17435	16368	12209	3854	30.97
乌 海 市	Wuhai City	25210	22349	18471	5494	31.42
阿拉善盟	Alashan League	23867	21622	19927	6273	37.17

22-37 各盟市农村牧区居民家庭基本情况(2011 年)
Basic Conditions of Rural Households by Region(2011)

地 区	Region	调查户数(户) Number of Households Surveyed (household)	调查户人口(人) Number of Residents Surveyed (person)	平均每户常住人口(人) Average Number of Permanent Residents per Household (person)	平均每户整半劳动力(人) Average Number of Able bodied and Semiable-bodied Laborers per Household (person)	平均每个劳动力负担人口(人) Average Number of Persons Supported by a Laborer (person)
呼和浩特市	Hohhot City	420	1351	3.22	2.40	1.34
包 头 市	Baotou City	360	1093	3.04	2.29	1.33
呼伦贝尔市	Hulunbeier City	480	1642	3.42	2.48	1.38
兴 安 盟	Xingan League	410	1477	3.60	2.63	1.37
通 辽 市	Tongliao City	540	2050	3.80	2.64	1.44
赤 峰 市	Chifeng City	800	2738	3.42	2.49	1.37
锡林郭勒盟	Xilinguole League	450	1521	3.38	2.52	1.34
乌兰察布市	Wulanchabu City	500	1389	2.78	2.34	1.19
鄂尔多斯市	Erdos City	420	1180	2.81	2.29	1.23
巴彦淖尔市	Bayannaoer City	560	1483	3.23	2.52	1.28
乌 海 市	Wuhai City	60	175	2.91	2.22	1.31
阿拉善盟	Alashan League	100	352	3.52	2.22	1.59

22–37 续表 continued

地 区	Region	平均每人年总收入(元) Per Capita Annual Income (yuan)	平均每人纯收入(元) Net Income (yuan)	平均每人现金收入(元) Cash Income (yuan)	平均每人年支出(元) Per Capita Annual Expenditure (yuan)	# 食品支出 Food
呼和浩特市	Hohhot City	15731.35	10038	13400.74	13683.29	2154.10
包 头 市	Baotou City	15317.91	10058	13609.69	12281.53	2288.21
呼伦贝尔市	Hulunbeier City	15645.12	7643	13798.09	15829.59	2128.37
兴 安 盟	Xingan League	7404.71	4359	5665.88	7534.70	1293.30
通 辽 市	Tongliao City	13341.36	7216	10454.16	12943.90	1706.59
赤 峰 市	Chifeng City	9650.98	6138	7932.88	9888.30	1636.02
锡林郭勒盟	Xilinguole League	15407.84	7639	14339.23	14330.51	1983.79
乌兰察布市	Wulanchabu City	9199.80	5092	6546.05	9401.04	1269.28
鄂尔多斯市	Erdos City	17654.21	10047	13763.67	19129.21	2589.38
巴彦淖尔市	Bayannaoer City	19784.65	9483	17848.03	19350.21	2096.05
乌 海 市	Wuhai City	14428.86	10786	11792.07	14280.18	2479.39
阿拉善盟	Alashan League	21575.23	9058	21003.32	22865.75	2738.22

22–38 各盟市农村基层组织情况(2011 年)
Basic Conditions of Rural Grassroots Units by Region(2011)

地 区	Region	乡镇数(个) Number of Township & Town Govern-ments (unit)	# 镇数 Town Gover-nments	村民委员会(个) Number of Villagers' Committees (unit)	乡村户数(万户) Number of Households (10 000 households)	乡村人口数(万人) Rural Population (10 000 persons)	乡村从业人员(万人) Number of Rural Employers (10 000 persons)	男 Male	女 Fe-male
呼和浩特市	Hohhot City	40	24	1007	30.14	108.08	58.20	33.50	24.71
包 头 市	Baotou City	35	29	634	17.27	54.19	32.57	18.29	14.28
呼伦贝尔市	Hulunbeier City	87	54	782	30.59	104.14	56.43	32.82	23.61
兴 安 盟	Xingan League	53	35	868	31.62	114.99	61.22	34.34	26.88
通 辽 市	Tongliao City	71	55	2085	62.91	237.70	122.25	65.60	56.65
赤 峰 市	Chifeng City	116	73	2044	103.79	358.61	189.25	103.01	86.24
锡林郭勒盟	Xilinguole League	48	24	838	12.80	43.18	28.35	14.83	13.52
乌兰察布市	Wulanchabu City	71	40	1336	42.01	141.11	84.82	48.28	36.54
鄂尔多斯市	Erdos City	41	32	736	19.14	54.34	38.05	20.33	17.72
巴彦淖尔市	Bayannaoer City	48	41	648	26.66	102.27	55.60	30.32	25.28
乌 海 市	Wuhai City	3	3	13	0.92	2.45	1.64	0.85	0.79
阿拉善盟	Alashan League	24	15	191	2.22	6.68	3.87	2.07	1.80

注：本表中各盟市乡镇个数不包括城关镇、城市街道办事处、工矿区。

a)The number of Township in This Table are not including County seats、Street agencies、Mining areas。

22-39 各盟市乡村年末从业人员(2011 年)

Rural Employers Force by Sector at Year-end by Region(2011)

单位：人 (person)

地区	Region	农林牧渔业 Farming Forestry Animal Husbandry and Fishery	工业 Industry	建筑业 Construction	交通运输仓储业和邮政业 Transportation, Storage and Postal Services	信息传输、计算机服务和软件业 Information Transmission, Computer Service & Computer Software	批发与零售业 Wholesale & Retail Trade	住宿和餐饮业 Quarters and Catering	其他行业 Others
呼和浩特市	Hohhot City	386223	39583	63893	23054	3581	32367	17675	15668
包头市	Baotou City	208945	29183	24120	13146	1775	21542	12369	14595
呼伦贝尔市	Hulunbeier City	436108	31434	20402	6340	764	19420	10981	38806
兴安盟	Xingan League	522870	14696	23038	4189	1046	18730	15027	12613
通辽市	Tongliao City	936855	53514	97224	14418	4777	42475	36424	36797
赤峰市	Chifeng City	1275328	131003	228258	37900	7601	76005	44000	92376
锡林郭勒盟	Xilinguole League	234370	6362	16565	2969	341	4398	5440	13060
乌兰察布市	Wulanchabu City	634949	26178	70425	18389	894	22964	22888	51490
鄂尔多斯市	Erdos City	269946	19443	18176	20938	2710	19916	20060	9318
巴彦淖尔市	Bayannaoer City	472934	20817	12052	9995	915	20666	9000	9629
乌海市	Wuhai City	10298	1620	2451	762	23	432	347	431
阿拉善盟	Alashan League	34441	1006	184	722	31	600	672	999

22-40 各盟市农林牧渔业总产值(2011 年)

Gross Output Value of Farming, Forestry, Animal Husbandry and Fishery by Region(2011)

单位:万元 (10000 yuan)

地区	Region	农林牧渔业总产值 Total	农业 Farming	林业 Forestry	牧业 Animal Husbandry	渔业 Fishery	农林牧渔服务业 Agricultural Services
呼和浩特市	Hohhot City	1950793	530735	31615	1348493	21719	18231
包头市	Baotou City	1430113	413289	7516	984822	7630	16857
呼伦贝尔市	Hulunbeier City	3503459	1891453	314418	1148535	101124	47930
兴安盟	Xingan League	1651893	848474	65347	702876	14364	20831
通辽市	Tongliao City	3497245	1854149	103989	1483231	18386	37489
赤峰市	Chifeng City	3501641	1904488	164060	1361899	17812	53382
锡林郭勒盟	Xilinguole League	1287614	335730	17912	911268	1482	21221
乌兰察布市	Wulanchabu City	1921336	776088	66711	1034329	6349	37858
鄂尔多斯市	Erdos City	1409455	628047	66603	674574	14709	25522
巴彦淖尔市	Bayannaoer City	2269711	1382939	83962	741442	29676	31691
乌海市	Wuhai City	73826	33783	3142	34965	373	1563
阿拉善盟	Alashan League	163174	88828	9511	59758	1006	4070

注:本表绝对数按当年价格计算。

a)Data in value terms in this table are calculated at current prices.

22-41 各盟市造林、耕地及农作物播种面积(2011年)
Afforested Area, Cultivated Area and Sown Area of Farm Crops by Region(2011)

单位：千公顷　(1 000 hectares)

地区	Region	造林面积 Afforested Area	耕地面积 Cultivated Area	农作物总播种面积 Total Sown Area	#粮食作物播种面积 Sown Area of Grain Crops	有效灌溉面积 Irrigated Area
呼和浩特市	Hohhot City	26.00	568.79	445.36	323.33	195.97
包头市	Baotou City	21.33	422.11	312.82	226.67	142.33
呼伦贝尔市	Hulunbeier City	57.85	1143.67	1578.52	1324.00	219.23
兴安盟	Xingan League	33.20	796.86	766.95	723.33	303.26
通辽市	Tongliao City	45.90	1074.39	1127.52	920.91	656.01
赤峰市	Chifeng City	214.37	1008.13	1103.47	893.33	460.10
锡林郭勒盟	Xilinguole League	122.14	238.72	226.14	150.17	39.39
乌兰察布市	Wulanchabu City	88.19	889.04	603.04	474.83	245.13
鄂尔多斯市	Erdos City	39.40	402.86	376.64	239.55	208.06
巴彦淖尔市	Bayannaoer City	43.00	581.49	530.51	262.00	594.38
乌海市	Wuhai City	1.44	7.04	6.36	4.44	8.53
阿拉善盟	Alashan League	33.83	27.35	32.57	18.93	

22-42 各盟市农业机械总动力和农村用电量及化肥施用量(2011年)
Total Power of Agricultural Machinery, Electricity Consumed in Rural Area and Consumption of Chemical Fertilizer by Region(2011)

地区	Region	农业机械总动力(万千瓦) Total Power of Agricultural Machinery (10 000 kw)	农村用电量(万千瓦小时) Electricity Consumed in Rural Area (10 000 kwh)	农药使用量(吨) Consumption of Pesticide (ton)	化肥施用量(折纯量)(吨) Consumption of Chemical Fertilizer (ton)
呼和浩特市	Hohhot City	218.71	39468	313	111231
包头市	Baotou City	150.63	30107	706	67021
呼伦贝尔市	Hulunbeier City	369.40	26739	8219	178418
兴安盟	Xingan League	391.88	16269	1942	148933
通辽市	Tongliao City	550.03	91761	6827	532395
赤峰市	Chifeng City	460.95	180180	2049	257942
锡林郭勒盟	Xilinguole League	119.85	6837	466	13436
乌兰察布市	Wulanchabu City	196.65	26025	882	92627
鄂尔多斯市	Erdos City	266.87	45950	1507	102597
巴彦淖尔市	Bayannaoer City	412.47	41237	1247	244375
乌海市	Wuhai City	7.87	2783	22	3299
阿拉善盟	Alashan League	27.30	15636	295	17109

22-43 各盟市主要农产品产量(2011年)

Yield of Major Farm Crops by Region(2011)

单位：万吨 (10 000 tons)

地区	Region	粮食 Grain	谷物 Cereal	#小麦 Wheat	#玉米 Corn	豆类 Beans	薯类 Tubers	油料 Oil-bearing Crops
呼和浩特市	Hohhot City	117.50	94.09	3.19	87.80	1.89	21.52	3.89
包头市	Baotou City	100.25	87.63	6.45	80.45	0.07	12.56	4.18
呼伦贝尔市	Hulunbeier City	525.00	346.51	77.41	235.54	115.58	62.91	26.09
兴安盟	Xingan League	299.01	257.29	8.94	204.43	25.63	16.09	3.85
通辽市	Tongliao City	565.50	546.82	3.53	485.06	12.01	6.67	12.93
赤峰市	Chifeng City	435.10	388.27	9.21	297.05	13.45	33.39	11.87
锡林郭勒盟	Xilinguole League	30.15	9.88	5.56	3.96	0.18	20.09	1.10
乌兰察布市	Wulanchabu City	85.00	30.53	3.70	24.61	1.11	53.35	3.58
鄂尔多斯市	Erdos City	142.54	127.73	3.17	122.88	1.08	13.73	7.55
巴彦淖尔市	Bayannaoer City	192.50	188.63	54.63	132.90	0.34	3.53	56.01
乌海市	Wuhai City	3.55	3.52	0.32	3.11		0.04	0.13
阿拉善盟	Alashan League	17.40	17.29	0.82	16.33		0.11	2.70

22-44 各盟市大牲畜年中数(2011年)

Number of Large Animals at the Middle of Year by Region(2011)

单位：万头 (10 000 heads)

地区	Region	大牲畜 Large Animals	牛 Cattle and Buffalos	马 Horses	驴 Donkeys	骡 Mules	骆驼 Camels
呼和浩特市	Hohhot City	82.27	76.80	0.27	2.75	2.38	0.08
包头市	Baotou City	37.26	33.82	0.52	1.81	0.81	0.29
呼伦贝尔市	Hulunbeier City	191.47	171.26	18.48	1.14	0.35	0.24
兴安盟	Xingan League	81.40	68.38	7.04	5.85	0.14	
通辽市	Tongliao City	242.11	198.06	19.20	18.49	6.35	0.01
赤峰市	Chifeng City	300.75	209.17	16.50	63.74	11.21	0.13
锡林郭勒盟	Xilinguole League	124.65	111.19	11.71	0.50	0.03	1.22
乌兰察布市	Wulanchabu City	50.02	44.11	1.25	2.59	1.57	0.50
鄂尔多斯市	Erdos City	31.28	26.32	0.88	1.95	1.79	0.33
巴彦淖尔市	Bayannaoer City	24.18	14.25	0.96	2.95	4.01	2.01
乌海市	Wuhai City	0.44	0.36	0.01	0.03	0.04	0.01
阿拉善盟	Alashan League	10.86	2.60	0.16	0.26	0.03	7.81

22-45 各盟市大牲畜年末数(2011 年)

Number of Large Animals at Year-end by Region(2011)

单位：万头　　　　(10 000 heads)

地 区	Region	大牲畜 Large Animals	牛 Cattle and Buffalos	马 Horses	驴 Donkeys	骡 Mules	骆驼 Camels
呼和浩特市	Hohhot City	76.01	71.84	0.24	1.89	1.91	0.13
包 头 市	Baotou City	39.70	37.61	0.25	1.19	0.44	0.21
呼伦贝尔市	Hulunbeier City	115.64	99.62	14.54	0.97	0.29	0.22
兴 安 盟	Xingan League	60.31	47.60	6.28	6.09	0.33	
通 辽 市	Tongliao City	202.98	150.80	25.02	19.05	8.10	0.01
赤 峰 市	Chifeng City	196.84	110.64	15.91	57.52	12.66	0.12
锡林郭勒盟	Xilinguole League	95.04	84.46	9.13	0.42	0.03	1.01
乌兰察布市	Wulanchabu City	50.07	43.66	1.27	2.29	2.37	0.49
鄂尔多斯市	Erdos City	25.39	21.05	0.80	1.81	1.58	0.15
巴彦淖尔市	Bayannaoer City	23.93	14.36	0.82	2.87	4.08	1.80
乌 海 市	Wuhai City	0.41	0.33	0.01	0.03	0.04	0.01
阿拉善盟	Alashan League	9.31	1.87	0.17	0.21	0.04	7.03

22-46 各盟市羊和猪年中数(2011 年)

Number of Sheep, Goats and Hogs at the Middle of Year by Region(2011)

单位：万只(头)　　　　(10 000 heads)

地 区	Region	羊 Sheep and Goats	绵羊 Sheep	山羊 Goats	生猪 Hogs
呼和浩特市	Hohhot City	254.65	200.44	54.21	41.01
包 头 市	Baotou City	275.72	192.02	83.70	43.02
呼伦贝尔市	Hulunbeier City	1336.76	1133.94	202.82	123.37
兴 安 盟	Xingan League	610.69	393.22	217.47	134.71
通 辽 市	Tongliao City	892.94	398.08	494.86	412.37
赤 峰 市	Chifeng City	1150.90	885.83	265.07	267.97
锡林郭勒盟	Xilinguole League	1049.50	932.55	116.95	7.09
乌兰察布市	Wulanchabu City	666.11	604.38	61.73	79.55
鄂尔多斯市	Erdos City	1113.70	500.67	613.04	68.21
巴彦淖尔市	Bayannaoer City	833.49	594.17	239.33	53.88
乌 海 市	Wuhai City	8.25	2.19	6.06	3.42
阿拉善盟	Alashan League	154.78	48.14	106.64	3.83

22-47 各盟市羊和猪年末数(2011 年)

Number of Sheep, Goats and Hogs at Year-end by Region(2011)

单位：万只(头) (10 000 heads)

地 区	Region	羊 Sheep and Goats	绵羊 Sheep	山羊 Goats	生猪 Hogs	肉猪出栏头数 Slaughtered Fattened Hogs
呼和浩特市	Hohhot City	158.83	115.95	42.88	29.24	35.71
包 头 市	Baotou City	189.22	125.94	63.28	27.11	51.99
呼伦贝尔市	Hulunbeier City	696.71	595.26	101.45	34.61	48.12
兴 安 盟	Xingan League	486.61	257.21	229.40	70.90	107.80
通 辽 市	Tongliao City	619.24	324.85	294.39	262.60	332.80
赤 峰 市	Chifeng City	615.83	427.83	188.00	125.68	165.23
锡林郭勒盟	Xilinguole League	534.80	490.01	44.79	5.23	9.73
乌兰察布市	Wulanchabu City	451.41	425.44	25.97	40.53	51.93
鄂尔多斯市	Erdos City	693.07	261.64	431.43	42.48	65.83
巴彦淖尔市	Bayannaoer City	662.41	482.17	180.24	42.66	36.74
乌 海 市	Wuhai City	7.64	2.26	5.38	3.15	8.55
阿拉善盟	Alashan League	132.07	41.18	90.89	3.18	2.72

22-48 各盟市主要畜产品产量(2011 年)

Output of Major Livestock Products by Region(2011)

地 区	Region	肉类产量(吨) Output of Meat (ton)	# 猪牛羊肉 Output of Pork, Beef and Mutton	猪 肉 Pork	牛 肉 Beef	羊 肉 Mutton	奶 类(吨) Milk (ton)	# 牛 奶 Cow Milk
呼和浩特市	Hohhot City	101758	91879	27584	32816	31479	3075781	3074316
包 头 市	Baotou City	157382	150174	46961	39520	63693	1559471	1559397
呼伦贝尔市	Hulunbeier City	247883	226175	37534	93359	95282	1326956	1324027
兴 安 盟	Xingan League	179846	168747	83084	23076	62587	436561	436111
通 辽 市	Tongliao City	507550	434112	255628	100484	78000	530421	401194
赤 峰 市	Chifeng City	436398	300940	126879	94937	79124	395867	395053
锡林郭勒盟	Xilinguole League	244822	235294	8225	111375	115694	564717	556873
乌兰察布市	Wulanchabu City	234671	219519	40509	28813	150197	917176	917126
鄂尔多斯市	Erdos City	148789	145473	53200	14300	77973	308885	267007
巴彦淖尔市	Bayannaoer City	183230	174696	32965	9157	132574	370240	370115
乌 海 市	Wuhai City	11375	10477	7948	396	2133	5838	5064
阿拉善盟	Alashan League	15696	14050	2422	562	11066	3651	2727

22-48 续表 continued

地区	Region	绵羊毛(吨) Sheep Wool (ton)	山羊毛(吨) Goat Wool (ton)	羊绒(吨) Cashmere (ton)	牛皮(万张) Cattle hide (10 000 pieces)	羊皮(万张) Sheep skin (10 000 pieces)	禽蛋(吨) Poultry Eggs (ton)
呼和浩特市	Hohhot City	3431	251	120	19.15	188.91	31458
包头市	Baotou City	2900	218	159	23.85	352.00	27636
呼伦贝尔市	Hulunbeier City	24702	700	444	56.33	604.15	38958
兴安盟	Xingan League	10522	1495	766	12.98	405.53	19585
通辽市	Tongliao City	9200	6320	1191	63.36	372.68	55575
赤峰市	Chifeng City	15940	1084	1150	62.24	373.19	315254
锡林郭勒盟	Xilinguole League	9243	69	311	63.85	573.48	4732
乌兰察布市	Wulanchabu City	10672	42	80	19.33	959.07	13206
鄂尔多斯市	Erdos City	12498	2029	2642	9.25	430.49	10000
巴彦淖尔市	Bayannaoer City	7859	69	496	5.63	792.37	8306
乌海市	Wuhai City	51	66	13	0.24	13.08	3012
阿拉善盟	Alashan League	544	214	299	0.26	46.31	291

22-49 各盟市规模以上工业企业单位数和工业总产值(2011年)

Number of above Designated Size Industrial Enterprises and Their Gross Output Value by Region(2011)

单位：个、万元 (unit)(10 000 yuan)

地区	Region	规模以上企业 Enterprises above Designated Size		# 国有及国有控股企业 State-owned Enterprises	
		企业单位数 Number of Enterprises	总产值(当年价格) Gross Output Value (At Current Prices)	企业单位数 Number of Enterprises	总产值(当年价格) Gross Output Value (At Current Prices)
呼和浩特市	Hohhot City	267	13659098	52	5832157
包头市	Baotou City	625	29990131	92	15101712
呼伦贝尔市	Hulunbeier City	384	10355582	60	3209905
兴安盟	Xingan League	147	2140465	17	435552
通辽市	Tongliao City	590	24161894	50	4672777
赤峰市	Chifeng City	526	15773267	63	5654325
锡林郭勒盟	Xilinguole League	340	7593563	68	3681537
乌兰察布市	Wulanchabu City	373	7868253	44	2223863
鄂尔多斯市	Erdos City	385	37437310	48	9948942
巴彦淖尔市	Bayannaoer City	275	10169968	30	1437519
乌海市	Wuhai City	155	7399002	18	3203884
阿拉善盟	Alashan League	106	6627421	13	1189808

22-49 续表 1 continued

单位：个、万元 (unit)(10 000 yuan)

地区	Region	# 集体企业 Collective-owned Enterprises		# 股份有限公司 Share Holding Enterprises	
		企业单位数 Number of Enterprises	总产值(当年价格) Gross Output Value (At Current Prices)	企业单位数 Number of Enterprises	总产值(当年价格) Gross Output Value (At Current Prices)
呼和浩特市	Hohhot City	6	16884	22	2283106
包头市	Baotou City	22	105847	46	7488631
呼伦贝尔市	Hulunbeier City			14	430677
兴安盟	Xingan League	6	55198	3	127043
通辽市	Tongliao City	15	913664	36	2337199
赤峰市	Chifeng City	10	155072	33	1777921
锡林郭勒盟	Xilinguole League	1	25550	19	921129
乌兰察布市	Wulanchabu City	2	32951	12	384778
鄂尔多斯市	Erdos City	8	34608	36	8521178
巴彦淖尔市	Bayannaoer City	1	51991	10	685966
乌海市	Wuhai City			7	381425
阿拉善盟	Alashan League			4	436787

22-49 续表 2 continued

单位：个、万元 (unit)(10 000 yuan)

地区	Region	# 外商投资企业 Foreign Funded Enterprises		# 港澳台商投资企业 Enterprises Funded by Entrepreneurs from Hong Kong, Macao & Taiwan	
		企业单位数 Number of Enterprises	总产值(当年价格) Gross Output Value (At Current Prices)	企业单位数 Number of Enterprises	总产值(当年价格) Gross Output Value (At Current Prices)
呼和浩特市	Hohhot City	22	2238493	12	1486239
包头市	Baotou City	23	1481077	13	371552
呼伦贝尔市	Hulunbeier City	18	477604	7	135502
兴安盟	Xingan League	6	261803	1	13364
通辽市	Tongliao City	12	2500471	7	276691
赤峰市	Chifeng City	6	503104	5	455790
锡林郭勒盟	Xilinguole League	3	67356	4	65175
乌兰察布市	Wulanchabu City	3	212096	6	107922
鄂尔多斯市	Erdos City	12	1770104	5	125480
巴彦淖尔市	Bayannaoer City	7	509299	5	608193
乌海市	Wuhai City	2	24217	1	4512
阿拉善盟	Alashan League	2	126387	1	15019

22-49 续表 3 continued

单位：个、万元 (unit)(10 000 yuan)

地 区	Region	轻工业 Enterprises of Light Industry		重工业 Enterprises of Heavy Industry	
		企业单位数 Number of Enterprises	总产值(当年价格) Gross Output Value (At Current Prices)	企业单位数 Number of Enterprises	总产值(当年价格) Gross Output Value (At Current Prices)
呼和浩特市	Hohhot City	116	6413384	151	7245715
包 头 市	Baotou City	76	1599132	549	28390999
呼伦贝尔市	Hulunbeier City	159	4010500	225	6345081
兴 安 盟	Xingan League	72	1007037	75	1133428
通 辽 市	Tongliao City	248	8459085	342	15702809
赤 峰 市	Chifeng City	146	2849978	380	12923289
锡林郭勒盟	Xilinguole League	136	1254694	204	6338869
乌兰察布市	Wulanchabu City	115	1879187	258	5989066
鄂尔多斯市	Erdos City	51	2092221	334	35345089
巴彦淖尔市	Bayannaoer City	124	3891113	151	6278855
乌 海 市	Wuhai City	3	25629	152	7373373
阿拉善盟	Alashan League	11	300360	95	6327061

22-49 续表 4 continued

单位：个、万元 (unit) (10 000 yuan)

地 区	Region	大型企业 Large Enterprises		中型企业 Medium-sized Enterprises		小型企业 Small Enterprises	
		企业单位数 Number of Enterprises	总产值(当年价格) Gross Output Value (At Current Prices)	企业单位数 Number of Enterprises	总产值(当年价格) Gross Output Value (At Current Prices)	企业单位数 Number of Enterprises	总产值(当年价格) Gross Output Value (At Current Prices)
呼和浩特市	Hohhot City	15	5550393	60	5097985	175	2885193
包 头 市	Baotou City	32	15630661	124	6457923	441	7580438
呼伦贝尔市	Hulunbeier City	11	2372201	44	1935289	318	5924624
兴 安 盟	Xingan League	1	285832	17	613666	117	1201912
通 辽 市	Tongliao City	12	4388823	64	6185018	493	13558281
赤 峰 市	Chifeng City	14	5197890	85	4264978	409	6307206
锡林郭勒盟	Xilinguole League	9	2060708	40	2255795	261	3075259
乌兰察布市	Wulanchabu City	5	936758	39	2018762	305	4829673
鄂尔多斯市	Erdos City	30	18649892	69	8889362	269	9514461
巴彦淖尔市	Bayannaoer City	9	1823658	42	3774634	211	4483179
乌 海 市	Wuhai City	8	3378563	37	2199476	103	1820964
阿拉善盟	Alashan League	6	2725863	24	2137794	71	1725943

22-50 各盟市规模以上工业企业主要指标(2011年)

Main Indicators of Industrial Enterprises above Designed Size by Region(2011)

单位：万元 (10 000 yuan)

地 区	Region	资产合计 Total Assets	负债合计 Total Liabilities	主营业务收入 Revenue of main business	利润总额 Total Profits
呼和浩特市	Hohhot City	15225383	10216464	13206673	2044018
包 头 市	Baotou City	31516114	20957198	29474185	2325322
呼伦贝尔市	Hulunbeier City	11916173	7523924	10082953	1041890
兴 安 盟	Xingan League	2227040	1624827	2011996	131730
通 辽 市	Tongliao City	10476309	5138173	24093826	1568517
赤 峰 市	Chifeng City	11213519	5840995	15594635	1679570
锡林郭勒盟	Xilinguole League	12454352	9266158	7238241	1146399
乌兰察布市	Wulanchabu City	7981692	5806951	7450262	644694
鄂尔多斯市	Erdos City	50387921	24410260	39060748	8445278
巴彦淖尔市	Bayannaoer City	8579377	5454199	9360289	852332
乌 海 市	Wuhai City	9352720	6591460	7197568	534577
阿拉善盟	Alashan League	5042637	3677173	6080138	1038305

22-51 各盟市规模以上工业企业主要指标(2011年)

Main Indicators of Industrial Enterprises above Designed Size by Region(2011)

单位：万元 (10 000 yuan)

地 区	Region	所有者权益 Creditors Equity	利税总额 Total Profits and Taxes	本年应交增值税 Value Added Tax Payable	流动资产合计 Circulating Funds	固定资产合计 Total Fixed Assets
呼和浩特市	Hohhot City	4984739	2985617	578559	6159790	6525235
包 头 市	Baotou City	10398599	3825926	1246308	12822702	13063093
呼伦贝尔市	Hulunbeier City	4375060	1523410	387148	3355438	6600429
兴 安 盟	Xingan League	595143	296448	51631	711044	1373211
通 辽 市	Tongliao City	5300885	2244634	518638	2759278	5909308
赤 峰 市	Chifeng City	5334486	2187066	389550	3831377	6360986
锡林郭勒盟	Xilinguole League	3567308	1721821	450238	2552675	6350491
乌兰察布市	Wulanchabu City	2143896	895475	215851	1938226	5029982
鄂尔多斯市	Erdos City	25817717	11929513	2452897	21115992	20456033
巴彦淖尔市	Bayannaoer City	3034352	1083312	174913	3463335	4153978
乌 海 市	Wuhai City	2757214	946358	327764	3979428	3648870
阿拉善盟	Alashan League	1383579	1349818	272165	2379991	2131885

22-52 各盟市主要工业产品产量(2011年)

Output of Major Industrial Products by Region(2011)

地 区	Region	白酒(千升) Liquor (1000 litres)	糖(吨) Sugar (ton)	液体乳(万吨) Milk (10000 tons)	机制纸及纸板(吨) Machine-made Paper and Paperboards (ton)	原 油(吨) Crude Oil (ton)	原 煤(万吨) Coal (10 000 tons)	发电量(亿千瓦小时) Electricity (100 million kwh)
呼和浩特市	Hohhot City	4853.00		176.41	29548		1076.93	396.80
包头市	Baotou City	10196.06	4376	37.53			1963.22	353.27
呼伦贝尔市	Hulunbeier City	87801.00		0.33	39299	553960	8398.51	279.05
兴安盟	Xingan League	19018.25		15.49			116.75	26.58
通辽市	Tongliao City	218287.00	63306	13.82			6568.88	232.85
赤峰市	Chifeng City	65414.30	71634	7.64	170026	313751	3226.06	190.57
锡林郭勒盟	Xilinguole League	23642.00		8.81		1034878	12790.00	291.48
乌兰察布市	Wulanchabu City	29196.00	40715	17.52	47403			368.69
鄂尔多斯市	Erdos City	35394.70		0.12	6818		58793.75	557.44
巴彦淖尔市	Bayannaoer City	26144.00		32.04	15992	127063	66.73	109.73
乌海市	Wuhai City	2304.00					3316.93	166.39
阿拉善盟	Alashan League	535.80					2122.79	

22-52 续表 continued

地 区	Region	焦炭(万吨) Coke (10 000 tons)	钢(万吨) Steel (10 000 tons)	生铁(万吨) Pig Iron (10 000 tons)	成品钢材(万吨) Steel Products (10 000 tons)	水泥(万吨) Cement (10 000 tons)	化肥(万吨) Chemical Fertilizer (10 000 tons)
呼和浩特市	Hohhot City	53.49				728.80	26.15
包头市	Baotou City	550.66	1376.53	1187.98	1187.29	442.47	
呼伦贝尔市	Hulunbeier City		4.36			643.02	
兴安盟	Xingan League		70.14	67.32	67.54	159.91	
通辽市	Tongliao City					916.15	
赤峰市	Chifeng City		218.72		162.49	745.07	10.59
锡林郭勒盟	Xilinguole League					601.25	
乌兰察布市	Wulanchabu City					649.05	1.00
鄂尔多斯市	Erdos City	611.42		14.57		973.82	67.85
巴彦淖尔市	Bayannaoer City			0.29		165.74	20.47
乌海市	Wuhai City	845.44		83.83		230.52	
阿拉善盟	Alashan League	382.08		77.08		243.48	

22-53 各盟市建筑业企业情况(2011 年)
Main Indicators on Construction Enterprises by Region(2011)

地区	Region	企业单位数(个) Enterprises (unit)	# 国有 State-owned	# 集体 Collective owned	从业人员(人) Persons Employed (person)	# 国有 State-owned	# 集体 Collective owned	建筑业总产值(万元) Gross Output Value (10 000 yuan)	# 国有 State-owned	# 集体 Collective owned
呼和浩特市	Hohhot City	178	6		68396	7760		2109222	292802	
包 头 市	Baotou City	99		1	65795		371	2380333		3123
呼伦贝尔市	Hulunbeier City	74	1		26669	90		768086	316	
兴 安 盟	Xingan League	24		1	4460		68	287151		57
通 辽 市	Tongliao City	51	1		24732	1928		667731	100851	
赤 峰 市	Chifeng City	119		1	64969		30	1632381		402
锡林郭勒盟	Xilinguole League	35			7926			219040		
乌兰察布市	Wulanchabu City	41			15621			330744		
鄂尔多斯市	Erdos City	166	3	1	82094	3040	25	4108635	97257	438
巴彦淖尔市	Bayannaoer City	51	2		30086	604		802370	12317	
乌 海 市	Wuhai City	33			13839			524197		
阿拉善盟	Alashan League	25	1	1	5915	83		116891	4914	

22-54 各盟市房屋建筑面积(2011 年)
Floor Space of Building by Region(2011)

单位：万平方米 (10 000 sq.m)

地区	Region	房屋建筑面积 Floor Space of Building Construction			国有 State-owned		集体 Collective-owned	
		施工面积 Floor Space Under Construction	竣工面积 Floor Space Completed	# 住宅 Residential Buildings	施工面积 Floor Space Under Construction	竣工面积 Floor Space Completed	施工面积 Floor Space Under Construction	竣工面积 Floor Space Completed
呼和浩特市	Hohhot City	1403.67	515.66	348.31	15.01	7.37		
包 头 市	Baotou City	1825.62	507.07	337.04				
呼伦贝尔市	Hulunbeier City	459.13	365.36	273.07				
兴 安 盟	Xingan League	318.91	90.11	54.17				
通 辽 市	Tongliao City	495.19	316.1	232.99				
赤 峰 市	Chifeng City	1312.61	821.68	605.43				
锡林郭勒盟	Xilinguole League	196.84	120.41	81.06				
乌兰察布市	Wulanchabu City	426.04	166.66	143.75				
鄂尔多斯市	Erdos City	1684.92	555.89	266.34	1.5	1.5		
巴彦淖尔市	Bayannaoer City	708.05	304.52	239.31				
乌 海 市	Wuhai City	444	267.07	243.58				
阿拉善盟	Alashan League	48.13	34.24	22.51				

22-55 各盟市城镇自来水情况(2011年)

Basic Statistics on Tap Water Supply in Towns and Cities by Region(2011)

地 区	Region	年末供水管道长度(公里) Length of Water Supply Pipelines (year-end)(km)	全年供水总量(万吨) Total Annual Volume of Water Supply (10 000 tons)	#生产运营用水 For Productive Use	#生活用水 For Residential Use	用水人口(万人) Number of Residents with Access to Tap water (10 000 persons)
总 计	**Total**	**9073**	**62762**	**26103**	**26490**	**768.18**
呼和浩特市	Hohhot City	718	13986	4040	5366	161.10
包头市	Baotou City	1562	13355	6464	5345	161.10
呼伦贝尔市	Hulunbeier City	844	6552	3189	2877	69.76
兴安盟	Xingan League	145	1764	285	1074	24.57
通辽市	Tongliao City	843	5743	2634	2585	57.60
赤峰市	Chifeng City	1035	10856	6654	2785	77.49
锡林郭勒盟	Xilinguole League	635	1552	528	793	20.71
乌兰察布市	Wulanchabu City	444	1539	349	981	38.30
鄂尔多斯市	Erdos City	752	2878	489	2080	74.65
巴彦淖尔市	Bayannaoer City	235	1824	103	1510	30.00
乌海市	Wuhai City	1860	2713	1368	1095	52.90
阿拉善盟	Alashan League					

22-56 各盟市城镇煤气、液化石油气、天然气(2011年)

Basic Statistics on Supply of Gas, Liquefied Petroleum Gas and Natural Gas in Towns and Cities by Region(2011)

地 区	Region	煤气供气量(万立方米) Coal Gas Supply (10 000 cu.m)	#家庭用量 For Residential Use	天然气供气量(万立方米) Natural Gas Supply (10 000 cu.m)	#家庭用量 For Residential Use	液化石油气供气量(吨) Liquefied Petroleum Gas Supply (ton)	#家庭用量 For Residential Use
总计	**Total**	**2806**	**2803**	**127724**	**11347**	**113190**	**92512**
呼和浩特市	Hohhot City			38199	4353	26996	17000
包头市	Baotou City	2806	2803	75546	3052	11310	11160
呼伦贝尔市	Hulunbeier City					17011	13832
兴安盟	Xingan League			120	92	2986	1986
通辽市	Tongliao City			1448	374	11840	9400
赤峰市	Chifeng City			182	147	16325	15332
锡林郭勒盟	Xilinguole League			129	15	2164	2075
乌兰察布市	Wulanchabu City			261	90	4040	3750
鄂尔多斯市	Erdos City			6764	1716	4000	3278
巴彦淖尔市	Bayannaoer City			2266	128	15010	13200
乌海市	Wuhai City			2810	1380	1508	1499
阿拉善盟	Alashan League						

22-57 各盟市城镇市政工程(2011 年)

Basic Statistics on Municipal Engineering in Towns and Cities by Region(2011)

地区	Region	污水排放量(万吨) Volume of Waste Water Discharged (10 000 tons)	城市污水日处理能力(万吨) Daily Disposal Capacity of Sewage (10 000 tons)	排水管道长度(公里) Length of Sewer Pipelines (km)	生活垃圾清运量(万吨) Volume of Garbage Disposal (10 000 tons)	生活垃圾无害化处理量(万吨) Volume of Garbage Treated (10 000 tons)
总计	**Total**	**48069**	**158.4**	**9314**	**340.0**	**283.8**
呼和浩特市	Hohhot City	11189	26.0	1080	58.8	57.6
包头市	Baotou City	8035	28.7	1913	82.3	76.2
呼伦贝尔市	Hulunbeier City	5622	20.4	830	34.5	22.1
兴安盟	Xingan League	1411	4.0	324	11.5	9.7
通辽市	Tongliao City	5648	21.5	814	24.5	3.2
赤峰市	Chifeng City	7744	21.0	511	37.2	34.0
锡林郭勒盟	Xilinguole League	1282	5.5	500	13.5	13.5
乌兰察布市	Wulanchabu City	1157	9.8	397	20.0	14.6
鄂尔多斯市	Erdos City	2253	9.0	2049	20.6	20.2
巴彦淖尔市	Bayannaoer City	1288	6.0	617	15.0	14.5
乌海市	Wuhai City	2440	6.5	279	22.0	18.2
阿拉善盟	Alashan League					

22-58 各盟市年末公路运输线路长度和运量(2011 年)

Length of Highways for Transportation Routes and Traffic by Region(End of 2011)

地区	Region	公路里程(公里) Total Length of Highways (km)	等级路 Expre-ssway & Class I to IV Highway	等外路 Highway Below Class IV	客运量(万人) Passenger Traffic (10 000 persons)	旅客周转量(万人公里) Passenger-Kilometers (10 000 passenger-km)	货运量(万吨) Freight Traffic (10 000 tons)	货物周转量(万吨公里) Freight Ton-Kilometers (10 000 ton-km)
呼和浩特市	Hohhot City	6604	6236	368	1766	445273	10189	3432656
包头市	Baotou City	6860	5769	1091	1453	172233	21475	5690239
呼伦贝尔市	Hulunbeier City	20234	18961	1273	2680	190158	5674	2368569
兴安盟	Xingan League	9874	9521	353	1020	96695	2265	618008
通辽市	Tongliao City	18001	16540	1461	2800	204000	5080	1175000
赤峰市	Chifeng City	23246	22273	973	5008	422700	7500	2495600
锡林郭勒盟	Xilinguole League	17536	16801	735	609	160080	7610	2302302
乌兰察布市	Wulanchabu City	12520	12495	25	1379	123566	4153	1323586
鄂尔多斯市	Erdos City	17250	15708	1542	2305	317000	28436	5430800
巴彦淖尔市	Bayannaoer City	19919	14976	4943	2314	190000	3431	1256400
乌海市	Wuhai City	889	879	10	314	60489	5834	565511
阿拉善盟	Alashan League	8062	7787	275	159	29500	2004	717400

22-59 各盟市邮政业务基本情况(2011 年)

Basic Conditions of Post Services by Region(2011)

地 区	Region	邮政业务总量 (万元) Business Volume of Post and Telecommunications (10 000 yuan)	函 件 (万件) Number of Letters (10 000 Pcs)	报刊期发数 (万份) Newspapers and Magazines Circulation (10 000 copies)	邮政局所总数 (处) Number of Post and Telecommunications Offices (unit)
呼和浩特市	Hohhot City	15139	830	31	107
包 头 市	Baotou City	11607	251	31	106
呼伦贝尔市	Hulunbeier City	10204	772	16	179
兴 安 盟	Xingan League	5251	50	8	102
通 辽 市	Tongliao City	6021	132	14	120
赤 峰 市	Chifeng City	12447	295	71	284
锡林郭勒盟	Xilinguole League	5092	138	12	102
乌兰察布市	Wulanchabu City	6784	106	11	154
鄂尔多斯市	Erdos City	6783	136	19	131
巴彦淖尔市	Bayannaoer City	6174	274	16	137
乌 海 市	Wuhai City	4307	35	6	31
阿拉善盟	Alashan League	1915	11	4	30

22-60 各盟市社会消费品零售总额(2011 年,按销售单位所在地分)

Total Retail Sale of Consumer Goods by Location of Retailers by Region(2011)

单位：万元 (10 000 yuan)

地 区	Region	社会消费品零售总额 Total Retail Sales of Consumer Goods	城镇 Cities and towns	城区 Cities	镇区 Towns	乡村 Villages
呼和浩特市	Hohhot City	8911000	8141000	7591000	550000	770000
包 头 市	Baotou City	8576000	8369000	7848000	521000	207000
呼伦贝尔市	Hulunbeier City	3490000	3056000	1871000	1185000	434000
兴 安 盟	Xingan League	1347000	1154000	780000	374000	193000
通 辽 市	Tongliao City	2900000	2085000	1139000	946000	815000
赤 峰 市	Chifeng City	4046000	3269000	1927000	1342000	777000
锡林郭勒盟	Xilinguole League	1442000	1170000	670000	500000	272000
乌兰察布市	Wulanchabu City	1907000	1502000	732000	770000	405000
鄂尔多斯市	Erdos City	4466000	3673000	2688000	985000	793000
巴彦淖尔市	Bayannaoer City	1516000	1262000	615000	647000	254000
乌 海 市	Wuhai City	869000	869000	869000		
阿拉善盟	Alashan League	447000	401000	192000	209000	46000

22-61 各盟市商品销售额(营业额)(2011年,按行业分)

Sale of Commodities Goods（Turnover） by Sector by Region(2011)

单位：万元 (10 000 yuan)

地区	Region	批发业 Whole-sale Trade	零售业 Retail Sale Trade	住宿业 Hotels Trade	餐饮业 Catering Trade
呼和浩特市	Hohhot City	19757690	10126190	376069	1272605
包头市	Baotou City	11044920	11530277	264497	1247818
呼伦贝尔市	Hulunbeier City	3110432	3118934	135720	560650
兴安盟	Xingan League	558175	1246418	22375	123565
通辽市	Tongliao City	2452381	2774287	64359	418739
赤峰市	Chifeng City	4407344	3669057	133510	455174
锡林郭勒盟	Xilinguole League	1030169	1486766	55358	155103
乌兰察布市	Wulanchabu City	1692421	1722061	64051	308064
鄂尔多斯市	Erdos City	9496625	4797170	114613	696138
巴彦淖尔市	Bayannaoer City	1539731	1234962	16576	232139
乌海市	Wuhai City	252283	927391	56722	101464
阿拉善盟	Alashan League	221497	466180	31010	110313

22-62 各盟市限额以上批发零售贸易、住宿餐饮业法人企业(2011年)

Number of Corporation Units above Designated Size in Wholesale and Retail Sale, Catering Trades (2011)

单位：个 (unit)

地区	Region	合计 Total	批发业 Wholesale Trade	零售业 Retail Trade	住宿业 Hotels	餐饮业 Catering Trade
呼和浩特市	Hohhot City	542	154	198	73	117
包头市	Baotou City	383	101	166	44	72
呼伦贝尔市	Hulunbeier City	303	124	101	38	40
兴安盟	Xingan League	53	15	15	11	12
通辽市	Tongliao City	254	106	110	28	10
赤峰市	Chifeng City	222	60	80	50	32
锡林郭勒盟	Xilinguole League	96	28	23	30	15
乌兰察布市	Wulanchabu City	58	3	23	13	19
鄂尔多斯市	Erdos City	267	16	140	25	86
巴彦淖尔市	Bayannaoer City	56	21	21	2	12
乌海市	Wuhai City	97	31	49	10	7
阿拉善盟	Alashan League	27	4	7	8	8

22-63 各盟市限额以上批发零售贸易、住宿餐饮业产业活动单位及个体户(2011年)

Number of Active Units above Designated Size in Wholesale, Retail Sale, Catering and Trades and Self-Employed (2011)

单位：个 (unit)

地区	Region	合计 Total	批发业 Wholesale Trade	零售业 Retail Trade	住宿业 Hotels	餐饮业 Catering Trade
呼和浩特市	Hohhot City	99	4	8	11	76
包头市	Baotou City	186	3	23	19	141
呼伦贝尔市	Hulunbeier City	193	9	68	27	89
兴安盟	Xingan League	6		4	1	1
通辽市	Tongliao City	23	1	14	1	7
赤峰市	Chifeng City	134	41	52	12	29
锡林郭勒盟	Xilinguole League	55		22	8	25
乌兰察布市	Wulanchabu City	21	1	8	1	11
鄂尔多斯市	Erdos City	93		47	13	33
巴彦淖尔市	Bayannaoer City	6			1	5
乌海市	Wuhai City	33		4		29
阿拉善盟	Alashan League	7	1		1	5

22-64 各盟市限额以上批发零售贸易、住宿餐饮业企业及个体户从业人员(2011年)

Number of Persons Engaged in Enterprises above Designated Size in Wholesale ,Retail Sale and Self-Employed Catering Trades (2011)

单位：人 (person)

地区	Region	合计 Total	批发业 Wholesale Trade	零售业 Retail Trade	住宿业 Hotels	餐饮业 Catering Trade
呼和浩特市	Hohhot City	63162	10807	26929	11549	13877
包头市	Baotou City	43997	7042	18456	6260	12239
呼伦贝尔市	Hulunbeier City	22316	3255	10341	4223	4497
兴安盟	Xingan League	4754	1241	1910	789	814
通辽市	Tongliao City	14319	4067	6656	2897	699
赤峰市	Chifeng City	29490	11583	10497	4393	3017
锡林郭勒盟	Xilinguole League	9422	557	4302	2609	1954
乌兰察布市	Wulanchabu City	10547	769	4947	1542	3289
鄂尔多斯市	Erdos City	25462	1158	11034	2767	10503
巴彦淖尔市	Bayannaoer City	7868	3348	2851	197	1472
乌海市	Wuhai City	6641	1073	2786	1218	1564
阿拉善盟	Alashan League	2773	158	795	1090	730

22-65 各盟市限额以上批发零售贸易业企业及个体户商品销售总额(2011年)

Total Sales of Enterprise above Designated Size in Wholesale ,Retail Sale Trades Self-Employed(2011)

单位：万元 (10 000 yuan)

地区	Region	销售总额 Total Sales	批发 Wholesale Trade	零售 Retail Trade
呼和浩特市	Hohhot City	9492437	4779725	4712712
包头市	Baotou City	9779354	6525188	3254166
呼伦贝尔市	Hulunbeier City	2734402	1913340	821062
兴安盟	Xingan League	542696	236122	306573
通辽市	Tongliao City	3624661	2315168	1309493
赤峰市	Chifeng City	2484505	1521041	963464
锡林郭勒盟	Xilinguole League	1162865	726621	436245
乌兰察布市	Wulanchabu City	587537	337695	249842
鄂尔多斯市	Erdos City	3318781	1186291	2132490
巴彦淖尔市	Bayannaoer City	999734	736244	263490
乌海市	Wuhai City	1171389	629743	541646
阿拉善盟	Alashan League	539658	301331	238327

22-66 各盟市限额以上批发零售贸易企业主要财务指标(2011年)

Main Financial Indicators of Enterprises above Designated Size in Wholesale and Retail by Region(2011)

单位：万元 (10 000 yuan)

地区	Region	商品销售收入 Sales Revenue	商品销售成本 Cost of Sales	商品销售税金及附加 Sales Tax and Extra Changes	销售费用 selling expenses	营业利润 Operating profit
呼和浩特市	Hohhot City	9301803	8132148	81518	272136	595328
包头市	Baotou City	9558484	8405830	49772	458708	499411
呼伦贝尔市	Hulunbeier City	2578121	2329969	13452	98697	94326
兴安盟	Xingan League	496774	442060	4854	22608	13315
通辽市	Tongliao City	3304484	2932961	31304	104586	155353
赤峰市	Chifeng City	1711491	1542669	13421	77116	37798
锡林郭勒盟	Xilinguole League	1134003	1044142	6123	34579	28474
乌兰察布市	Wulanchabu City	542727	473452	10036	19766	25038
鄂尔多斯市	Erdos City	3280635	2969385	23821	106759	160925
巴彦淖尔市	Bayannaoer City	930699	771408	10338	52406	69500
乌海市	Wuhai City	1166644	1003954	6329	39728	101738
阿拉善盟	Alashan League	344821	319202	2841	8529	9851

22-67 各盟市限额以上住宿和餐饮企业主要财务指标(2011 年)

Main Financial Indicators of Enterprises above Designated Size in Catering Trade by Region(2011)

单位：万元 (10 000 yuan)

地 区	Region	营业收入 Sales Revenue	营业成本 Cost of Sales	营业税金及附加 Business tax and surcharges	销售费用 selling expenses	营业利润 Operating profit
呼和浩特市	Hohhot City	353244	153081	18955	76339	36631
包 头 市	Baotou City	213018	109296	8912	48826	18011
呼伦贝尔市	Hulunbeier City	69830	31854	3615	18236	-3002
兴 安 盟	Xingan League	13844	6186	574	3290	1149
通 辽 市	Tongliao City	34443	21031	1168	5062	2981
赤 峰 市	Chifeng City	54653	30161	2664	11175	797
锡林郭勒盟	Xilinguole League	32459	16197	1386	7681	869
乌兰察布市	Wulanchabu City	35479	18513	2031	6337	2250
鄂尔多斯市	Erdos City	122619	50852	5578	27011	8635
巴彦淖尔市	Bayannaoer City	13961	6887	967	3816	-2630
乌 海 市	Wuhai City	27083	9724	1154	9539	1327
阿拉善盟	Alashan League	18272	12138	697	3074	-1401

22-68 各盟市入境旅游人数和外汇收入(2011 年)

Number of Foreign Tourists and Foreign Exchange Earnings by Region(2011)

地 区	Region	入境旅游人数(人次) Total Number of International Tourists Inbound (person-times)	#外国人 Foreigners	旅游外汇收入(万美元) Earnings from International Tourism(USD 10 000)
呼和浩特市	Hohhot City	102343	84645	8603.86
包 头 市	Baotou City	20297	17450	1016.68
呼伦贝尔市	Hulunbeier City	538008	534439	26083.72
兴 安 盟	Xingan League	1362	892	76.24
通 辽 市	Tongliao City	20223	17800	1151.49
赤 峰 市	Chifeng City	35300	32901	1879.67
锡林郭勒盟	Xilinguole League	666453	666259	21269.05
乌兰察布市	Wulanchabu City	18107	12305	977.08
鄂尔多斯市	Erdos City	31500	29249	1686.76
巴彦淖尔市	Bayannaoer City	54382	54050	2897.52
乌 海 市	Wuhai City	286	267	15.25
阿拉善盟	Alashan League	26916	26157	1439.71

22-69 各地区旅行社单位数和国内旅游情况(2011 年末)
Number of Travel Agencies and Domestic Tourism by Region(End of 2011)

地区	Region	旅行社数(个) Total Number of Travel Agencies (unit)	国内旅游人数（万人次） Number of Tourists (10 000 person times)	国内旅游收入（亿元） Earnings (10 000 yuan)
全　区	**Autonomous Regional Total**	**786**	**5177.95**	**847.28**
呼和浩特市	Hohhot City	198	931.90	207.92
包　头　市	Baotou City	86	700.93	123.34
呼伦贝尔市	Hulunbeier City	168	842.13	128.18
兴　安　盟	Xingan League	44	141.20	18.56
通　辽　市	Tongliao City	31	270.05	44.25
赤　峰　市	Chifeng City	59	450.54	66.18
锡林郭勒盟	Xilinguole League	40	761.26	108.56
乌兰察布市	Wulanchabu City	22	239.43	15.93
鄂尔多斯市	Erdos City	91	503.11	93.96
巴彦淖尔市	Bayannaoer City	22	125.42	13.33
乌　海　市	Wuhai City	13	109.77	14.11
阿拉善盟	Alashan League	12	102.21	12.96

22-70 各地区星级宾馆个数(2011 年末)
Number of Stars Hotels by Region(End of 2011)

单位：个　　(unit)

地区	Region	星级宾馆个数 Total Number of Stars Hotels	五星级 Five Stars	四星级 Four Stars	三星级 Three Stars	二星级 Two Stars	一星级 One Stars
全　区	**Autonomous Regional Total**	**283**	**7**	**20**	**100**	**148**	**8**
呼和浩特市	Hohhot City	32	4	7	12	9	
包　头　市	Baotou City	36	2	3	16	15	
呼伦贝尔市	Hulunbeier City	39		1	22	16	
兴　安　盟	Xingan League	10				10	
通　辽　市	Tongliao City	21		1	7	13	
赤　峰　市	Chifeng City	33		4	9	20	
锡林郭勒盟	Xilinguole League	26			6	16	4
乌兰察布市	Wulanchabu City	13			1	12	
鄂尔多斯市	Erdos City	28	1	3	14	8	2
巴彦淖尔市	Bayannaoer City	20			5	13	2
乌　海　市	Wuhai City	11		1	3	7	
阿拉善盟	Alashan League	14			5	9	

22-71 各盟市普通高等学校基本情况(2011 年)
Basic Statistics on Higher Education by Region(2011)

地 区	Region	学校数(所) Number of Schools (unit)	毕业生数(人) Number of Graduates (person)	招生数(人) New Student Enrollment (person)	在校学生数(人) Student Enrollment (person)	教职工数(人) Number of Staff and Teachers (person)	# 专任教师 Full-time Teachers
总 计	**Total**	**47**	**95957**	**115242**	**384440**	**37381**	**24136**
呼和浩特市	Hohhot City	23	53292	64742	222278	18978	12245
包 头 市	Baotou City	5	17218	20352	67514	6541	4481
呼伦贝尔市	Hulunbeier City	3	3060	3791	12367	1867	1084
兴 安 盟	Xingan League	1	1172	1095	3811	552	427
通 辽 市	Tongliao City	3	6867	7560	26435	2748	1733
赤 峰 市	Chifeng City	4	4601	5488	17235	2746	1716
锡林郭勒盟	Xilinguole League	1	1840	2255	6566	858	502
乌兰察布市	Wulanchabu City	3	4233	5234	15408	1544	962
鄂尔多斯市	Erdos City	1		883	1996	253	156
巴彦淖尔市	Bayannaoer City	1	2519	2364	7188	830	455
乌 海 市	Wuhai City	1	1155	1426	3590	243	220
阿拉善盟	Alashan League	1		52	52	221	155

注：毕业生数、招生数、在校学生数包括成人高校附设普通班学生数。

a)Number of graduates and new student enrollment and student enrodment include the number of students of ordinary classes attached adult colleges.

22-72 各盟市成人高等学校基本情况(2011 年)
Basic Statistics on Adult Education by Region(2011)

地 区	Region	学校数(所) Number of Schools (unit)	毕业生数(人) Number of Graduates (person)	招生数(人) New Student Enrollment (person)	在校学生数(人) Student Enrollment (person)	教职工数(人) Number of Staff and Teachers (person)	# 专任教师 Full-time Teachers
总 计	**Total**	**1**	**26187**	**36453**	**74956**	**540**	**255**
呼和浩特市	Hohhot City	1	12022	16855	34775	540	255
包 头 市	Baotou City		6244	8646	19268		
呼伦贝尔市	Hulunbeier City		846	1372	3456		
兴 安 盟	Xingan League		125	206	481		
通 辽 市	Tongliao City		1394	2126	4292		
赤 峰 市	Chifeng City		3768	4666	7798		
锡林郭勒盟	Xilinguole League		153	330	940		
乌兰察布市	Wulanchabu City		857	1627	2867		
鄂尔多斯市	Erdos City						
巴彦淖尔市	Bayannaoer City						
乌 海 市	Wuhai City		778	625	1079		
阿拉善盟	Alashan League						

注：毕业生数、招生数，在校学生数中包含普通高校附设成人班学生数。

a)Number of graduates and new student enrollment and student enrodment include the number of students of ordinary classes attached adult colleges.

22-73 各盟市中等专业学校基本情况(2011 年)
Basic Statistics on Specialized Secondary Schools by Region(2011)

地区	Region	学校数(所) Number of Schools (unit)	毕业生数(人) Number of Graduates (person)	招生数(人) New Student Enrollment (person)	在校学生数(人) Student Enrollment (person)	教职工数(人) Number of Staff and Teachers (person)	# 专任教师 Full-time Teacher
总计	**Total**	**90**	**43639**	**47181**	**149648**	**7420**	**4973**
呼和浩特市	Hohhot City	42	14851	13979	55272	2174	1302
包头市	Baotou City	15	8703	9667	25764	1727	1223
呼伦贝尔市	Hulunbeier City	7	4444	5909	18571	898	572
兴安盟	Xingan League	2	657	963	2670	98	78
通辽市	Tongliao City	7	1065	1611	7702	282	187
赤峰市	Chifeng City	2	3261	3730	8875	482	336
锡林郭勒盟	Xilinguole League		1443	4142	6973		
乌兰察布市	Wulanchabu City	4	1329	1141	3616	383	232
鄂尔多斯市	Erdos City	4	4269	2552	10734	775	584
巴彦淖尔市	Bayannaoer City	6	2529	2106	6043	377	285
乌海市	Wuhai City	1	1088	1381	3428	224	174
阿拉善盟	Alashan League						

注：本表数据不包含成人中专。

a)Date in the Table doesn't include Adult secondary schools.

22-74 各盟市普通中学基本情况(2011 年)
Basic Statistics on Regular Secondary Schools by Region(2011)

地区	Region	学校数(所) Number of Schools (unit)	毕业生数(人) Number of Graduates (person)	初中 Junior Secondary Schools	高中 Senior Secondary Schools	招生数(人) New Student Enrollment (person)	初中 Junior Secondary Schools	高中 Senior Secondary Schools
总计	**Total**	**1087**	**428106**	**259992**	**168114**	**426320**	**256646**	**169674**
呼和浩特市	Hohhot City	122	50370	32516	17854	52860	31681	21179
包头市	Baotou City	98	45315	29004	16311	45450	26402	19048
呼伦贝尔市	Hulunbeier City	183	36878	19258	17620	33994	21925	12069
兴安盟	Xingan League	90	22756	13795	8961	24290	14828	9462
通辽市	Tongliao City	149	53634	31593	22041	56592	35879	20713
赤峰市	Chifeng City	169	89989	53265	36724	87990	50864	37126
锡林郭勒盟	Xilinguole League	39	16428	10480	5948	16747	10454	6293
乌兰察布市	Wulanchabu City	71	39981	24939	15042	36043	19898	16145
鄂尔多斯市	Erdos City	64	29299	17930	11369	29870	18280	11590
巴彦淖尔市	Bayannaoer City	62	29778	18619	11159	29802	18731	11071
乌海市	Wuhai City	23	10014	6239	3775	8911	5455	3456
阿拉善盟	Alashan League	17	3664	2354	1310	3771	2249	1522

22–74 续表 continued

地 区	Region	在校学生数(人) Student Enrollment (person)	初中 Junior Secondary Schools	高中 Senior Secondary Schools	教职工数(人) Number of Staff and Teachers (person)	#专任教师 Full-time Teacher
总 计	**Total**	**1284887**	**791411**	**493476**	**132907**	**93869**
呼和浩特市	Hohhot City	155421	95667	59754	13662	8967
包 头 市	Baotou City	132858	80141	52717	12189	9201
呼伦贝尔市	Hulunbeier City	113512	71225	42287	17593	11808
兴 安 盟	Xingan League	73778	46122	27656	9959	6640
通 辽 市	Tongliao City	164959	102376	62583	16566	11913
赤 峰 市	Chifeng City	267645	158916	108729	25132	18553
锡林郭勒盟	Xilinguole League	49783	32531	17252	4929	3878
乌兰察布市	Wulanchabu City	111233	66371	44862	10072	6939
鄂尔多斯市	Erdos City	88646	54949	33697	9769	7018
巴彦淖尔市	Bayannaoer City	88021	58929	29092	8501	5621
乌 海 市	Wuhai City	27344	16852	10492	2937	2202
阿拉善盟	Alashan League	11687	7332	4355	1598	1129

22–75 各盟市职业中学基本情况(2011年)
Basic Statistics on Vocational Secondary Schools by Region(2011)

地 区	Region	学校数(所) Number of Schools (unit)	毕业生数(人) Number of Graduates (person)	招生数(人) New Student Enrollment (person)	在校学生数(人) Student Enrollment (person)	教职工数(人) Number of Staff and Teachers (person)	#专任教师 Full-time Teacher
总 计	**Total**	**131**	**41718**	**46580**	**133973**	**11028**	**8365**
呼和浩特市	Hohhot City	17	3716	3218	10083	1170	695
包 头 市	Baotou City	2	563	930	2487	194	166
呼伦贝尔市	Hulunbeier City	13	2350	2017	6974	1052	868
兴 安 盟	Xingan League	10	2418	2253	5526	720	530
通 辽 市	Tongliao City	15	5933	8361	23743	918	702
赤 峰 市	Chifeng City	33	10968	13955	43391	2774	2065
锡林郭勒盟	Xilinguole League	11	5256	2975	7536	1165	905
乌兰察布市	Wulanchabu City	10	3617	3145	8275	1053	830
鄂尔多斯市	Erdos City	8	2085	3527	9614	905	704
巴彦淖尔市	Bayannaoer City	8	4087	4103	11990	810	692
乌 海 市	Wuhai City		109	496	646		
阿拉善盟	Alashan League	4	616	1600	3708	267	208

22-76 各盟市小学基本情况(2011 年)
Basic Statistics on Primary Schools by Region(2011)

地 区	Region	学校数(所) Number of Schools (unit)	毕业生数(人) Number of Graduates (person)	招生数(人) New Student Enrollment (person)	在校学生数(人) Student Enrollment (person)	教职工数(人) Number of Staff and Teachers (person)	# 专任教师 Full-time Teacher
总 计	**Total**	**2613**	**254920**	**246419**	**1405322**	**126569**	**113734**
呼和浩特市	Hohhot City	341	30024	30980	176940	11344	10089
包 头 市	Baotou City	183	25749	24828	141902	9480	8868
呼伦贝尔市	Hulunbeier City	169	22137	19879	112589	12438	13230
兴 安 盟	Xingan League	142	14238	15968	83541	9490	8742
通 辽 市	Tongliao City	550	36093	35233	207225	17659	17473
赤 峰 市	Chifeng City	647	50864	48898	276161	28908	23521
锡林郭勒盟	Xilinguole League	87	10930	9825	60918	5534	4672
乌兰察布市	Wulanchabu City	225	19908	18953	108857	12413	9737
鄂尔多斯市	Erdos City	118	18228	20734	106216	8702	6671
巴彦淖尔市	Bayannaoer City	104	18741	13480	87168	7287	7322
乌 海 市	Wuhai City	29	5742	5697	30937	2329	2325
阿拉善盟	Alashan League	18	2266	1944	12868	985	1084

22-77 各盟市幼儿园基本情况(2011 年)
Basic Statistics on Kindergartens by Region(2011)

地 区	Region	园 数 (所) Number of Kindergartens (unit)	幼儿数 (人) Student Enrollment (person)	教职工数 (人) Number of Staff and Teachers (person)	# 教 师 Teachers
总 计	**Total**	**2197**	**448222**	**34600**	**21785**
呼和浩特市	Hohhot City	204	42020	4669	2572
包 头 市	Baotou City	166	32673	3955	2339
呼伦贝尔市	Hulunbeier City	302	44946	4014	2459
兴 安 盟	Xingan League	275	32954	1716	1218
通 辽 市	Tongliao City	210	54401	3064	2103
赤 峰 市	Chifeng City	585	94943	6146	3892
锡林郭勒盟	Xilinguole League	48	17966	1123	716
乌兰察布市	Wulanchabu City	53	17757	1220	802
鄂尔多斯市	Erdos City	185	57211	5164	3413
巴彦淖尔市	Bayannaoer City	113	34905	1672	1073
乌 海 市	Wuhai City	39	12777	1281	795
阿拉善盟	Alashan League	17	5669	576	403

22-78 各盟市文化艺术、文物事业单位数(2011年)

Number of Institutions for Culture, Art and Cultural Relics by Region(2011)

单位：个 (unit)

地区	Region	艺术表演团体 Art Performance Troupes	艺术表演场所 Art Performance Places	文化馆 Cultural Centers	公共图书馆 Public Libraries	博物馆 Museums
总计	**Total**	**109**	**20**	**103**	**114**	**59**
呼和浩特市	Hohhot City	8	2	9	9	3
包头市	Baotou City	5	3	10	10	3
呼伦贝尔市	Hulunbeier City	14	1	13	14	15
兴安盟	Xingan League	7	2	6	7	2
通辽市	Tongliao City	9		8	9	5
赤峰市	Chifeng City	10		12	14	10
锡林郭勒盟	Xilinguole League	13	1	13	13	3
乌兰察布市	Wulanchabu City	14	4	11	12	6
鄂尔多斯市	Erdos City	10	3	8	9	2
巴彦淖尔市	Bayannaoer City	8	1	7	8	4
乌海市	Wuhai City	1	1	3	4	3
阿拉善盟	Alashan League	4	1	3	4	1
自治区直属	Units Attached to Autonomous Region	6	1		1	2

22-79 各盟市县以上政府属研究机构及科技信息与文献机构、人员(2011年)

State-owned R & D and Information Literature Institutions at Above County Level & Persons Engaged by Region(2011)

地区	Region	合计 Total Number			自然科学技术领域研究机构 Field of Natural Sciences & Technology		
		机构(个) Institutions (unit)	从业人员(人) Employees (person)	#科技活动人员 S&T personnel	机构(个) Institutions (unit)	从业人员(人) Employees (person)	#科技活动人员 S&T personnel
总计	**Total**	**91**	**6238**	**4907**	**68**	**5450**	**4178**
呼和浩特市	Hohhot City	37	3436	2721	25	2846	2176
包头市	Baotou City	3	173	102	2	155	84
呼伦贝尔市	Hulunbeier City	9	394	314	8	383	303
兴安盟	Xingan League	6	116	80	5	99	65
通辽市	Tongliao City	7	514	354	5	485	328
赤峰市	Chifeng City	2	302	286	2	302	286
锡林郭勒盟	Xilinguole League	2	208	164	2	208	164
乌兰察布市	Wulanchabu City	6	308	246	5	271	212
鄂尔多斯市	Erdos City	8	324	268	6	274	224
巴彦淖尔市	Bayannaoer City	5	359	272	4	338	251
乌海市	Wuhai City	2	38	37	1	26	25
阿拉善盟	Alashan League	4	66	63	3	63	60

22–79 续表 continued

地区	Region	社会、人文科学技术领域 Field of Social Sciences & Humanities 机构(个) Institutions (unit)	从业人员(人) Employees (person)	# 科技活动人员 S&T personnel	科技信息和文献机构 Technical Information & Literature Institutions 机构(个) Institutions (unit)	从业人员(人) Employees (person)	# 科技活动人员 S&T personnel
总 计	**Total**	**11**	**569**	**525**	**12**	**219**	**204**
呼和浩特市	Hohhot City	9	522	481	3	68	64
包 头 市	Baotou City				1	18	18
呼伦贝尔市	Hulunbeier City				1	11	11
兴 安 盟	Xingan League				1	17	15
通 辽 市	Tongliao City	1	11	10	1	18	16
赤 峰 市	Chifeng City						
锡林郭勒盟	Xilinguole League						
乌兰察布市	Wulanchabu City				1	37	34
鄂尔多斯市	Erdos City	1	36	34	1	14	10
巴彦淖尔市	Bayannaoer City				1	21	21
乌 海 市	Wuhai City				1	12	12
阿拉善盟	Alashan League				1	3	3

22–80 各盟市旗县以上政府属研究机构及科技信息与文献机构科技活动收入和科技经费支出总额(2011 年)

Total Funds & Expenditures of State-Owned Research & Technical Information and Literature Institutions above County Level by Region(2011)

单位：万元 (10 000 yuan)

地区	Region	合计 Total 科技活动收入 Scientific Funds	# 政府资金 Government Appropriations	科技经费支出总额 Scientific Expenditures	自然科学技术领域研究机构 Field of Natural Sciences & Tech & Trasformed Institution 科技活动收入 Scientific Funds	# 政府资金 Government Appropriations	科技经费支出总额 Scientific Expenditures	#设备购置费 For purchase & Construction of Assets
总 计	**Total**	**90921**	**84914**	**81744**	**76542**	**71372**	**71407**	**4879**
呼和浩特市	Hohhot City	64247	58344	52991	51708	46642	44433	2674
包 头 市	Baotou City	855	855	688	742	742	581	3
呼伦贝尔市	Hulunbeier City	5541	5541	5399	5449	5449	5311	355
兴 安 盟	Xingan League	1273	1273	928	1175	1175	806	15
通 辽 市	Tongliao City	3703	3628	4486	3421	3346	4248	380
赤 峰 市	Chifeng City	2850	2850	2844	2850	2850	2844	163
锡林郭勒盟	Xilinguole League	1805	1805	1836	1805	1805	1836	
乌兰察布市	Wulanchabu City	1663	1663	1545	1479	1479	1368	3
鄂尔多斯市	Erdos City	5485	5485	8096	4833	4833	7402	1205
巴彦淖尔市	Bayannaoer City	2214	2214	1929	2028	2028	1791	72
乌 海 市	Wuhai City	329	329	330	215	215	229	7
阿拉善盟	Alashan League	958	929	671	839	809	558	2

22-80 续表 continued

单位：万元 (10 000 yuan)

地 区	Region	社会、人文科学技术领域 Field of Social Sciences and Humanities				科技信息和文献机构 Scientific Technical Information and Literature Institutions			
		科技活动收入 Scientific Funds	# 政府资金 Government Appropriations	科技经费支出总额 Scientific Expenditures	#设备购置费 For purchase & Construction of Assets	科技活动收入 Scientific Funds	# 政府资金 Government Appropriations	科技经费支出总额 Scientific Expenditures	#设备购置费 For purchase & Construction of Assets
总 计	**Total**	**12372**	**11747**	**8385**	**430**	**2006**	**1794**	**1952**	**110**
呼和浩特市	Hohhot City	11747	11122	7729	382	792	580	828	52
包 头 市	Baotou City					113	113	108	
呼伦贝尔市	Hulunbeier City					92	92	89	1
兴 安 盟	Xingan League					98	98	122	8
通 辽 市	Tongliao City	137	137	99		145	145	139	12
赤 峰 市	Chifeng City								
锡林郭勒盟	Xilinguole League								
乌兰察布市	Wulanchabu City					184	184	177	
鄂尔多斯市	Erdos City	488	488	556	48	164	164	138	
巴彦淖尔市	Bayannaoer City					186	186	138	
乌 海 市	Wuhai City					114	114	101	37
阿拉善盟	Alashan League					119	119	112	

22-81 各盟市卫生机构、床位(2011 年)
Number of Health Institutions, Beds by Region(2011)

地 区	Region	机构数(个) Health Institutions (unit)	# 医院、卫生院 Hospital	#疾病预防控制中心 CDC	# 妇幼保健所、站 Maternity and Child Care Centers	床位合计(张) Beds Total (unit)	# 医院、卫生院 Hospital
总 计	**Total**	**22931**	**1818**	**121**	**117**	**100805**	**89954**
呼和浩特市	Hohhot City	1815	142	12	12	13037	11607
包 头 市	Baotou City	2024	111	11	11	13590	12385
呼伦贝尔市	Hulunbeier City	1960	228	18	15	12411	11489
兴 安 盟	Xingan League	1602	118	7	8	5591	5108
通 辽 市	Tongliao City	4208	211	11	9	10098	9076
赤 峰 市	Chifeng City	4365	307	11	13	17527	16120
锡林郭勒盟	Xilinguole League	1222	143	14	13	3219	2729
乌兰察布市	Wulanchabu City	2076	214	12	12	5906	4959
鄂尔多斯市	Erdos City	1555	132	9	9	7452	6782
巴彦淖尔市	Bayannaoer City	1451	142	8	8	7923	6368
乌 海 市	Wuhai City	332	21	4	3	3093	2478
阿拉善盟	Alashan League	321	49	4	4	958	853

22-82 各盟市卫生机构人员(2011年)

Number of Persons Engaged in Health Institutions by Region(2011)

单位：人 (person)

地区	Region	卫生机构人员 Total	卫生技术人员 Medical Technical Personnel	执业医师、执业助理医师 Doctors	# 执业医师 Physician	注册护师、护士 Registered Senior and Junior Nurses
总计	**Total**	**175563**	**131806**	**57214**	**48399**	**42522**
呼和浩特市	Hohhot City	22993	17005	7049	6385	6428
包头市	Baotou City	21498	17020	7259	6775	6696
呼伦贝尔市	Hulunbeier City	21960	17137	7345	5927	5921
兴安盟	Xingan League	10752	7874	3252	2477	2120
通辽市	Tongliao City	19915	13490	6134	5208	3876
赤峰市	Chifeng City	30341	21750	9234	7391	6298
锡林郭勒盟	Xilinguole League	7169	5441	2527	2206	1486
乌兰察布市	Wulanchabu City	11015	7615	3635	2792	2058
鄂尔多斯市	Erdos City	11563	9682	4440	3850	2902
巴彦淖尔市	Bayannaoer City	12011	9540	4061	3430	3056
乌海市	Wuhai City	4275	3618	1451	1289	1252
阿拉善盟	Alashan League	2071	1634	827	669	429

注：本表数据包含村卫生室数。

a)Date in the Table include the Village clinics.

22-83 各盟市交通事故(2011年)

Basic Statistics on Traffic Accidents by Region(2011)

地区	Region	发生数(起) Number of Traffic Accidents (case)	死亡人数(人) Number of Deaths (person)	受伤人数(人) Number of Injuries (person)	直接经济损失(元) Direct Losses (yuan)
总计	**Total**	**4590**	**1267**	**4866**	**23357017**
呼和浩特市	Hohhot City	680	132	805	1828829
包头市	Baotou City	1331	151	1534	1008256
呼伦贝尔市	Hulunbeier City	134	121	143	686056
兴安盟	Xingan League	164	57	202	1192404
通辽市	Tongliao City	1157	105	877	1966735
赤峰市	Chifeng City	199	158	139	475828
锡林郭勒盟	Xilinguole League	83	52	96	603213
乌兰察布市	Wulanchabu City	187	89	289	971887
鄂尔多斯市	Erdos City	242	126	286	1858625
巴彦淖尔市	Bayannaoer City	115	91	96	467510
乌海市	Wuhai City	61	37	48	835201
阿拉善盟	Alashan League	116	28	203	2148460
高速公路支队	Expressway Detachment	121	120	148	9314013

22-84 各盟市火灾事故(2011 年)
Basic Statistics on Fires by Region(2011)

地 区	Region	发生数(起) Number of Traffic Accidents (case)	死亡人数(人) Number of Deaths (person)	受伤人数(人) Number of Injuries (person)	直接经济损失(元) Direct Losses (yuan)
总 计	**Total**	**10366**	**49**	**17**	**62177405**
呼和浩特市	Hohhot City	2401	9	5	1732370
包 头 市	Baotou City	2016	11	3	4194875
呼伦贝尔市	Hulunbeier City	914	9	6	15591201
兴 安 盟	Xingan League	165			1685723
通 辽 市	Tongliao City	1180	3	2	5626062
赤 峰 市	Chifeng City	1159			3294384
锡林郭勒盟	Xilinguole League	295	2		2763776
乌兰察布市	Wulanchabu City	722	5		11938168
鄂尔多斯市	Erdos City	685	6		3905381
巴彦淖尔市	Bayannaoer City	478	1		3977676
乌 海 市	Wuhai City	290			2913407
阿拉善盟	Alashan League	40	1		4228054
大兴安岭林业管理局	DaxinganLing Foresrty Authority	21	2	1	326328

22-85 各盟市单位能源消费(2011 年)
Consumption of Energy Per Unit By Region(2011)

地 区	Region	单位GDP能耗(吨标准煤/万元) Energy Consumption Per Unit of GDP (ton of SCE/10 000 yuan)	单位工业增加值能耗降低率(%) Energy Consumption Per Unit of Industrial Value-added(%)	单位GDP电耗降低率(%) Electricity Consumption Per Unit of Industrial Value-added (%)
呼和浩特市	Hohhot City	1.238	-2.92	1.47
包 头 市	Baotou City	1.590	-4.55	4.34
呼伦贝尔市	Hulunbeier City	1.153	8.02	4.66
兴 安 盟	Xingan League	1.268	1.05	3.89
通 辽 市	Tongliao City	1.051	-14.97	-2.63
赤 峰 市	Chifeng City	1.172	-15.02	-3.90
锡林郭勒盟	Xilinguole League	1.303	15.97	0.46
乌兰察布市	Wulanchabu City	1.648	1.72	4.33
鄂尔多斯市	Erdos City	0.994	-4.18	1.62
巴彦淖尔市	Bayannaoer City	1.727	-6.20	9.73
乌 海 市	Wuhai City	3.550	-2.93	0.64
阿拉善盟	Alashan League	1.669	-3.59	1.94

注：各盟市2011年单位GDP能耗采用2010年不变价GDP计算。

a)The Energy Consumption Per Unit of GDP of 2011 is calculated at 2010 constant prices.

2012

NEI MENG GU

二十三、旗县区资料

Statistics of Banners,Counties and Districts

资料整理：李　亮　张利珍

Arranged By Li Liang , Zhang Lizhen

23-1 各旗县(区)按年末总人口排序(2011年)

Banners, Counties and Districts Ranked by Population (Year end of 2011)

单位：人 (person)

位次 Order	旗县(区)名称	Name of Banners, Counties and Districts	年末总人口 Total Population at the Year-end
1	通辽市科尔沁区	Keerqin District in Tongliao City	885281
2	包头市昆都仑区	Kundulun District in Baotou City	738900
3	赤峰市宁城县	Ningcheng County in Chifeng City	604994
4	赤峰市敖汉旗	Aohan Banner in Chifeng City	603225
5	巴彦淖尔市临河区	Linhe District in Bayannaoer City	565031
6	赤峰市松山区	Songshan District in Chifeng City	542362
7	通辽市科尔沁左翼中旗	Keerqinzuoyizhong Banner in Tongliao City	537786
8	包头市东河区	Donghe District in Baotou City	522700
9	包头市青山区	Qingshan District in Baotou City	489900
10	赤峰市翁牛特旗	Wengniute Banner in Chifeng City	483360
11	通辽市奈曼旗	Naiman Banner in Tongliao City	442774
12	呼伦贝尔市扎兰屯市	Zhalantun City in Hulunbeier City	428200
13	呼和浩特市赛罕区	Saihan District in Hohhot City	416897
14	通辽市科尔沁左翼后旗	Keerqinzuoyihou Banner in Tongliao City	407916
15	通辽市开鲁县	Kailu County in Tongliao City	397279
16	兴安盟扎赉特旗	Zhalaite Banner in Xingan League	396861
17	鄂尔多斯市达拉特旗	Dalate Banner in Erdos City	368664
18	呼和浩特市新城区	Xincheng District in Hohhot City	367522
19	呼和浩特市土默特左旗	Tumotezuo Banner in Hohhot City	367036
20	呼伦贝尔市牙克石市	Yakeshi City in Hulunbeier City	366391
21	赤峰市巴林左旗	Balinzuo Banner in Chifeng City	357682
22	赤峰市红山区	Hongshan District in Chifeng City	354527
23	赤峰市喀喇沁旗	Kalaqin Banner in Chifeng City	351941
24	乌兰察布市商都县	Shangdu County in Wulanchabu City	347174
25	巴彦淖尔市乌拉特前旗	Wulateqian Banner in Bayannaoer City	343037
26	呼伦贝尔市莫力达瓦达斡尔族自治旗	Molidawadawoer National Autonomous Banner in Hulunbeier City	342110
27	乌兰察布市丰镇市	Fengzhen City in Wulanchabu City	340571
28	兴安盟科尔沁右翼前旗	Keerqinyouyiqian Banner in Xingan League	338258
29	乌兰察布市兴和县	Xinghe County in Wulanchabu City	334112
30	呼伦贝尔市阿荣旗	Arong Banner in Hulunbeier City	329614
31	巴彦淖尔市杭锦后旗	Hangjinhou Banner in Bayannaoer City	326336
32	赤峰市元宝山区	Yuanbaoshan District in Chifeng City	325255
33	兴安盟乌兰浩特市	Wulanhaote City in Xingan League	319492
34	兴安盟突泉县	Tuquan County in Xingan League	313205

23-1 续表 1 continued

单位：人 (person)

位 次 Order	旗县(区)名称	Name of Banners, Counties and Districts	年末总人口 Total Population at the Year-end
35	鄂尔多斯市准格尔旗	Zhungeer Banner in Erdos City	312632
36	通辽市扎鲁特旗	Zhalute Banner in Tongliao City	310000
37	乌海市海勃湾区	Haibowan District in Wuhai City	303184
38	乌兰察布市集宁区	Jining District in Wulanchabu City	303178
39	赤峰市阿鲁科尔沁旗	Alukeerqin Banner in Chifeng City	300315
40	巴彦淖尔市五原县	Wuyuan County in Bayannaoer City	298983
41	包头市土默特右旗	Tumoteyou Banner in Baotou City	276800
42	呼伦贝尔市鄂伦春自治旗	Elunchun National Autonomous Banner in Hulunbeier City	273984
43	呼伦贝尔市海拉尔区	Hailaer District in Hulunbeier City	273266
44	鄂尔多斯市东胜区	Dongsheng District in Erdos City	263024
45	兴安盟科尔沁右翼中旗	Keerqinyouyizhong Banner in Xingan League	257670
46	乌兰察布市察哈尔右翼前旗	Chahaeryouyiqian Banner in Wulanchabu City	254969
47	赤峰市克什克腾旗	Keshiketeng Banner in Chifeng City	251316
48	乌兰察布市凉城县	Liangcheng County in Wulanchabu City	248669
49	赤峰市林西县	Linxi County in Chifeng City	239716
50	呼和浩特市回民区	Huimin District in Hohhot City	239331
51	乌兰察布市察哈尔右翼中旗	Chahaeryouyizhong Banner in Wulanchabu City	223824
52	乌兰察布市察哈尔右翼后旗	Chahaeryouyihou Banner in Wulanchabu City	220732
53	乌兰察布市卓资县	Zhuozi County in Wulanchabu City	220043
54	乌兰察布市四子王旗	Siziwang Banner in Wulanchabu City	216541
55	锡林郭勒盟太仆寺旗	Taipusi Banner in Xilinguole League	212107
56	呼和浩特市托克托县	Tuoketuo County in Hohhot City	207109
57	包头市九原区	Jiuyuan District in Baotou City	201800
58	呼和浩特市玉泉区	Yuquan District in Hohhot City	201257
59	呼和浩特市和林格尔县	Helingeer County in Hohhot City	200397
60	赤峰市巴林右旗	Balinyou Banner in Chifeng City	183897
61	通辽市库伦旗	Kulun Banner in Tongliao City	179083
62	乌兰察布市化德县	Huade County in Wulanchabu City	177861
63	呼和浩特市武川县	Wuchuan County in Hohhot City	176007
64	包头市固阳县	Guyang County in Baotou City	174300
65	锡林郭勒盟锡林浩特市	Xilinhaote City in Xilinguole League	173651
66	呼伦贝尔市满洲里市	Manzhouli City in Hulunbeier City	169550
67	鄂尔多斯市伊金霍洛旗	Yijinhuoluo Banner in Erdos City	167004
68	呼伦贝尔市根河市	Genhe City in Hulunbeier City	157308

23-1 续表 2 continued

单位：人 (person)

位次 Order	旗县(区)名称	Name of Banners, Counties and Districts	年末总人口 Total Population at the Year-end
69	呼和浩特市清水河县	Qingshuihe County in Hohhot City	147007
70	鄂尔多斯市杭锦旗	Hangjin Banner in Erdos City	146626
71	巴彦淖尔市乌拉特中旗	Wulatezhong Banner in Bayannaoer City	145551
72	呼伦贝尔市鄂温克族自治旗	Ewenke National Autonomous Banner in Hulunbeier City	144251
73	阿拉善盟阿拉善左旗	Alashanzuo Banner in Alashan League	142289
74	乌海市乌达区	Wuda District in Wuhai City	134350
75	巴彦淖尔市磴口县	Dengkou County in Bayannaoer City	123261
76	鄂尔多斯市乌审旗	Wushen Banner in Erdos City	108925
77	锡林郭勒盟多伦县	Duolun County in Xilinguole League	106958
78	乌海市海南区	Hainan District in Wuhai City	103866
79	包头市达尔罕茂明安联合旗	Daerhanmaomingan Union Banner in Baotou City	101200
80	鄂尔多斯市鄂托克旗	Etuoke Banner in Erdos City	98852
81	呼伦贝尔市额尔古纳市	Eerguna City in Hulunbeier City	83745
82	锡林郭勒盟正蓝旗	Zhenglan Banner in Xilinguole League	82902
83	通辽市霍林郭勒市	Huolinguole City in Tongliao City	82505
84	锡林郭勒盟西乌珠穆沁旗	xiwuzhumuqin Banner in Xilinguole League	78560
85	锡林郭勒盟东乌珠穆沁旗	Dongwuzhumuqin Banner in Xilinguole League	78511
86	鄂尔多斯市鄂托克前旗	Etuokeqian Banner in Erdos City	76085
87	锡林郭勒盟正镶白旗	Zhengxiangbai Banner in Xilinguole League	73635
88	锡林郭勒盟苏尼特右旗	Suniteyou Banner in Xilinguole League	69132
89	巴彦淖尔市乌拉特后旗	Wulatehou Banner in Bayannaoer City	65979
90	呼伦贝尔市陈巴尔虎旗	Chenbaerhu Banner in Hulunbeier City	58787
91	兴安盟阿尔山市	Aershan City in Xingan League	48425
92	锡林郭勒盟阿巴嘎旗	Abaga Banner in Xilinguole League	45230
93	呼伦贝尔市新巴尔虎左旗	Xinbaerhuzuo Banner in Hulunbeier City	41728
94	呼伦贝尔市新巴尔虎右旗	Xinbaerhuyou Banner in Hulunbeier City	35480
95	包头市石拐区	Shiguai District in Baotou City	35200
96	锡林郭勒盟苏尼特左旗	Sunitezuo Banner in Xilinguole League	33997
97	锡林郭勒盟镶黄旗	Xianghuang Banner in Xilinguole League	31109
98	包头市白云矿区	Baiyun Mineral District in Baotou City	26600
99	锡林郭勒盟二连浩特市	Erlianhaote City in Xilinguole League	26297
100	阿拉善盟阿拉善右旗	Alashanyou Banner in Alashan League	25181
101	阿拉善盟额济纳旗	Ejina Banner in Alashan League	17649

23-2 各旗县(区)按生产总值排序(2011年)

Banners, Counties and Districts Ranked by Gross Domestic Product(2011)

单位：万元 (10 000 yuan)

位次 Order	旗县(区)名称	Name of Banners, Counties and Districts	生产总值 GDP
1	包头市昆都仑区	Kundulun District in Baotou City	8596324
2	鄂尔多斯市准格尔旗	Zhungeer Banner in Erdos City	8300235
3	鄂尔多斯市东胜区	Dongsheng District in Erdos City	7632638
4	包头市青山区	Qingshan District in Baotou City	6729890
5	通辽市科尔沁区	Keerqin District in Tongliao City	5866399
6	鄂尔多斯市伊金霍洛旗	Yijinhuoluo Banner in Erdos City	5639536
7	呼和浩特市新城区	Xincheng District in Hohhot City	4542096
8	鄂尔多斯市达拉特旗	Dalate Banner in Erdos City	4035568
9	包头市东河区	Donghe District in Baotou City	3901098
10	呼和浩特市赛罕区	Saihan District in Hohhot City	3703155
11	鄂尔多斯市鄂托克旗	Etuoke Banner in Erdos City	3291899
12	阿拉善盟阿拉善左旗	Alashanzuo Banner in Alashan League	3091999
13	呼和浩特市回民区	Huimin District in Hohhot City	2700461
14	包头市九原区	Jiuyuan District in Baotou City	2408450
15	鄂尔多斯市乌审旗	Wushen Banner in Erdos City	2400110
16	通辽市霍林郭勒市	Huolinguole City in Tongliao City	2390628
17	包头市土默特右旗	Tumoteyou Banner in Baotou City	2335020
18	呼和浩特市玉泉区	Yuquan District in Hohhot City	2187637
19	赤峰市红山区	Hongshan District in Chifeng City	2129461
20	呼和浩特市托克托县	Tuoketuo County in Hohhot City	2071804
21	巴彦淖尔市临河区	Linhe District in Bayannaoer City	2050397
22	呼伦贝尔市海拉尔区	Hailaer District in Hulunbeier City	1985472
23	赤峰市元宝山区	Yuanbaoshan District in Chifeng City	1860443
24	呼和浩特市土默特左旗	Tumotezuo Banner in Hohhot City	1833467
25	乌海市海勃湾区	Haibowan District in Wuhai City	1820025
26	赤峰市松山区	Songshan District in Chifeng City	1770927
27	锡林郭勒盟锡林浩特市	Xilinhaote City in Xilinguole League	1714793
28	呼伦贝尔市满洲里市	Manzhouli City in Hulunbeier City	1540830
29	呼伦贝尔市牙克石市	Yakeshi City in Hulunbeier City	1538523
30	通辽市开鲁县	Kailu County in Tongliao City	1532692
31	乌海市海南区	Hainan District in Wuhai City	1524302
32	乌海市乌达区	Wuda District in Wuhai City	1486260
33	包头市达尔罕茂明安联合旗	Daerhanmaomingan Union Banner in Baotou City	1469555
34	呼和浩特市和林格尔县	Helingeer County in Hohhot City	1455727

23-2 续表 1 continued

单位：万元

(10 000 yuan)

位次 Order	旗县(区)名称	Name of Banners, Counties and Districts	生产总值 GDP
35	通辽市扎鲁特旗	Zhalute Banner in Tongliao City	1358364
36	乌兰察布市集宁区	Jining District in Wulanchabu City	1286653
37	呼伦贝尔市扎兰屯市	Zhalantun City in Hulunbeier City	1265428
38	通辽市科尔沁左翼后旗	Keerqinzuoyihou Banner in Tongliao City	1217916
39	通辽市科尔沁左翼中旗	Keerqinzuoyizhong Banner in Tongliao City	1215778
40	赤峰市敖汉旗	Aohan Banner in Chifeng City	1158530
41	赤峰市宁城县	Ningcheng County in Chifeng City	1137600
42	通辽市奈曼旗	Naiman Banner in Tongliao City	1126145
43	乌兰察布市丰镇市	Fengzhen City in Wulanchabu City	1114520
44	巴彦淖尔市乌拉特前旗	Wulateqian Banner in Bayannaoer City	1107105
45	兴安盟乌兰浩特市	Wulanhaote City in Xingan League	1103760
46	呼伦贝尔市阿荣旗	Arong Banner in Hulunbeier City	1093703
47	巴彦淖尔市杭锦后旗	Hangjinhou Banner in Bayannaoer City	1065325
48	赤峰市克什克腾旗	Keshiketeng Banner in Chifeng City	1058079
49	赤峰市翁牛特旗	Wengniute Banner in Chifeng City	999270
50	锡林郭勒盟东乌珠穆沁旗	Dongwuzhumuqin Banner in Xilinguole League	999155
51	巴彦淖尔市乌拉特中旗	Wulatezhong Banner in Bayannaoer City	975597
52	包头市固阳县	Guyang County in Baotou City	896497
53	锡林郭勒盟西乌珠穆沁旗	xiwuzhumuqin Banner in Xilinguole League	887428
54	赤峰市巴林左旗	Balinzuo Banner in Chifeng City	834812
55	呼伦贝尔市莫力达瓦达斡尔族自治旗	Molidawadawoer National Autonomous Banner in Hulunbeier City	806798
56	呼伦贝尔市鄂温克族自治旗	Ewenke National Autonomous Banner in Hulunbeier City	800241
57	巴彦淖尔市乌拉特后旗	Wulatehou Banner in Bayannaoer City	797241
58	巴彦淖尔市五原县	Wuyuan County in Bayannaoer City	793194
59	赤峰市喀喇沁旗	Kalaqin Banner in Chifeng City	783462
60	包头市石拐区	Shiguai District in Baotou City	756975
61	赤峰市阿鲁科尔沁旗	Alukeerqin Banner in Chifeng City	739889
62	乌兰察布市凉城县	Liangcheng County in Wulanchabu City	684100
63	鄂尔多斯市鄂托克前旗	Etuokeqian Banner in Erdos City	680637
64	乌兰察布市察哈尔右翼前旗	Chahaeryouyiqian Banner in Wulanchabu City	678786
65	呼伦贝尔市陈巴尔虎旗	Chenbaerhu Banner in Hulunbeier City	646845
66	兴安盟科尔沁右翼前旗	Keerqinyouyiqian Banner in Xingan League	600251
67	乌兰察布市察哈尔右翼后旗	Chahaeryouyihou Banner in Wulanchabu City	592785
68	鄂尔多斯市杭锦旗	Hangjin Banner in Erdos City	584800

23-2 续表 2 continued

单位：万元 (10 000 yuan)

位次 Order	旗县(区)名称	Name of Banners, Counties and Districts	生产总值 GDP
69	兴安盟扎赉特旗	Zhalaite Banner in Xingan League	580676
70	呼伦贝尔市新巴尔虎右旗	Xinbaerhuyou Banner in Hulunbeier City	572843
71	锡林郭勒盟二连浩特市	Erlianhaote City in Xilinguole League	570817
72	锡林郭勒盟多伦县	Duolun County in Xilinguole League	556909
73	呼和浩特市武川县	Wuchuan County in Hohhot City	545630
74	通辽市库伦旗	Kulun Banner in Tongliao City	530552
75	呼和浩特市清水河县	Qingshuihe County in Hohhot City	492813
76	乌兰察布市卓资县	Zhuozi County in Wulanchabu City	483905
77	乌兰察布市兴和县	Xinghe County in Wulanchabu City	478989
78	赤峰市林西县	Linxi County in Chifeng City	475172
79	锡林郭勒盟正蓝旗	Zhenglan Banner in Xilinguole League	466185
80	兴安盟突泉县	Tuquan County in Xingan League	465590
81	呼伦贝尔市鄂伦春自治旗	Elunchun National Autonomous Banner in Hulunbeier City	457488
82	乌兰察布市商都县	Shangdu County in Wulanchabu City	454729
83	乌兰察布市四子王旗	Siziwang Banner in Wulanchabu City	418145
84	赤峰市巴林右旗	Balinyou Banner in Chifeng City	415967
85	锡林郭勒盟苏尼特右旗	Suniteyou Banner in Xilinguole League	402252
86	阿拉善盟额济纳旗	Ejina Banner in Alashan League	398932
87	锡林郭勒盟阿巴嘎旗	Abaga Banner in Xilinguole League	395940
88	巴彦淖尔市磴口县	Dengkou County in Bayannaoer City	395623
89	兴安盟科尔沁右翼中旗	Keerqinyouyizhong Banner in Xingan League	383540
90	锡林郭勒盟镶黄旗	Xianghuang Banner in Xilinguole League	383362
91	乌兰察布市化德县	Huade County in Wulanchabu City	354024
92	乌兰察布市察哈尔右翼中旗	Chahaeryouyizhong Banner in Wulanchabu City	353779
93	阿拉善盟阿拉善右旗	Alashanyou Banner in Alashan League	333997
94	呼伦贝尔市额尔古纳市	Eerguna City in Hulunbeier City	320033
95	锡林郭勒盟太仆寺旗	Taipusi Banner in Xilinguole League	318100
96	呼伦贝尔市根河市	Genhe City in Hulunbeier City	312731
97	锡林郭勒盟苏尼特左旗	Sunitezuo Banner in Xilinguole League	292865
98	呼伦贝尔市新巴尔虎左旗	Xinbaerhuzuo Banner in Hulunbeier City	268172
99	包头市白云矿区	Baiyun Mineral District in Baotou City	261880
100	锡林郭勒盟正镶白旗	Zhengxiangbai Banner in Xilinguole League	185253
101	兴安盟阿尔山市	Aershan City in Xingan League	106039

23-3 各旗县(区)按粮食产量排序(2011年)

Banners, Counties and Districts Ranked by Output of Grain （2011）

单位：吨 (ton)

位次 Order	旗县(区)名称	Name of Banners, Counties and Districts	粮食产量 Output of Grain
1	通辽市科尔沁左翼中旗	Keerqinzuoyizhong Banner in Tongliao City	2305109
2	呼伦贝尔市莫力达瓦达斡尔族自治旗	Molidawadawoer National Autonomous Banner in Hulunbeier City	1507251
3	呼伦贝尔市阿荣旗	Arong Banner in Hulunbeier City	1446000
4	兴安盟扎赉特旗	Zhalaite Banner in Xingan League	1065049
5	通辽市科尔沁区	Keerqin District in Tongliao City	1003203
6	呼伦贝尔市扎兰屯市	Zhalantun City in Hulunbeier City	1002990
7	通辽市开鲁县	Kailu County in Tongliao City	905000
8	通辽市科尔沁左翼后旗	Keerqinzuoyihou Banner in Tongliao City	885000
9	包头市土默特右旗	Tumoteyou Banner in Baotou City	750000
10	赤峰市松山区	Songshan District in Chifeng City	725500
11	赤峰市敖汉旗	Aohan Banner in Chifeng City	725500
12	赤峰市宁城县	Ningcheng County in Chifeng City	675209
13	赤峰市翁牛特旗	Wengniute Banner in Chifeng City	660226
14	兴安盟科尔沁右翼前旗	Keerqinyouyiqian Banner in Xingan League	590008
15	鄂尔多斯市达拉特旗	Dalate Banner in Erdos City	585706
16	兴安盟突泉县	Tuquan County in Xingan League	540011
17	通辽市奈曼旗	Naiman Banner in Tongliao City	535000
18	兴安盟科尔沁右翼中旗	Keerqinyouyizhong Banner in Xingan League	515034
19	巴彦淖尔市临河区	Linhe District in Bayannaoer City	513844
20	呼伦贝尔市牙克石市	Yakeshi City in Hulunbeier City	506000
21	呼和浩特市土默特左旗	Tumotezuo Banner in Hohhot City	425614
22	通辽市扎鲁特旗	Zhalute Banner in Tongliao City	420000
23	呼伦贝尔市鄂伦春自治旗	Elunchun National Autonomous Banner in Hulunbeier City	385780
24	巴彦淖尔市乌拉特前旗	Wulateqian Banner in Bayannaoer City	378965
25	通辽市库伦旗	Kulun Banner in Tongliao City	370000
26	巴彦淖尔市五原县	Wuyuan County in Bayannaoer City	362257
27	鄂尔多斯市杭锦旗	Hangjin Banner in Erdos City	359000
28	巴彦淖尔市杭锦后旗	Hangjinhou Banner in Bayannaoer City	352789
29	赤峰市阿鲁科尔沁旗	Alukeerqin Banner in Chifeng City	335001
30	赤峰市巴林左旗	Balinzuo Banner in Chifeng City	300121
31	赤峰市喀喇沁旗	Kalaqin Banner in Chifeng City	250566
32	呼和浩特市托克托县	Tuoketuo County in Hohhot City	241195
33	兴安盟乌兰浩特市	Wulanhaote City in Xingan League	225007
34	赤峰市林西县	Linxi County in Chifeng City	205009

23-3 续表 1 continued

单位：吨 (ton)

位次 Order	旗县(区)名称	Name of Banners, Counties and Districts	粮食产量 Output of Grain
35	乌兰察布市凉城县	Liangcheng County in Wulanchabu City	204516
36	呼伦贝尔市额尔古纳市	Eerguna City in Hulunbeier City	200825
37	巴彦淖尔市乌拉特中旗	Wulatezhong Banner in Bayannaoer City	171550
38	呼和浩特市武川县	Wuchuan County in Hohhot City	161303
39	阿拉善盟阿拉善左旗	Alashanzuo Banner in Alashan League	157414
40	赤峰市克什克腾旗	Keshiketeng Banner in Chifeng City	150191
41	赤峰市元宝山区	Yuanbaoshan District in Chifeng City	139090
42	呼和浩特市和林格尔县	Helingeer County in Hohhot City	135809
43	鄂尔多斯市鄂托克前旗	Etuokeqian Banner in Erdos City	122000
44	锡林郭勒盟太仆寺旗	Taipusi Banner in Xilinguole League	121420
45	巴彦淖尔市磴口县	Dengkou County in Bayannaoer City	116078
46	鄂尔多斯市乌审旗	Wushen Banner in Erdos City	114376
47	赤峰市巴林右旗	Balinyou Banner in Chifeng City	110055
48	鄂尔多斯市伊金霍洛旗	Yijinhuoluo Banner in Erdos City	95500
49	乌兰察布市四子王旗	Siziwang Banner in Wulanchabu City	95305
50	呼和浩特市赛罕区	Saihan District in Hohhot City	90929
51	鄂尔多斯市鄂托克旗	Etuoke Banner in Erdos City	90137
52	鄂尔多斯市准格尔旗	Zhungeer Banner in Erdos City	87106
53	乌兰察布市兴和县	Xinghe County in Wulanchabu City	83685
54	乌兰察布市商都县	Shangdu County in Wulanchabu City	77680
55	乌兰察布市察哈尔右翼后旗	Chahaeryouyihou Banner in Wulanchabu City	77003
56	呼伦贝尔市陈巴尔虎旗	Chenbaerhu Banner in Hulunbeier City	75944
57	包头市固阳县	Guyang County in Baotou City	74005
58	呼伦贝尔市海拉尔区	Hailaer District in Hulunbeier City	72890
59	乌兰察布市察哈尔右翼前旗	Chahaeryouyiqian Banner in Wulanchabu City	70538
60	乌兰察布市丰镇市	Fengzhen City in Wulanchabu City	64750
61	乌兰察布市察哈尔右翼中旗	Chahaeryouyizhong Banner in Wulanchabu City	62217
62	呼和浩特市清水河县	Qingshuihe County in Hohhot City	62010
63	包头市达尔罕茂明安联合旗	Daerhanmaomingan Union Banner in Baotou City	61000
64	赤峰市红山区	Hongshan District in Chifeng City	60064
65	包头市九原区	Jiuyuan District in Baotou City	59273
66	乌兰察布市卓资县	Zhuozi County in Wulanchabu City	57459
67	兴安盟阿尔山市	Aershan City in Xingan League	55016
68	锡林郭勒盟东乌珠穆沁旗	Dongwuzhumuqin Banner in Xilinguole League	54182

23-3 续表 2 continued

单位：吨 (ton)

位 次 Order	旗县(区)名称	Name of Banners, Counties and Districts	粮食产量 Output of Grain
69	锡林郭勒盟多伦县	Duolun County in Xilinguole League	53994
70	乌兰察布市化德县	Huade County in Wulanchabu City	47253
71	呼和浩特市玉泉区	Yuquan District in Hohhot City	39352
72	呼伦贝尔市新巴尔虎左旗	Xinbaerhuzuo Banner in Hulunbeier City	36254
73	包头市东河区	Donghe District in Baotou City	36146
74	锡林郭勒盟锡林浩特市	Xilinhaote City in Xilinguole League	29940
75	巴彦淖尔市乌拉特后旗	Wulatehou Banner in Bayannaoer City	29555
76	锡林郭勒盟正蓝旗	Zhenglan Banner in Xilinguole League	27752
77	呼伦贝尔市鄂温克族自治旗	Ewenke National Autonomous Banner in Hulunbeier City	24738
78	乌海市海南区	Hainan District in Wuhai City	24050
79	呼和浩特市新城区	Xincheng District in Hohhot City	15178
80	阿拉善盟阿拉善右旗	Alashanyou Banner in Alashan League	14895
81	通辽市霍林郭勒市	Huolinguole City in Tongliao City	11500
82	锡林郭勒盟正镶白旗	Zhengxiangbai Banner in Xilinguole League	10279
83	乌兰察布市集宁区	Jining District in Wulanchabu City	9599
84	乌海市海勃湾区	Haibowan District in Wuhai City	9597
85	包头市昆都仑区	Kundulun District in Baotou City	7988
86	鄂尔多斯市东胜区	Dongsheng District in Erdos City	5962
87	呼伦贝尔市根河市	Genhe City in Hulunbeier City	5589
88	包头市石拐区	Shiguai District in Baotou City	4498
89	呼和浩特市回民区	Huimin District in Hohhot City	3611
90	呼伦贝尔市新巴尔虎右旗	Xinbaerhuyou Banner in Hulunbeier City	2849
91	锡林郭勒盟镶黄旗	Xianghuang Banner in Xilinguole League	2788
92	包头市青山区	Qingshan District in Baotou City	2785
93	乌海市乌达区	Wuda District in Wuhai City	1896
94	阿拉善盟额济纳旗	Ejina Banner in Alashan League	1701
95	呼伦贝尔市满洲里市	Manzhouli City in Hulunbeier City	1165
96	锡林郭勒盟二连浩特市	Erlianhaote City in Xilinguole League	803
97	锡林郭勒盟苏尼特右旗	Suniteyou Banner in Xilinguole League	264
98	锡林郭勒盟西乌珠穆沁旗	xiwuzhumuqin Banner in Xilinguole League	83
99	包头市白云矿区	Baiyun Mineral District in Baotou City	
100	锡林郭勒盟阿巴嘎旗	Abaga Banner in Xilinguole League	
101	锡林郭勒盟苏尼特左旗	Sunitezuo Banner in Xilinguole League	

23-4 各旗县(区)按年末牲畜存栏头数排序(2011年)
Banners, Counties and Districts Ranked by Number of Livestock (Year end of 2011)

单位：万头（只） (10 000 heads)

位次 Order	旗县(区)名称	Name of Banners, Counties and Districts	年末牲畜存栏头数 Number of Livestock at the Year-end
1	兴安盟科尔沁右翼前旗	Keerqinyouyiqian Banner in Xingan League	223.68
2	鄂尔多斯市达拉特旗	Dalate Banner in Erdos City	209.20
3	通辽市扎鲁特旗	Zhalute Banner in Tongliao City	205.84
4	通辽市开鲁县	Kailu County in Tongliao City	193.97
5	锡林郭勒盟东乌珠穆沁旗	Dongwuzhumuqin Banner in Xilinguole League	175.47
6	通辽市科尔沁区	Keerqin District in Tongliao City	173.50
7	呼伦贝尔市阿荣旗	Arong Banner in Hulunbeier City	169.37
8	通辽市科尔沁左翼中旗	Keerqinzuoyizhong Banner in Tongliao City	164.92
9	兴安盟科尔沁右翼中旗	Keerqinyouyizhong Banner in Xingan League	161.39
10	巴彦淖尔市临河区	Linhe District in Bayannaoer City	160.81
11	通辽市奈曼旗	Naiman Banner in Tongliao City	154.64
12	赤峰市敖汉旗	Aohan Banner in Chifeng City	153.39
13	鄂尔多斯市杭锦旗	Hangjin Banner in Erdos City	142.03
14	赤峰市翁牛特旗	Wengniute Banner in Chifeng City	132.82
15	巴彦淖尔市乌拉特中旗	Wulatezhong Banner in Bayannaoer City	132.64
16	呼伦贝尔市莫力达瓦达斡尔族自治旗	Molidawadawoer National Autonomous Banner in Hulunbeier City	131.82
17	赤峰市阿鲁科尔沁旗	Alukeerqin Banner in Chifeng City	129.09
18	巴彦淖尔市杭锦后旗	Hangjinhou Banner in Bayannaoer City	128.34
19	兴安盟扎赉特旗	Zhalaite Banner in Xingan League	125.18
20	呼伦贝尔市扎兰屯市	Zhalantun City in Hulunbeier City	122.92
21	巴彦淖尔市五原县	Wuyuan County in Bayannaoer City	122.27
22	呼伦贝尔市新巴尔虎右旗	Xinbaerhuyou Banner in Hulunbeier City	118.30
23	阿拉善盟阿拉善左旗	Alashanzuo Banner in Alashan League	114.64
24	鄂尔多斯市乌审旗	Wushen Banner in Erdos City	112.24
25	赤峰市巴林右旗	Balinyou Banner in Chifeng City	111.71
26	赤峰市巴林左旗	Balinzuo Banner in Chifeng City	110.96
27	通辽市科尔沁左翼后旗	Keerqinzuoyihou Banner in Tongliao City	107.52
28	巴彦淖尔市乌拉特前旗	Wulateqian Banner in Bayannaoer City	106.41
29	鄂尔多斯市鄂托克旗	Etuoke Banner in Erdos City	103.41
30	赤峰市克什克腾旗	Keshiketeng Banner in Chifeng City	101.62
31	包头市土默特右旗	Tumoteyou Banner in Baotou City	95.35
32	锡林郭勒盟西乌珠穆沁旗	xiwuzhumuqin Banner in Xilinguole League	91.09
33	鄂尔多斯市鄂托克前旗	Etuokeqian Banner in Erdos City	84.83
34	乌兰察布市四子王旗	Siziwang Banner in Wulanchabu City	79.19

23-4 续表 1 continued

单位：万头（只） (10 000 heads)

位 次 Order	旗县(区)名称	Name of Banners, Counties and Districts	年末牲畜存栏头数 Number of Livestock at the Year-end
35	呼伦贝尔市新巴尔虎左旗	Xinbaerhuzuo Banner in Hulunbeier City	77.94
36	锡林郭勒盟阿巴嘎旗	Abaga Banner in Xilinguole League	71.36
37	通辽市库伦旗	Kulun Banner in Tongliao City	69.87
38	锡林郭勒盟苏尼特右旗	Suniteyou Banner in Xilinguole League	69.70
39	呼伦贝尔市鄂温克族自治旗	Ewenke National Autonomous Banner in Hulunbeier City	68.17
40	乌兰察布市凉城县	Liangcheng County in Wulanchabu City	66.22
41	兴安盟突泉县	Tuquan County in Xingan League	66.22
42	呼伦贝尔市陈巴尔虎旗	Chenbaerhu Banner in Hulunbeier City	65.02
43	乌兰察布市丰镇市	Fengzhen City in Wulanchabu City	63.81
44	呼和浩特市和林格尔县	Helingeer County in Hohhot City	62.59
45	呼和浩特市土默特左旗	Tumotezuo Banner in Hohhot City	61.42
46	锡林郭勒盟苏尼特左旗	Sunitezuo Banner in Xilinguole League	60.97
47	赤峰市松山区	Songshan District in Chifeng City	59.39
48	乌兰察布市察哈尔右翼中旗	Chahaeryouyizhong Banner in Wulanchabu City	58.56
49	乌兰察布市兴和县	Xinghe County in Wulanchabu City	58.03
50	赤峰市林西县	Linxi County in Chifeng City	56.53
51	包头市固阳县	Guyang County in Baotou City	56.51
52	乌兰察布市察哈尔右翼前旗	Chahaeryouyiqian Banner in Wulanchabu City	55.59
53	鄂尔多斯市准格尔旗	Zhungeer Banner in Erdos City	55.16
54	包头市达尔罕茂明安联合旗	Daerhanmaomingan Union Banner in Baotou City	54.73
55	锡林郭勒盟锡林浩特市	Xilinhaote City in Xilinguole League	54.64
56	赤峰市宁城县	Ningcheng County in Chifeng City	46.67
57	鄂尔多斯市伊金霍洛旗	Yijinhuoluo Banner in Erdos City	46.21
58	乌兰察布市商都县	Shangdu County in Wulanchabu City	45.07
59	呼伦贝尔市鄂伦春自治旗	Elunchun National Autonomous Banner in Hulunbeier City	44.90
60	乌兰察布市卓资县	Zhuozi County in Wulanchabu City	40.72
61	巴彦淖尔市磴口县	Dengkou County in Bayannaoer City	40.03
62	呼和浩特市武川县	Wuchuan County in Hohhot City	38.97
63	巴彦淖尔市乌拉特后旗	Wulatehou Banner in Bayannaoer City	38.69
64	赤峰市喀喇沁旗	Kalaqin Banner in Chifeng City	37.77
65	乌兰察布市化德县	Huade County in Wulanchabu City	37.63
66	呼和浩特市清水河县	Qingshuihe County in Hohhot City	32.67
67	锡林郭勒盟正蓝旗	Zhenglan Banner in Xilinguole League	32.05
68	乌兰察布市察哈尔右翼后旗	Chahaeryouyihou Banner in Wulanchabu City	31.42

23-4 续表 2 continued

单位：万头（只） (10 000 heads)

位次 Order	旗县(区)名称	Name of Banners, Counties and Districts	年末牲畜存栏头数 Number of Livestock at the Year-end
69	呼和浩特市托克托县	Tuoketuo County in Hohhot City	30.99
70	呼伦贝尔市牙克石市	Yakeshi City in Hulunbeier City	30.67
71	呼伦贝尔市额尔古纳市	Eerguna City in Hulunbeier City	28.23
72	兴安盟乌兰浩特市	Wulanhaote City in Xingan League	26.87
73	通辽市霍林郭勒市	Huolinguole City in Tongliao City	26.71
74	呼和浩特市赛罕区	Saihan District in Hohhot City	26.34
75	锡林郭勒盟正镶白旗	Zhengxiangbai Banner in Xilinguole League	24.85
76	包头市九原区	Jiuyuan District in Baotou City	22.77
77	锡林郭勒盟镶黄旗	Xianghuang Banner in Xilinguole League	22.03
78	阿拉善盟阿拉善右旗	Alashanyou Banner in Alashan League	22.00
79	赤峰市元宝山区	Yuanbaoshan District in Chifeng City	16.51
80	锡林郭勒盟多伦县	Duolun County in Xilinguole League	16.19
81	兴安盟阿尔山市	Aershan City in Xingan League	14.47
82	锡林郭勒盟太仆寺旗	Taipusi Banner in Xilinguole League	12.70
83	包头市东河区	Donghe District in Baotou City	11.50
84	呼伦贝尔市海拉尔区	Hailaer District in Hulunbeier City	11.49
85	阿拉善盟额济纳旗	Ejina Banner in Alashan League	7.92
86	鄂尔多斯市东胜区	Dongsheng District in Erdos City	7.91
87	呼和浩特市新城区	Xincheng District in Hohhot City	7.60
88	乌海市海南区	Hainan District in Wuhai City	7.05
89	赤峰市红山区	Hongshan District in Chifeng City	5.97
90	呼伦贝尔市满洲里市	Manzhouli City in Hulunbeier City	5.95
91	乌兰察布市集宁区	Jining District in Wulanchabu City	5.76
92	包头市青山区	Qingshan District in Baotou City	4.99
93	包头市昆都仑区	Kundulun District in Baotou City	4.12
94	锡林郭勒盟二连浩特市	Erlianhaote City in Xilinguole League	4.02
95	包头市石拐区	Shiguai District in Baotou City	3.73
96	乌海市海勃湾区	Haibowan District in Wuhai City	3.32
97	呼和浩特市玉泉区	Yuquan District in Hohhot City	2.80
98	呼伦贝尔市根河市	Genhe City in Hulunbeier City	1.84
99	乌海市乌达区	Wuda District in Wuhai City	0.83
100	呼和浩特市回民区	Huimin District in Hohhot City	0.71
101	包头市白云矿区	Baiyun Mineral District in Baotou City	0.14

23–5 各旗县(区)按农牧民人均纯收入排序(2011年)

Banners, Counties and Districts Ranked by Net Income of Peasants and Herdsmen （2011）

单位：元 (yuan)

位次 Order	旗县(区)名称	Name of Banners, Counties and Districts	农牧民人均纯收入 Net Income of Peasants & Herdsmen
1	通辽市科尔沁区	Keerqin District in Tongliao City	21015
2	通辽市霍林郭勒市	Huolinguole City in Tongliao City	19000
3	呼伦贝尔市海拉尔区	Hailaer District in Hulunbeier City	14315
4	锡林郭勒盟东乌珠穆沁旗	Dongwuzhumuqin Banner in Xilinguole League	13783
5	包头市昆都仑区	Kundulun District in Baotou City	13648
6	包头市青山区	Qingshan District in Baotou City	13648
7	包头市东河区	Donghe District in Baotou City	13271
8	呼伦贝尔市额尔古纳市	Eerguna City in Hulunbeier City	13240
9	呼和浩特市回民区	Huimin District in Hohhot City	13100
10	呼和浩特市新城区	Xincheng District in Hohhot City	12750
11	呼和浩特市玉泉区	Yuquan District in Hohhot City	12750
12	锡林郭勒盟西乌珠穆沁旗	xiwuzhumuqin Banner in Xilinguole League	12470
13	呼和浩特市赛罕区	Saihan District in Hohhot City	12372
14	锡林郭勒盟二连浩特市	Erlianhaote City in Xilinguole League	12330
15	锡林郭勒盟锡林浩特市	Xilinhaote City in Xilinguole League	12170
16	包头市九原区	Jiuyuan District in Baotou City	11998
17	锡林郭勒盟阿巴嘎旗	Abaga Banner in Xilinguole League	11923
18	乌海市乌达区	Wuda District in Wuhai City	11501
19	呼伦贝尔市陈巴尔虎旗	Chenbaerhu Banner in Hulunbeier City	11433
20	呼伦贝尔市鄂温克族自治旗	Ewenke National Autonomous Banner in Hulunbeier City	11081
21	乌海市海勃湾区	Haibowan District in Wuhai City	10965
22	呼和浩特市土默特左旗	Tumotezuo Banner in Hohhot City	10880
23	呼伦贝尔市新巴尔虎左旗	Xinbaerhuzuo Banner in Hulunbeier City	10804
24	呼伦贝尔市新巴尔虎右旗	Xinbaerhuyou Banner in Hulunbeier City	10796
25	呼和浩特市托克托县	Tuoketuo County in Hohhot City	10688
26	阿拉善盟额济纳旗	Ejina Banner in Alashan League	10572
27	包头市土默特右旗	Tumoteyou Banner in Baotou City	10148
28	鄂尔多斯市伊金霍洛旗	Yijinhuoluo Banner in Erdos City	10098
29	鄂尔多斯市准格尔旗	Zhungeer Banner in Erdos City	10093
30	鄂尔多斯市鄂托克前旗	Etuokeqian Banner in Erdos City	10093
31	赤峰市红山区	Hongshan District in Chifeng City	10090
32	鄂尔多斯市乌审旗	Wushen Banner in Erdos City	10054
33	鄂尔多斯市达拉特旗	Dalate Banner in Erdos City	10021
34	鄂尔多斯市鄂托克旗	Etuoke Banner in Erdos City	9998

23-5 续表 1 continued

单位：元 (yuan)

位次 Order	旗县(区)名称	Name of Banners, Counties and Districts	农牧民人均纯收入 Net Income of Peasants & Herdsmen
35	鄂尔多斯市杭锦旗	Hangjin Banner in Erdos City	9956
36	巴彦淖尔市临河区	Linhe District in Bayannaoer City	9864
37	乌海市海南区	Hainan District in Wuhai City	9850
38	巴彦淖尔市五原县	Wuyuan County in Bayannaoer City	9840
39	巴彦淖尔市杭锦后旗	Hangjinhou Banner in Bayannaoer City	9840
40	赤峰市元宝山区	Yuanbaoshan District in Chifeng City	9801
41	阿拉善盟阿拉善右旗	Alashanyou Banner in Alashan League	9681
42	巴彦淖尔市磴口县	Dengkou County in Bayannaoer City	9327
43	呼和浩特市和林格尔县	Helingeer County in Hohhot City	8976
44	巴彦淖尔市乌拉特前旗	Wulateqian Banner in Bayannaoer City	8956
45	乌兰察布市集宁区	Jining District in Wulanchabu City	8850
46	锡林郭勒盟正蓝旗	Zhenglan Banner in Xilinguole League	8589
47	巴彦淖尔市乌拉特中旗	Wulatezhong Banner in Bayannaoer City	8365
48	包头市达尔罕茂明安联合旗	Daerhanmaomingan Union Banner in Baotou City	8309
49	阿拉善盟阿拉善左旗	Alashanzuo Banner in Alashan League	8225
50	通辽市开鲁县	Kailu County in Tongliao City	8200
51	呼伦贝尔市牙克石市	Yakeshi City in Hulunbeier City	8195
52	呼伦贝尔市阿荣旗	Arong Banner in Hulunbeier City	7992
53	呼伦贝尔市扎兰屯市	Zhalantun City in Hulunbeier City	7815
54	赤峰市松山区	Songshan District in Chifeng City	7765
55	呼伦贝尔市莫力达瓦达斡尔族自治旗	Molidawadawoer National Autonomous Banner in Hulunbeier City	7647
56	包头市石拐区	Shiguai District in Baotou City	7500
57	巴彦淖尔市乌拉特后旗	Wulatehou Banner in Bayannaoer City	7340
58	通辽市扎鲁特旗	Zhalute Banner in Tongliao City	7272
59	锡林郭勒盟苏尼特左旗	Sunitezuo Banner in Xilinguole League	7208
60	包头市固阳县	Guyang County in Baotou City	7182
61	锡林郭勒盟镶黄旗	Xianghuang Banner in Xilinguole League	7034
62	锡林郭勒盟多伦县	Duolun County in Xilinguole League	6824
63	兴安盟乌兰浩特市	Wulanhaote City in Xingan League	6469
64	通辽市科尔沁左翼后旗	Keerqinzuoyihou Banner in Tongliao City	6425
65	乌兰察布市丰镇市	Fengzhen City in Wulanchabu City	6379
66	通辽市科尔沁左翼中旗	Keerqinzuoyizhong Banner in Tongliao City	6149
67	锡林郭勒盟太仆寺旗	Taipusi Banner in Xilinguole League	6098
68	通辽市奈曼旗	Naiman Banner in Tongliao City	6025

23-5 续表 2 continued

单位：元 (yuan)

位次 Order	旗县(区)名称	Name of Banners, Counties and Districts	农牧民人均纯收入 Net Income of Peasants & Herdsmen
69	赤峰市克什克腾旗	Keshiketeng Banner in Chifeng City	6009
70	赤峰市宁城县	Ningcheng County in Chifeng City	5864
71	锡林郭勒盟苏尼特右旗	Suniteyou Banner in Xilinguole League	5854
72	乌兰察布市凉城县	Liangcheng County in Wulanchabu City	5843
73	赤峰市巴林左旗	Balinzuo Banner in Chifeng City	5834
74	赤峰市喀喇沁旗	Kalaqin Banner in Chifeng City	5832
75	通辽市库伦旗	Kulun Banner in Tongliao City	5780
76	呼伦贝尔市鄂伦春自治旗	Elunchun National Autonomous Banner in Hulunbeier City	5737
77	赤峰市翁牛特旗	Wengniute Banner in Chifeng City	5709
78	赤峰市敖汉旗	Aohan Banner in Chifeng City	5707
79	赤峰市阿鲁科尔沁旗	Alukeerqin Banner in Chifeng City	5450
80	锡林郭勒盟正镶白旗	Zhengxiangbai Banner in Xilinguole League	5397
81	呼和浩特市武川县	Wuchuan County in Hohhot City	5355
82	呼和浩特市清水河县	Qingshuihe County in Hohhot City	5350
83	赤峰市林西县	Linxi County in Chifeng City	5313
84	乌兰察布市察哈尔右翼后旗	Chahaeryouyihou Banner in Wulanchabu City	5288
85	乌兰察布市察哈尔右翼前旗	Chahaeryouyiqian Banner in Wulanchabu City	5222
86	乌兰察布市卓资县	Zhuozi County in Wulanchabu City	5210
87	赤峰市巴林右旗	Balinyou Banner in Chifeng City	4792
88	兴安盟扎赉特旗	Zhalaite Banner in Xingan League	4236
89	兴安盟科尔沁右翼前旗	Keerqinyouyiqian Banner in Xingan League	4230
90	乌兰察布市四子王旗	Siziwang Banner in Wulanchabu City	4223
91	兴安盟突泉县	Tuquan County in Xingan League	4156
92	兴安盟科尔沁右翼中旗	Keerqinyouyizhong Banner in Xingan League	4013
93	乌兰察布市商都县	Shangdu County in Wulanchabu City	3895
94	乌兰察布市兴和县	Xinghe County in Wulanchabu City	3751
95	乌兰察布市化德县	Huade County in Wulanchabu City	3352
96	乌兰察布市察哈尔右翼中旗	Chahaeryouyizhong Banner in Wulanchabu City	3346
97	包头市白云矿区	Baiyun Mineral District in Baotou City	
98	呼伦贝尔市满洲里市	Manzhouli City in Hulunbeier City	
99	呼伦贝尔市根河市	Genhe City in Hulunbeier City	
100	兴安盟阿尔山市	Aershan City in Xingan League	
101	鄂尔多斯市东胜区	Dongsheng District in Erdos City	

23-6 各旗县(区)按在岗职工平均工资排序(2011年)

Banners, Counties and Districts Ranked by Average Wage of Staff and Workers Employed in（2011）

单位：元 (yuan)

位次 Order	旗县(区)名称	Name of Banners, Counties and Districts	职工平均工资 Average Wage
1	鄂尔多斯市东胜区	Dongsheng District in Erdos City	61775
2	鄂尔多斯市准格尔旗	Zhungeer Banner in Erdos City	61464
3	鄂尔多斯市乌审旗	Wushen Banner in Erdos City	59650
4	鄂尔多斯市鄂托克前旗	Etuokeqian Banner in Erdos City	59427
5	鄂尔多斯市伊金霍洛旗	Yijinhuoluo Banner in Erdos City	59356
6	鄂尔多斯市鄂托克旗	Etuoke Banner in Erdos City	58303
7	通辽市科尔沁区	Keerqin District in Tongliao City	58094
8	包头市白云矿区	Baiyun Mineral District in Baotou City	55786
9	鄂尔多斯市达拉特旗	Dalate Banner in Erdos City	54680
10	阿拉善盟额济纳旗	Ejina Banner in Alashan League	52422
11	锡林郭勒盟二连浩特市	Erlianhaote City in Xilinguole League	50896
12	鄂尔多斯市杭锦旗	Hangjin Banner in Erdos City	50669
13	呼伦贝尔市鄂温克族自治旗	Ewenke National Autonomous Banner in Hulunbeier City	50145
14	阿拉善盟阿拉善左旗	Alashanzuo Banner in Alashan League	49358
15	包头市昆都仑区	Kundulun District in Baotou City	48814
16	包头市青山区	Qingshan District in Baotou City	48763
17	包头市石拐区	Shiguai District in Baotou City	48560
18	包头市九原区	Jiuyuan District in Baotou City	48199
19	包头市达尔罕茂明安联合旗	Daerhanmaomingan Union Banner in Baotou City	48042
20	赤峰市克什克腾旗	Keshiketeng Banner in Chifeng City	47928
21	赤峰市元宝山区	Yuanbaoshan District in Chifeng City	47772
22	锡林郭勒盟西乌珠穆沁旗	xiwuzhumuqin Banner in Xilinguole League	47745
23	包头市土默特右旗	Tumoteyou Banner in Baotou City	47528
24	阿拉善盟阿拉善右旗	Alashanyou Banner in Alashan League	47409
25	呼和浩特市赛罕区	Saihan District in Hohhot City	47332
26	呼伦贝尔市满洲里市	Manzhouli City in Hulunbeier City	46944
27	乌海市海勃湾区	Haibowan District in Wuhai City	46841
28	锡林郭勒盟多伦县	Duolun County in Xilinguole League	46713
29	呼伦贝尔市海拉尔区	Hailaer District in Hulunbeier City	45736
30	锡林郭勒盟苏尼特左旗	Sunitezuo Banner in Xilinguole League	45466
31	锡林郭勒盟正蓝旗	Zhenglan Banner in Xilinguole League	45394
32	呼伦贝尔市新巴尔虎右旗	Xinbaerhuyou Banner in Hulunbeier City	45213
33	通辽市霍林郭勒市	Huolinguole City in Tongliao City	45042
34	乌兰察布市凉城县	Liangcheng County in Wulanchabu City	44344

23-6 续表 1 continued

单位：元 (yuan)

位次 Order	旗县(区)名称	Name of Banners, Counties and Districts	职工平均工资 Average Wage
35	乌兰察布市丰镇市	Fengzhen City in Wulanchabu City	43966
36	锡林郭勒盟苏尼特右旗	Suniteyou Banner in Xilinguole League	43255
37	锡林郭勒盟阿巴嘎旗	Abaga Banner in Xilinguole League	42981
38	锡林郭勒盟锡林浩特市	Xilinhaote City in Xilinguole League	42562
39	乌海市海南区	Hainan District in Wuhai City	42548
40	呼伦贝尔市陈巴尔虎旗	Chenbaerhu Banner in Hulunbeier City	42065
41	赤峰市红山区	Hongshan District in Chifeng City	41890
42	锡林郭勒盟镶黄旗	Xianghuang Banner in Xilinguole League	41766
43	乌海市乌达区	Wuda District in Wuhai City	41656
44	巴彦淖尔市乌拉特后旗	Wulatehou Banner in Bayannaoer City	41601
45	巴彦淖尔市乌拉特中旗	Wulatezhong Banner in Bayannaoer City	41327
46	包头市固阳县	Guyang County in Baotou City	41278
47	锡林郭勒盟太仆寺旗	Taipusi Banner in Xilinguole League	41179
48	呼和浩特市新城区	Xincheng District in Hohhot City	40289
49	呼和浩特市托克托县	Tuoketuo County in Hohhot City	40161
50	呼和浩特市玉泉区	Yuquan District in Hohhot City	40032
51	锡林郭勒盟东乌珠穆沁旗	Dongwuzhumuqin Banner in Xilinguole League	40009
52	赤峰市翁牛特旗	Wengniute Banner in Chifeng City	40001
53	乌兰察布市四子王旗	Siziwang Banner in Wulanchabu City	39910
54	赤峰市松山区	Songshan District in Chifeng City	39906
55	呼伦贝尔市牙克石市	Yakeshi City in Hulunbeier City	39793
56	包头市东河区	Donghe District in Baotou City	38663
57	呼和浩特市回民区	Huimin District in Hohhot City	38093
58	呼伦贝尔市根河市	Genhe City in Hulunbeier City	38063
59	赤峰市喀喇沁旗	Kalaqin Banner in Chifeng City	37710
60	通辽市科尔沁左翼后旗	Keerqinzuoyihou Banner in Tongliao City	37669
61	赤峰市林西县	Linxi County in Chifeng City	37654
62	呼和浩特市土默特左旗	Tumotezuo Banner in Hohhot City	37301
63	赤峰市巴林左旗	Balinzuo Banner in Chifeng City	37297
64	呼和浩特市清水河县	Qingshuihe County in Hohhot City	37213
65	乌兰察布市卓资县	Zhuozi County in Wulanchabu City	36732
66	乌兰察布市察哈尔右翼前旗	Chahaeryouyiqian Banner in Wulanchabu City	36366
67	通辽市奈曼旗	Naiman Banner in Tongliao City	36223
68	巴彦淖尔市乌拉特前旗	Wulateqian Banner in Bayannaoer City	35933

23-6 续表 2 continued

单位：元 (yuan)

位次 Order	旗县(区)名称	Name of Banners, Counties and Districts	职工平均工资 Average Wage
69	乌兰察布市化德县	Huade County in Wulanchabu City	35825
70	通辽市科尔沁左翼中旗	Keerqinzuoyizhong Banner in Tongliao City	35824
71	呼伦贝尔市新巴尔虎左旗	Xinbaerhuzuo Banner in Hulunbeier City	35738
72	赤峰市阿鲁科尔沁旗	Alukeerqin Banner in Chifeng City	35445
73	巴彦淖尔市临河区	Linhe District in Bayannaoer City	34920
74	乌兰察布市察哈尔右翼后旗	Chahaeryouyihou Banner in Wulanchabu City	34588
75	锡林郭勒盟正镶白旗	Zhengxiangbai Banner in Xilinguole League	34432
76	兴安盟乌兰浩特市	Wulanhaote City in Xingan League	34224
77	通辽市扎鲁特旗	Zhalute Banner in Tongliao City	34116
78	通辽市库伦旗	Kulun Banner in Tongliao City	33724
79	乌兰察布市集宁区	Jining District in Wulanchabu City	33627
80	巴彦淖尔市杭锦后旗	Hangjinhou Banner in Bayannaoer City	33524
81	乌兰察布市商都县	Shangdu County in Wulanchabu City	33340
82	巴彦淖尔市五原县	Wuyuan County in Bayannaoer City	33302
83	乌兰察布市察哈尔右翼中旗	Chahaeryouyizhong Banner in Wulanchabu City	33215
84	赤峰市敖汉旗	Aohan Banner in Chifeng City	33121
85	呼和浩特市武川县	Wuchuan County in Hohhot City	33032
86	呼伦贝尔市扎兰屯市	Zhalantun City in Hulunbeier City	32538
87	呼伦贝尔市阿荣旗	Arong Banner in Hulunbeier City	32451
88	呼伦贝尔市莫力达瓦达斡尔族自治旗	Molidawadawoer National Autonomous Banner in Hulunbeier City	32107
89	通辽市开鲁县	Kailu County in Tongliao City	31206
90	呼和浩特市和林格尔县	Helingeer County in Hohhot City	30958
91	呼伦贝尔市鄂伦春自治旗	Elunchun National Autonomous Banner in Hulunbeier City	30936
92	呼伦贝尔市额尔古纳市	Eerguna City in Hulunbeier City	30732
93	赤峰市宁城县	Ningcheng County in Chifeng City	28662
94	兴安盟扎赉特旗	Zhalaite Banner in Xingan League	28493
95	巴彦淖尔市磴口县	Dengkou County in Bayannaoer City	28393
96	兴安盟科尔沁右翼前旗	Keerqinyouyiqian Banner in Xingan League	28260
97	兴安盟突泉县	Tuquan County in Xingan League	27410
98	赤峰市巴林右旗	Balinyou Banner in Chifeng City	26778
99	乌兰察布市兴和县	Xinghe County in Wulanchabu City	26764
100	兴安盟科尔沁右翼中旗	Keerqinyouyizhong Banner in Xingan League	25910
101	兴安盟阿尔山市	Aershan City in Xingan League	25749

23-7 各旗县(区)按一般预算收入排序(2011 年)

Banners, Counties and Districts Ranked by General Budgetary Financial Revenue(2011)

单位：万元 (10 000 yuan)

位次 Order	旗县(区)名称	Name of Banners, Counties and Districts	一般预算收入 General Budgetary Financial Revenue
1	鄂尔多斯市东胜区	Dongsheng District in Erdos City	1008378
2	鄂尔多斯市准格尔旗	Zhungeer Banner in Erdos City	781531
3	鄂尔多斯市伊金霍洛旗	Yijinhuoluo Banner in Erdos City	665482
4	呼和浩特市新城区	Xincheng District in Hohhot City	392804
5	通辽市霍林郭勒市	Huolinguole City in Tongliao City	366375
6	通辽市科尔沁区	Keerqin District in Tongliao City	299561
7	包头市昆都仑区	Kundulun District in Baotou City	297329
8	包头市青山区	Qingshan District in Baotou City	263906
9	呼和浩特市赛罕区	Saihan District in Hohhot City	256485
10	鄂尔多斯市鄂托克旗	Etuoke Banner in Erdos City	204673
11	鄂尔多斯市达拉特旗	Dalate Banner in Erdos City	192846
12	乌海市海勃湾区	Haibowan District in Wuhai City	155968
13	锡林郭勒盟锡林浩特市	Xilinhaote City in Xilinguole League	134336
14	阿拉善盟阿拉善左旗	Alashanzuo Banner in Alashan League	131702
15	包头市九原区	Jiuyuan District in Baotou City	121151
16	巴彦淖尔市临河区	Linhe District in Bayannaoer City	120152
17	包头市土默特右旗	Tumoteyou Banner in Baotou City	113326
18	鄂尔多斯市乌审旗	Wushen Banner in Erdos City	110901
19	包头市达尔罕茂明安联合旗	Daerhanmaomingan Union Banner in Baotou City	109611
20	鄂尔多斯市鄂托克前旗	Etuokeqian Banner in Erdos City	105836
21	包头市东河区	Donghe District in Baotou City	105486
22	赤峰市红山区	Hongshan District in Chifeng City	104120
23	呼和浩特市回民区	Huimin District in Hohhot City	101918
24	呼伦贝尔市满洲里市	Manzhouli City in Hulunbeier City	101784
25	乌海市海南区	Hainan District in Wuhai City	100647
26	赤峰市元宝山区	Yuanbaoshan District in Chifeng City	99089
27	呼和浩特市玉泉区	Yuquan District in Hohhot City	98646
28	呼和浩特市托克托县	Tuoketuo County in Hohhot City	91883
29	包头市固阳县	Guyang County in Baotou City	86777
30	乌海市乌达区	Wuda District in Wuhai City	82792
31	锡林郭勒盟东乌珠穆沁旗	Dongwuzhumuqin Banner in Xilinguole League	79478
32	呼和浩特市土默特左旗	Tumotezuo Banner in Hohhot City	77566
33	锡林郭勒盟西乌珠穆沁旗	xiwuzhumuqin Banner in Xilinguole League	75230
34	呼和浩特市和林格尔县	Helingeer County in Hohhot City	72755

23-7 续表 1 continued

单位：万元 (10 000 yuan)

位 次 Order	旗县(区)名称	Name of Banners, Counties and Districts	一般预算收入 General Budgetary Financial Revenue
35	巴彦淖尔市乌拉特前旗	Wulateqian Banner in Bayannaoer City	71944
36	呼伦贝尔市海拉尔区	Hailaer District in Hulunbeier City	66326
37	赤峰市克什克腾旗	Keshiketeng Banner in Chifeng City	64900
38	乌兰察布市集宁区	Jining District in Wulanchabu City	61909
39	呼伦贝尔市牙克石市	Yakeshi City in Hulunbeier City	61758
40	巴彦淖尔市乌拉特后旗	Wulatehou Banner in Bayannaoer City	61050
41	呼伦贝尔市鄂温克族自治旗	Ewenke National Autonomous Banner in Hulunbeier City	58529
42	通辽市扎鲁特旗	Zhalute Banner in Tongliao City	58032
43	赤峰市松山区	Songshan District in Chifeng City	56270
44	鄂尔多斯市杭锦旗	Hangjin Banner in Erdos City	49663
45	巴彦淖尔市乌拉特中旗	Wulatezhong Banner in Bayannaoer City	43409
46	赤峰市宁城县	Ningcheng County in Chifeng City	37805
47	呼伦贝尔市陈巴尔虎旗	Chenbaerhu Banner in Hulunbeier City	34671
48	呼伦贝尔市新巴尔虎右旗	Xinbaerhuyou Banner in Hulunbeier City	33434
49	赤峰市敖汉旗	Aohan Banner in Chifeng City	32604
50	巴彦淖尔市杭锦后旗	Hangjinhou Banner in Bayannaoer City	32428
51	赤峰市喀喇沁旗	Kalaqin Banner in Chifeng City	31161
52	乌兰察布市丰镇市	Fengzhen City in Wulanchabu City	31041
53	呼伦贝尔市阿荣旗	Arong Banner in Hulunbeier City	30579
54	赤峰市巴林左旗	Balinzuo Banner in Chifeng City	30444
55	通辽市奈曼旗	Naiman Banner in Tongliao City	29998
56	兴安盟乌兰浩特市	Wulanhaote City in Xingan League	28797
57	呼伦贝尔市扎兰屯市	Zhalantun City in Hulunbeier City	28464
58	锡林郭勒盟二连浩特市	Erlianhaote City in Xilinguole League	28322
59	通辽市开鲁县	Kailu County in Tongliao City	28167
60	锡林郭勒盟正蓝旗	Zhenglan Banner in Xilinguole League	27378
61	包头市石拐区	Shiguai District in Baotou City	26204
62	呼和浩特市武川县	Wuchuan County in Hohhot City	25659
63	赤峰市巴林右旗	Balinyou Banner in Chifeng City	24910
64	乌兰察布市凉城县	Liangcheng County in Wulanchabu City	24312
65	锡林郭勒盟多伦县	Duolun County in Xilinguole League	24285
66	巴彦淖尔市五原县	Wuyuan County in Bayannaoer City	22769
67	赤峰市翁牛特旗	Wengniute Banner in Chifeng City	21974
68	包头市白云矿区	Baiyun Mineral District in Baotou City	21899

23-7 续表 2 continued

单位：万元 (10 000 yuan)

位次 Order	旗县(区)名称	Name of Banners, Counties and Districts	一般预算收入 General Budgetary Financial Revenue
69	呼和浩特市清水河县	Qingshuihe County in Hohhot City	21187
70	锡林郭勒盟苏尼特右旗	Suniteyou Banner in Xilinguole League	20647
71	赤峰市阿鲁科尔沁旗	Alukeerqin Banner in Chifeng City	18656
72	赤峰市林西县	Linxi County in Chifeng City	18600
73	通辽市科尔沁左翼后旗	Keerqinzuoyihou Banner in Tongliao City	18548
74	阿拉善盟额济纳旗	Ejina Banner in Alashan League	17514
75	呼伦贝尔市莫力达瓦达斡尔族自治旗	Molidawadawoer National Autonomous Banner in Hulunbeier City	16515
76	乌兰察布市察哈尔右翼后旗	Chahaeryouyihou Banner in Wulanchabu City	15850
77	锡林郭勒盟镶黄旗	Xianghuang Banner in Xilinguole League	15779
78	兴安盟科尔沁右翼前旗	Keerqinyouyiqian Banner in Xingan League	15631
79	乌兰察布市卓资县	Zhuozi County in Wulanchabu City	14021
80	阿拉善盟阿拉善右旗	Alashanyou Banner in Alashan League	13474
81	锡林郭勒盟阿巴嘎旗	Abaga Banner in Xilinguole League	13404
82	通辽市库伦旗	Kulun Banner in Tongliao City	13251
83	锡林郭勒盟苏尼特左旗	Sunitezuo Banner in Xilinguole League	13227
84	乌兰察布市察哈尔右翼前旗	Chahaeryouyiqian Banner in Wulanchabu City	13179
85	巴彦淖尔市磴口县	Dengkou County in Bayannaoer City	13037
86	乌兰察布市兴和县	Xinghe County in Wulanchabu City	12879
87	通辽市科尔沁左翼中旗	Keerqinzuoyizhong Banner in Tongliao City	12664
88	兴安盟科尔沁右翼中旗	Keerqinyouyizhong Banner in Xingan League	12608
88	呼伦贝尔市额尔古纳市	Eerguna City in Hulunbeier City	12608
90	呼伦贝尔市鄂伦春自治旗	Elunchun National Autonomous Banner in Hulunbeier City	11459
91	呼伦贝尔市新巴尔虎左旗	Xinbaerhuzuo Banner in Hulunbeier City	10528
92	乌兰察布市四子王旗	Siziwang Banner in Wulanchabu City	9309
93	兴安盟扎赉特旗	Zhalaite Banner in Xingan League	9134
94	呼伦贝尔市根河市	Genhe City in Hulunbeier City	7877
95	乌兰察布市商都县	Shangdu County in Wulanchabu City	7796
96	乌兰察布市化德县	Huade County in Wulanchabu City	7788
97	乌兰察布市察哈尔右翼中旗	Chahaeryouyizhong Banner in Wulanchabu City	6020
98	锡林郭勒盟太仆寺旗	Taipusi Banner in Xilinguole League	5544
99	兴安盟突泉县	Tuquan County in Xingan League	5220
100	兴安盟阿尔山市	Aershan City in Xingan League	4837
101	锡林郭勒盟正镶白旗	Zhengxiangbai Banner in Xilinguole League	4095

23-8 呼和浩特市新城区

指　标	Item	2010	2011	2011年比上年增长% Increase Rate in 2011 Over 2010(%)
行政区域土地面积(平方公里)	**Area of Administration(Sq.km)**	**700**	**700**	**0.0**
人口和就业	**Population & Employment**			
年末总人口(人)	Total Population Year-end(person)	361238	367522	1.7
#男性(人)	Male(person)	180372	183044	1.5
#乡村人口(人)	Rural(person)	49520	50265	1.5
年末总户数(户)	Total Number of Households at the Year-end(Household)	124652	128464	3.1
#乡村户数(户)	Number of Rural Household(Household)	17931	18251	1.8
出生人口(人)	Births(person)	3178	3326	4.7
死亡人口(人)	Deaths(person)	1942	896	-53.9
全社会就业人员(人)	Employment(person)	326050	321905	-1.3
第一产业(人)	Primary Industry(person)	35931	12838	-64.3
第二产业(人)	Secondary Industry(person)	87035	88416	1.6
第三产业(人)	Tertiary Industry(person)	203084	220651	8.7
在岗职工人数(人)	Number of Staff & Workers Employed in(person)	82253	82624	0.5
乡村劳动力(人)	Number of Rural Laborers(person)	35931	35963	0.1
#农林牧渔业(人)	Farming,Forestry,Animal Husbandry & Fishery(person)	20331	20513	0.9
国民经济综合指标	**Summary Item on the National Economy**			
生产总值(万元)	Gross Domestic Product(10 000 yuan)	3884080	4542096	12.2
第一产业(万元)	Primary Industry(10 000 yuan)	16590	19836	4.8
第二产业(万元)	Secondary Industry(10 000 yuan)	511954	606861	10.3
#工业(万元)	Industry(10 000 yuan)	232754	288015	15.9
第三产业(万元)	Tertiary Industry(10 000 yuan)	3355536	3915399	12.5
人均生产总值(元)	Per Capita GDP(yuan)	107521	121346	10.3
全社会固定资产投资(万元)	Total Investment in Fixed Assets(10 000 yuan)	1655814	1932889	16.7
按登记注册类型分	Grouped by Registered Type			
#国有(万元)	State-owned Enterprises(10 000 yuan)	706561	1047295	48.2
集体(万元)	Collective-owned Enterprises(10 000 yuan)	32306	18300	-43.4
有限责任公司(万元)	Limited Liability Corporations(10 000 yuan)	155911	73799	-52.7
股份有限公司(万元)	Share Holding Enterprises(10 000 yuan)	64980	142968	120.0
私营企业(万元)	Private Enterprises(10 000 yuan)	696056	642607	-7.7
外商及港澳台投资企业(万元)	Funds from HK,Macao,Taiwan & Foreign(10 000 yuan)			
按城乡渠道分	Grouped by Urban and Rural Area			
城镇（万元）	Urban(10 000 yuan)	1652714	1924969	16.5
农村（万元）	Rural(10 000 yuan)	3100	7920	155.5
一般预算收入(万元)	General Budgetary Financial Revenue(10 000 yuan)	199576	392804	96.8
一般预算支出(万元)	General Budgetary Financial Expenditures(10 000 yuan)	125107	147945	18.3
个人储蓄存款余额(万元)	The balance of savings deposits of individuals(10 000 yuan)			
在岗职工工资总额(万元)	Total Wages of Staff & Workers Employed in(10 000 yuan)	350865	354734	1.1
在岗职工平均工资(元)	Average Wage of Staff & Workers Employed in(yuan)	41741	40289	-3.5
城镇居民人均可支配收入(元)	Annual Disposable Income of Urban Residents per Capita(yuan)	27910	31741	13.7
农牧民人均纯收入(元)	Per Capita Net Income of Peasant & Herdsman(yuan)	10619	12750	20.1
农村牧区经济	**Economic Development in Rural & Pastoral Area**			
耕地面积(公顷)	Cultivated Area(hectare)	9810	9364	-4.5
农作物总播种面积(公顷)	Total Sown Area(hectare)	6537	6534	0.0
#粮食作物播种面积(公顷)	Sown Area of Grain Crops(hectare)	5870	5852	-0.3
有效灌溉面积(公顷)	Irrigated Area(hectare)	4080	4080	0.0
农牧业机械总动力(万千瓦)	Total Power of Agricultural Machinery(10 000 kw)	5.30	5.40	1.9
化肥施用折纯量(吨)	Consumption of Chemical Fertilizer(ton)	147	147	0.0
农村用电量(万千瓦小时)	Electricity Consumed in Rural Area(10 000 kwh)	1285	1401	9.0
农林牧渔业总产值(万元)	Gross Output of Farming,Forestry,Animal Husbandry & Fishery(10 000 yuan)	29803	35840	20.3
粮食产量(吨)	Yield of Grain(ton)	19470	15178	-22.0
油料产量(吨)	Yield of Oil-bearing Grops(ton)	89	84	-5.6
甜菜产量(吨)	Yield of Beetroots(ton)			
猪牛羊肉产量(吨)	Output of Pork, Beef & Mutton(ton)	1861	1797	-3.4
#猪肉产量(吨)	Output of Pork(ton)	1120	1120	0.0
牛肉产量(吨)	Output of Beef(ton)	261	197	-24.5
羊肉产量(吨)	Output of Mutton(ton)	480	480	0.0
羊毛产量(吨)	Output of Wool(ton)	63	69	9.5

23-8 Xincheng District in Hohhot City

指　标	Item	2010	2011	2011年比上年增长% Increase Rate in 2011 Over 2010(%)
年末牲畜存栏头数(万头只)	Total Livestock at the Year-end(10 000 heads)	7.44	7.60	2.2
#大牲畜(万头只)	Large Animals(10 000 heads)	1.41	1.40	-0.7
羊(万只)	Sheep & Goats(10 000 heads)	4.21	4.40	4.5
猪(万头)	Hogs(10 000 heads)	1.82	1.80	-1.1
规模以上工业	**Industrial Enterprises above Designated size**			
工业企业单位数(个)	Number of Industrial Enterprises(unit)	30	21	-30.0
#内资企业(个)	Civil Funded Enterprises(unit)	28	21	-25.0
工业总产值(万元)	Gross Industrial Output Value(10 000 yuan)	449344	540917	20.4
内资企业(万元)	Civil Funded Enterprises(10 000 yuan)	447945	540917	20.8
国有企业(万元)	State-owned Enterprises(10 000 yuan)	365649	468385	28.1
集体企业(万元)	Collective-owned Enterprises(10 000 yuan)	605		
股份合作企业(万元)	Share Holding Enterprises(10 000 yuan)			
联营企业(万元)	Joint Owned Enterprises(10 000 yuan)			
有限责任公司(万元)	Limited Company(10 000 yuan)	38392	22423	-41.6
股份有限公司(万元)	Share Holding Limited Company(10 000 yuan)	335		
私营企业(万元)	Privately Owned Enterprises(10 000 yuan)	42965	50109	16.6
其他企业(万元)	Enterprises of Other Ownership(10 000 yuan)			
港澳台商投资企业(万元)	Funds from HK,Macao & Taiwan(10 000 yuan)	864		
外商投资企业(万元)	Foreign Funded Enterprises(10 000 yuan)	535		
工业企业增加值(万元)	Value Added of Industrial Enterprises(10 000 yuan)			16.3
工业企业资产总计(万元)	Total Assets of Industrial Enterprises(10 000 yuan)	655383	643725	-1.8
工业企业负债合计(万元)	Total Liabilities of Industrial Enterprises(10 000 yuan)	506456	490985	-3.1
工业企业产品销售收入(万元)	Sales of Revenue Industrial Enterprises(10 000 yuan)	457667	534945	16.9
工业企业利润总额(万元)	Total Profits of Industrial Enterprises(10 000 yuan)	35921	308843	759.8
建筑业	**Construction**			
建筑企业单位数(个)	Number of Construction Enterprises(unit)	61	61	0.0
建筑企业从业人员(人)	Number of Employee in Construction Enterprises(person)	35881	25685	-28.4
建筑业总产值(万元)	Gross Construction Output Value(10 000 yuan)	817506	882635	8.0
交通运输邮电通信业	**Transportation,Post & Telecommunications**			
公路里程(公里)	Total Length of Highways(km)			
邮电业务总量(万元)	Business Volume of Post & Telecoms(10 000 yuan)			
本地电话用户(户)	Number of Subscribers of Local Telephone(Household)			
国内贸易	**Domestic Trade**			
社会消费品零售总额(万元)	Total Retail Sales of Consumer Goods(10 000 yuan)	2321000	2687731	15.8
城镇(万元)	Town(10 000 yuan)	2321000	2687731	15.8
#城区(万元)	City(10 000 yuan)	2321000	2687731	15.8
乡村(万元)	Village(10 000 yuan)			
科技教育卫生	**Science,Education & Public Health**			
各类专业技术人员(人)	Special Technical Personnel(person)	4107	4088	-0.5
幼儿园数(所)	Number of Kindergartens(unit)	27	28	3.7
学龄儿童入学率(%)	Percentage of School-Age Children Enrolled(%)	100.0	100.0	0.0
小学学校数(所)	Number of Primary Schools(unit)	45	43	-4.4
小学专任教师数(人)	Number of Full-time Teachers of Primary Schools(person)	2081	1827	-12.2
小学在校学生数(人)	Number of Student Enrollment of Primary Schools(person)	38889	40507	4.2
普通中学学校数(所)	Number of Regular Secondary Schools(unit)	22	22	0.0
普通中学专任教师数(人)	Number of Teachers of Secondary Shools(person)	2120	2115	-0.2
初中在校学生数(人)	Number of Student in Junior Secondary Schools(person)	18707	19058	1.9
高中在校学生数(人)	Number of Student in Senior Secondary Schools(person)	14060	14505	3.2
卫生机构数(所)	Number of Health Institutions(unit)	18	21	16.7
#医院(所)	Hospitals(unit)	15	19	26.7
卫生院(所)	Township Hospitals(unit)	3	2	-33.3
床位数(张)	Number of Beds(unit)	2257	2183	-3.3
#医院(张)	Hospitals(unit)	2227		
卫生院(张)	Township Hospitals(unit)	30		
卫生技术人员(人)	Medical Technical Presonnel(person)	3056	3445	12.7
#医院(人)	Hospitals(person)	1920		
卫生院(人)	Township Hospitals(person)	30		

23-9 呼和浩特市回民区

指　标	Item	2010	2011	2011年比上年增长% Increase Rate in 2011 Over 2010(%)
行政区域土地面积(平方公里)	**Area of Administration(Sq.km)**	**175**	**175**	**0.0**
人口和就业	**Population & Employment**			
年末总人口(人)	Total Population Year-end(person)	237351	239331	0.8
#男性(人)	Male(person)	119357	120039	0.6
#乡村人口(人)	Rural(person)	48113	48624	1.1
年末总户数(户)	Total Number of Households at the Year-end(Household)	85127	86753	1.9
#乡村户数(户)	Number of Rural Household(Household)	14665	14735	0.5
出生人口(人)	Births(person)	2007	2094	4.3
死亡人口(人)	Deaths(person)	983	1022	4.0
全社会就业人员(人)	Employment(person)	169318	170706	0.8
第一产业(人)	Primary Industry(person)	4666	4701	0.8
第二产业(人)	Secondary Industry(person)	54510	55048	1.0
第三产业(人)	Tertiary Industry(person)	110142	110957	0.7
在岗职工人数(人)	Number of Staff & Workers Employed in(person)	41615	42103	1.2
乡村劳动力(人)	Number of Rural Laborers(person)	39200	41516	5.9
#农林牧渔业(人)	Farming,Forestry,Animal Husbandry & Fishery(person)	5000	4907	-1.9
国民经济综合指标	**Summary Item on the National Economy**			
生产总值(万元)	Gross Domestic Product(10 000 yuan)	2321449	2700461	11.5
第一产业(万元)	Primary Industry(10 000 yuan)	4204	4945	3.1
第二产业(万元)	Secondary Industry(10 000 yuan)	415748	512154	14.9
#工业(万元)	Industry(10 000 yuan)	273648	358686	22.7
第三产业(万元)	Tertiary Industry(10 000 yuan)	1901497	2183362	10.8
人均生产总值(元)	Per Capita GDP(yuan)	97806	113302	10.6
全社会固定资产投资(万元)	Total Investment in Fixed Assets(10 000 yuan)	621927	737474	18.6
按登记注册类型分	Grouped by Registered Type			
#国有(万元)	State-owned Enterprises(10 000 yuan)	348433	288449	-17.2
集体(万元)	Collective-owned Enterprises(10 000 yuan)			
有限责任公司(万元)	Limited Liability Corporations(10 000 yuan)	62982	207238	229.0
股份有限公司(万元)	Share Holding Enterprises(10 000 yuan)	12800	900	-93.0
私营企业(万元)	Private Enterprises(10 000 yuan)	188362	223787	18.8
外商及港澳台投资企业(万元)	Funds from HK,Macao,Taiwan & Foreign(10 000 yuan)	7000	12100	72.9
按城乡渠道分	Grouped by Urban and Rural Area			
城镇（万元）	Urban(10 000 yuan)	621667	737474	18.6
农村（万元）	Rural(10 000 yuan)	260		
一般预算收入(万元)	General Budgetary Financial Revenue(10 000 yuan)	96625	101918	5.5
一般预算支出(万元)	General Budgetary Financial Expenditures(10 000 yuan)	80501	129539	60.9
个人储蓄存款余额(万元)	The balance of savings deposits of individuals(10 000 yuan)			
在岗职工工资总额(万元)	Total Wages of Staff & Workers Employed in(10 000 yuan)	150515	154241	2.5
在岗职工平均工资(元)	Average Wage of Staff & Workers Employed in(yuan)	35478	38093	7.4
城镇居民人均可支配收入(元)	Annual Disposable Income of Urban Residents per Capita(yuan)	24230	27908	15.2
农牧民人均纯收入(元)	Per Capita Net Income of Peasant & Herdsman(yuan)	10855	13100	20.7
农村牧区经济	**Economic Development in Rural & Pastoral Area**			
耕地面积(公顷)	Cultivated Area(hectare)	1073	786	-26.7
农作物总播种面积(公顷)	Total Sown Area(hectare)	828	786	-5.1
#粮食作物播种面积(公顷)	Sown Area of Grain Crops(hectare)	760	731	-3.8
有效灌溉面积(公顷)	Irrigated Area(hectare)	500	470	-6.0
农牧业机械总动力(万千瓦)	Total Power of Agricultural Machinery(10 000 kw)	0.80	0.62	-22.5
化肥施用折纯量(吨)	Consumption of Chemical Fertilizer(ton)	145	129	-11.0
农村用电量(万千瓦小时)	Electricity Consumed in Rural Area(10 000 kwh)	1903	2013	5.8
农林牧渔业总产值(万元)	Gross Output of Farming,Forestry,Animal Husbandry & Fishery(10 000 yuan)	7445	8949	20.2
粮食产量(吨)	Yield of Grain(ton)	3476	3611	3.9
油料产量(吨)	Yield of Oil-bearing Grops(ton)	7	17	142.9
甜菜产量(吨)	Yield of Beetroots(ton)			
猪牛羊肉产量(吨)	Output of Pork, Beef & Mutton(ton)	704	396	-43.8
#猪肉产量(吨)	Output of Pork(ton)	440	185	-58.0
牛肉产量(吨)	Output of Beef(ton)	180	148	-17.8
羊肉产量(吨)	Output of Mutton(ton)	84	63	-25.0
羊毛产量(吨)	Output of Wool(ton)			

23-9 Huimin District in Hohhot City

指　标	Item	2010	2011	2011年比上年增长% Increase Rate in 2011 Over 2010(%)
年末牲畜存栏头数(万头只)	Total Livestock at the Year-end(10 000 heads)	1.28	0.71	-44.5
# 大牲畜(万头只)	Large Animals(10 000 heads)	0.27	0.30	11.1
羊(万只)	Sheep & Goats(10 000 heads)	0.34	0.27	-20.6
猪(万头)	Hogs(10 000 heads)	0.67	0.41	-38.8
规模以上工业	**Industrial Enterprises above Designated size**			
工业企业单位数(个)	Number of Industrial Enterprises(unit)	27	17	-37.0
# 内资企业(个)	Civil Funded Enterprises(unit)	24	14	-41.7
工业总产值(万元)	Gross Industrial Output Value(10 000 yuan)	460734	589297	27.9
内资企业(万元)	Civil Funded Enterprises(10 000 yuan)	266977	374719	40.4
国有企业(万元)	State-owned Enterprises(10 000 yuan)	56663	58057	2.5
集体企业(万元)	Collective-owned Enterprises(10 000 yuan)			
股份合作企业(万元)	Share Holding Enterprises(10 000 yuan)			
联营企业(万元)	Joint Owned Enterprises(10 000 yuan)			
有限责任公司(万元)	Limited Company(10 000 yuan)	30924	66408	114.7
股份有限公司(万元)	Share Holding Limited Company(10 000 yuan)	63360	102769	62.2
私营企业(万元)	Privately Owned Enterprises(10 000 yuan)	116031	147485	27.1
其他企业(万元)	Enterprises of Other Ownership(10 000 yuan)			
港澳台商投资企业(万元)	Funds from HK,Macao & Taiwan(10 000 yuan)	48517	210488	333.8
外商投资企业(万元)	Foreign Funded Enterprises(10 000 yuan)	145239	4090	-97.2
工业企业增加值(万元)	Value Added of Industrial Enterprises(10 000 yuan)			24.8
工业企业资产总计(万元)	Total Assets of Industrial Enterprises(10 000 yuan)	971501	1086593	11.8
工业企业负债合计(万元)	Total Liabilities of Industrial Enterprises(10 000 yuan)	716557	907561	26.7
工业企业产品销售收入(万元)	Sales of Revenue Industrial Enterprises(10 000 yuan)	412462	567690	37.6
工业企业利润总额(万元)	Total Profits of Industrial Enterprises(10 000 yuan)	59460	6685	-88.8
建筑业	**Construction**			
建筑企业单位数(个)	Number of Construction Enterprises(unit)	35	39	11.4
建筑企业从业人员(人)	Number of Employee in Construction Enterprises(person)	24123	11432	-52.6
建筑业总产值(万元)	Gross Construction Output Value(10 000 yuan)	358736	259172	-27.8
交通运输邮电通信业	**Transportation,Post & Telecommunications**			
公路里程(公里)	Total Length of Highways(km)			
邮电业务总量(万元)	Business Volume of Post & Telecoms(10 000 yuan)			
本地电话用户(户)	Number of Subscribers of Local Telephone(Household)			
国内贸易	**Domestic Trade**			
社会消费品零售总额(万元)	Total Retail Sales of Consumer Goods(10 000 yuan)	2342172	2738237	16.9
城镇(万元)	Town(10 000 yuan)	621667	645274	3.8
#城区(万元)	City(10 000 yuan)	621407	644968	3.8
乡村(万元)	Village(10 000 yuan)	260	310	19.2
科技教育卫生	**Science,Education & Public Health**			
各类专业技术人员(人)	Special Technical Personnel(person)	8215	8424	2.5
幼儿园数(所)	Number of Kindergartens(unit)	36	36	0.0
学龄儿童入学率(%)	Percentage of School-Age Children Enrolled(%)	100.0	100.0	0.0
小学学校数(所)	Number of Primary Schools(unit)	35	35	0.0
小学专任教师数(人)	Number of Full-time Teachers of Primary Schools(person)	966	986	2.1
小学在校学生数(人)	Number of Student Enrollment of Primary Schools(person)	21239	21351	0.5
普通中学学校数(所)	Number of Regular Secondary Schools(unit)	20	20	0.0
普通中学专任教师数(人)	Number of Teachers of Secondary Shools(person)	1597	1612	0.9
初中在校学生数(人)	Number of Student in Junior Secondary Schools(person)	14948	15109	1.1
高中在校学生数(人)	Number of Student in Senior Secondary Schools(person)	12350	12420	0.6
卫生机构数(所)	Number of Health Institutions(unit)	169	169	0.0
# 医院(所)	Hospitals(unit)	18	18	0.0
卫生院(所)	Township Hospitals(unit)	1	1	0.0
床位数(张)	Number of Beds(unit)	4363	4401	0.9
# 医院(张)	Hospitals(unit)	4353	4391	0.9
卫生院(张)	Township Hospitals(unit)	10	10	0.0
卫生技术人员(人)	Medical Technical Presonnel(person)	5202	5301	1.9
# 医院(人)	Hospitals(person)	5187	5207	0.4
卫生院(人)	Township Hospitals(person)	15	15	0.0

23-10 呼和浩特市玉泉区

指　　标	Item	2010	2011	2011年比上年增长% Increase Rate in 2011 Over 2010(%)
行政区域土地面积(平方公里)	**Area of Administration(Sq.km)**	**207**	**207**	**0.0**
人口和就业	**Population & Employment**			
年末总人口(人)	Total Population Year-end(person)	198610	201257	1.3
#男性(人)	Male(person)	100186	101211	1.0
#乡村人口(人)	Rural(person)	50010	50456	0.9
年末总户数(户)	Total Number of Households at the Year-end(Household)	77002	78951	2.5
#乡村户数(户)	Number of Rural Household(Household)	18581	19521	5.1
出生人口(人)	Births(person)	2105	1794	-14.8
死亡人口(人)	Deaths(person)	819	668	-18.4
全社会就业人员(人)	Employment(person)	98920	98930	0.0
第一产业(人)	Primary Industry(person)	14448	13670	-5.4
第二产业(人)	Secondary Industry(person)	29710	29728	0.1
第三产业(人)	Tertiary Industry(person)	54762	55532	1.4
在岗职工人数(人)	Number of Staff & Workers Employed in(person)	18678	18717	0.2
乡村劳动力(人)	Number of Rural Laborers(person)	20073	22207	10.6
#农林牧渔业(人)	Farming,Forestry,Animal Husbandry & Fishery(person)	14194	13670	-3.7
国民经济综合指标	**Summary Item on the National Economy**			
生产总值(万元)	Gross Domestic Product(10 000 yuan)	1837763	2187637	12.8
第一产业(万元)	Primary Industry(10 000 yuan)	22406	27100	6.0
第二产业(万元)	Secondary Industry(10 000 yuan)	657796	803975	14.2
#工业(万元)	Industry(10 000 yuan)	522696	655365	17.4
第三产业(万元)	Tertiary Industry(10 000 yuan)	1157561	1356563	12.2
人均生产总值(元)	Per Capita GDP(yuan)	93252	109418	11.2
全社会固定资产投资(万元)	Total Investment in Fixed Assets(10 000 yuan)	1101468	991885	-9.9
按登记注册类型分	Grouped by Registered Type			
#国有(万元)	State-owned Enterprises(10 000 yuan)	323569	322224	-0.4
集体(万元)	Collective-owned Enterprises(10 000 yuan)	51409	15000	-70.8
有限责任公司(万元)	Limited Liability Corporations(10 000 yuan)	340751	340077	-0.2
股份有限公司(万元)	Share Holding Enterprises(10 000 yuan)	90111	30435	-66.2
私营企业(万元)	Private Enterprises(10 000 yuan)	234893	279874	19.1
外商及港澳台投资企业(万元)	Funds from HK,Macao,Taiwan & Foreign(10 000 yuan)		3465	
按城乡渠道分	Grouped by Urban and Rural Area			
城镇（万元）	Urban(10 000 yuan)	1101468	991885	-9.9
农村（万元）	Rural(10 000 yuan)			
一般预算收入(万元)	General Budgetary Financial Revenue(10 000 yuan)	83746	98646	17.8
一般预算支出(万元)	General Budgetary Financial Expenditures(10 000 yuan)	68179	79436	16.5
个人储蓄存款余额(万元)	The balance of savings deposits of individuals(10 000 yuan)			
在岗职工工资总额(万元)	Total Wages of Staff & Workers Employed in(10 000 yuan)	70402	81573	15.9
在岗职工平均工资(元)	Average Wage of Staff & Workers Employed in(yuan)	37364	40032	7.1
城镇居民人均可支配收入(元)	Annual Disposable Income of Urban Residents per Capita(yuan)	23316	27084	16.2
农牧民人均纯收入(元)	Per Capita Net Income of Peasant & Herdsman(yuan)	10619	12750	20.1
农村牧区经济	**Economic Development in Rural & Pastoral Area**			
耕地面积(公顷)	Cultivated Area(hectare)	8599	8537	-0.7
农作物总播种面积(公顷)	Total Sown Area(hectare)	5079	4932	-2.9
#粮食作物播种面积(公顷)	Sown Area of Grain Crops(hectare)	3796	3881	2.2
有效灌溉面积(公顷)	Irrigated Area(hectare)	4283	5252	22.6
农牧业机械总动力(万千瓦)	Total Power of Agricultural Machinery(10 000 kw)	6.80	7.07	4.0
化肥施用折纯量(吨)	Consumption of Chemical Fertilizer(ton)	1162	2852	145.4
农村用电量(万千瓦小时)	Electricity Consumed in Rural Area(10 000 kwh)	1085	1053	-2.9
农林牧渔业总产值(万元)	Gross Output of Farming,Forestry,Animal Husbandry & Fishery(10 000 yuan)	39417	47062	19.4
粮食产量(吨)	Yield of Grain(ton)	37793	39352	4.1
油料产量(吨)	Yield of Oil-bearing Grops(ton)	104	83	-20.2
甜菜产量(吨)	Yield of Beetroots(ton)			
猪牛羊肉产量(吨)	Output of Pork, Beef & Mutton(ton)	1529	1494	-2.3
#猪肉产量(吨)	Output of Pork(ton)	716	683	-4.6
牛肉产量(吨)	Output of Beef(ton)	662	662	0.0
羊肉产量(吨)	Output of Mutton(ton)	151	149	-1.3
羊毛产量(吨)	Output of Wool(ton)	27	36	33.3

23-10 Yuquan District in Hohhot City

指　标	Item	2010	2011	2011年比上年增长% Increase Rate in 2011 Over 2010(%)
年末牲畜存栏头数(万头只)	Total Livestock at the Year-end(10 000 heads)	3.25	2.80	-13.8
#大牲畜(万头只)	Large Animals(10 000 heads)	1.71	2.20	28.7
羊(万只)	Sheep & Goats(10 000 heads)	1.03	1.03	0.0
猪(万头)	Hogs(10 000 heads)	0.51	0.61	19.6
规模以上工业	**Industrial Enterprises above Designated size**			
工业企业单位数(个)	Number of Industrial Enterprises(unit)	21	16	-23.8
#内资企业(个)	Civil Funded Enterprises(unit)	21	16	-23.8
工业总产值(万元)	Gross Industrial Output Value(10 000 yuan)	128178	142582	11.2
内资企业(万元)	Civil Funded Enterprises(10 000 yuan)	128178	142582	11.2
国有企业(万元)	State-owned Enterprises(10 000 yuan)	2569		
集体企业(万元)	Collective-owned Enterprises(10 000 yuan)	840	2046	143.6
股份合作企业(万元)	Share Holding Enterprises(10 000 yuan)			
联营企业(万元)	Joint Owned Enterprises(10 000 yuan)			
有限责任公司(万元)	Limited Company(10 000 yuan)	14214	22541	58.6
股份有限公司(万元)	Share Holding Limited Company(10 000 yuan)	41002	48400	18.0
私营企业(万元)	Privately Owned Enterprises(10 000 yuan)	69554	67265	-3.3
其他企业(万元)	Enterprises of Other Ownership(10 000 yuan)		2330	
港澳台商投资企业(万元)	Funds from HK,Macao & Taiwan(10 000 yuan)			
外商投资企业(万元)	Foreign Funded Enterprises(10 000 yuan)			
工业企业增加值(万元)	Value Added of Industrial Enterprises(10 000 yuan)			18.2
工业企业资产总计(万元)	Total Assets of Industrial Enterprises(10 000 yuan)	138178	131888	-4.6
工业企业负债合计(万元)	Total Liabilities of Industrial Enterprises(10 000 yuan)	96948	94157	-2.9
工业企业产品销售收入(万元)	Sales of Revenue Industrial Enterprises(10 000 yuan)	112249	133405	18.8
工业企业利润总额(万元)	Total Profits of Industrial Enterprises(10 000 yuan)	11543	15979	38.4
建筑业	**Construction**			
建筑企业单位数(个)	Number of Construction Enterprises(unit)	31	32	3.2
建筑企业从业人员(人)	Number of Employee in Construction Enterprises(person)	6226	5682	-8.7
建筑业总产值(万元)	Gross Construction Output Value(10 000 yuan)	164363	221445	34.7
交通运输邮电通信业	**Transportation,Post & Telecommunications**			
公路里程(公里)	Total Length of Highways(km)			
邮电业务总量(万元)	Business Volume of Post & Telecoms(10 000 yuan)			
本地电话用户(户)	Number of Subscribers of Local Telephone(Household)			
国内贸易	**Domestic Trade**			
社会消费品零售总额(万元)	Total Retail Sales of Consumer Goods(10 000 yuan)	1205693	1387749	15.1
城镇(万元)	Town(10 000 yuan)	1143137	1317928	15.3
#城区(万元)	City(10 000 yuan)	1143137	1317928	15.3
乡村(万元)	Village(10 000 yuan)	62556	69821	11.6
科技教育卫生	**Science,Education & Public Health**			
各类专业技术人员(人)	Special Technical Personnel(person)	3109	2537	-18.4
幼儿园数(所)	Number of Kindergartens(unit)	26	24	-7.7
学龄儿童入学率(%)	Percentage of School-Age Children Enrolled(%)	100.0	100.0	0.0
小学学校数(所)	Number of Primary Schools(unit)	35	34	-2.9
小学专任教师数(人)	Number of Full-time Teachers of Primary Schools(person)	1077	1001	-7.1
小学在校学生数(人)	Number of Student Enrollment of Primary Schools(person)	21155	22714	7.4
普通中学学校数(所)	Number of Regular Secondary Schools(unit)	15	12	-20.0
普通中学专任教师数(人)	Number of Teachers of Secondary Shools(person)	938	820	-12.6
初中在校学生数(人)	Number of Student in Junior Secondary Schools(person)	7570	7172	-5.3
高中在校学生数(人)	Number of Student in Senior Secondary Schools(person)	5540	3819	-31.1
卫生机构数(所)	Number of Health Institutions(unit)	221	221	0.0
#医院(所)	Hospitals(unit)	14	15	7.1
卫生院(所)	Township Hospitals(unit)	2	2	0.0
床位数(张)	Number of Beds(unit)	660	665	0.8
#医院(张)	Hospitals(unit)	600	605	0.8
卫生院(张)	Township Hospitals(unit)	30	30	0.0
卫生技术人员(人)	Medical Technical Presonnel(person)	615	703	14.3
#医院(人)	Hospitals(person)	595	683	14.8
卫生院(人)	Township Hospitals(person)	20	20	0.0

23-11 呼和浩特市赛罕区

指　标	Item	2010	2011	2011年比上年增长% Increase Rate in 2011 Over 2010(%)
行政区域土地面积(平方公里)	**Area of Administration(Sq.km)**	**1025**	**1025**	**0.0**
人口和就业	**Population & Employment**			
年末总人口(人)	Total Population Year-end(person)	408401	416897	2.1
#男性(人)	Male(person)	206391	210160	1.8
#乡村人口(人)	Rural(person)	138317	138317	0.0
年末总户数(户)	Total Number of Households at the Year-end(Household)	137026	143078	4.4
#乡村户数(户)	Number of Rural Household(Household)	42116	42226	0.3
出生人口(人)	Births(person)	4066	4387	7.9
死亡人口(人)	Deaths(person)	2479	762	-69.3
全社会就业人员(人)	Employment(person)	122100	128833	5.5
第一产业(人)	Primary Industry(person)	45761	44800	-2.1
第二产业(人)	Secondary Industry(person)	20914	21443	2.5
第三产业(人)	Tertiary Industry(person)	55425	62590	12.9
在岗职工人数(人)	Number of Staff & Workers Employed in(person)	84003	87415	0.1
乡村劳动力(人)	Number of Rural Laborers(person)	66931	67462	0.1
#农林牧渔业(人)	Farming,Forestry,Animal Husbandry & Fishery(person)	45761	44800	-2.1
国民经济综合指标	**Summary Item on the National Economy**			
生产总值(万元)	Gross Domestic Product(10 000 yuan)	3140978	3703155	11.6
第一产业(万元)	Primary Industry(10 000 yuan)	163511	195594	4.9
第二产业(万元)	Secondary Industry(10 000 yuan)	757309	870547	7.2
#工业(万元)	Industry(10 000 yuan)	495009	576771	9.1
第三产业(万元)	Tertiary Industry(10 000 yuan)	2220158	2637014	13.6
人均生产总值(元)	Per Capita GDP(yuan)	77547	89741	9.5
全社会固定资产投资(万元)	Total Investment in Fixed Assets(10 000 yuan)	1784285	2158587	21.0
按登记注册类型分	Grouped by Registered Type			
#国有(万元)	State-owned Enterprises(10 000 yuan)	564437	769396	36.3
集体(万元)	Collective-owned Enterprises(10 000 yuan)	91510	117085	27.9
有限责任公司(万元)	Limited Liability Corporations(10 000 yuan)	282328	431167	52.7
股份有限公司(万元)	Share Holding Enterprises(10 000 yuan)	16329	30452	86.5
私营企业(万元)	Private Enterprises(10 000 yuan)	759521	804287	5.9
外商及港澳台投资企业(万元)	Funds from HK,Macao,Taiwan & Foreign(10 000 yuan)	60860	4800	-92.1
按城乡渠道分	Grouped by Urban and Rural Area			
城镇（万元）	Urban(10 000 yuan)	1782285	2158587	21.1
农村（万元）	Rural(10 000 yuan)	2000		
一般预算收入(万元)	General Budgetary Financial Revenue(10 000 yuan)	192612	256485	33.2
一般预算支出(万元)	General Budgetary Financial Expenditures(10 000 yuan)	164471	215180	30.8
个人储蓄存款余额(万元)	The balance of savings deposits of individuals(10 000 yuan)			
在岗职工工资总额(万元)	Total Wages of Staff & Workers Employed in(10 000 yuan)	377937	444755	17.7
在岗职工平均工资(元)	Average Wage of Staff & Workers Employed in(yuan)	43414	47332	9.0
城镇居民人均可支配收入(元)	Annual Disposable Income of Urban Residents per Capita(yuan)	26990	30808	14.1
农牧民人均纯收入(元)	Per Capita Net Income of Peasant & Herdsman(yuan)	10421	12372	18.7
农村牧区经济	**Economic Development in Rural & Pastoral Area**			
耕地面积(公顷)	Cultivated Area(hectare)	44697	44697	0.0
农作物总播种面积(公顷)	Total Sown Area(hectare)	32478	32216	-0.8
#粮食作物播种面积(公顷)	Sown Area of Grain Crops(hectare)	22598	23421	3.6
有效灌溉面积(公顷)	Irrigated Area(hectare)	20200	23303	15.4
农牧业机械总动力(万千瓦)	Total Power of Agricultural Machinery(10 000 kw)	17.00	27.10	59.4
化肥施用折纯量(吨)	Consumption of Chemical Fertilizer(ton)	10086	10439	3.5
农村用电量(万千瓦小时)	Electricity Consumed in Rural Area(10 000 kwh)	7086	7368	4.0
农林牧渔业总产值(万元)	Gross Output of Farming,Forestry,Animal Husbandry & Fishery(10 000 yuan)	293273	352659	20.2
粮食产量(吨)	Yield of Grain(ton)	106215	90929	-14.4
油料产量(吨)	Yield of Oil-bearing Grops(ton)	115	104	-9.6
甜菜产量(吨)	Yield of Beetroots(ton)			
猪牛羊肉产量(吨)	Output of Pork, Beef & Mutton(ton)	11020	8410	-23.7
#猪肉产量(吨)	Output of Pork(ton)	3174	3174	0.0
牛肉产量(吨)	Output of Beef(ton)	7359	4749	-35.5
羊肉产量(吨)	Output of Mutton(ton)	487	487	0.0
羊毛产量(吨)	Output of Wool(ton)	105	93	-11.4

23-11 Saihan District in Hohhot City

指　标	Item	2010	2011	2011年比上年增长% Increase Rate in 2011 Over 2010(%)
年末牲畜存栏头数(万头只)	Total Livestock at the Year-end(10 000 heads)	25.25	26.34	4.3
#大牲畜(万头只)	Large Animals(10 000 heads)	16.16	17.15	6.1
羊(万只)	Sheep & Goats(10 000 heads)	5.45	5.45	0.0
猪(万头)	Hogs(10 000 heads)	3.64	3.74	2.7
规模以上工业	**Industrial Enterprises above Designated size**			
工业企业单位数(个)	Number of Industrial Enterprises(unit)	39	24	-38.5
#内资企业(个)	Civil Funded Enterprises(unit)	36	21	-41.7
工业总产值(万元)	Gross Industrial Output Value(10 000 yuan)	1495490	1613114	7.9
内资企业(万元)	Civil Funded Enterprises(10 000 yuan)	1446929	1561221	7.9
国有企业(万元)	State-owned Enterprises(10 000 yuan)	497149	596455	20.0
集体企业(万元)	Collective-owned Enterprises(10 000 yuan)	2261	4430	95.9
股份合作企业(万元)	Share Holding Enterprises(10 000 yuan)	21411		-100.0
联营企业(万元)	Joint Owned Enterprises(10 000 yuan)			
有限责任公司(万元)	Limited Company(10 000 yuan)	122607	233937	90.8
股份有限公司(万元)	Share Holding Limited Company(10 000 yuan)	741138	709832	-4.2
私营企业(万元)	Privately Owned Enterprises(10 000 yuan)	62363	16568	-73.4
其他企业(万元)	Enterprises of Other Ownership(10 000 yuan)			
港澳台商投资企业(万元)	Funds from HK,Macao & Taiwan(10 000 yuan)	2450	2050	-16.3
外商投资企业(万元)	Foreign Funded Enterprises(10 000 yuan)	46111	49844	8.1
工业企业增加值(万元)	Value Added of Industrial Enterprises(10 000 yuan)			4.2
工业企业资产总计(万元)	Total Assets of Industrial Enterprises(10 000 yuan)	2316529	3077922	32.9
工业企业负债合计(万元)	Total Liabilities of Industrial Enterprises(10 000 yuan)	1326644	1760964	32.7
工业企业产品销售收入(万元)	Sales of Revenue Industrial Enterprises(10 000 yuan)	1453078	1588593	9.3
工业企业利润总额(万元)	Total Profits of Industrial Enterprises(10 000 yuan)	117974	53032	-55.0
建筑业	**Construction**			
建筑企业单位数(个)	Number of Construction Enterprises(unit)	57	71	24.6
建筑企业从业人员(人)	Number of Employee in Construction Enterprises(person)	47751	22249	-13.6
建筑业总产值(万元)	Gross Construction Output Value(10 000 yuan)	563517	643363	14.2
交通运输邮电通信业	**Transportation,Post & Telecommunications**			
公路里程(公里)	Total Length of Highways(km)			
邮电业务总量(万元)	Business Volume of Post & Telecoms(10 000 yuan)			
本地电话用户(户)	Number of Subscribers of Local Telephone(Household)			
国内贸易	**Domestic Trade**			
社会消费品零售总额(万元)	Total Retail Sales of Consumer Goods(10 000 yuan)	953512	1202702	26.1
城镇(万元)	Town(10 000 yuan)	672504	885051	31.6
#城区(万元)	City(10 000 yuan)	672504	885051	31.6
乡村(万元)	Village(10 000 yuan)	255504	317651	24.3
科技教育卫生	**Science,Education & Public Health**			
各类专业技术人员(人)	Special Technical Personnel(person)	25189	25213	0.1
幼儿园数(所)	Number of Kindergartens(unit)	25	32	28.0
学龄儿童入学率(%)	Percentage of School-Age Children Enrolled(%)	100.0	100.0	0.0
小学学校数(所)	Number of Primary Schools(unit)	74	45	-39.2
小学专任教师数(人)	Number of Full-time Teachers of Primary Schools(person)	1903	1554	-18.3
小学在校学生数(人)	Number of Student Enrollment of Primary Schools(person)	39401	39686	0.7
普通中学学校数(所)	Number of Regular Secondary Schools(unit)	24	24	0.0
普通中学专任教师数(人)	Number of Teachers of Secondary Shools(person)	1539	2313	50.3
初中在校学生数(人)	Number of Student in Junior Secondary Schools(person)	21257	22755	7.0
高中在校学生数(人)	Number of Student in Senior Secondary Schools(person)	10154	10610	4.5
卫生机构数(所)	Number of Health Institutions(unit)	46	46	0.0
#医院(所)	Hospitals(unit)	22	22	0.0
卫生院(所)	Township Hospitals(unit)	7	7	0.0
床位数(张)	Number of Beds(unit)	2754	2735	-0.7
#医院(张)	Hospitals(unit)	2695	2676	-0.7
卫生院(张)	Township Hospitals(unit)	39	39	0.0
卫生技术人员(人)	Medical Technical Presonnel(person)	3527	3589	1.8
#医院(人)	Hospitals(person)	2836	2898	2.2
卫生院(人)	Township Hospitals(person)	43	43	0.0

23-12 呼和浩特市土默特左旗

指　标	Item	2010	2011	2011年比上年增长% Increase Rate in 2011 Over 2010(%)
行政区域土地面积(平方公里)	**Area of Administration(Sq.km)**	**2779**	**2779**	**0.0**
人口和就业	**Population & Employment**			
年末总人口(人)	Total Population Year-end(person)	363739	367036	0.9
#男性(人)	Male(person)	190537	191995	0.8
#乡村人口(人)	Rural(person)	297871	289576	-2.8
年末总户数(户)	Total Number of Households at the Year-end(Household)	116672	120160	3.0
#乡村户数(户)	Number of Rural Household(Household)	77029	77145	0.2
出生人口(人)	Births(person)	4763	4258	-10.6
死亡人口(人)	Deaths(person)	4107	636	-84.5
全社会就业人员(人)	Employment(person)	189882	190122	0.1
第一产业(人)	Primary Industry(person)	116467	113452	-2.6
第二产业(人)	Secondary Industry(person)	34298	34492	0.6
第三产业(人)	Tertiary Industry(person)	39097	42178	7.9
在岗职工人数(人)	Number of Staff & Workers Employed in(person)	17203	17276	0.4
乡村劳动力(人)	Number of Rural Laborers(person)	156297	158537	1.4
#农林牧渔业(人)	Farming,Forestry,Animal Husbandry & Fishery(person)	112530	96318	-14.4
国民经济综合指标	**Summary Item on the National Economy**			
生产总值(万元)	Gross Domestic Product(10 000 yuan)	1511753	1833467	13.6
第一产业(万元)	Primary Industry(10 000 yuan)	294278	353890	5.4
第二产业(万元)	Secondary Industry(10 000 yuan)	595945	777695	22.0
#工业(万元)	Industry(10 000 yuan)	509845	691595	27.0
第三产业(万元)	Tertiary Industry(10 000 yuan)	621530	701882	9.3
人均生产总值(元)	Per Capita GDP(yuan)	41607	50179	12.9
全社会固定资产投资(万元)	Total Investment in Fixed Assets(10 000 yuan)	546943	563103	3.0
按登记注册类型分	Grouped by Registered Type			
#国有(万元)	State-owned Enterprises(10 000 yuan)	126441	274521	117.1
集体(万元)	Collective-owned Enterprises(10 000 yuan)	1435	600	-58.2
有限责任公司(万元)	Limited Liability Corporations(10 000 yuan)	330317	264132	-20.0
股份有限公司(万元)	Share Holding Enterprises(10 000 yuan)			
私营企业(万元)	Private Enterprises(10 000 yuan)	69450	23700	-65.9
外商及港澳台投资企业(万元)	Funds from HK,Macao,Taiwan & Foreign(10 000 yuan)			
按城乡渠道分	Grouped by Urban and Rural Area			
城镇（万元）	Urban(10 000 yuan)	546943	563103	3.0
农村（万元）	Rural(10 000 yuan)			
一般预算收入(万元)	General Budgetary Financial Revenue(10 000 yuan)	70228	77566	10.4
一般预算支出(万元)	General Budgetary Financial Expenditures(10 000 yuan)	142292	187679	31.9
个人储蓄存款余额(万元)	The balance of savings deposits of individuals(10 000 yuan)		345640	
在岗职工工资总额(万元)	Total Wages of Staff & Workers Employed in(10 000 yuan)	49354	68405	38.6
在岗职工平均工资(元)	Average Wage of Staff & Workers Employed in(yuan)	27860	37301	33.9
城镇居民人均可支配收入(元)	Annual Disposable Income of Urban Residents per Capita(yuan)	18530	21555	16.3
农牧民人均纯收入(元)	Per Capita Net Income of Peasant & Herdsman(yuan)	9558	10880	13.8
农村牧区经济	**Economic Development in Rural & Pastoral Area**			
耕地面积(公顷)	Cultivated Area(hectare)	114479	114479	0.0
农作物总播种面积(公顷)	Total Sown Area(hectare)	81198	81546	0.4
#粮食作物播种面积(公顷)	Sown Area of Grain Crops(hectare)	58465	58953	0.8
有效灌溉面积(公顷)	Irrigated Area(hectare)	83088	83088	0.0
农牧业机械总动力(万千瓦)	Total Power of Agricultural Machinery(10 000 kw)	52.70	59.90	13.7
化肥施用折纯量(吨)	Consumption of Chemical Fertilizer(ton)	24918	28299	13.6
农村用电量(万千瓦小时)	Electricity Consumed in Rural Area(10 000 kwh)	10600	10620	0.2
农林牧渔业总产值(万元)	Gross Output of Farming,Forestry,Animal Husbandry & Fishery(10 000 yuan)	526792	634485	20.4
粮食产量(吨)	Yield of Grain(ton)	441228	425614	-3.5
油料产量(吨)	Yield of Oil-bearing Grops(ton)	15306	17473	14.2
甜菜产量(吨)	Yield of Beetroots(ton)	29407	23169	-21.2
猪牛羊肉产量(吨)	Output of Pork, Beef & Mutton(ton)	25872	25952	0.3
#猪肉产量(吨)	Output of Pork(ton)	9060	9322	2.9
牛肉产量(吨)	Output of Beef(ton)	10574	11574	9.5
羊肉产量(吨)	Output of Mutton(ton)	3578	5056	41.3
羊毛产量(吨)	Output of Wool(ton)	526	576	9.5

23-12 Tumotezuo Banner in Hohhot City

指　标	Item	2010	2011	2011年比上年增长% Increase Rate in 2011 Over 2010(%)
年末牲畜存栏头数(万头只)	Total Livestock at the Year-end(10 000 heads)	61.05	61.42	0.6
#大牲畜(万头只)	Large Animals(10 000 heads)	26.12	25.99	-0.5
羊(万只)	Sheep & Goats(10 000 heads)	25.19	25.69	2.0
猪(万头)	Hogs(10 000 heads)	9.73	9.73	0.0
规模以上工业	**Industrial Enterprises above Designated size**			
工业企业单位数(个)	Number of Industrial Enterprises(unit)	39	38	-2.6
#内资企业(个)	Civil Funded Enterprises(unit)	34	33	-2.9
工业总产值(万元)	Gross Industrial Output Value(10 000 yuan)	696935	1022905	46.8
内资企业(万元)	Civil Funded Enterprises(10 000 yuan)	543366	665155	22.4
国有企业(万元)	State-owned Enterprises(10 000 yuan)			
集体企业(万元)	Collective-owned Enterprises(10 000 yuan)			
股份合作企业(万元)	Share Holding Enterprises(10 000 yuan)			
联营企业(万元)	Joint Owned Enterprises(10 000 yuan)			
有限责任公司(万元)	Limited Company(10 000 yuan)	366159	477509	30.4
股份有限公司(万元)	Share Holding Limited Company(10 000 yuan)	40504	27232	-32.8
私营企业(万元)	Privately Owned Enterprises(10 000 yuan)	136703	160413	17.3
其他企业(万元)	Enterprises of Other Ownership(10 000 yuan)			
港澳台商投资企业(万元)	Funds from HK,Macao & Taiwan(10 000 yuan)	45127	267197	492.1
外商投资企业(万元)	Foreign Funded Enterprises(10 000 yuan)	108442	90553	-16.5
工业企业增加值(万元)	Value Added of Industrial Enterprises(10 000 yuan)			30.1
工业企业资产总计(万元)	Total Assets of Industrial Enterprises(10 000 yuan)	690833	1007552	45.8
工业企业负债合计(万元)	Total Liabilities of Industrial Enterprises(10 000 yuan)	418548	576371	37.7
工业企业产品销售收入(万元)	Sales of Revenue Industrial Enterprises(10 000 yuan)	690012	1025815	48.7
工业企业利润总额(万元)	Total Profits of Industrial Enterprises(10 000 yuan)	38666	163684	323.3
建筑业	**Construction**			
建筑企业单位数(个)	Number of Construction Enterprises(unit)	3	3	0.0
建筑企业从业人员(人)	Number of Employee in Construction Enterprises(person)	779	703	-9.8
建筑业总产值(万元)	Gross Construction Output Value(10 000 yuan)	22615	21099	-6.7
交通运输邮电通信业	**Transportation,Post & Telecommunications**			
公路里程(公里)	Total Length of Highways(km)	1314	1314	
邮电业务总量(万元)	Business Volume of Post & Telecoms(10 000 yuan)	11397	12467	9.4
本地电话用户(户)	Number of Subscribers of Local Telephone(Household)	25670	24320	-5.3
国内贸易	**Domestic Trade**			
社会消费品零售总额(万元)	Total Retail Sales of Consumer Goods(10 000 yuan)	197232	231966	17.6
城镇(万元)	Town(10 000 yuan)	127609	150082	17.6
#城区(万元)	City(10 000 yuan)	76565	90049	17.6
乡村(万元)	Village(10 000 yuan)	69623	81884	17.6
科技教育卫生	**Science,Education & Public Health**			
各类专业技术人员(人)	Special Technical Personnel(person)	5026	5085	1.2
幼儿园数(所)	Number of Kindergartens(unit)	6	33	450.0
学龄儿童入学率(%)	Percentage of School-Age Children Enrolled(%)	100.0	100.0	0.0
小学学校数(所)	Number of Primary Schools(unit)	88	88	
小学专任教师数(人)	Number of Full-time Teachers of Primary Schools(person)	1605	1446	9.9
小学在校学生数(人)	Number of Student Enrollment of Primary Schools(person)	18189	16798	-7.7
普通中学学校数(所)	Number of Regular Secondary Schools(unit)	17	16	-5.9
普通中学专任教师数(人)	Number of Teachers of Secondary Shools(person)	878	776	-11.6
初中在校学生数(人)	Number of Student in Junior Secondary Schools(person)	9626	8554	-11.1
高中在校学生数(人)	Number of Student in Senior Secondary Schools(person)	4882	5026	3.0
卫生机构数(所)	Number of Health Institutions(unit)	26	26	0.0
#医院(所)	Hospitals(unit)	2	2	0.0
卫生院(所)	Township Hospitals(unit)	16	16	0.0
床位数(张)	Number of Beds(unit)	565	565	0.0
#医院(张)	Hospitals(unit)	322	334	3.7
卫生院(张)	Township Hospitals(unit)	198	209	5.6
卫生技术人员(人)	Medical Technical Presonnel(person)	574	599	4.4
#医院(人)	Hospitals(person)	292	292	0.0
卫生院(人)	Township Hospitals(person)	199	178	-10.6

23-13 呼和浩特市托克托县

指　标	Item	2010	2011	2011年比上年增长% Increase Rate in 2011 Over 2010(%)
行政区域土地面积(平方公里)	**Area of Administration(Sq.km)**	**1313**	**1313**	**0.0**
人口和就业	**Population & Employment**			
年末总人口(人)	Total Population Year-end(person)	205758	207109	0.7
#男性(人)	Male(person)	105216	105790	0.5
#乡村人口(人)	Rural(person)	149371	150529	0.8
年末总户数(户)	Total Number of Households at the Year-end(Household)	76755	78848	2.7
#乡村户数(户)	Number of Rural Household(Household)	40353	40994	1.6
出生人口(人)	Births(person)	3532	2472	-30.0
死亡人口(人)	Deaths(person)	2822	477	-83.1
全社会就业人员(人)	Employment(person)	116374	115107	-1.1
第一产业(人)	Primary Industry(person)	57594	53907	-6.4
第二产业(人)	Secondary Industry(person)	25100	26200	4.4
第三产业(人)	Tertiary Industry(person)	33680	35000	3.9
在岗职工人数(人)	Number of Staff & Workers Employed in(person)	18339	19442	6.0
乡村劳动力(人)	Number of Rural Laborers(person)	85819	86146	0.4
#农林牧渔业(人)	Farming,Forestry,Animal Husbandry & Fishery(person)	57594	53907	-6.4
国民经济综合指标	**Summary Item on the National Economy**			
生产总值(万元)	Gross Domestic Product(10 000 yuan)	1729310	2071804	12.1
第一产业(万元)	Primary Industry(10 000 yuan)	152792	182300	4.6
第二产业(万元)	Secondary Industry(10 000 yuan)	1291111	1553843	12.6
#工业(万元)	Industry(10 000 yuan)	1207511	1470243	14.0
第三产业(万元)	Tertiary Industry(10 000 yuan)	285407	335661	13.6
人均生产总值(元)	Per Capita GDP(yuan)	84045	100362	11.4
全社会固定资产投资(万元)	Total Investment in Fixed Assets(10 000 yuan)	305416	416639	36.4
按登记注册类型分	Grouped by Registered Type			
#国有(万元)	State-owned Enterprises(10 000 yuan)	136418	186001	36.3
集体(万元)	Collective-owned Enterprises(10 000 yuan)	6160		
有限责任公司(万元)	Limited Liability Corporations(10 000 yuan)	57208	175991	207.6
股份有限公司(万元)	Share Holding Enterprises(10 000 yuan)	5200	16800	223.1
私营企业(万元)	Private Enterprises(10 000 yuan)	98430	9278	-90.6
外商及港澳台投资企业(万元)	Funds from HK,Macao,Taiwan & Foreign(10 000 yuan)		9278	
按城乡渠道分	Grouped by Urban and Rural Area			
城镇（万元）	Urban(10 000 yuan)	303616	396652	30.6
农村（万元）	Rural(10 000 yuan)	1800	19987	1010.4
一般预算收入(万元)	General Budgetary Financial Revenue(10 000 yuan)	80873	91883	13.6
一般预算支出(万元)	General Budgetary Financial Expenditures(10 000 yuan)	137044	164605	20.1
个人储蓄存款余额(万元)	The balance of savings deposits of individuals(10 000 yuan)		257133	
在岗职工工资总额(万元)	Total Wages of Staff & Workers Employed in(10 000 yuan)	68539	78052	13.9
在岗职工平均工资(元)	Average Wage of Staff & Workers Employed in(yuan)	35547	40161	13.0
城镇居民人均可支配收入(元)	Annual Disposable Income of Urban Residents per Capita(yuan)	20090	23132	15.1
农牧民人均纯收入(元)	Per Capita Net Income of Peasant & Herdsman(yuan)	9454	10688	13.1
农村牧区经济	**Economic Development in Rural & Pastoral Area**			
耕地面积(公顷)	Cultivated Area(hectare)	68000	67013	-1.5
农作物总播种面积(公顷)	Total Sown Area(hectare)	53289	54738	2.7
#粮食作物播种面积(公顷)	Sown Area of Grain Crops(hectare)	37564	38030	1.2
有效灌溉面积(公顷)	Irrigated Area(hectare)	39700	42200	6.3
农牧业机械总动力(万千瓦)	Total Power of Agricultural Machinery(10 000 kw)	39.57	40.64	2.7
化肥施用折纯量(吨)	Consumption of Chemical Fertilizer(ton)	33920	35204	3.8
农村用电量(万千瓦小时)	Electricity Consumed in Rural Area(10 000 kwh)	5794	6075	4.8
农林牧渔业总产值(万元)	Gross Output of Farming,Forestry,Animal Husbandry & Fishery(10 000 yuan)	270975	326361	20.4
粮食产量(吨)	Yield of Grain(ton)	233724	241195	3.2
油料产量(吨)	Yield of Oil-bearing Grops(ton)	5378	6073	12.9
甜菜产量(吨)	Yield of Beetroots(ton)	2813	2993	6.4
猪牛羊肉产量(吨)	Output of Pork, Beef & Mutton(ton)	12435	13435	8.0
#猪肉产量(吨)	Output of Pork(ton)	4740	4740	0.0
牛肉产量(吨)	Output of Beef(ton)	4329	5329	23.1
羊肉产量(吨)	Output of Mutton(ton)	3366	3366	0.0
羊毛产量(吨)	Output of Wool(ton)	842	848	0.7

23-13 Tuoketuo County in Hohhot City

指　标	Item	2010	2011	2011年比上年增长% Increase Rate in 2011 Over 2010(%)
年末牲畜存栏头数(万头只)	Total Livestock at the Year-end(10 000 heads)	30.67	30.99	1.0
#大牲畜(万头只)	Large Animals(10 000 heads)	11.39	11.18	-1.8
羊(万只)	Sheep & Goats(10 000 heads)	16.63	17.13	3.0
猪(万头)	Hogs(10 000 heads)	2.65	2.68	1.1
规模以上工业	**Industrial Enterprises above Designated size**			
工业企业单位数(个)	Number of Industrial Enterprises(unit)	29	27	-6.9
#内资企业(个)	Civil Funded Enterprises(unit)	26	24	-7.7
工业总产值(万元)	Gross Industrial Output Value(10 000 yuan)	2785674	3008845	8.0
内资企业(万元)	Civil Funded Enterprises(10 000 yuan)	2281763	2376676	4.2
国有企业(万元)	State-owned Enterprises(10 000 yuan)	5841	22355	282.7
集体企业(万元)	Collective-owned Enterprises(10 000 yuan)			
股份合作企业(万元)	Share Holding Enterprises(10 000 yuan)	3173	5000	57.6
联营企业(万元)	Joint Owned Enterprises(10 000 yuan)			
有限责任公司(万元)	Limited Company(10 000 yuan)	1694861	1441010	-15.0
股份有限公司(万元)	Share Holding Limited Company(10 000 yuan)			
私营企业(万元)	Privately Owned Enterprises(10 000 yuan)	577888	894154	54.7
其他企业(万元)	Enterprises of Other Ownership(10 000 yuan)		14157	
港澳台商投资企业(万元)	Funds from HK,Macao & Taiwan(10 000 yuan)	420491	545663	29.8
外商投资企业(万元)	Foreign Funded Enterprises(10 000 yuan)	83420	86506	3.7
工业企业增加值(万元)	Value Added of Industrial Enterprises(10 000 yuan)			14.0
工业企业资产总计(万元)	Total Assets of Industrial Enterprises(10 000 yuan)	2706882	2758752	1.9
工业企业负债合计(万元)	Total Liabilities of Industrial Enterprises(10 000 yuan)	1992129	2030120	1.9
工业企业产品销售收入(万元)	Sales of Revenue Industrial Enterprises(10 000 yuan)	2611939	2801208	7.2
工业企业利润总额(万元)	Total Profits of Industrial Enterprises(10 000 yuan)	608028	602295	-0.9
建筑业	**Construction**			
建筑企业单位数(个)	Number of Construction Enterprises(unit)	7	10	42.9
建筑企业从业人员(人)	Number of Employee in Construction Enterprises(person)	3608	4152	15.1
建筑业总产值(万元)	Gross Construction Output Value(10 000 yuan)	38259	45236	18.2
交通运输邮电通信业	**Transportation,Post & Telecommunications**			
公路里程(公里)	Total Length of Highways(km)	955	955	0.0
邮电业务总量(万元)	Business Volume of Post & Telecoms(10 000 yuan)	3449	3917	13.6
本地电话用户(户)	Number of Subscribers of Local Telephone(Household)	15800	17000	7.6
国内贸易	**Domestic Trade**			
社会消费品零售总额(万元)	Total Retail Sales of Consumer Goods(10 000 yuan)	144798	172876	19.4
城镇(万元)	Town(10 000 yuan)	115838	138000	19.1
#城区(万元)	City(10 000 yuan)	92671	110000	18.7
乡村(万元)	Village(10 000 yuan)	28960	34876	20.4
科技教育卫生	**Science,Education & Public Health**			
各类专业技术人员(人)	Special Technical Personnel(person)	3148	3162	0.4
幼儿园数(所)	Number of Kindergartens(unit)	20	22	10.0
学龄儿童入学率(%)	Percentage of School-Age Children Enrolled(%)	100.0	100.0	0.0
小学学校数(所)	Number of Primary Schools(unit)	17	17	0.0
小学专任教师数(人)	Number of Full-time Teachers of Primary Schools(person)	685	679	-0.9
小学在校学生数(人)	Number of Student Enrollment of Primary Schools(person)	12900	12706	-1.5
普通中学学校数(所)	Number of Regular Secondary Schools(unit)	5	5	0.0
普通中学专任教师数(人)	Number of Teachers of Secondary Shools(person)	690	705	2.2
初中在校学生数(人)	Number of Student in Junior Secondary Schools(person)	7182	6965	-3.0
高中在校学生数(人)	Number of Student in Senior Secondary Schools(person)	4326	4262	-1.5
卫生机构数(所)	Number of Health Institutions(unit)	11	11	0.0
#医院(所)	Hospitals(unit)	2	2	0.0
卫生院(所)	Township Hospitals(unit)	9	9	0.0
床位数(张)	Number of Beds(unit)	202	441	118.3
#医院(张)	Hospitals(unit)	154	362	135.1
卫生院(张)	Township Hospitals(unit)	48	79	64.6
卫生技术人员(人)	Medical Technical Presonnel(person)	331	401	21.1
#医院(人)	Hospitals(person)	204	251	23.0
卫生院(人)	Township Hospitals(person)	127	150	18.1

23-14 呼和浩特市和林格尔县

指　标	Item	2010	2011	2011年比上年增长% Increase Rate in 2011 Over 2010(%)
行政区域土地面积(平方公里)	**Area of Administration(Sq.km)**	**3401**	**3401**	**0.0**
人口和就业	**Population & Employment**			
年末总人口(人)	Total Population Year-end(person)	198351	200397	1.0
#男性(人)	Male(person)	104169	105107	0.9
#乡村人口(人)	Rural(person)	151831	151465	-0.2
年末总户数(户)	Total Number of Households at the Year-end(Household)	73177	75217	2.8
#乡村户数(户)	Number of Rural Household(Household)	39000	40119	2.9
出生人口(人)	Births(person)	3249	2708	-16.7
死亡人口(人)	Deaths(person)	2039	323	-84.2
全社会就业人员(人)	Employment(person)	110657	112300	1.5
第一产业(人)	Primary Industry(person)	64859	65128	0.4
第二产业(人)	Secondary Industry(person)	21285	21550	1.2
第三产业(人)	Tertiary Industry(person)	24513	25622	4.5
在岗职工人数(人)	Number of Staff & Workers Employed in(person)	18744	19548	4.3
乡村劳动力(人)	Number of Rural Laborers(person)	80847	82537	2.1
#农林牧渔业(人)	Farming,Forestry,Animal Husbandry & Fishery(person)	64859	65128	0.4
国民经济综合指标	**Summary Item on the National Economy**			
生产总值(万元)	Gross Domestic Product(10 000 yuan)	1291979	1455727	5.5
第一产业(万元)	Primary Industry(10 000 yuan)	174244	207152	4.2
第二产业(万元)	Secondary Industry(10 000 yuan)	794211	868503	2.3
#工业(万元)	Industry(10 000 yuan)	724511	800894	3.5
第三产业(万元)	Tertiary Industry(10 000 yuan)	323525	380072	13.9
人均生产总值(元)	Per Capita GDP(yuan)	65372	73015	4.5
全社会固定资产投资(万元)	Total Investment in Fixed Assets(10 000 yuan)	715224	715388	0.0
按登记注册类型分	Grouped by Registered Type			
#国有(万元)	State-owned Enterprises(10 000 yuan)	351931	494820	40.6
集体(万元)	Collective-owned Enterprises(10 000 yuan)			
有限责任公司(万元)	Limited Liability Corporations(10 000 yuan)	340496	215138	-36.8
股份有限公司(万元)	Share Holding Enterprises(10 000 yuan)			
私营企业(万元)	Private Enterprises(10 000 yuan)	8797	5430	-38.3
外商及港澳台投资企业(万元)	Funds from HK,Macao,Taiwan & Foreign(10 000 yuan)	14000		-100.0
按城乡渠道分	Grouped by Urban and Rural Area			
城镇（万元）	Urban(10 000 yuan)	715224	715388	0.0
农村（万元）	Rural(10 000 yuan)			
一般预算收入(万元)	General Budgetary Financial Revenue(10 000 yuan)	57079	72755	27.5
一般预算支出(万元)	General Budgetary Financial Expenditures(10 000 yuan)	114582	163917	43.1
个人储蓄存款余额(万元)	The balance of savings deposits of individuals(10 000 yuan)		223412	
在岗职工工资总额(万元)	Total Wages of Staff & Workers Employed in(10 000 yuan)	48939	60957	24.6
在岗职工平均工资(元)	Average Wage of Staff & Workers Employed in(yuan)	25913	30958	19.5
城镇居民人均可支配收入(元)	Annual Disposable Income of Urban Residents per Capita(yuan)	19419	22359	15.1
农牧民人均纯收入(元)	Per Capita Net Income of Peasant & Herdsman(yuan)	8386	8976	7.0
农村牧区经济	**Economic Development in Rural & Pastoral Area**			
耕地面积(公顷)	Cultivated Area(hectare)	105890	105890	0.0
农作物总播种面积(公顷)	Total Sown Area(hectare)	70156	69166	-1.4
#粮食作物播种面积(公顷)	Sown Area of Grain Crops(hectare)	51821	52072	0.5
有效灌溉面积(公顷)	Irrigated Area(hectare)	21460	23610	10.0
农牧业机械总动力(万千瓦)	Total Power of Agricultural Machinery(10 000 kw)	35.39	36.19	2.3
化肥施用折纯量(吨)	Consumption of Chemical Fertilizer(ton)	9253	8594	-7.1
农村用电量(万千瓦小时)	Electricity Consumed in Rural Area(10 000 kwh)	5205	7673	47.4
农林牧渔业总产值(万元)	Gross Output of Farming,Forestry,Animal Husbandry & Fishery(10 000 yuan)	311667	376244	20.7
粮食产量(吨)	Yield of Grain(ton)	180385	135809	-24.7
油料产量(吨)	Yield of Oil-bearing Grops(ton)	2025	1491	-26.4
甜菜产量(吨)	Yield of Beetroots(ton)			
猪牛羊肉产量(吨)	Output of Pork, Beef & Mutton(ton)	24914	24088	-3.3
#猪肉产量(吨)	Output of Pork(ton)	3884	3884	0.0
牛肉产量(吨)	Output of Beef(ton)	8143	8860	8.8
羊肉产量(吨)	Output of Mutton(ton)	12887	11344	-12.0
羊毛产量(吨)	Output of Wool(ton)	1299	806	-38.0

23-14 Helingeer County in Hohhot City

指　标	Item	2010	2011	2011年比上年增长% Increase Rate in 2011 Over 2010(%)
年末牲畜存栏头数(万头只)	Total Livestock at the Year-end(10 000 heads)	61.68	62.59	1.5
#大牲畜(万头只)	Large Animals(10 000 heads)	15.98	15.99	0.1
羊(万只)	Sheep & Goats(10 000 heads)	41.45	42.45	2.4
猪(万头)	Hogs(10 000 heads)	4.24	4.14	-2.4
规模以上工业	**Industrial Enterprises above Designated size**			
工业企业单位数(个)	Number of Industrial Enterprises(unit)	28	31	10.7
#内资企业(个)	Civil Funded Enterprises(unit)	23	26	13.0
工业总产值(万元)	Gross Industrial Output Value(10 000 yuan)	1982359	2119399	6.9
内资企业(万元)	Civil Funded Enterprises(10 000 yuan)	939179	923534	-1.7
国有企业(万元)	State-owned Enterprises(10 000 yuan)			
集体企业(万元)	Collective-owned Enterprises(10 000 yuan)			
股份合作企业(万元)	Share Holding Enterprises(10 000 yuan)			
联营企业(万元)	Joint Owned Enterprises(10 000 yuan)			
有限责任公司(万元)	Limited Company(10 000 yuan)	156910	200459	27.8
股份有限公司(万元)	Share Holding Limited Company(10 000 yuan)	81651	79474	-2.7
私营企业(万元)	Privately Owned Enterprises(10 000 yuan)	700619	643601	-8.1
其他企业(万元)	Enterprises of Other Ownership(10 000 yuan)			
港澳台商投资企业(万元)	Funds from HK,Macao & Taiwan(10 000 yuan)	14222	77275	443.3
外商投资企业(万元)	Foreign Funded Enterprises(10 000 yuan)	1028959	1118590	8.7
工业企业增加值(万元)	Value Added of Industrial Enterprises(10 000 yuan)			-0.4
工业企业资产总计(万元)	Total Assets of Industrial Enterprises(10 000 yuan)	1639043	1852023	13.0
工业企业负债合计(万元)	Total Liabilities of Industrial Enterprises(10 000 yuan)	1051324	1184779	12.7
工业企业产品销售收入(万元)	Sales of Revenue Industrial Enterprises(10 000 yuan)	1869292	2058783	10.1
工业企业利润总额(万元)	Total Profits of Industrial Enterprises(10 000 yuan)	300331	251054	-16.4
建筑业	**Construction**			
建筑企业单位数(个)	Number of Construction Enterprises(unit)	2	2	0.0
建筑企业从业人员(人)	Number of Employee in Construction Enterprises(person)	113	315	178.8
建筑业总产值(万元)	Gross Construction Output Value(10 000 yuan)	4460	4320	-3.1
交通运输邮电通信业	**Transportation,Post & Telecommunications**			
公路里程(公里)	Total Length of Highways(km)	893	893	0.0
邮电业务总量(万元)	Business Volume of Post & Telecoms(10 000 yuan)	8908	10042	12.7
本地电话用户(户)	Number of Subscribers of Local Telephone(Household)	21300	25000	17.4
国内贸易	**Domestic Trade**			
社会消费品零售总额(万元)	Total Retail Sales of Consumer Goods(10 000 yuan)	134401	157981	17.5
城镇(万元)	Town(10 000 yuan)	120961	142283	17.6
#城区(万元)	City(10 000 yuan)	107655	126632	17.6
乡村(万元)	Village(10 000 yuan)	13440	15698	16.8
科技教育卫生	**Science,Education & Public Health**			
各类专业技术人员(人)	Special Technical Personnel(person)	2662	2662	0.0
幼儿园数(所)	Number of Kindergartens(unit)	5	8	60.0
学龄儿童入学率(%)	Percentage of School-Age Children Enrolled(%)	99.9	100.0	0.1
小学学校数(所)	Number of Primary Schools(unit)	36	36	0.0
小学专任教师数(人)	Number of Full-time Teachers of Primary Schools(person)	578	551	-4.7
小学在校学生数(人)	Number of Student Enrollment of Primary Schools(person)	8614	7727	-10.3
普通中学学校数(所)	Number of Regular Secondary Schools(unit)	5	5	0.0
普通中学专任教师数(人)	Number of Teachers of Secondary Shools(person)	656	609	-7.2
初中在校学生数(人)	Number of Student in Junior Secondary Schools(person)	6249	5683	-9.1
高中在校学生数(人)	Number of Student in Senior Secondary Schools(person)	4328	4286	-1.0
卫生机构数(所)	Number of Health Institutions(unit)	28	27	-3.6
#医院(所)	Hospitals(unit)	1	1	0.0
卫生院(所)	Township Hospitals(unit)	13	12	-7.7
床位数(张)	Number of Beds(unit)	246	254	3.3
#医院(张)	Hospitals(unit)	100	100	0.0
卫生院(张)	Township Hospitals(unit)	137	154	12.4
卫生技术人员(人)	Medical Technical Presonnel(person)	359	315	-12.3
#医院(人)	Hospitals(person)	128	110	-14.1
卫生院(人)	Township Hospitals(person)	106	94	-11.3

23-15 呼和浩特市清水河县

指　标	Item	2010	2011	2011年比上年增长% Increase Rate in 2011 Over 2010(%)
行政区域土地面积(平方公里)	**Area of Administration(Sq.km)**	**2859**	**2859**	**0.0**
人口和就业	**Population & Employment**			
年末总人口(人)	Total Population Year-end(person)	146009	147007	0.7
# 男性(人)	Male(person)	75824	76360	0.7
# 乡村人口(人)	Rural(person)	96625	88101	-8.8
年末总户数(户)	Total Number of Households at the Year-end(Household)	52490	54096	3.1
# 乡村户数(户)	Number of Rural Household(Household)	25029	24593	-1.7
出生人口(人)	Births(person)	2592	1855	-28.4
死亡人口(人)	Deaths(person)	1570	224	-85.7
全社会就业人员(人)	Employment(person)	58973	57616	-2.3
第一产业(人)	Primary Industry(person)	35675	32928	-7.7
第二产业(人)	Secondary Industry(person)	7704	7826	1.6
第三产业(人)	Tertiary Industry(person)	15594	16862	8.1
在岗职工人数(人)	Number of Staff & Workers Employed in(person)	7628	8642	13.3
乡村劳动力(人)	Number of Rural Laborers(person)	53550	50003	-6.6
# 农林牧渔业(人)	Farming,Forestry,Animal Husbandry & Fishery(person)	35675	32596	-8.6
国民经济综合指标	**Summary Item on the National Economy**			
生产总值(万元)	Gross Domestic Product(10 000 yuan)	401469	492813	15.9
第一产业(万元)	Primary Industry(10 000 yuan)	43952	53629	7.0
第二产业(万元)	Secondary Industry(10 000 yuan)	189224	235228	16.1
# 工业(万元)	Industry(10 000 yuan)	150124	196128	22.3
第三产业(万元)	Tertiary Industry(10 000 yuan)	168293	203956	18.0
人均生产总值(元)	Per Capita GDP(yuan)	27568	33637	15.2
全社会固定资产投资(万元)	Total Investment in Fixed Assets(10 000 yuan)	163453	199878	22.3
按登记注册类型分	Grouped by Registered Type			
# 国有(万元)	State-owned Enterprises(10 000 yuan)	64568	98491	52.5
集体(万元)	Collective-owned Enterprises(10 000 yuan)	1021	1000	-2.1
有限责任公司(万元)	Limited Liability Corporations(10 000 yuan)	92742	88279	-4.8
股份有限公司(万元)	Share Holding Enterprises(10 000 yuan)			
私营企业(万元)	Private Enterprises(10 000 yuan)	5122	7948	55.2
外商及港澳台投资企业 (万元)	Funds from HK,Macao,Taiwan & Foreign(10 000 yuan)			
按城乡渠道分	Grouped by Urban and Rural Area			
城镇（万元）	Urban(10 000 yuan)	163453	199878	22.3
农村（万元）	Rural(10 000 yuan)			
一般预算收入(万元)	General Budgetary Financial Revenue(10 000 yuan)	18076	21187	17.2
一般预算支出(万元)	General Budgetary Financial Expenditures(10 000 yuan)	76003	96653	27.2
个人储蓄存款余额(万元)	The balance of savings deposits of individuals(10 000 yuan)		169657	
在岗职工工资总额(万元)	Total Wages of Staff & Workers Employed in(10 000 yuan)	24361	31311	28.5
在岗职工平均工资(元)	Average Wage of Staff & Workers Employed in(yuan)	32067	37213	16.0
城镇居民人均可支配收入(元)	Annual Disposable Income of Urban Residents per Capita(yuan)	16340	19188	17.4
农牧民人均纯收入(元)	Per Capita Net Income of Peasant & Herdsman(yuan)	4863	5350	10.0
农村牧区经济	**Economic Development in Rural & Pastoral Area**			
耕地面积(公顷)	Cultivated Area(hectare)	62738	62629	-0.2
农作物总播种面积(公顷)	Total Sown Area(hectare)	62675	62639	-0.1
# 粮食作物播种面积(公顷)	Sown Area of Grain Crops(hectare)	42012	41872	-0.3
有效灌溉面积(公顷)	Irrigated Area(hectare)	2144	2104	-1.9
农牧业机械总动力(万千瓦)	Total Power of Agricultural Machinery(10 000 kw)	13.40	15.11	12.8
化肥施用折纯量(吨)	Consumption of Chemical Fertilizer(ton)	11257	11256	0.0
农村用电量(万千瓦小时)	Electricity Consumed in Rural Area(10 000 kwh)	908	973	7.2
农林牧渔业总产值(万元)	Gross Output of Farming,Forestry,Animal Husbandry & Fishery(10 000 yuan)	75357	88912	18.0
粮食产量(吨)	Yield of Grain(ton)	54382	62010	14.0
油料产量(吨)	Yield of Oil-bearing Grops(ton)	11136	12036	8.1
甜菜产量(吨)	Yield of Beetroots(ton)			
猪牛羊肉产量(吨)	Output of Pork, Beef & Mutton(ton)	9611	9849	2.5
# 猪肉产量(吨)	Output of Pork(ton)	2305	2305	0.0
牛肉产量(吨)	Output of Beef(ton)	440	429	-2.5
羊肉产量(吨)	Output of Mutton(ton)	6866	7115	3.6
羊毛产量(吨)	Output of Wool(ton)	648	653	0.8

23-15 Qingshuihe County in Hohhot City

指　标	Item	2010	2011	2011年比上年增长% Increase Rate in 2011 Over 2010(%)
年末牲畜存栏头数(万头只)	Total Livestock at the Year-end(10 000 heads)	32.70	32.67	-0.1
#大牲畜(万头只)	Large Animals(10 000 heads)	1.95	1.95	0.0
羊(万只)	Sheep & Goats(10 000 heads)	27.09	27.08	0.0
猪(万头)	Hogs(10 000 heads)	3.66	3.64	-0.5
规模以上工业	**Industrial Enterprises above Designated size**			
工业企业单位数(个)	Number of Industrial Enterprises(unit)	16	15	-6.3
#内资企业(个)	Civil Funded Enterprises(unit)	15	14	-6.7
工业总产值(万元)	Gross Industrial Output Value(10 000 yuan)	191167	304951	59.5
内资企业(万元)	Civil Funded Enterprises(10 000 yuan)	188964	302596	60.1
国有企业(万元)	State-owned Enterprises(10 000 yuan)			
集体企业(万元)	Collective-owned Enterprises(10 000 yuan)	7754	4493	-42.1
股份合作企业(万元)	Share Holding Enterprises(10 000 yuan)			
联营企业(万元)	Joint Owned Enterprises(10 000 yuan)			
有限责任公司(万元)	Limited Company(10 000 yuan)	54756	198861	263.2
股份有限公司(万元)	Share Holding Limited Company(10 000 yuan)	95320	96873	1.6
私营企业(万元)	Privately Owned Enterprises(10 000 yuan)	31134	2369	-92.4
其他企业(万元)	Enterprises of Other Ownership(10 000 yuan)			
港澳台商投资企业(万元)	Funds from HK,Macao & Taiwan(10 000 yuan)			
外商投资企业(万元)	Foreign Funded Enterprises(10 000 yuan)	2203	2355	6.9
工业企业增加值(万元)	Value Added of Industrial Enterprises(10 000 yuan)			24.3
工业企业资产总计(万元)	Total Assets of Industrial Enterprises(10 000 yuan)	134457	259871	93.3
工业企业负债合计(万元)	Total Liabilities of Industrial Enterprises(10 000 yuan)	59353	156401	163.5
工业企业产品销售收入(万元)	Sales of Revenue Industrial Enterprises(10 000 yuan)	184627	291938	58.1
工业企业利润总额(万元)	Total Profits of Industrial Enterprises(10 000 yuan)	26533	43949	65.6
建筑业	**Construction**			
建筑企业单位数(个)	Number of Construction Enterprises(unit)	1	1	0.0
建筑企业从业人员(人)	Number of Employee in Construction Enterprises(person)	95	115	21.1
建筑业总产值(万元)	Gross Construction Output Value(10 000 yuan)	2184	2612	19.6
交通运输邮电通信业	**Transportation,Post & Telecommunications**			
公路里程(公里)	Total Length of Highways(km)	596	596	0.0
邮电业务总量(万元)	Business Volume of Post & Telecoms(10 000 yuan)	5843	5593	-4.3
本地电话用户(户)	Number of Subscribers of Local Telephone(Household)	14500	9922	-31.6
国内贸易	**Domestic Trade**			
社会消费品零售总额(万元)	Total Retail Sales of Consumer Goods(10 000 yuan)	33000	41908	27.0
城镇(万元)	Town(10 000 yuan)	23430	30174	28.8
#城区(万元)	City(10 000 yuan)	11406	14485	27.0
乡村(万元)	Village(10 000 yuan)	9570	11734	22.6
科技教育卫生	**Science,Education & Public Health**			
各类专业技术人员(人)	Special Technical Personnel(person)	1833	1856	1.3
幼儿园数(所)	Number of Kindergartens(unit)	2	2	0.0
学龄儿童入学率(%)	Percentage of School-Age Children Enrolled(%)	100.0	100.0	0.0
小学学校数(所)	Number of Primary Schools(unit)	34	21	-38.2
小学专任教师数(人)	Number of Full-time Teachers of Primary Schools(person)	541	491	-9.2
小学在校学生数(人)	Number of Student Enrollment of Primary Schools(person)	6754	6538	-3.2
普通中学学校数(所)	Number of Regular Secondary Schools(unit)	6	4	-33.3
普通中学专任教师数(人)	Number of Teachers of Secondary Shools(person)	433	312	-27.9
初中在校学生数(人)	Number of Student in Junior Secondary Schools(person)	4483	3999	-10.8
高中在校学生数(人)	Number of Student in Senior Secondary Schools(person)	3051	3200	4.9
卫生机构数(所)	Number of Health Institutions(unit)	19	19	0.0
#医院(所)	Hospitals(unit)	1	1	0.0
卫生院(所)	Township Hospitals(unit)	14	14	0.0
床位数(张)	Number of Beds(unit)	260	286	10.0
#医院(张)	Hospitals(unit)	130	130	0.0
卫生院(张)	Township Hospitals(unit)	127	127	0.0
卫生技术人员(人)	Medical Technical Presonnel(person)	336	336	0.0
#医院(人)	Hospitals(person)	102	104	2.0
卫生院(人)	Township Hospitals(person)	53	51	-3.8

23-16 呼和浩特市武川县

指　标	Item	2010	2011	2011年比上年增长% Increase Rate in 2011 Over 2010(%)
行政区域土地面积(平方公里)	**Area of Administration(Sq.km)**	**4885**	**4885**	**0.0**
人口和就业	**Population & Employment**			
年末总人口(人)	Total Population Year-end(person)	176112	176007	-0.1
#男性(人)	Male(person)	93337	92817	-0.6
#乡村人口(人)	Rural(person)	128978	127585	-1.1
年末总户数(户)	Total Number of Households at the Year-end(Household)	59459	62004	4.3
#乡村户数(户)	Number of Rural Household(Household)	34809	34386	-1.2
出生人口(人)	Births(person)	1733	1592	-8.1
死亡人口(人)	Deaths(person)	1281	482	-62.4
全社会就业人员(人)	Employment(person)	85531	82813	-3.2
第一产业(人)	Primary Industry(person)	57367	54974	-4.2
第二产业(人)	Secondary Industry(person)	9878	9825	-0.5
第三产业(人)	Tertiary Industry(person)	18286	18014	-1.5
在岗职工人数(人)	Number of Staff & Workers Employed in(person)	8923	9476	6.2
乡村劳动力(人)	Number of Rural Laborers(person)	72316	69616	-3.7
#农林牧渔业(人)	Farming,Forestry,Animal Husbandry & Fishery(person)	56986	54605	-4.2
国民经济综合指标	**Summary Item on the National Economy**			
生产总值(万元)	Gross Domestic Product(10 000 yuan)	449535	545630	13.9
第一产业(万元)	Primary Industry(10 000 yuan)	41294	49999	6.2
第二产业(万元)	Secondary Industry(10 000 yuan)	252570	310445	14.9
#工业(万元)	Industry(10 000 yuan)	190470	248345	22.1
第三产业(万元)	Tertiary Industry(10 000 yuan)	155671	185186	14.4
人均生产总值(元)	Per Capita GDP(yuan)	25531	30991	13.9
全社会固定资产投资(万元)	Total Investment in Fixed Assets(10 000 yuan)	451760	530293	17.4
按登记注册类型分	Grouped by Registered Type			
#国有(万元)	State-owned Enterprises(10 000 yuan)	266291	266395	0.0
集体(万元)	Collective-owned Enterprises(10 000 yuan)	2577	300	-88.4
有限责任公司(万元)	Limited Liability Corporations(10 000 yuan)	100662	203651	102.3
股份有限公司(万元)	Share Holding Enterprises(10 000 yuan)	3100	6000	93.5
私营企业(万元)	Private Enterprises(10 000 yuan)	45930	53550	16.6
外商及港澳台投资企业(万元)	Funds from HK,Macao,Taiwan & Foreign(10 000 yuan)	1500		
按城乡渠道分	Grouped by Urban and Rural Area			
城镇（万元）	Urban(10 000 yuan)	450271	512097	13.7
农村（万元）	Rural(10 000 yuan)	1489	18196	1122.0
一般预算收入(万元)	General Budgetary Financial Revenue(10 000 yuan)	23431	25659	9.5
一般预算支出(万元)	General Budgetary Financial Expenditures(10 000 yuan)	96045	114837	19.6
个人储蓄存款余额(万元)	The balance of savings deposits of individuals(10 000 yuan)		166423	
在岗职工工资总额(万元)	Total Wages of Staff & Workers Employed in(10 000 yuan)	25505	29841	17.0
在岗职工平均工资(元)	Average Wage of Staff & Workers Employed in(yuan)	28549	33032	15.7
城镇居民人均可支配收入(元)	Annual Disposable Income of Urban Residents per Capita(yuan)	15490	18357	18.5
农牧民人均纯收入(元)	Per Capita Net Income of Peasant & Herdsman(yuan)	4991	5355	7.3
农村牧区经济	**Economic Development in Rural & Pastoral Area**			
耕地面积(公顷)	Cultivated Area(hectare)	144831	144877	0.0
农作物总播种面积(公顷)	Total Sown Area(hectare)	131122	132806	1.3
#粮食作物播种面积(公顷)	Sown Area of Grain Crops(hectare)	98466	98518	0.1
有效灌溉面积(公顷)	Irrigated Area(hectare)	13320	13380	0.5
农牧业机械总动力(万千瓦)	Total Power of Agricultural Machinery(10 000 kw)	27.98	28.84	3.1
化肥施用折纯量(吨)	Consumption of Chemical Fertilizer(ton)	14311	14311	0.0
农村用电量(万千瓦小时)	Electricity Consumed in Rural Area(10 000 kwh)	2292	2292	0.0
农林牧渔业总产值(万元)	Gross Output of Farming,Forestry,Animal Husbandry & Fishery(10 000 yuan)	69170	80281	16.1
粮食产量(吨)	Yield of Grain(ton)	84350	161303	91.2
油料产量(吨)	Yield of Oil-bearing Grops(ton)	1287	13537	951.8
甜菜产量(吨)	Yield of Beetroots(ton)		315	
猪牛羊肉产量(吨)	Output of Pork, Beef & Mutton(ton)	6434	6458	0.4
#猪肉产量(吨)	Output of Pork(ton)	2145	2171	1.2
牛肉产量(吨)	Output of Beef(ton)	889	868	-2.4
羊肉产量(吨)	Output of Mutton(ton)	3400	3419	0.6
羊毛产量(吨)	Output of Wool(ton)	684	582	-14.9

23-16 Wuchuan County in Hohhot City

指　　标	Item	2010	2011	2011年比上年增长% Increase Rate in 2011 Over 2010(%)
年末牲畜存栏头数(万头只)	Total Livestock at the Year-end(10 000 heads)	38.64	38.97	0.9
#大牲畜(万头只)	Large Animals(10 000 heads)	1.36	1.18	-13.2
羊(万只)	Sheep & Goats(10 000 heads)	34.87	35.31	1.3
猪(万头)	Hogs(10 000 heads)	2.41	2.48	2.9
规模以上工业	**Industrial Enterprises above Designated size**			
工业企业单位数(个)	Number of Industrial Enterprises unit)	30	24	-20.0
#内资企业(个)	Civil Funded Enterprises unit)	30	24	-20.0
工业总产值(万元)	Gross Industrial Output Value(10 000 Yuan)	203013	267112	31.6
内资企业(万元)	Civil Funded Enterprises(10 000 Yuan)	203013	267112	31.6
国有企业(万元)	State-owned Enterprises(10 000 Yuan)		26549	
集体企业(万元)	Collective-owned Enterprises(10 000 Yuan)			
股份合作企业(万元)	Share Holding Enterprises(10 000 Yuan)			
联营企业(万元)	Joint Owned Enterprises(10 000 Yuan)			
有限责任公司(万元)	Limited Company(10 000 Yuan)	131113	156233	19.2
股份有限公司(万元)	Share Holding Limited Company(10 000 Yuan)			
私营企业(万元)	Privately Owned Enterprises(10 000 Yuan)	64233	84330	31.3
其他企业(万元)	Enterprises of Other Ownership(10 000 Yuan)			
港澳台商投资企业(万元)	Funds from HK,Macao & Taiwan(10 000 yuan)			
外商投资企业(万元)	Foreign Funded Enterprises(10 000 yuan)			
工业企业增加值(万元)	Value Added of Industrial Enterprises(10 000 yuan)			24.0
工业企业资产总计(万元)	Total Assets of Industrial Enterprises(10 000 yuan)	387941	552865	42.5
工业企业负债合计(万元)	Total Liabilities of Industrial Enterprises(10 000 yuan)	272154	390523	43.5
工业企业产品销售收入(万元)	Sales of Revenue Industrial Enterprises(10 000 yuan)	211430	256558	21.3
工业企业利润总额(万元)	Total Profits of Industrial Enterprises(10 000 yuan)	27874	34442	23.6
建筑业	**Construction**			
建筑企业单位数(个)	Number of Construction Enterprises(unit)	1	1	0.0
建筑企业从业人员(人)	Number of Employee in Construction Enterprises(person)	106	59	-44.3
建筑业总产值(万元)	Gross Construction Output Value(10 000 yuan)	1128	767	-32.0
交通运输邮电通信业	**Transportation,Post & Telecommunications**			
公路里程(公里)	Total Length of Highways(km)	844	947	12.3
邮电业务总量(万元)	Business Volume of Post & Telecoms(10 000 yuan)	3527	3726	5.6
本地电话用户(户)	Number of Subscribers of Local Telephone(Household)	15781	15502	-1.8
国内贸易	**Domestic Trade**			
社会消费品零售总额(万元)	Total Retail Sales of Consumer Goods(10 000 yuan)	52645	66938	27.1
城镇(万元)	Town(10 000 yuan)	34940	44583	27.6
#城区(万元)	City(10 000 yuan)	32114	40832	27.1
乡村(万元)	Village(10 000 yuan)	17705	22354	26.3
科技教育卫生	**Science,Education & Public Health**			
各类专业技术人员(人)	Special Technical Personnel(person)	2498	2578	3.2
幼儿园数(所)	Number of Kindergartens(unit)	17	16	-5.9
学龄儿童入学率(%)	Percentage of School-Age Children Enrolled(%)	100.0	100.0	0.0
小学学校数(所)	Number of Primary Schools(unit)	22	22	0.0
小学专任教师数(人)	Number of Full-time Teachers of Primary Schools(person)	789	760	-3.7
小学在校学生数(人)	Number of Student Enrollment of Primary Schools(person)	8362	7386	-11.7
普通中学学校数(所)	Number of Regular Secondary Schools(unit)	10	10	0.0
普通中学专任教师数(人)	Number of Teachers of Secondary Shools(person)	522	509	-2.5
初中在校学生数(人)	Number of Student in Junior Secondary Schools(person)	5177	4953	-4.3
高中在校学生数(人)	Number of Student in Senior Secondary Schools(person)	2209	2372	7.4
卫生机构数(所)	Number of Health Institutions(unit)	23	23	0.0
#医院(所)	Hospitals(unit)	2	2	0.0
卫生院(所)	Township Hospitals(unit)	18	18	0.0
床位数(张)	Number of Beds(unit)	282	282	0.0
#医院(张)	Hospitals(unit)	179	179	0.0
卫生院(张)	Township Hospitals(unit)	103	103	0.0
卫生技术人员(人)	Medical Technical Presonnel(person)	466	483	3.6
#医院(人)	Hospitals(person)	184	189	2.7
卫生院(人)	Township Hospitals(person)	282	294	4.3

23-17 包头市东河区

指　标	Item	2010	2011	2011年比上年增长% Increase Rate in 2011 Over 2010(%)
行政区域土地面积(平方公里)	**Area of Administration(Sq.km)**	**470**	**470**	**0.0**
人口和就业	**Population & Employment**			
年末总人口(人)	Total Population Year-end(person)	513045	522700	1.9
# 男性(人)	Male(person)	259317	264600	2.0
# 乡村人口(人)	Rural(person)	58160	54900	-5.6
年末总户数(户)	Total Number of Households at the Year-end(Household)	190706	197990	3.8
# 乡村户数(户)	Number of Rural Household(Household)	21304	20784	-2.4
出生人口(人)	Births(person)	3670	3502	-4.6
死亡人口(人)	Deaths(person)	1888	1690	-10.5
全社会就业人员(人)	Employment(person)	272361	276873	1.7
第一产业(人)	Primary Industry(person)	8200	8091	-1.3
第二产业(人)	Secondary Industry(person)	63260	63209	-0.1
第三产业(人)	Tertiary Industry(person)	200901	205573	2.3
在岗职工人数(人)	Number of Staff & Workers Employed in(person)	50710	54345	7.2
乡村劳动力(人)	Number of Rural Laborers(person)	34267	34867	1.8
# 农林牧渔业(人)	Farming,Forestry,Animal Husbandry & Fishery(person)	12136	12090	-0.4
国民经济综合指标	**Summary Item on the National Economy**			
生产总值(万元)	Gross Domestic Product(10 000 yuan)	3359932	3901098	14.0
第一产业(万元)	Primary Industry(10 000 yuan)	47100	57150	5.2
第二产业(万元)	Secondary Industry(10 000 yuan)	1323819	1491666	15.6
# 工业(万元)	Industry(10 000 yuan)	1062819	1169966	16.6
第三产业(万元)	Tertiary Industry(10 000 yuan)	1989013	2352282	13.7
人均生产总值(元)	Per Capita GDP(yuan)	65972	75333	12.4
全社会固定资产投资(万元)	Total Investment in Fixed Assets(10 000 yuan)	2536971	3083790	21.6
按登记注册类型分	Grouped by Registered Type			
# 国有(万元)	State-owned Enterprises(10 000 yuan)	319926	259662	-18.8
集体(万元)	Collective-owned Enterprises(10 000 yuan)	82520	99780	20.9
有限责任公司(万元)	Limited Liability Corporations(10 000 yuan)	1220967	1591307	30.3
股份有限公司(万元)	Share Holding Enterprises(10 000 yuan)	112013	246645	120.2
私营企业(万元)	Private Enterprises(10 000 yuan)	583319	702536	20.4
外商及港澳台投资企业(万元)	Funds from HK,Macao,Taiwan & Foreign(10 000 yuan)	34200	9680	-71.7
按城乡渠道分	Grouped by Urban and Rural Area			
城镇（万元）	Urban(10 000 yuan)	2536971	3083290	21.5
农村（万元）	Rural(10 000 yuan)		500	
一般预算收入(万元)	General Budgetary Financial Revenue(10 000 yuan)	122177	105486	-13.7
一般预算支出(万元)	General Budgetary Financial Expenditures(10 000 yuan)	122170	151775	24.2
个人储蓄存款余额(万元)	The balance of savings deposits of individuals(10 000 yuan)			
在岗职工工资总额(万元)	Total Wages of Staff & Workers Employed in(10 000 yuan)	170844	234289	37.1
在岗职工平均工资(元)	Average Wage of Staff & Workers Employed in(yuan)	33151	38663	16.6
城镇居民人均可支配收入(元)	Annual Disposable Income of Urban Residents per Capita(yuan)	23769	27097	14.0
农牧民人均纯收入(元)	Per Capita Net Income of Peasant & Herdsman(yuan)	11587	13271	14.5
农村牧区经济	**Economic Development in Rural & Pastoral Area**			
耕地面积(公顷)	Cultivated Area(hectare)	7989	7746	-3.0
农作物总播种面积(公顷)	Total Sown Area(hectare)	9308	8759	-5.9
# 粮食作物播种面积(公顷)	Sown Area of Grain Crops(hectare)	4896	4487	-8.4
有效灌溉面积(公顷)	Irrigated Area(hectare)	8060	7860	-2.5
农牧业机械总动力(万千瓦)	Total Power of Agricultural Machinery(10 000 kw)	22.41	20.14	-10.1
化肥施用折纯量(吨)	Consumption of Chemical Fertilizer(ton)	3860	4047	4.8
农村用电量(万千瓦小时)	Electricity Consumed in Rural Area(10 000 kwh)	2569	2556	-0.5
农林牧渔业总产值(万元)	Gross Output of Farming,Forestry,Animal Husbandry & Fishery(10 000 yuan)	81200	98526	5.2
粮食产量(吨)	Yield of Grain(ton)	35333	36146	2.3
油料产量(吨)	Yield of Oil-bearing Grops(ton)	868	981	13.0
甜菜产量(吨)	Yield of Beetroots(ton)	3081	420	-86.4
猪牛羊肉产量(吨)	Output of Pork, Beef & Mutton(ton)	6703	5486	-18.2
# 猪肉产量(吨)	Output of Pork(ton)	1780	2162	21.5
牛肉产量(吨)	Output of Beef(ton)	4134	2544	-38.5
羊肉产量(吨)	Output of Mutton(ton)	789	780	-1.1
羊毛产量(吨)	Output of Wool(ton)	36	36	0.0

23-17 Donghe District in Baotou City

指　标	Item	2010	2011	2011年比上年增长% Increase Rate in 2011 Over 2010(%)
年末牲畜存栏头数(万头只)	Total Livestock at the Year-end(10 000 heads)	11.87	11.50	-3.1
# 大牲畜(万头只)	Large Animals(10 000 heads)	3.71	3.37	-9.2
羊(万只)	Sheep & Goats(10 000 heads)	6.14	6.12	-0.3
猪(万头)	Hogs(10 000 heads)	2.02	2.01	-0.5
规模以上工业	**Industrial Enterprises above Designated size**			
工业企业单位数(个)	Number of Industrial Enterprises(unit)	99	98	-1.0
# 内资企业(个)	Civil Funded Enterprises(unit)	93	92	-1.1
工业总产值(万元)	Gross Industrial Output Value(10 000 yuan)	2110100	2598729	23.2
内资企业(万元)	Civil Funded Enterprises(10 000 yuan)	1904300	2353174	23.6
国有企业(万元)	State-owned Enterprises(10 000 yuan)	77300	92234	19.3
集体企业(万元)	Collective-owned Enterprises(10 000 yuan)	2100	3400	61.9
股份合作企业(万元)	Share Holding Enterprises(10 000 yuan)	8000	2399	-70.0
联营企业(万元)	Joint Owned Enterprises(10 000 yuan)			
有限责任公司(万元)	Limited Company(10 000 yuan)	387000	472522	22.1
股份有限公司(万元)	Share Holding Limited Company(10 000 yuan)	609200	706096	15.9
私营企业(万元)	Privately Owned Enterprises(10 000 yuan)	820700	1076523	31.2
其他企业(万元)	Enterprises of Other Ownership(10 000 yuan)			
港澳台商投资企业(万元)	Funds from HK,Macao & Taiwan(10 000 yuan)	81400	245555	201.7
外商投资企业(万元)	Foreign Funded Enterprises(10 000 yuan)	124400		
工业企业增加值(万元)	Value Added of Industrial Enterprises(10 000 yuan)			16.9
工业企业资产总计(万元)	Total Assets of Industrial Enterprises(10 000 yuan)	2551100	2599372	1.9
工业企业负债合计(万元)	Total Liabilities of Industrial Enterprises(10 000 yuan)	1298400	1302499	0.3
工业企业产品销售收入(万元)	Sales of Revenue Industrial Enterprises(10 000 yuan)	2118200	2564350	21.1
工业企业利润总额(万元)	Total Profits of Industrial Enterprises(10 000 yuan)	507200	587291	15.8
建筑业	**Construction**			
建筑企业单位数(个)	Number of Construction Enterprises(unit)	16	16	0.0
建筑企业从业人员(人)	Number of Employee in Construction Enterprises(person)	11948	7181	-39.9
建筑业总产值(万元)	Gross Construction Output Value(10 000 yuan)	264335	334988	26.7
交通运输邮电通信业	**Transportation,Post & Telecommunications**			
公路里程(公里)	Total Length of Highways(km)	151	151	0.0
邮电业务总量(万元)	Business Volume of Post & Telecoms(10 000 yuan)	31677	38926	22.9
本地电话用户(户)	Number of Subscribers of Local Telephone(Household)	57100	63200	10.7
国内贸易	**Domestic Trade**			
社会消费品零售总额(万元)	Total Retail Sales of Consumer Goods(10 000 yuan)	1497421	1756259	17.3
城镇(万元)	Town(10 000 yuan)	1497421	1756259	17.3
#城区(万元)	City(10 000 yuan)	1497421	1756259	17.3
乡村(万元)	Village(10 000 yuan)			
科技教育卫生	**Science,Education & Public Health**			
各类专业技术人员(人)	Special Technical Personnel(person)	11859	11953	0.8
幼儿园数(所)	Number of Kindergartens(unit)	21	21	0.0
学龄儿童入学率(%)	Percentage of School-Age Children Enrolled(%)	100.0	100.0	0.0
小学学校数(所)	Number of Primary Schools(unit)	42	42	0.0
小学专任教师数(人)	Number of Full-time Teachers of Primary Schools(person)	1551	1472	-5.1
小学在校学生数(人)	Number of Student Enrollment of Primary Schools(person)	25580	25044	-2.1
普通中学学校数(所)	Number of Regular Secondary Schools(unit)	23	23	0.0
普通中学专任教师数(人)	Number of Teachers of Secondary Shools(person)	1993	2043	2.5
初中在校学生数(人)	Number of Student in Junior Secondary Schools(person)	15788	15085	-4.5
高中在校学生数(人)	Number of Student in Senior Secondary Schools(person)	12088	10735	-11.2
卫生机构数(所)	Number of Health Institutions(unit)	15	14	-6.7
# 医院(所)	Hospitals(unit)	12	11	-8.3
卫生院(所)	Township Hospitals(unit)	3	3	0.0
床位数(张)	Number of Beds(unit)	3120	3148	0.9
# 医院(张)	Hospitals(unit)	3070	3108	1.2
卫生院(张)	Township Hospitals(unit)	50	40	-20.0
卫生技术人员(人)	Medical Technical Presonnel(person)	2393	2487	3.9
# 医院(人)	Hospitals(person)	2307	2398	3.9
卫生院(人)	Township Hospitals(person)	86	89	3.5

23-18 包头市昆都仑区

指　标	Item	2010	2011	2011年比上年增长% Increase Rate in 2011 Over 2010(%)
行政区域土地面积(平方公里)	**Area of Administration(Sq.km)**	**301**	**301**	**0.0**
人口和就业	**Population & Employment**			
年末总人口(人)	Total Population Year-end(person)	728838	738900	1.4
#男性(人)	Male(person)	375820	381800	1.6
#乡村人口(人)	Rural(person)	36304	31700	-12.7
年末总户数(户)	Total Number of Households at the Year-end(Household)	266472	278830	4.6
#乡村户数(户)	Number of Rural Household(Household)	13102	11962	-8.7
出生人口(人)	Births(person)	5011	4664	-6.9
死亡人口(人)	Deaths(person)	1492	1261	-15.5
全社会就业人员(人)	Employment(person)	444943	458291	3.0
第一产业(人)	Primary Industry(person)	9849	9969	1.2
第二产业(人)	Secondary Industry(person)	125019	127394	1.9
第三产业(人)	Tertiary Industry(person)	310075	320928	3.5
在岗职工人数(人)	Number of Staff & Workers Employed in(person)	105325	117514	11.6
乡村劳动力(人)	Number of Rural Laborers(person)	17342	19027	9.7
#农林牧渔业(人)	Farming,Forestry,Animal Husbandry & Fishery(person)	3626	3556	-1.9
国民经济综合指标	**Summary Item on the National Economy**			
生产总值(万元)	Gross Domestic Product(10 000 yuan)	7417253	8596324	15.0
第一产业(万元)	Primary Industry(10 000 yuan)	20416	25824	4.9
第二产业(万元)	Secondary Industry(10 000 yuan)	3869698	4387487	15.7
#工业(万元)	Industry(10 000 yuan)	3603698	4047487	15.5
第三产业(万元)	Tertiary Industry(10 000 yuan)	3527139	4183013	14.3
人均生产总值(元)	Per Capita GDP(yuan)	103963	117140	11.8
全社会固定资产投资(万元)	Total Investment in Fixed Assets(10 000 yuan)	3303666	3972147	20.2
按登记注册类型分	Grouped by Registered Type			
#国有(万元)	State-owned Enterprises(10 000 yuan)	279159	284406	1.9
集体(万元)	Collective-owned Enterprises(10 000 yuan)	282737	310126	9.7
有限责任公司(万元)	Limited Liability Corporations(10 000 yuan)	2072260	2571017	24.1
股份有限公司(万元)	Share Holding Enterprises(10 000 yuan)	94510	10800	-88.6
私营企业(万元)	Private Enterprises(10 000 yuan)	458550	544850	18.8
外商及港澳台投资企业(万元)	Funds from HK,Macao,Taiwan & Foreign(10 000 yuan)	2400	11960	398.3
按城乡渠道分	Grouped by Urban and Rural Area			
城镇（万元）	Urban(10 000 yuan)	3303666	3972147	20.2
农村（万元）	Rural(10 000 yuan)			
一般预算收入(万元)	General Budgetary Financial Revenue(10 000 yuan)	251366	297329	18.3
一般预算支出(万元)	General Budgetary Financial Expenditures(10 000 yuan)	247074	308999	25.1
个人储蓄存款余额(万元)	The balance of savings deposits of individuals(10 000 yuan)		3363250	
在岗职工工资总额(万元)	Total Wages of Staff & Workers Employed in(10 000 yuan)	459464	566935	23.4
在岗职工平均工资(元)	Average Wage of Staff & Workers Employed in(yuan)	43391	48814	12.5
城镇居民人均可支配收入(元)	Annual Disposable Income of Urban Residents per Capita(yuan)	28444	32853	15.5
农牧民人均纯收入(元)	Per Capita Net Income of Peasant & Herdsman(yuan)	11890	13648	14.8
农村牧区经济	**Economic Development in Rural & Pastoral Area**			
耕地面积(公顷)	Cultivated Area(hectare)	2933	2933	0.0
农作物总播种面积(公顷)	Total Sown Area(hectare)	1681	1819	8.2
#粮食作物播种面积(公顷)	Sown Area of Grain Crops(hectare)	1390	1368	-1.6
有效灌溉面积(公顷)	Irrigated Area(hectare)	2970	2970	0.0
农牧业机械总动力(万千瓦)	Total Power of Agricultural Machinery(10 000 kw)	1.39	1.39	0.0
化肥施用折纯量(吨)	Consumption of Chemical Fertilizer(ton)	1205	1122	-6.9
农村用电量(万千瓦小时)	Electricity Consumed in Rural Area(10 000 kwh)	2231	2231	0.0
农林牧渔业总产值(万元)	Gross Output of Farming,Forestry,Animal Husbandry & Fishery(10 000 yuan)	32450	41045	4.9
粮食产量(吨)	Yield of Grain(ton)	7808	7988	2.3
油料产量(吨)	Yield of Oil-bearing Grops(ton)	58	47	-19.0
甜菜产量(吨)	Yield of Beetroots(ton)		60	
猪牛羊肉产量(吨)	Output of Pork, Beef & Mutton(ton)	3030	1787	-41.0
#猪肉产量(吨)	Output of Pork(ton)	1893	820	-56.7
牛肉产量(吨)	Output of Beef(ton)	678	511	-24.6
羊肉产量(吨)	Output of Mutton(ton)	459	456	-0.7
羊毛产量(吨)	Output of Wool(ton)	11	11	0.0

23-18 Kundulun District in Baotou City

指　标	Item	2010	2011	2011年比上年增长% Increase Rate in 2011 Over 2010(%)
年末牲畜存栏头数(万头只)	Total Livestock at the Year-end(10 000 heads)	3.82	4.12	7.9
#大牲畜(万头只)	Large Animals(10 000 heads)	0.68	0.67	-1.5
羊(万只)	Sheep & Goats(10 000 heads)	1.85	2.16	16.8
猪(万头)	Hogs(10 000 heads)	1.29	1.29	0.0
规模以上工业	**Industrial Enterprises above Designated size**			
工业企业单位数(个)	Number of Industrial Enterprises(unit)	85	79	-7.1
#内资企业(个)	Civil Funded Enterprises(unit)	80	74	-7.5
工业总产值(万元)	Gross Industrial Output Value(10 000 yuan)	7221200	8317357	15.2
内资企业(万元)	Civil Funded Enterprises(10 000 yuan)	6778000	7705329	13.7
国有企业(万元)	State-owned Enterprises(10 000 yuan)	17400	34821	100.1
集体企业(万元)	Collective-owned Enterprises(10 000 yuan)	87400	85366	-2.3
股份合作企业(万元)	Share Holding Enterprises(10 000 yuan)	7600	24342	220.3
联营企业(万元)	Joint Owned Enterprises(10 000 yuan)			
有限责任公司(万元)	Limited Company(10 000 yuan)	1058300	1878992	77.5
股份有限公司(万元)	Share Holding Limited Company(10 000 yuan)	4593000	4986732	8.6
私营企业(万元)	Privately Owned Enterprises(10 000 yuan)	1014300	636605	-37.2
其他企业(万元)	Enterprises of Other Ownership(10 000 yuan)		58472	
港澳台商投资企业(万元)	Funds from HK,Macao & Taiwan(10 000 yuan)			
外商投资企业(万元)	Foreign Funded Enterprises(10 000 yuan)	443200	612028	38.1
工业企业增加值(万元)	Value Added of Industrial Enterprises(10 000 yuan)			15.5
工业企业资产总计(万元)	Total Assets of Industrial Enterprises(10 000 yuan)	9414200	10793108	14.6
工业企业负债合计(万元)	Total Liabilities of Industrial Enterprises(10 000 yuan)	5853200	7284166	24.4
工业企业产品销售收入(万元)	Sales of Revenue Industrial Enterprises(10 000 yuan)	7576300	8433093	11.3
工业企业利润总额(万元)	Total Profits of Industrial Enterprises(10 000 yuan)	99300	166960	68.1
建筑业	**Construction**			
建筑企业单位数(个)	Number of Construction Enterprises(unit)	27	28	3.7
建筑企业从业人员(人)	Number of Employee in Construction Enterprises(person)	24953	19124	-23.4
建筑业总产值(万元)	Gross Construction Output Value(10 000 yuan)	619064	853343	37.8
交通运输邮电通信业	**Transportation,Post & Telecommunications**			
公路里程(公里)	Total Length of Highways(km)	348	348	0.0
邮电业务总量(万元)	Business Volume of Post & Telecoms(10 000 yuan)	195154	234790	20.3
本地电话用户(户)	Number of Subscribers of Local Telephone(Household)	134021	148350	10.7
国内贸易	**Domestic Trade**			
社会消费品零售总额(万元)	Total Retail Sales of Consumer Goods(10 000 yuan)	2412058	2838169	17.7
城镇(万元)	Town(10 000 yuan)	2412058	2838169	17.7
#城区(万元)	City(10 000 yuan)	2412058	2838169	17.7
乡村(万元)	Village(10 000 yuan)			
科技教育卫生	**Science,Education & Public Health**			
各类专业技术人员(人)	Special Technical Personnel(person)	29740	29978	0.8
幼儿园数(所)	Number of Kindergartens(unit)	36	38	5.6
学龄儿童入学率(%)	Percentage of School-Age Children Enrolled(%)	100.0	100.0	0.0
小学学校数(所)	Number of Primary Schools(unit)	45	44	-2.2
小学专任教师数(人)	Number of Full-time Teachers of Primary Schools(person)	2262	2081	-8.0
小学在校学生数(人)	Number of Student Enrollment of Primary Schools(person)	45267	45527	0.6
普通中学学校数(所)	Number of Regular Secondary Schools(unit)	29	30	3.4
普通中学专任教师数(人)	Number of Teachers of Secondary Shools(person)	2567	2794	8.8
初中在校学生数(人)	Number of Student in Junior Secondary Schools(person)	28300	26519	-6.3
高中在校学生数(人)	Number of Student in Senior Secondary Schools(person)	15553	16894	8.6
卫生机构数(所)	Number of Health Institutions(unit)	39	40	2.6
#医院(所)	Hospitals(unit)	8	8	0.0
卫生院(所)	Township Hospitals(unit)	3	3	0.0
床位数(张)	Number of Beds(unit)	3529	3732	5.8
#医院(张)	Hospitals(unit)	3447	3695	7.2
卫生院(张)	Township Hospitals(unit)	37	37	0.0
卫生技术人员(人)	Medical Technical Presonnel(person)	4077	4371	7.2
#医院(人)	Hospitals(person)	3522	3678	4.4
卫生院(人)	Township Hospitals(person)	44	38	-13.6

23-19 包头市青山区

指　标	Item	2010	2011	2011年比上年增长% Increase Rate in 2011 Over 2010(%)
行政区域土地面积(平方公里)	**Area of Administration(Sq.km)**	**280**	**280**	**0.0**
人口和就业	**Population & Employment**			
年末总人口(人)	Total Population Year-end(person)	482216	489900	1.6
# 男性(人)	Male(person)	247137	249600	1.0
# 乡村人口(人)	Rural(person)	19765	14200	-28.2
年末总户数(户)	Total Number of Households at the Year-end(Household)	178262	191370	7.4
# 乡村户数(户)	Number of Rural Household(Household)	7366	5547	-24.7
出生人口(人)	Births(person)	3371	3174	-5.8
死亡人口(人)	Deaths(person)	1133	1093	-3.5
全社会就业人员(人)	Employment(person)	260055	264037	1.5
第一产业(人)	Primary Industry(person)	8221	6947	-15.5
第二产业(人)	Secondary Industry(person)	103687	106554	2.8
第三产业(人)	Tertiary Industry(person)	148147	150536	1.6
在岗职工人数(人)	Number of Staff & Workers Employed in(person)	88715	108646	22.5
乡村劳动力(人)	Number of Rural Laborers(person)	10265	10243	-0.2
# 农林牧渔业(人)	Farming,Forestry,Animal Husbandry & Fishery(person)	3493	2552	-26.9
国民经济综合指标	**Summary Item on the National Economy**			
生产总值(万元)	Gross Domestic Product(10 000 yuan)	5430318	6729890	16.6
第一产业(万元)	Primary Industry(10 000 yuan)	21157	26789	5.0
第二产业(万元)	Secondary Industry(10 000 yuan)	2811212	3601997	18.8
# 工业(万元)	Industry(10 000 yuan)	2547212	3261997	18.8
第三产业(万元)	Tertiary Industry(10 000 yuan)	2597949	3101104	14.3
人均生产总值(元)	Per Capita GDP(yuan)	113605	138459	14.7
全社会固定资产投资(万元)	Total Investment in Fixed Assets(10 000 yuan)	2885245	3488337	20.9
按登记注册类型分	Grouped by Registered Type			
# 国有(万元)	State-owned Enterprises(10 000 yuan)	618702	767321	24.0
集体(万元)	Collective-owned Enterprises(10 000 yuan)	29364	86258	193.8
有限责任公司(万元)	Limited Liability Corporations(10 000 yuan)	1392929	2035028	46.1
股份有限公司(万元)	Share Holding Enterprises(10 000 yuan)	3600	309980	8510.6
私营企业(万元)	Private Enterprises(10 000 yuan)	51654	161557	212.8
外商及港澳台投资企业(万元)	Funds from HK,Macao,Taiwan & Foreign(10 000 yuan)	90710	35490	-60.9
按城乡渠道分	Grouped by Urban and Rural Area			
城镇（万元）	Urban(10 000 yuan)	2885245	3479577	20.6
农村（万元）	Rural(10 000 yuan)		8760	
一般预算收入(万元)	General Budgetary Financial Revenue(10 000 yuan)	218220	263906	20.9
一般预算支出(万元)	General Budgetary Financial Expenditures(10 000 yuan)	212151	286864	35.2
个人储蓄存款余额(万元)	The balance of savings deposits of individuals(10 000 yuan)		2033683	
在岗职工工资总额(万元)	Total Wages of Staff & Workers Employed in(10 000 yuan)	379736	526616	38.7
在岗职工平均工资(元)	Average Wage of Staff & Workers Employed in(yuan)	43470	48763	12.2
城镇居民人均可支配收入(元)	Annual Disposable Income of Urban Residents per Capita(yuan)	28444	32853	15.5
农牧民人均纯收入(元)	Per Capita Net Income of Peasant & Herdsman(yuan)	11833	13648	15.3
农村牧区经济	**Economic Development in Rural & Pastoral Area**			
耕地面积(公顷)	Cultivated Area(hectare)	3032	3018	-0.5
农作物总播种面积(公顷)	Total Sown Area(hectare)	1394	725	-48.0
# 粮食作物播种面积(公顷)	Sown Area of Grain Crops(hectare)	1366	591	-56.7
有效灌溉面积(公顷)	Irrigated Area(hectare)	2470	2470	0.0
农牧业机械总动力(万千瓦)	Total Power of Agricultural Machinery(10 000 kw)	0.43	0.45	4.7
化肥施用折纯量(吨)	Consumption of Chemical Fertilizer(ton)	322	264	-18.0
农村用电量(万千瓦小时)	Electricity Consumed in Rural Area(10 000 kwh)	1269	1279	0.8
农林牧渔业总产值(万元)	Gross Output of Farming,Forestry,Animal Husbandry & Fishery(10 000 yuan)	32977	41754	5.0
粮食产量(吨)	Yield of Grain(ton)	7802	2785	-64.3
油料产量(吨)	Yield of Oil-bearing Grops(ton)			
甜菜产量(吨)	Yield of Beetroots(ton)			
猪牛羊肉产量(吨)	Output of Pork, Beef & Mutton(ton)	1895	665	-64.9
# 猪肉产量(吨)	Output of Pork(ton)	151	180	19.2
牛肉产量(吨)	Output of Beef(ton)	1592	154	-90.3
羊肉产量(吨)	Output of Mutton(ton)	152	331	117.8
羊毛产量(吨)	Output of Wool(ton)	15	21	40.0

23-19 Qingshan District in Baotou City

指　标	Item	2010	2011	2011年比上年增长% Increase Rate in 2011 Over 2010(%)
年末牲畜存栏头数(万头只)	Total Livestock at the Year-end(10 000 heads)	5.37	4.99	-7.1
# 大牲畜(万头只)	Large Animals(10 000 heads)	0.88	0.84	-4.5
羊(万只)	Sheep & Goats(10 000 heads)	4.34	4.00	-7.8
猪(万头)	Hogs(10 000 heads)	0.15	0.15	0.0
规模以上工业	**Industrial Enterprises above Designated size**			
工业企业单位数(个)	Number of Industrial Enterprises(unit)	84	72	-14.3
# 内资企业(个)	Civil Funded Enterprises(unit)	79	69	-12.7
工业总产值(万元)	Gross Industrial Output Value(10 000 yuan)	5507957	6218538	12.9
内资企业(万元)	Civil Funded Enterprises(10 000 yuan)	5396907	6094774	12.9
国有企业(万元)	State-owned Enterprises(10 000 yuan)	1277200	1462240	14.5
集体企业(万元)	Collective-owned Enterprises(10 000 yuan)	21074	17081	-18.9
股份合作企业(万元)	Share Holding Enterprises(10 000 yuan)	1994		
联营企业(万元)	Joint Owned Enterprises(10 000 yuan)			
有限责任公司(万元)	Limited Company(10 000 yuan)	3659355	4251455	16.2
股份有限公司(万元)	Share Holding Limited Company(10 000 yuan)	73042	109520	49.9
私营企业(万元)	Privately Owned Enterprises(10 000 yuan)	364242	254478	-30.1
其他企业(万元)	Enterprises of Other Ownership(10 000 yuan)			
港澳台商投资企业(万元)	Funds from HK,Macao & Taiwan(10 000 yuan)	10386	8996	-13.4
外商投资企业(万元)	Foreign Funded Enterprises(10 000 yuan)	100664	114768	14.0
工业企业增加值(万元)	Value Added of Industrial Enterprises(10 000 yuan)			19.5
工业企业资产总计(万元)	Total Assets of Industrial Enterprises(10 000 yuan)	6918688	6125901	-11.5
工业企业负债合计(万元)	Total Liabilities of Industrial Enterprises(10 000 yuan)	5360897	4452254	-16.9
工业企业产品销售收入(万元)	Sales of Revenue Industrial Enterprises(10 000 yuan)	6303100	5665540	-10.1
工业企业利润总额(万元)	Total Profits of Industrial Enterprises(10 000 yuan)	74275	-15311	
建筑业	**Construction**			
建筑企业单位数(个)	Number of Construction Enterprises(unit)	29	29	0.0
建筑企业从业人员(人)	Number of Employee in Construction Enterprises(person)	27680	16360	-40.9
建筑业总产值(万元)	Gross Construction Output Value(10 000 yuan)	651666	785088	20.5
交通运输邮电通信业	**Transportation,Post & Telecommunications**			
公路里程(公里)	Total Length of Highways(km)	270	270	0.0
邮电业务总量(万元)	Business Volume of Post & Telecoms(10 000 yuan)	27067	33100	22.3
本地电话用户(户)	Number of Subscribers of Local Telephone(Household)	52666	58400	10.9
国内贸易	**Domestic Trade**			
社会消费品零售总额(万元)	Total Retail Sales of Consumer Goods(10 000 yuan)	1986237	2338295	17.7
城镇(万元)	Town(10 000 yuan)	1986237	2338295	17.7
#城区(万元)	City(10 000 yuan)	1986237	2338295	17.7
乡村(万元)	Village(10 000 yuan)			
科技教育卫生	**Science,Education & Public Health**			
各类专业技术人员(人)	Special Technical Personnel(person)	39583	40351	1.9
幼儿园数(所)	Number of Kindergartens(unit)	29	40	37.9
学龄儿童入学率(%)	Percentage of School-Age Children Enrolled(%)	100.0	100.0	0.0
小学学校数(所)	Number of Primary Schools(unit)	25	25	0.0
小学专任教师数(人)	Number of Full-time Teachers of Primary Schools(person)	1431	1396	-2.4
小学在校学生数(人)	Number of Student Enrollment of Primary Schools(person)	25936	25784	-0.6
普通中学学校数(所)	Number of Regular Secondary Schools(unit)	17	17	0.0
普通中学专任教师数(人)	Number of Teachers of Secondary Shools(person)	1804	1899	5.3
初中在校学生数(人)	Number of Student in Junior Secondary Schools(person)	15932	15028	-5.7
高中在校学生数(人)	Number of Student in Senior Secondary Schools(person)	12790	15144	18.4
卫生机构数(所)	Number of Health Institutions(unit)	23	24	4.3
# 医院(所)	Hospitals(unit)	12	13	8.3
卫生院(所)	Township Hospitals(unit)	3	3	0.0
床位数(张)	Number of Beds(unit)	2882	3283	13.9
# 医院(张)	Hospitals(unit)	2882	3242	12.5
卫生院(张)	Township Hospitals(unit)			
卫生技术人员(人)	Medical Technical Presonnel(person)	3962	5068	27.9
# 医院(人)	Hospitals(person)	3280	3459	5.5
卫生院(人)	Township Hospitals(person)	4	5	25.0

23-20 包头市九原区

指　标	Item	2010	2011	2011年比上年增长% Increase Rate in 2011 Over 2010(%)
行政区域土地面积(平方公里)	**Area of Administration(Sq.km)**	**734**	**734**	**0.0**
人口和就业	**Population & Employment**			
年末总人口(人)	Total Population Year-end(person)	196831	201800	2.5
#男性(人)	Male(person)	103242	105600	2.3
#乡村人口(人)	Rural(person)	65681	63500	-3.3
年末总户数(户)	Total Number of Households at the Year-end(Household)	72620	76150	4.9
#乡村户数(户)	Number of Rural Household(Household)	24130	23962	-0.7
出生人口(人)	Births(person)	2158	2175	0.8
死亡人口(人)	Deaths(person)	670	650	-3.0
全社会就业人员(人)	Employment(person)	122100	125182	2.5
第一产业(人)	Primary Industry(person)	40135	41148	2.5
第二产业(人)	Secondary Industry(person)	30816	31594	2.5
第三产业(人)	Tertiary Industry(person)	51149	52440	2.5
在岗职工人数(人)	Number of Staff & Workers Employed in(person)	11808	11756	-0.4
乡村劳动力(人)	Number of Rural Laborers(person)	44122	45229	2.5
#农林牧渔业(人)	Farming,Forestry,Animal Husbandry & Fishery(person)	25406	25975	2.2
国民经济综合指标	**Summary Item on the National Economy**			
生产总值(万元)	Gross Domestic Product(10 000 yuan)	1694204	2408450	20.5
第一产业(万元)	Primary Industry(10 000 yuan)	80700	101925	6.5
第二产业(万元)	Secondary Industry(10 000 yuan)	824159	1380486	28.3
#工业(万元)	Industry(10 000 yuan)	674159	1199486	32.0
第三产业(万元)	Tertiary Industry(10 000 yuan)	789346	926039	13.7
人均生产总值(元)	Per Capita GDP(yuan)	91628	120845	18.0
全社会固定资产投资(万元)	Total Investment in Fixed Assets(10 000 yuan)	1501979	1726265	14.9
按登记注册类型分	Grouped by Registered Type			
#国有(万元)	State-owned Enterprises(10 000 yuan)	1118102	704748	-37.0
集体(万元)	Collective-owned Enterprises(10 000 yuan)	15500	34260	121.0
有限责任公司(万元)	Limited Liability Corporations(10 000 yuan)	105595	382959	262.7
股份有限公司(万元)	Share Holding Enterprises(10 000 yuan)	890	197001	22034.9
私营企业(万元)	Private Enterprises(10 000 yuan)	44296	321717	626.3
外商及港澳台投资企业(万元)	Funds from HK,Macao,Taiwan & Foreign(10 000 yuan)		8164	
按城乡渠道分	Grouped by Urban and Rural Area			
城镇（万元）	Urban(10 000 yuan)	1499069	1723765	15.0
农村（万元）	Rural(10 000 yuan)	2910	2500	-14.1
一般预算收入(万元)	General Budgetary Financial Revenue(10 000 yuan)	104241	121151	16.2
一般预算支出(万元)	General Budgetary Financial Expenditures(10 000 yuan)	163065	194980	19.6
个人储蓄存款余额(万元)	The balance of savings deposits of individuals(10 000 yuan)		782034	
在岗职工工资总额(万元)	Total Wages of Staff & Workers Employed in(10 000 yuan)	53805	76429	42.0
在岗职工平均工资(元)	Average Wage of Staff & Workers Employed in(yuan)	43217	48199	11.5
城镇居民人均可支配收入(元)	Annual Disposable Income of Urban Residents per Capita(yuan)	26995	31422	16.4
农牧民人均纯收入(元)	Per Capita Net Income of Peasant & Herdsman(yuan)	10422	11998	15.1
农村牧区经济	**Economic Development in Rural & Pastoral Area**			
耕地面积(公顷)	Cultivated Area(hectare)	16200	16200	0.0
农作物总播种面积(公顷)	Total Sown Area(hectare)	15661	16036	2.4
#粮食作物播种面积(公顷)	Sown Area of Grain Crops(hectare)	9218	9218	0.0
有效灌溉面积(公顷)	Irrigated Area(hectare)	15270	15270	0.0
农牧业机械总动力(万千瓦)	Total Power of Agricultural Machinery(10 000 kw)	17.11	17.19	0.5
化肥施用折纯量(吨)	Consumption of Chemical Fertilizer(ton)	4773	4725	-1.0
农村用电量(万千瓦小时)	Electricity Consumed in Rural Area(10 000 kwh)	5941	5923	-0.3
农林牧渔业总产值(万元)	Gross Output of Farming,Forestry,Animal Husbandry & Fishery(10 000 yuan)	146730	193488	6.5
粮食产量(吨)	Yield of Grain(ton)	58688	59273	1.0
油料产量(吨)	Yield of Oil-bearing Grops(ton)	1706	2380	39.5
甜菜产量(吨)	Yield of Beetroots(ton)	2190	4320	97.3
猪牛羊肉产量(吨)	Output of Pork, Beef & Mutton(ton)	19801	22492	13.6
#猪肉产量(吨)	Output of Pork(ton)	7682	7810	1.7
牛肉产量(吨)	Output of Beef(ton)	10466	12880	23.1
羊肉产量(吨)	Output of Mutton(ton)	1653	1802	9.0
羊毛产量(吨)	Output of Wool(ton)	219	146	-33.3

23-20 Jiuyuan District in Baotou City

指　标	Item	2010	2011	2011年比上年增长% Increase Rate in 2011 Over 2010(%)
年末牲畜存栏头数(万头只)	Total Livestock at the Year-end(10 000 heads)	20.74	22.77	9.8
#大牲畜(万头只)	Large Animals(10 000 heads)	7.72	7.71	-0.1
羊(万只)	Sheep & Goats(10 000 heads)	9.55	11.56	21.0
猪(万头)	Hogs(10 000 heads)	3.47	3.50	0.9
规模以上工业	**Industrial Enterprises above Designated size**			
工业企业单位数(个)	Number of Industrial Enterprises(unit)	66	51	-22.7
#内资企业(个)	Civil Funded Enterprises(unit)	63	51	-19.0
工业总产值(万元)	Gross Industrial Output Value(10 000 yuan)	1359100	2018174	48.5
内资企业(万元)	Civil Funded Enterprises(10 000 yuan)	1320900	2018174	52.8
国有企业(万元)	State-owned Enterprises(10 000 yuan)	394800	688130	74.3
集体企业(万元)	Collective-owned Enterprises(10 000 yuan)			
股份合作企业(万元)	Share Holding Enterprises(10 000 yuan)			
联营企业(万元)	Joint Owned Enterprises(10 000 yuan)	1900		
有限责任公司(万元)	Limited Company(10 000 yuan)	66200	236244	256.9
股份有限公司(万元)	Share Holding Limited Company(10 000 yuan)		4467	
私营企业(万元)	Privately Owned Enterprises(10 000 yuan)	858000	1089332	27.0
其他企业(万元)	Enterprises of Other Ownership(10 000 yuan)			
港澳台商投资企业(万元)	Funds from HK,Macao & Taiwan(10 000 yuan)	34600		
外商投资企业(万元)	Foreign Funded Enterprises(10 000 yuan)	3600		
工业企业增加值(万元)	Value Added of Industrial Enterprises(10 000 yuan)			39.9
工业企业资产总计(万元)	Total Assets of Industrial Enterprises(10 000 yuan)	2535400	2752797	8.6
工业企业负债合计(万元)	Total Liabilities of Industrial Enterprises(10 000 yuan)	2108616	2539538	20.4
工业企业产品销售收入(万元)	Sales of Revenue Industrial Enterprises(10 000 yuan)	1366300	1983632	45.2
工业企业利润总额(万元)	Total Profits of Industrial Enterprises(10 000 yuan)	143900	207553	44.2
建筑业	**Construction**			
建筑企业单位数(个)	Number of Construction Enterprises(unit)	6	6	0.0
建筑企业从业人员(人)	Number of Employee in Construction Enterprises(person)	585	684	16.9
建筑业总产值(万元)	Gross Construction Output Value(10 000 yuan)	76260	76689	0.6
交通运输邮电通信业	**Transportation,Post & Telecommunications**			
公路里程(公里)	Total Length of Highways(km)	527	997	89.2
邮电业务总量(万元)	Business Volume of Post & Telecoms(10 000 yuan)	10028	11540	15.1
本地电话用户(户)	Number of Subscribers of Local Telephone(Household)	15181	11126	-26.7
国内贸易	**Domestic Trade**			
社会消费品零售总额(万元)	Total Retail Sales of Consumer Goods(10 000 yuan)	364590	427499	17.3
城镇(万元)	Town(10 000 yuan)	357128	418665	17.2
#城区(万元)	City(10 000 yuan)	357128	418665	17.2
乡村(万元)	Village(10 000 yuan)	7462	8834	18.4
科技教育卫生	**Science,Education & Public Health**			
各类专业技术人员(人)	Special Technical Personnel(person)	2230	2265	1.6
幼儿园数(所)	Number of Kindergartens(unit)	20	22	10.0
学龄儿童入学率(%)	Percentage of School-Age Children Enrolled(%)	100.0	100.0	0.0
小学学校数(所)	Number of Primary Schools(unit)	21	21	0.0
小学专任教师数(人)	Number of Full-time Teachers of Primary Schools(person)	819	773	-5.6
小学在校学生数(人)	Number of Student Enrollment of Primary Schools(person)	11963	12463	4.2
普通中学学校数(所)	Number of Regular Secondary Schools(unit)	6	6	0.0
普通中学专任教师数(人)	Number of Teachers of Secondary Shools(person)	685	776	13.3
初中在校学生数(人)	Number of Student in Junior Secondary Schools(person)	6580	6397	-2.8
高中在校学生数(人)	Number of Student in Senior Secondary Schools(person)	2637	2962	12.3
卫生机构数(所)	Number of Health Institutions(unit)	14	16	14.3
#医院(所)	Hospitals(unit)	5	5	0.0
卫生院(所)	Township Hospitals(unit)	6	6	0.0
床位数(张)	Number of Beds(unit)	579	789	36.3
#医院(张)	Hospitals(unit)	493	678	37.5
卫生院(张)	Township Hospitals(unit)	86	111	29.1
卫生技术人员(人)	Medical Technical Presonnel(person)	525	885	68.6
#医院(人)	Hospitals(person)	347	686	97.7
卫生院(人)	Township Hospitals(person)	172	120	-30.2

23-21 包头市石拐区

指　标	Item	2010	2011	2011年比上年增长% Increase Rate in 2011 Over 2010(%)
行政区域土地面积(平方公里)	**Area of Administration(Sq.km)**	**761**	**761**	**0.0**
人口和就业	**Population & Employment**			
年末总人口(人)	Total Population Year-end(person)	35805	35200	-1.7
#男性(人)	Male(person)	19987	18600	-6.9
#乡村人口(人)	Rural(person)	8136	7900	-2.9
年末总户数(户)	Total Number of Households at the Year-end(Household)	15378	15300	-0.5
#乡村户数(户)	Number of Rural Household(Household)	3440	3435	-0.1
出生人口(人)	Births(person)	84	82	-2.4
死亡人口(人)	Deaths(person)	220	176	-20.0
全社会就业人员(人)	Employment(person)	24660	24880	0.9
第一产业(人)	Primary Industry(person)	6043	5396	-10.7
第二产业(人)	Secondary Industry(person)	12104	12538	3.6
第三产业(人)	Tertiary Industry(person)	6513	6946	6.6
在岗职工人数(人)	Number of Staff & Workers Employed in(person)	5197	5357	3.1
乡村劳动力(人)	Number of Rural Laborers(person)	10405	10497	0.9
#农林牧渔业(人)	Farming,Forestry,Animal Husbandry & Fishery(person)	6043	5396	-10.7
国民经济综合指标	**Summary Item on the National Economy**			
生产总值(万元)	Gross Domestic Product(10 000 yuan)	575887	756975	22.4
第一产业(万元)	Primary Industry(10 000 yuan)	5478	6940	4.7
第二产业(万元)	Secondary Industry(10 000 yuan)	501248	670700	24.1
#工业(万元)	Industry(10 000 yuan)	479148	644500	24.8
第三产业(万元)	Tertiary Industry(10 000 yuan)	69161	79335	11.0
人均生产总值(元)	Per Capita GDP(yuan)	146910	213232	28.1
全社会固定资产投资(万元)	Total Investment in Fixed Assets(10 000 yuan)	415299	521473	25.6
按登记注册类型分	Grouped by Registered Type			
#国有(万元)	State-owned Enterprises(10 000 yuan)	119546	56392	-52.8
集体(万元)	Collective-owned Enterprises(10 000 yuan)			
有限责任公司(万元)	Limited Liability Corporations(10 000 yuan)	91528	192842	110.7
股份有限公司(万元)	Share Holding Enterprises(10 000 yuan)	15258	16770	9.9
私营企业(万元)	Private Enterprises(10 000 yuan)	119219	93300	-21.7
外商及港澳台投资企业(万元)	Funds from HK,Macao,Taiwan & Foreign(10 000 yuan)			
按城乡渠道分	Grouped by Urban and Rural Area			
城镇（万元）	Urban(10 000 yuan)	415179	524173	26.3
农村（万元）	Rural(10 000 yuan)	120		
一般预算收入(万元)	General Budgetary Financial Revenue(10 000 yuan)	32275	26204	-18.8
一般预算支出(万元)	General Budgetary Financial Expenditures(10 000 yuan)	65470	68106	4.0
个人储蓄存款余额(万元)	The balance of savings deposits of individuals(10 000 yuan)		87893	
在岗职工工资总额(万元)	Total Wages of Staff & Workers Employed in(10 000 yuan)	21655	30846	42.4
在岗职工平均工资(元)	Average Wage of Staff & Workers Employed in(yuan)	42487	48560	14.3
城镇居民人均可支配收入(元)	Annual Disposable Income of Urban Residents per Capita(yuan)	19205	21798	13.5
农牧民人均纯收入(元)	Per Capita Net Income of Peasant & Herdsman(yuan)	6625	7500	13.2
农村牧区经济	**Economic Development in Rural & Pastoral Area**			
耕地面积(公顷)	Cultivated Area(hectare)	4703	4703	0.0
农作物总播种面积(公顷)	Total Sown Area(hectare)	2801	2299	-17.9
#粮食作物播种面积(公顷)	Sown Area of Grain Crops(hectare)	2545	2153	-15.4
有效灌溉面积(公顷)	Irrigated Area(hectare)	2500	2500	0.0
农牧业机械总动力(万千瓦)	Total Power of Agricultural Machinery(10 000 kw)	1.71	1.76	2.9
化肥施用折纯量(吨)	Consumption of Chemical Fertilizer(ton)	863	867	0.5
农村用电量(万千瓦小时)	Electricity Consumed in Rural Area(10 000 kwh)	422	424	0.5
农林牧渔业总产值(万元)	Gross Output of Farming,Forestry,Animal Husbandry & Fishery(10 000 yuan)	8996	11398	4.7
粮食产量(吨)	Yield of Grain(ton)	4411	4498	2.0
油料产量(吨)	Yield of Oil-bearing Grops(ton)	33	15	-54.5
甜菜产量(吨)	Yield of Beetroots(ton)			
猪牛羊肉产量(吨)	Output of Pork, Beef & Mutton(ton)	542	488	-10.0
#猪肉产量(吨)	Output of Pork(ton)	200	171	-14.5
牛肉产量(吨)	Output of Beef(ton)	50	47	-6.0
羊肉产量(吨)	Output of Mutton(ton)	292	270	-7.5
羊毛产量(吨)	Output of Wool(ton)	31	36	16.1

23-21 Shiguai District in Baotou City

指　标	Item	2010	2011	2011年比上年增长% Increase Rate in 2011 Over 2010(%)
年末牲畜存栏头数(万头只)	Total Livestock at the Year-end(10 000 heads)	3.32	3.73	12.3
#大牲畜(万头只)	Large Animals(10 000 heads)	0.15	0.15	0.0
羊(万只)	Sheep & Goats(10 000 heads)	2.99	3.40	13.7
猪(万头)	Hogs(10 000 heads)	0.18	0.18	0.0
规模以上工业	**Industrial Enterprises above Designated size**			
工业企业单位数(个)	Number of Industrial Enterprises(unit)	50	47	-6.0
#内资企业(个)	Civil Funded Enterprises(unit)	48	45	-6.3
工业总产值(万元)	Gross Industrial Output Value(10 000 yuan)	1014934	1488028	46.6
内资企业(万元)	Civil Funded Enterprises(10 000 yuan)	996803	1480612	48.5
国有企业(万元)	State-owned Enterprises(10 000 yuan)	184471	308538	67.3
集体企业(万元)	Collective-owned Enterprises(10 000 yuan)			
股份合作企业(万元)	Share Holding Enterprises(10 000 yuan)			
联营企业(万元)	Joint Owned Enterprises(10 000 yuan)			
有限责任公司(万元)	Limited Company(10 000 yuan)	64957	54804	-15.6
股份有限公司(万元)	Share Holding Limited Company(10 000 yuan)	58273	40048	-31.3
私营企业(万元)	Privately Owned Enterprises(10 000 yuan)	689102	1077222	56.3
其他企业(万元)	Enterprises of Other Ownership(10 000 yuan)			
港澳台商投资企业(万元)	Funds from HK,Macao & Taiwan(10 000 yuan)			
外商投资企业(万元)	Foreign Funded Enterprises(10 000 yuan)	18131	7417	-59.1
工业企业增加值(万元)	Value Added of Industrial Enterprises(10 000 yuan)			30.2
工业企业资产总计(万元)	Total Assets of Industrial Enterprises(10 000 yuan)	770800	691199	-10.3
工业企业负债合计(万元)	Total Liabilities of Industrial Enterprises(10 000 yuan)	530800	351325	-33.8
工业企业产品销售收入(万元)	Sales of Revenue Industrial Enterprises(10 000 yuan)	971400	1464855	50.8
工业企业利润总额(万元)	Total Profits of Industrial Enterprises(10 000 yuan)	27600	24560	-11.0
建筑业	**Construction**			
建筑企业单位数(个)	Number of Construction Enterprises(unit)	1	1	0.0
建筑企业从业人员(人)	Number of Employee in Construction Enterprises(person)	523	426	-18.5
建筑业总产值(万元)	Gross Construction Output Value(10 000 yuan)	9059	6900	-23.8
交通运输邮电通信业	**Transportation,Post & Telecommunications**			
公路里程(公里)	Total Length of Highways(km)	315	315	0.0
邮电业务总量(万元)	Business Volume of Post & Telecoms(10 000 yuan)	1081	1110	2.7
本地电话用户(户)	Number of Subscribers of Local Telephone(Household)	1853	1943	4.9
国内贸易	**Domestic Trade**			
社会消费品零售总额(万元)	Total Retail Sales of Consumer Goods(10 000 yuan)	36206	40486	11.8
城镇(万元)	Town(10 000 yuan)	36206	40486	11.8
#城区(万元)	City(10 000 yuan)	36206	40486	11.8
乡村(万元)	Village(10 000 yuan)			
科技教育卫生	**Science,Education & Public Health**			
各类专业技术人员(人)	Special Technical Personnel(person)	2150	1650	-23.3
幼儿园数(所)	Number of Kindergartens(unit)	1	1	0.0
学龄儿童入学率(%)	Percentage of School-Age Children Enrolled(%)	99.9	100.0	0.1
小学学校数(所)	Number of Primary Schools(unit)	2	2	0.0
小学专任教师数(人)	Number of Full-time Teachers of Primary Schools(person)	115	100	-13.0
小学在校学生数(人)	Number of Student Enrollment of Primary Schools(person)	1014	715	-29.5
普通中学学校数(所)	Number of Regular Secondary Schools(unit)	2	2	0.0
普通中学专任教师数(人)	Number of Teachers of Secondary Shools(person)	100	100	0.0
初中在校学生数(人)	Number of Student in Junior Secondary Schools(person)	854	735	-13.9
高中在校学生数(人)	Number of Student in Senior Secondary Schools(person)	220	159	-27.7
卫生机构数(所)	Number of Health Institutions(unit)	31	31	0.0
#医院(所)	Hospitals(unit)	1	1	0.0
卫生院(所)	Township Hospitals(unit)	2	2	0.0
床位数(张)	Number of Beds(unit)	374	352	-5.9
#医院(张)	Hospitals(unit)	334	334	0.0
卫生院(张)	Township Hospitals(unit)	40	38	-5.0
卫生技术人员(人)	Medical Technical Presonnel(person)	278	267	-4.0
#医院(人)	Hospitals(person)	267	257	-3.7
卫生院(人)	Township Hospitals(person)	11	10	-9.1

23-22 包头市白云矿区

指　标	Item	2010	2011	2011年比上年增长% Increase Rate in 2011 Over 2010(%)
行政区域土地面积(平方公里)	**Area of Administration(Sq.km)**	**303**	**303**	**0.0**
人口和就业	**Population & Employment**			
年末总人口(人)	Total Population Year-end(person)	26050	26600	2.1
#男性(人)	Male(person)	13539	13700	1.2
#乡村人口(人)	Rural(person)			
年末总户数(户)	Total Number of Households at the Year-end(Household)	9950	10310	3.6
#乡村户数(户)	Number of Rural Household(Household)			
出生人口(人)	Births(person)	115	134	16.5
死亡人口(人)	Deaths(person)	82	75	-8.5
全社会就业人员(人)	Employment(person)	13050	13259	1.6
第一产业(人)	Primary Industry(person)	79	70	-11.4
第二产业(人)	Secondary Industry(person)	7555	7756	2.7
第三产业(人)	Tertiary Industry(person)	5416	5433	0.3
在岗职工人数(人)	Number of Staff & Workers Employed in(person)	9147	7161	-21.7
乡村劳动力(人)	Number of Rural Laborers(person)			
#农林牧渔业(人)	Farming,Forestry,Animal Husbandry & Fishery(person)			
国民经济综合指标	**Summary Item on the National Economy**			
生产总值(万元)	Gross Domestic Product(10 000 yuan)	207571	261880	18.1
第一产业(万元)	Primary Industry(10 000 yuan)	339	429	4.7
第二产业(万元)	Secondary Industry(10 000 yuan)	151828	196415	20.0
#工业(万元)	Industry(10 000 yuan)	142528	185415	20.7
第三产业(万元)	Tertiary Industry(10 000 yuan)	55404	65036	12.8
人均生产总值(元)	Per Capita GDP(yuan)	80454	99385	15.6
全社会固定资产投资(万元)	Total Investment in Fixed Assets(10 000 yuan)	226900	279281	23.1
按登记注册类型分	Grouped by Registered Type			
#国有(万元)	State-owned Enterprises(10 000 yuan)	35325	51928	47.0
集体(万元)	Collective-owned Enterprises(10 000 yuan)			
有限责任公司(万元)	Limited Liability Corporations(10 000 yuan)	176117	187714	6.6
股份有限公司(万元)	Share Holding Enterprises(10 000 yuan)		1600	
私营企业(万元)	Private Enterprises(10 000 yuan)	15458	31095	101.2
外商及港澳台投资企业(万元)	Funds from HK,Macao,Taiwan & Foreign(10 000 yuan)			
按城乡渠道分	Grouped by Urban and Rural Area			
城镇(万元)	Urban(10 000 yuan)	226900	279281	23.1
农村(万元)	Rural(10 000 yuan)			
一般预算收入(万元)	General Budgetary Financial Revenue(10 000 yuan)	18292	21899	19.7
一般预算支出(万元)	General Budgetary Financial Expenditures(10 000 yuan)	26418	30668	16.1
个人储蓄存款余额(万元)	The balance of savings deposits of individuals(10 000 yuan)		65078	
在岗职工工资总额(万元)	Total Wages of Staff & Workers Employed in(10 000 yuan)	45710	40126	-12.2
在岗职工平均工资(元)	Average Wage of Staff & Workers Employed in(yuan)	48993	55786	13.9
城镇居民人均可支配收入(元)	Annual Disposable Income of Urban Residents per Capita(yuan)	28319	32793	15.8
农牧民人均纯收入(元)	Per Capita Net Income of Peasant & Herdsman(yuan)			
农村牧区经济	**Economic Development in Rural & Pastoral Area**			
耕地面积(公顷)	Cultivated Area(hectare)			
农作物总播种面积(公顷)	Total Sown Area(hectare)			
#粮食作物播种面积(公顷)	Sown Area of Grain Crops(hectare)			
有效灌溉面积(公顷)	Irrigated Area(hectare)			
农牧业机械总动力(万千瓦)	Total Power of Agricultural Machinery(10 000 kw)			
化肥施用折纯量(吨)	Consumption of Chemical Fertilizer(ton)			
农村用电量(万千瓦小时)	Electricity Consumed in Rural Area(10 000 kwh)			
农林牧渔业总产值(万元)	Gross Output of Farming,Forestry,Animal Husbandry & Fishery(10 000 yuan)	607	769	4.7
粮食产量(吨)	Yield of Grain(ton)			
油料产量(吨)	Yield of Oil-bearing Grops(ton)			
甜菜产量(吨)	Yield of Beetroots(ton)			
猪牛羊肉产量(吨)	Output of Pork, Beef & Mutton(ton)	73	110	50.7
#猪肉产量(吨)	Output of Pork(ton)	66	103	56.1
牛肉产量(吨)	Output of Beef(ton)	2	3	100.0
羊肉产量(吨)	Output of Mutton(ton)	5	4	-20.0
羊毛产量(吨)	Output of Wool(ton)	1	1	0.0

23-22 Baiyun Mineral District in Baotou City

指　标	Item	2010	2011	2011年比上年增长% Increase Rate in 2011 Over 2010(%)
年末牲畜存栏头数(万头只)	Total Livestock at the Year-end(10 000 heads)	0.15	0.14	-6.7
# 大牲畜(万头只)	Large Animals(10 000 heads)	0.01	0.01	0.0
羊(万只)	Sheep & Goats(10 000 heads)	0.03	0.02	-33.3
猪(万头)	Hogs(10 000 heads)	0.11	0.11	0.0
规模以上工业	**Industrial Enterprises above Designated size**			
工业企业单位数(个)	Number of Industrial Enterprises(unit)	8	9	12.5
# 内资企业(个)	Civil Funded Enterprises(unit)	8	9	12.5
工业总产值(万元)	Gross Industrial Output Value(10 000 yuan)	57200	108498	89.7
内资企业(万元)	Civil Funded Enterprises(10 000 yuan)	57200	108498	89.7
国有企业(万元)	State-owned Enterprises(10 000 yuan)			
集体企业(万元)	Collective-owned Enterprises(10 000 yuan)			
股份合作企业(万元)	Share Holding Enterprises(10 000 yuan)			
联营企业(万元)	Joint Owned Enterprises(10 000 yuan)			
有限责任公司(万元)	Limited Company(10 000 yuan)	30700	63723	107.6
股份有限公司(万元)	Share Holding Limited Company(10 000 yuan)	3900	6606	69.4
私营企业(万元)	Privately Owned Enterprises(10 000 yuan)	22600	38170	68.9
其他企业(万元)	Enterprises of Other Ownership(10 000 yuan)			
港澳台商投资企业(万元)	Funds from HK,Macao & Taiwan(10 000 yuan)			
外商投资企业(万元)	Foreign Funded Enterprises(10 000 yuan)			
工业企业增加值(万元)	Value Added of Industrial Enterprises(10 000 yuan)			20.9
工业企业资产总计(万元)	Total Assets of Industrial Enterprises(10 000 yuan)	150500	260280	72.9
工业企业负债合计(万元)	Total Liabilities of Industrial Enterprises(10 000 yuan)	113000	193565	71.3
工业企业产品销售收入(万元)	Sales of Revenue Industrial Enterprises(10 000 yuan)	43800	91152	108.1
工业企业利润总额(万元)	Total Profits of Industrial Enterprises(10 000 yuan)	2900	2766	-4.6
建筑业	**Construction**			
建筑企业单位数(个)	Number of Construction Enterprises(unit)			
建筑企业从业人员(人)	Number of Employee in Construction Enterprises(person)			
建筑业总产值(万元)	Gross Construction Output Value(10 000 yuan)			
交通运输邮电通信业	**Transportation,Post & Telecommunications**			
公路里程(公里)	Total Length of Highways(km)	77	77	0.0
邮电业务总量(万元)	Business Volume of Post & Telecoms(10 000 yuan)	1658	1713	3.3
本地电话用户(户)	Number of Subscribers of Local Telephone(Household)	24821	24945	0.5
国内贸易	**Domestic Trade**			
社会消费品零售总额(万元)	Total Retail Sales of Consumer Goods(10 000 yuan)	42141	49079	16.5
城镇(万元)	Town(10 000 yuan)	42141	49079	16.5
#城区(万元)	City(10 000 yuan)	42141	49079	16.5
乡村(万元)	Village(10 000 yuan)			
科技教育卫生	**Science,Education & Public Health**			
各类专业技术人员(人)	Special Technical Personnel(person)	1474	1477	0.2
幼儿园数(所)	Number of Kindergartens(unit)	2	2	0.0
学龄儿童入学率(%)	Percentage of School-Age Children Enrolled(%)	100.0	100.0	0.0
小学学校数(所)	Number of Primary Schools(unit)	3	3	0.0
小学专任教师数(人)	Number of Full-time Teachers of Primary Schools(person)	132	135	2.3
小学在校学生数(人)	Number of Student Enrollment of Primary Schools(person)	1775	1665	-6.2
普通中学学校数(所)	Number of Regular Secondary Schools(unit)	2	2	0.0
普通中学专任教师数(人)	Number of Teachers of Secondary Shools(person)	115	118	2.6
初中在校学生数(人)	Number of Student in Junior Secondary Schools(person)	961	861	-10.4
高中在校学生数(人)	Number of Student in Senior Secondary Schools(person)	421	441	4.8
卫生机构数(所)	Number of Health Institutions(unit)	9	11	22.2
# 医院(所)	Hospitals(unit)	2	2	0.0
卫生院(所)	Township Hospitals(unit)			
床位数(张)	Number of Beds(unit)	222	222	0.0
# 医院(张)	Hospitals(unit)	210	210	0.0
卫生院(张)	Township Hospitals(unit)			
卫生技术人员(人)	Medical Technical Presonnel(person)	151	171	13.2
# 医院(人)	Hospitals(person)	130	153	17.7
卫生院(人)	Township Hospitals(person)			

23-23 包头市土默特右旗

指　标	Item	2010	2011	2011年比上年增长% Increase Rate in 2011 Over 2010(%)
行政区域土地面积(平方公里)	**Area of Administration(Sq.km)**	**2368**	**2368**	**0.0**
人口和就业	**Population & Employment**			
年末总人口(人)	Total Population Year-end(person)	276453	276800	0.1
#男性(人)	Male(person)	146155	145800	-0.2
#乡村人口(人)	Rural(person)	168253	165800	-1.5
年末总户数(户)	Total Number of Households at the Year-end(Household)	99803	106050	6.3
#乡村户数(户)	Number of Rural Household(Household)	60604	63525	4.8
出生人口(人)	Births(person)	3229	2821	-12.6
死亡人口(人)	Deaths(person)	1616	1485	-8.1
全社会就业人员(人)	Employment(person)	203039	212835	4.8
第一产业(人)	Primary Industry(person)	105846	101395	-4.2
第二产业(人)	Secondary Industry(person)	31841	47123	48.0
第三产业(人)	Tertiary Industry(person)	65352	64317	-1.6
在岗职工人数(人)	Number of Staff & Workers Employed in(person)	15097	15551	3.0
乡村劳动力(人)	Number of Rural Laborers(person)	135669	125948	-7.2
#农林牧渔业(人)	Farming,Forestry,Animal Husbandry & Fishery(person)	87572	81023	-7.5
国民经济综合指标	**Summary Item on the National Economy**			
生产总值(万元)	Gross Domestic Product(10 000 yuan)	1689303	2335020	18.0
第一产业(万元)	Primary Industry(10 000 yuan)	266800	321862	6.4
第二产业(万元)	Secondary Industry(10 000 yuan)	777627	1252659	25.5
#工业(万元)	Industry(10 000 yuan)	648327	1094659	28.0
第三产业(万元)	Tertiary Industry(10 000 yuan)	644876	760499	13.7
人均生产总值(元)	Per Capita GDP(yuan)	60462	84403	17.4
全社会固定资产投资(万元)	Total Investment in Fixed Assets(10 000 yuan)	1481575	2005057	35.3
按登记注册类型分	Grouped by Registered Type			
#国有(万元)	State-owned Enterprises(10 000 yuan)	413567	630407	52.4
集体(万元)	Collective-owned Enterprises(10 000 yuan)	8265	4050	-51.0
有限责任公司(万元)	Limited Liability Corporations(10 000 yuan)	384450	75752	-80.3
股份有限公司(万元)	Share Holding Enterprises(10 000 yuan)	173930	126800	-27.1
私营企业(万元)	Private Enterprises(10 000 yuan)	374189	1159548	209.9
外商及港澳台投资企业(万元)	Funds from HK,Macao,Taiwan & Foreign(10 000 yuan)			
按城乡渠道分	Grouped by Urban and Rural Area			
城镇（万元）	Urban(10 000 yuan)	1394639	1947607	39.6
农村（万元）	Rural(10 000 yuan)	86936	57450	-33.9
一般预算收入(万元)	General Budgetary Financial Revenue(10 000 yuan)	76854	113326	47.5
一般预算支出(万元)	General Budgetary Financial Expenditures(10 000 yuan)	140936	184589	31.0
个人储蓄存款余额(万元)	The balance of savings deposits of individuals(10 000 yuan)		451071	
在岗职工工资总额(万元)	Total Wages of Staff & Workers Employed in(10 000 yuan)	61515	72927	18.6
在岗职工平均工资(元)	Average Wage of Staff & Workers Employed in(yuan)	39973	47528	18.9
城镇居民人均可支配收入(元)	Annual Disposable Income of Urban Residents per Capita(yuan)	17804	21187	19.0
农牧民人均纯收入(元)	Per Capita Net Income of Peasant & Herdsman(yuan)	8815	10148	15.1
农村牧区经济	**Economic Development in Rural & Pastoral Area**			
耕地面积(公顷)	Cultivated Area(hectare)	102970	102970	0.0
农作物总播种面积(公顷)	Total Sown Area(hectare)	110355	111480	1.0
#粮食作物播种面积(公顷)	Sown Area of Grain Crops(hectare)	82898	82898	0.0
有效灌溉面积(公顷)	Irrigated Area(hectare)	73800	73870	0.1
农牧业机械总动力(万千瓦)	Total Power of Agricultural Machinery(10 000 kw)	46.51	48.34	3.9
化肥施用折纯量(吨)	Consumption of Chemical Fertilizer(ton)	32154	32342	0.6
农村用电量(万千瓦小时)	Electricity Consumed in Rural Area(10 000 kwh)	6520	6648	2.0
农林牧渔业总产值(万元)	Gross Output of Farming,Forestry,Animal Husbandry & Fishery(10 000 yuan)	481981	581452	6.4
粮食产量(吨)	Yield of Grain(ton)	747884	750000	0.3
油料产量(吨)	Yield of Oil-bearing Grops(ton)	23782	24203	1.8
甜菜产量(吨)	Yield of Beetroots(ton)	81780	27035	-66.9
猪牛羊肉产量(吨)	Output of Pork, Beef & Mutton(ton)	65263	66504	1.9
#猪肉产量(吨)	Output of Pork(ton)	21679	21723	0.2
牛肉产量(吨)	Output of Beef(ton)	14523	15265	5.1
羊肉产量(吨)	Output of Mutton(ton)	29061	29516	1.6
羊毛产量(吨)	Output of Wool(ton)	676	723	7.0

23-23 Tumoteyou Banner in Baotou City

指　标	Item	2010	2011	2011年比上年增长% Increase Rate in 2011 Over 2010(%)
年末牲畜存栏头数(万头只)	Total Livestock at the Year-end(10 000 heads)	91.02	95.35	4.8
#大牲畜(万头只)	Large Animals(10 000 heads)	18.38	18.34	-0.2
羊(万只)	Sheep & Goats(10 000 heads)	59.67	64.05	7.3
猪(万头)	Hogs(10 000 heads)	12.96	12.96	0.0
规模以上工业	**Industrial Enterprises above Designated size**			
工业企业单位数(个)	Number of Industrial Enterprises(unit)	46	44	-4.3
#内资企业(个)	Civil Funded Enterprises(unit)	43	42	-2.3
工业总产值(万元)	Gross Industrial Output Value(10 000 yuan)	1375500	2034541	47.9
内资企业(万元)	Civil Funded Enterprises(10 000 yuan)	1302400	1976037	51.7
国有企业(万元)	State-owned Enterprises(10 000 yuan)	98100	78486	-20.0
集体企业(万元)	Collective-owned Enterprises(10 000 yuan)			
股份合作企业(万元)	Share Holding Enterprises(10 000 yuan)			
联营企业(万元)	Joint Owned Enterprises(10 000 yuan)			
有限责任公司(万元)	Limited Company(10 000 yuan)	188800	196614	4.1
股份有限公司(万元)	Share Holding Limited Company(10 000 yuan)			
私营企业(万元)	Privately Owned Enterprises(10 000 yuan)	1015500	1700937	67.5
其他企业(万元)	Enterprises of Other Ownership(10 000 yuan)			
港澳台商投资企业(万元)	Funds from HK,Macao & Taiwan(10 000 yuan)	73100	58504	-20.0
外商投资企业(万元)	Foreign Funded Enterprises(10 000 yuan)			
工业企业增加值(万元)	Value Added of Industrial Enterprises(10 000 yuan)			27.4
工业企业资产总计(万元)	Total Assets of Industrial Enterprises(10 000 yuan)	1079600	1464213	35.6
工业企业负债合计(万元)	Total Liabilities of Industrial Enterprises(10 000 yuan)	620900	931514	50.0
工业企业产品销售收入(万元)	Sales of Revenue Industrial Enterprises(10 000 yuan)	1374400	2035537	48.1
工业企业利润总额(万元)	Total Profits of Industrial Enterprises(10 000 yuan)	241600	352952	46.1
建筑业	**Construction**			
建筑企业单位数(个)	Number of Construction Enterprises(unit)	6	6	0.0
建筑企业从业人员(人)	Number of Employee in Construction Enterprises(person)	7872	8382	6.5
建筑业总产值(万元)	Gross Construction Output Value(10 000 yuan)	72863	82555	13.3
交通运输邮电通信业	**Transportation,Post & Telecommunications**			
公路里程(公里)	Total Length of Highways(km)	2142	2142	0.0
邮电业务总量(万元)	Business Volume of Post & Telecoms(10 000 yuan)	6128	7895	28.8
本地电话用户(户)	Number of Subscribers of Local Telephone(Household)	21671	10650	-50.9
国内贸易	**Domestic Trade**			
社会消费品零售总额(万元)	Total Retail Sales of Consumer Goods(10 000 yuan)	255357	294038	15.1
城镇(万元)	Town(10 000 yuan)	171567	182227	6.2
#城区(万元)	City(10 000 yuan)	86350	99872	15.7
乡村(万元)	Village(10 000 yuan)	83790	111811	33.4
科技教育卫生	**Science,Education & Public Health**			
各类专业技术人员(人)	Special Technical Personnel(person)	4114	4231	2.8
幼儿园数(所)	Number of Kindergartens(unit)	17	13	-23.5
学龄儿童入学率(%)	Percentage of School-Age Children Enrolled(%)	100.0	100.0	0.0
小学学校数(所)	Number of Primary Schools(unit)	23	21	-8.7
小学专任教师数(人)	Number of Full-time Teachers of Primary Schools(person)	968	964	-0.4
小学在校学生数(人)	Number of Student Enrollment of Primary Schools(person)	14516	13980	-3.7
普通中学学校数(所)	Number of Regular Secondary Schools(unit)	7	7	0.0
普通中学专任教师数(人)	Number of Teachers of Secondary Shools(person)	752	798	6.1
初中在校学生数(人)	Number of Student in Junior Secondary Schools(person)	7661	7066	-7.8
高中在校学生数(人)	Number of Student in Senior Secondary Schools(person)	3337	3236	-3.0
卫生机构数(所)	Number of Health Institutions(unit)	23	24	4.3
#医院(所)	Hospitals(unit)	3	3	0.0
卫生院(所)	Township Hospitals(unit)	20	20	0.0
床位数(张)	Number of Beds(unit)	478	478	0.0
#医院(张)	Hospitals(unit)	298	298	0.0
卫生院(张)	Township Hospitals(unit)	180	180	0.0
卫生技术人员(人)	Medical Technical Presonnel(person)	471	562	19.3
#医院(人)	Hospitals(person)	294	324	10.2
卫生院(人)	Township Hospitals(person)	177	238	34.5

23-24 包头市固阳县

指　标	Item	2010	2011	2011年比上年增长% Increase Rate in 2011 Over 2010(%)
行政区域土地面积(平方公里)	**Area of Administration(Sq.km)**	**5025**	**5025**	**0.0**
人口和就业	**Population & Employment**			
年末总人口(人)	Total Population Year-end(person)	175574	174300	-0.7
# 男性(人)	Male(person)	91836	91100	-0.8
# 乡村人口(人)	Rural(person)	121555	121700	0.1
年末总户数(户)	Total Number of Households at the Year-end(Household)	53434	59490	11.3
# 乡村户数(户)	Number of Rural Household(Household)	41110	41536	1.0
出生人口(人)	Births(person)	1242	857	-31.0
死亡人口(人)	Deaths(person)	606	469	-22.6
全社会就业人员(人)	Employment(person)	111353	112583	1.1
第一产业(人)	Primary Industry(person)	66402	65731	-1.0
第二产业(人)	Secondary Industry(person)	27630	28749	4.0
第三产业(人)	Tertiary Industry(person)	17321	10800	-37.6
在岗职工人数(人)	Number of Staff & Workers Employed in(person)	10024	11124	11.0
乡村劳动力(人)	Number of Rural Laborers(person)	69059	75352	9.1
# 农林牧渔业(人)	Farming,Forestry,Animal Husbandry & Fishery(person)	49420	52433	6.1
国民经济综合指标	**Summary Item on the National Economy**			
生产总值(万元)	Gross Domestic Product(10 000 yuan)	722978	896497	15.4
第一产业(万元)	Primary Industry(10 000 yuan)	94400	110839	6.3
第二产业(万元)	Secondary Industry(10 000 yuan)	492466	626697	18.0
# 工业(万元)	Industry(10 000 yuan)	435166	557897	18.9
第三产业(万元)	Tertiary Industry(10 000 yuan)	136113	158961	12.3
人均生产总值(元)	Per Capita GDP(yuan)	41550	51243	14.8
全社会固定资产投资(万元)	Total Investment in Fixed Assets(10 000 yuan)	858823	1006608	17.2
按登记注册类型分	Grouped by Registered Type			
# 国有(万元)	State-owned Enterprises(10 000 yuan)	58866	172603	193.2
集体(万元)	Collective-owned Enterprises(10 000 yuan)	59775	5200	-91.3
有限责任公司(万元)	Limited Liability Corporations(10 000 yuan)	106417	222099	108.7
股份有限公司(万元)	Share Holding Enterprises(10 000 yuan)			
私营企业(万元)	Private Enterprises(10 000 yuan)	629931	606706	-3.7
外商及港澳台投资企业(万元)	Funds from HK,Macao,Taiwan & Foreign(10 000 yuan)			
按城乡渠道分	Grouped by Urban and Rural Area			
城镇（万元）	Urban(10 000 yuan)	705501	1006608	42.7
农村（万元）	Rural(10 000 yuan)	153322		
一般预算收入(万元)	General Budgetary Financial Revenue(10 000 yuan)	55618	86777	56.0
一般预算支出(万元)	General Budgetary Financial Expenditures(10 000 yuan)	109777	127789	16.4
个人储蓄存款余额(万元)	The balance of savings deposits of individuals(10 000 yuan)		151241	
在岗职工工资总额(万元)	Total Wages of Staff & Workers Employed in(10 000 yuan)	35182	45926	30.5
在岗职工平均工资(元)	Average Wage of Staff & Workers Employed in(yuan)	35098	41278	17.6
城镇居民人均可支配收入(元)	Annual Disposable Income of Urban Residents per Capita(yuan)	16752	18846	12.5
农牧民人均纯收入(元)	Per Capita Net Income of Peasant & Herdsman(yuan)	6310	7182	13.8
农村牧区经济	**Economic Development in Rural & Pastoral Area**			
耕地面积(公顷)	Cultivated Area(hectare)	189444	189444	0.0
农作物总播种面积(公顷)	Total Sown Area(hectare)	109714	111306	1.5
# 粮食作物播种面积(公顷)	Sown Area of Grain Crops(hectare)	75854	76974	1.5
有效灌溉面积(公顷)	Irrigated Area(hectare)	22370	22570	0.9
农牧业机械总动力(万千瓦)	Total Power of Agricultural Machinery(10 000 kw)	32.26	32.56	0.9
化肥施用折纯量(吨)	Consumption of Chemical Fertilizer(ton)	14020	14408	2.8
农村用电量(万千瓦小时)	Electricity Consumed in Rural Area(10 000 kwh)	6614	6781	2.5
农林牧渔业总产值(万元)	Gross Output of Farming,Forestry,Animal Husbandry & Fishery(10 000 yuan)	172000	200073	6.3
粮食产量(吨)	Yield of Grain(ton)	67870	74005	9.0
油料产量(吨)	Yield of Oil-bearing Grops(ton)	7108	9565	34.6
甜菜产量(吨)	Yield of Beetroots(ton)			
猪牛羊肉产量(吨)	Output of Pork, Beef & Mutton(ton)	31843	32808	3.0
# 猪肉产量(吨)	Output of Pork(ton)	11500	12073	5.0
牛肉产量(吨)	Output of Beef(ton)	1575	1982	25.8
羊肉产量(吨)	Output of Mutton(ton)	18768	18753	-0.1
羊毛产量(吨)	Output of Wool(ton)	895	905	1.1

23-24 Guyang County in Baotou City

指 标	Item	2010	2011	2011年比上年增长% Increase Rate in 2011 Over 2010(%)
年末牲畜存栏头数(万头只)	Total Livestock at the Year-end(10 000 heads)	52.97	56.51	6.7
#大牲畜(万头只)	Large Animals(10 000 heads)	1.71	1.67	-2.3
羊(万只)	Sheep & Goats(10 000 heads)	46.94	50.57	7.7
猪(万头)	Hogs(10 000 heads)	4.28	4.28	0.0
规模以上工业	**Industrial Enterprises above Designated size**			
工业企业单位数(个)	Number of Industrial Enterprises(unit)	36	38	5.6
#内资企业(个)	Civil Funded Enterprises(unit)	36	38	5.6
工业总产值(万元)	Gross Industrial Output Value(10 000 yuan)	574500	836565	45.6
内资企业(万元)	Civil Funded Enterprises(10 000 yuan)	574500	836565	45.6
国有企业(万元)	State-owned Enterprises(10 000 yuan)	18600	30375	63.3
集体企业(万元)	Collective-owned Enterprises(10 000 yuan)			
股份合作企业(万元)	Share Holding Enterprises(10 000 yuan)			
联营企业(万元)	Joint Owned Enterprises(10 000 yuan)			
有限责任公司(万元)	Limited Company(10 000 yuan)	487100	748995	53.8
股份有限公司(万元)	Share Holding Limited Company(10 000 yuan)		8288	
私营企业(万元)	Privately Owned Enterprises(10 000 yuan)	68800	48907	-28.9
其他企业(万元)	Enterprises of Other Ownership(10 000 yuan)			
港澳台商投资企业(万元)	Funds from HK,Macao & Taiwan(10 000 yuan)			
外商投资企业(万元)	Foreign Funded Enterprises(10 000 yuan)			
工业企业增加值(万元)	Value Added of Industrial Enterprises(10 000 yuan)			22.8
工业企业资产总计(万元)	Total Assets of Industrial Enterprises(10 000 yuan)	240300	452220	88.2
工业企业负债合计(万元)	Total Liabilities of Industrial Enterprises(10 000 yuan)	153400	319459	108.3
工业企业产品销售收入(万元)	Sales of Revenue Industrial Enterprises(10 000 yuan)	582700	846032	45.2
工业企业利润总额(万元)	Total Profits of Industrial Enterprises(10 000 yuan)	134500	156015	16.0
建筑业	**Construction**			
建筑企业单位数(个)	Number of Construction Enterprises(unit)	1	1	0.0
建筑企业从业人员(人)	Number of Employee in Construction Enterprises(person)	396	1214	206.6
建筑业总产值(万元)	Gross Construction Output Value(10 000 yuan)	16320	22195	36.0
交通运输邮电通信业	**Transportation,Post & Telecommunications**			
公路里程(公里)	Total Length of Highways(km)	1260	1260	0.0
邮电业务总量(万元)	Business Volume of Post & Telecoms(10 000 yuan)	1633	1666	2.0
本地电话用户(户)	Number of Subscribers of Local Telephone(Household)	6233	4031	-35.3
国内贸易	**Domestic Trade**			
社会消费品零售总额(万元)	Total Retail Sales of Consumer Goods(10 000 yuan)	116171	132669	14.2
城镇(万元)	Town(10 000 yuan)	81320	92868	14.2
#城区(万元)	City(10 000 yuan)	81320	92868	14.2
乡村(万元)	Village(10 000 yuan)	34851	39801	14.2
科技教育卫生	**Science,Education & Public Health**			
各类专业技术人员(人)	Special Technical Personnel(person)	3205	3213	0.2
幼儿园数(所)	Number of Kindergartens(unit)	10	10	0.0
学龄儿童入学率(%)	Percentage of School-Age Children Enrolled(%)	99.8	100.0	0.2
小学学校数(所)	Number of Primary Schools(unit)	13	13	0.0
小学专任教师数(人)	Number of Full-time Teachers of Primary Schools(person)	766	775	1.2
小学在校学生数(人)	Number of Student Enrollment of Primary Schools(person)	5813	5920	1.8
普通中学学校数(所)	Number of Regular Secondary Schools(unit)	3	3	0.0
普通中学专任教师数(人)	Number of Teachers of Secondary Shools(person)	506	498	-1.6
初中在校学生数(人)	Number of Student in Junior Secondary Schools(person)	3794	3422	-9.8
高中在校学生数(人)	Number of Student in Senior Secondary Schools(person)	2172	2233	2.8
卫生机构数(所)	Number of Health Institutions(unit)	32	32	0.0
#医院(所)	Hospitals(unit)	2	2	0.0
卫生院(所)	Township Hospitals(unit)	15	12	-20.0
床位数(张)	Number of Beds(unit)	472	472	0.0
#医院(张)	Hospitals(unit)	198	198	0.0
卫生院(张)	Township Hospitals(unit)	210	210	0.0
卫生技术人员(人)	Medical Technical Presonnel(person)	534	534	0.0
#医院(人)	Hospitals(person)	181	181	0.0
卫生院(人)	Township Hospitals(person)	187	187	0.0

23-25 包头市达尔罕茂明安联合旗

指　标	Item	2010	2011	2011年比上年增长% Increase Rate in 2011 Over 2010(%)
行政区域土地面积(平方公里)	**Area of Administration(Sq.km)**	**17410**	**17410**	**0.0**
人口和就业	**Population & Employment**			
年末总人口(人)	Total Population Year-end(person)	101486	101200	-0.3
#男性(人)	Male(person)	53035	52800	-0.4
#乡村人口(人)	Rural(person)	57321	55800	-2.7
年末总户数(户)	Total Number of Households at the Year-end(Household)	36770	37070	0.8
#乡村户数(户)	Number of Rural Household(Household)	20707	20440	-1.3
出生人口(人)	Births(person)	578	613	6.1
死亡人口(人)	Deaths(person)	292	252	-13.7
全社会就业人员(人)	Employment(person)	62997	62131	-1.4
第一产业(人)	Primary Industry(person)	33634	32971	-2.0
第二产业(人)	Secondary Industry(person)	8650	8656	0.1
第三产业(人)	Tertiary Industry(person)	20713	20504	-1.0
在岗职工人数(人)	Number of Staff & Workers Employed in(person)	5014	5246	4.6
乡村劳动力(人)	Number of Rural Laborers(person)	45344	46017	1.5
#农林牧渔业(人)	Farming,Forestry,Animal Husbandry & Fishery(person)	21076	21482	1.9
国民经济综合指标	**Summary Item on the National Economy**			
生产总值(万元)	Gross Domestic Product(10 000 yuan)	1190151	1469555	15.4
第一产业(万元)	Primary Industry(10 000 yuan)	104700	119947	6.3
第二产业(万元)	Secondary Industry(10 000 yuan)	829253	1049145	17.3
#工业(万元)	Industry(10 000 yuan)	728253	928145	18.2
第三产业(万元)	Tertiary Industry(10 000 yuan)	256198	300463	12.8
人均生产总值(元)	Per Capita GDP(yuan)	111699	144998	17.3
全社会固定资产投资(万元)	Total Investment in Fixed Assets(10 000 yuan)	1305058	1581806	21.2
按登记注册类型分	Grouped by Registered Type			
#国有(万元)	State-owned Enterprises(10 000 yuan)	458132	372020	-18.8
集体(万元)	Collective-owned Enterprises(10 000 yuan)			
有限责任公司(万元)	Limited Liability Corporations(10 000 yuan)	432526	393302	-9.1
股份有限公司(万元)	Share Holding Enterprises(10 000 yuan)	318294	418736	31.6
私营企业(万元)	Private Enterprises(10 000 yuan)	24388	387430	1488.6
外商及港澳台投资企业(万元)	Funds from HK,Macao,Taiwan & Foreign(10 000 yuan)	58475	4266	-92.7
按城乡渠道分	Grouped by Urban and Rural Area			
城镇（万元）	Urban(10 000 yuan)	1296738	1578236	21.7
农村（万元）	Rural(10 000 yuan)	8320	3570	-57.1
一般预算收入(万元)	General Budgetary Financial Revenue(10 000 yuan)	92607	109611	18.4
一般预算支出(万元)	General Budgetary Financial Expenditures(10 000 yuan)	156086	188485	20.8
个人储蓄存款余额(万元)	The balance of savings deposits of individuals(10 000 yuan)		136497	
在岗职工工资总额(万元)	Total Wages of Staff & Workers Employed in(10 000 yuan)	21177	24410	15.3
在岗职工平均工资(元)	Average Wage of Staff & Workers Employed in(yuan)	41712	48042	15.2
城镇居民人均可支配收入(元)	Annual Disposable Income of Urban Residents per Capita(yuan)	21485	24192	12.6
农牧民人均纯收入(元)	Per Capita Net Income of Peasant & Herdsman(yuan)	7300	8309	13.8
农村牧区经济	**Economic Development in Rural & Pastoral Area**			
耕地面积(公顷)	Cultivated Area(hectare)	76932	76932	0.0
农作物总播种面积(公顷)	Total Sown Area(hectare)	57082	58799	3.0
#粮食作物播种面积(公顷)	Sown Area of Grain Crops(hectare)	46096	47995	4.1
有效灌溉面积(公顷)	Irrigated Area(hectare)	20023	20023	0.0
农牧业机械总动力(万千瓦)	Total Power of Agricultural Machinery(10 000 kw)	25.23	26.64	5.6
化肥施用折纯量(吨)	Consumption of Chemical Fertilizer(ton)	7988	8276	3.6
农村用电量(万千瓦小时)	Electricity Consumed in Rural Area(10 000 kwh)	2013	2129	5.8
农林牧渔业总产值(万元)	Gross Output of Farming,Forestry,Animal Husbandry & Fishery(10 000 yuan)	187212	214474	6.3
粮食产量(吨)	Yield of Grain(ton)	55785	61000	9.3
油料产量(吨)	Yield of Oil-bearing Grops(ton)	1024	4629	352.1
甜菜产量(吨)	Yield of Beetroots(ton)			
猪牛羊肉产量(吨)	Output of Pork, Beef & Mutton(ton)	20160	19384	-3.8
#猪肉产量(吨)	Output of Pork(ton)	1810	1687	-6.8
牛肉产量(吨)	Output of Beef(ton)	5900	5976	1.3
羊肉产量(吨)	Output of Mutton(ton)	12450	11721	-5.9
羊毛产量(吨)	Output of Wool(ton)	1234	1228	-0.5

23-25 Daerhanmaomingan Union Banner in Baotou City

指　标	Item	2010	2011	2011年比上年增长% Increase Rate in 2011 Over 2010(%)
年末牲畜存栏头数(万头只)	Total Livestock at the Year-end(10 000 heads)	58.84	54.73	-7.0
#大牲畜(万头只)	Large Animals(10 000 heads)	5.72	5.82	1.7
羊(万只)	Sheep & Goats(10 000 heads)	50.75	46.56	-8.3
猪(万头)	Hogs(10 000 heads)	2.36	2.35	-0.4
规模以上工业	**Industrial Enterprises above Designated size**			
工业企业单位数(个)	Number of Industrial Enterprises(unit)	42	43	2.4
#内资企业(个)	Civil Funded Enterprises(unit)	40	41	2.5
工业总产值(万元)	Gross Industrial Output Value(10 000 yuan)	1135200	1612523	42.0
内资企业(万元)	Civil Funded Enterprises(10 000 yuan)	1111300	1587023	42.8
国有企业(万元)	State-owned Enterprises(10 000 yuan)	26700	36007	34.9
集体企业(万元)	Collective-owned Enterprises(10 000 yuan)			
股份合作企业(万元)	Share Holding Enterprises(10 000 yuan)			
联营企业(万元)	Joint Owned Enterprises(10 000 yuan)			
有限责任公司(万元)	Limited Company(10 000 yuan)	323600	578110	78.6
股份有限公司(万元)	Share Holding Limited Company(10 000 yuan)			
私营企业(万元)	Privately Owned Enterprises(10 000 yuan)	761000	972906	27.8
其他企业(万元)	Enterprises of Other Ownership(10 000 yuan)			
港澳台商投资企业(万元)	Funds from HK,Macao & Taiwan(10 000 yuan)			
外商投资企业(万元)	Foreign Funded Enterprises(10 000 yuan)	23900	25500	6.7
工业企业增加值(万元)	Value Added of Industrial Enterprises(10 000 yuan)			22.6
工业企业资产总计(万元)	Total Assets of Industrial Enterprises(10 000 yuan)	1461200	1961153	34.2
工业企业负债合计(万元)	Total Liabilities of Industrial Enterprises(10 000 yuan)	831900	1094723	31.6
工业企业产品销售收入(万元)	Sales of Revenue Industrial Enterprises(10 000 yuan)	1172400	1619451	38.1
工业企业利润总额(万元)	Total Profits of Industrial Enterprises(10 000 yuan)	163700	212345	29.7
建筑业	**Construction**			
建筑企业单位数(个)	Number of Construction Enterprises(unit)	1	1	0.0
建筑企业从业人员(人)	Number of Employee in Construction Enterprises(person)	230	234	1.7
建筑业总产值(万元)	Gross Construction Output Value(10 000 yuan)	5954	6549	10.0
交通运输邮电通信业	**Transportation,Post & Telecommunications**			
公路里程(公里)	Total Length of Highways(km)	2300	2308	0.3
邮电业务总量(万元)	Business Volume of Post & Telecoms(10 000 yuan)	2584	2186	-15.4
本地电话用户(户)	Number of Subscribers of Local Telephone(Household)	7798	6138	-21.3
国内贸易	**Domestic Trade**			
社会消费品零售总额(万元)	Total Retail Sales of Consumer Goods(10 000 yuan)	125002	141915	13.5
城镇(万元)	Town(10 000 yuan)	80179	92397	15.2
#城区(万元)	City(10 000 yuan)	55420	64727	16.8
乡村(万元)	Village(10 000 yuan)	44823	49518	10.5
科技教育卫生	**Science,Education & Public Health**			
各类专业技术人员(人)	Special Technical Personnel(person)	2099	2099	0.0
幼儿园数(所)	Number of Kindergartens(unit)	11	11	0.0
学龄儿童入学率(%)	Percentage of School-Age Children Enrolled(%)	100.0	100.0	0.0
小学学校数(所)	Number of Primary Schools(unit)	5	5	0.0
小学专任教师数(人)	Number of Full-time Teachers of Primary Schools(person)	468	457	-2.4
小学在校学生数(人)	Number of Student Enrollment of Primary Schools(person)	5036	4581	-9.0
普通中学学校数(所)	Number of Regular Secondary Schools(unit)	4	4	0.0
普通中学专任教师数(人)	Number of Teachers of Secondary Shools(person)	340	346	1.8
初中在校学生数(人)	Number of Student in Junior Secondary Schools(person)	2805	2398	-14.5
高中在校学生数(人)	Number of Student in Senior Secondary Schools(person)	786	753	-4.2
卫生机构数(所)	Number of Health Institutions(unit)	28	33	17.9
#医院(所)	Hospitals(unit)	2	2	0.0
卫生院(所)	Township Hospitals(unit)	21	21	0.0
床位数(张)	Number of Beds(unit)	442	463	4.8
#医院(张)	Hospitals(unit)	300	368	22.7
卫生院(张)	Township Hospitals(unit)	123	182	48.0
卫生技术人员(人)	Medical Technical Presonnel(person)	389	310	-20.3
#医院(人)	Hospitals(person)	218	124	-43.1
卫生院(人)	Township Hospitals(person)	118	123	4.2

23-26 呼伦贝尔市海拉尔区

指　标	Item	2010	2011	2011年比上年增长% Increase Rate in 2011 Over 2010(%)
行政区域土地面积(平方公里)	**Area of Administration(Sq.km)**	**1440**	**1440**	**0.0**
人口和就业	**Population & Employment**			
年末总人口(人)	Total Population Year-end(person)	271455	273266	0.7
#男性(人)	Male(person)	133178	134199	0.8
#乡村人口(人)	Rural(person)	16187	15950	-1.5
年末总户数(户)	Total Number of Households at the Year-end(Household)	82659	83694	1.3
#乡村户数(户)	Number of Rural Household(Household)	6096	6079	-0.3
出生人口(人)	Births(person)	1554	1685	8.4
死亡人口(人)	Deaths(person)	1542	1486	-3.6
全社会就业人员(人)	Employment(person)	96680	101808	5.3
第一产业(人)	Primary Industry(person)	11261	11200	-0.5
第二产业(人)	Secondary Industry(person)	17153	12356	28.0
第三产业(人)	Tertiary Industry(person)	68266	78252	14.6
在岗职工人数(人)	Number of Staff & Workers Employed in(person)	45470	45590	0.3
乡村劳动力(人)	Number of Rural Laborers(person)	9537	9441	-1.0
#农林牧渔业(人)	Farming,Forestry,Animal Husbandry & Fishery(person)	7256	6240	-14.0
国民经济综合指标	**Summary Item on the National Economy**			
生产总值(万元)	Gross Domestic Product(10 000 yuan)	1624152	1985472	17.9
第一产业(万元)	Primary Industry(10 000 yuan)	59529	70909	7.1
第二产业(万元)	Secondary Industry(10 000 yuan)	751242	954246	23.6
#工业(万元)	Industry(10 000 yuan)	675311	851121	13.4
第三产业(万元)	Tertiary Industry(10 000 yuan)	813381	960317	13.4
人均生产总值(元)	Per Capita GDP(yuan)	60086	72899	17.0
全社会固定资产投资(万元)	Total Investment in Fixed Assets(10 000 yuan)	771002	1554322	101.6
按登记注册类型分	Grouped by Registered Type			
#国有(万元)	State-owned Enterprises(10 000 yuan)	536065	691703	29.0
集体(万元)	Collective-owned Enterprises(10 000 yuan)	21060	120	-99.4
有限责任公司(万元)	Limited Liability Corporations(10 000 yuan)	147478	505012	242.4
股份有限公司(万元)	Share Holding Enterprises(10 000 yuan)	23807	33770	41.8
私营企业(万元)	Private Enterprises(10 000 yuan)	41892	55957	33.6
外商及港澳台投资企业(万元)	Funds from HK,Macao,Taiwan & Foreign(10 000 yuan)	700	4400	528.6
按城乡渠道分	Grouped by Urban and Rural Area			
城镇（万元）	Urban(10 000 yuan)	771002	1554322	101.6
农村（万元）	Rural(10 000 yuan)			
一般预算收入(万元)	General Budgetary Financial Revenue(10 000 yuan)	52418	66326	26.5
一般预算支出(万元)	General Budgetary Financial Expenditures(10 000 yuan)	116619	160518	37.6
个人储蓄存款余额(万元)	The balance of savings deposits of individuals(10 000yuan)		1309434	
在岗职工工资总额(万元)	Total Wages of Staff & Workers Employed in(10 000 yuan)	167680	209125	24.7
在岗职工平均工资(元)	Average Wage of Staff & Workers Employed in(yuan)	37571	45736	21.7
城镇居民人均可支配收入(元)	Annual Disposable Income of Urban Residents per Capita(yuan)	17308	20251	17.0
农牧民人均纯收入(元)	Per Capita Net Income of Peasant & Herdsman(yuan)	11725	14315	22.1
农村牧区经济	**Economic Development in Rural & Pastoral Area**			
耕地面积(公顷)	Cultivated Area(hectare)	33634	28911	-14.0
农作物总播种面积(公顷)	Total Sown Area(hectare)	27633	29848	8.0
#粮食作物播种面积(公顷)	Sown Area of Grain Crops(hectare)	20990	21139	0.7
有效灌溉面积(公顷)	Irrigated Area(hectare)	4560	4990	9.4
农牧业机械总动力(万千瓦)	Total Power of Agricultural Machinery(10 000 kw)	8.20	8.80	7.3
化肥施用折纯量(吨)	Consumption of Chemical Fertilizer(ton)	4166	3551	-14.8
农村用电量(万千瓦小时)	Electricity Consumed in Rural Area(10 000 kwh)	871	946	8.6
农林牧渔业总产值(万元)	Gross Output of Farming,Forestry,Animal Husbandry & Fishery(10 000 yuan)	96972	115762	19.4
粮食产量(吨)	Yield of Grain(ton)	48775	72890	49.4
油料产量(吨)	Yield of Oil-bearing Grops(ton)	1696	7888	365.1
甜菜产量(吨)	Yield of Beetroots(ton)			
猪牛羊肉产量(吨)	Output of Pork, Beef & Mutton(ton)	5426	6006	10.7
#猪肉产量(吨)	Output of Pork(ton)	1783	1783	0.0
牛肉产量(吨)	Output of Beef(ton)	3267	3384	3.6
羊肉产量(吨)	Output of Mutton(ton)	376	376	0.0
羊毛产量(吨)	Output of Wool(ton)	117	121	3.4

23-26 Hailaer District in Hulunbeier City

指　标	Item	2010	2011	2011年比上年增长% Increase Rate in 2011 Over 2010(%)
年末牲畜存栏头数(万头只)	Total Livestock at the Year-end(10 000 heads)	11.37	11.49	1.1
#大牲畜(万头只)	Large Animals(10 000 heads)	5.93	5.88	-0.8
羊(万只)	Sheep & Goats(10 000 heads)	3.82	3.81	-0.3
猪(万头)	Hogs(10 000 heads)	1.62	1.80	11.1
规模以上工业	**Industrial Enterprises above Designated size**			
工业企业单位数(个)	Number of Industrial Enterprises(unit)	67	54	-19.4
#内资企业(个)	Civil Funded Enterprises(unit)	61	49	-19.7
工业总产值(万元)	Gross Industrial Output Value(10 000 yuan)	1713617	2354136	37.4
内资企业(万元)	Civil Funded Enterprises(10 000 yuan)	1550204	2150637	38.7
国有企业(万元)	State-owned Enterprises(10 000 yuan)	278714	232108	-16.7
集体企业(万元)	Collective-owned Enterprises(10 000 yuan)			
股份合作企业(万元)	Share Holding Enterprises(10 000 yuan)			
联营企业(万元)	Joint Owned Enterprises(10 000 yuan)			
有限责任公司(万元)	Limited Company(10 000 yuan)	831662	618194	-25.7
股份有限公司(万元)	Share Holding Limited Company(10 000 yuan)	76542	106657	39.3
私营企业(万元)	Privately Owned Enterprises(10 000 yuan)	363286	1193678	228.6
其他企业(万元)	Enterprises of Other Ownership(10 000 yuan)			
港澳台商投资企业(万元)	Funds from HK,Macao & Taiwan(10 000 yuan)	10429	10991	5.4
外商投资企业(万元)	Foreign Funded Enterprises(10 000 yuan)	152984	192507	25.8
工业企业增加值(万元)	Value Added of Industrial Enterprises(10 000 yuan)	560988	863000	29.8
工业企业资产总计(万元)	Total Assets of Industrial Enterprises(10 000 yuan)	127153	473961	272.7
工业企业负债合计(万元)	Total Liabilities of Industrial Enterprises(10 000 yuan)	965863	1299629	34.6
工业企业产品销售收入(万元)	Sales of Revenue Industrial Enterprises(10 000 yuan)	1762072	2532176	43.7
工业企业利润总额(万元)	Total Profits of Industrial Enterprises(10 000 yuan)	188227	337408	79.3
建筑业	**Construction**			
建筑企业单位数(个)	Number of Construction Enterprises(unit)	31	32	3.2
建筑企业从业人员(人)	Number of Employee in Construction Enterprises(person)	11817	6686	-43.4
建筑业总产值(万元)	Gross Construction Output Value(10 000 yuan)	200234	210466	5.1
交通运输邮电通信业	**Transportation,Post & Telecommunications**			
公路里程(公里)	Total Length of Highways(km)	542	542	0.0
邮电业务总量(万元)	Business Volume of Post & Telecoms(10 000 yuan)	35790	37268	4.1
本地电话用户(户)	Number of Subscribers of Local Telephone(Household)	595000	632762	6.3
国内贸易	**Domestic Trade**			
社会消费品零售总额(万元)	Total Retail Sales of Consumer Goods(10 000 yuan)	680250	847408	18.7
城镇(万元)	Town(10 000 yuan)	680250	847408	18.7
#城区(万元)	City(10 000 yuan)	680250	847408	18.7
乡村(万元)	Village(10 000 yuan)			
科技教育卫生	**Science,Education & Public Health**			
各类专业技术人员(人)	Special Technical Personnel(person)	3628	3619	-0.3
幼儿园数(所)	Number of Kindergartens(unit)	6	6	0.0
学龄儿童入学率(%)	Percentage of School-Age Children Enrolled(%)	100.0	100.0	0.0
小学学校数(所)	Number of Primary Schools(unit)	16	17	6.3
小学专任教师数(人)	Number of Full-time Teachers of Primary Schools(person)	1024	888	-13.3
小学在校学生数(人)	Number of Student Enrollment of Primary Schools(person)	14587	14211	-2.6
普通中学学校数(所)	Number of Regular Secondary Schools(unit)	22	23	4.5
普通中学专任教师数(人)	Number of Teachers of Secondary Shools(person)	1634	1632	-0.1
初中在校学生数(人)	Number of Student in Junior Secondary Schools(person)	10265	9873	-3.8
高中在校学生数(人)	Number of Student in Senior Secondary Schools(person)	11285	10908	-3.3
卫生机构数(所)	Number of Health Institutions(unit)	161	158	-1.9
#医院(所)	Hospitals(unit)	15	16	6.7
卫生院(所)	Township Hospitals(unit)	28	27	-3.6
床位数(张)	Number of Beds(unit)	2028	2384	17.6
#医院(张)	Hospitals(unit)	1879	2271	20.9
卫生院(张)	Township Hospitals(unit)	108	66	-38.9
卫生技术人员(人)	Medical Technical Presonnel(person)	2765	3392	22.7
#医院(人)	Hospitals(person)	1967	2601	32.2
卫生院(人)	Township Hospitals(person)	257	259	0.8

23-27 呼伦贝尔市满洲里市

指 标	Item	2010	2011	2011年比上年增长% Increase Rate in 2011 Over 2010(%)
行政区域土地面积(平方公里)	**Area of Administration(Sq.km)**	**732**	**732**	**0.0**
人口和就业	**Population & Employment**			
年末总人口(人)	Total Population Year-end(person)	168325	169550	0.7
#男性(人)	Male(person)	85143	85196	0.1
#乡村人口(人)	Rural(person)			
年末总户数(户)	Total Number of Households at the Year-end(Household)	72266	72330	0.1
#乡村户数(户)	Number of Rural Household(Household)			
出生人口(人)	Births(person)	1235	1059	-14.3
死亡人口(人)	Deaths(person)	957	782	-18.3
全社会就业人员(人)	Employment(person)	76594	74180	-3.2
第一产业(人)	Primary Industry(person)	980	954	-2.7
第二产业(人)	Secondary Industry(person)	17149	16948	-1.2
第三产业(人)	Tertiary Industry(person)	59465	56278	-5.4
在岗职工人数(人)	Number of Staff & Workers Employed in(person)	31851	31479	-1.2
乡村劳动力(人)	Number of Rural Laborers(person)			
#农林牧渔业(人)	Farming,Forestry,Animal Husbandry & Fishery(person)			
国民经济综合指标	**Summary Item on the National Economy**			
生产总值(万元)	Gross Domestic Product(10 000 yuan)	1273119	1540830	13.1
第一产业(万元)	Primary Industry(10 000 yuan)	27801	31210	0.9
第二产业(万元)	Secondary Industry(10 000 yuan)	350448	451257	13.8
#工业(万元)	Industry(10 000 yuan)	321690	400770	9.5
第三产业(万元)	Tertiary Industry(10 000 yuan)	894870	1058363	13.1
人均生产总值(元)	Per Capita GDP(yuan)	50925	61633	20.8
全社会固定资产投资(万元)	Total Investment in Fixed Assets(10 000 yuan)	312121	1000243	220.5
按登记注册类型分	Grouped by Registered Type			
#国有(万元)	State-owned Enterprises(10 000 yuan)	196181	310714	58.4
集体(万元)	Collective-owned Enterprises(10 000 yuan)			
有限责任公司(万元)	Limited Liability Corporations(10 000 yuan)	97546	503041	415.7
股份有限公司(万元)	Share Holding Enterprises(10 000 yuan)	10579	15948	50.8
私营企业(万元)	Private Enterprises(10 000 yuan)	1300	57569	4328.4
外商及港澳台投资企业(万元)	Funds from HK,Macao,Taiwan & Foreign(10 000 yuan)	6515	100120	1436.8
按城乡渠道分	Grouped by Urban and Rural Area			
城镇（万元）	Urban(10 000 yuan)	312121	1000243	220.5
农村（万元）	Rural(10 000 yuan)			
一般预算收入(万元)	General Budgetary Financial Revenue(10 000 yuan)	79672	101784	27.8
一般预算支出(万元)	General Budgetary Financial Expenditures(10 000 yuan)	244222	281998	15.5
个人储蓄存款余额(万元)	The balance of savings deposits of individuals(10 000yuan)		892083	
在岗职工工资总额(万元)	Total Wages of Staff & Workers Employed in(10 000 yuan)	115849	147775	27.6
在岗职工平均工资(元)	Average Wage of Staff & Workers Employed in(yuan)	31851	46944	28.8
城镇居民人均可支配收入(元)	Annual Disposable Income of Urban Residents per Capita(yuan)	18021	20696	14.8
农牧民人均纯收入(元)	Per Capita Net Income of Peasant & Herdsman(yuan)			
农村牧区经济	**Economic Development in Rural & Pastoral Area**			
耕地面积(公顷)	Cultivated Area(hectare)	1840	1840	0.0
农作物总播种面积(公顷)	Total Sown Area(hectare)	1200	1198	-0.2
#粮食作物播种面积(公顷)	Sown Area of Grain Crops(hectare)	223	222	-0.4
有效灌溉面积(公顷)	Irrigated Area(hectare)	1350	1350	0.0
农牧业机械总动力(万千瓦)	Total Power of Agricultural Machinery(10 000 kw)	2.00	2.00	0.0
化肥施用折纯量(吨)	Consumption of Chemical Fertilizer(ton)	96	96	0.0
农村用电量(万千瓦小时)	Electricity Consumed in Rural Area(10 000 kwh)	100	100	0.0
农林牧渔业总产值(万元)	Gross Output of Farming,Forestry,Animal Husbandry & Fishery(10 000 yuan)	45288	50949	12.5
粮食产量(吨)	Yield of Grain(ton)	1170	1165	-0.4
油料产量(吨)	Yield of Oil-bearing Grops(ton)			
甜菜产量(吨)	Yield of Beetroots(ton)			
猪牛羊肉产量(吨)	Output of Pork, Beef & Mutton(ton)	2392	2410	0.8
#猪肉产量(吨)	Output of Pork(ton)	1805	1815	0.6
牛肉产量(吨)	Output of Beef(ton)	215	217	0.9
羊肉产量(吨)	Output of Mutton(ton)	372	378	1.6
羊毛产量(吨)	Output of Wool(ton)	90	92	2.2

23-27 Manzhouli City in Hulunbeier City

指 标	Item	2010	2011	2011年比上年增长% Increase Rate in 2011 Over 2010(%)
年末牲畜存栏头数(万头只)	Total Livestock at the Year-end(10 000 heads)	5.95	5.95	0.0
# 大牲畜(万头只)	Large Animals(10 000 heads)	0.31	0.34	9.7
羊(万只)	Sheep & Goats(10 000 heads)	3.31	3.28	-0.9
猪(万头)	Hogs(10 000 heads)	2.33	2.33	0.0
规模以上工业	**Industrial Enterprises above Designated size**			
工业企业单位数(个)	Number of Industrial Enterprises(unit)	104	79	-24.0
# 内资企业(个)	Civil Funded Enterprises(unit)	97	73	-24.7
工业总产值(万元)	Gross Industrial Output Value(10 000 yuan)	744753	918530	23.3
内资企业(万元)	Civil Funded Enterprises(10 000 yuan)	663256	817984	23.3
国有企业(万元)	State-owned Enterprises(10 000 yuan)	151082	233568	54.6
集体企业(万元)	Collective-owned Enterprises(10 000 yuan)			
股份合作企业(万元)	Share Holding Enterprises(10 000 yuan)			
联营企业(万元)	Joint Owned Enterprises(10 000 yuan)			
有限责任公司(万元)	Limited Company(10 000 yuan)	244432	39173	-84.0
股份有限公司(万元)	Share Holding Limited Company(10 000 yuan)			
私营企业(万元)	Privately Owned Enterprises(10 000 yuan)	253155	541686	114.0
其他企业(万元)	Enterprises of Other Ownership(10 000 yuan)	14587	3557	-75.6
港澳台商投资企业(万元)	Funds from HK,Macao & Taiwan(10 000 yuan)	7239	10461	44.5
外商投资企业(万元)	Foreign Funded Enterprises(10 000 yuan)	74258	90085	21.3
工业企业增加值(万元)	Value Added of Industrial Enterprises(10 000 yuan)	213318	277005	23.8
工业企业资产总计(万元)	Total Assets of Industrial Enterprises(10 000 yuan)	448300	939456	109.6
工业企业负债合计(万元)	Total Liabilities of Industrial Enterprises(10 000 yuan)		619779	
工业企业产品销售收入(万元)	Sales of Revenue Industrial Enterprises(10 000 yuan)	732526	902836	23.2
工业企业利润总额(万元)	Total Profits of Industrial Enterprises(10 000 yuan)	9150	45912	401.8
建筑业	**Construction**			
建筑企业单位数(个)	Number of Construction Enterprises(unit)	10	12	20.0
建筑企业从业人员(人)	Number of Employee in Construction Enterprises(person)	1461	2252	54.1
建筑业总产值(万元)	Gross Construction Output Value(10 000 yuan)	43341	50161	15.7
交通运输邮电通信业	**Transportation,Post & Telecommunications**			
公路里程(公里)	Total Length of Highways(km)	418	429	2.6
邮电业务总量(万元)	Business Volume of Post & Telecoms(10 000 yuan)	29000	31000	6.9
本地电话用户(户)	Number of Subscribers of Local Telephone(Household)	31872	30000	-5.9
国内贸易	**Domestic Trade**			
社会消费品零售总额(万元)	Total Retail Sales of Consumer Goods(10 000 yuan)	714528	846578	18.5
城镇(万元)	Town(10 000 yuan)	714528	846578	18.5
#城区(万元)	City(10 000 yuan)	714528	846578	18.5
乡村(万元)	Village(10 000 yuan)			
科技教育卫生	**Science,Education & Public Health**			
各类专业技术人员(人)	Special Technical Personnel(person)	3702	3747	1.2
幼儿园数(所)	Number of Kindergartens(unit)	18	18	0.0
学龄儿童入学率(%)	Percentage of School-Age Children Enrolled(%)	100.0	100.0	0.0
小学学校数(所)	Number of Primary Schools(unit)	14	13	-7.1
小学专任教师数(人)	Number of Full-time Teachers of Primary Schools(person)	841	784	-6.8
小学在校学生数(人)	Number of Student Enrollment of Primary Schools(person)	9509	8891	-6.5
普通中学学校数(所)	Number of Regular Secondary Schools(unit)	13	13	0.0
普通中学专任教师数(人)	Number of Teachers of Secondary Shools(person)	1093	1147	4.9
初中在校学生数(人)	Number of Student in Junior Secondary Schools(person)	8170	9005	10.2
高中在校学生数(人)	Number of Student in Senior Secondary Schools(person)	4594	3543	-22.9
卫生机构数(所)	Number of Health Institutions(unit)	92	91	-1.1
# 医院(所)	Hospitals(unit)	8	8	0.0
卫生院(所)	Township Hospitals(unit)	1	1	0.0
床位数(张)	Number of Beds(unit)	819	768	-6.2
# 医院(张)	Hospitals(unit)	769	758	-1.4
卫生院(张)	Township Hospitals(unit)	10	10	0.0
卫生技术人员(人)	Medical Technical Presonnel(person)	1641	1704	3.8
# 医院(人)	Hospitals(person)	1127	1129	0.2
卫生院(人)	Township Hospitals(person)	29	18	-37.9

23-28 呼伦贝尔市扎兰屯市

指 标	Item	2010	2011	2011年比上年增长% Increase Rate in 2011 Over 2010(%)
行政区域土地面积(平方公里)	**Area of Administration(Sq.km)**	**16800**	**16800**	**0.0**
人口和就业	**Population & Employment**			
年末总人口(人)	Total Population Year-end(person)	428817	428200	0.1
# 男性(人)	Male(person)	219923	219988	0.0
# 乡村人口(人)	Rural(person)	297008	296629	-0.1
年末总户数(户)	Total Number of Households at the Year-end(Household)	155175	160679	3.5
# 乡村户数(户)	Number of Rural Household(Household)	98823	103417	4.6
出生人口(人)	Births(person)	3593	3612	0.5
死亡人口(人)	Deaths(person)	3092	2570	-16.9
全社会就业人员(人)	Employment(person)	174550	176296	1.0
第一产业(人)	Primary Industry(person)	116905	115736	-1.0
第二产业(人)	Secondary Industry(person)	18690	19811	6.0
第三产业(人)	Tertiary Industry(person)	38955	40749	4.6
在岗职工人数(人)	Number of Staff & Workers Employed in(person)	24587	24787	0.8
乡村劳动力(人)	Number of Rural Laborers(person)	136764	145258	6.2
# 农林牧渔业(人)	Farming,Forestry,Animal Husbandry & Fishery(person)	116890	115012	-1.6
国民经济综合指标	**Summary Item on the National Economy**			
生产总值(万元)	Gross Domestic Product(10 000 yuan)	1044306	1265428	13.5
第一产业(万元)	Primary Industry(10 000 yuan)	297050	348278	5.4
第二产业(万元)	Secondary Industry(10 000 yuan)	480490	609028	20.7
# 工业(万元)	Industry(10 000 yuan)	420113	523480	19.2
第三产业(万元)	Tertiary Industry(10 000 yuan)	266766	308122	9.6
人均生产总值(元)	Per Capita GDP(yuan)	24323	29531	13.7
全社会固定资产投资(万元)	Total Investment in Fixed Assets(10 000 yuan)	820172	1010100	23.2
按登记注册类型分	Grouped by Registered Type			
# 国有(万元)	State-owned Enterprises(10 000 yuan)	450815	550688	22.2
集体(万元)	Collective-owned Enterprises(10 000 yuan)	1050		
有限责任公司(万元)	Limited Liability Corporations(10 000 yuan)	255201	272283	6.7
股份有限公司(万元)	Share Holding Enterprises(10 000 yuan)	19869	59820	201.1
私营企业(万元)	Private Enterprises(10 000 yuan)	28514	5000	-82.5
外商及港澳台投资企业(万元)	Funds from HK,Macao,Taiwan & Foreign(10 000 yuan)	4500		
按城乡渠道分	Grouped by Urban and Rural Area			
城镇（万元）	Urban(10 000 yuan)	741304	871854	17.6
农村（万元）	Rural(10 000 yuan)	2558	4437	73.5
一般预算收入(万元)	General Budgetary Financial Revenue(10 000 yuan)	22373	28464	27.2
一般预算支出(万元)	General Budgetary Financial Expenditures(10 000 yuan)	166140	217046	30.6
个人储蓄存款余额(万元)	The balance of savings deposits of individuals(10 000yuan)		468178	
在岗职工工资总额(万元)	Total Wages of Staff & Workers Employed in(10 000 yuan)	70579	83824	18.8
在岗职工平均工资(元)	Average Wage of Staff & Workers Employed in(yuan)	28487	32538	14.2
城镇居民人均可支配收入(元)	Annual Disposable Income of Urban Residents per Capita(yuan)	15713	18070	15.0
农牧民人均纯收入(元)	Per Capita Net Income of Peasant & Herdsman(yuan)	6406	7815	22.0
农村牧区经济	**Economic Development in Rural & Pastoral Area**			
耕地面积(公顷)	Cultivated Area(hectare)	239423	239423	0.0
农作物总播种面积(公顷)	Total Sown Area(hectare)	218499	220663	1.0
# 粮食作物播种面积(公顷)	Sown Area of Grain Crops(hectare)	180559	189398	4.9
有效灌溉面积(公顷)	Irrigated Area(hectare)	28800	33750	17.2
农牧业机械总动力(万千瓦)	Total Power of Agricultural Machinery(10 000 kw)	63.00	64	1.6
化肥施用折纯量(吨)	Consumption of Chemical Fertilizer(ton)	36469	38277	5.0
农村用电量(万千瓦小时)	Electricity Consumed in Rural Area(10 000 kwh)	4888	4738	-3.1
农林牧渔业总产值(万元)	Gross Output of Farming,Forestry,Animal Husbandry & Fishery(10 000 yuan)	501030	568581	13.5
粮食产量(吨)	Yield of Grain(ton)	957987	1002990	4.7
油料产量(吨)	Yield of Oil-bearing Grops(ton)	42458	35795	-15.7
甜菜产量(吨)	Yield of Beetroots(ton)	322		
猪牛羊肉产量(吨)	Output of Pork, Beef & Mutton(ton)	45472	46914	3.2
# 猪肉产量(吨)	Output of Pork(ton)	4888	4888	0.0
牛肉产量(吨)	Output of Beef(ton)	17807	19536	9.7
羊肉产量(吨)	Output of Mutton(ton)	22777	22490	-1.3
羊毛产量(吨)	Output of Wool(ton)	5443	5283	-2.9

23-28 Zhalantun City in Hulunbeier City

指 标	Item	2010	2011	2011年比上年增长% Increase Rate in 2011 Over 2010(%)
年末牲畜存栏头数(万头只)	Total Livestock at the Year-end(10 000 heads)	122.54	122.92	0.3
# 大牲畜(万头只)	Large Animals(10 000 heads)	16.21	16.26	0.3
羊(万只)	Sheep & Goats(10 000 heads)	98.77	99.11	0.3
猪(万头)	Hogs(10 000 heads)	7.60	7.54	-0.8
规模以上工业	**Industrial Enterprises above Designated size**			
工业企业单位数(个)	Number of Industrial Enterprises(unit)	61	61	0.0
# 内资企业(个)	Civil Funded Enterprises(unit)	57	58	1.8
工业总产值(万元)	Gross Industrial Output Value(10 000 yuan)	1101261	1452262	33.6
内资企业(万元)	Civil Funded Enterprises(10 000 yuan)	1021096	1375726	34.7
国有企业(万元)	State-owned Enterprises(10 000 yuan)	35810	49417	38.0
集体企业(万元)	Collective-owned Enterprises(10 000 yuan)			
股份合作企业(万元)	Share Holding Enterprises(10 000 yuan)	45170	65061	44.0
联营企业(万元)	Joint Owned Enterprises(10 000 yuan)			
有限责任公司(万元)	Limited Company(10 000 yuan)	359680	462887	28.7
股份有限公司(万元)	Share Holding Limited Company(10 000 yuan)	82173	130731	59.1
私营企业(万元)	Privately Owned Enterprises(10 000 yuan)	498263	667631	34.0
其他企业(万元)	Enterprises of Other Ownership(10 000 yuan)			
港澳台商投资企业(万元)	Funds from HK,Macao & Taiwan(10 000 yuan)	14468	22219	53.6
外商投资企业(万元)	Foreign Funded Enterprises(10 000 yuan)	65697	54318	-17.3
工业企业增加值(万元)	Value Added of Industrial Enterprises(10 000 yuan)	338718	442000	29.4
工业企业资产总计(万元)	Total Assets of Industrial Enterprises(10 000 yuan)	269403	526694	95.8
工业企业负债合计(万元)	Total Liabilities of Industrial Enterprises(10 000 yuan)	133987	317391	136.4
工业企业产品销售收入(万元)	Sales of Revenue Industrial Enterprises(10 000 yuan)	1119779	1391794	24.3
工业企业利润总额(万元)	Total Profits of Industrial Enterprises(10 000 yuan)	10613	5998	-42.2
建筑业	**Construction**			
建筑企业单位数(个)	Number of Construction Enterprises(unit)	9	9	0.0
建筑企业从业人员(人)	Number of Employee in Construction Enterprises(person)	5912	5479	-7.3
建筑业总产值(万元)	Gross Construction Output Value(10 000 yuan)	70463	97836	38.8
交通运输邮电通信业	**Transportation,Post & Telecommunications**			
公路里程(公里)	Total Length of Highways(km)	1559	2706	73.6
邮电业务总量(万元)	Business Volume of Post & Telecoms(10 000 yuan)	16577	5478.95	-66.9
本地电话用户(户)	Number of Subscribers of Local Telephone(Household)	30220	33600	11.2
国内贸易	**Domestic Trade**			
社会消费品零售总额(万元)	Total Retail Sales of Consumer Goods(10 000 yuan)	324621	385000	18.6
城镇(万元)	Town(10 000 yuan)	293446	348320	18.7
#城区(万元)	City(10 000 yuan)			
乡村(万元)	Village(10 000 yuan)	31175	36680	17.7
科技教育卫生	**Science,Education & Public Health**			
各类专业技术人员(人)	Special Technical Personnel(person)	9877	9150	-7.4
幼儿园数(所)	Number of Kindergartens(unit)	88	64	-27.3
学龄儿童入学率(%)	Percentage of School-Age Children Enrolled(%)	100.0	100.0	0.0
小学学校数(所)	Number of Primary Schools(unit)	27	27	0.0
小学专任教师数(人)	Number of Full-time Teachers of Primary Schools(person)	1837	1281	-30.3
小学在校学生数(人)	Number of Student Enrollment of Primary Schools(person)	17672	17341	-1.9
普通中学学校数(所)	Number of Regular Secondary Schools(unit)	24	21	-12.5
普通中学专任教师数(人)	Number of Teachers of Secondary Shools(person)	1371	1870	36.4
初中在校学生数(人)	Number of Student in Junior Secondary Schools(person)	6644	6699	0.8
高中在校学生数(人)	Number of Student in Senior Secondary Schools(person)	5492	4057	-26.1
卫生机构数(所)	Number of Health Institutions(unit)	134	289	115.7
# 医院(所)	Hospitals(unit)	9	9	0.0
卫生院(所)	Township Hospitals(unit)	21	21	0.0
床位数(张)	Number of Beds(unit)	1336	1594	19.3
# 医院(张)	Hospitals(unit)	987	1249	26.5
卫生院(张)	Township Hospitals(unit)	236	232	-1.7
卫生技术人员(人)	Medical Technical Presonnel(person)	1591	1956	22.9
# 医院(人)	Hospitals(person)	877	1138	29.8
卫生院(人)	Township Hospitals(person)	243	302	24.3

23-29 呼伦贝尔市牙克石市

指　标	Item	2010	2011	2011年比上年增长% Increase Rate in 2011 Over 2010(%)
行政区域土地面积(平方公里)	**Area of Administration(Sq.km)**	**27590**	**27590**	**0.0**
人口和就业	**Population & Employment**			
年末总人口(人)	Total Population Year-end(person)	372641	366391	-1.7
# 男性(人)	Male(person)	188603	185101	-1.9
# 乡村人口(人)	Rural(person)	4937	4500	-8.9
年末总户数(户)	Total Number of Households at the Year-end(Household)	147916	147913	0.0
# 乡村户数(户)	Number of Rural Household(Household)	1590	1486	-6.5
出生人口(人)	Births(person)	1783	1640	-8.0
死亡人口(人)	Deaths(person)	3044	2637	-13.4
全社会就业人员(人)	Employment(person)	90404	97636	8.0
第一产业(人)	Primary Industry(person)	31533	34055	8.0
第二产业(人)	Secondary Industry(person)	11591	12518	8.0
第三产业(人)	Tertiary Industry(person)	47280	51062	8.0
在岗职工人数(人)	Number of Staff & Workers Employed in(person)	28907	28545	-1.3
乡村劳动力(人)	Number of Rural Laborers(person)	3242	3201	-1.3
# 农林牧渔业(人)	Farming,Forestry,Animal Husbandry & Fishery(person)	2685	2589	-3.6
国民经济综合指标	**Summary Item on the National Economy**			
生产总值(万元)	Gross Domestic Product(10 000 yuan)	1173970	1538523	20.8
第一产业(万元)	Primary Industry(10 000 yuan)	250101	310113	11.5
第二产业(万元)	Secondary Industry(10 000 yuan)	465991	682144	33.1
# 工业(万元)	Industry(10 000 yuan)	378307	578006	38.5
第三产业(万元)	Tertiary Industry(10 000 yuan)	457878	546266	13.5
人均生产总值(元)	Per Capita GDP(yuan)	31409	41636	22.2
全社会固定资产投资(万元)	Total Investment in Fixed Assets(10 000 yuan)	613918	1000572	63.0
按登记注册类型分	Grouped by Registered Type			
# 国有(万元)	State-owned Enterprises(10 000 yuan)	258746	311647	20.4
集体(万元)	Collective-owned Enterprises(10 000 yuan)	3932		
有限责任公司(万元)	Limited Liability Corporations(10 000 yuan)	328013	519146	58.3
股份有限公司(万元)	Share Holding Enterprises(10 000 yuan)	4376	27722	533.5
私营企业(万元)	Private Enterprises(10 000 yuan)	10583	25298	139.0
外商及港澳台投资企业 (万元)	Funds from HK,Macao,Taiwan & Foreign(10 000 yuan)	8268	8500	2.8
按城乡渠道分	Grouped by Urban and Rural Area			
城镇（万元）	Urban(10 000 yuan)	613918	1000572	63.0
农村（万元）	Rural(10 000 yuan)			
一般预算收入(万元)	General Budgetary Financial Revenue(10 000 yuan)	40260	61758	53.4
一般预算支出(万元)	General Budgetary Financial Expenditures(10 000 yuan)	176847	211353	19.5
个人储蓄存款余额(万元)	The balance of savings deposits of individuals(10 000yuan)		813513	
在岗职工工资总额(万元)	Total Wages of Staff & Workers Employed in(10 000 yuan)	95385	116505	22.1
在岗职工平均工资(元)	Average Wage of Staff & Workers Employed in(yuan)	32887	39793	21.0
城镇居民人均可支配收入(元)	Annual Disposable Income of Urban Residents per Capita(yuan)	14577	17058	17.0
农牧民人均纯收入(元)	Per Capita Net Income of Peasant & Herdsman(yuan)	6609	8195	24.0
农村牧区经济	**Economic Development in Rural & Pastoral Area**			
耕地面积(公顷)	Cultivated Area(hectare)	141358	158667	12.2
农作物总播种面积(公顷)	Total Sown Area(hectare)	113465	115533	1.8
# 粮食作物播种面积(公顷)	Sown Area of Grain Crops(hectare)	80911	82606	2.1
有效灌溉面积(公顷)	Irrigated Area(hectare)	3740	3740	0.0
农牧业机械总动力(万千瓦)	Total Power of Agricultural Machinery(10 000 kw)	38.50	40.90	6.2
化肥施用折纯量(吨)	Consumption of Chemical Fertilizer(ton)	9899	10620	7.3
农村用电量(万千瓦小时)	Electricity Consumed in Rural Area(10 000 kwh)	2003	2094	4.5
农林牧渔业总产值(万元)	Gross Output of Farming,Forestry,Animal Husbandry & Fishery(10 000 yuan)	407915	517926	27.0
粮食产量(吨)	Yield of Grain(ton)	430131	506000	17.6
油料产量(吨)	Yield of Oil-bearing Grops(ton)	56013	62013	10.7
甜菜产量(吨)	Yield of Beetroots(ton)	12593	15646	24.2
猪牛羊肉产量(吨)	Output of Pork, Beef & Mutton(ton)	20671	20077	-2.9
# 猪肉产量(吨)	Output of Pork(ton)	7600	7853	3.3
牛肉产量(吨)	Output of Beef(ton)	9472	8625	-8.9
羊肉产量(吨)	Output of Mutton(ton)	3599	3599	0.0
羊毛产量(吨)	Output of Wool(ton)	490	521	6.3

23-29 Yakeshi City in Hulunbeier City

指　标	Item	2010	2011	2011年比上年增长% Increase Rate in 2011 Over 2010(%)
年末牲畜存栏头数(万头只)	Total Livestock at the Year-end(10 000 heads)	30.68	30.67	-0.2
# 大牲畜(万头只)	Large Animals(10 000 heads)	5.79	5.78	-0.2
羊(万只)	Sheep & Goats(10 000 heads)	21.73	21.73	0.0
猪(万头)	Hogs(10 000 heads)	3.16	3.16	0.0
规模以上工业	**Industrial Enterprises above Designated size**			
工业企业单位数(个)	Number of Industrial Enterprises(unit)	62	58	-6.5
# 内资企业(个)	Civil Funded Enterprises(unit)	59	55	-6.8
工业总产值(万元)	Gross Industrial Output Value(10 000 yuan)	823300	1680500	104.1
内资企业(万元)	Civil Funded Enterprises(10 000 yuan)	787600	1594100	102.4
国有企业(万元)	State-owned Enterprises(10 000 yuan)	56000	86700	54.8
集体企业(万元)	Collective-owned Enterprises(10 000 yuan)	70		
股份合作企业(万元)	Share Holding Enterprises(10 000 yuan)	28300	33800	19.4
联营企业(万元)	Joint Owned Enterprises(10 000 yuan)			
有限责任公司(万元)	Limited Company(10 000 yuan)	329430	532000	61.5
股份有限公司(万元)	Share Holding Limited Company(10 000 yuan)	36100	76800	112.7
私营企业(万元)	Privately Owned Enterprises(10 000 yuan)	300500	825500	174.7
其他企业(万元)	Enterprises of Other Ownership(10 000 yuan)	37200	39300	5.6
港澳台商投资企业(万元)	Funds from HK,Macao & Taiwan(10 000 yuan)	7100	25600	260.6
外商投资企业(万元)	Foreign Funded Enterprises(10 000 yuan)	28600	60800	112.6
工业企业增加值(万元)	Value Added of Industrial Enterprises(10 000 yuan)	292134	615000	70.4
工业企业资产总计(万元)	Total Assets of Industrial Enterprises(10 000 yuan)	463844	978900	111.0
工业企业负债合计(万元)	Total Liabilities of Industrial Enterprises(10 000 yuan)	236651	473600	100.1
工业企业产品销售收入(万元)	Sales of Revenue Industrial Enterprises(10 000 yuan)	807767	1658092	105.3
工业企业利润总额(万元)	Total Profits of Industrial Enterprises(10 000 yuan)	31029	102200	229.4
建筑业	**Construction**			
建筑企业单位数(个)	Number of Construction Enterprises(unit)	8	7	-12.5
建筑企业从业人员(人)	Number of Employee in Construction Enterprises(person)	2075	1236	-40.4
建筑业总产值(万元)	Gross Construction Output Value(10 000 yuan)	124877	129311	3.6
交通运输邮电通信业	**Transportation,Post & Telecommunications**			
公路里程(公里)	Total Length of Highways(km)	2068	2068	0.0
邮电业务总量(万元)	Business Volume of Post & Telecoms(10 000 yuan)	16008	17689	10.5
本地电话用户(户)	Number of Subscribers of Local Telephone(Household)	278540	292700	5.1
国内贸易	**Domestic Trade**			
社会消费品零售总额(万元)	Total Retail Sales of Consumer Goods(10 000 yuan)	304184	370582	18.5
城镇(万元)	Town(10 000 yuan)	241509	283998	17.6
#城区(万元)	City(10 000 yuan)	45749	66408	45.2
乡村(万元)	Village(10 000 yuan)	62675	86584	38.1
科技教育卫生	**Science,Education & Public Health**			
各类专业技术人员(人)	Special Technical Personnel(person)	6669	6718	0.7
幼儿园数(所)	Number of Kindergartens(unit)	38	38	0.0
学龄儿童入学率(%)	Percentage of School-Age Children Enrolled(%)	100.0	100.0	0.0
小学学校数(所)	Number of Primary Schools(unit)	26	15	-42.3
小学专任教师数(人)	Number of Full-time Teachers of Primary Schools(person)	1487	1428	-4.0
小学在校学生数(人)	Number of Student Enrollment of Primary Schools(person)	11419	10399	-8.9
普通中学学校数(所)	Number of Regular Secondary Schools(unit)	27	21	-22.2
普通中学专任教师数(人)	Number of Teachers of Secondary Shools(person)	1803	1820	0.9
初中在校学生数(人)	Number of Student in Junior Secondary Schools(person)	8300	13506	62.7
高中在校学生数(人)	Number of Student in Senior Secondary Schools(person)	9013	7159	-20.6
卫生机构数(所)	Number of Health Institutions(unit)	214	194	-9.3
# 医院(所)	Hospitals(unit)	19	19	0.0
卫生院(所)	Township Hospitals(unit)	15	16	6.7
床位数(张)	Number of Beds(unit)	2799	2836	1.3
# 医院(张)	Hospitals(unit)	2382	2416	1.4
卫生院(张)	Township Hospitals(unit)	169	173	2.4
卫生技术人员(人)	Medical Technical Presonnel(person)	3351	3174	-5.3
# 医院(人)	Hospitals(person)	2433	2495	2.5
卫生院(人)	Township Hospitals(person)	193	203	5.2

23-30 呼伦贝尔市额尔古纳市

指　　标	Item	2010	2011	2011年比上年增长% Increase Rate in 2011 Over 2010(%)
行政区域土地面积(平方公里)	**Area of Administration(Sq.km)**	**28958**	**28958**	**0.0**
人口和就业	**Population & Employment**			
年末总人口(人)	Total Population Year-end(person)	84253	83745	-0.6
#男性(人)	Male(person)	41893	42556	1.6
#乡村人口(人)	Rural(person)	1974	1941	-1.7
年末总户数(户)	Total Number of Households at the Year-end(Household)	33169	33322	0.5
#乡村户数(户)	Number of Rural Household(Household)	544	554	1.8
出生人口(人)	Births(person)	458	444	-3.1
死亡人口(人)	Deaths(person)	551	434	-21.2
全社会就业人员(人)	Employment(person)	45281	47296	4.4
第一产业(人)	Primary Industry(person)	21985	22580	2.7
第二产业(人)	Secondary Industry(person)	5240	5586	6.6
第三产业(人)	Tertiary Industry(person)	18056	19130	5.9
在岗职工人数(人)	Number of Staff & Workers Employed in(person)	16962	17281	1.9
乡村劳动力(人)	Number of Rural Laborers(person)	1310	1017	-22.4
#农林牧渔业(人)	Farming,Forestry,Animal Husbandry & Fishery(person)	1176	699	-40.6
国民经济综合指标	**Summary Item on the National Economy**			
生产总值(万元)	Gross Domestic Product(10 000 yuan)	268578	320033	8.4
第一产业(万元)	Primary Industry(10 000 yuan)	100826	115795	3.2
第二产业(万元)	Secondary Industry(10 000 yuan)	67508	84702	9.5
#工业(万元)	Industry(10 000 yuan)	50078	72267	9.5
第三产业(万元)	Tertiary Industry(10 000 yuan)	100244	119536	12.9
人均生产总值(元)	Per Capita GDP(yuan)	31748	38100	9.2
全社会固定资产投资(万元)	Total Investment in Fixed Assets(10 000 yuan)	113461	164552	45.0
按登记注册类型分	Grouped by Registered Type			
#国有(万元)	State-owned Enterprises(10 000 yuan)	41929	47688	13.7
集体(万元)	Collective-owned Enterprises(10 000 yuan)	90	81	-10.0
有限责任公司(万元)	Limited Liability Corporations(10 000 yuan)	51548	73538	42.6
股份有限公司(万元)	Share Holding Enterprises(10 000 yuan)	5803	5056	-12.9
私营企业(万元)	Private Enterprises(10 000 yuan)	260	3288	1164.6
外商及港澳台投资企业(万元)	Funds from HK,Macao,Taiwan & Foreign(10 000 yuan)	402	9725	2319.2
按城乡渠道分	Grouped by Urban and Rural Area			
城镇（万元）	Urban(10 000 yuan)	113251	163080	44.0
农村（万元）	Rural(10 000 yuan)	210	1472	601.0
一般预算收入(万元)	General Budgetary Financial Revenue(10 000 yuan)	13842	12608	-8.9
一般预算支出(万元)	General Budgetary Financial Expenditures(10 000 yuan)	70105	88401	26.1
个人储蓄存款余额(万元)	The balance of savings deposits of individuals(10 000yuan)		175857	
在岗职工工资总额(万元)	Total Wages of Staff & Workers Employed in(10 000 yuan)	49903	56112	12.4
在岗职工平均工资(元)	Average Wage of Staff & Workers Employed in(yuan)	26937	30732	14.1
城镇居民人均可支配收入(元)	Annual Disposable Income of Urban Residents per Capita(yuan)	13200	14860	12.6
农牧民人均纯收入(元)	Per Capita Net Income of Peasant & Herdsman(yuan)	11110	13240	19.2
农村牧区经济	**Economic Development in Rural & Pastoral Area**			
耕地面积(公顷)	Cultivated Area(hectare)	185128	185035	-0.1
农作物总播种面积(公顷)	Total Sown Area(hectare)	101418	114264	12.7
#粮食作物播种面积(公顷)	Sown Area of Grain Crops(hectare)	52397	59532	13.6
有效灌溉面积(公顷)	Irrigated Area(hectare)		2846	
农牧业机械总动力(万千瓦)	Total Power of Agricultural Machinery(10 000 kw)	19.97	19.50	-2.4
化肥施用折纯量(吨)	Consumption of Chemical Fertilizer(ton)	17899	14560	-18.7
农村用电量(万千瓦小时)	Electricity Consumed in Rural Area(10 000 kwh)	2046	2839	38.8
农林牧渔业总产值(万元)	Gross Output of Farming,Forestry,Animal Husbandry & Fishery(10 000 yuan)	164246	189041	15.1
粮食产量(吨)	Yield of Grain(ton)	180897	200825	11.0
油料产量(吨)	Yield of Oil-bearing Grops(ton)	77396	78975	2.0
甜菜产量(吨)	Yield of Beetroots(ton)			
猪牛羊肉产量(吨)	Output of Pork, Beef & Mutton(ton)	6988	5257	-24.8
#猪肉产量(吨)	Output of Pork(ton)	958	858	-10.4
牛肉产量(吨)	Output of Beef(ton)	3138	2494	-20.5
羊肉产量(吨)	Output of Mutton(ton)	2892	1905	-34.1
羊毛产量(吨)	Output of Wool(ton)	297	308	3.7

23-30 Eerguna City in Hulunbeier City

指 标	Item	2010	2011	2011年比上年增长% Increase Rate in 2011 Over 2010(%)
年末牲畜存栏头数(万头只)	Total Livestock at the Year-end(10 000 heads)	27.89	28.23	1.2
#大牲畜(万头只)	Large Animals(10 000 heads)	8.35	8.46	1.3
羊(万只)	Sheep & Goats(10 000 heads)	18.70	18.54	-0.9
猪(万头)	Hogs(10 000 heads)	0.84	1.23	46.4
规模以上工业	**Industrial Enterprises above Designated size**			
工业企业单位数(个)	Number of Industrial Enterprises(unit)	11	11	0.0
#内资企业(个)	Civil Funded Enterprises(unit)	10	10	0.0
工业总产值(万元)	Gross Industrial Output Value(10 000 yuan)	133496	154226	15.5
内资企业(万元)	Civil Funded Enterprises(10 000 yuan)	92862	95603	3.0
国有企业(万元)	State-owned Enterprises(10 000 yuan)	4489	5194	15.7
集体企业(万元)	Collective-owned Enterprises(10 000 yuan)			
股份合作企业(万元)	Share Holding Enterprises(10 000 yuan)	75342	90409	20.0
联营企业(万元)	Joint Owned Enterprises(10 000 yuan)			
有限责任公司(万元)	Limited Company(10 000 yuan)			
股份有限公司(万元)	Share Holding Limited Company(10 000 yuan)			
私营企业(万元)	Privately Owned Enterprises(10 000 yuan)			
其他企业(万元)	Enterprises of Other Ownership(10 000 yuan)	13032		
港澳台商投资企业(万元)	Funds from HK,Macao & Taiwan(10 000 yuan)			
外商投资企业(万元)	Foreign Funded Enterprises(10 000 yuan)	40633	58623	44.3
工业企业增加值(万元)	Value Added of Industrial Enterprises(10 000 yuan)	49000	59190	14.3
工业企业资产总计(万元)	Total Assets of Industrial Enterprises(10 000 yuan)	110700	139888	26.4
工业企业负债合计(万元)	Total Liabilities of Industrial Enterprises(10 000 yuan)	82900	114533	38.2
工业企业产品销售收入(万元)	Sales of Revenue Industrial Enterprises(10 000 yuan)	129700	143700	10.8
工业企业利润总额(万元)	Total Profits of Industrial Enterprises(10 000 yuan)	12700	23100	81.9
建筑业	**Construction**			
建筑企业单位数(个)	Number of Construction Enterprises(unit)	4	4	0.0
建筑企业从业人员(人)	Number of Employee in Construction Enterprises(person)	1418	1911	34.8
建筑业总产值(万元)	Gross Construction Output Value(10 000 yuan)	20845	21295	2.2
交通运输邮电通信业	**Transportation,Post & Telecommunications**			
公路里程(公里)	Total Length of Highways(km)	2766	2766	0.0
邮电业务总量(万元)	Business Volume of Post & Telecoms(10 000 yuan)	5586	6240	11.7
本地电话用户(户)	Number of Subscribers of Local Telephone(Household)	15332	16679	8.8
国内贸易	**Domestic Trade**			
社会消费品零售总额(万元)	Total Retail Sales of Consumer Goods(10 000 yuan)	75468	89050	18.0
城镇(万元)	Town(10 000 yuan)	64192	75802	18.1
#城区(万元)	City(10 000 yuan)	41576	49650	19.4
乡村(万元)	Village(10 000 yuan)	11276	13248	17.5
科技教育卫生	**Science,Education & Public Health**			
各类专业技术人员(人)	Special Technical Personnel(person)	2490	2841	14.0
幼儿园数(所)	Number of Kindergartens(unit)	15	9	-40.0
学龄儿童入学率(%)	Percentage of School-Age Children Enrolled(%)	100.0	100.0	0.0
小学学校数(所)	Number of Primary Schools(unit)	8	8	0.0
小学专任教师数(人)	Number of Full-time Teachers of Primary Schools(person)	533	454	-14.8
小学在校学生数(人)	Number of Student Enrollment of Primary Schools(person)	4368	4083	6.5
普通中学学校数(所)	Number of Regular Secondary Schools(unit)	10	6	-40.0
普通中学专任教师数(人)	Number of Teachers of Secondary Shools(person)	454	365	-19.6
初中在校学生数(人)	Number of Student in Junior Secondary Schools(person)	2547	2744	7.7
高中在校学生数(人)	Number of Student in Senior Secondary Schools(person)	1531	1052	-31.0
卫生机构数(所)	Number of Health Institutions(unit)	110	108	-1.8
#医院(所)	Hospitals(unit)	7	7	0.0
卫生院(所)	Township Hospitals(unit)	2	3	50.0
床位数(张)	Number of Beds(unit)	413	428	3.6
#医院(张)	Hospitals(unit)	363	362	-0.3
卫生院(张)	Township Hospitals(unit)	50	48	-4.0
卫生技术人员(人)	Medical Technical Presonnel(person)	707	636	-10.0
#医院(人)	Hospitals(person)	346	397	14.7
卫生院(人)	Township Hospitals(person)	76	56	-26.3

23-31 呼伦贝尔市根河市

指　标	Item	2010	2011	2011年比上年增长% Increase Rate in 2011 Over 2010(%)
行政区域土地面积(平方公里)	**Area of Administration(Sq.km)**	**19659**	**19659**	**0.0**
人口和就业	**Population & Employment**			
年末总人口(人)	Total Population Year-end(person)	159711	157308	-1.5
# 男性(人)	Male(person)	81603	80310	-1.6
# 乡村人口(人)	Rural(person)			
年末总户数(户)	Total Number of Households at the Year-end(Household)	56782	56661	-0.2
# 乡村户数(户)	Number of Rural Household(Household)			
出生人口(人)	Births(person)	616	514	-16.6
死亡人口(人)	Deaths(person)	1270	1303	2.6
全社会就业人员(人)	Employment(person)	44005	48231	9.6
第一产业(人)	Primary Industry(person)	8560	9485	10.8
第二产业(人)	Secondary Industry(person)	11088	10362	-6.5
第三产业(人)	Tertiary Industry(person)	24357	28384	16.5
在岗职工人数(人)	Number of Staff & Workers Employed in(person)	29626	28469	-3.9
乡村劳动力(人)	Number of Rural Laborers(person)			
# 农林牧渔业(人)	Farming,Forestry,Animal Husbandry & Fishery(person)			
国民经济综合指标	**Summary Item on the National Economy**			
生产总值(万元)	Gross Domestic Product(10 000 yuan)	265583	312731	9.6
第一产业(万元)	Primary Industry(10 000 yuan)	76506	89766	5.5
第二产业(万元)	Secondary Industry(10 000 yuan)	68134	83617	12.9
# 工业(万元)	Industry(10 000 yuan)	59832	74547	14.5
第三产业(万元)	Tertiary Industry(10 000 yuan)	120943	139348	10.4
人均生产总值(元)	Per Capita GDP(yuan)	16567	19729	10.9
全社会固定资产投资(万元)	Total Investment in Fixed Assets(10 000 yuan)	85501	120053	40.4
按登记注册类型分	Grouped by Registered Type			
# 国有(万元)	State-owned Enterprises(10 000 yuan)	23390	23123	-1.1
集体(万元)	Collective-owned Enterprises(10 000 yuan)	1950		
有限责任公司(万元)	Limited Liability Corporations(10 000 yuan)	25150	52200	107.6
股份有限公司(万元)	Share Holding Enterprises(10 000 yuan)	10920	1200	-89.0
私营企业(万元)	Private Enterprises(10 000 yuan)	16868	13635	-19.2
外商及港澳台投资企业(万元)	Funds from HK,Macao,Taiwan & Foreign(10 000 yuan)			
按城乡渠道分	Grouped by Urban and Rural Area			
城镇（万元）	Urban(10 000 yuan)	85501	120053	40.4
农村（万元）	Rural(10 000 yuan)			
一般预算收入(万元)	General Budgetary Financial Revenue(10 000 yuan)	10301	7877	-23.5
一般预算支出(万元)	General Budgetary Financial Expenditures(10 000 yuan)	97571	109215	11.9
个人储蓄存款余额(万元)	The balance of savings deposits of individuals(10 000yuan)		327056	
在岗职工工资总额(万元)	Total Wages of Staff & Workers Employed in(10 000 yuan)	75951	93564	23.2
在岗职工平均工资(元)	Average Wage of Staff & Workers Employed in(yuan)	32157	38063	18.4
城镇居民人均可支配收入(元)	Annual Disposable Income of Urban Residents per Capita(yuan)	13043	14851	13.9
农牧民人均纯收入(元)	Per Capita Net Income of Peasant & Herdsman(yuan)			
农村牧区经济	**Economic Development in Rural & Pastoral Area**			
耕地面积(公顷)	Cultivated Area(hectare)	2233	2233	0.0
农作物总播种面积(公顷)	Total Sown Area(hectare)	2831	2849	0.6
# 粮食作物播种面积(公顷)	Sown Area of Grain Crops(hectare)	1569	1834	16.9
有效灌溉面积(公顷)	Irrigated Area(hectare)			
农牧业机械总动力(万千瓦)	Total Power of Agricultural Machinery(10 000 kw)	2.40	2.80	16.7
化肥施用折纯量(吨)	Consumption of Chemical Fertilizer(ton)	138	413	199.3
农村用电量(万千瓦小时)	Electricity Consumed in Rural Area(10 000 kwh)			
农林牧渔业总产值(万元)	Gross Output of Farming,Forestry,Animal Husbandry & Fishery(10 000 yuan)	126411	146547	15.9
粮食产量(吨)	Yield of Grain(ton)	4960	5589	12.7
油料产量(吨)	Yield of Oil-bearing Grops(ton)	1698	903	-46.8
甜菜产量(吨)	Yield of Beetroots(ton)			
猪牛羊肉产量(吨)	Output of Pork, Beef & Mutton(ton)	2630	2731	3.8
# 猪肉产量(吨)	Output of Pork(ton)	2101	2101	0.0
牛肉产量(吨)	Output of Beef(ton)	395	496	25.6
羊肉产量(吨)	Output of Mutton(ton)	134	134	0.0
羊毛产量(吨)	Output of Wool(ton)	20	12	-40.0

23-31 Genhe City in Hulunbeier City

指　标	Item	2010	2011	2011年比上年增长% Increase Rate in 2011 Over 2010(%)
年末牲畜存栏头数(万头只)	Total Livestock at the Year-end(10 000 heads)	1.71	1.84	7.6
#大牲畜(万头只)	Large Animals(10 000 heads)	0.24	0.24	0.0
羊(万只)	Sheep & Goats(10 000 heads)	0.53	0.53	0.0
猪(万头)	Hogs(10 000 heads)	0.94	1.08	14.9
规模以上工业	**Industrial Enterprises above Designated size**			
工业企业单位数(个)	Number of Industrial Enterprises(unit)	15	14	-6.7
#内资企业(个)	Civil Funded Enterprises(unit)	15	14	-6.7
工业总产值(万元)	Gross Industrial Output Value(10 000 yuan)	107507	136730	27.2
内资企业(万元)	Civil Funded Enterprises(10 000 yuan)	107507	136730	27.2
国有企业(万元)	State-owned Enterprises(10 000 yuan)	9274	10026	8.1
集体企业(万元)	Collective-owned Enterprises(10 000 yuan)			
股份合作企业(万元)	Share Holding Enterprises(10 000 yuan)			
联营企业(万元)	Joint Owned Enterprises(10 000 yuan)			
有限责任公司(万元)	Limited Company(10 000 yuan)			
股份有限公司(万元)	Share Holding Limited Company(10 000 yuan)			
私营企业(万元)	Privately Owned Enterprises(10 000 yuan)			
其他企业(万元)	Enterprises of Other Ownership(10 000 yuan)	98233	126704	29.0
港澳台商投资企业(万元)	Funds from HK,Macao & Taiwan(10 000 yuan)			
外商投资企业(万元)	Foreign Funded Enterprises(10 000 yuan)			
工业企业增加值(万元)	Value Added of Industrial Enterprises(10 000 yuan)	37000	52000	24.7
工业企业资产总计(万元)	Total Assets of Industrial Enterprises(10 000 yuan)	94667	108649	14.8
工业企业负债合计(万元)	Total Liabilities of Industrial Enterprises(10 000 yuan)	62165	65255	5.0
工业企业产品销售收入(万元)	Sales of Revenue Industrial Enterprises(10 000 yuan)	105812	132981	25.7
工业企业利润总额(万元)	Total Profits of Industrial Enterprises(10 000 yuan)	2597	5620	116.4
建筑业	**Construction**			
建筑企业单位数(个)	Number of Construction Enterprises(unit)	7	9	28.6
建筑企业从业人员(人)	Number of Employee in Construction Enterprises(person)	1653	1142	-30.9
建筑业总产值(万元)	Gross Construction Output Value(10 000 yuan)	48880	45199	-7.5
交通运输邮电通信业	**Transportation,Post & Telecommunications**			
公路里程(公里)	Total Length of Highways(km)	979	979	0.0
邮电业务总量(万元)	Business Volume of Post & Telecoms(10 000 yuan)	5788	6232	7.7
本地电话用户(户)	Number of Subscribers of Local Telephone(Household)	19180	19630	2.3
国内贸易	**Domestic Trade**			
社会消费品零售总额(万元)	Total Retail Sales of Consumer Goods(10 000 yuan)	106351	125600	18.1
城镇(万元)	Town(10 000 yuan)	106351	125600	18.1
#城区(万元)	City(10 000 yuan)	68200	85250	25.0
乡村(万元)	Village(10 000 yuan)			
科技教育卫生	**Science,Education & Public Health**			
各类专业技术人员(人)	Special Technical Personnel(person)	6014	6645	10.5
幼儿园数(所)	Number of Kindergartens(unit)	10	10	0.0
学龄儿童入学率(%)	Percentage of School-Age Children Enrolled(%)	100.0	100.0	0.0
小学学校数(所)	Number of Primary Schools(unit)	9	7	-22.2
小学专任教师数(人)	Number of Full-time Teachers of Primary Schools(person)	1025	791	-22.8
小学在校学生数(人)	Number of Student Enrollment of Primary Schools(person)	4540	3945	-13.1
普通中学学校数(所)	Number of Regular Secondary Schools(unit)	10	8	-20.0
普通中学专任教师数(人)	Number of Teachers of Secondary Shools(person)	780	770	-1.3
初中在校学生数(人)	Number of Student in Junior Secondary Schools(person)	3520	3024	-14.1
高中在校学生数(人)	Number of Student in Senior Secondary Schools(person)	2051	1937	-5.6
卫生机构数(所)	Number of Health Institutions(unit)	79	78	-1.3
#医院(所)	Hospitals(unit)	4	4	0.0
卫生院(所)	Township Hospitals(unit)	6	6	0.0
床位数(张)	Number of Beds(unit)	722	631	-12.6
#医院(张)	Hospitals(unit)	390	390	0.0
卫生院(张)	Township Hospitals(unit)	306	215	-29.7
卫生技术人员(人)	Medical Technical Presonnel(person)	1253	1112	-11.3
#医院(人)	Hospitals(person)	418	369	-11.7
卫生院(人)	Township Hospitals(person)	520	457	-12.1

23-32 呼伦贝尔市阿荣旗

指　标	Item	2010	2011	2011年比上年增长% Increase Rate in 2011 Over 2010(%)
行政区域土地面积(平方公里)	**Area of Administration(Sq.km)**	**12063**	**12063**	**0.0**
人口和就业	**Population & Employment**			
年末总人口(人)	Total Population Year-end(person)	330123	329614	-0.2
# 男性(人)	Male(person)	169354	169751	0.2
# 乡村人口(人)	Rural(person)	229673	254259	10.7
年末总户数(户)	Total Number of Households at the Year-end(Household)	112982	125716	11.3
# 乡村户数(户)	Number of Rural Household(Household)	65902	86542	31.3
出生人口(人)	Births(person)	3085	2726	-11.6
死亡人口(人)	Deaths(person)	3720	1349	-63.7
全社会就业人员(人)	Employment(person)	165310	157303	-4.8
第一产业(人)	Primary Industry(person)	122038	112715	-7.6
第二产业(人)	Secondary Industry(person)	14345	14852	3.5
第三产业(人)	Tertiary Industry(person)	28927	29736	2.8
在岗职工人数(人)	Number of Staff & Workers Employed in(person)	20237	22620	11.8
乡村劳动力(人)	Number of Rural Laborers(person)	122038	112715	-0.6
# 农林牧渔业(人)	Farming,Forestry,Animal Husbandry & Fishery(person)	99675	94787	-4.9
国民经济综合指标	**Summary Item on the National Economy**			
生产总值(万元)	Gross Domestic Product(10 000 yuan)	900173	1093703	8.1
第一产业(万元)	Primary Industry(10 000 yuan)	343010	386555	1.3
第二产业(万元)	Secondary Industry(10 000 yuan)	343539	456956	13.0
# 工业(万元)	Industry(10 000 yuan)	262119	356893	12.7
第三产业(万元)	Tertiary Industry(10 000 yuan)	213624	250192	11.4
人均生产总值(元)	Per Capita GDP(yuan)	27268	33156	8.5
全社会固定资产投资(万元)	Total Investment in Fixed Assets(10 000 yuan)	692944	781899	12.8
按登记注册类型分	Grouped by Registered Type			
# 国有(万元)	State-owned Enterprises(10 000 yuan)	341167	358292	5.0
集体(万元)	Collective-owned Enterprises(10 000 yuan)		110	
有限责任公司(万元)	Limited Liability Corporations(10 000 yuan)	251382	187757	-25.3
股份有限公司(万元)	Share Holding Enterprises(10 000 yuan)	33246	71918	116.3
私营企业(万元)	Private Enterprises(10 000 yuan)	46047	43592	-5.3
外商及港澳台投资企业(万元)	Funds from HK,Macao,Taiwan & Foreign(10 000 yuan)			
按城乡渠道分	Grouped by Urban and Rural Area			
城镇（万元）	Urban(10 000 yuan)	654923	717164	9.5
农村（万元）	Rural(10 000 yuan)	38021	64735	70.3
一般预算收入(万元)	General Budgetary Financial Revenue(10 000 yuan)	24556	30579	24.5
一般预算支出(万元)	General Budgetary Financial Expenditures(10 000 yuan)	141257	174964	23.9
个人储蓄存款余额(万元)	The balance of savings deposits of individuals(10 000yuan)		235267	
在岗职工工资总额(万元)	Total Wages of Staff & Workers Employed in(10 000 yuan)	61587	73405	19.2
在岗职工平均工资(元)	Average Wage of Staff & Workers Employed in(yuan)	31116	32451	4.3
城镇居民人均可支配收入(元)	Annual Disposable Income of Urban Residents per Capita(yuan)	14870	16780	12.8
农牧民人均纯收入(元)	Per Capita Net Income of Peasant & Herdsman(yuan)	6671	7992	19.8
农村牧区经济	**Economic Development in Rural & Pastoral Area**			
耕地面积(公顷)	Cultivated Area(hectare)	313729	310784	-0.9
农作物总播种面积(公顷)	Total Sown Area(hectare)	286939	310784	5.2
# 粮食作物播种面积(公顷)	Sown Area of Grain Crops(hectare)	267161	267255	0.0
有效灌溉面积(公顷)	Irrigated Area(hectare)	48300	54000	11.8
农牧业机械总动力(万千瓦)	Total Power of Agricultural Machinery(10 000 kw)	63.95	68.16	6.6
化肥施用折纯量(吨)	Consumption of Chemical Fertilizer(ton)	15600	15638	0.2
农村用电量(万千瓦小时)	Electricity Consumed in Rural Area(10 000 kwh)	4975	5892	18.4
农林牧渔业总产值(万元)	Gross Output of Farming,Forestry,Animal Husbandry & Fishery(10 000 yuan)	541470	631068	16.5
粮食产量(吨)	Yield of Grain(ton)	1410146	1446000	2.5
油料产量(吨)	Yield of Oil-bearing Grops(ton)	16885	16192	-4.1
甜菜产量(吨)	Yield of Beetroots(ton)			
猪牛羊肉产量(吨)	Output of Pork, Beef & Mutton(ton)	40612	39272	-3.3
# 猪肉产量(吨)	Output of Pork(ton)	5668	5668	0.0
牛肉产量(吨)	Output of Beef(ton)	14035	12887	-8.2
羊肉产量(吨)	Output of Mutton(ton)	20909	20717	-0.9
羊毛产量(吨)	Output of Wool(ton)	7596	7723	1.7

23-32 Arong Banner in Hulunbeier City

指　标	Item	2010	2011	2011年比上年增长% Increase Rate in 2011 Over 2010(%)
年末牲畜存栏头数(万头只)	Total Livestock at the Year-end(10 000 heads)	168.65	169.37	0.4
#大牲畜(万头只)	Large Animals(10 000 heads)	16.81	16.39	2.6
羊(万只)	Sheep & Goats(10 000 heads)	146.19	147.00	0.6
猪(万头)	Hogs(10 000 heads)	5.65	5.46	-1.8
规模以上工业	**Industrial Enterprises above Designated size**			
工业企业单位数(个)	Number of Industrial Enterprises(unit)	33	29	-12.1
#内资企业(个)	Civil Funded Enterprises(unit)	33	29	-12.1
工业总产值(万元)	Gross Industrial Output Value(10 000 yuan)	592541	752697	27.0
内资企业(万元)	Civil Funded Enterprises(10 000 yuan)	592541	752697	27.0
国有企业(万元)	State-owned Enterprises(10 000 yuan)	12974	18313	41.2
集体企业(万元)	Collective-owned Enterprises(10 000 yuan)			
股份合作企业(万元)	Share Holding Enterprises(10 000 yuan)			
联营企业(万元)	Joint Owned Enterprises(10 000 yuan)			
有限责任公司(万元)	Limited Company(10 000 yuan)	411370	536239	30.4
股份有限公司(万元)	Share Holding Limited Company(10 000 yuan)	18601	23561	26.7
私营企业(万元)	Privately Owned Enterprises(10 000 yuan)	149596	174584	16.7
其他企业(万元)	Enterprises of Other Ownership(10 000 yuan)			
港澳台商投资企业(万元)	Funds from HK,Macao & Taiwan(10 000 yuan)			
外商投资企业(万元)	Foreign Funded Enterprises(10 000 yuan)			
工业企业增加值(万元)	Value Added of Industrial Enterprises(10 000 yuan)	187000	238000	24.0
工业企业资产总计(万元)	Total Assets of Industrial Enterprises(10 000 yuan)	241560	260175	7.7
工业企业负债合计(万元)	Total Liabilities of Industrial Enterprises(10 000 yuan)	149175	142003	-4.8
工业企业产品销售收入(万元)	Sales of Revenue Industrial Enterprises(10 000 yuan)	561381	698487	24.4
工业企业利润总额(万元)	Total Profits of Industrial Enterprises(10 000 yuan)	21927	29910	36.4
建筑业	**Construction**			
建筑企业单位数(个)	Number of Construction Enterprises(unit)	4	4	0.0
建筑企业从业人员(人)	Number of Employee in Construction Enterprises(person)	3965	5090	28.4
建筑业总产值(万元)	Gross Construction Output Value(10 000 yuan)	70668	84582	19.7
交通运输邮电通信业	**Transportation,Post & Telecommunications**			
公路里程(公里)	Total Length of Highways(km)	2410	2410	0.0
邮电业务总量(万元)	Business Volume of Post & Telecoms(10 000 yuan)	10241	14648	43.0
本地电话用户(户)	Number of Subscribers of Local Telephone(Household)	193574	261494	35.1
国内贸易	**Domestic Trade**			
社会消费品零售总额(万元)	Total Retail Sales of Consumer Goods(10 000 yuan)	172388	208970	18.4
城镇(万元)	Town(10 000 yuan)	110026	133599	21.4
#城区(万元)	City(10 000 yuan)			
乡村(万元)	Village(10 000 yuan)	62362	75371	20.9
科技教育卫生	**Science,Education & Public Health**			
各类专业技术人员(人)	Special Technical Personnel(person)	4916	5019	2.1
幼儿园数(所)	Number of Kindergartens(unit)	21	22	4.8
学龄儿童入学率(%)	Percentage of School-Age Children Enrolled(%)	100.0	100.0	0.0
小学学校数(所)	Number of Primary Schools(unit)	27	20	-25.9
小学专任教师数(人)	Number of Full-time Teachers of Primary Schools(person)	1644	1399	-14.9
小学在校学生数(人)	Number of Student Enrollment of Primary Schools(person)	15177	15644	3.1
普通中学学校数(所)	Number of Regular Secondary Schools(unit)	19	18	-5.3
普通中学专任教师数(人)	Number of Teachers of Secondary Shools(person)	1115	1319	18.3
初中在校学生数(人)	Number of Student in Junior Secondary Schools(person)	7621	7159	-6.1
高中在校学生数(人)	Number of Student in Senior Secondary Schools(person)	4062	3573	-12.0
卫生机构数(所)	Number of Health Institutions(unit)	71	74	4.2
#医院(所)	Hospitals(unit)	4	4	0.0
卫生院(所)	Township Hospitals(unit)	17	18	5.9
床位数(张)	Number of Beds(unit)	558	724	29.7
#医院(张)	Hospitals(unit)	387	545	40.8
卫生院(张)	Township Hospitals(unit)	151	159	5.3
卫生技术人员(人)	Medical Technical Presonnel(person)	767	714	-6.9
#医院(人)	Hospitals(person)	372	353	-5.1
卫生院(人)	Township Hospitals(person)	240	232	-3.3

23-33 呼伦贝尔市莫力达瓦达斡尔族自治旗

指　标	Item	2010	2011	2011年比上年增长% Increase Rate in 2011 Over 2010(%)
行政区域土地面积(平方公里)	**Area of Administration(Sq.km)**	**11000**	**10356**	**-5.9**
人口和就业	**Population & Employment**			
年末总人口(人)	Total Population Year-end(person)	340582	342110	0.4
#男性(人)	Male(person)	175841	176606	0.4
#乡村人口(人)	Rural(person)	245300	258928	5.6
年末总户数(户)	Total Number of Households at the Year-end(Household)	118238	120130	1.6
#乡村户数(户)	Number of Rural Household(Household)	66300	69980	5.6
出生人口(人)	Births(person)	4148	3471	-16.3
死亡人口(人)	Deaths(person)	2337	1184	-49.3
全社会就业人员(人)	Employment(person)	144133	151350	5.0
第一产业(人)	Primary Industry(person)	121218	127203	4.9
第二产业(人)	Secondary Industry(person)	5411	5892	8.9
第三产业(人)	Tertiary Industry(person)	17504	18255	4.3
在岗职工人数(人)	Number of Staff & Workers Employed in(person)	21020	21121	0.5
乡村劳动力(人)	Number of Rural Laborers(person)	132500	139861	5.6
#农林牧渔业(人)	Farming,Forestry,Animal Husbandry & Fishery(person)	110800	116955	5.6
国民经济综合指标	**Summary Item on the National Economy**			
生产总值(万元)	Gross Domestic Product(10 000 yuan)	675080	806798	10.2
第一产业(万元)	Primary Industry(10 000 yuan)	327095	381140	4.7
第二产业(万元)	Secondary Industry(10 000 yuan)	148589	194620	20.6
#工业(万元)	Industry(10 000 yuan)	109010	132899	12.1
第三产业(万元)	Tertiary Industry(10 000 yuan)	199396	231038	11.3
人均生产总值(元)	Per Capita GDP(yuan)	19891	23636	9.5
全社会固定资产投资(万元)	Total Investment in Fixed Assets(10 000 yuan)	238301	344838	44.7
按登记注册类型分	Grouped by Registered Type			
#国有(万元)	State-owned Enterprises(10 000 yuan)	90706	129640	42.9
集体(万元)	Collective-owned Enterprises(10 000 yuan)			
有限责任公司(万元)	Limited Liability Corporations(10 000 yuan)			
股份有限公司(万元)	Share Holding Enterprises(10 000 yuan)			
私营企业(万元)	Private Enterprises(10 000 yuan)	144945	206198	42.3
外商及港澳台投资企业(万元)	Funds from HK,Macao,Taiwan & Foreign(10 000 yuan)	2650	9000	239.6
按城乡渠道分	Grouped by Urban and Rural Area			
城镇（万元）	Urban(10 000 yuan)	238301	344838	44.7
农村（万元）	Rural(10 000 yuan)			
一般预算收入(万元)	General Budgetary Financial Revenue(10 000 yuan)	12446	16515	32.7
一般预算支出(万元)	General Budgetary Financial Expenditures(10 000 yuan)	140489	175625	25.0
个人储蓄存款余额(万元)	The balance of savings deposits of individuals(10 000yuan)		177088	
在岗职工工资总额(万元)	Total Wages of Staff & Workers Employed in(10 000 yuan)	55871	67794	21.3
在岗职工平均工资(元)	Average Wage of Staff & Workers Employed in(yuan)	26557	32107	20.9
城镇居民人均可支配收入(元)	Annual Disposable Income of Urban Residents per Capita(yuan)	12601	14347	13.9
农牧民人均纯收入(元)	Per Capita Net Income of Peasant & Herdsman(yuan)	6372	7647	20.0
农村牧区经济	**Economic Development in Rural & Pastoral Area**			
耕地面积(公顷)	Cultivated Area(hectare)	464720	497960	7.2
农作物总播种面积(公顷)	Total Sown Area(hectare)	464720	466667	0.4
#粮食作物播种面积(公顷)	Sown Area of Grain Crops(hectare)	434502	436667	0.5
有效灌溉面积(公顷)	Irrigated Area(hectare)	49.39	54.59	10.5
农牧业机械总动力(万千瓦)	Total Power of Agricultural Machinery(10 000 kw)	66.43	69.78	5.0
化肥施用折纯量(吨)	Consumption of Chemical Fertilizer(ton)	54800	57644	5.2
农村用电量(万千瓦小时)	Electricity Consumed in Rural Area(10 000 kwh)	6252	6252	0.0
农林牧渔业总产值(万元)	Gross Output of Farming,Forestry,Animal Husbandry & Fishery(10 000 yuan)	532838	622228	4.6
粮食产量(吨)	Yield of Grain(ton)	1469682	1507251	2.6
油料产量(吨)	Yield of Oil-bearing Grops(ton)	8654	7335	-15.2
甜菜产量(吨)	Yield of Beetroots(ton)	2597		
猪牛羊肉产量(吨)	Output of Pork, Beef & Mutton(ton)	29303	28765	-1.8
#猪肉产量(吨)	Output of Pork(ton)	5761	5761	0.0
牛肉产量(吨)	Output of Beef(ton)	10679	10333	-3.2
羊肉产量(吨)	Output of Mutton(ton)	12863	12671	-1.5
羊毛产量(吨)	Output of Wool(ton)	4010	4050	1.0

23-33 Molidawadawoer National Autonomous Banner in Hulunbeier City

指　标	Item	2010	2011	2011年比上年增长% Increase Rate in 2011 Over 2010(%)
年末牲畜存栏头数(万头只)	Total Livestock at the Year-end(10 000 heads)	138.47	131.82	-4.8
#大牲畜(万头只)	Large Animals(10 000 heads)	15.45	15.29	-1.0
羊(万只)	Sheep & Goats(10 000 heads)	117.18	110.69	-5.5
猪(万头)	Hogs(10 000 heads)	5.84	5.85	0.2
规模以上工业	**Industrial Enterprises above Designated size**			
工业企业单位数(个)	Number of Industrial Enterprises(unit)	20	20	0.0
#内资企业(个)	Civil Funded Enterprises(unit)	19	19	0.0
工业总产值(万元)	Gross Industrial Output Value(10 000 yuan)	273756	367245	34.2
内资企业(万元)	Civil Funded Enterprises(10 000 yuan)	245144	335190	36.7
国有企业(万元)	State-owned Enterprises(10 000 yuan)	18978	23684	24.8
集体企业(万元)	Collective-owned Enterprises(10 000 yuan)			
股份合作企业(万元)	Share Holding Enterprises(10 000 yuan)			
联营企业(万元)	Joint Owned Enterprises(10 000 yuan)			
有限责任公司(万元)	Limited Company(10 000 yuan)			
股份有限公司(万元)	Share Holding Limited Company(10 000 yuan)			
私营企业(万元)	Privately Owned Enterprises(10 000 yuan)	226166	311506	37.7
其他企业(万元)	Enterprises of Other Ownership(10 000 yuan)			
港澳台商投资企业(万元)	Funds from HK,Macao & Taiwan(10 000 yuan)	28612	32055	12.0
外商投资企业(万元)	Foreign Funded Enterprises(10 000 yuan)			
工业企业增加值(万元)	Value Added of Industrial Enterprises(10 000 yuan)	89706	118000	20.6
工业企业资产总计(万元)	Total Assets of Industrial Enterprises(10 000 yuan)	222929	265079	18.9
工业企业负债合计(万元)	Total Liabilities of Industrial Enterprises(10 000 yuan)	142898	151639	6.1
工业企业产品销售收入(万元)	Sales of Revenue Industrial Enterprises(10 000 yuan)	275882	371194	34.5
工业企业利润总额(万元)	Total Profits of Industrial Enterprises(10 000 yuan)	30845	49011	58.9
建筑业	**Construction**			
建筑企业单位数(个)	Number of Construction Enterprises(unit)	4	6	50.0
建筑企业从业人员(人)	Number of Employee in Construction Enterprises(person)	2880	3621	25.7
建筑业总产值(万元)	Gross Construction Output Value(10 000 yuan)	24282	36132	48.8
交通运输邮电通信业	**Transportation,Post & Telecommunications**			
公路里程(公里)	Total Length of Highways(km)	1938	1955	0.9
邮电业务总量(万元)	Business Volume of Post & Telecoms(10 000 yuan)	12592	12875	2.2
本地电话用户(户)	Number of Subscribers of Local Telephone(Household)	25169	21148	-16.0
国内贸易	**Domestic Trade**			
社会消费品零售总额(万元)	Total Retail Sales of Consumer Goods(10 000 yuan)	176540	208670	18.2
城镇(万元)	Town(10 000 yuan)	113380	134920	19.0
#城区(万元)	City(10 000 yuan)	113380	134920	19.0
乡村(万元)	Village(10 000 yuan)	63160	73750	16.8
科技教育卫生	**Science,Education & Public Health**			
各类专业技术人员(人)	Special Technical Personnel(person)	6999	7507	7.3
幼儿园数(所)	Number of Kindergartens(unit)	59	18	-69.5
学龄儿童入学率(%)	Percentage of School-Age Children Enrolled(%)	100.0	100.0	0.0
小学学校数(所)	Number of Primary Schools(unit)	26	14	-46.2
小学专任教师数(人)	Number of Full-time Teachers of Primary Schools(person)	1645	1722	4.7
小学在校学生数(人)	Number of Student Enrollment of Primary Schools(person)	17047	16889	-0.9
普通中学学校数(所)	Number of Regular Secondary Schools(unit)	25	25	0.0
普通中学专任教师数(人)	Number of Teachers of Secondary Shools(person)	1194	1177	-1.4
初中在校学生数(人)	Number of Student in Junior Secondary Schools(person)	8645	8553	-1.1
高中在校学生数(人)	Number of Student in Senior Secondary Schools(person)	3589	3228	-10.1
卫生机构数(所)	Number of Health Institutions(unit)	31	30	-3.2
#医院(所)	Hospitals(unit)	6	6	0.0
卫生院(所)	Township Hospitals(unit)	19	18	-5.3
床位数(张)	Number of Beds(unit)	799	850	6.4
#医院(张)	Hospitals(unit)	541	596	10.2
卫生院(张)	Township Hospitals(unit)	220	206	-6.4
卫生技术人员(人)	Medical Technical Presonnel(person)	887	956	7.8
#医院(人)	Hospitals(person)	474	504	6.3
卫生院(人)	Township Hospitals(person)	221	232	5.0

23-34 呼伦贝尔市鄂伦春自治旗

指　标	Item	2010	2011	2011年比上年增长% Increase Rate in 2011 Over 2010(%)
行政区域土地面积(平方公里)	**Area of Administration(Sq.km)**	**59800**	**59800**	**0.0**
人口和就业	**Population & Employment**			
年末总人口(人)	Total Population Year-end(person)	277520	273984	-1.3
# 男性(人)	Male(person)	143078	140966	-1.5
# 乡村人口(人)	Rural(person)	61084	69463	13.7
年末总户数(户)	Total Number of Households at the Year-end(Household)	102677	104578	1.9
# 乡村户数(户)	Number of Rural Household(Household)	16740	18972	13.3
出生人口(人)	Births(person)	1425	1633	14.6
死亡人口(人)	Deaths(person)	2016	2646	31.3
全社会就业人员(人)	Employment(person)	71820	78680	9.6
第一产业(人)	Primary Industry(person)	34186	38279	12.0
第二产业(人)	Secondary Industry(person)	14867	15576	4.8
第三产业(人)	Tertiary Industry(person)	22767	24825	9.0
在岗职工人数(人)	Number of Staff & Workers Employed in(person)	17565	19225	9.5
乡村劳动力(人)	Number of Rural Laborers(person)	36630	43172	17.9
# 农林牧渔业(人)	Farming,Forestry,Animal Husbandry & Fishery(person)	32633	40305	23.5
国民经济综合指标	**Summary Item on the National Economy**			
生产总值(万元)	Gross Domestic Product(10 000 yuan)	380344	457488	11.0
第一产业(万元)	Primary Industry(10 000 yuan)	143280	174158	9.3
第二产业(万元)	Secondary Industry(10 000 yuan)	38964	50400	7.9
# 工业(万元)	Industry(10 000 yuan)	31459	41067	6.1
第三产业(万元)	Tertiary Industry(10 000 yuan)	198100	232930	13.0
人均生产总值(元)	Per Capita GDP(yuan)	13628	16591	12.4
全社会固定资产投资(万元)	Total Investment in Fixed Assets(10 000 yuan)	80325	129816	61.6
按登记注册类型分	Grouped by Registered Type			
# 国有(万元)	State-owned Enterprises(10 000 yuan)	44901	68367	52.3
集体(万元)	Collective-owned Enterprises(10 000 yuan)			
有限责任公司(万元)	Limited Liability Corporations(10 000 yuan)	26090	11038	-57.7
股份有限公司(万元)	Share Holding Enterprises(10 000 yuan)	6604	1001	-84.8
私营企业(万元)	Private Enterprises(10 000 yuan)	180	1100	511.1
外商及港澳台投资企业 (万元)	Funds from HK,Macao,Taiwan & Foreign(10 000 yuan)			
按城乡渠道分	Grouped by Urban and Rural Area			
城镇（万元）	Urban(10 000 yuan)	80325	129816	61.6
农村（万元）	Rural(10 000 yuan)			
一般预算收入(万元)	General Budgetary Financial Revenue(10 000 yuan)	9099	11459	25.9
一般预算支出(万元)	General Budgetary Financial Expenditures(10 000 yuan)	136166	178693	31.2
个人储蓄存款余额(万元)	The balance of savings deposits of individuals(10 000yuan)		324725	
在岗职工工资总额(万元)	Total Wages of Staff & Workers Employed in(10 000 yuan)	50291	59475	18.3
在岗职工平均工资(元)	Average Wage of Staff & Workers Employed in(yuan)	27416	30936	12.8
城镇居民人均可支配收入(元)	Annual Disposable Income of Urban Residents per Capita(yuan)	12635	14534	15.0
农牧民人均纯收入(元)	Per Capita Net Income of Peasant & Herdsman(yuan)	4829	5737	18.8
农村牧区经济	**Economic Development in Rural & Pastoral Area**			
耕地面积(公顷)	Cultivated Area(hectare)	275953	275953	0.0
农作物总播种面积(公顷)	Total Sown Area(hectare)	217532	201280	-7.5
# 粮食作物播种面积(公顷)	Sown Area of Grain Crops(hectare)	215154	195792	-9.0
有效灌溉面积(公顷)	Irrigated Area(hectare)	10018	4420	-55.9
农牧业机械总动力(万千瓦)	Total Power of Agricultural Machinery(10 000 kw)	45.61	49.83	9.3
化肥施用折纯量(吨)	Consumption of Chemical Fertilizer(ton)	21430	28618	33.5
农村用电量(万千瓦小时)	Electricity Consumed in Rural Area(10 000 kwh)	1467	1889	28.8
农林牧渔业总产值(万元)	Gross Output of Farming,Forestry,Animal Husbandry & Fishery(10 000 yuan)	233403	284321	21.8
粮食产量(吨)	Yield of Grain(ton)	351091	385780	9.9
油料产量(吨)	Yield of Oil-bearing Grops(ton)	546	180	-67.0
甜菜产量(吨)	Yield of Beetroots(ton)			
猪牛羊肉产量(吨)	Output of Pork, Beef & Mutton(ton)	6393	10198	59.5
# 猪肉产量(吨)	Output of Pork(ton)	3032	3201	5.6
牛肉产量(吨)	Output of Beef(ton)	1684	3368	100.0
羊肉产量(吨)	Output of Mutton(ton)	1677	3629	116.4
羊毛产量(吨)	Output of Wool(ton)	712	823	15.6

23-34 Elunchun National Autonomous Banner in Hulunbeier City

指 标	Item	2010	2011	2011年比上年增长% Increase Rate in 2011 Over 2010(%)
年末牲畜存栏头数(万头只)	Total Livestock at the Year-end(10 000 heads)	38.78	44.90	15.8
# 大牲畜(万头只)	Large Animals(10 000 heads)	2.97	4.24	42.8
羊(万只)	Sheep & Goats(10 000 heads)	30.97	35.75	15.4
猪(万头)	Hogs(10 000 heads)	4.84	4.91	1.4
规模以上工业	**Industrial Enterprises above Designated size**			
工业企业单位数(个)	Number of Industrial Enterprises(unit)	14	8	-42.9
# 内资企业(个)	Civil Funded Enterprises(unit)	13	7	-46.2
工业总产值(万元)	Gross Industrial Output Value(10 000 yuan)	63942	67164	5.0
内资企业(万元)	Civil Funded Enterprises(10 000 yuan)	41926	51880	23.7
国有企业(万元)	State-owned Enterprises(10 000 yuan)		2001	
集体企业(万元)	Collective-owned Enterprises(10 000 yuan)			
股份合作企业(万元)	Share Holding Enterprises(10 000 yuan)	412		
联营企业(万元)	Joint Owned Enterprises(10 000 yuan)			
有限责任公司(万元)	Limited Company(10 000 yuan)	36698	49879	35.9
股份有限公司(万元)	Share Holding Limited Company(10 000 yuan)	4816		
私营企业(万元)	Privately Owned Enterprises(10 000 yuan)			
其他企业(万元)	Enterprises of Other Ownership(10 000 yuan)			
港澳台商投资企业(万元)	Funds from HK,Macao & Taiwan(10 000 yuan)	22016	15284	-30.6
外商投资企业(万元)	Foreign Funded Enterprises(10 000 yuan)			
工业企业增加值(万元)	Value Added of Industrial Enterprises(10 000 yuan)	24000	31000	11.4
工业企业资产总计(万元)	Total Assets of Industrial Enterprises(10 000 yuan)	66383	77747	17.1
工业企业负债合计(万元)	Total Liabilities of Industrial Enterprises(10 000 yuan)	32417	48748	50.4
工业企业产品销售收入(万元)	Sales of Revenue Industrial Enterprises(10 000 yuan)	62809	64214	2.2
工业企业利润总额(万元)	Total Profits of Industrial Enterprises(10 000 yuan)	1405	-570	-140.6
建筑业	**Construction**			
建筑企业单位数(个)	Number of Construction Enterprises(unit)	6	6	0.0
建筑企业从业人员(人)	Number of Employee in Construction Enterprises(person)	421	210	-50.1
建筑业总产值(万元)	Gross Construction Output Value(10 000 yuan)	18761	18726	-0.2
交通运输邮电通信业	**Transportation,Post & Telecommunications**			
公路里程(公里)	Total Length of Highways(km)	2445	2456	0.4
邮电业务总量(万元)	Business Volume of Post & Telecoms(10 000 yuan)	9473	10368	9.4
本地电话用户(户)	Number of Subscribers of Local Telephone(Household)	187617	193110	2.9
国内贸易	**Domestic Trade**			
社会消费品零售总额(万元)	Total Retail Sales of Consumer Goods(10 000 yuan)	157039	185620	18.2
城镇(万元)	Town(10 000 yuan)	125195	147980	18.2
#城区(万元)	City(10 000 yuan)	125195	147980	18.2
乡村(万元)	Village(10 000 yuan)	31844	37640	18.2
科技教育卫生	**Science,Education & Public Health**			
各类专业技术人员(人)	Special Technical Personnel(person)	5238	5079	-3.0
幼儿园数(所)	Number of Kindergartens(unit)	42	39	-7.1
学龄儿童入学率(%)	Percentage of School-Age Children Enrolled(%)	100.0	100.0	0.0
小学学校数(所)	Number of Primary Schools(unit)	28	28	0.0
小学专任教师数(人)	Number of Full-time Teachers of Primary Schools(person)	1659	1589	-4.2
小学在校学生数(人)	Number of Student Enrollment of Primary Schools(person)	10631	9872	-7.1
普通中学学校数(所)	Number of Regular Secondary Schools(unit)	20	19	-5.0
普通中学专任教师数(人)	Number of Teachers of Secondary Shools(person)	1254	1316	4.9
初中在校学生数(人)	Number of Student in Junior Secondary Schools(person)	8022	6850	-14.6
高中在校学生数(人)	Number of Student in Senior Secondary Schools(person)	4569	4165	-8.8
卫生机构数(所)	Number of Health Institutions(unit)	34	25	-26.5
# 医院(所)	Hospitals(unit)	13	9	-30.8
卫生院(所)	Township Hospitals(unit)	9	9	0.0
床位数(张)	Number of Beds(unit)	871	712	-18.3
# 医院(张)	Hospitals(unit)	606	371	-38.8
卫生院(张)	Township Hospitals(unit)	77	242	214.3
卫生技术人员(人)	Medical Technical Presonnel(person)	1353	1291	-4.6
# 医院(人)	Hospitals(person)	955	501	-47.5
卫生院(人)	Township Hospitals(person)	89	541	507.9

23-35 呼伦贝尔市鄂温克族自治旗

指　　标	Item	2010	2011	2011年比上年增长% Increase Rate in 2011 Over 2010(%)
行政区域土地面积(平方公里)	**Area of Administration(Sq.km)**	**19111**	**19111**	**0.0**
人口和就业	**Population & Employment**			
年末总人口(人)	Total Population Year-end(person)	144357	144251	-0.1
#男性(人)	Male(person)	75194	74967	-0.3
#乡村人口(人)	Rural(person)	28805	28812	
年末总户数(户)	Total Number of Households at the Year-end(Household)	53026	53739	1.3
#乡村户数(户)	Number of Rural Household(Household)	8839	8846	0.1
出生人口(人)	Births(person)	1164	1083	-7.0
死亡人口(人)	Deaths(person)	1041	927	-11.0
全社会就业人员(人)	Employment(person)	63572	59701	-6.1
第一产业(人)	Primary Industry(person)	16857	16694	-1.0
第二产业(人)	Secondary Industry(person)	22908	23557	2.8
第三产业(人)	Tertiary Industry(person)	23807	19450	-18.3
在岗职工人数(人)	Number of Staff & Workers Employed in(person)	29797	30575	2.6
乡村劳动力(人)	Number of Rural Laborers(person)	17675	17701	0.1
#农林牧渔业(人)	Farming,Forestry,Animal Husbandry & Fishery(person)	14869	14950	0.5
国民经济综合指标	**Summary Item on the National Economy**			
生产总值(万元)	Gross Domestic Product(10 000 yuan)	651481	800241	13.1
第一产业(万元)	Primary Industry(10 000 yuan)	59545	66468	0.3
第二产业(万元)	Secondary Industry(10 000 yuan)	419758	539735	17.1
#工业(万元)	Industry(10 000 yuan)	367994	491914	21.6
第三产业(万元)	Tertiary Industry(10 000 yuan)	172178	194038	7.6
人均生产总值(元)	Per Capita GDP(yuan)	45130	55455	13.1
全社会固定资产投资(万元)	Total Investment in Fixed Assets(10 000 yuan)	1005939	540232	-46.3
按登记注册类型分	Grouped by Registered Type			
#国有(万元)	State-owned Enterprises(10 000 yuan)	403253	187190	-53.6
集体(万元)	Collective-owned Enterprises(10 000 yuan)			
有限责任公司(万元)	Limited Liability Corporations(10 000 yuan)	317233	221670	-30.1
股份有限公司(万元)	Share Holding Enterprises(10 000 yuan)	275014	110560	-59.8
私营企业(万元)	Private Enterprises(10 000 yuan)	10439	19772	89.4
外商及港澳台投资企业(万元)	Funds from HK,Macao,Taiwan & Foreign(10 000 yuan)		1040	
按城乡渠道分	Grouped by Urban and Rural Area			
城镇（万元）	Urban(10 000 yuan)	1005939	540232	-46.3
农村（万元）	Rural(10 000 yuan)			
一般预算收入(万元)	General Budgetary Financial Revenue(10 000 yuan)	53524	58529	9.4
一般预算支出(万元)	General Budgetary Financial Expenditures(10 000 yuan)	117318	134023	14.2
个人储蓄存款余额(万元)	The balance of savings deposits of individuals(10 000yuan)		299228	
在岗职工工资总额(万元)	Total Wages of Staff & Workers Employed in(10 000 yuan)	116303	149857	28.9
在岗职工平均工资(元)	Average Wage of Staff & Workers Employed in(yuan)	38355	50145	30.7
城镇居民人均可支配收入(元)	Annual Disposable Income of Urban Residents per Capita(yuan)	13855	16793	21.2
农牧民人均纯收入(元)	Per Capita Net Income of Peasant & Herdsman(yuan)	9067	11081	22.2
农村牧区经济	**Economic Development in Rural & Pastoral Area**			
耕地面积(公顷)	Cultivated Area(hectare)			
农作物总播种面积(公顷)	Total Sown Area(hectare)	16436	17109	4.1
#粮食作物播种面积(公顷)	Sown Area of Grain Crops(hectare)	9245	10708	15.8
有效灌溉面积(公顷)	Irrigated Area(hectare)			
农牧业机械总动力(万千瓦)	Total Power of Agricultural Machinery(10 000 kw)	16.30	17.93	10.0
化肥施用折纯量(吨)	Consumption of Chemical Fertilizer(ton)	3441	3735	8.5
农村用电量(万千瓦小时)	Electricity Consumed in Rural Area(10 000 kwh)	98	100	2.0
农林牧渔业总产值(万元)	Gross Output of Farming,Forestry,Animal Husbandry & Fishery(10 000 yuan)	96999	108512	11.9
粮食产量(吨)	Yield of Grain(ton)	29697	24738	-16.7
油料产量(吨)	Yield of Oil-bearing Grops(ton)	4280	2933	-31.5
甜菜产量(吨)	Yield of Beetroots(ton)			
猪牛羊肉产量(吨)	Output of Pork, Beef & Mutton(ton)	17251	16077	-6.8
#猪肉产量(吨)	Output of Pork(ton)	3134	3134	0.0
牛肉产量(吨)	Output of Beef(ton)	9478	9110	-3.9
羊肉产量(吨)	Output of Mutton(ton)	4639	3833	-17.4
羊毛产量(吨)	Output of Wool(ton)	892	906	1.6

23-35 Ewenke National Autonomous Banner in Hulunbeier City

指　标	Item	2010	2011	2011年比上年增长% Increase Rate in 2011 Over 2010(%)
年末牲畜存栏头数(万头只)	Total Livestock at the Year-end(10 000 heads)	59.23	68.17	15.1
#大牲畜(万头只)	Large Animals(10 000 heads)	11.90	15.49	30.2
羊(万只)	Sheep & Goats(10 000 heads)	46.11	51.58	11.9
猪(万头)	Hogs(10 000 heads)	1.22	1.10	-9.8
规模以上工业	**Industrial Enterprises above Designated size**			
工业企业单位数(个)	Number of Industrial Enterprises(unit)	18	12	-33.3
#内资企业(个)	Civil Funded Enterprises(unit)	17	11	-35.3
工业总产值(万元)	Gross Industrial Output Value(10 000 yuan)	760900	1004700	32.0
内资企业(万元)	Civil Funded Enterprises(10 000 yuan)	753600	994700	32.0
国有企业(万元)	State-owned Enterprises(10 000 yuan)			
集体企业(万元)	Collective-owned Enterprises(10 000 yuan)			
股份合作企业(万元)	Share Holding Enterprises(10 000 yuan)			
联营企业(万元)	Joint Owned Enterprises(10 000 yuan)			
有限责任公司(万元)	Limited Company(10 000 yuan)	710200	974200	37.2
股份有限公司(万元)	Share Holding Limited Company(10 000 yuan)			
私营企业(万元)	Privately Owned Enterprises(10 000 yuan)	43400	20500	-52.8
其他企业(万元)	Enterprises of Other Ownership(10 000 yuan)			
港澳台商投资企业(万元)	Funds from HK,Macao & Taiwan(10 000 yuan)			
外商投资企业(万元)	Foreign Funded Enterprises(10 000 yuan)	7300	10000	37.0
工业企业增加值(万元)	Value Added of Industrial Enterprises(10 000 yuan)	353000	467000	26.1
工业企业资产总计(万元)	Total Assets of Industrial Enterprises(10 000 yuan)	1732400	2675400	54.4
工业企业负债合计(万元)	Total Liabilities of Industrial Enterprises(10 000 yuan)	1813600	1943700	7.2
工业企业产品销售收入(万元)	Sales of Revenue Industrial Enterprises(10 000 yuan)	577500	792800	37.3
工业企业利润总额(万元)	Total Profits of Industrial Enterprises(10 000 yuan)	80500	132300	64.3
建筑业	**Construction**			
建筑企业单位数(个)	Number of Construction Enterprises(unit)	5	6	20.0
建筑企业从业人员(人)	Number of Employee in Construction Enterprises(person)	2262	2334	3.2
建筑业总产值(万元)	Gross Construction Output Value(10 000 yuan)	69400	69039	-0.5
交通运输邮电通信业	**Transportation,Post & Telecommunications**			
公路里程(公里)	Total Length of Highways(km)	1109	1109	0.0
邮电业务总量(万元)	Business Volume of Post & Telecoms(10 000 yuan)	4396	3850	-12.4
本地电话用户(户)	Number of Subscribers of Local Telephone(Household)	26185	28120	7.4
国内贸易	**Domestic Trade**			
社会消费品零售总额(万元)	Total Retail Sales of Consumer Goods(10 000 yuan)	87041	102796	18.1
城镇(万元)	Town(10 000 yuan)	80106	95086	18.1
#城区(万元)	City(10 000 yuan)	80106	95086	18.7
乡村(万元)	Village(10 000 yuan)	6935	7710	11.2
科技教育卫生	**Science,Education & Public Health**			
各类专业技术人员(人)	Special Technical Personnel(person)	3050	3122	2.4
幼儿园数(所)	Number of Kindergartens(unit)	21	21	0.0
学龄儿童入学率(%)	Percentage of School-Age Children Enrolled(%)	100.0	100.0	0.0
小学学校数(所)	Number of Primary Schools(unit)	10	11	10.0
小学专任教师数(人)	Number of Full-time Teachers of Primary Schools(person)	822	632	-23.1
小学在校学生数(人)	Number of Student Enrollment of Primary Schools(person)	5894	5514	-6.4
普通中学学校数(所)	Number of Regular Secondary Schools(unit)	11	10	-9.1
普通中学专任教师数(人)	Number of Teachers of Secondary Shools(person)	801	969	21.0
初中在校学生数(人)	Number of Student in Junior Secondary Schools(person)	3401	3216	-5.4
高中在校学生数(人)	Number of Student in Senior Secondary Schools(person)	1993	1809	-9.2
卫生机构数(所)	Number of Health Institutions(unit)	73	73	0.0
#医院(所)	Hospitals(unit)	6	6	0.0
卫生院(所)	Township Hospitals(unit)	10	8	-20.0
床位数(张)	Number of Beds(unit)	720	854	18.6
#医院(张)	Hospitals(unit)	491	615	25.3
卫生院(张)	Township Hospitals(unit)	69	119	72.5
卫生技术人员(人)	Medical Technical Presonnel(person)	843	819	-2.8
#医院(人)	Hospitals(person)	505	493	-2.4
卫生院(人)	Township Hospitals(person)	98	195	99.0

23-36 呼伦贝尔市新巴尔虎右旗

指　　标	Item	2010	2011	2011年比上年增长% Increase Rate in 2011 Over 2010(%)
行政区域土地面积(平方公里)	**Area of Administration(Sq.km)**	**24839**	**24839**	**0.0**
人口和就业	**Population & Employment**			
年末总人口(人)	Total Population Year-end(person)	35009	35480	1.3
#男性(人)	Male(person)	16969	18017	6.2
#乡村人口(人)	Rural(person)	16207	15848	-2.2
年末总户数(户)	Total Number of Households at the Year-end(Household)	13864	14249	2.8
#乡村户数(户)	Number of Rural Household(Household)	4980	5009	0.6
出生人口(人)	Births(person)	350	279	-20.3
死亡人口(人)	Deaths(person)	383	197	-48.6
全社会就业人员(人)	Employment(person)	20963	21958	4.7
第一产业(人)	Primary Industry(person)	9619	11502	19.6
第二产业(人)	Secondary Industry(person)	4643	3858	-16.9
第三产业(人)	Tertiary Industry(person)	6701	6598	-1.5
在岗职工人数(人)	Number of Staff & Workers Employed in(person)	6582	7270	10.5
乡村劳动力(人)	Number of Rural Laborers(person)	13140	13198	0.4
#农林牧渔业(人)	Farming,Forestry,Animal Husbandry & Fishery(person)	9619	11109	15.5
国民经济综合指标	**Summary Item on the National Economy**			
生产总值(万元)	Gross Domestic Product(10 000 yuan)	461475	572843	18.0
第一产业(万元)	Primary Industry(10 000 yuan)	33864	37864	0.5
第二产业(万元)	Secondary Industry(10 000 yuan)	355795	453851	21.8
#工业(万元)	Industry(10 000 yuan)	346341	437540	20.8
第三产业(万元)	Tertiary Industry(10 000 yuan)	71816	81128	7.4
人均生产总值(元)	Per Capita GDP(yuan)	132810	162534	16.4
全社会固定资产投资(万元)	Total Investment in Fixed Assets(10 000 yuan)	127717	455539	257.0
按登记注册类型分	Grouped by Registered Type			
#国有(万元)	State-owned Enterprises(10 000 yuan)	111324	431423	287.5
集体(万元)	Collective-owned Enterprises(10 000 yuan)			
有限责任公司(万元)	Limited Liability Corporations(10 000 yuan)	11500	10886	-5.3
股份有限公司(万元)	Share Holding Enterprises(10 000 yuan)	4773	12830	168.8
私营企业(万元)	Private Enterprises(10 000 yuan)	120	400	233.3
外商及港澳台投资企业(万元)	Funds from HK,Macao,Taiwan & Foreign(10 000 yuan)			
按城乡渠道分	Grouped by Urban and Rural Area			
城镇（万元）	Urban(10 000 yuan)	127717	455539	257.0
农村（万元）	Rural(10 000 yuan)			
一般预算收入(万元)	General Budgetary Financial Revenue(10 000 yuan)	29794	33434	12.2
一般预算支出(万元)	General Budgetary Financial Expenditures(10 000 yuan)	60042	86995	44.9
个人储蓄存款余额(万元)	The balance of savings deposits of individuals(10 000yuan)		52526	
在岗职工工资总额(万元)	Total Wages of Staff & Workers Employed in(10 000 yuan)	231149	286709	24.0
在岗职工平均工资(元)	Average Wage of Staff & Workers Employed in(yuan)	34996	45213	29.2
城镇居民人均可支配收入(元)	Annual Disposable Income of Urban Residents per Capita(yuan)	13418	15343	14.3
农牧民人均纯收入(元)	Per Capita Net Income of Peasant & Herdsman(yuan)	9057	10796	19.2
农村牧区经济	**Economic Development in Rural & Pastoral Area**			
耕地面积(公顷)	Cultivated Area(hectare)	320	320	0.0
农作物总播种面积(公顷)	Total Sown Area(hectare)	1742	1853	6.4
#粮食作物播种面积(公顷)	Sown Area of Grain Crops(hectare)	380	633	66.6
有效灌溉面积(公顷)	Irrigated Area(hectare)	4	5	14.3
农牧业机械总动力(万千瓦)	Total Power of Agricultural Machinery(10 000 kw)	6.50	7.00	7.7
化肥施用折纯量(吨)	Consumption of Chemical Fertilizer(ton)	30	42	40.0
农村用电量(万千瓦小时)	Electricity Consumed in Rural Area(10 000 kwh)	99	180	81.8
农林牧渔业总产值(万元)	Gross Output of Farming,Forestry,Animal Husbandry & Fishery(10 000 yuan)	55165	61814	12.1
粮食产量(吨)	Yield of Grain(ton)	380	2849	649.7
油料产量(吨)	Yield of Oil-bearing Grops(ton)			
甜菜产量(吨)	Yield of Beetroots(ton)			
猪牛羊肉产量(吨)	Output of Pork, Beef & Mutton(ton)	14185	14688	3.5
#猪肉产量(吨)	Output of Pork(ton)	254	91	-64.2
牛肉产量(吨)	Output of Beef(ton)	1196	1320	10.4
羊肉产量(吨)	Output of Mutton(ton)	12735	12966	1.8
羊毛产量(吨)	Output of Wool(ton)	1623	1782	9.8

23-36 Xinbaerhuyou Banner in Hulunbeier City

指　标	Item	2010	2011	2011年比上年增长% Increase Rate in 2011 Over 2010(%)
年末牲畜存栏头数(万头只)	Total Livestock at the Year-end(10 000 heads)	101.02	118.30	17.1
# 大牲畜(万头只)	Large Animals(10 000 heads)	5.07	6.30	24.3
羊(万只)	Sheep & Goats(10 000 heads)	95.78	111.80	16.7
猪(万头)	Hogs(10 000 heads)	0.17	0.13	-23.5
规模以上工业	**Industrial Enterprises above Designated size**			
工业企业单位数(个)	Number of Industrial Enterprises(unit)	17	16	-5.9
# 内资企业(个)	Civil Funded Enterprises(unit)	15	13	-13.3
工业总产值(万元)	Gross Industrial Output Value(10 000 yuan)	587700	707831	20.5
内资企业(万元)	Civil Funded Enterprises(10 000 yuan)	582200	702917	20.7
国有企业(万元)	State-owned Enterprises(10 000 yuan)	431400	485760	12.6
集体企业(万元)	Collective-owned Enterprises(10 000 yuan)			
股份合作企业(万元)	Share Holding Enterprises(10 000 yuan)			
联营企业(万元)	Joint Owned Enterprises(10 000 yuan)			
有限责任公司(万元)	Limited Company(10 000 yuan)	139800	217157	55.3
股份有限公司(万元)	Share Holding Limited Company(10 000 yuan)			
私营企业(万元)	Privately Owned Enterprises(10 000 yuan)	11000		
其他企业(万元)	Enterprises of Other Ownership(10 000 yuan)			
港澳台商投资企业(万元)	Funds from HK,Macao & Taiwan(10 000 yuan)			
外商投资企业(万元)	Foreign Funded Enterprises(10 000 yuan)	5500	4914	-10.7
工业企业增加值(万元)	Value Added of Industrial Enterprises(10 000 yuan)	345000	427000	24.8
工业企业资产总计(万元)	Total Assets of Industrial Enterprises(10 000 yuan)	1387283	2504953	80.6
工业企业负债合计(万元)	Total Liabilities of Industrial Enterprises(10 000 yuan)	643103	1479919	130.1
工业企业产品销售收入(万元)	Sales of Revenue Industrial Enterprises(10 000 yuan)	603275	707831	17.3
工业企业利润总额(万元)	Total Profits of Industrial Enterprises(10 000 yuan)	210434	197579	-6.1
建筑业	**Construction**			
建筑企业单位数(个)	Number of Construction Enterprises(unit)			
建筑企业从业人员(人)	Number of Employee in Construction Enterprises(person)			
建筑业总产值(万元)	Gross Construction Output Value(10 000 yuan)			
交通运输邮电通信业	**Transportation,Post & Telecommunications**			
公路里程(公里)	Total Length of Highways(km)	1066	1066	0.0
邮电业务总量(万元)	Business Volume of Post & Telecoms(10 000 yuan)	4188	4390	4.8
本地电话用户(户)	Number of Subscribers of Local Telephone(Household)	5669	5822	2.7
国内贸易	**Domestic Trade**			
社会消费品零售总额(万元)	Total Retail Sales of Consumer Goods(10 000 yuan)	33004	39044	18.3
城镇(万元)	Town(10 000 yuan)	21782	25769	18.3
#城区(万元)	City(10 000 yuan)	21782	25769	18.3
乡村(万元)	Village(10 000 yuan)	11222	13275	18.3
科技教育卫生	**Science,Education & Public Health**			
各类专业技术人员(人)	Special Technical Personnel(person)	1192	1221	2.4
幼儿园数(所)	Number of Kindergartens(unit)	6	5	-16.7
学龄儿童入学率(%)	Percentage of School-Age Children Enrolled(%)	100.0	100.0	0.0
小学学校数(所)	Number of Primary Schools(unit)	2	2	0.0
小学专任教师数(人)	Number of Full-time Teachers of Primary Schools(person)	207	193	-6.8
小学在校学生数(人)	Number of Student Enrollment of Primary Schools(person)	1618	1518	-6.2
普通中学学校数(所)	Number of Regular Secondary Schools(unit)	2	2	0.0
普通中学专任教师数(人)	Number of Teachers of Secondary Shools(person)	138	132	-4.3
初中在校学生数(人)	Number of Student in Junior Secondary Schools(person)	895	784	-12.4
高中在校学生数(人)	Number of Student in Senior Secondary Schools(person)	237	199	-16.0
卫生机构数(所)	Number of Health Institutions(unit)	32	31	-3.1
# 医院(所)	Hospitals(unit)	2	2	0.0
卫生院(所)	Township Hospitals(unit)	13	12	-7.7
床位数(张)	Number of Beds(unit)	165	181	9.7
# 医院(张)	Hospitals(unit)	105	117	11.4
卫生院(张)	Township Hospitals(unit)	52	48	-7.7
卫生技术人员(人)	Medical Technical Presonnel(person)	297	298	0.3
# 医院(人)	Hospitals(person)	143	149	4.2
卫生院(人)	Township Hospitals(person)	66	66	0.0

23-37 呼伦贝尔市新巴尔虎左旗

指　标	Item	2010	2011	2011年比上年增长% Increase Rate in 2011 Over 2010(%)
行政区域土地面积(平方公里)	**Area of Administration(Sq.km)**	**22000**	**22000**	**0.0**
人口和就业	**Population & Employment**			
年末总人口(人)	Total Population Year-end(person)	41391	41728	0.8
# 男性(人)	Male(person)	20993	20938	-0.3
# 乡村人口(人)	Rural(person)	18537	18997	2.5
年末总户数(户)	Total Number of Households at the Year-end(Household)	16969	18279	7.7
# 乡村户数(户)	Number of Rural Household(Household)	5747	5814	1.2
出生人口(人)	Births(person)	460	375	-18.5
死亡人口(人)	Deaths(person)	559	241	-56.9
全社会就业人员(人)	Employment(person)	21488	22549	4.9
第一产业(人)	Primary Industry(person)	11853	12180	2.8
第二产业(人)	Secondary Industry(person)	2065	2067	0.1
第三产业(人)	Tertiary Industry(person)	7570	8302	9.7
在岗职工人数(人)	Number of Staff & Workers Employed in(person)	5132	4976	-3.0
乡村劳动力(人)	Number of Rural Laborers(person)	12650	12964	2.5
# 农林牧渔业(人)	Farming,Forestry,Animal Husbandry & Fishery(person)	10036	10284	2.5
国民经济综合指标	**Summary Item on the National Economy**			
生产总值(万元)	Gross Domestic Product(10 000 yuan)	226035	268172	-0.6
第一产业(万元)	Primary Industry(10 000 yuan)	49210	57728	5.4
第二产业(万元)	Secondary Industry(10 000 yuan)	96362	127570	-2.6
# 工业(万元)	Industry(10 000 yuan)	51202	86079	8.4
第三产业(万元)	Tertiary Industry(10 000 yuan)	80463	82875	-1.9
人均生产总值(元)	Per Capita GDP(yuan)	54141	64526	-0.1
全社会固定资产投资(万元)	Total Investment in Fixed Assets(10 000 yuan)	465996	231442	-50.3
按登记注册类型分	Grouped by Registered Type			
# 国有(万元)	State-owned Enterprises(10 000 yuan)	440239	224339	-49.0
集体(万元)	Collective-owned Enterprises(10 000 yuan)	1000		
有限责任公司(万元)	Limited Liability Corporations(10 000 yuan)	9185		
股份有限公司(万元)	Share Holding Enterprises(10 000 yuan)	2003		
私营企业(万元)	Private Enterprises(10 000 yuan)	1869	7103	280.0
外商及港澳台投资企业(万元)	Funds from HK,Macao,Taiwan & Foreign(10 000 yuan)	2700		
按城乡渠道分	Grouped by Urban and Rural Area			
城镇（万元）	Urban(10 000 yuan)	457503	231442	-49.4
农村（万元）	Rural(10 000 yuan)			
一般预算收入(万元)	General Budgetary Financial Revenue(10 000 yuan)	19094	10528	-44.9
一般预算支出(万元)	General Budgetary Financial Expenditures(10 000 yuan)	73433	75155	2.3
个人储蓄存款余额(万元)	The balance of savings deposits of individuals(10 000yuan)		39859	
在岗职工工资总额(万元)	Total Wages of Staff & Workers Employed in(10 000 yuan)	15969	18308	14.6
在岗职工平均工资(元)	Average Wage of Staff & Workers Employed in(yuan)	31950	35738	11.9
城镇居民人均可支配收入(元)	Annual Disposable Income of Urban Residents per Capita(yuan)	13054	14682	12.5
农牧民人均纯收入(元)	Per Capita Net Income of Peasant & Herdsman(yuan)	9101	10804	18.7
农村牧区经济	**Economic Development in Rural & Pastoral Area**			
耕地面积(公顷)	Cultivated Area(hectare)	26000	26000	0.0
农作物总播种面积(公顷)	Total Sown Area(hectare)	24016	24520	2.1
# 粮食作物播种面积(公顷)	Sown Area of Grain Crops(hectare)	14717	15221	3.4
有效灌溉面积(公顷)	Irrigated Area(hectare)			
农牧业机械总动力(万千瓦)	Total Power of Agricultural Machinery(10 000 kw)	11.20	12.10	8.0
化肥施用折纯量(吨)	Consumption of Chemical Fertilizer(ton)	650	631	-2.9
农村用电量(万千瓦小时)	Electricity Consumed in Rural Area(10 000 kwh)	454	497	9.5
农林牧渔业总产值(万元)	Gross Output of Farming,Forestry,Animal Husbandry & Fishery(10 000 yuan)	80163	94243	17.6
粮食产量(吨)	Yield of Grain(ton)	49790	36254	-27.2
油料产量(吨)	Yield of Oil-bearing Grops(ton)	13800	30000	117.4
甜菜产量(吨)	Yield of Beetroots(ton)			
猪牛羊肉产量(吨)	Output of Pork, Beef & Mutton(ton)	19699	20688	5.0
# 猪肉产量(吨)	Output of Pork(ton)	58	94	62.1
牛肉产量(吨)	Output of Beef(ton)	8993	10306	14.6
羊肉产量(吨)	Output of Mutton(ton)	10648	10288	-3.4
羊毛产量(吨)	Output of Wool(ton)	2286	2417	5.7

23-37 Xinbaerhuzuo Banner in Hulunbeier City

指　标	Item	2010	2011	2011年比上年增长% Increase Rate in 2011 Over 2010(%)
年末牲畜存栏头数(万头只)	Total Livestock at the Year-end(10 000 heads)	77.38	77.94	0.7
#大牲畜(万头只)	Large Animals(10 000 heads)	11.99	12.37	3.2
羊(万只)	Sheep & Goats(10 000 heads)	65.35	65.49	0.2
猪(万头)	Hogs(10 000 heads)	0.09	0.07	-22.3
规模以上工业	**Industrial Enterprises above Designated size**			
工业企业单位数(个)	Number of Industrial Enterprises(unit)	9	8	-11.1
#内资企业(个)	Civil Funded Enterprises(unit)	7	7	0.0
工业总产值(万元)	Gross Industrial Output Value(10 000 yuan)	71277	81052	11.9
内资企业(万元)	Civil Funded Enterprises(10 000 yuan)	70696	76848	8.7
国有企业(万元)	State-owned Enterprises(10 000 yuan)	4759	4062	-14.6
集体企业(万元)	Collective-owned Enterprises(10 000 yuan)			
股份合作企业(万元)	Share Holding Enterprises(10 000 yuan)			
联营企业(万元)	Joint Owned Enterprises(10 000 yuan)			
有限责任公司(万元)	Limited Company(10 000 yuan)	52618	67664	28.6
股份有限公司(万元)	Share Holding Limited Company(10 000 yuan)			
私营企业(万元)	Privately Owned Enterprises(10 000 yuan)	13319	5122	-61.5
其他企业(万元)	Enterprises of Other Ownership(10 000 yuan)			
港澳台商投资企业(万元)	Funds from HK,Macao & Taiwan(10 000 yuan)	2852	4204	47.4
外商投资企业(万元)	Foreign Funded Enterprises(10 000 yuan)			
工业企业增加值(万元)	Value Added of Industrial Enterprises(10 000 yuan)	50000	58000	12.2
工业企业资产总计(万元)	Total Assets of Industrial Enterprises(10 000 yuan)	307986	388525	26.2
工业企业负债合计(万元)	Total Liabilities of Industrial Enterprises(10 000 yuan)	116198	102795	11.5
工业企业产品销售收入(万元)	Sales of Revenue Industrial Enterprises(10 000 yuan)	71274	80431	12.8
工业企业利润总额(万元)	Total Profits of Industrial Enterprises(10 000 yuan)	14293	11879	-16.9
建筑业	**Construction**			
建筑企业单位数(个)	Number of Construction Enterprises(unit)			
建筑企业从业人员(人)	Number of Employee in Construction Enterprises(person)			
建筑业总产值(万元)	Gross Construction Output Value(10 000 yuan)			
交通运输邮电通信业	**Transportation,Post & Telecommunications**			
公路里程(公里)	Total Length of Highways(km)	743	743	0.0
邮电业务总量(万元)	Business Volume of Post & Telecoms(10 000 yuan)	246	276	11.9
本地电话用户(户)	Number of Subscribers of Local Telephone(Household)	9798	6096	-37.8
国内贸易	**Domestic Trade**			
社会消费品零售总额(万元)	Total Retail Sales of Consumer Goods(10 000 yuan)	36080	42682	18.3
城镇(万元)	Town(10 000 yuan)	25656	30820	20.1
#城区(万元)	City(10 000 yuan)	25656	30820	20.1
乡村(万元)	Village(10 000 yuan)	10424	11862	13.8
科技教育卫生	**Science,Education & Public Health**			
各类专业技术人员(人)	Special Technical Personnel(person)	1053	1077	2.3
幼儿园数(所)	Number of Kindergartens(unit)	11	14	27.3
学龄儿童入学率(%)	Percentage of School-Age Children Enrolled(%)	98.4	98.7	0.3
小学学校数(所)	Number of Primary Schools(unit)	3	3	0.0
小学专任教师数(人)	Number of Full-time Teachers of Primary Schools(person)	266	199	-25.2
小学在校学生数(人)	Number of Student Enrollment of Primary Schools(person)	1867	1799	-3.6
普通中学学校数(所)	Number of Regular Secondary Schools(unit)	4	4	0.0
普通中学专任教师数(人)	Number of Teachers of Secondary Shools(person)	153	230	50.3
初中在校学生数(人)	Number of Student in Junior Secondary Schools(person)	934	865	-7.4
高中在校学生数(人)	Number of Student in Senior Secondary Schools(person)			
卫生机构数(所)	Number of Health Institutions(unit)	19	20	5.3
#医院(所)	Hospitals(unit)	2	2	0.0
卫生院(所)	Township Hospitals(unit)	12	12	0.0
床位数(张)	Number of Beds(unit)	123	139	13.0
#医院(张)	Hospitals(unit)	68	68	0.0
卫生院(张)	Township Hospitals(unit)	46	54	17.4
卫生技术人员(人)	Medical Technical Presonnel(person)	274	273	-0.4
#医院(人)	Hospitals(person)	125	125	0.0
卫生院(人)	Township Hospitals(person)	85	80	-5.9

23-38 呼伦贝尔市陈巴尔虎旗

指　标	Item	2010	2011	2011年比上年增长% Increase Rate in 2011 Over 2010(%)
行政区域土地面积(平方公里)	**Area of Administration(Sq.km)**	**18634**	**18634**	**0.0**
人口和就业	**Population & Employment**			
年末总人口(人)	Total Population Year-end(person)	58844	58787	-0.1
#男性(人)	Male(person)	30381	30316	-0.2
#乡村人口(人)	Rural(person)	13587	14049	3.4
年末总户数(户)	Total Number of Households at the Year-end(Household)	23707	23606	-0.4
#乡村户数(户)	Number of Rural Household(Household)	4256	4523	6.3
出生人口(人)	Births(person)	386	411	6.5
死亡人口(人)	Deaths(person)	412	358	-13.1
全社会就业人员(人)	Employment(person)	31436	32169	2.3
第一产业(人)	Primary Industry(person)	14766	14957	1.3
第二产业(人)	Secondary Industry(person)	8038	8312	3.4
第三产业(人)	Tertiary Industry(person)	8632	8900	3.1
在岗职工人数(人)	Number of Staff & Workers Employed in(person)	15388	14763	-4.1
乡村劳动力(人)	Number of Rural Laborers(person)	6375	6871	7.8
#农林牧渔业(人)	Farming,Forestry,Animal Husbandry & Fishery(person)	6090	6693	9.9
国民经济综合指标	**Summary Item on the National Economy**			
生产总值(万元)	Gross Domestic Product(10 000 yuan)	527627	646845	15.3
第一产业(万元)	Primary Industry(10 000 yuan)	66773	78947	0.2
第二产业(万元)	Secondary Industry(10 000 yuan)	333973	422074	20.4
#工业(万元)	Industry(10 000 yuan)	288113	375261	24.6
第三产业(万元)	Tertiary Industry(10 000 yuan)	126881	145825	9.6
人均生产总值(元)	Per Capita GDP(yuan)	89246	109979	15.9
全社会固定资产投资(万元)	Total Investment in Fixed Assets(10 000 yuan)	770839	409254	-46.9
按登记注册类型分	Grouped by Registered Type			
#国有(万元)	State-owned Enterprises(10 000 yuan)	692648	294569	-57.5
集体(万元)	Collective-owned Enterprises(10 000 yuan)			
有限责任公司(万元)	Limited Liability Corporations(10 000 yuan)			
股份有限公司(万元)	Share Holding Enterprises(10 000 yuan)			
私营企业(万元)	Private Enterprises(10 000 yuan)	78191	107233	37.1
外商及港澳台投资企业(万元)	Funds from HK,Macao,Taiwan & Foreign(10 000 yuan)		7452	
按城乡渠道分	Grouped by Urban and Rural Area			
城镇（万元）	Urban(10 000 yuan)	770839	409254	-46.9
农村（万元）	Rural(10 000 yuan)			
一般预算收入(万元)	General Budgetary Financial Revenue(10 000 yuan)	36755	34671	-5.7
一般预算支出(万元)	General Budgetary Financial Expenditures(10 000 yuan)	94737	97185	2.6
个人储蓄存款余额(万元)	The balance of savings deposits of individuals(10 000yuan)		96239	
在岗职工工资总额(万元)	Total Wages of Staff & Workers Employed in(10 000 yuan)	54430	60847	11.8
在岗职工平均工资(元)	Average Wage of Staff & Workers Employed in(yuan)	35823	42065	17.4
城镇居民人均可支配收入(元)	Annual Disposable Income of Urban Residents per Capita(yuan)	14562	16910	16.1
农牧民人均纯收入(元)	Per Capita Net Income of Peasant & Herdsman(yuan)	9345	11433	22.3
农村牧区经济	**Economic Development in Rural & Pastoral Area**			
耕地面积(公顷)	Cultivated Area(hectare)	84162	80954	-3.8
农作物总播种面积(公顷)	Total Sown Area(hectare)	69925	74945	7.2
#粮食作物播种面积(公顷)	Sown Area of Grain Crops(hectare)	39613	42669	7.7
有效灌溉面积(公顷)	Irrigated Area(hectare)			
农牧业机械总动力(万千瓦)	Total Power of Agricultural Machinery(10 000 kw)	17.02	18.40	8.1
化肥施用折纯量(吨)	Consumption of Chemical Fertilizer(ton)	6266	5975	-4.6
农村用电量(万千瓦小时)	Electricity Consumed in Rural Area(10 000 kwh)	1104	1044	-5.4
农林牧渔业总产值(万元)	Gross Output of Farming,Forestry,Animal Husbandry & Fishery(10 000 yuan)	115374	128884	11.7
粮食产量(吨)	Yield of Grain(ton)	69050	75944	10.0
油料产量(吨)	Yield of Oil-bearing Grops(ton)	32074	43765	36.5
甜菜产量(吨)	Yield of Beetroots(ton)			
猪牛羊肉产量(吨)	Output of Pork, Beef & Mutton(ton)	17617	17275	-1.9
#猪肉产量(吨)	Output of Pork(ton)	492	492	0.0
牛肉产量(吨)	Output of Beef(ton)	13000	12234	-5.9
羊肉产量(吨)	Output of Mutton(ton)	4125	4549	10.3
羊毛产量(吨)	Output of Wool(ton)	1490	1500	0.7

23-38 Chenbaerhu Banner in Hulunbeier City

指　标	Item	2010	2011	2011年比上年增长% Increase Rate in 2011 Over 2010(%)
年末牲畜存栏头数(万头只)	Total Livestock at the Year-end(10 000 heads)	64.94	65.02	0.1
#大牲畜(万头只)	Large Animals(10 000 heads)	12.91	13.14	1.8
羊(万只)	Sheep & Goats(10 000 heads)	51.68	51.55	-0.3
猪(万头)	Hogs(10 000 heads)	0.35	0.33	-5.7
规模以上工业	**Industrial Enterprises above Designated size**			
工业企业单位数(个)	Number of Industrial Enterprises(unit)	17	16	-5.9
#内资企业(个)	Civil Funded Enterprises(unit)	15	14	-6.7
工业总产值(万元)	Gross Industrial Output Value(10 000 yuan)	515911	769423	49.1
内资企业(万元)	Civil Funded Enterprises(10 000 yuan)	458290	715234	56.1
国有企业(万元)	State-owned Enterprises(10 000 yuan)	317241	531320	67.5
集体企业(万元)	Collective-owned Enterprises(10 000 yuan)			
股份合作企业(万元)	Share Holding Enterprises(10 000 yuan)			
联营企业(万元)	Joint Owned Enterprises(10 000 yuan)			
有限责任公司(万元)	Limited Company(10 000 yuan)			
股份有限公司(万元)	Share Holding Limited Company(10 000 yuan)			
私营企业(万元)	Privately Owned Enterprises(10 000 yuan)			
其他企业(万元)	Enterprises of Other Ownership(10 000 yuan)	141049	183913	30.4
港澳台商投资企业(万元)	Funds from HK,Macao & Taiwan(10 000 yuan)	57621	51984	-9.8
外商投资企业(万元)	Foreign Funded Enterprises(10 000 yuan)		2206	
工业企业增加值(万元)	Value Added of Industrial Enterprises(10 000 yuan)	246000	378000	29.7
工业企业资产总计(万元)	Total Assets of Industrial Enterprises(10 000 yuan)	1216288	1275688	4.9
工业企业负债合计(万元)	Total Liabilities of Industrial Enterprises(10 000 yuan)	702032	787071	12.1
工业企业产品销售收入(万元)	Sales of Revenue Industrial Enterprises(10 000 yuan)	431370	705188	63.5
工业企业利润总额(万元)	Total Profits of Industrial Enterprises(10 000 yuan)	40618	112543	177.1
建筑业	**Construction**			
建筑企业单位数(个)	Number of Construction Enterprises(unit)	1	1	0.0
建筑企业从业人员(人)	Number of Employee in Construction Enterprises(person)	271	374	38.0
建筑业总产值(万元)	Gross Construction Output Value(10 000 yuan)	5100	5700	11.8
交通运输邮电通信业	**Transportation,Post & Telecommunications**			
公路里程(公里)	Total Length of Highways(km)	1238	1238	0.0
邮电业务总量(万元)	Business Volume of Post & Telecoms(10 000 yuan)	4893	6584	34.6
本地电话用户(户)	Number of Subscribers of Local Telephone(Household)	55461	70484	27.1
国内贸易	**Domestic Trade**			
社会消费品零售总额(万元)	Total Retail Sales of Consumer Goods(10 000 yuan)	32200	38000	18.0
城镇(万元)	Town(10 000 yuan)	22380	26486	18.3
#城区(万元)	City(10 000 yuan)			
乡村(万元)	Village(10 000 yuan)	9820	11514	17.3
科技教育卫生	**Science,Education & Public Health**			
各类专业技术人员(人)	Special Technical Personnel(person)	1413	1455	3.0
幼儿园数(所)	Number of Kindergartens(unit)	2	2	0.0
学龄儿童入学率(%)	Percentage of School-Age Children Enrolled(%)	100.0	100.0	0.0
小学学校数(所)	Number of Primary Schools(unit)	5	5	0.0
小学专任教师数(人)	Number of Full-time Teachers of Primary Schools(person)	324	369	13.9
小学在校学生数(人)	Number of Student Enrollment of Primary Schools(person)	2609	2502	-4.1
普通中学学校数(所)	Number of Regular Secondary Schools(unit)	5	5	0.0
普通中学专任教师数(人)	Number of Teachers of Secondary Shools(person)	348	295	-15.2
初中在校学生数(人)	Number of Student in Junior Secondary Schools(person)	1907	1650	-13.5
高中在校学生数(人)	Number of Student in Senior Secondary Schools(person)	136	72	-47.1
卫生机构数(所)	Number of Health Institutions(unit)	15	16	6.7
#医院(所)	Hospitals(unit)	6	6	0.0
卫生院(所)	Township Hospitals(unit)	6	7	16.7
床位数(张)	Number of Beds(unit)	210	222	5.7
#医院(张)	Hospitals(unit)	159	171	7.5
卫生院(张)	Township Hospitals(unit)	41	41	0.0
卫生技术人员(人)	Medical Technical Presonnel(person)	359	353	-1.7
#医院(人)	Hospitals(person)	201	231	14.9
卫生院(人)	Township Hospitals(person)	58	82	41.4

23-39 兴安盟乌兰浩特市

指 标	Item	2010	2011	2011年比上年增长% Increase Rate in 2011 Over 2010(%)
行政区域土地面积(平方公里)	**Area of Administration(Sq.km)**	**2728**	**2728**	**0.0**
人口和就业	**Population & Employment**			
年末总人口(人)	Total Population Year-end(person)	317790	319492	0.5
#男性(人)	Male(person)	157496	158170	0.4
#乡村人口(人)	Rural(person)	81796	81129	-0.8
年末总户数(户)	Total Number of Households at the Year-end(Household)	113042	117336	3.8
#乡村户数(户)	Number of Rural Household(Household)	22734	22971	1.0
出生人口(人)	Births(person)	2650	2240	-15.5
死亡人口(人)	Deaths(person)	2971	1247	-58.0
全社会就业人员(人)	Employment(person)	127572	123971	-2.8
第一产业(人)	Primary Industry(person)	38242	35529	-7.1
第二产业(人)	Secondary Industry(person)	20276	19693	-2.9
第三产业(人)	Tertiary Industry(person)	69054	68749	-0.4
在岗职工人数(人)	Number of Staff & Workers Employed in(person)	37566	39086	4.0
乡村劳动力(人)	Number of Rural Laborers(person)	43721	42202	-3.5
#农林牧渔业(人)	Farming,Forestry,Animal Husbandry & Fishery(person)	35704	32993	-7.6
国民经济综合指标	**Summary Item on the National Economy**			
生产总值(万元)	Gross Domestic Product(10 000 yuan)	912160	1103760	10.3
第一产业(万元)	Primary Industry(10 000 yuan)	61622	86519	14.1
第二产业(万元)	Secondary Industry(10 000 yuan)	417106	523622	14.0
#工业(万元)	Industry(10 000 yuan)	367509	442025	11.4
第三产业(万元)	Tertiary Industry(10 000 yuan)	433432	493619	6.3
人均生产总值(元)	Per Capita GDP(yuan)	28720	34640	10.0
全社会固定资产投资(万元)	Total Investment in Fixed Assets(10 000 yuan)	601678	847998	40.9
按登记注册类型分	Grouped by Registered Type			
#国有(万元)	State-owned Enterprises(10 000 yuan)	381419	521683	36.8
集体(万元)	Collective-owned Enterprises(10 000 yuan)		3000	
有限责任公司(万元)	Limited Liability Corporations(10 000 yuan)	91947	111165	20.9
股份有限公司(万元)	Share Holding Enterprises(10 000 yuan)	1800	400	-77.8
私营企业(万元)	Private Enterprises(10 000 yuan)	19418	73388	277.9
外商及港澳台投资企业(万元)	Funds from HK,Macao,Taiwan & Foreign(10 000 yuan)	10894	23149	112.5
按城乡渠道分	Grouped by Urban and Rural Area			
城镇 (万元)	Urban(10 000 yuan)	505524	847998	67.7
农村 (万元)	Rural(10 000 yuan)	454		
一般预算收入(万元)	General Budgetary Financial Revenue(10 000 yuan)	23309	28797	23.5
一般预算支出(万元)	General Budgetary Financial Expenditures(10 000 yuan)	136488	181365	32.9
城乡居民储蓄存款余额(万元)	Resident Saving Deposit in Urban & Rural(10 000 yuan)	752932	819287	8.8
在岗职工工资总额(万元)	Total Wages of Staff & Workers Employed in(10 000 yuan)	131542	175380	33.3
在岗职工平均工资(元)	Average Wage of Staff & Workers Employed in(yuan)	29618	34224	15.6
城镇居民人均可支配收入(元)	Annual Disposable Income of Urban Residents per Capita(yuan)	12700	14498	14.2
农牧民人均纯收入(元)	Per Capita Net Income of Peasant & Herdsman(yuan)	5773	6469	12.1
农村牧区经济	**Economic Development in Rural & Pastoral Area**			
耕地面积(公顷)	Cultivated Area(hectare)	33999	33999	0.0
农作物总播种面积(公顷)	Total Sown Area(hectare)	41477	41477	0.0
#粮食作物播种面积(公顷)	Sown Area of Grain Crops(hectare)	38036	38036	0.0
有效灌溉面积(公顷)	Irrigated Area(hectare)	21130	20230	-4.3
农牧业机械总动力(万千瓦)	Total Power of Agricultural Machinery(10 000 kw)	25.58	28.11	9.9
化肥施用折纯量(吨)	Consumption of Chemical Fertilizer(ton)	13297	12586	-5.3
农村用电量(万千瓦小时)	Electricity Consumed in Rural Area(10 000 kwh)	3101	3176	2.4
农林牧渔业总产值(万元)	Gross Output of Farming,Forestry,Animal Husbandry & Fishery(10 000 yuan)	109667	154331	14.1
粮食产量(吨)	Yield of Grain(ton)	175000	225007	28.6
油料产量(吨)	Yield of Oil-bearing Grops(ton)	2442	2144	-12.2
甜菜产量(吨)	Yield of Beetroots(ton)		100	
猪牛羊肉产量(吨)	Output of Pork, Beef & Mutton(ton)	7636	8640	13.1
#猪肉产量(吨)	Output of Pork(ton)	3655	3939	7.8
牛肉产量(吨)	Output of Beef(ton)	2562	2564	0.1
羊肉产量(吨)	Output of Mutton(ton)	1419	2137	50.6
羊毛产量(吨)	Output of Wool(ton)	330	446	35.2

23-39 Wulanhaote City in Xingan League

指 标	Item	2010	2011	2011年比上年增长% Increase Rate in 2011 Over 2010(%)
年末牲畜存栏头数(万头只)	Total Livestock at the Year-end(10 000 heads)	26.54	26.87	1.3
# 大牲畜(万头只)	Large Animals(10 000 heads)	5.34	5.32	-0.3
羊(万只)	Sheep & Goats(10 000 heads)	17.79	18.09	1.7
猪(万头)	Hogs(10 000 heads)	3.41	3.46	1.3
规模以上工业	**Industrial Enterprises above Designated size**			
工业企业单位数(个)	Number of Industrial Enterprises(unit)	51	56	9.8
# 内资企业(个)	Civil Funded Enterprises(unit)	46	51	10.9
工业总产值(万元)	Gross Industrial Output Value(10 000 yuan)	862556	1053769	22.2
内资企业(万元)	Civil Funded Enterprises(10 000 yuan)	731267	868525	18.8
国有企业(万元)	State-owned Enterprises(10 000 yuan)	247457	301717	21.9
集体企业(万元)	Collective-owned Enterprises(10 000 yuan)		2000	
股份合作企业(万元)	Share Holding Enterprises(10 000 yuan)	2007	8368	316.9
联营企业(万元)	Joint Owned Enterprises(10 000 yuan)	2040		
有限责任公司(万元)	Limited Company(10 000 yuan)	358330	457257	27.6
股份有限公司(万元)	Share Holding Limited Company(10 000 yuan)	8179	5024	-38.6
私营企业(万元)	Privately Owned Enterprises(10 000 yuan)	100711	67273	-33.2
其他企业(万元)	Enterprises of Other Ownership(10 000 yuan)	12543	26885	114.3
港澳台商投资企业(万元)	Funds from HK,Macao & Taiwan(10 000 yuan)	10123	13364	32.0
外商投资企业(万元)	Foreign Funded Enterprises(10 000 yuan)	121166	171880	41.9
工业企业增加值(万元)	Value Added of Industrial Enterprises(10 000 yuan)	343915	410567	11.5
工业企业资产总计(万元)	Total Assets of Industrial Enterprises(10 000 yuan)	644827	850334	31.9
工业企业负债合计(万元)	Total Liabilities of Industrial Enterprises(10 000 yuan)	445883	630403	41.4
工业企业产品销售收入(万元)	Sales of Revenue Industrial Enterprises(10 000 yuan)	818182	959458	17.3
工业企业利润总额(万元)	Total Profits of Industrial Enterprises(10 000 yuan)	57642	32782	-43.1
建筑业	**Construction**			
建筑企业单位数(个)	Number of Construction Enterprises(unit)	23	23	0.0
建筑企业从业人员(人)	Number of Employee in Construction Enterprises(person)	2303	3328	44.5
建筑业总产值(万元)	Gross Construction Output Value(10 000 yuan)	152782	222733	45.8
交通运输邮电通信业	**Transportation,Post & Telecommunications**			
公路里程(公里)	Total Length of Highways(km)	458	463	1.1
邮电业务总量(万元)	Business Volume of Post & Telecoms(10 000 yuan)	33214	34702	4.5
本地电话用户(户)	Number of Subscribers of Local Telephone(Household)	49018	68310	39.4
国内贸易	**Domestic Trade**			
社会消费品零售总额(万元)	Total Retail Sales of Consumer Goods(10 000 yuan)	449491	550000	22.4
城镇(万元)	Town(10 000 yuan)	449491	550000	22.4
#城区(万元)	City(10 000 yuan)	449491	550000	22.4
乡村(万元)	Village(10 000 yuan)			
科技教育卫生	**Science,Education & Public Health**			
各类专业技术人员(人)	Special Technical Personnel(person)	8291	8233	-0.7
幼儿园数(所)	Number of Kindergartens(unit)	87	87	0.0
学龄儿童入学率(%)	Percentage of School-Age Children Enrolled(%)	100.0	100.0	0.0
小学学校数(所)	Number of Primary Schools(unit)	24	24	0.0
小学专任教师数(人)	Number of Full-time Teachers of Primary Schools(person)	1351	1411	4.4
小学在校学生数(人)	Number of Student Enrollment of Primary Schools(person)	18805	19111	1.6
普通中学学校数(所)	Number of Regular Secondary Schools(unit)	18	17	-5.6
普通中学专任教师数(人)	Number of Teachers of Secondary Shools(person)	1754	1778	1.4
初中在校学生数(人)	Number of Student in Junior Secondary Schools(person)	13182	13068	-0.9
高中在校学生数(人)	Number of Student in Senior Secondary Schools(person)	12388	11990	-3.2
卫生机构数(所)	Number of Health Institutions(unit)	171	181	5.8
# 医院(所)	Hospitals(unit)	10	12	20.0
卫生院(所)	Township Hospitals(unit)	7	7	0.0
床位数(张)	Number of Beds(unit)	1838	2098	14.1
# 医院(张)	Hospitals(unit)	1496	1782	19.1
卫生院(张)	Township Hospitals(unit)	92	100	8.7
卫生技术人员(人)	Medical Technical Presonnel(person)	2667	3046	14.2
# 医院(人)	Hospitals(person)	1762	2099	19.1
卫生院(人)	Township Hospitals(person)	101	93	-7.9

23-40 兴安盟阿尔山市

指 标	Item	2010	2011	2011年比上年增长% Increase Rate in 2011 Over 2010(%)
行政区域土地面积(平方公里)	**Area of Administration(Sq.km)**	**7409**	**7409**	**0.0**
人口和就业	**Population & Employment**			
年末总人口(人)	Total Population Year-end(person)	48190	48425	0.5
#男性(人)	Male(person)	24339	24400	0.3
#乡村人口(人)	Rural(person)	9816	9936	1.2
年末总户数(户)	Total Number of Households at the Year-end(Household)	20495	21000	2.5
#乡村户数(户)	Number of Rural Household(Household)	3391	3378	-0.4
出生人口(人)	Births(person)	219	208	-5.0
死亡人口(人)	Deaths(person)	338	210	-37.9
全社会就业人员(人)	Employment(person)	20483	19946	-2.6
第一产业(人)	Primary Industry(person)	9874	9700	-1.8
第二产业(人)	Secondary Industry(person)	1548	1526	-1.4
第三产业(人)	Tertiary Industry(person)	9061	8720	-3.8
在岗职工人数(人)	Number of Staff & Workers Employed in(person)	6885	7426	7.9
乡村劳动力(人)	Number of Rural Laborers(person)	3997	3971	-0.7
#农林牧渔业(人)	Farming,Forestry,Animal Husbandry & Fishery(person)	3238	3145	-2.9
国民经济综合指标	**Summary Item on the National Economy**			
生产总值(万元)	Gross Domestic Product(10 000 yuan)	90330	106039	10.5
第一产业(万元)	Primary Industry(10 000 yuan)	18867	21934	4.4
第二产业(万元)	Secondary Industry(10 000 yuan)	21347	27131	18.8
#工业(万元)	Industry(10 000 yuan)	4159	4707	10.8
第三产业(万元)	Tertiary Industry(10 000 yuan)	50116	56974	9.2
人均生产总值(元)	Per Capita GDP(yuan)	18746	21951	10.2
全社会固定资产投资(万元)	Total Investment in Fixed Assets(10 000 yuan)	210019	287490	36.9
按登记注册类型分	Grouped by Registered Type			
#国有(万元)	State-owned Enterprises(10 000 yuan)	166033	155083	-6.6
集体(万元)	Collective-owned Enterprises(10 000 yuan)			
有限责任公司(万元)	Limited Liability Corporations(10 000 yuan)	15864	24773	56.2
股份有限公司(万元)	Share Holding Enterprises(10 000 yuan)	6010	31359	421.8
私营企业(万元)	Private Enterprises(10 000 yuan)	22112	17147	-22.5
外商及港澳台投资企业(万元)	Funds from HK,Macao,Taiwan & Foreign(10 000 yuan)		697	
按城乡渠道分	Grouped by Urban and Rural Area			
城镇（万元）	Urban(10 000 yuan)	210019	287490	36.9
农村（万元）	Rural(10 000 yuan)			
一般预算收入(万元)	General Budgetary Financial Revenue(10 000 yuan)	3399	4837	42.3
一般预算支出(万元)	General Budgetary Financial Expenditures(10 000 yuan)	44277	68275	54.2
城乡居民储蓄存款余额(万元)	Resident Saving Deposit in Urban & Rural(10 000 yuan)	76289	87027	14.1
在岗职工工资总额(万元)	Total Wages of Staff & Workers Employed in(10 000 yuan)	14080	18809	33.6
在岗职工平均工资(元)	Average Wage of Staff & Workers Employed in(yuan)	20591	25749	25.0
城镇居民人均可支配收入(元)	Annual Disposable Income of Urban Residents per Capita(yuan)	11500	13103	13.9
农牧民人均纯收入(元)	Per Capita Net Income of Peasant & Herdsman(yuan)			
农村牧区经济	**Economic Development in Rural & Pastoral Area**			
耕地面积(公顷)	Cultivated Area(hectare)	19036	19036	0.0
农作物总播种面积(公顷)	Total Sown Area(hectare)	14050	14050	0.0
#粮食作物播种面积(公顷)	Sown Area of Grain Crops(hectare)	11660	11660	0.0
有效灌溉面积(公顷)	Irrigated Area(hectare)	3100	3100	0.0
农牧业机械总动力(万千瓦)	Total Power of Agricultural Machinery(10 000 kw)	4.85	5.22	7.6
化肥施用折纯量(吨)	Consumption of Chemical Fertilizer(ton)	2370	2373	0.1
农村用电量(万千瓦小时)	Electricity Consumed in Rural Area(10 000 kwh)	50	52	4.0
农林牧渔业总产值(万元)	Gross Output of Farming,Forestry,Animal Husbandry & Fishery(10 000 yuan)	32926	39297	4.4
粮食产量(吨)	Yield of Grain(ton)	50570	55016	8.8
油料产量(吨)	Yield of Oil-bearing Grops(ton)	2238	4648	107.7
甜菜产量(吨)	Yield of Beetroots(ton)		2010	
猪牛羊肉产量(吨)	Output of Pork, Beef & Mutton(ton)	1581	1512	-4.4
#猪肉产量(吨)	Output of Pork(ton)	414	345	-16.7
牛肉产量(吨)	Output of Beef(ton)	363	363	0.0
羊肉产量(吨)	Output of Mutton(ton)	804	804	0.0
羊毛产量(吨)	Output of Wool(ton)	513	491	-4.3

23-40 Aershan City in Xingan League

指 标	Item	2010	2011	2011年比上年增长% Increase Rate in 2011 Over 2010(%)
年末牲畜存栏头数(万头只)	Total Livestock at the Year-end(10 000 heads)	14.04	14.47	3.1
# 大牲畜(万头只)	Large Animals(10 000 heads)	0.75	0.75	-0.1
羊(万只)	Sheep & Goats(10 000 heads)	13.09	13.52	3.3
猪(万头)	Hogs(10 000 heads)	0.20	0.20	-1.5
规模以上工业	**Industrial Enterprises above Designated size**			
工业企业单位数(个)	Number of Industrial Enterprises(unit)	2	1	-50.0
# 内资企业(个)	Civil Funded Enterprises(unit)	2	1	-50.0
工业总产值(万元)	Gross Industrial Output Value(10 000 yuan)	2577	3117	21.0
内资企业(万元)	Civil Funded Enterprises(10 000 yuan)	2577	3117	21.0
国有企业(万元)	State-owned Enterprises(10 000 yuan)			
集体企业(万元)	Collective-owned Enterprises(10 000 yuan)			
股份合作企业(万元)	Share Holding Enterprises(10 000 yuan)			
联营企业(万元)	Joint Owned Enterprises(10 000 yuan)			
有限责任公司(万元)	Limited Company(10 000 yuan)	2577	3117	21.0
股份有限公司(万元)	Share Holding Limited Company(10 000 yuan)			
私营企业(万元)	Privately Owned Enterprises(10 000 yuan)			
其他企业(万元)	Enterprises of Other Ownership(10 000 yuan)			
港澳台商投资企业(万元)	Funds from HK,Macao & Taiwan(10 000 yuan)			
外商投资企业(万元)	Foreign Funded Enterprises(10 000 yuan)			
工业企业增加值(万元)	Value Added of Industrial Enterprises(10 000 yuan)	949	1107	34.5
工业企业资产总计(万元)	Total Assets of Industrial Enterprises(10 000 yuan)	37323	35202	-5.7
工业企业负债合计(万元)	Total Liabilities of Industrial Enterprises(10 000 yuan)	25977	27680	6.6
工业企业产品销售收入(万元)	Sales of Revenue Industrial Enterprises(10 000 yuan)	2567	3074	19.8
工业企业利润总额(万元)	Total Profits of Industrial Enterprises(10 000 yuan)	-642	-376	-41.4
建筑业	**Construction**			
建筑企业单位数(个)	Number of Construction Enterprises(unit)	1	1	0.0
建筑企业从业人员(人)	Number of Employee in Construction Enterprises(person)	274	270	-1.5
建筑业总产值(万元)	Gross Construction Output Value(10 000 yuan)	5976	2015	-66.3
交通运输邮电通信业	**Transportation,Post & Telecommunications**			
公路里程(公里)	Total Length of Highways(km)	721	764	6.0
邮电业务总量(万元)	Business Volume of Post & Telecoms(10 000 yuan)	3761	4106	9.2
本地电话用户(户)	Number of Subscribers of Local Telephone(Household)	6734	11686	73.5
国内贸易	**Domestic Trade**			
社会消费品零售总额(万元)	Total Retail Sales of Consumer Goods(10 000 yuan)	51006	61000	19.6
城镇(万元)	Town(10 000 yuan)	51006	61000	19.6
#城区(万元)	City(10 000 yuan)	51006	61000	19.6
乡村(万元)	Village(10 000 yuan)			
科技教育卫生	**Science,Education & Public Health**			
各类专业技术人员(人)	Special Technical Personnel(person)	1111	1156	4.1
幼儿园数(所)	Number of Kindergartens(unit)	19	17	-10.5
学龄儿童入学率(%)	Percentage of School-Age Children Enrolled(%)	100.0	100.0	0.0
小学学校数(所)	Number of Primary Schools(unit)	5	5	0.0
小学专任教师数(人)	Number of Full-time Teachers of Primary Schools(person)	203	203	0.0
小学在校学生数(人)	Number of Student Enrollment of Primary Schools(person)	1766	1742	-1.4
普通中学学校数(所)	Number of Regular Secondary Schools(unit)	3	3	0.0
普通中学专任教师数(人)	Number of Teachers of Secondary Shools(person)	153	157	2.6
初中在校学生数(人)	Number of Student in Junior Secondary Schools(person)	939	875	-6.8
高中在校学生数(人)	Number of Student in Senior Secondary Schools(person)	285	313	9.8
卫生机构数(所)	Number of Health Institutions(unit)	23	25	8.7
# 医院(所)	Hospitals(unit)	2	2	0.0
卫生院(所)	Township Hospitals(unit)	4	4	0.0
床位数(张)	Number of Beds(unit)	295	281	-4.7
# 医院(张)	Hospitals(unit)	130	130	0.0
卫生院(张)	Township Hospitals(unit)	57	57	0.0
卫生技术人员(人)	Medical Technical Presonnel(person)	271	268	-1.1
# 医院(人)	Hospitals(person)	136	117	-14.0
卫生院(人)	Township Hospitals(person)	49	49	0.0

23-41 兴安盟科尔沁右翼前旗

指 标	Item	2010	2011	2011年比上年增长% Increase Rate in 2011 Over 2010(%)
行政区域土地面积(平方公里)	**Area of Administration(Sq.km)**	**17428**	**17428**	**0.0**
人口和就业	**Population & Employment**			
年末总人口(人)	Total Population Year-end(person)	337641	338258	0.2
# 男性(人)	Male(person)	174395	174644	0.1
# 乡村人口(人)	Rural(person)	313122	310127	-1.0
年末总户数(户)	Total Number of Households at the Year-end(Household)	111141	115383	3.8
# 乡村户数(户)	Number of Rural Household(Household)	91110	91074	0.0
出生人口(人)	Births(person)	3560	3528	-0.9
死亡人口(人)	Deaths(person)	7122	2252	-68.4
全社会就业人员(人)	Employment(person)	179271	180789	0.8
第一产业(人)	Primary Industry(person)	127095	124189	-2.3
第二产业(人)	Secondary Industry(person)	16203	18617	14.9
第三产业(人)	Tertiary Industry(person)	35973	37983	5.6
在岗职工人数(人)	Number of Staff & Workers Employed in(person)	17586	19124	8.7
乡村劳动力(人)	Number of Rural Laborers(person)	149409	147839	-1.1
# 农林牧渔业(人)	Farming,Forestry,Animal Husbandry & Fishery(person)	121681	118830	-2.3
国民经济综合指标	**Summary Item on the National Economy**			
生产总值(万元)	Gross Domestic Product(10 000 yuan)	480539	600251	12.0
第一产业(万元)	Primary Industry(10 000 yuan)	227757	275254	8.5
第二产业(万元)	Secondary Industry(10 000 yuan)	125023	173272	18.3
# 工业(万元)	Industry(10 000 yuan)	91098	132768	21.3
第三产业(万元)	Tertiary Industry(10 000 yuan)	127759	151725	11.9
人均生产总值(元)	Per Capita GDP(yuan)	14145	17762	12.6
全社会固定资产投资(万元)	Total Investment in Fixed Assets(10 000 yuan)	560094	693399	23.8
按登记注册类型分	Grouped by Registered Type			
# 国有(万元)	State-owned Enterprises(10 000 yuan)	293553	216381	-26.3
集体(万元)	Collective-owned Enterprises(10 000 yuan)			
有限责任公司(万元)	Limited Liability Corporations(10 000 yuan)	127902	330478	158.4
股份有限公司(万元)	Share Holding Enterprises(10 000 yuan)	99626	400	-99.6
私营企业(万元)	Private Enterprises(10 000 yuan)			
外商及港澳台投资企业(万元)	Funds from HK,Macao,Taiwan & Foreign(10 000 yuan)	1565		
按城乡渠道分	Grouped by Urban and Rural Area			
城镇（万元）	Urban(10 000 yuan)	522646	692199	32.4
农村（万元）	Rural(10 000 yuan)	2700	1200	-55.6
一般预算收入(万元)	General Budgetary Financial Revenue(10 000 yuan)	13567	15631	15.2
一般预算支出(万元)	General Budgetary Financial Expenditures(10 000 yuan)	152200	208766	37.2
城乡居民储蓄存款余额(万元)	Resident Saving Deposit in Urban & Rural(10 000 yuan)	59412	108293	82.3
在岗职工工资总额(万元)	Total Wages of Staff & Workers Employed in(10 000 yuan)	43735	58072	32.8
在岗职工平均工资(元)	Average Wage of Staff & Workers Employed in(yuan)	23826	28260	18.6
城镇居民人均可支配收入(元)	Annual Disposable Income of Urban Residents per Capita(yuan)			
农牧民人均纯收入(元)	Per Capita Net Income of Peasant & Herdsman(yuan)	3436	4230	18.5
农村牧区经济	**Economic Development in Rural & Pastoral Area**			
耕地面积(公顷)	Cultivated Area(hectare)	353694	353694	0.0
农作物总播种面积(公顷)	Total Sown Area(hectare)	181666	189572	4.4
# 粮食作物播种面积(公顷)	Sown Area of Grain Crops(hectare)	172943	174849	1.1
有效灌溉面积(公顷)	Irrigated Area(hectare)	55480	55810	0.6
农牧业机械总动力(万千瓦)	Total Power of Agricultural Machinery(10 000 kw)	84.80	88.20	4.0
化肥施用折纯量(吨)	Consumption of Chemical Fertilizer(ton)	30590	30627	0.1
农村用电量(万千瓦小时)	Electricity Consumed in Rural Area(10 000 kwh)	3865	3861	-0.1
农林牧渔业总产值(万元)	Gross Output of Farming,Forestry,Animal Husbandry & Fishery(10 000 yuan)	372128	450574	8.5
粮食产量(吨)	Yield of Grain(ton)	575130	590008	2.6
油料产量(吨)	Yield of Oil-bearing Grops(ton)	7494	10978	46.5
甜菜产量(吨)	Yield of Beetroots(ton)	4206	20929	397.6
猪牛羊肉产量(吨)	Output of Pork, Beef & Mutton(ton)	49663	49693	0.1
# 猪肉产量(吨)	Output of Pork(ton)	13692	13930	1.7
牛肉产量(吨)	Output of Beef(ton)	1663	1376	-17.3
羊肉产量(吨)	Output of Mutton(ton)	34308	34387	0.2
羊毛产量(吨)	Output of Wool(ton)	5085	5484	7.8

23-41 Keerqinyouyiqian Banner in Xingan League

指 标	Item	2010	2011	2011年比上年增长% Increase Rate in 2011 Over 2010(%)
年末牲畜存栏头数(万头只)	Total Livestock at the Year-end(10 000 heads)	217.84	223.68	2.7
#大牲畜(万头只)	Large Animals(10 000 heads)	12.96	12.87	-0.7
羊(万只)	Sheep & Goats(10 000 heads)	193.12	199.10	3.1
猪(万头)	Hogs(10 000 heads)	11.76	11.72	-0.3
规模以上工业	**Industrial Enterprises above Designated size**			
工业企业单位数(个)	Number of Industrial Enterprises(unit)	26	27	3.8
#内资企业(个)	Civil Funded Enterprises(unit)	26	26	0.0
工业总产值(万元)	Gross Industrial Output Value(10 000 yuan)	239479	370569	54.7
内资企业(万元)	Civil Funded Enterprises(10 000 yuan)	239479	284848	18.9
国有企业(万元)	State-owned Enterprises(10 000 yuan)	4822	9585	98.8
集体企业(万元)	Collective-owned Enterprises(10 000 yuan)	9831	41068	317.7
股份合作企业(万元)	Share Holding Enterprises(10 000 yuan)			
联营企业(万元)	Joint Owned Enterprises(10 000 yuan)			
有限责任公司(万元)	Limited Company(10 000 yuan)	115868	137184	18.4
股份有限公司(万元)	Share Holding Limited Company(10 000 yuan)			
私营企业(万元)	Privately Owned Enterprises(10 000 yuan)	108958	97011	-11.0
其他企业(万元)	Enterprises of Other Ownership(10 000 yuan)			
港澳台商投资企业(万元)	Funds from HK,Macao & Taiwan(10 000 yuan)			
外商投资企业(万元)	Foreign Funded Enterprises(10 000 yuan)		85721	
工业企业增加值(万元)	Value Added of Industrial Enterprises(10 000 yuan)	80948	120386	22.3
工业企业资产总计(万元)	Total Assets of Industrial Enterprises(10 000 yuan)	155133	260510	67.9
工业企业负债合计(万元)	Total Liabilities of Industrial Enterprises(10 000 yuan)	126827	219866	73.4
工业企业产品销售收入(万元)	Sales of Revenue Industrial Enterprises(10 000 yuan)	228448	369366	61.7
工业企业利润总额(万元)	Total Profits of Industrial Enterprises(10 000 yuan)	1758	5518	213.9
建筑业	**Construction**			
建筑企业单位数(个)	Number of Construction Enterprises(unit)	2	2	0.0
建筑企业从业人员(人)	Number of Employee in Construction Enterprises(person)	205	212	3.4
建筑业总产值(万元)	Gross Construction Output Value(10 000 yuan)	13166	17022	29.3
交通运输邮电通信业	**Transportation,Post & Telecommunications**			
公路里程(公里)	Total Length of Highways(km)	2740	2769	1.1
邮电业务总量(万元)	Business Volume of Post & Telecoms(10 000 yuan)	8332	10354	24.3
本地电话用户(户)	Number of Subscribers of Local Telephone(Household)	12032	10334	-14.1
国内贸易	**Domestic Trade**			
社会消费品零售总额(万元)	Total Retail Sales of Consumer Goods(10 000 yuan)	148904	176000	18.2
城镇(万元)	Town(10 000 yuan)	86865	106821	23.0
#城区(万元)	City(10 000 yuan)			
乡村(万元)	Village(10 000 yuan)	62039	69179	11.5
科技教育卫生	**Science,Education & Public Health**			
各类专业技术人员(人)	Special Technical Personnel(person)	6472	6899	6.6
幼儿园数(所)	Number of Kindergartens(unit)	101	49	-51.5
学龄儿童入学率(%)	Percentage of School-Age Children Enrolled(%)	100.0	100.0	0.0
小学学校数(所)	Number of Primary Schools(unit)	38	29	-23.7
小学专任教师数(人)	Number of Full-time Teachers of Primary Schools(person)	2042	2009	-1.6
小学在校学生数(人)	Number of Student Enrollment of Primary Schools(person)	14577	14241	-2.3
普通中学学校数(所)	Number of Regular Secondary Schools(unit)	23	23	0.0
普通中学专任教师数(人)	Number of Teachers of Secondary Shools(person)	1417	1395	-1.6
初中在校学生数(人)	Number of Student in Junior Secondary Schools(person)	8146	7689	-5.6
高中在校学生数(人)	Number of Student in Senior Secondary Schools(person)	4027	4077	1.2
卫生机构数(所)	Number of Health Institutions(unit)	35	178	408.6
#医院(所)	Hospitals(unit)	1	1	0.0
卫生院(所)	Township Hospitals(unit)	25	25	0.0
床位数(张)	Number of Beds(unit)	793	789	-0.5
#医院(张)	Hospitals(unit)	256	256	0.0
卫生院(张)	Township Hospitals(unit)	516	502	-2.7
卫生技术人员(人)	Medical Technical Presonnel(person)	1244	1439	15.7
#医院(人)	Hospitals(person)	379	454	19.8
卫生院(人)	Township Hospitals(person)	680	679	-0.1

23-42 兴安盟科尔沁右翼中旗

指 标	Item	2010	2011	2011年比上年增长% Increase Rate in 2011 Over 2010(%)
行政区域土地面积(平方公里)	**Area of Administration(Sq.km)**	**15613**	**15613**	**0.0**
人口和就业	**Population & Employment**			
年末总人口(人)	Total Population Year-end(person)	261568	257670	-1.5
# 男性(人)	Male(person)	131986	130388	-1.2
# 乡村人口(人)	Rural(person)	181450	185868	2.4
年末总户数(户)	Total Number of Households at the Year-end(Household)	75214	77407	2.9
# 乡村户数(户)	Number of Rural Household(Household)	47102	50328	6.8
出生人口(人)	Births(person)	3086	2770	-10.2
死亡人口(人)	Deaths(person)	3437	1140	-66.8
全社会就业人员(人)	Employment(person)	109255	126483	15.8
第一产业(人)	Primary Industry(person)	83097	97495	17.3
第二产业(人)	Secondary Industry(person)	5795	6538	12.8
第三产业(人)	Tertiary Industry(person)	20363	22450	10.2
在岗职工人数(人)	Number of Staff & Workers Employed in(person)	16172	16238	0.4
乡村劳动力(人)	Number of Rural Laborers(person)	87259	102295	17.2
# 农林牧渔业(人)	Farming,Forestry,Animal Husbandry & Fishery(person)	78197	92524	18.3
国民经济综合指标	**Summary Item on the National Economy**			
生产总值(万元)	Gross Domestic Product(10 000 yuan)	311059	383540	11.0
第一产业(万元)	Primary Industry(10 000 yuan)	125731	140494	2.5
第二产业(万元)	Secondary Industry(10 000 yuan)	81295	125249	28.2
# 工业(万元)	Industry(10 000 yuan)	51687	86650	32.5
第三产业(万元)	Tertiary Industry(10 000 yuan)	104033	117797	7.8
人均生产总值(元)	Per Capita GDP(yuan)	11828	14773	12.4
全社会固定资产投资(万元)	Total Investment in Fixed Assets(10 000 yuan)	433470	593025	36.8
按登记注册类型分	Grouped by Registered Type			
# 国有(万元)	State-owned Enterprises(10 000 yuan)	205263	166458	-18.9
集体(万元)	Collective-owned Enterprises(10 000 yuan)	680		
有限责任公司(万元)	Limited Liability Corporations(10 000 yuan)	209698	169304	-19.3
股份有限公司(万元)	Share Holding Enterprises(10 000 yuan)	17829	2156	-87.9
私营企业(万元)	Private Enterprises(10 000 yuan)		84000	
外商及港澳台投资企业(万元)	Funds from HK,Macao,Taiwan & Foreign(10 000 yuan)		37000	
按城乡渠道分	Grouped by Urban and Rural Area			
城镇（万元）	Urban(10 000 yuan)	415571	588510	41.6
农村（万元）	Rural(10 000 yuan)	70	4515	6350.0
一般预算收入(万元)	General Budgetary Financial Revenue(10 000 yuan)	9913	12608	27.2
一般预算支出(万元)	General Budgetary Financial Expenditures(10 000 yuan)	135621	171596	26.5
城乡居民储蓄存款余额(万元)	Resident Saving Deposit in Urban & Rural(10 000 yuan)	87998	114479	30.1
在岗职工工资总额(万元)	Total Wages of Staff & Workers Employed in(10 000 yuan)	35152	42889	22.0
在岗职工平均工资(元)	Average Wage of Staff & Workers Employed in(yuan)	21480	25910	20.6
城镇居民人均可支配收入(元)	Annual Disposable Income of Urban Residents per Capita(yuan)	10513	11906	13.2
农牧民人均纯收入(元)	Per Capita Net Income of Peasant & Herdsman(yuan)	3482	4013	13.2
农村牧区经济	**Economic Development in Rural & Pastoral Area**			
耕地面积(公顷)	Cultivated Area(hectare)	301164	301164	0.0
农作物总播种面积(公顷)	Total Sown Area(hectare)	123049	132864	8.0
# 粮食作物播种面积(公顷)	Sown Area of Grain Crops(hectare)	110162	113918	3.4
有效灌溉面积(公顷)	Irrigated Area(hectare)	55300	55970	1.2
农牧业机械总动力(万千瓦)	Total Power of Agricultural Machinery(10 000 kw)	51.83	54.82	5.8
化肥施用折纯量(吨)	Consumption of Chemical Fertilizer(ton)	35381	33571	-5.1
农村用电量(万千瓦小时)	Electricity Consumed in Rural Area(10 000 kwh)	4212	4533	7.6
农林牧渔业总产值(万元)	Gross Output of Farming,Forestry,Animal Husbandry & Fishery(10 000 yuan)	222501	249031	2.5
粮食产量(吨)	Yield of Grain(ton)	400265	515034	28.7
油料产量(吨)	Yield of Oil-bearing Grops(ton)	10396	29392	182.7
甜菜产量(吨)	Yield of Beetroots(ton)			
猪牛羊肉产量(吨)	Output of Pork, Beef & Mutton(ton)	33710	34609	2.7
# 猪肉产量(吨)	Output of Pork(ton)	8204	8817	7.5
牛肉产量(吨)	Output of Beef(ton)	10574	10860	2.7
羊肉产量(吨)	Output of Mutton(ton)	14932	14932	0.0
羊毛产量(吨)	Output of Wool(ton)	2947	2646	-10.2

23-42 Keerqinyouyizhong Banner in Xingan League

指 标	Item	2010	2011	2011年比上年增长% Increase Rate in 2011 Over 2010(%)
年末牲畜存栏头数(万头只)	Total Livestock at the Year-end(10 000 heads)	159.56	161.39	1.1
#大牲畜(万头只)	Large Animals(10 000 heads)	14.84	14.85	0.0
羊(万只)	Sheep & Goats(10 000 heads)	131.82	133.64	1.4
猪(万头)	Hogs(10 000 heads)	12.89	12.91	0.1
规模以上工业	**Industrial Enterprises above Designated size**			
工业企业单位数(个)	Number of Industrial Enterprises(unit)	11	15	36.4
#内资企业(个)	Civil Funded Enterprises(unit)	10	14	40.0
工业总产值(万元)	Gross Industrial Output Value(10 000 yuan)	78044	154041	97.4
内资企业(万元)	Civil Funded Enterprises(10 000 yuan)	76021	149840	97.1
国有企业(万元)	State-owned Enterprises(10 000 yuan)	39693	26882	-32.3
集体企业(万元)	Collective-owned Enterprises(10 000 yuan)	2985	6926	132.0
股份合作企业(万元)	Share Holding Enterprises(10 000 yuan)			
联营企业(万元)	Joint Owned Enterprises(10 000 yuan)			
有限责任公司(万元)	Limited Company(10 000 yuan)	2903	42387	1360.1
股份有限公司(万元)	Share Holding Limited Company(10 000 yuan)			
私营企业(万元)	Privately Owned Enterprises(10 000 yuan)	30440	73645	141.9
其他企业(万元)	Enterprises of Other Ownership(10 000 yuan)			
港澳台商投资企业(万元)	Funds from HK,Macao & Taiwan(10 000 yuan)			
外商投资企业(万元)	Foreign Funded Enterprises(10 000 yuan)	2023	4202	107.7
工业企业增加值(万元)	Value Added of Industrial Enterprises(10 000 yuan)	30263	63625	55.3
工业企业资产总计(万元)	Total Assets of Industrial Enterprises(10 000 yuan)	415994	531244	27.7
工业企业负债合计(万元)	Total Liabilities of Industrial Enterprises(10 000 yuan)	296969	392332	32.1
工业企业产品销售收入(万元)	Sales of Revenue Industrial Enterprises(10 000 yuan)	73147	142965	95.4
工业企业利润总额(万元)	Total Profits of Industrial Enterprises(10 000 yuan)	2499	2159	-13.6
建筑业	**Construction**			
建筑企业单位数(个)	Number of Construction Enterprises(unit)			
建筑企业从业人员(人)	Number of Employee in Construction Enterprises(person)			
建筑业总产值(万元)	Gross Construction Output Value(10 000 yuan)			
交通运输邮电通信业	**Transportation,Post & Telecommunications**			
公路里程(公里)	Total Length of Highways(km)	1921	1927	0.3
邮电业务总量(万元)	Business Volume of Post & Telecoms(10 000 yuan)	10472	12428	18.7
本地电话用户(户)	Number of Subscribers of Local Telephone(Household)	12261	19326	57.6
国内贸易	**Domestic Trade**			
社会消费品零售总额(万元)	Total Retail Sales of Consumer Goods(10 000 yuan)	133962	150000	12.0
城镇(万元)	Town(10 000 yuan)	121765	137559	13.0
#城区(万元)	City(10 000 yuan)			
乡村(万元)	Village(10 000 yuan)	12197	12441	2.0
科技教育卫生	**Science,Education & Public Health**			
各类专业技术人员(人)	Special Technical Personnel(person)	5871	6524	11.1
幼儿园数(所)	Number of Kindergartens(unit)	53	35	-34.0
学龄儿童入学率(%)	Percentage of School-Age Children Enrolled(%)	100.0	100.0	0.0
小学学校数(所)	Number of Primary Schools(unit)	28	28	0.0
小学专任教师数(人)	Number of Full-time Teachers of Primary Schools(person)	1810	1733	-4.3
小学在校学生数(人)	Number of Student Enrollment of Primary Schools(person)	16258	15719	-3.3
普通中学学校数(所)	Number of Regular Secondary Schools(unit)	12	12	0.0
普通中学专任教师数(人)	Number of Teachers of Secondary Shools(person)	1025	1048	2.2
初中在校学生数(人)	Number of Student in Junior Secondary Schools(person)	7115	7257	2.0
高中在校学生数(人)	Number of Student in Senior Secondary Schools(person)	4473	4198	-6.1
卫生机构数(所)	Number of Health Institutions(unit)	31	47	51.6
#医院(所)	Hospitals(unit)	4	4	0.0
卫生院(所)	Township Hospitals(unit)	23	23	0.0
床位数(张)	Number of Beds(unit)	907	1015	11.9
#医院(张)	Hospitals(unit)	580	680	17.2
卫生院(张)	Township Hospitals(unit)	309	311	0.6
卫生技术人员(人)	Medical Technical Presonnel(person)	1196	1307	9.3
#医院(人)	Hospitals(person)	629	664	5.6
卫生院(人)	Township Hospitals(person)	451	451	0.0

23-43 兴安盟扎赉特旗

指 标	Item	2010	2011	2011年比上年增长% Increase Rate in 2011 Over 2010(%)
行政区域土地面积(平方公里)	**Area of Administration(Sq.km)**	**11837**	**11837**	**0.0**
人口和就业	**Population & Employment**			
年末总人口(人)	Total Population Year-end(person)	395280	396861	0.4
#男性(人)	Male(person)	204287	204927	0.3
#乡村人口(人)	Rural(person)	318063	319088	0.3
年末总户数(户)	Total Number of Households at the Year-end(Household)	134400	139203	3.6
#乡村户数(户)	Number of Rural Household(Household)	80873	81188	0.4
出生人口(人)	Births(person)	4727	4637	-1.9
死亡人口(人)	Deaths(person)	6433	2047	-68.2
全社会就业人员(人)	Employment(person)	189231	197808	4.5
第一产业(人)	Primary Industry(person)	157448	158031	0.4
第二产业(人)	Secondary Industry(person)	8122	9137	12.5
第三产业(人)	Tertiary Industry(person)	23661	30640	29.5
在岗职工人数(人)	Number of Staff & Workers Employed in(person)	20234	20435	1.0
乡村劳动力(人)	Number of Rural Laborers(person)	166426	167502	0.6
#农林牧渔业(人)	Farming,Forestry,Animal Husbandry & Fishery(person)	152097	152869	0.5
国民经济综合指标	**Summary Item on the National Economy**			
生产总值(万元)	Gross Domestic Product(10 000 yuan)	484764	580676	11.1
第一产业(万元)	Primary Industry(10 000 yuan)	239965	283356	6.0
第二产业(万元)	Secondary Industry(10 000 yuan)	91855	132860	31.9
#工业(万元)	Industry(10 000 yuan)	73631	110035	34.0
第三产业(万元)	Tertiary Industry(10 000 yuan)	152944	164460	6.6
人均生产总值(元)	Per Capita GDP(yuan)	12202	14661	11.5
全社会固定资产投资(万元)	Total Investment in Fixed Assets(10 000 yuan)	346599	425460	37.1
按登记注册类型分	Grouped by Registered Type			
#国有(万元)	State-owned Enterprises(10 000 yuan)	296361	227689	-23.2
集体(万元)	Collective-owned Enterprises(10 000 yuan)			
有限责任公司(万元)	Limited Liability Corporations(10 000 yuan)	13100	920	-93.0
股份有限公司(万元)	Share Holding Enterprises(10 000 yuan)	8056	36432	352.2
私营企业(万元)	Private Enterprises(10 000 yuan)	14500	89152	514.8
外商及港澳台投资企业(万元)	Funds from HK,Macao,Taiwan & Foreign(10 000 yuan)	5500		
按城乡渠道分	Grouped by Urban and Rural Area			
城镇(万元)	Urban(10 000 yuan)	339519	418816	23.4
农村(万元)	Rural(10 000 yuan)	7080	6644	-6.2
一般预算收入(万元)	General Budgetary Financial Revenue(10 000 yuan)	9653	9134	-5.4
一般预算支出(万元)	General Budgetary Financial Expenditures(10 000 yuan)	162968	200657	23.1
城乡居民储蓄存款余额(万元)	Resident Saving Deposit in Urban & Rural(10 000 yuan)	166984	202194	21.1
在岗职工工资总额(万元)	Total Wages of Staff & Workers Employed in(10 000 yuan)	45426	58296	28.3
在岗职工平均工资(元)	Average Wage of Staff & Workers Employed in(yuan)	22439	28493	27.0
城镇居民人均可支配收入(元)	Annual Disposable Income of Urban Residents per Capita(yuan)	10511	12299	17.0
农牧民人均纯收入(元)	Per Capita Net Income of Peasant & Herdsman(yuan)	3412	4236	24.1
农村牧区经济	**Economic Development in Rural & Pastoral Area**			
耕地面积(公顷)	Cultivated Area(hectare)	383690	383690	0.0
农作物总播种面积(公顷)	Total Sown Area(hectare)	255168	254995	-0.1
#粮食作物播种面积(公顷)	Sown Area of Grain Crops(hectare)	247769	247596	-0.1
有效灌溉面积(公顷)	Irrigated Area(hectare)	93500	94170	0.7
农牧业机械总动力(万千瓦)	Total Power of Agricultural Machinery(10 000 kw)	144.35	153.64	6.4
化肥施用折纯量(吨)	Consumption of Chemical Fertilizer(ton)	68285	73295	7.3
农村用电量(万千瓦小时)	Electricity Consumed in Rural Area(10 000 kwh)	4098	4237	3.4
农林牧渔业总产值(万元)	Gross Output of Farming,Forestry,Animal Husbandry & Fishery(10 000 yuan)	382655	452771	6.0
粮食产量(吨)	Yield of Grain(ton)	1000035	1065049	6.5
油料产量(吨)	Yield of Oil-bearing Grops(ton)	11689	6125	-47.6
甜菜产量(吨)	Yield of Beetroots(ton)	375		
猪牛羊肉产量(吨)	Output of Pork, Beef & Mutton(ton)	58043	57586	-0.8
#猪肉产量(吨)	Output of Pork(ton)	45674	46015	0.7
牛肉产量(吨)	Output of Beef(ton)	6346	6345	0.0
羊肉产量(吨)	Output of Mutton(ton)	6023	5226	-13.2
羊毛产量(吨)	Output of Wool(ton)	1948	1903	-2.3

23-43 Zhalaite Banner in Xingan League

指 标	Item	2010	2011	2011年比上年增长% Increase Rate in 2011 Over 2010(%)
年末牲畜存栏头数(万头只)	Total Livestock at the Year-end(10 000 heads)	117.93	125.18	6.1
#大牲畜(万头只)	Large Animals(10 000 heads)	19.78	19.69	-0.5
羊(万只)	Sheep & Goats(10 000 heads)	63.35	70.73	11.7
猪(万头)	Hogs(10 000 heads)	34.80	34.76	-0.1
规模以上工业	**Industrial Enterprises above Designated size**			
工业企业单位数(个)	Number of Industrial Enterprises(unit)	23	22	-4.3
#内资企业(个)	Civil Funded Enterprises(unit)	23	22	-4.3
工业总产值(万元)	Gross Industrial Output Value(10 000 yuan)	187571	297611	58.7
内资企业(万元)	Civil Funded Enterprises(10 000 yuan)	187571	297611	58.7
国有企业(万元)	State-owned Enterprises(10 000 yuan)	10140	12755	25.8
集体企业(万元)	Collective-owned Enterprises(10 000 yuan)			
股份合作企业(万元)	Share Holding Enterprises(10 000 yuan)			
联营企业(万元)	Joint Owned Enterprises(10 000 yuan)			
有限责任公司(万元)	Limited Company(10 000 yuan)	38330	186184	385.7
股份有限公司(万元)	Share Holding Limited Company(10 000 yuan)	38949		
私营企业(万元)	Privately Owned Enterprises(10 000 yuan)	100152	98672	-1.5
其他企业(万元)	Enterprises of Other Ownership(10 000 yuan)			
港澳台商投资企业(万元)	Funds from HK,Macao & Taiwan(10 000 yuan)			
外商投资企业(万元)	Foreign Funded Enterprises(10 000 yuan)			
工业企业增加值(万元)	Value Added of Industrial Enterprises(10 000 yuan)	63691	97769	35.8
工业企业资产总计(万元)	Total Assets of Industrial Enterprises(10 000 yuan)	152069	206896	36.1
工业企业负债合计(万元)	Total Liabilities of Industrial Enterprises(10 000 yuan)	89442	112715	26.0
工业企业产品销售收入(万元)	Sales of Revenue Industrial Enterprises(10 000 yuan)	172841	291780	68.8
工业企业利润总额(万元)	Total Profits of Industrial Enterprises(10 000 yuan)	9140	75927	730.7
建筑业	**Construction**			
建筑企业单位数(个)	Number of Construction Enterprises(unit)	1	1	0.0
建筑企业从业人员(人)	Number of Employee in Construction Enterprises(person)	750	960	28.0
建筑业总产值(万元)	Gross Construction Output Value(10 000 yuan)	16356	12740	-22.1
交通运输邮电通信业	**Transportation,Post & Telecommunications**			
公路里程(公里)	Total Length of Highways(km)	2235	2236	0.0
邮电业务总量(万元)	Business Volume of Post & Telecoms(10 000 yuan)	14249	14780	3.7
本地电话用户(户)	Number of Subscribers of Local Telephone(Household)	12785	17279	35.2
国内贸易	**Domestic Trade**			
社会消费品零售总额(万元)	Total Retail Sales of Consumer Goods(10 000 yuan)	177600	216000	21.6
城镇(万元)	Town(10 000 yuan)	121301	143107	18.0
#城区(万元)	City(10 000 yuan)			
乡村(万元)	Village(10 000 yuan)	56299	72893	29.5
科技教育卫生	**Science,Education & Public Health**			
各类专业技术人员(人)	Special Technical Personnel(person)	6774	7095	4.7
幼儿园数(所)	Number of Kindergartens(unit)	105	23	-78.1
学龄儿童入学率(%)	Percentage of School-Age Children Enrolled(%)	100.0	100.0	0.0
小学学校数(所)	Number of Primary Schools(unit)	40	35	-12.5
小学专任教师数(人)	Number of Full-time Teachers of Primary Schools(person)	1912	2138	11.8
小学在校学生数(人)	Number of Student Enrollment of Primary Schools(person)	17777	18115	1.9
普通中学学校数(所)	Number of Regular Secondary Schools(unit)	25	25	0.0
普通中学专任教师数(人)	Number of Teachers of Secondary Shools(person)	1437	1261	-12.2
初中在校学生数(人)	Number of Student in Junior Secondary Schools(person)	8031	8113	1.0
高中在校学生数(人)	Number of Student in Senior Secondary Schools(person)	3639	3344	-8.1
卫生机构数(所)	Number of Health Institutions(unit)	38	46	21.1
#医院(所)	Hospitals(unit)	5	5	0.0
卫生院(所)	Township Hospitals(unit)	21	21	0.0
床位数(张)	Number of Beds(unit)	808	902	11.6
#医院(张)	Hospitals(unit)	457	515	12.7
卫生院(张)	Township Hospitals(unit)	301	333	10.6
卫生技术人员(人)	Medical Technical Presonnel(person)	926	896	-3.2
#医院(人)	Hospitals(person)	395	385	-2.5
卫生院(人)	Township Hospitals(person)	318	292	-8.2

23-44 兴安盟突泉县

指 标	Item	2010	2011	2011年比上年增长% Increase Rate in 2011 Over 2010(%)
行政区域土地面积(平方公里)	**Area of Administration(Sq.km)**	**4800**	**4800**	**0.0**
人口和就业	**Population & Employment**			
年末总人口(人)	Total Population Year-end(person)	312810	313205	0.1
# 男性(人)	Male(person)	160219	160449	0.1
# 乡村人口(人)	Rural(person)	245584	243797	-0.7
年末总户数(户)	Total Number of Households at the Year-end(Household)	103789	109594	5.6
# 乡村户数(户)	Number of Rural Household(Household)	63584	67229	5.7
出生人口(人)	Births(person)	2854	2664	-6.7
死亡人口(人)	Deaths(person)	3892	1232	-68.3
全社会就业人员(人)	Employment(person)	145360	170489	17.3
第一产业(人)	Primary Industry(person)	107327	124800	16.3
第二产业(人)	Secondary Industry(person)	14330	15468	7.9
第三产业(人)	Tertiary Industry(person)	23703	30221	27.5
在岗职工人数(人)	Number of Staff & Workers Employed in(person)	11475	11366	-0.9
乡村劳动力(人)	Number of Rural Laborers(person)	124194	148400	19.5
# 农林牧渔业(人)	Farming,Forestry,Animal Husbandry & Fishery(person)	104928	122509	16.8
国民经济综合指标	**Summary Item on the National Economy**			
生产总值(万元)	Gross Domestic Product(10 000 yuan)	387447	465590	11.4
第一产业(万元)	Primary Industry(10 000 yuan)	157623	178404	6.8
第二产业(万元)	Secondary Industry(10 000 yuan)	139334	190681	19.4
# 工业(万元)	Industry(10 000 yuan)	90303	135481	25.5
第三产业(万元)	Tertiary Industry(10 000 yuan)	90490	96505	6.9
人均生产总值(元)	Per Capita GDP(yuan)	12351	14875	11.6
全社会固定资产投资(万元)	Total Investment in Fixed Assets(10 000 yuan)	370091	457878	37.5
按登记注册类型分	Grouped by Registered Type			
# 国有(万元)	State-owned Enterprises(10 000 yuan)	173480	194830	12.3
集体(万元)	Collective-owned Enterprises(10 000 yuan)			
有限责任公司(万元)	Limited Liability Corporations(10 000 yuan)		21809	
股份有限公司(万元)	Share Holding Enterprises(10 000 yuan)	53600	37126	-30.7
私营企业(万元)	Private Enterprises(10 000 yuan)	91117	106993	17.4
外商及港澳台投资企业(万元)	Funds from HK,Macao,Taiwan & Foreign(10 000 yuan)			
按城乡渠道分	Grouped by Urban and Rural Area			
城镇(万元)	Urban(10 000 yuan)	349680	422565	20.8
农村(万元)	Rural(10 000 yuan)	20411	35313	73.0
一般预算收入(万元)	General Budgetary Financial Revenue(10 000 yuan)	4295	5220	21.5
一般预算支出(万元)	General Budgetary Financial Expenditures(10 000 yuan)	134053	165167	23.2
城乡居民储蓄存款余额(万元)	Resident Saving Deposit in Urban & Rural(10 000 yuan)	132774	173553	30.7
在岗职工工资总额(万元)	Total Wages of Staff & Workers Employed in(10 000 yuan)	27453	47861	74.3
在岗职工平均工资(元)	Average Wage of Staff & Workers Employed in(yuan)	23283	27410	17.7
城镇居民人均可支配收入(元)	Annual Disposable Income of Urban Residents per Capita(yuan)	10510	11962	13.8
农牧民人均纯收入(元)	Per Capita Net Income of Peasant & Herdsman(yuan)	3388	4156	22.7
农村牧区经济	**Economic Development in Rural & Pastoral Area**			
耕地面积(公顷)	Cultivated Area(hectare)	177657	177657	0.0
农作物总播种面积(公顷)	Total Sown Area(hectare)	145830	145672	-0.1
# 粮食作物播种面积(公顷)	Sown Area of Grain Crops(hectare)	136810	137271	0.3
有效灌溉面积(公顷)	Irrigated Area(hectare)	65430	67430	3.1
农牧业机械总动力(万千瓦)	Total Power of Agricultural Machinery(10 000 kw)	46.58	47.89	2.8
化肥施用折纯量(吨)	Consumption of Chemical Fertilizer(ton)	29608	30018	1.4
农村用电量(万千瓦小时)	Electricity Consumed in Rural Area(10 000 kwh)	3904	410	-89.5
农林牧渔业总产值(万元)	Gross Output of Farming,Forestry,Animal Husbandry & Fishery(10 000 yuan)	270479	305889	6.8
粮食产量(吨)	Yield of Grain(ton)	525000	540011	2.9
油料产量(吨)	Yield of Oil-bearing Grops(ton)	4213	2413	-42.7
甜菜产量(吨)	Yield of Beetroots(ton)	3333	804	-75.9
猪牛羊肉产量(吨)	Output of Pork, Beef & Mutton(ton)	18114	16707	-7.8
# 猪肉产量(吨)	Output of Pork(ton)	11445	10038	-12.3
牛肉产量(吨)	Output of Beef(ton)	1568	1568	0.0
羊肉产量(吨)	Output of Mutton(ton)	5101	5101	0.0
羊毛产量(吨)	Output of Wool(ton)	1035	1047	1.2

23-44 Tuquan County in Xingan League

指 标	Item	2010	2011	2011年比上年增长% Increase Rate in 2011 Over 2010(%)
年末牲畜存栏头数(万头只)	Total Livestock at the Year-end(10 000 heads)	64.72	66.22	2.3
# 大牲畜(万头只)	Large Animals(10 000 heads)	7.15	6.83	-4.5
羊(万只)	Sheep & Goats(10 000 heads)	49.74	51.53	3.6
猪(万头)	Hogs(10 000 heads)	7.83	7.86	0.4
规模以上工业	**Industrial Enterprises above Designated size**			
工业企业单位数(个)	Number of Industrial Enterprises(unit)	26	26	0.0
# 内资企业(个)	Civil Funded Enterprises(unit)	25	26	4.0
工业总产值(万元)	Gross Industrial Output Value(10 000 yuan)	156666	261359	66.8
内资企业(万元)	Civil Funded Enterprises(10 000 yuan)	145574	261359	79.5
国有企业(万元)	State-owned Enterprises(10 000 yuan)	7317	21323	191.4
集体企业(万元)	Collective-owned Enterprises(10 000 yuan)		5204	
股份合作企业(万元)	Share Holding Enterprises(10 000 yuan)			
联营企业(万元)	Joint Owned Enterprises(10 000 yuan)			
有限责任公司(万元)	Limited Company(10 000 yuan)		12313	
股份有限公司(万元)	Share Holding Limited Company(10 000 yuan)	30831	2927	-90.5
私营企业(万元)	Privately Owned Enterprises(10 000 yuan)	107426	219592	104.4
其他企业(万元)	Enterprises of Other Ownership(10 000 yuan)			
港澳台商投资企业(万元)	Funds from HK,Macao & Taiwan(10 000 yuan)			
外商投资企业(万元)	Foreign Funded Enterprises(10 000 yuan)	11092		
工业企业增加值(万元)	Value Added of Industrial Enterprises(10 000 yuan)	50914	91780	37.0
工业企业资产总计(万元)	Total Assets of Industrial Enterprises(10 000 yuan)	263636	342854	30.0
工业企业负债合计(万元)	Total Liabilities of Industrial Enterprises(10 000 yuan)	177839	241831	36.0
工业企业产品销售收入(万元)	Sales of Revenue Industrial Enterprises(10 000 yuan)	147912	245354	65.9
工业企业利润总额(万元)	Total Profits of Industrial Enterprises(10 000 yuan)	7889	15721	99.3
建筑业	**Construction**			
建筑企业单位数(个)	Number of Construction Enterprises(unit)	1	1	0.0
建筑企业从业人员(人)	Number of Employee in Construction Enterprises(person)	1700	10300	505.9
建筑业总产值(万元)	Gross Construction Output Value(10 000 yuan)	17042	32642	91.5
交通运输邮电通信业	**Transportation,Post & Telecommunications**			
公路里程(公里)	Total Length of Highways(km)	1700	1714	0.8
邮电业务总量(万元)	Business Volume of Post & Telecoms(10 000 yuan)	9897	11596	17.2
本地电话用户(户)	Number of Subscribers of Local Telephone(Household)	13691	16139	17.9
国内贸易	**Domestic Trade**			
社会消费品零售总额(万元)	Total Retail Sales of Consumer Goods(10 000 yuan)	133620	147701	10.5
城镇(万元)	Town(10 000 yuan)	96666	109372	13.1
#城区(万元)	City(10 000 yuan)			
乡村(万元)	Village(10 000 yuan)	36954	38329	3.7
科技教育卫生	**Science,Education & Public Health**			
各类专业技术人员(人)	Special Technical Personnel(person)	4572	4397	-3.8
幼儿园数(所)	Number of Kindergartens(unit)	72	64	-11.1
学龄儿童入学率(%)	Percentage of School-Age Children Enrolled(%)	100.0	100.0	0.0
小学学校数(所)	Number of Primary Schools(unit)	30	21	-30.0
小学专任教师数(人)	Number of Full-time Teachers of Primary Schools(person)	1197	1248	4.3
小学在校学生数(人)	Number of Student Enrollment of Primary Schools(person)	14737	14613	-0.8
普通中学学校数(所)	Number of Regular Secondary Schools(unit)	10	10	0.0
普通中学专任教师数(人)	Number of Teachers of Secondary Shools(person)	996	1001	0.5
初中在校学生数(人)	Number of Student in Junior Secondary Schools(person)	9238	9120	-1.3
高中在校学生数(人)	Number of Student in Senior Secondary Schools(person)	3183	3734	17.3
卫生机构数(所)	Number of Health Institutions(unit)	36	33	-8.3
# 医院(所)	Hospitals(unit)	2	2	0.0
卫生院(所)	Township Hospitals(unit)	12	12	0.0
床位数(张)	Number of Beds(unit)	491	506	3.1
# 医院(张)	Hospitals(unit)	296	300	1.4
卫生院(张)	Township Hospitals(unit)	131	142	8.4
卫生技术人员(人)	Medical Technical Presonnel(person)	748	693	-7.4
# 医院(人)	Hospitals(person)	365	296	-18.9
卫生院(人)	Township Hospitals(person)	178	205	15.2

23-45 通辽市科尔沁区

指　标	Item	2010	2011	2011年比上年增长% Increase Rate in 2011 Over 2010(%)
行政区域土地面积(平方公里)	**Area of Administration(Sq.km)**	**3212**	**3212**	**0.0**
人口和就业	**Population & Employment**			
年末总人口(人)	Total Population Year-end(person)	876599	885281	1.0
#男性(人)	Male(person)	458173	453591	-1.0
#乡村人口(人)	Rural(person)	451315	484035	7.2
年末总户数(户)	Total Number of Households at the Year-end(Household)	291314	286726	-1.6
#乡村户数(户)	Number of Rural Household(Household)	121869	126076	3.5
出生人口(人)	Births(person)	7290	7351	0.8
死亡人口(人)	Deaths(person)	5886	3064	-47.9
全社会就业人员(人)	Employment(person)	425429	438323	3.0
第一产业(人)	Primary Industry(person)	269430	274768	2.0
第二产业(人)	Secondary Industry(person)	55573	60248	8.4
第三产业(人)	Tertiary Industry(person)	100426	106357	5.9
在岗职工人数(人)	Number of Staff & Workers Employed in(person)	114638	116710	1.8
乡村劳动力(人)	Number of Rural Laborers(person)	245559	250964	2.2
#农林牧渔业(人)	Farming,Forestry,Animal Husbandry & Fishery(person)	162140	147309	-9.1
国民经济综合指标	**Summary Item on the National Economy**			
生产总值(万元)	Gross Domestic Product(10 000 yuan)	4929921	5866399	11.3
第一产业(万元)	Primary Industry(10 000 yuan)	399876	469095	5.6
第二产业(万元)	Secondary Industry(10 000 yuan)	3048429	3690985	14.0
#工业(万元)	Industry(10 000 yuan)	2762233	3315258	13.0
第三产业(万元)	Tertiary Industry(10 000 yuan)	1481616	1706319	7.4
人均生产总值(元)	Per Capita GDP(yuan)	152084	182622	15.5
全社会固定资产投资(万元)	Total Investment in Fixed Assets(10 000 yuan)	3258647	4506304	38.3
按登记注册类型分	Grouped by Registered Type			
#国有(万元)	State-owned Enterprises(10 000 yuan)	1678270	1513412	-9.8
集体(万元)	Collective-owned Enterprises(10 000 yuan)	4200	13630	224.5
有限责任公司(万元)	Limited Liability Corporations(10 000 yuan)	778198	1940429	149.3
股份有限公司(万元)	Share Holding Enterprises(10 000 yuan)	698915	466850	-33.2
私营企业(万元)	Private Enterprises(10 000 yuan)	68654	279554	307.2
外商及港澳台投资企业(万元)	Funds from HK,Macao,Taiwan & Foreign(10 000 yuan)	30410	92400	203.8
按城乡渠道分	Grouped by Urban and Rural Area			
城镇（万元）	Urban(10 000 yuan)	3128692	4031040	28.8
农村（万元）	Rural(10 000 yuan)	129955	475264	265.7
一般预算收入(万元)	General Budgetary Financial Revenue(10 000 yuan)	132283	299561	126.5
一般预算支出(万元)	General Budgetary Financial Expenditures(10 000 yuan)	262995	386112	46.8
个人储蓄存款余额(万元)	The balance of savings deposits of individuals(10 000 yuan)	1375990	1670452	21.4
在岗职工工资总额(万元)	Total Wages of Staff & Workers Employed in(10 000 yuan)	291541	313429	7.5
在岗职工平均工资(元)	Average Wage of Staff & Workers Employed in(yuan)	50896	58094	14.1
城镇居民人均可支配收入(元)	Annual Disposable Income of Urban Residents per Capita(yuan)	32351	37559	16.1
农牧民人均纯收入(元)	Per Capita Net Income of Peasant & Herdsman(yuan)	17286	21015	21.6
农村牧区经济	**Economic Development in Rural & Pastoral Area**			
耕地面积(公顷)	Cultivated Area(hectare)	140609	14000	-90.0
农作物总播种面积(公顷)	Total Sown Area(hectare)	151145	150924	-0.1
#粮食作物播种面积(公顷)	Sown Area of Grain Crops(hectare)	125443	124490	-0.8
有效灌溉面积(公顷)	Irrigated Area(hectare)	122986	123755	0.6
农牧业机械总动力(万千瓦)	Total Power of Agricultural Machinery(10 000 kw)	95.45	97.06	1.7
化肥施用折纯量(吨)	Consumption of Chemical Fertilizer(ton)	99517	91585	-8.0
农村用电量(万千瓦小时)	Electricity Consumed in Rural Area(10 000 kwh)	35913	50223	39.8
农林牧渔业总产值(万元)	Gross Output of Farming,Forestry,Animal Husbandry & Fishery(10 000 yuan)	637402	624586	-2.0
粮食产量(吨)	Yield of Grain(ton)	996032	1003203	0.7
油料产量(吨)	Yield of Oil-bearing Grops(ton)	5912	5447	-7.9
甜菜产量(吨)	Yield of Beetroots(ton)	5684	2922	-48.6
猪牛羊肉产量(吨)	Output of Pork, Beef & Mutton(ton)	130543	153992	18.0
#猪肉产量(吨)	Output of Pork(ton)	92955	94153	1.3
牛肉产量(吨)	Output of Beef(ton)	31485	31751	0.8
羊肉产量(吨)	Output of Mutton(ton)	6103	6135	0.5
羊毛产量(吨)	Output of Wool(ton)	591	654	10.7

23-45 Keerqin District in Tongliao City

指　标	Item	2010	2011	2011年比上年增长% Increase Rate in 2011 Over 2010(%)
年末牲畜存栏头数(万头只)	Total Livestock at the Year-end(10 000 heads)	153.48	173.50	13.0
#大牲畜(万头只)	Large Animals(10 000 heads)	33.13	38.15	15.2
羊(万只)	Sheep & Goats(10 000 heads)	42.54	59.19	39.1
猪(万头)	Hogs(10 000 heads)	77.81	79.28	1.9
规模以上工业	**Industrial Enterprises above Designated size**			
工业企业单位数(个)	Number of Industrial Enterprises(unit)	212	216	1.9
#内资企业(个)	Civil Funded Enterprises(unit)	200	204	2.0
工业总产值(万元)	Gross Industrial Output Value(10 000 yuan)	8934182	12124771	35.7
内资企业(万元)	Civil Funded Enterprises(10 000 yuan)	7594709	10110269	33.1
国有企业(万元)	State-owned Enterprises(10 000 yuan)	997115	1321949	32.6
集体企业(万元)	Collective-owned Enterprises(10 000 yuan)	55743	74622	33.9
股份合作企业(万元)	Share Holding Enterprises(10 000 yuan)	93420	104178	11.5
联营企业(万元)	Joint Owned Enterprises(10 000 yuan)			
有限责任公司(万元)	Limited Company(10 000 yuan)	5702654	6596046	15.7
股份有限公司(万元)	Share Holding Limited Company(10 000 yuan)	187300	474562	153.4
私营企业(万元)	Privately Owned Enterprises(10 000 yuan)	492400	1446804	193.8
其他企业(万元)	Enterprises of Other Ownership(10 000 yuan)	66092	92108	39.4
港澳台商投资企业(万元)	Funds from HK,Macao & Taiwan(10 000 yuan)	147462	505099	242.5
外商投资企业(万元)	Foreign Funded Enterprises(10 000 yuan)	1081726	1509403	39.5
工业企业增加值(万元)	Value Added of Industrial Enterprises(10 000 yuan)	2565006	3297285	13.1
工业企业资产总计(万元)	Total Assets of Industrial Enterprises(10 000 yuan)	3301755	4048446	22.6
工业企业负债合计(万元)	Total Liabilities of Industrial Enterprises(10 000 yuan)	2067724	2387005	15.4
工业企业产品销售收入(万元)	Sales of Revenue Industrial Enterprises(10 000 yuan)	8802254	11924301	35.5
工业企业利润总额(万元)	Total Profits of Industrial Enterprises(10 000 yuan)	484709	704126	45.3
建筑业	**Construction**			
建筑企业单位数(个)	Number of Construction Enterprises(unit)	79	52	-34.2
建筑企业从业人员(人)	Number of Employee in Construction Enterprises(person)	32039	25042	-21.8
建筑业总产值(万元)	Gross Construction Output Value(10 000 yuan)	4643959	563137	-87.9
交通运输邮电通信业	**Transportation,Post & Telecommunications**			
公路里程(公里)	Total Length of Highways(km)	1451	1451	0.0
邮电业务总量(万元)	Business Volume of Post & Telecoms(10 000 yuan)	2843	2487	-12.5
本地电话用户(户)	Number of Subscribers of Local Telephone(Household)	480077	581316	21.1
国内贸易	**Domestic Trade**			
社会消费品零售总额(万元)	Total Retail Sales of Consumer Goods(10 000 yuan)	1156903	1397539	20.8
城镇(万元)	Town(10 000 yuan)	1051049	1269667	20.8
#城区(万元)	City(10 000 yuan)	192135	233252	21.4
乡村(万元)	Village(10 000 yuan)	105890	127810	20.7
科技教育卫生	**Science,Education & Public Health**			
各类专业技术人员(人)	Special Technical Personnel(person)	22552	22613	0.3
幼儿园数(所)	Number of Kindergartens(unit)	21	21	0.0
学龄儿童入学率(%)	Percentage of School-Age Children Enrolled(%)	100.0	100.0	0.0
小学学校数(所)	Number of Primary Schools(unit)	112	81	-27.7
小学专任教师数(人)	Number of Full-time Teachers of Primary Schools(person)	3633	3357	-7.6
小学在校学生数(人)	Number of Student Enrollment of Primary Schools(person)	59238	58318	-1.6
普通中学学校数(所)	Number of Regular Secondary Schools(unit)	35	32	-8.6
普通中学专任教师数(人)	Number of Teachers of Secondary Shools(person)	3798	3577	-5.8
初中在校学生数(人)	Number of Student in Junior Secondary Schools(person)	33677	36997	9.9
高中在校学生数(人)	Number of Student in Senior Secondary Schools(person)	27995	27205	-2.8
卫生机构数(所)	Number of Health Institutions(unit)	49	48	-2.0
#医院(所)	Hospitals(unit)	18	18	0.0
卫生院(所)	Township Hospitals(unit)	22	20	-9.1
床位数(张)	Number of Beds(unit)	3932	4897	24.5
#医院(张)	Hospitals(unit)	3493	3070	-12.1
卫生院(张)	Township Hospitals(unit)	439	447	1.8
卫生技术人员(人)	Medical Technical Presonnel(person)	5383	5417	0.6
#医院(人)	Hospitals(person)	3707	4569	23.3
卫生院(人)	Township Hospitals(person)	831	848	2.0

23-46 通辽市霍林郭勒市

指 标	Item	2010	2011	2011年比上年增长% Increase Rate in 2011 Over 2010(%)
行政区域土地面积(平方公里)	**Area of Administration(Sq.km)**	**585**	**585**	**0.0**
人口和就业	**Population & Employment**			
年末总人口(人)	Total Population Year-end(person)	82430	82505	0.1
#男性(人)	Male(person)	42728	42886	0.4
#乡村人口(人)	Rural(person)	10000	9796	-2.0
年末总户数(户)	Total Number of Households at the Year-end(Household)	27477	28915	5.2
#乡村户数(户)	Number of Rural Household(Household)	3333	3257	-2.3
出生人口(人)	Births(person)	839	889	6.0
死亡人口(人)	Deaths(person)	262	308	17.6
全社会就业人员(人)	Employment(person)	39787	49368	24.1
第一产业(人)	Primary Industry(person)	6760	5758	-14.2
第二产业(人)	Secondary Industry(person)	16312	17924	9.9
第三产业(人)	Tertiary Industry(person)	16715	25686	72.9
在岗职工人数(人)	Number of Staff & Workers Employed in(person)	19331	17494	-9.5
乡村劳动力(人)	Number of Rural Laborers(person)	6803	6456	-5.1
#农林牧渔业(人)	Farming,Forestry,Animal Husbandry & Fishery(person)	4602	4613	0.2
国民经济综合指标	**Summary Item on the National Economy**			
生产总值(万元)	Gross Domestic Product(10 000 yuan)	1980861	2390628	15.5
第一产业(万元)	Primary Industry(10 000 yuan)	20534	23998	5.1
第二产业(万元)	Secondary Industry(10 000 yuan)	1390565	1728380	19.0
#工业(万元)	Industry(10 000 yuan)	1315224	1629019	18.8
第三产业(万元)	Tertiary Industry(10 000 yuan)	569761	638249	7.5
人均生产总值(元)	Per Capita GDP(yuan)	240395	289756	14.2
全社会固定资产投资(万元)	Total Investment in Fixed Assets(10 000 yuan)	484055	1111128	129.5
按登记注册类型分	Grouped by Registered Type			
#国有(万元)	State-owned Enterprises(10 000 yuan)	199923	322565	61.3
集体(万元)	Collective-owned Enterprises(10 000 yuan)		57350	
有限责任公司(万元)	Limited Liability Corporations(10 000 yuan)	138343	244459	76.7
股份有限公司(万元)	Share Holding Enterprises(10 000 yuan)	39999	207135	417.9
私营企业(万元)	Private Enterprises(10 000 yuan)	86200	279379	224.1
外商及港澳台投资企业(万元)	Funds from HK,Macao,Taiwan & Foreign(10 000 yuan)	19590	240	-98.8
按城乡渠道分	Grouped by Urban and Rural Area			
城镇(万元)	Urban(10 000 yuan)	484055	1111128	129.5
农村(万元)	Rural(10 000 yuan)			
一般预算收入(万元)	General Budgetary Financial Revenue(10 000 yuan)	109387	366375	234.9
一般预算支出(万元)	General Budgetary Financial Expenditures(10 000 yuan)	161472	197400	22.3
个人储蓄存款余额(万元)	The balance of savings deposits of individuals(10 000 yuan)	264407	307000	16.1
在岗职工工资总额(万元)	Total Wages of Staff & Workers Employed in(10 000 yuan)	81485	89002	9.2
在岗职工平均工资(元)	Average Wage of Staff & Workers Employed in(yuan)	42100	45042	7.0
城镇居民人均可支配收入(元)	Annual Disposable Income of Urban Residents per Capita(yuan)	20199	29000	43.6
农牧民人均纯收入(元)	Per Capita Net Income of Peasant & Herdsman(yuan)	12615	19000	50.6
农村牧区经济	**Economic Development in Rural & Pastoral Area**			
耕地面积(公顷)	Cultivated Area(hectare)	12697	12697	0.0
农作物总播种面积(公顷)	Total Sown Area(hectare)	8472	8480	0.1
#粮食作物播种面积(公顷)	Sown Area of Grain Crops(hectare)	5929	11500	94.0
有效灌溉面积(公顷)	Irrigated Area(hectare)	400	401	0.2
农牧业机械总动力(万千瓦)	Total Power of Agricultural Machinery(10 000 kw)	2.30	2.30	0.0
化肥施用折纯量(吨)	Consumption of Chemical Fertilizer(ton)	1725	1645	-4.6
农村用电量(万千瓦小时)	Electricity Consumed in Rural Area(10 000 kwh)	4830	5167	7.0
农林牧渔业总产值(万元)	Gross Output of Farming,Forestry,Animal Husbandry & Fishery(10 000 yuan)	34299	50439	47.1
粮食产量(吨)	Yield of Grain(ton)	10890	11500	5.6
油料产量(吨)	Yield of Oil-bearing Grops(ton)	1245	1245	0.0
甜菜产量(吨)	Yield of Beetroots(ton)			
猪牛羊肉产量(吨)	Output of Pork, Beef & Mutton(ton)	5915	5851	-1.1
#猪肉产量(吨)	Output of Pork(ton)	1710	1710	0.0
牛肉产量(吨)	Output of Beef(ton)	745	645	-13.4
羊肉产量(吨)	Output of Mutton(ton)	3460	3789	9.5
羊毛产量(吨)	Output of Wool(ton)	400	573	43.3

23-46 Huolinguole City in Tongliao City

指 标	Item	2010	2011	2011年比上年增长% Increase Rate in 2011 Over 2010(%)
年末牲畜存栏头数(万头只)	Total Livestock at the Year-end(10 000 heads)	26.20	26.71	1.9
#大牲畜(万头只)	Large Animals(10 000 heads)	13.10	13.46	2.7
羊(万只)	Sheep & Goats(10 000 heads)	12.60	12.77	1.3
猪(万头)	Hogs(10 000 heads)	0.50	0.48	-4.0
规模以上工业	**Industrial Enterprises above Designated size**			
工业企业单位数(个)	Number of Industrial Enterprises(unit)	55	52	-5.5
#内资企业(个)	Civil Funded Enterprises(unit)	52	49	-5.8
工业总产值(万元)	Gross Industrial Output Value(10 000 yuan)	2917341	42113910	1343.6
内资企业(万元)	Civil Funded Enterprises(10 000 yuan)		41884541	
国有企业(万元)	State-owned Enterprises(10 000 yuan)		2951535	
集体企业(万元)	Collective-owned Enterprises(10 000 yuan)			
股份合作企业(万元)	Share Holding Enterprises(10 000 yuan)			
联营企业(万元)	Joint Owned Enterprises(10 000 yuan)			
有限责任公司(万元)	Limited Company(10 000 yuan)			
股份有限公司(万元)	Share Holding Limited Company(10 000 yuan)	1737988	28024397	1512.5
私营企业(万元)	Privately Owned Enterprises(10 000 yuan)		3345174	
其他企业(万元)	Enterprises of Other Ownership(10 000 yuan)		7563435	
港澳台商投资企业(万元)	Funds from HK,Macao & Taiwan(10 000 yuan)			
外商投资企业(万元)	Foreign Funded Enterprises(10 000 yuan)	705234	229369	-67.5
工业企业增加值(万元)	Value Added of Industrial Enterprises(10 000 yuan)	1044481	15147395	20.2
工业企业资产总计(万元)	Total Assets of Industrial Enterprises(10 000 yuan)	3077600	3215970	4.5
工业企业负债合计(万元)	Total Liabilities of Industrial Enterprises(10 000 yuan)	1962800	1586834	-19.2
工业企业产品销售收入(万元)	Sales of Revenue Industrial Enterprises(10 000 yuan)	2910300	4106128	41.1
工业企业利润总额(万元)	Total Profits of Industrial Enterprises(10 000 yuan)	365400	386023	5.6
建筑业	**Construction**			
建筑企业单位数(个)	Number of Construction Enterprises(unit)	5	6	20.0
建筑企业从业人员(人)	Number of Employee in Construction Enterprises(person)	3514	3728	6.1
建筑业总产值(万元)	Gross Construction Output Value(10 000 yuan)	59678	99361	66.5
交通运输邮电通信业	**Transportation,Post & Telecommunications**			
公路里程(公里)	Total Length of Highways(km)	65	67	3.1
邮电业务总量(万元)	Business Volume of Post & Telecoms(10 000 yuan)	18889	216301	1045.1
本地电话用户(户)	Number of Subscribers of Local Telephone(Household)	105108	112000	6.6
国内贸易	**Domestic Trade**			
社会消费品零售总额(万元)	Total Retail Sales of Consumer Goods(10 000 yuan)	197478	234520	18.8
城镇(万元)	Town(10 000 yuan)	197478	234520	18.8
#城区(万元)	City(10 000 yuan)			
乡村(万元)	Village(10 000 yuan)			
科技教育卫生	**Science,Education & Public Health**			
各类专业技术人员(人)	Special Technical Personnel(person)	2118	4236	100.0
幼儿园数(所)	Number of Kindergartens(unit)	6	6	0.0
学龄儿童入学率(%)	Percentage of School-Age Children Enrolled(%)	100.0	100.0	0.0
小学学校数(所)	Number of Primary Schools(unit)	7	7	0.0
小学专任教师数(人)	Number of Full-time Teachers of Primary Schools(person)	444	444	0.0
小学在校学生数(人)	Number of Student Enrollment of Primary Schools(person)	6458	6852	6.1
普通中学学校数(所)	Number of Regular Secondary Schools(unit)	5	5	0.0
普通中学专任教师数(人)	Number of Teachers of Secondary Shools(person)	809	809	0.0
初中在校学生数(人)	Number of Student in Junior Secondary Schools(person)	3836	6269	63.4
高中在校学生数(人)	Number of Student in Senior Secondary Schools(person)	2828	3469	22.7
卫生机构数(所)	Number of Health Institutions(unit)	6	6	0.0
#医院(所)	Hospitals(unit)	4	4	0.0
卫生院(所)	Township Hospitals(unit)			
床位数(张)	Number of Beds(unit)	550	768	39.6
#医院(张)	Hospitals(unit)	480	768	60.0
卫生院(张)	Township Hospitals(unit)			
卫生技术人员(人)	Medical Technical Presonnel(person)	436	368	-15.6
#医院(人)	Hospitals(person)	436	368	-15.6
卫生院(人)	Township Hospitals(person)			

23-47 通辽市科尔沁左翼中旗

指　标	Item	2010	2011	2011年比上年增长% Increase Rate in 2011 Over 2010(%)
行政区域土地面积(平方公里)	**Area of Administration(Sq.km)**	**9569**	**9569**	**0.0**
人口和就业	**Population & Employment**			
年末总人口(人)	Total Population Year-end(person)	535473	537786	0.4
#男性(人)	Male(person)	273196	274409	0.4
#乡村人口(人)	Rural(person)	463342	463401	0.01
年末总户数(户)	Total Number of Households at the Year-end(Household)	168883	175255	3.8
#乡村户数(户)	Number of Rural Household(Household)	106568	106602	0.03
出生人口(人)	Births(person)	4888	4594	-6.0
死亡人口(人)	Deaths(person)	2337	1207	-48.4
全社会就业人员(人)	Employment(person)	271061	278677	2.8
第一产业(人)	Primary Industry(person)	196448	202885	3.3
第二产业(人)	Secondary Industry(person)	25835	26753	3.6
第三产业(人)	Tertiary Industry(person)	48778	49039	0.5
在岗职工人数(人)	Number of Staff & Workers Employed in(person)	26839	27197	1.3
乡村劳动力(人)	Number of Rural Laborers(person)	232977	251083	7.8
#农林牧渔业(人)	Farming,Forestry,Animal Husbandry & Fishery(person)	196448	192830	-0.2
国民经济综合指标	**Summary Item on the National Economy**			
生产总值(万元)	Gross Domestic Product(10 000 yuan)	1005083	1215778	13.8
第一产业(万元)	Primary Industry(10 000 yuan)	273535	319379	5.0
第二产业(万元)	Secondary Industry(10 000 yuan)	405890	518492	22.2
#工业(万元)	Industry(10 000 yuan)	373749	477320	22.5
第三产业(万元)	Tertiary Industry(10 000 yuan)	325658	377907	10.6
人均生产总值(元)	Per Capita GDP(yuan)	18773	22657	13.5
全社会固定资产投资(万元)	Total Investment in Fixed Assets(10 000 yuan)	680000	850000	25.0
按登记注册类型分	Grouped by Registered Type			
#国有(万元)	State-owned Enterprises(10 000 yuan)	588644	352937	-40.0
集体(万元)	Collective-owned Enterprises(10 000 yuan)		6980	
有限责任公司(万元)	Limited Liability Corporations(10 000 yuan)		211812	
股份有限公司(万元)	Share Holding Enterprises(10 000 yuan)		31810	
私营企业(万元)	Private Enterprises(10 000 yuan)	49849	149430	199.8
外商及港澳台投资企业(万元)	Funds from HK,Macao,Taiwan & Foreign(10 000 yuan)			
按城乡渠道分	Grouped by Urban and Rural Area			
城镇（万元）	Urban(10 000 yuan)	598917	751234	25.4
农村（万元）	Rural(10 000 yuan)	81083	98766	21.8
一般预算收入(万元)	General Budgetary Financial Revenue(10 000 yuan)	14651	12664	-13.6
一般预算支出(万元)	General Budgetary Financial Expenditures(10 000 yuan)	168931	212648	25.9
个人储蓄存款余额(万元)	The balance of savings deposits of individuals(10 000 yuan)	108869	156446	43.7
在岗职工工资总额(万元)	Total Wages of Staff & Workers Employed in(10 000 yuan)	62833	97645	55.4
在岗职工平均工资(元)	Average Wage of Staff & Workers Employed in(yuan)	23411	35824	53.0
城镇居民人均可支配收入(元)	Annual Disposable Income of Urban Residents per Capita(yuan)	11973	13685	14.3
农牧民人均纯收入(元)	Per Capita Net Income of Peasant & Herdsman(yuan)	4828	6149	27.4
农村牧区经济	**Economic Development in Rural & Pastoral Area**			
耕地面积(公顷)	Cultivated Area(hectare)	293951	294091	0.1
农作物总播种面积(公顷)	Total Sown Area(hectare)	296510	300216	1.2
#粮食作物播种面积(公顷)	Sown Area of Grain Crops(hectare)	271519	276707	1.9
有效灌溉面积(公顷)	Irrigated Area(hectare)	164593	164593	0.0
农牧业机械总动力(万千瓦)	Total Power of Agricultural Machinery(10 000 kw)	118.46	120.00	1.8
化肥施用折纯量(吨)	Consumption of Chemical Fertilizer(ton)	105608	107574	1.9
农村用电量(万千瓦小时)	Electricity Consumed in Rural Area(10 000 kwh)	6799	9012	32.5
农林牧渔业总产值(万元)	Gross Output of Farming,Forestry,Animal Husbandry & Fishery(10 000 yuan)	586209	765461	17.4
粮食产量(吨)	Yield of Grain(ton)	2097204	2305109	9.9
油料产量(吨)	Yield of Oil-bearing Grops(ton)	21699	30754	41.7
甜菜产量(吨)	Yield of Beetroots(ton)	189504	148104	-21.8
猪牛羊肉产量(吨)	Output of Pork, Beef & Mutton(ton)	61786	53610	-13.2
#猪肉产量(吨)	Output of Pork(ton)	30379	29990	-1.3
牛肉产量(吨)	Output of Beef(ton)	23791	15515	-34.8
羊肉产量(吨)	Output of Mutton(ton)	7616	8105	6.4
羊毛产量(吨)	Output of Wool(ton)	892	1608	80.3

23-47 Keerqinzuoyizhong Banner in Tongliao City

指　　标	Item	2010	2011	2011年比上年增长% Increase Rate in 2011 Over 2010(%)
年末牲畜存栏头数(万头只)	Total Livestock at the Year-end(10 000 heads)	138.88	164.92	18.8
#大牲畜(万头只)	Large Animals(10 000 heads)	24.61	37.14	50.9
羊(万只)	Sheep & Goats(10 000 heads)	73.55	86.06	17.0
猪(万头)	Hogs(10 000 heads)	40.73	40.72	100.0
规模以上工业	**Industrial Enterprises above Designated size**			
工业企业单位数(个)	Number of Industrial Enterprises(unit)	47	52	10.6
#内资企业(个)	Civil Funded Enterprises(unit)	46	51	10.9
工业总产值(万元)	Gross Industrial Output Value(10 000 yuan)	939264	1393221	48.3
内资企业(万元)	Civil Funded Enterprises(10 000 yuan)	921437	1370685	48.8
国有企业(万元)	State-owned Enterprises(10 000 yuan)	12702	52911	316.6
集体企业(万元)	Collective-owned Enterprises(10 000 yuan)	81556	64263	-21.2
股份合作企业(万元)	Share Holding Enterprises(10 000 yuan)	37846	58607	54.9
联营企业(万元)	Joint Owned Enterprises(10 000 yuan)			
有限责任公司(万元)	Limited Company(10 000 yuan)	348405	787796	126.1
股份有限公司(万元)	Share Holding Limited Company(10 000 yuan)	69848		
私营企业(万元)	Privately Owned Enterprises(10 000 yuan)	371080	407108	9.7
其他企业(万元)	Enterprises of Other Ownership(10 000 yuan)			
港澳台商投资企业(万元)	Funds from HK,Macao & Taiwan(10 000 yuan)			
外商投资企业(万元)	Foreign Funded Enterprises(10 000 yuan)	17827	22536	26.4
工业企业增加值(万元)	Value Added of Industrial Enterprises(10 000 yuan)	285967	420332	27.3
工业企业资产总计(万元)	Total Assets of Industrial Enterprises(10 000 yuan)	882740	721388	-15.9
工业企业负债合计(万元)	Total Liabilities of Industrial Enterprises(10 000 yuan)	323839	536604	69.7
工业企业产品销售收入(万元)	Sales of Revenue Industrial Enterprises(10 000 yuan)	765758	1395462	88.8
工业企业利润总额(万元)	Total Profits of Industrial Enterprises(10 000 yuan)	60031	107584	86.7
建筑业	**Construction**			
建筑企业单位数(个)	Number of Construction Enterprises(unit)	2	2	0.0
建筑企业从业人员(人)	Number of Employee in Construction Enterprises(person)	248	455	83.5
建筑业总产值(万元)	Gross Construction Output Value(10 000 yuan)	8583	13291	54.9
交通运输邮电通信业	**Transportation,Post & Telecommunications**			
公路里程(公里)	Total Length of Highways(km)	678	3154	365.2
邮电业务总量(万元)	Business Volume of Post & Telecoms(10 000 yuan)	14953	17554	17.4
本地电话用户(户)	Number of Subscribers of Local Telephone(Household)	85039	66336	-21.9
国内贸易	**Domestic Trade**			
社会消费品零售总额(万元)	Total Retail Sales of Consumer Goods(10 000 yuan)	197096	227103	18.8
城镇(万元)	Town(10 000 yuan)	83635	95468	23.3
#城区(万元)	City(10 000 yuan)			
乡村(万元)	Village(10 000 yuan)	113461	131635	15.8
科技教育卫生	**Science,Education & Public Health**			
各类专业技术人员(人)	Special Technical Personnel(person)	6380	6383	0.0
幼儿园数(所)	Number of Kindergartens(unit)	1	1	0.0
学龄儿童入学率(%)	Percentage of School-Age Children Enrolled(%)	100.0	100.0	0.0
小学学校数(所)	Number of Primary Schools(unit)	92	74	-19.6
小学专任教师数(人)	Number of Full-time Teachers of Primary Schools(person)	2778	3019	8.7
小学在校学生数(人)	Number of Student Enrollment of Primary Schools(person)	30683	28833	-6.0
普通中学学校数(所)	Number of Regular Secondary Schools(unit)	33	20	-39.4
普通中学专任教师数(人)	Number of Teachers of Secondary Shools(person)	1671	1277	-23.6
初中在校学生数(人)	Number of Student in Junior Secondary Schools(person)	9648	8714	-9.7
高中在校学生数(人)	Number of Student in Senior Secondary Schools(person)	5829	5696	-2.3
卫生机构数(所)	Number of Health Institutions(unit)	38	39	2.6
#医院(所)	Hospitals(unit)	3	3	0.0
卫生院(所)	Township Hospitals(unit)	29	30	3.4
床位数(张)	Number of Beds(unit)	685	695	1.5
#医院(张)	Hospitals(unit)	313	347	10.9
卫生院(张)	Township Hospitals(unit)	364	344	-5.5
卫生技术人员(人)	Medical Technical Presonnel(person)	927	819	-11.7
#医院(人)	Hospitals(person)	319	232	-27.3
卫生院(人)	Township Hospitals(person)	470	437	-7.0

23-48 通辽市科尔沁左翼后旗

指　　标	Item	2010	2011	2011年比上年增长% Increase Rate in 2011 Over 2010(%)
行政区域土地面积(平方公里)	**Area of Administration(Sq.km)**	**11481**	**11481**	**0.0**
人口和就业	**Population & Employment**			
年末总人口(人)	Total Population Year-end(person)	406302	407916	0.4
#男性(人)	Male(person)	207966	208882	0.4
#乡村人口(人)	Rural(person)	347194	349710	0.7
年末总户数(户)	Total Number of Households at the Year-end(Household)	132573	137224	3.5
#乡村户数(户)	Number of Rural Household(Household)	85538	93137	8.9
出生人口(人)	Births(person)	4200	3938	-6.2
死亡人口(人)	Deaths(person)	2078	1447	-30.4
全社会就业人员(人)	Employment(person)	173849	174405	0.3
第一产业(人)	Primary Industry(person)	120300	119608	-0.6
第二产业(人)	Secondary Industry(person)	12705	13905	9.4
第三产业(人)	Tertiary Industry(person)	40844	40892	0.1
在岗职工人数(人)	Number of Staff & Workers Employed in(person)	24026	24062	0.1
乡村劳动力(人)	Number of Rural Laborers(person)	152473	137802	-9.6
#农林牧渔业(人)	Farming,Forestry,Animal Husbandry & Fishery(person)	115852	119637	3.3
国民经济综合指标	**Summary Item on the National Economy**			
生产总值(万元)	Gross Domestic Product(10 000 yuan)	912665	1217916	17.9
第一产业(万元)	Primary Industry(10 000 yuan)	213130	250747	5.8
第二产业(万元)	Secondary Industry(10 000 yuan)	407940	569371	23.4
#工业(万元)	Industry(10 000 yuan)	366905	515252	23.5
第三产业(万元)	Tertiary Industry(10 000 yuan)	291595	397798	18.6
人均生产总值(元)	Per Capita GDP(yuan)	22458	29916	17.5
全社会固定资产投资(万元)	Total Investment in Fixed Assets(10 000 yuan)	387384	663983	71.4
按登记注册类型分	Grouped by Registered Type			
#国有(万元)	State-owned Enterprises(10 000 yuan)	120242	383878	219.3
集体(万元)	Collective-owned Enterprises(10 000 yuan)	28000	3300	-88.2
有限责任公司(万元)	Limited Liability Corporations(10 000 yuan)	163790	195099	19.1
股份有限公司(万元)	Share Holding Enterprises(10 000 yuan)	31041	6513	-79.0
私营企业(万元)	Private Enterprises(10 000 yuan)	14316	32880	129.7
外商及港澳台投资企业(万元)	Funds from HK,Macao,Taiwan & Foreign(10 000 yuan)			
按城乡渠道分	Grouped by Urban and Rural Area			
城镇（万元）	Urban(10 000 yuan)	387384	663983	71.4
农村（万元）	Rural(10 000 yuan)			
一般预算收入(万元)	General Budgetary Financial Revenue(10 000 yuan)	20271	18548	-8.5
一般预算支出(万元)	General Budgetary Financial Expenditures(10 000 yuan)	154063	169099	9.8
个人储蓄存款余额(万元)	The balance of savings deposits of individuals(10 000 yuan)	136149	268702	97.4
在岗职工工资总额(万元)	Total Wages of Staff & Workers Employed in(10 000 yuan)	53037	55103	3.9
在岗职工平均工资(元)	Average Wage of Staff & Workers Employed in(yuan)	24750	37669	52.2
城镇居民人均可支配收入(元)	Annual Disposable Income of Urban Residents per Capita(yuan)	11980	13777	15.0
农牧民人均纯收入(元)	Per Capita Net Income of Peasant & Herdsman(yuan)	5116	6425	25.6
农村牧区经济	**Economic Development in Rural & Pastoral Area**			
耕地面积(公顷)	Cultivated Area(hectare)	210004	210004	0.0
农作物总播种面积(公顷)	Total Sown Area(hectare)	209937	210933	0.5
#粮食作物播种面积(公顷)	Sown Area of Grain Crops(hectare)	179903	186067	3.4
有效灌溉面积(公顷)	Irrigated Area(hectare)	88390	88000	-0.4
农牧业机械总动力(万千瓦)	Total Power of Agricultural Machinery(10 000 kw)	93.00	88.80	-4.5
化肥施用折纯量(吨)	Consumption of Chemical Fertilizer(ton)	141237	145602	3.1
农村用电量(万千瓦小时)	Electricity Consumed in Rural Area(10 000 kwh)	8323	6097	-26.7
农林牧渔业总产值(万元)	Gross Output of Farming,Forestry,Animal Husbandry & Fishery(10 000 yuan)	334709	425403	16.1
粮食产量(吨)	Yield of Grain(ton)	880000	885000	0.6
油料产量(吨)	Yield of Oil-bearing Grops(ton)	1708	15939	833.2
甜菜产量(吨)	Yield of Beetroots(ton)			
猪牛羊肉产量(吨)	Output of Pork, Beef & Mutton(ton)	28223	28858	2.2
#猪肉产量(吨)	Output of Pork(ton)	12510	12510	0.0
牛肉产量(吨)	Output of Beef(ton)	11143	11743	5.4
羊肉产量(吨)	Output of Mutton(ton)	4570	4605	0.8
羊毛产量(吨)	Output of Wool(ton)	2275	2292	0.7

23-48 Keerqinzuoyihou Banner in Tongliao City

指　标	Item	2010	2011	2011年比上年增长% Increase Rate in 2011 Over 2010(%)
年末牲畜存栏头数(万头只)	Total Livestock at the Year-end(10 000 heads)	106.99	107.52	0.5
#大牲畜(万头只)	Large Animals(10 000 heads)	43.59	43.59	0.0
羊(万只)	Sheep & Goats(10 000 heads)	40.85	41.38	1.3
猪(万头)	Hogs(10 000 heads)	22.54	22.55	0.0
规模以上工业	**Industrial Enterprises above Designated size**			
工业企业单位数(个)	Number of Industrial Enterprises(unit)	43	53	23.3
#内资企业(个)	Civil Funded Enterprises(unit)	43	53	23.3
工业总产值(万元)	Gross Industrial Output Value(10 000 yuan)	970105	1536300	58.4
内资企业(万元)	Civil Funded Enterprises(10 000 yuan)	970105	1536300	58.4
国有企业(万元)	State-owned Enterprises(10 000 yuan)	121977	153700	26.0
集体企业(万元)	Collective-owned Enterprises(10 000 yuan)	394201	718200	82.2
股份合作企业(万元)	Share Holding Enterprises(10 000 yuan)			
联营企业(万元)	Joint Owned Enterprises(10 000 yuan)		14400	
有限责任公司(万元)	Limited Company(10 000 yuan)	89500	118000	31.8
股份有限公司(万元)	Share Holding Limited Company(10 000 yuan)	18400	33000	79.3
私营企业(万元)	Privately Owned Enterprises(10 000 yuan)	335301	499000	48.8
其他企业(万元)	Enterprises of Other Ownership(10 000 yuan)	10726		
港澳台商投资企业(万元)	Funds from HK,Macao & Taiwan(10 000 yuan)			
外商投资企业(万元)	Foreign Funded Enterprises(10 000 yuan)			
工业企业增加值(万元)	Value Added of Industrial Enterprises(10 000 yuan)	280467	420530	27.7
工业企业资产总计(万元)	Total Assets of Industrial Enterprises(10 000 yuan)	274741	571200	107.9
工业企业负债合计(万元)	Total Liabilities of Industrial Enterprises(10 000 yuan)	142243	316700	122.6
工业企业产品销售收入(万元)	Sales of Revenue Industrial Enterprises(10 000 yuan)	953577	1516700	59.1
工业企业利润总额(万元)	Total Profits of Industrial Enterprises(10 000 yuan)	25921	81600	214.8
建筑业	**Construction**			
建筑企业单位数(个)	Number of Construction Enterprises(unit)	1	1	0.0
建筑企业从业人员(人)	Number of Employee in Construction Enterprises(person)	105	31	-70.5
建筑业总产值(万元)	Gross Construction Output Value(10 000 yuan)	7162	55570	275.9
交通运输邮电通信业	**Transportation,Post & Telecommunications**			
公路里程(公里)	Total Length of Highways(km)	4839	3712	-23.3
邮电业务总量(万元)	Business Volume of Post & Telecoms(10 000 yuan)	12653	14700	16.2
本地电话用户(户)	Number of Subscribers of Local Telephone(Household)	22566	27827	23.3
国内贸易	**Domestic Trade**			
社会消费品零售总额(万元)	Total Retail Sales of Consumer Goods(10 000 yuan)	195223	233421	19.6
城镇(万元)	Town(10 000 yuan)	131533	159753	21.5
#城区(万元)	City(10 000 yuan)	68600	81470	18.8
乡村(万元)	Village(10 000 yuan)	63690	73668	15.7
科技教育卫生	**Science,Education & Public Health**			
各类专业技术人员(人)	Special Technical Personnel(person)	7700	7675	-0.3
幼儿园数(所)	Number of Kindergartens(unit)	2	2	0.0
学龄儿童入学率(%)	Percentage of School-Age Children Enrolled(%)	100.0	100.0	0.0
小学学校数(所)	Number of Primary Schools(unit)	63	43	-31.7
小学专任教师数(人)	Number of Full-time Teachers of Primary Schools(person)	2272	2249	-1.0
小学在校学生数(人)	Number of Student Enrollment of Primary Schools(person)	24334	23822	-2.1
普通中学学校数(所)	Number of Regular Secondary Schools(unit)	17	16	-5.9
普通中学专任教师数(人)	Number of Teachers of Secondary Shools(person)	1493	1575	5.5
初中在校学生数(人)	Number of Student in Junior Secondary Schools(person)	10787	10859	0.7
高中在校学生数(人)	Number of Student in Senior Secondary Schools(person)	5330	4693	-12.0
卫生机构数(所)	Number of Health Institutions(unit)	40	40	0.0
#医院(所)	Hospitals(unit)	4	2	-50.0
卫生院(所)	Township Hospitals(unit)	31	29	-6.5
床位数(张)	Number of Beds(unit)	634	638	0.6
#医院(张)	Hospitals(unit)	212	212	0.0
卫生院(张)	Township Hospitals(unit)	380	366	-3.7
卫生技术人员(人)	Medical Technical Presonnel(person)	977	915	-6.3
#医院(人)	Hospitals(person)	323	343	6.2
卫生院(人)	Township Hospitals(person)	502	414	-17.5

23-49 通辽市开鲁县

指　标	Item	2010	2011	2011年比上年增长% Increase Rate in 2011 Over 2010(%)
行政区域土地面积(平方公里)	**Area of Administration(Sq.km)**	**4488**	**4488**	**0.0**
人口和就业	**Population & Employment**			
年末总人口(人)	Total Population Year-end(person)	395119	397279	0.5
#男性(人)	Male(person)	200297	201364	0.5
#乡村人口(人)	Rural(person)	324426	323016	-0.4
年末总户数(户)	Total Number of Households at the Year-end(Household)	130443	141526	8.5
#乡村户数(户)	Number of Rural Household(Household)	88422	90130	1.9
出生人口(人)	Births(person)	3121	2997	-4.0
死亡人口(人)	Deaths(person)	4029	767	-81.0
全社会就业人员(人)	Employment(person)	223883	224671	0.4
第一产业(人)	Primary Industry(person)	134476	133019	-1.1
第二产业(人)	Secondary Industry(person)	39924	40787	2.2
第三产业(人)	Tertiary Industry(person)	49483	50865	2.8
在岗职工人数(人)	Number of Staff & Workers Employed in(person)	21723	21923	0.9
乡村劳动力(人)	Number of Rural Laborers(person)	180141	203140	12.8
#农林牧渔业(人)	Farming,Forestry,Animal Husbandry & Fishery(person)	134476	133019	-1.1
国民经济综合指标	**Summary Item on the National Economy**			
生产总值(万元)	Gross Domestic Product(10 000 yuan)	1224175	1532692	16.2
第一产业(万元)	Primary Industry(10 000 yuan)	336693	395369	5.6
第二产业(万元)	Secondary Industry(10 000 yuan)	585604	750817	18.9
#工业(万元)	Industry(10 000 yuan)	544116	698346	19.1
第三产业(万元)	Tertiary Industry(10 000 yuan)	301878	386506	22.8
人均生产总值(元)	Per Capita GDP(yuan)	30696	38685	17.0
全社会固定资产投资(万元)	Total Investment in Fixed Assets(10 000 yuan)	727038	881004	21.2
按登记注册类型分	Grouped by Registered Type			
#国有(万元)	State-owned Enterprises(10 000 yuan)	74628	162718	118.0
集体(万元)	Collective-owned Enterprises(10 000 yuan)	665	3200	381.2
有限责任公司(万元)	Limited Liability Corporations(10 000 yuan)	174780	395910	126.5
股份有限公司(万元)	Share Holding Enterprises(10 000 yuan)	445232	238418	-46.5
私营企业(万元)	Private Enterprises(10 000 yuan)	29833	80758	170.7
外商及港澳台投资企业 (万元)	Funds from HK,Macao,Taiwan & Foreign(10 000 yuan)			
按城乡渠道分	Grouped by Urban and Rural Area			
城镇（万元）	Urban(10 000 yuan)	693831	828339	19.4
农村（万元）	Rural(10 000 yuan)	33207	52665	58.6
一般预算收入(万元)	General Budgetary Financial Revenue(10 000 yuan)	32134	28167	-12.3
一般预算支出(万元)	General Budgetary Financial Expenditures(10 000 yuan)	150957	168035	11.3
个人储蓄存款余额(万元)	The balance of savings deposits of individuals(10 000 yuan)	208719	239273	14.6
在岗职工工资总额(万元)	Total Wages of Staff & Workers Employed in(10 000 yuan)	49532	68044	37.4
在岗职工平均工资(元)	Average Wage of Staff & Workers Employed in(yuan)	22857	31206	36.5
城镇居民人均可支配收入(元)	Annual Disposable Income of Urban Residents per Capita(yuan)	13136	15134	15.2
农牧民人均纯收入(元)	Per Capita Net Income of Peasant & Herdsman(yuan)	6532	8200	25.5
农村牧区经济	**Economic Development in Rural & Pastoral Area**			
耕地面积(公顷)	Cultivated Area(hectare)	120667	121589	0.8
农作物总播种面积(公顷)	Total Sown Area(hectare)	130153	131473	1.0
#粮食作物播种面积(公顷)	Sown Area of Grain Crops(hectare)	91403	91733	0.4
有效灌溉面积(公顷)	Irrigated Area(hectare)	120667	121589	0.8
农牧业机械总动力(万千瓦)	Total Power of Agricultural Machinery(10 000 kw)	86.20	87.98	2.1
化肥施用折纯量(吨)	Consumption of Chemical Fertilizer(ton)	25876	30118	16.4
农村用电量(万千瓦小时)	Electricity Consumed in Rural Area(10 000 kwh)	15810	16110	1.9
农林牧渔业总产值(万元)	Gross Output of Farming,Forestry,Animal Husbandry & Fishery(10 000 yuan)	534458	596690	5.2
粮食产量(吨)	Yield of Grain(ton)	925000	905000	-2.2
油料产量(吨)	Yield of Oil-bearing Grops(ton)	26789	26839	0.2
甜菜产量(吨)	Yield of Beetroots(ton)	248	272	9.7
猪牛羊肉产量(吨)	Output of Pork, Beef & Mutton(ton)	68120	68570	0.7
#猪肉产量(吨)	Output of Pork(ton)	49750	49750	0.0
牛肉产量(吨)	Output of Beef(ton)	10115	9615	-4.9
羊肉产量(吨)	Output of Mutton(ton)	8255	9205	11.5
羊毛产量(吨)	Output of Wool(ton)	2790	2884	3.4

23-49 Kailu County in Tongliao City

指 标	Item	2010	2011	2011年比上年增长% Increase Rate in 2011 Over 2010(%)
年末牲畜存栏头数(万头只)	Total Livestock at the Year-end(10 000 heads)	189.95	193.97	2.1
# 大牲畜(万头只)	Large Animals(10 000 heads)	23.57	23.58	0.0
羊(万只)	Sheep & Goats(10 000 heads)	116.76	120.77	3.4
猪(万头)	Hogs(10 000 heads)	49.62	49.62	0.0
规模以上工业	**Industrial Enterprises above Designated size**			
工业企业单位数(个)	Number of Industrial Enterprises(unit)	62	69	11.3
# 内资企业(个)	Civil Funded Enterprises(unit)	61	68	11.5
工业总产值(万元)	Gross Industrial Output Value(10 000 yuan)	1405956	2139148	52.1
内资企业(万元)	Civil Funded Enterprises(10 000 yuan)	1389455	2077224	49.5
国有企业(万元)	State-owned Enterprises(10 000 yuan)	32332	35500	9.8
集体企业(万元)	Collective-owned Enterprises(10 000 yuan)			
股份合作企业(万元)	Share Holding Enterprises(10 000 yuan)			
联营企业(万元)	Joint Owned Enterprises(10 000 yuan)			
有限责任公司(万元)	Limited Company(10 000 yuan)	89124	221779	148.8
股份有限公司(万元)	Share Holding Limited Company(10 000 yuan)			
私营企业(万元)	Privately Owned Enterprises(10 000 yuan)	1267999	1819946	43.5
其他企业(万元)	Enterprises of Other Ownership(10 000 yuan)			
港澳台商投资企业(万元)	Funds from HK,Macao & Taiwan(10 000 yuan)	16501	61924	275.3
外商投资企业(万元)	Foreign Funded Enterprises(10 000 yuan)			
工业企业增加值(万元)	Value Added of Industrial Enterprises(10 000 yuan)	408716	604037	29.2
工业企业资产总计(万元)	Total Assets of Industrial Enterprises(10 000 yuan)	665831	1093162	64.2
工业企业负债合计(万元)	Total Liabilities of Industrial Enterprises(10 000 yuan)	353992	228925	-35.3
工业企业产品销售收入(万元)	Sales of Revenue Industrial Enterprises(10 000 yuan)	1393987	2383513	71.0
工业企业利润总额(万元)	Total Profits of Industrial Enterprises(10 000 yuan)	116929	178162	52.4
建筑业	**Construction**			
建筑企业单位数(个)	Number of Construction Enterprises(unit)	3	3	0.0
建筑企业从业人员(人)	Number of Employee in Construction Enterprises(person)	1772	1681	-5.1
建筑业总产值(万元)	Gross Construction Output Value(10 000 yuan)	35398	37293	4.7
交通运输邮电通信业	**Transportation,Post & Telecommunications**			
公路里程(公里)	Total Length of Highways(km)	2000	2010	0.5
邮电业务总量(万元)	Business Volume of Post & Telecoms(10 000 yuan)	21441	25872	20.7
本地电话用户(户)	Number of Subscribers of Local Telephone(Household)	49230	45220	-8.1
国内贸易	**Domestic Trade**			
社会消费品零售总额(万元)	Total Retail Sales of Consumer Goods(10 000 yuan)	216171	256301	18.6
城镇(万元)	Town(10 000 yuan)	143351	183350	27.9
#城区(万元)	City(10 000 yuan)	106183	143427	35.1
乡村(万元)	Village(10 000 yuan)	72820	72951	0.2
科技教育卫生	**Science,Education & Public Health**			
各类专业技术人员(人)	Special Technical Personnel(person)	5667	5519	-2.6
幼儿园数(所)	Number of Kindergartens(unit)	5	5	0.0
学龄儿童入学率(%)	Percentage of School-Age Children Enrolled(%)	100.0	100.0	0.0
小学学校数(所)	Number of Primary Schools(unit)	134	147	9.7
小学专任教师数(人)	Number of Full-time Teachers of Primary Schools(person)	2250	1942	-13.7
小学在校学生数(人)	Number of Student Enrollment of Primary Schools(person)	28546	27936	-2.1
普通中学学校数(所)	Number of Regular Secondary Schools(unit)	22	21	-4.5
普通中学专任教师数(人)	Number of Teachers of Secondary Shools(person)	1658	1777	7.2
初中在校学生数(人)	Number of Student in Junior Secondary Schools(person)	15514	14573	-6.1
高中在校学生数(人)	Number of Student in Senior Secondary Schools(person)	6541	6424	-1.8
卫生机构数(所)	Number of Health Institutions(unit)	29	29	0.0
# 医院(所)	Hospitals(unit)	3	3	0.0
卫生院(所)	Township Hospitals(unit)	20	21	5.0
床位数(张)	Number of Beds(unit)	672	723	7.6
# 医院(张)	Hospitals(unit)	381	401	5.2
卫生院(张)	Township Hospitals(unit)	291	322	10.7
卫生技术人员(人)	Medical Technical Presonnel(person)	932	950	1.9
# 医院(人)	Hospitals(person)	488	502	2.9
卫生院(人)	Township Hospitals(person)	444	448	0.9

23-50 通辽市库伦旗

指　标	Item	2010	2011	2011年比上年增长% Increase Rate in 2011 Over 2010(%)
行政区域土地面积(平方公里)	**Area of Administration(Sq.km)**	**4714**	**4714**	**0.0**
人口和就业	**Population & Employment**			
年末总人口(人)	Total Population Year-end(person)	178224	179083	0.5
#男性(人)	Male(person)	91853	92372	0.6
#乡村人口(人)	Rural(person)	140117	140189	0.1
年末总户数(户)	Total Number of Households at the Year-end(Household)	56247	58521	4.0
#乡村户数(户)	Number of Rural Household(Household)	37581	37701	0.3
出生人口(人)	Births(person)	1727	1559	-9.7
死亡人口(人)	Deaths(person)	722	426	-41.0
全社会就业人员(人)	Employment(person)	99934	107028	7.1
第一产业(人)	Primary Industry(person)	77890	74775	-4.0
第二产业(人)	Secondary Industry(person)	6192	9011	45.5
第三产业(人)	Tertiary Industry(person)	15852	23242	46.6
在岗职工人数(人)	Number of Staff & Workers Employed in(person)	10941	10843	-0.9
乡村劳动力(人)	Number of Rural Laborers(person)	81252	77553	-4.6
#农林牧渔业(人)	Farming,Forestry,Animal Husbandry & Fishery(person)	75550	70620	-6.5
国民经济综合指标	**Summary Item on the National Economy**			
生产总值(万元)	Gross Domestic Product(10 000 yuan)	429257	530552	16.0
第一产业(万元)	Primary Industry(10 000 yuan)	124088	143919	4.3
第二产业(万元)	Secondary Industry(10 000 yuan)	202747	259257	22.2
#工业(万元)	Industry(10 000 yuan)	179782	228970	22.2
第三产业(万元)	Tertiary Industry(10 000 yuan)	102422	127376	18.2
人均生产总值(元)	Per Capita GDP(yuan)	24372	29697	14.4
全社会固定资产投资(万元)	Total Investment in Fixed Assets(10 000 yuan)	214951	357100	66.1
按登记注册类型分	Grouped by Registered Type			
#国有(万元)	State-owned Enterprises(10 000 yuan)	132622	89184	-32.8
集体(万元)	Collective-owned Enterprises(10 000 yuan)	140		
有限责任公司(万元)	Limited Liability Corporations(10 000 yuan)			
股份有限公司(万元)	Share Holding Enterprises(10 000 yuan)			
私营企业(万元)	Private Enterprises(10 000 yuan)	72189	251016	247.7
外商及港澳台投资企业(万元)	Funds from HK,Macao,Taiwan & Foreign(10 000 yuan)	10000	16900	69.0
按城乡渠道分	Grouped by Urban and Rural Area			
城镇（万元）	Urban(10 000 yuan)	214751	313722	46.1
农村（万元）	Rural(10 000 yuan)	200	43378	21589.0
一般预算收入(万元)	General Budgetary Financial Revenue(10 000 yuan)	14718	13251	-10.0
一般预算支出(万元)	General Budgetary Financial Expenditures(10 000 yuan)	98112	115184	17.4
个人储蓄存款余额(万元)	The balance of savings deposits of individuals(10 000 yuan)	77771	94473	21.5
在岗职工工资总额(万元)	Total Wages of Staff & Workers Employed in(10 000 yuan)	27349	36537	33.6
在岗职工平均工资(元)	Average Wage of Staff & Workers Employed in(yuan)	25757	33724	30.9
城镇居民人均可支配收入	Annual Disposable Income of Urban Residents per Capita(yuan)	11525	13213	14.6
农牧民人均纯收入(元)	Per Capita Net Income of Peasant & Herdsman(yuan)	4511	5780	28.1
农村牧区经济	**Economic Development in Rural & Pastoral Area**			
耕地面积(公顷)	Cultivated Area(hectare)	110838	110838	0.0
农作物总播种面积(公顷)	Total Sown Area(hectare)	105585	91234	-13.6
#粮食作物播种面积(公顷)	Sown Area of Grain Crops(hectare)	99875	82290	-17.6
有效灌溉面积(公顷)	Irrigated Area(hectare)	24667	24667	0.0
农牧业机械总动力(万千瓦)	Total Power of Agricultural Machinery(10 000 kw)	24.63	26.96	9.4
化肥施用折纯量(吨)	Consumption of Chemical Fertilizer(ton)	28837	29240	1.4
农村用电量(万千瓦小时)	Electricity Consumed in Rural Area(10 000 kwh)	2210	2894	31.0
农林牧渔业总产值(万元)	Gross Output of Farming,Forestry,Animal Husbandry & Fishery(10 000 yuan)	225846	219321	-12.7
粮食产量(吨)	Yield of Grain(ton)	500500	370000	-26.1
油料产量(吨)	Yield of Oil-bearing Grops(ton)	2743	2743	0.0
甜菜产量(吨)	Yield of Beetroots(ton)			
猪牛羊肉产量(吨)	Output of Pork, Beef & Mutton(ton)	26834	26834	0.0
#猪肉产量(吨)	Output of Pork(ton)	13186	13186	0.0
牛肉产量(吨)	Output of Beef(ton)	8129	8129	0.0
羊肉产量(吨)	Output of Mutton(ton)	5519	5519	0.0
羊毛产量(吨)	Output of Wool(ton)	365	365	0.0

23-50 Kulun Banner in Tongliao City

指　标	Item	2010	2011	2011年比上年增长% Increase Rate in 2011 Over 2010(%)
年末牲畜存栏头数(万头只)	Total Livestock at the Year-end(10 000 heads)	74.72	69.87	-6.5
#大牲畜(万头只)	Large Animals(10 000 heads)	20.52	20.35	-0.9
羊(万只)	Sheep & Goats(10 000 heads)	40.48	37.59	-7.1
猪(万头)	Hogs(10 000 heads)	13.71	11.93	-13.0
规模以上工业	**Industrial Enterprises above Designated size**			
工业企业单位数(个)	Number of Industrial Enterprises(unit)	20	24	20.0
#内资企业(个)	Civil Funded Enterprises(unit)	20	24	20.0
工业总产值(万元)	Gross Industrial Output Value(10 000 yuan)	402156	511903	27.3
内资企业(万元)	Civil Funded Enterprises(10 000 yuan)	402156	511903	27.3
国有企业(万元)	State-owned Enterprises(10 000 yuan)	13036	14075	8.0
集体企业(万元)	Collective-owned Enterprises(10 000 yuan)			
股份合作企业(万元)	Share Holding Enterprises(10 000 yuan)	387090		
联营企业(万元)	Joint Owned Enterprises(10 000 yuan)			
有限责任公司(万元)	Limited Company(10 000 yuan)			
股份有限公司(万元)	Share Holding Limited Company(10 000 yuan)		494852	
私营企业(万元)	Privately Owned Enterprises(10 000 yuan)			
其他企业(万元)	Enterprises of Other Ownership(10 000 yuan)	2030	2976	46.6
港澳台商投资企业(万元)	Funds from HK,Macao & Taiwan(10 000 yuan)			
外商投资企业(万元)	Foreign Funded Enterprises(10 000 yuan)			
工业企业增加值(万元)	Value Added of Industrial Enterprises(10 000 yuan)	102111	134526	17.5
工业企业资产总计(万元)	Total Assets of Industrial Enterprises(10 000 yuan)	197073	218858	11.1
工业企业负债合计(万元)	Total Liabilities of Industrial Enterprises(10 000 yuan)	134758	119512	-11.3
工业企业产品销售收入(万元)	Sales of Revenue Industrial Enterprises(10 000 yuan)	400864	509353	27.1
工业企业利润总额(万元)	Total Profits of Industrial Enterprises(10 000 yuan)	41579	30761	-26.0
建筑业	**Construction**			
建筑企业单位数(个)	Number of Construction Enterprises(unit)	1	1	0.0
建筑企业从业人员(人)	Number of Employee in Construction Enterprises(person)	50	10	-80.0
建筑业总产值(万元)	Gross Construction Output Value(10 000 yuan)	930	2507	149.4
交通运输邮电通信业	**Transportation,Post & Telecommunications**			
公路里程(公里)	Total Length of Highways(km)	1630	1664	2.1
邮电业务总量(万元)	Business Volume of Post & Telecoms(10 000 yuan)	5984	7093	18.5
本地电话用户(户)	Number of Subscribers of Local Telephone(Household)	120940	131908	9.1
国内贸易	**Domestic Trade**			
社会消费品零售总额(万元)	Total Retail Sales of Consumer Goods(10 000 yuan)	85195	101312	18.9
城镇(万元)	Town(10 000 yuan)	73429	79401	8.1
#城区(万元)	City(10 000 yuan)	56988	64840	13.8
乡村(万元)	Village(10 000 yuan)	11766	21911	86.2
科技教育卫生	**Science,Education & Public Health**			
各类专业技术人员(人)	Special Technical Personnel(person)	3242	3937	21.4
幼儿园数(所)	Number of Kindergartens(unit)	5	12	140.0
学龄儿童入学率(%)	Percentage of School-Age Children Enrolled(%)	100.0	100.0	0.0
小学学校数(所)	Number of Primary Schools(unit)	10	10	0.0
小学专任教师数(人)	Number of Full-time Teachers of Primary Schools(person)	1518	1302	-14.2
小学在校学生数(人)	Number of Student Enrollment of Primary Schools(person)	11222	11485	2.3
普通中学学校数(所)	Number of Regular Secondary Schools(unit)	6	6	0.0
普通中学专任教师数(人)	Number of Teachers of Secondary Shools(person)	821	820	-0.1
初中在校学生数(人)	Number of Student in Junior Secondary Schools(person)	6946	6580	-5.3
高中在校学生数(人)	Number of Student in Senior Secondary Schools(person)	3066	2596	-15.3
卫生机构数(所)	Number of Health Institutions(unit)	23	25	8.7
#医院(所)	Hospitals(unit)	3	3	0.0
卫生院(所)	Township Hospitals(unit)	14	16	14.3
床位数(张)	Number of Beds(unit)	356	382	7.3
#医院(张)	Hospitals(unit)	210	253	20.5
卫生院(张)	Township Hospitals(unit)	134	124	-7.5
卫生技术人员(人)	Medical Technical Presonnel(person)	538	552	2.6
#医院(人)	Hospitals(person)	307	422	37.5
卫生院(人)	Township Hospitals(person)	159	130	-18.2

23-51 通辽市奈曼旗

指 标	Item	2010	2011	2011年比上年增长% Increase Rate in 2011 Over 2010(%)
行政区域土地面积(平方公里)	**Area of Administration(Sq.km)**	**8120**	**8120**	**0.0**
人口和就业	**Population & Employment**			
年末总人口(人)	Total Population Year-end(person)	441765	442774	0.2
# 男性(人)	Male(person)	225819	226349	0.2
# 乡村人口(人)	Rural(person)	390501	389227	-0.3
年末总户数(户)	Total Number of Households at the Year-end(Household)	141149	145378	3.0
# 乡村户数(户)	Number of Rural Household(Household)	100417	100976	0.6
出生人口(人)	Births(person)	4466	4424	-0.9
死亡人口(人)	Deaths(person)	3954	1386	-64.9
全社会就业人员(人)	Employment(person)	277828	285923	2.9
第一产业(人)	Primary Industry(person)	182495	184331	1.0
第二产业(人)	Secondary Industry(person)	41220	39742	-3.6
第三产业(人)	Tertiary Industry(person)	54113	61850	14.3
在岗职工人数(人)	Number of Staff & Workers Employed in(person)	20480	20578	0.5
乡村劳动力(人)	Number of Rural Laborers(person)	245967	234149	-4.8
# 农林牧渔业(人)	Farming,Forestry,Animal Husbandry & Fishery(person)	186814	180176	-3.6
国民经济综合指标	**Summary Item on the National Economy**			
生产总值(万元)	Gross Domestic Product(10 000 yuan)	921122	1126145	15.4
第一产业(万元)	Primary Industry(10 000 yuan)	196870	229646	4.9
第二产业(万元)	Secondary Industry(10 000 yuan)	455751	591873	24.3
# 工业(万元)	Industry(10 000 yuan)	428221	555566	24.5
第三产业(万元)	Tertiary Industry(10 000 yuan)	268501	304626	8.1
人均生产总值(元)	Per Capita GDP(yuan)	20866	25463	15.4
全社会固定资产投资(万元)	Total Investment in Fixed Assets(10 000 yuan)	409915	700839	71.0
按登记注册类型分	Grouped by Registered Type			
# 国有(万元)	State-owned Enterprises(10 000 yuan)	208352	336977	61.7
集体(万元)	Collective-owned Enterprises(10 000 yuan)	3728	10000	168.2
有限责任公司(万元)	Limited Liability Corporations(10 000 yuan)			
股份有限公司(万元)	Share Holding Enterprises(10 000 yuan)			
私营企业(万元)	Private Enterprises(10 000 yuan)	197835	353862	78.9
外商及港澳台投资企业(万元)	Funds from HK,Macao,Taiwan & Foreign(10 000 yuan)			
按城乡渠道分	Grouped by Urban and Rural Area			
城镇(万元)	Urban(10 000 yuan)	395226	680073	72.1
农村(万元)	Rural(10 000 yuan)	14689	20766	41.4
一般预算收入(万元)	General Budgetary Financial Revenue(10 000 yuan)	33206	29998	-9.7
一般预算支出(万元)	General Budgetary Financial Expenditures(10 000 yuan)	166489	193210	16.0
个人储蓄存款余额(万元)	The balance of savings deposits of individuals(10 000 yuan)	190767	243808	27.8
在岗职工工资总额(万元)	Total Wages of Staff & Workers Employed in(10 000 yuan)	54160	73604	35.9
在岗职工平均工资(元)	Average Wage of Staff & Workers Employed in(yuan)	26541	36223	36.5
城镇居民人均可支配收入(元)	Annual Disposable Income of Urban Residents per Capita(yuan)	11930	13743	15.2
农牧民人均纯收入(元)	Per Capita Net Income of Peasant & Herdsman(yuan)	4647	6025	29.7
农村牧区经济	**Economic Development in Rural & Pastoral Area**			
耕地面积(公顷)	Cultivated Area(hectare)	182974	182974	0.0
农作物总播种面积(公顷)	Total Sown Area(hectare)	186090	147400	-20.8
# 粮食作物播种面积(公顷)	Sown Area of Grain Crops(hectare)	152002	94133	-38.1
有效灌溉面积(公顷)	Irrigated Area(hectare)	95080	97210	2.2
农牧业机械总动力(万千瓦)	Total Power of Agricultural Machinery(10 000 kw)	70.58	72.41	2.6
化肥施用折纯量(吨)	Consumption of Chemical Fertilizer(ton)	88073	94394	7.2
农村用电量(万千瓦小时)	Electricity Consumed in Rural Area(10 000 kwh)	10442	12456	20.1
农林牧渔业总产值(万元)	Gross Output of Farming,Forestry,Animal Husbandry & Fishery(10 000 yuan)	325887	345000	5.2
粮食产量(吨)	Yield of Grain(ton)	625000	535000	-14.4
油料产量(吨)	Yield of Oil-bearing Grops(ton)	39199	9307	-76.3
甜菜产量(吨)	Yield of Beetroots(ton)	13534	40037	195.8
猪牛羊肉产量(吨)	Output of Pork, Beef & Mutton(ton)	63825	65141	2.1
# 猪肉产量(吨)	Output of Pork(ton)	47123	44284	-6.0
牛肉产量(吨)	Output of Beef(ton)	9839	13008	32.2
羊肉产量(吨)	Output of Mutton(ton)	6863	7849	14.4
羊毛产量(吨)	Output of Wool(ton)	2963	1588	-46.4

23-51 Naiman Banner in Tongliao City

指 标	Item	2010	2011	2011年比上年增长% Increase Rate in 2011 Over 2010(%)
年末牲畜存栏头数(万头只)	Total Livestock at the Year-end(10 000 heads)	155.59	154.64	-0.6
#大牲畜(万头只)	Large Animals(10 000 heads)	27.06	26.16	-3.3
羊(万只)	Sheep & Goats(10 000 heads)	80.91	82.35	1.8
猪(万头)	Hogs(10 000 heads)	47.62	46.13	-3.1
规模以上工业	**Industrial Enterprises above Designated size**			
工业企业单位数(个)	Number of Industrial Enterprises(unit)	61	57	-6.6
#内资企业(个)	Civil Funded Enterprises(unit)	60	56	-6.7
工业总产值(万元)	Gross Industrial Output Value(10 000 yuan)	1177300	1710110	45.3
内资企业(万元)	Civil Funded Enterprises(10 000 yuan)	1154300	1674635	45.1
国有企业(万元)	State-owned Enterprises(10 000 yuan)	80800	26285	-67.5
集体企业(万元)	Collective-owned Enterprises(10 000 yuan)		34300	
股份合作企业(万元)	Share Holding Enterprises(10 000 yuan)		41935	
联营企业(万元)	Joint Owned Enterprises(10 000 yuan)			
有限责任公司(万元)	Limited Company(10 000 yuan)	249400	1095531	339.3
股份有限公司(万元)	Share Holding Limited Company(10 000 yuan)	60900	82508	35.5
私营企业(万元)	Privately Owned Enterprises(10 000 yuan)	763200		
其他企业(万元)	Enterprises of Other Ownership(10 000 yuan)		394076	
港澳台商投资企业(万元)	Funds from HK,Macao & Taiwan(10 000 yuan)	23000	35475	54.2
外商投资企业(万元)	Foreign Funded Enterprises(10 000 yuan)			
工业企业增加值(万元)	Value Added of Industrial Enterprises(10 000 yuan)	323311	457713	28.9
工业企业资产总计(万元)	Total Assets of Industrial Enterprises(10 000 yuan)	326500	266057	-18.5
工业企业负债合计(万元)	Total Liabilities of Industrial Enterprises(10 000 yuan)	190500	183654	-3.6
工业企业产品销售收入(万元)	Sales of Revenue Industrial Enterprises(10 000 yuan)	1189800	1572268	32.1
工业企业利润总额(万元)	Total Profits of Industrial Enterprises(10 000 yuan)	16800	25845	53.8
建筑业	**Construction**			
建筑企业单位数(个)	Number of Construction Enterprises(unit)	4	6	50.0
建筑企业从业人员(人)	Number of Employee in Construction Enterprises(person)	450	2463	447.3
建筑业总产值(万元)	Gross Construction Output Value(10 000 yuan)	34753	52515	22.0
交通运输邮电通信业	**Transportation,Post & Telecommunications**			
公路里程(公里)	Total Length of Highways(km)	3071	3090	0.6
邮电业务总量(万元)	Business Volume of Post & Telecoms(10 000 yuan)	6407	7555	17.9
本地电话用户(户)	Number of Subscribers of Local Telephone(Household)	247500	278600	12.6
国内贸易	**Domestic Trade**			
社会消费品零售总额(万元)	Total Retail Sales of Consumer Goods(10 000 yuan)	202169	240001	18.7
城镇(万元)	Town(10 000 yuan)	131410	156001	18.7
#城区(万元)	City(10 000 yuan)			
乡村(万元)	Village(10 000 yuan)	70759	84000	18.7
科技教育卫生	**Science,Education & Public Health**			
各类专业技术人员(人)	Special Technical Personnel(person)	8056	8072	0.2
幼儿园数(所)	Number of Kindergartens(unit)	2	13	550.0
学龄儿童入学率(%)	Percentage of School-Age Children Enrolled(%)	100.0	100.0	0.0
小学学校数(所)	Number of Primary Schools(unit)	150	150	0.0
小学专任教师数(人)	Number of Full-time Teachers of Primary Schools(person)	2302	2132	-7.4
小学在校学生数(人)	Number of Student Enrollment of Primary Schools(person)	27808	27585	-0.8
普通中学学校数(所)	Number of Regular Secondary Schools(unit)	21	21	0.0
普通中学专任教师数(人)	Number of Teachers of Secondary Shools(person)	1437	1393	-3.1
初中在校学生数(人)	Number of Student in Junior Secondary Schools(person)	12452	12903	3.6
高中在校学生数(人)	Number of Student in Senior Secondary Schools(person)	9791	9524	-2.7
卫生机构数(所)	Number of Health Institutions(unit)	43	43	0.0
#医院(所)	Hospitals(unit)	3	3	0.0
卫生院(所)	Township Hospitals(unit)	23	23	0.0
床位数(张)	Number of Beds(unit)	729	775	6.3
#医院(张)	Hospitals(unit)	193	193	0.0
卫生院(张)	Township Hospitals(unit)	411	442	7.5
卫生技术人员(人)	Medical Technical Presonnel(person)	1206	1267	5.1
#医院(人)	Hospitals(person)	396	433	9.3
卫生院(人)	Township Hospitals(person)	617	603	-2.3

23-52 通辽市扎鲁特旗

指　标	Item	2010	2011	2011年比上年增长% Increase Rate in 2011 Over 2010(%)
行政区域土地面积(平方公里)	**Area of Administration(Sq.km)**	**17193**	**17193**	**0.0**
人口和就业	**Population & Employment**			
年末总人口(人)	Total Population Year-end(person)	311033	310000	0.0
# 男性(人)	Male(person)	156929	156558	0.0
# 乡村人口(人)	Rural(person)	251610	236266	-0.1
年末总户数(户)	Total Number of Households at the Year-end(Household)	116407	123598	6.2
# 乡村户数(户)	Number of Rural Household(Household)	66547	68937	3.6
出生人口(人)	Births(person)	3512	2175	-38.1
死亡人口(人)	Deaths(person)	3215	1317	-59.0
全社会就业人员(人)	Employment(person)	176000	186208	5.8
第一产业(人)	Primary Industry(person)	97246	97760	0.5
第二产业(人)	Secondary Industry(person)	27454	34448	25.5
第三产业(人)	Tertiary Industry(person)	51300	54000	5.3
在岗职工人数(人)	Number of Staff & Workers Employed in(person)	22364	23008	2.9
乡村劳动力(人)	Number of Rural Laborers(person)	124288	119874	-0.4
# 农林牧渔业(人)	Farming,Forestry,Animal Husbandry & Fishery(person)	99260	93264	-0.6
国民经济综合指标	**Summary Item on the National Economy**			
生产总值(万元)	Gross Domestic Product(10 000 yuan)	1116239	1358364	15.1
第一产业(万元)	Primary Industry(10 000 yuan)	213512	250247	5.4
第二产业(万元)	Secondary Industry(10 000 yuan)	637816	802406	20.5
# 工业(万元)	Industry(10 000 yuan)	607218	762052	20.4
第三产业(万元)	Tertiary Industry(10 000 yuan)	264911	305711	10.1
人均生产总值(元)	Per Capita GDP(yuan)	35888	43818	15.5
全社会固定资产投资(万元)	Total Investment in Fixed Assets(10 000 yuan)	501457	1120022	173.0
按登记注册类型分	Grouped by Registered Type			
# 国有(万元)	State-owned Enterprises(10 000 yuan)	164980	863980	424.0
集体(万元)	Collective-owned Enterprises(10 000 yuan)	23568		
有限责任公司(万元)	Limited Liability Corporations(10 000 yuan)	90262	256042	184.0
股份有限公司(万元)	Share Holding Enterprises(10 000 yuan)	164478		
私营企业(万元)	Private Enterprises(10 000 yuan)	58169		
外商及港澳台投资企业(万元)	Funds from HK,Macao,Taiwan & Foreign(10 000 yuan)			
按城乡渠道分	Grouped by Urban and Rural Area			
城镇（万元）	Urban(10 000 yuan)	410200	1030680	151.0
农村（万元）	Rural(10 000 yuan)	91257	89342	-0.2
一般预算收入(万元)	General Budgetary Financial Revenue(10 000 yuan)	39444	58032	47.1
一般预算支出(万元)	General Budgetary Financial Expenditures(10 000 yuan)	174632	196501	12.5
个人储蓄存款余额(万元)	The balance of savings deposits of individuals(10 000 yuan)	158286	206852	30.7
在岗职工工资总额(万元)	Total Wages of Staff & Workers Employed in(10 000 yuan)	57143	78017	36.5
在岗职工平均工资(元)	Average Wage of Staff & Workers Employed in(yuan)	25582	34116	33.4
城镇居民人均可支配收入(元)	Annual Disposable Income of Urban Residents per Capita(yuan)	12492	14500	16.1
农牧民人均纯收入(元)	Per Capita Net Income of Peasant & Herdsman(yuan)	5702	7272	27.5
农村牧区经济	**Economic Development in Rural & Pastoral Area**			
耕地面积(公顷)	Cultivated Area(hectare)	149040	190233	27.6
农作物总播种面积(公顷)	Total Sown Area(hectare)	138663	139993	0.1
# 粮食作物播种面积(公顷)	Sown Area of Grain Crops(hectare)	110477	111533	0.1
有效灌溉面积(公顷)	Irrigated Area(hectare)	60647	61320	1.1
农牧业机械总动力(万千瓦)	Total Power of Agricultural Machinery(10 000 kw)	52.38	52.46	0.2
化肥施用折纯量(吨)	Consumption of Chemical Fertilizer(ton)	38970	31714	-19.0
农村用电量(万千瓦小时)	Electricity Consumed in Rural Area(10 000 kwh)	8063	6506	-19.0
农林牧渔业总产值(万元)	Gross Output of Farming,Forestry,Animal Husbandry & Fishery(10 000 yuan)	397524	542286	36.4
粮食产量(吨)	Yield of Grain(ton)	350000	420000	20.0
油料产量(吨)	Yield of Oil-bearing Grops(ton)	13014	18841	44.8
甜菜产量(吨)	Yield of Beetroots(ton)			
猪牛羊肉产量(吨)	Output of Pork, Beef & Mutton(ton)	79292	77029	-2.9
# 猪肉产量(吨)	Output of Pork(ton)	20960	20960	0.0
牛肉产量(吨)	Output of Beef(ton)	15765	15765	0.0
羊肉产量(吨)	Output of Mutton(ton)	37461	34901	-6.8
羊毛产量(吨)	Output of Wool(ton)	2804	3313	18.2

23-52 Zhalute Banner in Tongliao City

指　标	Item	2010	2011	2011年比上年增长% Increase Rate in 2011 Over 2010(%)
年末牲畜存栏头数(万头只)	Total Livestock at the Year-end(10 000 heads)	191.40	205.84	7.5
#大牲畜(万头只)	Large Animals(10 000 heads)	20.30	20.54	1.2
羊(万只)	Sheep & Goats(10 000 heads)	159.60	173.75	8.9
猪(万头)	Hogs(10 000 heads)	11.50	11.55	0.4
规模以上工业	**Industrial Enterprises above Designated size**			
工业企业单位数(个)	Number of Industrial Enterprises(unit)	66	72	9.1
#内资企业(个)	Civil Funded Enterprises(unit)	64	70	12.5
工业总产值(万元)	Gross Industrial Output Value(10 000 yuan)	1241176	1821447	46.8
内资企业(万元)	Civil Funded Enterprises(10 000 yuan)	1222845	1805542	47.7
国有企业(万元)	State-owned Enterprises(10 000 yuan)	12288	14274	16.2
集体企业(万元)	Collective-owned Enterprises(10 000 yuan)			
股份合作企业(万元)	Share Holding Enterprises(10 000 yuan)	14820	21564	45.5
联营企业(万元)	Joint Owned Enterprises(10 000 yuan)			
有限责任公司(万元)	Limited Company(10 000 yuan)	423883	601053	41.8
股份有限公司(万元)	Share Holding Limited Company(10 000 yuan)			
私营企业(万元)	Privately Owned Enterprises(10 000 yuan)	767143	1154271	50.5
其他企业(万元)	Enterprises of Other Ownership(10 000 yuan)	11574	14380	24.2
港澳台商投资企业(万元)	Funds from HK,Macao & Taiwan(10 000 yuan)			
外商投资企业(万元)	Foreign Funded Enterprises(10 000 yuan)	11468	15905	38.7
工业企业增加值(万元)	Value Added of Industrial Enterprises(10 000 yuan)	420025	626789	23.6
工业企业资产总计(万元)	Total Assets of Industrial Enterprises(10 000 yuan)	544983	642245	17.8
工业企业负债合计(万元)	Total Liabilities of Industrial Enterprises(10 000 yuan)	267075	344560	29.0
工业企业产品销售收入(万元)	Sales of Revenue Industrial Enterprises(10 000 yuan)	1194984	1779615	48.9
工业企业利润总额(万元)	Total Profits of Industrial Enterprises(10 000 yuan)	71481	110955	55.2
建筑业	**Construction**			
建筑企业单位数(个)	Number of Construction Enterprises(unit)	4	3	-25.0
建筑企业从业人员(人)	Number of Employee in Construction Enterprises(person)	65	99	52.3
建筑业总产值(万元)	Gross Construction Output Value(10 000 yuan)	36154	51078	41.3
交通运输邮电通信业	**Transportation,Post & Telecommunications**			
公路里程(公里)	Total Length of Highways(km)	2185	2325	6.4
邮电业务总量(万元)	Business Volume of Post & Telecoms(10 000 yuan)	12723	13785	8.3
本地电话用户(户)	Number of Subscribers of Local Telephone(Household)	217475	242501	11.5
国内贸易	**Domestic Trade**			
社会消费品零售总额(万元)	Total Retail Sales of Consumer Goods(10 000 yuan)	177126	210115	18.6
城镇(万元)	Town(10 000 yuan)	120496	147081	22.1
#城区(万元)	City(10 000 yuan)			
乡村(万元)	Village(10 000 yuan)	56630	63034	11.3
科技教育卫生	**Science,Education & Public Health**			
各类专业技术人员(人)	Special Technical Personnel(person)	6448	5595	-13.2
幼儿园数(所)	Number of Kindergartens(unit)	3	3	0.0
学龄儿童入学率(%)	Percentage of School-Age Children Enrolled(%)	100.0	100.0	0.0
小学学校数(所)	Number of Primary Schools(unit)	51	54	5.9
小学专任教师数(人)	Number of Full-time Teachers of Primary Schools(person)	2590	2620	1.2
小学在校学生数(人)	Number of Student Enrollment of Primary Schools(person)	19332	18671	-0.3
普通中学学校数(所)	Number of Regular Secondary Schools(unit)	17	16	-0.6
普通中学专任教师数(人)	Number of Teachers of Secondary Shools(person)	1162	828	-28.7
初中在校学生数(人)	Number of Student in Junior Secondary Schools(person)	9560	9021	-5.6
高中在校学生数(人)	Number of Student in Senior Secondary Schools(person)	4357	4634	6.4
卫生机构数(所)	Number of Health Institutions(unit)	62	64	3.2
#医院(所)	Hospitals(unit)	2	2	0.0
卫生院(所)	Township Hospitals(unit)	26	26	0.0
床位数(张)	Number of Beds(unit)	577	772	33.8
#医院(张)	Hospitals(unit)	260	435	67.3
卫生院(张)	Township Hospitals(unit)	227	222	-2.2
卫生技术人员(人)	Medical Technical Presonnel(person)	951	1033	8.6
#医院(人)	Hospitals(person)	335	427	27.5
卫生院(人)	Township Hospitals(person)	377	331	-12.2

23-53 赤峰市红山区

指　标	Item	2010	2011	2011年比上年增长% Increase Rate in 2011 Over 2010(%)
行政区域土地面积(平方公里)	**Area of Administration(Sq.km)**	**507**	**507**	**0.0**
人口和就业	**Population & Employment**			
年末总人口(人)	Total Population Year-end(person)	353365	354527	0.3
#男性(人)	Male(person)	175520	175972	0.3
#乡村人口(人)	Rural(person)	87442	87319	-0.1
年末总户数(户)	Total Number of Households at the Year-end(Household)	134171	137501	2.5
#乡村户数(户)	Number of Rural Household(Household)	27745	27762	0.1
出生人口(人)	Births(person)	3417	2421	-29.1
死亡人口(人)	Deaths(person)	3637	844	-76.8
全社会就业人员(人)	Employment(person)	234295	277951	18.6
第一产业(人)	Primary Industry(person)	25047	29838	19.1
第二产业(人)	Secondary Industry(person)	48853	63053	29.1
第三产业(人)	Tertiary Industry(person)	160395	185060	15.4
在岗职工人数(人)	Number of Staff & Workers Employed in(person)	49476	47991	-3.0
乡村劳动力(人)	Number of Rural Laborers(person)	49787	47909	-3.8
#农林牧渔业(人)	Farming,Forestry,Animal Husbandry & Fishery(person)	17481	16136	-7.7
国民经济综合指标	**Summary Item on the National Economy**			
生产总值(万元)	Gross Domestic Product(10 000 yuan)	1717847	2129461	15.5
第一产业(万元)	Primary Industry(10 000 yuan)	46250	54952	6.1
第二产业(万元)	Secondary Industry(10 000 yuan)	865388	1112243	18.1
#工业(万元)	Industry(10 000 yuan)	788058	1003493	16.9
第三产业(万元)	Tertiary Industry(10 000 yuan)	806209	962266	13.2
人均生产总值(元)	Per Capita GDP(yuan)	48609	60163	16.0
全社会固定资产投资(万元)	Total Investment in Fixed Assets(10 000 yuan)	897817	1328769	48.0
按登记注册类型分	Grouped by Registered Type			
#国有(万元)	State-owned Enterprises(10 000 yuan)	458363	452513	-1.3
集体(万元)	Collective-owned Enterprises(10 000 yuan)	1000		
有限责任公司(万元)	Limited Liability Corporations(10 000 yuan)	80309	489760	509.8
股份有限公司(万元)	Share Holding Enterprises(10 000 yuan)	314278	183632	-41.6
私营企业(万元)	Private Enterprises(10 000 yuan)	43650	55776	27.8
外商及港澳台投资企业(万元)	Funds from HK,Macao,Taiwan & Foreign(10 000 yuan)			
按城乡渠道分	Grouped by Urban and Rural Area			
城镇（万元）	Urban(10 000 yuan)	891407	1328769	49.1
农村（万元）	Rural(10 000 yuan)	6410		
一般预算收入(万元)	General Budgetary Financial Revenue(10 000 yuan)	98572	104120	5.6
一般预算支出(万元)	General Budgetary Financial Expenditures(10 000 yuan)	132000	148000	12.1
个人储蓄存款余额(万元)	The balance of savings deposits of individuals(10 000 yuan)			
在岗职工工资总额(万元)	Total Wages of Staff & Workers Employed in(10 000 yuan)	164086	199468	21.6
在岗职工平均工资(元)	Average Wage of Staff & Workers Employed in(yuan)	33161	41890	26.3
城镇居民人均可支配收入(元)	Annual Disposable Income of Urban Residents per Capita(yuan)	15357	18211	18.6
农牧民人均纯收入(元)	Per Capita Net Income of Peasant & Herdsman(yuan)	8200	10090	23.0
农村牧区经济	**Economic Development in Rural & Pastoral Area**			
耕地面积(公顷)	Cultivated Area(hectare)	16276	16562	1.8
农作物总播种面积(公顷)	Total Sown Area(hectare)	13100	13605	3.9
#粮食作物播种面积(公顷)	Sown Area of Grain Crops(hectare)	10955	11651	6.4
有效灌溉面积(公顷)	Irrigated Area(hectare)	4667	4700	0.7
农牧业机械总动力(万千瓦)	Total Power of Agricultural Machinery(10 000 kw)	7.00	7.40	5.7
化肥施用折纯量(吨)	Consumption of Chemical Fertilizer(ton)	4505	4725	4.9
农村用电量(万千瓦小时)	Electricity Consumed in Rural Area(10 000 kwh)	2551	11992	370.1
农林牧渔业总产值(万元)	Gross Output of Farming,Forestry,Animal Husbandry & Fishery(10 000 yuan)	77269	89220	3.6
粮食产量(吨)	Yield of Grain(ton)	52734	60064	13.9
油料产量(吨)	Yield of Oil-bearing Grops(ton)	875	601	-31.3
甜菜产量(吨)	Yield of Beetroots(ton)			
猪牛羊肉产量(吨)	Output of Pork, Beef & Mutton(ton)	4703	5203	10.6
#猪肉产量(吨)	Output of Pork(ton)	1399	1399	0.0
牛肉产量(吨)	Output of Beef(ton)	3019	3519	16.6
羊肉产量(吨)	Output of Mutton(ton)	285	285	0.0
羊毛产量(吨)	Output of Wool(ton)	49	37	-24.5

23-53 Hongshan District in Chifeng City

指　标	Item	2010	2011	2011年比上年增长% Increase Rate in 2011 Over 2010(%)
年末牲畜存栏头数(万头只)	Total Livestock at the Year-end(10 000 heads)	5.95	5.97	0.3
#大牲畜(万头只)	Large Animals(10 000 heads)	2.56	2.02	-21.0
羊(万只)	Sheep & Goats(10 000 heads)	2.01	2.57	27.7
猪(万头)	Hogs(10 000 heads)	1.38	1.38	0.0
规模以上工业	**Industrial Enterprises above Designated size**			
工业企业单位数(个)	Number of Industrial Enterprises(unit)	61	55	-9.8
#内资企业(个)	Civil Funded Enterprises(unit)	55	52	-5.5
工业总产值(万元)	Gross Industrial Output Value(10 000 yuan)	2635946	3559489	35.0
内资企业(万元)	Civil Funded Enterprises(10 000 yuan)	2331147	3192620	37.0
国有企业(万元)	State-owned Enterprises(10 000 yuan)	355897	1555473	337.1
集体企业(万元)	Collective-owned Enterprises(10 000 yuan)			
股份合作企业(万元)	Share Holding Enterprises(10 000 yuan)			
联营企业(万元)	Joint Owned Enterprises(10 000 yuan)			
有限责任公司(万元)	Limited Company(10 000 yuan)	1315011	1355479	3.1
股份有限公司(万元)	Share Holding Limited Company(10 000 yuan)	6824	63287	827.4
私营企业(万元)	Privately Owned Enterprises(10 000 yuan)	653415	169781	-74.0
其他企业(万元)	Enterprises of Other Ownership(10 000 yuan)		48600	
港澳台商投资企业(万元)	Funds from HK,Macao & Taiwan(10 000 yuan)	32975		
外商投资企业(万元)	Foreign Funded Enterprises(10 000 yuan)	271824	366869	35.0
工业企业增加值(万元)	Value Added of Industrial Enterprises(10 000 yuan)	770185		18.0
工业企业资产总计(万元)	Total Assets of Industrial Enterprises(10 000 yuan)	1687884	2198176	30.2
工业企业负债合计(万元)	Total Liabilities of Industrial Enterprises(10 000 yuan)	1056064	1205474	14.1
工业企业产品销售收入(万元)	Sales of Revenue Industrial Enterprises(10 000 yuan)	2596490	3623464	39.6
工业企业利润总额(万元)	Total Profits of Industrial Enterprises(10 000 yuan)	240293	446790	85.9
建筑业	**Construction**			
建筑企业单位数(个)	Number of Construction Enterprises(unit)	34	34	0.0
建筑企业从业人员(人)	Number of Employee in Construction Enterprises(person)	20345	23751	16.7
建筑业总产值(万元)	Gross Construction Output Value(10 000 yuan)	286569	379013	32.3
交通运输邮电通信业	**Transportation,Post & Telecommunications**			
公路里程(公里)	Total Length of Highways(km)	184	186	1.0
邮电业务总量(万元)	Business Volume of Post & Telecoms(10 000 yuan)			
本地电话用户(户)	Number of Subscribers of Local Telephone(Household)	84000	89560	6.6
国内贸易	**Domestic Trade**			
社会消费品零售总额(万元)	Total Retail Sales of Consumer Goods(10 000 yuan)	664641	791590	19.1
城镇(万元)	Town(10 000 yuan)	664641	791590	19.1
#城区(万元)	City(10 000 yuan)	664641	791590	19.1
乡村(万元)	Village(10 000 yuan)			
科技教育卫生	**Science,Education & Public Health**			
各类专业技术人员(人)	Special Technical Personnel(person)	16057	5403	-66.4
幼儿园数(所)	Number of Kindergartens(unit)	50	57	14.0
学龄儿童入学率(%)	Percentage of School-Age Children Enrolled(%)	100.0	100.0	0.0
小学学校数(所)	Number of Primary Schools(unit)	37	38	2.7
小学专任教师数(人)	Number of Full-time Teachers of Primary Schools(person)	1822	1816	-0.3
小学在校学生数(人)	Number of Student Enrollment of Primary Schools(person)	24999	25033	0.1
普通中学学校数(所)	Number of Regular Secondary Schools(unit)	15	15	0.0
普通中学专任教师数(人)	Number of Teachers of Secondary Shools(person)	1809	1685	-6.9
初中在校学生数(人)	Number of Student in Junior Secondary Schools(person)	21946	13618	-37.9
高中在校学生数(人)	Number of Student in Senior Secondary Schools(person)	12944	7688	-40.6
卫生机构数(所)	Number of Health Institutions(unit)	11	11	0.0
#医院(所)	Hospitals(unit)	2	2	0.0
卫生院(所)	Township Hospitals(unit)	4	4	0.0
床位数(张)	Number of Beds(unit)	898	904	0.7
#医院(张)	Hospitals(unit)	782	810	3.6
卫生院(张)	Township Hospitals(unit)	90	58	-35.6
卫生技术人员(人)	Medical Technical Presonnel(person)	1116	1031	-7.6
#医院(人)	Hospitals(person)	769	836	8.7
卫生院(人)	Township Hospitals(person)	235	81	-65.5

23-54 赤峰市元宝山区

指　标	Item	2010	2011	2011年比上年增长% Increase Rate in 2011 Over 2010(%)
行政区域土地面积(平方公里)	**Area of Administration(Sq.km)**	**952**	**952**	**0.0**
人口和就业	**Population & Employment**			
年末总人口(人)	Total Population Year-end(person)	325229	325255	0.0
#男性(人)	Male(person)	165252	165188	0.0
#乡村人口(人)	Rural(person)	162330	162702	0.2
年末总户数(户)	Total Number of Households at the Year-end(Household)	111524	111879	0.3
#乡村户数(户)	Number of Rural Household(Household)	43988	43995	0.0
出生人口(人)	Births(person)	3590	2185	-39.1
死亡人口(人)	Deaths(person)	3961	1255	-68.3
全社会就业人员(人)	Employment(person)	167827	168500	0.4
第一产业(人)	Primary Industry(person)	42501	41420	-2.5
第二产业(人)	Secondary Industry(person)	72131	73180	1.5
第三产业(人)	Tertiary Industry(person)	53195	53900	1.3
在岗职工人数(人)	Number of Staff & Workers Employed in(person)	38121	37823	-0.8
乡村劳动力(人)	Number of Rural Laborers(person)	85307	84377	-1.1
#农林牧渔业(人)	Farming,Forestry,Animal Husbandry & Fishery(person)	42345	41264	-2.6
国民经济综合指标	**Summary Item on the National Economy**			
生产总值(万元)	Gross Domestic Product(10 000 yuan)	1485137	1860443	17.0
第一产业(万元)	Primary Industry(10 000 yuan)	115090	136743	6.9
第二产业(万元)	Secondary Industry(10 000 yuan)	880160	1136491	19.7
#工业(万元)	Industry(10 000 yuan)	808714	1028678	18.0
第三产业(万元)	Tertiary Industry(10 000 yuan)	489887	587209	14.3
人均生产总值(元)	Per Capita GDP(yuan)	45626	57202	17.0
全社会固定资产投资(万元)	Total Investment in Fixed Assets(10 000 yuan)	829303	1283913	54.8
按登记注册类型分	Grouped by Registered Type			
#国有(万元)	State-owned Enterprises(10 000 yuan)	145643	196511	34.9
集体(万元)	Collective-owned Enterprises(10 000 yuan)	75586	149958	98.4
有限责任公司(万元)	Limited Liability Corporations(10 000 yuan)		329939	
股份有限公司(万元)	Share Holding Enterprises(10 000 yuan)		60283	
私营企业(万元)	Private Enterprises(10 000 yuan)	72998	186816	155.9
外商及港澳台投资企业(万元)	Funds from HK,Macao,Taiwan & Foreign(10 000 yuan)		1500	
按城乡渠道分	Grouped by Urban and Rural Area			
城镇（万元）	Urban(10 000 yuan)	675784	1166899	72.7
农村（万元）	Rural(10 000 yuan)	153519	117014	-23.8
一般预算收入(万元)	General Budgetary Financial Revenue(10 000 yuan)	71656	99089	38.3
一般预算支出(万元)	General Budgetary Financial Expenditures(10 000 yuan)	141896	170156	19.9
个人储蓄存款余额(万元)	The balance of savings deposits of individuals(10 000 yuan)	667651	760849	14.0
在岗职工工资总额(万元)	Total Wages of Staff & Workers Employed in(10 000 yuan)	181554	194113	6.9
在岗职工平均工资(元)	Average Wage of Staff & Workers Employed in(yuan)	44269	47772	7.9
城镇居民人均可支配收入(元)	Annual Disposable Income of Urban Residents per Capita(yuan)	15316	17918	17.0
农牧民人均纯收入(元)	Per Capita Net Income of Peasant & Herdsman(yuan)	8008	9801	22.4
农村牧区经济	**Economic Development in Rural & Pastoral Area**			
耕地面积(公顷)	Cultivated Area(hectare)	38267	38160	-0.3
农作物总播种面积(公顷)	Total Sown Area(hectare)	27103	28415	4.8
#粮食作物播种面积(公顷)	Sown Area of Grain Crops(hectare)	19030	19755	3.8
有效灌溉面积(公顷)	Irrigated Area(hectare)	19436	19340	-0.5
农牧业机械总动力(万千瓦)	Total Power of Agricultural Machinery(10 000 kw)	10.80	11.30	4.6
化肥施用折纯量(吨)	Consumption of Chemical Fertilizer(ton)	10072	11063	9.8
农村用电量(万千瓦小时)	Electricity Consumed in Rural Area(10 000 kwh)	23367	22771	-2.6
农林牧渔业总产值(万元)	Gross Output of Farming,Forestry,Animal Husbandry & Fishery(10 000 yuan)	191574	221322	3.9
粮食产量(吨)	Yield of Grain(ton)	123127	139090	13.0
油料产量(吨)	Yield of Oil-bearing Grops(ton)	1144	1194	4.4
甜菜产量(吨)	Yield of Beetroots(ton)	11050	3060	-72.3
猪牛羊肉产量(吨)	Output of Pork, Beef & Mutton(ton)	12494	12680	1.5
#猪肉产量(吨)	Output of Pork(ton)	3201	3201	0.0
牛肉产量(吨)	Output of Beef(ton)	7952	8239	3.6
羊肉产量(吨)	Output of Mutton(ton)	1341	1240	-7.5
羊毛产量(吨)	Output of Wool(ton)	250	178	-28.8

23-54 Yuanbaoshan District in Chifeng City

指　标	Item	2010	2011	2011年比上年增长% Increase Rate in 2011 Over 2010(%)
年末牲畜存栏头数(万头只)	Total Livestock at the Year-end(10 000 heads)	16.44	16.51	0.4
# 大牲畜(万头只)	Large Animals(10 000 heads)	9.07	9.01	-0.7
羊(万只)	Sheep & Goats(10 000 heads)	3.76	3.89	3.5
猪(万头)	Hogs(10 000 heads)	3.61	3.61	0.0
规模以上工业	**Industrial Enterprises above Designated size**			
工业企业单位数(个)	Number of Industrial Enterprises(unit)	69	54	-21.7
# 内资企业(个)	Civil Funded Enterprises(unit)	66	53	-19.7
工业总产值(万元)	Gross Industrial Output Value(10 000 yuan)	1319383	1761172	33.5
内资企业(万元)	Civil Funded Enterprises(10 000 yuan)	1227990	1701754	38.6
国有企业(万元)	State-owned Enterprises(10 000 yuan)	8789	17029	93.8
集体企业(万元)	Collective-owned Enterprises(10 000 yuan)	76189	115242	51.3
股份合作企业(万元)	Share Holding Enterprises(10 000 yuan)			
联营企业(万元)	Joint Owned Enterprises(10 000 yuan)			
有限责任公司(万元)	Limited Company(10 000 yuan)	1111272	1458141	31.2
股份有限公司(万元)	Share Holding Limited Company(10 000 yuan)			
私营企业(万元)	Privately Owned Enterprises(10 000 yuan)	31740	92100	190.2
其他企业(万元)	Enterprises of Other Ownership(10 000 yuan)		19242	
港澳台商投资企业(万元)	Funds from HK,Macao & Taiwan(10 000 yuan)	89620	59418	-33.7
外商投资企业(万元)	Foreign Funded Enterprises(10 000 yuan)	1773		
工业企业增加值(万元)	Value Added of Industrial Enterprises(10 000 yuan)	788077		17.5
工业企业资产总计(万元)	Total Assets of Industrial Enterprises(10 000 yuan)	1906423	2249805	18.0
工业企业负债合计(万元)	Total Liabilities of Industrial Enterprises(10 000 yuan)	1028292	1223887	19.0
工业企业产品销售收入(万元)	Sales of Revenue Industrial Enterprises(10 000 yuan)	1353283	1723822	27.4
工业企业利润总额(万元)	Total Profits of Industrial Enterprises(10 000 yuan)	167134	165985	-0.7
建筑业	**Construction**			
建筑企业单位数(个)	Number of Construction Enterprises(unit)	10	11	10.0
建筑企业从业人员(人)	Number of Employee in Construction Enterprises(person)	10981	11217	2.1
建筑业总产值(万元)	Gross Construction Output Value(10 000 yuan)	121472	134514	10.7
交通运输邮电通信业	**Transportation,Post & Telecommunications**			
公路里程(公里)	Total Length of Highways(km)	700	746	6.6
邮电业务总量(万元)	Business Volume of Post & Telecoms(10 000 yuan)	19228	19626	2.1
本地电话用户(户)	Number of Subscribers of Local Telephone(Household)	40502	40105	-1.0
国内贸易	**Domestic Trade**			
社会消费品零售总额(万元)	Total Retail Sales of Consumer Goods(10 000 yuan)	426260	506397	18.8
城镇(万元)	Town(10 000 yuan)	426260	506397	18.8
#城区(万元)	City(10 000 yuan)	426260	506397	18.8
乡村(万元)	Village(10 000 yuan)			
科技教育卫生	**Science,Education & Public Health**			
各类专业技术人员(人)	Special Technical Personnel(person)	6332	5776	-8.8
幼儿园数(所)	Number of Kindergartens(unit)	53	69	30.2
学龄儿童入学率(%)	Percentage of School-Age Children Enrolled(%)	100.0	100.0	0.0
小学学校数(所)	Number of Primary Schools(unit)	21	19	-9.5
小学专任教师数(人)	Number of Full-time Teachers of Primary Schools(person)	1822	1743	-4.3
小学在校学生数(人)	Number of Student Enrollment of Primary Schools(person)	21494	20658	-3.9
普通中学学校数(所)	Number of Regular Secondary Schools(unit)	11	11	0.0
普通中学专任教师数(人)	Number of Teachers of Secondary Shools(person)	1645	1628	-1.0
初中在校学生数(人)	Number of Student in Junior Secondary Schools(person)	14241	12889	-9.5
高中在校学生数(人)	Number of Student in Senior Secondary Schools(person)	12351	12915	4.6
卫生机构数(所)	Number of Health Institutions(unit)	117	118	0.9
# 医院(所)	Hospitals(unit)	12	13	8.3
卫生院(所)	Township Hospitals(unit)	11	11	0.0
床位数(张)	Number of Beds(unit)	1766	1792	1.5
# 医院(张)	Hospitals(unit)	1461	1491	2.1
卫生院(张)	Township Hospitals(unit)	259	255	-1.5
卫生技术人员(人)	Medical Technical Presonnel(person)	1916	2027	5.8
# 医院(人)	Hospitals(person)	1383	1429	3.3
卫生院(人)	Township Hospitals(person)	225	213	-5.3

23-55 赤峰市松山区

指　标	Item	2010	2011	2011年比上年增长% Increase Rate in 2011 Over 2010(%)
行政区域土地面积(平方公里)	**Area of Administration(Sq.km)**	**5629**	**5629**	**0.0**
人口和就业	**Population & Employment**			
年末总人口(人)	Total Population Year-end(person)	535536	542362	1.3
#男性(人)	Male(person)	278079	281764	1.3
#乡村人口(人)	Rural(person)	440999	444723	0.8
年末总户数(户)	Total Number of Households at the Year-end(Household)	173085	185956	7.4
#乡村户数(户)	Number of Rural Household(Household)	123417	123918	0.4
出生人口(人)	Births(person)	6570	5030	-23.4
死亡人口(人)	Deaths(person)	9442	1941	-79.4
全社会就业人员(人)	Employment(person)	302354	325715	7.7
第一产业(人)	Primary Industry(person)	147028	151429	3.0
第二产业(人)	Secondary Industry(person)	80136	87044	8.6
第三产业(人)	Tertiary Industry(person)	75190	87242	16.0
在岗职工人数(人)	Number of Staff & Workers Employed in(person)	30030	32985	9.8
乡村劳动力(人)	Number of Rural Laborers(person)	294804	295403	0.2
#农林牧渔业(人)	Farming,Forestry,Animal Husbandry & Fishery(person)	146178	150457	2.9
国民经济综合指标	**Summary Item on the National Economy**			
生产总值(万元)	Gross Domestic Product(10 000 yuan)	1386403	1770927	18.1
第一产业(万元)	Primary Industry(10 000 yuan)	263280	312814	7.4
第二产业(万元)	Secondary Industry(10 000 yuan)	749075	1018825	25.0
#工业(万元)	Industry(10 000 yuan)	654608	899231	26.1
第三产业(万元)	Tertiary Industry(10 000 yuan)	374048	439288	11.6
人均生产总值(元)	Per Capita GDP(yuan)	25899	32589	17.3
全社会固定资产投资(万元)	Total Investment in Fixed Assets(10 000 yuan)	1096520	1408744	28.5
按登记注册类型分	Grouped by Registered Type			
#国有(万元)	State-owned Enterprises(10 000 yuan)	344378	321947	-6.5
集体(万元)	Collective-owned Enterprises(10 000 yuan)	243939	268524	10.1
有限责任公司(万元)	Limited Liability Corporations(10 000 yuan)			
股份有限公司(万元)	Share Holding Enterprises(10 000 yuan)			
私营企业(万元)	Private Enterprises(10 000 yuan)	508203	798473	57.1
外商及港澳台投资企业(万元)	Funds from HK,Macao,Taiwan & Foreign(10 000 yuan)		19800	
按城乡渠道分	Grouped by Urban and Rural Area			
城镇(万元)	Urban(10 000 yuan)	977810	1320340	35.0
农村(万元)	Rural(10 000 yuan)	118710	88404	-25.5
一般预算收入(万元)	General Budgetary Financial Revenue(10 000 yuan)	40500	56270	38.9
一般预算支出(万元)	General Budgetary Financial Expenditures(10 000 yuan)	165428	219245	32.5
个人储蓄存款余额(万元)	The balance of savings deposits of individuals(10 000 yuan)	535180	720011	34.5
在岗职工工资总额(万元)	Total Wages of Staff & Workers Employed in(10 000 yuan)	104759	143184	36.7
在岗职工平均工资(元)	Average Wage of Staff & Workers Employed in(yuan)	34885	39906	14.4
城镇居民人均可支配收入(元)	Annual Disposable Income of Urban Residents per Capita(yuan)	14700	17125	16.5
农牧民人均纯收入(元)	Per Capita Net Income of Peasant & Herdsman(yuan)	6335	7765	22.6
农村牧区经济	**Economic Development in Rural & Pastoral Area**			
耕地面积(公顷)	Cultivated Area(hectare)	156453	181400	15.9
农作物总播种面积(公顷)	Total Sown Area(hectare)	159416	150921	-5.3
#粮食作物播种面积(公顷)	Sown Area of Grain Crops(hectare)	116408	107122	-8.0
有效灌溉面积(公顷)	Irrigated Area(hectare)	64667	65767	1.7
农牧业机械总动力(万千瓦)	Total Power of Agricultural Machinery(10 000 kw)	57.31	60.02	4.7
化肥施用折纯量(吨)	Consumption of Chemical Fertilizer(ton)	31245	31672	1.4
农村用电量(万千瓦小时)	Electricity Consumed in Rural Area(10 000 kwh)	19425	20385	4.9
农林牧渔业总产值(万元)	Gross Output of Farming,Forestry,Animal Husbandry & Fishery(10 000 yuan)	442042	534412	8.5
粮食产量(吨)	Yield of Grain(ton)	590522	725500	22.9
油料产量(吨)	Yield of Oil-bearing Grops(ton)	35391	38060	7.5
甜菜产量(吨)	Yield of Beetroots(ton)	148565	133690	-10.0
猪牛羊肉产量(吨)	Output of Pork, Beef & Mutton(ton)	39209	39955	1.9
#猪肉产量(吨)	Output of Pork(ton)	18417	18817	2.2
牛肉产量(吨)	Output of Beef(ton)	14677	15177	3.4
羊肉产量(吨)	Output of Mutton(ton)	6115	5961	-2.5
羊毛产量(吨)	Output of Wool(ton)	711	727	2.3

23-55 Songshan District in Chifeng City

指　标	Item	2010	2011	2011年比上年增长% Increase Rate in 2011 Over 2010(%)
年末牲畜存栏头数(万头只)	Total Livestock at the Year-end(10 000 heads)	59.63	59.39	-0.4
#大牲畜(万头只)	Large Animals(10 000 heads)	20.22	20.22	0.0
羊(万只)	Sheep & Goats(10 000 heads)	23.55	22.70	-3.6
猪(万头)	Hogs(10 000 heads)	15.86	16.47	3.8
规模以上工业	**Industrial Enterprises above Designated size**			
工业企业单位数(个)	Number of Industrial Enterprises(unit)	61	50	-18.0
#内资企业(个)	Civil Funded Enterprises(unit)	57	46	-19.3
工业总产值(万元)	Gross Industrial Output Value(10 000 yuan)	1520458	2383876	56.8
内资企业(万元)	Civil Funded Enterprises(10 000 yuan)	1196887	1905400	59.2
国有企业(万元)	State-owned Enterprises(10 000 yuan)	146739	447374	204.9
集体企业(万元)	Collective-owned Enterprises(10 000 yuan)	7171	9626	34.2
股份合作企业(万元)	Share Holding Enterprises(10 000 yuan)			
联营企业(万元)	Joint Owned Enterprises(10 000 yuan)			
有限责任公司(万元)	Limited Company(10 000 yuan)	366795	481355	31.2
股份有限公司(万元)	Share Holding Limited Company(10 000 yuan)	20976	29472	40.5
私营企业(万元)	Privately Owned Enterprises(10 000 yuan)	655206	937573	43.1
其他企业(万元)	Enterprises of Other Ownership(10 000 yuan)			
港澳台商投资企业(万元)	Funds from HK,Macao & Taiwan(10 000 yuan)	247039	347741	40.8
外商投资企业(万元)	Foreign Funded Enterprises(10 000 yuan)	76532	130735	70.8
工业企业增加值(万元)	Value Added of Industrial Enterprises(10 000 yuan)			28.5
工业企业资产总计(万元)	Total Assets of Industrial Enterprises(10 000 yuan)	1612382	1884650	16.9
工业企业负债合计(万元)	Total Liabilities of Industrial Enterprises(10 000 yuan)	983423	1218408	23.9
工业企业产品销售收入(万元)	Sales of Revenue Industrial Enterprises(10 000 yuan)	1516934	2347607	54.8
工业企业利润总额(万元)	Total Profits of Industrial Enterprises(10 000 yuan)	150254	222597	48.1
建筑业	**Construction**			
建筑企业单位数(个)	Number of Construction Enterprises(unit)	26	25	-3.8
建筑企业从业人员(人)	Number of Employee in Construction Enterprises(person)	12217	10504	-14.0
建筑业总产值(万元)	Gross Construction Output Value(10 000 yuan)	321775	378756	17.7
交通运输邮电通信业	**Transportation,Post & Telecommunications**			
公路里程(公里)	Total Length of Highways(km)	1532	1524	-0.5
邮电业务总量(万元)	Business Volume of Post & Telecoms(10 000 yuan)			
本地电话用户(户)	Number of Subscribers of Local Telephone(Household)	92759	79855	-13.9
国内贸易	**Domestic Trade**			
社会消费品零售总额(万元)	Total Retail Sales of Consumer Goods(10 000 yuan)	573608	682020	18.9
城镇(万元)	Town(10 000 yuan)	573608	682020	18.9
#城区(万元)	City(10 000 yuan)			
乡村(万元)	Village(10 000 yuan)			
科技教育卫生	**Science,Education & Public Health**			
各类专业技术人员(人)	Special Technical Personnel(person)	11124	11184	0.5
幼儿园数(所)	Number of Kindergartens(unit)	24	14	-41.7
学龄儿童入学率(%)	Percentage of School-Age Children Enrolled(%)	100.0	100.0	0.0
小学学校数(所)	Number of Primary Schools(unit)	79	70	-11.4
小学专任教师数(人)	Number of Full-time Teachers of Primary Schools(person)	2378	2400	0.9
小学在校学生数(人)	Number of Student Enrollment of Primary Schools(person)	34247	35307	3.1
普通中学学校数(所)	Number of Regular Secondary Schools(unit)	19	19	0.0
普通中学专任教师数(人)	Number of Teachers of Secondary Shools(person)	2018	2104	4.3
初中在校学生数(人)	Number of Student in Junior Secondary Schools(person)	18447	18260	-1.0
高中在校学生数(人)	Number of Student in Senior Secondary Schools(person)	13275	16141	21.6
卫生机构数(所)	Number of Health Institutions(unit)	43	46	7.0
#医院(所)	Hospitals(unit)	4	4	0.0
卫生院(所)	Township Hospitals(unit)	28	29	3.6
床位数(张)	Number of Beds(unit)	1114	1146	2.9
#医院(张)	Hospitals(unit)	290	290	0.0
卫生院(张)	Township Hospitals(unit)	694	702	1.2
卫生技术人员(人)	Medical Technical Presonnel(person)	1334	1321	-1.0
#医院(人)	Hospitals(person)	343	389	13.4
卫生院(人)	Township Hospitals(person)	809	676	-16.4

23-56 赤峰市阿鲁科尔沁旗

指 标	Item	2010	2011	2011年比上年增长% Increase Rate in 2011 Over 2010(%)
行政区域土地面积(平方公里)	**Area of Administration(Sq.km)**	**14555**	**14555**	**0.0**
人口和就业	**Population & Employment**			
年末总人口(人)	Total Population Year-end(person)	299371	300315	0.3
# 男性(人)	Male(person)	152127	152671	0.4
# 乡村人口(人)	Rural(person)	253799	255951	0.8
年末总户数(户)	Total Number of Households at the Year-end(Household)	121267	125120	3.2
# 乡村户数(户)	Number of Rural Household(Household)	80897	82652	2.2
出生人口(人)	Births(person)	2657	2320	-12.7
死亡人口(人)	Deaths(person)	1326	1431	7.9
全社会就业人员(人)	Employment(person)	158768	160928	1.4
第一产业(人)	Primary Industry(person)	96151	96691	0.6
第二产业(人)	Secondary Industry(person)	17165	17299	0.8
第三产业(人)	Tertiary Industry(person)	45452	46938	3.3
在岗职工人数(人)	Number of Staff & Workers Employed in(person)	18279	19037	4.1
乡村劳动力(人)	Number of Rural Laborers(person)	149379	153326	2.6
# 农林牧渔业(人)	Farming,Forestry,Animal Husbandry & Fishery(person)	120584	124036	2.9
国民经济综合指标	**Summary Item on the National Economy**			
生产总值(万元)	Gross Domestic Product(10 000 yuan)	580509	739889	18.3
第一产业(万元)	Primary Industry(10 000 yuan)	117060	139084	7.1
第二产业(万元)	Secondary Industry(10 000 yuan)	243074	339538	28.4
# 工业(万元)	Industry(10 000 yuan)	208915	294179	29.3
第三产业(万元)	Tertiary Industry(10 000 yuan)	220375	261267	13.0
人均生产总值(元)	Per Capita GDP(yuan)	19340	24637	20.5
全社会固定资产投资(万元)	Total Investment in Fixed Assets(10 000 yuan)	396499	538062	35.7
按登记注册类型分	Grouped by Registered Type			
# 国有(万元)	State-owned Enterprises(10 000 yuan)	110963	149192	34.5
集体(万元)	Collective-owned Enterprises(10 000 yuan)			
有限责任公司(万元)	Limited Liability Corporations(10 000 yuan)	285536	388870	36.2
股份有限公司(万元)	Share Holding Enterprises(10 000 yuan)			
私营企业(万元)	Private Enterprises(10 000 yuan)			
外商及港澳台投资企业(万元)	Funds from HK,Macao,Taiwan & Foreign(10 000 yuan)			
按城乡渠道分	Grouped by Urban and Rural Area			
城镇(万元)	Urban(10 000 yuan)	388398	525825	35.4
农村(万元)	Rural(10 000 yuan)	8101	12237	51.1
一般预算收入(万元)	General Budgetary Financial Revenue(10 000 yuan)	14840	18656	25.7
一般预算支出(万元)	General Budgetary Financial Expenditures(10 000 yuan)	149784	177649	18.6
个人储蓄存款余额(万元)	The balance of savings deposits of individuals(10 000 yuan)	161521	198147	22.7
在岗职工工资总额(万元)	Total Wages of Staff & Workers Employed in(10 000 yuan)	56244	68699	22.1
在岗职工平均工资(元)	Average Wage of Staff & Workers Employed in(yuan)	28090	35445	26.2
城镇居民人均可支配收入(元)	Annual Disposable Income of Urban Residents per Capita(yuan)	12200	14050	15.2
农牧民人均纯收入(元)	Per Capita Net Income of Peasant & Herdsman(yuan)	4730	5450	15.2
农村牧区经济	**Economic Development in Rural & Pastoral Area**			
耕地面积(公顷)	Cultivated Area(hectare)	110700	132704	19.9
农作物总播种面积(公顷)	Total Sown Area(hectare)	122252	126252	3.3
# 粮食作物播种面积(公顷)	Sown Area of Grain Crops(hectare)	110737	112568	1.7
有效灌溉面积(公顷)	Irrigated Area(hectare)	27420	28320	3.3
农牧业机械总动力(万千瓦)	Total Power of Agricultural Machinery(10 000 kw)	48.40	51.50	6.4
化肥施用折纯量(吨)	Consumption of Chemical Fertilizer(ton)	19339	19420	0.4
农村用电量(万千瓦小时)	Electricity Consumed in Rural Area(10 000 kwh)	7243	8226	13.6
农林牧渔业总产值(万元)	Gross Output of Farming,Forestry,Animal Husbandry & Fishery(10 000 yuan)	195846	226992	15.9
粮食产量(吨)	Yield of Grain(ton)	270162	335001	24.0
油料产量(吨)	Yield of Oil-bearing Grops(ton)	5749	5066	-11.9
甜菜产量(吨)	Yield of Beetroots(ton)	5991	34875	482.1
猪牛羊肉产量(吨)	Output of Pork, Beef & Mutton(ton)	30243	23130	-23.5
# 猪肉产量(吨)	Output of Pork(ton)	7063	5899	-16.5
牛肉产量(吨)	Output of Beef(ton)	11753	11572	-1.5
羊肉产量(吨)	Output of Mutton(ton)	11427	5659	-50.5
羊毛产量(吨)	Output of Wool(ton)	1238	893	-27.9

23-56 Alukeerqin Banner in Chifeng City

指 标	Item	2010	2011	2011年比上年增长% Increase Rate in 2011 Over 2010(%)
年末牲畜存栏头数(万头只)	Total Livestock at the Year-end(10 000 heads)	119.95	129.09	7.6
#大牲畜(万头只)	Large Animals(10 000 heads)	26.52	26.37	-0.6
羊(万只)	Sheep & Goats(10 000 heads)	86.67	96.04	10.8
猪(万头)	Hogs(10 000 heads)	6.76	6.68	-1.2
规模以上工业	**Industrial Enterprises above Designated size**			
工业企业单位数(个)	Number of Industrial Enterprises(unit)	35	29	-17.1
#内资企业(个)	Civil Funded Enterprises(unit)	35	29	-17.1
工业总产值(万元)	Gross Industrial Output Value(10 000 yuan)	528103	937867	77.6
内资企业(万元)	Civil Funded Enterprises(10 000 yuan)	528103	937867	77.6
国有企业(万元)	State-owned Enterprises(10 000 yuan)	196839	286902	45.8
集体企业(万元)	Collective-owned Enterprises(10 000 yuan)	13028	38347	194.3
股份合作企业(万元)	Share Holding Enterprises(10 000 yuan)			
联营企业(万元)	Joint Owned Enterprises(10 000 yuan)			
有限责任公司(万元)	Limited Company(10 000 yuan)	56023	152142	171.6
股份有限公司(万元)	Share Holding Limited Company(10 000 yuan)			
私营企业(万元)	Privately Owned Enterprises(10 000 yuan)	262213	460476	75.6
其他企业(万元)	Enterprises of Other Ownership(10 000 yuan)			
港澳台商投资企业(万元)	Funds from HK,Macao & Taiwan(10 000 yuan)			
外商投资企业(万元)	Foreign Funded Enterprises(10 000 yuan)			
工业企业增加值(万元)	Value Added of Industrial Enterprises(10 000 yuan)			31.1
工业企业资产总计(万元)	Total Assets of Industrial Enterprises(10 000 yuan)	321603	389706	21.2
工业企业负债合计(万元)	Total Liabilities of Industrial Enterprises(10 000 yuan)	166689	153013	-8.2
工业企业产品销售收入(万元)	Sales of Revenue Industrial Enterprises(10 000 yuan)	552980	918666	66.1
工业企业利润总额(万元)	Total Profits of Industrial Enterprises(10 000 yuan)	9132	10670	16.8
建筑业	**Construction**			
建筑企业单位数(个)	Number of Construction Enterprises(unit)	3	3	0.0
建筑企业从业人员(人)	Number of Employee in Construction Enterprises(person)	924	664	-28.1
建筑业总产值(万元)	Gross Construction Output Value(10 000 yuan)	7905	21489	171.8
交通运输邮电通信业	**Transportation,Post & Telecommunications**			
公路里程(公里)	Total Length of Highways(km)	2474	3010	21.7
邮电业务总量(万元)	Business Volume of Post & Telecoms(10 000 yuan)	10924	12772	16.9
本地电话用户(户)	Number of Subscribers of Local Telephone(Household)	28970	25376	-12.4
国内贸易	**Domestic Trade**			
社会消费品零售总额(万元)	Total Retail Sales of Consumer Goods(10 000 yuan)	158741	188742	18.9
城镇(万元)	Town(10 000 yuan)	118631	142616	20.2
#城区(万元)	City(10 000 yuan)	98302	120704	22.8
乡村(万元)	Village(10 000 yuan)	40110	46126	15.0
科技教育卫生	**Science,Education & Public Health**			
各类专业技术人员(人)	Special Technical Personnel(person)	7393	7393	0.0
幼儿园数(所)	Number of Kindergartens(unit)	12	12	0.0
学龄儿童入学率(%)	Percentage of School-Age Children Enrolled(%)	100.0	100.0	0.0
小学学校数(所)	Number of Primary Schools(unit)	31	31	0.0
小学专任教师数(人)	Number of Full-time Teachers of Primary Schools(person)	1774	1924	8.5
小学在校学生数(人)	Number of Student Enrollment of Primary Schools(person)	20215	19261	-4.7
普通中学学校数(所)	Number of Regular Secondary Schools(unit)	16	7	-56.3
普通中学专任教师数(人)	Number of Teachers of Secondary Shools(person)	1236	1052	-14.9
初中在校学生数(人)	Number of Student in Junior Secondary Schools(person)	10011	9942	-0.7
高中在校学生数(人)	Number of Student in Senior Secondary Schools(person)	6212	6166	-0.7
卫生机构数(所)	Number of Health Institutions(unit)	33	33	0.0
#医院(所)	Hospitals(unit)	4	4	0.0
卫生院(所)	Township Hospitals(unit)	22	22	0.0
床位数(张)	Number of Beds(unit)	812	896	10.3
#医院(张)	Hospitals(unit)	508	600	18.1
卫生院(张)	Township Hospitals(unit)	274	266	-2.9
卫生技术人员(人)	Medical Technical Presonnel(person)	945	989	4.7
#医院(人)	Hospitals(person)	608	660	8.6
卫生院(人)	Township Hospitals(person)	266	220	-17.3

23-57 赤峰市巴林左旗

指　标	Item	2010	2011	2011年比上年增长% Increase Rate in 2011 Over 2010(%)
行政区域土地面积(平方公里)	**Area of Administration(Sq.km)**	**6644**	**6644**	**0.0**
人口和就业	**Population & Employment**			
年末总人口(人)	Total Population Year-end(person)	356889	357682	0.2
#男性(人)	Male(person)	181529	182006	0.3
#乡村人口(人)	Rural(person)	299509	299592	
年末总户数(户)	Total Number of Households at the Year-end(Household)	132237	137554	4.0
#乡村户数(户)	Number of Rural Household(Household)	84487	92660	9.7
出生人口(人)	Births(person)	3168	2645	-16.5
死亡人口(人)	Deaths(person)	1967	1735	-11.8
全社会就业人员(人)	Employment(person)	206834	209279	1.2
第一产业(人)	Primary Industry(person)	119902	120807	0.8
第二产业(人)	Secondary Industry(person)	41965	42835	2.1
第三产业(人)	Tertiary Industry(person)	44967	45637	1.5
在岗职工人数(人)	Number of Staff & Workers Employed in(person)	22583	22572	0.0
乡村劳动力(人)	Number of Rural Laborers(person)	168508	173587	3.0
#农林牧渔业(人)	Farming,Forestry,Animal Husbandry & Fishery(person)	98490	98805	0.3
国民经济综合指标	**Summary Item on the National Economy**			
生产总值(万元)	Gross Domestic Product(10 000 yuan)	672246	834812	14.8
第一产业(万元)	Primary Industry(10 000 yuan)	140900	167409	6.4
第二产业(万元)	Secondary Industry(10 000 yuan)	315214	410822	19.8
#工业(万元)	Industry(10 000 yuan)	261368	335222	17.7
第三产业(万元)	Tertiary Industry(10 000 yuan)	216132	256581	12.8
人均生产总值(元)	Per Capita GDP(yuan)	18761	23365	15.7
全社会固定资产投资(万元)	Total Investment in Fixed Assets(10 000 yuan)	625011	878779	40.6
按登记注册类型分	Grouped by Registered Type			
#国有(万元)	State-owned Enterprises(10 000 yuan)	334724	325581	-2.7
集体(万元)	Collective-owned Enterprises(10 000 yuan)	1170	609	-48.0
有限责任公司(万元)	Limited Liability Corporations(10 000 yuan)	102616	244851	138.6
股份有限公司(万元)	Share Holding Enterprises(10 000 yuan)	46388	27876	-39.9
私营企业(万元)	Private Enterprises(10 000 yuan)	140013	140705	0.5
外商及港澳台投资企业(万元)	Funds from HK,Macao,Taiwan & Foreign(10 000 yuan)	100		
按城乡渠道分	Grouped by Urban and Rural Area			
城镇（万元）	Urban(10 000 yuan)	620869	862915	39.0
农村（万元）	Rural(10 000 yuan)	4142	15864	283.0
一般预算收入(万元)	General Budgetary Financial Revenue(10 000 yuan)	25417	30444	19.8
一般预算支出(万元)	General Budgetary Financial Expenditures(10 000 yuan)	150280	173213	15.3
个人储蓄存款余额(万元)	The balance of savings deposits of individuals(10 000 yuan)	240336	297261	23.7
在岗职工工资总额(万元)	Total Wages of Staff & Workers Employed in(10 000 yuan)	66289	83774	26.4
在岗职工平均工资(元)	Average Wage of Staff & Workers Employed in(yuan)	29506	37297	26.4
城镇居民人均可支配收入(元)	Annual Disposable Income of Urban Residents per Capita(yuan)	12410	14628	17.9
农牧民人均纯收入(元)	Per Capita Net Income of Peasant & Herdsman(yuan)	5080	5834	14.8
农村牧区经济	**Economic Development in Rural & Pastoral Area**			
耕地面积(公顷)	Cultivated Area(hectare)	102785	106785	3.9
农作物总播种面积(公顷)	Total Sown Area(hectare)	102785	106785	3.9
#粮食作物播种面积(公顷)	Sown Area of Grain Crops(hectare)	94997	97865	3.0
有效灌溉面积(公顷)	Irrigated Area(hectare)	24780	32588	31.5
农牧业机械总动力(万千瓦)	Total Power of Agricultural Machinery(10 000 kw)	35.90	37.80	5.3
化肥施用折纯量(吨)	Consumption of Chemical Fertilizer(ton)	13379	10593	-20.8
农村用电量(万千瓦小时)	Electricity Consumed in Rural Area(10 000 kwh)	9263	10008	8.0
农林牧渔业总产值(万元)	Gross Output of Farming,Forestry,Animal Husbandry & Fishery(10 000 yuan)	235181	271961	15.6
粮食产量(吨)	Yield of Grain(ton)	260160	300121	15.4
油料产量(吨)	Yield of Oil-bearing Grops(ton)	1699	3102	82.6
甜菜产量(吨)	Yield of Beetroots(ton)	10488	23853	127.4
猪牛羊肉产量(吨)	Output of Pork, Beef & Mutton(ton)	20450	21058	3.0
#猪肉产量(吨)	Output of Pork(ton)	11218	11218	0.0
牛肉产量(吨)	Output of Beef(ton)	3077	2685	-12.7
羊肉产量(吨)	Output of Mutton(ton)	6155	7155	16.2
羊毛产量(吨)	Output of Wool(ton)	1036	902	-12.9

23-57 Balinzuo Banner in Chifeng City

指　标	Item	2010	2011	2011年比上年增长% Increase Rate in 2011 Over 2010(%)
年末牲畜存栏头数(万头只)	Total Livestock at the Year-end(10 000 heads)	106.86	110.96	3.8
#大牲畜(万头只)	Large Animals(10 000 heads)	14.21	15.73	10.7
羊(万只)	Sheep & Goats(10 000 heads)	78.93	81.51	3.3
猪(万头)	Hogs(10 000 heads)	13.72	13.72	0.0
规模以上工业	**Industrial Enterprises above Designated size**			
工业企业单位数(个)	Number of Industrial Enterprises(unit)	53	51	-3.8
#内资企业(个)	Civil Funded Enterprises(unit)	53	51	-3.8
工业总产值(万元)	Gross Industrial Output Value(10 000 yuan)	793927	1127061	42.0
内资企业(万元)	Civil Funded Enterprises(10 000 yuan)	793927	1105652	39.3
国有企业(万元)	State-owned Enterprises(10 000 yuan)	63517	78946	24.3
集体企业(万元)	Collective-owned Enterprises(10 000 yuan)			
股份合作企业(万元)	Share Holding Enterprises(10 000 yuan)			
联营企业(万元)	Joint Owned Enterprises(10 000 yuan)			
有限责任公司(万元)	Limited Company(10 000 yuan)	254838	367017	44.0
股份有限公司(万元)	Share Holding Limited Company(10 000 yuan)	441737	619863	40.0
私营企业(万元)	Privately Owned Enterprises(10 000 yuan)	33835	39826	17.7
其他企业(万元)	Enterprises of Other Ownership(10 000 yuan)			
港澳台商投资企业(万元)	Funds from HK,Macao & Taiwan(10 000 yuan)		21409	
外商投资企业(万元)	Foreign Funded Enterprises(10 000 yuan)			
工业企业增加值(万元)	Value Added of Industrial Enterprises(10 000 yuan)	255596	311700	21.3
工业企业资产总计(万元)	Total Assets of Industrial Enterprises(10 000 yuan)	727796	749864	3.0
工业企业负债合计(万元)	Total Liabilities of Industrial Enterprises(10 000 yuan)	203216	219893	8.2
工业企业产品销售收入(万元)	Sales of Revenue Industrial Enterprises(10 000 yuan)	782654	1084318	38.5
工业企业利润总额(万元)	Total Profits of Industrial Enterprises(10 000 yuan)	112981	225126	99.3
建筑业	**Construction**			
建筑企业单位数(个)	Number of Construction Enterprises(unit)	5	5	0.0
建筑企业从业人员(人)	Number of Employee in Construction Enterprises(person)	4155	5622	35.3
建筑业总产值(万元)	Gross Construction Output Value(10 000 yuan)	34966	52212	49.3
交通运输邮电通信业	**Transportation,Post & Telecommunications**			
公路里程(公里)	Total Length of Highways(km)	1637	1712	4.6
邮电业务总量(万元)	Business Volume of Post & Telecoms(10 000 yuan)	11925	12456	5.1
本地电话用户(户)	Number of Subscribers of Local Telephone(Household)	13420	34450	156.7
国内贸易	**Domestic Trade**			
社会消费品零售总额(万元)	Total Retail Sales of Consumer Goods(10 000 yuan)	205568	244239	18.8
城镇(万元)	Town(10 000 yuan)	148615	172839	16.3
#城区(万元)	City(10 000 yuan)			
乡村(万元)	Village(10 000 yuan)	61711	71400	15.7
科技教育卫生	**Science,Education & Public Health**			
各类专业技术人员(人)	Special Technical Personnel(person)	8360	8450	1.1
幼儿园数(所)	Number of Kindergartens(unit)	24	40	66.7
学龄儿童入学率(%)	Percentage of School-Age Children Enrolled(%)	100.0	100.0	0.0
小学学校数(所)	Number of Primary Schools(unit)	57	57	0.0
小学专任教师数(人)	Number of Full-time Teachers of Primary Schools(person)	1957	2033	3.9
小学在校学生数(人)	Number of Student Enrollment of Primary Schools(person)	21404	21520	0.5
普通中学学校数(所)	Number of Regular Secondary Schools(unit)	15	15	0.0
普通中学专任教师数(人)	Number of Teachers of Secondary Shools(person)	1414	1405	-0.6
初中在校学生数(人)	Number of Student in Junior Secondary Schools(person)	14046	13829	-1.5
高中在校学生数(人)	Number of Student in Senior Secondary Schools(person)	8211	8206	-0.1
卫生机构数(所)	Number of Health Institutions(unit)	30	30	0.0
#医院(所)	Hospitals(unit)	2	2	0.0
卫生院(所)	Township Hospitals(unit)	21	22	4.8
床位数(张)	Number of Beds(unit)	760	938	23.4
#医院(张)	Hospitals(unit)	348	488	40.2
卫生院(张)	Township Hospitals(unit)	350	430	22.9
卫生技术人员(人)	Medical Technical Presonnel(person)	1062	1106	4.1
#医院(人)	Hospitals(person)	488	547	12.1
卫生院(人)	Township Hospitals(person)	380	435	14.5

23-58 赤峰市巴林右旗

指　　标	Item	2010	2011	2011年比上年增长% Increase Rate in 2011 Over 2010(%)
行政区域土地面积(平方公里)	**Area of Administration(Sq.km)**	**9837**	**9837**	**0.0**
人口和就业	**Population & Employment**			
年末总人口(人)	Total Population Year-end(person)	183507	183897	0.2
#男性(人)	Male(person)	93609	93507	-0.1
#乡村人口(人)	Rural(person)	125942	126558	0.5
年末总户数(户)	Total Number of Households at the Year-end(Household)	69093	75754	9.6
#乡村户数(户)	Number of Rural Household(Household)	36138	37166	2.8
出生人口(人)	Births(person)	1933	1828	-5.4
死亡人口(人)	Deaths(person)	855	1752	104.9
全社会就业人员(人)	Employment(person)	85858	86692	1.0
第一产业(人)	Primary Industry(person)	46914	46764	-0.3
第二产业(人)	Secondary Industry(person)	7459	8399	12.6
第三产业(人)	Tertiary Industry(person)	31485	31529	0.1
在岗职工人数(人)	Number of Staff & Workers Employed in(person)	18748	20164	7.6
乡村劳动力(人)	Number of Rural Laborers(person)	53166	53306	0.3
#农林牧渔业(人)	Farming,Forestry,Animal Husbandry & Fishery(person)	46914	46764	-0.3
国民经济综合指标	**Summary Item on the National Economy**			
生产总值(万元)	Gross Domestic Product(10 000 yuan)	348282	415967	17.6
第一产业(万元)	Primary Industry(10 000 yuan)	60990	72720	6.5
第二产业(万元)	Secondary Industry(10 000 yuan)	171557	218059	29.3
#工业(万元)	Industry(10 000 yuan)	127197	165026	35.5
第三产业(万元)	Tertiary Industry(10 000 yuan)	115735	125188	8.3
人均生产总值(元)	Per Capita GDP(yuan)	19030	22644	17.2
全社会固定资产投资(万元)	Total Investment in Fixed Assets(10 000 yuan)	615579	663555	7.8
按登记注册类型分	Grouped by Registered Type			
#国有(万元)	State-owned Enterprises(10 000 yuan)	305451	450232	47.4
集体(万元)	Collective-owned Enterprises(10 000 yuan)	2450	50	-98.0
有限责任公司(万元)	Limited Liability Corporations(10 000 yuan)	178005	14162	-92.0
股份有限公司(万元)	Share Holding Enterprises(10 000 yuan)	12000	5090	-57.6
私营企业(万元)	Private Enterprises(10 000 yuan)			
外商及港澳台投资企业(万元)	Funds from HK,Macao,Taiwan & Foreign(10 000 yuan)			
按城乡渠道分	Grouped by Urban and Rural Area			
城镇（万元）	Urban(10 000 yuan)	611879	659535	7.8
农村（万元）	Rural(10 000 yuan)	3700	4020	8.6
一般预算收入(万元)	General Budgetary Financial Revenue(10 000 yuan)	20094	24910	24.0
一般预算支出(万元)	General Budgetary Financial Expenditures(10 000 yuan)	118699	117998	-0.6
个人储蓄存款余额(万元)	The balance of savings deposits of individuals(10 000 yuan)	122242	142855	16.9
在岗职工工资总额(万元)	Total Wages of Staff & Workers Employed in(10 000 yuan)	44710	54378	21.6
在岗职工平均工资(元)	Average Wage of Staff & Workers Employed in(yuan)	23819	26778	12.4
城镇居民人均可支配收入(元)	Annual Disposable Income of Urban Residents per Capita(yuan)	10704	11678	9.1
农牧民人均纯收入(元)	Per Capita Net Income of Peasant & Herdsman(yuan)	4489	4792	6.7
农村牧区经济	**Economic Development in Rural & Pastoral Area**			
耕地面积(公顷)	Cultivated Area(hectare)	88736	88799	0.1
农作物总播种面积(公顷)	Total Sown Area(hectare)	59495	60335	1.4
#粮食作物播种面积(公顷)	Sown Area of Grain Crops(hectare)	43954	45752	4.1
有效灌溉面积(公顷)	Irrigated Area(hectare)	23073	23073	0.0
农牧业机械总动力(万千瓦)	Total Power of Agricultural Machinery(10 000 kw)	27.70	29.02	4.8
化肥施用折纯量(吨)	Consumption of Chemical Fertilizer(ton)	7338	7792	6.2
农村用电量(万千瓦小时)	Electricity Consumed in Rural Area(10 000 kwh)	2027	2061	1.7
农林牧渔业总产值(万元)	Gross Output of Farming,Forestry,Animal Husbandry & Fishery(10 000 yuan)	101624	121348	6.7
粮食产量(吨)	Yield of Grain(ton)	73332	110055	50.1
油料产量(吨)	Yield of Oil-bearing Grops(ton)	3396	8272	143.6
甜菜产量(吨)	Yield of Beetroots(ton)	890	1098	23.4
猪牛羊肉产量(吨)	Output of Pork, Beef & Mutton(ton)	29594	30567	3.3
#猪肉产量(吨)	Output of Pork(ton)	2890	2900	0.3
牛肉产量(吨)	Output of Beef(ton)	10795	11595	7.4
羊肉产量(吨)	Output of Mutton(ton)	15909	16072	1.0
羊毛产量(吨)	Output of Wool(ton)	2192	2952	34.7

23-58 Balinyou Banner in Chifeng City

指　标	Item	2010	2011	2011年比上年增长% Increase Rate in 2011 Over 2010(%)
年末牲畜存栏头数(万头只)	Total Livestock at the Year-end(10 000 heads)	103.77	111.71	7.7
#大牲畜(万头只)	Large Animals(10 000 heads)	14.43	10.30	-28.6
羊(万只)	Sheep & Goats(10 000 heads)	86.37	98.19	13.7
猪(万头)	Hogs(10 000 heads)	2.97	3.22	8.4
规模以上工业	**Industrial Enterprises above Designated size**			
工业企业单位数(个)	Number of Industrial Enterprises(unit)	18	19	5.6
#内资企业(个)	Civil Funded Enterprises(unit)	18	19	5.6
工业总产值(万元)	Gross Industrial Output Value(10 000 yuan)	292641	444123	51.8
内资企业(万元)	Civil Funded Enterprises(10 000 yuan)	292641	444123	51.8
国有企业(万元)	State-owned Enterprises(10 000 yuan)	6501	8468	30.3
集体企业(万元)	Collective-owned Enterprises(10 000 yuan)			
股份合作企业(万元)	Share Holding Enterprises(10 000 yuan)			
联营企业(万元)	Joint Owned Enterprises(10 000 yuan)			
有限责任公司(万元)	Limited Company(10 000 yuan)	145704	279216	91.6
股份有限公司(万元)	Share Holding Limited Company(10 000 yuan)	140436	156439	11.4
私营企业(万元)	Privately Owned Enterprises(10 000 yuan)			
其他企业(万元)	Enterprises of Other Ownership(10 000 yuan)			
港澳台商投资企业(万元)	Funds from HK,Macao & Taiwan(10 000 yuan)			
外商投资企业(万元)	Foreign Funded Enterprises(10 000 yuan)			
工业企业增加值(万元)	Value Added of Industrial Enterprises(10 000 yuan)	106297	161020	36.4
工业企业资产总计(万元)	Total Assets of Industrial Enterprises(10 000 yuan)	98311	138008	40.4
工业企业负债合计(万元)	Total Liabilities of Industrial Enterprises(10 000 yuan)	69853	94778	35.7
工业企业产品销售收入(万元)	Sales of Revenue Industrial Enterprises(10 000 yuan)	289470	441254	52.4
工业企业利润总额(万元)	Total Profits of Industrial Enterprises(10 000 yuan)	68815	117612	70.9
建筑业	**Construction**			
建筑企业单位数(个)	Number of Construction Enterprises(unit)	7	5	-28.6
建筑企业从业人员(人)	Number of Employee in Construction Enterprises(person)	4666	3922	-15.9
建筑业总产值(万元)	Gross Construction Output Value(10 000 yuan)	61768	87370	41.4
交通运输邮电通信业	**Transportation,Post & Telecommunications**			
公路里程(公里)	Total Length of Highways(km)	1984	1963	-1.1
邮电业务总量(万元)	Business Volume of Post & Telecoms(10 000 yuan)	8198	8391	2.4
本地电话用户(户)	Number of Subscribers of Local Telephone(Household)	18000	18000	0.0
国内贸易	**Domestic Trade**			
社会消费品零售总额(万元)	Total Retail Sales of Consumer Goods(10 000 yuan)	122408	144319	17.9
城镇(万元)	Town(10 000 yuan)	73983	90135	21.8
#城区(万元)	City(10 000 yuan)	59582	73009	22.5
乡村(万元)	Village(10 000 yuan)	48425	54184	11.9
各类专业技术人员(人)	Special Technical Personnel(person)	5429	5796	6.8
幼儿园数(所)	Number of Kindergartens(unit)	19	26	36.8
学龄儿童入学率(%)	Percentage of School-Age Children Enrolled(%)	100.0	100.0	0.0
小学学校数(所)	Number of Primary Schools(unit)	24	24	0.0
小学专任教师数(人)	Number of Full-time Teachers of Primary Schools(person)	1313	1309	-0.3
小学在校学生数(人)	Number of Student Enrollment of Primary Schools(person)	12729	12136	-4.7
普通中学学校数(所)	Number of Regular Secondary Schools(unit)	6	6	0.0
普通中学专任教师数(人)	Number of Teachers of Secondary Shools(person)	822	812	-1.2
初中在校学生数(人)	Number of Student in Junior Secondary Schools(person)	5721	5791	1.2
高中在校学生数(人)	Number of Student in Senior Secondary Schools(person)	4624	4671	1.0
卫生机构数(所)	Number of Health Institutions(unit)	49	49	0.0
#医院(所)	Hospitals(unit)	4	4	0.0
卫生院(所)	Township Hospitals(unit)	16	16	0.0
床位数(张)	Number of Beds(unit)	492	541	10.0
#医院(张)	Hospitals(unit)	344	380	10.5
卫生院(张)	Township Hospitals(unit)	148	161	8.8
卫生技术人员(人)	Medical Technical Presonnel(person)	665	703	5.7
#医院(人)	Hospitals(person)	332	148	-55.4
卫生院(人)	Township Hospitals(person)	244	189	-22.5

23-59 赤峰市林西县

指　标	Item	2010	2011	2011年比上年增长% Increase Rate in 2011 Over 2010(%)
行政区域土地面积(平方公里)	**Area of Administration(Sq.km)**	**3933**	**3933**	**0.0**
人口和就业	**Population & Employment**			
年末总人口(人)	Total Population Year-end(person)	239725	239716	0.0
# 男性(人)	Male(person)	121100	121066	0.0
# 乡村人口(人)	Rural(person)	157493	156871	-0.4
年末总户数(户)	Total Number of Households at the Year-end(Household)	96714	99239	2.6
# 乡村户数(户)	Number of Rural Household(Household)	55195	57980	5.0
出生人口(人)	Births(person)	2270	1557	-31.4
死亡人口(人)	Deaths(person)	2817	1034	-63.3
全社会就业人员(人)	Employment(person)	120701	115583	-4.2
第一产业(人)	Primary Industry(person)	61866	61784	-0.1
第二产业(人)	Secondary Industry(person)	22532	14687	-34.8
第三产业(人)	Tertiary Industry(person)	36303	39112	7.7
在岗职工人数(人)	Number of Staff & Workers Employed in(person)	19569	20352	4.0
乡村劳动力(人)	Number of Rural Laborers(person)	92668	102170	10.3
# 农林牧渔业(人)	Farming,Forestry,Animal Husbandry & Fishery(person)	61868	61784	-0.1
国民经济综合指标	**Summary Item on the National Economy**			
生产总值(万元)	Gross Domestic Product(10 000 yuan)	373363	475172	18.1
第一产业(万元)	Primary Industry(10 000 yuan)	77180	91701	7.2
第二产业(万元)	Secondary Industry(10 000 yuan)	145154	202457	28.2
# 工业(万元)	Industry(10 000 yuan)	115522	161201	28.1
第三产业(万元)	Tertiary Industry(10 000 yuan)	151029	181014	13.8
人均生产总值(元)	Per Capita GDP(yuan)	15575	19824	18.1
全社会固定资产投资(万元)	Total Investment in Fixed Assets(10 000 yuan)	360000	500614	38.9
按登记注册类型分	Grouped by Registered Type			
# 国有(万元)	State-owned Enterprises(10 000 yuan)	99203	225027	126.8
集体(万元)	Collective-owned Enterprises(10 000 yuan)			
有限责任公司(万元)	Limited Liability Corporations(10 000 yuan)	41047	113720	177.0
股份有限公司(万元)	Share Holding Enterprises(10 000 yuan)	69300	53276	-23.1
私营企业(万元)	Private Enterprises(10 000 yuan)	150450	106591	-29.2
外商及港澳台投资企业 (万元)	Funds from HK,Macao,Taiwan & Foreign(10 000 yuan)		2000	
按城乡渠道分	Grouped by Urban and Rural Area			
城镇（万元）	Urban(10 000 yuan)	343953	363016	5.5
农村（万元）	Rural(10 000 yuan)	16047	137598	757.5
一般预算收入(万元)	General Budgetary Financial Revenue(10 000 yuan)	19249	18600	-3.4
一般预算支出(万元)	General Budgetary Financial Expenditures(10 000 yuan)	122776	149266	21.6
个人储蓄存款余额(万元)	The balance of savings deposits of individuals(10 000 yuan)	180557	245835	36.2
在岗职工工资总额(万元)	Total Wages of Staff & Workers Employed in(10 000 yuan)	53808	76502	42.2
在岗职工平均工资(元)	Average Wage of Staff & Workers Employed in(yuan)	27511	37654	36.9
城镇居民人均可支配收入(元)	Annual Disposable Income of Urban Residents per Capita(yuan)	12088	14330	18.5
农牧民人均纯收入(元)	Per Capita Net Income of Peasant & Herdsman(yuan)	4869	5313	9.1
农村牧区经济	**Economic Development in Rural & Pastoral Area**			
耕地面积(公顷)	Cultivated Area(hectare)	79533	78667	-1.1
农作物总播种面积(公顷)	Total Sown Area(hectare)	63216	65216	3.2
# 粮食作物播种面积(公顷)	Sown Area of Grain Crops(hectare)	46040	46652	1.3
有效灌溉面积(公顷)	Irrigated Area(hectare)	25840	30000	16.1
农牧业机械总动力(万千瓦)	Total Power of Agricultural Machinery(10 000 kw)	24.94	25.96	4.1
化肥施用折纯量(吨)	Consumption of Chemical Fertilizer(ton)	13626	17379	27.5
农村用电量(万千瓦小时)	Electricity Consumed in Rural Area(10 000 kwh)	9961	9369	-5.9
农林牧渔业总产值(万元)	Gross Output of Farming,Forestry,Animal Husbandry & Fishery(10 000 yuan)	122508	158457	7.2
粮食产量(吨)	Yield of Grain(ton)	185086	205009	10.8
油料产量(吨)	Yield of Oil-bearing Grops(ton)	9942	10895	9.6
甜菜产量(吨)	Yield of Beetroots(ton)	197237	228600	15.9
猪牛羊肉产量(吨)	Output of Pork, Beef & Mutton(ton)	19366	18712	-3.4
# 猪肉产量(吨)	Output of Pork(ton)	6385	8427	32.0
牛肉产量(吨)	Output of Beef(ton)	8258	5662	-31.4
羊肉产量(吨)	Output of Mutton(ton)	4723	4623	-2.1
羊毛产量(吨)	Output of Wool(ton)	904	873	-3.4

23-59 Linxi County in Chifeng City

指　标	Item	2010	2011	2011年比上年增长% Increase Rate in 2011 Over 2010(%)
年末牲畜存栏头数(万头只)	Total Livestock at the Year-end(10 000 heads)	55.10	56.53	2.6
# 大牲畜(万头只)	Large Animals(10 000 heads)	12.35	13.33	7.9
羊(万只)	Sheep & Goats(10 000 heads)	34.87	35.76	2.6
猪(万头)	Hogs(10 000 heads)	7.88	7.44	-5.6
规模以上工业	**Industrial Enterprises above Designated size**			
工业企业单位数(个)	Number of Industrial Enterprises(unit)	34	36	5.9
# 内资企业(个)	Civil Funded Enterprises(unit)	34	36	5.9
工业总产值(万元)	Gross Industrial Output Value(10 000 yuan)	300994	570305	89.5
内资企业(万元)	Civil Funded Enterprises(10 000 yuan)	300994	570305	89.5
国有企业(万元)	State-owned Enterprises(10 000 yuan)	14487	20810	43.6
集体企业(万元)	Collective-owned Enterprises(10 000 yuan)			
股份合作企业(万元)	Share Holding Enterprises(10 000 yuan)			
联营企业(万元)	Joint Owned Enterprises(10 000 yuan)			
有限责任公司(万元)	Limited Company(10 000 yuan)	188815	422512	123.8
股份有限公司(万元)	Share Holding Limited Company(10 000 yuan)			
私营企业(万元)	Privately Owned Enterprises(10 000 yuan)	97692	126983	30.0
其他企业(万元)	Enterprises of Other Ownership(10 000 yuan)			
港澳台商投资企业(万元)	Funds from HK,Macao & Taiwan(10 000 yuan)			
外商投资企业(万元)	Foreign Funded Enterprises(10 000 yuan)			
工业企业增加值(万元)	Value Added of Industrial Enterprises(10 000 yuan)			31.6
工业企业资产总计(万元)	Total Assets of Industrial Enterprises(10 000 yuan)	196968	286304	45.4
工业企业负债合计(万元)	Total Liabilities of Industrial Enterprises(10 000 yuan)	114429	133542	16.7
工业企业产品销售收入(万元)	Sales of Revenue Industrial Enterprises(10 000 yuan)	266548	573695	115.2
工业企业利润总额(万元)	Total Profits of Industrial Enterprises(10 000 yuan)	16525	25289	53.0
建筑业	**Construction**			
建筑企业单位数(个)	Number of Construction Enterprises(unit)	2	4	100.0
建筑企业从业人员(人)	Number of Employee in Construction Enterprises(person)	750	618	-17.6
建筑业总产值(万元)	Gross Construction Output Value(10 000 yuan)	18080	16489	-8.8
交通运输邮电通信业	**Transportation,Post & Telecommunications**			
公路里程(公里)	Total Length of Highways(km)	1570	1570	0.0
邮电业务总量(万元)	Business Volume of Post & Telecoms(10 000 yuan)	11089	12611	13.7
本地电话用户(户)	Number of Subscribers of Local Telephone(Household)	23500	14000	-40.4
国内贸易	**Domestic Trade**			
社会消费品零售总额(万元)	Total Retail Sales of Consumer Goods(10 000 yuan)	156527	186267	19.0
城镇(万元)	Town(10 000 yuan)	95807	117319	22.5
#城区(万元)	City(10 000 yuan)			
乡村(万元)	Village(10 000 yuan)	60720	68948	13.6
科技教育卫生	**Science,Education & Public Health**			
各类专业技术人员(人)	Special Technical Personnel(person)	8525	8543	0.2
幼儿园数(所)	Number of Kindergartens(unit)	64	32	-50.0
学龄儿童入学率(%)	Percentage of School-Age Children Enrolled(%)	100.0	100.0	0.0
小学学校数(所)	Number of Primary Schools(unit)	35	18	-48.6
小学专任教师数(人)	Number of Full-time Teachers of Primary Schools(person)	1142	1308	14.5
小学在校学生数(人)	Number of Student Enrollment of Primary Schools(person)	16786	16657	-0.8
普通中学学校数(所)	Number of Regular Secondary Schools(unit)	4	4	0.0
普通中学专任教师数(人)	Number of Teachers of Secondary Shools(person)	847	1066	25.9
初中在校学生数(人)	Number of Student in Junior Secondary Schools(person)	9163	9026	-1.5
高中在校学生数(人)	Number of Student in Senior Secondary Schools(person)	5317	5765	8.4
卫生机构数(所)	Number of Health Institutions(unit)	37	37	0.0
# 医院(所)	Hospitals(unit)	5	5	0.0
卫生院(所)	Township Hospitals(unit)	19	19	0.0
床位数(张)	Number of Beds(unit)	732	956	30.6
# 医院(张)	Hospitals(unit)	496	693	39.7
卫生院(张)	Township Hospitals(unit)	206	263	27.7
卫生技术人员(人)	Medical Technical Presonnel(person)	1018	906	-11.0
# 医院(人)	Hospitals(person)	603	605	0.3
卫生院(人)	Township Hospitals(person)	289	301	4.2

23-60 赤峰市克什克腾旗

指　标	Item	2010	2011	2011年比上年增长% Increase Rate in 2011 Over 2010(%)
行政区域土地面积(平方公里)	**Area of Administration(Sq.km)**	**20673**	**20673**	**0.0**
人口和就业	**Population & Employment**			
年末总人口(人)	Total Population Year-end(person)	250284	251316	0.4
# 男性(人)	Male(person)	127749	128273	0.4
# 乡村人口(人)	Rural(person)	201863	198027	-1.9
年末总户数(户)	Total Number of Households at the Year-end(Household)	94569	99939	5.7
# 乡村户数(户)	Number of Rural Household(Household)	63820	71902	12.7
出生人口(人)	Births(person)	2361	1845	-21.9
死亡人口(人)	Deaths(person)	5172	687	-86.7
全社会就业人员(人)	Employment(person)	149264	149881	0.4
第一产业(人)	Primary Industry(person)	89435	89335	-0.1
第二产业(人)	Secondary Industry(person)	15017	15236	1.5
第三产业(人)	Tertiary Industry(person)	44812	45310	1.1
在岗职工人数(人)	Number of Staff & Workers Employed in(person)	13120	13122	0.0
乡村劳动力(人)	Number of Rural Laborers(person)	109498	112014	2.3
# 农林牧渔业(人)	Farming,Forestry,Animal Husbandry & Fishery(person)	89435	89730	0.3
国民经济综合指标	**Summary Item on the National Economy**			
生产总值(万元)	Gross Domestic Product(10 000 yuan)	876119	1058079	11.5
第一产业(万元)	Primary Industry(10 000 yuan)	115290	136981	6.8
第二产业(万元)	Secondary Industry(10 000 yuan)	579332	710510	12.7
# 工业(万元)	Industry(10 000 yuan)	484543	606490	14.9
第三产业(万元)	Tertiary Industry(10 000 yuan)	181497	210588	10.4
人均生产总值(元)	Per Capita GDP(yuan)	34582	42188	10.5
全社会固定资产投资(万元)	Total Investment in Fixed Assets(10 000 yuan)	1100261	1261000	14.6
按登记注册类型分	Grouped by Registered Type			
# 国有(万元)	State-owned Enterprises(10 000 yuan)	75487	88775	17.6
集体(万元)	Collective-owned Enterprises(10 000 yuan)			
有限责任公司(万元)	Limited Liability Corporations(10 000 yuan)	1019904	1104119	8.3
股份有限公司(万元)	Share Holding Enterprises(10 000 yuan)		58349	
私营企业(万元)	Private Enterprises(10 000 yuan)	4870	9757	100.3
外商及港澳台投资企业(万元)	Funds from HK,Macao,Taiwan & Foreign(10 000 yuan)			
按城乡渠道分	Grouped by Urban and Rural Area			
城镇（万元）	Urban(10 000 yuan)	1020630	1203832	17.9
农村（万元）	Rural(10 000 yuan)	79631	57168	-28.2
一般预算收入(万元)	General Budgetary Financial Revenue(10 000 yuan)	57832	64900	12.2
一般预算支出(万元)	General Budgetary Financial Expenditures(10 000 yuan)	156000	189800	21.7
个人储蓄存款余额(万元)	The balance of savings deposits of individuals(10 000 yuan)	186328	237661	27.5
在岗职工工资总额(万元)	Total Wages of Staff & Workers Employed in(10 000 yuan)	43819	62891	43.5
在岗职工平均工资(元)	Average Wage of Staff & Workers Employed in(yuan)	33414	47928	43.4
城镇居民人均可支配收入(元)	Annual Disposable Income of Urban Residents per Capita(yuan)	12551	14885	18.6
农牧民人均纯收入(元)	Per Capita Net Income of Peasant & Herdsman(yuan)	5090	6009	18.1
农村牧区经济	**Economic Development in Rural & Pastoral Area**			
耕地面积(公顷)	Cultivated Area(hectare)	74538	74538	0.0
农作物总播种面积(公顷)	Total Sown Area(hectare)	70241	72908	3.8
# 粮食作物播种面积(公顷)	Sown Area of Grain Crops(hectare)	57049	57615	1.0
有效灌溉面积(公顷)	Irrigated Area(hectare)	4386	4451	1.5
农牧业机械总动力(万千瓦)	Total Power of Agricultural Machinery(10 000 kw)	29.00	31.00	6.9
化肥施用折纯量(吨)	Consumption of Chemical Fertilizer(ton)	8270	2797	-66.2
农村用电量(万千瓦小时)	Electricity Consumed in Rural Area(10 000 kwh)	4057	4244	4.6
农林牧渔业总产值(万元)	Gross Output of Farming,Forestry,Animal Husbandry & Fishery(10 000 yuan)	192574	224523	6.4
粮食产量(吨)	Yield of Grain(ton)	113665	150191	32.1
油料产量(吨)	Yield of Oil-bearing Grops(ton)	4626	8570	85.3
甜菜产量(吨)	Yield of Beetroots(ton)	5112	5056	-1.1
猪牛羊肉产量(吨)	Output of Pork, Beef & Mutton(ton)	15132	15602	3.1
# 猪肉产量(吨)	Output of Pork(ton)	3699	3032	-18.0
牛肉产量(吨)	Output of Beef(ton)	6187	6187	0.0
羊肉产量(吨)	Output of Mutton(ton)	5246	6383	21.7
羊毛产量(吨)	Output of Wool(ton)	2317	2381	2.8

23-60 Keshiketeng Banner in Chifeng City

指 标	Item	2010	2011	2011年比上年增长% Increase Rate in 2011 Over 2010(%)
年末牲畜存栏头数(万头只)	Total Livestock at the Year-end(10 000 heads)	101.07	101.62	0.5
#大牲畜(万头只)	Large Animals(10 000 heads)	18.02	18.67	3.6
羊(万只)	Sheep & Goats(10 000 heads)	78.95	78.85	-0.1
猪(万头)	Hogs(10 000 heads)	4.10	4.10	0.0
规模以上工业	**Industrial Enterprises above Designated size**			
工业企业单位数(个)	Number of Industrial Enterprises(unit)	32	31	-3.1
#内资企业(个)	Civil Funded Enterprises(unit)	32	31	-3.1
工业总产值(万元)	Gross Industrial Output Value(10 000 yuan)	965757	1354712	40.3
内资企业(万元)	Civil Funded Enterprises(10 000 yuan)	965757	1354712	40.3
国有企业(万元)	State-owned Enterprises(10 000 yuan)	25175	28055	11.4
集体企业(万元)	Collective-owned Enterprises(10 000 yuan)			
股份合作企业(万元)	Share Holding Enterprises(10 000 yuan)			
联营企业(万元)	Joint Owned Enterprises(10 000 yuan)			
有限责任公司(万元)	Limited Company(10 000 yuan)	807561	1175802	45.6
股份有限公司(万元)	Share Holding Limited Company(10 000 yuan)	91204	91663	0.5
私营企业(万元)	Privately Owned Enterprises(10 000 yuan)	41817	59192	41.6
其他企业(万元)	Enterprises of Other Ownership(10 000 yuan)			
港澳台商投资企业(万元)	Funds from HK,Macao & Taiwan(10 000 yuan)			
外商投资企业(万元)	Foreign Funded Enterprises(10 000 yuan)			
工业企业增加值(万元)	Value Added of Industrial Enterprises(10 000 yuan)	477067		15.9
工业企业资产总计(万元)	Total Assets of Industrial Enterprises(10 000 yuan)	1498733	1526576	1.9
工业企业负债合计(万元)	Total Liabilities of Industrial Enterprises(10 000 yuan)	456951	467426	2.3
工业企业产品销售收入(万元)	Sales of Revenue Industrial Enterprises(10 000 yuan)	931371	1338056	43.7
工业企业利润总额(万元)	Total Profits of Industrial Enterprises(10 000 yuan)	235083	287071	22.1
建筑业	**Construction**			
建筑企业单位数(个)	Number of Construction Enterprises(unit)	4	4	0.0
建筑企业从业人员(人)	Number of Employee in Construction Enterprises(person)	3153	2228	-29.3
建筑业总产值(万元)	Gross Construction Output Value(10 000 yuan)	43856	554294	1163.9
交通运输邮电通信业	**Transportation,Post & Telecommunications**			
公路里程(公里)	Total Length of Highways(km)	1432	1432	0.0
邮电业务总量(万元)	Business Volume of Post & Telecoms(10 000 yuan)	3200	3600	12.5
本地电话用户(户)	Number of Subscribers of Local Telephone(Household)	26000	28000	7.7
国内贸易	**Domestic Trade**			
社会消费品零售总额(万元)	Total Retail Sales of Consumer Goods(10 000 yuan)	163522	192956	18.0
城镇(万元)	Town(10 000 yuan)	122366	143412	17.2
#城区(万元)	City(10 000 yuan)	122366	143412	17.2
乡村(万元)	Village(10 000 yuan)	41156	49544	20.4
科技教育卫生	**Science,Education & Public Health**			
各类专业技术人员(人)	Special Technical Personnel(person)	8855	8876	0.2
幼儿园数(所)	Number of Kindergartens(unit)	1	1	0.0
学龄儿童入学率(%)	Percentage of School-Age Children Enrolled(%)	100.0	100	0.0
小学学校数(所)	Number of Primary Schools(unit)	44	41.0	-6.8
小学专任教师数(人)	Number of Full-time Teachers of Primary Schools(person)	1275	1288	1.0
小学在校学生数(人)	Number of Student Enrollment of Primary Schools(person)	11100	10548	-5.0
普通中学学校数(所)	Number of Regular Secondary Schools(unit)	11	11	0.0
普通中学专任教师数(人)	Number of Teachers of Secondary Shools(person)	935	902	-3.5
初中在校学生数(人)	Number of Student in Junior Secondary Schools(person)	6977	6774	-2.9
高中在校学生数(人)	Number of Student in Senior Secondary Schools(person)	4619	4422	-4.3
卫生机构数(所)	Number of Health Institutions(unit)	67	67	0.0
#医院(所)	Hospitals(unit)	2	2	0.0
卫生院(所)	Township Hospitals(unit)	21	21	0.0
床位数(张)	Number of Beds(unit)	1237	1256	1.5
#医院(张)	Hospitals(unit)	501	511	2.0
卫生院(张)	Township Hospitals(unit)	457	459	0.4
卫生技术人员(人)	Medical Technical Presonnel(person)	1250	1069	-14.5
#医院(人)	Hospitals(person)	484	387	-20.0
卫生院(人)	Township Hospitals(person)	462	371	-19.7

23-61 赤峰市翁牛特旗

指　标	Item	2010	2011	2011年比上年增长% Increase Rate in 2011 Over 2010(%)
行政区域土地面积(平方公里)	**Area of Administration(Sq.km)**	**11882**	**11882**	**0.0**
人口和就业	**Population & Employment**			
年末总人口(人)	Total Population Year-end(person)	481229	483360	0.4
# 男性(人)	Male(person)	248159	249471	0.5
# 乡村人口(人)	Rural(person)	425587	429604	0.9
年末总户数(户)	Total Number of Households at the Year-end(Household)	166221	174679	5.1
# 乡村户数(户)	Number of Rural Household(Household)	124682	125684	0.8
出生人口(人)	Births(person)	4848	4179	-13.8
死亡人口(人)	Deaths(person)	4569	1102	-75.9
全社会就业人员(人)	Employment(person)	229790	239527	4.2
第一产业(人)	Primary Industry(person)	126905	132182	4.2
第二产业(人)	Secondary Industry(person)	50830	54360	6.9
第三产业(人)	Tertiary Industry(person)	52055	52985	1.8
在岗职工人数(人)	Number of Staff & Workers Employed in(person)	23991	23361	-2.6
乡村劳动力(人)	Number of Rural Laborers(person)	237882	239898	0.8
# 农林牧渔业(人)	Farming,Forestry,Animal Husbandry & Fishery(person)	152803	154365	1.0
国民经济综合指标	**Summary Item on the National Economy**			
生产总值(万元)	Gross Domestic Product(10 000 yuan)	800272	999270	15.1
第一产业(万元)	Primary Industry(10 000 yuan)	266060	316117	7.2
第二产业(万元)	Secondary Industry(10 000 yuan)	318245	422118	21.9
# 工业(万元)	Industry(10 000 yuan)	263568	352952	22.9
第三产业(万元)	Tertiary Industry(10 000 yuan)	215967	261035	14.8
人均生产总值(元)	Per Capita GDP(yuan)	16624	20719	14.9
全社会固定资产投资(万元)	Total Investment in Fixed Assets(10 000 yuan)	634662	830786	30.9
按登记注册类型分	Grouped by Registered Type			
# 国有(万元)	State-owned Enterprises(10 000 yuan)	179369	166733	-7.0
集体(万元)	Collective-owned Enterprises(10 000 yuan)	4505	10726	138.1
有限责任公司(万元)	Limited Liability Corporations(10 000 yuan)	149127	231584	55.3
股份有限公司(万元)	Share Holding Enterprises(10 000 yuan)	178525	81614	-54.3
私营企业(万元)	Private Enterprises(10 000 yuan)	70000	25023	-64.3
外商及港澳台投资企业 (万元)	Funds from HK,Macao,Taiwan & Foreign(10 000 yuan)	2500	1200	-52.0
按城乡渠道分	Grouped by Urban and Rural Area			
城镇（万元）	Urban(10 000 yuan)	601162	739391	23.0
农村（万元）	Rural(10 000 yuan)	33500	91395	172.8
一般预算收入(万元)	General Budgetary Financial Revenue(10 000 yuan)	21921	21974	0.2
一般预算支出(万元)	General Budgetary Financial Expenditures(10 000 yuan)	184910	250037	35.2
个人储蓄存款余额(万元)	The balance of savings deposits of individuals(10 000 yuan)	259528	335685	29.3
在岗职工工资总额(万元)	Total Wages of Staff & Workers Employed in(10 000 yuan)	64027	94011	46.8
在岗职工平均工资(元)	Average Wage of Staff & Workers Employed in(yuan)	28404	40001	40.8
城镇居民人均可支配收入(元)	Annual Disposable Income of Urban Residents per Capita(yuan)	10956	14349	31.0
农牧民人均纯收入(元)	Per Capita Net Income of Peasant & Herdsman(yuan)	5069	5709	12.6
农村牧区经济	**Economic Development in Rural & Pastoral Area**			
耕地面积(公顷)	Cultivated Area(hectare)	209598	209598	0.0
农作物总播种面积(公顷)	Total Sown Area(hectare)	135293	139293	3.0
# 粮食作物播种面积(公顷)	Sown Area of Grain Crops(hectare)	97311	99366	2.1
有效灌溉面积(公顷)	Irrigated Area(hectare)	67000	105162	57.0
农牧业机械总动力(万千瓦)	Total Power of Agricultural Machinery(10 000 kw)	59.03	64.60	9.4
化肥施用折纯量(吨)	Consumption of Chemical Fertilizer(ton)	32552	34900	7.2
农村用电量(万千瓦小时)	Electricity Consumed in Rural Area(10 000 kwh)	11390	21000	84.4
农林牧渔业总产值(万元)	Gross Output of Farming,Forestry,Animal Husbandry & Fishery(10 000 yuan)	447486	522447	7.2
粮食产量(吨)	Yield of Grain(ton)	550518	660226	19.9
油料产量(吨)	Yield of Oil-bearing Grops(ton)	39668	42155	6.3
甜菜产量(吨)	Yield of Beetroots(ton)	66856	114832	71.8
猪牛羊肉产量(吨)	Output of Pork, Beef & Mutton(ton)	39976	50905	27.3
# 猪肉产量(吨)	Output of Pork(ton)	20677	25725	24.4
牛肉产量(吨)	Output of Beef(ton)	10952	13833	26.3
羊肉产量(吨)	Output of Mutton(ton)	8347	11347	35.9
羊毛产量(吨)	Output of Wool(ton)	2343	2371	1.2

23-61 Wengniute Banner in Chifeng City

指　标	Item	2010	2011	2011年比上年增长% Increase Rate in 2011 Over 2010(%)
年末牲畜存栏头数(万头只)	Total Livestock at the Year-end(10 000 heads)	137.97	132.82	-3.7
#大牲畜(万头只)	Large Animals(10 000 heads)	27.48	24.90	-9.4
羊(万只)	Sheep & Goats(10 000 heads)	94.93	94.49	-0.5
猪(万头)	Hogs(10 000 heads)	15.56	13.43	-13.7
规模以上工业	**Industrial Enterprises above Designated size**			
工业企业单位数(个)	Number of Industrial Enterprises(unit)	49	49	0.0
#内资企业(个)	Civil Funded Enterprises(unit)	48	48	0.0
工业总产值(万元)	Gross Industrial Output Value(10 000 yuan)	747227	1180077	57.9
内资企业(万元)	Civil Funded Enterprises(10 000 yuan)	725575	1152856	58.9
国有企业(万元)	State-owned Enterprises(10 000 yuan)	14625	18165	24.2
集体企业(万元)	Collective-owned Enterprises(10 000 yuan)			
股份合作企业(万元)	Share Holding Enterprises(10 000 yuan)	19927	33772	69.5
联营企业(万元)	Joint Owned Enterprises(10 000 yuan)			
有限责任公司(万元)	Limited Company(10 000 yuan)	433565	636278	46.8
股份有限公司(万元)	Share Holding Limited Company(10 000 yuan)	56489	84901	50.3
私营企业(万元)	Privately Owned Enterprises(10 000 yuan)	200969	292932	45.8
其他企业(万元)	Enterprises of Other Ownership(10 000 yuan)		86808	
港澳台商投资企业(万元)	Funds from HK,Macao & Taiwan(10 000 yuan)	21652	27221	25.7
外商投资企业(万元)	Foreign Funded Enterprises(10 000 yuan)			
工业企业增加值(万元)	Value Added of Industrial Enterprises(10 000 yuan)			22.9
工业企业资产总计(万元)	Total Assets of Industrial Enterprises(10 000 yuan)	396449	432447	9.1
工业企业负债合计(万元)	Total Liabilities of Industrial Enterprises(10 000 yuan)	176771	221182	25.1
工业企业产品销售收入(万元)	Sales of Revenue Industrial Enterprises(10 000 yuan)	746680	1180035	58.0
工业企业利润总额(万元)	Total Profits of Industrial Enterprises(10 000 yuan)	55057	84934	54.3
建筑业	**Construction**			
建筑企业单位数(个)	Number of Construction Enterprises(unit)	6	6	0.0
建筑企业从业人员(人)	Number of Employee in Construction Enterprises(person)	4812	3972	-17.5
建筑业总产值(万元)	Gross Construction Output Value(10 000 yuan)	79485	97354	22.5
交通运输邮电通信业	**Transportation,Post & Telecommunications**			
公路里程(公里)	Total Length of Highways(km)	3478	3532	1.6
邮电业务总量(万元)	Business Volume of Post & Telecoms(10 000 yuan)	13114	15966	21.7
本地电话用户(户)	Number of Subscribers of Local Telephone(Household)	31107	24544	-21.1
国内贸易	**Domestic Trade**			
社会消费品零售总额(万元)	Total Retail Sales of Consumer Goods(10 000 yuan)	218032	256624	17.7
城镇(万元)	Town(10 000 yuan)	123562	145351	17.6
#城区(万元)	City(10 000 yuan)	99576	117104	17.6
乡村(万元)	Village(10 000 yuan)	94470	111273	17.8
科技教育卫生	**Science,Education & Public Health**			
各类专业技术人员(人)	Special Technical Personnel(person)	9756	9782	0.3
幼儿园数(所)	Number of Kindergartens(unit)	25	47	88.0
学龄儿童入学率(%)	Percentage of School-Age Children Enrolled(%)	100.0	99.5	-0.5
小学学校数(所)	Number of Primary Schools(unit)	69	62	-10.1
小学专任教师数(人)	Number of Full-time Teachers of Primary Schools(person)	2297	2275	-1.0
小学在校学生数(人)	Number of Student Enrollment of Primary Schools(person)	27718	26917	-2.9
普通中学学校数(所)	Number of Regular Secondary Schools(unit)	15	15	0.0
普通中学专任教师数(人)	Number of Teachers of Secondary Shools(person)	1680	1708	1.7
初中在校学生数(人)	Number of Student in Junior Secondary Schools(person)	16076	15568	-3.2
高中在校学生数(人)	Number of Student in Senior Secondary Schools(person)	11769	11810	0.3
卫生机构数(所)	Number of Health Institutions(unit)	47	47	0.0
#医院(所)	Hospitals(unit)	3	3	0.0
卫生院(所)	Township Hospitals(unit)	26	26	0.0
床位数(张)	Number of Beds(unit)	843	839	-0.5
#医院(张)	Hospitals(unit)	430	410	-4.7
卫生院(张)	Township Hospitals(unit)	383	399	4.2
卫生技术人员(人)	Medical Technical Presonnel(person)	1170	1476	26.2
#医院(人)	Hospitals(person)	531	536	0.9
卫生院(人)	Township Hospitals(person)	455	474	4.2

23-62 赤峰市喀喇沁旗

指　标	Item	2010	2011	2011年比上年增长% Increase Rate in 2011 Over 2010(%)
行政区域土地面积(平方公里)	**Area of Administration(Sq.km)**	**3050**	**3050**	**0.0**
人口和就业	**Population & Employment**			
年末总人口(人)	Total Population Year-end(person)	349925	351941	0.6
#男性(人)	Male(person)	182241	183236	0.5
#乡村人口(人)	Rural(person)	305777	308043	0.7
年末总户数(户)	Total Number of Households at the Year-end(Household)	121874	130319	6.9
#乡村户数(户)	Number of Rural Household(Household)	83433	85493	2.5
出生人口(人)	Births(person)	3708	3607	-2.7
死亡人口(人)	Deaths(person)	3054	1195	-60.9
全社会就业人员(人)	Employment(person)	172378	176660	2.5
第一产业(人)	Primary Industry(person)	97942	99237	1.3
第二产业(人)	Secondary Industry(person)	39046	38860	-0.5
第三产业(人)	Tertiary Industry(person)	35390	38563	9.0
在岗职工人数(人)	Number of Staff & Workers Employed in(person)	18294	17317	-5.3
乡村劳动力(人)	Number of Rural Laborers(person)	160118	164462	2.7
#农林牧渔业(人)	Farming,Forestry,Animal Husbandry & Fishery(person)	97003	98295	1.3
国民经济综合指标	**Summary Item on the National Economy**			
生产总值(万元)	Gross Domestic Product(10 000 yuan)	630874	783462	14.8
第一产业(万元)	Primary Industry(10 000 yuan)	83360	99043	7.1
第二产业(万元)	Secondary Industry(10 000 yuan)	406263	518736	17.3
#工业(万元)	Industry(10 000 yuan)	352823	451494	17.5
第三产业(万元)	Tertiary Industry(10 000 yuan)	141251	165683	11.9
人均生产总值(元)	Per Capita GDP(yuan)	18048	22325	13.8
全社会固定资产投资(万元)	Total Investment in Fixed Assets(10 000 yuan)	619769	790069	27.5
按登记注册类型分	Grouped by Registered Type			
#国有(万元)	State-owned Enterprises(10 000 yuan)	58150	242528	317.1
集体(万元)	Collective-owned Enterprises(10 000 yuan)	43835	35744	-18.5
有限责任公司(万元)	Limited Liability Corporations(10 000 yuan)	176565	121375	-31.3
股份有限公司(万元)	Share Holding Enterprises(10 000 yuan)	17450	1996	-88.6
私营企业(万元)	Private Enterprises(10 000 yuan)	264928	261379	-1.3
外商及港澳台投资企业(万元)	Funds from HK,Macao,Taiwan & Foreign(10 000 yuan)			
按城乡渠道分	Grouped by Urban and Rural Area			
城镇（万元）	Urban(10 000 yuan)	580572	730976	25.9
农村（万元）	Rural(10 000 yuan)	39197	59093	50.8
一般预算收入(万元)	General Budgetary Financial Revenue(10 000 yuan)	26156	31161	19.1
一般预算支出(万元)	General Budgetary Financial Expenditures(10 000 yuan)	141189	169558	20.1
个人储蓄存款余额(万元)	The balance of savings deposits of individuals(10 000 yuan)	258671	347791	34.5
在岗职工工资总额(万元)	Total Wages of Staff & Workers Employed in(10 000 yuan)	59541	71294	19.7
在岗职工平均工资(元)	Average Wage of Staff & Workers Employed in(yuan)	28169	37710	33.9
城镇居民人均可支配收入(元)	Annual Disposable Income of Urban Residents per Capita(yuan)	12406	14639	18.0
农牧民人均纯收入(元)	Per Capita Net Income of Peasant & Herdsman(yuan)	4984	5832	17.0
农村牧区经济	**Economic Development in Rural & Pastoral Area**			
耕地面积(公顷)	Cultivated Area(hectare)	49960	49203	-1.5
农作物总播种面积(公顷)	Total Sown Area(hectare)	48779	50780	4.1
#粮食作物播种面积(公顷)	Sown Area of Grain Crops(hectare)	36915	39041	5.8
有效灌溉面积(公顷)	Irrigated Area(hectare)	16371	16324	-0.3
农牧业机械总动力(万千瓦)	Total Power of Agricultural Machinery(10 000 kw)	26.80	28.50	6.3
化肥施用折纯量(吨)	Consumption of Chemical Fertilizer(ton)	24802	10331	-58.3
农村用电量(万千瓦小时)	Electricity Consumed in Rural Area(10 000 kwh)	7196	6598	-8.3
农林牧渔业总产值(万元)	Gross Output of Farming,Forestry,Animal Husbandry & Fishery(10 000 yuan)	139680	163791	17.3
粮食产量(吨)	Yield of Grain(ton)	160715	250566	55.9
油料产量(吨)	Yield of Oil-bearing Grops(ton)	3563	1637	-54.1
甜菜产量(吨)	Yield of Beetroots(ton)	10322	13209	28.0
猪牛羊肉产量(吨)	Output of Pork, Beef & Mutton(ton)	15787	16352	3.6
#猪肉产量(吨)	Output of Pork(ton)	7363	7364	0.0
牛肉产量(吨)	Output of Beef(ton)	3920	3984	1.6
羊肉产量(吨)	Output of Mutton(ton)	4504	5004	11.1
羊毛产量(吨)	Output of Wool(ton)	826	836	1.2

23-62 Kalaqin Banner in Chifeng City

指　标	Item	2010	2011	2011年比上年增长% Increase Rate in 2011 Over 2010(%)
年末牲畜存栏头数(万头只)	Total Livestock at the Year-end(10 000 heads)	37.68	37.77	0.2
#大牲畜(万头只)	Large Animals(10 000 heads)	8.86	8.86	0.0
羊(万只)	Sheep & Goats(10 000 heads)	22.34	22.44	0.4
猪(万头)	Hogs(10 000 heads)	6.48	6.47	-0.2
规模以上工业	**Industrial Enterprises above Designated size**			
工业企业单位数(个)	Number of Industrial Enterprises(unit)	30	29	-3.3
#内资企业(个)	Civil Funded Enterprises(unit)	30	29	-3.3
工业总产值(万元)	Gross Industrial Output Value(10 000 yuan)	1494800	574324	-61.6
内资企业(万元)	Civil Funded Enterprises(10 000 yuan)	1494800	574324	-61.6
国有企业(万元)	State-owned Enterprises(10 000 yuan)	17100	14889	-12.9
集体企业(万元)	Collective-owned Enterprises(10 000 yuan)			
股份合作企业(万元)	Share Holding Enterprises(10 000 yuan)			
联营企业(万元)	Joint Owned Enterprises(10 000 yuan)			
有限责任公司(万元)	Limited Company(10 000 yuan)	786500	534435	-32.0
股份有限公司(万元)	Share Holding Limited Company(10 000 yuan)	667400		
私营企业(万元)	Privately Owned Enterprises(10 000 yuan)	23800	25000	5.0
其他企业(万元)	Enterprises of Other Ownership(10 000 yuan)			
港澳台商投资企业(万元)	Funds from HK,Macao & Taiwan(10 000 yuan)			
外商投资企业(万元)	Foreign Funded Enterprises(10 000 yuan)			
工业企业增加值(万元)	Value Added of Industrial Enterprises(10 000 yuan)			17.6
工业企业资产总计(万元)	Total Assets of Industrial Enterprises(10 000 yuan)	698600	426263	-39.0
工业企业负债合计(万元)	Total Liabilities of Industrial Enterprises(10 000 yuan)	467800	250894	-46.4
工业企业产品销售收入(万元)	Sales of Revenue Industrial Enterprises(10 000 yuan)	1504200	604997	-59.8
工业企业利润总额(万元)	Total Profits of Industrial Enterprises(10 000 yuan)	144100	253377	75.8
建筑业	**Construction**			
建筑企业单位数(个)	Number of Construction Enterprises(unit)	10	13	30.0
建筑企业从业人员(人)	Number of Employee in Construction Enterprises(person)	6993	5432	-22.3
建筑业总产值(万元)	Gross Construction Output Value(10 000 yuan)	66664	86304	29.5
交通运输邮电通信业	**Transportation,Post & Telecommunications**			
公路里程(公里)	Total Length of Highways(km)	1235	1236	0.1
邮电业务总量(万元)	Business Volume of Post & Telecoms(10 000 yuan)	10922	11736	7.5
本地电话用户(户)	Number of Subscribers of Local Telephone(Household)	30647	27000	-11.9
国内贸易	**Domestic Trade**			
社会消费品零售总额(万元)	Total Retail Sales of Consumer Goods(10 000 yuan)	152353	181026	18.8
城镇(万元)	Town(10 000 yuan)	101847	122969	20.7
#城区(万元)	City(10 000 yuan)	6034	14282	136.7
乡村(万元)	Village(10 000 yuan)	50506	58057	15.0
科技教育卫生	**Science,Education & Public Health**			
各类专业技术人员(人)	Special Technical Personnel(person)	5923	6033	1.9
幼儿园数(所)	Number of Kindergartens(unit)	11	11	0.0
学龄儿童入学率(%)	Percentage of School-Age Children Enrolled(%)	100.0	100.0	0.0
小学学校数(所)	Number of Primary Schools(unit)	121	120	-0.8
小学专任教师数(人)	Number of Full-time Teachers of Primary Schools(person)	2184	2193	0.4
小学在校学生数(人)	Number of Student Enrollment of Primary Schools(person)	19492	18859	-3.2
普通中学学校数(所)	Number of Regular Secondary Schools(unit)	11	11	0.0
普通中学专任教师数(人)	Number of Teachers of Secondary Shools(person)	1401	1367	-2.4
初中在校学生数(人)	Number of Student in Junior Secondary Schools(person)	10671	10698	0.3
高中在校学生数(人)	Number of Student in Senior Secondary Schools(person)	6285	6404	1.9
卫生机构数(所)	Number of Health Institutions(unit)	54	57	5.6
#医院(所)	Hospitals(unit)	4	3	-25.0
卫生院(所)	Township Hospitals(unit)	16	16	0.0
床位数(张)	Number of Beds(unit)	733	704	-4.0
#医院(张)	Hospitals(unit)	340	300	-11.8
卫生院(张)	Township Hospitals(unit)	328	341	4.0
卫生技术人员(人)	Medical Technical Presonnel(person)	836	849	1.6
#医院(人)	Hospitals(person)	297	331	11.4
卫生院(人)	Township Hospitals(person)	345	331	-4.1

23-63 赤峰市宁城县

指　标	Item	2010	2011	2011年比上年增长% Increase Rate in 2011 Over 2010(%)
行政区域土地面积(平方公里)	**Area of Administration(Sq.km)**	**4305**	**4305**	**0.0**
人口和就业	**Population & Employment**			
年末总人口(人)	Total Population Year-end(person)	601938	604994	0.5
# 男性(人)	Male(person)	313509	315689	0.7
# 乡村人口(人)	Rural(person)	529373	526494	-0.5
年末总户数(户)	Total Number of Households at the Year-end(Household)	206172	210964	2.3
# 乡村户数(户)	Number of Rural Household(Household)	142451	143669	0.9
出生人口(人)	Births(person)	6867	6203	-9.7
死亡人口(人)	Deaths(person)	3497	1172	-66.5
全社会就业人员(人)	Employment(person)	288225	298413	3.5
第一产业(人)	Primary Industry(person)	160412	172315	7.4
第二产业(人)	Secondary Industry(person)	67513	67617	0.2
第三产业(人)	Tertiary Industry(person)	60300	58481	-3.0
在岗职工人数(人)	Number of Staff & Workers Employed in(person)	29384	29543	0.5
乡村劳动力(人)	Number of Rural Laborers(person)	259462	268699	3.6
# 农林牧渔业(人)	Farming,Forestry,Animal Husbandry & Fishery(person)	160136	172045	7.4
国民经济综合指标	**Summary Item on the National Economy**			
生产总值(万元)	Gross Domestic Product(10 000 yuan)	915714	1137600	15.6
第一产业(万元)	Primary Industry(10 000 yuan)	212230	252159	7.4
第二产业(万元)	Secondary Industry(10 000 yuan)	403986	526505	20.8
# 工业(万元)	Industry(10 000 yuan)	342456	447757	21.3
第三产业(万元)	Tertiary Industry(10 000 yuan)	299498	358936	14.2
人均生产总值(元)	Per Capita GDP(yuan)	15181	18851	15.5
全社会固定资产投资(万元)	Total Investment in Fixed Assets(10 000 yuan)	713642	916244	28.4
按登记注册类型分	Grouped by Registered Type			
# 国有(万元)	State-owned Enterprises(10 000 yuan)	188218	138850	-26.2
集体(万元)	Collective-owned Enterprises(10 000 yuan)	98458	12334	-87.5
有限责任公司(万元)	Limited Liability Corporations(10 000 yuan)	245480	670262	173.0
股份有限公司(万元)	Share Holding Enterprises(10 000 yuan)		44624	
私营企业(万元)	Private Enterprises(10 000 yuan)	28950	50174	73.3
外商及港澳台投资企业 (万元)	Funds from HK,Macao,Taiwan & Foreign(10 000 yuan)			
按城乡渠道分	Grouped by Urban and Rural Area			
城镇（万元）	Urban(10 000 yuan)	491239	762588	55.2
农村（万元）	Rural(10 000 yuan)	222403	153656	-30.9
一般预算收入(万元)	General Budgetary Financial Revenue(10 000 yuan)	29039	37805	30.2
一般预算支出(万元)	General Budgetary Financial Expenditures(10 000 yuan)	193258	251788	30.3
个人储蓄存款余额(万元)	The balance of savings deposits of individuals(10 000 yuan)	548682	695539	26.8
在岗职工工资总额(万元)	Total Wages of Staff & Workers Employed in(10 000 yuan)	86463	102793	18.9
在岗职工平均工资(元)	Average Wage of Staff & Workers Employed in(yuan)	24158	28662	18.6
城镇居民人均可支配收入(元)	Annual Disposable Income of Urban Residents per Capita(yuan)	13558	15768	16.3
农牧民人均纯收入(元)	Per Capita Net Income of Peasant & Herdsman(yuan)	5330	5864	10.0
农村牧区经济	**Economic Development in Rural & Pastoral Area**			
耕地面积(公顷)	Cultivated Area(hectare)	114472	114468	0.0
农作物总播种面积(公顷)	Total Sown Area(hectare)	97494	101487	4.1
# 粮食作物播种面积(公顷)	Sown Area of Grain Crops(hectare)	80100	83135	3.8
有效灌溉面积(公顷)	Irrigated Area(hectare)	27989	52000	85.8
农牧业机械总动力(万千瓦)	Total Power of Agricultural Machinery(10 000 kw)	42.30	45.90	8.5
化肥施用折纯量(吨)	Consumption of Chemical Fertilizer(ton)	32253	27561	-14.5
农村用电量(万千瓦小时)	Electricity Consumed in Rural Area(10 000 kwh)	41994	44854	6.8
农林牧渔业总产值(万元)	Gross Output of Farming,Forestry,Animal Husbandry & Fishery(10 000 yuan)	356329	431057	21.0
粮食产量(吨)	Yield of Grain(ton)	580368	675209	16.3
油料产量(吨)	Yield of Oil-bearing Grops(ton)	826	1251	51.5
甜菜产量(吨)	Yield of Beetroots(ton)	17068	13259	-22.3
猪牛羊肉产量(吨)	Output of Pork, Beef & Mutton(ton)	23645	23899	1.1
# 猪肉产量(吨)	Output of Pork(ton)	12455	11209	-10.0
牛肉产量(吨)	Output of Beef(ton)	7389	7889	6.8
羊肉产量(吨)	Output of Mutton(ton)	3801	4801	26.3
羊毛产量(吨)	Output of Wool(ton)	962	972	1.0

23-63 Ningcheng County in Chifeng City

指　标	Item	2010	2011	2011年比上年增长% Increase Rate in 2011 Over 2010(%)
年末牲畜存栏头数(万头只)	Total Livestock at the Year-end(10 000 heads)	46.40	46.67	0.6
#大牲畜(万头只)	Large Animals(10 000 heads)	16.65	16.86	1.3
羊(万只)	Sheep & Goats(10 000 heads)	18.49	18.54	0.3
猪(万头)	Hogs(10 000 heads)	11.26	11.27	0.1
规模以上工业	**Industrial Enterprises above Designated size**			
工业企业单位数(个)	Number of Industrial Enterprises(unit)	62	56	-9.7
#内资企业(个)	Civil Funded Enterprises(unit)	62	56	-9.7
工业总产值(万元)	Gross Industrial Output Value(10 000 yuan)	1200112	1805937	50.5
内资企业(万元)	Civil Funded Enterprises(10 000 yuan)	1200112	1805937	50.5
国有企业(万元)	State-owned Enterprises(10 000 yuan)	49757	37161	-25.3
集体企业(万元)	Collective-owned Enterprises(10 000 yuan)	9387	30204	221.8
股份合作企业(万元)	Share Holding Enterprises(10 000 yuan)			
联营企业(万元)	Joint Owned Enterprises(10 000 yuan)			
有限责任公司(万元)	Limited Company(10 000 yuan)	567130	710266	25.2
股份有限公司(万元)	Share Holding Limited Company(10 000 yuan)	1497	28305	1790.8
私营企业(万元)	Privately Owned Enterprises(10 000 yuan)	572341	983211	71.8
其他企业(万元)	Enterprises of Other Ownership(10 000 yuan)		16790	
港澳台商投资企业(万元)	Funds from HK,Macao & Taiwan(10 000 yuan)			
外商投资企业(万元)	Foreign Funded Enterprises(10 000 yuan)			
工业企业增加值(万元)	Value Added of Industrial Enterprises(10 000 yuan)			23.0
工业企业资产总计(万元)	Total Assets of Industrial Enterprises(10 000 yuan)	468830	469305	0.1
工业企业负债合计(万元)	Total Liabilities of Industrial Enterprises(10 000 yuan)	305930	277409	-9.3
工业企业产品销售收入(万元)	Sales of Revenue Industrial Enterprises(10 000 yuan)	1177185	1797259	52.7
工业企业利润总额(万元)	Total Profits of Industrial Enterprises(10 000 yuan)	32938	32312	-1.9
建筑业	**Construction**			
建筑企业单位数(个)	Number of Construction Enterprises(unit)	18	17	-5.6
建筑企业从业人员(人)	Number of Employee in Construction Enterprises(person)	12734	12765	0.2
建筑业总产值(万元)	Gross Construction Output Value(10 000 yuan)	202639	254992	25.8
交通运输邮电通信业	**Transportation,Post & Telecommunications**			
公路里程(公里)	Total Length of Highways(km)	1855	1855	0.0
邮电业务总量(万元)	Business Volume of Post & Telecoms(10 000 yuan)	19040	21880	14.9
本地电话用户(户)	Number of Subscribers of Local Telephone(Household)	55670	55662	0.0
国内贸易	**Domestic Trade**			
社会消费品零售总额(万元)	Total Retail Sales of Consumer Goods(10 000 yuan)	303291	360916	19.0
城镇(万元)	Town(10 000 yuan)	234002	284393	21.5
#城区(万元)	City(10 000 yuan)			
乡村(万元)	Village(10 000 yuan)	69289	76523	10.4
科技教育卫生	**Science,Education & Public Health**			
各类专业技术人员(人)	Special Technical Personnel(person)	19995	19972	-0.1
幼儿园数(所)	Number of Kindergartens(unit)	39	58	48.7
学龄儿童入学率(%)	Percentage of School-Age Children Enrolled(%)	100.0	98.36	-1.6
小学学校数(所)	Number of Primary Schools(unit)	93	89	-4.3
小学专任教师数(人)	Number of Full-time Teachers of Primary Schools(person)	3113	2970	-4.6
小学在校学生数(人)	Number of Student Enrollment of Primary Schools(person)	31309	31595	0.9
普通中学学校数(所)	Number of Regular Secondary Schools(unit)	21	20	-4.8
普通中学专任教师数(人)	Number of Teachers of Secondary Shools(person)	2502	2668	6.6
初中在校学生数(人)	Number of Student in Junior Secondary Schools(person)	17859	18160	1.7
高中在校学生数(人)	Number of Student in Senior Secondary Schools(person)	9402	9556	1.6
卫生机构数(所)	Number of Health Institutions(unit)	589	566	-3.9
#医院(所)	Hospitals(unit)	4	4	0.0
卫生院(所)	Township Hospitals(unit)	27	27	0.0
床位数(张)	Number of Beds(unit)	1887	1870	-0.9
#医院(张)	Hospitals(unit)	1219	1725	41.5
卫生院(张)	Township Hospitals(unit)	668	145	-78.3
卫生技术人员(人)	Medical Technical Presonnel(person)	2358	2417	2.5
#医院(人)	Hospitals(person)	1462	1490	1.9
卫生院(人)	Township Hospitals(person)	896	580	-35.3

23-64 赤峰市敖汉旗

指 标	Item	2010	2011	2011年比上年增长% Increase Rate in 2011Over 2010(%)
行政区域土地面积(平方公里)	**Area of Administration(Sq.km)**	**8294**	**8294**	**0.0**
人口和就业	**Population & Employment**			
年末总人口(人)	Total Population Year-end(person)	599985	603225	0.5
#男性(人)	Male(person)	311139	313198	0.7
#乡村人口(人)	Rural(person)	530766	533348	0.5
年末总户数(户)	Total Number of Households at the Year-end(Household)	206538	213129	3.2
#乡村户数(户)	Number of Rural Household(Household)	147002	166178	13.0
出生人口(人)	Births(person)	5906	6231	5.5
死亡人口(人)	Deaths(person)	3230	1332	-58.8
全社会就业人员(人)	Employment(person)	293518	339104	15.5
第一产业(人)	Primary Industry(person)	180813	226505	25.3
第二产业(人)	Secondary Industry(person)	14734	15435	4.8
第三产业(人)	Tertiary Industry(person)	97971	97164	-0.8
在岗职工人数(人)	Number of Staff & Workers Employed in(person)	20700	21344	3.1
乡村劳动力(人)	Number of Rural Laborers(person)	272818	317760	16.5
#农林牧渔业(人)	Farming,Forestry,Animal Husbandry & Fishery(person)	180813	226505	25.3
国民经济综合指标	**Summary Item on the National Economy**			
生产总值(万元)	Gross Domestic Product(10 000 yuan)	926162	1158530	15.5
第一产业(万元)	Primary Industry(10 000 yuan)	264280	314002	7.2
第二产业(万元)	Secondary Industry(10 000 yuan)	403135	539274	22.9
#工业(万元)	Industry(10 000 yuan)	350285	474010	24.2
第三产业(万元)	Tertiary Industry(10 000 yuan)	258747	305254	12.4
人均生产总值(元)	Per Capita GDP(yuan)	15433	19206	24.4
全社会固定资产投资(万元)	Total Investment in Fixed Assets(10 000 yuan)	613456	750410	22.3
按登记注册类型分	Grouped by Registered Type			
#国有(万元)	State-owned Enterprises(10 000 yuan)	120170	158481	31.9
集体(万元)	Collective-owned Enterprises(10 000 yuan)			
有限责任公司(万元)	Limited Liability Corporations(10 000 yuan)	185600	417900	125.2
股份有限公司(万元)	Share Holding Enterprises(10 000 yuan)	102456	72237	-29.5
私营企业(万元)	Private Enterprises(10 000 yuan)	67200	71800	6.8
外商及港澳台投资企业(万元)	Funds from HK,Macao,Taiwan & Foreign(10 000 yuan)			
按城乡渠道分	Grouped by Urban and Rural Area			
城镇(万元)	Urban(10 000 yuan)	607013	591929	-2.5
农村(万元)	Rural(10 000 yuan)	6443	158481	2359.7
一般预算收入(万元)	General Budgetary Financial Revenue(10 000 yuan)	26404	32604	23.5
一般预算支出(万元)	General Budgetary Financial Expenditures(10 000 yuan)	194178	256556	32.1
个人储蓄存款余额(万元)	The balance of savings deposits of individuals(10 000 yuan)	341533	460118	34.7
在岗职工工资总额(万元)	Total Wages of Staff & Workers Employed in(10 000 yuan)	54258	69263	27.7
在岗职工平均工资(元)	Average Wage of Staff & Workers Employed in(yuan)	26658	33121	24.2
城镇居民人均可支配收入	Annual Disposable Income of Urban Residents per Capita	12400	14409	16.2
农牧民人均纯收入(元)	Per Capita Net Income of Peasant & Herdsman(yuan)	4745	5707	20.3
农村牧区经济	**Economic Development in Rural & Pastoral Area**			
耕地面积(公顷)	Cultivated Area(hectare)	177462	193076	8.8
农作物总播种面积(公顷)	Total Sown Area(hectare)	188391	195319	3.7
#粮食作物播种面积(公顷)	Sown Area of Grain Crops(hectare)	167147	170675	2.1
有效灌溉面积(公顷)	Irrigated Area(hectare)	58356	55945	-4.1
农牧业机械总动力(万千瓦)	Total Power of Agricultural Machinery(10 000 kw)	52.24	64.90	24.2
化肥施用折纯量(吨)	Consumption of Chemical Fertilizer(ton)	56107	65388	16.5
农村用电量(万千瓦小时)	Electricity Consumed in Rural Area(10 000 kwh)	18600	11245	-39.5
农林牧渔业总产值(万元)	Gross Output of Farming,Forestry,Animal Husbandry & Fishery(10 000 yuan)	264280	314002	7.2
粮食产量(吨)	Yield of Grain(ton)	345684	725500	109.9
油料产量(吨)	Yield of Oil-bearing Grops(ton)	3762	9498	152.5
甜菜产量(吨)	Yield of Beetroots(ton)	64208	64208	0.0
猪牛羊肉产量(吨)	Output of Pork, Beef & Mutton(ton)	54588	91698	68.0
#猪肉产量(吨)	Output of Pork(ton)	33084	67665	104.5
牛肉产量(吨)	Output of Beef(ton)	5480	9490	73.2
羊肉产量(吨)	Output of Mutton(ton)	16024	14543	-9.2
羊毛产量(吨)	Output of Wool(ton)	4052	2928	-27.7

23-64 Aohan Banner in Chifeng City

指　标	Item	2010	2011	2011年比上年增长% Increase Rate in 2011Over 2010(%)
年末牲畜存栏头数(万头只)	Total Livestock at the Year-end(10 000 heads)	146.10	153.39	5.0
#大牲畜(万头只)	Large Animals(10 000 heads)	25.90	28.65	10.6
羊(万只)	Sheep & Goats(10 000 heads)	82.10	86.56	5.4
猪(万头)	Hogs(10 000 heads)	38.10	38.18	0.2
规模以上工业	**Industrial Enterprises above Designated size**			
工业企业单位数(个)	Number of Industrial Enterprises(unit)	74	67	-9.5
#内资企业(个)	Civil Funded Enterprises(unit)	74	67	-9.5
工业总产值(万元)	Gross Industrial Output Value(10 000 yuan)	628697	744376	18.4
内资企业(万元)	Civil Funded Enterprises(10 000 yuan)	628697	744376	18.4
国有企业(万元)	State-owned Enterprises(10 000 yuan)	22030	28968	31.5
集体企业(万元)	Collective-owned Enterprises(10 000 yuan)			
股份合作企业(万元)	Share Holding Enterprises(10 000 yuan)			
联营企业(万元)	Joint Owned Enterprises(10 000 yuan)			
有限责任公司(万元)	Limited Company(10 000 yuan)	268973	68983	-74.4
股份有限公司(万元)	Share Holding Limited Company(10 000 yuan)		128433	
私营企业(万元)	Privately Owned Enterprises(10 000 yuan)	337694	517992	53.4
其他企业(万元)	Enterprises of Other Ownership(10 000 yuan)			
港澳台商投资企业(万元)	Funds from HK,Macao & Taiwan(10 000 yuan)			
外商投资企业(万元)	Foreign Funded Enterprises(10 000 yuan)			
工业企业增加值(万元)	Value Added of Industrial Enterprises(10 000 yuan)			25.0
工业企业资产总计(万元)	Total Assets of Industrial Enterprises(10 000 yuan)	268038	444605	65.9
工业企业负债合计(万元)	Total Liabilities of Industrial Enterprises(10 000 yuan)	204096	350643	71.8
工业企业产品销售收入(万元)	Sales of Revenue Industrial Enterprises(10 000 yuan)	621155	732209	17.9
工业企业利润总额(万元)	Total Profits of Industrial Enterprises(10 000 yuan)	11340	21525	89.8
建筑业	**Construction**			
建筑企业单位数(个)	Number of Construction Enterprises(unit)	8	8	0.0
建筑企业从业人员(人)	Number of Employee in Construction Enterprises(person)	3052	4125	35.2
建筑业总产值(万元)	Gross Construction Output Value(10 000 yuan)	60877	65264	7.2
交通运输邮电通信业	**Transportation,Post & Telecommunications**			
公路里程(公里)	Total Length of Highways(km)	2407	2523	4.8
邮电业务总量(万元)	Business Volume of Post & Telecoms(10 000 yuan)	17103	18960	10.9
本地电话用户(户)	Number of Subscribers of Local Telephone(Household)	274563	199365	-27.4
国内贸易	**Domestic Trade**			
社会消费品零售总额(万元)	Total Retail Sales of Consumer Goods(10 000 yuan)	222213	263989	18.8
城镇(万元)	Town(10 000 yuan)	181392	212463	17.1
#城区(万元)	City(10 000 yuan)	158319	189074	19.4
乡村(万元)	Village(10 000 yuan)	40821	51526	26.2
科技教育卫生	**Science,Education & Public Health**			
各类专业技术人员(人)	Special Technical Personnel(person)	9215	9236	0.2
幼儿园数(所)	Number of Kindergartens(unit)	38	38	0.0
学龄儿童入学率(%)	Percentage of School-Age Children Enrolled(%)	100.0	100.0	0.0
小学学校数(所)	Number of Primary Schools(unit)	85	80	-5.9
小学专任教师数(人)	Number of Full-time Teachers of Primary Schools(person)	2835	2826	-0.3
小学在校学生数(人)	Number of Student Enrollment of Primary Schools(person)	37477	35256	-5.9
普通中学学校数(所)	Number of Regular Secondary Schools(unit)	32	30	-6.3
普通中学专任教师数(人)	Number of Teachers of Secondary Shools(person)	2456	2407	-2.0
初中在校学生数(人)	Number of Student in Junior Secondary Schools(person)	24452	20891	-14.6
高中在校学生数(人)	Number of Student in Senior Secondary Schools(person)	14815	14655	-1.1
卫生机构数(所)	Number of Health Institutions(unit)	37	34	-8.1
#医院(所)	Hospitals(unit)	4	2	-50.0
卫生院(所)	Township Hospitals(unit)	28	28	0.0
床位数(张)	Number of Beds(unit)	1635	1471	-10.0
#医院(张)	Hospitals(unit)	945	704	-25.5
卫生院(张)	Township Hospitals(unit)	690	717	3.9
卫生技术人员(人)	Medical Technical Presonnel(person)	1179	1074	-8.9
#医院(人)	Hospitals(person)	402	422	5.0
卫生院(人)	Township Hospitals(person)	622	530	-14.8

23-65 锡林郭勒盟二连浩特市

指　　标	Item	2010	2011	2011年比上年增长% Increase Rate in 2011 Over 2010(%)
行政区域土地面积(平方公里)	**Area of Administration(Sq.km)**	**4015**	**4013**	**0.0**
人口和就业	**Population & Employment**			
年末总人口(人)	Total Population Year-end(person)	26108	26297	0.7
#男性(人)	Male(person)	13435	13503	0.5
#乡村人口(人)	Rural(person)	1877	1359	-27.6
年末总户数(户)	Total Number of Households at the Year-end(Household)	9156	9329	1.9
#乡村户数(户)	Number of Rural Household(Household)	705	489	-30.6
出生人口(人)	Births(person)	285	269	-5.6
死亡人口(人)	Deaths(person)	65	51	-21.5
全社会就业人员(人)	Employment(person)	26830	26888	0.2
第一产业(人)	Primary Industry(person)	853	737	-13.6
第二产业(人)	Secondary Industry(person)	1192	1465	22.9
第三产业(人)	Tertiary Industry(person)	24785	24686	-0.4
在岗职工人数(人)	Number of Staff & Workers Employed in(person)	6230	6362	2.1
乡村劳动力(人)	Number of Rural Laborers(person)	1109	1037	-6.5
#农林牧渔业(人)	Farming,Forestry,Animal Husbandry & Fishery(person)	846	730	-13.7
国民经济综合指标	**Summary Item on the National Economy**			
生产总值(万元)	Gross Domestic Product(10 000 yuan)	475888	570817	13.0
第一产业(万元)	Primary Industry(10 000 yuan)	3602	4382	4.0
第二产业(万元)	Secondary Industry(10 000 yuan)	169972	205328	10.6
#工业(万元)	Industry(10 000 yuan)	139972	171328	11.9
第三产业(万元)	Tertiary Industry(10 000 yuan)	302314	361107	14.4
人均生产总值(元)	Per Capita GDP(yuan)	66455	76517	11.8
全社会固定资产投资(万元)	Total Investment in Fixed Assets(10 000 yuan)	310029	317544	2.4
按登记注册类型分	Grouped by Registered Type			
#国有(万元)	State-owned Enterprises(10 000 yuan)	189810	156120	-17.7
集体(万元)	Collective-owned Enterprises(10 000 yuan)			
有限责任公司(万元)	Limited Liability Corporations(10 000 yuan)	6360		
股份有限公司(万元)	Share Holding Enterprises(10 000 yuan)	4550	14700	223.1
私营企业(万元)	Private Enterprises(10 000 yuan)	88309	146724	66.1
外商及港澳台投资企业(万元)	Funds from HK,Macao,Taiwan & Foreign(10 000 yuan)	21000		
按城乡渠道分	Grouped by Urban and Rural Area			
城镇（万元）	Urban(10 000 yuan)	310029	317544	2.4
农村（万元）	Rural(10 000 yuan)			
一般预算收入(万元)	General Budgetary Financial Revenue(10 000 yuan)	23486	28322	20.6
一般预算支出(万元)	General Budgetary Financial Expenditures(10 000 yuan)	86376	101890	18.0
个人储蓄存款余额(万元)	The balance of savings deposits of individuals(10 000 yuan)		258109	
在岗职工工资总额(万元)	Total Wages of Staff & Workers Employed in(10 000 yuan)	26821	32380	20.7
在岗职工平均工资(元)	Average Wage of Staff & Workers Employed in(yuan)	43190	50896	17.8
城镇居民人均可支配收入(元)	Annual Disposable Income of Urban Residents per Capita(yuan)	22281	25801	15.8
农牧民人均纯收入(元)	Per Capita Net Income of Peasant & Herdsman(yuan)	7490	12330	64.6
农村牧区经济	**Economic Development in Rural & Pastoral Area**			
耕地面积(公顷)	Cultivated Area(hectare)	360	355	-1.4
农作物总播种面积(公顷)	Total Sown Area(hectare)	360	320	-11.1
#粮食作物播种面积(公顷)	Sown Area of Grain Crops(hectare)	160	120	-25.0
有效灌溉面积(公顷)	Irrigated Area(hectare)			
农牧业机械总动力(万千瓦)	Total Power of Agricultural Machinery(10 000 kw)			
化肥施用折纯量(吨)	Consumption of Chemical Fertilizer(ton)	100	98	-2.0
农村用电量(万千瓦小时)	Electricity Consumed in Rural Area(10 000 kwh)	270	320	18.5
农林牧渔业总产值(万元)	Gross Output of Farming,Forestry,Animal Husbandry & Fishery(10 000 yuan)	6377	7852	23.1
粮食产量(吨)	Yield of Grain(ton)	803	803	0.0
油料产量(吨)	Yield of Oil-bearing Grops(ton)			
甜菜产量(吨)	Yield of Beetroots(ton)			
猪牛羊肉产量(吨)	Output of Pork, Beef & Mutton(ton)	945	811	-14.2
#猪肉产量(吨)	Output of Pork(ton)	87	88	1.1
牛肉产量(吨)	Output of Beef(ton)	98	99	1.0
羊肉产量(吨)	Output of Mutton(ton)	760	624	-17.9
羊毛产量(吨)	Output of Wool(ton)	90	118	31.1

23-65 Erlianhaote City in Xilinguole League

指　标	Item	2010	2011	2011年比上年增长% Increase Rate in 2011 Over 2010(%)
年末牲畜存栏头数(万头只)	Total Livestock at the Year-end(10 000 heads)	3.55	4.02	13.2
#大牲畜(万头只)	Large Animals(10 000 heads)	0.28	0.42	50.0
羊(万只)	Sheep & Goats(10 000 heads)	3.25	3.57	9.8
猪(万头)	Hogs(10 000 heads)	0.02	0.03	50.0
规模以上工业	**Industrial Enterprises above Designated size**			
工业企业单位数(个)	Number of Industrial Enterprises(unit)	27	24	-11.1
#内资企业(个)	Civil Funded Enterprises(unit)	27	24	-11.1
工业总产值(万元)	Gross Industrial Output Value(10 000 yuan)	281913	323496	14.8
内资企业(万元)	Civil Funded Enterprises(10 000 yuan)	281913	323496	14.8
国有企业(万元)	State-owned Enterprises(10 000 yuan)	12239	11410	-6.8
集体企业(万元)	Collective-owned Enterprises(10 000 yuan)			
股份合作企业(万元)	Share Holding Enterprises(10 000 yuan)			
联营企业(万元)	Joint Owned Enterprises(10 000 yuan)			
有限责任公司(万元)	Limited Company(10 000 yuan)	29694		
股份有限公司(万元)	Share Holding Limited Company(10 000 yuan)			
私营企业(万元)	Privately Owned Enterprises(10 000 yuan)	239980	312086	30.0
其他企业(万元)	Enterprises of Other Ownership(10 000 yuan)			
港澳台商投资企业(万元)	Funds from HK,Macao & Taiwan(10 000 yuan)			
外商投资企业(万元)	Foreign Funded Enterprises(10 000 yuan)			
工业企业增加值(万元)	Value Added of Industrial Enterprises(10 000 yuan)	120272	131328	10.2
工业企业资产总计(万元)	Total Assets of Industrial Enterprises(10 000 yuan)	130192	152341	17.0
工业企业负债合计(万元)	Total Liabilities of Industrial Enterprises(10 000 yuan)	88923	122234	37.5
工业企业产品销售收入(万元)	Sales of Revenue Industrial Enterprises(10 000 yuan)	272488	320096	17.5
工业企业利润总额(万元)	Total Profits of Industrial Enterprises(10 000 yuan)	15592	16163	3.7
建筑业	**Construction**			
建筑企业单位数(个)	Number of Construction Enterprises(unit)	2	2	0.0
建筑企业从业人员(人)	Number of Employee in Construction Enterprises(person)	11		
建筑业总产值(万元)	Gross Construction Output Value(10 000 yuan)	2553		
交通运输邮电通信业	**Transportation,Post & Telecommunications**			
公路里程(公里)	Total Length of Highways(km)	328	320	-2.4
邮电业务总量(万元)	Business Volume of Post & Telecoms(10 000 yuan)	9875	11200	13.4
本地电话用户(户)	Number of Subscribers of Local Telephone(Household)	11500	9800	-14.8
国内贸易	**Domestic Trade**			
社会消费品零售总额(万元)	Total Retail Sales of Consumer Goods(10 000 yuan)	164794	195249	18.5
城镇(万元)	Town(10 000 yuan)	164794	195249	18.5
#城区(万元)	City(10 000 yuan)			
乡村(万元)	Village(10 000 yuan)			
科技教育卫生	**Science,Education & Public Health**			
各类专业技术人员(人)	Special Technical Personnel(person)	1290	1244	-3.6
幼儿园数(所)	Number of Kindergartens(unit)	8	8	0.0
学龄儿童入学率(%)	Percentage of School-Age Children Enrolled(%)	100.0	100.0	0.0
小学学校数(所)	Number of Primary Schools(unit)	5	4	-20.0
小学专任教师数(人)	Number of Full-time Teachers of Primary Schools(person)	278	269	-3.2
小学在校学生数(人)	Number of Student Enrollment of Primary Schools(person)	5805	5827	0.4
普通中学学校数(所)	Number of Regular Secondary Schools(unit)	3	3	0.0
普通中学专任教师数(人)	Number of Teachers of Secondary Shools(person)	348	336	-3.4
初中在校学生数(人)	Number of Student in Junior Secondary Schools(person)	2882	2623	-9.0
高中在校学生数(人)	Number of Student in Senior Secondary Schools(person)	961	1073	11.7
卫生机构数(所)	Number of Health Institutions(unit)	44	44	0.0
#医院(所)	Hospitals(unit)	1	1	0.0
卫生院(所)	Township Hospitals(unit)	7	9	28.6
床位数(张)	Number of Beds(unit)	219	227	3.7
#医院(张)	Hospitals(unit)	114	114	0.0
卫生院(张)	Township Hospitals(unit)	105	113	7.6
卫生技术人员(人)	Medical Technical Presonnel(person)	350	355	1.4
#医院(人)	Hospitals(person)	172	188	9.3
卫生院(人)	Township Hospitals(person)	160	154	-3.8

23-66 锡林郭勒盟锡林浩特市

指　标	Item	2010	2011	2011年比上年增长% Increase Rate in 2011 Over 2010(%)
行政区域土地面积(平方公里)	**Area of Administration(Sq.km)**	**14592**	**14780**	**1.3**
人口和就业	**Population & Employment**			
年末总人口(人)	Total Population Year-end(person)	172318	173651	0.8
#男性(人)	Male(person)	86343	86982	0.7
#乡村人口(人)	Rural(person)	7636	7408	-3.0
年末总户数(户)	Total Number of Households at the Year-end(Household)	62522	64980	3.9
#乡村户数(户)	Number of Rural Household(Household)	2012	2133	6.0
出生人口(人)	Births(person)	3256	1377	-57.7
死亡人口(人)	Deaths(person)	767	453	-40.9
全社会就业人员(人)	Employment(person)	83370	85263	2.3
第一产业(人)	Primary Industry(person)	11318	11340	0.2
第二产业(人)	Secondary Industry(person)	16881	17740	5.1
第三产业(人)	Tertiary Industry(person)	55171	56183	1.8
在岗职工人数(人)	Number of Staff & Workers Employed in(person)	51875	52506	1.2
乡村劳动力(人)	Number of Rural Laborers(person)	6087	6052	-0.6
#农林牧渔业(人)	Farming,Forestry,Animal Husbandry & Fishery(person)	5056	5039	-0.3
国民经济综合指标	**Summary Item on the National Economy**			
生产总值(万元)	Gross Domestic Product(10 000 yuan)	1433976	1714793	13.6
第一产业(万元)	Primary Industry(10 000 yuan)	68304	83365	4.2
第二产业(万元)	Secondary Industry(10 000 yuan)	947443	1129025	13.6
#工业(万元)	Industry(10 000 yuan)	827443	1027025	18.7
第三产业(万元)	Tertiary Industry(10 000 yuan)	418229	502403	15.2
人均生产总值(元)	Per Capita GDP(yuan)	59329	69159	11.7
全社会固定资产投资(万元)	Total Investment in Fixed Assets(10 000 yuan)	1306090	1100144	-15.8
按登记注册类型分	Grouped by Registered Type			
#国有(万元)	State-owned Enterprises(10 000 yuan)	354503	449586	26.8
集体(万元)	Collective-owned Enterprises(10 000 yuan)	134	9006	6620.9
有限责任公司(万元)	Limited Liability Corporations(10 000 yuan)	654486		
股份有限公司(万元)	Share Holding Enterprises(10 000 yuan)	95610		
私营企业(万元)	Private Enterprises(10 000 yuan)	169878	634468	273.5
外商及港澳台投资企业(万元)	Funds from HK,Macao,Taiwan & Foreign(10 000 yuan)	31479	7084	-77.5
按城乡渠道分	Grouped by Urban and Rural Area			
城镇（万元）	Urban(10 000 yuan)	1306090	1100144	-15.8
农村（万元）	Rural(10 000 yuan)			
一般预算收入(万元)	General Budgetary Financial Revenue(10 000 yuan)	108342	134336	24.0
一般预算支出(万元)	General Budgetary Financial Expenditures(10 000 yuan)	157860	161927	2.6
个人储蓄存款余额(万元)	The balance of savings deposits of individuals(10 000 yuan)		800000	
在岗职工工资总额(万元)	Total Wages of Staff & Workers Employed in(10 000 yuan)	180042	230969	28.3
在岗职工平均工资(元)	Average Wage of Staff & Workers Employed in(yuan)	33098	42562	28.6
城镇居民人均可支配收入(元)	Annual Disposable Income of Urban Residents per Capita(yuan)	18330	21245	15.9
农牧民人均纯收入(元)	Per Capita Net Income of Peasant & Herdsman(yuan)	9587	12170	26.9
农村牧区经济	**Economic Development in Rural & Pastoral Area**			
耕地面积(公顷)	Cultivated Area(hectare)	23370	17014	-27.2
农作物总播种面积(公顷)	Total Sown Area(hectare)	22660	23480	3.6
#粮食作物播种面积(公顷)	Sown Area of Grain Crops(hectare)	17540	14630	-16.6
有效灌溉面积(公顷)	Irrigated Area(hectare)			
农牧业机械总动力(万千瓦)	Total Power of Agricultural Machinery(10 000 kw)	10.56	11.19	6.0
化肥施用折纯量(吨)	Consumption of Chemical Fertilizer(ton)	1906	1950	2.3
农村用电量(万千瓦小时)	Electricity Consumed in Rural Area(10 000 kwh)	1718	1719	0.1
农林牧渔业总产值(万元)	Gross Output of Farming,Forestry,Animal Husbandry & Fishery(10 000 yuan)	120944	149334	23.5
粮食产量(吨)	Yield of Grain(ton)	23670	29940	26.5
油料产量(吨)	Yield of Oil-bearing Grops(ton)		565	
甜菜产量(吨)	Yield of Beetroots(ton)			
猪牛羊肉产量(吨)	Output of Pork, Beef & Mutton(ton)	15944	14313	-10.2
#猪肉产量(吨)	Output of Pork(ton)	251	559	122.7
牛肉产量(吨)	Output of Beef(ton)	6296	5800	-7.9
羊肉产量(吨)	Output of Mutton(ton)	9397	7954	-15.4
羊毛产量(吨)	Output of Wool(ton)	935	788	-15.7

23-66 Xilinhaote City in Xilinguole League

指　标	Item	2010	2011	2011年比上年增长% Increase Rate in 2011 Over 2010(%)
年末牲畜存栏头数(万头只)	Total Livestock at the Year-end(10 000 heads)	54.34	54.64	0.6
#大牲畜(万头只)	Large Animals(10 000 heads)	7.62	7.03	-7.7
羊(万只)	Sheep & Goats(10 000 heads)	45.71	47.11	3.1
猪(万头)	Hogs(10 000 heads)	1.01	0.49	-51.5
规模以上工业	**Industrial Enterprises above Designated size**			
工业企业单位数(个)	Number of Industrial Enterprises(unit)	85	80	-5.9
#内资企业(个)	Civil Funded Enterprises(unit)	81	77	-4.9
工业总产值(万元)	Gross Industrial Output Value(10 000 yuan)	1458398	1839258	26.1
内资企业(万元)	Civil Funded Enterprises(10 000 yuan)	1403584	1808426	28.8
国有企业(万元)	State-owned Enterprises(10 000 yuan)	213879	305963	43.1
集体企业(万元)	Collective-owned Enterprises(10 000 yuan)			
股份合作企业(万元)	Share Holding Enterprises(10 000 yuan)			
联营企业(万元)	Joint Owned Enterprises(10 000 yuan)		93900	
有限责任公司(万元)	Limited Company(10 000 yuan)	536822	663256	23.6
股份有限公司(万元)	Share Holding Limited Company(10 000 yuan)	339967	422446	24.3
私营企业(万元)	Privately Owned Enterprises(10 000 yuan)	312917	317297	1.4
其他企业(万元)	Enterprises of Other Ownership(10 000 yuan)		5565	
港澳台商投资企业(万元)	Funds from HK,Macao & Taiwan(10 000 yuan)	47732	20632	-56.8
外商投资企业(万元)	Foreign Funded Enterprises(10 000 yuan)	7082	10199	44.0
工业企业增加值(万元)	Value Added of Industrial Enterprises(10 000 yuan)	767803	960025	18.9
工业企业资产总计(万元)	Total Assets of Industrial Enterprises(10 000 yuan)	2506357	3053512	21.8
工业企业负债合计(万元)	Total Liabilities of Industrial Enterprises(10 000 yuan)	1756889	2142368	21.9
工业企业产品销售收入(万元)	Sales of Revenue Industrial Enterprises(10 000 yuan)	1390131	1737886	25.0
工业企业利润总额(万元)	Total Profits of Industrial Enterprises(10 000 yuan)	333996	371644	11.3
建筑业	**Construction**			
建筑企业单位数(个)	Number of Construction Enterprises(unit)	21	20	-4.8
建筑企业从业人员(人)	Number of Employee in Construction Enterprises(person)	6026	8309	37.9
建筑业总产值(万元)	Gross Construction Output Value(10 000 yuan)	166515	173695	4.3
交通运输邮电通信业	**Transportation,Post & Telecommunications**			
公路里程(公里)	Total Length of Highways(km)	1319	1317	-0.2
邮电业务总量(万元)	Business Volume of Post & Telecoms(10 000 yuan)	50435	60571	20.1
本地电话用户(户)	Number of Subscribers of Local Telephone(Household)	43400	40000	-7.8
国内贸易	**Domestic Trade**			
社会消费品零售总额(万元)	Total Retail Sales of Consumer Goods(10 000 yuan)	303393	359131	18.4
城镇(万元)	Town(10 000 yuan)	230262	284318	23.5
#城区(万元)	City(10 000 yuan)			
乡村(万元)	Village(10 000 yuan)	73131	74813	2.3
科技教育卫生	**Science,Education & Public Health**			
各类专业技术人员(人)	Special Technical Personnel(person)	3156	3182	0.8
幼儿园数(所)	Number of Kindergartens(unit)	28	29	3.6
学龄儿童入学率(%)	Percentage of School-Age Children Enrolled(%)	100.0	100.0	0.0
小学学校数(所)	Number of Primary Schools(unit)	12	12	0.0
小学专任教师数(人)	Number of Full-time Teachers of Primary Schools(person)	988	1020	3.2
小学在校学生数(人)	Number of Student Enrollment of Primary Schools(person)	16838	16931	0.6
普通中学学校数(所)	Number of Regular Secondary Schools(unit)	9	9	0.0
普通中学专任教师数(人)	Number of Teachers of Secondary Shools(person)	1407	1432	1.8
初中在校学生数(人)	Number of Student in Junior Secondary Schools(person)	10894	10732	-1.5
高中在校学生数(人)	Number of Student in Senior Secondary Schools(person)	10314	9782	-5.2
卫生机构数(所)	Number of Health Institutions(unit)	199	172	-13.6
#医院(所)	Hospitals(unit)	3	3	0.0
卫生院(所)	Township Hospitals(unit)	9	10	11.1
床位数(张)	Number of Beds(unit)	944	1012	7.2
#医院(张)	Hospitals(unit)	675	675	0.0
卫生院(张)	Township Hospitals(unit)	58	52	-10.3
卫生技术人员(人)	Medical Technical Presonnel(person)	1954	1906	-2.5
#医院(人)	Hospitals(person)	852	844	-0.9
卫生院(人)	Township Hospitals(person)	208	192	-7.7

23-67 锡林郭勒盟阿巴嘎旗

指　标	Item	2010	2011	2011年比上年增长% Increase Rate in 2011 Over 2010(%)
行政区域土地面积(平方公里)	**Area of Administration(Sq.km)**	**27494**	**27474**	**-0.1**
人口和就业	**Population & Employment**			
年末总人口(人)	Total Population Year-end(person)	44886	45230	0.8
#男性(人)	Male(person)	22709	22896	0.8
#乡村人口(人)	Rural(person)	17805	18150	1.9
年末总户数(户)	Total Number of Households at the Year-end(Household)	15697	16328	4.0
#乡村户数(户)	Number of Rural Household(Household)	4980	5099	2.4
出生人口(人)	Births(person)	772	406	-47.4
死亡人口(人)	Deaths(person)	277	206	-25.6
全社会就业人员(人)	Employment(person)	18058	18358	1.7
第一产业(人)	Primary Industry(person)	11142	11397	2.3
第二产业(人)	Secondary Industry(person)	425	446	4.9
第三产业(人)	Tertiary Industry(person)	6491	6515	0.4
在岗职工人数(人)	Number of Staff & Workers Employed in(person)	3243	3308	2.0
乡村劳动力(人)	Number of Rural Laborers(person)	12285	12523	1.9
#农林牧渔业(人)	Farming,Forestry,Animal Husbandry & Fishery(person)	10962	11198	2.2
国民经济综合指标	**Summary Item on the National Economy**			
生产总值(万元)	Gross Domestic Product(10 000 yuan)	341944	395940	3.6
第一产业(万元)	Primary Industry(10 000 yuan)	40606	53020	5.7
第二产业(万元)	Secondary Industry(10 000 yuan)	250285	282652	1.5
#工业(万元)	Industry(10 000 yuan)	199285	251652	13.1
第三产业(万元)	Tertiary Industry(10 000 yuan)	51053	60268	12.3
人均生产总值(元)	Per Capita GDP(yuan)	76181	90916	3.8
全社会固定资产投资(万元)	Total Investment in Fixed Assets(10 000 yuan)	501007	350227	-30.1
按登记注册类型分	Grouped by Registered Type			
#国有(万元)	State-owned Enterprises(10 000 yuan)	154127	173823	12.8
集体(万元)	Collective-owned Enterprises(10 000 yuan)		187	
有限责任公司(万元)	Limited Liability Corporations(10 000 yuan)	111400		
股份有限公司(万元)	Share Holding Enterprises(10 000 yuan)	40000		
私营企业(万元)	Private Enterprises(10 000 yuan)	195480	176217	-9.9
外商及港澳台投资企业(万元)	Funds from HK,Macao,Taiwan & Foreign(10 000 yuan)			
按城乡渠道分	Grouped by Urban and Rural Area			
城镇（万元）	Urban(10 000 yuan)	501007	350227	-30.1
农村（万元）	Rural(10 000 yuan)			
一般预算收入(万元)	General Budgetary Financial Revenue(10 000 yuan)	15250	13404	-12.1
一般预算支出(万元)	General Budgetary Financial Expenditures(10 000 yuan)	54383	66456	22.2
个人储蓄存款余额(万元)	The balance of savings deposits of individuals(10 000 yuan)		76427	
在岗职工工资总额(万元)	Total Wages of Staff & Workers Employed in(10 000 yuan)	11860	14566	22.8
在岗职工平均工资(元)	Average Wage of Staff & Workers Employed in(yuan)	36728	42981	17.0
城镇居民人均可支配收入(元)	Annual Disposable Income of Urban Residents per Capita(yuan)	15466	17700	14.4
农牧民人均纯收入(元)	Per Capita Net Income of Peasant & Herdsman(yuan)	9172	11923	30.0
农村牧区经济	**Economic Development in Rural & Pastoral Area**			
耕地面积(公顷)	Cultivated Area(hectare)	670	667	-0.4
农作物总播种面积(公顷)	Total Sown Area(hectare)	2690	2670	-0.7
#粮食作物播种面积(公顷)	Sown Area of Grain Crops(hectare)			
有效灌溉面积(公顷)	Irrigated Area(hectare)			
农牧业机械总动力(万千瓦)	Total Power of Agricultural Machinery(10 000 kw)	4.55	5.22	14.7
化肥施用折纯量(吨)	Consumption of Chemical Fertilizer(ton)			
农村用电量(万千瓦小时)	Electricity Consumed in Rural Area(10 000 kwh)	32	32	0.0
农林牧渔业总产值(万元)	Gross Output of Farming,Forestry,Animal Husbandry & Fishery(10 000 yuan)	71900	95001	32.1
粮食产量(吨)	Yield of Grain(ton)			
油料产量(吨)	Yield of Oil-bearing Grops(ton)			
甜菜产量(吨)	Yield of Beetroots(ton)			
猪牛羊肉产量(吨)	Output of Pork, Beef & Mutton(ton)	26133	29638	13.4
#猪肉产量(吨)	Output of Pork(ton)	31	31	0.0
牛肉产量(吨)	Output of Beef(ton)	9424	14026	48.8
羊肉产量(吨)	Output of Mutton(ton)	16678	15581	-6.6
羊毛产量(吨)	Output of Wool(ton)	1113	1110	-0.3

23-67 Abaga Banner in Xilinguole League

指 标	Item	2010	2011	2011年比上年增长% Increase Rate in 2011 Over 2010(%)
年末牲畜存栏头数(万头只)	Total Livestock at the Year-end(10 000 heads)	75.14	71.36	-5.0
#大牲畜(万头只)	Large Animals(10 000 heads)	12.01	14.33	19.3
羊(万只)	Sheep & Goats(10 000 heads)	63.13	57.01	-9.7
猪(万头)	Hogs(10 000 heads)	0.02	0.02	0.0
规模以上工业	**Industrial Enterprises above Designated size**			
工业企业单位数(个)	Number of Industrial Enterprises(unit)	23	23	0.0
#内资企业(个)	Civil Funded Enterprises(unit)	23	23	0.0
工业总产值(万元)	Gross Industrial Output Value(10 000 yuan)	372055	423550	13.8
内资企业(万元)	Civil Funded Enterprises(10 000 yuan)	372055	423550	13.8
国有企业(万元)	State-owned Enterprises(10 000 yuan)	263228	283506	7.7
集体企业(万元)	Collective-owned Enterprises(10 000 yuan)	23175	25550	10.2
股份合作企业(万元)	Share Holding Enterprises(10 000 yuan)			
联营企业(万元)	Joint Owned Enterprises(10 000 yuan)			
有限责任公司(万元)	Limited Company(10 000 yuan)	34035	58993	73.3
股份有限公司(万元)	Share Holding Limited Company(10 000 yuan)	2485		
私营企业(万元)	Privately Owned Enterprises(10 000 yuan)	49132	55501	13.0
其他企业(万元)	Enterprises of Other Ownership(10 000 yuan)			
港澳台商投资企业(万元)	Funds from HK,Macao & Taiwan(10 000 yuan)			
外商投资企业(万元)	Foreign Funded Enterprises(10 000 yuan)			
工业企业增加值(万元)	Value Added of Industrial Enterprises(10 000 yuan)	170185	215652	12.5
工业企业资产总计(万元)	Total Assets of Industrial Enterprises(10 000 yuan)	714776	722699	1.1
工业企业负债合计(万元)	Total Liabilities of Industrial Enterprises(10 000 yuan)	494945	461510	-6.8
工业企业产品销售收入(万元)	Sales of Revenue Industrial Enterprises(10 000 yuan)	364732	439639	20.5
工业企业利润总额(万元)	Total Profits of Industrial Enterprises(10 000 yuan)	25407	28007	10.2
建筑业	**Construction**			
建筑企业单位数(个)	Number of Construction Enterprises(unit)			
建筑企业从业人员(人)	Number of Employee in Construction Enterprises(person)			
建筑业总产值(万元)	Gross Construction Output Value(10 000 yuan)			
交通运输邮电通信业	**Transportation,Post & Telecommunications**			
公路里程(公里)	Total Length of Highways(km)	1942	1942	0.0
邮电业务总量(万元)	Business Volume of Post & Telecoms(10 000 yuan)	3017	3239	7.4
本地电话用户(户)	Number of Subscribers of Local Telephone(Household)	5409	6670	23.3
国内贸易	**Domestic Trade**			
社会消费品零售总额(万元)	Total Retail Sales of Consumer Goods(10 000 yuan)	54669	64759	18.5
城镇(万元)	Town(10 000 yuan)	38949	48676	25.0
#城区(万元)	City(10 000 yuan)			
乡村(万元)	Village(10 000 yuan)	15721	16083	2.3
科技教育卫生	**Science,Education & Public Health**			
各类专业技术人员(人)	Special Technical Personnel(person)	998	893	-10.5
幼儿园数(所)	Number of Kindergartens(unit)	1	1	0.0
学龄儿童入学率(%)	Percentage of School-Age Children Enrolled(%)	100.0	100.0	0.0
小学学校数(所)	Number of Primary Schools(unit)	3	3	0.0
小学专任教师数(人)	Number of Full-time Teachers of Primary Schools(person)	175	178	1.7
小学在校学生数(人)	Number of Student Enrollment of Primary Schools(person)	2331	2169	-6.9
普通中学学校数(所)	Number of Regular Secondary Schools(unit)	2	2	0.0
普通中学专任教师数(人)	Number of Teachers of Secondary Shools(person)	149	111	-25.5
初中在校学生数(人)	Number of Student in Junior Secondary Schools(person)	951	971	2.1
高中在校学生数(人)	Number of Student in Senior Secondary Schools(person)	34	72	111.8
卫生机构数(所)	Number of Health Institutions(unit)	31	31	0.0
#医院(所)	Hospitals(unit)	2	2	0.0
卫生院(所)	Township Hospitals(unit)	11	11	0.0
床位数(张)	Number of Beds(unit)	203	202	-0.5
#医院(张)	Hospitals(unit)	100	100	0.0
卫生院(张)	Township Hospitals(unit)	86	86	0.0
卫生技术人员(人)	Medical Technical Presonnel(person)	256	257	0.4
#医院(人)	Hospitals(person)	117	115	-1.7
卫生院(人)	Township Hospitals(person)	126	127	0.8

23-68 锡林郭勒盟苏尼特左旗

指　标	Item	2010	2011	2011年比上年增长% Increase Rate in 2011 Over 2010(%)
行政区域土地面积(平方公里)	**Area of Administration(Sq.km)**	**34251**	**34251**	**0.0**
人口和就业	**Population & Employment**			
年末总人口(人)	Total Population Year-end(person)	33996	33997	0.0
# 男性(人)	Male(person)	17000	16995	0.0
# 乡村人口(人)	Rural(person)	17984	18489	2.8
年末总户数(户)	Total Number of Households at the Year-end(Household)	10889	11068	1.6
# 乡村户数(户)	Number of Rural Household(Household)	5118	5348	4.5
出生人口(人)	Births(person)	452	370	-18.1
死亡人口(人)	Deaths(person)	209	214	2.4
全社会就业人员(人)	Employment(person)	20130	20745	3.1
第一产业(人)	Primary Industry(person)	11011	11336	3.0
第二产业(人)	Secondary Industry(person)	1602	1707	6.6
第三产业(人)	Tertiary Industry(person)	7517	7702	2.5
在岗职工人数(人)	Number of Staff & Workers Employed in(person)	3005	3054	1.6
乡村劳动力(人)	Number of Rural Laborers(person)	14420	14430	0.1
# 农林牧渔业(人)	Farming,Forestry,Animal Husbandry & Fishery(person)	10744	11077	3.1
国民经济综合指标	**Summary Item on the National Economy**			
生产总值(万元)	Gross Domestic Product(10 000 yuan)	210684	292865	21.2
第一产业(万元)	Primary Industry(10 000 yuan)	29018	37264	5.5
第二产业(万元)	Secondary Industry(10 000 yuan)	130681	192197	25.6
# 工业(万元)	Industry(10 000 yuan)	109581	166197	27.8
第三产业(万元)	Tertiary Industry(10 000 yuan)	50985	63404	19.1
人均生产总值(元)	Per Capita GDP(yuan)	62333	87033	21.6
全社会固定资产投资(万元)	Total Investment in Fixed Assets(10 000 yuan)	200148	220562	10.2
按登记注册类型分	Grouped by Registered Type			
# 国有(万元)	State-owned Enterprises(10 000 yuan)	88405	69188	-21.7
集体(万元)	Collective-owned Enterprises(10 000 yuan)			
有限责任公司(万元)	Limited Liability Corporations(10 000 yuan)	59189		
股份有限公司(万元)	Share Holding Enterprises(10 000 yuan)	5100		
私营企业(万元)	Private Enterprises(10 000 yuan)	30564	72866	138.4
外商及港澳台投资企业(万元)	Funds from HK,Macao,Taiwan & Foreign(10 000 yuan)	16890	78508	364.8
按城乡渠道分	Grouped by Urban and Rural Area			
城镇（万元）	Urban(10 000 yuan)	200148	220562	10.2
农村（万元）	Rural(10 000 yuan)			
一般预算收入(万元)	General Budgetary Financial Revenue(10 000 yuan)	12299	13227	7.5
一般预算支出(万元)	General Budgetary Financial Expenditures(10 000 yuan)	56498	69558	23.1
个人储蓄存款余额(万元)	The balance of savings deposits of individuals(10 000 yuan)		56755	
在岗职工工资总额(万元)	Total Wages of Staff & Workers Employed in(10 000 yuan)	11683	13885	18.8
在岗职工平均工资(元)	Average Wage of Staff & Workers Employed in(yuan)	38880	45466	16.9
城镇居民人均可支配收入(元)	Annual Disposable Income of Urban Residents per Capita(yuan)	15147	17677	16.7
农牧民人均纯收入(元)	Per Capita Net Income of Peasant & Herdsman(yuan)	5919	7208	21.8
农村牧区经济	**Economic Development in Rural & Pastoral Area**			
耕地面积(公顷)	Cultivated Area(hectare)	790	1333	68.7
农作物总播种面积(公顷)	Total Sown Area(hectare)	780	1113	42.7
# 粮食作物播种面积(公顷)	Sown Area of Grain Crops(hectare)			
有效灌溉面积(公顷)	Irrigated Area(hectare)			
农牧业机械总动力(万千瓦)	Total Power of Agricultural Machinery(10 000 kw)	4.25	4.41	3.8
化肥施用折纯量(吨)	Consumption of Chemical Fertilizer(ton)	30	30	0.0
农村用电量(万千瓦小时)	Electricity Consumed in Rural Area(10 000 kwh)	201	371	84.6
农林牧渔业总产值(万元)	Gross Output of Farming,Forestry,Animal Husbandry & Fishery(10 000 yuan)	51381	66769	29.9
粮食产量(吨)	Yield of Grain(ton)			
油料产量(吨)	Yield of Oil-bearing Grops(ton)			
甜菜产量(吨)	Yield of Beetroots(ton)			
猪牛羊肉产量(吨)	Output of Pork, Beef & Mutton(ton)	18499	18648	0.8
# 猪肉产量(吨)	Output of Pork(ton)	68	75	10.3
牛肉产量(吨)	Output of Beef(ton)	6137	6359	3.6
羊肉产量(吨)	Output of Mutton(ton)	12294	11733	-4.6
羊毛产量(吨)	Output of Wool(ton)	694	1514	118.2

23-68 Sunitezuo Banner in Xilinguole League

指　　标	Item	2010	2011	2011年比上年增长% Increase Rate in 2011 Over 2010(%)
年末牲畜存栏头数(万头只)	Total Livestock at the Year-end(10 000 heads)	61.78	60.97	-1.3
# 大牲畜(万头只)	Large Animals(10 000 heads)	8.11	7.33	-9.6
羊(万只)	Sheep & Goats(10 000 heads)	53.57	53.54	-0.1
猪(万头)	Hogs(10 000 heads)	0.10	0.10	0.0
规模以上工业	**Industrial Enterprises above Designated size**			
工业企业单位数(个)	Number of Industrial Enterprises(unit)	14	13	-7.1
# 内资企业(个)	Civil Funded Enterprises(unit)	14	13	-7.1
工业总产值(万元)	Gross Industrial Output Value(10 000 yuan)	173046	257916	49.0
内资企业(万元)	Civil Funded Enterprises(10 000 yuan)	173046	257916	49.0
国有企业(万元)	State-owned Enterprises(10 000 yuan)	2330	3035	30.3
集体企业(万元)	Collective-owned Enterprises(10 000 yuan)			
股份合作企业(万元)	Share Holding Enterprises(10 000 yuan)			
联营企业(万元)	Joint Owned Enterprises(10 000 yuan)			
有限责任公司(万元)	Limited Company(10 000 yuan)	111273	181109	62.8
股份有限公司(万元)	Share Holding Limited Company(10 000 yuan)	10719		
私营企业(万元)	Privately Owned Enterprises(10 000 yuan)	48725	73772	51.4
其他企业(万元)	Enterprises of Other Ownership(10 000 yuan)			
港澳台商投资企业(万元)	Funds from HK,Macao & Taiwan(10 000 yuan)			
外商投资企业(万元)	Foreign Funded Enterprises(10 000 yuan)			
工业企业增加值(万元)	Value Added of Industrial Enterprises(10 000 yuan)	85231	133197	30.6
工业企业资产总计(万元)	Total Assets of Industrial Enterprises(10 000 yuan)	136528	206911	51.6
工业企业负债合计(万元)	Total Liabilities of Industrial Enterprises(10 000 yuan)	67459	134005	98.6
工业企业产品销售收入(万元)	Sales of Revenue Industrial Enterprises(10 000 yuan)	158052	254205	60.8
工业企业利润总额(万元)	Total Profits of Industrial Enterprises(10 000 yuan)	6774	23848	252.1
建筑业	**Construction**			
建筑企业单位数(个)	Number of Construction Enterprises(unit)	2	2	0.0
建筑企业从业人员(人)	Number of Employee in Construction Enterprises(person)	440	147	-66.6
建筑业总产值(万元)	Gross Construction Output Value(10 000 yuan)	2449	1100	-55.1
交通运输邮电通信业	**Transportation,Post & Telecommunications**			
公路里程(公里)	Total Length of Highways(km)	2294	2294	0.0
邮电业务总量(万元)	Business Volume of Post & Telecoms(10 000 yuan)	1929	2484	28.8
本地电话用户(户)	Number of Subscribers of Local Telephone(Household)	4414	3100	-29.8
国内贸易	**Domestic Trade**			
社会消费品零售总额(万元)	Total Retail Sales of Consumer Goods(10 000 yuan)	35282	41890	18.7
城镇(万元)	Town(10 000 yuan)	25947	32340	24.6
#城区(万元)	City(10 000 yuan)			
乡村(万元)	Village(10 000 yuan)	9335	9550	2.3
科技教育卫生	**Science,Education & Public Health**			
各类专业技术人员(人)	Special Technical Personnel(person)	903	827	-8.4
幼儿园数(所)	Number of Kindergartens(unit)	2	2	0.0
学龄儿童入学率(%)	Percentage of School-Age Children Enrolled(%)	100.0	100.0	0.0
小学学校数(所)	Number of Primary Schools(unit)	3	3	0.0
小学专任教师数(人)	Number of Full-time Teachers of Primary Schools(person)	184	185	0.5
小学在校学生数(人)	Number of Student Enrollment of Primary Schools(person)	1992	1898	-4.7
普通中学学校数(所)	Number of Regular Secondary Schools(unit)	2	2	0.0
普通中学专任教师数(人)	Number of Teachers of Secondary Shools(person)	108	108	0.0
初中在校学生数(人)	Number of Student in Junior Secondary Schools(person)	793	762	-3.9
高中在校学生数(人)	Number of Student in Senior Secondary Schools(person)		50	
卫生机构数(所)	Number of Health Institutions(unit)	29	30	3.4
# 医院(所)	Hospitals(unit)	2	2	0.0
卫生院(所)	Township Hospitals(unit)	11	11	0.0
床位数(张)	Number of Beds(unit)	114	114	0.0
# 医院(张)	Hospitals(unit)	81	81	0.0
卫生院(张)	Township Hospitals(unit)	29	29	0.0
卫生技术人员(人)	Medical Technical Presonnel(person)	207	209	1.0
# 医院(人)	Hospitals(person)	94	94	0.0
卫生院(人)	Township Hospitals(person)	57	57	0.0

23-69 锡林郭勒盟苏尼特右旗

指　标	Item	2010	2011	2011年比上年增长% Increase Rate in 2011 Over 2010(%)
行政区域土地面积(平方公里)	**Area of Administration(Sq.km)**	**22461**	**22461**	**0.0**
人口和就业	**Population & Employment**			
年末总人口(人)	Total Population Year-end(person)	68943	69132	0.3
# 男性(人)	Male(person)	34656	34726	0.2
# 乡村人口(人)	Rural(person)	24766	25032	1.1
年末总户数(户)	Total Number of Households at the Year-end(Household)	26119	26720	2.3
# 乡村户数(户)	Number of Rural Household(Household)	7643	8405	10.0
出生人口(人)	Births(person)	841	370	-56.0
死亡人口(人)	Deaths(person)	946	381	-59.7
全社会就业人员(人)	Employment(person)	33625	33078	-1.6
第一产业(人)	Primary Industry(person)	16048	15985	-0.4
第二产业(人)	Secondary Industry(person)	5438	5498	1.1
第三产业(人)	Tertiary Industry(person)	12139	11595	-4.5
在岗职工人数(人)	Number of Staff & Workers Employed in(person)	8375	8016	-4.3
乡村劳动力(人)	Number of Rural Laborers(person)	21156	20952	-1.0
# 农林牧渔业(人)	Farming,Forestry,Animal Husbandry & Fishery(person)	15724	15730	0.0
国民经济综合指标	**Summary Item on the National Economy**			
生产总值(万元)	Gross Domestic Product(10 000 yuan)	360513	402252	12.9
第一产业(万元)	Primary Industry(10 000 yuan)	26341	38021	5.6
第二产业(万元)	Secondary Industry(10 000 yuan)	254080	270154	13.8
# 工业(万元)	Industry(10 000 yuan)	231080	242154	14.0
第三产业(万元)	Tertiary Industry(10 000 yuan)	80092	94077	12.3
人均生产总值(元)	Per Capita GDP(yuan)	50598	56615	13.1
全社会固定资产投资(万元)	Total Investment in Fixed Assets(10 000 yuan)	331497	351004	5.9
按登记注册类型分	Grouped by Registered Type			
# 国有(万元)	State-owned Enterprises(10 000 yuan)	124109	160670	29.5
集体(万元)	Collective-owned Enterprises(10 000 yuan)		1100	
有限责任公司(万元)	Limited Liability Corporations(10 000 yuan)	113588	189234	66.6
股份有限公司(万元)	Share Holding Enterprises(10 000 yuan)	9000		
私营企业(万元)	Private Enterprises(10 000 yuan)	84800		
外商及港澳台投资企业(万元)	Funds from HK,Macao,Taiwan & Foreign(10 000 yuan)			
按城乡渠道分	Grouped by Urban and Rural Area			
城镇（万元）	Urban(10 000 yuan)	331497	351004	5.9
农村（万元）	Rural(10 000 yuan)			
一般预算收入(万元)	General Budgetary Financial Revenue(10 000 yuan)	25773	20647	-19.9
一般预算支出(万元)	General Budgetary Financial Expenditures(10 000 yuan)	72382	92473	27.8
个人储蓄存款余额(万元)	The balance of savings deposits of individuals(10 000 yuan)		126331	
在岗职工工资总额(万元)	Total Wages of Staff & Workers Employed in(10 000 yuan)	30754	34673	12.7
在岗职工平均工资(元)	Average Wage of Staff & Workers Employed in(yuan)	36245	43255	19.3
城镇居民人均可支配收入(元)	Annual Disposable Income of Urban Residents per Capita(yuan)	15219	17548	15.3
农牧民人均纯收入(元)	Per Capita Net Income of Peasant & Herdsman(yuan)	5140	5854	13.9
农村牧区经济	**Economic Development in Rural & Pastoral Area**			
耕地面积(公顷)	Cultivated Area(hectare)	2690	2800	4.1
农作物总播种面积(公顷)	Total Sown Area(hectare)	2590	2580	-0.4
# 粮食作物播种面积(公顷)	Sown Area of Grain Crops(hectare)	420	350	-16.7
有效灌溉面积(公顷)	Irrigated Area(hectare)			
农牧业机械总动力(万千瓦)	Total Power of Agricultural Machinery(10 000 kw)	5.44	5.56	2.2
化肥施用折纯量(吨)	Consumption of Chemical Fertilizer(ton)	210	226	7.6
农村用电量(万千瓦小时)	Electricity Consumed in Rural Area(10 000 kwh)	316	346	9.5
农林牧渔业总产值(万元)	Gross Output of Farming,Forestry,Animal Husbandry & Fishery(10 000 yuan)	46641	68126	46.1
粮食产量(吨)	Yield of Grain(ton)	317	264	-16.7
油料产量(吨)	Yield of Oil-bearing Grops(ton)			
甜菜产量(吨)	Yield of Beetroots(ton)			
猪牛羊肉产量(吨)	Output of Pork, Beef & Mutton(ton)	13373	19655	47.0
# 猪肉产量(吨)	Output of Pork(ton)	188	278	47.9
牛肉产量(吨)	Output of Beef(ton)	1548	1816	17.3
羊肉产量(吨)	Output of Mutton(ton)	11637	17079	46.8
羊毛产量(吨)	Output of Wool(ton)	600	1353	125.5

23-69 Suniteyou Banner in Xilinguole League

指　标	Item	2010	2011	2011年比上年增长% Increase Rate in 2011 Over 2010(%)
年末牲畜存栏头数(万头只)	Total Livestock at the Year-end(10 000 heads)	78.90	69.70	-11.7
#大牲畜(万头只)	Large Animals(10 000 heads)	2.45	2.32	-5.3
羊(万只)	Sheep & Goats(10 000 heads)	76.14	67.06	-11.9
猪(万头)	Hogs(10 000 heads)	0.31	0.32	3.2
规模以上工业	**Industrial Enterprises above Designated size**			
工业企业单位数(个)	Number of Industrial Enterprises(unit)	43	35	-18.6
#内资企业(个)	Civil Funded Enterprises(unit)	41	34	-17.1
工业总产值(万元)	Gross Industrial Output Value(10 000 yuan)	402915	476703	18.3
内资企业(万元)	Civil Funded Enterprises(10 000 yuan)	386073	464986	20.4
国有企业(万元)	State-owned Enterprises(10 000 yuan)	29972	34495	15.1
集体企业(万元)	Collective-owned Enterprises(10 000 yuan)			
股份合作企业(万元)	Share Holding Enterprises(10 000 yuan)			
联营企业(万元)	Joint Owned Enterprises(10 000 yuan)			
有限责任公司(万元)	Limited Company(10 000 yuan)	112596	165349	46.9
股份有限公司(万元)	Share Holding Limited Company(10 000 yuan)			
私营企业(万元)	Privately Owned Enterprises(10 000 yuan)	243505	265141	8.9
其他企业(万元)	Enterprises of Other Ownership(10 000 yuan)			
港澳台商投资企业(万元)	Funds from HK,Macao & Taiwan(10 000 yuan)	15801	11718	-25.8
外商投资企业(万元)	Foreign Funded Enterprises(10 000 yuan)	1042		
工业企业增加值(万元)	Value Added of Industrial Enterprises(10 000 yuan)	170583	202154	13.1
工业企业资产总计(万元)	Total Assets of Industrial Enterprises(10 000 yuan)	468340	619003	32.2
工业企业负债合计(万元)	Total Liabilities of Industrial Enterprises(10 000 yuan)	132621	307759	132.1
工业企业产品销售收入(万元)	Sales of Revenue Industrial Enterprises(10 000 yuan)	382366	434060	13.5
工业企业利润总额(万元)	Total Profits of Industrial Enterprises(10 000 yuan)	41013	98642	140.5
建筑业	**Construction**			
建筑企业单位数(个)	Number of Construction Enterprises(unit)	2	2	0.0
建筑企业从业人员(人)	Number of Employee in Construction Enterprises(person)	103	79	-23.3
建筑业总产值(万元)	Gross Construction Output Value(10 000 yuan)	5780	3295	-43.0
交通运输邮电通信业	**Transportation,Post & Telecommunications**			
公路里程(公里)	Total Length of Highways(km)	1814	1814	0.0
邮电业务总量(万元)	Business Volume of Post & Telecoms(10 000 yuan)	5170	5756	11.3
本地电话用户(户)	Number of Subscribers of Local Telephone(Household)	3000	3000	0.0
国内贸易	**Domestic Trade**			
社会消费品零售总额(万元)	Total Retail Sales of Consumer Goods(10 000 yuan)	85179	101194	18.8
城镇(万元)	Town(10 000 yuan)	58793	74201	26.2
#城区(万元)	City(10 000 yuan)			
乡村(万元)	Village(10 000 yuan)	26386	26993	2.3
科技教育卫生	**Science,Education & Public Health**			
各类专业技术人员(人)	Special Technical Personnel(person)	1388	1361	-1.9
幼儿园数(所)	Number of Kindergartens(unit)	3	3	0.0
学龄儿童入学率(%)	Percentage of School-Age Children Enrolled(%)	100.0	100.0	0.0
小学学校数(所)	Number of Primary Schools(unit)	7	7	0.0
小学专任教师数(人)	Number of Full-time Teachers of Primary Schools(person)	364	366	0.5
小学在校学生数(人)	Number of Student Enrollment of Primary Schools(person)	4427	4293	-3.0
普通中学学校数(所)	Number of Regular Secondary Schools(unit)	3	3	0.0
普通中学专任教师数(人)	Number of Teachers of Secondary Shools(person)	282	336	19.1
初中在校学生数(人)	Number of Student in Junior Secondary Schools(person)	2489	2417	-2.9
高中在校学生数(人)	Number of Student in Senior Secondary Schools(person)	749	968	29.2
卫生机构数(所)	Number of Health Institutions(unit)	39	39	0.0
#医院(所)	Hospitals(unit)	2	2	0.0
卫生院(所)	Township Hospitals(unit)	12	12	0.0
床位数(张)	Number of Beds(unit)	164	161	-1.8
#医院(张)	Hospitals(unit)	111	111	0.0
卫生院(张)	Township Hospitals(unit)	42	50	19.0
卫生技术人员(人)	Medical Technical Presonnel(person)	309	330	6.8
#医院(人)	Hospitals(person)	143	167	16.8
卫生院(人)	Township Hospitals(person)	52	53	1.9

23-70 锡林郭勒盟东乌珠穆沁旗

指　标	Item	2010	2011	2011年比上年增长% Increase Rate in 2011 Over 2010(%)
行政区域土地面积(平方公里)	**Area of Administration(Sq.km)**	**47259**	**47259**	**0.0**
人口和就业	**Population & Employment**			
年末总人口(人)	Total Population Year-end(person)	76948	78511	2.0
# 男性(人)	Male(person)	38973	39631	1.7
# 乡村人口(人)	Rural(person)	30855	31907	3.4
年末总户数(户)	Total Number of Households at the Year-end(Household)	24842	28135	13.3
# 乡村户数(户)	Number of Rural Household(Household)	7727	7855	1.7
出生人口(人)	Births(person)	994	1122	12.9
死亡人口(人)	Deaths(person)	485	414	-14.6
全社会就业人员(人)	Employment(person)	39762	40705	2.4
第一产业(人)	Primary Industry(person)	22127	23042	4.1
第二产业(人)	Secondary Industry(person)	3492	3198	-8.4
第三产业(人)	Tertiary Industry(person)	14143	14465	2.3
在岗职工人数(人)	Number of Staff & Workers Employed in(person)	9296	9455	1.7
乡村劳动力(人)	Number of Rural Laborers(person)	22170	22764	2.7
# 农林牧渔业(人)	Farming,Forestry,Animal Husbandry & Fishery(person)	19076	21204	11.2
国民经济综合指标	**Summary Item on the National Economy**			
生产总值(万元)	Gross Domestic Product(10 000 yuan)	827748	999155	10.1
第一产业(万元)	Primary Industry(10 000 yuan)	105638	134369	5.8
第二产业(万元)	Secondary Industry(10 000 yuan)	611335	719057	7.9
# 工业(万元)	Industry(10 000 yuan)	512335	652557	16.8
第三产业(万元)	Tertiary Industry(10 000 yuan)	110775	145729	26.0
人均生产总值(元)	Per Capita GDP(yuan)	82691	105675	8.8
全社会固定资产投资(万元)	Total Investment in Fixed Assets(10 000 yuan)	1012260	649670	-35.8
按登记注册类型分	Grouped by Registered Type			
# 国有(万元)	State-owned Enterprises(10 000 yuan)	144603	413524	186.0
集体(万元)	Collective-owned Enterprises(10 000 yuan)		2548	
有限责任公司(万元)	Limited Liability Corporations(10 000 yuan)	781747		
股份有限公司(万元)	Share Holding Enterprises(10 000 yuan)	20644		
私营企业(万元)	Private Enterprises(10 000 yuan)	58042	233598	302.5
外商及港澳台投资企业(万元)	Funds from HK,Macao,Taiwan & Foreign(10 000 yuan)	7224		
按城乡渠道分	Grouped by Urban and Rural Area			
城镇（万元）	Urban(10 000 yuan)	1012260	649670	-35.8
农村（万元）	Rural(10 000 yuan)			
一般预算收入(万元)	General Budgetary Financial Revenue(10 000 yuan)	65152	79478	22.0
一般预算支出(万元)	General Budgetary Financial Expenditures(10 000 yuan)	115051	156340	35.9
个人储蓄存款余额(万元)	The balance of savings deposits of individuals(10 000 yuan)		173641	
在岗职工工资总额(万元)	Total Wages of Staff & Workers Employed in(10 000 yuan)	31850	37829	18.8
在岗职工平均工资(元)	Average Wage of Staff & Workers Employed in(yuan)	34262	40009	16.8
城镇居民人均可支配收入(元)	Annual Disposable Income of Urban Residents per Capita(yuan)	15570	18108	16.3
农牧民人均纯收入(元)	Per Capita Net Income of Peasant & Herdsman(yuan)	11528	13783	19.6
农村牧区经济	**Economic Development in Rural & Pastoral Area**			
耕地面积(公顷)	Cultivated Area(hectare)	31230	29102	-6.8
农作物总播种面积(公顷)	Total Sown Area(hectare)	29350	26790	-8.7
# 粮食作物播种面积(公顷)	Sown Area of Grain Crops(hectare)	20920	17050	-18.5
有效灌溉面积(公顷)	Irrigated Area(hectare)			
农牧业机械总动力(万千瓦)	Total Power of Agricultural Machinery(10 000 kw)	17.01	18.29	7.5
化肥施用折纯量(吨)	Consumption of Chemical Fertilizer(ton)	4827	5014	3.9
农村用电量(万千瓦小时)	Electricity Consumed in Rural Area(10 000 kwh)	328	407	24.1
农林牧渔业总产值(万元)	Gross Output of Farming,Forestry,Animal Husbandry & Fishery(10 000 yuan)	187050	240711	28.7
粮食产量(吨)	Yield of Grain(ton)	47577	54182	13.9
油料产量(吨)	Yield of Oil-bearing Grops(ton)	6836	5360	-21.6
甜菜产量(吨)	Yield of Beetroots(ton)			
猪牛羊肉产量(吨)	Output of Pork, Beef & Mutton(ton)	36113	35022	-3.0
# 猪肉产量(吨)	Output of Pork(ton)	325	254	-21.8
牛肉产量(吨)	Output of Beef(ton)	9681	10807	11.6
羊肉产量(吨)	Output of Mutton(ton)	26107	23961	-8.2
羊毛产量(吨)	Output of Wool(ton)	3159	2619	-17.1

23-70 Dongwuzhumuqin Banner in Xilinguole League

指　标	Item	2010	2011	2011年比上年增长% Increase Rate in 2011 Over 2010(%)
年末牲畜存栏头数(万头只)	Total Livestock at the Year-end(10 000 heads)	168.11	175.47	4.4
#大牲畜(万头只)	Large Animals(10 000 heads)	8.87	11.19	26.2
羊(万只)	Sheep & Goats(10 000 heads)	158.94	163.98	3.2
猪(万头)	Hogs(10 000 heads)	0.30	0.30	0.0
规模以上工业	**Industrial Enterprises above Designated size**			
工业企业单位数(个)	Number of Industrial Enterprises(unit)	48	43	-10.4
#内资企业(个)	Civil Funded Enterprises(unit)	47	42	-10.6
工业总产值(万元)	Gross Industrial Output Value(10 000 yuan)	866566	1095983	26.5
内资企业(万元)	Civil Funded Enterprises(10 000 yuan)	817793	1043399	27.6
国有企业(万元)	State-owned Enterprises(10 000 yuan)	53047	61066	15.1
集体企业(万元)	Collective-owned Enterprises(10 000 yuan)	2208		
股份合作企业(万元)	Share Holding Enterprises(10 000 yuan)			
联营企业(万元)	Joint Owned Enterprises(10 000 yuan)			
有限责任公司(万元)	Limited Company(10 000 yuan)	438587	346660	-21.0
股份有限公司(万元)	Share Holding Limited Company(10 000 yuan)	59400		
私营企业(万元)	Privately Owned Enterprises(10 000 yuan)	264551	635673	140.3
其他企业(万元)	Enterprises of Other Ownership(10 000 yuan)			
港澳台商投资企业(万元)	Funds from HK,Macao & Taiwan(10 000 yuan)			
外商投资企业(万元)	Foreign Funded Enterprises(10 000 yuan)	48772	52584	7.8
工业企业增加值(万元)	Value Added of Industrial Enterprises(10 000 yuan)	446700	572557	17.2
工业企业资产总计(万元)	Total Assets of Industrial Enterprises(10 000 yuan)	709943	762478	7.4
工业企业负债合计(万元)	Total Liabilities of Industrial Enterprises(10 000 yuan)	397103	418679	5.4
工业企业产品销售收入(万元)	Sales of Revenue Industrial Enterprises(10 000 yuan)	834562	1100599	31.9
工业企业利润总额(万元)	Total Profits of Industrial Enterprises(10 000 yuan)	128367	176969	37.9
建筑业	**Construction**			
建筑企业单位数(个)	Number of Construction Enterprises(unit)	1	1	0.0
建筑企业从业人员(人)	Number of Employee in Construction Enterprises(person)	5	108	2060.0
建筑业总产值(万元)	Gross Construction Output Value(10 000 yuan)		1000	
交通运输邮电通信业	**Transportation,Post & Telecommunications**			
公路里程(公里)	Total Length of Highways(km)	2242	2362	5.4
邮电业务总量(万元)	Business Volume of Post & Telecoms(10 000 yuan)	5734	7211	25.8
本地电话用户(户)	Number of Subscribers of Local Telephone(Household)	10197	10180	-0.2
国内贸易	**Domestic Trade**			
社会消费品零售总额(万元)	Total Retail Sales of Consumer Goods(10 000 yuan)	138907	165385	19.1
城镇(万元)	Town(10 000 yuan)	100028	125370	25.3
#城区(万元)	City(10 000 yuan)			
乡村(万元)	Village(10 000 yuan)	38879	40015	2.9
科技教育卫生	**Science,Education & Public Health**			
各类专业技术人员(人)	Special Technical Personnel(person)	1460	1291	-11.6
幼儿园数(所)	Number of Kindergartens(unit)	7	9	28.6
学龄儿童入学率(%)	Percentage of School-Age Children Enrolled(%)	100.0	100.0	0.0
小学学校数(所)	Number of Primary Schools(unit)	8	8	0.0
小学专任教师数(人)	Number of Full-time Teachers of Primary Schools(person)	442	452	2.3
小学在校学生数(人)	Number of Student Enrollment of Primary Schools(person)	6343	6432	1.4
普通中学学校数(所)	Number of Regular Secondary Schools(unit)	4	4	0.0
普通中学专任教师数(人)	Number of Teachers of Secondary Shools(person)	314	379	20.7
初中在校学生数(人)	Number of Student in Junior Secondary Schools(person)	2564	2854	11.3
高中在校学生数(人)	Number of Student in Senior Secondary Schools(person)	635	441	-30.6
卫生机构数(所)	Number of Health Institutions(unit)	49	49	0.0
#医院(所)	Hospitals(unit)	3	3	0.0
卫生院(所)	Township Hospitals(unit)	17	18	5.9
床位数(张)	Number of Beds(unit)	274	326	19.0
#医院(张)	Hospitals(unit)	180	220	22.2
卫生院(张)	Township Hospitals(unit)	69	73	5.8
卫生技术人员(人)	Medical Technical Presonnel(person)	444	457	2.9
#医院(人)	Hospitals(person)	236	227	-3.8
卫生院(人)	Township Hospitals(person)	80	118	47.5

23-71 锡林郭勒盟西乌珠穆沁旗

指　标	Item	2010	2011	2011年比上年增长% Increase Rate in 2011 Over 2010(%)
行政区域土地面积(平方公里)	**Area of Administration(Sq.km)**	**22435**	**22435**	**0.0**
人口和就业	**Population & Employment**			
年末总人口(人)	Total Population Year-end(person)	77502	78560	1.4
# 男性(人)	Male(person)	38917	39390	1.2
# 乡村人口(人)	Rural(person)	34061	37717	10.7
年末总户数(户)	Total Number of Households at the Year-end(Household)	26706	28253	5.8
# 乡村户数(户)	Number of Rural Household(Household)	9127	10470	14.7
出生人口(人)	Births(person)	3612	860	-76.2
死亡人口(人)	Deaths(person)	677	463	-31.6
全社会就业人员(人)	Employment(person)	40260	44758	11.2
第一产业(人)	Primary Industry(person)	20608	23117	12.2
第二产业(人)	Secondary Industry(person)	4760	4873	2.4
第三产业(人)	Tertiary Industry(person)	14892	16768	12.6
在岗职工人数(人)	Number of Staff & Workers Employed in(person)	5998	6112	1.9
乡村劳动力(人)	Number of Rural Laborers(person)	23768	27654	16.3
# 农林牧渔业(人)	Farming,Forestry,Animal Husbandry & Fishery(person)	20246	22742	12.3
国民经济综合指标	**Summary Item on the National Economy**			
生产总值(万元)	Gross Domestic Product(10 000 yuan)	859043	887428	0.1
第一产业(万元)	Primary Industry(10 000 yuan)	80162	100108	7.5
第二产业(万元)	Secondary Industry(10 000 yuan)	696793	689784	-2.4
# 工业(万元)	Industry(10 000 yuan)	578793	612784	4.5
第三产业(万元)	Tertiary Industry(10 000 yuan)	82088	97536	13.8
人均生产总值(元)	Per Capita GDP(yuan)	99020	100498	-1.5
全社会固定资产投资(万元)	Total Investment in Fixed Assets(10 000 yuan)	1460192	610138	-58.2
按登记注册类型分	Grouped by Registered Type			
# 国有(万元)	State-owned Enterprises(10 000 yuan)	289663	382565	32.1
集体(万元)	Collective-owned Enterprises(10 000 yuan)		7022	
有限责任公司(万元)	Limited Liability Corporations(10 000 yuan)	338633		
股份有限公司(万元)	Share Holding Enterprises(10 000 yuan)	712014		
私营企业(万元)	Private Enterprises(10 000 yuan)	79882	205320	157.0
外商及港澳台投资企业(万元)	Funds from HK,Macao,Taiwan & Foreign(10 000 yuan)	40000	15231	-61.9
按城乡渠道分	Grouped by Urban and Rural Area			
城镇（万元）	Urban(10 000 yuan)	1460192	610138	-58.2
农村（万元）	Rural(10 000 yuan)			
一般预算收入(万元)	General Budgetary Financial Revenue(10 000 yuan)	64090	75230	17.4
一般预算支出(万元)	General Budgetary Financial Expenditures(10 000 yuan)	88710	129911	46.4
个人储蓄存款余额(万元)	The balance of savings deposits of individuals(10 000 yuan)		127697	
在岗职工工资总额(万元)	Total Wages of Staff & Workers Employed in(10 000 yuan)	23525	29741	26.4
在岗职工平均工资(元)	Average Wage of Staff & Workers Employed in(yuan)	39007	47745	22.4
城镇居民人均可支配收入(元)	Annual Disposable Income of Urban Residents per Capita(yuan)	15598	18172	16.5
农牧民人均纯收入(元)	Per Capita Net Income of Peasant & Herdsman(yuan)	9462	12470	31.8
农村牧区经济	**Economic Development in Rural & Pastoral Area**			
耕地面积(公顷)	Cultivated Area(hectare)	1890	1891	0.1
农作物总播种面积(公顷)	Total Sown Area(hectare)	4470	4470	0.0
# 粮食作物播种面积(公顷)	Sown Area of Grain Crops(hectare)	20	20	0.0
有效灌溉面积(公顷)	Irrigated Area(hectare)			
农牧业机械总动力(万千瓦)	Total Power of Agricultural Machinery(10 000 kw)	8.42	8.97	6.5
化肥施用折纯量(吨)	Consumption of Chemical Fertilizer(ton)	116	117	0.9
农村用电量(万千瓦小时)	Electricity Consumed in Rural Area(10 000 kwh)	518	540	4.2
农林牧渔业总产值(万元)	Gross Output of Farming,Forestry,Animal Husbandry & Fishery(10 000 yuan)	141940	179323	26.3
粮食产量(吨)	Yield of Grain(ton)	72	83	15.3
油料产量(吨)	Yield of Oil-bearing Grops(ton)			
甜菜产量(吨)	Yield of Beetroots(ton)			
猪牛羊肉产量(吨)	Output of Pork, Beef & Mutton(ton)	47615	59557	25.1
# 猪肉产量(吨)	Output of Pork(ton)	62	60	-3.2
牛肉产量(吨)	Output of Beef(ton)	27079	28892	6.7
羊肉产量(吨)	Output of Mutton(ton)	20474	27851	36.0
羊毛产量(吨)	Output of Wool(ton)	2031	2222	9.4

23-71 xiwuzhumuqin Banner in Xilinguole League

指　标	Item	2010	2011	2011年比上年增长% Increase Rate in 2011 Over 2010(%)
年末牲畜存栏头数(万头只)	Total Livestock at the Year-end(10 000 heads)	94.39	91.09	-3.5
#大牲畜(万头只)	Large Animals(10 000 heads)	11.74	13.10	11.6
羊(万只)	Sheep & Goats(10 000 heads)	82.60	77.94	-5.6
猪(万头)	Hogs(10 000 heads)	0.05	0.05	0.0
规模以上工业	**Industrial Enterprises above Designated size**			
工业企业单位数(个)	Number of Industrial Enterprises(unit)	28	26	-7.1
#内资企业(个)	Civil Funded Enterprises(unit)	28	26	-7.1
工业总产值(万元)	Gross Industrial Output Value(10 000 yuan)	1081951	1102743	1.9
内资企业(万元)	Civil Funded Enterprises(10 000 yuan)	1081951	1102743	1.9
国有企业(万元)	State-owned Enterprises(10 000 yuan)	154284	264161	71.2
集体企业(万元)	Collective-owned Enterprises(10 000 yuan)			
股份合作企业(万元)	Share Holding Enterprises(10 000 yuan)			
联营企业(万元)	Joint Owned Enterprises(10 000 yuan)			
有限责任公司(万元)	Limited Company(10 000 yuan)	469008	460618	-1.8
股份有限公司(万元)	Share Holding Limited Company(10 000 yuan)	318063	289706	-8.9
私营企业(万元)	Privately Owned Enterprises(10 000 yuan)	140596	88258	-37.2
其他企业(万元)	Enterprises of Other Ownership(10 000 yuan)			
港澳台商投资企业(万元)	Funds from HK,Macao & Taiwan(10 000 yuan)			
外商投资企业(万元)	Foreign Funded Enterprises(10 000 yuan)			
工业企业增加值(万元)	Value Added of Industrial Enterprises(10 000 yuan)	541143	563584	2.2
工业企业资产总计(万元)	Total Assets of Industrial Enterprises(10 000 yuan)	1427488	2184932	53.1
工业企业负债合计(万元)	Total Liabilities of Industrial Enterprises(10 000 yuan)	1078395	1686573	56.4
工业企业产品销售收入(万元)	Sales of Revenue Industrial Enterprises(10 000 yuan)	1072019	1066718	-0.5
工业企业利润总额(万元)	Total Profits of Industrial Enterprises(10 000 yuan)	32808	189766	478.4
建筑业	**Construction**			
建筑企业单位数(个)	Number of Construction Enterprises(unit)	2	2	0.0
建筑企业从业人员(人)	Number of Employee in Construction Enterprises(person)	460	470	2.2
建筑业总产值(万元)	Gross Construction Output Value(10 000 yuan)	15234	15593	2.4
交通运输邮电通信业	**Transportation,Post & Telecommunications**			
公路里程(公里)	Total Length of Highways(km)	1675	1899	13.4
邮电业务总量(万元)	Business Volume of Post & Telecoms(10 000 yuan)	6780	5407	-20.3
本地电话用户(户)	Number of Subscribers of Local Telephone(Household)	6171	4963	-19.6
国内贸易	**Domestic Trade**			
社会消费品零售总额(万元)	Total Retail Sales of Consumer Goods(10 000 yuan)	98091	116656	18.9
城镇(万元)	Town(10 000 yuan)	73743	91748	24.4
#城区(万元)	City(10 000 yuan)			
乡村(万元)	Village(10 000 yuan)	24348	24908	2.3
科技教育卫生	**Science,Education & Public Health**			
各类专业技术人员(人)	Special Technical Personnel(person)	1609	1689	5.0
幼儿园数(所)	Number of Kindergartens(unit)	5	7	40.0
学龄儿童入学率(%)	Percentage of School-Age Children Enrolled(%)	100.0	100.0	0.0
小学学校数(所)	Number of Primary Schools(unit)	4	4	0.0
小学专任教师数(人)	Number of Full-time Teachers of Primary Schools(person)	291	292	0.3
小学在校学生数(人)	Number of Student Enrollment of Primary Schools(person)	4490	4401	-2.0
普通中学学校数(所)	Number of Regular Secondary Schools(unit)	2	2	0.0
普通中学专任教师数(人)	Number of Teachers of Secondary Shools(person)	269	296	10.0
初中在校学生数(人)	Number of Student in Junior Secondary Schools(person)	1658	1969	18.8
高中在校学生数(人)	Number of Student in Senior Secondary Schools(person)	336	515	53.3
卫生机构数(所)	Number of Health Institutions(unit)	25	25	0.0
#医院(所)	Hospitals(unit)	2	2	0.0
卫生院(所)	Township Hospitals(unit)	14	14	0.0
床位数(张)	Number of Beds(unit)	198	238	20.2
#医院(张)	Hospitals(unit)	120	160	33.3
卫生院(张)	Township Hospitals(unit)	68	68	0.0
卫生技术人员(人)	Medical Technical Presonnel(person)	341	333	-2.3
#医院(人)	Hospitals(person)	172	161	-6.4
卫生院(人)	Township Hospitals(person)	81	81	0.0

23-72 锡林郭勒盟太仆寺旗

指　标	Item	2010	2011	2011年比上年增长% Increase Rate in 2011 Over 2010(%)
行政区域土地面积(平方公里)	**Area of Administration(Sq.km)**	**3479**	**3479**	**0.0**
人口和就业	**Population & Employment**			
年末总人口(人)	Total Population Year-end(person)	210849	212107	0.6
#男性(人)	Male(person)	108509	109023	0.5
#乡村人口(人)	Rural(person)	101356	101338	0.0
年末总户数(户)	Total Number of Households at the Year-end(Household)	84598	86276	2.0
#乡村户数(户)	Number of Rural Household(Household)	31769	31747	-0.1
出生人口(人)	Births(person)	2521	2178	-13.6
死亡人口(人)	Deaths(person)	1170	553	-52.7
全社会就业人员(人)	Employment(person)	88464	88432	0.0
第一产业(人)	Primary Industry(person)	60279	60313	0.1
第二产业(人)	Secondary Industry(person)	9125	9292	1.8
第三产业(人)	Tertiary Industry(person)	19060	18827	-1.2
在岗职工人数(人)	Number of Staff & Workers Employed in(person)	6500	6636	2.1
乡村劳动力(人)	Number of Rural Laborers(person)	73726	73518	-0.3
#农林牧渔业(人)	Farming,Forestry,Animal Husbandry & Fishery(person)	60091	60132	0.1
国民经济综合指标	**Summary Item on the National Economy**			
生产总值(万元)	Gross Domestic Product(10 000 yuan)	272522	318100	10.4
第一产业(万元)	Primary Industry(10 000 yuan)	80238	88315	4.0
第二产业(万元)	Secondary Industry(10 000 yuan)	101568	123013	13.7
#工业(万元)	Industry(10 000 yuan)	77368	93013	13.4
第三产业(万元)	Tertiary Industry(10 000 yuan)	90716	106772	12.4
人均生产总值(元)	Per Capita GDP(yuan)	23989	28799	12.7
全社会固定资产投资(万元)	Total Investment in Fixed Assets(10 000 yuan)	260515	311984	19.8
按登记注册类型分	Grouped by Registered Type			
#国有(万元)	State-owned Enterprises(10 000 yuan)	59268	80548	35.9
集体(万元)	Collective-owned Enterprises(10 000 yuan)		41621	
有限责任公司(万元)	Limited Liability Corporations(10 000 yuan)	101062		
股份有限公司(万元)	Share Holding Enterprises(10 000 yuan)	30856		
私营企业(万元)	Private Enterprises(10 000 yuan)	69329	189815	173.8
外商及港澳台投资企业(万元)	Funds from HK,Macao,Taiwan & Foreign(10 000 yuan)			
按城乡渠道分	Grouped by Urban and Rural Area			
城镇（万元）	Urban(10 000 yuan)	260515	311984	19.8
农村（万元）	Rural(10 000 yuan)			
一般预算收入(万元)	General Budgetary Financial Revenue(10 000 yuan)	5320	5544	4.2
一般预算支出(万元)	General Budgetary Financial Expenditures(10 000 yuan)	104524	118000	12.9
个人储蓄存款余额(万元)	The balance of savings deposits of individuals(10 000 yuan)		185536	
在岗职工工资总额(万元)	Total Wages of Staff & Workers Employed in(10 000 yuan)	23283	27252	17.0
在岗职工平均工资(元)	Average Wage of Staff & Workers Employed in(yuan)	35832	41179	14.9
城镇居民人均可支配收入(元)	Annual Disposable Income of Urban Residents per Capita(yuan)	14890	16900	13.5
农牧民人均纯收入(元)	Per Capita Net Income of Peasant & Herdsman(yuan)	5302	6098	15.0
农村牧区经济	**Economic Development in Rural & Pastoral Area**			
耕地面积(公顷)	Cultivated Area(hectare)	94470	94466	0.0
农作物总播种面积(公顷)	Total Sown Area(hectare)	87290	83300	-4.6
#粮食作物播种面积(公顷)	Sown Area of Grain Crops(hectare)	48930	51750	5.8
有效灌溉面积(公顷)	Irrigated Area(hectare)			
农牧业机械总动力(万千瓦)	Total Power of Agricultural Machinery(10 000 kw)	20.16	20.51	1.7
化肥施用折纯量(吨)	Consumption of Chemical Fertilizer(ton)	2988	2898	-3.0
农村用电量(万千瓦小时)	Electricity Consumed in Rural Area(10 000 kwh)	703	703	0.0
农林牧渔业总产值(万元)	Gross Output of Farming,Forestry,Animal Husbandry & Fishery(10 000 yuan)	142075	158192	11.3
粮食产量(吨)	Yield of Grain(ton)	111242	121420	9.1
油料产量(吨)	Yield of Oil-bearing Grops(ton)	1788	6211	247.4
甜菜产量(吨)	Yield of Beetroots(ton)	1365	3008	120.4
猪牛羊肉产量(吨)	Output of Pork, Beef & Mutton(ton)	7841	10294	31.3
#猪肉产量(吨)	Output of Pork(ton)	3632	3660	0.8
牛肉产量(吨)	Output of Beef(ton)	3559	5100	43.3
羊肉产量(吨)	Output of Mutton(ton)	650	693	6.6
羊毛产量(吨)	Output of Wool(ton)	110	110	0.0

23-72 Taipusi Banner in Xilinguole League

指　　标	Item	2010	2011	2011年比上年增长% Increase Rate in 2011 Over 2010(%)
年末牲畜存栏头数(万头只)	Total Livestock at the Year-end(10 000 heads)	12.71	12.70	-0.1
#大牲畜(万头只)	Large Animals(10 000 heads)	6.49	6.53	0.6
羊(万只)	Sheep & Goats(10 000 heads)	4.86	4.79	-1.4
猪(万头)	Hogs(10 000 heads)	1.36	1.38	1.5
规模以上工业	**Industrial Enterprises above Designated size**			
工业企业单位数(个)	Number of Industrial Enterprises(unit)	26	22	-15.4
#内资企业(个)	Civil Funded Enterprises(unit)	25	21	-16.0
工业总产值(万元)	Gross Industrial Output Value(10 000 yuan)	121634	144319	18.7
内资企业(万元)	Civil Funded Enterprises(10 000 yuan)	116223	139746	20.2
国有企业(万元)	State-owned Enterprises(10 000 yuan)	7310	18868	158.1
集体企业(万元)	Collective-owned Enterprises(10 000 yuan)			
股份合作企业(万元)	Share Holding Enterprises(10 000 yuan)			
联营企业(万元)	Joint Owned Enterprises(10 000 yuan)			
有限责任公司(万元)	Limited Company(10 000 yuan)	45805	47119	2.9
股份有限公司(万元)	Share Holding Limited Company(10 000 yuan)	1413		
私营企业(万元)	Privately Owned Enterprises(10 000 yuan)	61696	73760	19.6
其他企业(万元)	Enterprises of Other Ownership(10 000 yuan)			
港澳台商投资企业(万元)	Funds from HK,Macao & Taiwan(10 000 yuan)			
外商投资企业(万元)	Foreign Funded Enterprises(10 000 yuan)	5411	4572	-15.5
工业企业增加值(万元)	Value Added of Industrial Enterprises(10 000 yuan)	50718	62013	12.5
工业企业资产总计(万元)	Total Assets of Industrial Enterprises(10 000 yuan)	171640	191658	11.7
工业企业负债合计(万元)	Total Liabilities of Industrial Enterprises(10 000 yuan)	97729	119047	21.8
工业企业产品销售收入(万元)	Sales of Revenue Industrial Enterprises(10 000 yuan)	120444	141932	17.8
工业企业利润总额(万元)	Total Profits of Industrial Enterprises(10 000 yuan)	4651	7011	50.7
建筑业	**Construction**			
建筑企业单位数(个)	Number of Construction Enterprises(unit)	3	3	0.0
建筑企业从业人员(人)	Number of Employee in Construction Enterprises(person)	1198	865	-27.8
建筑业总产值(万元)	Gross Construction Output Value(10 000 yuan)	24729	22495	-9.0
交通运输邮电通信业	**Transportation,Post & Telecommunications**			
公路里程(公里)	Total Length of Highways(km)	1385	1385	0.0
邮电业务总量(万元)	Business Volume of Post & Telecoms(10 000 yuan)	5037	5130	1.8
本地电话用户(户)	Number of Subscribers of Local Telephone(Household)	19216	16510	-14.1
国内贸易	**Domestic Trade**			
社会消费品零售总额(万元)	Total Retail Sales of Consumer Goods(10 000 yuan)	95431	113394	18.8
城镇(万元)	Town(10 000 yuan)	72763	90204	24.0
#城区(万元)	City(10 000 yuan)			
乡村(万元)	Village(10 000 yuan)	22669	23190	2.3
科技教育卫生	**Science,Education & Public Health**			
各类专业技术人员(人)	Special Technical Personnel(person)	2584	2579	-0.2
幼儿园数(所)	Number of Kindergartens(unit)	1	1	0.0
学龄儿童入学率(%)	Percentage of School-Age Children Enrolled(%)	100.0	100.0	0.0
小学学校数(所)	Number of Primary Schools(unit)	20	20	0.0
小学专任教师数(人)	Number of Full-time Teachers of Primary Schools(person)	758	739	-2.5
小学在校学生数(人)	Number of Student Enrollment of Primary Schools(person)	6582	6112	-7.1
普通中学学校数(所)	Number of Regular Secondary Schools(unit)	6	6	0.0
普通中学专任教师数(人)	Number of Teachers of Secondary Shools(person)	472	494	4.7
初中在校学生数(人)	Number of Student in Junior Secondary Schools(person)	4062	3789	-6.7
高中在校学生数(人)	Number of Student in Senior Secondary Schools(person)	2099	2237	6.6
卫生机构数(所)	Number of Health Institutions(unit)	37	38	2.7
#医院(所)	Hospitals(unit)	2	2	0.0
卫生院(所)	Township Hospitals(unit)	11	11	0.0
床位数(张)	Number of Beds(unit)	225	253	12.4
#医院(张)	Hospitals(unit)	132	135	2.3
卫生院(张)	Township Hospitals(unit)	71	93	31.0
卫生技术人员(人)	Medical Technical Presonnel(person)	359	396	10.3
#医院(人)	Hospitals(person)	157	197	25.5
卫生院(人)	Township Hospitals(person)	64	64	0.0

23-73 锡林郭勒盟镶黄旗

指　　标	Item	2010	2011	2011年比上年增长% Increase Rate in 2011 Over 2010(%)
行政区域土地面积(平方公里)	**Area of Administration(Sq.km)**	**5144**	**5144**	**0.0**
人口和就业	**Population & Employment**			
年末总人口(人)	Total Population Year-end(person)	30737	31109	1.2
#男性(人)	Male(person)	15294	15423	0.8
#乡村人口(人)	Rural(person)	15419	15773	2.3
年末总户数(户)	Total Number of Households at the Year-end(Household)	11383	11921	4.7
#乡村户数(户)	Number of Rural Household(Household)	4471	4883	9.2
出生人口(人)	Births(person)	586	270	-53.9
死亡人口(人)	Deaths(person)	281	150	-46.6
全社会就业人员(人)	Employment(person)	19832	18588	-6.3
第一产业(人)	Primary Industry(person)	11353	7422	-34.6
第二产业(人)	Secondary Industry(person)	1739	2485	42.9
第三产业(人)	Tertiary Industry(person)	6740	8681	28.8
在岗职工人数(人)	Number of Staff & Workers Employed in(person)	3046	3059	0.4
乡村劳动力(人)	Number of Rural Laborers(person)	13359	12466	-6.7
#农林牧渔业(人)	Farming,Forestry,Animal Husbandry & Fishery(person)	11132	7185	-35.5
国民经济综合指标	**Summary Item on the National Economy**			
生产总值(万元)	Gross Domestic Product(10 000 yuan)	317738	383362	15.7
第一产业(万元)	Primary Industry(10 000 yuan)	22505	25302	8.0
第二产业(万元)	Secondary Industry(10 000 yuan)	245127	298848	17.1
#工业(万元)	Industry(10 000 yuan)	227327	277848	17.7
第三产业(万元)	Tertiary Industry(10 000 yuan)	50106	59212	12.4
人均生产总值(元)	Per Capita GDP(yuan)	111683	134043	14.9
全社会固定资产投资(万元)	Total Investment in Fixed Assets(10 000 yuan)	222161	263770	18.7
按登记注册类型分	Grouped by Registered Type			
#国有(万元)	State-owned Enterprises(10 000 yuan)	89305	77026	-13.7
集体(万元)	Collective-owned Enterprises(10 000 yuan)		1000	
有限责任公司(万元)	Limited Liability Corporations(10 000 yuan)			
股份有限公司(万元)	Share Holding Enterprises(10 000 yuan)			
私营企业(万元)	Private Enterprises(10 000 yuan)	132856	185744	39.8
外商及港澳台投资企业(万元)	Funds from HK,Macao,Taiwan & Foreign(10 000 yuan)			
按城乡渠道分	Grouped by Urban and Rural Area			
城镇（万元）	Urban(10 000 yuan)	222161	263770	18.7
农村（万元）	Rural(10 000 yuan)			
一般预算收入(万元)	General Budgetary Financial Revenue(10 000 yuan)	15870	15779	-0.6
一般预算支出(万元)	General Budgetary Financial Expenditures(10 000 yuan)	47038	67612	43.7
个人储蓄存款余额(万元)	The balance of savings deposits of individuals(10 000 yuan)		45285	
在岗职工工资总额(万元)	Total Wages of Staff & Workers Employed in(10 000 yuan)	11068	12747	15.2
在岗职工平均工资(元)	Average Wage of Staff & Workers Employed in(yuan)	37839	41766	10.4
城镇居民人均可支配收入(元)	Annual Disposable Income of Urban Residents per Capita(yuan)	15532	17939	15.5
农牧民人均纯收入(元)	Per Capita Net Income of Peasant & Herdsman(yuan)	5289	7034	33.0
农村牧区经济	**Economic Development in Rural & Pastoral Area**			
耕地面积(公顷)	Cultivated Area(hectare)	1943	1169	-39.8
农作物总播种面积(公顷)	Total Sown Area(hectare)	2360	2340	-0.8
#粮食作物播种面积(公顷)	Sown Area of Grain Crops(hectare)	1850	1810	-2.2
有效灌溉面积(公顷)	Irrigated Area(hectare)			
农牧业机械总动力(万千瓦)	Total Power of Agricultural Machinery(10 000 kw)	3.39	3.56	5.0
化肥施用折纯量(吨)	Consumption of Chemical Fertilizer(ton)	10	12	20.0
农村用电量(万千瓦小时)	Electricity Consumed in Rural Area(10 000 kwh)	28	18	-35.7
农林牧渔业总产值(万元)	Gross Output of Farming,Forestry,Animal Husbandry & Fishery(10 000 yuan)	39849	45336	13.8
粮食产量(吨)	Yield of Grain(ton)	2154	2788	29.4
油料产量(吨)	Yield of Oil-bearing Grops(ton)		2	
甜菜产量(吨)	Yield of Beetroots(ton)			
猪牛羊肉产量(吨)	Output of Pork, Beef & Mutton(ton)	7772	5942	-23.5
#猪肉产量(吨)	Output of Pork(ton)	20	16	-20.0
牛肉产量(吨)	Output of Beef(ton)	1560	1964	25.9
羊肉产量(吨)	Output of Mutton(ton)	6192	3962	-36.0
羊毛产量(吨)	Output of Wool(ton)	807	701	-13.1

23-73 Xianghuang Banner in Xilinguole League

指　标	Item	2010	2011	2011年比上年增长% Increase Rate in 2011 Over 2010(%)
年末牲畜存栏头数(万头只)	Total Livestock at the Year-end(10 000 heads)	22.03	22.03	0.0
#大牲畜(万头只)	Large Animals(10 000 heads)	1.94	1.75	-9.8
羊(万只)	Sheep & Goats(10 000 heads)	20.07	20.25	0.9
猪(万头)	Hogs(10 000 heads)	0.02	0.03	50.0
规模以上工业	**Industrial Enterprises above Designated size**			
工业企业单位数(个)	Number of Industrial Enterprises(unit)	30	28	-6.7
#内资企业(个)	Civil Funded Enterprises(unit)	30	28	-6.7
工业总产值(万元)	Gross Industrial Output Value(10 000 yuan)	419044	547626	30.7
内资企业(万元)	Civil Funded Enterprises(10 000 yuan)	419044	547626	30.7
国有企业(万元)	State-owned Enterprises(10 000 yuan)	5554	9842	77.2
集体企业(万元)	Collective-owned Enterprises(10 000 yuan)			
股份合作企业(万元)	Share Holding Enterprises(10 000 yuan)			
联营企业(万元)	Joint Owned Enterprises(10 000 yuan)			
有限责任公司(万元)	Limited Company(10 000 yuan)	13830		
股份有限公司(万元)	Share Holding Limited Company(10 000 yuan)			
私营企业(万元)	Privately Owned Enterprises(10 000 yuan)	399660	537784	34.6
其他企业(万元)	Enterprises of Other Ownership(10 000 yuan)			
港澳台商投资企业(万元)	Funds from HK,Macao & Taiwan(10 000 yuan)			
外商投资企业(万元)	Foreign Funded Enterprises(10 000 yuan)			
工业企业增加值(万元)	Value Added of Industrial Enterprises(10 000 yuan)	194800	236848	18.3
工业企业资产总计(万元)	Total Assets of Industrial Enterprises(10 000 yuan)	174000	210458	21.0
工业企业负债合计(万元)	Total Liabilities of Industrial Enterprises(10 000 yuan)	13681	42521	210.8
工业企业产品销售收入(万元)	Sales of Revenue Industrial Enterprises(10 000 yuan)	419485	546124	30.2
工业企业利润总额(万元)	Total Profits of Industrial Enterprises(10 000 yuan)	58104	78199	34.6
建筑业	**Construction**			
建筑企业单位数(个)	Number of Construction Enterprises(unit)		1	
建筑企业从业人员(人)	Number of Employee in Construction Enterprises(person)		58	
建筑业总产值(万元)	Gross Construction Output Value(10 000 yuan)			
交通运输邮电通信业	**Transportation,Post & Telecommunications**			
公路里程(公里)	Total Length of Highways(km)	888	890	0.2
邮电业务总量(万元)	Business Volume of Post & Telecoms(10 000 yuan)	2479	2511	1.3
本地电话用户(户)	Number of Subscribers of Local Telephone(Household)	2360	2180	-7.6
国内贸易	**Domestic Trade**			
社会消费品零售总额(万元)	Total Retail Sales of Consumer Goods(10 000 yuan)	28750	35001	21.7
城镇(万元)	Town(10 000 yuan)	26537	32737	23.4
#城区(万元)	City(10 000 yuan)			
乡村(万元)	Village(10 000 yuan)	2213	2264	2.3
科技教育卫生	**Science,Education & Public Health**			
各类专业技术人员(人)	Special Technical Personnel(person)	1160	1145	-1.3
幼儿园数(所)	Number of Kindergartens(unit)	1	1	0.0
学龄儿童入学率(%)	Percentage of School-Age Children Enrolled(%)	100.0	100.0	0.0
小学学校数(所)	Number of Primary Schools(unit)	2	2	0.0
小学专任教师数(人)	Number of Full-time Teachers of Primary Schools(person)	125	124	-0.8
小学在校学生数(人)	Number of Student Enrollment of Primary Schools(person)	1622	1565	-3.5
普通中学学校数(所)	Number of Regular Secondary Schools(unit)	2	2	0.0
普通中学专任教师数(人)	Number of Teachers of Secondary Shools(person)	118	147	24.6
初中在校学生数(人)	Number of Student in Junior Secondary Schools(person)	779	866	11.2
高中在校学生数(人)	Number of Student in Senior Secondary Schools(person)	153	200	30.7
卫生机构数(所)	Number of Health Institutions(unit)	20	19	-5.0
#医院(所)	Hospitals(unit)	2	2	0.0
卫生院(所)	Township Hospitals(unit)	3	4	33.3
床位数(张)	Number of Beds(unit)	92	146	58.7
#医院(张)	Hospitals(unit)	60	110	83.3
卫生院(张)	Township Hospitals(unit)	16	26	62.5
卫生技术人员(人)	Medical Technical Presonnel(person)	230	235	2.2
#医院(人)	Hospitals(person)	120	115	-4.2
卫生院(人)	Township Hospitals(person)	38	62	63.2

23-74 锡林郭勒盟正镶白旗

指　标	Item	2010	2011	2011年比上年增长% Increase Rate in 2011 Over 2010(%)
行政区域土地面积(平方公里)	**Area of Administration(Sq.km)**	**6215**	**6215**	**0.0**
人口和就业	**Population & Employment**			
年末总人口(人)	Total Population Year-end(person)	72735	73635	1.2
#男性(人)	Male(person)	37206	37575	1.0
#乡村人口(人)	Rural(person)	52281	52573	0.6
年末总户数(户)	Total Number of Households at the Year-end(Household)	27190	28848	6.1
#乡村户数(户)	Number of Rural Household(Household)	14115	14346	1.6
出生人口(人)	Births(person)	1082	610	-43.6
死亡人口(人)	Deaths(person)	975	135	-86.2
全社会就业人员(人)	Employment(person)	35463	35990	1.5
第一产业(人)	Primary Industry(person)	25965	26212	1.0
第二产业(人)	Secondary Industry(person)	1871	1633	-12.7
第三产业(人)	Tertiary Industry(person)	7627	8145	6.8
在岗职工人数(人)	Number of Staff & Workers Employed in(person)	4479	4168	-6.9
乡村劳动力(人)	Number of Rural Laborers(person)	27683	27953	1.0
#农林牧渔业(人)	Farming,Forestry,Animal Husbandry & Fishery(person)	25630	25930	1.2
国民经济综合指标	**Summary Item on the National Economy**			
生产总值(万元)	Gross Domestic Product(10 000 yuan)	171869	185253	8.0
第一产业(万元)	Primary Industry(10 000 yuan)	32073	35876	8.1
第二产业(万元)	Secondary Industry(10 000 yuan)	88203	87869	5.5
#工业(万元)	Industry(10 000 yuan)	75303	78269	11.8
第三产业(万元)	Tertiary Industry(10 000 yuan)	51593	61508	12.2
人均生产总值(元)	Per Capita GDP(yuan)	31079	34370	10.0
全社会固定资产投资(万元)	Total Investment in Fixed Assets(10 000 yuan)	130173	76370	-41.3
按登记注册类型分	Grouped by Registered Type			
#国有(万元)	State-owned Enterprises(10 000 yuan)	64215	23768	-63.0
集体(万元)	Collective-owned Enterprises(10 000 yuan)	200		
有限责任公司(万元)	Limited Liability Corporations(10 000 yuan)	29575		
股份有限公司(万元)	Share Holding Enterprises(10 000 yuan)			
私营企业(万元)	Private Enterprises(10 000 yuan)	36183	52602	45.4
外商及港澳台投资企业(万元)	Funds from HK,Macao,Taiwan & Foreign(10 000 yuan)			
按城乡渠道分	Grouped by Urban and Rural Area			
城镇（万元）	Urban(10 000 yuan)	130173	76370	-41.3
农村（万元）	Rural(10 000 yuan)			
一般预算收入(万元)	General Budgetary Financial Revenue(10 000 yuan)	3860	4095	6.1
一般预算支出(万元)	General Budgetary Financial Expenditures(10 000 yuan)	53268	66942	25.7
个人储蓄存款余额(万元)	The balance of savings deposits of individuals(10 000 yuan)	93383	114466	22.6
在岗职工工资总额(万元)	Total Wages of Staff & Workers Employed in(10 000 yuan)	14300	16827	17.7
在岗职工平均工资(元)	Average Wage of Staff & Workers Employed in(yuan)	27649	34432	24.5
城镇居民人均可支配收入(元)	Annual Disposable Income of Urban Residents per Capita(yuan)	14526	15979	10.0
农牧民人均纯收入(元)	Per Capita Net Income of Peasant & Herdsman(yuan)	4748	5397	13.7
农村牧区经济	**Economic Development in Rural & Pastoral Area**			
耕地面积(公顷)	Cultivated Area(hectare)	15040	15040	0.0
农作物总播种面积(公顷)	Total Sown Area(hectare)	14030	14920	6.3
#粮食作物播种面积(公顷)	Sown Area of Grain Crops(hectare)	8360	8290	-0.8
有效灌溉面积(公顷)	Irrigated Area(hectare)			
农牧业机械总动力(万千瓦)	Total Power of Agricultural Machinery(10 000 kw)	9.66	9.82	1.7
化肥施用折纯量(吨)	Consumption of Chemical Fertilizer(ton)	369	362	-1.9
农村用电量(万千瓦小时)	Electricity Consumed in Rural Area(10 000 kwh)	345	386	11.9
农林牧渔业总产值(万元)	Gross Output of Farming,Forestry,Animal Husbandry & Fishery(10 000 yuan)	56791	64282	13.2
粮食产量(吨)	Yield of Grain(ton)	3412	10279	201.3
油料产量(吨)	Yield of Oil-bearing Grops(ton)		721	
甜菜产量(吨)	Yield of Beetroots(ton)			
猪牛羊肉产量(吨)	Output of Pork, Beef & Mutton(ton)	14244	8831	-38.0
#猪肉产量(吨)	Output of Pork(ton)	144	86	-40.3
牛肉产量(吨)	Output of Beef(ton)	8643	5568	-35.6
羊肉产量(吨)	Output of Mutton(ton)	5457	3177	-41.8
羊毛产量(吨)	Output of Wool(ton)	998	722	-27.7

23-74 Zhengxiangbai Banner in Xilinguole League

指　　标	Item	2010	2011	2011年比上年增长% Increase Rate in 2011 Over 2010(%)
年末牲畜存栏头数(万头只)	Total Livestock at the Year-end(10 000 heads)	24.44	24.85	1.7
# 大牲畜(万头只)	Large Animals(10 000 heads)	5.59	5.33	-4.7
羊(万只)	Sheep & Goats(10 000 heads)	18.77	19.44	3.6
猪(万头)	Hogs(10 000 heads)	0.08	0.08	0.0
规模以上工业	**Industrial Enterprises above Designated size**			
工业企业单位数(个)	Number of Industrial Enterprises(unit)	17	14	-17.6
# 内资企业(个)	Civil Funded Enterprises(unit)	17	14	-17.6
工业总产值(万元)	Gross Industrial Output Value(10 000 yuan)	88708	90774	2.3
内资企业(万元)	Civil Funded Enterprises(10 000 yuan)	88708	90774	2.3
国有企业(万元)	State-owned Enterprises(10 000 yuan)	17422	15804	-9.3
集体企业(万元)	Collective-owned Enterprises(10 000 yuan)			
股份合作企业(万元)	Share Holding Enterprises(10 000 yuan)			
联营企业(万元)	Joint Owned Enterprises(10 000 yuan)			
有限责任公司(万元)	Limited Company(10 000 yuan)	21815	33722	54.6
股份有限公司(万元)	Share Holding Limited Company(10 000 yuan)	2381		
私营企业(万元)	Privately Owned Enterprises(10 000 yuan)	47090	41249	-12.4
其他企业(万元)	Enterprises of Other Ownership(10 000 yuan)			
港澳台商投资企业(万元)	Funds from HK,Macao & Taiwan(10 000 yuan)			
外商投资企业(万元)	Foreign Funded Enterprises(10 000 yuan)			
工业企业增加值(万元)	Value Added of Industrial Enterprises(10 000 yuan)	30934	37269	6.9
工业企业资产总计(万元)	Total Assets of Industrial Enterprises(10 000 yuan)	136365	176134	29.2
工业企业负债合计(万元)	Total Liabilities of Industrial Enterprises(10 000 yuan)	116226	145663	25.3
工业企业产品销售收入(万元)	Sales of Revenue Industrial Enterprises(10 000 yuan)	80730	84611	4.8
工业企业利润总额(万元)	Total Profits of Industrial Enterprises(10 000 yuan)	2875	5474	90.4
建筑业	**Construction**			
建筑企业单位数(个)	Number of Construction Enterprises(unit)	1	1	0.0
建筑企业从业人员(人)	Number of Employee in Construction Enterprises(person)	30	35	16.7
建筑业总产值(万元)	Gross Construction Output Value(10 000 yuan)	2311	497	-78.5
交通运输邮电通信业	**Transportation,Post & Telecommunications**			
公路里程(公里)	Total Length of Highways(km)	930	930	0.0
邮电业务总量(万元)	Business Volume of Post & Telecoms(10 000 yuan)	3163	3792	19.9
本地电话用户(户)	Number of Subscribers of Local Telephone(Household)	5100	5123	0.5
国内贸易	**Domestic Trade**			
社会消费品零售总额(万元)	Total Retail Sales of Consumer Goods(10 000 yuan)	42525	49792	17.1
城镇(万元)	Town(10 000 yuan)	31891	38913	22.0
#城区(万元)	City(10 000 yuan)			
乡村(万元)	Village(10 000 yuan)	10634	10879	2.3
科技教育卫生	**Science,Education & Public Health**			
各类专业技术人员(人)	Special Technical Personnel(person)	1821	1275	-30.0
幼儿园数(所)	Number of Kindergartens(unit)	2	2	0.0
学龄儿童入学率(%)	Percentage of School-Age Children Enrolled(%)	100.0	100.0	0.0
小学学校数(所)	Number of Primary Schools(unit)	3	3	0.0
小学专任教师数(人)	Number of Full-time Teachers of Primary Schools(person)	245	251	2.4
小学在校学生数(人)	Number of Student Enrollment of Primary Schools(person)	2841	2677	-5.8
普通中学学校数(所)	Number of Regular Secondary Schools(unit)	1	1	0.0
普通中学专任教师数(人)	Number of Teachers of Secondary Shools(person)	228	222	-2.6
初中在校学生数(人)	Number of Student in Junior Secondary Schools(person)	1388	1097	-21.0
高中在校学生数(人)	Number of Student in Senior Secondary Schools(person)	121	216	78.5
卫生机构数(所)	Number of Health Institutions(unit)	19	20	5.3
# 医院(所)	Hospitals(unit)	2	2	0.0
卫生院(所)	Township Hospitals(unit)	7	7	0.0
床位数(张)	Number of Beds(unit)	154	161	4.5
# 医院(张)	Hospitals(unit)	116	116	0.0
卫生院(张)	Township Hospitals(unit)	28	30	7.1
卫生技术人员(人)	Medical Technical Presonnel(person)	242	248	2.5
# 医院(人)	Hospitals(person)	142	144	1.4
卫生院(人)	Township Hospitals(person)	31	31	0.0

23–75 锡林郭勒盟正蓝旗

指　标	Item	2010	2011	2011年比上年增长% Increase Rate in 2011 Over 2010(%)
行政区域土地面积(平方公里)	**Area of Administration(Sq.km)**	**10278**	**10278**	**0.0**
人口和就业	**Population & Employment**			
年末总人口(人)	Total Population Year-end(person)	82380	82902	0.6
# 男性(人)	Male(person)	41632	41807	0.4
# 乡村人口(人)	Rural(person)	52711	53062	0.7
年末总户数(户)	Total Number of Households at the Year-end(Household)	32852	33583	2.2
# 乡村户数(户)	Number of Rural Household(Household)	16033	17959	12.0
出生人口(人)	Births(person)	724	649	-10.4
死亡人口(人)	Deaths(person)	457	237	-48.1
全社会就业人员(人)	Employment(person)	46195	46194	0.0
第一产业(人)	Primary Industry(person)	23424	22948	-2.0
第二产业(人)	Secondary Industry(person)	9805	8751	-10.7
第三产业(人)	Tertiary Industry(person)	12966	14495	11.8
在岗职工人数(人)	Number of Staff & Workers Employed in(person)	8061	8244	2.3
乡村劳动力(人)	Number of Rural Laborers(person)	38176	37584	-1.6
# 农林牧渔业(人)	Farming,Forestry,Animal Husbandry & Fishery(person)	21715	21148	-2.6
国民经济综合指标	**Summary Item on the National Economy**			
生产总值(万元)	Gross Domestic Product(10 000 yuan)	400113	466185	11.0
第一产业(万元)	Primary Industry(10 000 yuan)	47335	52011	8.1
第二产业(万元)	Secondary Industry(10 000 yuan)	272619	320309	11.0
# 工业(万元)	Industry(10 000 yuan)	246619	290309	11.4
第三产业(万元)	Tertiary Industry(10 000 yuan)	80159	93865	12.7
人均生产总值(元)	Per Capita GDP(yuan)	49154	56507	9.7
全社会固定资产投资(万元)	Total Investment in Fixed Assets(10 000 yuan)	361104	401000	11.0
按登记注册类型分	Grouped by Registered Type			
# 国有(万元)	State-owned Enterprises(10 000 yuan)	233975	259652	11.0
集体(万元)	Collective-owned Enterprises(10 000 yuan)		14878	
有限责任公司(万元)	Limited Liability Corporations(10 000 yuan)	53317		
股份有限公司(万元)	Share Holding Enterprises(10 000 yuan)	57258		
私营企业(万元)	Private Enterprises(10 000 yuan)	16554	123970	648.9
外商及港澳台投资企业(万元)	Funds from HK,Macao,Taiwan & Foreign(10 000 yuan)		2500	
按城乡渠道分	Grouped by Urban and Rural Area			
城镇（万元）	Urban(10 000 yuan)	361104	401000	11.0
农村（万元）	Rural(10 000 yuan)			
一般预算收入(万元)	General Budgetary Financial Revenue(10 000 yuan)	24751	27378	10.6
一般预算支出(万元)	General Budgetary Financial Expenditures(10 000 yuan)	71567	90454	26.4
个人储蓄存款余额(万元)	The balance of savings deposits of individuals(10 000 yuan)		109654	
在岗职工工资总额(万元)	Total Wages of Staff & Workers Employed in(10 000 yuan)	31620	37423	18.4
在岗职工平均工资(元)	Average Wage of Staff & Workers Employed in(yuan)	39153	45394	15.9
城镇居民人均可支配收入(元)	Annual Disposable Income of Urban Residents per Capita(yuan)	15362	17667	15.0
农牧民人均纯收入(元)	Per Capita Net Income of Peasant & Herdsman(yuan)	6778	8589	26.7
农村牧区经济	**Economic Development in Rural & Pastoral Area**			
耕地面积(公顷)	Cultivated Area(hectare)	19700	20537	4.2
农作物总播种面积(公顷)	Total Sown Area(hectare)	19730	20540	4.1
# 粮食作物播种面积(公顷)	Sown Area of Grain Crops(hectare)	13770	11690	-15.1
有效灌溉面积(公顷)	Irrigated Area(hectare)			
农牧业机械总动力(万千瓦)	Total Power of Agricultural Machinery(10 000 kw)	13.53	13.68	1.1
化肥施用折纯量(吨)	Consumption of Chemical Fertilizer(ton)	360	430	19.4
农村用电量(万千瓦小时)	Electricity Consumed in Rural Area(10 000 kwh)	1460	1048	-28.2
农林牧渔业总产值(万元)	Gross Output of Farming,Forestry,Animal Husbandry & Fishery(10 000 yuan)	83815	93193	11.2
粮食产量(吨)	Yield of Grain(ton)	30780	27752	-9.8
油料产量(吨)	Yield of Oil-bearing Grops(ton)	60	495	725.0
甜菜产量(吨)	Yield of Beetroots(ton)			
猪牛羊肉产量(吨)	Output of Pork, Beef & Mutton(ton)	26364	19672	-25.4
# 猪肉产量(吨)	Output of Pork(ton)	287	310	8.0
牛肉产量(吨)	Output of Beef(ton)	22849	16379	-28.3
羊肉产量(吨)	Output of Mutton(ton)	3228	2983	-7.6
羊毛产量(吨)	Output of Wool(ton)	1350	783	-42.0

23-75 Zhenglan Banner in Xilinguole League

指　标	Item	2010	2011	2011年比上年增长% Increase Rate in 2011 Over 2010(%)
年末牲畜存栏头数(万头只)	Total Livestock at the Year-end(10 000 heads)	30.90	32.05	3.7
#大牲畜(万头只)	Large Animals(10 000 heads)	13.77	13.51	-1.9
羊(万只)	Sheep & Goats(10 000 heads)	16.97	18.43	8.6
猪(万头)	Hogs(10 000 heads)	0.16	0.11	-31.3
规模以上工业	**Industrial Enterprises above Designated size**			
工业企业单位数(个)	Number of Industrial Enterprises(unit)	17	9	-47.1
#内资企业(个)	Civil Funded Enterprises(unit)	16	9	-43.8
工业总产值(万元)	Gross Industrial Output Value(10 000 yuan)	529927	597337	12.7
内资企业(万元)	Civil Funded Enterprises(10 000 yuan)	525007	597337	13.8
国有企业(万元)	State-owned Enterprises(10 000 yuan)			
集体企业(万元)	Collective-owned Enterprises(10 000 yuan)			
股份合作企业(万元)	Share Holding Enterprises(10 000 yuan)	1900		
联营企业(万元)	Joint Owned Enterprises(10 000 yuan)			
有限责任公司(万元)	Limited Company(10 000 yuan)	501596	574853	14.6
股份有限公司(万元)	Share Holding Limited Company(10 000 yuan)	8837	13197	49.3
私营企业(万元)	Privately Owned Enterprises(10 000 yuan)	12674	9287	-26.7
其他企业(万元)	Enterprises of Other Ownership(10 000 yuan)			
港澳台商投资企业(万元)	Funds from HK,Macao & Taiwan(10 000 yuan)			
外商投资企业(万元)	Foreign Funded Enterprises(10 000 yuan)	4920		
工业企业增加值(万元)	Value Added of Industrial Enterprises(10 000 yuan)	218400	248309	10.5
工业企业资产总计(万元)	Total Assets of Industrial Enterprises(10 000 yuan)	1149935	1638156	42.5
工业企业负债合计(万元)	Total Liabilities of Industrial Enterprises(10 000 yuan)	787741	1247537	58.4
工业企业产品销售收入(万元)	Sales of Revenue Industrial Enterprises(10 000 yuan)	529927	472550	-10.8
工业企业利润总额(万元)	Total Profits of Industrial Enterprises(10 000 yuan)	111755	129064	15.5
建筑业	**Construction**			
建筑企业单位数(个)	Number of Construction Enterprises(unit)	1	1	0.0
建筑企业从业人员(人)	Number of Employee in Construction Enterprises(person)	8	12	50.0
建筑业总产值(万元)	Gross Construction Output Value(10 000 yuan)	10281	13646	32.7
交通运输邮电通信业	**Transportation,Post & Telecommunications**			
公路里程(公里)	Total Length of Highways(km)	1119	1425	27.3
邮电业务总量(万元)	Business Volume of Post & Telecoms(10 000 yuan)	4802	5595	16.5
本地电话用户(户)	Number of Subscribers of Local Telephone(Household)	10800	9800	-9.3
国内贸易	**Domestic Trade**			
社会消费品零售总额(万元)	Total Retail Sales of Consumer Goods(10 000 yuan)	66571	79015	18.7
城镇(万元)	Town(10 000 yuan)	49179	61223	24.5
#城区(万元)	City(10 000 yuan)			
乡村(万元)	Village(10 000 yuan)	17392	17792	2.3
科技教育卫生	**Science,Education & Public Health**			
各类专业技术人员(人)	Special Technical Personnel(person)	1279	1376	7.6
幼儿园数(所)	Number of Kindergartens(unit)	2	2	0.0
学龄儿童入学率(%)	Percentage of School-Age Children Enrolled(%)	100.0	100.0	0.0
小学学校数(所)	Number of Primary Schools(unit)	7	7	0.0
小学专任教师数(人)	Number of Full-time Teachers of Primary Schools(person)	282	292	3.5
小学在校学生数(人)	Number of Student Enrollment of Primary Schools(person)	3335	3166	-5.1
普通中学学校数(所)	Number of Regular Secondary Schools(unit)	2	2	0.0
普通中学专任教师数(人)	Number of Teachers of Secondary Shools(person)	213	207	-2.8
初中在校学生数(人)	Number of Student in Junior Secondary Schools(person)	1317	1141	-13.4
高中在校学生数(人)	Number of Student in Senior Secondary Schools(person)	64	100	56.3
卫生机构数(所)	Number of Health Institutions(unit)	33	33	0.0
#医院(所)	Hospitals(unit)	2	2	0.0
卫生院(所)	Township Hospitals(unit)	13	13	0.0
床位数(张)	Number of Beds(unit)	215	226	5.1
#医院(张)	Hospitals(unit)	115	115	0.0
卫生院(张)	Township Hospitals(unit)	86	100	16.3
卫生技术人员(人)	Medical Technical Presonnel(person)	235	286	21.7
#医院(人)	Hospitals(person)	99	125	26.3
卫生院(人)	Township Hospitals(person)	63	71	12.7

23-76 锡林郭勒盟多伦县

指　标	Item	2010	2011	2011年比上年增长% Increase Rate in 2011 Over 2010(%)
行政区域土地面积(平方公里)	**Area of Administration(Sq.km)**	**3871**	**3871**	**0.0**
人口和就业	**Population & Employment**			
年末总人口(人)	Total Population Year-end(person)	105225	106958	1.6
#男性(人)	Male(person)	54169	54993	1.5
#乡村人口(人)	Rural(person)	68156	68950	1.2
年末总户数(户)	Total Number of Households at the Year-end(Household)	41255	42793	3.7
#乡村户数(户)	Number of Rural Household(Household)	19279	19306	0.1
出生人口(人)	Births(person)	1472	1296	-12.0
死亡人口(人)	Deaths(person)	1051	238	-77.4
全社会就业人员(人)	Employment(person)	53582	54366	1.5
第一产业(人)	Primary Industry(person)	31716	32330	1.9
第二产业(人)	Secondary Industry(person)	6862	7181	4.6
第三产业(人)	Tertiary Industry(person)	15004	14855	-1.0
在岗职工人数(人)	Number of Staff & Workers Employed in(person)	5452	5607	2.8
乡村劳动力(人)	Number of Rural Laborers(person)	41984	42828	2.0
#农林牧渔业(人)	Farming,Forestry,Animal Husbandry & Fishery(person)	31641	32255	1.9
国民经济综合指标	**Summary Item on the National Economy**			
生产总值(万元)	Gross Domestic Product(10 000 yuan)	462584	556909	11.5
第一产业(万元)	Primary Industry(10 000 yuan)	60181	66690	4.1
第二产业(万元)	Secondary Industry(10 000 yuan)	321963	395207	12.7
#工业(万元)	Industry(10 000 yuan)	291963	355207	11.7
第三产业(万元)	Tertiary Industry(10 000 yuan)	80440	95012	12.2
人均生产总值(元)	Per Capita GDP(yuan)	45800	55222	11.6
全社会固定资产投资(万元)	Total Investment in Fixed Assets(10 000 yuan)	380044	450116	18.4
按登记注册类型分	Grouped by Registered Type			
#国有(万元)	State-owned Enterprises(10 000 yuan)	18059	68980	282.0
集体(万元)	Collective-owned Enterprises(10 000 yuan)			
有限责任公司(万元)	Limited Liability Corporations(10 000 yuan)	53316		
股份有限公司(万元)	Share Holding Enterprises(10 000 yuan)	306576		
私营企业(万元)	Private Enterprises(10 000 yuan)	2093	381136	18110.0
外商及港澳台投资企业(万元)	Funds from HK,Macao,Taiwan & Foreign(10 000 yuan)			
按城乡渠道分	Grouped by Urban and Rural Area			
城镇（万元）	Urban(10 000 yuan)	380044	450116	18.4
农村（万元）	Rural(10 000 yuan)			
一般预算收入(万元)	General Budgetary Financial Revenue(10 000 yuan)	21863	24285	11.1
一般预算支出(万元)	General Budgetary Financial Expenditures(10 000 yuan)	89570	114276	27.6
个人储蓄存款余额(万元)	The balance of savings deposits of individuals(10 000 yuan)	100363	121765	21.3
在岗职工工资总额(万元)	Total Wages of Staff & Workers Employed in(10 000 yuan)	20843	25949	24.5
在岗职工平均工资(元)	Average Wage of Staff & Workers Employed in(yuan)	39053	46713	19.6
城镇居民人均可支配收入(元)	Annual Disposable Income of Urban Residents per Capita(yuan)	15517	18125	16.8
农牧民人均纯收入(元)	Per Capita Net Income of Peasant & Herdsman(yuan)	5640	6824	21.0
农村牧区经济	**Economic Development in Rural & Pastoral Area**			
耕地面积(公顷)	Cultivated Area(hectare)	50720	50727	0.0
农作物总播种面积(公顷)	Total Sown Area(hectare)	43720	50720	16.0
#粮食作物播种面积(公顷)	Sown Area of Grain Crops(hectare)	36580	44470	21.6
有效灌溉面积(公顷)	Irrigated Area(hectare)			
农牧业机械总动力(万千瓦)	Total Power of Agricultural Machinery(10 000 kw)	18.19	18.64	2.5
化肥施用折纯量(吨)	Consumption of Chemical Fertilizer(ton)	2148	2299	7.0
农村用电量(万千瓦小时)	Electricity Consumed in Rural Area(10 000 kwh)	912	947	3.8
农林牧渔业总产值(万元)	Gross Output of Farming,Forestry,Animal Husbandry & Fishery(10 000 yuan)	106561	119495	12.1
粮食产量(吨)	Yield of Grain(ton)	45422	53994	18.9
油料产量(吨)	Yield of Oil-bearing Grops(ton)	362	551	52.2
甜菜产量(吨)	Yield of Beetroots(ton)			
猪牛羊肉产量(吨)	Output of Pork, Beef & Mutton(ton)	17344	17469	0.7
#猪肉产量(吨)	Output of Pork(ton)	3130	2808	-10.3
牛肉产量(吨)	Output of Beef(ton)	13927	14565	4.6
羊肉产量(吨)	Output of Mutton(ton)	287	96	-66.6
羊毛产量(吨)	Output of Wool(ton)	80	60	-25.0

23-76 Duolun County in Xilinguole League

指　标	Item	2010	2011	2011年比上年增长% Increase Rate in 2011 Over 2010(%)
年末牲畜存栏头数(万头只)	Total Livestock at the Year-end(10 000 heads)	14.62	16.19	10.7
#大牲畜(万头只)	Large Animals(10 000 heads)	11.96	12.19	1.9
羊(万只)	Sheep & Goats(10 000 heads)	0.35	1.67	377.1
猪(万头)	Hogs(10 000 heads)	2.31	2.33	0.9
规模以上工业	**Industrial Enterprises above Designated size**			
工业企业单位数(个)	Number of Industrial Enterprises(unit)	25	23	-8.0
#内资企业(个)	Civil Funded Enterprises(unit)	24	22	-8.3
工业总产值(万元)	Gross Industrial Output Value(10 000 yuan)	591606	682806	15.4
内资企业(万元)	Civil Funded Enterprises(10 000 yuan)	561496	649981	15.8
国有企业(万元)	State-owned Enterprises(10 000 yuan)	61886	36354	-41.3
集体企业(万元)	Collective-owned Enterprises(10 000 yuan)			
股份合作企业(万元)	Share Holding Enterprises(10 000 yuan)			
联营企业(万元)	Joint Owned Enterprises(10 000 yuan)			
有限责任公司(万元)	Limited Company(10 000 yuan)	6858	13873	102.3
股份有限公司(万元)	Share Holding Limited Company(10 000 yuan)	2011		
私营企业(万元)	Privately Owned Enterprises(10 000 yuan)	490741	599754	22.2
其他企业(万元)	Enterprises of Other Ownership(10 000 yuan)			
港澳台商投资企业(万元)	Funds from HK,Macao & Taiwan(10 000 yuan)	30110	32825	9.0
外商投资企业(万元)	Foreign Funded Enterprises(10 000 yuan)			
工业企业增加值(万元)	Value Added of Industrial Enterprises(10 000 yuan)	262400	311207	10.8
工业企业资产总计(万元)	Total Assets of Industrial Enterprises(10 000 yuan)	1433210	2564628	78.9
工业企业负债合计(万元)	Total Liabilities of Industrial Enterprises(10 000 yuan)	645416	2449786	279.6
工业企业产品销售收入(万元)	Sales of Revenue Industrial Enterprises(10 000 yuan)	595111	694396	16.7
工业企业利润总额(万元)	Total Profits of Industrial Enterprises(10 000 yuan)	16368	21157	29.3
建筑业	**Construction**			
建筑企业单位数(个)	Number of Construction Enterprises(unit)	1	1	0.0
建筑企业从业人员(人)	Number of Employee in Construction Enterprises(person)	1	1	0.0
建筑业总产值(万元)	Gross Construction Output Value(10 000 yuan)			
交通运输邮电通信业	**Transportation,Post & Telecommunications**			
公路里程(公里)	Total Length of Highways(km)	936	936	0.0
邮电业务总量(万元)	Business Volume of Post & Telecoms(10 000 yuan)	5377	5834	8.5
本地电话用户(户)	Number of Subscribers of Local Telephone(Household)	7000	7069	1.0
国内贸易	**Domestic Trade**			
社会消费品零售总额(万元)	Total Retail Sales of Consumer Goods(10 000 yuan)	77534	92036	18.7
城镇(万元)	Town(10 000 yuan)	52196	66115	26.7
#城区(万元)	City(10 000 yuan)			
乡村(万元)	Village(10 000 yuan)	25338	25921	2.3
科技教育卫生	**Science,Education & Public Health**			
各类专业技术人员(人)	Special Technical Personnel(person)	1398	1587	13.5
幼儿园数(所)	Number of Kindergartens(unit)	3	5	66.7
学龄儿童入学率(%)	Percentage of School-Age Children Enrolled(%)	100.0	100.0	0.0
小学学校数(所)	Number of Primary Schools(unit)	14	14	0.0
小学专任教师数(人)	Number of Full-time Teachers of Primary Schools(person)	466	446	-4.3
小学在校学生数(人)	Number of Student Enrollment of Primary Schools(person)	5416	5447	0.6
普通中学学校数(所)	Number of Regular Secondary Schools(unit)	3	3	0.0
普通中学专任教师数(人)	Number of Teachers of Secondary Shools(person)	303	320	5.6
初中在校学生数(人)	Number of Student in Junior Secondary Schools(person)	3440	3310	-3.8
高中在校学生数(人)	Number of Student in Senior Secondary Schools(person)	1448	1598	10.4
卫生机构数(所)	Number of Health Institutions(unit)	35	35	0.0
#医院(所)	Hospitals(unit)	2	2	0.0
卫生院(所)	Township Hospitals(unit)	8	8	0.0
床位数(张)	Number of Beds(unit)	215	225	4.7
#医院(张)	Hospitals(unit)	148	148	0.0
卫生院(张)	Township Hospitals(unit)	47	55	17.0
卫生技术人员(人)	Medical Technical Presonnel(person)	337	360	6.8
#医院(人)	Hospitals(person)	153	176	15.0
卫生院(人)	Township Hospitals(person)	71	78	9.9

23-77 乌兰察布市集宁区

指　标	Item	2010	2011	2011年比上年增长% Increase Rate in 2011 Over 2010(%)
行政区域土地面积(平方公里)	**Area of Administration(Sq.km)**	**418**	**418**	**0.0**
人口和就业	**Population & Employment**			
年末总人口(人)	Total Population Year-end(person)	304540	303178	-0.4
#男性(人)	Male(person)	154381	153352	-0.7
#乡村人口(人)	Rural(person)	35739	39587	10.8
年末总户数(户)	Total Number of Households at the Year-end(Household)	104225	106475	2.2
#乡村户数(户)	Number of Rural Household(Household)	11779	13047	10.8
出生人口(人)	Births(person)	2395	2325	-2.9
死亡人口(人)	Deaths(person)	1095	690	-37.0
全社会就业人员(人)	Employment(person)	134186	133723	-0.3
第一产业(人)	Primary Industry(person)	13284	13468	1.4
第二产业(人)	Secondary Industry(person)	34578	34612	0.1
第三产业(人)	Tertiary Industry(person)	86324	85643	-0.8
在岗职工人数(人)	Number of Staff & Workers Employed in(person)	57945	57544	-0.7
乡村劳动力(人)	Number of Rural Laborers(person)	29986	32587	8.7
#农林牧渔业(人)	Farming,Forestry,Animal Husbandry & Fishery(person)	20203	19826	-1.9
国民经济综合指标	**Summary Item on the National Economy**			
生产总值(万元)	Gross Domestic Product(10 000 yuan)	1050855	1286653	15.1
第一产业(万元)	Primary Industry(10 000 yuan)	31591	39000	9.9
第二产业(万元)	Secondary Industry(10 000 yuan)	538882	685223	17.9
#工业(万元)	Industry(10 000 yuan)	461984	588299	18.1
第三产业(万元)	Tertiary Industry(10 000 yuan)	480382	562430	12.3
人均生产总值(元)	Per Capita GDP(yuan)	34554	42438	15.8
全社会固定资产投资(万元)	Total Investment in Fixed Assets(10 000 yuan)	583488	966145	65.6
按登记注册类型分	Grouped by Registered Type			
#国有(万元)	State-owned Enterprises(10 000 yuan)	172295	463749	169.2
集体(万元)	Collective-owned Enterprises(10 000 yuan)		35747	
有限责任公司(万元)	Limited Liability Corporations(10 000 yuan)	37500		
股份有限公司(万元)	Share Holding Enterprises(10 000 yuan)			
私营企业(万元)	Private Enterprises(10 000 yuan)	373693	441528	18.2
外商及港澳台投资企业(万元)	Funds from HK,Macao,Taiwan & Foreign(10 000 yuan)		15483	
按城乡渠道分	Grouped by Urban and Rural Area			
城镇（万元）	Urban(10 000 yuan)	583488	966145	65.6
农村（万元）	Rural(10 000 yuan)			
一般预算收入(万元)	General Budgetary Financial Revenue(10 000 yuan)	37147	61909	66.7
一般预算支出(万元)	General Budgetary Financial Expenditures(10 000 yuan)	121983	238755	95.7
个人储蓄存款余额(万元)	The balance of savings deposits of individuals(10 000 yuan)		1404518	
在岗职工工资总额(万元)	Total Wages of Staff & Workers Employed in(10 000 yuan)	168681	194248	15.2
在岗职工平均工资(元)	Average Wage of Staff & Workers Employed in(yuan)	29114	33627	15.5
城镇居民人均可支配收入(元)	Annual Disposable Income of Urban Residents per Capita(yuan)	15350	17760	15.7
农牧民人均纯收入(元)	Per Capita Net Income of Peasant & Herdsman(yuan)	7492	8850	18.1
农村牧区经济	**Economic Development in Rural & Pastoral Area**			
耕地面积(公顷)	Cultivated Area(hectare)	9326	9326	0.0
农作物总播种面积(公顷)	Total Sown Area(hectare)	5896	5466	-7.3
#粮食作物播种面积(公顷)	Sown Area of Grain Crops(hectare)	3612	3533	-2.2
有效灌溉面积(公顷)	Irrigated Area(hectare)	1602	1602	0.0
农牧业机械总动力(万千瓦)	Total Power of Agricultural Machinery(10 000 kw)	1.75	1.65	-5.7
化肥施用折纯量(吨)	Consumption of Chemical Fertilizer(ton)	2230	2240	0.4
农村用电量(万千瓦小时)	Electricity Consumed in Rural Area(10 000 kwh)	1780	1910	7.3
农林牧渔业总产值(万元)	Gross Output of Farming,Forestry,Animal Husbandry & Fishery(10 000 yuan)	52686	56471	6.8
粮食产量(吨)	Yield of Grain(ton)	10042	9599	-4.4
油料产量(吨)	Yield of Oil-bearing Grops(ton)	640	849	32.7
甜菜产量(吨)	Yield of Beetroots(ton)	8250	7839	-5.0
猪牛羊肉产量(吨)	Output of Pork, Beef & Mutton(ton)	3008	2926	-2.7
#猪肉产量(吨)	Output of Pork(ton)	1213	1219	0.5
牛肉产量(吨)	Output of Beef(ton)	714	900	26.1
羊肉产量(吨)	Output of Mutton(ton)	1081	807	-25.3
羊毛产量(吨)	Output of Wool(ton)	78	95	21.8

23-77 Jining District in Wulanchabu City

指　标	Item	2010	2011	2011年比上年增长% Increase Rate in 2011 Over 2010(%)
年末牲畜存栏头数(万头只)	Total Livestock at the Year-end(10 000 heads)	6.20	5.76	-7.1
#大牲畜(万头只)	Large Animals(10 000 heads)	1.90	1.61	-15.3
羊(万只)	Sheep & Goats(10 000 heads)	2.40	2.50	4.2
猪(万头)	Hogs(10 000 heads)	2.00	1.65	-17.5
规模以上工业	**Industrial Enterprises above Designated size**			
工业企业单位数(个)	Number of Industrial Enterprises(unit)	63	39	-38.1
#内资企业(个)	Civil Funded Enterprises(unit)	58	36	-37.9
工业总产值(万元)	Gross Industrial Output Value(10 000 yuan)	919595	977934	5.8
内资企业(万元)	Civil Funded Enterprises(10 000 yuan)	906033	943730	3.6
国有企业(万元)	State-owned Enterprises(10 000 yuan)	483995	603095	22.1
集体企业(万元)	Collective-owned Enterprises(10 000 yuan)	1360		
股份合作企业(万元)	Share Holding Enterprises(10 000 yuan)			
联营企业(万元)	Joint Owned Enterprises(10 000 yuan)			
有限责任公司(万元)	Limited Company(10 000 yuan)	305625	252431	-16.2
股份有限公司(万元)	Share Holding Limited Company(10 000 yuan)	20589	20366	-0.9
私营企业(万元)	Privately Owned Enterprises(10 000 yuan)	94464	63028	-31.2
其他企业(万元)	Enterprises of Other Ownership(10 000 yuan)		4810	
港澳台商投资企业(万元)	Funds from HK,Macao & Taiwan(10 000 yuan)		12198	
外商投资企业(万元)	Foreign Funded Enterprises(10 000 yuan)	13562	22007	50.2
工业企业增加值(万元)	Value Added of Industrial Enterprises(10 000 yuan)	296155	347977	15.6
工业企业资产总计(万元)	Total Assets of Industrial Enterprises(10 000 yuan)	747536	804232	7.6
工业企业负债合计(万元)	Total Liabilities of Industrial Enterprises(10 000 yuan)	598461	662737	10.7
工业企业产品销售收入(万元)	Sales of Revenue Industrial Enterprises(10 000 yuan)	862351	936838	8.6
工业企业利润总额(万元)	Total Profits of Industrial Enterprises(10 000 yuan)	7853	17922	128.2
建筑业	**Construction**			
建筑企业单位数(个)	Number of Construction Enterprises(unit)	24	24	0.0
建筑企业从业人员(人)	Number of Employee in Construction Enterprises(person)	7606	8254	8.5
建筑业总产值(万元)	Gross Construction Output Value(10 000 yuan)	190138	213595	12.3
交通运输邮电通信业	**Transportation,Post & Telecommunications**			
公路里程(公里)	Total Length of Highways(km)	334	378	13.2
邮电业务总量(万元)	Business Volume of Post & Telecoms(10 000 yuan)	14108	16983	20.4
本地电话用户(户)	Number of Subscribers of Local Telephone(Household)	106045	11048	-89.6
国内贸易	**Domestic Trade**			
社会消费品零售总额(万元)	Total Retail Sales of Consumer Goods(10 000 yuan)	386509	466334	20.7
城镇(万元)	Town(10 000 yuan)	386509	466333	20.7
#城区(万元)	City(10 000 yuan)	386509	466333	20.7
乡村(万元)	Village(10 000 yuan)			
科技教育卫生	**Science,Education & Public Health**			
各类专业技术人员(人)	Special Technical Personnel(person)	1784	1804	1.1
幼儿园数(所)	Number of Kindergartens(unit)	11	11	0.0
学龄儿童入学率(%)	Percentage of School-Age Children Enrolled(%)	100.0	100.0	0.0
小学学校数(所)	Number of Primary Schools(unit)	32	30	-6.3
小学专任教师数(人)	Number of Full-time Teachers of Primary Schools(person)	1509	1506	-0.2
小学在校学生数(人)	Number of Student Enrollment of Primary Schools(person)	24491	24409	-0.3
普通中学学校数(所)	Number of Regular Secondary Schools(unit)	16	16	0.0
普通中学专任教师数(人)	Number of Teachers of Secondary Shools(person)	1739	1736	-0.2
初中在校学生数(人)	Number of Student in Junior Secondary Schools(person)	15509	15066	-2.9
高中在校学生数(人)	Number of Student in Senior Secondary Schools(person)	22689	20912	-7.8
卫生机构数(所)	Number of Health Institutions(unit)	21	21	0.0
#医院(所)	Hospitals(unit)	6	6	0.0
卫生院(所)	Township Hospitals(unit)	6	6	0.0
床位数(张)	Number of Beds(unit)	2256	2461	9.1
#医院(张)	Hospitals(unit)	1637	1627	-0.6
卫生院(张)	Township Hospitals(unit)	58	61	5.2
卫生技术人员(人)	Medical Technical Presonnel(person)	2737	2740	0.1
#医院(人)	Hospitals(person)	1866	1671	-10.5
卫生院(人)	Township Hospitals(person)	67	69	3.0

23-78 乌兰察布市丰镇市

指　标	Item	2010	2011	2011年比上年增长% Increase Rate in 2011 Over 2010(%)
行政区域土地面积(平方公里)	**Area of Administration(Sq.km)**	**2704**	**2704**	**0.0**
人口和就业	**Population & Employment**			
年末总人口(人)	Total Population Year-end(person)	338189	340571	0.7
# 男性(人)	Male(person)	175053	176157	0.6
# 乡村人口(人)	Rural(person)	235017	168627	-28.2
年末总户数(户)	Total Number of Households at the Year-end(Household)	135085	140656	4.1
# 乡村户数(户)	Number of Rural Household(Household)	55039	53940	-2.0
出生人口(人)	Births(person)	4045	3423	-15.4
死亡人口(人)	Deaths(person)	7053	730	-89.6
全社会就业人员(人)	Employment(person)	170734	171480	0.4
第一产业(人)	Primary Industry(person)	66278	66983	1.1
第二产业(人)	Secondary Industry(person)	34128	33258	-2.5
第三产业(人)	Tertiary Industry(person)	70328	71239	1.3
在岗职工人数(人)	Number of Staff & Workers Employed in(person)	13299	13408	0.8
乡村劳动力(人)	Number of Rural Laborers(person)	84731	80006	-5.6
# 农林牧渔业(人)	Farming,Forestry,Animal Husbandry & Fishery(person)	42556	40079	-5.8
国民经济综合指标	**Summary Item on the National Economy**			
生产总值(万元)	Gross Domestic Product(10 000 yuan)	921899	1114520	12.5
第一产业(万元)	Primary Industry(10 000 yuan)	121679	138081	1.0
第二产业(万元)	Secondary Industry(10 000 yuan)	561328	685790	13.3
# 工业(万元)	Industry(10 000 yuan)	533725	653113	13.5
第三产业(万元)	Tertiary Industry(10 000 yuan)	238892	290469	16.3
人均生产总值(元)	Per Capita GDP(yuan)	27068	32725	13.1
全社会固定资产投资(万元)	Total Investment in Fixed Assets(10 000 yuan)	170170	303215	78.2
按登记注册类型分	Grouped by Registered Type			
# 国有(万元)	State-owned Enterprises(10 000 yuan)	56696	145543	156.7
集体(万元)	Collective-owned Enterprises(10 000 yuan)		11219	
有限责任公司(万元)	Limited Liability Corporations(10 000 yuan)	105404		
股份有限公司(万元)	Share Holding Enterprises(10 000 yuan)			
私营企业(万元)	Private Enterprises(10 000 yuan)	8070	138569	1617.1
外商及港澳台投资企业(万元)	Funds from HK,Macao,Taiwan & Foreign(10 000 yuan)			
按城乡渠道分	Grouped by Urban and Rural Area			
城镇（万元）	Urban(10 000 yuan)	158314	267103	68.7
农村（万元）	Rural(10 000 yuan)	11856	36112	204.6
一般预算收入(万元)	General Budgetary Financial Revenue(10 000 yuan)	23790	31041	30.5
一般预算支出(万元)	General Budgetary Financial Expenditures(10 000 yuan)	127002	154203	21.4
个人储蓄存款余额(万元)	The balance of savings deposits of individuals(10 000 yuan)		361287	
在岗职工工资总额(万元)	Total Wages of Staff & Workers Employed in(10 000 yuan)	53380	58922	10.4
在岗职工平均工资(元)	Average Wage of Staff & Workers Employed in(yuan)	40139	43966	9.5
城镇居民人均可支配收入(元)	Annual Disposable Income of Urban Residents per Capita(yuan)	14030	15809	12.7
农牧民人均纯收入(元)	Per Capita Net Income of Peasant & Herdsman(yuan)	5518	6379	15.6
农村牧区经济	**Economic Development in Rural & Pastoral Area**			
耕地面积(公顷)	Cultivated Area(hectare)	69504	69504	0.0
农作物总播种面积(公顷)	Total Sown Area(hectare)	51178	51177	0.0
# 粮食作物播种面积(公顷)	Sown Area of Grain Crops(hectare)	44000	44000	0.0
有效灌溉面积(公顷)	Irrigated Area(hectare)	5400	5400	0.0
农牧业机械总动力(万千瓦)	Total Power of Agricultural Machinery(10 000 kw)	9.54	18.99	99.1
化肥施用折纯量(吨)	Consumption of Chemical Fertilizer(ton)	13420	13221	-1.5
农村用电量(万千瓦小时)	Electricity Consumed in Rural Area(10 000 kwh)	1990	1879	-5.6
农林牧渔业总产值(万元)	Gross Output of Farming,Forestry,Animal Husbandry & Fishery(10 000 yuan)	201444	219279	7.6
粮食产量(吨)	Yield of Grain(ton)	83130	64750	-22.1
油料产量(吨)	Yield of Oil-bearing Grops(ton)	1060	1180	11.3
甜菜产量(吨)	Yield of Beetroots(ton)			
猪牛羊肉产量(吨)	Output of Pork, Beef & Mutton(ton)	22675	22298	-1.7
# 猪肉产量(吨)	Output of Pork(ton)	4093	4056	-0.9
牛肉产量(吨)	Output of Beef(ton)	2355	2740	16.3
羊肉产量(吨)	Output of Mutton(ton)	16227	15502	-4.5
羊毛产量(吨)	Output of Wool(ton)	1261	1102	-12.6

23-78 Fengzhen City in Wulanchabu City

指　标	Item	2010	2011	2011年比上年增长% Increase Rate in 2011 Over 2010(%)
年末牲畜存栏头数(万头只)	Total Livestock at the Year-end(10 000 heads)	74.40	63.81	-14.2
# 大牲畜(万头只)	Large Animals(10 000 heads)	6.20	5.71	-7.9
羊(万只)	Sheep & Goats(10 000 heads)	64.40	54.42	-15.5
猪(万头)	Hogs(10 000 heads)	3.80	3.69	-2.9
规模以上工业	**Industrial Enterprises above Designated size**			
工业企业单位数(个)	Number of Industrial Enterprises(unit)	45	42	-6.7
# 内资企业(个)	Civil Funded Enterprises(unit)	45	41	-8.9
工业总产值(万元)	Gross Industrial Output Value(10 000 yuan)	1381089	1633481	16.2
内资企业(万元)	Civil Funded Enterprises(10 000 yuan)	1381089	1452381	4.8
国有企业(万元)	State-owned Enterprises(10 000 yuan)	106209		
集体企业(万元)	Collective-owned Enterprises(10 000 yuan)		18514	
股份合作企业(万元)	Share Holding Enterprises(10 000 yuan)		4362	
联营企业(万元)	Joint Owned Enterprises(10 000 yuan)			
有限责任公司(万元)	Limited Company(10 000 yuan)	579146	1063110	73.1
股份有限公司(万元)	Share Holding Limited Company(10 000 yuan)		111657	
私营企业(万元)	Privately Owned Enterprises(10 000 yuan)	625574	243467	-54.2
其他企业(万元)	Enterprises of Other Ownership(10 000 yuan)	70161	11275	-78.3
港澳台商投资企业(万元)	Funds from HK,Macao & Taiwan(10 000 yuan)			
外商投资企业(万元)	Foreign Funded Enterprises(10 000 yuan)		181097	
工业企业增加值(万元)	Value Added of Industrial Enterprises(10 000 yuan)	492979	559097	9.9
工业企业资产总计(万元)	Total Assets of Industrial Enterprises(10 000 yuan)	1304153	1340325	2.8
工业企业负债合计(万元)	Total Liabilities of Industrial Enterprises(10 000 yuan)	1268420	1269231	0.1
工业企业产品销售收入(万元)	Sales of Revenue Industrial Enterprises(10 000 yuan)	1399222	1579142	12.9
工业企业利润总额(万元)	Total Profits of Industrial Enterprises(10 000 yuan)	10913	29539.0	170.7
建筑业	**Construction**			
建筑企业单位数(个)	Number of Construction Enterprises(unit)	3	3	0.0
建筑企业从业人员(人)	Number of Employee in Construction Enterprises(person)	14	14	0.0
建筑业总产值(万元)	Gross Construction Output Value(10 000 yuan)		12541	
交通运输邮电通信业	**Transportation,Post & Telecommunications**			
公路里程(公里)	Total Length of Highways(km)	490	518	5.7
邮电业务总量(万元)	Business Volume of Post & Telecoms(10 000 yuan)	6985	7524	7.7
本地电话用户(户)	Number of Subscribers of Local Telephone(Household)	42167	43154	2.3
国内贸易	**Domestic Trade**			
社会消费品零售总额(万元)	Total Retail Sales of Consumer Goods(10 000 yuan)	188347	216288	14.8
城镇(万元)	Town(10 000 yuan)	142487	146163	2.6
#城区(万元)	City(10 000 yuan)	142485	146163	2.6
乡村(万元)	Village(10 000 yuan)	45862	70124	52.9
科技教育卫生	**Science,Education & Public Health**			
各类专业技术人员(人)	Special Technical Personnel(person)	985	1014	2.9
幼儿园数(所)	Number of Kindergartens(unit)	2	2	0.0
学龄儿童入学率(%)	Percentage of School-Age Children Enrolled(%)	100.0	100.0	0.0
小学学校数(所)	Number of Primary Schools(unit)	19	19	0.0
小学专任教师数(人)	Number of Full-time Teachers of Primary Schools(person)	1578	1521	-3.6
小学在校学生数(人)	Number of Student Enrollment of Primary Schools(person)	12186	12465	2.3
普通中学学校数(所)	Number of Regular Secondary Schools(unit)	11	11	0.0
普通中学专任教师数(人)	Number of Teachers of Secondary Shools(person)	863	869	0.7
初中在校学生数(人)	Number of Student in Junior Secondary Schools(person)	6916	6581	-4.8
高中在校学生数(人)	Number of Student in Senior Secondary Schools(person)	3347	3304	-1.3
卫生机构数(所)	Number of Health Institutions(unit)	38	38	0.0
# 医院(所)	Hospitals(unit)	2	2	0.0
卫生院(所)	Township Hospitals(unit)	17	17	0.0
床位数(张)	Number of Beds(unit)	421	458	8.8
# 医院(张)	Hospitals(unit)	315	321	1.9
卫生院(张)	Township Hospitals(unit)	106	109	2.8
卫生技术人员(人)	Medical Technical Presonnel(person)	662	662	0.0
# 医院(人)	Hospitals(person)	381	379	-0.5
卫生院(人)	Township Hospitals(person)	107	110	2.8

23-79 乌兰察布市卓资县

指　标	Item	2010	2011	2011年比上年增长% Increase Rate in 2011 Over 2010(%)
行政区域土地面积(平方公里)	**Area of Administration(Sq.km)**	**3119**	**3119**	**0.0**
人口和就业	**Population & Employment**			
年末总人口(人)	Total Population Year-end(person)	220731	220043	-0.3
# 男性(人)	Male(person)	117287	117054	-0.2
# 乡村人口(人)	Rural(person)	181264	89316	-50.7
年末总户数(户)	Total Number of Households at the Year-end(Household)	90881	94659	4.2
# 乡村户数(户)	Number of Rural Household(Household)	30470	30257	-0.7
出生人口(人)	Births(person)	2302	1751	-23.9
死亡人口(人)	Deaths(person)	6071	887	-85.4
全社会就业人员(人)	Employment(person)	150559	149789	-0.5
第一产业(人)	Primary Industry(person)	67283	67961	1.0
第二产业(人)	Secondary Industry(person)	25374	25416	0.2
第三产业(人)	Tertiary Industry(person)	57902	56412	-2.6
在岗职工人数(人)	Number of Staff & Workers Employed in(person)	6458	7163	10.9
乡村劳动力(人)	Number of Rural Laborers(person)	62030	61675	-0.6
# 农林牧渔业(人)	Farming,Forestry,Animal Husbandry & Fishery(person)	40756	39824	-2.3
国民经济综合指标	**Summary Item on the National Economy**			
生产总值(万元)	Gross Domestic Product(10 000 yuan)	396108	483905	13.5
第一产业(万元)	Primary Industry(10 000 yuan)	68079	78000	2.0
第二产业(万元)	Secondary Industry(10 000 yuan)	200005	256416	18.9
# 工业(万元)	Industry(10 000 yuan)	177988	228024	18.8
第三产业(万元)	Tertiary Industry(10 000 yuan)	128024	149489	11.3
人均生产总值(元)	Per Capita GDP(yuan)	17709	21991	13.7
全社会固定资产投资(万元)	Total Investment in Fixed Assets(10 000 yuan)	140490	366077	160.6
按登记注册类型分	Grouped by Registered Type			
# 国有(万元)	State-owned Enterprises(10 000 yuan)	37266	175716	371.5
集体(万元)	Collective-owned Enterprises(10 000 yuan)		13545	
有限责任公司(万元)	Limited Liability Corporations(10 000 yuan)	103224		
股份有限公司(万元)	Share Holding Enterprises(10 000 yuan)			
私营企业(万元)	Private Enterprises(10 000 yuan)		167297	
外商及港澳台投资企业(万元)	Funds from HK,Macao,Taiwan & Foreign(10 000 yuan)			
按城乡渠道分	Grouped by Urban and Rural Area			
城镇（万元）	Urban(10 000 yuan)	140490	366077	160.6
农村（万元）	Rural(10 000 yuan)			
一般预算收入(万元)	General Budgetary Financial Revenue(10 000 yuan)	11958	14021	17.3
一般预算支出(万元)	General Budgetary Financial Expenditures(10 000 yuan)	95642	106744	11.6
个人储蓄存款余额(万元)	The balance of savings deposits of individuals(10 000 yuan)		167541	
在岗职工工资总额(万元)	Total Wages of Staff & Workers Employed in(10 000 yuan)	18695	26160	39.9
在岗职工平均工资(元)	Average Wage of Staff & Workers Employed in(yuan)	29478	36732	24.6
城镇居民人均可支配收入(元)	Annual Disposable Income of Urban Residents per Capita(yuan)	13740	15589	13.5
农牧民人均纯收入(元)	Per Capita Net Income of Peasant & Herdsman(yuan)	4570	5210	14.0
农村牧区经济	**Economic Development in Rural & Pastoral Area**			
耕地面积(公顷)	Cultivated Area(hectare)	54986	54986	0.0
农作物总播种面积(公顷)	Total Sown Area(hectare)	42927	41766	-2.7
# 粮食作物播种面积(公顷)	Sown Area of Grain Crops(hectare)	34215	32586	-4.8
有效灌溉面积(公顷)	Irrigated Area(hectare)	4630	4630	0.0
农牧业机械总动力(万千瓦)	Total Power of Agricultural Machinery(10 000 kw)	9.77	9.99	2.3
化肥施用折纯量(吨)	Consumption of Chemical Fertilizer(ton)	2775	2969	7.0
农村用电量(万千瓦小时)	Electricity Consumed in Rural Area(10 000 kwh)	816	822	0.7
农林牧渔业总产值(万元)	Gross Output of Farming,Forestry,Animal Husbandry & Fishery(10 000 yuan)	114980	132400	12.1
粮食产量(吨)	Yield of Grain(ton)	51346	57459	11.9
油料产量(吨)	Yield of Oil-bearing Grops(ton)	1449	2428	67.6
甜菜产量(吨)	Yield of Beetroots(ton)	22778	13629	-40.2
猪牛羊肉产量(吨)	Output of Pork, Beef & Mutton(ton)	15664	16023	2.3
# 猪肉产量(吨)	Output of Pork(ton)	3786	3737	-1.3
牛肉产量(吨)	Output of Beef(ton)	3406	3369	-1.1
羊肉产量(吨)	Output of Mutton(ton)	8472	8917	5.3
羊毛产量(吨)	Output of Wool(ton)	782	787	0.6

23-79 Zhuozi County in Wulanchabu City

指　标	Item	2010	2011	2011年比上年增长% Increase Rate in 2011 Over 2010(%)
年末牲畜存栏头数(万头只)	Total Livestock at the Year-end(10 000 heads)	41.80	40.72	-2.6
#大牲畜(万头只)	Large Animals(10 000 heads)	4.80	4.24	-11.7
羊(万只)	Sheep & Goats(10 000 heads)	33.10	32.63	-1.4
猪(万头)	Hogs(10 000 heads)	3.90	3.86	-1.0
规模以上工业	**Industrial Enterprises above Designated size**			
工业企业单位数(个)	Number of Industrial Enterprises(unit)	34	29	-14.7
#内资企业(个)	Civil Funded Enterprises(unit)	33	29	-12.1
工业总产值(万元)	Gross Industrial Output Value(10 000 yuan)	396447	468073	16.2
内资企业(万元)	Civil Funded Enterprises(10 000 yuan)	396447	468073	16.2
国有企业(万元)	State-owned Enterprises(10 000 yuan)	20387	13091	-31.2
集体企业(万元)	Collective-owned Enterprises(10 000 yuan)			
股份合作企业(万元)	Share Holding Enterprises(10 000 yuan)	25032	56602	120.4
联营企业(万元)	Joint Owned Enterprises(10 000 yuan)			
有限责任公司(万元)	Limited Company(10 000 yuan)	111526	155549	37.5
股份有限公司(万元)	Share Holding Limited Company(10 000 yuan)	10434		
私营企业(万元)	Privately Owned Enterprises(10 000 yuan)	229069	218413	-2.8
其他企业(万元)	Enterprises of Other Ownership(10 000 yuan)		24417	
港澳台商投资企业(万元)	Funds from HK,Macao & Taiwan(10 000 yuan)			
外商投资企业(万元)	Foreign Funded Enterprises(10 000 yuan)			
工业企业增加值(万元)	Value Added of Industrial Enterprises(10 000 yuan)	137432	157869	14.0
工业企业资产总计(万元)	Total Assets of Industrial Enterprises(10 000 yuan)	579474	562399	-2.9
工业企业负债合计(万元)	Total Liabilities of Industrial Enterprises(10 000 yuan)	328517	247968	-24.5
工业企业产品销售收入(万元)	Sales of Revenue Industrial Enterprises(10 000 yuan)	407035	407804	0.2
工业企业利润总额(万元)	Total Profits of Industrial Enterprises(10 000 yuan)	23562	1750	-92.6
建筑业	**Construction**			
建筑企业单位数(个)	Number of Construction Enterprises(unit)	2	2	0.0
建筑企业从业人员(人)	Number of Employee in Construction Enterprises(person)	408	693	69.9
建筑业总产值(万元)	Gross Construction Output Value(10 000 yuan)	6089	6424	5.5
交通运输邮电通信业	**Transportation,Post & Telecommunications**			
公路里程(公里)	Total Length of Highways(km)	878	908	3.4
邮电业务总量(万元)	Business Volume of Post & Telecoms(10 000 yuan)	2546	2624	3.1
本地电话用户(户)	Number of Subscribers of Local Telephone(Household)	12108	12421	2.6
国内贸易	**Domestic Trade**			
社会消费品零售总额(万元)	Total Retail Sales of Consumer Goods(10 000 yuan)	94936	112393	18.4
城镇(万元)	Town(10 000 yuan)	67726	84272	24.4
#城区(万元)	City(10 000 yuan)			
乡村(万元)	Village(10 000 yuan)	27209	28120	3.3
科技教育卫生	**Science,Education & Public Health**			
各类专业技术人员(人)	Special Technical Personnel(person)	628	647	3.0
幼儿园数(所)	Number of Kindergartens(unit)	14	14	0.0
学龄儿童入学率(%)	Percentage of School-Age Children Enrolled(%)	100.0	100.0	0.0
小学学校数(所)	Number of Primary Schools(unit)	17	17	0.0
小学专任教师数(人)	Number of Full-time Teachers of Primary Schools(person)	628	639	1.8
小学在校学生数(人)	Number of Student Enrollment of Primary Schools(person)	7294	6937	-4.9
普通中学学校数(所)	Number of Regular Secondary Schools(unit)	7	7	0.0
普通中学专任教师数(人)	Number of Teachers of Secondary Shools(person)	500	512	2.4
初中在校学生数(人)	Number of Student in Junior Secondary Schools(person)	6019	5653	-6.1
高中在校学生数(人)	Number of Student in Senior Secondary Schools(person)	1887	1867	-1.1
卫生机构数(所)	Number of Health Institutions(unit)	22	22	0.0
#医院(所)	Hospitals(unit)	1	1	0.0
卫生院(所)	Township Hospitals(unit)	17	18	5.9
床位数(张)	Number of Beds(unit)	241	245	1.7
#医院(张)	Hospitals(unit)	116	116	0.0
卫生院(张)	Township Hospitals(unit)	114	118	3.5
卫生技术人员(人)	Medical Technical Presonnel(person)	330	330	0.0
#医院(人)	Hospitals(person)	80	80	0.0
卫生院(人)	Township Hospitals(person)	121	121	0.0

23-80 乌兰察布市化德县

指　标	Item	2010	2011	2011年比上年增长% Increase Rate in 2011 Over 2010(%)
行政区域土地面积(平方公里)	**Area of Administration(Sq.km)**	**2527**	**2527**	**0.0**
人口和就业	**Population & Employment**			
年末总人口(人)	Total Population Year-end(person)	176266	177861	0.9
#男性(人)	Male(person)	89425	90144	0.8
#乡村人口(人)	Rural(person)	149254	71360	-52.2
年末总户数(户)	Total Number of Households at the Year-end(Household)	71821	74035	3.1
#乡村户数(户)	Number of Rural Household(Household)	36925	26145	-29.2
出生人口(人)	Births(person)	1581	1404	-11.2
死亡人口(人)	Deaths(person)	2455	228	-90.7
全社会就业人员(人)	Employment(person)	79740	79803	0.1
第一产业(人)	Primary Industry(person)	47826	47924	0.2
第二产业(人)	Secondary Industry(person)	6936	7058	1.8
第三产业(人)	Tertiary Industry(person)	24978	24821	-0.6
在岗职工人数(人)	Number of Staff & Workers Employed in(person)	6242	6518	4.4
乡村劳动力(人)	Number of Rural Laborers(person)	42988	38073	-11.4
#农林牧渔业(人)	Farming,Forestry,Animal Husbandry & Fishery(person)	39492	34418	-12.8
国民经济综合指标	**Summary Item on the National Economy**			
生产总值(万元)	Gross Domestic Product(10 000 yuan)	283994	354024	15.6
第一产业(万元)	Primary Industry(10 000 yuan)	50247	63000	11.6
第二产业(万元)	Secondary Industry(10 000 yuan)	161389	205924	18.3
#工业(万元)	Industry(10 000 yuan)	151100	191444	17.5
第三产业(万元)	Tertiary Industry(10 000 yuan)	72357	85100	12.1
人均生产总值(元)	Per Capita GDP(yuan)	15997	19905	16.2
全社会固定资产投资(万元)	Total Investment in Fixed Assets(10 000 yuan)	160132	284068	77.4
按登记注册类型分	Grouped by Registered Type			
#国有(万元)	State-owned Enterprises(10 000 yuan)	124554	136352	9.5
集体(万元)	Collective-owned Enterprises(10 000 yuan)		10510	
有限责任公司(万元)	Limited Liability Corporations(10 000 yuan)	3000		
股份有限公司(万元)	Share Holding Enterprises(10 000 yuan)			
私营企业(万元)	Private Enterprises(10 000 yuan)	2318	129819	5500.5
外商及港澳台投资企业(万元)	Funds from HK,Macao,Taiwan & Foreign(10 000 yuan)	30260		
按城乡渠道分	Grouped by Urban and Rural Area			
城镇（万元）	Urban(10 000 yuan)	160132	284068	77.4
农村（万元）	Rural(10 000 yuan)			
一般预算收入(万元)	General Budgetary Financial Revenue(10 000 yuan)	4093	7788	90.3
一般预算支出(万元)	General Budgetary Financial Expenditures(10 000 yuan)	90795	107899	18.8
个人储蓄存款余额(万元)	The balance of savings deposits of individuals(10 000 yuan)		120451	
在岗职工工资总额(万元)	Total Wages of Staff & Workers Employed in(10 000 yuan)	18954	23346	23.2
在岗职工平均工资(元)	Average Wage of Staff & Workers Employed in(yuan)	30162	35825	18.8
城镇居民人均可支配收入(元)	Annual Disposable Income of Urban Residents per Capita(yuan)	13952	15791	13.2
农牧民人均纯收入(元)	Per Capita Net Income of Peasant & Herdsman(yuan)	2949	3352	13.7
农村牧区经济	**Economic Development in Rural & Pastoral Area**			
耕地面积(公顷)	Cultivated Area(hectare)	72030	72030	0.0
农作物总播种面积(公顷)	Total Sown Area(hectare)	44419	45067	1.5
#粮食作物播种面积(公顷)	Sown Area of Grain Crops(hectare)	35361	36900	4.4
有效灌溉面积(公顷)	Irrigated Area(hectare)	3088	3088	0.0
农牧业机械总动力(万千瓦)	Total Power of Agricultural Machinery(10 000 kw)	12.05	12.26	1.7
化肥施用折纯量(吨)	Consumption of Chemical Fertilizer(ton)	4277	4535	6.0
农村用电量(万千瓦小时)	Electricity Consumed in Rural Area(10 000 kwh)	732	1927	163.3
农林牧渔业总产值(万元)	Gross Output of Farming,Forestry,Animal Husbandry & Fishery(10 000 yuan)	81721	113586	35.4
粮食产量(吨)	Yield of Grain(ton)	45380	47253	4.1
油料产量(吨)	Yield of Oil-bearing Grops(ton)	545	1035	89.9
甜菜产量(吨)	Yield of Beetroots(ton)	89525	67500	-24.6
猪牛羊肉产量(吨)	Output of Pork, Beef & Mutton(ton)	16303	16395	0.6
#猪肉产量(吨)	Output of Pork(ton)	3054	3050	-0.1
牛肉产量(吨)	Output of Beef(ton)	1733	1754	1.2
羊肉产量(吨)	Output of Mutton(ton)	11516	11591	0.7
羊毛产量(吨)	Output of Wool(ton)	938	950	1.3

23-80 Huade County in Wulanchabu City

指　　标	Item	2010	2011	2011年比上年增长% Increase Rate in 2011 Over 2010(%)
年末牲畜存栏头数(万头只)	Total Livestock at the Year-end(10 000 heads)	36.70	37.63	2.5
#大牲畜(万头只)	Large Animals(10 000 heads)	3.90	3.94	1.0
羊(万只)	Sheep & Goats(10 000 heads)	28.50	29.17	2.4
猪(万头)	Hogs(10 000 heads)	4.30	4.53	5.3
规模以上工业	**Industrial Enterprises above Designated size**			
工业企业单位数(个)	Number of Industrial Enterprises(unit)	34	29	-14.7
#内资企业(个)	Civil Funded Enterprises(unit)	31	28	-9.7
工业总产值(万元)	Gross Industrial Output Value(10 000 yuan)	378229	434367	12.1
内资企业(万元)	Civil Funded Enterprises(10 000 yuan)	346091	420847	18.7
国有企业(万元)	State-owned Enterprises(10 000 yuan)	11320	42807	256.3
集体企业(万元)	Collective-owned Enterprises(10 000 yuan)			
股份合作企业(万元)	Share Holding Enterprises(10 000 yuan)			
联营企业(万元)	Joint Owned Enterprises(10 000 yuan)			
有限责任公司(万元)	Limited Company(10 000 yuan)			
股份有限公司(万元)	Share Holding Limited Company(10 000 yuan)	8559		
私营企业(万元)	Privately Owned Enterprises(10 000 yuan)	326212	378040	12.5
其他企业(万元)	Enterprises of Other Ownership(10 000 yuan)			
港澳台商投资企业(万元)	Funds from HK,Macao & Taiwan(10 000 yuan)	32138	13520	-46.8
外商投资企业(万元)	Foreign Funded Enterprises(10 000 yuan)			
工业企业增加值(万元)	Value Added of Industrial Enterprises(10 000 yuan)	131209	153890	11.1
工业企业资产总计(万元)	Total Assets of Industrial Enterprises(10 000 yuan)	441175	574469	30.2
工业企业负债合计(万元)	Total Liabilities of Industrial Enterprises(10 000 yuan)	233941	353705	51.2
工业企业产品销售收入(万元)	Sales of Revenue Industrial Enterprises(10 000 yuan)	37040	41573	12.2
工业企业利润总额(万元)	Total Profits of Industrial Enterprises(10 000 yuan)	6987	14140	102.4
建筑业	**Construction**			
建筑企业单位数(个)	Number of Construction Enterprises(unit)	2	2	0.0
建筑企业从业人员(人)	Number of Employee in Construction Enterprises(person)	356	294	-17.4
建筑业总产值(万元)	Gross Construction Output Value(10 000 yuan)	8080	9305	15.2
交通运输邮电通信业	**Transportation,Post & Telecommunications**			
公路里程(公里)	Total Length of Highways(km)	1072	1124	4.9
邮电业务总量(万元)	Business Volume of Post & Telecoms(10 000 yuan)	2964	3056	3.1
本地电话用户(户)	Number of Subscribers of Local Telephone(Household)	16524	16643	0.7
国内贸易	**Domestic Trade**			
社会消费品零售总额(万元)	Total Retail Sales of Consumer Goods(10 000 yuan)	80206	93480	16.5
城镇(万元)	Town(10 000 yuan)	58599	69232	18.1
#城区(万元)	City(10 000 yuan)			
乡村(万元)	Village(10 000 yuan)	21606	24248	12.2
科技教育卫生	**Science,Education & Public Health**			
各类专业技术人员(人)	Special Technical Personnel(person)	601	623	3.7
幼儿园数(所)	Number of Kindergartens(unit)	10	10	0.0
学龄儿童入学率(%)	Percentage of School-Age Children Enrolled(%)	100.0	100.0	0.0
小学学校数(所)	Number of Primary Schools(unit)	12	12	0.0
小学专任教师数(人)	Number of Full-time Teachers of Primary Schools(person)	565	576	1.9
小学在校学生数(人)	Number of Student Enrollment of Primary Schools(person)	6459	6551	1.4
普通中学学校数(所)	Number of Regular Secondary Schools(unit)	3	3	0.0
普通中学专任教师数(人)	Number of Teachers of Secondary Shools(person)	368	370	0.5
初中在校学生数(人)	Number of Student in Junior Secondary Schools(person)	3993	3470	-13.1
高中在校学生数(人)	Number of Student in Senior Secondary Schools(person)	2604	2454	-5.8
卫生机构数(所)	Number of Health Institutions(unit)	34	33	-2.9
#医院(所)	Hospitals(unit)	2	2	0.0
卫生院(所)	Township Hospitals(unit)	11	11	0.0
床位数(张)	Number of Beds(unit)	319	332	4.1
#医院(张)	Hospitals(unit)	152	154	1.3
卫生院(张)	Township Hospitals(unit)	93	93	0.0
卫生技术人员(人)	Medical Technical Presonnel(person)	429	429	0.0
#医院(人)	Hospitals(person)	171	175	2.3
卫生院(人)	Township Hospitals(person)	89	90	1.1

23-81 乌兰察布市商都县

指　标	Item	2010	2011	2011年比上年增长% Increase Rate in 2011 Over 2010(%)
行政区域土地面积(平方公里)	**Area of Administration(Sq.km)**	**4304**	**4304**	**0.0**
人口和就业	**Population & Employment**			
年末总人口(人)	Total Population Year-end(person)	346033	347174	0.3
# 男性(人)	Male(person)	177680	177957	0.2
# 乡村人口(人)	Rural(person)	289145	110270	-61.9
年末总户数(户)	Total Number of Households at the Year-end(Household)	138106	139931	1.3
# 乡村户数(户)	Number of Rural Household(Household)	59383	42101	-29.1
出生人口(人)	Births(person)	3385	3316	-2.0
死亡人口(人)	Deaths(person)	5480	891	-83.7
全社会就业人员(人)	Employment(person)	179090	180252	0.6
第一产业(人)	Primary Industry(person)	101204	102341	1.1
第二产业(人)	Secondary Industry(person)	16758	16854	0.6
第三产业(人)	Tertiary Industry(person)	61128	61057	-0.1
在岗职工人数(人)	Number of Staff & Workers Employed in(person)	8481	9284	9.5
乡村劳动力(人)	Number of Rural Laborers(person)	94847	70824	-25.3
# 农林牧渔业(人)	Farming,Forestry,Animal Husbandry & Fishery(person)	84557	57208	-32.3
国民经济综合指标	**Summary Item on the National Economy**			
生产总值(万元)	Gross Domestic Product(10 000 yuan)	367511	454729	14.7
第一产业(万元)	Primary Industry(10 000 yuan)	92310	114800	10.7
第二产业(万元)	Secondary Industry(10 000 yuan)	159787	206809	20.0
# 工业(万元)	Industry(10 000 yuan)	146337	184325	16.8
第三产业(万元)	Tertiary Industry(10 000 yuan)	115414	133120	10.5
人均生产总值(元)	Per Capita GDP(yuan)	10559	13098	15.6
全社会固定资产投资(万元)	Total Investment in Fixed Assets(10 000 yuan)	151106	210079	39.0
按登记注册类型分	Grouped by Registered Type			
# 国有(万元)	State-owned Enterprises(10 000 yuan)	94076	100837	7.2
集体(万元)	Collective-owned Enterprises(10 000 yuan)		7773	
有限责任公司(万元)	Limited Liability Corporations(10 000 yuan)	46580		
股份有限公司(万元)	Share Holding Enterprises(10 000 yuan)			
私营企业(万元)	Private Enterprises(10 000 yuan)	10450	96006	818.7
外商及港澳台投资企业 (万元)	Funds from HK,Macao,Taiwan & Foreign(10 000 yuan)			
按城乡渠道分	Grouped by Urban and Rural Area			
城镇（万元）	Urban(10 000 yuan)	144543	210079	45.3
农村（万元）	Rural(10 000 yuan)	6563		
一般预算收入(万元)	General Budgetary Financial Revenue(10 000 yuan)	4487	7796	73.7
一般预算支出(万元)	General Budgetary Financial Expenditures(10 000 yuan)	108367	130873	20.8
个人储蓄存款余额(万元)	The balance of savings deposits of individuals(10 000 yuan)		173285	
在岗职工工资总额(万元)	Total Wages of Staff & Workers Employed in(10 000 yuan)	24997	30978	23.9
在岗职工平均工资(元)	Average Wage of Staff & Workers Employed in(yuan)	29475	33340	13.1
城镇居民人均可支配收入(元)	Annual Disposable Income of Urban Residents per Capita(yuan)	12940	14631	13.1
农牧民人均纯收入(元)	Per Capita Net Income of Peasant & Herdsman(yuan)	3300	3895	18.0
农村牧区经济	**Economic Development in Rural & Pastoral Area**			
耕地面积(公顷)	Cultivated Area(hectare)	157652	157652	0.0
农作物总播种面积(公顷)	Total Sown Area(hectare)	72320	74100	2.5
# 粮食作物播种面积(公顷)	Sown Area of Grain Crops(hectare)	53705	52749	-1.8
有效灌溉面积(公顷)	Irrigated Area(hectare)	17009	17009	0.0
农牧业机械总动力(万千瓦)	Total Power of Agricultural Machinery(10 000 kw)	22.46	23.82	6.1
化肥施用折纯量(吨)	Consumption of Chemical Fertilizer(ton)	9391	8978	-4.4
农村用电量(万千瓦小时)	Electricity Consumed in Rural Area(10 000 kwh)	2958	4907	65.9
农林牧渔业总产值(万元)	Gross Output of Farming,Forestry,Animal Husbandry & Fishery(10 000 yuan)	167160	205578	19.6
粮食产量(吨)	Yield of Grain(ton)	81160	77680	-4.3
油料产量(吨)	Yield of Oil-bearing Grops(ton)	4098	5306	29.5
甜菜产量(吨)	Yield of Beetroots(ton)	111151	106092	-4.6
猪牛羊肉产量(吨)	Output of Pork, Beef & Mutton(ton)	24516	24033	-2.0
# 猪肉产量(吨)	Output of Pork(ton)	4292	4290	0.0
牛肉产量(吨)	Output of Beef(ton)	3593	3533	-1.7
羊肉产量(吨)	Output of Mutton(ton)	16631	16210	-2.5
羊毛产量(吨)	Output of Wool(ton)	1453	1360	-6.4

23-81 Shangdu County in Wulanchabu City

指　标	Item	2010	2011	2011年比上年增长% Increase Rate in 2011 Over 2010(%)
年末牲畜存栏头数(万头只)	Total Livestock at the Year-end(10 000 heads)	44.90	45.07	0.4
#大牲畜(万头只)	Large Animals(10 000 heads)	3.40	3.21	-5.6
羊(万只)	Sheep & Goats(10 000 heads)	37.90	37.24	-1.7
猪(万头)	Hogs(10 000 heads)	3.70	4.62	24.9
规模以上工业	**Industrial Enterprises above Designated size**			
工业企业单位数(个)	Number of Industrial Enterprises(unit)	29	29	0.0
#内资企业(个)	Civil Funded Enterprises(unit)	29	29	0.0
工业总产值(万元)	Gross Industrial Output Value(10 000 yuan)	385382	551556	37.5
内资企业(万元)	Civil Funded Enterprises(10 000 yuan)	385382	551556	37.5
国有企业(万元)	State-owned Enterprises(10 000 yuan)	12463	16101	25.6
集体企业(万元)	Collective-owned Enterprises(10 000 yuan)			
股份合作企业(万元)	Share Holding Enterprises(10 000 yuan)			
联营企业(万元)	Joint Owned Enterprises(10 000 yuan)			
有限责任公司(万元)	Limited Company(10 000 yuan)	22349	188843	683.0
股份有限公司(万元)	Share Holding Limited Company(10 000 yuan)		12914	
私营企业(万元)	Privately Owned Enterprises(10 000 yuan)	350570	333698	-2.4
其他企业(万元)	Enterprises of Other Ownership(10 000 yuan)			
港澳台商投资企业(万元)	Funds from HK,Macao & Taiwan(10 000 yuan)			
外商投资企业(万元)	Foreign Funded Enterprises(10 000 yuan)			
工业企业增加值(万元)	Value Added of Industrial Enterprises(10 000 yuan)	127433	186818	32.2
工业企业资产总计(万元)	Total Assets of Industrial Enterprises(10 000 yuan)	137799	288218	109.2
工业企业负债合计(万元)	Total Liabilities of Industrial Enterprises(10 000 yuan)	42587	125086	193.7
工业企业产品销售收入(万元)	Sales of Revenue Industrial Enterprises(10 000 yuan)	377045	552298	46.5
工业企业利润总额(万元)	Total Profits of Industrial Enterprises(10 000 yuan)	8667	13740	58.5
建筑业	**Construction**			
建筑企业单位数(个)	Number of Construction Enterprises(unit)	1	1	0.0
建筑企业从业人员(人)	Number of Employee in Construction Enterprises(person)	120	120	0.0
建筑业总产值(万元)	Gross Construction Output Value(10 000 yuan)	6310	8546	35.4
交通运输邮电通信业	**Transportation,Post & Telecommunications**			
公路里程(公里)	Total Length of Highways(km)	1392	1412	1.4
邮电业务总量(万元)	Business Volume of Post & Telecoms(10 000 yuan)	2680	2720	1.5
本地电话用户(户)	Number of Subscribers of Local Telephone(Household)	31458	31964	1.6
国内贸易	**Domestic Trade**			
社会消费品零售总额(万元)	Total Retail Sales of Consumer Goods(10 000 yuan)	176646	197972	12.1
城镇(万元)	Town(10 000 yuan)	137407	137172	-0.2
#城区(万元)	City(10 000 yuan)			
乡村(万元)	Village(10 000 yuan)	39238	60800	55.0
科技教育卫生	**Science,Education & Public Health**			
各类专业技术人员(人)	Special Technical Personnel(person)	904	928	2.7
幼儿园数(所)	Number of Kindergartens(unit)	4	4	0.0
学龄儿童入学率(%)	Percentage of School-Age Children Enrolled(%)	100.0	100.0	0.0
小学学校数(所)	Number of Primary Schools(unit)	26	25	-3.8
小学专任教师数(人)	Number of Full-time Teachers of Primary Schools(person)	908	838	-7.7
小学在校学生数(人)	Number of Student Enrollment of Primary Schools(person)	11854	10587	-10.7
普通中学学校数(所)	Number of Regular Secondary Schools(unit)	12	12	0.0
普通中学专任教师数(人)	Number of Teachers of Secondary Shools(person)	532	539	1.3
初中在校学生数(人)	Number of Student in Junior Secondary Schools(person)	8109	6440	-20.6
高中在校学生数(人)	Number of Student in Senior Secondary Schools(person)	3973	2656	-33.1
卫生机构数(所)	Number of Health Institutions(unit)	25	25	0.0
#医院(所)	Hospitals(unit)	2	2	0.0
卫生院(所)	Township Hospitals(unit)	19	19	0.0
床位数(张)	Number of Beds(unit)	389	391	0.5
#医院(张)	Hospitals(unit)	261	264	1.1
卫生院(张)	Township Hospitals(unit)	114	112	-1.8
卫生技术人员(人)	Medical Technical Presonnel(person)	490	489	-0.2
#医院(人)	Hospitals(person)	236	231	-2.1
卫生院(人)	Township Hospitals(person)	138	137	-0.7

23-82 乌兰察布市兴和县

指　标	Item	2010	2011	2011年比上年增长% Increase Rate in 2011 Over 2010(%)
行政区域土地面积(平方公里)	**Area of Administration(Sq.km)**	**3518**	**3518**	**0.0**
人口和就业	**Population & Employment**			
年末总人口(人)	Total Population Year-end(person)	329776	334112	1.3
#男性(人)	Male(person)	170301	172209	1.1
#乡村人口(人)	Rural(person)	189600	180120	-5.0
年末总户数(户)	Total Number of Households at the Year-end(Household)	120769	125987	4.3
#乡村户数(户)	Number of Rural Household(Household)	48912	46467	-5.0
出生人口(人)	Births(person)	4671	3992	-14.5
死亡人口(人)	Deaths(person)	1449	866	-40.2
全社会就业人员(人)	Employment(person)	190281	191344	0.6
第一产业(人)	Primary Industry(person)	92986	93102	0.1
第二产业(人)	Secondary Industry(person)	24137	24218	0.3
第三产业(人)	Tertiary Industry(person)	73158	74024	1.2
在岗职工人数(人)	Number of Staff & Workers Employed in(person)	9679	9801	1.3
乡村劳动力(人)	Number of Rural Laborers(person)	106572	106790	0.2
#农林牧渔业(人)	Farming,Forestry,Animal Husbandry & Fishery(person)	66020	70100	6.2
国民经济综合指标	**Summary Item on the National Economy**			
生产总值(万元)	Gross Domestic Product(10 000 yuan)	397330	478989	12.1
第一产业(万元)	Primary Industry(10 000 yuan)	87481	99728	1.5
第二产业(万元)	Secondary Industry(10 000 yuan)	172600	222048	19.3
#工业(万元)	Industry(10 000 yuan)	155126	198575	18.7
第三产业(万元)	Tertiary Industry(10 000 yuan)	137250	157213	9.8
人均生产总值(元)	Per Capita GDP(yuan)	12093	14336	13.6
全社会固定资产投资(万元)	Total Investment in Fixed Assets(10 000 yuan)	240053	279230	16.3
按登记注册类型分	Grouped by Registered Type			
#国有(万元)	State-owned Enterprises(10 000 yuan)	159653	134030	-16.0
集体(万元)	Collective-owned Enterprises(10 000 yuan)	600	10331	1621.8
有限责任公司(万元)	Limited Liability Corporations(10 000 yuan)			
股份有限公司(万元)	Share Holding Enterprises(10 000 yuan)	3000		
私营企业(万元)	Private Enterprises(10 000 yuan)	76800	127608	66.2
外商及港澳台投资企业(万元)	Funds from HK,Macao,Taiwan & Foreign(10 000 yuan)			
按城乡渠道分	Grouped by Urban and Rural Area			
城镇（万元）	Urban(10 000 yuan)	240053	279230	16.3
农村（万元）	Rural(10 000 yuan)			
一般预算收入(万元)	General Budgetary Financial Revenue(10 000 yuan)	5246	12879	145.5
一般预算支出(万元)	General Budgetary Financial Expenditures(10 000 yuan)	102766	145712	41.8
个人储蓄存款余额(万元)	The balance of savings deposits of individuals(10 000 yuan)		172418	
在岗职工工资总额(万元)	Total Wages of Staff & Workers Employed in(10 000 yuan)	22320	26231	17.5
在岗职工平均工资(元)	Average Wage of Staff & Workers Employed in(yuan)	23060	26764	16.1
城镇居民人均可支配收入(元)	Annual Disposable Income of Urban Residents per Capita(yuan)	12980	14577	12.3
农牧民人均纯收入(元)	Per Capita Net Income of Peasant & Herdsman(yuan)	3262	3751	15.0
农村牧区经济	**Economic Development in Rural & Pastoral Area**			
耕地面积(公顷)	Cultivated Area(hectare)	121752	121752	0.0
农作物总播种面积(公顷)	Total Sown Area(hectare)	71000	67500	-4.9
#粮食作物播种面积(公顷)	Sown Area of Grain Crops(hectare)	53867	54180	0.6
有效灌溉面积(公顷)	Irrigated Area(hectare)	5459	5459	0.0
农牧业机械总动力(万千瓦)	Total Power of Agricultural Machinery(10 000 kw)	16.03	16.45	2.6
化肥施用折纯量(吨)	Consumption of Chemical Fertilizer(ton)	9345	12650	35.4
农村用电量(万千瓦小时)	Electricity Consumed in Rural Area(10 000 kwh)	2780	2980	7.2
农林牧渔业总产值(万元)	Gross Output of Farming,Forestry,Animal Husbandry & Fishery(10 000 yuan)	150844	186858	21.6
粮食产量(吨)	Yield of Grain(ton)	94200	83685	-11.2
油料产量(吨)	Yield of Oil-bearing Grops(ton)	2985	4000	34.0
甜菜产量(吨)	Yield of Beetroots(ton)	40000	43200	8.0
猪牛羊肉产量(吨)	Output of Pork, Beef & Mutton(ton)	31120	30723	-1.3
#猪肉产量(吨)	Output of Pork(ton)	5383	5383	0.0
牛肉产量(吨)	Output of Beef(ton)	4522	4533	0.2
羊肉产量(吨)	Output of Mutton(ton)	21215	20807	-1.9
羊毛产量(吨)	Output of Wool(ton)	941	950	1.0

23-82 Xinghe County in Wulanchabu City

指　　标	Item	2010	2011	2011年比上年增长% Increase Rate in 2011 Over 2010(%)
年末牲畜存栏头数(万头只)	Total Livestock at the Year-end(10 000 heads)	58.50	58.03	-0.8
#大牲畜(万头只)	Large Animals(10 000 heads)	5.80	6.15	6.0
羊(万只)	Sheep & Goats(10 000 heads)	46.40	45.68	-1.6
猪(万头)	Hogs(10 000 heads)	6.20	6.20	0.0
规模以上工业	**Industrial Enterprises above Designated size**			
工业企业单位数(个)	Number of Industrial Enterprises(unit)	21	16	-23.8
#内资企业(个)	Civil Funded Enterprises(unit)	21	16	-23.8
工业总产值(万元)	Gross Industrial Output Value(10 000 yuan)	393666	437207	9.8
内资企业(万元)	Civil Funded Enterprises(10 000 yuan)	393666	437207	9.8
国有企业(万元)	State-owned Enterprises(10 000 yuan)	41427	12768	-57.2
集体企业(万元)	Collective-owned Enterprises(10 000 yuan)			
股份合作企业(万元)	Share Holding Enterprises(10 000 yuan)			
联营企业(万元)	Joint Owned Enterprises(10 000 yuan)		42190	
有限责任公司(万元)	Limited Company(10 000 yuan)	90854	145477	54.3
股份有限公司(万元)	Share Holding Limited Company(10 000 yuan)	6105		
私营企业(万元)	Privately Owned Enterprises(10 000 yuan)	255280	167302	-29.3
其他企业(万元)	Enterprises of Other Ownership(10 000 yuan)		69470	
港澳台商投资企业(万元)	Funds from HK,Macao & Taiwan(10 000 yuan)			
外商投资企业(万元)	Foreign Funded Enterprises(10 000 yuan)			
工业企业增加值(万元)	Value Added of Industrial Enterprises(10 000 yuan)	134761	170385	24.2
工业企业资产总计(万元)	Total Assets of Industrial Enterprises(10 000 yuan)	226649	261487	15.4
工业企业负债合计(万元)	Total Liabilities of Industrial Enterprises(10 000 yuan)	122849	148887	21.2
工业企业产品销售收入(万元)	Sales of Revenue Industrial Enterprises(10 000 yuan)	371238	349641	-5.8
工业企业利润总额(万元)	Total Profits of Industrial Enterprises(10 000 yuan)	28210	3660	-87.0
建筑业	**Construction**			
建筑企业单位数(个)	Number of Construction Enterprises(unit)	1	1	0.0
建筑企业从业人员(人)	Number of Employee in Construction Enterprises(person)	252	196	-22.2
建筑业总产值(万元)	Gross Construction Output Value(10 000 yuan)	6546	27332	317.5
交通运输邮电通信业	**Transportation,Post & Telecommunications**			
公路里程(公里)	Total Length of Highways(km)	1266	1287	1.7
邮电业务总量(万元)	Business Volume of Post & Telecoms(10 000 yuan)	1263	1314	4.0
本地电话用户(户)	Number of Subscribers of Local Telephone(Household)	15632	15728	0.6
国内贸易	**Domestic Trade**			
社会消费品零售总额(万元)	Total Retail Sales of Consumer Goods(10 000 yuan)	159501	183009	14.7
城镇(万元)	Town(10 000 yuan)	131332	150840	14.9
#城区(万元)	City(10 000 yuan)			
乡村(万元)	Village(10 000 yuan)	28169	32169	14.2
科技教育卫生	**Science,Education & Public Health**			
各类专业技术人员(人)	Special Technical Personnel(person)	897	912	1.7
幼儿园数(所)	Number of Kindergartens(unit)	1	1	0.0
学龄儿童入学率(%)	Percentage of School-Age Children Enrolled(%)	100.0	100.0	0.0
小学学校数(所)	Number of Primary Schools(unit)	26	26	0.0
小学专任教师数(人)	Number of Full-time Teachers of Primary Schools(person)	954	927	-2.8
小学在校学生数(人)	Number of Student Enrollment of Primary Schools(person)	12618	10458	-17.1
普通中学学校数(所)	Number of Regular Secondary Schools(unit)	7	7	0.0
普通中学专任教师数(人)	Number of Teachers of Secondary Shools(person)	551	554	0.5
初中在校学生数(人)	Number of Student in Junior Secondary Schools(person)	4675	5091	8.9
高中在校学生数(人)	Number of Student in Senior Secondary Schools(person)	1455	1368	-6.0
卫生机构数(所)	Number of Health Institutions(unit)	25	26	4.0
#医院(所)	Hospitals(unit)	2	2	0.0
卫生院(所)	Township Hospitals(unit)	14	15	7.1
床位数(张)	Number of Beds(unit)	338	338	0.0
#医院(张)	Hospitals(unit)	210	210	0.0
卫生院(张)	Township Hospitals(unit)	106	107	0.9
卫生技术人员(人)	Medical Technical Presonnel(person)	435	430	-1.1
#医院(人)	Hospitals(person)	180	180	0.0
卫生院(人)	Township Hospitals(person)	121	114	-5.8

23-83 乌兰察布市凉城县

指　标	Item	2010	2011	2011年比上年增长% Increase Rate in 2011 Over 2010(%)
行政区域土地面积(平方公里)	**Area of Administration(Sq.km)**	**3451**	**3451**	**0.0**
人口和就业	**Population & Employment**			
年末总人口(人)	Total Population Year-end(person)	247194	248669	0.6
#男性(人)	Male(person)	130478	131212	0.6
#乡村人口(人)	Rural(person)	198567	195092	-1.8
年末总户数(户)	Total Number of Households at the Year-end(Household)	97684	101458	3.9
#乡村户数(户)	Number of Rural Household(Household)	49781	52544	5.6
出生人口(人)	Births(person)	3030	2449	-19.2
死亡人口(人)	Deaths(person)	5844	411	-93.0
全社会就业人员(人)	Employment(person)	191036	191807	0.4
第一产业(人)	Primary Industry(person)	80124	80926	1.0
第二产业(人)	Secondary Industry(person)	29785	29854	0.2
第三产业(人)	Tertiary Industry(person)	81127	81027	-0.1
在岗职工人数(人)	Number of Staff & Workers Employed in(person)	8636	8653	0.2
乡村劳动力(人)	Number of Rural Laborers(person)	116223	118741	2.2
#农林牧渔业(人)	Farming,Forestry,Animal Husbandry & Fishery(person)	77390	90458	16.9
国民经济综合指标	**Summary Item on the National Economy**			
生产总值(万元)	Gross Domestic Product(10 000 yuan)	578272	684100	9.7
第一产业(万元)	Primary Industry(10 000 yuan)	123750	141215	1.6
第二产业(万元)	Secondary Industry(10 000 yuan)	311582	379088	12.8
#工业(万元)	Industry(10 000 yuan)	266853	319717	11.1
第三产业(万元)	Tertiary Industry(10 000 yuan)	142940	163798	9.9
人均生产总值(元)	Per Capita GDP(yuan)	23219	27510	10.2
全社会固定资产投资(万元)	Total Investment in Fixed Assets(10 000 yuan)	79656	120464	51.2
按登记注册类型分	Grouped by Registered Type			
#国有(万元)	State-owned Enterprises(10 000 yuan)	62772	57823	-7.9
集体(万元)	Collective-owned Enterprises(10 000 yuan)	1040	4457	328.6
有限责任公司(万元)	Limited Liability Corporations(10 000 yuan)	3300		
股份有限公司(万元)	Share Holding Enterprises(10 000 yuan)			
私营企业(万元)	Private Enterprises(10 000 yuan)	12545	55052	338.8
外商及港澳台投资企业(万元)	Funds from HK,Macao,Taiwan & Foreign(10 000 yuan)			
按城乡渠道分	Grouped by Urban and Rural Area			
城镇（万元）	Urban(10 000 yuan)	78379	120464	53.7
农村（万元）	Rural(10 000 yuan)	1278		
一般预算收入(万元)	General Budgetary Financial Revenue(10 000 yuan)	14644	24312	66.0
一般预算支出(万元)	General Budgetary Financial Expenditures(10 000 yuan)	99965	121453	21.5
个人储蓄存款余额(万元)	The balance of savings deposits of individuals(10 000 yuan)		210134	
在岗职工工资总额(万元)	Total Wages of Staff & Workers Employed in(10 000 yuan)	32567	38306	17.6
在岗职工平均工资(元)	Average Wage of Staff & Workers Employed in(yuan)	37711	44344	17.6
城镇居民人均可支配收入(元)	Annual Disposable Income of Urban Residents per Capita(yuan)	13860	15717	13.4
农牧民人均纯收入(元)	Per Capita Net Income of Peasant & Herdsman(yuan)	5655	5843	3.3
农村牧区经济	**Economic Development in Rural & Pastoral Area**			
耕地面积(公顷)	Cultivated Area(hectare)	74228	74228	0.0
农作物总播种面积(公顷)	Total Sown Area(hectare)	60600	61527	1.5
#粮食作物播种面积(公顷)	Sown Area of Grain Crops(hectare)	53130	53510	0.7
有效灌溉面积(公顷)	Irrigated Area(hectare)	18192	18190	0.0
农牧业机械总动力(万千瓦)	Total Power of Agricultural Machinery(10 000 kw)	22.82	23.37	2.4
化肥施用折纯量(吨)	Consumption of Chemical Fertilizer(ton)	22630	21201	-6.3
农村用电量(万千瓦小时)	Electricity Consumed in Rural Area(10 000 kwh)	2039	2311	13.3
农林牧渔业总产值(万元)	Gross Output of Farming,Forestry,Animal Husbandry & Fishery(10 000 yuan)	208800	245200	15.3
粮食产量(吨)	Yield of Grain(ton)	163197	204516	25.3
油料产量(吨)	Yield of Oil-bearing Grops(ton)	3147	2319	-26.3
甜菜产量(吨)	Yield of Beetroots(ton)	34403	49824	44.8
猪牛羊肉产量(吨)	Output of Pork, Beef & Mutton(ton)	24931	22951	-7.9
#猪肉产量(吨)	Output of Pork(ton)	5163	5146	-0.3
牛肉产量(吨)	Output of Beef(ton)	3409	3455	1.3
羊肉产量(吨)	Output of Mutton(ton)	16359	14350	-12.3
羊毛产量(吨)	Output of Wool(ton)	863	783	-9.3

23-83 Liangcheng County in Wulanchabu City

指　标	Item	2010	2011	2011年比上年增长% Increase Rate in 2011 Over 2010(%)
年末牲畜存栏头数(万头只)	Total Livestock at the Year-end(10 000 heads)	65.20	66.22	1.6
#大牲畜(万头只)	Large Animals(10 000 heads)	9.80	9.54	-2.7
羊(万只)	Sheep & Goats(10 000 heads)	50.70	52.37	3.3
猪(万头)	Hogs(10 000 heads)	4.70	4.32	-8.1
规模以上工业	**Industrial Enterprises above Designated size**			
工业企业单位数(个)	Number of Industrial Enterprises(unit)	27	12	-55.6
#内资企业(个)	Civil Funded Enterprises(unit)	26	12	-53.8
工业总产值(万元)	Gross Industrial Output Value(10 000 yuan)	575637	554557	-2.8
内资企业(万元)	Civil Funded Enterprises(10 000 yuan)	574456	554557	-2.8
国有企业(万元)	State-owned Enterprises(10 000 yuan)	2841	6412	119.4
集体企业(万元)	Collective-owned Enterprises(10 000 yuan)			
股份合作企业(万元)	Share Holding Enterprises(10 000 yuan)	29994	32828	7.6
联营企业(万元)	Joint Owned Enterprises(10 000 yuan)			
有限责任公司(万元)	Limited Company(10 000 yuan)	381251	454331	17.6
股份有限公司(万元)	Share Holding Limited Company(10 000 yuan)	69371		
私营企业(万元)	Privately Owned Enterprises(10 000 yuan)	90999	60986	-27.3
其他企业(万元)	Enterprises of Other Ownership(10 000 yuan)			
港澳台商投资企业(万元)	Funds from HK,Macao & Taiwan(10 000 yuan)			
外商投资企业(万元)	Foreign Funded Enterprises(10 000 yuan)			
工业企业增加值(万元)	Value Added of Industrial Enterprises(10 000 yuan)	206693	226224	8.1
工业企业资产总计(万元)	Total Assets of Industrial Enterprises(10 000 yuan)	1089973	981508	-10.0
工业企业负债合计(万元)	Total Liabilities of Industrial Enterprises(10 000 yuan)	683671	655858	-4.1
工业企业产品销售收入(万元)	Sales of Revenue Industrial Enterprises(10 000 yuan)	527579	553440	4.9
工业企业利润总额(万元)	Total Profits of Industrial Enterprises(10 000 yuan)	59140	89523	51.4
建筑业	**Construction**			
建筑企业单位数(个)	Number of Construction Enterprises(unit)	2	2	0.0
建筑企业从业人员(人)	Number of Employee in Construction Enterprises(person)	23	353	1434.8
建筑业总产值(万元)	Gross Construction Output Value(10 000 yuan)	5624	4582	-18.5
交通运输邮电通信业	**Transportation,Post & Telecommunications**			
公路里程(公里)	Total Length of Highways(km)	1356	1421	4.8
邮电业务总量(万元)	Business Volume of Post & Telecoms(10 000 yuan)	1402	198	-85.9
本地电话用户(户)	Number of Subscribers of Local Telephone(Household)	17826	17953	0.7
国内贸易	**Domestic Trade**			
社会消费品零售总额(万元)	Total Retail Sales of Consumer Goods(10 000 yuan)	116072	126082	8.6
城镇(万元)	Town(10 000 yuan)	83691	95048	13.6
#城区(万元)	City(10 000 yuan)			
乡村(万元)	Village(10 000 yuan)	32381	31033	-4.2
科技教育卫生	**Science,Education & Public Health**			
各类专业技术人员(人)	Special Technical Personnel(person)	152	168	10.5
幼儿园数(所)	Number of Kindergartens(unit)	6	6	0.0
学龄儿童入学率(%)	Percentage of School-Age Children Enrolled(%)	100.0	100.0	0.0
小学学校数(所)	Number of Primary Schools(unit)	21	20	-4.8
小学专任教师数(人)	Number of Full-time Teachers of Primary Schools(person)	873	842	-3.6
小学在校学生数(人)	Number of Student Enrollment of Primary Schools(person)	8673	7880	-9.1
普通中学学校数(所)	Number of Regular Secondary Schools(unit)	6	6	0.0
普通中学专任教师数(人)	Number of Teachers of Secondary Shools(person)	546	540	-1.1
初中在校学生数(人)	Number of Student in Junior Secondary Schools(person)	5886	5528	-6.1
高中在校学生数(人)	Number of Student in Senior Secondary Schools(person)	3629	3561	-1.9
卫生机构数(所)	Number of Health Institutions(unit)	35	35	0.0
#医院(所)	Hospitals(unit)	2	2	0.0
卫生院(所)	Township Hospitals(unit)	19	20	5.3
床位数(张)	Number of Beds(unit)	325	325	0.0
#医院(张)	Hospitals(unit)	191	191	0.0
卫生院(张)	Township Hospitals(unit)	115	117	1.7
卫生技术人员(人)	Medical Technical Presonnel(person)	368	378	2.7
#医院(人)	Hospitals(person)	167	168	0.6
卫生院(人)	Township Hospitals(person)	127	129	1.5

23-84 乌兰察布市察哈尔右翼前旗

指　标	Item	2010	2011	2011年比上年增长% Increase Rate in 2011 Over 2010(%)
行政区域土地面积(平方公里)	**Area of Administration(Sq.km)**	**2430**	**2430**	**0.0**
人口和就业	**Population & Employment**			
年末总人口(人)	Total Population Year-end(person)	249224	254969	2.3
#男性(人)	Male(person)	127837	130462	2.1
#乡村人口(人)	Rural(person)	198216	146277	-26.2
年末总户数(户)	Total Number of Households at the Year-end(Household)	102607	109221	6.4
#乡村户数(户)	Number of Rural Household(Household)	36745	42212	14.9
出生人口(人)	Births(person)	3522	2656	-24.6
死亡人口(人)	Deaths(person)	5230	319	-93.9
全社会就业人员(人)	Employment(person)	122208	122204	0.0
第一产业(人)	Primary Industry(person)	68147	68245	0.1
第二产业(人)	Secondary Industry(person)	19786	19832	0.2
第三产业(人)	Tertiary Industry(person)	34275	34127	-0.4
在岗职工人数(人)	Number of Staff & Workers Employed in(person)	6771	7161	5.8
乡村劳动力(人)	Number of Rural Laborers(person)	89645	93315	4.1
#农林牧渔业(人)	Farming,Forestry,Animal Husbandry & Fishery(person)	63128	73525	16.5
国民经济综合指标	**Summary Item on the National Economy**			
生产总值(万元)	Gross Domestic Product(10 000 yuan)	571725	678786	10.2
第一产业(万元)	Primary Industry(10 000 yuan)	103129	117300	1.3
第二产业(万元)	Secondary Industry(10 000 yuan)	328855	399656	12.7
#工业(万元)	Industry(10 000 yuan)	292807	355351	12.6
第三产业(万元)	Tertiary Industry(10 000 yuan)	139741	161831	10.8
人均生产总值(元)	Per Capita GDP(yuan)	22767	26622	11.4
全社会固定资产投资(万元)	Total Investment in Fixed Assets(10 000 yuan)	222000	242515	9.2
按登记注册类型分	Grouped by Registered Type			
#国有(万元)	State-owned Enterprises(10 000 yuan)	109324	116407	6.5
集体(万元)	Collective-owned Enterprises(10 000 yuan)		8973	
有限责任公司(万元)	Limited Liability Corporations(10 000 yuan)	39625		
股份有限公司(万元)	Share Holding Enterprises(10 000 yuan)	56442		
私营企业(万元)	Private Enterprises(10 000 yuan)		110829	
外商及港澳台投资企业(万元)	Funds from HK,Macao,Taiwan & Foreign(10 000 yuan)			
按城乡渠道分	Grouped by Urban and Rural Area			
城镇（万元）	Urban(10 000 yuan)	215515	193999	-10.0
农村（万元）	Rural(10 000 yuan)	6485	48516	648.1
一般预算收入(万元)	General Budgetary Financial Revenue(10 000 yuan)	7056	13179	86.8
一般预算支出(万元)	General Budgetary Financial Expenditures(10 000 yuan)	90470	129079	42.7
个人储蓄存款余额(万元)	The balance of savings deposits of individuals(10 000 yuan)		162843	
在岗职工工资总额(万元)	Total Wages of Staff & Workers Employed in(10 000 yuan)	21414	26019	21.5
在岗职工平均工资(元)	Average Wage of Staff & Workers Employed in(yuan)	31726	36366	14.6
城镇居民人均可支配收入(元)	Annual Disposable Income of Urban Residents per Capita(yuan)	13530	15312	13.2
农牧民人均纯收入(元)	Per Capita Net Income of Peasant & Herdsman(yuan)	4596	5222	13.6
农村牧区经济	**Economic Development in Rural & Pastoral Area**			
耕地面积(公顷)	Cultivated Area(hectare)	62976	62976	0.0
农作物总播种面积(公顷)	Total Sown Area(hectare)	42464	43973	3.6
#粮食作物播种面积(公顷)	Sown Area of Grain Crops(hectare)	28533	27973	-2.0
有效灌溉面积(公顷)	Irrigated Area(hectare)	15146	15146	0.0
农牧业机械总动力(万千瓦)	Total Power of Agricultural Machinery(10 000 kw)	17.73	18.81	6.1
化肥施用折纯量(吨)	Consumption of Chemical Fertilizer(ton)	5696	5914	3.8
农村用电量(万千瓦小时)	Electricity Consumed in Rural Area(10 000 kwh)	2068	2209	6.8
农林牧渔业总产值(万元)	Gross Output of Farming,Forestry,Animal Husbandry & Fishery(10 000 yuan)	187012	231634	19.8
粮食产量(吨)	Yield of Grain(ton)	69201	70538	1.9
油料产量(吨)	Yield of Oil-bearing Grops(ton)	450	1305	190.0
甜菜产量(吨)	Yield of Beetroots(ton)	168000	182000	8.3
猪牛羊肉产量(吨)	Output of Pork, Beef & Mutton(ton)	25697	24044	-6.4
#猪肉产量(吨)	Output of Pork(ton)	4629	4590	-0.8
牛肉产量(吨)	Output of Beef(ton)	3825	3831	0.2
羊肉产量(吨)	Output of Mutton(ton)	17243	15623	-9.4
羊毛产量(吨)	Output of Wool(ton)	585	580	-0.9

23-84 Chahaeryouyiqian Banner in Wulanchabu City

指　标	Item	2010	2011	2011年比上年增长% Increase Rate in 2011 Over 2010(%)
年末牲畜存栏头数(万头只)	Total Livestock at the Year-end(10 000 heads)	55.30	55.59	0.5
#大牲畜(万头只)	Large Animals(10 000 heads)	7.20	7.26	0.8
羊(万只)	Sheep & Goats(10 000 heads)	42.40	42.59	0.4
猪(万头)	Hogs(10 000 heads)	5.70	5.74	0.7
规模以上工业	**Industrial Enterprises above Designated size**			
工业企业单位数(个)	Number of Industrial Enterprises(unit)	60	68	13.3
#内资企业(个)	Civil Funded Enterprises(unit)	60	67	11.7
工业总产值(万元)	Gross Industrial Output Value(10 000 yuan)	1080976	1208506	10.6
内资企业(万元)	Civil Funded Enterprises(10 000 yuan)	1080976	1140302	4.7
国有企业(万元)	State-owned Enterprises(10 000 yuan)	4198	19136	310.2
集体企业(万元)	Collective-owned Enterprises(10 000 yuan)		14438	
股份合作企业(万元)	Share Holding Enterprises(10 000 yuan)		10176	
联营企业(万元)	Joint Owned Enterprises(10 000 yuan)			
有限责任公司(万元)	Limited Company(10 000 yuan)	275813	290571	4.1
股份有限公司(万元)	Share Holding Limited Company(10 000 yuan)	204280	133649	-28.3
私营企业(万元)	Privately Owned Enterprises(10 000 yuan)	596685	448860	-21.4
其他企业(万元)	Enterprises of Other Ownership(10 000 yuan)		223473	
港澳台商投资企业(万元)	Funds from HK,Macao & Taiwan(10 000 yuan)		68203	
外商投资企业(万元)	Foreign Funded Enterprises(10 000 yuan)			
工业企业增加值(万元)	Value Added of Industrial Enterprises(10 000 yuan)	286052	396595	14.7
工业企业资产总计(万元)	Total Assets of Industrial Enterprises(10 000 yuan)	360525	493152	36.8
工业企业负债合计(万元)	Total Liabilities of Industrial Enterprises(10 000 yuan)	196728	328516	67.0
工业企业产品销售收入(万元)	Sales of Revenue Industrial Enterprises(10 000 yuan)	1101582	1175164	6.7
工业企业利润总额(万元)	Total Profits of Industrial Enterprises(10 000 yuan)	81448	37264	-54.2
建筑业	**Construction**			
建筑企业单位数(个)	Number of Construction Enterprises(unit)	1	1	0.0
建筑企业从业人员(人)	Number of Employee in Construction Enterprises(person)	90	300	233.3
建筑业总产值(万元)	Gross Construction Output Value(10 000 yuan)	4020	4040	0.5
交通运输邮电通信业	**Transportation,Post & Telecommunications**			
公路里程(公里)	Total Length of Highways(km)	834	875	4.9
邮电业务总量(万元)	Business Volume of Post & Telecoms(10 000 yuan)	2188	2234	2.1
本地电话用户(户)	Number of Subscribers of Local Telephone(Household)	9809	10124	3.2
国内贸易	**Domestic Trade**			
社会消费品零售总额(万元)	Total Retail Sales of Consumer Goods(10 000 yuan)	85537	100635	17.7
城镇(万元)	Town(10 000 yuan)	58388	68382	17.1
#城区(万元)	City(10 000 yuan)			
乡村(万元)	Village(10 000 yuan)	27149	32253	18.8
科技教育卫生	**Science,Education & Public Health**			
各类专业技术人员(人)	Special Technical Personnel(person)	1017	1034	1.7
幼儿园数(所)	Number of Kindergartens(unit)	10	10	0.0
学龄儿童入学率(%)	Percentage of School-Age Children Enrolled(%)	100.0	100.0	0.0
小学学校数(所)	Number of Primary Schools(unit)	23	19	-17.4
小学专任教师数(人)	Number of Full-time Teachers of Primary Schools(person)	776	762	-1.8
小学在校学生数(人)	Number of Student Enrollment of Primary Schools(person)	7002	7336	4.8
普通中学学校数(所)	Number of Regular Secondary Schools(unit)	7	7	0.0
普通中学专任教师数(人)	Number of Teachers of Secondary Shools(person)	504	504	0.0
初中在校学生数(人)	Number of Student in Junior Secondary Schools(person)	4037	4520	12.0
高中在校学生数(人)	Number of Student in Senior Secondary Schools(person)	2358	2578	9.3
卫生机构数(所)	Number of Health Institutions(unit)	23	23	0.0
#医院(所)	Hospitals(unit)	1	1	0.0
卫生院(所)	Township Hospitals(unit)	17	17	0.0
床位数(张)	Number of Beds(unit)	232	247	6.5
#医院(张)	Hospitals(unit)	80	82	2.5
卫生院(张)	Township Hospitals(unit)	152	154	1.3
卫生技术人员(人)	Medical Technical Presonnel(person)	299	301	0.7
#医院(人)	Hospitals(person)	116	116	0.0
卫生院(人)	Township Hospitals(person)	131	130	-0.8

23-85 乌兰察布市察哈尔右翼中旗

指　标	Item	2010	2011	2011年比上年增长% Increase Rate in 2011 Over 2010(%)
行政区域土地面积(平方公里)	**Area of Administration(Sq.km)**	**4200**	**4200**	**0.0**
人口和就业	**Population & Employment**			
年末总人口(人)	Total Population Year-end(person)	223468	223824	0.2
#男性(人)	Male(person)	117462	117653	0.2
#乡村人口(人)	Rural(person)	164668	162731	-1.2
年末总户数(户)	Total Number of Households at the Year-end(Household)	90938	93527	2.8
#乡村户数(户)	Number of Rural Household(Household)	41557	40887	-1.6
出生人口(人)	Births(person)	2069	1697	-18.0
死亡人口(人)	Deaths(person)	2003	526	-73.7
全社会就业人员(人)	Employment(person)	125330	126159	0.7
第一产业(人)	Primary Industry(person)	78328	78436	0.1
第二产业(人)	Secondary Industry(person)	9974	10254	2.8
第三产业(人)	Tertiary Industry(person)	37028	37469	1.2
在岗职工人数(人)	Number of Staff & Workers Employed in(person)	5919	6692	13.1
乡村劳动力(人)	Number of Rural Laborers(person)	92548	91128	-1.5
#农林牧渔业(人)	Farming,Forestry,Animal Husbandry & Fishery(person)	77232	77657	0.6
国民经济综合指标	**Summary Item on the National Economy**			
生产总值(万元)	Gross Domestic Product(10 000 yuan)	283928	353779	15.2
第一产业(万元)	Primary Industry(10 000 yuan)	81557	106000	15.7
第二产业(万元)	Secondary Industry(10 000 yuan)	103299	133407	19.8
#工业(万元)	Industry(10 000 yuan)	91575	116518	18.0
第三产业(万元)	Tertiary Industry(10 000 yuan)	99072	114374	10.0
人均生产总值(元)	Per Capita GDP(yuan)	12675	15806	15.9
全社会固定资产投资(万元)	Total Investment in Fixed Assets(10 000 yuan)	248900	207591	-16.6
按登记注册类型分	Grouped by Registered Type			
#国有(万元)	State-owned Enterprises(10 000 yuan)	232200	99644	-57.1
集体(万元)	Collective-owned Enterprises(10 000 yuan)		7680	
有限责任公司(万元)	Limited Liability Corporations(10 000 yuan)			
股份有限公司(万元)	Share Holding Enterprises(10 000 yuan)	167000		
私营企业(万元)	Private Enterprises(10 000 yuan)		94869	
外商及港澳台投资企业(万元)	Funds from HK,Macao,Taiwan & Foreign(10 000 yuan)			
按城乡渠道分	Grouped by Urban and Rural Area			
城镇（万元）	Urban(10 000 yuan)	248900	207591	-16.6
农村（万元）	Rural(10 000 yuan)			
一般预算收入(万元)	General Budgetary Financial Revenue(10 000 yuan)	3607	6020	66.9
一般预算支出(万元)	General Budgetary Financial Expenditures(10 000 yuan)	95789	135204	41.1
个人储蓄存款余额(万元)	The balance of savings deposits of individuals(10 000 yuan)		102183	
在岗职工工资总额(万元)	Total Wages of Staff & Workers Employed in(10 000 yuan)	18272	22393	22.6
在岗职工平均工资(元)	Average Wage of Staff & Workers Employed in(yuan)	30881	33215	7.6
城镇居民人均可支配收入(元)	Annual Disposable Income of Urban Residents per Capita(yuan)	12530	14440	15.2
农牧民人均纯收入(元)	Per Capita Net Income of Peasant & Herdsman(yuan)	2995	3346	11.7
农村牧区经济	**Economic Development in Rural & Pastoral Area**			
耕地面积(公顷)	Cultivated Area(hectare)	94677	94677	0.0
农作物总播种面积(公顷)	Total Sown Area(hectare)	65903	69025	4.7
#粮食作物播种面积(公顷)	Sown Area of Grain Crops(hectare)	57556	60033	4.3
有效灌溉面积(公顷)	Irrigated Area(hectare)	20546	20546	0.0
农牧业机械总动力(万千瓦)	Total Power of Agricultural Machinery(10 000 kw)	21.21	22.55	6.3
化肥施用折纯量(吨)	Consumption of Chemical Fertilizer(ton)	7291	7464	2.4
农村用电量(万千瓦小时)	Electricity Consumed in Rural Area(10 000 kwh)	2075	2850	37.3
农林牧渔业总产值(万元)	Gross Output of Farming,Forestry,Animal Husbandry & Fishery(10 000 yuan)	149980	211735	37.5
粮食产量(吨)	Yield of Grain(ton)	39807	62217	56.3
油料产量(吨)	Yield of Oil-bearing Grops(ton)	453	3505	673.7
甜菜产量(吨)	Yield of Beetroots(ton)	6		
猪牛羊肉产量(吨)	Output of Pork, Beef & Mutton(ton)	20372	19864	-2.5
#猪肉产量(吨)	Output of Pork(ton)	2800	2781	-0.7
牛肉产量(吨)	Output of Beef(ton)	1609	1711	6.3
羊肉产量(吨)	Output of Mutton(ton)	15963	15372	-3.7
羊毛产量(吨)	Output of Wool(ton)	1092	1120	2.6

23-85 Chahaeryouyizhong Banner in Wulanchabu City

指　标	Item	2010	2011	2011年比上年增长% Increase Rate in 2011 Over 2010(%)
年末牲畜存栏头数(万头只)	Total Livestock at the Year-end(10 000 heads)	60.10	58.56	-2.6
#大牲畜(万头只)	Large Animals(10 000 heads)	3.70	3.49	-5.7
羊(万只)	Sheep & Goats(10 000 heads)	53.80	52.59	-2.2
猪(万头)	Hogs(10 000 heads)	2.60	2.47	-5.0
规模以上工业	**Industrial Enterprises above Designated size**			
工业企业单位数(个)	Number of Industrial Enterprises(unit)	23	22	-4.3
#内资企业(个)	Civil Funded Enterprises(unit)	23	22	-4.3
工业总产值(万元)	Gross Industrial Output Value(10 000 yuan)	212320	287582	29.1
内资企业(万元)	Civil Funded Enterprises(10 000 yuan)	212320	287582	29.1
国有企业(万元)	State-owned Enterprises(10 000 yuan)	3336	33962	815.0
集体企业(万元)	Collective-owned Enterprises(10 000 yuan)			
股份合作企业(万元)	Share Holding Enterprises(10 000 yuan)			
联营企业(万元)	Joint Owned Enterprises(10 000 yuan)			
有限责任公司(万元)	Limited Company(10 000 yuan)	87983	74444	-12.3
股份有限公司(万元)	Share Holding Limited Company(10 000 yuan)	31963	22560	-25.6
私营企业(万元)	Privately Owned Enterprises(10 000 yuan)	89128	88008	-0.8
其他企业(万元)	Enterprises of Other Ownership(10 000 yuan)		68608	
港澳台商投资企业(万元)	Funds from HK,Macao & Taiwan(10 000 yuan)			
外商投资企业(万元)	Foreign Funded Enterprises(10 000 yuan)			
工业企业增加值(万元)	Value Added of Industrial Enterprises(10 000 yuan)	75271	93536	18.2
工业企业资产总计(万元)	Total Assets of Industrial Enterprises(10 000 yuan)	128286	145913	13.7
工业企业负债合计(万元)	Total Liabilities of Industrial Enterprises(10 000 yuan)	1082546	1221475	12.8
工业企业产品销售收入(万元)	Sales of Revenue Industrial Enterprises(10 000 yuan)	204304	280094	37.1
工业企业利润总额(万元)	Total Profits of Industrial Enterprises(10 000 yuan)	14124	5172	-63.4
建筑业	**Construction**			
建筑企业单位数(个)	Number of Construction Enterprises(unit)	1	1	0.0
建筑企业从业人员(人)	Number of Employee in Construction Enterprises(person)	510	510	0.0
建筑业总产值(万元)	Gross Construction Output Value(10 000 yuan)	9800	11922	21.7
交通运输邮电通信业	**Transportation,Post & Telecommunications**			
公路里程(公里)	Total Length of Highways(km)	1284	1326	3.3
邮电业务总量(万元)	Business Volume of Post & Telecoms(10 000 yuan)	3380	3427	1.4
本地电话用户(户)	Number of Subscribers of Local Telephone(Household)	21002	21467	2.2
国内贸易	**Domestic Trade**			
社会消费品零售总额(万元)	Total Retail Sales of Consumer Goods(10 000 yuan)	68217	76952	12.8
城镇(万元)	Town(10 000 yuan)	54397	60468	11.2
#城区(万元)	City(10 000 yuan)			
乡村(万元)	Village(10 000 yuan)	13820	16484	19.3
科技教育卫生	**Science,Education & Public Health**			
各类专业技术人员(人)	Special Technical Personnel(person)	971	989	1.9
幼儿园数(所)	Number of Kindergartens(unit)	2	2	0.0
学龄儿童入学率(%)	Percentage of School-Age Children Enrolled(%)	100.0	100.0	0.0
小学学校数(所)	Number of Primary Schools(unit)	24	24	0.0
小学专任教师数(人)	Number of Full-time Teachers of Primary Schools(person)	760	700	-7.9
小学在校学生数(人)	Number of Student Enrollment of Primary Schools(person)	6632	6560	-1.1
普通中学学校数(所)	Number of Regular Secondary Schools(unit)	3	3	0.0
普通中学专任教师数(人)	Number of Teachers of Secondary Shools(person)	426	430	0.9
初中在校学生数(人)	Number of Student in Junior Secondary Schools(person)	4736	4585	-3.2
高中在校学生数(人)	Number of Student in Senior Secondary Schools(person)	2011	2007	-0.2
卫生机构数(所)	Number of Health Institutions(unit)	38	38	0.0
#医院(所)	Hospitals(unit)	1	1	0.0
卫生院(所)	Township Hospitals(unit)	26	26	0.0
床位数(张)	Number of Beds(unit)	263	263	0.0
#医院(张)	Hospitals(unit)	75	75	0.0
卫生院(张)	Township Hospitals(unit)	176	175	-0.6
卫生技术人员(人)	Medical Technical Presonnel(person)	265	268	1.1
#医院(人)	Hospitals(person)	106	107	0.9
卫生院(人)	Township Hospitals(person)	83	84	1.2

23-86 乌兰察布市察哈尔右翼后旗

指　标	Item	2010	2011	2011年比上年增长% Increase Rate in 2011 Over 2010(%)
行政区域土地面积(平方公里)	**Area of Administration(Sq.km)**	**3803**	**3803**	**0.0**
人口和就业	**Population & Employment**			
年末总人口(人)	Total Population Year-end(person)	219513	220732	0.6
# 男性(人)	Male(person)	111852	112479	0.6
# 乡村人口(人)	Rural(person)	180215	96963	-46.2
年末总户数(户)	Total Number of Households at the Year-end(Household)	83206	85679	3.0
# 乡村户数(户)	Number of Rural Household(Household)	26984	33468	24.0
出生人口(人)	Births(person)	2183	1946	-10.9
死亡人口(人)	Deaths(person)	3875	378	-90.2
全社会就业人员(人)	Employment(person)	93574	93662	0.1
第一产业(人)	Primary Industry(person)	50783	50984	0.4
第二产业(人)	Secondary Industry(person)	13248	13427	1.4
第三产业(人)	Tertiary Industry(person)	29543	29251	-1.0
在岗职工人数(人)	Number of Staff & Workers Employed in(person)	9729	9843	1.2
乡村劳动力(人)	Number of Rural Laborers(person)	55033	53608	-2.6
# 农林牧渔业(人)	Farming,Forestry,Animal Husbandry & Fishery(person)	41110	40642	-1.1
国民经济综合指标	**Summary Item on the National Economy**			
生产总值(万元)	Gross Domestic Product(10 000 yuan)	494273	592785	11.1
第一产业(万元)	Primary Industry(10 000 yuan)	78864	93800	5.9
第二产业(万元)	Secondary Industry(10 000 yuan)	313258	379405	12.3
# 工业(万元)	Industry(10 000 yuan)	288719	349551	12.3
第三产业(万元)	Tertiary Industry(10 000 yuan)	102150	119580	11.5
人均生产总值(元)	Per Capita GDP(yuan)	22375	26855	12.3
全社会固定资产投资(万元)	Total Investment in Fixed Assets(10 000 yuan)	249137	306484	23.0
按登记注册类型分	Grouped by Registered Type			
# 国有(万元)	State-owned Enterprises(10 000 yuan)	16477	147112	792.8
集体(万元)	Collective-owned Enterprises(10 000 yuan)	1950	11339	481.5
有限责任公司(万元)	Limited Liability Corporations(10 000 yuan)	196210		
股份有限公司(万元)	Share Holding Enterprises(10 000 yuan)	34500		
私营企业(万元)	Private Enterprises(10 000 yuan)		140063	
外商及港澳台投资企业(万元)	Funds from HK,Macao,Taiwan & Foreign(10 000 yuan)			
按城乡渠道分	Grouped by Urban and Rural Area			
城镇（万元）	Urban(10 000 yuan)	244380	306484	25.4
农村（万元）	Rural(10 000 yuan)	4757		
一般预算收入(万元)	General Budgetary Financial Revenue(10 000 yuan)	10210	15850	55.2
一般预算支出(万元)	General Budgetary Financial Expenditures(10 000 yuan)	98816	118598	20.0
个人储蓄存款余额(万元)	The balance of savings deposits of individuals(10 000 yuan)		156208	
在岗职工工资总额(万元)	Total Wages of Staff & Workers Employed in(10 000 yuan)	28660	33791	17.9
在岗职工平均工资(元)	Average Wage of Staff & Workers Employed in(yuan)	29706	34588	16.4
城镇居民人均可支配收入(元)	Annual Disposable Income of Urban Residents per Capita(yuan)	13620	15573	14.3
农牧民人均纯收入(元)	Per Capita Net Income of Peasant & Herdsman(yuan)	4630	5288	14.2
农村牧区经济	**Economic Development in Rural & Pastoral Area**			
耕地面积(公顷)	Cultivated Area(hectare)	62778	62778	0.0
农作物总播种面积(公顷)	Total Sown Area(hectare)	44957	45766	1.8
# 粮食作物播种面积(公顷)	Sown Area of Grain Crops(hectare)	35600	35566	-0.1
有效灌溉面积(公顷)	Irrigated Area(hectare)	7210	7210	0.0
农牧业机械总动力(万千瓦)	Total Power of Agricultural Machinery(10 000 kw)	13.54	14.95	10.4
化肥施用折纯量(吨)	Consumption of Chemical Fertilizer(ton)	4927	5155	4.6
农村用电量(万千瓦小时)	Electricity Consumed in Rural Area(10 000 kwh)	2869	2735	-4.7
农林牧渔业总产值(万元)	Gross Output of Farming,Forestry,Animal Husbandry & Fishery(10 000 yuan)	135023	137192	0.9
粮食产量(吨)	Yield of Grain(ton)	71190	77003	8.2
油料产量(吨)	Yield of Oil-bearing Grops(ton)	1889	1064	-43.7
甜菜产量(吨)	Yield of Beetroots(ton)	1750	10500	500.0
猪牛羊肉产量(吨)	Output of Pork, Beef & Mutton(ton)	15346	16175	5.4
# 猪肉产量(吨)	Output of Pork(ton)	3072	3086	0.5
牛肉产量(吨)	Output of Beef(ton)	1976	1361	-31.1
羊肉产量(吨)	Output of Mutton(ton)	10298	11728	13.9
羊毛产量(吨)	Output of Wool(ton)	892	1032	15.7

23-86 Chahaeryouyihou Banner in Wulanchabu City

指　标	Item	2010	2011	2011年比上年增长% Increase Rate in 2011 Over 2010(%)
年末牲畜存栏头数(万头只)	Total Livestock at the Year-end(10 000 heads)	33.50	31.42	-6.2
#大牲畜(万头只)	Large Animals(10 000 heads)	1.50	1.43	-4.7
羊(万只)	Sheep & Goats(10 000 heads)	30.60	28.54	-6.7
猪(万头)	Hogs(10 000 heads)	1.50	1.44	-4.0
规模以上工业	**Industrial Enterprises above Designated size**			
工业企业单位数(个)	Number of Industrial Enterprises(unit)	53	52	-1.9
#内资企业(个)	Civil Funded Enterprises(unit)	52	52	0.0
工业总产值(万元)	Gross Industrial Output Value(10 000 yuan)	773890	989301	25.6
内资企业(万元)	Civil Funded Enterprises(10 000 yuan)	773890	989301	25.6
国有企业(万元)	State-owned Enterprises(10 000 yuan)	8852	71724	680.2
集体企业(万元)	Collective-owned Enterprises(10 000 yuan)			
股份合作企业(万元)	Share Holding Enterprises(10 000 yuan)			
联营企业(万元)	Joint Owned Enterprises(10 000 yuan)			
有限责任公司(万元)	Limited Company(10 000 yuan)	139115	185506	29.3
股份有限公司(万元)	Share Holding Limited Company(10 000 yuan)	87356	70116	-17.6
私营企业(万元)	Privately Owned Enterprises(10 000 yuan)	538566	622503	11.6
其他企业(万元)	Enterprises of Other Ownership(10 000 yuan)		39452	
港澳台商投资企业(万元)	Funds from HK,Macao & Taiwan(10 000 yuan)			
外商投资企业(万元)	Foreign Funded Enterprises(10 000 yuan)			
工业企业增加值(万元)	Value Added of Industrial Enterprises(10 000 yuan)	247329	311169	18.7
工业企业资产总计(万元)	Total Assets of Industrial Enterprises(10 000 yuan)	686748	814900	18.7
工业企业负债合计(万元)	Total Liabilities of Industrial Enterprises(10 000 yuan)	427174	532476	24.7
工业企业产品销售收入(万元)	Sales of Revenue Industrial Enterprises(10 000 yuan)	794107	948974	19.5
工业企业利润总额(万元)	Total Profits of Industrial Enterprises(10 000 yuan)	9696	8370	-13.7
建筑业	**Construction**			
建筑企业单位数(个)	Number of Construction Enterprises(unit)	3	3	0.0
建筑企业从业人员(人)	Number of Employee in Construction Enterprises(person)	1173	1250	6.6
建筑业总产值(万元)	Gross Construction Output Value(10 000 yuan)	22360	28500	27.5
交通运输邮电通信业	**Transportation,Post & Telecommunications**			
公路里程(公里)	Total Length of Highways(km)	1282	1324	3.3
邮电业务总量(万元)	Business Volume of Post & Telecoms(10 000 yuan)	2382	2415	1.4
本地电话用户(户)	Number of Subscribers of Local Telephone(Household)	7244	7326	1.1
国内贸易	**Domestic Trade**			
社会消费品零售总额(万元)	Total Retail Sales of Consumer Goods(10 000 yuan)	143338	159037	11.0
城镇(万元)	Town(10 000 yuan)	95200	94178	-1.1
#城区(万元)	City(10 000 yuan)			
乡村(万元)	Village(10 000 yuan)	48137	64859	34.7
科技教育卫生	**Science,Education & Public Health**			
各类专业技术人员(人)	Special Technical Personnel(person)	734	758	3.3
幼儿园数(所)	Number of Kindergartens(unit)	2	2	0.0
学龄儿童入学率(%)	Percentage of School-Age Children Enrolled(%)	100.0	100.0	0.0
小学学校数(所)	Number of Primary Schools(unit)	13	13	0.0
小学专任教师数(人)	Number of Full-time Teachers of Primary Schools(person)	677	626	-7.5
小学在校学生数(人)	Number of Student Enrollment of Primary Schools(person)	8454	7622	-9.8
普通中学学校数(所)	Number of Regular Secondary Schools(unit)	3	3	0.0
普通中学专任教师数(人)	Number of Teachers of Secondary Shools(person)	416	410	-1.4
初中在校学生数(人)	Number of Student in Junior Secondary Schools(person)	4611	3630	-21.3
高中在校学生数(人)	Number of Student in Senior Secondary Schools(person)	1324	1518	14.7
卫生机构数(所)	Number of Health Institutions(unit)	36	36	0.0
#医院(所)	Hospitals(unit)	2	2	0.0
卫生院(所)	Township Hospitals(unit)	18	18	0.0
床位数(张)	Number of Beds(unit)	233	238	2.1
#医院(张)	Hospitals(unit)	130	131	0.8
卫生院(张)	Township Hospitals(unit)	88	89	1.1
卫生技术人员(人)	Medical Technical Presonnel(person)	336	338	0.6
#医院(人)	Hospitals(person)	137	138	0.7
卫生院(人)	Township Hospitals(person)	127	127	0.0

23-87 乌兰察布市四子王旗

指　标	Item	2010	2011	2011年比上年增长% Increase Rate in 2011 Over 2010(%)
行政区域土地面积(平方公里)	**Area of Administration(Sq.km)**	**24016**	**24016**	**0.0**
人口和就业	**Population & Employment**			
年末总人口(人)	Total Population Year-end(person)	215257	216541	0.6
#男性(人)	Male(person)	111572	112044	0.4
#乡村人口(人)	Rural(person)	150301	150798	0.3
年末总户数(户)	Total Number of Households at the Year-end(Household)	79213	82210	3.8
#乡村户数(户)	Number of Rural Household(Household)	38700	38993	0.8
出生人口(人)	Births(person)	2298	2023	-12.0
死亡人口(人)	Deaths(person)	3540	520	-85.3
全社会就业人员(人)	Employment(person)	111919	112081	0.1
第一产业(人)	Primary Industry(person)	80478	80642	0.2
第二产业(人)	Secondary Industry(person)	7683	7754	0.9
第三产业(人)	Tertiary Industry(person)	23758	23685	-0.3
在岗职工人数(人)	Number of Staff & Workers Employed in(person)	6139	6372	3.8
乡村劳动力(人)	Number of Rural Laborers(person)	95277	101430	6.5
#农林牧渔业(人)	Farming,Forestry,Animal Husbandry & Fishery(person)	84333	91212	8.2
国民经济综合指标	**Summary Item on the National Economy**			
生产总值(万元)	Gross Domestic Product(10 000 yuan)	330120	418145	17.0
第一产业(万元)	Primary Industry(10 000 yuan)	100927	126000	11.2
第二产业(万元)	Secondary Industry(10 000 yuan)	116386	157915	25.8
#工业(万元)	Industry(10 000 yuan)	103512	140243	25.7
第三产业(万元)	Tertiary Industry(10 000 yuan)	112807	134230	13.0
人均生产总值(元)	Per Capita GDP(yuan)	15275	19310	17.5
全社会固定资产投资(万元)	Total Investment in Fixed Assets(10 000 yuan)	150000	161191	7.5
按登记注册类型分	Grouped by Registered Type			
#国有(万元)	State-owned Enterprises(10 000 yuan)	89604	77372	-13.7
集体(万元)	Collective-owned Enterprises(10 000 yuan)		5964	
有限责任公司(万元)	Limited Liability Corporations(10 000 yuan)			
股份有限公司(万元)	Share Holding Enterprises(10 000 yuan)			
私营企业(万元)	Private Enterprises(10 000 yuan)	52896	73664	39.3
外商及港澳台投资企业(万元)	Funds from HK,Macao,Taiwan & Foreign(10 000 yuan)	7500		
按城乡渠道分	Grouped by Urban and Rural Area			
城镇（万元）	Urban(10 000 yuan)	144041	161191	11.9
农村（万元）	Rural(10 000 yuan)	5959		
一般预算收入(万元)	General Budgetary Financial Revenue(10 000 yuan)	4220	9309	120.6
一般预算支出(万元)	General Budgetary Financial Expenditures(10 000 yuan)	132735	165405	24.6
个人储蓄存款余额(万元)	The balance of savings deposits of individuals(10 000 yuan)		153843	
在岗职工工资总额(万元)	Total Wages of Staff & Workers Employed in(10 000 yuan)	21786	25430	16.7
在岗职工平均工资(元)	Average Wage of Staff & Workers Employed in(yuan)	35489	39910	12.5
城镇居民人均可支配收入(元)	Annual Disposable Income of Urban Residents per Capita(yuan)	13906	15776	13.4
农牧民人均纯收入(元)	Per Capita Net Income of Peasant & Herdsman(yuan)	3680	4223	14.8
农村牧区经济	**Economic Development in Rural & Pastoral Area**			
耕地面积(公顷)	Cultivated Area(hectare)	133854	133854	0.0
农作物总播种面积(公顷)	Total Sown Area(hectare)	93383	97673	4.6
#粮食作物播种面积(公顷)	Sown Area of Grain Crops(hectare)	71646	73800	3.0
有效灌溉面积(公顷)	Irrigated Area(hectare)	20244	20244	0.0
农牧业机械总动力(万千瓦)	Total Power of Agricultural Machinery(10 000 kw)	32.49	33.83	4.1
化肥施用折纯量(吨)	Consumption of Chemical Fertilizer(ton)	8295	8298	0.0
农村用电量(万千瓦小时)	Electricity Consumed in Rural Area(10 000 kwh)	1490	1495	0.3
农林牧渔业总产值(万元)	Gross Output of Farming,Forestry,Animal Husbandry & Fishery(10 000 yuan)	168247	181402	6.4
粮食产量(吨)	Yield of Grain(ton)	81645	95305	16.7
油料产量(吨)	Yield of Oil-bearing Grops(ton)	6540	12770	95.3
甜菜产量(吨)	Yield of Beetroots(ton)			
猪牛羊肉产量(吨)	Output of Pork, Beef & Mutton(ton)	24444	24088	-1.5
#猪肉产量(吨)	Output of Pork(ton)	3155	3171	0.5
牛肉产量(吨)	Output of Beef(ton)	1627	1627	0.0
羊肉产量(吨)	Output of Mutton(ton)	19662	19290	-1.9
羊毛产量(吨)	Output of Wool(ton)	1955	1955	0.0

23-87 Siziwang Banner in Wulanchabu City

指　标	Item	2010	2011	2011年比上年增长% Increase Rate in 2011 Over 2010(%)
年末牲畜存栏头数(万头只)	Total Livestock at the Year-end(10 000 heads)	79.40	79.19	-0.3
#大牲畜(万头只)	Large Animals(10 000 heads)	3.40	3.48	2.4
羊(万只)	Sheep & Goats(10 000 heads)	73.90	73.69	-0.3
猪(万头)	Hogs(10 000 heads)	2.20	2.01	-8.6
规模以上工业	**Industrial Enterprises above Designated size**			
工业企业单位数(个)	Number of Industrial Enterprises(unit)	40	35	-12.5
#内资企业(个)	Civil Funded Enterprises(unit)	36	32	-11.1
工业总产值(万元)	Gross Industrial Output Value(10 000 yuan)	276997	340126	20.5
内资企业(万元)	Civil Funded Enterprises(10 000 yuan)	249279	317133	24.3
国有企业(万元)	State-owned Enterprises(10 000 yuan)	7866	10031	25.1
集体企业(万元)	Collective-owned Enterprises(10 000 yuan)			
股份合作企业(万元)	Share Holding Enterprises(10 000 yuan)			
联营企业(万元)	Joint Owned Enterprises(10 000 yuan)			
有限责任公司(万元)	Limited Company(10 000 yuan)	14275	18026	22.4
股份有限公司(万元)	Share Holding Limited Company(10 000 yuan)			
私营企业(万元)	Privately Owned Enterprises(10 000 yuan)	227137	289077	26.1
其他企业(万元)	Enterprises of Other Ownership(10 000 yuan)			
港澳台商投资企业(万元)	Funds from HK,Macao & Taiwan(10 000 yuan)		14001	
外商投资企业(万元)	Foreign Funded Enterprises(10 000 yuan)	10507	8993	-10.2
工业企业增加值(万元)	Value Added of Industrial Enterprises(10 000 yuan)	79187	105097	37.2
工业企业资产总计(万元)	Total Assets of Industrial Enterprises(10 000 yuan)	272211	395302	45.2
工业企业负债合计(万元)	Total Liabilities of Industrial Enterprises(10 000 yuan)	185115	258225	39.5
工业企业产品销售收入(万元)	Sales of Revenue Industrial Enterprises(10 000 yuan)	253793	315268	24.2
工业企业利润总额(万元)	Total Profits of Industrial Enterprises(10 000 yuan)	22700	20431	-10.0
建筑业	**Construction**			
建筑企业单位数(个)	Number of Construction Enterprises(unit)	1	1	0.0
建筑企业从业人员(人)	Number of Employee in Construction Enterprises(person)	86	86	0.0
建筑业总产值(万元)	Gross Construction Output Value(10 000 yuan)	2106	3957	87.9
交通运输邮电通信业	**Transportation,Post & Telecommunications**			
公路里程(公里)	Total Length of Highways(km)	2190	2241	2.3
邮电业务总量(万元)	Business Volume of Post & Telecoms(10 000 yuan)	2104	2158	2.6
本地电话用户(户)	Number of Subscribers of Local Telephone(Household)	11132	11235	0.9
国内贸易	**Domestic Trade**			
社会消费品零售总额(万元)	Total Retail Sales of Consumer Goods(10 000 yuan)	115463	138036	19.5
城镇(万元)	Town(10 000 yuan)	81452	93245	14.5
#城区(万元)	City(10 000 yuan)			
乡村(万元)	Village(10 000 yuan)	34011	44791	31.7
科技教育卫生	**Science,Education & Public Health**			
各类专业技术人员(人)	Special Technical Personnel(person)	704	724	2.8
幼儿园数(所)	Number of Kindergartens(unit)	7	7	0.0
学龄儿童入学率(%)	Percentage of School-Age Children Enrolled(%)	100.0	100.0	0.0
小学学校数(所)	Number of Primary Schools(unit)	19	20	5.3
小学专任教师数(人)	Number of Full-time Teachers of Primary Schools(person)	721	800	11.0
小学在校学生数(人)	Number of Student Enrollment of Primary Schools(person)	8357	8052	-3.6
普通中学学校数(所)	Number of Regular Secondary Schools(unit)	4	4	0.0
普通中学专任教师数(人)	Number of Teachers of Secondary Shools(person)	551	558	1.3
初中在校学生数(人)	Number of Student in Junior Secondary Schools(person)	5013	5807	15.8
高中在校学生数(人)	Number of Student in Senior Secondary Schools(person)	5018	4637	-7.6
卫生机构数(所)	Number of Health Institutions(unit)	35	35	0.0
#医院(所)	Hospitals(unit)	1	1	0.0
卫生院(所)	Township Hospitals(unit)	26	26	0.0
床位数(张)	Number of Beds(unit)	268	298	11.2
#医院(张)	Hospitals(unit)	148	152	2.7
卫生院(张)	Township Hospitals(unit)	100	103	3.0
卫生技术人员(人)	Medical Technical Presonnel(person)	458	468	2.2
#医院(人)	Hospitals(person)	176	177	0.6
卫生院(人)	Township Hospitals(person)	118	121	2.5

23-88 鄂尔多斯市东胜区

指　标	Item	2010	2011	2011年比上年增长% Increase Rate in 2011 Over 2010(%)
行政区域土地面积(平方公里)	**Area of Administration(Sq.km)**	**2512**	**2512**	**0.0**
人口和就业	**Population & Employment**			
年末总人口(人)	Total Population Year-end(person)	260175	263024	1.1
# 男性(人)	Male(person)	130654	132124	1.1
# 乡村人口(人)	Rural(person)	27300	36310	33.0
年末总户数(户)	Total Number of Households at the Year-end(Household)	85859	87563	2.0
# 乡村户数(户)	Number of Rural Household(Household)	9481	14051	48.2
出生人口(人)	Births(person)	4306	3229	-25.0
死亡人口(人)	Deaths(person)	564	1429	153.4
全社会就业人员(人)	Employment(person)	282000	285088	1.1
第一产业(人)	Primary Industry(person)	19472	18617	-4.4
第二产业(人)	Secondary Industry(person)	103071	105071	1.9
第三产业(人)	Tertiary Industry(person)	159457	161400	1.2
在岗职工人数(人)	Number of Staff & Workers Employed in(person)	54697	58602	7.1
乡村劳动力(人)	Number of Rural Laborers(person)	19472	24670	26.7
# 农林牧渔业(人)	Farming,Forestry,Animal Husbandry & Fishery(person)	9363	11617	24.1
国民经济综合指标	**Summary Item on the National Economy**			
生产总值(万元)	Gross Domestic Product(10 000 yuan)	6391633	7632638	14.0
第一产业(万元)	Primary Industry(10 000 yuan)	18151	13903	-32.0
第二产业(万元)	Secondary Industry(10 000 yuan)	2506852	2998822	13.7
# 工业(万元)	Industry(10 000 yuan)	2106314	2470753	12.2
第三产业(万元)	Tertiary Industry(10 000 yuan)	3866630	4619913	14.4
人均生产总值(元)	Per Capita GDP(yuan)	128550	111938	9.7
全社会固定资产投资(万元)	Total Investment in Fixed Assets(10 000 yuan)	5000305	5602266	12.0
按登记注册类型分	Grouped by Registered Type			
# 国有(万元)	State-owned Enterprises(10 000 yuan)	1798372	1897748	5.5
集体(万元)	Collective-owned Enterprises(10 000 yuan)			
有限责任公司(万元)	Limited Liability Corporations(10 000 yuan)	1148131	1600877	39.4
股份有限公司(万元)	Share Holding Enterprises(10 000 yuan)	263131	545314	107.2
私营企业(万元)	Private Enterprises(10 000 yuan)	410942	445177	8.3
外商及港澳台投资企业(万元)	Funds from HK,Macao,Taiwan & Foreign(10 000 yuan)			
按城乡渠道分	Grouped by Urban and Rural Area			
城镇（万元）	Urban(10 000 yuan)	5000302	5602266	12.0
农村（万元）	Rural(10 000 yuan)			
一般预算收入(万元)	General Budgetary Financial Revenue(10 000 yuan)	755527	1008378	33.5
一般预算支出(万元)	General Budgetary Financial Expenditures(10 000 yuan)	531816	612428	15.2
个人储蓄存款余额(万元)	The balance of savings deposits of individuals(10 000 yuan)		3869949	
在岗职工工资总额(万元)	Total Wages of Staff & Workers Employed in(10 000 yuan)	299610	362144	20.9
在岗职工平均工资(元)	Average Wage of Staff & Workers Employed in(yuan)	55155	61775	12.0
城镇居民人均可支配收入(元)	Annual Disposable Income of Urban Residents per Capita(yuan)	27002	30702	13.7
农牧民人均纯收入(元)	Per Capita Net Income of Peasant & Herdsman(yuan)			
农村牧区经济	**Economic Development in Rural & Pastoral Area**			
耕地面积(公顷)	Cultivated Area(hectare)	21564	21557	-0.03
农作物总播种面积(公顷)	Total Sown Area(hectare)	7865	2052	-73.9
# 粮食作物播种面积(公顷)	Sown Area of Grain Crops(hectare)	5735	1997	-65.2
有效灌溉面积(公顷)	Irrigated Area(hectare)	1117	1117	0.0
农牧业机械总动力(万千瓦)	Total Power of Agricultural Machinery(10 000 kw)	10.75	10.79	0.4
化肥施用折纯量(吨)	Consumption of Chemical Fertilizer(ton)	1273	1211	-4.9
农村用电量(万千瓦小时)	Electricity Consumed in Rural Area(10 000 kwh)	1309	627	-52.1
农林牧渔业总产值(万元)	Gross Output of Farming,Forestry,Animal Husbandry & Fishery(10 000 yuan)	30613	23897	-21.9
粮食产量(吨)	Yield of Grain(ton)	19623	5962	-69.6
油料产量(吨)	Yield of Oil-bearing Grops(ton)	371	7	-98.1
甜菜产量(吨)	Yield of Beetroots(ton)	264	2	-99.2
猪牛羊肉产量(吨)	Output of Pork, Beef & Mutton(ton)	2709	2883	6.4
# 猪肉产量(吨)	Output of Pork(ton)	1540	725	-52.9
牛肉产量(吨)	Output of Beef(ton)	374	981	162.3
羊肉产量(吨)	Output of Mutton(ton)	795	1177	48.1
羊毛产量(吨)	Output of Wool(ton)	69	65	-5.8

23-88 Dongsheng District in Erdos City

指　标	Item	2010	2011	2011年比上年增长% Increase Rate in 2011 Over 2010(%)
年末牲畜存栏头数(万头只)	Total Livestock at the Year-end(10 000 heads)	10.72	7.91	-26.2
#大牲畜(万头只)	Large Animals(10 000 heads)	0.49	0.34	-30.6
羊(万只)	Sheep & Goats(10 000 heads)	8.50	6.20	-27.1
猪(万头)	Hogs(10 000 heads)	1.73	1.38	-20.2
规模以上工业	**Industrial Enterprises above Designated size**			
工业企业单位数(个)	Number of Industrial Enterprises(unit)	115	76	-33.9
#内资企业(个)	Civil Funded Enterprises(unit)	106	68	-35.8
工业总产值(万元)	Gross Industrial Output Value(10 000 yuan)	3659900	4917100	34.4
内资企业(万元)	Civil Funded Enterprises(10 000 yuan)	2852500	3870800	35.7
国有企业(万元)	State-owned Enterprises(10 000 yuan)	940800	882400	-6.2
集体企业(万元)	Collective-owned Enterprises(10 000 yuan)	1600		
股份合作企业(万元)	Share Holding Enterprises(10 000 yuan)			
联营企业(万元)	Joint Owned Enterprises(10 000 yuan)			
有限责任公司(万元)	Limited Company(10 000 yuan)	1231900	1914300	55.4
股份有限公司(万元)	Share Holding Limited Company(10 000 yuan)	290000	365800	26.1
私营企业(万元)	Privately Owned Enterprises(10 000 yuan)	388200	615900	58.7
其他企业(万元)	Enterprises of Other Ownership(10 000 yuan)			
港澳台商投资企业(万元)	Funds from HK,Macao & Taiwan(10 000 yuan)	23300	24200	3.9
外商投资企业(万元)	Foreign Funded Enterprises(10 000 yuan)	784200	1022100	30.3
工业企业增加值(万元)	Value Added of Industrial Enterprises(10 000 yuan)			12.2
工业企业资产总计(万元)	Total Assets of Industrial Enterprises(10 000 yuan)	8491000	10544800	24.2
工业企业负债合计(万元)	Total Liabilities of Industrial Enterprises(10 000 yuan)	4689400	5578200	19.0
工业企业产品销售收入(万元)	Sales of Revenue Industrial Enterprises(10 000 yuan)	4948900	6251900	26.3
工业企业利润总额(万元)	Total Profits of Industrial Enterprises(10 000 yuan)	1299500	1678000	29.1
建筑业	**Construction**			
建筑企业单位数(个)	Number of Construction Enterprises(unit)	142	144	1.4
建筑企业从业人员(人)	Number of Employee in Construction Enterprises(person)	48171	65820	36.6
建筑业总产值(万元)	Gross Construction Output Value(10 000 yuan)	2251109	3367330	49.6
交通运输邮电通信业	**Transportation,Post & Telecommunications**			
公路里程(公里)	Total Length of Highways(km)	1204	1208	0.3
邮电业务总量(万元)	Business Volume of Post & Telecoms(10 000 yuan)	136354	143006	4.9
本地电话用户(户)	Number of Subscribers of Local Telephone(Household)	81822	88359	8.0
国内贸易	**Domestic Trade**			
社会消费品零售总额(万元)	Total Retail Sales of Consumer Goods(10 000 yuan)	1862850	2150000	15.4
城镇(万元)	Town(10 000 yuan)	1664513	2133841	28.2
#城区(万元)	City(10 000 yuan)		2045540	
乡村(万元)	Village(10 000 yuan)	198337	16159	-91.9
科技教育卫生	**Science,Education & Public Health**			
各类专业技术人员(人)	Special Technical Personnel(person)	36651	38557	5.2
幼儿园数(所)	Number of Kindergartens(unit)	35	45	28.6
学龄儿童入学率(%)	Percentage of School-Age Children Enrolled(%)	100.0	100.0	0.0
小学学校数(所)	Number of Primary Schools(unit)	30	33	10.0
小学专任教师数(人)	Number of Full-time Teachers of Primary Schools(person)	1497	1641	9.6
小学在校学生数(人)	Number of Student Enrollment of Primary Schools(person)	29665	31259	5.4
普通中学学校数(所)	Number of Regular Secondary Schools(unit)	15	17	13.3
普通中学专任教师数(人)	Number of Teachers of Secondary Shools(person)	1923	2071	7.7
初中在校学生数(人)	Number of Student in Junior Secondary Schools(person)	15375	19743	28.4
高中在校学生数(人)	Number of Student in Senior Secondary Schools(person)	13883	13510	-2.7
卫生机构数(所)	Number of Health Institutions(unit)	33	33	0.0
#医院(所)	Hospitals(unit)	19	19	0.0
卫生院(所)	Township Hospitals(unit)	6	6	0.0
床位数(张)	Number of Beds(unit)	3484	2489	-28.6
#医院(张)	Hospitals(unit)	2530	2388	-5.6
卫生院(张)	Township Hospitals(unit)	65	73	12.3
卫生技术人员(人)	Medical Technical Presonnel(person)	4431	4964	12.0
#医院(人)	Hospitals(person)	3831	4291	12.0
卫生院(人)	Township Hospitals(person)	80	80	0.0

23-89 鄂尔多斯市达拉特旗

指　标	Item	2010	2011	2011年比上年增长% Increase Rate in 2011 Over 2010(%)
行政区域土地面积(平方公里)	**Area of Administration(Sq.km)**	**8192**	**8192**	**0.0**
人口和就业	**Population & Employment**			
年末总人口(人)	Total Population Year-end(person)	364161	368664	1.2
#男性(人)	Male(person)	187114	188798	0.9
#乡村人口(人)	Rural(person)	146038	179866	23.2
年末总户数(户)	Total Number of Households at the Year-end(Household)	148801	153445	3.1
#乡村户数(户)	Number of Rural Household(Household)	51616	52446	1.6
出生人口(人)	Births(person)	6505	4837	-25.6
死亡人口(人)	Deaths(person)	2788	1606	-42.4
全社会就业人员(人)	Employment(person)	224367	228938	2.0
第一产业(人)	Primary Industry(person)	68154	67855	-0.4
第二产业(人)	Secondary Industry(person)	47968	49610	3.4
第三产业(人)	Tertiary Industry(person)	108245	111473	3.0
在岗职工人数(人)	Number of Staff & Workers Employed in(person)	21189	21612	2.0
乡村劳动力(人)	Number of Rural Laborers(person)	108275	100443	-7.2
#农林牧渔业(人)	Farming,Forestry,Animal Husbandry & Fishery(person)	68154	75222	10.4
国民经济综合指标	**Summary Item on the National Economy**			
生产总值(万元)	Gross Domestic Product(10 000 yuan)	3386741	4035568	13.8
第一产业(万元)	Primary Industry(10 000 yuan)	229068	266432	4.4
第二产业(万元)	Secondary Industry(10 000 yuan)	2102707	2557958	16.5
#工业(万元)	Industry(10 000 yuan)	1955189	2370931	16.4
第三产业(万元)	Tertiary Industry(10 000 yuan)	1054966	1211178	10.3
人均生产总值(元)	Per Capita GDP(yuan)	93001	109465	12.4
全社会固定资产投资(万元)	Total Investment in Fixed Assets(10 000 yuan)	1600183	1716933	7.3
按登记注册类型分	Grouped by Registered Type			
#国有(万元)	State-owned Enterprises(10 000 yuan)	425867	205221	-51.8
集体(万元)	Collective-owned Enterprises(10 000 yuan)			
有限责任公司(万元)	Limited Liability Corporations(10 000 yuan)	826323	1037954	25.6
股份有限公司(万元)	Share Holding Enterprises(10 000 yuan)	29851	37724	26.4
私营企业(万元)	Private Enterprises(10 000 yuan)		22584	
外商及港澳台投资企业(万元)	Funds from HK,Macao,Taiwan & Foreign(10 000 yuan)	24059	23133	-3.8
按城乡渠道分	Grouped by Urban and Rural Area			
城镇(万元)	Urban(10 000 yuan)	1571238	1686568	7.3
农村(万元)	Rural(10 000 yuan)	28945	30365	4.9
一般预算收入(万元)	General Budgetary Financial Revenue(10 000 yuan)	126892	192846	52.0
一般预算支出(万元)	General Budgetary Financial Expenditures(10 000 yuan)	242480	326076	34.5
个人储蓄存款余额(万元)	The balance of savings deposits of individuals(10 000 yuan)		570547	
在岗职工工资总额(万元)	Total Wages of Staff & Workers Employed in(10 000 yuan)	100375	119055	18.1
在岗职工平均工资(元)	Average Wage of Staff & Workers Employed in(yuan)	48778	54680	12.1
城镇居民人均可支配收入(元)	Annual Disposable Income of Urban Residents per Capita(yuan)	21313	26057	22.3
农牧民人均纯收入(元)	Per Capita Net Income of Peasant & Herdsman(yuan)	8736	10021	14.7
农村牧区经济	**Economic Development in Rural & Pastoral Area**			
耕地面积(公顷)	Cultivated Area(hectare)	99333	106777	7.5
农作物总播种面积(公顷)	Total Sown Area(hectare)	115970	123414	6.4
#粮食作物播种面积(公顷)	Sown Area of Grain Crops(hectare)	79143	81053	2.4
有效灌溉面积(公顷)	Irrigated Area(hectare)	89743	89743	0.0
农牧业机械总动力(万千瓦)	Total Power of Agricultural Machinery(10 000 kw)	81.50	83	1.6
化肥施用折纯量(吨)	Consumption of Chemical Fertilizer(ton)	39664	39664	0.0
农村用电量(万千瓦小时)	Electricity Consumed in Rural Area(10 000 kwh)	23166	32714	41.2
农林牧渔业总产值(万元)	Gross Output of Farming,Forestry,Animal Husbandry & Fishery(10 000 yuan)	386127	445655	9.4
粮食产量(吨)	Yield of Grain(ton)	625467	585706	-6.4
油料产量(吨)	Yield of Oil-bearing Grops(ton)	16997	19315	13.6
甜菜产量(吨)	Yield of Beetroots(ton)	112094	104376	-6.9
猪牛羊肉产量(吨)	Output of Pork, Beef & Mutton(ton)	25084	34950	39.3
#猪肉产量(吨)	Output of Pork(ton)	5723	12124	111.8
牛肉产量(吨)	Output of Beef(ton)	2913	3026	3.9
羊肉产量(吨)	Output of Mutton(ton)	16448	19800	20.4
羊毛产量(吨)	Output of Wool(ton)	4311	4231	-1.9

23-89 Dalate Banner in Erdos City

指标	Item	2010	2011	2011年比上年增长% Increase Rate in 2011 Over 2010(%)
年末牲畜存栏头数(万头只)	Total Livestock at the Year-end(10 000 heads)	230.10	209.20	-9.1
#大牲畜(万头只)	Large Animals(10 000 heads)	6.00	5.90	-1.7
羊(万只)	Sheep & Goats(10 000 heads)	216.80	196.90	-9.2
猪(万头)	Hogs(10 000 heads)	7.20	6.40	-11.1
规模以上工业	**Industrial Enterprises above Designated size**			
工业企业单位数(个)	Number of Industrial Enterprises(unit)	46	46	0.0
#内资企业(个)	Civil Funded Enterprises(unit)	44	43	-2.3
工业总产值(万元)	Gross Industrial Output Value(10 000 yuan)	3629900	4706792	26.9
内资企业(万元)	Civil Funded Enterprises(10 000 yuan)	3551000	4509051	27.0
国有企业(万元)	State-owned Enterprises(10 000 yuan)	78200	117439	50.2
集体企业(万元)	Collective-owned Enterprises(10 000 yuan)			
股份合作企业(万元)	Share Holding Enterprises(10 000 yuan)			
联营企业(万元)	Joint Owned Enterprises(10 000 yuan)			
有限责任公司(万元)	Limited Company(10 000 yuan)	2562500	2498065	-2.5
股份有限公司(万元)	Share Holding Limited Company(10 000 yuan)	123200	710107	476.4
私营企业(万元)	Privately Owned Enterprises(10 000 yuan)	787100	1049853	33.4
其他企业(万元)	Enterprises of Other Ownership(10 000 yuan)			
港澳台商投资企业(万元)	Funds from HK,Macao & Taiwan(10 000 yuan)			
外商投资企业(万元)	Foreign Funded Enterprises(10 000 yuan)	136965	197741	44.4
工业企业增加值(万元)	Value Added of Industrial Enterprises(10 000 yuan)			16.7
工业企业资产总计(万元)	Total Assets of Industrial Enterprises(10 000 yuan)	3732000	3528735	-5.4
工业企业负债合计(万元)	Total Liabilities of Industrial Enterprises(10 000 yuan)	2279500	1986710	-12.8
工业企业产品销售收入(万元)	Sales of Revenue Industrial Enterprises(10 000 yuan)	3677000	4818001	31.0
工业企业利润总额(万元)	Total Profits of Industrial Enterprises(10 000 yuan)	770800	276323	-64.2
建筑业	**Construction**			
建筑企业单位数(个)	Number of Construction Enterprises(unit)	16	13	-18.8
建筑企业从业人员(人)	Number of Employee in Construction Enterprises(person)	6091	6154	1.0
建筑业总产值(万元)	Gross Construction Output Value(10 000 yuan)	245859	378969	54.1
交通运输邮电通信业	**Transportation,Post & Telecommunications**			
公路里程(公里)	Total Length of Highways(km)	2279	2318	1.7
邮电业务总量(万元)	Business Volume of Post & Telecoms(10 000 yuan)	22493	23993	6.7
本地电话用户(户)	Number of Subscribers of Local Telephone(Household)	39488	37000	-6.3
国内贸易	**Domestic Trade**			
社会消费品零售总额(万元)	Total Retail Sales of Consumer Goods(10 000 yuan)	360000	410000	13.9
城镇(万元)	Town(10 000 yuan)	316590	250036	-21.0
#城区(万元)	City(10 000 yuan)			
乡村(万元)	Village(10 000 yuan)	43410	159964	268.5
科技教育卫生	**Science,Education & Public Health**			
各类专业技术人员(人)	Special Technical Personnel(person)	8225	8578	4.3
幼儿园数(所)	Number of Kindergartens(unit)	31	33	6.5
学龄儿童入学率(%)	Percentage of School-Age Children Enrolled(%)	100.0	100.0	0.0
小学学校数(所)	Number of Primary Schools(unit)	22	21	-4.5
小学专任教师数(人)	Number of Full-time Teachers of Primary Schools(person)	975	990	1.5
小学在校学生数(人)	Number of Student Enrollment of Primary Schools(person)	18393	18590	1.1
普通中学学校数(所)	Number of Regular Secondary Schools(unit)	10	9	-10.0
普通中学专任教师数(人)	Number of Teachers of Secondary Shools(person)	1121	1067	-4.8
初中在校学生数(人)	Number of Student in Junior Secondary Schools(person)	10498	10211	-2.7
高中在校学生数(人)	Number of Student in Senior Secondary Schools(person)	9439	5910	-37.4
卫生机构数(所)	Number of Health Institutions(unit)	28	30	7.1
#医院(所)	Hospitals(unit)	6	8	33.3
卫生院(所)	Township Hospitals(unit)	22	22	0.0
床位数(张)	Number of Beds(unit)	868	1556	79.3
#医院(张)	Hospitals(unit)	577	1158	100.7
卫生院(张)	Township Hospitals(unit)	254	398	56.7
卫生技术人员(人)	Medical Technical Presonnel(person)	1113	1279	14.9
#医院(人)	Hospitals(person)	584	731	25.2
卫生院(人)	Township Hospitals(person)	529	548	3.6

23-90 鄂尔多斯市准格尔旗

指　标	Item	2010	2011	2011年比上年增长% Increase Rate in 2011 Over 2010(%)
行政区域土地面积(平方公里)	**Area of Administration(Sq.km)**	**7692**	**7692**	**0.0**
人口和就业	**Population & Employment**			
年末总人口(人)	Total Population Year-end(person)	307901	312632	1.5
#男性(人)	Male(person)	158456	158777	0.2
#乡村人口(人)	Rural(person)	104350	102815	-1.5
年末总户数(户)	Total Number of Households at the Year-end(Household)	130694	134555	3.0
#乡村户数(户)	Number of Rural Household(Household)	37085	36539	-1.5
出生人口(人)	Births(person)	4017	3987	-0.7
死亡人口(人)	Deaths(person)	1616	1123	-30.5
全社会就业人员(人)	Employment(person)	179825	182945	1.7
第一产业(人)	Primary Industry(person)	37506	36617	-2.4
第二产业(人)	Secondary Industry(person)	62210	63421	1.9
第三产业(人)	Tertiary Industry(person)	80109	82907	3.5
在岗职工人数(人)	Number of Staff & Workers Employed in(person)	22368	29880	33.6
乡村劳动力(人)	Number of Rural Laborers(person)	52175	57393	10.0
#农林牧渔业(人)	Farming,Forestry,Animal Husbandry & Fishery(person)	34800	27992	-19.6
国民经济综合指标	**Summary Item on the National Economy**			
生产总值(万元)	Gross Domestic Product(10 000 yuan)	6711362	8300235	17.8
第一产业(万元)	Primary Industry(10 000 yuan)	72616	81272	-0.6
第二产业(万元)	Secondary Industry(10 000 yuan)	4155552	5234245	20.0
#工业(万元)	Industry(10 000 yuan)	3834444	4794359	19.4
第三产业(万元)	Tertiary Industry(10 000 yuan)	2483194	2984718	14.6
人均生产总值(元)	Per Capita GDP(yuan)	201544	230516	14.4
全社会固定资产投资(万元)	Total Investment in Fixed Assets(10 000 yuan)	4000523	4785443	19.6
按登记注册类型分	Grouped by Registered Type			
#国有(万元)	State-owned Enterprises(10 000 yuan)	1116071	1441008	29.1
集体(万元)	Collective-owned Enterprises(10 000 yuan)		16084	
有限责任公司(万元)	Limited Liability Corporations(10 000 yuan)	2044476	1339136	-34.5
股份有限公司(万元)	Share Holding Enterprises(10 000 yuan)	332536	357501	7.5
私营企业(万元)	Private Enterprises(10 000 yuan)	57673	61342	6.4
外商及港澳台投资企业(万元)	Funds from HK,Macao,Taiwan & Foreign(10 000 yuan)	7515		
按城乡渠道分	Grouped by Urban and Rural Area			
城镇（万元）	Urban(10 000 yuan)	3720642	4761571	28.0
农村（万元）	Rural(10 000 yuan)	136222	23872	-82.5
一般预算收入(万元)	General Budgetary Financial Revenue(10 000 yuan)	558462	781531	39.9
一般预算支出(万元)	General Budgetary Financial Expenditures(10 000 yuan)	449013	578281	28.8
个人储蓄存款余额(万元)	The balance of savings deposits of individuals(10 000 yuan)		1347410	
在岗职工工资总额(万元)	Total Wages of Staff & Workers Employed in(10 000 yuan)	123390	183654	48.8
在岗职工平均工资(元)	Average Wage of Staff & Workers Employed in(yuan)	55164	61464	11.4
城镇居民人均可支配收入(元)	Annual Disposable Income of Urban Residents per Capita(yuan)	26699	30579	14.5
农牧民人均纯收入(元)	Per Capita Net Income of Peasant & Herdsman(yuan)	8766	10093	15.1
农村牧区经济	**Economic Development in Rural & Pastoral Area**			
耕地面积(公顷)	Cultivated Area(hectare)	76100	76100	0.0
农作物总播种面积(公顷)	Total Sown Area(hectare)	71995	69219	-3.9
#粮食作物播种面积(公顷)	Sown Area of Grain Crops(hectare)	40112	40617	1.3
有效灌溉面积(公顷)	Irrigated Area(hectare)	27114	27114	0.0
农牧业机械总动力(万千瓦)	Total Power of Agricultural Machinery(10 000 kw)	27.20	27.45	0.9
化肥施用折纯量(吨)	Consumption of Chemical Fertilizer(ton)	9468	9300	-1.8
农村用电量(万千瓦小时)	Electricity Consumed in Rural Area(10 000 kwh)	3845	3244	-15.6
农林牧渔业总产值(万元)	Gross Output of Farming,Forestry,Animal Husbandry & Fishery(10 000 yuan)	121015	138463	14.4
粮食产量(吨)	Yield of Grain(ton)	114949	87106	-24.2
油料产量(吨)	Yield of Oil-bearing Grops(ton)	1941	2589	33.4
甜菜产量(吨)	Yield of Beetroots(ton)	319	481	50.8
猪牛羊肉产量(吨)	Output of Pork, Beef & Mutton(ton)	14481	13505	-6.7
#猪肉产量(吨)	Output of Pork(ton)	6560	8066	23.0
牛肉产量(吨)	Output of Beef(ton)	311	237	-23.8
羊肉产量(吨)	Output of Mutton(ton)	7610	5202	-31.6
羊毛产量(吨)	Output of Wool(ton)	747	579	-22.5

23-90 Zhungeer Banner in Erdos City

指　标	Item	2010	2011	2011年比上年增长% Increase Rate in 2011 Over 2010(%)
年末牲畜存栏头数(万头只)	Total Livestock at the Year-end(10 000 heads)	59.07	55.16	-6.6
#大牲畜(万头只)	Large Animals(10 000 heads)	1.48	1.41	-4.7
羊(万只)	Sheep & Goats(10 000 heads)	52.04	48.17	-7.4
猪(万头)	Hogs(10 000 heads)	5.60	5.58	-0.4
规模以上工业	**Industrial Enterprises above Designated size**			
工业企业单位数(个)	Number of Industrial Enterprises(unit)	128	109	-14.8
#内资企业(个)	Civil Funded Enterprises(unit)	126	107	-15.1
工业总产值(万元)	Gross Industrial Output Value(10 000 yuan)	6859600	10296900	50.1
内资企业(万元)	Civil Funded Enterprises(10 000 yuan)	6820800	10244500	50.2
国有企业(万元)	State-owned Enterprises(10 000 yuan)	405400	619700	52.9
集体企业(万元)	Collective-owned Enterprises(10 000 yuan)	7800	16600	112.8
股份合作企业(万元)	Share Holding Enterprises(10 000 yuan)	1112100	1934300	73.9
联营企业(万元)	Joint Owned Enterprises(10 000 yuan)			
有限责任公司(万元)	Limited Company(10 000 yuan)	3267900	4148100	26.9
股份有限公司(万元)	Share Holding Limited Company(10 000 yuan)	308500	449000	45.5
私营企业(万元)	Privately Owned Enterprises(10 000 yuan)	1719100	3076800	79.0
其他企业(万元)	Enterprises of Other Ownership(10 000 yuan)			
港澳台商投资企业(万元)	Funds from HK,Macao & Taiwan(10 000 yuan)	38800	52400	35.1
外商投资企业(万元)	Foreign Funded Enterprises(10 000 yuan)			
工业企业增加值(万元)	Value Added of Industrial Enterprises(10 000 yuan)			20.2
工业企业资产总计(万元)	Total Assets of Industrial Enterprises(10 000 yuan)	11569300	16569719	43.2
工业企业负债合计(万元)	Total Liabilities of Industrial Enterprises(10 000 yuan)	5992400	8687650	45.0
工业企业产品销售收入(万元)	Sales of Revenue Industrial Enterprises(10 000 yuan)	6713700	10577800	57.6
工业企业利润总额(万元)	Total Profits of Industrial Enterprises(10 000 yuan)	1834100	2578793	40.6
建筑业	**Construction**			
建筑企业单位数(个)	Number of Construction Enterprises(unit)	8	13	62.5
建筑企业从业人员(人)	Number of Employee in Construction Enterprises(person)	3986	5361	34.5
建筑业总产值(万元)	Gross Construction Output Value(10 000 yuan)	583812	965828	65.4
交通运输邮电通信业	**Transportation,Post & Telecommunications**			
公路里程(公里)	Total Length of Highways(km)	2546	2820	10.8
邮电业务总量(万元)	Business Volume of Post & Telecoms(10 000 yuan)	45000	59000	31.1
本地电话用户(户)	Number of Subscribers of Local Telephone(Household)	60200	60253	0.1
国内贸易	**Domestic Trade**			
社会消费品零售总额(亿元)	Total Retail Sales of Consumer Goods(10 000 yuan)	57.00	66.00	15.8
城镇(万元)	Town(10 000 yuan)	37.05	44.89	21.1
#城区(万元)	City(10 000 yuan)			
乡村(万元)	Village(10 000 yuan)	19.95	21.11	5.8
科技教育卫生	**Science,Education & Public Health**			
各类专业技术人员(人)	Special Technical Personnel(person)	8031	9224	14.9
幼儿园数(所)	Number of Kindergartens(unit)	16	32	100.0
学龄儿童入学率(%)	Percentage of School-Age Children Enrolled(%)	100.0	100.0	0.0
小学学校数(所)	Number of Primary Schools(unit)	24	25	4.2
小学专任教师数(人)	Number of Full-time Teachers of Primary Schools(person)	1186	1254	5.7
小学在校学生数(人)	Number of Student Enrollment of Primary Schools(person)	21447	21927	2.2
普通中学学校数(所)	Number of Regular Secondary Schools(unit)	13	13	0.0
普通中学专任教师数(人)	Number of Teachers of Secondary Shools(person)	1371	1359	-0.9
初中在校学生数(人)	Number of Student in Junior Secondary Schools(person)	11480	11475	0.0
高中在校学生数(人)	Number of Student in Senior Secondary Schools(person)	6227	5900	-5.3
卫生机构数(所)	Number of Health Institutions(unit)	265	282	6.4
#医院(所)	Hospitals(unit)	4	4	0.0
卫生院(所)	Township Hospitals(unit)	19	14	-26.3
床位数(张)	Number of Beds(unit)	1653	1769	7.0
#医院(张)	Hospitals(unit)	1164	1239	6.4
卫生院(张)	Township Hospitals(unit)	416	431	3.6
卫生技术人员(人)	Medical Technical Presonnel(person)	1452	1604	10.5
#医院(人)	Hospitals(person)	1026	1098	7.0
卫生院(人)	Township Hospitals(person)	406	414	2.0

23-91 鄂尔多斯市鄂托克前旗

指　标	Item	2010	2011	2011年比上年增长% Increase Rate in 2011 Over 2010(%)
行政区域土地面积(平方公里)	**Area of Administration(Sq.km)**	**12180**	**12180**	**0.0**
人口和就业	**Population & Employment**			
年末总人口(人)	Total Population Year-end(person)	75961	76085	0.2
#男性(人)	Male(person)	38669	38600	-0.2
#乡村人口(人)	Rural(person)	35995	35839	-0.4
年末总户数(户)	Total Number of Households at the Year-end(Household)	28147	27893	-0.9
#乡村户数(户)	Number of Rural Household(Household)	11462	12398	8.2
出生人口(人)	Births(person)	916	1124	22.7
死亡人口(人)	Deaths(person)	655	332	-49.3
全社会就业人员(人)	Employment(person)	47095	47933	1.8
第一产业(人)	Primary Industry(person)	22605	22049	-2.5
第二产业(人)	Secondary Industry(person)	9419	10545	12.0
第三产业(人)	Tertiary Industry(person)	15071	15339	1.8
在岗职工人数(人)	Number of Staff & Workers Employed in(person)	4861	5187	6.7
乡村劳动力(人)	Number of Rural Laborers(person)	22099	21369	-3.3
#农林牧渔业(人)	Farming,Forestry,Animal Husbandry & Fishery(person)	19213	18291	-4.8
国民经济综合指标	**Summary Item on the National Economy**			
生产总值(万元)	Gross Domestic Product(10 000 yuan)	502269	680637	24.0
第一产业(万元)	Primary Industry(10 000 yuan)	79231	91871	7.0
第二产业(万元)	Secondary Industry(10 000 yuan)	246342	347604	31.1
#工业(万元)	Industry(10 000 yuan)	191759	251129	22.7
第三产业(万元)	Tertiary Industry(10 000 yuan)	176696	241162	21.8
人均生产总值(元)	Per Capita GDP(yuan)	66204	89526	9.7
全社会固定资产投资(万元)	Total Investment in Fixed Assets(10 000 yuan)	881954	1558871	76.7
按登记注册类型分	Grouped by Registered Type			
#国有(万元)	State-owned Enterprises(10 000 yuan)	601791	1218173	102.4
集体(万元)	Collective-owned Enterprises(10 000 yuan)	2940	4197	42.8
有限责任公司(万元)	Limited Liability Corporations(10 000 yuan)	130480	44970	-65.5
股份有限公司(万元)	Share Holding Enterprises(10 000 yuan)			
私营企业(万元)	Private Enterprises(10 000 yuan)	54230	253758	367.9
外商及港澳台投资企业(万元)	Funds from HK,Macao,Taiwan & Foreign(10 000 yuan)			
按城乡渠道分	Grouped by Urban and Rural Area			
城镇（万元）	Urban(10 000 yuan)	881954	1558871	76.7
农村（万元）	Rural(10 000 yuan)			
一般预算收入(万元)	General Budgetary Financial Revenue(10 000 yuan)	51018	105836	107.4
一般预算支出(万元)	General Budgetary Financial Expenditures(10 000 yuan)	140915	232904	65.3
个人储蓄存款余额(万元)	The balance of savings deposits of individuals(10 000 yuan)		118730	
在岗职工工资总额(万元)	Total Wages of Staff & Workers Employed in(10 000 yuan)	26074	28697	10.1
在岗职工平均工资(元)	Average Wage of Staff & Workers Employed in(yuan)	53640	59427	10.8
城镇居民人均可支配收入(元)	Annual Disposable Income of Urban Residents per Capita(yuan)	21046	25904	23.1
农牧民人均纯收入(元)	Per Capita Net Income of Peasant & Herdsman(yuan)	8764	10093	15.2
农村牧区经济	**Economic Development in Rural & Pastoral Area**			
耕地面积(公顷)	Cultivated Area(hectare)	27733	28369	2.3
农作物总播种面积(公顷)	Total Sown Area(hectare)	27733	28369	2.3
#粮食作物播种面积(公顷)	Sown Area of Grain Crops(hectare)	16667	20452	22.7
有效灌溉面积(公顷)	Irrigated Area(hectare)	27733	28369	2.3
农牧业机械总动力(万千瓦)	Total Power of Agricultural Machinery(10 000 kw)	21.90	21.87	-0.1
化肥施用折纯量(吨)	Consumption of Chemical Fertilizer(ton)	12045	13991	16.2
农村用电量(万千瓦小时)	Electricity Consumed in Rural Area(10 000 kwh)	3177	3568	12.3
农林牧渔业总产值(万元)	Gross Output of Farming,Forestry,Animal Husbandry & Fishery(10 000 yuan)	132410	154180	16.4
粮食产量(吨)	Yield of Grain(ton)	107500	122000	13.5
油料产量(吨)	Yield of Oil-bearing Grops(ton)	2500	1800	-28.0
甜菜产量(吨)	Yield of Beetroots(ton)			
猪牛羊肉产量(吨)	Output of Pork, Beef & Mutton(ton)	16485	14314	-13.2
#猪肉产量(吨)	Output of Pork(ton)	3575	3370	-5.7
牛肉产量(吨)	Output of Beef(ton)	2749	2043	-25.7
羊肉产量(吨)	Output of Mutton(ton)	10161	8901	-12.4
羊毛产量(吨)	Output of Wool(ton)	1477	1507	2.0

23-91 Etuokeqian Banner in Erdos City

指　　标	Item	2010	2011	2011年比上年增长% Increase Rate in 2011 Over 2010(%)
年末牲畜存栏头数(万头只)	Total Livestock at the Year-end(10 000 heads)	79.15	84.83	7.2
#大牲畜(万头只)	Large Animals(10 000 heads)	3.05	3.16	3.6
羊(万只)	Sheep & Goats(10 000 heads)	70.69	76.00	7.5
猪(万头)	Hogs(10 000 heads)	5.41	5.67	4.8
规模以上工业	**Industrial Enterprises above Designated size**			
工业企业单位数(个)	Number of Industrial Enterprises(unit)	12	14	16.7
#内资企业(个)	Civil Funded Enterprises(unit)	12	14	16.7
工业总产值(万元)	Gross Industrial Output Value(10 000 yuan)	339100	591047	74.3
内资企业(万元)	Civil Funded Enterprises(10 000 yuan)	339100	591047	74.3
国有企业(万元)	State-owned Enterprises(10 000 yuan)	113900	113601	-0.3
集体企业(万元)	Collective-owned Enterprises(10 000 yuan)			
股份合作企业(万元)	Share Holding Enterprises(10 000 yuan)			
联营企业(万元)	Joint Owned Enterprises(10 000 yuan)			
有限责任公司(万元)	Limited Company(10 000 yuan)	199600	427666	114.3
股份有限公司(万元)	Share Holding Limited Company(10 000 yuan)			
私营企业(万元)	Privately Owned Enterprises(10 000 yuan)	25600	49780	94.5
其他企业(万元)	Enterprises of Other Ownership(10 000 yuan)			
港澳台商投资企业(万元)	Funds from HK,Macao & Taiwan(10 000 yuan)			
外商投资企业(万元)	Foreign Funded Enterprises(10 000 yuan)			
工业企业增加值(万元)	Value Added of Industrial Enterprises(10 000 yuan)			25.1
工业企业资产总计(万元)	Total Assets of Industrial Enterprises(10 000 yuan)	228700	687100	200.4
工业企业负债合计(万元)	Total Liabilities of Industrial Enterprises(10 000 yuan)	126500	235600	86.2
工业企业产品销售收入(万元)	Sales of Revenue Industrial Enterprises(10 000 yuan)	269100	503400	87.1
工业企业利润总额(万元)	Total Profits of Industrial Enterprises(10 000 yuan)	12900	21600	67.4
建筑业	**Construction**			
建筑企业单位数(个)	Number of Construction Enterprises(unit)	6	6	0.0
建筑企业从业人员(人)	Number of Employee in Construction Enterprises(person)	2800	2728	-2.57
建筑业总产值(万元)	Gross Construction Output Value(10 000 yuan)	39431	81173	105.9
交通运输邮电通信业	**Transportation,Post & Telecommunications**			
公路里程(公里)	Total Length of Highways(km)	1906	1916	0.5
邮电业务总量(万元)	Business Volume of Post & Telecoms(10 000 yuan)	4816	5505	14.3
本地电话用户(户)	Number of Subscribers of Local Telephone(Household)	7341	7847	6.9
国内贸易	**Domestic Trade**			
社会消费品零售总额(亿元)	Total Retail Sales of Consumer Goods(10 000 yuan)	9.83	12.00	22.1
城镇(万元)	Town(10 000 yuan)	6.26	7.41	18.5
#城区(万元)	City(10 000 yuan)	5.37	6.41	19.3
乡村(万元)	Village(10 000 yuan)	3.57	4.59	28.4
科技教育卫生	**Science,Education & Public Health**			
各类专业技术人员(人)	Special Technical Personnel(person)	1517	1949	28.5
幼儿园数(所)	Number of Kindergartens(unit)	5	6	20.0
学龄儿童入学率(%)	Percentage of School-Age Children Enrolled(%)	100.0	100.0	0.0
小学学校数(所)	Number of Primary Schools(unit)	6	5	-0.2
小学专任教师数(人)	Number of Full-time Teachers of Primary Schools(person)	225	237	5.3
小学在校学生数(人)	Number of Student Enrollment of Primary Schools(person)	4171	4228	1.4
普通中学学校数(所)	Number of Regular Secondary Schools(unit)	4	4	0.0
普通中学专任教师数(人)	Number of Teachers of Secondary Shools(person)	169	182	7.7
初中在校学生数(人)	Number of Student in Junior Secondary Schools(person)	2391	2288	-4.3
高中在校学生数(人)	Number of Student in Senior Secondary Schools(person)	949	953	0.4
卫生机构数(所)	Number of Health Institutions(unit)	11	10	-9.1
#医院(所)	Hospitals(unit)	2	2	0.0
卫生院(所)	Township Hospitals(unit)	9	8	-11.1
床位数(张)	Number of Beds(unit)	273	323	18.3
#医院(张)	Hospitals(unit)	160	160	0.0
卫生院(张)	Township Hospitals(unit)	113	105	-7.1
卫生技术人员(人)	Medical Technical Presonnel(person)	333	324	-2.7
#医院(人)	Hospitals(person)	122	114	-6.6
卫生院(人)	Township Hospitals(person)	95	78	-17.9

23-92 鄂尔多斯市鄂托克旗

指　标	Item	2010	2011	2011年比上年增长% Increase Rate in 2011 Over 2010(%)
行政区域土地面积(平方公里)	**Area of Administration(Sq.km)**	**20383**	**20367**	**-0.1**
人口和就业	**Population & Employment**			
年末总人口(人)	Total Population Year-end(person)	97853	98852	1.0
#男性(人)	Male(person)	49669	50091	0.8
#乡村人口(人)	Rural(person)	35723	35890	0.5
年末总户数(户)	Total Number of Households at the Year-end(Household)	38895	40234	3.4
#乡村户数(户)	Number of Rural Household(Household)	11275	11289	0.1
出生人口(人)	Births(person)	1422	1131	-20.5
死亡人口(人)	Deaths(person)	794	332	-58.2
全社会就业人员(人)	Employment(person)	87490	89760	2.6
第一产业(人)	Primary Industry(person)	25131	25366	0.9
第二产业(人)	Secondary Industry(person)	34127	35263	3.3
第三产业(人)	Tertiary Industry(person)	28232	29131	3.2
在岗职工人数(人)	Number of Staff & Workers Employed in(person)	19747	20479	3.7
乡村劳动力(人)	Number of Rural Laborers(person)	24398	24364	-0.1
#农林牧渔业(人)	Farming,Forestry,Animal Husbandry & Fishery(person)	21250	21088	-0.8
国民经济综合指标	**Summary Item on the National Economy**			
生产总值(万元)	Gross Domestic Product(10 000 yuan)	2733886	3291899	15.0
第一产业(万元)	Primary Industry(10 000 yuan)	51654	62443	6.6
第二产业(万元)	Secondary Industry(10 000 yuan)	2123674	2574131	15.6
#工业(万元)	Industry(10 000 yuan)	1929926	2336135	15.8
第三产业(万元)	Tertiary Industry(10 000 yuan)	558558	655325	13.2
人均生产总值(元)	Per Capita GDP(yuan)	182991	210345	9.7
全社会固定资产投资(万元)	Total Investment in Fixed Assets(10 000 yuan)	2000236	2205138	10.2
按登记注册类型分	Grouped by Registered Type			
#国有(万元)	State-owned Enterprises(10 000 yuan)	1016706	720747	-29.1
集体(万元)	Collective-owned Enterprises(10 000 yuan)			
有限责任公司(万元)	Limited Liability Corporations(10 000 yuan)	483199	1201157	148.6
股份有限公司(万元)	Share Holding Enterprises(10 000 yuan)	259869	237776	-8.5
私营企业(万元)	Private Enterprises(10 000 yuan)	41482	45458	9.6
外商及港澳台投资企业(万元)	Funds from HK,Macao,Taiwan & Foreign(10 000 yuan)	365		
按城乡渠道分	Grouped by Urban and Rural Area			
城镇（亿元）	Urban(10 000 yuan)	2000236	2197576	9.9
农村（亿元）	Rural(10 000 yuan)		7562	
一般预算收入(万元)	General Budgetary Financial Revenue(10 000 yuan)	133266	204673	53.6
一般预算支出(万元)	General Budgetary Financial Expenditures(10 000 yuan)	197433	265546	34.5
个人储蓄存款余额(万元)	The balance of savings deposits of individuals(10 000 yuan)		427666	
在岗职工工资总额(万元)	Total Wages of Staff & Workers Employed in(10 000 yuan)	94938	120057	26.5
在岗职工平均工资(元)	Average Wage of Staff & Workers Employed in(yuan)	48741	58303	19.6
城镇居民人均可支配收入(元)	Annual Disposable Income of Urban Residents per Capita(yuan)	22197	26605	19.9
农牧民人均纯收入(元)	Per Capita Net Income of Peasant & Herdsman(yuan)	8720	9998	14.7
农村牧区经济	**Economic Development in Rural & Pastoral Area**			
耕地面积(公顷)	Cultivated Area(hectare)	18733	19066	1.8
农作物总播种面积(公顷)	Total Sown Area(hectare)	18733	19066	1.8
#粮食作物播种面积(公顷)	Sown Area of Grain Crops(hectare)	14200	14148	-0.4
有效灌溉面积(公顷)	Irrigated Area(hectare)	18733	19066	1.8
农牧业机械总动力(万千瓦)	Total Power of Agricultural Machinery(10 000 kw)	16.10	16.49	2.4
化肥施用折纯量(吨)	Consumption of Chemical Fertilizer(ton)	4402	4410	0.2
农村用电量(万千瓦小时)	Electricity Consumed in Rural Area(10 000 kwh)	790	825	4.4
农林牧渔业总产值(万元)	Gross Output of Farming,Forestry,Animal Husbandry & Fishery(10 000 yuan)	88178	109997	24.7
粮食产量(吨)	Yield of Grain(ton)	82000	90137	9.9
油料产量(吨)	Yield of Oil-bearing Grops(ton)	7600	6217	-18.2
甜菜产量(吨)	Yield of Beetroots(ton)			
猪牛羊肉产量(吨)	Output of Pork, Beef & Mutton(ton)	14856	15168	2.1
#猪肉产量(吨)	Output of Pork(ton)	2219	2736	23.3
牛肉产量(吨)	Output of Beef(ton)	1088	1200	10.3
羊肉产量(吨)	Output of Mutton(ton)	11549	11232	-2.7
羊毛产量(吨)	Output of Wool(ton)	329	324	-1.5

23-92 Etuoke Banner in Erdos City

指　标	Item	2010	2011	2011年比上年增长% Increase Rate in 2011 Over 2010(%)
年末牲畜存栏头数(万头只)	Total Livestock at the Year-end(10 000 heads)	133.59	103.41	-22.6
#大牲畜(万头只)	Large Animals(10 000 heads)	1.85	2.53	36.8
羊(万只)	Sheep & Goats(10 000 heads)	128.50	97.17	-24.4
猪(万头)	Hogs(10 000 heads)	3.24	3.72	14.8
规模以上工业	**Industrial Enterprises above Designated size**			
工业企业单位数(个)	Number of Industrial Enterprises(unit)	62	56	-9.7
#内资企业(个)	Civil Funded Enterprises(unit)	59	53	-10.2
工业总产值(万元)	Gross Industrial Output Value(10 000 yuan)	3999300	5351300	33.8
内资企业(万元)	Civil Funded Enterprises(10 000 yuan)	2798500	4951600	76.9
国有企业(万元)	State-owned Enterprises(10 000 yuan)	34000	235100	591.5
集体企业(万元)	Collective-owned Enterprises(10 000 yuan)	7200	4700	-34.7
股份合作企业(万元)	Share Holding Enterprises(10 000 yuan)		141000	
联营企业(万元)	Joint Owned Enterprises(10 000 yuan)			
有限责任公司(万元)	Limited Company(10 000 yuan)		1377100	
股份有限公司(万元)	Share Holding Limited Company(10 000 yuan)	810700	2251400	177.7
私营企业(万元)	Privately Owned Enterprises(10 000 yuan)	1946600	871800	-55.2
其他企业(万元)	Enterprises of Other Ownership(10 000 yuan)		70500	
港澳台商投资企业(万元)	Funds from HK,Macao & Taiwan(10 000 yuan)			
外商投资企业(万元)	Foreign Funded Enterprises(10 000 yuan)	1200800	399700	-66.7
工业企业增加值(万元)	Value Added of Industrial Enterprises(10 000 yuan)			16.0
工业企业资产总计(万元)	Total Assets of Industrial Enterprises(10 000 yuan)	4904000	7172700	46.3
工业企业负债合计(万元)	Total Liabilities of Industrial Enterprises(10 000 yuan)	2854600	4535000	58.9
工业企业产品销售收入(万元)	Sales of Revenue Industrial Enterprises(10 000 yuan)	3815500	5037800	32.0
工业企业利润总额(万元)	Total Profits of Industrial Enterprises(10 000 yuan)	393000	435700	10.9
建筑业	**Construction**			
建筑企业单位数(个)	Number of Construction Enterprises(unit)	5	4	-20.0
建筑企业从业人员(人)	Number of Employee in Construction Enterprises(person)	1117	1387	24.2
建筑业总产值(万元)	Gross Construction Output Value(10 000 yuan)	44661	43667	-2.2
交通运输邮电通信业	**Transportation,Post & Telecommunications**			
公路里程(公里)	Total Length of Highways(km)	2905	3427	18.0
邮电业务总量(万元)	Business Volume of Post & Telecoms(10 000 yuan)	16093	20000	24.3
本地电话用户(户)	Number of Subscribers of Local Telephone(Household)	22565	15139	-32.9
国内贸易	**Domestic Trade**			
社会消费品零售总额(亿元)	Total Retail Sales of Consumer Goods(10 000 yuan)	27.32	32.00	17.1
城镇(万元)	Town(10 000 yuan)	15.74	20.41	29.6
#城区(万元)	City(10 000 yuan)	11.65	9.01	-22.6
乡村(万元)	Village(10 000 yuan)	11.57	11.59	0.2
科技教育卫生	**Science,Education & Public Health**			
各类专业技术人员(人)	Special Technical Personnel(person)			
幼儿园数(所)	Number of Kindergartens(unit)	16	16	0.0
学龄儿童入学率(%)	Percentage of School-Age Children Enrolled(%)	100.0	100.0	0.0
小学学校数(所)	Number of Primary Schools(unit)	8	8	0.0
小学专任教师数(人)	Number of Full-time Teachers of Primary Schools(person)	684	723	5.7
小学在校学生数(人)	Number of Student Enrollment of Primary Schools(person)	8314	8379	0.8
普通中学学校数(所)	Number of Regular Secondary Schools(unit)	8	6	-25.0
普通中学专任教师数(人)	Number of Teachers of Secondary Shools(person)	634	731	15.3
初中在校学生数(人)	Number of Student in Junior Secondary Schools(person)	4457	3987	-10.5
高中在校学生数(人)	Number of Student in Senior Secondary Schools(person)	1817	2027	11.6
卫生机构数(所)	Number of Health Institutions(unit)	170	140	-17.6
#医院(所)	Hospitals(unit)	5	6	20.0
卫生院(所)	Township Hospitals(unit)	12	12	0.0
床位数(张)	Number of Beds(unit)	825	433	-47.5
#医院(张)	Hospitals(unit)	390	292	-25.1
卫生院(张)	Township Hospitals(unit)	240	126	-47.5
卫生技术人员(人)	Medical Technical Presonnel(person)	512	603	17.8
#医院(人)	Hospitals(person)	322	369	14.6
卫生院(人)	Township Hospitals(person)	83	98	18.1

23-93 鄂尔多斯市杭锦旗

指　标	Item	2010	2011	2011年比上年增长% Increase Rate in 2011 Over 2010(%)
行政区域土地面积(平方公里)	**Area of Administration(Sq.km)**	**18903**	**18903**	**0.0**
人口和就业	**Population & Employment**			
年末总人口(人)	Total Population Year-end(person)	145756	146626	0.6
#男性(人)	Male(person)	75057	75327	0.4
#乡村人口(人)	Rural(person)	66173	67804	2.5
年末总户数(户)	Total Number of Households at the Year-end(Household)	62014	63678	2.7
#乡村户数(户)	Number of Rural Household(Household)	21378	22921	7.2
出生人口(人)	Births(person)	2113	1292	-38.9
死亡人口(人)	Deaths(person)	776	429	-44.7
全社会就业人员(人)	Employment(person)	86698	87931	1.4
第一产业(人)	Primary Industry(person)	53446	53718	0.5
第二产业(人)	Secondary Industry(person)	16968	16588	-2.2
第三产业(人)	Tertiary Industry(person)	16284	17625	8.2
在岗职工人数(人)	Number of Staff & Workers Employed in(person)	10761	10833	0.7
乡村劳动力(人)	Number of Rural Laborers(person)	52953	53718	1.4
#农林牧渔业(人)	Farming,Forestry,Animal Husbandry & Fishery(person)	46337	47562	2.6
国民经济综合指标	**Summary Item on the National Economy**			
生产总值(万元)	Gross Domestic Product(10 000 yuan)	501409	584800	9.5
第一产业(万元)	Primary Industry(10 000 yuan)	112915	136100	7.1
第二产业(万元)	Secondary Industry(10 000 yuan)	187630	217500	9.9
#工业(万元)	Industry(10 000 yuan)	132250	154700	12.0
第三产业(万元)	Tertiary Industry(10 000 yuan)	200864	231100	10.6
人均生产总值(元)	Per Capita GDP(yuan)	44649	52412	10.2
全社会固定资产投资(万元)	Total Investment in Fixed Assets(10 000 yuan)	1000427	1100552	10.0
按登记注册类型分	Grouped by Registered Type			
#国有(万元)	State-owned Enterprises(10 000 yuan)	714457	245498	-65.6
集体(万元)	Collective-owned Enterprises(10 000 yuan)			
有限责任公司(万元)	Limited Liability Corporations(10 000 yuan)	103796	799074	669.9
股份有限公司(万元)	Share Holding Enterprises(10 000 yuan)	5562	50100	800.8
私营企业(万元)	Private Enterprises(10 000 yuan)			
外商及港澳台投资企业(万元)	Funds from HK,Macao,Taiwan & Foreign(10 000 yuan)			
按城乡渠道分	Grouped by Urban and Rural Area			
城镇（万元）	Urban(10 000 yuan)	999340	1100552	10.1
农村（万元）	Rural(10 000 yuan)	1087		
一般预算收入(万元)	General Budgetary Financial Revenue(10 000 yuan)	35491	49663	39.9
一般预算支出(万元)	General Budgetary Financial Expenditures(10 000 yuan)	184031	212752	15.6
个人储蓄存款余额(万元)	The balance of savings deposits of individuals(10 000 yuan)		181088	
在岗职工工资总额(万元)	Total Wages of Staff & Workers Employed in(10 000 yuan)	50773	54758	7.8
在岗职工平均工资(元)	Average Wage of Staff & Workers Employed in(yuan)	47536	50669	6.6
城镇居民人均可支配收入(元)	Annual Disposable Income of Urban Residents per Capita(yuan)	20576	25503	23.9
农牧民人均纯收入(元)	Per Capita Net Income of Peasant & Herdsman(yuan)	8694	9956	14.5
农村牧区经济	**Economic Development in Rural & Pastoral Area**			
耕地面积(公顷)	Cultivated Area(hectare)	66667	69934	4.9
农作物总播种面积(公顷)	Total Sown Area(hectare)	61600	64867	5.3
#粮食作物播种面积(公顷)	Sown Area of Grain Crops(hectare)	38440	41560	8.1
有效灌溉面积(公顷)	Irrigated Area(hectare)	45100	45100	0.0
农牧业机械总动力(万千瓦)	Total Power of Agricultural Machinery(10 000 kw)	45.00	45.00	0.0
化肥施用折纯量(吨)	Consumption of Chemical Fertilizer(ton)	20638	20098	-2.6
农村用电量(万千瓦小时)	Electricity Consumed in Rural Area(10 000 kwh)	4635	4669	0.7
农林牧渔业总产值(万元)	Gross Output of Farming,Forestry,Animal Husbandry & Fishery(10 000 yuan)	187694	234064	24.7
粮食产量(吨)	Yield of Grain(ton)	308000	359000	16.6
油料产量(吨)	Yield of Oil-bearing Grops(ton)	39000	44208	13.4
甜菜产量(吨)	Yield of Beetroots(ton)			
猪牛羊肉产量(吨)	Output of Pork, Beef & Mutton(ton)	20427	17900	-12.4
#猪肉产量(吨)	Output of Pork(ton)	2064	2503	21.3
牛肉产量(吨)	Output of Beef(ton)	757	754	-0.4
羊肉产量(吨)	Output of Mutton(ton)	17606	14412	-18.1
羊毛产量(吨)	Output of Wool(ton)	3432	3603	5.0

23-93 Hangjin Banner in Erdos City

指　标	Item	2010	2011	2011年比上年增长% Increase Rate in 2011 Over 2010(%)
年末牲畜存栏头数(万头只)	Total Livestock at the Year-end(10 000 heads)	143.39	142.03	-0.9
#大牲畜(万头只)	Large Animals(10 000 heads)	1.80	2.00	11.1
羊(万只)	Sheep & Goats(10 000 heads)	138.67	136.50	-1.6
猪(万头)	Hogs(10 000 heads)	2.92	3.50	19.9
规模以上工业	**Industrial Enterprises above Designated size**			
工业企业单位数(个)	Number of Industrial Enterprises(unit)	18	18	0.0
#内资企业(个)	Civil Funded Enterprises(unit)	18	18	0.0
工业总产值(万元)	Gross Industrial Output Value(10 000 yuan)	87900	118771	35.1
内资企业(万元)	Civil Funded Enterprises(10 000 yuan)	87900	118771	35.1
国有企业(万元)	State-owned Enterprises(10 000 yuan)	11900	14098	18.5
集体企业(万元)	Collective-owned Enterprises(10 000 yuan)			
股份合作企业(万元)	Share Holding Enterprises(10 000 yuan)		104042	
联营企业(万元)	Joint Owned Enterprises(10 000 yuan)			
有限责任公司(万元)	Limited Company(10 000 yuan)	28100		
股份有限公司(万元)	Share Holding Limited Company(10 000 yuan)	30400		
私营企业(万元)	Privately Owned Enterprises(10 000 yuan)	17500		
其他企业(万元)	Enterprises of Other Ownership(10 000 yuan)		631	
港澳台商投资企业(万元)	Funds from HK,Macao & Taiwan(10 000 yuan)			
外商投资企业(万元)	Foreign Funded Enterprises(10 000 yuan)			
工业企业增加值(万元)	Value Added of Industrial Enterprises(10 000 yuan)			10.7
工业企业资产总计(万元)	Total Assets of Industrial Enterprises(10 000 yuan)	324600	442600	36.4
工业企业负债合计(万元)	Total Liabilities of Industrial Enterprises(10 000 yuan)	255700	272800	6.7
工业企业产品销售收入(万元)	Sales of Revenue Industrial Enterprises(10 000 yuan)	78000	125325	60.7
工业企业利润总额(万元)	Total Profits of Industrial Enterprises(10 000 yuan)	12300	5700	-53.7
建筑业	**Construction**			
建筑企业单位数(个)	Number of Construction Enterprises(unit)	2	3	50.0
建筑企业从业人员(人)	Number of Employee in Construction Enterprises(person)	478	431	-9.8
建筑业总产值(万元)	Gross Construction Output Value(10 000 yuan)	8671	8165	-5.8
交通运输邮电通信业	**Transportation,Post & Telecommunications**			
公路里程(公里)	Total Length of Highways(km)	2136	2320	8.6
邮电业务总量(万元)	Business Volume of Post & Telecoms(10 000 yuan)	8362	11872	42.0
本地电话用户(户)	Number of Subscribers of Local Telephone(Household)	11480	9119	-20.6
国内贸易	**Domestic Trade**			
社会消费品零售总额(亿元)	Total Retail Sales of Consumer Goods(10 000 yuan)	18	21	16.7
城镇(万元)	Town(10 000 yuan)	13.2	12.9	-2.3
#城区(万元)	City(10 000 yuan)	12.3	10.1	-17.9
乡村(万元)	Village(10 000 yuan)	4.8	8.1	68.8
科技教育卫生	**Science,Education & Public Health**			
各类专业技术人员(人)	Special Technical Personnel(person)	3425	3458	1.0
幼儿园数(所)	Number of Kindergartens(unit)	13	16	23.0
学龄儿童入学率(%)	Percentage of School-Age Children Enrolled(%)	100.0	100.0	0.0
小学学校数(所)	Number of Primary Schools(unit)	6	4	-33.3
小学专任教师数(人)	Number of Full-time Teachers of Primary Schools(person)	432	349	-19.2
小学在校学生数(人)	Number of Student Enrollment of Primary Schools(person)	5344	5448	1.9
普通中学学校数(所)	Number of Regular Secondary Schools(unit)	5	5	0.0
普通中学专任教师数(人)	Number of Teachers of Secondary Shools(person)	555	569	2.5
初中在校学生数(人)	Number of Student in Junior Secondary Schools(person)	3979	3901	-2.0
高中在校学生数(人)	Number of Student in Senior Secondary Schools(person)	1660	1720	3.6
卫生机构数(所)	Number of Health Institutions(unit)	14	17	21.4
#医院(所)	Hospitals(unit)	2	2	0.0
卫生院(所)	Township Hospitals(unit)	12	12	0.0
床位数(张)	Number of Beds(unit)	445	450	1.1
#医院(张)	Hospitals(unit)	265	270	1.9
卫生院(张)	Township Hospitals(unit)	180	180	0.0
卫生技术人员(人)	Medical Technical Presonnel(person)	542	546	0.7
#医院(人)	Hospitals(person)	316	367	16.1
卫生院(人)	Township Hospitals(person)	148	153	3.4

23-94 鄂尔多斯市乌审旗

指　标	Item	2010	2011	2011年比上年增长% Increase Rate in 2011 Over 2010(%)
行政区域土地面积(平方公里)	**Area of Administration(Sq.km)**	**11645**	**11645**	**0.0**
人口和就业	**Population & Employment**			
年末总人口(人)	Total Population Year-end(person)	107808	108925	1.0
# 男性(人)	Male(person)	55190	55597	0.7
# 乡村人口(人)	Rural(person)	49152	51516	4.8
年末总户数(户)	Total Number of Households at the Year-end(Household)	40730	41185	1.1
# 乡村户数(户)	Number of Rural Household(Household)	17952	18679	4.0
出生人口(人)	Births(person)	2302	1390	-39.6
死亡人口(人)	Deaths(person)	541	305	-43.6
全社会就业人员(人)	Employment(person)	73620	79347	7.8
第一产业(人)	Primary Industry(person)	32711	34288	4.8
第二产业(人)	Secondary Industry(person)	9876	12881	30.4
第三产业(人)	Tertiary Industry(person)	31033	32178	3.7
在岗职工人数(人)	Number of Staff & Workers Employed in(person)	7601	8300	9.2
乡村劳动力(人)	Number of Rural Laborers(person)	36288	38563	6.3
# 农林牧渔业(人)	Farming,Forestry,Animal Husbandry & Fishery(person)	28810	29078	0.9
国民经济综合指标	**Summary Item on the National Economy**			
生产总值(万元)	Gross Domestic Product(10 000 yuan)	1894911	2400110	14.0
第一产业(万元)	Primary Industry(10 000 yuan)	87988	107212	5.2
第二产业(万元)	Secondary Industry(10 000 yuan)	1389516	1786491	13.6
# 工业(万元)	Industry(10 000 yuan)	1240654	1593139	12.8
第三产业(万元)	Tertiary Industry(10 000 yuan)	417407	506407	17.1
人均生产总值(元)	Per Capita GDP(yuan)	151714	182935	8.3
全社会固定资产投资(万元)	Total Investment in Fixed Assets(10 000 yuan)	1900163	2367696	24.6
按登记注册类型分	Grouped by Registered Type			
# 国有(万元)	State-owned Enterprises(10 000 yuan)	1392959	1240668	-10.9
集体(万元)	Collective-owned Enterprises(10 000 yuan)			
有限责任公司(万元)	Limited Liability Corporations(10 000 yuan)	350473		
股份有限公司(万元)	Share Holding Enterprises(10 000 yuan)	72206		
私营企业(万元)	Private Enterprises(10 000 yuan)	4940	16300	230.0
外商及港澳台投资企业(万元)	Funds from HK,Macao,Taiwan & Foreign(10 000 yuan)			
按城乡渠道分	Grouped by Urban and Rural Area			
城镇（万元）	Urban(10 000 yuan)	1869183	2304358	23.3
农村（万元）	Rural(10 000 yuan)	30980	63338	104.5
一般预算收入(万元)	General Budgetary Financial Revenue(10 000 yuan)	87541	110901	26.7
一般预算支出(万元)	General Budgetary Financial Expenditures(10 000 yuan)	161416	187256	16.0
个人储蓄存款余额(万元)	The balance of savings deposits of individuals(10 000 yuan)		226642	
在岗职工工资总额(万元)	Total Wages of Staff & Workers Employed in(10 000 yuan)	41231	49509	20.0
在岗职工平均工资(元)	Average Wage of Staff & Workers Employed in(yuan)	54244	59650	10.0
城镇居民人均可支配收入(元)	Annual Disposable Income of Urban Residents per Capita(yuan)	21116	25958	22.9
农牧民人均纯收入(元)	Per Capita Net Income of Peasant & Herdsman(yuan)	8755	10054	14.8
农村牧区经济	**Economic Development in Rural & Pastoral Area**			
耕地面积(公顷)	Cultivated Area(hectare)	39444	39444	0.0
农作物总播种面积(公顷)	Total Sown Area(hectare)	39444	39444	0.0
# 粮食作物播种面积(公顷)	Sown Area of Grain Crops(hectare)	18081	18087	0.1
有效灌溉面积(公顷)	Irrigated Area(hectare)	39444	39444	0.0
农牧业机械总动力(万千瓦)	Total Power of Agricultural Machinery(10 000 kw)	50.60	46.79	-7.5
化肥施用折纯量(吨)	Consumption of Chemical Fertilizer(ton)	6647	6685	0.6
农村用电量(万千瓦小时)	Electricity Consumed in Rural Area(10 000 kwh)	8155	8243	1.1
农林牧渔业总产值(万元)	Gross Output of Farming,Forestry,Animal Husbandry & Fishery(10 000 yuan)	153125	186175	21.6
粮食产量(吨)	Yield of Grain(ton)	115000	114376	-1.0
油料产量(吨)	Yield of Oil-bearing Grops(ton)	1327	1421	7.1
甜菜产量(吨)	Yield of Beetroots(ton)			
猪牛羊肉产量(吨)	Output of Pork, Beef & Mutton(ton)	35623	36356	2.1
# 猪肉产量(吨)	Output of Pork(ton)	24918	24176	-3.0
牛肉产量(吨)	Output of Beef(ton)	5285	5009	-5.2
羊肉产量(吨)	Output of Mutton(ton)	5420	6977	28.7
羊毛产量(吨)	Output of Wool(ton)	1004	3496	248.2

23-94 Wushen Banner in Erdos City

指　标	Item	2010	2011	2011年比上年增长% Increase Rate in 2011 Over 2010(%)
年末牲畜存栏头数(万头只)	Total Livestock at the Year-end(10 000 heads)	119.74	112.24	-6.3
# 大牲畜(万头只)	Large Animals(10 000 heads)	8.90	8.70	-2.2
羊(万只)	Sheep & Goats(10 000 heads)	97.60	90.12	-7.7
猪(万头)	Hogs(10 000 heads)	13.30	13.40	0.8
规模以上工业	**Industrial Enterprises above Designated size**			
工业企业单位数(个)	Number of Industrial Enterprises(unit)	18	11	-38.9
# 内资企业(个)	Civil Funded Enterprises(unit)	16	10	-37.5
工业总产值(万元)	Gross Industrial Output Value(10 000 yuan)	2858858	3828845	33.93
内资企业(万元)	Civil Funded Enterprises(10 000 yuan)	2628146	3670577	39.7
国有企业(万元)	State-owned Enterprises(10 000 yuan)	19711	20368	3.3
集体企业(万元)	Collective-owned Enterprises(10 000 yuan)			
股份合作企业(万元)	Share Holding Enterprises(10 000 yuan)			
联营企业(万元)	Joint Owned Enterprises(10 000 yuan)			
有限责任公司(万元)	Limited Company(10 000 yuan)			
股份有限公司(万元)	Share Holding Limited Company(10 000 yuan)	2534778	3650209	40.1
私营企业(万元)	Privately Owned Enterprises(10 000 yuan)	21895		
其他企业(万元)	Enterprises of Other Ownership(10 000 yuan)	51762		
港澳台商投资企业(万元)	Funds from HK,Macao & Taiwan(10 000 yuan)	55113		
外商投资企业(万元)	Foreign Funded Enterprises(10 000 yuan)	175599	158268	-9.9
工业企业增加值(万元)	Value Added of Industrial Enterprises(10 000 yuan)			12.8
工业企业资产总计(万元)	Total Assets of Industrial Enterprises(10 000 yuan)	1014310	863700	-14.8
工业企业负债合计(万元)	Total Liabilities of Industrial Enterprises(10 000 yuan)	468583	344100	-26.6
工业企业产品销售收入(万元)	Sales of Revenue Industrial Enterprises(10 000 yuan)	2826920	3813200	34.9
工业企业利润总额(万元)	Total Profits of Industrial Enterprises(10 000 yuan)	353605	528569	49.5
建筑业	**Construction**			
建筑企业单位数(个)	Number of Construction Enterprises(unit)	5	5	0.0
建筑企业从业人员(人)	Number of Employee in Construction Enterprises(person)	408	1224	200.0
建筑业总产值(万元)	Gross Construction Output Value(10 000 yuan)	51463	69252	34.6
交通运输邮电通信业	**Transportation,Post & Telecommunications**			
公路里程(公里)	Total Length of Highways(km)	2015	2291	13.7
邮电业务总量(万元)	Business Volume of Post & Telecoms(10 000 yuan)	11991	12312	2.7
本地电话用户(户)	Number of Subscribers of Local Telephone(Household)	16800	12414	-26.1
国内贸易	**Domestic Trade**			
社会消费品零售总额(万元)	Total Retail Sales of Consumer Goods(10 000 yuan)	178573	210000	17.6
城镇(万元)	Town(10 000 yuan)	138672	166997	20.4
#城区(万元)	City(10 000 yuan)	58067	110640	90.5
乡村(万元)	Village(10 000 yuan)	39901	43003	7.8
科技教育卫生	**Science,Education & Public Health**			
各类专业技术人员(人)	Special Technical Personnel(person)	2719	2749	1.1
幼儿园数(所)	Number of Kindergartens(unit)	9	9	0.0
学龄儿童入学率(%)	Percentage of School-Age Children Enrolled(%)	100.0	100.0	0.0
小学学校数(所)	Number of Primary Schools(unit)	6	6	0.0
小学专任教师数(人)	Number of Full-time Teachers of Primary Schools(person)	485	584	20.4
小学在校学生数(人)	Number of Student Enrollment of Primary Schools(person)	6212	6542	5.3
普通中学学校数(所)	Number of Regular Secondary Schools(unit)	3	5	66.7
普通中学专任教师数(人)	Number of Teachers of Secondary Shools(person)	415	694	67.2
初中在校学生数(人)	Number of Student in Junior Secondary Schools(person)	3251	2968	-8.7
高中在校学生数(人)	Number of Student in Senior Secondary Schools(person)	1769	1769	0.0
卫生机构数(所)	Number of Health Institutions(unit)	18	18	0.0
# 医院(所)	Hospitals(unit)	2	2	0.0
卫生院(所)	Township Hospitals(unit)	12	12	0.0
床位数(张)	Number of Beds(unit)	318	326	2.5
# 医院(张)	Hospitals(unit)	172	176	2.3
卫生院(张)	Township Hospitals(unit)	126	150	19.0
卫生技术人员(人)	Medical Technical Presonnel(person)	344	384	11.6
# 医院(人)	Hospitals(person)	222	252	13.5
卫生院(人)	Township Hospitals(person)	122	132	8.2

23-95 鄂尔多斯市伊金霍洛旗

指 标	Item	2010	2011	2011年比上年增长% Increase Rate in 2011 Over 2010(%)
行政区域土地面积(平方公里)	**Area of Administration(Sq.km)**	**5565**	**5565**	**0.0**
人口和就业	**Population & Employment**			
年末总人口(人)	Total Population Year-end(person)	164212	167004	1.7
#男性(人)	Male(person)	84382	85311	1.1
#乡村人口(人)	Rural(person)	74180	72211	-2.7
年末总户数(户)	Total Number of Households at the Year-end(Household)	70093	72214	3.0
#乡村户数(户)	Number of Rural Household(Household)	25825	25456	-1.4
出生人口(人)	Births(person)	3729	2292	-38.5
死亡人口(人)	Deaths(person)	807	573	-29.0
全社会就业人员(人)	Employment(person)	149103	152173	2.1
第一产业(人)	Primary Industry(person)	38638	37633	-2.6
第二产业(人)	Secondary Industry(person)	58114	59415	2.2
第三产业(人)	Tertiary Industry(person)	52351	55125	5.3
在岗职工人数(人)	Number of Staff & Workers Employed in(person)	29691	40437	36.2
乡村劳动力(人)	Number of Rural Laborers(person)	51087	49997	-2.1
#农林牧渔业(人)	Farming,Forestry,Animal Husbandry & Fishery(person)	38638	37633	-2.6
国民经济综合指标	**Summary Item on the National Economy**			
生产总值(万元)	Gross Domestic Product(10 000 yuan)	4729668	5639536	14.2
第一产业(万元)	Primary Industry(10 000 yuan)	56511	66479	7.5
第二产业(万元)	Secondary Industry(10 000 yuan)	3009551	3635195	15.6
#工业(万元)	Industry(10 000 yuan)	2766761	3332606	15.6
第三产业(万元)	Tertiary Industry(10 000 yuan)	1663606	1937862	11.8
人均生产总值(元)	Per Capita GDP(yuan)	212856	243083	9.4
全社会固定资产投资(万元)	Total Investment in Fixed Assets(10 000 yuan)	2600166	3097331	19.1
按登记注册类型分	Grouped by Registered Type			
#国有(万元)	State-owned Enterprises(10 000 yuan)	933512	796530	-14.7
集体(万元)	Collective-owned Enterprises(10 000 yuan)			
有限责任公司(万元)	Limited Liability Corporations(10 000 yuan)	1066327	611384	-42.7
股份有限公司(万元)	Share Holding Enterprises(10 000 yuan)	215846	229029	6.1
私营企业(万元)	Private Enterprises(10 000 yuan)	352636	649354	84.1
外商及港澳台投资企业(万元)	Funds from HK,Macao,Taiwan & Foreign(10 000 yuan)	7769		
按城乡渠道分	Grouped by Urban and Rural Area			
城镇（万元）	Urban(10 000 yuan)	2600166	3097331	19.1
农村（万元）	Rural(10 000 yuan)			
一般预算收入(万元)	General Budgetary Financial Revenue(10 000 yuan)	442135	665482	50.5
一般预算支出(万元)	General Budgetary Financial Expenditures(10 000 yuan)	401878	462295	15.0
个人储蓄存款余额(万元)	The balance of savings deposits of individuals(10 000 yuan)		1048654	
在岗职工工资总额(万元)	Total Wages of Staff & Workers Employed in(10 000 yuan)	159084	242599	52.5
在岗职工平均工资(元)	Average Wage of Staff & Workers Employed in(yuan)	54800	59356	8.3
城镇居民人均可支配收入(元)	Annual Disposable Income of Urban Residents per Capita(yuan)	26684	30566	14.5
农牧民人均纯收入(元)	Per Capita Net Income of Peasant & Herdsman(yuan)	8774	10098	15.1
农村牧区经济	**Economic Development in Rural & Pastoral Area**			
耕地面积(公顷)	Cultivated Area(hectare)	33625	33625	0.0
农作物总播种面积(公顷)	Total Sown Area(hectare)	32533	31891	-2.0
#粮食作物播种面积(公顷)	Sown Area of Grain Crops(hectare)	19460	21621	11.1
有效灌溉面积(公顷)	Irrigated Area(hectare)	27090	23580	-13.0
农牧业机械总动力(万千瓦)	Total Power of Agricultural Machinery(10 000 kw)	26.00	27.50	5.8
化肥施用折纯量(吨)	Consumption of Chemical Fertilizer(ton)	4498	4200	-6.6
农村用电量(万千瓦小时)	Electricity Consumed in Rural Area(10 000 kwh)	7552	7333	-2.9
农林牧渔业总产值(万元)	Gross Output of Farming,Forestry,Animal Husbandry & Fishery(10 000 yuan)	93310	111684	19.7
粮食产量(吨)	Yield of Grain(ton)	81409	95500	17.3
油料产量(吨)	Yield of Oil-bearing Grops(ton)	108	23	-78.7
甜菜产量(吨)	Yield of Beetroots(ton)	3		
猪牛羊肉产量(吨)	Output of Pork, Beef & Mutton(ton)	14229	15502	8.9
#猪肉产量(吨)	Output of Pork(ton)	5038	4180	-17.0
牛肉产量(吨)	Output of Beef(ton)	807	1050	30.1
羊肉产量(吨)	Output of Mutton(ton)	8384	10272	22.5
羊毛产量(吨)	Output of Wool(ton)	370	400	8.1

23-95 Yijinhuoluo Banner in Erdos City

指 标	Item	2010	2011	2011年比上年增长% Increase Rate in 20110 Over 2010(%)
年末牲畜存栏头数(万头只)	Total Livestock at the Year-end(10 000 heads)	50.57	46.21	-8.6
#大牲畜(万头只)	Large Animals(10 000 heads)	1.12	1.28	14.3
羊(万只)	Sheep & Goats(10 000 heads)	46.47	41.97	-9.7
猪(万头)	Hogs(10 000 heads)	2.98	2.95	-1.0
规模以上工业	**Industrial Enterprises above Designated size**			
工业企业单位数(个)	Number of Industrial Enterprises(unit)	52	53	1.9
#内资企业(个)	Civil Funded Enterprises(unit)	51	52	2.0
工业总产值(万元)	Gross Industrial Output Value(10 000 yuan)	5371300	7646200	42.4
内资企业(万元)	Civil Funded Enterprises(10 000 yuan)	5310000	7553500	42.3
国有企业(万元)	State-owned Enterprises(10 000 yuan)	402100	900400	123.9
集体企业(万元)	Collective-owned Enterprises(10 000 yuan)	130600	119700	-8.3
股份合作企业(万元)	Share Holding Enterprises(10 000 yuan)		23400	
联营企业(万元)	Joint Owned Enterprises(10 000 yuan)			
有限责任公司(万元)	Limited Company(10 000 yuan)	3720100	5388500	44.8
股份有限公司(万元)	Share Holding Limited Company(10 000 yuan)	298600	334300	12.0
私营企业(万元)	Privately Owned Enterprises(10 000 yuan)	758600	774500	2.1
其他企业(万元)	Enterprises of Other Ownership(10 000 yuan)		12700	
港澳台商投资企业(万元)	Funds from HK,Macao & Taiwan(10 000 yuan)	61300	92700	51.2
外商投资企业(万元)	Foreign Funded Enterprises(10 000 yuan)			
工业企业增加值(万元)	Value Added of Industrial Enterprises(10 000 yuan)			15.7
工业企业资产总计(万元)	Total Assets of Industrial Enterprises(10 000 yuan)	9179200	10439800	13.7
工业企业负债合计(万元)	Total Liabilities of Industrial Enterprises(10 000 yuan)	2619200	2619400	0.0
工业企业产品销售收入(万元)	Sales of Revenue Industrial Enterprises(10 000 yuan)	5449900	7941200	45.7
工业企业利润总额(万元)	Total Profits of Industrial Enterprises(10 000 yuan)	2182000	2926200	34.1
建筑业	**Construction**			
建筑企业单位数(个)	Number of Construction Enterprises(unit)	7	8	14.3
建筑企业从业人员(人)	Number of Employee in Construction Enterprises(person)	1322	1274	-3.6
建筑业总产值(万元)	Gross Construction Output Value(10 000 yuan)	54850	70394	28.3
交通运输邮电通信业	**Transportation,Post & Telecommunications**			
公路里程(公里)	Total Length of Highways(km)	2233	2341	4.8
邮电业务总量(万元)	Business Volume of Post & Telecoms(10 000 yuan)	587	624	6.3
本地电话用户(户)	Number of Subscribers of Local Telephone(Household)	46987	47551	1.2
国内贸易	**Domestic Trade**			
社会消费品零售总额(亿元)	Total Retail Sales of Consumer Goods(10 000 yuan)	27.50	32.00	16.4
城镇(万元)	Town(10 000 yuan)	17.78	19.94	12.1
#城区(万元)	City(10 000 yuan)			
乡村(万元)	Village(10 000 yuan)	9.72	12.06	24.1
科技教育卫生	**Science,Education & Public Health**			
各类专业技术人员(人)	Special Technical Personnel(person)	6918	6964	0.7
幼儿园数(所)	Number of Kindergartens(unit)	15	15	0.0
学龄儿童入学率(%)	Percentage of School-Age Children Enrolled(%)	100.0	100.0	0.0
小学学校数(所)	Number of Primary Schools(unit)	16	15	-6.3
小学专任教师数(人)	Number of Full-time Teachers of Primary Schools(person)	738	768	4.1
小学在校学生数(人)	Number of Student Enrollment of Primary Schools(person)	9670	9571	-1.0
普通中学学校数(所)	Number of Regular Secondary Schools(unit)	7	7	0.0
普通中学专任教师数(人)	Number of Teachers of Secondary Shools(person)	665	720	8.3
初中在校学生数(人)	Number of Student in Junior Secondary Schools(person)	4888	4466	-8.6
高中在校学生数(人)	Number of Student in Senior Secondary Schools(person)	2881	3117	8.2
卫生机构数(所)	Number of Health Institutions(unit)	31	35	12.9
#医院(所)	Hospitals(unit)	4	5	25.0
卫生院(所)	Township Hospitals(unit)	14	14	0.0
床位数(张)	Number of Beds(unit)	551	498	-9.6
#医院(张)	Hospitals(unit)	304	241	-20.7
卫生院(张)	Township Hospitals(unit)	247	190	-23.1
卫生技术人员(人)	Medical Technical Presonnel(person)	655	676	3.2
#医院(人)	Hospitals(person)	260	286	10.0
卫生院(人)	Township Hospitals(person)	251	226	-10.0

23-96 巴彦淖尔市临河区

指　标	Item	2010	2011	2011年比上年增长% Increase Rate in 2011 Over 2010(%)
行政区域土地面积(平方公里)	**Area of Administration(Sq.km)**	**2354**	**2354**	**0.0**
人口和就业	**Population & Employment**			
年末总人口(人)	Total Population Year-end(person)	564287	565031	0.1
#男性(人)	Male(person)	280734	281187	0.2
#乡村人口(人)	Rural(person)	239738	236605	-1.3
年末总户数(户)	Total Number of Households at the Year-end(Household)	181673	186471	2.6
#乡村户数(户)	Number of Rural Household(Household)	59817	59540	-0.5
出生人口(人)	Births(person)	4785	4624	-3.4
死亡人口(人)	Deaths(person)	1608	1058	-34.2
全社会就业人员(人)	Employment(person)	297592	304734	2.4
第一产业(人)	Primary Industry(person)	97397	98144	0.8
第二产业(人)	Secondary Industry(person)	36028	37073	2.9
第三产业(人)	Tertiary Industry(person)	164167	169517	3.3
在岗职工人数(人)	Number of Staff & Workers Employed in(person)	66792	71694	7.3
乡村劳动力(人)	Number of Rural Laborers(person)	142932	141177	-1.2
#农林牧渔业(人)	Farming,Forestry,Animal Husbandry & Fishery(person)	97397	98144	0.8
国民经济综合指标	**Summary Item on the National Economy**			
生产总值(万元)	Gross Domestic Product(10 000 yuan)	1789072	2050397	12.3
第一产业(万元)	Primary Industry(10 000 yuan)	312033	361113	4.8
第二产业(万元)	Secondary Industry(10 000 yuan)	896737	1015526	15.9
#工业(万元)	Industry(10 000 yuan)	747305	853506	18.9
第三产业(万元)	Tertiary Industry(10 000 yuan)	580302	673758	11.0
人均生产总值(元)	Per Capita GDP(yuan)	32532	37690	12.3
全社会固定资产投资(万元)	Total Investment in Fixed Assets(10 000 yuan)	1255106	1520857	21.2
按登记注册类型分	Grouped by Registered Type			
#国有(万元)	State-owned Enterprises(10 000 yuan)	633870	445323	-29.8
集体(万元)	Collective-owned Enterprises(10 000 yuan)		3000	
有限责任公司(万元)	Limited Liability Corporations(10 000 yuan)	178223	216575	21.5
股份有限公司(万元)	Share Holding Enterprises(10 000 yuan)	9349		
私营企业(万元)	Private Enterprises(10 000 yuan)	433294	196848	-54.6
外商及港澳台投资企业(万元)	Funds from HK,Macao,Taiwan & Foreign(10 000 yuan)	370	96682	26030.3
按城乡渠道分	Grouped by Urban and Rural Area			
城镇（万元）	Urban(10 000 yuan)	1250559	1435500	14.8
农村（万元）	Rural(10 000 yuan)	4547	85357	1777.2
一般预算收入(万元)	General Budgetary Financial Revenue(10 000 yuan)	94925	120152	26.6
一般预算支出(万元)	General Budgetary Financial Expenditures(10 000 yuan)	187308	296254	58.2
个人储蓄存款余额(万元)	The balance of savings deposits of individuals(10 000 yuan)	1312591	1390035	5.9
在岗职工工资总额(万元)	Total Wages of Staff & Workers Employed in(10 000 yuan)	220077	274547	24.8
在岗职工平均工资(元)	Average Wage of Staff & Workers Employed in(yuan)	30495	34920	14.5
城镇居民人均可支配收入(元)	Annual Disposable Income of Urban Residents per Capita(yuan)	14562	16470	13.1
农牧民人均纯收入(元)	Per Capita Net Income of Peasant & Herdsman(yuan)	8577	9864	15.0
农村牧区经济	**Economic Development in Rural & Pastoral Area**			
耕地面积(公顷)	Cultivated Area(hectare)	144714	144544	-0.1
农作物总播种面积(公顷)	Total Sown Area(hectare)	139644	117040	-16.2
#粮食作物播种面积(公顷)	Sown Area of Grain Crops(hectare)	68087	58286	-14.4
有效灌溉面积(公顷)	Irrigated Area(hectare)	139643	139467	-0.1
农牧业机械总动力(万千瓦)	Total Power of Agricultural Machinery(10 000 kw)	71.03	78.70	10.8
化肥施用折纯量(吨)	Consumption of Chemical Fertilizer(ton)	68208	64132	-6.0
农村用电量(万千瓦小时)	Electricity Consumed in Rural Area(10 000 kwh)	9126	9546	4.6
农林牧渔业总产值(万元)	Gross Output of Farming,Forestry,Animal Husbandry & Fishery(10 000 yuan)	530208	614693	15.9
粮食产量(吨)	Yield of Grain(ton)	582164	513844	-11.7
油料产量(吨)	Yield of Oil-bearing Grops(ton)	164794	138934	-15.7
甜菜产量(吨)	Yield of Beetroots(ton)	1442		
猪牛羊肉产量(吨)	Output of Pork, Beef & Mutton(ton)	70775	58716	-17.0
#猪肉产量(吨)	Output of Pork(ton)	17957	10846	-39.6
牛肉产量(吨)	Output of Beef(ton)	1566	1976	26.2
羊肉产量(吨)	Output of Mutton(ton)	46806	43930	-6.1
羊毛产量(吨)	Output of Wool(ton)	1631	1629	-0.1

23-96 Linhe District in Bayannaoer City

指　　标	Item	2010	2011	2011年比上年增长% Increase Rate in 2011 Over 2010(%)
年末牲畜存栏头数(万头只)	Total Livestock at the Year-end(10 000 heads)	169.83	160.81	-5.3
#大牲畜(万头只)	Large Animals(10 000 heads)	6.62	6.26	-5.4
羊(万只)	Sheep & Goats(10 000 heads)	150.00	142.70	-4.9
猪(万头)	Hogs(10 000 heads)	13.21	11.84	-10.4
规模以上工业	**Industrial Enterprises above Designated size**			
工业企业单位数(个)	Number of Industrial Enterprises(unit)	94	78	-17.0
#内资企业(个)	Civil Funded Enterprises(unit)	91	74	-18.7
工业总产值(万元)	Gross Industrial Output Value(10 000 yuan)	2291895	2735589	19.4
内资企业(万元)	Civil Funded Enterprises(10 000 yuan)	1997520	2281100	14.2
国有企业(万元)	State-owned Enterprises(10 000 yuan)	327427	405104	23.7
集体企业(万元)	Collective-owned Enterprises(10 000 yuan)			
股份合作企业(万元)	Share Holding Enterprises(10 000 yuan)	91586		
联营企业(万元)	Joint Owned Enterprises(10 000 yuan)			
有限责任公司(万元)	Limited Company(10 000 yuan)	1027399	1284622	25.0
股份有限公司(万元)	Share Holding Limited Company(10 000 yuan)	43584	25884	-40.6
私营企业(万元)	Privately Owned Enterprises(10 000 yuan)	469762	518468	10.4
其他企业(万元)	Enterprises of Other Ownership(10 000 yuan)	37762	47022	24.5
港澳台商投资企业(万元)	Funds from HK,Macao & Taiwan(10 000 yuan)	227359	369323	62.4
外商投资企业(万元)	Foreign Funded Enterprises(10 000 yuan)	67017	85166	27.1
工业企业增加值(万元)	Value Added of Industrial Enterprises(10 000 yuan)	670100	800008	20.0
工业企业资产总计(万元)	Total Assets of Industrial Enterprises(10 000 yuan)	1595660	2033400	27.4
工业企业负债合计(万元)	Total Liabilities of Industrial Enterprises(10 000 yuan)	1243833	1455200	17.0
工业企业产品销售收入(万元)	Sales of Revenue Industrial Enterprises(10 000 yuan)	1767541	2325900	31.6
工业企业利润总额(万元)	Total Profits of Industrial Enterprises(10 000 yuan)	56148	364500	549.2
建筑业	**Construction**			
建筑企业单位数(个)	Number of Construction Enterprises(unit)	36	36	0.0
建筑企业从业人员(人)	Number of Employee in Construction Enterprises(person)	34867	28457	-18.4
建筑业总产值(万元)	Gross Construction Output Value(10 000 yuan)	624314	648035	3.8
交通运输邮电通信业	**Transportation,Post & Telecommunications**			
公路里程(公里)	Total Length of Highways(km)	3444	3444	0.0
邮电业务总量(万元)	Business Volume of Post & Telecoms(10 000 yuan)	127219	143757	13.0
本地电话用户(户)	Number of Subscribers of Local Telephone(Household)	116000	95000	-18.1
国内贸易	**Domestic Trade**			
社会消费品零售总额(万元)	Total Retail Sales of Consumer Goods(10 000 yuan)	619104	731821	18.2
城镇(万元)	Town(10 000 yuan)	523609	620083	18.4
#城区(万元)	City(10 000 yuan)	523053	615489	17.7
乡村(万元)	Village(10 000 yuan)	95495	111738	17.0
科技教育卫生	**Science,Education & Public Health**			
各类专业技术人员(人)	Special Technical Personnel(person)	21500	21589	0.4
幼儿园数(所)	Number of Kindergartens(unit)	34	30	-11.8
学龄儿童入学率(%)	Percentage of School-Age Children Enrolled(%)	100.0	100.0	0.0
小学学校数(所)	Number of Primary Schools(unit)	31	28	-9.7
小学专任教师数(人)	Number of Full-time Teachers of Primary Schools(person)	2315	2089	-9.8
小学在校学生数(人)	Number of Student Enrollment of Primary Schools(person)	33328	28108	-15.7
普通中学学校数(所)	Number of Regular Secondary Schools(unit)	18	15	-16.7
普通中学专任教师数(人)	Number of Teachers of Secondary Shools(person)	2105	1608	-23.6
初中在校学生数(人)	Number of Student in Junior Secondary Schools(person)	23465	20459	-12.8
高中在校学生数(人)	Number of Student in Senior Secondary Schools(person)	11003	6257	-43.1
卫生机构数(所)	Number of Health Institutions(unit)	500	490	-2.0
#医院(所)	Hospitals(unit)	10	15	50.0
卫生院(所)	Township Hospitals(unit)	19	18	-5.3
床位数(张)	Number of Beds(unit)	3475	3681	5.9
#医院(张)	Hospitals(unit)	2271	2451	7.9
卫生院(张)	Township Hospitals(unit)	477	447	-6.3
卫生技术人员(人)	Medical Technical Presonnel(person)	4327	4751	9.8
#医院(人)	Hospitals(person)	2264	2619	15.7
卫生院(人)	Township Hospitals(person)	352	339	-3.7

23-97 巴彦淖尔市五原县

指　　标	Item	2010	2011	2011年比上年增长% Increase Rate in 2011 Over 2010(%)
行政区域土地面积(平方公里)	**Area of Administration(Sq.km)**	**2493**	**2493**	**0.0**
人口和就业	**Population & Employment**			
年末总人口(人)	Total Population Year-end(person)	297882	298983	0.4
#男性(人)	Male(person)	151701	152191	0.3
#乡村人口(人)	Rural(person)	201083	202333	0.6
年末总户数(户)	Total Number of Households at the Year-end(Household)	102182	106499	4.2
#乡村户数(户)	Number of Rural Household(Household)	48907	49236	0.7
出生人口(人)	Births(person)	3063	2741	-10.5
死亡人口(人)	Deaths(person)	1240	1056	-14.8
全社会就业人员(人)	Employment(person)	143163	143214	0.0
第一产业(人)	Primary Industry(person)	117229	117229	0.0
第二产业(人)	Secondary Industry(person)	3654	3671	0.5
第三产业(人)	Tertiary Industry(person)	22280	22314	0.2
在岗职工人数(人)	Number of Staff & Workers Employed in(person)	10454	11569	10.7
乡村劳动力(人)	Number of Rural Laborers(person)	131717	136995	4.0
#农林牧渔业(人)	Farming,Forestry,Animal Husbandry & Fishery(person)	102011	106007	3.9
国民经济综合指标	**Summary Item on the National Economy**			
生产总值(万元)	Gross Domestic Product(10 000 yuan)	684165	793194	8.6
第一产业(万元)	Primary Industry(10 000 yuan)	207843	241592	5.2
第二产业(万元)	Secondary Industry(10 000 yuan)	297814	325392	11.0
#工业(万元)	Industry(10 000 yuan)	216540	246180	18.9
第三产业(万元)	Tertiary Industry(10 000 yuan)	178508	226210	8.4
人均生产总值(元)	Per Capita GDP(yuan)	23843	30715	8.6
全社会固定资产投资(万元)	Total Investment in Fixed Assets(10 000 yuan)	912888	880329	-3.6
按登记注册类型分	Grouped by Registered Type			
#国有(万元)	State-owned Enterprises(10 000 yuan)	346039	266272	-23.1
集体(万元)	Collective-owned Enterprises(10 000 yuan)	2000		
有限责任公司(万元)	Limited Liability Corporations(10 000 yuan)	365284	469329	28.5
股份有限公司(万元)	Share Holding Enterprises(10 000 yuan)	2632	7464	183.6
私营企业(万元)	Private Enterprises(10 000 yuan)	196933	8050	-95.9
外商及港澳台投资企业(万元)	Funds from HK,Macao,Taiwan & Foreign(10 000 yuan)			
按城乡渠道分	Grouped by Urban and Rural Area			
城镇（万元）	Urban(10 000 yuan)	797082	874139	9.7
农村（万元）	Rural(10 000 yuan)	115806	6190	-94.7
一般预算收入(万元)	General Budgetary Financial Revenue(10 000 yuan)	20122	22769	13.1
一般预算支出(万元)	General Budgetary Financial Expenditures(10 000 yuan)	114709	151039	31.7
个人储蓄存款余额(万元)	The balance of savings deposits of individuals(10 000 yuan)	278600	290500	4.3
在岗职工工资总额(万元)	Total Wages of Staff & Workers Employed in(10 000 yuan)	31745	38281	20.6
在岗职工平均工资(元)	Average Wage of Staff & Workers Employed in(yuan)	30404	33302	9.5
城镇居民人均可支配收入(元)	Annual Disposable Income of Urban Residents per Capita(yuan)	14165	16290	15.0
农牧民人均纯收入(元)	Per Capita Net Income of Peasant & Herdsman(yuan)	8553	9840	15.1
农村牧区经济	**Economic Development in Rural & Pastoral Area**			
耕地面积(公顷)	Cultivated Area(hectare)	152764	152654	-0.1
农作物总播种面积(公顷)	Total Sown Area(hectare)	131435	110223	-16.1
#粮食作物播种面积(公顷)	Sown Area of Grain Crops(hectare)	63226	51427	-18.7
有效灌溉面积(公顷)	Irrigated Area(hectare)	136342	136342	0.0
农牧业机械总动力(万千瓦)	Total Power of Agricultural Machinery(10 000 kw)	76.03	88.40	16.3
化肥施用折纯量(吨)	Consumption of Chemical Fertilizer(ton)	62094	58871	-5.2
农村用电量(万千瓦小时)	Electricity Consumed in Rural Area(10 000 kwh)	5374	5376	0.0
农林牧渔业总产值(万元)	Gross Output of Farming,Forestry,Animal Husbandry & Fishery(10 000 yuan)	346935	403961	16.4
粮食产量(吨)	Yield of Grain(ton)	479843	362257	-24.5
油料产量(吨)	Yield of Oil-bearing Grops(ton)	166340	151285	-9.1
甜菜产量(吨)	Yield of Beetroots(ton)	44705	16114	-64.0
猪牛羊肉产量(吨)	Output of Pork, Beef & Mutton(ton)	33451	31182	-6.8
#猪肉产量(吨)	Output of Pork(ton)	10610	8266	-22.1
牛肉产量(吨)	Output of Beef(ton)	587	766	30.5
羊肉产量(吨)	Output of Mutton(ton)	20200	20758	2.8
羊毛产量(吨)	Output of Wool(ton)	1274	1275	0.1

23-97 Wuyuan County in Bayannaoer City

指　标	Item	2010	2011	2011年比上年增长% Increase Rate in 2011 Over 2010(%)
年末牲畜存栏头数(万头只)	Total Livestock at the Year-end(10 000 heads)	118.23	122.27	3.4
#大牲畜(万头只)	Large Animals(10 000 heads)	2.09	2.01	-3.8
羊(万只)	Sheep & Goats(10 000 heads)	103.48	107.31	3.7
猪(万头)	Hogs(10 000 heads)	12.67	12.95	2.2
规模以上工业	**Industrial Enterprises above Designated size**			
工业企业单位数(个)	Number of Industrial Enterprises(unit)	36	40	11.1
#内资企业(个)	Civil Funded Enterprises(unit)	36	40	11.1
工业总产值(万元)	Gross Industrial Output Value(10 000 yuan)	540545	767887	42.1
内资企业(万元)	Civil Funded Enterprises(10 000 yuan)	540545	767887	42.1
国有企业(万元)	State-owned Enterprises(10 000 yuan)			
集体企业(万元)	Collective-owned Enterprises(10 000 yuan)			
股份合作企业(万元)	Share Holding Enterprises(10 000 yuan)			
联营企业(万元)	Joint Owned Enterprises(10 000 yuan)			
有限责任公司(万元)	Limited Company(10 000 yuan)	394290	582971	47.9
股份有限公司(万元)	Share Holding Limited Company(10 000 yuan)			
私营企业(万元)	Privately Owned Enterprises(10 000 yuan)	146255	184916	26.4
其他企业(万元)	Enterprises of Other Ownership(10 000 yuan)			
港澳台商投资企业(万元)	Funds from HK,Macao & Taiwan(10 000 yuan)			
外商投资企业(万元)	Foreign Funded Enterprises(10 000 yuan)			
工业企业增加值(万元)	Value Added of Industrial Enterprises(10 000 yuan)	160500	218870	20.1
工业企业资产总计(万元)	Total Assets of Industrial Enterprises(10 000 yuan)	638976	440700	-31.0
工业企业负债合计(万元)	Total Liabilities of Industrial Enterprises(10 000 yuan)	198126	226700	14.4
工业企业产品销售收入(万元)	Sales of Revenue Industrial Enterprises(10 000 yuan)	409619	551500	34.6
工业企业利润总额(万元)	Total Profits of Industrial Enterprises(10 000 yuan)	7809	7900	1.2
建筑业	**Construction**			
建筑企业单位数(个)	Number of Construction Enterprises(unit)	5	5	0.0
建筑企业从业人员(人)	Number of Employee in Construction Enterprises(person)	2132	2090	-2.0
建筑业总产值(万元)	Gross Construction Output Value(10 000 yuan)	51608	48543	-5.9
交通运输邮电通信业	**Transportation,Post & Telecommunications**			
公路里程(公里)	Total Length of Highways(km)	2807	2850	1.5
邮电业务总量(万元)	Business Volume of Post & Telecoms(10 000 yuan)	20778	23687	14.0
本地电话用户(户)	Number of Subscribers of Local Telephone(Household)	27580	40213	45.8
国内贸易	**Domestic Trade**			
社会消费品零售总额(万元)	Total Retail Sales of Consumer Goods(10 000 yuan)	144574	170149	17.7
城镇(万元)	Town(10 000 yuan)	120779	142360	17.9
#城区(万元)	City(10 000 yuan)			
乡村(万元)	Village(10 000 yuan)	23795	27789	16.8
科技教育卫生	**Science,Education & Public Health**			
各类专业技术人员(人)	Special Technical Personnel(person)	5782	5819	0.6
幼儿园数(所)	Number of Kindergartens(unit)	17	16	-5.9
学龄儿童入学率(%)	Percentage of School-Age Children Enrolled(%)	100.0	100.0	0.0
小学学校数(所)	Number of Primary Schools(unit)	24	22	-8.3
小学专任教师数(人)	Number of Full-time Teachers of Primary Schools(person)	1030	989	-4.0
小学在校学生数(人)	Number of Student Enrollment of Primary Schools(person)	15993	14167	-11.4
普通中学学校数(所)	Number of Regular Secondary Schools(unit)	7	7	0.0
普通中学专任教师数(人)	Number of Teachers of Secondary Shools(person)	891	839	-5.8
初中在校学生数(人)	Number of Student in Junior Secondary Schools(person)	9885	9503	-3.9
高中在校学生数(人)	Number of Student in Senior Secondary Schools(person)	4240	3965	-6.5
卫生机构数(所)	Number of Health Institutions(unit)	200	200	0.0
#医院(所)	Hospitals(unit)	4	4	0.0
卫生院(所)	Township Hospitals(unit)	19	19	0.0
床位数(张)	Number of Beds(unit)	1007	1129	12.1
#医院(张)	Hospitals(unit)	501	547	9.2
卫生院(张)	Township Hospitals(unit)	331	374	13.0
卫生技术人员(人)	Medical Technical Presonnel(person)	987	1029	4.3
#医院(人)	Hospitals(person)	408	384	-5.9
卫生院(人)	Township Hospitals(person)	201	245	21.9

23-98 巴彦淖尔市磴口县

指　标	Item	2010	2011	2011年比上年增长% Increase Rate in 2011 Over 2010(%)
行政区域土地面积(平方公里)	**Area of Administration(Sq.km)**	**4167**	**4167**	**0.0**
人口和就业	**Population & Employment**			
年末总人口(人)	Total Population Year-end(person)	124219	123261	-0.8
#男性(人)	Male(person)	62778	62808	0.0
#乡村人口(人)	Rural(person)	54556	54528	-0.1
年末总户数(户)	Total Number of Households at the Year-end(Household)	41566	42796	3.0
#乡村户数(户)	Number of Rural Household(Household)	15652	15847	1.2
出生人口(人)	Births(person)	888	902	1.6
死亡人口(人)	Deaths(person)	583	366	-37.2
全社会就业人员(人)	Employment(person)	67685	68116	0.6
第一产业(人)	Primary Industry(person)	44200	44296	0.2
第二产业(人)	Secondary Industry(person)	7053	7180	1.8
第三产业(人)	Tertiary Industry(person)	16432	16640	1.3
在岗职工人数(人)	Number of Staff & Workers Employed in(person)	11739	11541	-1.7
乡村劳动力(人)	Number of Rural Laborers(person)	39584	39567	0.0
#农林牧渔业(人)	Farming,Forestry,Animal Husbandry & Fishery(person)	32432	32429	0.0
国民经济综合指标	**Summary Item on the National Economy**			
生产总值(万元)	Gross Domestic Product(10 000 yuan)	379466	395623	6.5
第一产业(万元)	Primary Industry(10 000 yuan)	67315	77325	4.0
第二产业(万元)	Secondary Industry(10 000 yuan)	242329	240763	6.9
#工业(万元)	Industry(10 000 yuan)	200677	200172	10.4
第三产业(万元)	Tertiary Industry(10 000 yuan)	69822	77535	7.4
人均生产总值(元)	Per Capita GDP(yuan)	31000	34063	6.5
全社会固定资产投资(万元)	Total Investment in Fixed Assets(10 000 yuan)	282978	317429	12.2
按登记注册类型分	Grouped by Registered Type			
#国有(万元)	State-owned Enterprises(10 000 yuan)	52832	80397	52.2
集体(万元)	Collective-owned Enterprises(10 000 yuan)	3639	839	-76.9
有限责任公司(万元)	Limited Liability Corporations(10 000 yuan)	101252	174097	71.9
股份有限公司(万元)	Share Holding Enterprises(10 000 yuan)	52900	5156	-90.3
私营企业(万元)	Private Enterprises(10 000 yuan)	65855	48140	-26.9
外商及港澳台投资企业(万元)	Funds from HK,Macao,Taiwan & Foreign(10 000 yuan)	6500		
按城乡渠道分	Grouped by Urban and Rural Area			
城镇（万元）	Urban(10 000 yuan)	249154	282579	13.4
农村（万元）	Rural(10 000 yuan)	33824	34850	3.0
一般预算收入(万元)	General Budgetary Financial Revenue(10 000 yuan)	9746	13037	33.8
一般预算支出(万元)	General Budgetary Financial Expenditures(10 000 yuan)	65948	82066	24.4
个人储蓄存款余额(万元)	The balance of savings deposits of individuals(10 000 yuan)	154723	166224	7.4
在岗职工工资总额(万元)	Total Wages of Staff & Workers Employed in(10 000 yuan)	27260	32618	19.7
在岗职工平均工资(元)	Average Wage of Staff & Workers Employed in(yuan)	23379	28393	21.4
城镇居民人均可支配收入(元)	Annual Disposable Income of Urban Residents per Capita(yuan)	13796	15659	13.5
农牧民人均纯收入(元)	Per Capita Net Income of Peasant & Herdsman(yuan)	8220	9327	13.5
农村牧区经济	**Economic Development in Rural & Pastoral Area**			
耕地面积(公顷)	Cultivated Area(hectare)	50966	50918	-0.1
农作物总播种面积(公顷)	Total Sown Area(hectare)	44913	37985	-15.4
#粮食作物播种面积(公顷)	Sown Area of Grain Crops(hectare)	18556	15451	-16.7
有效灌溉面积(公顷)	Irrigated Area(hectare)	41003	45277	10.4
农牧业机械总动力(万千瓦)	Total Power of Agricultural Machinery(10 000 kw)	23.11	37.80	63.6
化肥施用折纯量(吨)	Consumption of Chemical Fertilizer(ton)	19849	21209	6.9
农村用电量(万千瓦小时)	Electricity Consumed in Rural Area(10 000 kwh)	1231	1232	0.1
农林牧渔业总产值(万元)	Gross Output of Farming,Forestry,Animal Husbandry & Fishery(10 000 yuan)	101460	116871	15.2
粮食产量(吨)	Yield of Grain(ton)	151372	116078	-23.3
油料产量(吨)	Yield of Oil-bearing Grops(ton)	47565	41638	-12.5
甜菜产量(吨)	Yield of Beetroots(ton)			
猪牛羊肉产量(吨)	Output of Pork, Beef & Mutton(ton)	10725	8897	-17.0
#猪肉产量(吨)	Output of Pork(ton)	2630	1619	-38.4
牛肉产量(吨)	Output of Beef(ton)	1471	673	-54.2
羊肉产量(吨)	Output of Mutton(ton)	5716	6061	6.0
羊毛产量(吨)	Output of Wool(ton)	333	333	0.0

23-98 Dengkou County in Bayannaoer City

指　标	Item	2010	2011	2011年比上年增长% Increase Rate in 2011 Over 2010(%)
年末牲畜存栏头数(万头只)	Total Livestock at the Year-end(10 000 heads)	39.47	40.03	1.4
#大牲畜(万头只)	Large Animals(10 000 heads)	3.20	3.97	24.1
羊(万只)	Sheep & Goats(10 000 heads)	33.71	34.07	1.1
猪(万头)	Hogs(10 000 heads)	2.56	1.99	-22.3
规模以上工业	**Industrial Enterprises above Designated size**			
工业企业单位数(个)	Number of Industrial Enterprises(unit)	16	15	-6.3
#内资企业(个)	Civil Funded Enterprises(unit)	13	13	0.0
工业总产值(万元)	Gross Industrial Output Value(10 000 yuan)	500087	545273	9.0
内资企业(万元)	Civil Funded Enterprises(10 000 yuan)	308972	358593	16.1
国有企业(万元)	State-owned Enterprises(10 000 yuan)	30678	117309	282.4
集体企业(万元)	Collective-owned Enterprises(10 000 yuan)			
股份合作企业(万元)	Share Holding Enterprises(10 000 yuan)			
联营企业(万元)	Joint Owned Enterprises(10 000 yuan)			
有限责任公司(万元)	Limited Company(10 000 yuan)	218742	157677	-27.9
股份有限公司(万元)	Share Holding Limited Company(10 000 yuan)	20768	58201	180.2
私营企业(万元)	Privately Owned Enterprises(10 000 yuan)	38785	25406	-34.5
其他企业(万元)	Enterprises of Other Ownership(10 000 yuan)			
港澳台商投资企业(万元)	Funds from HK,Macao & Taiwan(10 000 yuan)			
外商投资企业(万元)	Foreign Funded Enterprises(10 000 yuan)	191115	186680	-2.3
工业企业增加值(万元)	Value Added of Industrial Enterprises(10 000 yuan)	170400	186189	10.0
工业企业资产总计(万元)	Total Assets of Industrial Enterprises(10 000 yuan)	386724	447600	15.7
工业企业负债合计(万元)	Total Liabilities of Industrial Enterprises(10 000 yuan)	266730	303300	13.7
工业企业产品销售收入(万元)	Sales of Revenue Industrial Enterprises(10 000 yuan)	491770	502300	2.1
工业企业利润总额(万元)	Total Profits of Industrial Enterprises(10 000 yuan)	6014	9700	61.3
建筑业	**Construction**			
建筑企业单位数(个)	Number of Construction Enterprises(unit)	1	1	0.0
建筑企业从业人员(人)	Number of Employee in Construction Enterprises(person)	862	18	-97.9
建筑业总产值(万元)	Gross Construction Output Value(10 000 yuan)	9121	16694	83.0
交通运输邮电通信业	**Transportation,Post & Telecommunications**			
公路里程(公里)	Total Length of Highways(km)	1812	1812	0.0
邮电业务总量(万元)	Business Volume of Post & Telecoms(10 000 yuan)	5449	6266	15.0
本地电话用户(户)	Number of Subscribers of Local Telephone(Household)	30713	31246	1.7
国内贸易	**Domestic Trade**			
社会消费品零售总额(万元)	Total Retail Sales of Consumer Goods(10 000 yuan)	77008	89861	16.7
城镇(万元)	Town(10 000 yuan)	66822	78078	16.8
#城区(万元)	City(10 000 yuan)			
乡村(万元)	Village(10 000 yuan)	10186	11783	15.7
科技教育卫生	**Science,Education & Public Health**			
各类专业技术人员(人)	Special Technical Personnel(person)	3686	3695	0.2
幼儿园数(所)	Number of Kindergartens(unit)	8	8	0.0
学龄儿童入学率(%)	Percentage of School-Age Children Enrolled(%)	100.0	100.0	0.0
小学学校数(所)	Number of Primary Schools(unit)	7	7	0.0
小学专任教师数(人)	Number of Full-time Teachers of Primary Schools(person)	417	527	26.4
小学在校学生数(人)	Number of Student Enrollment of Primary Schools(person)	5635	4789	-15.0
普通中学学校数(所)	Number of Regular Secondary Schools(unit)	2	2	0.0
普通中学专任教师数(人)	Number of Teachers of Secondary Shools(person)	315	275	-12.7
初中在校学生数(人)	Number of Student in Junior Secondary Schools(person)	3806	3074	-19.2
高中在校学生数(人)	Number of Student in Senior Secondary Schools(person)	1833	1495	-18.4
卫生机构数(所)	Number of Health Institutions(unit)	119	122	2.5
#医院(所)	Hospitals(unit)	2	2	0.0
卫生院(所)	Township Hospitals(unit)	7	7	0.0
床位数(张)	Number of Beds(unit)	426	444	4.2
#医院(张)	Hospitals(unit)	252	252	0.0
卫生院(张)	Township Hospitals(unit)	76	94	23.7
卫生技术人员(人)	Medical Technical Presonnel(person)	459	478	4.1
#医院(人)	Hospitals(person)	238	234	-1.7
卫生院(人)	Township Hospitals(person)	31	48	54.8

23-99 巴彦淖尔市乌拉特前旗

指　标	Item	2010	2011	2011年比上年增长% Increase Rate in 2011 Over 2010(%)
行政区域土地面积(平方公里)	**Area of Administration(Sq.km)**	**7476**	**7476**	**0.0**
人口和就业	**Population & Employment**			
年末总人口(人)	Total Population Year-end(person)	341641	343037	0.4
#男性(人)	Male(person)	175078	175561	0.3
#乡村人口(人)	Rural(person)	210021	209788	-0.1
年末总户数(户)	Total Number of Households at the Year-end(Household)	120022	126096	5.1
#乡村户数(户)	Number of Rural Household(Household)	58789	59505	1.2
出生人口(人)	Births(person)	3396	3002	-11.6
死亡人口(人)	Deaths(person)	1119	881	-21.3
全社会就业人员(人)	Employment(person)	144880	144913	0.0
第一产业(人)	Primary Industry(person)	96756	99329	2.7
第二产业(人)	Secondary Industry(person)	14455	12554	-13.2
第三产业(人)	Tertiary Industry(person)	33669	33030	-1.9
在岗职工人数(人)	Number of Staff & Workers Employed in(person)	20704	20609	-0.5
乡村劳动力(人)	Number of Rural Laborers(person)	121515	121379	-0.1
#农林牧渔业(人)	Farming,Forestry,Animal Husbandry & Fishery(person)	88014	90177	2.5
国民经济综合指标	**Summary Item on the National Economy**			
生产总值(万元)	Gross Domestic Product(10 000 yuan)	965167	1107105	8.3
第一产业(万元)	Primary Industry(10 000 yuan)	228556	262999	4.2
第二产业(万元)	Secondary Industry(10 000 yuan)	488032	568763	10.7
#工业(万元)	Industry(10 000 yuan)	421615	488779	10.6
第三产业(万元)	Tertiary Industry(10 000 yuan)	248579	275343	8.4
人均生产总值(元)	Per Capita GDP(yuan)	28952	37845	8.3
全社会固定资产投资(万元)	Total Investment in Fixed Assets(10 000 yuan)	705416	912217	29.3
按登记注册类型分	Grouped by Registered Type			
#国有(万元)	State-owned Enterprises(10 000 yuan)	128871	256521	99.1
集体(万元)	Collective-owned Enterprises(10 000 yuan)	2000		
有限责任公司(万元)	Limited Liability Corporations(10 000 yuan)	8591	113332	1219.2
股份有限公司(万元)	Share Holding Enterprises(10 000 yuan)	69065	166802	141.5
私营企业(万元)	Private Enterprises(10 000 yuan)	496889	319763	-35.6
外商及港澳台投资企业(万元)	Funds from HK,Macao,Taiwan & Foreign(10 000 yuan)			
按城乡渠道分	Grouped by Urban and Rural Area			
城镇（万元）	Urban(10 000 yuan)	686011	906830	32.2
农村（万元）	Rural(10 000 yuan)	19405	5387	-72.2
一般预算收入(万元)	General Budgetary Financial Revenue(10 000 yuan)	61103	71944	17.7
一般预算支出(万元)	General Budgetary Financial Expenditures(10 000 yuan)	149694	180948	20.9
个人储蓄存款余额(万元)	The balance of savings deposits of individuals(10 000 yuan)	359183	413151	15.0
在岗职工工资总额(万元)	Total Wages of Staff & Workers Employed in(10 000 yuan)	68473	77961	13.9
在岗职工平均工资(元)	Average Wage of Staff & Workers Employed in(yuan)	32369	35933	11.0
城镇居民人均可支配收入(元)	Annual Disposable Income of Urban Residents per Capita(yuan)	14126	16019	13.4
农牧民人均纯收入(元)	Per Capita Net Income of Peasant & Herdsman(yuan)	7924	8956	13.0
农村牧区经济	**Economic Development in Rural & Pastoral Area**			
耕地面积(公顷)	Cultivated Area(hectare)	161672	161571	0.0
农作物总播种面积(公顷)	Total Sown Area(hectare)	144100	120031	-16.7
#粮食作物播种面积(公顷)	Sown Area of Grain Crops(hectare)	65295	53723	-17.7
有效灌溉面积(公顷)	Irrigated Area(hectare)	112483	154153	37.0
农牧业机械总动力(万千瓦)	Total Power of Agricultural Machinery(10 000 kw)	72.44	82.30	13.6
化肥施用折纯量(吨)	Consumption of Chemical Fertilizer(ton)	33451	32420	-3.1
农村用电量(万千瓦小时)	Electricity Consumed in Rural Area(10 000 kwh)	13637	13681	0.3
农林牧渔业总产值(万元)	Gross Output of Farming,Forestry,Animal Husbandry & Fishery(10 000 yuan)	374566	431828	15.3
粮食产量(吨)	Yield of Grain(ton)	513555	378965	-26.2
油料产量(吨)	Yield of Oil-bearing Grops(ton)	132914	126128	-5.1
甜菜产量(吨)	Yield of Beetroots(ton)	34553	13493	-60.9
猪牛羊肉产量(吨)	Output of Pork, Beef & Mutton(ton)	32788	24464	-25.4
#猪肉产量(吨)	Output of Pork(ton)	5611	3339	-40.5
牛肉产量(吨)	Output of Beef(ton)	944	1079	14.3
羊肉产量(吨)	Output of Mutton(ton)	23091	18580	-19.5
羊毛产量(吨)	Output of Wool(ton)	1464	1466	0.1

23-99 Wulateqian Banner in Bayannaoer City

指　标	Item	2010	2011	2011年比上年增长% Increase Rate in 2011 Over 2010(%)
年末牲畜存栏头数(万头只)	Total Livestock at the Year-end(10 000 heads)	100.23	106.41	6.2
#大牲畜(万头只)	Large Animals(10 000 heads)	1.13	1.15	1.8
羊(万只)	Sheep & Goats(10 000 heads)	94.39	100.28	6.2
猪(万头)	Hogs(10 000 heads)	4.71	4.99	5.9
规模以上工业	**Industrial Enterprises above Designated size**			
工业企业单位数(个)	Number of Industrial Enterprises(unit)	35	36	2.9
#内资企业(个)	Civil Funded Enterprises(unit)	33	34	3.0
工业总产值(万元)	Gross Industrial Output Value(10 000 yuan)	1074415	1206586	12.3
内资企业(万元)	Civil Funded Enterprises(10 000 yuan)	953586	1136191	19.1
国有企业(万元)	State-owned Enterprises(10 000 yuan)			
集体企业(万元)	Collective-owned Enterprises(10 000 yuan)			
股份合作企业(万元)	Share Holding Enterprises(10 000 yuan)			
联营企业(万元)	Joint Owned Enterprises(10 000 yuan)			
有限责任公司(万元)	Limited Company(10 000 yuan)	242256	336995	39.1
股份有限公司(万元)	Share Holding Limited Company(10 000 yuan)			
私营企业(万元)	Privately Owned Enterprises(10 000 yuan)	711331	799196	12.4
其他企业(万元)	Enterprises of Other Ownership(10 000 yuan)			
港澳台商投资企业(万元)	Funds from HK,Macao & Taiwan(10 000 yuan)	72730		
外商投资企业(万元)	Foreign Funded Enterprises(10 000 yuan)	48098	70395	46.4
工业企业增加值(万元)	Value Added of Industrial Enterprises(10 000 yuan)	387000	471496	10.4
工业企业资产总计(万元)	Total Assets of Industrial Enterprises(10 000 yuan)	1204852	1183200	-1.8
工业企业负债合计(万元)	Total Liabilities of Industrial Enterprises(10 000 yuan)	776086	753400	-2.9
工业企业产品销售收入(万元)	Sales of Revenue Industrial Enterprises(10 000 yuan)	1003429	1193600	19.0
工业企业利润总额(万元)	Total Profits of Industrial Enterprises(10 000 yuan)	33237	55200	66.1
建筑业	**Construction**			
建筑企业单位数(个)	Number of Construction Enterprises(unit)	6	5	-16.7
建筑企业从业人员(人)	Number of Employee in Construction Enterprises(person)	757	519	-31.4
建筑业总产值(万元)	Gross Construction Output Value(10 000 yuan)	26302	66873	154.3
交通运输邮电通信业	**Transportation,Post & Telecommunications**			
公路里程(公里)	Total Length of Highways(km)	4066	4148	2.0
邮电业务总量(万元)	Business Volume of Post & Telecoms(10 000 yuan)	24304	27706	14.0
本地电话用户(户)	Number of Subscribers of Local Telephone(Household)	21000	23310	11.0
国内贸易	**Domestic Trade**			
社会消费品零售总额(万元)	Total Retail Sales of Consumer Goods(10 000 yuan)	167722	197922	18.0
城镇(万元)	Town(10 000 yuan)	137769	162725	18.1
#城区(万元)	City(10 000 yuan)			
乡村(万元)	Village(10 000 yuan)	29953	35197	17.5
科技教育卫生	**Science,Education & Public Health**			
各类专业技术人员(人)	Special Technical Personnel(person)	7560	7595	0.5
幼儿园数(所)	Number of Kindergartens(unit)	18	18	0.0
学龄儿童入学率(%)	Percentage of School-Age Children Enrolled(%)	100.0	100.0	0.0
小学学校数(所)	Number of Primary Schools(unit)	21	17	-19.0
小学专任教师数(人)	Number of Full-time Teachers of Primary Schools(person)	1494	1445	-3.3
小学在校学生数(人)	Number of Student Enrollment of Primary Schools(person)	17391	15613	-10.2
普通中学学校数(所)	Number of Regular Secondary Schools(unit)	13	13	0.0
普通中学专任教师数(人)	Number of Teachers of Secondary Shools(person)	1092	979	-10.3
初中在校学生数(人)	Number of Student in Junior Secondary Schools(person)	9827	9619	-2.1
高中在校学生数(人)	Number of Student in Senior Secondary Schools(person)	5552	5585	0.6
卫生机构数(所)	Number of Health Institutions(unit)	262	261	-0.4
#医院(所)	Hospitals(unit)	4	4	0.0
卫生院(所)	Township Hospitals(unit)	21	21	0.0
床位数(张)	Number of Beds(unit)	1077	1205	11.9
#医院(张)	Hospitals(unit)	632	754	19.3
卫生院(张)	Township Hospitals(unit)	290	289	-0.3
卫生技术人员(人)	Medical Technical Presonnel(person)	1361	1391	2.2
#医院(人)	Hospitals(person)	526	592	12.5
卫生院(人)	Township Hospitals(person)	354	321	-9.3

23-100 巴彦淖尔市乌拉特中旗

指 标	Item	2010	2011	2011年比上年增长% Increase Rate in 2011 Over 2010(%)
行政区域土地面积(平方公里)	**Area of Administration(Sq.km)**	**23096**	**23096**	**0.0**
人口和就业	**Population & Employment**			
年末总人口(人)	Total Population Year-end(person)	144308	145551	0.9
#男性(人)	Male(person)	73344	73898	0.8
#乡村人口(人)	Rural(person)	89958	91707	1.9
年末总户数(户)	Total Number of Households at the Year-end(Household)	56187	58899	4.8
#乡村户数(户)	Number of Rural Household(Household)	24430	24605	0.7
出生人口(人)	Births(person)	1423	1275	-10.4
死亡人口(人)	Deaths(person)	809	495	-38.8
全社会就业人员(人)	Employment(person)	74446	78985	6.1
第一产业(人)	Primary Industry(person)	43363	47653	9.9
第二产业(人)	Secondary Industry(person)	14228	15275	7.4
第三产业(人)	Tertiary Industry(person)	16855	16057	-4.7
在岗职工人数(人)	Number of Staff & Workers Employed in(person)	9454	9453	0.0
乡村劳动力(人)	Number of Rural Laborers(person)	59983	58698	-2.1
#农林牧渔业(人)	Farming,Forestry,Animal Husbandry & Fishery(person)	43363	46267	6.7
国民经济综合指标	**Summary Item on the National Economy**			
生产总值(万元)	Gross Domestic Product(10 000 yuan)	674000	975597	16.9
第一产业(万元)	Primary Industry(10 000 yuan)	117639	137882	6.1
第二产业(万元)	Secondary Industry(10 000 yuan)	488952	762166	20.7
#工业(万元)	Industry(10 000 yuan)	416500	667188	21.4
第三产业(万元)	Tertiary Industry(10 000 yuan)	67409	75549	8.0
人均生产总值(元)	Per Capita GDP(yuan)	48124	72968	16.9
全社会固定资产投资(万元)	Total Investment in Fixed Assets(10 000 yuan)	860265	1112266	29.3
按登记注册类型分	Grouped by Registered Type			
#国有(万元)	State-owned Enterprises(10 000 yuan)	459305	838892	82.6
集体(万元)	Collective-owned Enterprises(10 000 yuan)		4356	
有限责任公司(万元)	Limited Liability Corporations(10 000 yuan)	152032	194984	28.3
股份有限公司(万元)	Share Holding Enterprises(10 000 yuan)	3024	9320	208.2
私营企业(万元)	Private Enterprises(10 000 yuan)	16413	3870	-76.4
外商及港澳台投资企业(万元)	Funds from HK,Macao,Taiwan & Foreign(10 000 yuan)	229491	46740	-79.6
按城乡渠道分	Grouped by Urban and Rural Area			
城镇（万元）	Urban(10 000 yuan)	858426	1092223	27.2
农村（万元）	Rural(10 000 yuan)	1839	20043	989.9
一般预算收入(万元)	General Budgetary Financial Revenue(10 000 yuan)	33392	43409	30.0
一般预算支出(万元)	General Budgetary Financial Expenditures(10 000 yuan)	130313	163040	25.1
个人储蓄存款余额(万元)	The balance of savings deposits of individuals(10 000 yuan)	160932	180383	12.1
在岗职工工资总额(万元)	Total Wages of Staff & Workers Employed in(10 000 yuan)	30684	39909	30.1
在岗职工平均工资(元)	Average Wage of Staff & Workers Employed in(yuan)	32305	41327	27.9
城镇居民人均可支配收入(元)	Annual Disposable Income of Urban Residents per Capita(yuan)	14830	17069	15.1
农牧民人均纯收入(元)	Per Capita Net Income of Peasant & Herdsman(yuan)	7114	8365	17.6
农村牧区经济	**Economic Development in Rural & Pastoral Area**			
耕地面积(公顷)	Cultivated Area(hectare)	89194	89071	-0.1
农作物总播种面积(公顷)	Total Sown Area(hectare)	76260	63932	-16.2
#粮食作物播种面积(公顷)	Sown Area of Grain Crops(hectare)	39386	32328	-17.9
有效灌溉面积(公顷)	Irrigated Area(hectare)	48182	73616	52.8
农牧业机械总动力(万千瓦)	Total Power of Agricultural Machinery(10 000 kw)	28.87	32.50	12.6
化肥施用折纯量(吨)	Consumption of Chemical Fertilizer(ton)	6808	7488	10.0
农村用电量(万千瓦小时)	Electricity Consumed in Rural Area(10 000 kwh)	5498	6322	15.0
农林牧渔业总产值(万元)	Gross Output of Farming,Forestry,Animal Husbandry & Fishery(10 000 yuan)	184811	216977	17.1
粮食产量(吨)	Yield of Grain(ton)	238135	171550	-28.0
油料产量(吨)	Yield of Oil-bearing Grops(ton)	78665	68241	-13.3
甜菜产量(吨)	Yield of Beetroots(ton)	1114	1165	4.6
猪牛羊肉产量(吨)	Output of Pork, Beef & Mutton(ton)	15395	15790	2.6
#猪肉产量(吨)	Output of Pork(ton)	2028	1910	-5.8
牛肉产量(吨)	Output of Beef(ton)	339	380	12.1
羊肉产量(吨)	Output of Mutton(ton)	12070	12633	4.7
羊毛产量(吨)	Output of Wool(ton)	1287	1286	0.0

23-100 Wulatezhong Banner in Bayannaoer City

指　标	Item	2010	2011	2011年比上年增长% Increase Rate in 2011 Over 2010(%)
年末牲畜存栏头数(万头只)	Total Livestock at the Year-end(10 000 heads)	128.69	132.64	3.1
# 大牲畜(万头只)	Large Animals(10 000 heads)	1.11	1.10	-1.0
羊(万只)	Sheep & Goats(10 000 heads)	125.68	129.42	3.0
猪(万头)	Hogs(10 000 heads)	1.91	1.94	1.6
规模以上工业	**Industrial Enterprises above Designated size**			
工业企业单位数(个)	Number of Industrial Enterprises(unit)	39	39	0.0
# 内资企业(个)	Civil Funded Enterprises(unit)	37	37	0.0
工业总产值(万元)	Gross Industrial Output Value(10 000 yuan)	1074021	1756866	63.6
内资企业(万元)	Civil Funded Enterprises(10 000 yuan)	944971	1589808	68.2
国有企业(万元)	State-owned Enterprises(10 000 yuan)			
集体企业(万元)	Collective-owned Enterprises(10 000 yuan)	36579	51991	42.1
股份合作企业(万元)	Share Holding Enterprises(10 000 yuan)			
联营企业(万元)	Joint Owned Enterprises(10 000 yuan)			
有限责任公司(万元)	Limited Company(10 000 yuan)	836546	1423929	70.2
股份有限公司(万元)	Share Holding Limited Company(10 000 yuan)	48410	71007	46.7
私营企业(万元)	Privately Owned Enterprises(10 000 yuan)	23436	42881	83.0
其他企业(万元)	Enterprises of Other Ownership(10 000 yuan)			
港澳台商投资企业(万元)	Funds from HK,Macao & Taiwan(10 000 yuan)			
外商投资企业(万元)	Foreign Funded Enterprises(10 000 yuan)	129050	167058	29.5
工业企业增加值(万元)	Value Added of Industrial Enterprises(10 000 yuan)	393400	649443	21.9
工业企业资产总计(万元)	Total Assets of Industrial Enterprises(10 000 yuan)	1515372	1851200	22.2
工业企业负债合计(万元)	Total Liabilities of Industrial Enterprises(10 000 yuan)	994526	1270800	27.8
工业企业产品销售收入(万元)	Sales of Revenue Industrial Enterprises(10 000 yuan)	1009333	1751200	73.5
工业企业利润总额(万元)	Total Profits of Industrial Enterprises(10 000 yuan)	111953	163600	46.1
建筑业	**Construction**			
建筑企业单位数(个)	Number of Construction Enterprises(unit)	2	2	0.0
建筑企业从业人员(人)	Number of Employee in Construction Enterprises(person)	96	92	-4.2
建筑业总产值(万元)	Gross Construction Output Value(10 000 yuan)	11188	8725	-22.0
交通运输邮电通信业	**Transportation,Post & Telecommunications**			
公路里程(公里)	Total Length of Highways(km)	4027	4027	0.0
邮电业务总量(万元)	Business Volume of Post & Telecoms(10 000 yuan)	2537	2918	15.0
本地电话用户(户)	Number of Subscribers of Local Telephone(Household)	17535	17667	0.8
国内贸易	**Domestic Trade**			
社会消费品零售总额(万元)	Total Retail Sales of Consumer Goods(10 000 yuan)	78713	92181	17.1
城镇(万元)	Town(10 000 yuan)	50909	59826	17.5
#城区(万元)	City(10 000 yuan)			
乡村(万元)	Village(10 000 yuan)	27804	32355	16.4
科技教育卫生	**Science,Education & Public Health**			
各类专业技术人员(人)	Special Technical Personnel(person)	2721	2755	1.2
幼儿园数(所)	Number of Kindergartens(unit)	9	10	11.1
学龄儿童入学率(%)	Percentage of School-Age Children Enrolled(%)	100.0	100.0	0.0
小学学校数(所)	Number of Primary Schools(unit)	2	2	0.0
小学专任教师数(人)	Number of Full-time Teachers of Primary Schools(person)	559	576	3.0
小学在校学生数(人)	Number of Student Enrollment of Primary Schools(person)	6100	5384	-11.7
普通中学学校数(所)	Number of Regular Secondary Schools(unit)	6	6	0.0
普通中学专任教师数(人)	Number of Teachers of Secondary Shools(person)	398	358	-10.1
初中在校学生数(人)	Number of Student in Junior Secondary Schools(person)	2354	2966	26.0
高中在校学生数(人)	Number of Student in Senior Secondary Schools(person)	1076	798	-25.8
卫生机构数(所)	Number of Health Institutions(unit)	130	103	-20.8
# 医院(所)	Hospitals(unit)	2	2	0.0
卫生院(所)	Township Hospitals(unit)	16	16	0.0
床位数(张)	Number of Beds(unit)	314	316	0.6
# 医院(张)	Hospitals(unit)	127	127	0.0
卫生院(张)	Township Hospitals(unit)	116	118	1.7
卫生技术人员(人)	Medical Technical Presonnel(person)	498	454	-8.8
# 医院(人)	Hospitals(person)	188	178	-5.3
卫生院(人)	Township Hospitals(person)	104	91	-12.5

23-101 巴彦淖尔市乌拉特后旗

指　标	Item	2010	2011	2011年比上年增长% Increase Rate in 2011 Over 2010(%)
行政区域土地面积(平方公里)	**Area of Administration(Sq.km)**	**24925**	**24925**	**0.0**
人口和就业	**Population & Employment**			
年末总人口(人)	Total Population Year-end(person)	65541	65979	0.7
#男性(人)	Male(person)	33545	33672	0.4
#乡村人口(人)	Rural(person)	23860	23963	0.4
年末总户数(户)	Total Number of Households at the Year-end(Household)	24889	25421	2.1
#乡村户数(户)	Number of Rural Household(Household)	6687	7201	7.7
出生人口(人)	Births(person)	633	536	-15.3
死亡人口(人)	Deaths(person)	397	202	-49.1
全社会就业人员(人)	Employment(person)	33968	33869	-0.3
第一产业(人)	Primary Industry(person)	17122	10699	-37.5
第二产业(人)	Secondary Industry(person)	7299	11545	58.2
第三产业(人)	Tertiary Industry(person)	9547	11625	21.8
在岗职工人数(人)	Number of Staff & Workers Employed in(person)	11230	14124	25.8
乡村劳动力(人)	Number of Rural Laborers(person)	18426	18566	0.8
#农林牧渔业(人)	Farming,Forestry,Animal Husbandry & Fishery(person)	15585	10699	-31.4
国民经济综合指标	**Summary Item on the National Economy**			
生产总值(万元)	Gross Domestic Product(10 000 yuan)	632742	797241	8.4
第一产业(万元)	Primary Industry(10 000 yuan)	25156	29850	7.4
第二产业(万元)	Secondary Industry(10 000 yuan)	543451	693012	9.5
#工业(万元)	Industry(10 000 yuan)	493882	644033	12.7
第三产业(万元)	Tertiary Industry(10 000 yuan)	64135	74379	6.1
人均生产总值(元)	Per Capita GDP(yuan)	110193	122081	8.4
全社会固定资产投资(万元)	Total Investment in Fixed Assets(10 000 yuan)	716479	780260	8.9
按登记注册类型分	Grouped by Registered Type			
#国有(万元)	State-owned Enterprises(10 000 yuan)	207212	188529	-9.0
集体(万元)	Collective-owned Enterprises(10 000 yuan)			
有限责任公司(万元)	Limited Liability Corporations(10 000 yuan)	495878	492603	-0.7
股份有限公司(万元)	Share Holding Enterprises(10 000 yuan)	7058	15900	125.3
私营企业(万元)	Private Enterprises(10 000 yuan)	6331	12000	89.5
外商及港澳台投资企业(万元)	Funds from HK,Macao,Taiwan & Foreign(10 000 yuan)			
按城乡渠道分	Grouped by Urban and Rural Area			
城镇（万元）	Urban(10 000 yuan)	669413	746233	11.5
农村（万元）	Rural(10 000 yuan)	47066	34027	-27.7
一般预算收入(万元)	General Budgetary Financial Revenue(10 000 yuan)	66193	61050	-7.8
一般预算支出(万元)	General Budgetary Financial Expenditures(10 000 yuan)	103557	112932	9.1
个人储蓄存款余额(万元)	The balance of savings deposits of individuals(10 000 yuan)	80403	85964	6.9
在岗职工工资总额(万元)	Total Wages of Staff & Workers Employed in(10 000 yuan)	36639	56278	53.6
在岗职工平均工资(元)	Average Wage of Staff & Workers Employed in(yuan)	32693	41601	27.2
城镇居民人均可支配收入(元)	Annual Disposable Income of Urban Residents per Capita(yuan)	14529	16752	15.3
农牧民人均纯收入(元)	Per Capita Net Income of Peasant & Herdsman(yuan)	5840	7340	25.7
农村牧区经济	**Economic Development in Rural & Pastoral Area**			
耕地面积(公顷)	Cultivated Area(hectare)	12280	12250	-0.2
农作物总播种面积(公顷)	Total Sown Area(hectare)	8637	7374	-14.6
#粮食作物播种面积(公顷)	Sown Area of Grain Crops(hectare)	5262	4494	-14.6
有效灌溉面积(公顷)	Irrigated Area(hectare)	6386	11133	74.3
农牧业机械总动力(万千瓦)	Total Power of Agricultural Machinery(10 000 kw)	6.81	7.50	10.1
化肥施用折纯量(吨)	Consumption of Chemical Fertilizer(ton)	4154	4167	0.3
农村用电量(万千瓦小时)	Electricity Consumed in Rural Area(10 000 kwh)	1328	1340	0.9
农林牧渔业总产值(万元)	Gross Output of Farming,Forestry,Animal Husbandry & Fishery(10 000 yuan)	34922	41520	18.9
粮食产量(吨)	Yield of Grain(ton)	40417	29555	-26.9
油料产量(吨)	Yield of Oil-bearing Grops(ton)	5014	5541	10.5
甜菜产量(吨)	Yield of Beetroots(ton)		666	
猪牛羊肉产量(吨)	Output of Pork, Beef & Mutton(ton)	4987	5370	7.7
#猪肉产量(吨)	Output of Pork(ton)	198	190	-4.0
牛肉产量(吨)	Output of Beef(ton)	105	557	430.5
羊肉产量(吨)	Output of Mutton(ton)	4492	4123	-8.2
羊毛产量(吨)	Output of Wool(ton)	134	135	0.7

23-101 Wulatehou Banner in Bayannaoer City

指　　标	Item	2010	2011	2011年比上年增长% Increase Rate in 2011 Over 2010(%)
年末牲畜存栏头数(万头只)	Total Livestock at the Year-end(10 000 heads)	39.77	38.69	-2.7
#大牲畜(万头只)	Large Animals(10 000 heads)	1.67	2.38	42.5
羊(万只)	Sheep & Goats(10 000 heads)	37.87	36.16	-4.5
猪(万头)	Hogs(10 000 heads)	0.22	0.15	-31.8
规模以上工业	**Industrial Enterprises above Designated size**			
工业企业单位数(个)	Number of Industrial Enterprises(unit)	29	30	3.4
#内资企业(个)	Civil Funded Enterprises(unit)	28	28	0.0
工业总产值(万元)	Gross Industrial Output Value(10 000 yuan)	1286558	1805111	40.3
内资企业(万元)	Civil Funded Enterprises(10 000 yuan)	1091975	1566241	43.4
国有企业(万元)	State-owned Enterprises(10 000 yuan)	25868	53299	106.0
集体企业(万元)	Collective-owned Enterprises(10 000 yuan)			
股份合作企业(万元)	Share Holding Enterprises(10 000 yuan)			
联营企业(万元)	Joint Owned Enterprises(10 000 yuan)			
有限责任公司(万元)	Limited Company(10 000 yuan)	977411	1503868	53.9
股份有限公司(万元)	Share Holding Limited Company(10 000 yuan)			
私营企业(万元)	Privately Owned Enterprises(10 000 yuan)	88696	9074	-89.8
其他企业(万元)	Enterprises of Other Ownership(10 000 yuan)			
港澳台商投资企业(万元)	Funds from HK,Macao & Taiwan(10 000 yuan)	194582	238870	22.8
外商投资企业(万元)	Foreign Funded Enterprises(10 000 yuan)			
工业企业增加值(万元)	Value Added of Industrial Enterprises(10 000 yuan)	488400	624903	12.7
工业企业资产总计(万元)	Total Assets of Industrial Enterprises(10 000 yuan)	1264313	2129100	68.4
工业企业负债合计(万元)	Total Liabilities of Industrial Enterprises(10 000 yuan)	612363	1132500	84.9
工业企业产品销售收入(万元)	Sales of Revenue Industrial Enterprises(10 000 yuan)	1211416	1750800	44.5
工业企业利润总额(万元)	Total Profits of Industrial Enterprises(10 000 yuan)	191451	194400	1.5
建筑业	**Construction**			
建筑企业单位数(个)	Number of Construction Enterprises(unit)			
建筑企业从业人员(人)	Number of Employee in Construction Enterprises(person)			
建筑业总产值(万元)	Gross Construction Output Value(10 000 yuan)			
交通运输邮电通信业	**Transportation,Post & Telecommunications**			
公路里程(公里)	Total Length of Highways(km)	1514	1553	2.6
邮电业务总量(万元)	Business Volume of Post & Telecoms(10 000 yuan)	1332	1532	15.0
本地电话用户(户)	Number of Subscribers of Local Telephone(Household)	4300	5645	31.3
国内贸易	**Domestic Trade**			
社会消费品零售总额(万元)	Total Retail Sales of Consumer Goods(10 000 yuan)	43312	49976	15.4
城镇(万元)	Town(10 000 yuan)	30818	35819	16.2
#城区(万元)	City(10 000 yuan)			
乡村(万元)	Village(10 000 yuan)	12494	14157	13.3
科技教育卫生	**Science,Education & Public Health**			
各类专业技术人员(人)	Special Technical Personnel(person)	2615	2633	0.7
幼儿园数(所)	Number of Kindergartens(unit)	3	8	166.7
学龄儿童入学率(%)	Percentage of School-Age Children Enrolled(%)	100.0	100.0	0.0
小学学校数(所)	Number of Primary Schools(unit)	5	5	0.0
小学专任教师数(人)	Number of Full-time Teachers of Primary Schools(person)	315	294	-6.7
小学在校学生数(人)	Number of Student Enrollment of Primary Schools(person)	2978	2871	-3.6
普通中学学校数(所)	Number of Regular Secondary Schools(unit)	3	3	0.0
普通中学专任教师数(人)	Number of Teachers of Secondary Shools(person)	228	235	3.1
初中在校学生数(人)	Number of Student in Junior Secondary Schools(person)	1559	1487	-4.6
高中在校学生数(人)	Number of Student in Senior Secondary Schools(person)	509	569	11.8
卫生机构数(所)	Number of Health Institutions(unit)	74	68	-8.1
#医院(所)	Hospitals(unit)	2	2	0.0
卫生院(所)	Township Hospitals(unit)	10	10	0.0
床位数(张)	Number of Beds(unit)	262	244	-6.9
#医院(张)	Hospitals(unit)	150	150	0.0
卫生院(张)	Township Hospitals(unit)	64	64	0.0
卫生技术人员(人)	Medical Technical Presonnel(person)	316	267	-15.5
#医院(人)	Hospitals(person)	117	107	-8.5
卫生院(人)	Township Hospitals(person)	56	55	-1.8

23-102 巴彦淖尔市杭锦后旗

指　标	Item	2010	2011	2011年比上年增长% Increase Rate in 2011 Over 2010(%)
行政区域土地面积(平方公里)	**Area of Administration(Sq.km)**	**1767**	**1767**	**0.0**
人口和就业	**Population & Employment**			
年末总人口(人)	Total Population Year-end(person)	325540	326336	0.2
# 男性(人)	Male(person)	163877	164355	0.3
# 乡村人口(人)	Rural(person)	203822	203810	0.0
年末总户数(户)	Total Number of Households at the Year-end(Household)	107673	110711	2.8
# 乡村户数(户)	Number of Rural Household(Household)	50265	50646	0.8
出生人口(人)	Births(person)	2751	2418	-12.1
死亡人口(人)	Deaths(person)	1621	848	-47.7
全社会就业人员(人)	Employment(person)	148100	148544	0.3
第一产业(人)	Primary Industry(person)	90188	89446	-0.8
第二产业(人)	Secondary Industry(person)	16023	16128	0.7
第三产业(人)	Tertiary Industry(person)	41889	42970	2.6
在岗职工人数(人)	Number of Staff & Workers Employed in(person)	14643	17167	17.2
乡村劳动力(人)	Number of Rural Laborers(person)	117557	117408	-0.1
# 农林牧渔业(人)	Farming,Forestry,Animal Husbandry & Fishery(person)	89938	89211	-0.8
国民经济综合指标	**Summary Item on the National Economy**			
生产总值(万元)	Gross Domestic Product(10 000 yuan)	908658	1065325	12.6
第一产业(万元)	Primary Industry(10 000 yuan)	232030	273055	6.5
第二产业(万元)	Secondary Industry(10 000 yuan)	439484	535044	17.0
# 工业(万元)	Industry(10 000 yuan)	361380	445541	19.4
第三产业(万元)	Tertiary Industry(10 000 yuan)	237144	257226	10.4
人均生产总值(元)	Per Capita GDP(yuan)	29510	41505	12.6
全社会固定资产投资(万元)	Total Investment in Fixed Assets(10 000 yuan)	721832	812440	12.6
按登记注册类型分	Grouped by Registered Type			
# 国有(万元)	State-owned Enterprises(10 000 yuan)	294559	283167	-3.9
集体(万元)	Collective-owned Enterprises(10 000 yuan)			
有限责任公司(万元)	Limited Liability Corporations(10 000 yuan)	110885	148347	33.8
股份有限公司(万元)	Share Holding Enterprises(10 000 yuan)	182904	172380	-5.8
私营企业(万元)	Private Enterprises(10 000 yuan)	133484	137312	2.9
外商及港澳台投资企业(万元)	Funds from HK,Macao,Taiwan & Foreign(10 000 yuan)			
按城乡渠道分	Grouped by Urban and Rural Area			
城镇（万元）	Urban(10 000 yuan)	717862	799340	11.4
农村（万元）	Rural(10 000 yuan)	3970	13100	2.3倍
一般预算收入(万元)	General Budgetary Financial Revenue(10 000 yuan)	24996	32428	29.7
一般预算支出(万元)	General Budgetary Financial Expenditures(10 000 yuan)	117517	150395	28.0
个人储蓄存款余额(万元)	The balance of savings deposits of individuals(10 000 yuan)	289689	326533	12.7
在岗职工工资总额(万元)	Total Wages of Staff & Workers Employed in(10 000 yuan)	42415	60091	41.7
在岗职工平均工资(元)	Average Wage of Staff & Workers Employed in(yuan)	28974	33524	15.7
城镇居民人均可支配收入(元)	Annual Disposable Income of Urban Residents per Capita(yuan)	14222	16371	15.1
农牧民人均纯收入(元)	Per Capita Net Income of Peasant & Herdsman(yuan)	8553	9840	15.1
农村牧区经济	**Economic Development in Rural & Pastoral Area**			
耕地面积(公顷)	Cultivated Area(hectare)	90756	90394	-0.4
农作物总播种面积(公顷)	Total Sown Area(hectare)	88038	73926	-16.0
# 粮食作物播种面积(公顷)	Sown Area of Grain Crops(hectare)	56039	46295	-17.4
有效灌溉面积(公顷)	Irrigated Area(hectare)	85030	90300	6.2
农牧业机械总动力(万千瓦)	Total Power of Agricultural Machinery(10 000 kw)	78.47	85.30	8.7
化肥施用折纯量(吨)	Consumption of Chemical Fertilizer(ton)	52231	56088	7.4
农村用电量(万千瓦小时)	Electricity Consumed in Rural Area(10 000 kwh)	3723	3740	0.5
农林牧渔业总产值(万元)	Gross Output of Farming,Forestry,Animal Husbandry & Fishery(10 000 yuan)	376555	443861	17.9
粮食产量(吨)	Yield of Grain(ton)	473084	352789	-25.4
油料产量(吨)	Yield of Oil-bearing Grops(ton)	52019	28371	-45.5
甜菜产量(吨)	Yield of Beetroots(ton)			
猪牛羊肉产量(吨)	Output of Pork, Beef & Mutton(ton)	51302	38811	-24.3
# 猪肉产量(吨)	Output of Pork(ton)	12974	6795	-47.6
牛肉产量(吨)	Output of Beef(ton)	4144	3726	-10.1
羊肉产量(吨)	Output of Mutton(ton)	26105	26489	1.5
羊毛产量(吨)	Output of Wool(ton)	1799	1804	0.3

23-102 Hangjinhou Banner in Bayannaoer City

指　标	Item	2010	2011	2011年比上年增长% Increase Rate in 2011 Over 2010(%)
年末牲畜存栏头数(万头只)	Total Livestock at the Year-end(10 000 heads)	131.87	128.34	-2.7
#大牲畜(万头只)	Large Animals(10 000 heads)	7.92	7.06	-10.9
羊(万只)	Sheep & Goats(10 000 heads)	113.57	112.48	-1.0
猪(万头)	Hogs(10 000 heads)	10.38	8.80	-15.2
规模以上工业	**Industrial Enterprises above Designated size**			
工业企业单位数(个)	Number of Industrial Enterprises(unit)	33	37	12.1
#内资企业(个)	Civil Funded Enterprises(unit)	33	37	12.1
工业总产值(万元)	Gross Industrial Output Value(10 000 yuan)	1007123	1328580	31.9
内资企业(万元)	Civil Funded Enterprises(10 000 yuan)	1007123	1328580	31.9
国有企业(万元)	State-owned Enterprises(10 000 yuan)	9199	11156	21.3
集体企业(万元)	Collective-owned Enterprises(10 000 yuan)			
股份合作企业(万元)	Share Holding Enterprises(10 000 yuan)			
联营企业(万元)	Joint Owned Enterprises(10 000 yuan)			
有限责任公司(万元)	Limited Company(10 000 yuan)	429351	608823	41.8
股份有限公司(万元)	Share Holding Limited Company(10 000 yuan)	130862	214889	64.2
私营企业(万元)	Privately Owned Enterprises(10 000 yuan)	437712	493712	12.8
其他企业(万元)	Enterprises of Other Ownership(10 000 yuan)			
港澳台商投资企业(万元)	Funds from HK,Macao & Taiwan(10 000 yuan)			
外商投资企业(万元)	Foreign Funded Enterprises(10 000 yuan)			
工业企业增加值(万元)	Value Added of Industrial Enterprises(10 000 yuan)	319500	427664	20.3
工业企业资产总计(万元)	Total Assets of Industrial Enterprises(10 000 yuan)	1281349	522000	-59.3
工业企业负债合计(万元)	Total Liabilities of Industrial Enterprises(10 000 yuan)	252548	313800	24.3
工业企业产品销售收入(万元)	Sales of Revenue Industrial Enterprises(10 000 yuan)	957922	1251900	30.7
工业企业利润总额(万元)	Total Profits of Industrial Enterprises(10 000 yuan)	36077	56800	57.4
建筑业	**Construction**			
建筑企业单位数(个)	Number of Construction Enterprises(unit)	2	2	0.0
建筑企业从业人员(人)	Number of Employee in Construction Enterprises(person)	216	255	18.1
建筑业总产值(万元)	Gross Construction Output Value(10 000 yuan)	13200	13500	2.3
交通运输邮电通信业	**Transportation,Post & Telecommunications**			
公路里程(公里)	Total Length of Highways(km)	1701	1701	0.0
邮电业务总量(万元)	Business Volume of Post & Telecoms(10 000 yuan)	16350	18639	14.0
本地电话用户(户)	Number of Subscribers of Local Telephone(Household)	34357	34769	1.2
国内贸易	**Domestic Trade**			
社会消费品零售总额(万元)	Total Retail Sales of Consumer Goods(10 000 yuan)	156123	184225	18.0
城镇(万元)	Town(10 000 yuan)	137667	163075	18.5
#城区(万元)	City(10 000 yuan)			
乡村(万元)	Village(10 000 yuan)	18456	21150	14.6
科技教育卫生	**Science,Education & Public Health**			
各类专业技术人员(人)	Special Technical Personnel(person)	3598	3655	1.6
幼儿园数(所)	Number of Kindergartens(unit)	6	19	216.7
学龄儿童入学率(%)	Percentage of School-Age Children Enrolled(%)	100.0	100.0	0.0
小学学校数(所)	Number of Primary Schools(unit)	29	20	-31.0
小学专任教师数(人)	Number of Full-time Teachers of Primary Schools(person)	1153	1167	1.2
小学在校学生数(人)	Number of Student Enrollment of Primary Schools(person)	12846	11766	-8.4
普通中学学校数(所)	Number of Regular Secondary Schools(unit)	11	12	9.1
普通中学专任教师数(人)	Number of Teachers of Secondary Shools(person)	964	784	-18.7
初中在校学生数(人)	Number of Student in Junior Secondary Schools(person)	9667	8277	-14.4
高中在校学生数(人)	Number of Student in Senior Secondary Schools(person)	5301	5299	0.0
卫生机构数(所)	Number of Health Institutions(unit)	207	207	0.0
#医院(所)	Hospitals(unit)	3	3	0.0
卫生院(所)	Township Hospitals(unit)	19	19	0.0
床位数(张)	Number of Beds(unit)	887	904	1.9
#医院(张)	Hospitals(unit)	340	340	0.0
卫生院(张)	Township Hospitals(unit)	344	361	4.9
卫生技术人员(人)	Medical Technical Presonnel(person)	1132	1170	3.4
#医院(人)	Hospitals(person)	416	412	-1.0
卫生院(人)	Township Hospitals(person)	237	248	4.6

23-103 乌海市海勃湾区

指　标	Item	2010	2011	2011年比上年增长% Increase Rate in 2011 Over 2010(%)
行政区域土地面积(平方公里)	**Area of Administration(Sq.km)**	**529**	**529**	**0.0**
人口和就业	**Population & Employment**			
年末总人口(人)	Total Population Year-end(person)	297065	303184	2.1
#男性(人)	Male(person)	156224	159442	2.1
#乡村人口(人)	Rural(person)	13087	11097	-15.2
年末总户数(户)	Total Number of Households at the Year-end(Household)	99641	104317	4.7
#乡村户数(户)	Number of Rural Household(Household)	4485	4369	-2.6
出生人口(人)	Births(person)	2697	2734	1.4
死亡人口(人)	Deaths(person)	1378	1263	-8.3
全社会就业人员(人)	Employment(person)	132785	139413	5.0
第一产业(人)	Primary Industry(person)	5688	4528	-20.4
第二产业(人)	Secondary Industry(person)	44695	49666	11.1
第三产业(人)	Tertiary Industry(person)	82402	85219	3.4
在岗职工人数(人)	Number of Staff & Workers Employed in(person)	73982	77805	5.2
乡村劳动力(人)	Number of Rural Laborers(person)	8400	8320	-1.0
#农林牧渔业(人)	Farming,Forestry,Animal Husbandry & Fishery(person)	4718	4152	-12.0
国民经济综合指标	**Summary Item on the National Economy**			
生产总值(万元)	Gross Domestic Product(10 000 yuan)	1490871	1820025	16.3
第一产业(万元)	Primary Industry(10 000 yuan)	12628	16526	4.9
第二产业(万元)	Secondary Industry(10 000 yuan)	896534	1122985	19.4
#工业(万元)	Industry(10 000 yuan)	792465	993349	20.0
第三产业(万元)	Tertiary Industry(10 000 yuan)	581710	680514	11.8
人均生产总值(元)	Per Capita GDP(yuan)	53799	60732	7.5
全社会固定资产投资(万元)	Total Investment in Fixed Assets(10 000 yuan)	1103673	1336101	21.1
按登记注册类型分	Grouped by Registered Type			
#国有(万元)	State-owned Enterprises(10 000 yuan)	373207	411673	10.3
集体(万元)	Collective-owned Enterprises(10 000 yuan)			
有限责任公司(万元)	Limited Liability Corporations(10 000 yuan)	354424	736269	107.7
股份有限公司(万元)	Share Holding Enterprises(10 000 yuan)	98875	72615	-26.6
私营企业(万元)	Private Enterprises(10 000 yuan)	53160	88441	66.4
外商及港澳台投资企业(万元)	Funds from HK,Macao,Taiwan & Foreign(10 000 yuan)	6647	27103	307.7
按城乡渠道分	Grouped by Urban and Rural Area			
城镇（万元）	Urban(10 000 yuan)	1103673	1336101	21.1
农村（万元）	Rural(10 000 yuan)			
一般预算收入(万元)	General Budgetary Financial Revenue(10 000 yuan)	109791	155968	42.1
一般预算支出(万元)	General Budgetary Financial Expenditures(10 000 yuan)	116086	132304	14.0
个人储蓄存款余额(万元)	The balance of savings deposits of individuals(10 000 yuan)		1392773	
在岗职工工资总额(万元)	Total Wages of Staff & Workers Employed in(10 000 yuan)	297051	374381	26.0
在岗职工平均工资(元)	Average Wage of Staff & Workers Employed in(yuan)	39461	46841	18.7
城镇居民人均可支配收入(元)	Annual Disposable Income of Urban Residents per Capita(yuan)	20275	23012	13.5
农牧民人均纯收入(元)	Per Capita Net Income of Peasant & Herdsman(yuan)	9444	10965	16.1
农村牧区经济	**Economic Development in Rural & Pastoral Area**			
耕地面积(公顷)	Cultivated Area(hectare)	2550	2641	3.6
农作物总播种面积(公顷)	Total Sown Area(hectare)	2391	2379	-0.5
#粮食作物播种面积(公顷)	Sown Area of Grain Crops(hectare)	1264	1348	6.6
有效灌溉面积(公顷)	Irrigated Area(hectare)	1960	2641	34.7
农牧业机械总动力(万千瓦)	Total Power of Agricultural Machinery(10 000 kw)	2.97	3.33	12.0
化肥施用折纯量(吨)	Consumption of Chemical Fertilizer(ton)	1254	1360	8.5
农村用电量(万千瓦小时)	Electricity Consumed in Rural Area(10 000 kwh)	1333	1396	4.7
农林牧渔业总产值(万元)	Gross Output of Farming,Forestry,Animal Husbandry & Fishery(10 000 yuan)	22135	28754	4.7
粮食产量(吨)	Yield of Grain(ton)	8172	9597	17.4
油料产量(吨)	Yield of Oil-bearing Grops(ton)	1228	690	-43.8
甜菜产量(吨)	Yield of Beetroots(ton)		30	
猪牛羊肉产量(吨)	Output of Pork, Beef & Mutton(ton)	3803	2677	-29.6
#猪肉产量(吨)	Output of Pork(ton)	2897	2085	-28.0
牛肉产量(吨)	Output of Beef(ton)	189	83	-56.1
羊肉产量(吨)	Output of Mutton(ton)	717	509	-29.0
羊毛产量(吨)	Output of Wool(ton)	52	34	-34.6

23-103 Haibowan District in Wuhai City

指　标	Item	2010	2011	2011年比上年增长% Increase Rate in 2011 Over 2010(%)
年末牲畜存栏头数(万头只)	Total Livestock at the Year-end(10 000 heads)	4.49	3.32	-26.1
# 大牲畜(万头只)	Large Animals(10 000 heads)	0.18	0.09	-51.1
羊(万只)	Sheep & Goats(10 000 heads)	2.68	1.86	-30.5
猪(万头)	Hogs(10 000 heads)	1.63	1.37	-16.1
规模以上工业	**Industrial Enterprises above Designated size**			
工业企业单位数(个)	Number of Industrial Enterprises(unit)	53	48	-9.4
# 内资企业(个)	Civil Funded Enterprises(unit)	53	47	-11.3
工业总产值(万元)	Gross Industrial Output Value(10 000 yuan)	1498131	2367591	58.0
内资企业(万元)	Civil Funded Enterprises(10 000 yuan)	1498131	2347185	56.7
国有企业(万元)	State-owned Enterprises(10 000 yuan)	114511	405591	254.2
集体企业(万元)	Collective-owned Enterprises(10 000 yuan)			
股份合作企业(万元)	Share Holding Enterprises(10 000 yuan)	1308	22154	1593.7
联营企业(万元)	Joint Owned Enterprises(10 000 yuan)			
有限责任公司(万元)	Limited Company(10 000 yuan)		644828	
股份有限公司(万元)	Share Holding Limited Company(10 000 yuan)	1355882	22251	-98.4
私营企业(万元)	Privately Owned Enterprises(10 000 yuan)		1252362	
其他企业(万元)	Enterprises of Other Ownership(10 000 yuan)	26430		
港澳台商投资企业(万元)	Funds from HK,Macao & Taiwan(10 000 yuan)			
外商投资企业(万元)	Foreign Funded Enterprises(10 000 yuan)		20406	
工业企业增加值(万元)	Value Added of Industrial Enterprises(10 000 yuan)			21.3
工业企业资产总计(万元)	Total Assets of Industrial Enterprises(10 000 yuan)	1889312	3111654	64.7
工业企业负债合计(万元)	Total Liabilities of Industrial Enterprises(10 000 yuan)	1336170	2536942	89.9
工业企业产品销售收入(万元)	Sales of Revenue Industrial Enterprises(10 000 yuan)	1652133	2320506	40.5
工业企业利润总额(万元)	Total Profits of Industrial Enterprises(10 000 yuan)	294927	189010	-35.9
建筑业	**Construction**			
建筑企业单位数(个)	Number of Construction Enterprises(unit)	35	35	0.0
建筑企业从业人员(人)	Number of Employee in Construction Enterprises(person)	31063	31113	0.2
建筑业总产值(万元)	Gross Construction Output Value(10 000 yuan)	367410	475910	29.5
交通运输邮电通信业	**Transportation,Post & Telecommunications**			
公路里程(公里)	Total Length of Highways(km)	375	347	-7.5
邮电业务总量(万元)	Business Volume of Post & Telecoms(10 000 yuan)	37563	47845	27.4
本地电话用户(户)	Number of Subscribers of Local Telephone(Household)	94028	88966	-5.4
国内贸易	**Domestic Trade**			
社会消费品零售总额(万元)	Total Retail Sales of Consumer Goods(10 000 yuan)	606440	723427	19.3
城镇(万元)	Town(10 000 yuan)	606440	723427	19.3
#城区(万元)	City(10 000 yuan)	606440	723427	19.3
乡村(万元)	Village(10 000 yuan)			
科技教育卫生	**Science,Education & Public Health**			
各类专业技术人员(人)	Special Technical Personnel(person)	20000	20829	4.1
幼儿园数(所)	Number of Kindergartens(unit)	13	13	0.0
学龄儿童入学率(%)	Percentage of School-Age Children Enrolled(%)	100.0	100.0	0.0
小学学校数(所)	Number of Primary Schools(unit)	15	14	-6.7
小学专任教师数(人)	Number of Full-time Teachers of Primary Schools(person)	1149	1158	0.8
小学在校学生数(人)	Number of Student Enrollment of Primary Schools(person)	16894	17244	2.1
普通中学学校数(所)	Number of Regular Secondary Schools(unit)	11	11	0.0
普通中学专任教师数(人)	Number of Teachers of Secondary Shools(person)	1245	1284	3.1
初中在校学生数(人)	Number of Student in Junior Secondary Schools(person)	10014	9555	-4.6
高中在校学生数(人)	Number of Student in Senior Secondary Schools(person)	7596	7531	-0.9
卫生机构数(所)	Number of Health Institutions(unit)	167	191	14.4
# 医院(所)	Hospitals(unit)	9	10	11.1
卫生院(所)	Township Hospitals(unit)	1	1	0.0
床位数(张)	Number of Beds(unit)	1800	1919	6.6
# 医院(张)	Hospitals(unit)	1387	1506	8.6
卫生院(张)	Township Hospitals(unit)	50	58	16.0
卫生技术人员(人)	Medical Technical Presonnel(person)	2077	2547	22.6
# 医院(人)	Hospitals(person)	1449	1586	9.5
卫生院(人)	Township Hospitals(person)	22	20	-9.1

23-104 乌海市海南区

指　标	Item	2010	2011	2011年比上年增长% Increase Rate in 2011 Over 2010(%)
行政区域土地面积(平方公里)	**Area of Administration(Sq.km)**	**1005**	**1005**	**0.0**
人口和就业	**Population & Employment**			
年末总人口(人)	Total Population Year-end(person)	103665	103866	0.2
#男性(人)	Male(person)	56992	57158	0.3
#乡村人口(人)	Rural(person)	12545	19003	51.5
年末总户数(户)	Total Number of Households at the Year-end(Household)	31972	30308	-5.2
#乡村户数(户)	Number of Rural Household(Household)	4998	4831	-3.3
出生人口(人)	Births(person)	941	1001	6.4
死亡人口(人)	Deaths(person)	481	589	22.5
全社会就业人员(人)	Employment(person)	59434	59707	0.5
第一产业(人)	Primary Industry(person)	4968	5029	1.2
第二产业(人)	Secondary Industry(person)	32660	32488	-0.5
第三产业(人)	Tertiary Industry(person)	21806	22190	1.8
在岗职工人数(人)	Number of Staff & Workers Employed in(person)	9177	10350	12.8
乡村劳动力(人)	Number of Rural Laborers(person)	9854	9185	-6.8
#农林牧渔业(人)	Farming,Forestry,Animal Husbandry & Fishery(person)	6897	6146	-10.9
国民经济综合指标	**Summary Item on the National Economy**			
生产总值(万元)	Gross Domestic Product(10 000 yuan)	1224085	1524302	19.0
第一产业(万元)	Primary Industry(10 000 yuan)	15598	18043	5.9
第二产业(万元)	Secondary Industry(10 000 yuan)	964441	1212202	20.0
#工业(万元)	Industry(10 000 yuan)	898152	1123564	19.7
第三产业(万元)	Tertiary Industry(10 000 yuan)	244046	294057	16.0
人均生产总值(元)	Per Capita GDP(yuan)	121654	146897	15.6
全社会固定资产投资(万元)	Total Investment in Fixed Assets(10 000 yuan)	703016	832508	18.4
按登记注册类型分	Grouped by Registered Type			
#国有(万元)	State-owned Enterprises(10 000 yuan)	112262	150206	33.8
集体(万元)	Collective-owned Enterprises(10 000 yuan)			
有限责任公司(万元)	Limited Liability Corporations(10 000 yuan)	428821	464135	8.2
股份有限公司(万元)	Share Holding Enterprises(10 000 yuan)	12029	43014	257.6
私营企业(万元)	Private Enterprises(10 000 yuan)	96342	166650	73.0
外商及港澳台投资企业(万元)	Funds from HK,Macao,Taiwan & Foreign(10 000 yuan)	15497	8503	-45.1
按城乡渠道分	Grouped by Urban and Rural Area			
城镇（万元）	Urban(10 000 yuan)	703016	832508	18.4
农村（万元）	Rural(10 000 yuan)			
一般预算收入(万元)	General Budgetary Financial Revenue(10 000 yuan)	75867	100647	32.7
一般预算支出(万元)	General Budgetary Financial Expenditures(10 000 yuan)	89999	83681	-7.0
个人储蓄存款余额(万元)	The balance of savings deposits of individuals(10 000 yuan)		319279	
在岗职工工资总额(万元)	Total Wages of Staff & Workers Employed in(10 000 yuan)	37668	42825	13.7
在岗职工平均工资(元)	Average Wage of Staff & Workers Employed in(yuan)	41613	42548	2.2
城镇居民人均可支配收入(元)	Annual Disposable Income of Urban Residents per Capita(yuan)	19467	22037	13.2
农牧民人均纯收入(元)	Per Capita Net Income of Peasant & Herdsman(yuan)	8640	9850	14.0
农村牧区经济	**Economic Development in Rural & Pastoral Area**			
耕地面积(公顷)	Cultivated Area(hectare)	3703	3703	0.0
农作物总播种面积(公顷)	Total Sown Area(hectare)	3378	3443	1.9
#粮食作物播种面积(公顷)	Sown Area of Grain Crops(hectare)	2709	2820	4.1
有效灌溉面积(公顷)	Irrigated Area(hectare)	3183	3183	0.0
农牧业机械总动力(万千瓦)	Total Power of Agricultural Machinery(10 000 kw)	3.16	3.16	0.0
化肥施用折纯量(吨)	Consumption of Chemical Fertilizer(ton)	1750	1631	-6.8
农村用电量(万千瓦小时)	Electricity Consumed in Rural Area(10 000 kwh)	1075	1107	3.0
农林牧渔业总产值(万元)	Gross Output of Farming,Forestry,Animal Husbandry & Fishery(10 000 yuan)	25995	30072	5.6
粮食产量(吨)	Yield of Grain(ton)	19124	24050	25.8
油料产量(吨)	Yield of Oil-bearing Grops(ton)	180	174	-3.3
甜菜产量(吨)	Yield of Beetroots(ton)		15	
猪牛羊肉产量(吨)	Output of Pork, Beef & Mutton(ton)	5826	6467	11.0
#猪肉产量(吨)	Output of Pork(ton)	4167	4700	12.8
牛肉产量(吨)	Output of Beef(ton)	253	303	19.8
羊肉产量(吨)	Output of Mutton(ton)	1406	1464	4.1
羊毛产量(吨)	Output of Wool(ton)	178	73	-59.0

23-104 Hainan District in Wuhai City

指 标	Item	2010	2011	2011年比上年增长% Increase Rate in 2011 Over 2010(%)
年末牲畜存栏头数(万头只)	Total Livestock at the Year-end(10 000 heads)	7.06	7.05	-0.2
#大牲畜(万头只)	Large Animals(10 000 heads)	0.27	0.30	9.9
羊(万只)	Sheep & Goats(10 000 heads)	5.22	5.28	1.1
猪(万头)	Hogs(10 000 heads)	1.57	1.47	-6.2
规模以上工业	**Industrial Enterprises above Designated size**			
工业企业单位数(个)	Number of Industrial Enterprises(unit)	60	56	-6.7
#内资企业(个)	Civil Funded Enterprises(unit)	59	55	-6.8
工业总产值(万元)	Gross Industrial Output Value(10 000 yuan)	2023443	2882651	42.5
内资企业(万元)	Civil Funded Enterprises(10 000 yuan)	2018676	2878840	42.6
国有企业(万元)	State-owned Enterprises(10 000 yuan)	876621	1242223	41.7
集体企业(万元)	Collective-owned Enterprises(10 000 yuan)			
股份合作企业(万元)	Share Holding Enterprises(10 000 yuan)			
联营企业(万元)	Joint Owned Enterprises(10 000 yuan)			
有限责任公司(万元)	Limited Company(10 000 yuan)		180930	
股份有限公司(万元)	Share Holding Limited Company(10 000 yuan)	1062354	142980	-86.5
私营企业(万元)	Privately Owned Enterprises(10 000 yuan)		1312707	
其他企业(万元)	Enterprises of Other Ownership(10 000 yuan)	79701		
港澳台商投资企业(万元)	Funds from HK,Macao & Taiwan(10 000 yuan)			
外商投资企业(万元)	Foreign Funded Enterprises(10 000 yuan)	4767	3811	-20.1
工业企业增加值(万元)	Value Added of Industrial Enterprises(10 000 yuan)			21.0
工业企业资产总计(万元)	Total Assets of Industrial Enterprises(10 000 yuan)	2984118	3704865	24.2
工业企业负债合计(万元)	Total Liabilities of Industrial Enterprises(10 000 yuan)	2057033	2579009	25.4
工业企业产品销售收入(万元)	Sales of Revenue Industrial Enterprises(10 000 yuan)	1606683	2907966	81.0
工业企业利润总额(万元)	Total Profits of Industrial Enterprises(10 000 yuan)	63059	156074	147.5
建筑业	**Construction**			
建筑企业单位数(个)	Number of Construction Enterprises(unit)	3	3	0.0
建筑企业从业人员(人)	Number of Employee in Construction Enterprises(person)	1570	570	-63.7
建筑业总产值(万元)	Gross Construction Output Value(10 000 yuan)	6327	11502	81.8
交通运输邮电通信业	**Transportation,Post & Telecommunications**			
公路里程(公里)	Total Length of Highways(km)	293	271	-7.5
邮电业务总量(万元)	Business Volume of Post & Telecoms(10 000 yuan)	12700	11507	-9.4
本地电话用户(户)	Number of Subscribers of Local Telephone(Household)	14371	13597	-5.4
国内贸易	**Domestic Trade**			
社会消费品零售总额(万元)	Total Retail Sales of Consumer Goods(10 000 yuan)	55017	67175	22.1
城镇(万元)	Town(10 000 yuan)	55017	67175	22.1
#城区(万元)	City(10 000 yuan)	55017	67175	22.1
乡村(万元)	Village(10 000 yuan)			
科技教育卫生	**Science,Education & Public Health**			
各类专业技术人员(人)	Special Technical Personnel(person)	4275	4452	4.1
幼儿园数(所)	Number of Kindergartens(unit)	24	12	-50.0
学龄儿童入学率(%)	Percentage of School-Age Children Enrolled(%)	100.0	89.1	-10.9
小学学校数(所)	Number of Primary Schools(unit)	6	6	0.0
小学专任教师数(人)	Number of Full-time Teachers of Primary Schools(person)	497	487	-2.0
小学在校学生数(人)	Number of Student Enrollment of Primary Schools(person)	6688	6335	-5.3
普通中学学校数(所)	Number of Regular Secondary Schools(unit)	4	4	0.0
普通中学专任教师数(人)	Number of Teachers of Secondary Shools(person)	266	251	-5.6
初中在校学生数(人)	Number of Student in Junior Secondary Schools(person)	3494	3202	-8.4
高中在校学生数(人)	Number of Student in Senior Secondary Schools(person)			
卫生机构数(所)	Number of Health Institutions(unit)	53	81	52.8
#医院(所)	Hospitals(unit)	3	3	0.0
卫生院(所)	Township Hospitals(unit)	3	3	0.0
床位数(张)	Number of Beds(unit)	380	591	55.5
#医院(张)	Hospitals(unit)	238	270	13.4
卫生院(张)	Township Hospitals(unit)	24	32	33.3
卫生技术人员(人)	Medical Technical Presonnel(person)	466	475	1.9
#医院(人)	Hospitals(person)	238	247	3.8
卫生院(人)	Township Hospitals(person)	27	25	-7.4

23-105 乌海市乌达区

指　标	Item	2010	2011	2011年比上年增长% Increase Rate in 2011 Over 2010(%)
行政区域土地面积(平方公里)	**Area of Administration(Sq.km)**	**220**	**220**	**0.0**
人口和就业	**Population & Employment**			
年末总人口(人)	Total Population Year-end(person)	133770	134350	0.4
# 男性(人)	Male(person)	69962	70265	0.4
# 乡村人口(人)	Rural(person)			
年末总户数(户)	Total Number of Households at the Year-end(Household)	46937	47982	2.2
# 乡村户数(户)	Number of Rural Household(Household)			
出生人口(人)	Births(person)	1215	1265	4.1
死亡人口(人)	Deaths(person)	621	548	-11.8
全社会就业人员(人)	Employment(person)	71172	72278	1.6
第一产业(人)	Primary Industry(person)	2491	2139	-14.1
第二产业(人)	Secondary Industry(person)	28145	28344	0.7
第三产业(人)	Tertiary Industry(person)	40536	41795	3.1
在岗职工人数(人)	Number of Staff & Workers Employed in(person)	10913	11341	3.9
乡村劳动力(人)	Number of Rural Laborers(person)			
# 农林牧渔业(人)	Farming,Forestry,Animal Husbandry & Fishery(person)			
国民经济综合指标	**Summary Item on the National Economy**			
生产总值(万元)	Gross Domestic Product(10 000 yuan)	1201539	1486260	18.4
第一产业(万元)	Primary Industry(10 000 yuan)	8913	9100	2.4
第二产业(万元)	Secondary Industry(10 000 yuan)	944391	1189005	20.2
# 工业(万元)	Industry(10 000 yuan)	889650	1113866	19.8
第三产业(万元)	Tertiary Industry(10 000 yuan)	248235	288155	11.9
人均生产总值(元)	Per Capita GDP(yuan)	90673	110865	17.2
全社会固定资产投资(万元)	Total Investment in Fixed Assets(10 000 yuan)	580542	700395	20.6
按登记注册类型分	Grouped by Registered Type			
# 国有(万元)	State-owned Enterprises(10 000 yuan)	138902	193890	39.6
集体(万元)	Collective-owned Enterprises(10 000 yuan)			
有限责任公司(万元)	Limited Liability Corporations(10 000 yuan)	378508	458368	21.1
股份有限公司(万元)	Share Holding Enterprises(10 000 yuan)	41152	18700	-54.6
私营企业(万元)	Private Enterprises(10 000 yuan)	17800	19287	8.4
外商及港澳台投资企业(万元)	Funds from HK,Macao,Taiwan & Foreign(10 000 yuan)	1000	10150	915.0
按城乡渠道分	Grouped by Urban and Rural Area			
城镇（万元）	Urban(10 000 yuan)	580542	700395	20.6
农村（万元）	Rural(10 000 yuan)			
一般预算收入(万元)	General Budgetary Financial Revenue(10 000 yuan)	65812	82792	25.8
一般预算支出(万元)	General Budgetary Financial Expenditures(10 000 yuan)	82624	96520	16.8
个人储蓄存款余额(万元)	The balance of savings deposits of individuals(10 000 yuan)		453262	
在岗职工工资总额(万元)	Total Wages of Staff & Workers Employed in(10 000 yuan)	45878	48820	6.4
在岗职工平均工资(元)	Average Wage of Staff & Workers Employed in(yuan)	40933	41656	1.8
城镇居民人均可支配收入(元)	Annual Disposable Income of Urban Residents per Capita(yuan)	19401	21962	13.2
农牧民人均纯收入(元)	Per Capita Net Income of Peasant & Herdsman(yuan)	9608	11501	19.7
农村牧区经济	**Economic Development in Rural & Pastoral Area**			
耕地面积(公顷)	Cultivated Area(hectare)	2318	2299	-0.8
农作物总播种面积(公顷)	Total Sown Area(hectare)	1979	536	-72.9
# 粮食作物播种面积(公顷)	Sown Area of Grain Crops(hectare)	1060	276	-74.0
有效灌溉面积(公顷)	Irrigated Area(hectare)	2318	2299	-0.8
农牧业机械总动力(万千瓦)	Total Power of Agricultural Machinery(10 000 kw)	1.62	1.38	-14.6
化肥施用折纯量(吨)	Consumption of Chemical Fertilizer(ton)	983	308	-68.7
农村用电量(万千瓦小时)	Electricity Consumed in Rural Area(10 000 kwh)	589	280	-52.5
农林牧渔业总产值(万元)	Gross Output of Farming,Forestry,Animal Husbandry & Fishery(10 000 yuan)	14640	15000	2.1
粮食产量(吨)	Yield of Grain(ton)	7747	1896	-75.5
油料产量(吨)	Yield of Oil-bearing Grops(ton)	1017	476	-53.2
甜菜产量(吨)	Yield of Beetroots(ton)			
猪牛羊肉产量(吨)	Output of Pork, Beef & Mutton(ton)	1748	1333	-23.7
# 猪肉产量(吨)	Output of Pork(ton)	1432	1163	-18.8
牛肉产量(吨)	Output of Beef(ton)	14	10	-28.6
羊肉产量(吨)	Output of Mutton(ton)	302	160	-47.0
羊毛产量(吨)	Output of Wool(ton)	24	10	-58.3

23-105 Wuda District in Wuhai City

指　标	Item	2010	2011	2011年比上年增长% Increase Rate in 2011 Over 2010(%)
年末牲畜存栏头数(万头只)	Total Livestock at the Year-end(10 000 heads)	1.92	0.83	-56.7
# 大牲畜(万头只)	Large Animals(10 000 heads)	0.06	0.02	-68.2
羊(万只)	Sheep & Goats(10 000 heads)	0.95	0.50	-47.6
猪(万头)	Hogs(10 000 heads)	0.90	0.31	-65.6
规模以上工业	**Industrial Enterprises above Designated size**			
工业企业单位数(个)	Number of Industrial Enterprises(unit)	63	55	-12.7
# 内资企业(个)	Civil Funded Enterprises(unit)	62	54	-12.9
工业总产值(万元)	Gross Industrial Output Value(10 000 yuan)	2051289	2148760	4.8
内资企业(万元)	Civil Funded Enterprises(10 000 yuan)	2046103	2144248	4.8
国有企业(万元)	State-owned Enterprises(10 000 yuan)	607587	584286	-3.8
集体企业(万元)	Collective-owned Enterprises(10 000 yuan)			
股份合作企业(万元)	Share Holding Enterprises(10 000 yuan)			
联营企业(万元)	Joint Owned Enterprises(10 000 yuan)			
有限责任公司(万元)	Limited Company(10 000 yuan)		388326	
股份有限公司(万元)	Share Holding Limited Company(10 000 yuan)	1433397	18578	-98.7
私营企业(万元)	Privately Owned Enterprises(10 000 yuan)		1153058	
其他企业(万元)	Enterprises of Other Ownership(10 000 yuan)	5119		
港澳台商投资企业(万元)	Funds from HK,Macao & Taiwan(10 000 yuan)	5186	4512	-13.0
外商投资企业(万元)	Foreign Funded Enterprises(10 000 yuan)			
工业企业增加值(万元)	Value Added of Industrial Enterprises(10 000 yuan)			21.1
工业企业资产总计(万元)	Total Assets of Industrial Enterprises(10 000 yuan)	1627096	2484448	52.7
工业企业负债合计(万元)	Total Liabilities of Industrial Enterprises(10 000 yuan)	1158117	1475509	27.4
工业企业产品销售收入(万元)	Sales of Revenue Industrial Enterprises(10 000 yuan)	1664173	2064455	24.1
工业企业利润总额(万元)	Total Profits of Industrial Enterprises(10 000 yuan)	91022	189494	108.2
建筑业	**Construction**			
建筑企业单位数(个)	Number of Construction Enterprises(unit)	3	4	33.3
建筑企业从业人员(人)	Number of Employee in Construction Enterprises(person)	1609	4758	195.7
建筑业总产值(万元)	Gross Construction Output Value(10 000 yuan)	27204	36785	35.2
交通运输邮电通信业	**Transportation,Post & Telecommunications**			
公路里程(公里)	Total Length of Highways(km)	133	123	-7.5
邮电业务总量(万元)	Business Volume of Post & Telecoms(10 000 yuan)	15061	14552	-3.4
本地电话用户(户)	Number of Subscribers of Local Telephone(Household)	14201	13437	-5.4
国内贸易	**Domestic Trade**			
社会消费品零售总额(万元)	Total Retail Sales of Consumer Goods(10 000 yuan)	55432	70620	27.4
城镇(万元)	Town(10 000 yuan)	55432	70620	27.4
#城区(万元)	City(10 000 yuan)	55432	70620	27.4
乡村(万元)	Village(10 000 yuan)			
科技教育卫生	**Science,Education & Public Health**			
各类专业技术人员(人)	Special Technical Personnel(person)	5976	6224	4.1
幼儿园数(所)	Number of Kindergartens(unit)	16	14	-12.5
学龄儿童入学率(%)	Percentage of School-Age Children Enrolled(%)	100.0	100.0	0.0
小学学校数(所)	Number of Primary Schools(unit)	9	9	0.0
小学专任教师数(人)	Number of Full-time Teachers of Primary Schools(person)	632	680	7.6
小学在校学生数(人)	Number of Student Enrollment of Primary Schools(person)	7534	7358	-2.3
普通中学学校数(所)	Number of Regular Secondary Schools(unit)	8	8	0.0
普通中学专任教师数(人)	Number of Teachers of Secondary Shools(person)	572	667	16.6
初中在校学生数(人)	Number of Student in Junior Secondary Schools(person)	4411	4095	-7.2
高中在校学生数(人)	Number of Student in Senior Secondary Schools(person)	3278	3382	3.2
卫生机构数(所)	Number of Health Institutions(unit)	57	60	5.3
# 医院(所)	Hospitals(unit)	4	4	0.0
卫生院(所)	Township Hospitals(unit)			
床位数(张)	Number of Beds(unit)	717	583	-18.7
# 医院(张)	Hospitals(unit)	615	612	-0.5
卫生院(张)	Township Hospitals(unit)			
卫生技术人员(人)	Medical Technical Presonnel(person)	710	596	-16.1
# 医院(人)	Hospitals(person)	373	377	1.1
卫生院(人)	Township Hospitals(person)			

23-106 阿拉善盟阿拉善左旗

指　标	Item	2010	2011	2011年比上年增长% Increase Rate in 2011 Over 2010(%)
行政区域土地面积(平方公里)	**Area of Administration(Sq.km)**	**80412**	**80412**	**0.0**
人口和就业	**Population & Employment**			
年末总人口(人)	Total Population Year-end(person)	142148	142289	0.1
#男性(人)	Male(person)	72185	72173	0.0
#乡村人口(人)	Rural(person)	51001	53294	4.5
年末总户数(户)	Total Number of Households at the Year-end(Household)	57403	58266	1.5
#乡村户数(户)	Number of Rural Household(Household)	16727	17736	6.0
出生人口(人)	Births(person)	1949	3030	55.5
死亡人口(人)	Deaths(person)	407	671	64.9
全社会就业人员(人)	Employment(person)	103353	111961	8.3
第一产业(人)	Primary Industry(person)	29125	31433	7.9
第二产业(人)	Secondary Industry(person)	30996	34073	9.9
第三产业(人)	Tertiary Industry(person)	43232	46455	7.5
在岗职工人数(人)	Number of Staff & Workers Employed in(person)	38663	38417	-0.6
乡村劳动力(人)	Number of Rural Laborers(person)	37979	37131	-2.2
#农林牧渔业(人)	Farming,Forestry,Animal Husbandry & Fishery(person)	27809	29962	7.7
国民经济综合指标	**Summary Item on the National Economy**			
生产总值(万元)	Gross Domestic Product(10 000 yuan)	2409859	3091999	19.3
第一产业(万元)	Primary Industry(10 000 yuan)	55800	64905	4.9
第二产业(万元)	Secondary Industry(10 000 yuan)	2025450	2628983	20.4
#工业(万元)	Industry(10 000 yuan)	1907850	2493283	21.2
第三产业(万元)	Tertiary Industry(10 000 yuan)	328609	398111	15.1
人均生产总值(元)	Per Capita GDP(yuan)	139309	177748	18.6
全社会固定资产投资(万元)	Total Investment in Fixed Assets(10 000 yuan)	1420210	1593156	12.2
按登记注册类型分	Grouped by Registered Type			
#国有(万元)	State-owned Enterprises(10 000 yuan)	553963	640633	15.6
集体(万元)	Collective-owned Enterprises(10 000 yuan)			
有限责任公司(万元)	Limited Liability Corporations(10 000 yuan)	361289	434053	20.1
股份有限公司(万元)	Share Holding Enterprises(10 000 yuan)	149923	207867	38.6
私营企业(万元)	Private Enterprises(10 000 yuan)	179685	106980	-40.5
外商及港澳台投资企业(万元)	Funds from HK,Macao,Taiwan & Foreign(10 000 yuan)	23050	11664	-49.4
按城乡渠道分	Grouped by Urban and Rural Area			
城镇（万元）	Urban(10 000 yuan)	1415376	1585489	12.0
农村（万元）	Rural(10 000 yuan)	4834	7667	58.6
一般预算收入(万元)	General Budgetary Financial Revenue(10 000 yuan)	93051	131702	41.5
一般预算支出(万元)	General Budgetary Financial Expenditures(10 000 yuan)	244364	309233	26.5
个人储蓄存款余额(万元)	The balance of savings deposits of individuals(10 000 yuan)		670055	
在岗职工工资总额(万元)	Total Wages of Staff & Workers Employed in(10 000 yuan)	143278	179134	25.0
在岗职工平均工资(元)	Average Wage of Staff & Workers Employed in(yuan)	42530	49358	16.1
城镇居民人均可支配收入(元)	Annual Disposable Income of Urban Residents per Capita(yuan)	18996	21494	13.2
农牧民人均纯收入(元)	Per Capita Net Income of Peasant & Herdsman(yuan)	7090	8225	16.0
农村牧区经济	**Economic Development in Rural & Pastoral Area**			
耕地面积(公顷)	Cultivated Area(hectare)	37972	38193	0.6
农作物总播种面积(公顷)	Total Sown Area(hectare)	24802	24976	0.7
#粮食作物播种面积(公顷)	Sown Area of Grain Crops(hectare)	17346	17004	-2.0
有效灌溉面积(公顷)	Irrigated Area(hectare)	20890	21000	0.5
农牧业机械总动力(万千瓦)	Total Power of Agricultural Machinery(10 000 kw)	19.30	20.81	7.8
化肥施用折纯量(吨)	Consumption of Chemical Fertilizer(ton)	8949	9575	7.0
农村用电量(万千瓦小时)	Electricity Consumed in Rural Area(10 000 kwh)	13879	14574	5.0
农林牧渔业总产值(万元)	Gross Output of Farming,Forestry,Animal Husbandry & Fishery(10 000 yuan)	92500	108600	17.4
粮食产量(吨)	Yield of Grain(ton)	154104	157414	2.1
油料产量(吨)	Yield of Oil-bearing Grops(ton)	21647	21019	-2.9
甜菜产量(吨)	Yield of Beetroots(ton)		438	
猪牛羊肉产量(吨)	Output of Pork, Beef & Mutton(ton)	9077	11050	21.7
#猪肉产量(吨)	Output of Pork(ton)	720	931	29.3
牛肉产量(吨)	Output of Beef(ton)	290	510	75.9
羊肉产量(吨)	Output of Mutton(ton)	8067	8830	9.5
羊毛产量(吨)	Output of Wool(ton)	559	565	1.1

23-106 Alashanzuo Banner in Alashan League

指　标	Item	2010	2011	2011年比上年增长% Increase Rate in 2011 Over 2010(%)
年末牲畜存栏头数(万头只)	Total Livestock at the Year-end(10 000 heads)	113.34	114.64	1.1
# 大牲畜(万头只)	Large Animals(10 000 heads)	5.34	5.89	10.3
羊(万只)	Sheep & Goats(10 000 heads)	105.61	106.47	0.8
猪(万头)	Hogs(10 000 heads)	2.39	2.28	-4.6
规模以上工业	**Industrial Enterprises above Designated size**			
工业企业单位数(个)	Number of Industrial Enterprises(unit)	80	78	-2.5
# 内资企业(个)	Civil Funded Enterprises(unit)	77	75	-2.6
工业总产值(万元)	Gross Industrial Output Value(10 000 yuan)	4312303	5434921	26.0
内资企业(万元)	Civil Funded Enterprises(10 000 yuan)	4150939	5293514	27.5
国有企业(万元)	State-owned Enterprises(10 000 yuan)	296361	717132	142.0
集体企业(万元)	Collective-owned Enterprises(10 000 yuan)			
股份合作企业(万元)	Share Holding Enterprises(10 000 yuan)			
联营企业(万元)	Joint Owned Enterprises(10 000 yuan)	10090		
有限责任公司(万元)	Limited Company(10 000 yuan)	2641990	2159480	-18.3
股份有限公司(万元)	Share Holding Limited Company(10 000 yuan)	263108	293547	11.6
私营企业(万元)	Privately Owned Enterprises(10 000 yuan)	915349	1649285	80.2
其他企业(万元)	Enterprises of Other Ownership(10 000 yuan)	24042	474071	1871.9
港澳台商投资企业(万元)	Funds from HK,Macao & Taiwan(10 000 yuan)	11853	15019	26.7
外商投资企业(万元)	Foreign Funded Enterprises(10 000 yuan)	149511	126387	-15.5
工业企业增加值(万元)	Value Added of Industrial Enterprises(10 000 yuan)	1859800	2493283	21.2
工业企业资产总计(万元)	Total Assets of Industrial Enterprises(10 000 yuan)	3705193	4630736	25.0
工业企业负债合计(万元)	Total Liabilities of Industrial Enterprises(10 000 yuan)	2497203	3422553	37.1
工业企业产品销售收入(万元)	Sales of Revenue Industrial Enterprises(10 000 yuan)	4023128	5049915	25.5
工业企业利润总额(万元)	Total Profits of Industrial Enterprises(10 000 yuan)	202435	943654	366.2
建筑业	**Construction**			
建筑企业单位数(个)	Number of Construction Enterprises(unit)	15	21	40.0
建筑企业从业人员(人)	Number of Employee in Construction Enterprises(person)	5996	5342	-10.9
建筑业总产值(万元)	Gross Construction Output Value(10 000 yuan)	68841	113906	65.5
交通运输邮电通信业	**Transportation,Post & Telecommunications**			
公路里程(公里)	Total Length of Highways(km)	3857	3860	0.1
邮电业务总量(万元)	Business Volume of Post & Telecoms(10 000 yuan)	17071	19308	13.1
本地电话用户(户)	Number of Subscribers of Local Telephone(Household)	300488	217688	-27.6
国内贸易	**Domestic Trade**			
社会消费品零售总额(万元)	Total Retail Sales of Consumer Goods(10 000 yuan)	264568	318010	20.2
城镇(万元)	Town(10 000 yuan)	243474	291944	19.9
#城区(万元)	City(10 000 yuan)	129819	158862	22.4
乡村(万元)	Village(10 000 yuan)	21094	26067	23.6
科技教育卫生	**Science,Education & Public Health**			
各类专业技术人员(人)	Special Technical Personnel(person)	10614	11256	6.0
幼儿园数(所)	Number of Kindergartens(unit)	12	12	0.0
学龄儿童入学率(%)	Percentage of School-Age Children Enrolled(%)	100.0	100.0	0.0
小学学校数(所)	Number of Primary Schools(unit)	13	13	0.0
小学专任教师数(人)	Number of Full-time Teachers of Primary Schools(person)	773	807	4.4
小学在校学生数(人)	Number of Student Enrollment of Primary Schools(person)	10673	10536	-1.3
普通中学学校数(所)	Number of Regular Secondary Schools(unit)	13	13	0.0
普通中学专任教师数(人)	Number of Teachers of Secondary Shools(person)	869	920	5.9
初中在校学生数(人)	Number of Student in Junior Secondary Schools(person)	6259	6085	-2.8
高中在校学生数(人)	Number of Student in Senior Secondary Schools(person)	3311	3496	5.6
卫生机构数(所)	Number of Health Institutions(unit)	122	112	-8.2
# 医院(所)	Hospitals(unit)	8	8	0.0
卫生院(所)	Township Hospitals(unit)	24	24	0.0
床位数(张)	Number of Beds(unit)	547	690	26.1
# 医院(张)	Hospitals(unit)	391	484	23.8
卫生院(张)	Township Hospitals(unit)	122	119	-2.5
卫生技术人员(人)	Medical Technical Presonnel(person)	1211	1235	2.0
# 医院(人)	Hospitals(person)	642	645	0.5
卫生院(人)	Township Hospitals(person)	177	179	1.1

23-107 阿拉善盟阿拉善右旗

指　标	Item	2010	2011	2011年比上年增长% Increase Rate in 2011 Over 2010(%)
行政区域土地面积(平方公里)	**Area of Administration(Sq.km)**	**75226**	**75226**	**0.0**
人口和就业	**Population & Employment**			
年末总人口(人)	Total Population Year-end(person)	24808	25181	1.5
#男性(人)	Male(person)	12416	12530	0.9
#乡村人口(人)	Rural(person)	8644	8889	2.8
年末总户数(户)	Total Number of Households at the Year-end(Household)	9638	9998	3.7
#乡村户数(户)	Number of Rural Household(Household)	2674	2682	0.3
出生人口(人)	Births(person)	830	485	-41.6
死亡人口(人)	Deaths(person)	85	93	9.4
全社会就业人员(人)	Employment(person)	12710	13890	9.3
第一产业(人)	Primary Industry(person)	3900	4198	7.6
第二产业(人)	Secondary Industry(person)	3102	3569	15.1
第三产业(人)	Tertiary Industry(person)	5708	6123	7.3
在岗职工人数(人)	Number of Staff & Workers Employed in(person)	4480	4425	-1.2
乡村劳动力(人)	Number of Rural Laborers(person)	5460	5804	6.3
#农林牧渔业(人)	Farming,Forestry,Animal Husbandry & Fishery(person)	3703	3947	6.6
国民经济综合指标	**Summary Item on the National Economy**			
生产总值(万元)	Gross Domestic Product(10 000 yuan)	265600	333997	17.1
第一产业(万元)	Primary Industry(10 000 yuan)	17300	20030	4.4
第二产业(万元)	Secondary Industry(10 000 yuan)	191996	252426	21.9
#工业(万元)	Industry(10 000 yuan)	183896	241226	21.7
第三产业(万元)	Tertiary Industry(10 000 yuan)	56304	61541	4.3
人均生产总值(元)	Per Capita GDP(yuan)	98957	128352	20.7
全社会固定资产投资(万元)	Total Investment in Fixed Assets(10 000 yuan)	121063	142128	17.4
按登记注册类型分	Grouped by Registered Type			
#国有(万元)	State-owned Enterprises(10 000 yuan)	58807	107034	82.0
集体(万元)	Collective-owned Enterprises(10 000 yuan)	2400		
有限责任公司(万元)	Limited Liability Corporations(10 000 yuan)	22376	6140	-72.6
股份有限公司(万元)	Share Holding Enterprises(10 000 yuan)	32680	19620	-40.0
私营企业(万元)	Private Enterprises(10 000 yuan)	4800	4087	-14.9
外商及港澳台投资企业(万元)	Funds from HK,Macao,Taiwan & Foreign(10 000 yuan)			
按城乡渠道分	Grouped by Urban and Rural Area			
城镇（万元）	Urban(10 000 yuan)	121063	142128	17.4
农村（万元）	Rural(10 000 yuan)			
一般预算收入(万元)	General Budgetary Financial Revenue(10 000 yuan)	8488	13474	58.7
一般预算支出(万元)	General Budgetary Financial Expenditures(10 000 yuan)	60609	80119	32.2
个人储蓄存款余额(万元)	The balance of savings deposits of individuals(10 000 yuan)		72433	
在岗职工工资总额(万元)	Total Wages of Staff & Workers Employed in(10 000 yuan)	18068	20732	14.7
在岗职工平均工资(元)	Average Wage of Staff & Workers Employed in(yuan)	40603	47409	16.8
城镇居民人均可支配收入(元)	Annual Disposable Income of Urban Residents per Capita(yuan)	19454	21789	12.0
农牧民人均纯收入(元)	Per Capita Net Income of Peasant & Herdsman(yuan)	8396	9681	15.3
农村牧区经济	**Economic Development in Rural & Pastoral Area**			
耕地面积(公顷)	Cultivated Area(hectare)	2638	2638	0.0
农作物总播种面积(公顷)	Total Sown Area(hectare)	2805	2833	1.0
#粮食作物播种面积(公顷)	Sown Area of Grain Crops(hectare)	1669	1640	-1.7
有效灌溉面积(公顷)	Irrigated Area(hectare)	2360	2410	2.1
农牧业机械总动力(万千瓦)	Total Power of Agricultural Machinery(10 000 kw)	2.60	2.66	2.3
化肥施用折纯量(吨)	Consumption of Chemical Fertilizer(ton)	685	682	-0.5
农村用电量(万千瓦小时)	Electricity Consumed in Rural Area(10 000 kwh)	685	728	6.3
农林牧渔业总产值(万元)	Gross Output of Farming,Forestry,Animal Husbandry & Fishery(10 000 yuan)	28100	31600	12.5
粮食产量(吨)	Yield of Grain(ton)	15419	14895	-3.4
油料产量(吨)	Yield of Oil-bearing Grops(ton)	2336	1840	-21.2
甜菜产量(吨)	Yield of Beetroots(ton)			
猪牛羊肉产量(吨)	Output of Pork, Beef & Mutton(ton)	2371	3073	29.6
#猪肉产量(吨)	Output of Pork(ton)	736	727	-1.2
牛肉产量(吨)	Output of Beef(ton)	43	42	-2.3
羊肉产量(吨)	Output of Mutton(ton)	1592	1611	1.2
羊毛产量(吨)	Output of Wool(ton)	100	97	-3.0

23-107 Alashanyou Banner in Alashan League

指　标	Item	2010	2011	2011年比上年增长% Increase Rate in 2011 Over 2010(%)
年末牲畜存栏头数(万头只)	Total Livestock at the Year-end(10 000 heads)	20.41	22.00	7.8
#大牲畜(万头只)	Large Animals(10 000 heads)	1.78	1.91	7.3
羊(万只)	Sheep & Goats(10 000 heads)	17.93	19.36	8.0
猪(万头)	Hogs(10 000 heads)	0.70	0.73	4.3
规模以上工业	**Industrial Enterprises above Designated size**			
工业企业单位数(个)	Number of Industrial Enterprises(unit)	19	19	0.0
#内资企业(个)	Civil Funded Enterprises(unit)	19	19	0.0
工业总产值(万元)	Gross Industrial Output Value(10 000 yuan)	594573	782647	31.6
内资企业(万元)	Civil Funded Enterprises(10 000 yuan)	594573	782647	31.6
国有企业(万元)	State-owned Enterprises(10 000 yuan)			
集体企业(万元)	Collective-owned Enterprises(10 000 yuan)			
股份合作企业(万元)	Share Holding Enterprises(10 000 yuan)	10772	16376	52.0
联营企业(万元)	Joint Owned Enterprises(10 000 yuan)			
有限责任公司(万元)	Limited Company(10 000 yuan)	195308	474609	143.0
股份有限公司(万元)	Share Holding Limited Company(10 000 yuan)			
私营企业(万元)	Privately Owned Enterprises(10 000 yuan)	388493	249766	-35.7
其他企业(万元)	Enterprises of Other Ownership(10 000 yuan)		41896	
港澳台商投资企业(万元)	Funds from HK,Macao & Taiwan(10 000 yuan)			
外商投资企业(万元)	Foreign Funded Enterprises(10 000 yuan)			
工业企业增加值(万元)	Value Added of Industrial Enterprises(10 000 yuan)	178100	241226	21.7
工业企业资产总计(万元)	Total Assets of Industrial Enterprises(10 000 yuan)	351539	283690	-19.3
工业企业负债合计(万元)	Total Liabilities of Industrial Enterprises(10 000 yuan)	121884	171876	41.0
工业企业产品销售收入(万元)	Sales of Revenue Industrial Enterprises(10 000 yuan)	409945	715549	74.5
工业企业利润总额(万元)	Total Profits of Industrial Enterprises(10 000 yuan)	10177	67561	563.8
建筑业	**Construction**			
建筑企业单位数(个)	Number of Construction Enterprises(unit)	1	1	0.0
建筑企业从业人员(人)	Number of Employee in Construction Enterprises(person)	68	68	0.0
建筑业总产值(万元)	Gross Construction Output Value(10 000 yuan)	736	765	3.9
交通运输邮电通信业	**Transportation,Post & Telecommunications**			
公路里程(公里)	Total Length of Highways(km)	2402	2443	1.7
邮电业务总量(万元)	Business Volume of Post & Telecoms(10 000 yuan)	2529	2819	11.5
本地电话用户(户)	Number of Subscribers of Local Telephone(Household)	41981	41497	-1.2
国内贸易	**Domestic Trade**			
社会消费品零售总额(万元)	Total Retail Sales of Consumer Goods(10 000 yuan)	36840	44282	20.2
城镇(万元)	Town(10 000 yuan)	30191	34658	14.8
#城区(万元)	City(10 000 yuan)		536	
乡村(万元)	Village(10 000 yuan)	6650	9624	44.7
科技教育卫生	**Science,Education & Public Health**			
各类专业技术人员(人)	Special Technical Personnel(person)	956	1026	7.3
幼儿园数(所)	Number of Kindergartens(unit)	2	2	0.0
学龄儿童入学率(%)	Percentage of School-Age Children Enrolled(%)	100.0	100.0	0.0
小学学校数(所)	Number of Primary Schools(unit)	4	4	0.0
小学专任教师数(人)	Number of Full-time Teachers of Primary Schools(person)	169	168	-0.6
小学在校学生数(人)	Number of Student Enrollment of Primary Schools(person)	1220	1170	-4.1
普通中学学校数(所)	Number of Regular Secondary Schools(unit)	2	2	0.0
普通中学专任教师数(人)	Number of Teachers of Secondary Shools(person)	118	117	-0.8
初中在校学生数(人)	Number of Student in Junior Secondary Schools(person)	806	722	-10.4
高中在校学生数(人)	Number of Student in Senior Secondary Schools(person)	500	521	4.2
卫生机构数(所)	Number of Health Institutions(unit)	25	24	-4.0
#医院(所)	Hospitals(unit)	2	2	0.0
卫生院(所)	Township Hospitals(unit)	8	8	0.0
床位数(张)	Number of Beds(unit)	102	102	0.0
#医院(张)	Hospitals(unit)	57	57	0.0
卫生院(张)	Township Hospitals(unit)	40	40	0.0
卫生技术人员(人)	Medical Technical Presonnel(person)	220	216	-1.8
#医院(人)	Hospitals(person)	89	88	-1.1
卫生院(人)	Township Hospitals(person)	82	79	-3.7

23-108 阿拉善盟额济纳旗

指　标	Item	2010	2011	2011年比上年增长% Increase Rate in 2011 Over 2010(%)
行政区域土地面积(平方公里)	**Area of Administration(Sq.km)**	**114606**	**114606**	**0.0**
人口和就业	**Population & Employment**			
年末总人口(人)	Total Population Year-end(person)	17249	17649	2.3
#男性(人)	Male(person)	8618	8782	1.9
#乡村人口(人)	Rural(person)	4544	4650	2.3
年末总户数(户)	Total Number of Households at the Year-end(Household)	7215	7628	5.7
#乡村户数(户)	Number of Rural Household(Household)	1705	1803	5.7
出生人口(人)	Births(person)	187	304	62.6
死亡人口(人)	Deaths(person)	41	76	85.4
全社会就业人员(人)	Employment(person)	13376	14514	8.5
第一产业(人)	Primary Industry(person)	3585	3754	4.7
第二产业(人)	Secondary Industry(person)	2804	2602	-7.2
第三产业(人)	Tertiary Industry(person)	6987	8158	16.8
在岗职工人数(人)	Number of Staff & Workers Employed in(person)	3946	3594	-8.9
乡村劳动力(人)	Number of Rural Laborers(person)	3474	3550	2.2
#农林牧渔业(人)	Farming,Forestry,Animal Husbandry & Fishery(person)	3245	3416	5.3
国民经济综合指标	**Summary Item on the National Economy**			
生产总值(万元)	Gross Domestic Product(10 000 yuan)	315381	398932	18.5
第一产业(万元)	Primary Industry(10 000 yuan)	11900	13764	4.3
第二产业(万元)	Secondary Industry(10 000 yuan)	185243	245194	22.8
#工业(万元)	Industry(10 000 yuan)	167343	225394	24.9
第三产业(万元)	Tertiary Industry(10 000 yuan)	118238	139974	13.2
人均生产总值(元)	Per Capita GDP(yuan)	183591	226037	16.6
全社会固定资产投资(万元)	Total Investment in Fixed Assets(10 000 yuan)	203209	217029	6.8
按登记注册类型分	Grouped by Registered Type			
#国有(万元)	State-owned Enterprises(10 000 yuan)	40971	62667	53.0
集体(万元)	Collective-owned Enterprises(10 000 yuan)			
有限责任公司(万元)	Limited Liability Corporations(10 000 yuan)	79100	105224	33.0
股份有限公司(万元)	Share Holding Enterprises(10 000 yuan)	42000	21900	-47.9
私营企业(万元)	Private Enterprises(10 000 yuan)	6338	2300	-63.7
外商及港澳台投资企业(万元)	Funds from HK,Macao,Taiwan & Foreign(10 000 yuan)			
按城乡渠道分	Grouped by Urban and Rural Area			
城镇（万元）	Urban(10 000 yuan)	201889	216429	7.2
农村（万元）	Rural(10 000 yuan)	1320	600	-54.5
一般预算收入(万元)	General Budgetary Financial Revenue(10 000 yuan)	11845	17514	47.9
一般预算支出(万元)	General Budgetary Financial Expenditures(10 000 yuan)	60344	73541	21.9
个人储蓄存款余额(万元)	The balance of savings deposits of individuals(10 000 yuan)		77488	
在岗职工工资总额(万元)	Total Wages of Staff & Workers Employed in(10 000 yuan)	18018	21074	17.0
在岗职工平均工资(元)	Average Wage of Staff & Workers Employed in(yuan)	43333	52422	21.0
城镇居民人均可支配收入(元)	Annual Disposable Income of Urban Residents per Capita(yuan)	19684	21958	11.6
农牧民人均纯收入(元)	Per Capita Net Income of Peasant & Herdsman(yuan)	9162	10572	15.4
农村牧区经济	**Economic Development in Rural & Pastoral Area**			
耕地面积(公顷)	Cultivated Area(hectare)	5420	5420	0.0
农作物总播种面积(公顷)	Total Sown Area(hectare)	4507	4509	0.0
#粮食作物播种面积(公顷)	Sown Area of Grain Crops(hectare)	301	290	-3.7
有效灌溉面积(公顷)	Irrigated Area(hectare)	42860	42910	0.1
农牧业机械总动力(万千瓦)	Total Power of Agricultural Machinery(10 000 kw)	3.36	3.83	14.0
化肥施用折纯量(吨)	Consumption of Chemical Fertilizer(ton)	6009	6852	14.0
农村用电量(万千瓦小时)	Electricity Consumed in Rural Area(10 000 kwh)	398	334	-16.1
农林牧渔业总产值(万元)	Gross Output of Farming,Forestry,Animal Husbandry & Fishery(10 000 yuan)	19800	23000	16.2
粮食产量(吨)	Yield of Grain(ton)	1921	1701	-11.5
油料产量(吨)	Yield of Oil-bearing Grops(ton)			
甜菜产量(吨)	Yield of Beetroots(ton)			
猪牛羊肉产量(吨)	Output of Pork, Beef & Mutton(ton)	1475	1573	6.6
#猪肉产量(吨)	Output of Pork(ton)	923	764	-17.2
牛肉产量(吨)	Output of Beef(ton)	17	10	-41.2
羊肉产量(吨)	Output of Mutton(ton)	535	625	16.8
羊毛产量(吨)	Output of Wool(ton)	30	96	220.0

23-108 Ejina Banner in Alashan League

指　标	Item	2010	2011	2011年比上年增长% Increase Rate in 2011 Over 2010(%)
年末牲畜存栏头数(万头只)	Total Livestock at the Year-end(10 000 heads)	8.67	7.92	-8.7
#大牲畜(万头只)	Large Animals(10 000 heads)	1.37	1.51	10.2
羊(万只)	Sheep & Goats(10 000 heads)	7.14	6.24	-12.6
猪(万头)	Hogs(10 000 heads)	0.16	0.17	6.3
规模以上工业	**Industrial Enterprises above Designated size**			
工业企业单位数(个)	Number of Industrial Enterprises(unit)	15	9	-40.0
#内资企业(个)	Civil Funded Enterprises(unit)	15	9	-40.0
工业总产值(万元)	Gross Industrial Output Value(10 000 yuan)	256476	409853	59.8
内资企业(万元)	Civil Funded Enterprises(10 000 yuan)	256476	409853	59.8
国有企业(万元)	State-owned Enterprises(10 000 yuan)	8165	7763	-4.9
集体企业(万元)	Collective-owned Enterprises(10 000 yuan)			
股份合作企业(万元)	Share Holding Enterprises(10 000 yuan)			
联营企业(万元)	Joint Owned Enterprises(10 000 yuan)			
有限责任公司(万元)	Limited Company(10 000 yuan)	1075	226016	20924.8
股份有限公司(万元)	Share Holding Limited Company(10 000 yuan)		143239	
私营企业(万元)	Privately Owned Enterprises(10 000 yuan)	247235	32834	-86.7
其他企业(万元)	Enterprises of Other Ownership(10 000 yuan)			
港澳台商投资企业(万元)	Funds from HK,Macao & Taiwan(10 000 yuan)			
外商投资企业(万元)	Foreign Funded Enterprises(10 000 yuan)			
工业企业增加值(万元)	Value Added of Industrial Enterprises(10 000 yuan)	158000	225394	24.9
工业企业资产总计(万元)	Total Assets of Industrial Enterprises(10 000 yuan)	153793	128211	-16.6
工业企业负债合计(万元)	Total Liabilities of Industrial Enterprises(10 000 yuan)	99897	82744	-17.2
工业企业产品销售收入(万元)	Sales of Revenue Industrial Enterprises(10 000 yuan)	245106	314674	28.4
工业企业利润总额(万元)	Total Profits of Industrial Enterprises(10 000 yuan)	6797	27091	298.6
建筑业	**Construction**			
建筑企业单位数(个)	Number of Construction Enterprises(unit)	3	3	0.0
建筑企业从业人员(人)	Number of Employee in Construction Enterprises(person)	607	505	-16.8
建筑业总产值(万元)	Gross Construction Output Value(10 000 yuan)	1515	2220	46.5
交通运输邮电通信业	**Transportation,Post & Telecommunications**			
公路里程(公里)	Total Length of Highways(km)	1639	1761	7.4
邮电业务总量(万元)	Business Volume of Post & Telecoms(10 000 yuan)	12283	14800	20.5
本地电话用户(户)	Number of Subscribers of Local Telephone(Household)	51213	64000	25.0
国内贸易	**Domestic Trade**			
社会消费品零售总额(万元)	Total Retail Sales of Consumer Goods(10 000 yuan)	67597.9	81339.4	20.3
城镇(万元)	Town(10 000 yuan)	57626.9	71492.6	24.1
#城区(万元)	City(10 000 yuan)	26716.0	29203.9	9.3
乡村(万元)	Village(10 000 yuan)	9971.0	9846.8	-1.2
科技教育卫生	**Science,Education & Public Health**			
各类专业技术人员(人)	Special Technical Personnel(person)	1275	978	-23.3
幼儿园数(所)	Number of Kindergartens(unit)	3	3	0.0
学龄儿童入学率(%)	Percentage of School-Age Children Enrolled(%)	100.0	100.0	0.0
小学学校数(所)	Number of Primary Schools(unit)	1	1	0.0
小学专任教师数(人)	Number of Full-time Teachers of Primary Schools(person)	105	109	3.8
小学在校学生数(人)	Number of Student Enrollment of Primary Schools(person)	1133	1162	2.6
普通中学学校数(所)	Number of Regular Secondary Schools(unit)	2	2	0.0
普通中学专任教师数(人)	Number of Teachers of Secondary Shools(person)	87	92	5.7
初中在校学生数(人)	Number of Student in Junior Secondary Schools(person)	544	525	-3.5
高中在校学生数(人)	Number of Student in Senior Secondary Schools(person)	327	338	3.4
卫生机构数(所)	Number of Health Institutions(unit)	16	17	6.3
#医院(所)	Hospitals(unit)	2	2	0.0
卫生院(所)	Township Hospitals(unit)	5	5	0.0
床位数(张)	Number of Beds(unit)	166	166	0.0
#医院(张)	Hospitals(unit)	108	108	0.0
卫生院(张)	Township Hospitals(unit)	45	45	0.0
卫生技术人员(人)	Medical Technical Presonnel(person)	183	178	-2.7
#医院(人)	Hospitals(person)	101	98	-3.0
卫生院(人)	Township Hospitals(person)	28	28	0.0

2012 NEI MENG GU

二十四、附录

Appendix

资料整理：蔡雨成　郭　翔

Arranged By Cai Yucheng , Guo Xiang

24-1 内蒙古自治区国民经济主要指标占全国的比重(2011年)
Inner Mongolia Main Indicators of National Economy as Percentage of Whole Nation(2011)

指标	Item	全国 Whole Nation	内蒙古 Inner Mongolia	内蒙古所占比重(%) Percentage (%)
土地面积(万平方公里)	Land Area(10 000 sq.km)	960.0	118.3	12.3
年末总人口数(万人)	Population at the Year-end(10 000 persons)	134735.0	2482.0	1.8
社会就业人员(万人)	Employment(10 000 persons)	76420.0	1249.3	1.6
生产总值(当年价)(亿元)	Gross Domestic Product(current pirces) (100 million yuan)	471563.7	14359.9	3.0
第一产业	Primary Industry	47712.0	1306.3	2.7
第二产业	Secondray industry	220591.6	8037.7	3.6
# 工业	Industry	188571.7	7101.6	3.8
第三产业	Tertiary Industry	203260.1	5015.9	2.5
规模以上工业企业单位数(个)	Number of Industry above Designated Size (unit)	313279	4175	1.3
规模以上工业利润总额(亿元)	Total Profits of Industry(100 million yuan)	54544.4	2157.7	4.0
能源生产总量(万吨标准煤)	Total Production of Energy(10000 tons of SCE)	317800.0	59738.1	18.8
能源消费总量(万吨标准煤)	Total Consumption of Energy(10000 tons of SCE)	347800.0	21148.5	6.1
农林牧渔业总产值(当年价)(亿元)	Gross Output Value of Farming, Forestry, Animal Husbandry & Fishery (current prices)(100 million yuan)	81303.9	2204.5	2.7
农业	Farming	41988.6	1057.8	2.5
林业	Forestry	3120.7	93.2	3.0
牧业	Animal Husbandry	25770.7	998.3	3.9
渔业	Fishery	7568.0	23.5	0.3
工农业主要产品产量	Output of Major Farm & Industrial Products			
粗钢(万吨)	Steel(10 000 tons)	68388.3	1669.8	2.4
原煤(亿吨)	Coal(100 million tons)	35.2	9.8	27.8
发电量(亿千瓦小时)	Electricity(10 000 million Kwh)	47000.7	2972.9	6.3
汽车(万辆)	Motor Vehicles(10 000 vehicles)	1841.6	3.7	0.2
粮食(万吨)	Grain(10 000 ton)	57121.0	2387.5	4.2
油料(万吨)	Oil-bearing Crops(10 000 tons)	3306.8	133.9	4.0
货物运输总量(亿吨)	Total Freight Traffic(100 milion tons)	369.7	14.7	4.0
客运总量(亿人次)	Total Passenger Traffic(100 million Person-times)	352.6	2.6	0.7
邮电业务总量(亿元)	Total Business Revenue of Postal & Telecommunication Services(100 million yuan)	13379.2	241.4	1.8
社会消费品零售总额(亿元)	Retail Sales of Consumer Goods (100 million yuan)	183919.0	3991.7	2.2
海关进出口总额(亿美元)	Total Imports and Exports(USD 100 million)	36420.6	119.4	0.3
全社会固定资产投资(亿元)	Total Investment in Fixed Assets (100 million yuan)	311021.9	10899.8	3.5
# 城镇	Urban	271655.3	10595.0	3.9
农村牧区	Rural	39366.6	304.8	0.8
房地产开发	Real Estate Development	61739.8	1623.8	2.6
地方财政收入(亿元)	Local Financial Revenue(100 million yuan)	52433.9	2262.0	4.3
年末个人存款余额(亿元)	Year-end Saving Deposits of Urban & Rural Residents(100 million yuan)	353536.0	5431.1	1.5

24-2 西部地区国民经济和社会发展主要指标(2011年)

指标	Item	内蒙古 Inner Mongolia	广西 Guangxi	重庆 Chongqing
土地面积(万平方公里)	Land Area(10 000 sq.km)	118.3	23.7	8.2
年末总人口(万人)	Population at the Year-end(10 000 persons)	2482	4645	2919
人口自然增长率(‰)	Natural Growth Rate of Population(‰)	3.50	7.67	3.17
人口密度(人/平方公里)	Population Density (persons/sq.km)	21.0	196.0	356.0
在岗职工人数(万人)	Number of Staff & Workers Employed in (10 000 persons)	257.2	318.4	318.7
生产总值(亿元)	Gross Domestic Product(100 million yuan)	14359.9	11714.4	10011.1
第一产业	Primary Industry	1306.3	2047.3	844.5
第二产业	Secondray industry	8037.7	5736.8	5542.8
# 工业	Industry	7101.6	4914.4	4690.5
第三产业	Tertiary Industry	5015.9	3930.3	3623.8
人均生产总值(元)	Per Capita GDP(yuan)	57974	25315	34500
生产总值指数(上年=100)	Indices of Gross Domestic Product (preceding year=100)	114.3	112.3	116.4
第一产业	Primary Industry	105.9	104.8	105.1
第二产业	Secondray industry	117.1	117.1	121.8
# 工业	Industry	117.3	117.3	122.2
第三产业	Tertiary Industry	112.4	109.4	110.8
全社会固定资产投资(亿元)	Total Investment in Fixed Assets (100 million yuan)	10899.79	10143.45	7631.80
# 城镇	Urban	10594.98	9733.69	7099.02
农村牧区	Rural	304.81	409.76	532.78
房地产开发	Real Estate Development	1623.78	1500.46	2015.09
全社会固定资产投资指数(上年=100)	Indices of Gross Total Investment in Fixed Assets(preceding year=100)	121.5	129.1	130.0
# 城镇	Urban	121.3	129.4	128.7
农村牧区	Rural	127.8	121.1	151.5
房地产开发	Real Estate Development	145.0	124.4	124.4
地方财政一般预算收入(亿元)	Local Financial General Budgetary Revenue (100 million yuan)	1356.67	947.59	1488.25
地方财政一般预算支出(亿元)	Local Financial General Budgetary Expenditures (100 million yuan)	2989.2	2545.4	2573.5
金融机构人民币存款余额(亿元)	RMB Deposit Balance(100 million yuan)	12063.7	13453.2	15832.8
# 储蓄存款余额	Saving Deposits of Urban and Rural Residents	5423.1	6654.0	7046.0
金融机构人民币贷款余额(亿元)	RMB Loan Balance(100 million yuan)	9727.7	10408.5	13001.4
粮食产量(万吨)	Grain(10 000 tons)	2387.50	1429.93	1126.90
油料产量(万吨)	Oil-bearing Crops(10 000 tons)	133.90	50.14	46.51
糖料产量(万吨)	Sugar(10 000 tons)	157.70	7269.96	11.80
肉类总产量(万吨)	Output of Meat(10 000 tons)	237.47	391.08	196.28
# 猪肉	Pork	71.30	239.79	148.55
牛肉	Beef	49.73	14.27	6.65
羊肉	Mutton	87.24	3.21	2.61
奶类产量(万吨)	Milk(10 000 tons)	931.40	8.88	8.00
规模以上工业企业主营业务收入(亿元)	Revenue of Industry above Designated	17085.2	11973.5	11566.1
规模以上工业产品税金总额(亿元)	Total Tax above Designated Size	914.9	558.8	399.4
规模以上工业产品利润总额(亿元)	Total profit above Designated Size	2157.7	717.3	558.4

注：1.本表数据来源于各地区2011年统计公报初步统计数。

Main Indicators of National Economic and Social Development of Western Region(2011)

四川 Sichuan	贵州 Guizhou	云南 Yunnan	西藏 Tibet	陕西 Shanxi	甘肃 Gansu	青海 Qinghai	宁夏 Ningxia	新疆 Xinjiang
48.5	17.6	39.4	122.8	20.6	45.4	72.1	5.2	166.0
8050	3469	4631	303	3743	2564	568	639	2209
2.98	6.38	6.35		3.69	6.05	8.31	8.97	10.57
166.0	197.1	117.5	2.5	181.7	56.5	7.9	123.0	13.3
587.5	225.9	329.4	19.9	371.3	192.2	57.2	56.6	264.5
21026.7	5701.8	8751.0	605.8	12391.3	5000.5	1634.7	2060.8	6474.5
2983.5	726.2	1407.8	74.4	1220.9	678.2	155.4	184.1	1139.0
11027.9	2334.0	3991.0	209.5	6836.3	2524.3	939.1	1076.0	3289.8
9491.0	1969.7	3205.9	48.9	5727.8	2071.3	775.7	836.9	2764.1
7015.3	2641.6	3352.2	321.9	4334.1	1798.0	540.2	800.7	2045.7
26133	16413	18957	20077	33142	19517	28891	32392	29496
115.0	115.0	113.7	112.7	113.9	112.5	113.5	112.0	112.0
104.5	101.2	106.0	103.4	105.9	105.9	105.0	105.0	106.5
120.7	120.7	118.0	118.3	116.9	115.2	117.3	117.5	112.0
121.6	121.0	117.6	118.1	117.1	116.3	117.5	117.3	111.4
110.9	114.2	111.8	111.6	113.7	111.5	109.7	107.0	115.2
15141.60	5101.55	7109.70	549.27	10033.05	4180.24	1434.31	1648.48	4712.77
	4892.10		480.84	9711.05	3873.72	1187.75		4204.36
	209.45		68.43	322.00	306.52	246.56		508.41
129.30	878.67	1272.72	5.13	1420.53	362.88	144.77	330.55	518.26
117.7	160.1	127.4	118.6	130.2	140.2	134.2	130.8	133.1
	161.1		118.6	129.7	140.3	133.5		132.1
	131.6		118.3	146.2	139.0	138.0		142.0
129.3	157.8	141.3	57.3	122.5	136.2	133.8	129.9	149.0
2044.40	773.18	1110.83	54.76	1499.07	450.35	151.79	219.96	720.91
4673.8	2244.3	2929.6	758.0	2928.9	1790.3	967.5	711.1	2282.7
34735.0	8742.8	15356.9	1661.0	19147.6	8394.0	2825.8	2966.9	10387.0
	3934.5	6654.9		9149.7	4231.4	1043.5	1351.3	
22033.0	6841.9	12114.6	409.0	11796.6	5468.8	2231.5	2860.6	6270.0
3291.60	876.90	1673.60	93.73	1194.70	1014.60	103.36	358.95	1224.70
278.45	78.85	60.75	6.35	58.97	63.52	33.29	18.41	66.76
87.96	43.62	1898.78		0.16	18.08	0.01	0.01	518.95
651.17	179.97	324.36	26.14	99.60	83.75	28.84	25.24	119.98
484.80	148.29	243.86	1.36	77.30	45.81	9.16	7.32	22.50
28.93	12.00	30.69	14.77	7.39	16.14	8.70	7.48	33.76
23.90	3.37	13.03	8.63	6.70	15.43	9.94	7.85	46.44
71.72	4.85	56.62	29.82	182.37	37.69	28.45	96.00	133.91
30138.7	4799.2	7505.8	74.5	13666.7	6515.4	1690.6	2408.5	6686.7
1599.4	440.3	1001.5	7.4	1191.6	406.8	125.6	97.1	639.2
1961.3	330.8	523.6	13.0	1946.2	241.2	202.9	142.0	910.42

a)Data in the table are obtained from erery regional statistical bulletin in Western Region, and are the preliminary statistics.

24-2 续表

指标	Item	内蒙古 Inner Mongolia	广西 Guangxi	重庆 Chongqing
原煤产量(万吨)	Coal(10 000 tons)	98441.00	660.00	4464.61
发电量(亿千瓦时)	Electricity(100 million Kwh)	2972.85	1038.99	582.17
粗钢(万吨)	Stee(10 000 tons)	1669.75	1212.15	630.60
生铁(万吨)	Pig Iron(10 000 tons)	1431.1	955.6	559.4
成品钢材(万吨)	Steel Products(10 000 tons)	1417.3	1766.4	950.0
水泥(万吨)	Cement(10 000 tons)	6499.3	8640.1	4935.2
化肥(万吨)	Chemical Fertilizer(10 000 tons)	126.1	98.0	175.9
汽车(万辆)	Motor Vehicles(10 000 vehicles)	3.7	142.4	166.6
建筑业增加值(亿元)	Construction(100 million yuan)	936.1	822.4	852.3
建筑业增加值指数(上年=100)	(preceding year=100)	115.6	116.2	119.6
建筑业施工面积(万平方米)	Floor Space under Construction(10 000 sq.m)	9323.1	12422.1	21572.0
建筑业竣工面积(万平方米)	Floor Space Completed(10 000 sq.m)	4064.8	4415.8	8428.1
交通运输货运量(万吨)	Total Freight Troffic(10 000 tons)	146589	136132	96771
# 铁路	Railway	42934	6770	2191
公路	Highway	103651	113549	82818
交通运输客运量(万人次)	Passenger Traffic(10 000 persons-times)	26420	83100	140398
# 铁路	Railway	4156	3383	2934
公路	Highway	21807	79300	136142
邮电业务总量(亿元)	Business Volume of Postal and Telecommun -ication Services(100 million yuan)	241.40	326.30	241.91
社会消费品零售总额(亿元)	Retail Sales of Goods(100 million yuan)	3991.7	3908.2	3487.8
对外贸易进出口总额(亿美元)	Total Imports and Exports(USD 100 million)	119.4	233.5	292.2
# 出口总额	Imports	46.9	124.6	198.4
实际外商直接投资额(亿美元)	Actually Foreign Direct Investment	38.38	10.14	
国际旅游人数(万人次)	International Tourists(10 000 person-times)	151.5	302.8	186.4
国际旅游外汇收入(亿美元)	Foreign Exchange Earning from International Tourism(USD 100 million)	6.71	10.52	9.68
在校学生数(万人)	Student Enrolment(10 000 persons)			
普通高等学校	Colleges and Universities	38.44	60.01	56.78
普通中学	Secondary Schools	128.49	278.23	183.89
小学	Primary Schools	140.53	427.00	195.48
广播人口覆盖率(%)	Listener Rating(%)	97.41	95.20	
电视人口覆盖率(%)	Viewer Rating(%)	96.19	97.20	98.60
卫生机构个数(个)	Number of Health Care Institutions(unit)	22931	10367	7076
卫生机构床位数(万张)	Beds of Health Care Institutions(10 000 beds)	10.08	14.12	10.71
执业医师和助理医师数(万人)	Doctors(10 000 persons)	5.70	7.38	4.96
在岗职工平均工资(元)	Annual Average Wages of Staff and Wokrers at Post(yuan)	41481	34064	40042
城镇居民人均可支配收入(元)	Urban Households Per Capita Average Disposable Income(yuan)	20408	18854	20250
城镇居民人均消费性支出(元)	Urban Households Per Capita Expen -ditures for Consumptiom(yuan)	15878	12848	14974
农村居民人均纯收入(元)	Rural Huseholds Per Capita Average Net Income(yuan)	6642	5231	6480
农村居民人均生活消费支出(元)	Rural Households Per Capita Living Expen -ditures for Consumption(yuan)	5508	4211	4502

continued

四川 Sichuan	贵州 Guizhou	云南 Yunnan	西藏 Tibet	陕西 Shanxi	甘肃 Gansu	青海 Qinghai	宁夏 Ningxia	新疆 Xinjiang
12263.20	13033.40	9957.41		41135.10	4700.65	1960.97	7932.29	11991.70
1980.69	1379.26	1555.68	27.17	1222.47	1027.90	463.13	939.30	875.18
1729.18	434.00	1323.20		766.00	819.80	139.50	28.76	892.99
1715.0	482.4	1344.2		732.0	769.3	114.6	91.9	1058.1
2237.7	462.9	1351.9		1038.2	812.8	142.0	76.5	985.1
14501.1	5000.2	6457.4	232.8	6430.6	2746.8	1043.0	1455.5	2993.6
507.1	367.5	326.9		92.8	74.12	288.2	92.8	233.6
12.9	1.3	9.7		55.7	2.1			0.1
1536.9	364.3	785.1	160.6	1108.5	452.9	163.5	239.1	525.7
115.7	118.3	119.6	118.4	115.8	110.6	116.8	118.5	115.0
34483.1	6805.6	10060.1	171.6	14301.2	6017.9	841.2	3348.9	8812.6
13139.9	1454.2	3976.0	105.2	5234.2	2002.8	297.9	1273.6	3283.5
155310	44890	60170	1028	120908	35269	12586	36864	53252
9172	7219	5545	49	30299	6446	3634	7848	6801
139771	36684	54186	979	90419	28790	8952	29016	46451
258845	72428	44963	3769	107032	60902	11870	15104	35130
13147	3939	2727	110	5614	2451	520	543	1964
242615	66303	41394	3659	101062	58355	11308	14440	33166
606.70	219.22	314.65	27.04	347.90	195.38	47.99	57.20	224.19
8044.6	1751.6	3000.1	219.0	3790.0	1648.0	410.5	477.6	1616.3
477.8	48.8	160.5	13.6	146.2	87.4	9.2	22.9	228.2
290.5	29.9	94.7	11.8	70.1	21.6	6.6	16.0	168.3
95.27	6.73	17.38	0.65	23.55	0.70	1.69	2.02	3.35
164.0	58.5	395.4	27.1	270.4	9.1	5.2	1.9	56.4
5.94	1.35	16.09	1.30	12.95	0.17	0.27	0.06	4.65
113.90	34.41	48.76	3.20		40.53	5.87	9.14	25.87
477.80	282.71	270.98	18.10		194.21	33.03	44.74	140.93
579.80	408.74	424.08	29.47		220.07	51.19	64.33	191.95
96.60	88.00	95.69	91.67		93.70	91.60	93.50	94.90
97.70	92.80	96.72	92.80		94.05	95.70	98.60	95.30
78066	5598	9956	1378	36403	10103	1646	4143	14349
33.30	11.37	17.34	0.96	15.38	8.96	2.18	2.59	10.72
15.20	4.43		0.42	6.57		1.03	1.23	
37924	37331	35031	55845	39042	32724	42493	44571	38160
17899	16495	18576	16196	18245	14989	15603	17579	15514
13696	11353	12248	10399	13783	11189	10955	12896	11839
6129	4145	4722	4904	5028	3909	4608	5410	5442
4675	3456	4000	2742	4492	3665	4537	4727	4398

24-3 上市公司发展基本情况(2011年)

上市公司名称	Name of Listed Companies
内蒙古蒙电华能热电股份有限公司(内蒙华电)	Inner Mongolia Meng Dian Hua Neng Co.,Ltd
鄂尔多斯资源股份有限公司(鄂绒B股)	Inner Mongolia Erdos Resources Co.,Ltd
鄂尔多斯资源股份有限公司(鄂尔多斯)	Inner Mongolia Erdos Resources Co.,Ltd
内蒙古伊利实业股份有限公司(伊利股份)	Inner Mongolia YiLi Industrial Group Co.,Ltd
内蒙古兴业矿业股份有限公司(兴业矿业)	Inner Mongolia Xingye Mining Co.,Ltd
内蒙古远兴能源股份有限公司(远兴能源)	Inner Mongolia Yuan Xing Energy Co.,Ltd
内蒙古平庄能源股份有限公司(平庄能源)	Inner Mongolia PingZhuang Energy Co.,Ltd
包头明天科技股份有限公司(ST明科)	Baotou Tomorrow Technology Co.,Ltd
内蒙古伊泰煤炭股份有限公司(伊泰B股)	Inner Mongolia Yi Tai Coal Industry Co.,Ltd
内蒙古包钢稀土(集团)高科技股份有限公司(包钢稀土)	Inner Mongolia Baotou Steel Rare-earthgroup) Hi-tech Co.,Ltd
包头华资实业股份有限公司(华资实业)	Baotou Hua Zi Industry Sale-Holding Co.,Ltd
内蒙古金宇集团股份有限公司(金宇集团)	Inner Mongolia Jin Yu Group Co.,Ltd
北方重型汽车股份有限公司(北方股份)	North Heavy-duty Automobile Co.,Ltd
内蒙古亿利能源股份有限公司(亿利能源)	Inner Mongolia YiLi Energy Co.,Ltd
内蒙古西水创业股份有限公司(西水股份)	Xishui Strong Year Co.,Ltd Inner Mongolia
内蒙古兰太实业股份有限公司(兰太实业)	Inner Mongolia LanTai Industrial Co.,Ltd
内蒙古包钢钢联股份有限公司(包钢股份)	Inner Mongolia Baotou Steel Union Co.,Ltd
内蒙古四海科技股份有限公司(四海股份)	The Inner Mongolia Sihai Technology Co.,Ltd.
包头北方创业股份有限公司(北方创业)	Baotou Beifang Chuangye Co.,Ltd
内蒙古霍林河露天煤业股份有限公司(露天煤业)	Inner Mongolia Huolinhe Opencut Coal Industry Co., Ltd
内蒙古福瑞中蒙药科技股份有限公司(福瑞股份)	Inner Mongolia Free Han & Mongolia Pharmaceutical Co.,Ltd
内蒙古君正能源化工股份有限公司(内蒙君正)	Inner Mongolia Junzheng Energy & Chemical Industry Co.,Ltd.
包头东宝生物技术股份有限公司(东宝生物)	Baotou Dongbao Bio-Tech Co.,Ltd.

Basic Development of Listed Companies(2011)

股票类别	Classification of Shares	行业划分	Classification of Industries
上证A股	A Shares of Shanghai Stock Exchange	电力、煤气及水的生产和供应业	Production & Supply of Elec. Power Gas & Water
上证B股	B Shares of Shanghai Stock Exchange	纺织、服装、皮毛	Textile Clothes and Furs
上证A股	A Shares of Shanghai Stock Exchange		
上证A股	A Shares of Shanghai Stock Exchange	食品、饮料	Foodstuff, Drinks
深证A股	A Shares of Shenzhen Stock Exchange	采掘业	Mining
深证A股	A Shares of Shenzhen Stock Exchange	石油、化学、塑胶、塑料	Petroleum, Chemical, Synthetic Resin Plastics
深证A股	A Shares of Shenzhen Stock Exchange	食品、饮料	Foodstuff, Drinks
上证A股	A Shares of Shanghai Stock Exchange	石油、化学、塑胶、塑料	Petroleum, Chemical, Synthetic Resin Plastics
上证B股	B Shares of Shanghai Stock Exchange	采掘业	Mining
上证A股	A Shares of Shanghai Stock Exchange	金属、非金属	Metal and Nonmetal
上证A股	A Shares of Shanghai Stock Exchange	食品、饮料	Foodstuff, Drinks
上证A股	A Shares of Shanghai Stock Exchange	医药、生物制品	Biological Pharmacy
上证A股	A Shares of Shanghai Stock Exchange	机械、设备、仪表	Machinery, Equipment and Meter
上证A股	A Shares of Shanghai Stock Exchange	石油、化学、塑胶、塑料	Petroleum, Chemical, Synthetic Resin Plastics
上证A股	A Shares of Shanghai Stock Exchange	金属、非金属	Metal and Nonmetal
上证A股	A Shares of Shanghai Stock Exchange	石油、化学、塑胶、塑料	Petroleum, Chemical, Synthetic Resin Plastics
上证A股	A Shares of Shanghai Stock Exchange	金属、非金属	Metal and Nonmetal
深证A股	A Shares of Shenzhen Stock Exchange	纺织业	Textile Clothes
上证A股	A Shares of Shanghai Stock Exchange	机械、设备、仪表	Machinery, Equipment and Meter
深证A股	A Shares of Shenzhen Stock Exchange	采掘业	Mining
深证A股	A Shares of Shenzhen Stock Exchange	医药、生物制品	Biological Pharmacy
上证A股	A Shares of Shanghai Stock Exchange	石油、化学、塑胶、塑料	Petroleum, Chemical, Synthetic Resin Plastics
深证A股	A Shares of Shenzhen Stock Exchange	医药、生物制品	Biological Pharmacy

24-3 续表 1

上市公司名称	Name of Listed Companies
总 计	**Total**
内蒙古蒙电华能热电股份有限公司(内蒙华电)	Inner Mongolia Meng Dian Hua Neng Co.,Ltd
鄂尔多斯资源股份有限公司(鄂绒B股)	Inner Mongolia Erdos Resources Co.,Ltd
鄂尔多斯资源股份有限公司(鄂尔多斯)	Inner Mongolia Erdos Resources Co.,Ltd
内蒙古伊利实业股份有限公司伊利股份)	Inner Mongolia YiLi Industrial Group Co.,Ltd
内蒙古伊利实业股份有限公司(伊利股份)	Inner Mongolia YiLi Industrial Group Co.,Ltd
内蒙古兴业矿业股份有限公司(兴业矿业)	Inner Mongolia Xingye Mining Co.,Ltd
内蒙古远兴能源股份有限公司(远兴能源)	Inner Mongolia Yuan Xing Energy Co.,Ltd
内蒙古远兴能源股份有限公司(远兴能源)	Inner Mongolia Yuan Xing Energy Co.,Ltd
内蒙古平庄能源股份有限公司(平庄能源)	Inner Mongolia PingZhuang Energy Co.,Ltd
包头明天科技股份有限公司(ST明科)	Baotou Tomorrow Technology Co.,Ltd
包头明天科技股份有限公司(ST明科)	Baotou Tomorrow Technology Co.,Ltd
内蒙古伊泰煤炭股份有限公司(伊泰B股)	Inner Mongolia Yi Tai Coal Industry Co.,Ltd
内蒙古包钢稀土(集团)高科技股份有限公司(包钢稀土)	Inner Mongolia Baotou Steel Rare-earth (group) Hi-tech Co.,Ltd
包头华资实业股份有限公司(华资实业)	Baotou Hua Zi Industry Co.,Ltd
内蒙古金宇集团股份有限公司(金宇集团)	Inner Mongolia JinYu Group Co.,Ltd
北方重型汽车股份有限公司(北方股份)	North Heavy duty Automobile Co.,Ltd
内蒙古亿利能源股份有限公司(亿利能源)	Inner Mongolia YiLi Energy Co.,Ltd
内蒙古亿利能源股份有限公司(亿利能源)	Inner Mongolia YiLi Energy Co.,Ltd
内蒙古西水创业股份有限公司(西水股份)	Xishui Strong Year Co.,Ltd Inner Mongolia
内蒙古兰太实业股份有限公司(兰太实业)	Inner Mongolia LanTai Industrial Co.,Ltd
内蒙古包钢钢联股份有限公司(包钢股份)	Inner Mongolia Baotou Steel Union Co.,Ltd
内蒙古四海科技股份有限公司(四海股份)	The Inner Mongolia Sihai Technology Co.,Ltd.
包头北方创业股份有限公司(北方创业)	Baotou Beifang Chuangye Co.Ltd
包头北方创业股份有限公司(北方创业)	Baotou Beifang Chuangye Co.Ltd
内蒙古霍林河露天煤业股份有限公司(露天煤业)	Inner Mongolia Huolinhe Opencut Coal Industry Co., Ltd
内蒙古福瑞中蒙药科技股份有限公司(福瑞股份)	Inner Mongolia Free Han & Mongolia Pharmaceutical Co.,Ltd
内蒙古君正能源化工股份有限公司(内蒙君正)	Inner Mongolia Junzheng Energy & Chemical Industry Co.,Ltd.
包头东宝生物技术股份有限公司(东宝生物)	Baotou Dongbao Bio-Tech Co.,Ltd.

continued

2011年末股本结构(万股) Composition of Capital at the End of 2011 (10 000 shares)		股票发行情况 Issuing Summary for Stocks			
总股本 Total Issued Capital	流通股 Negotiable Shares	发行日期 Issuing Date	发行价格(元/股) Price of Issuing (yuan/share)	发行量(万股) Amount Issued (10 000 shares)	股票发行筹资额 (亿元) Raised Capital (100 million yuan)
198122	57294	1994-03-30	3.90	5000	1.95
103200	42000	1995-09-25	3.98	11000	4.38
103200	61200	2001-03-26	16.80	8000	13.44
159865	158734	1996-01-25	5.98	1800	1.02
		2002-08-28	16.85	增发A股4896	8.25
39813	38052	1996-08-01	5.88	1370	0.81
76781	76781	1997-01-13	5.11	6500	3.32
		2008-04-08	15.16	4288	6.33
101431	101431	1997-05-19	5.66	4000	2.16
33653	33653	1997-06-13	5.28	3700	1.95
		2002-06-06	8.82	增发A股11000	9.70
146400	66400	1997-07-18	3.38	16600	5.24
121102	73973	1997-08-28	4.43	8000	3.40
48493	48493	1998-11-02	4.30	5600	3.01
28081	28081	1998-12-02	6.83	3500	2.39
17000	6600	2000-06-09	8.00	5500	4.40
90194	26070	2000-07-04	8.88	5800	5.15
		2008-10-22	11.20	42749	47.88
38400	38400	2000-07-13	6.38	6000	3.83
35912	35912	2000-11-30	7.88	6000	4.52
642364	642364	2001-02-14	5.18	35000	17.57
32182	31906	1996-09-20	6.48	1850	1.20
17323	17323	2004-04-26	7.20	5000	3.49
		2008-06-06	7.24	4323	3.00
132669	132669	2007-04-18	9.80	7800	7.64
12506	5222	2010-01-20	28.98	1900	5.50
64000	12000	2011-02-22	25.00	12000	30.00
7598	1900	2011-07-06	9.00	1900	1.71

24–3 续表 2

上市公司名称	Name of Listed Companies
总 计	**Total**
内蒙古蒙电华能热电股份有限公司(内蒙华电)	Inner Mongolia Meng Dian Hua Neng Co.,Ltd
鄂尔多斯资源股份有限公司(鄂绒B股)	Inner Mongolia Erdos Resources Co.,Ltd
鄂尔多斯资源股份有限公司(鄂尔多斯)	Inner Mongolia Erdos Resources Co.,Ltd
内蒙古伊利实业股份有限公司(伊利股份)	Inner Mongolia YiLi Industrial Group Co.,Ltd
内蒙古兴业矿业股份有限公司(兴业矿业)	Inner Mongolia Xingye Mining Co.,Ltd
内蒙古远兴能源股份有限公司(远兴能源)	Inner Mongolia Yuan Xing Energy Co.,Ltd
内蒙古平庄能源股份有限公司(平庄能源)	Inner Mongolia PingZhuang Energy Co.,Ltd
包头明天科技股份有限公司(ST明科)	Baotou Tomorrow Technology Co.,Ltd
内蒙古伊泰煤炭股份有限公司(伊泰B股)	Inner Mongolia Yi Tai Coal Industry Co.,Ltd
内蒙古包钢稀土(集团)高科技股份有限公司(包钢稀土)	Inner Mongolia Baotou Steel Rare-earth (group) Hi-tech Co.,Ltd
包头华资实业股份有限公司(华资实业)	Baotou Hua Zi Industry Co.,Ltd
内蒙古金宇集团股份有限公司(金宇集团)	Inner Mongolia Jin Yu Group Co.,Ltd
北方重型汽车股份有限公司(北方股份)	North Heavy-duty Automobile Co.,Ltd
内蒙古亿利能源股份有限公司(亿利能源)	Inner Mongolia YiLi Energy Co.,Ltd
内蒙古西水创业股份有限公司(西水股份)	Xishui Strong Year Co.,Ltd Inner Mongolia
内蒙古兰太实业股份有限公司(兰太实业)	Inner Mongolia LanTai Industrial Co.,Ltd
内蒙古包钢钢联股份有限公司(包钢股份)	Inner Mongolia Baotou Steel Union Co.,Ltd
内蒙古四海科技股份有限公司(四海股份)	The Inner Mongolia Sihai Technology Co.,Ltd.
包头北方创业股份有限公司(北方创业)	Baotou Beifang Chuangye Co.Ltd
内蒙古霍林河露天煤业股份有限公司(露天煤业)	Inner Mongolia Huolinhe Opencut Coal Industry Co., Ltd
内蒙古福瑞中蒙药科技股份有限公司(福瑞股份)	Inner Mongolia Free Han & Mongolia Pharmaceutical Co.,Ltd
内蒙古君正能源化工股份有限公司(内蒙君正)	Inner Mongolia Junzheng Energy & Chemical Industry Co.,Ltd.
包头东宝生物技术股份有限公司(东宝生物)	Baotou Dongbao Bio-Tech Co.,Ltd.

continued

股票上市情况 Listed Summary for Stocks		股票配售情况 Distribution of Stocks				股票筹资总额(亿元) Total Raised Capital (100 million yuan)
上市日期 Listed Date	上市价格(元/股) Listed Price Per Share (yuan/share)	配股时间 Date of Distribution	配股价格(元/股) Price of Distribution Per Share (yuan/share)	配股比例 Proportion of Distribution	配股筹资额(亿元) Raised Capital Owing to Distribution (100 million yuan)	
1994-05-20	5.18	1996-11-25	4.00	10∶3	0.60	24.53
		1998-12-17	5.00	10∶8	3.74	
1995-10-20	USD0.518		6.88	10000股(share)	6.88	3.47
2001-04-26						13.01
1996-03-12	9.00	1997-04-12	6.80	10∶3	2.04	25.15
		1998-11-08	15.00	10∶3	2.86	
1996-08-29	10.32	1998-05-11	8.00	10∶4	3.51	6.44
		2001-05-03	13.20	10∶3	2.27	
1997-01-31	11.80	1998-08-07	8.60	10∶3	3.35	12.83
1997-06-06	15.49	1999-08-31	8.00	10∶3	2.50	22.37
		2003-10-01	6.43	10∶7	7.84	
1997-07-04	8.18	1999-12-10	14.23	10∶3	3.43	14.72
1997-08-08	USD0.4073					4.87
1997-09-24	7.38	2000-03-08	7.60	10∶3	2.98	6.31
1998-12-10	7.80	2000-09-28	15.00	10∶3	3.50	6.26
1999-01-15	13.68	2000-12-29	17.00	10∶3	2.00	4.31
2000-06-30	15.70					4.26
2000-07-25	18.18					52.85
2000-07-31	12.12					3.66
2000-12-22	17.78					4.53
2004-11-10						87.31
1996-10-08	10.68	1998-12-11	4.28	10.：2.5	0.89	3.56
2004-05-18	10.00					6.45
2007-04-18	9.80					7.30
2010-01-20	28.98					5.50
2011-02-22	25.00					30.00
2011-07-06	9.00					1.71

24-3 续表 3

上市公司名称	Name of Listed Companies
总计	**Total**
内蒙古蒙电华能热电股份有限公司(内蒙华电)	Inner Mongolia Meng Dian Hua Neng Co.,Ltd
鄂尔多斯资源股份有限公司(鄂绒B、A股)	Inner Mongolia Erdos Cashmere Products Co.,Ltd
内蒙古伊利实业股份有限公司(伊利股份)	Inner Mongolia YiLi Industrial Group Co.,Ltd
内蒙古兴业矿业股份有限公司(兴业矿业)	Inner Mongolia Xingye Mining Co.,Ltd
内蒙古远兴能源股份有限公司(远兴能源)	Inner Mongolia Yuan Xing Energy Co.,Ltd
内蒙古平庄能源股份有限公司(平庄能源)	Inner Mongolia PingZhuang Energy Co.,Ltd
包头明天科技股份有限公司(ST明科)	Baotou Tomorrow Technology Co.,Ltd
内蒙古伊泰煤炭股份有限公司(伊泰B股)	Inner Mongolia Yi Tai Coal Industry Co.,Ltd
内蒙古包钢稀土(集团)高科技股份有限公司(包钢稀土)	Inner Mongolia Baotou Steel Rare-earth (group) Hi-tech Co.,Ltd
包头华资实业股份有限公司(华资实业)	Baotou Hua Zi Industry Sale-Holding Co.,Ltd
内蒙古金宇集团股份有限公司(金宇集团)	Inner Mongolia Jin Yu Group Co.,Ltd
北方重型汽车股份有限公司(北方股份)	North Heavy-duty Automobile Co.,Ltd
内蒙古亿利能源股份有限公司(亿利能源)	Inner Mongolia YiLi Energy Co.,Ltd
内蒙古西水创业股份有限公司(西水股份)	Xishui Strong Year Co.,Ltd Inner Mongolia
内蒙古兰太实业股份有限公司(兰太实业)	Inner Mongolia LanTai Industrial Co.,Ltd
内蒙古包钢钢联股份有限公司(包钢股份)	Inner Mongolia Baotou Steel Union Co.,Ltd
内蒙古四海科技股份有限公司(四海股份)	The Inner Mongolia Sihai Technology Co.,Ltd.
包头北方创业股份有限公司(北方创业)	Baotou Beifang Chuangye Co.,Ltd
内蒙古霍林河露天煤业股份有限公司(露天煤业)	Inner Mongolia Huolinhe Opencut Coal Industry Co., Ltd
内蒙古福瑞中蒙药科技股份有限公司(福瑞股份)	Inner Mongolia Free Han & Mongolia Pharmaceutical Co.,Ltd
内蒙古君正能源化工股份有限公司(内蒙君正)	Inner Mongolia Junzheng Energy & Chemical Industry Co.,Ltd.
包头东宝生物技术股份有限公司(东宝生物)	Baotou Dongbao Bio-Tech Co.,Ltd.

continued

营业总收入(万元) Total Business Revenue(10 000 yuan)		利润总额(万元) Total Profit(10 000 yuan)		净利润(万元) Net Profit(10 000 yuan)	
2010	2011	2010	2011	2010	2011
13917637	**16608589**	**1634076**	**2563795**	**1391625**	**2105239**
673899	723343	125850	136177	115627	103334
1173296	1363206	161877	185374	146131	163031
2966499	3745137	85362	213642	79576	183244
39781	38196	-4996	18840	-5139	18583
233336	313515	22486	52965	18219	38295
322624	394361	76074	105719	64775	90236
836	548	1412	-14530	1412	-14530
1429270	1741390	631182	679196	535273	578120
525794	1152826	184212	727555	137110	560881
14314	17412	-8124	359	-7341	3817
67033	57614	13189	17095	11477	14698
190150	211053	8266	14340	6309	12118
794325	953691	46985	65081	39334	47733
78418	65045	4579	38	3452	902
142015	165731	7608	13340	6066	10486
4054638	4281492	25987	64649	19679	49655
34762	16331	3827	917	3293	610
289140	295733	7837	14328	6952	12587
567233	650247	180056	193149	153961	165615
21025	30166	6196	6777	4696	5249
280012	370796	51652	65877	48598	58108
19237	20755	2560	2908	2162	2467

24-3 续表 4

上市公司名称	Name of Listed Companies
总计	**Total**
内蒙古蒙电华能热电股份有限公司(内蒙华电)	Inner Mongolia Meng Dian Hua Neng Co.,Ltd
鄂尔多斯资源股份有限公司(鄂绒B、A股)	Inner Mongolia Erdos Cashmere Products Co.,Ltd
内蒙古伊利实业股份有限公司(伊利股份)	Inner Mongolia YiLi Industrial Group Co.,Ltd
内蒙古兴业矿业股份有限公司(兴业矿业)	Inner Mongolia Xingye Mining Co.,Ltd
内蒙古远兴能源股份有限公司(远兴能源)	Inner Mongolia Yuan Xing Energy Co.,Ltd
内蒙古平庄能源股份有限公司(平庄能源)	Inner Mongolia PingZhuang Energy Co.,Ltd
包头明天科技股份有限公司(ST明科)	Baotou Tomorrow Technology Co.,Ltd
内蒙古伊泰煤炭股份有限公司(伊泰B股)	Inner Mongolia Yi Tai Coal Industry Co.,Ltd
内蒙古包钢稀土(集团)高科技股份有限公司(包钢稀土)	Inner Mongolia Baotou Steel Rare-earth (group) Hi-tech Co.,Ltd
包头华资实业股份有限公司(华资实业)	Baotou Hua Zi Industry Sale-Holding Co.,Ltd
内蒙古金宇集团股份有限公司(金宇集团)	Inner Mongolia Jin Yu Group Co.,Ltd
北方重型汽车股份有限公司(北方股份)	North Heavy-duty Automobile Co.,Ltd
内蒙古亿利能源股份有限公司(亿利能源)	Inner Mongolia YiLi Energy Co.,Ltd
内蒙古西水创业股份有限公司(西水股份)	Xishui Strong Year Co.,Ltd Inner Mongolia
内蒙古兰太实业股份有限公司(兰太实业)	Inner Mongolia LanTai Industrial Co.,Ltd
内蒙古包钢钢联股份有限公司(包钢股份)	Inner Mongolia Baotou Steel Union Co.,Ltd
内蒙古四海科技股份有限公司(四海股份)	The Inner Mongolia Sihai Technology Co.,Ltd.
包头北方创业股份有限公司(北方创业)	Baotou Beifang Chuangye Co.,Ltd
内蒙古霍林河露天煤业股份有限公司(露天煤业)	Inner Mongolia Huolinhe Opencut Coal Industry Co., Ltd
内蒙古福瑞中蒙药科技股份有限公司(福瑞股份)	Inner Mongolia Free Han & Mongolia Pharmaceutical Co.,Ltd
内蒙古君正能源化工股份有限公司(内蒙君正)	Inner Mongolia Junzheng Energy & Chemical Industry Co.,Ltd.
包头东宝生物技术股份有限公司(东宝生物)	Baotou Dongbao Bio-Tech Co.,Ltd.

continued

总资产(万元) Total Assets(10 000 yuan)		股东权益(万元) Shareholder's Eguity(10 000 yuan)		资产负债率(%) Assets-Liability Ratio(%)	
2010	2011	2010	2011	2010	2011
20131761	**24031598**	**8208396**	**10185138**	**59.2**	**57.6**
2357892	2583977	645193	726878	72.6	71.9
2587419	3054131	859408	991776	66.8	67.5
1536232	1992950	451204	630547	70.6	68.4
162583	314084	113482	161185	30.2	48.7
567131	601345	300550	327068	47.0	45.6
519028	537796	366239	451009	29.4	16.1
153759	135405	72026	55685	53.2	58.9
2566983	2990116	1509233	1861593	41.2	37.7
878958	1472663	427121	907772	51.4	38.4
246743	221271	187356	174760	24.1	21.0
158878	172532	84415	99113	46.9	42.6
317398	319632	79299	89718	75.0	71.9
1298910	1631955	630480	736138	51.5	54.9
466003	421527	254572	238270	45.4	43.5
472351	615589	144533	153951	69.4	75.0
4204399	4973308	1264719	1302121	69.9	73.8
93166	64108	75631	63033	18.8	1.7
237813	285208	114996	122826	51.6	56.9
746356	805915	391749	487371	47.5	39.5
79566	87389	68742	70352	13.6	19.5
458187	712934	155204	504373	66.1	29.3
22006	37762	12244	29599	44.4	21.6

24-3 续表 5

上市公司名称	Name of Listed Companies
总计	**Total**
内蒙古蒙电华能热电股份有限公司(内蒙华电)	Inner Mongolia Meng Dian Hua Neng Co.,Ltd
鄂尔多斯资源股份有限公司(鄂绒B、A股)	Inner Mongolia Erdos Cashmere Products Co.,Ltd
内蒙古伊利实业股份有限公司(伊利股份)	Inner Mongolia YiLi Industrial Group Co.,Ltd
内蒙古兴业矿业股份有限公司(兴业矿业)	Inner Mongolia Xingye Mining Co.,Ltd
内蒙古远兴能源股份有限公司(远兴能源)	Inner Mongolia Yuan Xing Energy Co.,Ltd
内蒙古平庄能源股份有限公司(平庄能源)	Inner Mongolia PingZhuang Energy Co.,Ltd
包头明天科技股份有限公司(ST明科)	Baotou Tomorrow Technology Co.,Ltd
内蒙古伊泰煤炭股份有限公司(伊泰B股)	Inner Mongolia Yi Tai Coal Industry Co.,Ltd
内蒙古包钢稀土(集团)高科技股份有限公司(包钢稀土)	Inner Mongolia Baotou Steel Rare-earth (group) Hi-tech Co.,Ltd
包头华资实业股份有限公司(华资实业)	Baotou Hua Zi Industry Sale-Holding Co.,Ltd
内蒙古金宇集团股份有限公司(金宇集团)	Inner Mongolia Jin Yu Group Co.,Ltd
北方重型汽车股份有限公司(北方股份)	North Heavy-duty Automobile Co.,Ltd
内蒙古亿利能源股份有限公司(亿利能源)	Inner Mongolia YiLi Energy Co.,Ltd
内蒙古西水创业股份有限公司(西水股份)	Xishui Strong Year Co.,Ltd Inner Mongolia
内蒙古兰太实业股份有限公司(兰太实业)	Inner Mongolia LanTai Industrial Co.,Ltd
内蒙古包钢钢联股份有限公司(包钢股份)	Inner Mongolia Baotou Steel Union Co.,Ltd
内蒙古四海科技股份有限公司(四海股份)	The Inner Mongolia Sihai Technology Co.,Ltd.
包头北方创业股份有限公司(北方创业)	Baotou Beifang Chuangye Co.,Ltd
内蒙古霍林河露天煤业股份有限公司(露天煤业)	Inner Mongolia Huolinhe Opencut Coal Industry Co., Ltd
内蒙古福瑞中蒙药科技股份有限公司(福瑞股份)	Inner Mongolia Free Han & Mongolia Pharmaceutical Co.,Ltd
内蒙古君正能源化工股份有限公司(内蒙君正)	Inner Mongolia Junzheng Energy & Chemical Industry Co.,Ltd.
包头东宝生物技术股份有限公司(东宝生物)	Baotou Dongbao Bio-Tech Co.,Ltd.

continued

每股收益(元) Profit Per Share(yuan)		每股净资产(元) Net Assets Per Share(yuan)		净资产收益率(%) Ratio of Net Assets' Per Profit(%)	
2010	2011	2010	2011	2010	2011
0.33	0.33	2.06	2.38	17.45	14.89
0.81	0.85	4.54	5.29	19.43	17.28
0.97	1.13	5.28	3.77	20.29	35.33
-0.13	0.49	2.94	3.94	-4.44	13.95
0.14	0.23	2.88	3.09	5.23	7.55
0.64	0.89	3.61	4.45	19.54	22.08
0.04	-0.43	2.14	1.65	1.99	-22.75
3.45	3.75	9.25	11.51	44.29	36.16
0.93	2.87	2.99	4.65	36.51	86.42
-0.15	0.08	3.85	3.59	-3.71	2.12
0.41	0.53	2.98	3.52	14.50	16.37
0.43	0.74	4.58	5.22	9.74	15.10
0.36	0.37	6.09	6.08	6.22	6.14
0.05	0.02	5.65	5.23	0.83	0.45
0.15	0.25	3.07	3.32	5.32	7.83
0.03	0.08	1.96	2.01	1.55	3.89
0.07	0.02	1.96	1.96	3.64	0.93
0.33	0.67	5.41	5.87	6.30	11.81
1.10	1.21	2.85	3.57	39.68	37.60
0.50	0.42	7.15	5.63	11.09	7.55
0.93	0.93	2.92	7.82	38.19	17.76
0.38	0.37	2.15	3.90	19.39	11.79

中国统计出版社最新图书简目

(仅供参考，以最后出书为准)

统计资料

中国统计年鉴-2012　中国统计摘要-2012　国际统计年鉴-2012
2012中国发展报告　中国第三产业统计年鉴-2012　中国区域经济统计年鉴-2012
中国劳动统计年鉴-2012　中国社会统计年鉴-2012　中国城市统计年鉴-2009
中国建筑业统计年鉴-2012　中国人口和就业统计年鉴-2012　中国工业经济统计年鉴-2012
中国商品交易市场统计年鉴-2012　中国房地产统计年鉴-2012　中国能源统计年鉴-2012
中国民政统计年鉴-2012　中国贸易外经统计年鉴-2012　2012中国地区经济监测报告
中国科技统计年鉴-2012　中国农村统计年鉴-2012　中国农产品价格调查年鉴-2012
中国高技术产业统计年鉴-2012　中国教育经费统计年鉴-2010　中国农村贫困监测报告-2012
全国农产品成本收益资料汇编-2012　中国科学技术协会统计年鉴-2012　工业企业科技活动资料-2012
大中型批发零售和住宿餐饮企业统计年鉴-2012　中国城市(镇)生活与价格年鉴-2012
中国县（市）社会经济统计年鉴-2012　中国农村住户调查年鉴-2012（中、英文）　中国农村全面建设小康监测报告-2012
第二次全国R&D资源清查资料汇编—综合卷　第二次全国R&D资源清查资料汇编—工业企业卷　中国零售和餐饮连锁企业统计年鉴-2012
中国民族统计年鉴2011、2012　2010年中国第六次人口普查公报

2012年省级综合统计年鉴系列

北京 天津 河北 山西 内蒙古 辽宁 吉林 黑龙江 上海 江苏 浙江 安徽 福建 江西 山东
河南 湖北 湖南 广东 广西 海南 重庆 四川 贵州 云南 西藏 陕西 甘肃 青海 宁夏
新疆 新疆生产建设兵团

2012年市(县)级综合统计年鉴系列

天津滨海新区　石家庄 唐山 邯郸 太原 大同　长治 阳泉 晋城 朔州 晋中
运城 忻州 临汾 呼和浩特　包头 沈阳 大连 长春 吉林市　四平 哈尔滨 黑龙江垦区
上海浦东新区　苏州 无锡 常州 徐州 南通　盐城 镇江 江阴 丹阳
杭州 宁波 绍兴 台州 温州　金华 嘉兴 衢州　福州 福州经济技术开发区
厦门经济特区 南昌 上饶　济南 青岛 潍坊 郑州　洛阳 三门峡 南阳 武汉 宜昌
十堰 荆州 咸宁 长沙 广州　东莞 惠州 深圳 桂林 南宁　柳州 来宾 河池 海口 成都 绵阳
贵阳 昆明 庆阳 西安　兰州 银川 乌鲁木齐

2010年人口普查资料系列

中国2010年人口普查资料　北京 天津 河北 山西 内蒙古　辽宁 吉林 黑龙江 上海 江苏
浙江 安徽 福建 江西 山东　河南 湖北 湖南 广东 广西　海南 重庆 四川 贵州 云南
西藏 陕西 甘肃 青海 宁夏　新疆 新疆生产建设兵团　河南省各市2010年人口普查资料丛书
中国分县2010年人口普查资料　中国分乡镇、街道2010年人口普查资料　中国分民族2010年人口普查资料

“十一五”规划教材

非参数统计　医学统计学　概率论与数理统计　统计学　现代金融投资统计分析
多元统计分析　经济计量学教程　应用时间序列分析　统计指数理论及应用
统计数据处理概论　质量管理统计方法　社会统计学　多元统计分析实验
企业经营管理统计　市场调查与预测　统计学原理（非统计专业使用）
统计学:从数据到结论　国民经济核算教程(国民经济统计学)　概率论与数理统计(经济、管理类专业使用)

重点图书

挑大学选专业2012—高考志愿填报指南　挑大学选专业2012—考研择校指南

欲购以上图书请与中国统计出版社发行部联系

电话：（010）63376907, 63376908　同榻行书店电话：68783171, 68783172

通讯地址：北京市西城区三里河月坛南街57号　邮政编码：100826

网址：http://csp.stats.gov.cn